Wilhelm Braune
Althochdeutsche Grammatik I

Sammlung kurzer Grammatiken germanischer Dialekte

Begründet von
Wilhelm Braune

Herausgegeben von
Mechthild Habermann und Hans Ulrich Schmid

A. Hauptreihe. Band 5.1

Wilhelm Braune

Althochdeutsche Grammatik I

Phonologie und Morphologie

17. Auflage. Neu bearbeitet von Frank Heidermanns

DE GRUYTER

1.	Auflage 1886	Wilhelm Braune
2.	Auflage 1891	"
3./4.	Auflage 1911	"
5.	Auflage 1936	Karl Helm
6.	Auflage 1944	"
7.	Auflage 1950	"
8.	Auflage 1953	Walther Mitzka
9.	Auflage 1959	"
10.	Auflage 1961	"
11.	Auflage 1963	"
12	Auflage 1967	"
13.	Auflage 1975	Hans Eggers
14.	Auflage 1987	"
15.	Auflage 2004	Ingo Reiffenstein
16.	Auflage 2018	Frank Heidermanns
17.	Auflage 2023	"

ISBN 978-3-11-120327-0
e-ISBN (PDF) 978-3-11-121053-7
e-ISBN (EPUB) 978-3-11-121133-6
ISSN 0344-6646

Library of Congress Control Number: 2023946259

Bibliografische Information der Deutschen Nationalbibliothek
Die Deutsche Nationalbibliothek verzeichnet diese Publikation in der Deutschen Nationalbibliografie; detaillierte bibliografische Daten sind im Internet über http://dnb.dnb.de abrufbar.

© 2023 Walter de Gruyter GmbH, Berlin/Boston
Druck und Bindung: CPI books GmbH, Leck

www.degruyter.com

Vorwort

Der von Grund auf neu verfasste Syntaxteil bietet willkommene Gelegenheit, nach fünf Jahren auch den kontinuierlich weiterentwickelten ersten Band in aktueller Fassung vorzulegen; der geänderte Untertitel dürfte sich durch den zunehmend auf Struktur und System gerichteten Fokus rechtfertigen. Nachdem sich der mit der 16. Auflage eingeschlagene Weg gangbar zu zeigen scheint (Bergmann 2019, Horjak 2020), ist die Auswertung der Glossenforschung, von der eine Zusammenschau Zeugnis ablegt (GramErtr), fortgesetzt worden. Neu eingearbeitet sind das Admonter Abrogans-Fragment (Ad), aktuelle Editionen von Freisinger Glossen (GlFreis, NFG), die Budapester Vergilglossen (GlBud) und auch bereits – dem Entgegenkommen ihres Herausgebers sei Dank – die Glossen zur Regula pastoralis (Nievergelt RP). Einer Anregung von Stefanie Stricker (2019: 32, 45) folgend sind die Einsprengsel in den germanischen Stammesrechten (§ 1:4) stärker einbezogen worden. Die epochale Edition von Düwel/Nedoma/Oehrl (SgRi, mit „südgermanischer" Runengrammatik) hat den Boden dafür bereitet, auch die voralthochdeutschen Runenbelege ihrem Aussagewert entsprechend zur Geltung zu bringen.

Neben zahlreichen Verbesserungen und Aktualisierungen im Detail – nicht selten aus der Artikelarbeit oder dem Archiv des AWB – ist eine Reihe von Abschnitten stärker ausgebaut worden. Hinzugekommen ist eine Übersicht über die korrelativen Ortsadverbien (§ 269a), ebenso wie Wegweiser für ‹*v*› und ‹*w*› (§§ 21a, 189a). Sonstige Erweiterungen in Auswahl: verstärkter *i*-Umlaut (§ 27 A.7b); frühe bzw. besondere Umlautschreibungen (§§ 32 A.5, 42 A.1, 49 A.2c); vortonige Sprossvokale (§ 69 A.5); betontes Präfix *ga-* (§ 71 A.6); Schicksal von /m/ vor Nicht-Labial (§ 123 A.2); Wiedergabe des velaren Nasals (§ 128 A.3); Vereinfachung der Geminate /kk/ im Auslaut (§ 144 A.3*); Reduktion von /hh/ im Nebenton (§ 145 A.7); Vokalentwicklung vor /h/ bei Notker (§ 154 A.8); Nom.Akk.Pl. der *a*-Stämme (§ 193 A.4,5); längere Plurale der Neutra auf *-ja-* (§ 198 A.5); Flexion und Wortbildung der Feminina auf *-īn-* (§ 227–230); Substantive auf *-nt-* (§ 236); Nom.Sg. f. auf *-o* bei *a-/ō-*Adjektiven (§ 248 A.6d); prädikative Adverbien (§ 267 A.7); Genese der 1.Pl.-Endung *-mēs* (§ 307+A.1); vokalisch auslautende Imperative (§ 312 A.2–5); Lautstruktur der Ablautreihen IIIb/2 und IV/2 (§§ 338, 341); Opposition der *e-* und der *a*-Reihe bei starken Verben (§§ 343 A.8, 346 A.7, 350 A.8, 352 A.4); Stammformen der *jan*-Verben (§ 356); Präteritum der *jan*-Verben auf germ. /-p-/ (§ 362 A.2); Präteritopräsentien *eigan* und *toug* (§ 371 f.). – Verschiedentlich sind neuere bzw. eigene Lemmatisierungen und Etymologien eingeflossen, so bei *antlingen* (§ 27 A.7bα), *fiara* (§ 36:3), *fizzus* (§ 96 A.5), *fōh* (§ 254 A.2), *gagan* (§ 71 A.6), *gāhi* (§ 152:2), *kriuwan* (§ 333 A.5e), *(h)liuwen* (§ 333 A.5c), *menden* (§ 163 A.6bβ), *skëltan* (§ 350 A.8), *slāo* (§ 254:1), *swāen* (§ 48 A.2c), *tiuri* (§ 251:1c), **wagan* (§ 229 A.2).

https://doi.org/10.1515/9783111210537-202

Dienen diese Maßnahmen in erster Linie der Wissenschaft, so dürfte die größte Neuerung auch didaktischen Zwecken zugute kommen. Bislang hatte der „Abriß" (Braune/Ebbinghaus [15]1989) dem vorliegenden Werk bei aller Kompaktheit eines voraus: Seine Paradigmentabellen stellen den althochdeutschen Formen ihre mittelhochdeutschen, altsächsischen und gotischen Äquivalente zur Seite. Um die kontrastive Präsentation für die Grammatik zu adoptieren, ist die Mehrzahl der Flexionsschemata – unter Verzicht auf das Gotische – entsprechend erweitert worden. Aus drucktechnischen Gründen ist einiges Horizontale in die Vertikale gerückt. Das großzügigere Format gibt Raum für stärkere Differenzierung, etwa bei den schwachen Substantiven (§ 221). Dabei musste das gerade erst eingeführte Flexionsparadigma *kraft* wegen § 219 A.1a durch *fart* ersetzt werden (§ 218). Die Falttafel zur Verbalflexion ist vier Einzeltabellen gewichen; mit Blick auf die Flexionsmerkmale bzw. die Bezeugung im Altsächsischen sind *suohhen*, *salbōn*, *habēn* durch *lōsen*, *dionōn*, *folgēn* abgelöst worden (§ 304 A.1b). Auch die Ablautreihen werden als dreisprachige Tabellen dargeboten (§ 330–354). Ein Tabellenverzeichnis erschließt den gewachsenen Bestand.

Die athematischen Verben werden jetzt athematische Wurzelverben genannt, da auch die 1.Sg.-Endung *-m*, *-n* der schwachen Verben II/III athematisch gebildet ist. Für die Notker-Texte und für Otfrids Zuschriften werden nun die Siglen des AWB verwendet. Die Textsiglen decken sich großenteils mit denen des Syntaxbandes, sind aber wegen des traditionellen Bezugs zum Lesebuch nicht so stark differenziert. Zugelegt haben interne Querverweise sowie Referenzen auf neuere – nicht zuletzt sprachvergleichende – Publikationen. Im Wortregister sind die Anlaute *(h)l-*, *(h)n-*, *(h)r-*, *(h)w-* wie allgemein üblich unter *l-*, *n-*, *r-*, *w-* eingereiht.

Ohne vielfältige Hilfe wäre die Arbeit nicht möglich gewesen. Juliane Claus hat mich bei der Literaturbeschaffung unterstützt. Die Herausgeber Mechthild Habermann und Hans Ulrich Schmid haben das Werk durch konstruktiven Austausch gefördert. Andreas Nievergelt hat wichtige Neufunde (§ 107 A.2) und Neulesungen (§§ 48 A.2c, 49 A.2b, 149 A.5b, 198 A.3a, 248 A.10b, 314 A.4) beigesteuert. Von mancher Seite sind mir wertvolle Hinweise zuteil geworden; herausgehoben seien Thomas Klein, Robert Nedoma, Ralf Plate, Patrick Stiles und Torsten Woitkowitz. Das gesamte Team des AWB war daran beteiligt, Lücken und Inkonsistenzen aufzuspüren; die verbleibenden Mängel gehen selbstverständlich zu meinen Lasten. Allen Genannten sage ich herzlichen Dank.

Leipzig, September 2023 — Frank Heidermanns

Aus dem Vorwort zur 16. Auflage

Ingo Reiffenstein hat sich im Vorwort zur 15. Auflage dafür ausgesprochen, die Braunesche Grammatik durch ein neu aus den Quellen erarbeitetes Handbuch zu ersetzen. In der Tat wird es mit jeder Auflage schwieriger, den Spagat zwischen Studienbuch und Referenzgrammatik aufrechtzuerhalten. Doch das zügige Voranschreiten des Leipziger Althochdeutschen Wörterbuchs (AWB) rechtfertigt eine Neuausrichtung der Strategie. Es erscheint insgesamt ökonomischer, dessen für 2030 avisierte Fertigstellung abzuwarten; das dann vollständig verfügbare, systematisch aufbereitete Material empfiehlt sich als Fundament für das wissenschaftliche Grundlagenwerk. Überdies ist nachdrücklich dafür geworben worden, die junggrammatische Tradition der vorliegenden Grammatikreihe nicht abreißen zu lassen (Ronneberger-Sibold 2010: 64). Diese Positionen sind in die Ausarbeitung der neuen Auflage gemündet, die im Konzept den vorangegangenen Versionen verpflichtet bleibt. Sie ist bestrebt, den Referenzcharakter auszubauen, ohne den didaktischen Auftrag aus dem Auge zu verlieren.

[...] Mit Blick auf die Logik der Struktur sind längere oder inhaltlich heterogene Paragraphen und Anmerkungen in Unterabsätze aufgeteilt worden, auf die separat verwiesen wird; das Paragraphengerüst konnte bis auf wenige Anmerkungen bestehen bleiben. [...] Neu ist ein Sachregister, das dem themenbezogenen Zugriff den Weg ebnet.

Auch die neue Auflage verfolgt das Ziel, die Darstellung behutsam zu modernisieren. [...] Der Optativ firmiert nun wie im Syntaxband und wie in der Mittelhochdeutschen Grammatik als Konjunktiv [...]. Neu sind auch Übersichten über Unterschiede zwischen Althochdeutsch und Altsächsisch (§ 2a) sowie über grundlegende Dialektmerkmale (§ 6a). Die Aktualisierung will nicht nur neue Erklärungen und Hypothesen buchen; in erster Linie ist sie auf umfassendere Darstellung der Faktenbasis bedacht. [...] Die Lautlehre ist in vielen Details überarbeitet. Sie geht differenzierter auf die morphologische Relevanz bestimmter Phoneme ein, vor allem im Vokalismus. [...] Der Fokus der Neuauflage liegt jedoch auf der Morphologie. Innerhalb der einzelnen Flexionsklassen werden die einschlägigen Wortbildungstypen stärker herausgestellt. [...] Am durchgreifendsten ausgebaut ist die Dokumentation der starken Verben, der zudem eine Stammformentabelle beigegeben worden ist (§ 328a). [...]

Auf konzeptueller Ebene galt es drei Anregungen aufzugreifen (O.Ernst/Glaser 2009: 1001 ff., Schiegg 2015: 36 ff., Bergmann/Stricker 2018: 213 f.). Es ist empfohlen worden, unorthodoxe graphische Varianten nicht vorschnell als Schreibfehler abzutun, sondern als tastende Annäherungen an die Aussprache zu würdigen. Sodann wird gefordert, den reichen Erträgen der neueren Glossenforschung gebührend Rechnung zu tragen. Und schließlich lädt die umfangreiche Namenüberlieferung zur Bergung ungehobener Schätze ein. Auch wenn sicherlich nicht alle Wünsche erfüllt werden konnten, versucht die 16. Auflage im Zeichen des „Althochdeutschen Frühlings" (Sprwiss 38, 2013: 121), den genannten Zielen im gegebenen Rahmen näherzukommen. Die wichtigsten neueren Glosseneditionen sind systematisch auf grammatische Aussagen hin durchgesehen worden. Auch die Namenforschung [...] hat neue Daten und Erkenntnisse zutage gefördert [...]. So haben sich nicht wenige Belege und Phänomene gefunden, die zuweilen auch die Textüberlieferung in helleres Licht tauchen. [...]

Leipzig, Ostern 2018 — Frank Heidermanns

Aus dem Vorwort zur 15. Auflage

Die 15. Auflage dieses in fast 120 Jahren in Forschung und Lehre bewährten Buches erscheint unter den Bedingungen einer veränderten Bildungslage. Einerseits ist das Althochdeutsche nach wie vor Gegenstand intensiver und weiterführender Forschung. Andererseits verlieren die älteren Sprachstufen des Deutschen, vor allem das Althochdeutsche, im Universitätsstudium zunehmend an Boden. In dieser Situation ist nach dem Platz zu fragen, den Braunes „Althochdeutsche Grammatik" einnehmen soll. Ihr Verfasser hat sie als Studien- und Forschungsbuch konzipiert, und daran haben alle bisherigen Bearbeiter festgehalten; auch die vorliegende Bearbeitung bleibt diesem Konzept verpflichtet. Tatsächlich dürfte das Buch aber immer weit mehr die Funktion einer Referenzgrammatik erfüllt haben als die einer Einführung, die Braunes „Abriss der althochdeutschen Grammatik" ([15]1989) leichter und knapper leistet. Dem habe ich versucht Rechnung zu tragen. Möglicherweise ist diese 15. Auflage die letzte Neubearbeitung des Buches. Es wäre an der Zeit, es durch eine aus den Quellen neu erarbeitete wissenschaftliche Grammatik zu ersetzen, die nicht mehr durch die Aufgabe belastet wird, gleichzeitig auch Studienbuch sein zu müssen.

Die wichtigste Neuerung dieser Auflage liegt darin, dass der Laut- und Formenlehre erstmals eine völlig neu erarbeitete Syntax von Richard Schrodt an die Seite gestellt wird, die zwar als eigener Band erscheint, aber ein fester Bestandteil dieser Grammatik ist. [...]

Geblieben ist das Konzept und die Anlage der Grammatik und weithin auch Braunes Text (von moderaten stilistischen Eingriffen abgesehen). Im Interesse der Vergleichbarkeit mit älteren Auflagen wurde auch das §-Gerüst im Prinzip nicht angetastet (bei der Zählung der Anmerkungen war dies, vor allem in den stärker veränderten Partien, nicht immer möglich). Da das Buch als Referenzwerk einen hohen Stellenwert in der wissenschaftlichen Literatur besitzt, schien mir dies unerlässlich. [...]

Geblieben ist schließlich die Hochachtung vor der wissenschaftlichen und im ganzen auch vor der darstellerischen Leistung Braunes und vor dem Engagement der nachfolgenden Bearbeiter [...]. Dass die Ahd. Grammatik Generationen von Studierenden und von Forschern verlässlich Auskunft über das Althochdeutsche und den Stand seiner Erforschung geben konnte, verdankt sie einerseits natürlich den Aktualisierungen durch ihre Bearbeiter, andererseits aber und vor allem der Solidität und Transparenz ihrer Grundstruktur, die solche Aktualisierungen zuließ, ohne dass sie dadurch Schaden litt.

Salzburg, im März 2004 — Ingo Reiffenstein

Aus dem Vorwort zur 13. und 14. Auflage

Die dreizehnte Auflage ist in intensiver Auseinandersetzung mit der 12., von Walther Mitzka betreuten Auflage entstanden. Auf weite Strecken hin kommt sie einer völligen Neubearbeitung gleich. Dabei wurde stets auch die vierte, noch von Wilhelm Braune selbst betreute Auflage von 1911 vergleichend herangezogen. [...]

Soweit es diese Beschränkungen erlaubten, ist die neue Auflage modernisiert worden. Dennoch konnte eine den heutigen Ansprüchen genügende systematische Darstellung – selbst wenn man von dem immer noch fehlenden, dringend erwünschten Syntaxteil absieht – in dem gegebenen Rahmen nicht einmal angestrebt werden. Das verbot die Anlage des alten, aber immer noch unersetzlichen, erhaltenswerten Buches. So habe ich mich damit begnügen müssen, wenigstens im Bereich der Lautlehre, zu deren systematischer Darstellung wichtige Arbeiten vorliegen, in der Textgestaltung einzelner Paragraphen, deren Inhalt dies zuließ, auf Systemtendenzen der Lautentwicklung hinzuweisen. [...]

Bei größtmöglicher Bewahrung des Alten, soweit es nicht durch neuere Forschung überholt oder widerlegt ist, und unter Berücksichtigung wichtiger neuer Literatur, sah ich eine meiner Hauptaufgaben darin, die neue Auflage vom Gestrüpp zahlreicher Zusätze zu befreien, die man im Laufe vieler Auflagen den Paragraphen und vor allem den Anmerkungen additiv hinzugefügt hatte. Hier waren, ohne die Substanz anzutasten, einarbeitende Neufassungen erforderlich. [...]

Die Ergebnisse moderner Forschung wurden nach Möglichkeit eingearbeitet, die entsprechende Literatur in den Anmerkungen verzeichnet. Anderseits schien es mir noch nicht an der Zeit, die ältere Literatur, aus der Wilhelm Braune schöpfte, stillschweigend zu streichen. Ich halte es für eine Ehrenpflicht der Gegenwart, die Leistungen der positivistischen Philologengeneration, soweit sie nicht überholt und widerlegt sind, neben der Auswertung des Sprachmaterials auch in den Literaturangaben weiterhin zu würdigen. Aus diesem Grunde wurde auch mehrfach Braunes Standpunkt referierend wiedergegeben, wo neuere Forschung zu anderen Auffassungen gelangt ist. [...]

Möge die 13. Auflage der Arbeit Wilhelm Braunes in gleichem Maße gerecht werden wie den modernen philologischen Erkenntnissen. Noch ist die Zeit nicht reif, eine von Grund auf neugestaltete diachronische Grammatik des Althochdeutschen zu entwerfen. Wir werden uns noch auf lange Zeit mit der in ihrer besonderen Art unübertroffenen Grammatik Wilhelm Braunes zufrieden geben müssen, in deren Dienst die vorliegende Auflage sich wie die von Helm und Mitzka betreuten Auflagen gestellt hat.

Saarbrücken, 1974, 1986 Hans Eggers

Aus dem Vorwort zur 8. bis 10. Auflage

Unterdessen ist das Althochdeutsch der Schreibstuben von Freising, St. Gallen, Fulda, der Reichenau, von Murbach und Regensburg in seinem zeitlichen und persönlichen Wechsel und in seiner Stellung zur landschaftlichen Stammessprache deutlicher geworden. Das gilt vor allem für die Übersetzergruppe des Tatian und für Walahfrid. Das Alemannische vor Notker ist spärlicher gesichert, auch in St. Gallen, und die Sprachzeugnisse sind sprachgeographisch zwiespältiger, als frühere Forschung annahm. Eben deswegen bleibt zu den Darstellungen des Altbairischen, dessen älteste Überlieferung auch nicht einheimisch ist, und des Altfränkischen eine solche des Altalemannischen aus, das erst durch das reiche Schriftwerk Notkers am Ende der ahd. Zeit gesichert ist. [...]

Die Mundartforschung ist in unserer Darstellung stärker, als früher geschehen, herangezogen. Zwar hatte sie Braune noch nicht berücksichtigen wollen, er hat aber selber die Einteilung des Fränkischen nach Urkunden des 14./15. Jh.s, also einer Zeit längst nach der ahd., vorgenommen. Die Dynamik in Sprachströmung und Sprachanschluß hat er mit ahd. Wortgeographie mit entdeckt. In der chronologischen, sprachgeographischen und grammatischen Beurteilung der Lehnwörter sind wir heute zurückhaltender als die alte Forschung.

In unserer Darstellung sind die ahd. Namen stärker als früher herangezogen. Die noch zu wenig bearbeiteten Ortsnamen sind in ihrer Masse sicherer als die Personennamen zu datieren und mit ihrer Sprachform zu lokalisieren. [...]

Auch ich habe die Anlage der früheren Auflagen möglichst gewahrt: in dankbarer Hochachtung vor den Leistungen Braunes und Helms. – Das Gerüst der Paragraphen und Anmerkungen bleibt in voller Absicht erhalten. [...]

Mir selber geht es darum, neuer Forschung Raum zu geben und mit ihr kritisch Schritt zu halten.

Marburg, 1953, 1961 Walther Mitzka

Aus dem Vorwort zur 5. bis 7. Auflage

Die Frage, ob für diese ahd. Grammatik eine Umarbeitung und Erweiterung wünschenswert sei, hat schon Braune erwogen (s. Vorwort zur 3./4. Auflage, 1911). Er hat sie damals mit Recht verneint, besonders da für das Altbairische und das Altfränkische die Darstellungen von Schatz und Franck erschienen waren und für das Altalemannische die freilich dann nicht erschienene Darstellung Bohnenbergers in Aussicht stand. Braune hat dann auch die 3./4. Auflage später mehrfach, zuletzt 1925, unverändert abdrucken lassen.

Die nämliche Frage hatte ich mir vorzulegen, besonders nach dem Erscheinen der neuen Arbeiten von Baesecke, Schatz (Ahd. Grammatik) und Brinkmann. Indessen konnte lediglich Vermehrung des Beispielmaterials bei dem unveränderten Zweck des Buches nicht erwünscht sein, andererseits scheint mir trotz der genannten Arbeiten die Zeit für eine völlige Umarbeitung des Buches noch nicht gekommen zu sein.

Somit hat auch diese 5. Auflage im ganzen dieselbe Anlage wie die früheren Auflagen; und ich bin um so lieber dabei geblieben, als mich die erneute mehrfache Durcharbeitung des Buches mit immer weiter wachsender Hochachtung für die hier vorliegende wissenschaftlich und pädagogisch gleich hochstehende Leistung meines alten Lehrers erfüllt hat.

Notwendig blieb also für die 5. Auflage die Ergänzung durch Hinweise auf die inzwischen erschienene neue Literatur zum Althochdeutschen, wobei für die Erscheinungen bis 1926 die Eintragungen in Braunes Handexemplar benutzt werden konnten.

Größere Änderungen gegenüber den früheren Auflagen ergaben sich mir dadurch, daß ich wie bei der 10. Aufl. der gotischen Grammatik aus den dort (Vorwort S. VIII) entwickelten Gründen versucht habe, die Zusammenhänge mit der idg. und germ. Sprachgeschichte etwas deutlicher zu machen, als es Braune meist tat. Auch die einzigen größeren Umstellungen (-*u*-Stämme und -*în*-Stämme) sind dadurch bedingt. (Doch ist dabei dafür gesorgt, daß die Änderung der Paragraphenzahlen nicht auf die übrigen Teile des Buches weiter wirkt.)

Marburg, 1935, 1950 Karl Helm

Aus dem Vorwort zur 3. Auflage

Später als ich gewünscht hätte erscheint die neue auflage dieses buches. Nach vollendung des grossen glossenwerkes von Steinmeyer und Sievers schwebte mir der plan vor, den rahmen meiner ahd. grammatik zu erweitern und das sprachliche material in solcher fülle vorzulegen, dass damit dem forscher aller nötige stoff dargeboten würde. Doch stellte sich dagegen das bedenken ein, dass dann das buch viel von seiner brauchbarkeit für den lernenden verlieren müsste, welchem es in den beiden ersten auflagen vornehmlich hatte dienen wollen. Der widerstreit dieser erwägungen im verein mit manchen äusseren abhaltungen liessen mich zögern, an die bearbeitung der neuen auflage heranzutreten, so dass schliesslich das buch zu fehlen anfing. Da wurde mir die entscheidung dadurch erleichtert, dass von anderer seite das bedürfniss nach einer ausführlicheren darstellung des ahd. sprachstoffs befriedigt wurde. Im jahre 1907 erschien als erster band einer serie von grammatiken der ahd. dialekte die altbairische grammatik von Schatz, welche in eingehender behandlung sowol die sprachformen der glossen, als auch die namen aus den urkunden heranzog. Als nun schon zwei jahre darauf die altfränkische grammatik von Franck folgte, welche in ebenso trefflicher weise die fränkischen dialekte ausschöpfte, so durfte ich hoffen, dass durch die noch in aussicht stehende altalemannische grammatik Bohnenbergers bald der ring werde geschlossen werden. Jetzt war es mir nicht mehr zweifelhaft, dass meine ahd. grammatik in ihrer alten form und in ihrem mittleren umfange bestehen bleiben müsse. [...]

Durch den nächsten zweck des buches, als grammatisches hülfsmittel für den lernenden zu dienen, war es bedingt, dass als hauptquellen der darstellung benutzt wurden die zusammenhängenden schriftdenkmäler des 9. jahrhunderts, ganz besonders Otfrids evangelienbuch: auch mein ahd. lesebuch, dessen ergänzung diese grammatik sein soll, schöpft ja hauptsächlich aus diesen quellen. Es hat nicht in meiner absicht gelegen, die glossensammlungen systematisch auszunutzen: mehr nur aushülfsweise sind dieselben benutzt, abgesehen natürlich von den wichtigsten ältesten glossen, welche reichlicher herangezogen sind, wo sie für die geschichte der ahd. sprache grundlegenden stoff gewähren. Auch die spätahd. quellen des 11. jh.'s sind nur soweit zugezogen worden, als nötig war, um den entwicklungsgang der ahd. sprache bis zu dieser zeit hin zu veranschaulichen: eine ausnahme macht Notker, dessen wichtigkeit eingehendere berücksichtigung erforderte.

Heidelberg, 30. März 1911 — Wilhelm Braune

Inhalt

Morphologie

Anhang

Tabellenverzeichnis

Vokalismus

Konsonantismus

Substantive

https://doi.org/10.1515/9783111210537-204

Adjektive

Adverbien

Zahlwörter

Pronomina

Verben

Quellenverzeichnis

Abr = Glossar Abrogans. Hss. → Pa, K, Ra, Ad, R. Gl 1,1–270; „kritischer" Text von Gl 1,1–44,9 von Georg Baesecke: Der deutsche Abrogans. Text *ab$_1$. Halle 1931 (ATB 30). Lb 1.1. – Splett Abr, VL I,12 ff., AAL 3 ff. (beide Splett), Splett 2009.

Ad = Admonter Fragment des → Abr. Haubrichs/Müller 2021: 61–86.

al. Ps = Bruchstücke einer altalem. Psalmenübersetzung. StD 38, Lb 17.1; Daab 1963: 77 ff. – Stewart 1904, VL I,272 f. (Sonderegger), AAL 384 ff. (Voetz), Blom 2017: 141 ff., Hellgardt 121 ff.

B mit Ortsangabe = Beichte. – AAL 38 ff. (Hellgardt). Häufiger zitiert werden:

- **1. bair. B** = Altbairische Beichte. StD 41, Lb 22.1. – VL I,273 f. (Masser), Hellgardt 1006 ff.
- **2. bair. B** = Jüngere bairische Beichte. StD 43, Lb 22.4. – VL IV,915 f. (Masser).
- **Fuldaer B** = Fuldaer Beichte. StD 48. – VL II,1007 f. (Masser).
- **Lorscher B** = Lorscher Beichte. StD 49, Lb 22.2. Faks.: Fischer ST 10. – VL V,910 f. (Masser), Hellgardt 1017 ff.
- **Mainzer B** = Mainzer Beichte. StD 49, Lb 22.3. – VL V,1178 f. (Masser), Hellgardt 1047 ff.
- **Pfälzer B** = Pfälzer Beichte. StD 50. – VL VII,553 ff. (Masser), Hellgardt 1053 ff.
- **Reich. B** = Reichenauer Beichte. StD 51. – VL VII,1135 ff. (Masser).
- **Würzb. B** = Würzburger Beichte. StD 44. – Hofmann 1955, VL X,1453 f. (Masser), Hellgardt 1057 ff.
- **Zeitzer B** = Zeitzer Beichte. MSD II,437; Bulitta 2006. – AAL 531 ff. (Bulitta).

Bas. Rez = Basler Rezepte. StD 7. Faks.: Enneccerus 17, Eis 6. – VL I,628 f. (Steinhoff), AAL 32 ff. (Stricker), Hellgardt 595 ff.

BR = Interlinearversion der Benediktinerregel, Cod. Sang. 916. StD 36 (danach zitiert), Masser 1997a, Lb 7. Faks.: Eis 7, Fischer ST 3. – Masser 2002, VL I,704 ff. (Sonderegger), AAL 49 ff. (Masser), Hellgardt 673 ff.

Carmen = Carmen ad Deum. StD 37, Lb 15. Faks.: P/G V. – VL I,1174 ff. (Rädle), AAL 67 ff. (Hellgardt), Hellgardt 22 ff.

Emm = Altbair. (Emmeramer) Gebet. StD 42, Lb 22.1. – VL I,275 f. (Masser), AAL 38 ff. (Hellgardt), Hellgardt 1006 ff.

Exh = Exhortatio ad plebem Christianam. StD 9, Lb 10. Faks.: Enneccerus 32–33, P/G II. – VL II, 666 f., AAL 83 ff. (beide Masser), Hellgardt 1270 ff.

Freis. Pn = Freisinger Paternoster. StD 8, Lb 12. Faks.: Enneccerus 29–30, P/G IIIa/b. – VL II, 905 ff., AAL 91 f. (beide Masser), Hellgardt 893 ff.

Frk. Taufgel = Fränkisches Taufgelöbnis. StD 4, Lb 16.1. Faks.: Enneccerus 6, Fischer ST 8. – VL II, 822 ff., AAL 86 ff. (beide Masser), Hellgardt 877 ff.

Fuldaer B → B mit Ortsangabe.

Georgsl = Georgslied. StD 19, Lb 35. Faks.: Enneccerus 37, Fischer ST 19. – Haubrichs 1979, VL II, 1213 ff. (Schmidt-Wiegand), Röhn 1994, AAL 132 ff. (Haubrichs).

Gl = Glossen ed. Steinmeyer/Sievers (Gl); sonst mit zusätzlichen Angaben (Bibliotheksheimat, glossierter Text).

GlBud = Budapester Vergilglossen. Bohnert/Nievergelt/Tiefenbach 2022.

GlEmm = St. Emmeramer Glossen. Gl 2,328,2–333,69.

GlFrank = Frankfurter Glossen. Gl 2,144,7–149,36.

GlFreis = Glossen aus Freising. Ernst/Nievergelt/Schiegg 2019 (vgl. NFG).

GlKass = Kasseler Glossen. Gl 3,9–13, Lb 1.3. BStK 337. – VL III,61 ff. (W.Schröder), AAL 225 ff. (Stricker), Hellgardt 92 ff.

https://doi.org/10.1515/9783111210537-205

GlMon = Mon(d)seer Bibelglossen (Bibelglossen der Familie M; Quellennachweis: Förster 1966: 4 A.9–17). Faks. aus Clm 18140 (Tegernsee): P/G XII. – AAL 263 ff. (B.Meineke), Blom 2017: 245 ff.

GlPaul = Die St. Pauler Lukasglossen. BStK 777. Gl 1,728,19–737,37; Daab 1963: 1 ff.; Voetz 1985. Faks.: Baesecke 1930: Tafel II. – Stewart 1901, VL XI,1168 ff., AAL 351 ff. (beide Voetz), Hellgardt 353 ff.

GlSchlett = Schlettstadter Vergilglossen. Gl 2,675–688. – Fasbender 1908, ALL 476 (Henkel).

H = Murbacher Hymnen. Sievers H (Nachdruck Firchow 1972), Daab 1963: 29 ff., Lb 11, Simbolotti 2009, Siewerts 2010, Gerhards 2018. Faks.: Baesecke 1926: 28, 31–33, Fischer ST 6. – VL VI, 804 ff. (Sonderegger), AAL 272 ff. (Voetz), Hellgardt 950 ff.

Ha = Erster Teil (Reichenau), I–XXIII.

Hb = Zweiter Teil (Murbach), XXIV–XXVI.

Hammelb = Hammelburger Markbeschreibung. StD 12, Lb 2.3. – VL III,427 f. (Schmidt-Wiegand), AAL 146 f. (Bergmann), Hellgardt 801 ff.

Hel = Heliand. Eduard Sievers: Heliand. Halle 1878, ²1935; Otto Behaghel: Heliand und Genesis. 10. Aufl. von Burkhard Taeger. Tübingen 1996 (ATB 4), Lb 44. Faks.: P/G VII, Fischer ST 17. – VL III,958 ff. (Taeger), AAL 154 ff. (Haubrichs).

Hl = Hildebrandslied. StD 1, Lb 28. Faks.: Enneccerus 1–4, Baesecke 1945, Fischer ST 12 f. – Lühr Hl, ds. 2013, VL III,1240 ff. (Düwel), AAL 171 ff. (Düwel/Ruge).

Is = Ahd. Isidor. Hench Is; Hans Eggers: Der althochdeutsche Isidor. Tübingen 1964 (ATB 63; danach zitiert), Lb 8. Faks.: Hench Is, Fischer ST 4. – Matzel Is, Krotz 2002: 21 ff., VL I,296 ff. (Matzel), AAL 204 ff. (Krotz), Hellgardt 424 ff.

Jun, Ja, Jb, Jc = Juniusglossen der Hs. Oxford BL, Ms. Junius 25. Ja: Gl 4,589 f.; Jb: Gl 1,271–295. 2,260. 314–318; Jc: Gl 2,49–51. 4,1–25; Krotz 2002: 285 ff.; ds. 2009. – Zur Hs. vgl. BStK 725 (IV, I, II); Krotz 2002: 159 ff. Faks.: Baesecke 1926: 26 f., 29 f., 34 f., Krotz 2002: 735 ff. – AAL 213 ff. (Krotz).

K = St. Galler Hs. des → Abr („Keronisches Glossar"). BStK 253. Faks.: Baesecke 1926: 21–23, Fischer ST 1a; Vollfaks.: Bischoff/Duft/Sonderegger 1977.

Ka = Erster Teil, alem., Gl 1,3,1–45,9.

Kb = Zweiter Teil, alem.-frk., Gl 1,45,10–270.

Leid. Will = Leidener → Williram (anl.). (Expositio) Willerammi Eberspergensis abbatis in Canticis Canticorum. Die Leidener Handschrift neu hg. von Willy Sanders. München 1971 (Kleine deutsche Prosadenkmäler des Mittelalters 9). – Sanders 1974, VL V,680 ff. (Sanders). Zur Sprache des Leid. Will vgl. § 6 A.10.

LexAl = Lex Alamannorum. V.Schwab 2017.

LexSal = Bruchstück der Lex Salica. StD 10, Lb 18. – VL I,303 ff. (Sonderegger), AAL 236 ff. (Sonderegger/Klaes), Lühr 2013, Hellgardt 693 ff.

Lorscher B → B mit Ortsangabe.

Ludw = Ludwigslied. StD 16, Lb 36. Faks.: Enneccerus 40–43, Fischer ST 22. – VL V,1036 ff. (Freytag), AAL 241 ff. (Herweg).

Mainzer B → B mit Ortsangabe.

Merig = Merigarto (frühmhd.). Lb 41. – VL VI,403 ff. (Rädle).

Merseb = Merseburger Zaubersprüche. StD 62, Lb 31.1. Faks.: Enneccerus 5, Eis 12, W.Beck 2015: 2, 7. – Sprache 41 (1999): 89–217, Eichner/Nedoma 2000/01, W.Beck 2011, VL VI,419 ff. (Steinhoff), AAL 258 ff. (W.Beck).

MF = Mon(d)see-Wiener Fragmente. Hench MF, Lb 9, Krotz/Kaska 2016, Cammarota/Lo Monaco 2021. Faks.: Fischer ST 5. – Matzel Is, Krotz 2002: 107 ff., VL I,296 ff. (Matzel), AAL 204 ff. (Krotz), Hellgardt 1219 ff.

Musp = Muspilli. StD 14, Lb 30. Faks.: Enneccerus 11–16, P/G VI, Fischer ST 15. – VL VI,821 ff. (Steinhoff), AAL 288 ff. (Hellgardt).

N = Notker. Zitiert nach der ATB-Ausgabe von James C. King/Petrus W. Tax: Die Werke Notkers des Deutschen. 10 Bde. Tübingen 1972–96. Ältere Ausgaben: Paul Piper, Freiburg i. Br., Tübingen 1882–83; Edward H. Sehrt/Taylor Starck, Halle 1933–55. Neue Ausgabe: Evelyn Scherabon Firchow, Berlin 1995–2009. – Firchow 2000, VL VI,1212 ff. (Sonderegger), AAL 293 ff. (Glauch).

Nb = Boethius, De consolatione Philosophiae (Werke 1–3). Lb 23.1–5. Faks.: Fischer ST 11a. – Lindahl 1916, Hehle 2002.

Nc = Martianus Capella, De Nuptiis Philologiae et Mercurii (Werke 4). Lb 23.6–11. Faks.: Fischer ST 11b. – Glauch 2000.

Ncomp = Fragment des Computus. Edition und Faks.: N.Kruse 2003.

Ndef = Fragment von De definitione (Werke 7,XCVI–CIV. 311–314). StD 118 f.

Ni = De interpretatione (Werke 6). Saller 2003.

Nk = Boethius' Bearbeitung der Categoriae des Aristoteles (Werke 5). Lb 23.12.

Nl = De partibus logicae (Werke 7,LXIV–LXXVII. 187–194).

Nm = De musica (Werke 7,CXVII–CXXVIII. 329–346).

Np = Der Psalter (Werke 8–10; zitiert nach Psalm und Vers). Lb 23.13–15. Faks. aus Cgm 188: P/G XIV. → Npw.

Npgl = Glossen zu Notkers Psalter (Werke 8–10; zitiert nach Psalm und Vers). Köbler 1986. Glossator: Ekkehart IV.? (Sonderegger 1970a: 119 ff.).

Npw = Notkers Psalmen nach der Wiener Handschrift, hg. von Richard Heinzel / Wilhelm Scherer. Straßburg 1876 (zitiert nach Psalm und Vers); Evelyn Scherabon Firchow (Hg.): Der Codex Vindobonensis 2681 aus dem bayerischen Kloster Wessobrunn um 1100. Diplomatische Textausgabe der Wiener Notker Psalmen, Cantica, Wessobrunner Predigten und katechetischen Denkmäler. Mit Konkordanzen und Wortlisten auf einer CD. Hildesheim 2009.

Nr = De arte rhetorica (Werke 7,L–LXIII. 105–186). Lb 40.

Ns = De syllogismis (Werke 7,LXXXVIII–XCV. 266–309).

NFG = Neues zu Freisinger Glossenhandschriften. Ernst/Glaser/Nievergelt 2020.

O = Otfrid von Weißenburg. Johann Kelle: Otfrids von Weissenburg Evangelienbuch. 1. Bd. Regensburg 1856. ND Aalen 1963; Paul Piper: Otfrids Evangelienbuch. Paderborn ^{2}1882; Oskar Erdmann: Otfrids Evangelienbuch. Halle 1882, 6. Aufl. hg. von Ludwig Wolff. Tübingen 1973 (ATB 49), zitiert; Wolfgang Kleiber (Hg.): Otfrid von Weißenburg: Evangelienbuch. Bd. I (Hs. V): Tübingen 2004; Bd. II (Hss. P, D): Berlin, New York 2010; Lb 32; Otfrid von Weissenburg: Evangelienbuch. Auswahl. Hg., übersetzt und kommentiert von Gisela Vollmann-Profe. Stuttgart 1987 (Univ.-Bibl. 8384). Vollfaks. von Hs. V: Otfrid von Weissenburg: Evangelienharmonie. Einführung Hans Butzmann. Graz 1972 (Codices Selecti 30); Fischer ST 18. – Kleiber 1971, VL VII,172 ff. (W.Schröder), AAL 322 ff. (W.Schröder/Hartmann).

OFreis = Freisinger Otfrid-Hs. Pivernetz 2000. Faks.: P/G VIII.

Oh = Hartmuate et Uuerinberto.

Ol = Ad Ludowicum.

Os = Ad Salomonem.

Otloh = Otlohs Gebet. StD 35, Lb 26; Wilhelm 1916/18, 1. Faks.: P/G XIII, Eis 15. – VL XI,1116 ff. 1144 f. (Vollmann), AAL 345 ff. (S.Müller), Hellgardt 1129 ff.

Pa = Pariser Hs. des → Abr. Gl 1,2–198,10. Vollfaks.: Baesecke 1926: 1–20.

Par. Gespr = Pariser Gespräche. Lb 5.2; Haubrichs/Pfister 1989. – VL I,284 f. (Sonderegger), AAL 347 ff. (Haubrichs), Hellgardt 97 ff.

Pfälzer B → B mit Ortsangabe.

Phys = Der ältere Physiologus. StD 27, Lb 25; Wilhelm 1916/18, 2. – VL VII,628 (C.Schröder), AAL 366 ff. (Stricker), Hellgardt 633 ff.

Pn = St. Galler Paternoster und Credo. StD 5, Lb 6. Faks.: Enneccerus 18–20, Bischoff/Duft/Sonderegger 1977: 320 ff., Fischer ST 2. – VL II,1044 ff. (Sonderegger), AAL 100 ff. (Sonderegger/Glaser), Hellgardt 887 ff.

Pred = (Wessobrunner) Predigtsammlung A–C. StD 30, 32, 33, Lb 27 (B); Wunderle/Schmid 2006; Ernst Hellgardt (Hg.): Die spätalthochdeutschen 'Wessobrunner Predigten' im Überlieferungsverbund mit dem 'Wiener Notker'. Eine neue Ausgabe. Berlin 2014. – VL I,305 ff. (McLintock), Hellgardt 1282 ff.

Psalm = Psalm 138. StD 22, Lb 38. Faks.: Fischer ST 23. – Krogmann 1973, AAL 413 ff. (McLintock/Hartmann).

R = „Samanunga worto" (Pseudo-Hrabanische Glossen). BStK 895. Gl 1,3–270. Vollfaks.: Notitiae Regionum Urbis Romae et Urbis Constantinopolitanae / Glossarium Latino-Theotiscum. Cod. Vindob. 162. Einleitung Franz Unterkircher. Amsterdam 1960 (Umbrae Codicum Occidentalium 2). – Splett R, VL VIII,570 ff., AAL 428 ff. (beide Splett), Splett 2009a.

Ra = Karlsruher Hs. des → Abr (erstes Reichenauer Glossar). BStK 298 (I). Gl 1,3–270. Faks.: Baesecke 1926: 24 f.

Rb = Zweites Reichenauer Glossar (zum Alten Testament). BStK 296 (II). Diut I,490–533; Gl 1, 316–318 und passim (vgl. Gl 4,399 ff.). – E.Meineke 1984 u. 2009, AAL 420 ff. (E.Meineke).

Rc = Drittes Reichenauer Glossar (zu Gregors Cura pastoralis). BStK 313. Gl 2,232,23–237,38.

Rd = Rd-Jb, Viertes Reichenauer Glossar (zum Alten Testament). BStK 296 (II). Gl 1,271–295.

Re = Fünftes Reichenauer Glossar (zu Gregors Homilien). BStK 296 (II). Gl 2,314,14–318,39.

Reich. B → B mit Ortsangabe.

Rf = Sechstes Reichenauer Glossar (zum Alten Testament). BStK 296 (III). Holtzmann 1866: 59 ff.; Gl 1,408–665 passim.

Rheinfrk. Cant = Bruchstücke einer Interlinearversion der Cantica. StD 39, Lb 17.5; Steppat 1902. – VL VIII,31 f. (Schöndorf), AAL 401 ff. (Voetz), Hellgardt 162 ff.

Sam = Christus und die Samariterin. StD 17, Lb 34. Faks.: Enneccerus 38, Eis 11, Fischer ST 21. – VL I,1238 ff. (McLintock), AAL 73 ff. (McLintock/Hartmann).

SgRi = Südgermanische Runeninschriften. Düwel/Nedoma/Oehrl 2020.

SH = Summarium Heinrici. Gl 3,58–350; Hildebrandt SH. – VL IX,510 ff. (R.Hildebrandt), R.Hildebrandt 2009, AAL 444 ff. (Stricker), Hellgardt 56 ff.

Straßb. Eide = Straßburger Eide. StD 15, Lb 21. Faks.: Enneccerus 34–36, Eis 14. – Gärtner/Holtus 1995, VL IX,377 ff. (Schmidt-Wiegand), Lo Monaco/Villa 2009, AAL 439 ff. (Bergmann), Hellgardt 771 ff.

T = Der althochdeutsche Tatian. Sievers T, Masser 1994, Endermann 2000, Lb 20. Faks.: Eis 8, Fischer ST 9. – VL IX,620 ff., AAL 459 ff. (beide Masser).

Trierer Cap = Trierer Capitulare. StD 40, Lb 19; Tiefenbach 1975. – VL IX,1040 f. (Schmidt-Wiegand), AAL 467 ff. (Schmidt-Wiegand/Klaes), Hellgardt 752 ff.

Vetus Latina = St. Galler Fragmente der Vetus Latina. Gamper 2012. – AAL 93 ff. (Voetz).

Voc = Vocabularius Sti. Galli. BStK 254. Gl 3,1–8; Lb 1.2. Faks.: Fischer ST 1b. – Baesecke 1933, VL X,479 ff. (Mettke), Stricker 2009, Klein 2012, AAL 494 ff. (Stricker), Hellgardt 69 ff.

Wess = Wessobrunner Gebet. StD 2, Lb 29. Faks.: Enneccerus 9–10, P/G I, Eis 5, Fischer ST 14. – VL X,961 ff. (Steinhoff), AAL 510 ff. (Hellgardt), Hellgardt 1116 ff.

WGen = Wiener Genesis (frühmhd.). Victor Dollmayr (Hg.): Die altdeutsche Genesis nach der Wiener Handschrift. Halle 1932 (ATB 31). – VL I,279 ff. (Hennig).

Wiener Notker → Npw.

Will = Williram von Ebersberg, Paraphrase des Hohen Liedes. Seemüller 1878; Erminnie H. Bartelmez (Hg.): The „Expositio in Cantica Canticorum" of Williram Abbot of Ebersberg 1048–1085. Philadelphia 1967; Schützeichel/Meineke 2001; Henrike Lähnemann / Michael Rupp (Hgg.): Williram von Ebersberg. Expositio in Cantica Canticorum und das ›Commentarium in Cantica Canticorum‹ Haimos von Auxerre. Berlin, New York 2004; Niels Bohnert: Zur Textkritik von Willirams Kommentar des Hohen Liedes. Mit besonderer Berücksichtigung der Autorvarianten. Tübingen 2006 (Texte und Textgeschichte 56). Faks.: P/G XV, Eis 16. – VL X, 1156 ff. (Gärtner), AAL 518 ff. (Rupp), Hellgardt 294 ff.

WK = Weißenburger Katechismus. StD 6, Lb 13. Faks.: Enneccerus 21–28, Fischer ST 7. – VL X, 824 ff., Haubrichs 2003, AAL 506 ff. (beide Masser), Hellgardt 905 ff.

Würzb. B, Zeitzer B → B mit Ortsangabe.

Abkürzungsverzeichnis

A.	Akkusativ
aaO.	am angegebenen Ort
ablV.	ablautendes Verb
Adhort.	Adhortativ
Adj., adj.	Adjektiv, adjektivisch
Adv., adv.	Adverb, adverbial
ae.	altenglisch
afrs.	altfriesisch
ags.	angelsächsisch
ahd.	althochdeutsch
Akk.	Akkusativ
alem.	alemannisch
anfrk.	altniederfränkisch
anl.	altniederländisch
as.	altsächsisch
awn.	altwestnordisch
bair.	bairisch
Clm	Codex Latinus Monacensis
D., Dat.	Dativ
Dekl.	Deklination
ds.	derselbe, dieselbe, denselben
f., fem.	feminin
Faks.	Faksimile
Fem.	Femininum
fmhd.	frühmittelhochdeutsch
fnhd.	frühneuhochdeutsch
frk.	fränkisch
Fs.	Festschrift
G., Gen.	Genitiv
germ.	germanisch
got.	gotisch
GtN	Göttername
GwN	Gewässername
hd.	hochdeutsch
hg., Hg(g).	herausgegeben, Herausgeber
Hs., Hss.	Handschrift, Handschriften
I.	Instrumental

https://doi.org/10.1515/9783111210537-206

idg.	indogermanisch
Imp.	Imperativ
Ind.	Indikativ
Inf.	Infinitiv
Instr.	Instrumental
Jh.	Jahrhundert, Jahrhunderts
Kap.	Kapitel
karol.	karolingisch
Kjn.	Konjunktion
Komp.	Komparativ
Konj.	Konjunktiv
Kt.	Karte
lat.	lateinisch
lgb.	langobardisch
Lit.	Literatur
Lok.	Lokativ
m., mask.	maskulin
Mask.	Maskulinum
md.	mitteldeutsch
merow.	merowingisch
mfrk.	mittelfränkisch
mhd.	mittelhochdeutsch
mlat.	mittellateinisch
mnd.	mittelniederdeutsch
mnl.	mittelniederländisch
N.	Nominativ
n., ntr.	neutral
ND	Nachdruck, Neudruck
nd.	niederdeutsch
nfrk.	niederfränkisch
nhd.	neuhochdeutsch
nl.	niederländisch
Nom.	Nominativ
Ntr.	Neutrum
obd.	oberdeutsch
ON	Ortsname
Opt.	Optativ
P.	Person
Part.	Partizip

Pl.	Plural
PN	Personenname
Präp.	Präposition
Präs.	Präsens
Prät.	Präteritum
Pron., pron.	Pronomen, pronominal
red.	reduplizierend
redV.	reduplizierendes Verb
Rez.	Rezension
rom.	romanisch
schw.	schwach
Sg.	Singular
st.	stark
stV.	starkes Verb
Subst., subst.	Substantiv, substantivisch
Superl.	Superlativ
swV.	schwaches Verb
Urk.	Urkunde
urn.	urnordisch
VN	Völkername
wmd.	westmitteldeutsch
wzV.	Wurzelverb
/ /	Phoneme
‹ ›	Schreibformen, Graphe(me)
[ ]	phonetische Transkriptionen
abc*	nicht bezeugte Flexionsform eines bezeugten Wortes
*abc	rekonstruierte, postulierte Form
†abc	konstruierte, nur der Argumentation dienende Form
|	handschriftliches Zeilenende

Einleitung

E 1. Zeit

Unter Althochdeutsch (Ahd.) verstehen wir die älteste Periode jener Sprache, deren jüngstes Stadium das heutige Deutsch ist. **§ 1**

1. Ahd. beginnt mit der zweiten („hochdeutschen") Lautverschiebung spätestens im 7. Jahrhundert (vgl. § 83) und endet in der 2. Hälfte des 11. Jahrhunderts (ca. 1050) mit der Abschwächung der vollen Endsilbenvokale (§ 58–60), die sich massiv auf das Flexionssystem auswirkt. Die kontinuierliche schriftliche Überlieferung setzt Ende des 8. Jahrhunderts ein.
2. Das Ahd. kennen wir nur in seinen mehr oder weniger eng miteinander verwandten Dialekten (Stammessprachen?). Eine überdachende ahd. Gemeinsprache hat es nicht gegeben (vgl. § 4); was sich dokumentieren lässt, sind Ausgleichstendenzen im politisch-kulturellen Verkehrsraum des fränkischen Reiches, jedoch auch gegenläufige Tendenzen zur deutlicheren Ausprägung von Dialektunterschieden (vgl. § 6a).
3. Als „deutsch" im Sinne einer Nationalsprache können die ahd. Dialekte nicht gelten (vgl. Morciniec 1984 u. 2017). Die – nach Klein 1994: 391 in vorahd. Zeit gebildete – Sprachbezeichnung ist zwar schon 786 und dann oft im 9. Jahrhundert als lat. *theodiscus* belegt, als ahd. *diutisk* zuerst um 1000 bei Notker. Sowohl *theodiscus* als auch *diutisk* bedeuten aber nur 'volkssprachig, nichtlateinisch' (§ 249:2d). Erst für die nachahd. Zeit – seit dem Annolied, Ende des 11. Jahrhunderts – ist die Bedeutung 'deutsch' zu sichern (Sprg III,2191 ff. [Reiffenstein]).
4. Die Phase der ältesten ahd. Belege wird als „Frühalthochdeutsch" bezeichnet (Sonderegger 1979: 181). Ebenso lassen sich die volkssprachigen Wörter in den lateinisch verfassten germanischen Stammesrechten („Leges barbarorum") etikettieren, die ins 7./8. Jahrhundert fallen. „Die Legesüberlieferung geht der Glossenüberlieferung zeitlich voraus", reicht jedoch bis ins 11. Jahrhundert (Stricker 2019: 33). – Die rekonstruierbare Vorstufe des Ahd. ist „Voralthochdeutsch" genannt worden (Penzl 1986: 16, ds. 1987: 106; s. Anm. 2). Derselbe Terminus definiert freilich auch die Sprache konkreter Denkmäler, nämlich der räumlich zugehörigen Runeninschriften des 6.–7. Jahrhunderts (§ 1a:1).

Anm. 1. Reichmann (Sprg I,4 f.) und Haubrichs (1995: 3) wenden sich gegen den Gebrauch des Etiketts „(alt)hochdeutsch" zur Bezeichnung von Sprachverhältnissen und -prozessen einer Zeit, der der Begriff „deutsch" noch fehlt. Auch wenn die Vorbehalte sachlich berechtigt sind – an den etablierten Termini lässt sich nicht mehr rütteln.

Anm. 2. Penzl (1987: 106) propagiert die „Rekonstruktion einer einheitlichen voralthochdeutschen Grundsprache, aus der sich althochdeutsche Dialekte ausgegliedert haben"; doch vgl. § 6a.

https://doi.org/10.1515/9783111210537-001

E 2. Quellen

§ 1a Ahd. Sprache ist uns nur in einem sehr schmalen Ausschnitt zugänglich. Die Schreiber ahd. Glossen und Texte waren als Mönche und Kleriker Mitglieder der sozialen Oberschicht. Was sie schrieben, gehörte sehr speziellen Textsorten an. Von Alltagssprache ist – abgesehen von den Pariser Gesprächen – kaum etwas überliefert.

1. Aus der frühen Zeit ist vorahd. Sprache in etlichen, vielfach unsicher deutbaren Runeninschriften von ca. 500 bis ins 7. Jahrhundert erhalten – „die ältesten Zeugnisse deutscher Sprache" (Scardigli 1994: 287). Etwa sieben Inschriften reichen sogar ins 3.–5. Jahrhundert zurück (SgRi 882, Nedoma 2020: 93 f.), darunter westgerm. *ka[m]ba* (Frienstedt, § 2 A.3c). Hinzu treten zum einen Personen- und Ortsnamen in lat. Texten, Urkunden, Traditionsbüchern, Markbeschreibungen und in Memorialüberlieferung (Verbrüderungsbüchern, Nekrologien), zum anderen germ.-ahd. Rechtswörter in den lat. Stammesrechten, die allerdings überwiegend in jüngerer kopialer Überlieferung vorliegen. Die älteste St. Galler Originalurkunde mit ahd. Namen stammt aus dem Jahr 731 oder 736 (Sonderegger 1959: 148).
2. Die ältesten, noch vereinzelten ahd. Glossen stammen aus der 1. Hälfte des 8. Jahrhunderts aus dem ags. Missionsgebiet (Echternach, Köln, ab der Mitte des 8. Jahrhunderts gefolgt von Würzburg, Fulda, Freising, Regensburg, St. Gallen u. a.), z. T. in unmittelbarer Nachbarschaft zu ae. Glossen. Die Erweiterung der antiken Technik des Glossierens auf die Volkssprache wurde auf dem Kontinent von ags. und irischen Missionaren vermittelt. Auch der Vocabularius Sti. Galli (2. Hälfte des 8. Jh., nur als „in Deutschland" lokalisierbar) ist „ein Repräsentant jenes englischen Einflusses" (Bischoff 1971: 118; vgl. Bergmann 1983: 11 ff., 31 ff.). Die Handschriften, die den Abrogans, die älteste große ahd. Glossensammlung (obd. [bair.], 2. Hälfte des 8. Jh.), überliefern, sind kurz vor (K, Südwesten, aber nicht St. Gallen) und bald nach 800 (Pa, Regensburg, und Ra, Oberrhein, nicht Reichenau) entstanden, ebenso die kürzende Bearbeitung R (Samanunga, Regensburg). Ahd. Glossen entstanden in großer Zahl vom 8. bis ins 11. Jahrhundert und wurden vielfach abgeschrieben und kompiliert, z. B. in den großen Kompilationen von Bibelglossen im 10./11. Jahrhundert (Tegernsee, Salzburg, Mondsee). Das jüngste und zugleich umfangreichste ahd. Glossenwerk ist das Summarium Heinrici (11. Jh., rheinfrk.; vgl. § 6 A.7), dessen kopiale Überlieferung bis ins 15. Jahrhundert reicht.
3. Die große Zeit der ahd. Literatur ist das 9. Jahrhundert. Die bedeutendsten Texte sind der ahd. Isidor (Is, noch im 8. Jahrhundert) mit den Monseer Frag-

https://doi.org/10.1515/9783111210537-002

menten (MF, Umsetzung ins Bair.), die Interlinearversionen der Benediktinerregel (BR, St. Gallen) und der Murbacher Hymnen (H, Reichenau, Murbach), der Tatian (T, Fulda) und aus der zweiten Hälfte des Jahrhunderts Otfrids Evangelienbuch (O, Weißenburg, um 900 in Freising bair. umgeschrieben [OFreis]). Einer Anzahl kleinerer Denkmäler (StD, Lb) kommt sprachgeschichtlich kaum geringere Bedeutung zu, z. B. den Stabreimdichtungen – Hildebrandslied, Wessobrunner Gebet, Muspilli, Merseburger Zaubersprüche –, den Markbeschreibungen, dem Weißenburger Katechismus, der Exhortatio, den älteren Beichten oder dem Ludwigslied.

4. Das 10. Jahrhundert bringt wenig Neues, volkssprachige Schreibtätigkeit versiegt aber keineswegs (geistliche Gebrauchsliteratur, Glossen; vgl. Bergmann 2004). Um die Jahrhundertwende entsteht das herausragende Werk Notkers des Deutschen (N, St. Gallen, †1022). Am Ende der ahd. Periode stehen der Hoheliedkommentar des Ebersberger Abtes Williram (Will, gut und breit überliefert), das Gebet des St. Emmeramer Mönchs Otloh und der ahd. Physiologus (Phys), alle um/nach 1060. Der chronologisch angeordnete Handschriftenkatalog bei Hellgardt 2022a: 46–81 dokumentiert – unter weitgehendem Ausschluss der Glossographie – die paläographische Überlieferungsgeschichte aller ahd. Textträger vom Ende des 8. bis zur Mitte des 16. Jahrhunderts.

Lit.: Zu den Runeninschriften: Scardigli 1994: 285 ff., Schwerdt 2000: 200 ff., Düwel 2001, Nedoma 2004, SgRi; Auflistung der vorahd. und voras. Runendenkmäler bei SgRi CXCIV–CCXVII. – Zur frühen Namenüberlieferung: Sonderegger 1965, Menke 1980 (286–366: Namengrammatik); zu den Personennamen: Geuenich 1971 u. 1976, ds. 1992: 667 ff., ds./Haubrichs/Jarnut 2002, N.Wagner 2011a, 2013, 2014, 2016, 2022 u. ö. – Zu den frühen Rechtswörtern: Baesecke 1935, HRG II,1879 ff. – Zur zeitlichen Abgrenzung von Ahd. und Mhd.: Schützeichel 1984, Splett 1988, Stricker 2009a.

Das vollständigste Verzeichnis der literarischen Quellen und der Glossen des Ahd. – unter Ausklammerung der Eigennamen und der Leges-Wörter – gibt das AWB (I,IX–XIV und später; aktuelles Gesamtverzeichnis: www.saw-leipzig.de/de/projekte/althochdeutsches-woerterbuch/awb_quellen_abkuerzungen_1968-2019_-1.pdf, Stand 01.09.2023). Vgl. ferner Lb S. 161–179, Köbler 1992: 129 ff., Sonderegger 2003: 66–89, SchAWB 13–19.

Überblick über die Glossenüberlieferung: Bergmann/Stricker 2009, Nievergelt 2011; Katalog der Glossenhandschriften: BStK / BStK online (Anm. 3a; ersetzt Bergmann 1973). Zu den Überlieferungsformen ahd. Glossen vgl. Bergmann 2000, zur Überlieferung von Textglossaren vgl. Wich-Reif 2001. Zu den Typen und Funktionen volkssprachiger Glossen vgl. Glaser 2003, Bergmann 2003a; zu deren Funktion bei der schulischen Erarbeitung lat. Texte vgl. Henkel 2000.

Anm. 1. Die Authentizität der ahd. Überlieferung steht außer Frage. Die genauen, regelmäßigen Entsprechungen in Phonologie, Morphologie und Lexikon – sowohl innerhalb des Korpus als auch im Vergleich mit den Schwester- und Tochtersprachen – können nur durch reguläre Entwicklung und Differenzierung einer gesprochenen Sprache zustande gekommen sein.

Die gesetzmäßigen Korrespondenzen führen die Ausstellungen eines G. Süßmann (1988) ad absurdum, der ausgehend vom Hildebrandslied letztlich sämtliche ahd. Handschriften als Fälschungen zu brandmarken suchte. Ein Text hat sich freilich tatsächlich als gelehrte Erfindung entpuppt: ein 1859 von G. Zappert publiziertes „althochdeutsches Schlummerlied"; dazu de.wikipedia.org/wiki/Althochdeutsches_Schlummerlied (Stand 01.09.2023).

Auch bei Glossen besteht mitunter Verdacht auf Fälschung, wenngleich der Beweis im Einzelnen schwer fällt (Nievergelt 2007: 65 A.11, Bergmann u.a. 2020). Dasselbe gilt für angeblich vorahd. Runeninschriften wie den Knochen von Maria Saal (SgRi 400 f.). Davon zu trennen sind neuzeitliche Nachbildungen alter Text(teil)e in Runen wie *insprŋhaptbad* und *inwar wigand* (SgRi 758), die offenkundig den ersten Merseburger Zauberspruch aufgreifen; vgl. SgRi CXLII–CXLVI.

Anm. 2. Wichtige Handbücher und Hilfsmittel:

a) Textsammlungen: MSD (textlich überholt, Anmerkungen weiterhin wichtig), StD, Gl; gute Auswahl: Lb, Haug/Vollmann 1991 (Übersetzungen, Kommentare), Schlosser 2004 (Übersetzungen), Hellgardt (Übersetzungen, Einführungen, Erläuterungen). Nachweise für Einzeltexte im Quellenverzeichnis.
b) Wörterbücher (vgl. Bulitta 2010): Graff, AWB, SchAWB, Bergmann 1991, SplAWB, Köbler 1993 u. 1994, H.Götz 1999, Seebold 2001–08, EWA, EWDS. – Glossare und Indizes (Auswahl): StW, SchGW, Splett Abr 413 ff., Heffner 1961, Isidor (Hench Is, Eggers 1960), BR (Daab 1959: 97 ff., Masser 2002: 263 ff.), GlPaul, H, al. Ps (Daab 1963), Tatian (Sievers T, Köhler 1914), Otfrid (Kelle, Piper, Shimbo 1990), Notker (Sehrt/Legner 1955, Sehrt 1962, Köbler 1986, H.Götz 1997), Will (Seemüller 1878, Schützeichel/Meineke 2001).
c) Grammatiken: Piper 1880: 170–450 (sprachhistorisch veraltet), Armitage 1911, Baesecke Einf., Franck Afrk., Schatz Abair., ds. Ahd., Szulc 1974, Penzl 1986, E.Meineke/Schwerdt 2001, Sonderegger 2003. – Historisch-vergleichend (Gemein- bzw. Urgermanisch): Grimm Gr., Streitberg Urg., Wilmanns, Hirt Urg., Prokosch 1939, Krahe/Meid 1969, Ramat 1981, Voyles 1992a, Ringe 2017, Ringe/Taylor 2014, Fulk 2018.
d) Sprachgeschichten: Behaghel 1928, Eggers 1963, R.E.Keller 1978, Sonderegger 1979 u. 1997, N.R.Wolf 1981, Wells 1990, Scardigli 1994 (Vor- und Frühgeschichte), Riecke 2016, W.Schmidt 2020, H.U.Schmid 2023.
e) Literaturgeschichten: Piper 1880: 1–169, Kögel Lg., v.Unwerth/Siebs 1920, Ehrismann 1932, Baesecke 1940–53, de Boor 1949, Bostock 1976, Haubrichs 1995, VL, AAL, Hellgardt 2022a.

Anm. 3. Grundlegende digitale Ressourcen zum Ahd. (Stand 01.09.2023):

a) Handschriftenportale:

BStK online	glossen.germ-ling.uni-bamberg.de
Handschriftencensus	www.handschriftencensus.de/hss
Manuscripta Mediaevalia	www.manuscripta-mediaevalia.de

b) Quellen und Texte:

Deutsch Diachron Digital	korpling.german.hu-berlin.de/annis3/ddd
Glossen-Wiki	glossenwiki.phil.uni-augsburg.de/wiki/index.php
Leges-Wortschatz	legit.germ-ling.uni-bamberg.de

c) Wörterbücher:

AWB online | EWA online	awb.saw-leipzig.de | ewa.saw-leipzig.de
Köbler, Ahd. Wörterbuch	www.koeblergerhard.de/ahdwbhin.html
MWB online	www.mhdwb-online.de/wb.php

E 3. Sprachraum, Schreiborte und Dialekte

Der ahd. Sprachraum erstreckt sich vom Süden des deutschen Sprachgebiets so weit nach Norden, wie die postvokalische Tenuesverschiebung der hochdeutschen Lautverschiebung (/p, t, k/ > /ff, ȥȥ, hh/, § 87:1) in ahd. Zeit reicht. Nördlich schließen sich das Altniederländische und das Altsächsische an, die nicht an der Lautverschiebung teilhaben (§ 2a). § 2

Anm. 1. Das Langobardische südlich der Alpen, das nur in Rechtswörtern und Eigennamen bezeugt ist, unterlag ab dem 8. Jh. der Romanisierung. Es hat die hochdeutsche Lautverschiebung zu gewissen Teilen („asymmetrisch", Lühr 2020: 303; vgl. v.d.Rhee 1976) durchgeführt; dennoch ist es von Eggers dem Ahd. abgesprochen worden. Denn während das Ahd. sich im politischen und kulturellen Rahmen des frk. Reiches entwickelt, wird das Königreich der Langobarden erst zu einer Zeit (774) dem Frankenreich einverleibt, als sich ihre Sprache bereits im Übergang zum Romanischen befindet. Die von Mitzka eingeführten, von Eggers beibehaltenen Hinweise auf das Lgb. sind von Reiffenstein größtenteils gestrichen worden.

Der Ausschluss des Lgb. gründet sich allein auf den historischen Befund. Sprachlich gesehen ist es aufgrund gemeinsamer Neuerungen – z. B. auch Monophthongierung von /ai/ vor /r/ und /w/ (§ 43 A.1) – durchaus angemessen, das Lgb. den ahd. Dialekten zuzurechnen (so auch Lühr 2020). Wiesinger (2005: 26) führt Lgb., Bair. und Alem. auf einen gemeinsamen Ursprung zurück. „Eine moderne Gesamtdarstellung der Sprache der Langobarden fehlt" jedoch (SgRi XCV A.62). Bevor das Lgb. in die Ahd. Gr. integriert werden kann, sollte eine neue Synthese der sprachlichen Fakten unternommen werden, die das veraltete Handbuch von Bruckner 1895 ersetzen, seither vertretene Positionen (Baesecke 1935: 90 ff., v.d.Rhee 1978, Scardigli 1978–79, Restelli 1984, Tischler 1989, Lühr 2020) fusionieren und der lexikalischen Studie von Francovich Onesti 2013 eine grammatische Analyse zur Seite stellen würde.

Anm. 2. Die Außengrenzen des ahd. Sprachgebiets haben sich erst allmählich durch Ausgleichsprozesse verfestigt (zur Kartierung vgl. Wegstein 2004).

a) Die Nordgrenze zum Nfrk. und As. – vor allem die Lautverschiebungsgrenze am Rhein, ob nördlich oder südlich von Köln, Kontroverse Frings / Schützeichel, aber wohl auch im übrigen Verlauf – bleibt „in einer gewissen Grauzone" (Klein 1990: 26 ff., Zitat 42). Zur Lautverschiebungsgrenze in Hessen und Thüringen vgl. Cordes 1960.

b) An der West- und Südgrenze zu den rom. Sprachen, an der Südost- und Ostgrenze zu den slaw. Sprachen existierten jahrhundertelang eine mehr oder weniger breite zweisprachige Kontaktzone und rom. Sprachinseln (*Wal(ch)en*-ON), die z. T. erst im 10./11. Jh. germanisiert wurden, umgekehrt germ.-ahd. Sprachinseln in Ostfrankreich und Oberitalien.

c) Zur Westgrenze vgl. Schützeichel 1973: 26 f., Kleiber/Pfister 1992; zur überzogenen These einer germ. Volkssiedlung in Nordfrankreich bis zur Loire (Petri, Frings u. a.) vgl. Schützeichel 1976: 95 ff., Haubrichs 1992: 634 ff., ds. 1998.

d) Zur Südgrenze vgl. Kranzmayer 1956/58, Sonderegger 1979a: 75 ff., Finsterwalder 1990: 1 ff., Reiffenstein 1996: 997 ff.

e) Zur Ostgrenze in Nordbayern vgl. E.Schwarz 1960 (Gütter 1989 über germ. Gewässernamen), in Ober- und Niederösterreich Wiesinger 1990, P.Ernst 1997: 17 ff., 45 ff. Die ostmd. Mundarten (Obersächs., Schles., z. T. Thüring.) sind erst mit der deutschen Ostkolonisation ab dem 12. Jh. entstanden.

https://doi.org/10.1515/9783111210537-003

Mit dem Altenglischen, Altfriesischen, Altniederländischen und Altsächsischen teilt das Ahd. (und das Lgb.) viele sprachliche Gemeinsamkeiten, die die Ansetzung einer westgerm. Spracheinheit rechtfertigen. Innerhalb dieser Gruppe gibt es engere Gemeinsamkeiten zwischen dem Ae. und dem Afrs., z. T. auch dem As.

Anm. 3. Die Ausgliederung der germ. Sprachen und Dialekte ist in den vergangenen Jahrzehnten lebhaft diskutiert worden.

a) Die alte Dreiteilung in Ostgerm., Nordgerm. und Westgerm. wurde vor allem durch Maurer 1942 infrage gestellt. Er setzte an die Stelle des Westgerm. eine frühe Dreigliederung in Nordseegerm. (Ae., Afrs., As.), Weser-Rhein-Germ. (Altfrk.) und Elbgerm. (Alem., Bair., Lgb.), in Parallele zu den Kultbünden der Ingwäonen, Istwäonen und (H)Erminonen (Tacitus, Germania c. 2). Diese Gliederung wird zwar durch neuere archäologische Befunde gestützt (Mildenberger 1986: 313 ff.), aber weder kultische noch archäologische Gemeinsamkeiten implizieren notwendig solche der Sprache (entschiedene Kritik von Kuhn 1944, später etwa von Harm 2013: 81 ff.). Die sprachlichen Merkmale dieser Gruppen sind nur über die historischen germ. Sprachen der Nach-Völkerwanderungszeit, vor allem über die ahd. Dialekte, erschließbar. Auch die (Groß-)Stämme seit dem 4.–6. Jh. – Sachsen, Franken, Alemannen, Baiern, Langobarden – reichen nicht über die Völkerwanderungszeit zurück und sind zudem alles andere als „feste Abstammungsgemeinschaften“ (Goetz 2000: 293).

b) Nach heutiger Mehrheitsauffassung erfolgte die erste Abspaltung innerhalb des Germ. durch die Abwanderung der ostgerm. Stämme (Goten u.a.) im 2./3. Jh. Die Annahme einer engeren gotonordischen Gemeinsamkeit (E.Schwarz) kann sich nicht auf aussagekräftige gemeinsame Neuerungen berufen und ist daher abzuweisen (vgl. Euler/Badenheuer 2009: 40 f.). Gute Gründe sprechen für das Weiterbestehen einer wenig differenzierten sprachlichen Einheit (Dialektkontinuum, Seebold) bei den zunächst in ihren Sitzen verbliebenen Germanen: „Spätgemeingermanisch“ (Kuhn 1944: 8, Schützeichel 1976: 39, Sonderegger 1979: 115 ff., Laur 1990: 199), „Nordwestgermanisch“ (Antonsen 1986, Marold/Zimmermann 1995, Seebold 1995: 184 f.) oder „Nordisch-Westgermanisch“ (Penzl 1989). Kontrovers ist, ob die älteren Runendenkmäler (ab ca. 150) noch das Nordwestgermanische (Klein 1992: 223 f.) oder schon das Urnordische (z. B. Hyldgaard-Jensen 1990: 59 ff., Grønvik 1998: 119 ff., Nielsen 2000, Nedoma 2011: 67 A.3, SgRi LX A.7) repräsentieren.

c) Die westgerm. Charakteristika müssen sich früh – jedenfalls vor der um 450 erfolgten Abwanderung der Angeln und Sachsen nach England – ausgebildet haben (Laur 1990, Klein 1992: 221 ff.). Der Kamm von Frienstedt bezeugt mit der Runeninschrift *ka[m]ba* ‘Kamm’ < urgerm. **kamba-z*, in der das auslautende **-z* geschwunden (s. u. β), der Themavokal *-a-* jedoch erhalten ist, die Existenz des Westgerm. ab dem späten 3. Jh. (C.G. Schmidt/Nedoma/Düwel 2010/11 [2012]: 164 f., Nedoma 2015: 147 ff., ds. 2020: 97 ff., SgRi 207 ff., Euler 2022: 32, 60). Listen von westgerm. Neuerungen bieten u. a. Rösel 1962: 58 ff., Voyles 1971: 117–150, Krogh 1996: 86 ff., Stiles 2013: 15 f., Ringe/Taylor 2014: 41–104 und Euler 2022: 60 ff., 70 ff. Stiles listet 7 phonologische und 11 morphologische Gemeinsamkeiten auf; die folgenden zählen zu den wichtigsten (vgl. ferner § 224 A.3):

α) die westgerm. Konsonantengemination zumindest vor /j/ (§ 96; doch vgl. § 96 A.1b);

β) der Schwund von germ. **-z* in mehrsilbigen Wörtern (§ 82:2d);

γ) die Bildung der 2.Sg. Prät. der starken Verben (§ 318 A.1);

δ) vielleicht der flektierte Infinitiv („Gerundium“) auf **-an(n)ja-* (§ 315+A.1).

d) Ältere Zusammenfassungen zum Status des Westgerm.: Kufner (v.Coetsem/Kufner 1972: 81 ff.), Sonderegger 1979: 113 ff., Sprg I,971 f. (Seebold), 985 ff. (H.Beck, mit Lit.), Grønvik 1998: 95 ff. Die kontroverse Debatte hat mittlerweile ein Ende gefunden, der Ansatz der westgerm. Einheit darf als sicher gelten (Ringe 2012, Stiles 2013, Euler 2022 u. a.). Sogar die grammatischen Züge lassen sich im Detail rekonstruieren (Ringe/Taylor 2014: 105–125).

Anm. 4. Die „Nordwestblock"-Hypothese H. Kuhns – eine frühe idg., aber weder germ. noch kelt. Sprachgruppe zwischen Germanen und Kelten sei als Substrat noch in Ortsnamen, z. T. in Personennamen und Appellativen fassbar (Nachweise bei Meid 1986) – tangiert das später ahd. Sprachgebiet im Norden zwar räumlich, aber nicht zeitlich; vgl. Matzel/Lühr 1986: 254 f., Meid 1986: 183 ff., ablehnend Udolph 1994: 937 f. („optische Täuschung") und Euler/Badenheuer 2009: 26 („überholt").

Das Althochdeutsche und das Altsächsische bilden zusammen mit dem Altniederländischen ein sprachliches Kontinuum (s. Anm. 1), das vielfach als Kontinentalwestgermanisch bezeichnet, aber auch als „Theodisk" (Haubrichs 1995: 25 ff., Klaes 2017: 43 ff.), „Düdisch" (Seebold 1995a: 3, ds. 2001–08: I,4) oder „Deutsch (im weiteren Sinne)" (Krogh 1996: 91) apostrophiert wird. Innerhalb dieses Kontinuums unterscheiden sich Althochdeutsch und Altsächsisch in einer Reihe von Punkten. Die Abweichungen äußern sich teils in Neuerungen, teils in Archaismen. **§ 2a**

1. Ausgewählte Neuerungen des Ahd. gegenüber dem As.:
   a) germ. /$\bar{e}_2$/ und /ō/ werden zu /ea, ia/ bzw. /ua, uo/ diphthongiert (nicht im As., vgl. Krogh 1996: 262): § 53:2;
   b) die Plosive unterliegen der hd. Lautverschiebung: § 83 ff.;
   c) die Anlautgruppen /wr, wl/ verlieren ihr /w/: § 106;
   d) postkonsonantisches /j/ geht überwiegend verloren: § 118;
   e) der Nom.Pl. der maskulinen *a*-Stämme endet auf *-a* (zur Einstufung als Neuerung gegenüber as. *-os* vgl. Boutkan 1995: 191 ff., Krogh 1996: 295): § 193 A.4;
   f) die kurzsilbigen *i*-Stämme haben sich weitgehend den langsilbigen angeschlossen: §§ 214, 217;
   g) die substantivierten Präsenspartizipien haben, soweit sie noch transparent sind, die konsonantische *nt*-Flexion aufgegeben: § 236;
   h) das starke Adjektiv hat im Nom.Sg. aller Genera sowie im Dat.Pl. pronominale Formen ausgebildet: §§ 247, 248 A.11;
   i) in der 1.Pl. Präs. des Verbs tritt die neue Endung *-mēs* auf: § 307.
2. Ausgewählte Archaismen des Ahd. gegenüber dem As.:
   a) germ. /ai/ und /au/ bleiben vielfach als Diphthonge erhalten (zur durchgehenden Monophthongierung im As. vgl. Krogh 1996: 268 ff.): §§ 44, 46;
   b) der ingwäonische Nasalschwund vor /f, þ, s/ (Krogh 1996: 213 ff.) tritt nicht ein: § 126 A.5;

c) der Akkusativ des Reflexivpronomens ist bewahrt (zum Fehlen im As. vgl. Tiefenbach 1976: 339, Krogh 1996: 323 ff.): § 282;
d) in den Pronomina *mir*, *dir*, *wir*, *ir*, *ër* ist das auslautende /r/ bewahrt (zum Schwund im As. vgl. Krogh 1996: 233 ff.): §§ 282 A.2c (auch zu frühen Ausnahmen), 283 A.1aβ;
e) die Pluralendungen des Verbs bleiben differenziert (zum as. Einheitsplural vgl. As. Gr. § 379 A.4, Krogh 1996: 331 ff., ds. 2013: 150, 153): § 307 ff.

Anm. 1. Kritisch zum Begriff des Kontinuums – speziell in Bezug auf das As. – äußert sich Krogh 2013: 147 (mit Hinweis auf vorherige Stellungnahmen des Autors). Zu den Übereinstimmungen zwischen Ahd., As. und Anfrk. vgl. aaO. 156.

§ 3 Als Schreiborte althochdeutscher Handschriften sind folgende Klöster bzw. Bischofssitze bekannt:

bair.:	Regensburg, Freising, Tegernsee, Salzburg, Mondsee, Passau;
alem.:	St. Gallen, Reichenau, Murbach, Ellwangen;
südrheinfrk.:	Weißenburg;
rheinfrk.:	Mainz, Lorsch, Worms, Speyer, Frankfurt;
ostfrk.:	Würzburg, Fulda, Bamberg;
mfrk.:	Trier, Echternach, Köln, Aachen.

Nicht wenige Handschriften mit ahd. Texten (z. B. Isidor, Ludwigslied, viele Glossenhandschriften) lassen sich keinem bestimmten Skriptorium zuordnen. Aufgrund der Überlieferungslage lässt sich das Ahd. sprachgeographisch immer nur punktuell erfassen. Außerdem stimmt der Schreibort einer überlieferten Handschrift oft nicht mit dem Entstehungsort des Originals überein. Wird eine Vorlage in einem anderen Dialektgebiet oder schon in einem anderen Skriptorium des gleichen Gebiets abgeschrieben, können schreibsprachliche Mischungen entstehen, die die dialektgeographische Beurteilung weiter erschweren. Ein konsequent geregeltes Orthographiesystem wie das des Isidor-Übersetzers (§ 6 A.8a) ist eine folgenlos gebliebene Ausnahme.

Lit.: Zur Typologie und Funktionalität der ahd. Glossenhss.: Schiegg 2015. – Detaillierte Abhandlungen zu den Glossenhss. der einzelnen Schreiborte und Bibliotheken: Bergmann/Stricker 2009: 1191–1535. – Karten der Schreiborte: Sonderegger 1970a: 13, ds. 2003: 57 f.; ausführliche Einzeldarstellungen: Schubert 2013.

Anm. 1. Bei einigen Quellen lassen sich Vorlage und Umschrift in einen anderen Dialekt unmittelbar vergleichen (§ 5 A.4), so bei den Fragmenten der in Mondsee entstandenen Ab- bzw. Umschrift des frk. Isidor ins Bair. (MF), der Freisinger Abschrift von Otfrids Evangelienharmonie (OFreis; vom Südrheinfrk. ins Bair.) sowie der Wiener Umarbeitung von Notkers Psalter (Npw; vom Alem. ins Bair.).

Anm. 2. Die Schreibsprache eines Klosters muss (entsprechend der Zusammensetzung des Konvents) nicht mit dem lokalen Dialekt der Landschaft übereinstimmen. Auf der Reichenau treten zuerst rheinfrk., dann alem. und im 9. Jh. sogar ostfrk. Dialektmerkmale auf, in Murbach alem. und rheinfrk. Das bisher als Hauptbeispiel angeführte Fulda – anfangs bair., später ostfrk. und erst danach in Übereinstimmung mit dem lokalen Dialekt hess. – entfällt nach den Untersuchungen von Geuenich 1976: 247 ff., ds. 1978: Die Personennamen weisen von Anfang an ostfrk. Lautstand auf. Auch die nachweisbar bair. Konventualen Fuldas passten sich weitgehend dem dortigen Schreibgebrauch an; die früher behauptete bair. Frühphase der fuldischen Sprachüberlieferung hat nicht existiert.

Anm. 3. Aufgrund der punktuellen Überlieferung des Ahd. ist der Gebrauch von Dialektbezeichnungen wie alem., bair., frk. nicht unproblematisch. Allerdings ist die Annahme, dass sich in den Gebieten der Alemannen und Baiern relativ einheitliche Sprachgebiete ausgebildet haben, nicht unbegründet. Dass das Frk. in seiner Expansion rhein-, main- und neckaraufwärts kein einheitlicher Dialekt geworden ist, lässt die ahd. Überlieferung gut erkennen, ganz abgesehen von der Spaltung des frk. Dialektgebiets durch die Nichtteilnahme des nfrk. Nordwestens an der Lautverschiebung. Die sprachlichen Gemeinsamkeiten vieler Texte aus gleicher Landschaft, wenn auch aus verschiedenen Schreiborten, sind immerhin so groß, dass sie den Gebrauch der Dialektbezeichnungen alem., bair., frk. rechtfertigen; sie sollten aber nur deskriptiv-sprachgeographisch – ohne ethnische Implikationen – verstanden werden, was auch dem zeitgenössischen Gebrauch gentiler Termini entspricht (freilich nicht auf Sprache bezogen; Goetz 2000: 305). Eine dialektgeographische Abgrenzung ahd. Dialektgebiete ist nicht möglich. Ebenso wenig ist für die ahd. Zeit eine Untergliederung des Alem. (in Hochalem., Niederalem. und Schwäb.) oder des Bair. (in Südbair., Mittelbair. und Nordbair.) durchführbar; sie hat sehr wahrscheinlich auch noch nicht bestanden.

Ein einheitliches Ahd. oder gar eine ahd. Schriftsprache hat es nicht gegeben. **§ 4**
Innerhalb des Ahd. unterscheidet man das Oberdeutsche (Obd.: Alem., Bair.) und das Mitteldeutsche (Md.: Frk.). Das Md. bleibt in ahd. Zeit auf das Westmd. beschränkt; zum Ostmd. vgl. § 2 A.2e. Eine vermittelnde Stellung zwischen Obd. und Md. nimmt das Ostfrk. ein, das sich am mittleren und oberen Main auf dem Siedlungsgebiet des Altstammes der 531 von den Franken unterworfenen Thüringer entwickelt hat (vgl. § 6 A.1). Zu allgemeinen Dialektmerkmalen im Ahd. vgl. § 6a, ferner Penzl 1987. Eine computergestützte Zuordnung der ahd. Texte unternimmt Mittmann 2020.

In diesem Buch wird, soweit nicht regionale Besonderheiten im Blick stehen, die ostfrk. Sprachform des ahd. Tatian (2. Viertel des 9. Jahrhunderts) als eine Art „Normalahd." zugrunde gelegt. Es ist aber zu beachten, dass es sich dabei um eine Hilfskonstruktion handelt.

Anm. 1. Über erste Ansätze zu einer sprachlichen Standardisierung ist das Ahd. nicht hinausgekommen.

a) Die von Müllenhoff (MSD I,XIV f. u.ö.) postulierte „karlingische Hofsprache" – eine vermittelnde „sprache des höheren lebens" auf rheinfrk. Basis, bezeugt durch Isidor, Straßb. Eide und Ludw – ist nicht erweisbar (Matzel 1971: 15 ff. mit Lit.).

b) Verfehlt war auch der Versuch von Schreyer 1951: 351 ff. (vgl. auch Baesecke 1921: 261), aus dem vor allem in Hss. aus den Bodenseeklöstern – Reichenau, St. Gallen, im Umkreis Walahfrids – belegten Verfahren, ahd. Glossen durch übergesetztes ‹*f*› für *francisce* zu markieren, auf eine ahd. Schriftsprache auf ostfrk.-fuldischer Grundlage zu schließen (W.Schröder 1957: 163 ff., bes. 190 ff., ds. 1959: 54, Klein 1977: 37 ff.).
c) Wenn sich auch keine ahd. Schriftsprache ausgebildet hat, so haben die Einbettung des Ahd. in die lat. Schriftkultur, Sprachwandelprozesse und vor allem frk. Einflüsse auf das Obd. ab dem 9. Jh. doch zunehmende Gemeinsamkeiten in Grammatik und Lexik bewirkt. Auch gab es schreibsprachliche Ausgleichstendenzen in orthographischen Konventionen, z. T. nachweisbar auch bei der Lautbezeichnung; z. B. verwendet Notker gegen seinen alem. Dialekt ‹*ie*› für obd. /iu/ (§ 47 A.7; Sonderegger 1978: 250 f.). Die Unterscheidbarkeit der ahd. Schreibdialekte wird durch solche überregional wirkenden Veränderungen allerdings nicht beeinträchtigt, durch andere Entwicklungen z. T. sogar verstärkt.
d) Zu Sprachbewegungen und -entwicklungen vgl. Brinkmann 1931, Frings 1966–68, Sonderegger 1978. Der Polygenese von Neuerungen in verschiedenen Sprachregionen wird heute wieder größere Bedeutung eingeräumt; zu den methodischen Problemen vgl. Harm 2013.

Anm. 2. Die drei Jahrhunderte der ahd. Periode waren eine Zeit tiefgreifender sprachlicher Veränderungen. Lautliche, morphologische, syntaktische und lexikalische Entwicklungen, die z. T. erst in dieser Zeit beginnen, lassen sich in ihrem chronologischen Ablauf und z. T. in ihrer Ausbreitung, auch über Mundartgrenzen hinweg, oft gut verfolgen. Konsonantische Neuerungen wie z. B. die hochdeutsche Lautverschiebung sind zuerst im Obd. fassbar. Viele Vokalveränderungen (z. B. Monophthongierungen und Diphthongierungen, Abschwächung der Nebensilbenvokale) treten zuerst im Frk., später im Alem. und Bair. auf usw.

Anm. 3. Früh bildeten die Skriptorien feste Schreibkonventionen aus, die auf Veränderungen der Volkssprache nur zögernd reagierten. Die Vorakte (Konzepte) von St. Galler Urkunden des 8./9. Jh. geben Vorgängen der gesprochenen Sprache Raum (z. B. dem *i*-Umlaut, § 27 A.1a), die in den Reinschriften archaisierend unterdrückt wurden (Sonderegger 1961; zu einer gegenläufigen Tendenz vgl. A.Seiler 2013). Baesecke 1928: 132 vermutet hinter vom „Kanzleiusus“ abweichenden Schreibungen in Reichenauer Namenslisten – nur in kopialer Überlieferung ab dem 9. Jh. – individuelle Eintragungen in Professlisten.

Anm. 4. Gesprochene Sprache ist auch im Ahd. natürlich nur über die schriftliche Überlieferung zugänglich. Deutlichere Einblicke gewähren die Pariser Gespräche und die Kasseler Glossen. Reflexe gesprochener Sprache finden sich aber auch sonst in beträchtlicher Menge, z. B. in Assimilationen und Abschleifungen bei Namen und in formelhaften Kurzsätzen, in Sandhi-Erscheinungen (d. h. wortübergreifenden Assimilationen, z. B. *meg ih* bei Otfrid, § 26 A.3) u. a. Gesprochene Sprache wird fassbar in Interjektionen, in Gruß-, Beschwörungs- und Rechtsformeln, in Sprichwörtern (Notker) und in bestimmten Typen von Kurzsätzen. An Notkers Übersetzungen zeigt Sonderegger (1980: 71 ff., bes. 80 ff.) Elemente einer volkssprachigen klösterlichen Unterrichtssprache auf. Zusammenfassend Sonderegger, Sprg II,1231 ff. (mit Lit.). Einen anderen Weg zu gesprochenem Ahd. sucht Masser 1997: 49 ff., bes. 55 ff. am Beispiel der Tatian-Hs. (Cod. Sang. 56) über die Analyse von Akzenten, Spatien u. ä. (als Lesehilfen); ähnlich auch Grotans 2000: 260 ff. über Notkers Akzente (Hilfen für lautes Lesen). Zur textlinguistischen Charakteristik der ahd. Texte vgl. Braun 2017.

Anm. 5. J. Grimm hat die Sprache jener ahd. (obd.) Denkmäler, in denen die hochdeutsche Lautverschiebung vollständig durchgeführt ist (also auch /b, g/ > /p, k/, vgl. § 88), als „strengalthochdeutsch" bezeichnet. Der Terminus ist entbehrlich.

Das Oberdeutsche umfasst das Alemannische und das Bairische. Die beiden Dialekte standen sich in ahd. Zeit näher als späterhin (vgl. § 6a:1). **§ 5**

Anm. 1. Die Unterschiede zwischen Alem. und Bair. liegen vor allem darin, dass im Bair. typisch obd. Merkmale (/b > p/ im Inlaut, /g > k/; germ. /ō/; germ. /ai, au/; *ga-/ka-*, *za-* u. a.; vgl. §§ 88, 38, 44, 46, 71 ff.) bis weit ins 9. Jh. bewahrt blieben, während im Alem. die moderneren (frk.) Formen (/b, g/; /ua/; /ei, ou/; *ge-/gi*, *ze-*) sich schon ab dem ausgehenden 8. Jh. durchsetzten. Bereits der frühahd. Leges-Wortschatz (§ 1:4) offenbart graduelle Unterschiede zwischen Alem. und Bair. (Stricker 2019: 44). Merkmale des Alem. (und des Südrheinfrk.) schon ab dem späten 8. Jh. sind ‹*ia*, *ua*› für germ. /$\bar{e}_2$, ō/ sowie ‹*f*› für /pf/ (vgl. auch Bergmann/Götz 1998: 445 ff.).

Die sprachlichen Gemeinsamkeiten zwischen Alem. und Bair. (und z. T. Lgb.) können aus heutiger Sicht nicht auf eine gemeinsame ethnische Basis („Elbgermanisch") zurückgeführt werden (Harm 2013). Immerhin lebt aber der Name der elbgerm. *Sweben* im Namen *Schwaben* weiter (ahd. *Suāpa* Gl 3,610,14; vgl. § 34 A.1).

1. Das Alemannische des 8. und 9. Jahrhunderts ist fast nur aus Glossen und Glossaren, Interlinearversionen und wenigen Kleintexten aus St. Gallen, Reichenau, Murbach und Ellwangen bekannt. Für das Alem. des späten Ahd. ist Notker († 1022) ein zuverlässiger und einzigartiger Zeuge. Außer dem alem. Anteil an der Sprache der Denkmäler aus diesen drei Klöstern und alem. Handschriften ungewisser Herkunft stehen für das Alem. Eigennamen – vor allem Personennamen – und ahd. Wörter aus Urkunden und der Lex Alamannorum zur Verfügung.

Anm. 2. Die Kenntnis des frühen Alem. kann sich auf wichtige, unstrittige Quellen vor allem aus St. Gallen stützen: frühe Glossen und Interlinearversionen im Cod. Sang. 70 u. a. (darunter die Vetus Latina-Fragmente, vgl. Gamper 2012, AAL 93 ff. [Voetz]), GlPaul (Reichenau? Voetz 1985: 33 ff.), Pn, BR. In anderen Fällen ist die Beurteilung der Sprachzeugnisse dadurch erschwert, dass es sich um Abschriften nicht-alem. Quellen handelt, so bei den Hss. K und Ra des bair. Abrogans (§ 1a:2). Die frühen auf der Reichenau und in Murbach entstandenen Texte – vor allem H und die Glossare Rb-Rf, Ja-Jc – weisen frk. Einflüsse auf; diese erklären sich daraus, dass die Konvente dieser frk. Gründungen sich aus dem frk. und alem. Hochadel rekrutierten (Mitzka 1955, vgl. E.Weiss 1956: 48 f.). Zu Ellwangen vgl. Tiefenbach 1975a (dazu Schützeichel 1982a: 9). – Übersicht über alem. Glossenhandschriften: Bergmann 1983, ds./Götz 1998: 451, BStK V,2369.

Anm. 3. Weitere Lit. zum Alem.: Maurer 1942, Sonderegger 1961 u. 1970a, Sprg. 3, 2810 ff. (Kunze), 2825 ff., 2841 ff. (Sonderegger), V.Schwab 2017, Nievergelt 2021. – Schweiz. Idiotikon, Geuenich 1997, Siegmund 2000.

2. Das Bairische, das sich nach den Siegen Tassilos über die Karantanen und Karls des Großen über die Awaren (772, 796) allmählich über die Alpen nach Kärnten und über die Enns nach Osten ausdehnte, ist durchweg gut bezeugt: für die ältere Zeit durch frühe Glossen aus verschiedenen Skriptorien (u. a. Tegernsee, Freising, Regensburg, Salzburg; H.Mayer 1994, Glaser 1996, Bergmann/Götz 1998: 451, O.Ernst 2007), die Kasseler Glossen, die Abrogans-Handschrift Pa (zu den wenigen nicht-bair. Merkmalen vgl. Splett 1990: 236 ff.) und die Samanunga, durch religiöse Gebrauchstexte (Exhortatio, Freisinger Paternoster, 1. bair. Beichte u. a.), für die spätere Zeit durch Glossen vor allem aus Regensburg und Tegernsee, durch große Glossenkompilationen aus Tegernsee, Salzburg und Mondsee und weitere Quellen. Die älteste Originalüberlieferung von Personennamen bietet das Salzburger Verbrüderungsbuch (ab 784; Schatz 1899, Forstner 1974). Am Ende der ahd. Periode steht Otlohs Gebet.

Lit.: Schatz Abair., Kranzmayer 1956, Bajuwaren 1988, Wolfram/Pohl 1990, Wiesinger 1992 u. 2005, Tiefenbach 2002 u. 2004; Schmeller, WBÖ, BWB, ANB. – Übersicht über die bair. Denkmäler: Schatz Abair. 3 ff., Glaser 1996: 44 ff.; über bair. Glossenhandschriften: Bergmann 1983, ds./Götz 1998: 451, BStK V,2369 f.

Anm. 4. Das eindrucksvolle Hypothesengebäude, das Baesecke 1930 für die Entstehungsgeschichte des Abrogans, des „ältesten deutschen Buches“, entworfen hat (um 765 unter Bischof Arbeo in Freising entstanden, in Beziehung zu oberital.-lgb. Traditionen), hat der Kritik nicht standgehalten. Die von Baesecke 1930: 101 f. für den Abrogans angenommenen lgb. Einflüsse auf das Original hat Splett (1987: 105 ff., 1990: 235) überprüft; sie sind allesamt unbeweisbar. Eher ist auch für den Abrogans mit ags. Einfluss zu rechnen, vgl. Wissmann 1963: 312 ff.; Wissmanns Argumente (*līh*-Adjektive von Präsenspartizipien und einige Einzelfälle) sind allerdings von Splett 1987: 110 f. und H.U.Schmid 1998: 579 ff. relativiert worden. Zu halten ist lediglich der schon vor Baesecke (Kögel Lg. II,427 ff.) angenommene bair. Ursprung etwa Mitte des 8. Jh. Pa stammt (entgegen Baesecke) sicher nicht aus Murbach, sondern sehr wahrscheinlich aus Regensburg (Bischoff 1971: 120 ff.). Vgl. Wissmann 1956, Splett Abr u. 1987, 1990.

Aufschlussreiche Umsetzungen nicht-bair. Vorlagen ins Bair. (vgl. § 3 A.1): aus dem Frk. MF (Anf. 9. Jh. aus Isidor) und OFreis (um 900); aus dem Alem. Npw (um 1100). Zur Sprache von MF vgl. Hench MF 97 ff., Matzel Is 54 ff.; zu OFreis vgl. Kelle IX ff., Pivernetz 2000: II,81 ff. (MF ist stärker bair. umgeformt als OFreis); zu Npw vgl. Heinzel 1875–76. – Die für die Kenntnis früher Orts- und Personennamen wichtigen Salzburger Güterverzeichnisse von ca. 788 (Notitia Arnonis, Breves Notitiae) sind ebenso wie die frühen Freisinger Personennamen nur kopial (12.–15. Jh.) überliefert (dazu Schatz 1899, E.Schwarz 1927, Lošek 1990, P.Ernst 1992).

Anm. 5. Die Stammesbildung der Baiern muss um 500 erfolgt sein (erste Nennungen in der 1. Hälfte des 6. Jh. bei Jordanes/Cassiodor und Venantius Fortunatus als *Bai(o)baros*, *Baiovarii*). Eine früher angenommene Landnahme eines geschlossenen Stammes (z. B. aus Böhmen oder Pannonien) ist auszuschließen. Wahrscheinlich ist die Stammesbildung – um einen „Traditionskern“ (Wenskus 1961) von „Leuten aus Böhmen“ – erst in Bayern südlich der Donau erfolgt. Lit. bei Reiffenstein, Sprg III,2893 ff.

Das Fränkische gehört nicht in seiner ganzen Ausdehnung dem hochdeutschen Sprachgebiet an. Das Nfrk. etwa nördlich und westlich von Aachen und Düsseldorf nimmt an der hochdeutschen Lautverschiebung (§ 83) nicht teil und geht auch sonst eigene Wege. Es gehört nicht zum Ahd. **§ 6**

Das Frk. des hochdeutschen Sprachgebiets gliedert sich in das Ostfrk. und Rheinfrk. – früher auch als Hochfrk. oder Oberfrk. zusammengefasst (Anm. 1) – und das Mfrk. Für das im 9. Jahrhundert erloschene Westfrk. verfügen wir nur über sehr unsichere Sprachzeugnisse (s. u. 4.).

Lit.: Franck Afrk., Schützeichel 1976, Geuenich 1998, Siegmund 2000. – Übersicht über frk. Sprachdenkmäler: Franck Afrk. § 3; über frk. Glossenhandschriften: Bergmann 1966 u. 1983, Glaser 1997, BStK V,2367 f. – Zu Personennamen: Tiefenbach 1984 u. 1987.

Anm. 1. Die Einteilung der frk. Dialekte wurde erstmals von Braune 1874: 1 ff. nach Urkunden des 15./16. Jh. vorgenommen. Schon vorher hatte Müllenhoff (MSD I,xv ff.) das Hochfrk. abgegrenzt. Die Bezeichnungen „hochfrk." oder „oberfrk." werden heute kaum mehr verwendet, da die Unterschiede zwischen Rheinfrk. und Ostfrk. stärker hervortreten als das ihnen Gemeinsame gegenüber dem Mfrk.

Zur Frühgeschichte der Franken vgl. Schützeichel 1976: 74 ff.: „ganz verschiedene Völkerschaften [...] aus dem Kreis der Weser-Rhein-Germanen" mit Zuzug nördlicher Gruppen von der Küste, in Nachbarschaft zu den Friesen. Seebold 2000: 40 ff. hält die Franken – oder ihre Kerngruppe (Traditionskern, vgl. § 5 A.5), der sich andere Gruppen anschlossen – für Friesen („Frisien"), die sich neuen Herren (nordischen „Seekriegern") nicht unterordnen wollten und nach Süden abwanderten, um frei („frank") zu bleiben. Vgl. ferner Geuenich 1998, Siegmund 2000.

1. Schreiborte des Ostfrk. waren Würzburg und im 9. Jahrhundert Fulda (danach wurde dort hess. geschrieben; so auch die heutige Mundart). Bamberg (Bistum seit 1007) tritt erst in fmhd. Zeit in Erscheinung (zu vereinzelten ahd. Glossen vgl. Bergmann 1987).

Anm. 2. Das Ostfrk. ist nicht einfach Ergebnis frk. Expansion mainaufwärts ab dem 6. Jh. Vielmehr ist mit germ. Siedlung lange vorher zu rechnen (Frk. auf elbgerm.-alem.-thüring. Substrat?). Vgl. E.Schwarz 1960: 35 ff., Steger 1961: 233 ff., ds. 1968: 393, Bergmann 1986: 436 ff.

Anm. 3. Es ist zu beachten, dass „ostfrk." im politisch-historischen und im dialektgeographischen Sinn Verschiedenes meint. Dialektgeographisch bezeichnet „ostfrk." (zuerst bei Braune 1874: 4) das Mainfrk. vom Spessart bis zum Obermain. Historisch bezeichnet „ostfrk." den Ostteil des Fränkischen Reiches (Francia orientalis, das Reich Ludwigs des Deutschen); Geuenich 2000: 313.

Anm. 4. Zur Überlieferung des Ostfrk.:

a) Frühe Glossen aus Fulda und Würzburg reichen ins 8. Jh. zurück (Hofmann 1963, Bergmann 1983), auch die aus Fulda stammenden Bas. Rez (sprachlich schwer einzuordnen; Geuenich 1978: 116 f., Lühr Hl 28 f.). Auf den Anfang des 9. Jh. zu datieren sind LexSal

– Hs. aus Mainz (Bischoff 1971: 106), Sprache fuldisch (Sonderegger 1964: 118, Lühr Hl 10 ff., 28, ds. 2013: 108, 122), archaischer als sonst für Fulda belegbar (Geuenich 1978: 117 ff.) – und Hammelb (Bergmann 2012).

b) Das bedeutendste und bei weitem umfangreichste Denkmal ist der ahd. Tatian (sicher Fulda, 2. Viertel des 9. Jh., Auftragsarbeit für St. Gallen? Masser 1991: 45). Jünger sind Fuldaer B und die Würzburger Markbeschreibungen (Lb 2.4; Bergmann 2012, W.Beck 2013), am Übergang zum Fmhd. steht Will (um 1060). Ostfrk. Umschrift aus dem Rheinfrk. ist das frk. Taufgelöbnis (Fulda; Geuenich 1978: 111 ff.).

c) Zur Sprache Fuldas: Baesecke 1921 u. 1924, Schröbler 1960 (mit zu weitgehender, an Baesecke angelehnter Einvernahme ahd. Texte für Fulda), Geuenich 1976 (aufgrund der reichen datierten lokalen PN-Überlieferung) u. 1978. Zur Glossenüberlieferung aus Würzburg vgl. Moulin-Fankhänel 1999 u. 2001.

d) Zu Tatian: Sievers T § 4–117, Gutmacher 1914, Baesecke 1948, Masser 1991. Die Versuche, den Tatian-Schreiber γ mit Walahfrid (Schröter 1926, Baesecke 1921: 259) und ζ (der auch den ganzen Text durchkorrigierte) mit Hraban (Baesecke 1921: 252) zu identifizieren, sind widerlegt: Beider Hände konnten identifiziert werden (Butzmann 1964: 20 f., Bischoff 1971: 106) und stimmen nicht mit den Tatian-Schreibern überein; vgl. Masser 1991: 20. Zur Sprache von γ vgl. Matzel Is 410+A.152 (mit Lit.), Klein 1977: 366 f., ds. 2001: 27 ff. (mit ausführlichem Forschungsbericht): nicht archaisches Ostfrk. (so Moulton 1944), sondern mit starken Bezügen zum As. (so z.T. schon Matzel Is und für den Wortschatz Mettke 1961).

Anm. 5. An das Ostfrk. schließt nördlich das Thüringische an, das in ahd. Zeit nur aus einigen Namen bekannt ist. De Heinrico (Lb 39) ist trotz v.Unwerth 1916: 312 ff. eher nordrheinfrk. (mit as. Einsprengseln) als thüring.; vgl. Dittrich 1952/53: 274 ff., VL III,930 (McLintock).

2. Schreiborte des Rheinfrk. sind Mainz, Frankfurt, Lorsch, Worms, seit dem 10. Jahrhundert auch Fulda (vorher ostfrk., s. o. unter 1.). Das Südrheinfrk. in der Grenzzone zum Alem. ist vor allem durch Weißenburg vertreten.

Lit.: Zur Sprache früher Weißenburger Namen (ab 695): Socin 1882. – Zu WK: Heffner 1941–42. – Sprache Otfrids: Kelle O, Kleiber 1987 u. 2000; zur Morphologie Piper O II,657 ff.; zur Syntax Erdmann 1874–76, Schrodt 1983.

Anm. 6. In älteren Arbeiten findet sich statt „rheinfrk." (so seit Müllenhoff) gelegentlich „südfrk." (Braune 1874; später von ihm aufgegeben). Dagegen nennt Müllenhoff das Südrheinfrk. „südfrk.", für die südliche Zone des Rheinfrk., in der sich frk. und alem. Dialektmerkmale mischen.

Anm. 7. Rheinfrk. sind die Straßburger Eide, im 10. Jh. die Mainzer Beichte, die Reichenauer Beichte und die Cantica-Bruchstücke. Das Summarium Heinrici (vgl. § 1a:2) ist bislang weder zeitlich noch räumlich eindeutig fixierbar: spätes 11. Jh., nach Wegstein 2001 eher 12. Jh. (also eigentlich mhd.); /p-/ > /pf-/, aber nicht ostfrk. (Lorsch, Würzburg oder Worms?).

Südrheinfrk. sind außer früh belegten elsässischen Namen der Weißenburger Katechismus (1. Hälfte 9. Jh.; nicht in Weißenburg geschrieben, vielleicht in Worms; Bischoff 1971: 117 f., Haubrichs 1995: 238, ds. 2003) und vor allem Otfrids Evangelienbuch (Weißenburg, vor 870). Otfrid hat sein Buch selbst durchkorrigiert und kleinere Abschnitte von Hs. V selbst geschrieben (vgl. Fischer ST, 18, 20*). Von seiner Hand stammen neben mehreren lat. Kodizes der Weißenburger Bibliothek (Kleiber 1971: 102 ff.) auch ahd. Glossen (Butzmann 1964, Kleiber 1987).

Anm. 8. Die bedeutendste ahd. Übersetzungsleistung sind die Texte der sog. Isidor-Gruppe (Is, MF). Dieser sind lange Zeit auch Glossen in Jc (Murbach; Neuedition in Krotz 2002: 285 ff.) zugerechnet worden, doch die Annahme einer Abhängigkeit hält eingehender Prüfung nicht stand (aaO. 276 ff., 652 ff., ds. 2009: 824 f.).

a) Besonders bemerkenswert ist das sorgfältige Orthographiesystem (bei Isidor sehr gut bewahrt, in MF noch erkennbar, vgl. Matzel 1966: 144 ff., ds. Is 54 ff., 513 ff.). Die dialektgeographische Stellung der Sprache wird kontrovers beurteilt: Sie ist in den wichtigsten phonologischen Merkmalen rheinfrk., weist jedoch im morphologischen Bereich sowohl alem. als auch „nördliche" – mfrk., nfrk., as. – Entsprechungen auf. Erschöpfender kritischer Forschungsbericht bei Matzel Is 378 ff.

b) Unter Hinweis darauf die wichtigste neuere Lit.: Nutzhorn 1912: 265 ff., 430 ff. hatte die Herkunft aus Murbach vertreten, was von Baesecke (1927: 206, 1947: 367 ff. u. ö.) unterstützt, von de Boor 1949: 34, Eggers 1960: XIII f. (westfrk., Tours) und Schützeichel 1976: 113 ff. abgelehnt wurde. Endgültig widerlegt wurde die „Murbacher Hypothese" durch Kirschstein 1962, die – ohne den Terminus „westfrk." zu verwenden – die Sprache von im rom. Gebiet ansässigen Franken für die Grundlage hält (117 ff.). Mitzka 1963: 31 ff. sieht in der Sprache Isidors (Mfrk. mit starken rheinfrk. Einschlägen) die Sprache der mfrk. Oberschicht (vgl. Müllenhoffs Hofsprache, § 4 A.1a). Schützeichel 1976: 119 ff. denkt an das östliche Lothringen (Metz), an den Kreis um Mainz und an die Hofsprache (121: „immerhin nachdenkenswert"). Zur „westfrk. These" vgl. Matzel Is 389 ff.

c) Matzel selbst (1970: 462 ff.) tritt nachdrücklich für lothringisches Rheinfrk. ein (wie zuerst Kögel Lg. II,492 f.), vielleicht gleichzusetzen mit dem Heimatdialekt Karls des Großen (Metz als zentraler Ort der Arnulfinger, 527 ff.). Er sieht den Übersetzer in engster Nähe zum Hof und bezieht (513 ff.) Einharts Feststellung, dass Karl *inchoavit et grammaticam patrii sermonis* (Vita Karoli, Kap. 29; dazu Scardigli 1986), auf das Orthographiesystem der Isidor-Übersetzung als Grundlage einer Grammatik (Ordnung und Normierung der Verschriftung).

d) Schallanalytische Darstellung des Lautsystems bei E.Sievers 1925. Zur Phonologie vgl. Penzl 1971: 57 ff., Voyles 1974 (kritisch dazu Ronneberger-Sibold 1989: 260); zur Übersetzungstechnik vgl. Lippert 1974 (kritisch dazu Pollak 1975). Ausführliche Erörterung bei Krotz 2002.

Anm. 9. Weniger problematisch ist die sprachliche Einordnung des Ludwigslieds. Die von Schützeichel 1966/67: 299 ff. zusammengestellten mfrk. und nfrk. Kriterien reichen nicht aus, den grundsätzlich rheinfrk. Charakter infrage zu stellen (Matzel 1971: 27 ff.). Vgl. Urmoneit 1973 (dazu Matzel 1975).

3. Das Mfrk. ist durch Zeugnisse aus Echternach, Köln, Trier und Aachen vertreten. Die Gliederung in das nördliche Ripuarische (Hauptort Köln) und das südliche Moselfrk. wird erst in mhd. Zeit deutlicher fassbar.

Lit.: Mitzka 1963, Bergmann 1966/67, N.Kruse 1976, Schützeichel 1976, Bergmann 1983a, Klaes 2017. – Zu den Glossen: Bergmann 1966 u. 1983, Stührenberg 1974, Glaser 1997.

Anm. 10. Unter den Quellen ragen zahlreiche Glossen heraus, von denen solche aus Echternach und Köln zu den ältesten ahd. (1. Hälfte des 8. Jh.) gehören. Aus Köln und Trier sind aus dem 9.–11. Jh. einige Kleintexte und Bruchstücke erhalten (Schützeichel 1976: 429 ff.), von denen Trierer Cap und einige Segen (StD Nr. 63, 80, 81) hervorgehoben seien. Nicht lokalisiert ist das Bruchstück der mfrk. Psalmen (Lb 17.2), der erste Teil der anfrk. Psalmen (Quak 1981). Zu einem mfrk. Anteil an der Werdener/Essener Glossographie vgl. Klein 1977: 272 ff. Die Sprache des Leidener – besser: Egmonder – Will ist nicht mfrk., sondern partielle Umsetzung der ostfrk. Vorlage ins Anl. des Bearbeiters (Sanders 1974: 302 u. ö., Klein 1979: 425 ff.).

4. Die Versuche zur Wiedergewinnung des Westfrk. stoßen auf bisher nicht überwundene Schwierigkeiten. Ob es im gallorom. Westen des Karolingerreiches im 9. Jahrhundert noch eine fränkisch sprechende Bevölkerung gab – sei es in geschlossener Siedlung (ganz unwahrscheinlich), in Streusiedlung oder (am ehesten) in Sprachinseln –, bleibt ganz unsicher. Für (resthafte) germ.-rom. Zweisprachigkeit der geistlichen und weltlichen Oberschicht gibt es im 9. Jahrhundert immerhin Zeugnisse (Schützeichel 1976: 110 f., Matzel Is 395 A.77). Über die Sprache lässt sich jedoch nichts Sicheres ausmachen.

Lit.: Schützeichel 1976: 94 ff. (= 1963), Jungandreas 1972, Haubrichs/Pfister 1989: 73 ff., Haubrichs 1992, Schwerdt 2000: 198. – Zur Namenüberlieferung: Neuss 1978.

Anm. 11. Es gibt nur spärliche Evidenz für den Sprachstand des Westfrk.:

a) Am ehesten lassen sich in den Pariser Gesprächen Spuren des Westfrk. finden, allerdings in der Reduktionsform einer Zweitsprache (Lernersprache); vgl. Haubrichs/Pfister 1989 (mit Lit.; 82: frk. Sprachinsel südlich der Île de France? 9 ff.: Überlieferung im *pagus* von Sens), Klein 2000, AAL 349 (Haubrichs); anders Gusmani 1996 u. 2004 (mit weiterer Lit.).
b) Das Polyptychon Irminonis – ein Hörigenverzeichnis des Klosters St. Germain des Près vom Anfang des 9. Jh. – enthält zahlreiche westfrk. Personennamen (Morlet 1968; zur Latinisierung der Feminina vgl. N.Wagner 2013: 26 ff.).
c) Ältestes Westfrk. (6. Jh.) ist in sehr verderbter Überlieferung in den Malbergischen Glossen erhalten. Die Sprache steht jedenfalls nicht auf hochdeutscher Stufe (keine Lautverschiebung, noch /ē/ für ahd. /ā/ usw.); vgl. Jungandreas 1954/55, Gysseling 1976, Schützeichel 1976: 124 f., Schmidt-Wiegand, HRG III,211 ff., Seebold 2007 (mit Folgeartikeln). Auch in Urkunden und Kapitularien können westfrk. Wörter enthalten sein (vgl. Tiefenbach 1973: 110 ff., de Sousa Costa 1993).
d) Sicher nicht westfrk. ist die Sprache von Isidor und Ludwigslied. Sehr unsicher Bergmann 1966: 224 (1 Glosse). Zu ahd. Griffelglossen des 9. Jh. aus Ostfrankreich vgl. Tiefenbach 2001: 101 ff.

§ 6a Zwischen den Hauptdialekten herrscht so weitgehende Übereinstimmung, dass die Zusammenfassung als „Ahd.“ gerechtfertigt ist (vgl. § 1). Doch „die Grammatik des Althochdeutschen ist keine Einheit“ (Sonderegger 2003: 244). So finden sich aussagekräftige Unterschiede, die zur Dialektbestimmung herangezogen werden können. Im Folgenden sind wichtige phonologische und morphologische Charakteristika aufgeführt (Näheres zur hd. Lautverschiebung in § 83 ff.).

1. Oberdeutsch allgemein (§ 5):
   a) durch /l/ + Konsonant und durch /hh/ – oft auch durch /r/ + Konsonant und durch /h/ – wird der Primärumlaut verhindert: § 27 A.2bc (zum Frk. s. 4a);
   b) germ. /eu/ wird vor Labial/Velar immer zu /iu/: § 47:2 (zum Frk. s. 4c);
   c) zwischen /r/ und Velar, Labial oder /l/ treten Sprossvokale auf: § 69:2;
   d) die stimmhaften Frikative germ. /ƀ, đ, ǥ/ sind im Voraltobd. zu stimmlosen Lenisplosiven /b̥, d̥, g̊/ geworden: §§ 82 A.1, 84:1, 88 (zum Frk. s. 4d);
   e) germ. /k/ entwickelt sich zur Aspirate [kh] bzw. zur Affrikate [kχ]: §§ 87:2, 144+A.7;
   f) im Dat.Pl. der *a*- und der *n*-Stämme wird im 9. Jahrhundert die Endung *-un* bevorzugt: §§ 193 A.7a, 221 A.3 (zum Frk. s. 4e);
   g) die Deminutiva auf *-(l)īn* enden in der Regel auf *-(l)ī*: § 196 A.3;
   h) Nom.Sg. f. und Nom.Akk.Pl. n. der starken Adjektive enden auf diphthongisches *-iu* mit unsilbischem [u̯]: § 248 A.6a9c (zum Frk. s. 4g);
   i) der adjektivische Komparativ kennt das Allomorph *-ōro*, dafür ist *-ero* in früher Zeit ganz selten: § 261:3+A.2 (zum Frk. s. 4h);
   j) im Konj. Präs. der swV. II/III werden (auch) längere Formen verwendet: § 310:1 (zum Frk. s. 4j);
   k) die lang- und mehrsilbigen swV. I bilden das Präteritum ohne /i/: § 363;
   m) im Präteritum von *magan* bleibt /a/ erhalten: § 375 A.2 (zum Frk. s. 4k);
   n) im Präsens von *wellen* bleibt /e/ erhalten: § 385 A.4 (zum Frk. s. 4m).
2. Alemannisch (§ 5:1+A.1):
   a) germ. /ō/ erscheint im 9. Jahrhundert als /ua/: § 39:1 (zum Bair. s. 3a, zum Frk. s. 4b);
   b) der Nom.Akk.Pl. der *ō*-Stämme kennt auch den adjektivischen Ausgang *-o*: §§ 207 A.6b, 212 A.2;
   c) die Pluralendungen des schwachen Ind. Prät. enthalten /ō/: *-tōm*, *-tōt*, *-tōn*: § 320 (dagegen bair. und frk. /u/);
   d) die 1.3.Sg. des schwachen Konj. Prät. endet auf langes /ī/: § 322 (dagegen bair. und frk. kurzes /ĭ/, später [ə]);
   e) die Verben *gān* und *stān* weisen durchgehend /ā/ auf: § 382 (dagegen bair. und frk. meist /ē/).
3. Bairisch (§ 5:2+A.1), überwiegend Archaismen (vgl. Wiesinger 2005):
   a) germ. /ō/ ist im 9. Jahrhundert noch weitgehend erhalten: § 39:2 (zum Alem. s. 2a, zum Frk. s. 4b);
   b) die Präfixe *ga*- und *za*- zeigen in der 1. Hälfte des 9. Jahrhunderts unverändert *a*-Vokalismus: § 71 f.;

c) die Folge /rj/ ist als ‹*ri*› erhalten (dagegen alem. und frk. oft zu /rr/ assimiliert): § 118:2+A.3b;
d) auslautendes /g/ ist über [k] zur Affrikate [kχ] (graphisch ‹*ch*›) weiterverschoben: § 149 A.5b.

4. Fränkisch (§ 6):
a) vor einigen Konsonanten(gruppen), die den Primärumlaut im Obd. verhindern (s. 1a), ist er im Frk. durchgeführt: § 27 A.2bc;
b) germ. /ō/ erscheint im 8. und 9. Jahrhundert als /uo/: § 39:3 (zum Alem. s. 2a, zum Bair. s. 3a);
c) germ. /eu/ wird vor Labial/Velar + /a, e, o/ zu /io/: § 47:1 (zum Obd. s. 1b);
d) anders als im Obd. (s. 1d) bleiben die germ. Frikative /ƀ, đ, g̱/ stimmhaft: §§ 84:2, 88;
e) im Dat.Pl. der *a*- und der *n*-Stämme wird im 9. Jahrhundert die Endung *-on* bevorzugt: §§ 193 A.7a, 221 A.3 (zum Obd. s. 1f);
f) Langvokale in zweisilbigen Suffixen und Endungen werden anscheinend früh reduziert: *-āri* (lat. *-ārius*) über *-ări* zu *-eri*: § 200 A.1bc; *-ōno* (Gen.Pl. f.) über *-ŏno* zu *-eno*: § 207 A.7b;
g) Nom.Sg. f. und Nom.Akk.Pl. n. der starken Adjektive enden auf *-(i)u* mit unsilbischem [i̯]: § 248 A.6a9c (zum Obd. s. 1h);
h) der adjektivische Komparativ endet auf *-iro* und schon früh auf *-ero*, jedoch nicht auf *-ōro*: § 261:3+A.2 (zum Obd. s. 1i);
i) die pluralischen Possessivpronomina kennen haplologisch verkürzte Formen (die im As. ausschließlich gelten): § 286+A.2;
j) im Konj. Präs. der swV. II/III werden – abgesehen von Is, MF – nur die kürzeren Formen verwendet: § 310:1 (zum Obd. s. 1j);
k) im Präteritum von *magan* wird /a/ durch /o/ ersetzt: § 375 A.2 (zum Obd. s. 1m);
m) im Präsens von *wellen* wird /e/ durch /o/ ersetzt: § 385 A.4 (zum Obd. s. 1n).

Phonologie

Lit.: Kommentierte Bibliographie 1932–1984: Ronneberger-Sibold 1989: 1–377. – Graphematik und Phonematik der vorahd. Runeninschriften: SgRi LXXXV–C.

P 1. Schreibsysteme und Paläographie

Zur Aufzeichnung des Ahd. diente das lateinische Alphabet (zur Runenschrift s. Anm. 1*b). Die Schreibung des Lat. im westfrk. Merowingerreich bildete die erste Grundlage. In einigen Texten ist die Einwirkung romanischer Schreibungen erkennbar. Durch angelsächsischen Einfluss entsteht im Westen (Echternach) und im Missionsgebiet des Bonifatius (Mainfranken, Hessen, Südwestfalen) eine „insulare" Schreibprovinz, die auch auf alem. und bair. Klöster ausstrahlt und bis tief in das 9. Jahrhundert nachwirkt (Anm. 1). § 7

Kennzeichnend für das ahd. Schreibsystem sind die Natur der Orthographie (1.) sowie Besonderheiten bei bestimmten Konsonanten (2.) und Vokalen (3.).

1. Keine historisch gewachsene Orthographie bildet Sprache phonologisch oder phonetisch exakt ab. Das gilt für die ahd. Schreibkultur, die Konventionen erst ausbilden musste, in besonderem Maße. Die lat. Schriftzeichen reichten zur Wiedergabe der ahd. Lautwerte oft nicht aus und ließen z. T. nur unbefriedigende Lösungen zu. Auch daraus erklären sich, soweit es sich nicht um Dialektunterschiede handelt, die Schwankungen in der ahd. Orthographie. Vielfach bleiben phonologisch relevante Unterschiede unbezeichnet, z. B. meist die Vokalquantität, die *e*-Laute u. a. Besonders krass ist die Ambivalenz von ‹*z*›, z. T. von ‹*ch*›, alem. auch von ‹*f*-› (Frikativ oder Affrikate). Umgekehrt werden gelegentlich auch Unterschiede bezeichnet, die zwar phonetisch, nicht aber phonologisch relevant sind (so unterscheidet Notkers Anlautgesetz nur Allophone, vgl. § 103). Hinzu kommt ein relativ hohes Maß an Schreibvarianten für ein und denselben Laut (z. T. Indiz für Lautwandel). Dennoch kann eine phonologische Interpretation auch der ahd. Schreibsysteme mit Erfolg durchgeführt werden, wie zahlreiche Untersuchungen belegen. Da es ein einheitliches Ahd. nicht gegeben hat, sollte die Analyse aus methodischen Gründen zunächst immer auf Einzeltexte beschränkt bleiben.
   Dass die mittelalterlichen Schreiber die Probleme der angemessenen Orthographie reflektiert haben, beweisen die sorgfältigen Systeme von Isidor und Notker sowie Otfrids Äußerungen über die Unangemessenheit lat. Schriftzeichen für die Wiedergabe ahd. Laute (Lb 32.2, 47 ff.; dazu Mattheier 1990). Wo im Folgenden eine besondere Kennzeichnung notwendig ist, werden Grapheme (Schriftzeichen) durch ‹ ›, Phoneme (Systemlaute) durch / / und Allophone (Lautungen, phonetische Umschriften) durch [ ] gekennzeichnet.

Lit.: Valentin 1969, Penzl 1971 u. 1982, Simmler 1979 u. 1981, Glaser 1988, Sprg II,1155 ff. (Simmler), O.Ernst/Glaser 2009. – Zum Problem der Verschriftung: Sprg I,300 ff. (Grubmüller), A.Seiler 2014. – Zu Notkers Orthographiesystem: Zürcher 1978. – Zum Fehlen einer geregelten Orthographie: Masser 2008: 133.

https://doi.org/10.1515/9783111210537-004

Anm. 1. Zu besonderen Zeichen und Abkürzungen:

a) In älteren Denkmälern erscheinen vereinzelt eigene Zeichen für Laute, die mit dem lat. Alphabet schlecht wiedergegeben werden konnten. Diese Versuche stehen unter dem Einfluss des ags. Schreibgebrauchs, der in einigen Hss. auch paläographisch deutlich fassbar ist, vgl. § 8. Insulare Einflüsse finden sich nicht nur in Echternach und im bonifatianischen Missionsgebiet (s. o.), sondern auch in St. Gallen (Sonderegger 1959: 149). Es kommen vor: das Zeichen ‹*đ*› für den postdentalen Frikativ, der sonst meist durch ‹*th, dh*› bezeichnet wird (§ 166), und die Wynn-Rune (ƿ, ‹*ṕ*›) für /w/, die in Abschriften gelegentlich als ‹*p*› missverstanden, sonst korrekt durch ‹*uu, u*› wiedergegeben wird (§ 105; Nievergelt RP 562 ff.). Beide Zeichen zusammen finden sich in Hl und LexSal (zum Hl vgl. Fischer ST 12 f., 15*), doch sind sie im Übrigen selten. Am häufigsten erscheint noch ‹*đ*› (dazu Holtzmann 1870: 157), auch einige Male zu Beginn des Tatian (Sievers T § 18). Das Zeichen ‹*ṕ*› begegnet auch in den Freisinger Griffelglossen *ṕec* (= *weggi* ‘Keil’, O.Ernst 2007: 303, 394 f.) und *ṕullisont, ṕullida, ṕur*| (GlFreis 236, 238 f., 247). Aus ags. Schreibgebrauch stammt ferner ⁊ für *enti* ‘und’ (Wess, Canonesglossen; vgl. Kögel Lg. II,522, Baesecke 1922: 444+A.6, U.Schwab 1973: 27 ff., Bischoff 1986: 129). Die Sternrune ✱ für *ca, ga* (Wess, vgl. Fischer ST 14; sonst nur noch in den Canonesglossen der Hs. London BM Arundel 393, süddt.; Gl 2,149) ist hingegen einem der zahlreichen Runenalphabete (De inventione litterarum) entnommen, die das gelehrte Interesse an Geheimschriften befriedigten. Auf direkten ags. Einfluss verweist das nicht; der Weg nach Bayern führt vielleicht über die Reichenau (U.Schwab 1973: 30 ff., 54; zu den Runica Manuscripta Derolez 1954). ✱ ist – entgegen Baesecke 1918/68: 68, ds. 1922: 456 – nicht Ligatur aus X und | = *g* + *i* (Arntz 1944: 122, U.Schwab 1973: 30 ff.). Zur Runenschrift s. auch Anm. 1*b.

b) Angelsächsischem Einfluss wird ferner der im Ahd. allmählich zunehmende Gebrauch des im westfrk. Lat. unüblichen Buchstabens ‹*k*› zuzuschreiben sein (Kauffmann 1892: 253; vgl. Mattheier 1990: 75). Auch der im Ahd. von Anfang an übliche doppelte Gebrauch des ‹*h*› für Frikativ und für Hauchlaut (§ 151) kann ags. Schreibusus nachgebildet sein (Franck Afrk. 12 f.), ebenso wie die gelegentliche Schreibung ‹*s, ss*› für den ahd. Frikativ /ʒ, ʒʒ/ in den ältesten Echternacher Glossen (Hofmann 1963: 40, Nr. 6 und 10; vgl. §§ 87 A.5c, 160 A.2bα; v.d.Rhee 1970: 158 ff., 173, Schwerdt 2000: 264 f.). Zudem stammt die Verwendung des Akuts zur Bezeichnung der Betonung – nicht von Langvokalen – aus ags. Schreibgebrauch (Bischoff 1986: 129).

c) In ahd. Hss. kommen des Öfteren Abkürzungen zum Einsatz, die allerdings in manchen Editionen stillschweigend aufgelöst werden. Am häufigsten ist der Nasalstrich (für ‹*m, n*›), z. B. ‹*ū*› = ‹*un, um*› (in der Endung *-mēs* auch für ‹*es*›, § 307 A.4d). In frühen Hss. begegnet nicht selten die Ligatur & für ‹*et*›, z. B. *hlos&* ‘hört’ (häufig im Tatian, vor allem bei den Schreibern α, β, seltener bei ζ, vgl. Masser 1994 [von Sievers T aufgelöst], ferner z. B. Pa, Exh [Lb 10, 1. 48], GlKass, Musp; Schneider 2014: 22 mit Abb. 1); in späterer Zeit oft in Pred. Recht häufig sind auch Abkürzungen bei Personennamen in lat. Kontext (Sonderegger 1959: 149). Zu Kürzungsverfahren in den Glossen vgl. Henkel 2001, O.Ernst 2009.

Anm. 1*. Mitunter tritt uns ahd. Wortgut nicht im lat. Alphabet, sondern in anderen Schriftsystemen entgegen (vgl. Nievergelt 2007: 644 f.):

a) Eine Freisinger Griffelglossierung des Clm 6272 (9. Jh.) enthält griech. Buchstaben mit vermutlich geheimschriftlichem Charakter. Die sprachliche Deutung bleibt vorerst offen (O.Ernst 2007: 282 ff., 381 ff., 396, 584 f.). Im Clm 15825 (11. Jh.) findet sich eine kompassförmige Windrose mit griech. (vorwiegend in Majuskeln) geschriebenen Bezeichnungen der vier Himmelsrichtungen, z. B. NOPΘ 'Norden' (vgl. AWB VI,II [Abb.]. 1333). – Zur Rolle des Griech. im frühen Mittelalter vgl. Herren 1988; zum Griech. in St. Gallen und auf der Reichenau vgl. E.Meineke 1993: 19 ff.; zum Bemühen Notkers um das Griech. vgl. Frakes 1987, Sonderegger 2008.

b) Einen Sonderfall stellen einige St. Galler Griffelglossen vom Ende des 8. Jh. dar, die in Runenschrift abgefasst sind (dazu Nievergelt 2019). In den Griffelrunen kommen verschiedene ags. Runenreihen zum Einsatz, die für das Skriptorium in St. Gallen „weitreichende Runenkenntnisse" erweisen (aaO. 190). Die Verwendung von Runen fand jedoch keine Fortsetzung. – Die vorahd. Runeninschriften sind in SgRi dokumentiert.

c) Schließlich ist auf einige Glossen aus Hs. 6 des Archivs des Bistums Augsburg (2. Hälfte des 9. Jh.) hinzuweisen, die in einer Neumengeheimschrift geschrieben sind, d. h. in einem Alphabet, das überwiegend aus Neumen besteht, aber auch Lateinbuchstaben enthält. Es handelt sich um acht ahd. und zwei lat. Glossen zum Markus-Evangelium; Edition und Diskussion bei Schiegg 2015: 74 f., 209 ff.

Anm. 2. Kauffmann (1892: 243 ff., 1900: 145 ff.) hat die Entstehung ahd. orthographischer Systeme untersucht und gezeigt, dass Wandlungen der Schreibung nicht immer auch Wandlung der Aussprache bedeuten, was heute selbstverständlich erscheint. Auf die Bedeutung einzelner Klöster als Zentren orthographischer Schreibgewohnheiten hat Kögel Lg. II,559 ff. hingewiesen (vgl. Schatz 1899: 36). Zum Orthographiesystem Isidors vgl. Matzel 1966, ds. Is 162 ff.; s. o. § 6 A.8a.

Die Schreibtradition konnte ältere Formen länger festhalten als die gesprochene Sprache (vgl. Sonderegger 1961). Bei ungeübten Schreibern können sprechsprachliche Formen früher in die Schrift eindringen als bei versierten (z. B. im Musp, vgl. Braune 1915: 428 A.1). Rückschlüsse auf die ahd. Orthographie gestatten die im 10./11. Jh. von bair. Schreibern geschriebenen altslaw. Freisinger Denkmäler (Braune 1874a: 527 ff., Vondrák 1897: 201 ff.).

Anm. 3. Der genaue phonetische Wert der durch Graphemanalyse ermittelten Phoneme lässt sich in der Regel nicht oder höchstens relativ zu benachbarten Phonemen angeben (vgl. auch Penzl 1947: 181). Zum Verhältnis Schreibung – Lautung vgl. auch Penzl 1982. Neben dem Vergleich mit älteren Sprachstufen und mit verwandten Sprachen oder Dialekten kann auch die Entwicklung der rezenten Mundarten Einsichten in vorausliegende Verhältnisse erlauben. Bei direkten Vergleichen ist allerdings zu prüfen, ob die dialektalen Erscheinungen so alt sind, dass sie mit entsprechenden ahd. identifiziert werden können (was häufig nicht der Fall sein wird). Vgl. auch Schützeichel 1986: 171 ff.

Die handschriftliche Worttrennung (d. h. der Wortumbruch am Zeilenende) erlaubt Rückschlüsse auf die Silbenstruktur, vgl. Vennemann 1987a: 194 ff. zu Isidor. Worttrennungen am Zeilenende und Spatien im Wortinneren – zu Spatien zwischen den Wörtern vgl. § 8 A.3 – folgen im Wesentlichen phonologischen Prinzipien (Frey 1988: 228 f. anhand wichtiger ahd. Texthss.). In MF sind viele Wörter durch Punkte oder Spatien unterteilt, die sowohl phonologisch (Silbentrennung) als auch morphologisch (Segmentierung von Komposita) relevant sind (Hench MF X, Frey 1988: 66 ff.); zu al. Ps vgl. Blom 2017: 150. – Zum Ae. vgl. Wetzel 1981.

2. Bei der Schreibung der Konsonanten ist der von Beginn der Überlieferung an geltende ambivalente Lautwert des Zeichens ‹z› besonders auffällig; es bezeichnet den Frikativ und die Affrikate. Eine zureichende Erklärung dafür ist

nicht gefunden. Denn die Theorie, dass germ. /t/ sich in der ahd. Lautverschiebung über die Affrikate zum Frikativ entwickelt habe (Mitzka 1951/52: 112, Bruch 1953: 149 ff.), ist nicht gesichert, ein Festhalten an der Graphie nach Phonemspaltung (Schweikle 1964: 253) daher nicht zu erweisen; auch chronologische Gründe sprechen dagegen (Schützeichel 1976: 249 ff.). Vielleicht ist die Ursache darin zu suchen, dass ‹*z*› auch im Lat. doppelten Lautwert besaß (Mattheier 1990: 75 f.).

Die doppelte Geltung des Zeichens ‹*h*› für Hauchlaut und Frikativ kann nicht auf Phonemzusammenfall zurückgeführt werden (s. Anm. 1b). Der in der hochdeutschen Lautverschiebung aus germ. /k/ entstandene Frikativ (/h, hh/, § 145) muss sich ursprünglich von germ. /h/ phonetisch unterschieden haben; nur so ist die unterschiedliche Entwicklung von /ai, au/ vor germ. /h/ und vor ahd. /h(h)/ < germ. /k/ verständlich (§§ 43 A.4, 53:1; Vennemann 1972: 874 f., ds. 1987: 45 f.). Der neue Frikativ wird dem germ. /h/ aber ähnlich genug gewesen sein, um durch dasselbe Schriftzeichen abgedeckt zu werden (Franck Afrk. 13); in der weiteren Entwicklung sind die beiden Frikative in den meisten Positionen zusammengefallen.

Anm. 4. Der dentale Frikativ wird von der Affrikate nur im Orthographiesystem Isidors exakt unterschieden: Frikativ ‹*-zss-*, *-zs*›; Affrikate ‹*z-*, *-z*› und ‹*-z-*› nach Langvokal, sonst ‹*tz*› (§§ 159 A.3a, 160 A.2a), vgl. Matzel Is 178 ff., Penzl 1970: 104 ff.

In grammatischen Schriften ist es vielfach üblich, den Spiranten durch ‹*ʒ*, *ʒʒ*› zu bezeichnen (*waʒʒar*, *daʒ*), während ‹*z*› die Affrikate bezeichnet (*zwēne*, *sizzen*, *diz*). In diesem Buch wird ‹*ʒ*› verwendet, wo es der Darstellungszweck erfordert, sonst wird die Schreibung der Hss. beibehalten. Die aus Geminate entstandene Affrikate wird hier in der Regel ‹*zz*› geschrieben (*sizzen*, *luzzil*). – Vgl. zur Schreibung der Konsonanten die Übersicht § 171–191.

3. Bei der Schreibung der Vokale wird gelegentlich germ. /e/ vom Umlaut-*e* dadurch unterschieden, dass für ersteres die Zeichen ‹*ę*›, ‹*æ*› oder ‹*ae*› gewählt werden, so vereinzelt im Tatian (Sievers T § 63), in bestimmten Wörtern – meist vor /r/ – auch bei Isidor (Matzel Is 165). Umgekehrt wird aber auch das Umlaut-*e* gelegentlich so bezeichnet (vgl. § 26 A.4b; Matzel Is 163 f.).
Die Langvokale werden in den meisten Handschriften nicht speziell gekennzeichnet. In den ältesten Denkmälern (8. / Anfang des 9. Jahrhunderts) wird die Vokallänge, wenn überhaupt, meist durch Doppelschreibung bezeichnet (Anm. 6). Seltener ist die Bezeichnung der Vokallänge durch Akzentzeichen, wobei der Zirkumflex vor dem Apex den Vorzug genießt (dazu und zum sorgfältigen Akzentsystem Notkers s. Anm. 7, 8). Für /ī/ kam auch das spezielle Zeichen „I longa“ zum Einsatz („noch nicht erforscht“, Nievergelt im Druck a). Nach einer neueren Hypothese konnte Vokallänge im Spätahd. zudem durch ein Dehnungs-*e* ausgedrückt werden (Anm. 10).

In vielen Textausgaben werden die Langvokale mit Zirkumflex ˆ versehen. In diesem Buch wird der Längestrich ¯ verwendet; lediglich bei Notker-Belegen werden die Zirkumflexe beibehalten.

Anm. 5. Neben ‹*u*› existiert das Zeichen ‹*v*›. Beide werden völlig gleichwertig gebraucht, sowohl für den Vokal /u/ als auch für den Konsonanten germ. /f/ (§ 137 ff.) und (als ‹*vv, uv, vu*›) für den Halbvokal /w/: *ubar, vbar*; *uaran, varan* (*faran*); *vveiz, vueiz, uueiz* usw. Wo es nicht um Handschriftentreue geht, wird das Zeichen ‹*v*› heute in der Regel nur benutzt, um den Konsonanten /f/ wiederzugeben.

Anm. 6. In den ältesten Quellen wird Vokallänge mitunter durch Doppelschreibung zum Ausdruck gebracht (zur Schreibung der Vokale vgl. die Übersicht in § 11–23).

a) Die Doppelschreibung ist am häufigsten in BR, wiewohl auch da nicht konsequent durchgeführt (F.Seiler 1874: 433). Sie betrifft dort in erster Linie die Endsilbenvokale (Kögel Lg. II,467). Beispiele: *leeran, ketaan*; *manomees, churiit, deonoon, sunnuun*. Johannsson 2009, der die Verteilung auf die einzelnen Schreiber und Lagen analysiert, nimmt wegen häufiger Einfachschreibung z. T. – wohl zu Unrecht – sekundär gedehnte Kurzvokale an.
b) In anderen Schriften wird die Doppelschreibung spärlicher und fast nur in Wurzelsilben angewendet, z. B. Pa *moori, mootscaffi, sikinoomi* (EWGP 429), Ka *sooneo*, R *taamo, reeho, liip, droos, ruuh*, Rb *noot, roost*, Jb-Rd *see, roor*, al. Ps *zaala*, T *meer, giboot, huus* (Sievers T § 63). Bei Isidor steht Doppelschreibung für Langvokal in geschlossener Silbe und in Einsilblern (Matzel Is 62 ff., 172 f., Penzl 1971: 59, 66), doch zuweilen auch in offener Silbe (*iaaro, ziidi*). Vgl. Schatz Abair. 9, Franck Afrk. § 6; zu LexSal vgl. Lühr 2013: 107 f. Der Usus reicht bis ins 13. Jh., vgl. *iis* GlMon (1,523,54), *roo, rooh* SH (3,153,56 f.), *svv* 3,442,23.
c) Mihm 2001: 586 ff. sieht in Doppelschreibungen des anl. Leid. Will Bezeichnungen der Zweigipfligkeit – wofür auch Schreibungen wie *emezzihic* = *emezzīc* (§ 152 A.4) sprechen könnten – oder diphthongischer Aussprache. Er stellt mit Verweis auf die Konvention der lat. Orthographie generell die Funktion der Doppelschreibung zur Bezeichnung der Vokallänge infrage.

Anm. 7. Auch die Auszeichnung der Vokalbuchstaben durch Akzente begegnet früh.

a) Schon in Pa findet sich öfter ein Akzentzeichen (ein schräger Strich mit kleinem Haken, wo die Feder absetzt), wohl zur Bezeichnung der Quantität (Kögel 1879: 41 ff., P.Sievers 1909: 62 f., Baesecke 1931: 323, Bischoff 1986: 129 A.107), so auch in den St. Galler Vorakten (Sonderegger 1961: 269). Es handelt sich nicht um einen Akut oder Zirkumflex, sondern um einen Apex, ein römisches Diakritikon aus dem 1. Jh. v. Chr. (dazu ausführlich Nievergelt im Druck a). Akzente werden reichlich verwendet in Teilen des Tatian (Sievers T § 63, Harczyk 1874: 76 f., P.Sievers 1909: 14 ff.); auch hier liegen Apices vor (Nievergelt aaO.). Gabriel 1969: 51 ff. und Masser 1997: 60 f. interpretieren Tatians Akzente als Betonungszeichen; J.Fleischer 2009: 171 ff. weist auf weitere Funktionen hin. Der Apex als Längenbezeichnung, der ags. Schreibgebrauch entstammt, begegnet am häufigsten in den ältesten Denkmälern, z. B. in R – *prâhta, hlóc, éuuart, chlagóm, aodlîh* usw. (daneben Doppelschreibung) –, vgl. P.Sievers 1909: 101 f. Sporadische Apices über langen Vokalen finden sich in vielen Denkmälern.
b) Davon unabhängig ist das griech.-lat. Akut/Zirkumflex-System (Nievergelt aaO.), das erst bei Notker zu einem Akzentsystem entwickelt ist (Brief an Hugo von Sitten: *uerba theutonica sine accento scribenda non sunt*). Notker bezeichnet jeden betonten Langvokal durch

Zirkumflex, jeden betonten Kurzvokal durch Akut und setzt auch auf lange Vokale der Nebensilben sehr oft den Zirkumflex. In der Bezeichnung der Diphthonge scheidet Notker *éi, óu, íu, éu* von *ûo, îa, îo*, in denen das auch quantitative Vorwiegen des ersten Teils durch den Zirkumflex hervorgehoben wird. In erster Linie bezeichnet der Akzent die Betonung, allerdings differenziert nach der Quantität. Vgl. O.Fleischer 1882, P.Sievers 1909: 21 ff., Carr 1935, J.C.King in Tax 1968: XXXVII–XLIII, Penzl 1968: 134 f., Gabriel 1969: 61 ff. (mit älterer Lit.), Zürcher 1978: 30 ff., J.Fleischer 2009: 166 ff.

c) Spuren des Notkerschen Systems zeigen viele Schriften des 11. Jh., am konsequentesten Will (P.Sievers 1909: 32 ff., H.Kruse 1913, Schatz Ahd. 7, Gabriel 1969: 84 ff., Gärtner 1991: 45 ff.). Zur Akzentuierung in der mfrk. Reimbibel (12. Jh.) vgl. Klein 1995: 55 ff., Mihm 2001: 591 ff. In späten Hss. ist der Zirkumflex kein Längezeichen mehr (Wegstein 1987: 1224).

Anm. 8. Eine ausführliche Darstellung und Sammlung des Materials geben P.Sievers 1909 und Gabriel 1969: 44 ff. Beide betonen, dass die Akzente neben (Gabriel: vor) der Quantität auch die Betonung bezeichnen sollen. Zu den Akzenten in den ags. Hss. vgl. W.Keller 1908: 97 ff. – Verwendung der Akzente zur Bezeichnung der Tonrichtung (Steigton und Fallton), nicht der Quantität, nimmt E.Sievers 1920: 152 ff. an (zustimmend Gabriel 1969). Zum phonetischen Akzent bei Otfrid vgl. § 115 A.1; seine rhythmischen Akzente gelten in Haupt- und Nebenton dem Vers, gehören also in die Metrik (vgl. J.Fleischer 2009: 169 f.).

Anm. 9. Ahd. Glossen werden vielfach in einer Geheimschrift geschrieben (Nievergelt 2007: 641 ff., Hss.-Liste 649 ff., ds. 2009, ds. 2019: 12 ff.). Die gewöhnlichste Form besteht darin, dass jeder Vokal durch den im Alphabet folgenden Konsonanten vertreten wird („*bfk*-Geheimschrift“), z.B. aus Cod. Sang. 845 (Gl 2,54 ff.): *flkzzf* (d.i. *fliȝȝe*) ‘studio’, *bxphstbbb* (*buohstaba*) ‘elementum’, *xntrkxxb* (*untriuua*) ‘fraudes’. Seltener sind andere Systeme, z.B. in Clm 18547,2 (Gl 2,747 ff.) Ersetzung durch den übernächsten Buchstaben („*cgl*-Geheimschrift“): *yzcryylntcn* (*ūȝaruuintan*) ‘extorsisse’ (vgl. Schatz Abair. 8, Bischoff 1986: 234, Nievergelt 2007: 643 f.). Der Terminus „Geheimschrift“ ist eigentlich inadäquat; wir haben es mit einem „Gelehrtenspiel“ zu tun, das „der Kennzeichnung der eigenen geistigen Leistung und auch Überlegenheit diente“ (Nievergelt 2019: 215 f.).

Anm. 10. Einige in *bfk*-Geheimschrift (Anm. 9) geschriebene Glossen aus den Hss. Einsiedeln 179 (10. Jh.) und Cod. Sang. 845 (11. Jh.) enthalten ein unerwartetes ‹*f*›, das bei normaler Auflösung für ‹*e*› stehen müsste. Tax 2002 hat vorgeschlagen, darin frühe Zeugen für ein Dehnungs-*e* zu sehen, das die Länge des vorhergehenden Vokals markiert. Beispiele (Geheimschrift aufgelöst): *noet* Gl 2,58,15, *nordoestan* 2,57,19, *oestsundanuuint* 2,62,9, *erraeten* Part. Prät. 2,61,31 (‹*e*› von Steinmeyer nicht ediert; zur Lesung vgl. AWB VI,1343. 1338, VII, 141. 688). Tax rechnet mit Abschrift aus einer frk. Vorlage; zur Geschichte des Dehnungs-*e* im Mfrk. vgl. Klein 1995: 41 ff.

§ 8 Die Schrift der ahd. Denkmäler ist die karolingische Minuskel, eine kalligraphische, geformte Buchschrift, die in der Regierungszeit Karls des Großen entwickelt wurde. In ihrer klaren Formgebung stellt sie die eindrucksvolle Entsprechung zu Karls sonstigen Reformen im literarisch-kulturellen Bereich dar (Reinigung der lat. Sprache, kritischer Bibeltext u.a.). Sie blieb vier Jahrhunderte in Geltung. Allerdings erlangte die karol. Minuskel nie völlige Einheitlichkeit. Die Skriptorien entwickelten je eigene Stile, die der Forschung in vielen Fällen eine mehr oder weniger zuverlässige Lokalisierung und Datierung einer Handschrift erlauben (Bischoff 1986: 151 ff., Schneider 2014: 19 ff.). Charakteristikum der karol. Minuskel ist, dass die Buchstaben (von Ligaturen abgesehen) unverbunden nebeneinander stehen; die Spatien zwischen den Wörtern sind in der früheren Zeit oft schwach ausgeprägt. Ab dem 10. Jahrhundert werden die Wörter deutlicher abgesetzt (Anm. 3). Im 11. Jahrhundert setzen sich auch in der Schrift neue Tendenzen durch: Ab 1000 entwickelt sich innerhalb der karol. Minuskel ein neuer Schreibstil, der „schrägovale Stil" – leicht rechtsgeneigt, repräsentativer Vertreter Otloh von St. Emmeram (Schneider 2014: 27 Abb. 3) –, der vor allem im Südosten bis weit ins 12. Jahrhundert üblich bleibt.

Daneben gibt es im ags. Missionsgebiet – Echternach; Fulda, Mainz, Würzburg – eine bedeutende ags. Schreibprovinz mit Ausstrahlungen nach St. Gallen wie nach Regensburg, Freising und Salzburg. Die Pflege der insularen Schrift endet auf dem Festland um 820, in Fulda bald nach dem Tod Hrabans 856 (Bischoff 1986: 128).

Alle ahd. Texte, Glossen und Namen sind in lat. Einbettung überliefert. Die Kleintexte wurden, da Pergament teuer war, meist auf leere Seiten, auf Vor- oder Nachsatzblätter oder auf unbeschriebene Teile einer Seite (Blattfüllsel) von lat. Sammelhandschriften eingetragen, z. T. ohne inhaltliche Beziehung zum sonstigen Inhalt des Kodex. Diese Überlieferungsart macht die inferiore Stellung der Volkssprache innerhalb der mittelalterlichen Schriftkultur augenfällig. Auch die großen Übersetzungen, Interlinearversionen und Glossare, die allein einen Kodex füllen (z. B. Is, T, BR, Abr, Bibelglossare, N, Will), können immer nur zusammen mit ihrer lat. Basis existieren. Selbst die wenigen volkssprachigen Großtexte wie Otfrid und der as. Heliand enthalten lat. Elemente (O: Ad Liutb; Inhaltsverzeichnisse, Kapitelüberschriften; Hel: Praefationes).

Lit.: Bischoff 1986, Schneider 2014. – Faksimiles: Enneccerus 1897, Petzet/Glauning 1910, Baesecke 1926, Eis 1949, Fischer ST.

Anm. 1. Zur Lokalisierung und Datierung der Aufzeichnungen ahd. Texte vgl. Bischoff 1971: 101 ff. Die Lokalisierung ist dann schwierig, wenn die Handschrift nicht einem der gut bezeugten Skriptorien (z. B. Fulda, Regensburg, St. Gallen) zugeordnet werden kann, was bei ahd. Texten oft der Fall ist (z. B. Abr K nicht in St. Gallen, WK nicht in Weißenburg usw.). Fast alle ahd. Texte sind in Abschriften, nicht im Original überliefert. Der zeitliche Abstand zwischen Original und Abschrift ist allerdings in der Regel geringer als bei vielen mhd. Texten. Tatian (Masser 1991: 21 f.), die Otfrid-Hss. V (Wien) und P (Heidelberg) sowie Otlohs Gebet sind als Originale überliefert, letzteres sogar als Autograph (auch Otfrid hat an V selbst mitgearbeitet, vgl. § 6 A.7). Die Aufzeichnungen ahd. Texte stammen durchweg von mehr oder weniger versierten Schreibern, mit einer Ausnahme: Das Muspilli wurde „von einer auffallend ungeübten Hand des späteren 9. Jahrhunderts" auf leere Seiten und Blattränder eines Widmungskodex für König Ludwig den Deutschen geschrieben (Fischer ST 15, 16*).

Das Georgslied fällt nicht durch die Schrift, wohl aber durch seine ungewöhnliche Orthographie aus dem Rahmen (Haubrichs 1979: 72 ff.).

Anm. 2. Zu den Stilmerkmalen der karol. Minuskel vgl. Bischoff 1986: 151 ff. mit Abb. 23. Eine Kennform früher Handschriften ist u. a. offenes *cc* = ‹*a*› (gelegentlich als ‹*u*› verlesen). Zur ags. (insularen) Schrift vgl. Bischoff 1986: 122 ff. und 115, Abb. 14. Die Buchstaben sind insgesamt schlanker, Kennformen sind eine typische Form des ‹*g*› und eine Unterlänge bei ‹*r*›, was zur Verwechslung mit ‹*s*› (ſ) führen konnte. Ahd. Texte in insularer Schrift sind die Basler Rezepte, das sächs. und das frk. Taufgelöbnis (Fischer ST 8), alle aus Fulda (Bischoff 1971: 112, 109 ff., ds. 1986: 128).

Anm. 3. Die ahd. Handschriften verwenden in unterschiedlichem Maße Spatien zwischen den Wörtern (zu Spatien im Wortinneren vgl. § 7 A.3). Zu den Prinzipien, die den Übergang von der Zusammenschreibung („scriptio continua") zur Getrenntschreibung steuern, liegen erst wenige Untersuchungen vor: Voetz 2006, J. Fleischer 2009: 177 ff., Bergmann 2012: 67 ff., Busch/Fleischer 2015. Abgesehen von Besonderheiten individueller Schreiber zeigt sich die Tendenz, proklitische Elemente wie Negationen und Präpositionen nicht durch Spatien abzutrennen (Nübling 1992: 339 ff., Busch/Fleischer 2015: 573 ff., 595).

Der Einsatz von Großbuchstaben (Versalien) wird im Ahd. noch nicht durch morphosyntaktische Regeln gesteuert, sondern dient im Wesentlichen zur Gliederung und Hervorhebung (Labs-Ehlert 1993). Zu Eigennamen vgl. Bergmann 2012: 65 ff.

Anm. 4. Spätere Zeiten sind mit mittelalterlichen Handschriften oft wenig pfleglich umgegangen. Bis Anfang des 14. Jh. diente als Beschreibstoff ausschließlich Pergament. Vor allem im 15./16. Jh. wurden Blätter aus alten Kodizes für Spiegel in Buchdeckeln, zur Verstärkung von Einbänden oder als Umschläge verwendet und im schlimmsten Fall für Fälze von Papierlagen zerschnitten (Schneider 2014: 181 ff.). Auf diese Weise überliefert sind die Fragmente der LexSal, der alem. Ps, eine Otfrid-Hs. des 10. Jh. (D = Codex discissus) und MF (z. T. zu Fälzen zerschnitten, Matzel Is Abb. 1–6).

P 2. Vokalismus

Das ahd. Vokalsystem ist erheblich stärker differenziert als das urgermanische. § 9
Die ahd. Denkmäler sind nach Dialekten, und in diesen nach verschiedenen Zeitstufen, auch durch gemischte Schreibart – Klosterdialekte oder Umschriften in ein anderes Dialektgebiet abgegebener Handschriften – unterschieden (vgl. § 5 f.). Ferner hat der auf den Wurzelsilben ruhende Starkton bewirkt, dass die Vokale der nicht starktonigen Silben sich sehr abweichend von den Vokalen der Wurzelsilben entwickelt haben. Wir behandeln deshalb die Vokale der (stark betonten) Wurzelsilben getrennt von denen der (nicht stark betonten) Nebensilben.

Lit.: Dieter 1900: 125–161 (Hartmann), Schatz Abair. 8–62, Franck Afrk. 14–85, Baesecke Einf. 14–73, Schatz Ahd. 8–91. – Zum Mhd.: Weinhold Mhd. 6–140, Mausser 1933: 161–299, 487–546, Michels Mhd. 41–102, Mhd. Gr. 62–114.

P 2.1. Die Vokale der Wurzelsilben

Für das Vorahd. kann folgendes System betonter Kurzvokale, Langvokale und Diphthonge angesetzt werden (zu den nebentonigen Vokalen vgl. § 54 ff.): § 10

Kurzvokale		Langvokale		Diphthonge	
/i/	/u/	/ī/	/ū/		
/e/	/o/	/$\bar{e}_2$/	/ō/		/eu/
/a/		/ā/		/ai/	/au/

Dieses System sieht dem spätidg. Vokalsystem noch recht ähnlich, abgesehen von den im Idg. zahlreicheren Diphthongen (Verbindungen von /e, o, a/ mit den Halbvokalen [i̯, u̯], dazu einige Langdiphthonge). Dennoch ist es das Ergebnis mehrfacher Veränderungen.

1. Die idg. Phoneme /o/, /a/ und /ō/, /ā/ fielen im Germ. zu offenem [ɔ] bzw. [ɔ:] zusammen, woraus sich einerseits /a/, andererseits /ō/ entwickelte. Dieser Lautwandel erfasste auch idg. [o] in den Diphthongen /oi/ und /ou/. Vgl. lat. *hostis*, *frāter* / got. *gasts*, *brōþar*.
2. Die idg. silbischen Liquide und Nasale [l̥, r̥, m̥, n̥] wurden im Germ. zu [ul, ur, um, un] aufgelöst; der neue epenthetische Vokal [u] fiel mit sonstigem germ. /u/ zusammen (§ 34).
3. Idg. /ei/ wurde zu germ. [ī] monophthongiert und fiel mit vorgerm. /ī/ zusammen. Vielleicht geht auch germ. /$\bar{e}_2$/ (§ 35 f.) auf idg. /ei/ unter der Bedingung

https://doi.org/10.1515/9783111210537-005

des *a*-Umlauts zurück (v.Coetsem 1970: 56 f., ds. 1997: 432 ff.); unter *i*-Umlaut-Bedingungen hätte sich /ei/ zu /ī/ entwickelt (zu *a*-, *i*-Umlaut s. u. 6.). Im Got. sind /$ē_1$/ und /$ē_2$/ nicht zu unterscheiden, im Nord- und Westgerm. gehen die beiden Phoneme hingegen getrennte Wege (s. Anm. 2).

4. Urgerm. /e/ ist vor Nasal + Konsonant zu /i/ gehoben worden; zu Beispielen vgl. § 30:2.
5. In germ. /inχ, unχ, anχ/ < idg. **e/ink, (u)nk, o/ank* ist /n/ unter Nasalierung des Vokals ausgefallen (Nasalschwund vor /χ/, § 128 A.1); diese Nasalvokale [i^n, u^n, a^n] wurden bald denasaliert und ersatzweise zu /ī, ū, ā/ gedehnt. Mit /ā/ ist ein bis dahin im Germ. nicht vorhandenes neues Phonem entstanden (vgl. § 33; s. u. 7.), /ī/ und /ū/ sind mit den schon vorhandenen Phonemen zusammengefallen.
6. Das Urgerm. besaß neben /a/ (auch < idg. /o/, s. o. 1.) die Kurzvokale /i, e, u/. Die Vokale der (unbetonten) Folgesilbe (Endung) bewirkten Teilassimilationen, und zwar Hebungen bzw. Senkungen (Umlaut). Vor /i, j, ī/ (z. T. auch vor /u/) wurde /e/ gehoben, vor /a, ē, ō/ wurde /i, u/ häufig gesenkt (abgesehen von der Stellung vor Nasal + Konsonant, s. o. 4.). Die dabei entstandenen Laute blieben stellungsbedingte Allophone [i] bzw. [o], solange die umlautbewirkenden Faktoren intakt blieben. Urgerm. /i/ wurde in bestimmten Fällen gesenkt und blieb zunächst Allophon von /i/; besonders häufig war dies in der Vorstufe des Ahd. der Fall. Es gab also die Phoneme und Allophone /e/ [e, i] sowie /i/ [i, e] und /u/ [u, o]. Erst als die Vokale der unbetonten Silben sich änderten oder im Rahmen der Auslautgesetze abfielen, wurden die Allophone zu kontextunabhängigen Phonemen. Neu entstand dabei /o/ (Phonemspaltung), während sich bei /i/, /e/ nur die Besetzung änderte. Umstritten ist, ob im Zuge der Umlautung urgerm. /i/ und /e/ zu éinem Phonem /i/ mit [i, e] zusammenfielen (so z. B. Moulton 1961: 12), parallel zu /u/ [u, o], oder ob /i/ und /e/ immer als zwei Phoneme erhalten blieben (so z. B. Antonsen 1964, Cercignani 1979). Stärkere Gründe sprechen für die zweite Annahme (Hock 1973). Von den Umlauten ist auch der Diphthong /eu/ betroffen: [iu, eo]. Die Durchführung der Umlaute ist durch vor allem morphologisch bedingte Unregelmäßigkeiten gestört. – Zu Beispielen vgl. §§ 30:1, 32.
7. Erst in nordwestgerm. Zeit ist spätidg. /ē/ (germ. /$ē_1$/) über [ǣ] zu /ā/ gesenkt worden (§ 34), das einzelsprachlich mit – zunächst nasaliertem – /ā/ < /anχ/ (s. o. 5.) zusammengefallen ist. Phonologisch kann dies als Ausweichen vor /$ē_2$/ (Schub) verstanden werden.

Lit.: Zum germ. und ahd. Vokalismus (Auswahl): v.Kienle 1969: 18 ff., Krahe/Meid 1969, v.Coetsem 1970: 39 ff., ds. 1994, Reis 1974a, Penzl 1975, Szulc 1987: 41 ff., ds. 2002: 57 ff., Dietz 2017: 44 f., 56, 67 f. – Spezialliteratur: v.Coetsem 1970 u. 1994, Szulc 1987.

Anm. 1. Als „normalahd." (§ 4) gelten jene Schreibformen, die im 9. Jh. – besonders im Tatian und bei Otfrid – erreicht sind. Sie werden in diesem Buch dann verwendet, wenn es nicht auf die genaue Schreibung der Quelle ankommt; hinzugefügt werden Längenbezeichnungen und diakritische Zeichen. Es handelt sich um folgende Vokale: *a, ā* (§ 12), *e* (*ę*), *ë, ē* (§ 14), *i, ī* (§ 16), *o, ō* (§ 18), *u, ū* (§ 20); *ei* (§ 15), *ia* oder *ie, io, iu* (§ 17), *ou* (§ 19), *ua, uo* (§ 21).

Anm. 2. Die lebhafte Diskussion über die Entstehung von germ. /$\bar{e}_2$/ hat noch zu keinem Konsens geführt. Neben der unter 3. genannten Erklärung wird die Herleitung aus idg. /ēi/ (Jellinek 1891c; problematisch, da die idg. Langdiphthonge früh monophthongiert worden sind), unter Annahme eines idg. Laryngals aus /eHi/, durch Kontraktion des Wurzelvokals mit dem Reduplikationsvokal der redV. (Lüdtke 1957: 165 ff.) oder durch Senkung von /ī/ zu /ē/ vor tautosyllabischem /r/ (Ringe 1984: 142 ff.) diskutiert. – Vgl. v.Coetsem 1970: 56 f., ds. 1994: 98 ff., ds. 1997: 432 ff., Knapp 1974, Penzl 1975: 66, Connolly 1979 (mit Forschungsbericht), Szulc 1987: 43 f., S.Müller 2007: 71 f.

Das ursprünglich schwach besetzte Phonem – Zusammenstellung der möglichen Fälle bei Knapp 1974: 209 ff., Ringe 1984: 152 – erhält im Ahd. Verstärkung durch einige Lehnwörter aus dem Lat. (§ 36:3,4) und vor allem durch das Präteritum der ehemals reduplizierenden starken Verben (§§ 36:2, 349).

Anm. 3. Die Senkung /i, u/ > /e, o/ (*a*-Umlaut) nannte J. Grimm „Brechung" (§ 52). Der sachlich unzutreffende Terminus sollte nicht mehr verwendet werden, zumal er in der Grammatik des Awn. und Ae. andersartige Vorgänge (Diphthongierungen) bezeichnet. – Die Senkung /u/ > /o/ ist auf jeden Fall später eingetreten als der Zusammenfall von idg. /o/ und /a/, da das neue /o/ < /u/ von diesem nicht betroffen ist.

Anm. 4. Erst im Ahd. entsteht durch *i*-Umlaut von /a/ ein neues /e/ (Primärumlaut, §§ 26 f., 51:1), das von dem älteren germ. /e/ (ahd. /ë/) getrennt bleibt.

P 2.1.1. Übersicht über die Vokalgraphien

Im Folgenden werden zunächst die Schreibformen (Graphe) aufgeführt, mit denen Schreiber des 8.–11. Jahrhunderts den Vokalismus der Starktonsilben des Ahd. zu erfassen suchten (§ 12–23). Anschließend wird die historische Weiterentwicklung des germ. Vokalsystems im Ahd. in ihren zeitlichen und mundartlich-regionalen Besonderheiten dargestellt (§ 24–53). **§ 11**

Lit.: Singer 1886.

Anm. 1. In der folgenden Aufstellung sind Digraphe (Diphthong- und Doppelschreibungen) jeweils unter dem ersten Vokal eingereiht. Akzentsetzungen zur Bezeichnung von Langvokalen (§ 7 A.7a) bleiben unberücksichtigt.

§ 12 ‹**a**› bezeichnet Kürze und Länge.

1. Kurzes *a* entspricht
   a) dem germ. /a/ (z. B. *fater*): § 25–27;
   b) selten einem sonstigen /o/: § 32 A.6.
2. Langes *ā* ist
   a) aus germ. /$\bar{e}_1$/ (vgl. got. *ē*) hervorgegangen (z. B. *slāfan*, got. *slēpan*): § 34;
   b) in den vom Nasalschwund vor germ. /h/ betroffenen Wörtern germ. /ā/ (z. B. *hāhan*): § 33.
   c) ‹*a*› steht zuweilen für /ai, ei/: § 44 A.5; für /au/: § 46 A.3*.

§ 13 Digraphe mit führendem ‹*a*›:

1. ‹**aa**›
   a) bezeichnet in früher Zeit den Langvokal /ā/: § 7 A.6;
   b) ist Vokalfolge nach Ausfall von /h/: § 154 A.1bβ.
2. ‹**ae**› (auch ‹**æ**›) steht
   a) in ältesten Denkmälern vor /r, w/, germ. /h/ als Vorstufe des gemeinahd. /ē/ < germ. /ai/: § 43 A.1bc;
   b) vereinzelt für germ. /e/: § 28 A.2; im Auslaut auch für Schwa: § 57 A.2;
   c) selten für das im Ahd. aus /a/ umgelautete /ẹ/: § 26 A.4b;
   d) spätahd. vielleicht mit Dehnungs-*e* für /ā/: § 7 A.10; als ‹**æ**› für umgelautetes /ā/: § 34 A.2c;
   e) in ‹**aei**› bzw. ‹**æi**› selten für /ei/: § 44 A.2d.
3. ‹**ai**› ist
   a) germ. /ai/, als ältere Form des späteren gemeinahd. /ei/: § 44+A.2,3;
   b) vereinzelt Bezeichnung des Umlaut-/ẹ/: § 26 A.4c;
   c) selten Schreibung des *i*-Umlauts von /ā/: § 34 A.2bc.
4. ‹**ao**› steht
   a) im 8. und Anfang des 9. Jh. für germ. /au/ vor Dentalen und germ. /h/, als Vorstufe des gemeinahd. /ō/ in bestimmten, hauptsächlich bair. Quellen: § 45 A.1–3;
   b) sehr vereinzelt – den Beginn der Diphthongierung anzeigend – altbair. für germ. /ō/, gemeinahd. /uo/: § 39 A.5.
5. ‹**au**› ist
   a) die im 8. Jh. und zu Anfang des 9. Jh. herrschende ältere Schreibform des späteren gemeinahd. /ou/ < germ. /au/ vor Labial und Velar außer germ. /h/ (z. B. *haubit*, *auga*): § 46+A.1,2;
   b) ganz vereinzelt Schreibung für die Fortsetzung von germ. /ō/: § 40 A.2d;
   c) ganz spät und vereinzelt Schreibung für diphthongiertes /ū/: § 41 A.3.

‹**e**› bezeichnet Kürze und Länge (zum Konsonantzeichen vgl. § 175). **§ 14**

1. Kurzes *e* ist
   a) germ. /e/ (§ 28 A.1), das in der Grammatik gewöhnlich durch ‹*ë*› bezeichnet wird (z. B. *ërda, nëman*): § 28 f.; in einigen Fällen ist es (vor /a, e, o/) aus urgerm. /i/ hervorgegangen (z. B. *lëbēn, stëg(a)*): § 31 A.1,2; vereinzelt tritt im Ahd. /ë/ für sonstiges /i/ ein: § 31 A.2,3;
   b) Umlaut-/e/ (ę, Primärumlaut), das während des 8. Jh. aus germ. /a/ vor /i, ī, j/ der folgenden Silbe entstanden ist (z. B. *heri*, Nom.Pl. *gesti*): § 26 f., und phonetisch vom obigen /ë/ unterschieden blieb (s. Anm. 2);
   c) vielleicht Dehnungs-*e* zur Bezeichnung von Vokallänge: § 7:3+A.10.
2. Langes *ē* ist
   a) die gemeinahd. Entsprechung des germ. /ai/ vor /r, w/ und germ. /h/ (z. B. *mēro, ēwa, zēh*): § 43;
   b) in einigen der ältesten Quellen die Bezeichnung der Vorstufe von /ea/, gemeinahd. /ia, ie/: §§ 15, 35, 36;
   c) spätahd. (frk.) Bezeichnung für den *i*-Umlaut von /ā/: § 34 A.2a;
   d) verstreut, aber nicht selten, Schreibung für gemeinahd. /ei/: § 44 A.4;
   e) vereinzelt Schreibung für /eo/ oder /ie/: § 48 A.3c.

Anm. 1. Das Zeichen ‹ę›, das meist einen offenen *e*-Vokal [ɛ] bezeichnet, steht in manchen ahd. Hss. für /ē/ (§ 43 A.1bc), in anderen für /ë/ (§ 28 A.2), selten für Umlaut-/e/ (§ 26 A.4b). Zur Geltung in Endsilben vgl. § 57 A.2.

Anm. 2. Germ. /e/ und das neue Primärumlaut-*e* sind im Frühahd. wahrscheinlich zu einem Phonem zusammengefallen, das – abhängig von dem (ursprünglichen) Vokal der Folgesilbe (*a*-Umlaut, *i*-Umlaut) – durch die Allophone [ë] oder [ẹ] vertreten war. Deren Verteilung entsprach überwiegend der etymologischen Herkunft der Laute; in einigen Fällen (Paul 1887: 548 f.) wurde aber auch germ. /e/ vor sekundärem /i/ durch [ẹ] vertreten (§ 28 A.1). Nach Wegfall der Umlautbedingungen (9. Jh.?) wurden die beiden Allophone zu Phonemen (vgl. Marchand 1956: 579 ff., Penzl 1975: 91 f.). Zu einem dritten *e*-Laut (Sekundärumlaut) vgl. § 27 A.2d.

Anm. 3. Möglicherweise steht ‹*f*› in einigen geheimschriftlichen Glossen für ein Dehnungs-*e* (§ 7 A.10).

Digraphe mit führendem ‹*e*›: **§ 15**

1. ‹**ea**› ist
   a) die ältere Schreibung für gemeinahd. /ia, ie/ (< germ. /$ē_2$/); sie herrscht bis ins frühe 9. Jh.: § 35 f.;
   b) südrheinfrk. selten Schreibung für gemeinahd. /io/ (< germ. /eu/): § 48 A.2c;
   c) spätalem. vereinzelt Schreibung des *i*-Umlauts von /ā/: § 34 A.2c.
2. ‹**ee**›
   a) bezeichnet in früher Zeit den Langvokal /ē/ < germ. /ai/: § 7 A.6;

   b) steht in alten Quellen vereinzelt für germ. /$ē_2$/: § 35 A.1b;
   c) ist Vokalfolge nach Ausfall von /h/: § 154 A.1bα/c.
3. ‹**ei**› ist
   a) die regelrechte, gemeinahd. Entsprechung von germ. /ai/ – außer vor /r, w/, germ. /h/ –, der im 8. Jh. noch /ai/ (§ 13) vorausging (z. B. *stein*, *skeidan*): § 44;
   b) spätahd. (alem.) aus /egi/ entstanden: § 149 A.5*a;
   c) verstreut Schreibung für das aus /a/ umgelautete /e/: § 26 A.4a; vereinzelt auch für den Umlaut von /ā/: § 34 A.2bc;
   d) sehr selten Wiedergabe von /ë/: § 28 A.2;
   e) vereinzelt Schreibung für germ. /$ē_2$/: § 36 A.3a;
   f) ebenso für gemeinahd. /ē/ (vor /r, w/, germ. /h/): § 43 A.7.
4. ‹**eo**› ist die im 8. Jh. und in den ersten Jahrzehnten des 9. Jh. herrschende ältere Form von gemeinahd. /io/ (< germ. /eu/): § 47 f.
5. ‹**eu**› ist in den ahd. Denkmälern nur selten; etwas öfter in älterer Zeit vor /w/: § 30 A.2; sonst nur ganz vereinzelt: § 49 A.4. /eu/ ist die ursprüngliche Form von gemeinahd. /iu/: § 47 A.1b.

§ 16 ‹**i**› bezeichnet Kürze und Länge (zum Konsonantzeichen vgl. § 179).
1. Kurzes *i* ist
   a) germ. /i/ (z. B. *fisk*, *wiʒʒan*): § 31;
   b) aus germ. /e/ hervorgegangen vor /i, j/, vor Nasalverbindungen und teilweise vor /u/ (z. B. *nimit*, *bitten* < **beđja-*, *bintan*, *situ*): § 30, vgl. auch § 29 A.2;
   c) bei Notker vor germ. /h/ aus /ie, iu/ entwickelt: §§ 48 A.3b, 49 A.5b, 154 A.8b;
   d) Wiedergabe von fremdem *y* (z. B. *sillaba*): § 22;
   e) mitunter Schreibung für Umlaut-*e*: § 27 A.7.
2. Langes *ī* ist
   a) gemeinahd. bewahrtes germ. /ī/ (z. B. *stīgan*, *wīh*): § 37;
   b) spätahd. zuweilen (graphischer) Vertreter von /ie/ (aus /ē > ea > ia/: § 36 A.3b, und aus /eo > io/: § 48 A.3a);
   c) Wiedergabe von fremdem *ȳ* (z. B. *Sīr*): § 22;
   d) selten Schreibung für umgelautetes /ū/: § 42 A.1b bzw. /iu/: § 49 A.2c.

§ 17 Digraphe mit führendem ‹*i*›:
1. ‹**ia**› ist
   a) eine im 9. Jh. weit verbreitete, vor allem alem. und südrheinfrk. Schreibform des aus germ. /$ē_2$/ entstandenen Diphthongs (s. u. 2 und Anm. 1);
   b) bei Otfrid sehr häufig = gemeinahd. /io/: § 48 A.2.

2. ‹**ie**› ist
   a) die schon vor Mitte des 9. Jh. häufigste Schreibform des aus germ. /$ē_2$/ hervorgegangenen Diphthongs (s. o. 1.), z. B. *riet, mieta, brief*: § 35 f.;
   b) seit Ende des 10. Jh. regelmäßig, vereinzelt auch schon früher Nachfolger des Diphthongs /io/ (s. u. 4a): § 48;
   c) bei Notker = /ī/ vor spirantischem [χ]: §§ 37 A.1, 154 A.8c;
   d) zuweilen = gemeinahd. /iu/: § 49 A.5;
   e) selten in manchen Texten = /i/, in Np öfter vor germ. /h/: §§ 31 A.5, 154 A.8ab;
   f) vereinzelt Schreibung für umgelautetes /a/: § 26 A.4d.

Anm. 1. Da einerseits ‹*e, ea*›, andererseits ‹*ea, ia, ie*› bzw. ‹*ia, ie*› in einem Text nebeneinander vorkommen (§ 35 A.1c), müssen die *e*-Schreibungen als Allographe betrachtet werden, die zeitlich hinter der phonologischen Entwicklung /ē > ea > ia > ie/ zurückbleiben.

3. ‹**ii**› bezeichnet
   a) in früher Zeit den Langvokal /ī/: § 7 A.6;
   b) ganz vereinzelt den Kurzvokal /i/: § 31 A.5;
   c) eine Vokalfolge nach Ausfall von /h/: § 154 A.1bα.
4. ‹**io**› ist
   a) die im 9./10. Jh. vorherrschende Form des älteren Diphthongs *eo* (§ 15:4), die später in /ie/ übergeht (s. o. 2b), z. B. *biotan, lioht*: § 47 f.; die Grundlage ist, wie bei ‹*iu*› (s. u. 5a), germ. /eu/. Hinzugekommen sind die Präterita der redV. II: § 47 A.3 (auch redV. I: § 349 A.1), und die Adverbien *io, (h)wio* mit Komposita: §§ 43 A.6, 48 A.4;
   b) sehr selten = /uo/: § 40 A.2a,3;
   c) selten = /ë/ vor germ. /h/: § 29 A.5;
   d) bei Otfrid zuweilen assimilatorisch = /ia/: §§ 35 A.1c, 48 A.2aγ.
5. ‹**iu**› ist
   a) (zusammen mit ‹*eo, io, ie*›) Nachfolger von germ. /eu/, z. B. *liut, biutit*: §§ 47, 49; auch in Fällen wie obd. *tiuf* gegenüber frk. *tiof*: § 47:2b;
   b) spätahd. (Notker) Bezeichnung des *i*-Umlauts von /ū/, z. B. *hiute* 'Häute' zu *hût*: § 42;
   c) vereinzelt Schreibung des *i*-Umlauts von kurzem /u/: § 32 A.5b, sowie des *i*-Umlauts von /uo/: § 40 A.3.

Anm. 2. Zu /iu/ aus germ. /eu/ tritt /iuw/ aus germ. /ew/ (§ 49 A.4a); ferner nur obd. /iu/ im Präteritum der redV. II (§ 354 A.1). Zu /iu/ in *friunt, fiur* vgl. § 49 A.3.

6. Zu ‹**iy**› vgl. § 22 A.1c.

§ 18 ‹**o**› bezeichnet Kürze und Länge (zum Konsonantzeichen vgl. § 183a).

1. Kurzes *o* entspricht
   a) gemeinahd. dem vorahd. [o], das aus urgerm. /u/ vor /a, e, o/ der Folgesilbe (z. B. *boto, korōn*) entstanden ist: § 32;
   b) in einigen Wörtern einem älteren (germ. oder ahd.) /a/: §§ 25 A.1, 63 A.3, 109 A.4;
   c) in einigen Wörtern einem älteren /ë/: § 29 A.3,4 (auch = /i/ in *oba* § 31 A.4);
   d) in einigen Ableitungen einem aus /o/ umgelauteten [ö]: § 32 A.2b;
   e) spätalem. einem gerundeten Umlaut-*ę*: § 25 A.1f;
   f) verstreut sonstigem ahd. /u/: § 32 A.2.
2. Langes *ō* entspricht
   a) germ. /au/ vor Dental und germ. /h/ (z. B. *hōh, ōra, stōʒan*): § 45. Zu diesem tritt *ō* aus /aw/ (über *ao*): § 45 A.3;
   b) im 8. und teilweise (bair., selten alem.) auch noch im 9. Jh. als ältere Form dem gemeinahd. /uo/: § 39+A.1;
   c) bei Will und sonst verstreut dem gemeinahd. /ou/: § 46 A.3.

§ 19 Digraphe mit führendem ‹*o*›:

1. ‹**oa**› ist
   a) im 8. Jh. die älteste Diphthongierungsform des germ. /ō/ (= gemeinahd. /uo/): § 39;
   b) ganz selten findet sich *oa* für gemeinahd. /ō/ (germ. /au/): § 45 A.2.
2. ‹**oe**› bezeichnet
   a) spätbair. vereinzelt den *i*-Umlaut von /ō/: § 45 A.4;
   b) spätahd. sehr selten zu [ö] gerundetes Umlaut-*ę*: §§ 32 A.2b; ‹*o̊*›: 114 A.4;
   c) spätahd. vielleicht /ō/ mit Dehnungs-*e*: § 7 A.10.
3. ‹**oi**› steht
   a) bei Will öfters für gemeinahd. /ou/: § 46 A.2 (zum Mfrk. vgl. § 179:3);
   b) selten für den *i*-Umlaut von /ō/: § 45 A.4;
   c) im späten Frk. vereinzelt für den *i*-Umlaut von /uo/: § 40 A.3;
   d) sporadisch für den *i*-Umlaut von /ou/: § 46 A.5.
4. ‹**oo**› bezeichnet in früher Zeit langes /ō/ (§ 7 A.6):
   a) noch nicht diphthongiertes germ. /ō/: § 39 A.2,6,7;
   b) aus germ. /au/ monophthongiertes /ō/: § 45 A.1.
   c) Außerdem steht ‹oo› spät und vereinzelt für /ou/: § 46 A.3.
5. ‹**ou**› (auch ‹**ŏ**›) ist
   a) ab dem 2. Viertel des 9. Jh. die gemeinahd. Schreibform des germ. /au/ vor Labialen und Velaren (z. B. *houbit, ouga*): § 46;
   b) verstreute Vertretung des gemeinahd. /uo/: § 40 A.2c;

   c) spätbair. vereinzelt = ahd. /ō/: § 45 A.5;
   d) spätbair. = ahd. /ū/: § 41 A.3;
   e) vereinzelt = /o/, /u/: § 32 A.7;
   f) in Npgl vereinzelt Schreibung für sekundäres ‹*eu*›: § 49 A.4c.
6. Zu ‹**oy**› vgl. § 22.

‹**u**› bezeichnet Kürze und Länge. Zur Geltung als Konsonantzeichen vgl. § 189. **§ 20**

1. Kurzes *u* steht
   a) gemeinahd. für germ. /u/, soweit dieses nicht zu [o] geworden ist (z. B. *sunu, wunta*): § 32;
   b) selten für älteres /i/: § 31 A.4; bei Notker zwischen /w/ und Doppelnasal: § 107 A.3;
   c) bei Notker für /uo/ vor germ. /h/: § 154 A.8b;
   d) vereinzelt für fremdes ‹*y*›: § 22.
2. Langes *ū* entspricht
   a) gemeinahd. dem germ. /ū/ (z. B. *brūt, tūba*): § 41:1;
   b) spätahd. oft dem alten Diphthong /iu/, besonders im Frk.: § 49 A.1;
   c) verstreut gemeinahd. /uo/: § 40 A.1.

Anm. 1. Ob und wo hinter der Schreibung ‹*u*› Umlaut von /ū/ vermutet werden kann, lässt sich meist nicht entscheiden (§ 42 A.1b).

Digraphe mit führendem ‹*u*›: **§ 21**

1. ‹**ua**› ist im Alem. und den angrenzenden Teilen des Rheinfrk. (Otfrid) während des 9. Jh. die vorherrschende Bezeichnung des aus germ. /ō/ entstandenen Diphthongs (ahd. /uo/): § 39.
2. ‹**ue**› kommt verstreut statt /uo (ua)/ vor: §§ 39 A.8c, 40 A.2b-4.
3. ‹**ui**› kommt spätahd. vor und steht
   a) bei Will regelmäßig und sonst vereinzelt für den Diphthong /iu/: § 49 A.2a;
   b) bei Will regelmäßig und auch sonst zuweilen als Bezeichnung des *i*-Umlauts von /ū/: § 42 A.1b;
   c) selten als Bezeichnung des *i*-Umlauts von /uo/: § 40 A.3;
   d) als *i*-Umlaut des kurzen /u/: § 32 A.5;
   e) in dem Wort *fuir* (später *fiur*) ist /ui/ alt und wahrscheinlich zweisilbig zu fassen: § 49 A.3.
4. ‹**uo**› (auch ‹**ů**›) ist
   a) seit dem 9. Jh. die gemeinahd. Form des Diphthongs für germ. /ō/ (z. B. *bruoder, fuor*): § 38–40;
   b) bei Notker = /ū/ vor Frikativ /h/ (spätbair. auch sonst): §§ 41 A.2, 154 A.8c;
   c) vereinzelt = /ou/: § 46 A.4;

d) vereinzelt = ahd. /ō/: § 45 A.5;
e) für /u, o/: § 32 A.7;
f) für /iu/: § 49 A.2b.
5. ‹**uu**› bezeichnet in früher Zeit den Langvokal /ū/: § 7 A.6 (zur Geltung als Konsonant vgl. § 189).

§ 21a ‹**v**› wird als Vokalzeichen gleichberechtigt mit ‹*u*› verwendet: § 7 A.5. Zur Geltung als Konsonantzeichen vgl. § 189.

§ 22 ‹**y**› als Vokalzeichen ist im Ahd. nur in Lehnwörtern, besonders in Fremdnamen, gebräuchlich, z. B. *martyra* Is, Npgl (de Smet 1953: 284 ff.), *Babylonia*, *Syri*, *Moysesī*, *myrrum* O. Ansonsten wird fremdes ‹*y*› durch ‹*i*› wiedergegeben, z. B. *sillaba*, *Sīr* (§ 16); wohl auch durch ‹*u*›, so in *sisumbra* Gl 3,513,21. 5,42,16 neben *sisimbra* (*sisymbrium*). Wo es wie in *senod* als ‹*e*› erscheint, ist es bereits als solches entlehnt (mlat. *senodus*).

Anm. 1. Hin und wieder kommt ‹*y*› auch in deutschen Wörtern vor (vgl. Kögel 1887: 107 und bes. Franck Afrk. 11 f.; zu ‹*y*› in halbvokalischer Geltung vgl. § 190a):
a) Otfrid verwendet ‹*y*› mehrfach als Zeichen für einen unbestimmten Zwischenlaut (vgl. Lb 32.2, 52: *nec a*, *nec e*, *nec i*, *nec u*, also Schwa?), besonders im Präfix *yr-* für *ir-* (§ 75 A.2; Benrath 1887: 51 f.); vgl. Kelle O 445 ff., Valentin 1975. Zu *firspyrne* vgl. § 337 A.5.
b) Mitunter erscheint ‹*y*› für kurzes /i/ (vgl. § 23:3), z. B. *zymbar* K (Kögel 1879: 15); *kyhukkiu*, *kyridono* Emm (Lb 22.1, 6. 10), *ny* O 4,28,11 (Hs. V, ‹*y*› aus ‹*u*› korr., Benrath 1887: 14); *kyripan* Gl 2,84,10, *hyrsi* 3,614,31; *īsyrna* Stührenberg 1974: 88 (mfrk. oder as.); *Cyuuari* (§ 200 A.3); weitere Belege bei Singer 1886: 289.
c) In *scyphoten* Gl 2,483,5 (*skīboht(i)*, Kölling 1983: 162), *kyuino* 3,458,11 (mfrk. *kīvino*, AWB V,208) steht ‹*y*› für langes /ī/. Die Quantität des in *fytnessi* Gl 2,322,29 (Mitscherling 1975: 61 f., E.Meineke 1993: 14 ff.) durch ‹*y*› bezeichneten *i*-Vokals bleibt offen (EWA III,328). In *uuityn* 'Weite', *breitiyn* 'Breite' wird suffixales /ī/ durch ‹*y*› bzw. ‹*iy*› wiedergegeben, das wohl ebenfalls die Länge markieren soll (Moulin-Fankhänel 1999: 490).
d) Vereinzelt scheint ‹*y*› für /iu/ zu stehen, also labialisiertes [ü] (§ 49:2) zu bezeichnen: *ally* 'omnia' Gl 2,319,49.
e) Sporadisch tritt ‹*y*› als graphische Nebenform von ‹*u*› auf (vgl. § 23:1,2), z. B. *zamyn* (= *zāmun*, zu *zëman*) OFreis 1,12,34 (zu *ny* O s. o. b), *pilidpyohhun* GlMon (13. Jh.).
f) In *ydehsun* Gl 4,334,8 vertritt ‹*y*› das – diphthongische? – Resultat der Kontraktion von /egi/ nach § 149 A.5*a (vgl. Franck Afrk. 12); Siewert 1986: 338 erwägt einen „Reflex angelsächsischer Schreibweise".

§ 23 Digraphe mit führendem ‹*y*› kommen nur ganz vereinzelt vor. Dabei steht ‹*y*› teils für /u/ (§ 22 A.1e), teils für /i/ (§ 22 A.1b):
1. ‹**ya**› für /ua/ einige Male bei Otfrid, z. B. *gimyato* (§ 39 A.8c);
2. ‹**ye**› für [üe] aus /uae/ vereinzelt bei Otfrid: *blyent* (§ 40 A.4), *dyet* Oh 151 (Hs. V, vgl. Erdmann O 322+A.);

3. ‹**yu**› für /iu/ in Is und MF: *fyur* (§ 49 A.3), *lyuzil* (§ 32 A.5c; dazu Matzel 1963: 157, ds. Is 176 f.+A.112); ferner *tyufel* Zeitzer B.

Lit.: Singer 1886: 290 ff., Benrath 1887: 5, Kögel Lg. II,542.

P 2.1.2. Die vokalischen Phoneme

Für die historische Darstellung der ahd. Wurzelsilbenvokale nehmen wir als Ausgangspunkt den erschlossenen gemeingerm. Vokalstand (vgl. § 10), mit dem die ältesten ahd. Formen noch zum großen Teil übereinstimmen. Wir gehen also aus von vier gemeingerm. Kurzvokalen, /i/, /e/, /a/, /u/ [u, o] (§ 25–32), sechs Langvokalen, germ. /ī/, /$\bar{e}_2$/, / $\bar{e}_1$/, /ā/, /ō/, /ū/ (§ 33–42), und drei Diphthongen, germ. /eu/ [iu, eo], /ai/, /au/ (§ 43–49). **§ 24**

Von den Langvokalen werden zwei – /$\bar{e}_2$/ und /ō/ – in ahd. Zeit diphthongiert. Umgekehrt unterliegen die Diphthonge germ. /ai/ und /au/ kontextabhängig der Monophthongierung. Zu den fünf ererbten Vokalen kommen im Ahd. noch durch Assimilation an /i (j)/ der folgenden Silbe die palatalisierten Umlautvokale (vgl. § 51). Abgesehen vom Umlaut-*e* des kurzen /a/ (Anm. 1) sind sie allerdings im Ahd. graphisch nur ansatzweise erkennbar und erst spätahd. nachzuweisen; ihr Status, ob als Allophone oder als Phoneme, ist deshalb umstritten.

Das Ahd. verfügt über folgende Vokalphoneme (zu den Konsonanten vgl. § 80):

	palatal		velar
Kurzvokale	/i/	([ü])	/u/
	/e/ [ë] > /ë/	([ö])	/o/
	[e] > /e/		
	([ä])	/a/	
Langvokale	/ī/	([ǖ])	/ū/
	/ē/	([ȫ])	/ō/
	([ǟ])	/ā/	
Diphthonge	/ie/	([üe])	/uo/
	/iu/	([iü > ǖ])	/io > ie/
	/ei/	([öü])	/ou/

Die Quantitätskorrelation lässt sich durch einige Minimalpaare belegen (weitere Beispiele bei Sonderegger 2003: 258; zum As. vgl. Cathey 2000: 27):

/a/ – /ā/	*wan*	'fehlend'	–	*wān*	'Meinung'
/ë/ – /ē/	*ër*	'er'	–	*ēr*	'früher'
/i/ – /ī/	*lid*	'Glied'	–	*līd*	'Wein'
/o/ – /ō/	*rot*	'Rost'	–	*rōt*	'rot'
/u/ – /ū/	*bruh*	'Bruch'	–	*brūh*	'Gebrauch'

Lit.: Penzl 1968: 134 ff., ds. 1971: 52, 68, 77, ds. 1975: 89, Lühr Hl 90, Voyles 1992a: 223.

Anm. 1. Der phonetische und phonologische Status des Umlaut-*e* wird kontrovers beurteilt (§§ 14 A.2, 26 f., 28 A.1). Vgl. Fourquet 1952: 122 ff., Marchand 1956: 82 ff., Moulton 1961: 1 ff., Antonsen 1964: 177 ff., Valentin 1969: 276 ff., Szulc 1987: 86.

P 2.1.3. Kurzvokale

(a) Germ. /a/

§ 25 Germ. /a/ bleibt im Ahd. erhalten, soweit es nicht nach § 26 f. umgelautet ist. Morphologische Typen mit bewahrtem /a/:

1. primäre Substantive und Adjektive, z. B. *balg, fater, gast, gras*; *alt, lang*;
2. Präsens und Part. Prät. der stV. VI (§ 345 f.), z. B. *(gi-)faran, slahan/gislagan*;
3. Präsens und Part. Prät. der redV. Ia (§ 350), z. B. *(gi-)salzan, (gi-)haltan, (gi-)waltan*;
4. Sg. Prät. der stV. III–V (§ 335–344), z. B. *bant, nam, gab* (zu *bintan, nëman, gëban*).

Anm. 1. In manchen Fällen steht im Ahd. /o/ statt oder neben /a/ (zum umgekehrten Vorgang vgl. § 32 A.6):

a) Wortpaare mit /a/ und /o/ sind *halōn* und *holōn* (AWB IV,631 ff.), *mahta* und (frk.) *mohta* (§ 375 A.2), *zata* und *zota* 'Zotte', dazu *zetten* swV. I (Graff V,632), *giwon* 'gewöhnt' neben *giwennen* 'gewöhnen' aus **wanjan*, *firmonēn* immer bei Otfrid statt sonstigem *firmanēn* (Schatz Ahd. § 542), *rósk(i)* 'lebhaft, rege' bei Notker (heute *rösch*, Schweiz. Id. VI,1470; s. u. f) neben *reski* Adj., *rasko* Adv., dazu *róski* f. 'Lebhaftigkeit' Nb (Jellinek 1901: 328) neben *reskī* f.;

b) vereinzelte /o/ kommen vor Nasal oder /l/ + Konsonant vor, z. B. *womba* Is, N (für *wamba* 'Leib'; vgl. W.Schulze 1920, Matzel Is 162, 262; bei Notker auch *wumba*), mfrk. *onderuueslīchūn* GlBud 108; *werolt* neben *wëralt* T, *worolt* O (§§ 29 A.4, 63 A.3b), *einfolt* neben *einfalt* O (§ 63 A.3a), *noles* StD Nr. 44, 9 für *nalles* (vgl. Kögel 1884: 323, Singer 1886: 287, dazu Sievers aaO. 546);

c) ahd. /o/ für oder neben /a/ in schwachbetonten Wörtern: *joh* 'und' (got. *jah*), *oh* 'aber' (got., as. *ak*), das seltene Präfix *ob-* (Paul 1879: 191) neben *aba*, meist *fona* 'von' neben seltenem *fana*, *fan* (AWB III,1072 f.; zum As. vgl. E.Sievers 1925: 76; im anl. Leid. Will anfangs *uan*, *-e*, *-o*, *-a*, dann *uon(e)* nach der Vorlage, vgl. Sanders 1974: 238 f.); spätahd. *scol*, *sol* neben *scal* (§ 374 A.1);

d) zu /o/ neben /a/ im Zweitglied von Eigennamen, z.B. *-bold*, *-(w)olt*, *-oloh* u.ä. neben *-bald*, *-walt*, *-(w)alah*, *-boto* neben *-bato* u.a., vgl. § 63 A.3ab; Franck Afrk. § 62, Schatz Ahd. 73, ds. 1935: 138, Sonderegger 1961: 268, Geuenich 1976: 138 ff., Menke 1980: 289;

e) *skopf* 'Dichtersänger; Gedicht, Spott' (AWB VIII,1141) gehört entgegen Baesecke 1940–53: I,487 nicht zu *skepfen* 'schaffen', sondern ist aus *-skoffen* 'verhöhnen' rückgebildet (Wissmann 1955: 24 ff.).

f) Jeder Einzelfall bedarf gesonderter Untersuchung. Für die Beispiele zu a) wird meist alter Ablaut angenommen, für c) und d) Schwach- oder Unbetontheit. In den Beispielen zu b) und z.T. auch zu a) kann Assimilation (Labialisierung) vorliegen. In *rosk(i)* (s.o. a) bezeichnet ‹o› ein Umlaut-ẹ, das vor Labiovelar (**rask^{w}ja-*) zu [ö] gerundet wurde (Schatz Ahd. 41, Penzl 1968: 137, AWB VII,920; zur Rundung vgl. auch § 32 A.2b, Mhd. Gr. §§ L 24, 29), vgl. *irlosket* N zu *ir-lesken* swV. I 'auslöschen' < **-lask^{w}ja-* (zum Labiovelar vgl. EWGP 363). Zur – teilweise kontroversen – Erklärung vgl. Paul 1879: 186 ff., Kluge 1883: 101+A.1, Kögel 1887: 107, ds. 1894: 277 f., Schatz Abair. § 6, Franck Afrk. § 9, Schatz Ahd. § 2, Baesecke Einf. 27, Matzel 1966: 157 A.40.

Anm. 2. Alem. *hara* neben sonstigem *hera* 'her' (AWB IV,957 f.) ist als Analogie zu *dara* zu erklären, vgl. Masser 1991: 34, EWA IV,961 f. (anders Baesecke 1948: 22).

Durch ein /i, j, ī/ der unbetonten Folgesilbe wird germ. /a/ im Ahd. zu /ẹ/ gehoben (*i*-Umlaut, § 51:1). Morphologische Typen: **§ 26**

1. in der Flexion mit /a/ wechselnd:
   a) *i*-Deklination (§ 214 ff.): *gast* / Pl. *gesti*, *fart* / Gen.Dat. *ferti*;
   b) Neutra mit Plural auf *-ir* (§ 197): *lamb* / Pl. *lembir*;
   c) 2.3.Sg. Präs. der stV. VI und der redV. Ia (§ 306 A.1): *faru* / *feris*, *ferit*; *haltu* / *heltis*, *heltit*;
   d) starkes Präsens mit *-j-* (§ 347): *heffen* (got. *hafjan*) / Part. Prät. *gihaban*;
   e) Präsens der swV. I (§ 357): *brennen* (got. *brannjan*) / Prät. *branta* („Rückumlaut", § 361);
2. ohne paradigmatischen Wechsel, durch Bildungssuffixe veranlasst:
   a) Nomina mit *j*-Suffix wie *heri* 'Heer' (got. *harjis*, § 202), *hella* 'Hölle' (got. *halja*, § 96:2d), Adj. *festi* 'fest' (Adv. *fasto*, § 267:2);
   b) Komparativ *lengiro*, Superlativ *lengisto* (Positiv *lang*, § 261 A.1);
   c) verschiedene produktive Suffixe (s. Anm. 1), z.B. Abstrakta auf *-ī* (*lengī* 'Länge' zu *lang*), auf *-ida* (*selida* 'Wohnung'), Bildungen auf *-isk* (*mennisko* 'Mensch', mittelbar zu *man*, § 222:3), Adjektive auf *-īg* (*kreftīg* 'kräftig' zu *kraft*, § 249:2a).

Zu Beseitigung des Umlauts durch Analogie s. Anm. 1, 2, zu Umlaut durch Enklitika Anm. 3, zu anderen Graphien Anm. 4, zu Umlauthemmungen und Fragen der Chronologie § 27+A.1–6.

Lit.: Umlaut des /a/ und seine Orthographie: Schatz Abair. § 20, Franck Afrk. § 13, Schatz Ahd. § 49, Baesecke Einf. 22, Brinkmann 1931: 91, Schweikle 1964: 202 ff. – Zum Umlaut in urkundlichen Eigennamen: Menke 1980: 290 ff. – Zu einzelnen Denkmälern: Kögel 1879: 7 f. zu K, R; Ottmann 1886: 5 ff. zu Rb; Fasbender 1908: 51 ff. zu GlSchlett.

Anm. 1. Einige Nominalbildungen mit *i*-haltigen Suffixen bleiben öfters ohne Umlaut. In solchen Fällen hat enger Anschluss an das Grundwort den Umlaut verdrängt oder verhindert (Baesecke Einf. 26); anders Penzl 1949: 223, der z. T. den Nebenton auf dem Suffix für das Ausbleiben des Umlauts verantwortlich macht. Beispiele:

a) Adjektivabstrakta auf *-ī* (§ 228 f.) (besonders bei Notker), z. B. *starchī* / *sterchī*;
b) Abstrakta auf *-ida* (§ 208:3), z. B. *paldida* / *beldida*, *bigangida* / *bigengida* O (Schatz Abair. § 24);
c) Adjektive auf *-īn* (§ 249:2c) wie *tannīn* / *tennīn* ‘aus Tannenholz’ zu *tanna* (Schatz Ahd. § 56);
d) während Adjektive auf *-līh* (§ 249:2e) regelmäßig ohne Umlaut bleiben (§ 27 A.5), zeigen Adverbien auf *-līhho* (§ 267 A.3a) vereinzelt Umlaut: *bellīho* H.Mayer 1982: 42.113 – zur Lesung vgl. SchGW I,255 – neben *baldlīhho*, *skemlīcho* BR für sonstiges *skamlīhho*.

Anm. 2. Auch in einigen Flexionsformen ist der Umlaut normalerweise analogisch beseitigt:

a) Der Umlaut im Gen.Dat.Sg. der maskulinen *n*-Deklination (*hano*, Gen.Dat. *henin*) wird durch Einwirkung der übrigen Kasus früh wieder entfernt. Hingegen ist der Umlaut in obd. und rhein. Ortsnamen erhalten (§ 221 A.2a).
b) Die Adjektivformen auf *-iu* (Nom.Sg. f., Nom.Akk.Pl. n.) bleiben bis auf wenige Ausnahmen ohne Umlaut (§ 248 A.6c).
c) Der bindevokallose Konj. Prät. der swV. I behält vor dem /ī/ der Endung den unumgelauteten Wurzelvokal des Indikativs bei (*branti*, vgl. §§ 322+A.3, 361).
d) Zu umlautlosen Ausgleichsformen des anl. Leid. Will und zu nl. Parallelen vgl. Sanders 1974: 236 f.

Anm. 3. Umlaut entsteht nur durch ein in demselben Wort folgendes /i, j, ī/. Es gibt jedoch zwei Besonderheiten:

a) Mit /i/ anlautende Pronomina (*ih*, *iȥ*, *imo*, *inan*) sind imstande, ein /a/ des vorhergehenden Wortes umzulauten, wenn sie enklitisch sind, also unter den vorhergehenden Hochton treten. Diesen Umlaut kennt jedoch häufiger nur Otfrid, z. B. *drenk ih* ‘trank ich’, *meg ih* ‘kann ich’, *werf iz* ‘warf es’, *geb imo* ‘gab ihm’. In den übrigen Quellen ist er selten: *meg iz* T 134,5, *meg ih* Psalm 5. 15. Bei Elision eines Vokals unterbleibt der Umlaut (Typ *haldih* Straßb. Eide < *haldu ih*). Vgl. Kögel 1887: 107, E.Sievers 1925: 71 f., Schatz Ahd. 40, Somers Wicka 2009: 7 ff., 47 f. – Zu *gafregin ih* Wess (mit /ë/) vgl. § 343 A.7.
b) In der Regel wird über die Kompositionsfuge hinweg nicht umgelautet, vgl. *tadading*, *gastwissī*. Aber in Personennamen, deren Erstglied geringem appellativischem Einfluss unterliegt, kann ein Zweitglied mit /i/ oder /ī/ Umlaut bewirken: *Behhilt*, *Elphilt*; *Elbrīh*, *Lentrīh*, *Weltrīh* (Schatz 1935: 137). Demnach scheint der Umlaut bei appellativischen Komposita analogisch beseitigt oder unterblieben zu sein.

Anm. 4. Der umgelautete Vokal wird in den Hss. normalerweise durch ‹*e*› wiedergegeben. Abweichende Schreibungen:

a) Mitunter erscheint im Obd. wie im Frk. ‹*ei*›. Im Obd.: *heinti, kischeifti, steifphim* Rb (Ottmann 1886: 5), *eingida, meizi* (zu *mezzi* § 170 A.1), *weillenti* (§ 385 A.3) Ra (sehr häufig, vgl. Kögel 1879: 7), *einte, eisto* Kb (zu *feiliso* Kb vgl. § 28 A.1), *beiziron* OFreis, *ingeiltist* GlSchlett (nicht mit Fasbender 1908: 59 zu *-gëltan* stV., sondern mit AWB IV,212 zu *-gęlten* swV.). Vgl. Weinhold Alem. § 58:1. – Im Frk.: *heingist, keimpho, sleihti* (Franck Afrk. § 13:2), ferner z. B. *sceinco* Gl 4,334,16 (Siewert 1986: 338 f.), *reidich* H.Mayer 1974: 127,5.

b) Selten steht dafür ‹*ae*› oder ‹*ę*›, z. B. *aelliu* Rb, *aenti* MF; *ęsti* Voc, *giquęlit* T (vgl. § 7:3).

c) In sehr alten Quellen begegnet ‹*ai*›, z. B. Voc *aigi* (= *egī* 'disciplina'), *airin* (= *arin* Pa, *erin* 'Fußboden'); Ra *farsaintan* (= *-senten*). Die Graphie kehrt im 13. Jh. wieder (Innsbruck, Univ.-Bibl. 711): *gislaihte* Gl 3,676,58, *laintfrit* 3,675,39, *vveppigairti* 3,664,60. Zu ‹*ai*› für langen Umlautvokal vgl. § 34 A.2b.

d) Vereinzelt wird auch ‹*ie*› geschrieben: *hieriscaf* OFreis 1,12,21, *hiermist* GlBud 131, *sciefti* Gl 3,683,1.

Das Aufkommen dieses sog. „primären" Umlauts (Anm. 2d; § 51:1) von /a/ zu /e/ **§ 27**
können wir in den Denkmälern verfolgen. Er wird in der Mitte des 8. Jahrhunderts in der Überlieferung fassbar und breitet sich in der zweiten Jahrhunderthälfte immer mehr aus. Die ältesten Glossen lassen den Umlaut von /a/ noch vielfach unbezeichnet (Anm. 1). Aus bair. Ortsnamen mit „Sekundärumlaut" lässt sich jedoch erschließen, dass er schon in der 1. Hälfte des 8. Jahrhunderts durchgeführt war (Anm. 2d; Gütter 2003: 12 ff.). Im 9. Jahrhundert ist der Umlaut im Wesentlichen durchgedrungen, doch wird er durch gewisse Konsonantenverbindungen aufgehalten (Anm. 2). Dies sind neben anderen vor allem

1. auf dem ganzen ahd. Sprachgebiet die Folgen /ht/, /hs/ und Konsonant + /w/;
2. im Obd. die Verbindungen /l/ oder /r/ + Konsonant, ferner /hh, ch/ (< germ. /k/, § 145) und /h/ (< germ. /h/, § 154).

Erst gegen Ende der ahd. Periode und im Mhd. wird auch in diesen Positionen der Umlaut graphisch bezeichnet, sog. „Sekundärumlaut" (Anm. 2; § 51:1).

Lit.: Zur Umlautchronologie: Henning 1874: 110 ff., A.Wagner 1876: 51, Kögel 1879: 2, ds. 1884: 357, Kossinna 1881: 20, Socin 1882: 217, Wüllner 1882: 77 ff., Kauffmann 1890: 49 f., Schatz 1899: 2, ds. Abair. § 21, Fasbender 1908: 56 ff., Franck Afrk. 22 f., E.Schwarz 1954/77: 187 ff., Geuenich 1976: 133 ff., Isakson 2002, Gütter 2003 u. 2011. – Zum Nordgerm.: M.Schulte 1998.

Anm. 1. Der *i*-Umlaut von /a/ bleibt in frühen Quellen oft ohne graphischen Ausdruck.

a) Die frühahd. Leges-Wörter neigen im Alem. weniger zu Umlaut als im Bair. (Stricker 2019: 37). Die Namen in den St. Galler Vorakten zeigen – der gesprochenen Sprache folgend – schon seit 764 fast immer Umlaut; in der Schreibsprache der Urkunden erscheinen sie dagegen ohne Umlautbezeichnung (Sonderegger 1961: 267). Die Salzburger Notitia Arnonis enthält gelegentlich noch das traditionelle ‹*a*› (P.Ernst 1992: 337). In Fulda wird in latinisierten Personennamen „besonders zur Bezeichnung von Würdenträgern" bis ins 11. Jh. oft *-harius* geschrieben (Geuenich 1976: 134, dort auch andere Personennamen mit ‹*a*›).

b) Entsprechend zeigen auch die ältesten Glossen, z. B. Pa, K und Voc, noch häufig ‹*a*› ohne Umlautbezeichnung, fast durchgängig auch die Freisinger Griffelglossen (Glaser 1996: 378 f.); zu Ad vgl. Haubrichs/Müller 2021: 131 f. („*a*-Umlaut"). Die Denkmäler aus der Jahrhundertwende weisen nur noch vereinzelt ‹*a*› auf, so *faris* Is 37,11 (E.Sievers 1925: 69 f.), *angil* (Matzel Is 162 A.47), *alilenda* (neben *elidheodīg*) Is, *mannisco*, *marigreoz*, *stantit* (neben *stentit*) MF, *radia* Exh A (Lb 10, 52; *redia* 45 und Exh B), *caquaten* GlFreis 327 (dort als †*giquatēn* angesetzt, jedoch eher zu *giquetten*); zu BR vgl. F.Seiler 1874: 427 ff. Dabei scheinen Nasalverbindungen verzögernd zu wirken (Kögel Lg. II,466).

Anm. 2. Der Umlaut ist vor einigen Konsonantenverbindungen nicht durchgedrungen (vgl. Braune 1877: 540 ff., Schatz Abair. § 22, Franck Afrk. § 11, Kostakis 2019: 10 ff.). Die Umlautbehandlung unterscheidet sich je nach Dialekt (§ 6a:1a,4a).

a) Im gesamten hd. Sprachgebiet – obd. und frk. – wird der Umlaut verhindert:
   α) durch /ht/, /hs/, z. B. *maht*, Pl. *mahti* (O auch *mehti*), Adj. *mahtīg*; *naht*, Gen.Dat.Sg. *nahti* (§ 241 A.1); *gislahti* 'Geschlecht'; *wahsan* 'wachsen', 3.Sg. *wahsit* (aber O *wehsit*), *giwahsti* T;
   β) durch Konsonant + /w/. Zwar werden diese Verbindungen meistens nach § 69 durch Sprossvokal getrennt – z. B. swV. I *garwen* (meist *garawen*) / *gar(a)wita* (§ 356:2c); *scatwen*, *scatawe* / *biscatuit* T –, doch zeigt das Ahd. in beiden Fällen keinen Umlaut (zu den Formen mit Sprossvokal vgl. auch Anm. 4).

b) Die obd. Dialekte haben vor /l/ + Konsonant stets, vor /r/ + Konsonant oft keinen Umlaut. Vor *r*-Verbindungen ist der Umlaut im Alem. nicht selten, während das Bair. ihn meidet (vgl. Schatz Ahd. § 52). Im Frk. ist der Umlaut vor /l/, /r/ + Konsonant in der Regel durchgeführt (zu Ausnahmen vgl. Franck Afrk. § 11; zu fehlender Umlautbezeichnung vor /r/ + Konsonant bei Isidor vgl. Valentin 1969: 269). Beispiele:
   α) zu *haltan* 2.3.Sg. Präs. frk. *heltis*, *heltit* (T, O), obd. *haltis*, *haltit*, ebenso von *waltan* frk. *weltit*, obd. *waltit*; Komp. frk. *eltiro*, obd. *altiro*; *balg*, Pl. frk. *belgi*, obd. *palgi*; obd. *chalb*, Pl. *chalbir*;
   β) obd. *marren* und *merren* 'hindern', *warmen* und *wermen* 'wärmen', *starchiro* 'stärker'. Im bair. Musp *kistarkan*, *arwartit*, *marrit*, *kitarnit*.

c) Auch vor ahd. /hh, ch/ (< germ. /k/, § 145) fehlt im Obd. stets der Umlaut, ebenso meist vor germ. /h/ (§ 154), während das Frk. Umlaut zeigt; z. B. zu *sachan* (§ 346 A.1e): obd. *sahhis*, *sachit* (im Tatian *forsehhis*, *-sehhit*, bei Otfrid *firsechit*); obd. *gimachida* 'Verbindung'; *ahir* 'Ähre' (obd. selten, frk. stets *ehir*, § 197 A.1a), obd. meist *slahit*, *dwahit* (frk. *slehit*, auch bair.) zu *slahan*, *dwahan* (§ 346 A.1d).

d) Ab dem 12. Jh. erscheint in vielen dieser Fälle auch im Obd. umgelauteter Vokal, den man – im Gegensatz zu dem schon im 9. Jh. geschriebenen „primären" Umlaut – „Sekundärumlaut" nennt (die Termini seit Heusler 1889: 125, unter Annahme zweier Umlautperioden), also *mehtec*, *geslehte*, *wermen* usw. Dieses /e/ blieb von dem (geschlossenen) primären Umlaut-*e* (§ 28 A.1) lautlich getrennt: ein offener *e*-Laut, der besonders im Obd. noch offener war als germ. /e/ und in mhd. Hss. vielfach ‹*ä*› geschrieben wird (*mähtec*, *geslähte*). In den bair. Mundarten wurde der Sekundärumlaut seit dem 12. Jh. zu offenem [a] gesenkt. Einige schon im 8. Jh. bezeugte bair. Ortsnamen – *Mammendorf*, *Pabing*, *Ampfing* – haben Sekundärumlaut (ab dem 12. Jh. ‹*æ*, *e*›, mundartlich [a]), ohne dass eine der obigen Umlauthinderungen vorläge. Gütter 2003: 14 ff. wertet das als Beweis dafür, dass der Primärumlaut schon Mitte des 8. Jh. zu wirken aufhörte.

e) Unter den in b) genannten Bedingungen gilt in den bair. Mundarten heute meist Primärumlaut (Schatz Abair. § 19 ff.). Als „Sekundärumlaut“ wurde ursprünglich nur der verminderte Umlaut von /a/ (mhd. /ä/) bezeichnet, heute versteht man darunter z. T. (z. B. Sonderegger) alle Umlaute außer /e/. – Vgl. Heusler 1889: 112 ff., Kauffmann 1890: 50 ff., Brinkmann 1931: 89, Löfstedt 1944, Antonsen 1969; vgl. ferner § 51:1,2a.

Anm. 3. Zu dem Umlaut des vor einfachem /w/ stehenden /a/ durch folgendes /i/ (*freuuida* 'Freude', *heuui* 'Heu') und den daneben stehenden unumgelauteten Formen (*frouuida, houui*) vgl. § 114:1ac.

Anm. 4. Auch ein /i/ der dritten Silbe kann Umlaut bewirken, wenn der Vokal der Mittelsilbe (/a, o, u/) zu /i/ assimiliert (§ 67) oder umgelautet wurde (Anm. 7; § 68). Je enger der Bezug zur Grundform, desto später dringt der Umlaut durch (Schatz Abair. § 25–29).

a) In einigen Wörtern ist der Umlaut fast durchgängig vorhanden. So in *fremidi* 'fremd' (nur Pa, K noch *framadi*), *hemidi* 'Hemd', *edili* 'edel', *menigī* 'Menge', wo jedoch das Alem. die Form *managī* bewahrt; noch Notker hat stets *manegî*.

b) Oft unterbleibt dieser Umlaut jedoch. Es heißt *apful*, Pl. *epfili* 'Apfel', *nagal*, Pl. *negili* 'Nagel'; aber stets *zahari* / *zahiri* (zu *zahar* 'Träne'), *magadi* / *magedi* (zu *magad* 'Jungfrau'). Auch wo das /i/ zum Wortstamm gehört, zeigen viele Wörter keinen Umlaut, z. B. *magatīn* (Deminutivum zu *magad*), *fravali* / *fravili* 'ungestüm', *giwahanen* (< *-njan*) / *giwahinen* 'erwähnen'. Besonders Otfrid meidet ihn hier: *gikamari, gisamani* (obd. *-semini*), *nagilen* (obd. *negilen*), *garawen* (Anm. 2aβ).

c) Ab dem 12. Jh. erscheinen auch diese Umlaute regelmäßiger („Sekundärumlaut“): *megede* / *mägede, zehere* / *zähere, frevele* / *frävele* usw. Wenn daneben noch *magede, zahere* usw. vorkommt, handelt es sich wohl nur um konservative Schreibungen.

Anm. 5. Substantive auf *-nissi, -nissa* und Adjektive auf *-līh* zeigen keinen Umlaut, z. B. *intfancnissa, irstantnissi; scantlīh, langlīh, kraftlīh, tagalīh, chlagelīh* N; im Mhd. sind *līch*-Adjektive dagegen oft umgelautet (Mhd. Gr. § L 30:3,4, KSW III, § A 103). Bei anderen *i*-haltigen Suffixen des Ahd. stehen Belege mit Umlaut neben solchen ohne diesen (§ 26 A.1).

Anm. 6. Der isolierte adverbiale Gen. *alles* 'anders' (zu got. *aljis* 'ein anderer', § 295a A.2) ist im Ahd. meist ohne Umlaut (vgl. § 118 A.2); so noch *allesuā* 'anderswo' Merig (2,52. 102). Doch kommt in frk. Quellen auch *ellies* WK, *elles* T mit Umlaut vor (AWB I,228). Vgl. Schatz Abair. § 28, Franck Afrk. 20.

Anm. 7. Verschiedentlich wird /a/ über /e/ bis zu /i/ umgelautet (vgl. Wilmanns I, § 223:2, Franck Afrk. § 13:1):

a) N.Wagner 2016: 471 ff. führt Personennamen ab dem frühen 9. Jh. mit Erstglied *Migin-*, *Rigin-*, *Wir(i)n-* an, deren erstes /i/ aus Umlaut-*e* entstanden ist, und vermutet, dass der Vokal vor /g/ und /r/ „zu einer besonders geschlossenen Aussprache tendierte, die fakultativ durch ‹*i*› zum Ausdruck kam“. Der entscheidende assimilierende Faktor ist freilich nicht der Folgekonsonant, sondern das zweite /i/. Ebenso sind die Zweitglieder *-hiri*, *-(w)iri* zu beurteilen (N.Wagner 2014: 311 f.). Ähnliches ist für das As. und das (ostfäl.) Mnd. nachgewiesen (As. Gr. § 54, Mnd. Gr. § 140).

b) Im appellativischen Wortschatz zeigt sich dieser „verstärkte“ *i*-Umlaut ebenfalls, durchweg in nicht haupttoniger Silbe:

α) mehrfach vor /n/ + Konsonant: *giarinden* 'reizen' 2x Rb neben *kaarandent* GlFreis 43 f., *kidinnanto* aaO. 92 f.+A.73 zu *gidennen* 'ausstrecken'; *tu[n]winga* Gl 2,478,13, *touwingen* Np zu *dun(i)wengi* 'Schläfe' (dazu Kölling 1983: 159; vgl. § 193 A.7b). So wohl auch *antlingen* neben *antlengen* 'entgegnen', Ableitung von **ántlang* 'zugewandt, entgegen' (as. ae. *andlang*, EWGP 361 f.; anders Lühr 1980, EWA I,277 ff., Prinz 2010: 299 f.);

β) vor /r/ + Konsonant: *pidirpan*, *pidirpī* GlMon, *pidirblīh* Jb-Rd zu *biderbi* (*-darb-*) 'brauchbar'; andere Erklärungen – Assimilation an betontes *bi-* (Schindling 1908: 7 f.), alter Ablaut (AWB I,1006. 1008) – sind weniger plausibel (vgl. EWA II,22);

γ) in den Suffixen *-iri* < *-ari* (§§ 68 A.1, 200 A.1b) und *-nissi* (doch vgl. § 68 A.3), den Nebenformen des Gerundiums auf *-inne(s)* (§ 315 A.1b) sowie dem Part. Präs. auf *-inti* (§ 316 A.1);

δ) in nebentoniger Wurzelsilbe: vielleicht *taudrigil* neben *-dregil* 'Tauabstreifer' LexAl (zu got. *þragjan* 'laufen', V.Schwab 2017: 501 f., 577; oder < germ. **þreg-*, vgl. E.Meineke 1982). Nicht hierher *nisilen* neben *nesilōn* 'näseln', AWB VI,1183 (Einfluss von mhd. *riselen* 'tröpfeln'? Pfeifer 1993: 925).

c) Scheinbar zugehörige Formen mit betontem /i/ sind vermutlich anders zu beurteilen:

α) *calippfit* Pa (§ 131 A.1), *kiliphit* Kb enthalten nicht ‹*i*› für Umlaut-*e* (so Splett Abr 242, EWA V,1185), sondern führen auf *gi-lipfen* mit germ. /e/, wie es von *lëfs*, *lëffur* und nhd. *Lippe* vorausgesetzt wird.

β) *stirker* 'stärker' Rheinfrk. Cant, wofür Übergang von Umlaut-*e* in /i/ angenommen worden ist (Steppat 1902: 513), zeigt die mhd.-wmd. Hebung von Umlaut-*e* vor *r*-Verbindung (*mirken* = *merken*), ebenso *wirmī*, *-a* 'Wärme' Gl 2,566,30. 3,631,30 (Mhd. Gr. § L 31, T.Klein briefl.).

γ) *irlicint* 'illiciunt' Gl 2,483,33, das auf ein Verb †*irlezzen* bezogen worden ist (Kölling 1983: 136, 159, 229; in SchGW VI,137 als *irlizzen* angesetzt), gehört eher zu *irlucken* (vgl. AWB V,1259. 1405); zu ‹*i*› für [ü] vgl. § 32 A.5a.

δ) *cridime* 'tumultu' Gl 2,31,74, im AWB V,360 als Umlautvariante zu *kradam* gestellt, ist eher mit der Sippe von mhd. *krīden* stV. 'schreien' kontaminiert (Bruch 1964: II,102; nach v.Gadow 1974: 99 verschrieben).

ε) Das /i/ von *unsli(h)t* n. '(Eingeweide)fett' (< **ungislaht(i)* 'Schlachtabfälle'?) beruht eher auf Volksetymologie und/oder Nebensilbenschwächung.

Anm. 8. Nach N.Wagner 2013: 33 ff. kann im Ahd. /ē/ < /ai/ (§ 43) Umlaut bewirken, so in den fuldischen Personennamen *Hedegēr* 965 (< *Hadu-*), *Rentgēr* 994 (< *Rant-*). Dies erkläre auch die ab dem 11. Jh. auftretenden Umlautvarianten von *nabagēr* 'Bohrer' (*nebeger*, *neueger* u. ä., AWB VI,948, EWA VI,734 f.). Vergleichbar sei der mhd. „*ei*-Umlaut", z. B. in alem. *erbeit* neben *ar(e)beit* (Behaghel 1928: 289, Mhd. Gr. § E 31:6), der auch in Ortsnamen wie *Hemeresheim* 1136 gegenüber *Hamersheim* 914 zutage trete.

(b) Germ. /e/

§ 28 Germ. /e/ (got. *i*, vor /r, h/ ‹*aí*› = [ɛ], vgl. Got. Gr. §§ 10:1, 20), ist im Ahd. wie in den übrigen germ. Sprachen teils /e/ geblieben (§ 29), teils zu /i/ geworden (§ 30) und mit dem ursprünglichen idg.-germ. /i/ (§ 31) zusammengefallen.

Das alte /e/ wird in grammatischen Schriften durch ‹*ë*›, das Umlaut-*e* durch ‹*e*› oder ‹*ẹ*› bezeichnet.

Lit.: Paul 1879: 76 ff., Wilmanns I,246 ff., Hock 1973.

Anm. 1. /ë/ ist vom Umlaut-*e* lautlich geschieden, was durch den Reimgebrauch mhd. Dichter bestätigt wird (Mhd. Gr. § L 31); /ë/ ist offenes [ɛ], /e/ geschlossenes [e]. Frühahd. hatten die beiden Laute vermutlich noch den Status von Allophonen eines Phonems /e/, unterschieden nach der Lautumgebung: *ërda* ≠ *herti*. Ab dem 9. Jh. ist mit zwei Phonemen zu rechnen (§ 14 A.2). Zur Unterscheidung beider *e*-Vokale vgl. Franck 1881, Kauffmann 1890: 50 ff., Zwierzina 1900: 249 ff., ds. 1901: 398 ff., Baesecke Einf. 27, 31. Den phonologischen Status behandeln Fourquet 1952: 124, Marchand 1956: 83, 89 f., Moulton 1961: 22 ff., Antonsen 1964: 189 f., Valentin 1969: 277 ff., Szulc 1988.

Wenn /ë/ nachträglich vor /i/ zu stehen kam, konnte es gehoben werden und mit Umlaut-*e* zusammenfallen, z. B. in *felis* 'Fels', *pelliz* 'Pelz', *ledīg* 'ledig'; vgl. Luick 1886: 492 ff., Paul 1887: 548 f., Kauffmann 1888: 393 f., Streitberg/Michels/Jellinek 1936: 381 ff., Kranzmayer 1956: 26 ff. (noch in rezenten Dialekten). Einen Hinweis auf diese Hebung liefert auch die Graphie ‹*ei*› in *feiliso* K, die nach § 26 A.4a für Umlaut-*e* steht (anders Kögel 1879: 9; Baesecke Einf. 27 vermutet Einfluss des [palatalen] /l/).

Anm. 2. /ë/ wird in den Hss. (gleich dem Umlaut-*e*) regelmäßig durch ‹*e*› bezeichnet. Einige Hss. wenden für /ë/ zuweilen ‹*ę*, *æ*, *ae*› an, z. B. *ępani*, *aepan* K, *faehtari* Ra (Kögel 1879: 9), *ædo* Emm, *ębanemo* Rb (Ottmann 1886: 9), *kæpanti* Clm 6300 (Glaser 1996: 255). Im Tatian (Sievers T § 64) nur öfter nach /kw/: *quædan*, *quędan*, *quæman*; ebenso in WK *quaeme*, *quęmendi*, *quędhanne*; auch in BR *kachuaetan*. In Is, MF nur vor /r/, so *aerdha*, *ęrcna*, *ęrnust* Is; *aerda*, *aer*, *ęr*, *daer* MF; vgl. Valentin 1969: 263 f., Matzel Is 165 ff. Zum Auslaut vgl. § 57 A.2.

Die von Baesecke Einf. 27 erwogene Schreibung ‹*ei*› für /ë/ betrifft wohl nur Belege mit Umlaut-*e* (vgl. Anm. 1 und § 26 A.4a). In Jc begegnen jedoch *uuidarfeihtanti* und *piseizan* mit *ei*-Ligatur (Krotz 2002: 438.308); vgl. noch *giheillant* Gl 2,173,37 (zu *gihëllan*, AWB IV,929), *pheifer* 'Pfeffer' 3,660,18.

Germ. /e/ ist erhalten geblieben, wo es nicht durch Einfluss der folgenden Laute § 29
(§ 30) zu /i/ wurde. Regelmäßig steht /ë/ vor langem oder kurzem /a, e, o/ der Folgesilbe. Morphologische Typen:

1. primäre Nomina wie *dëgan* 'Krieger', *ërda* 'Erde' (germ. **erþō-*), *fël* 'Fell' (**fella-*), *fësa* 'Hülse' (EWA III,81. 181; anders Schatz Ahd. 13), *hëlm*, *hërza*, *wëg* (**wega-*);
2. starke Verben der Klassen IIIb–V (§ 335–344) wie *hëlfan*, *nëman*, *gëban*, Part. Prät. *gigëban*, Konj. *gëbe*, *gëbēs*; dazu Ableitungen wie *gëba* 'Gabe' (got. *giba*), *gëbo*, *gëbāri* 'Geber', *hëlfa* 'Hilfe', *hëlfo* 'Helfer'.

Anm. 1. /ë/ ist in der ahd. Periode im Allgemeinen unverändert geblieben (doch s. Anm. 2–5). Zu ursprünglichem /ë/ ist jedoch das im Ahd. aus altem /i/ hervorgegangene /ë/ hinzugetreten (§ 31 A.1–3). Zu Allophonen des /ë/ vgl. Baesecke Einf. § 9:1, Moulton 1961: 22 ff., Valentin 1969: 269.

Anm. 2. Mitunter weicht /ë/ regelwidrig in /i/ aus (Franck Afrk. 26, Lessiak 1910: 215, Baesecke Einf. 27), so *zihenzug* T 212,6, *diotuuig* Lb 2.4, 52 (Würzb. Markbeschr.; für *-wëg*), *gegibin* Lb 42, 142 (Mem. mori); *suister* (statt *suëster*) Merseb 7 f. (Eichner/Nedoma 2000/01: 124, W.Beck 2011: 177), T 106,6 (2). Mfrk. Glossen und der anl. Leid. Will zeigen einige Male *suster*

(Bergmann 1966: 254, Sanders 1974: 244 f.). DSA Kt. 91 weist *Schwister* im Ostfrk. aus (Wrede 1923: 365).

Analogisch eingeführtes /i/ liegt vor in *bita* ‘Anbetung’ Sam 31 (Braune 1907: 153), bair. *hilfa* (nach *hilfit*, Schatz Abair. 10), *giba* Nc (nur 12,5. 13,10, sonst bei Notker *geba*; auch zwei Glossenbelege, vgl. AWB IV,131, Schlechter 1993: 218), Konj. *biquhime* Is 26,5 (nach *quimit*; für *biquëme*, § 310:2; E.Sievers 1925: 77, Matzel Is 236 A.404).

Anm. 3. In einigen Wörtern bzw. Präfixen (vgl. § 70 A.2) stehen im Ahd. neben Formen mit /ë/ solche mit /o/ (Paul 1879: 248, v.Grienberger 1907: 74). Jeder Fall bedarf gesonderter Erklärung (Lühr 1976: 79 ff.):

a) *ëddo, ëdo* ‘oder’, daneben besonders frk. (Is, T, O) *odo, oda* (vgl. AWB III,57 ff., EWA II, 950 ff., Schatz Abair. § 45, Kappe 1909: 358); auch *ado* neben *odo* Exh, *athe* Trierer Cap; vgl. § 167 A.11a;

b) *noh* ‘neque’, neben dem das dem got. *nih* entsprechende **nëh* nicht mehr vorkommt; jedoch *nëh-*, *nih-* in der Verbindung *nëh(h)ein, nih(h)ein* neben *noh(h)ein* (§ 296); dieser Trias nachgebildet ist *doh-*, *dëh-* und *dih-* in *doh(h)ein, dëh(h)ein* und *dih(h)ein* (AWB II, 353 f.; § 295:5);

c) *ëckorōdo* ‘nur’, spätahd. *ëcchert* und *ockert* (AWB III,244, EWA II,945 f.; mhd. *eht, et* und *oht, ot*).

Anm. 4. Nach /w/ geht /ë/ mitunter in /o/ über: *wëla* ‘wohl’ (nur in sehr alten Quellen), gemeinahd. *wola* (auch *wala* Is, Kögel 1884: 323, Hench Is 62, E.Sievers 1925: 77); *wëhha* ‘Woche’, spätahd. mhd. *woche*; *wëralt* ‘Welt’, bei Otfrid *worolt* (§ 25 A.1b). Zu /kwë-/ > /ko-/ vgl. § 107 A.2. – Nicht hierher *wolta* neben *wëlta* ‘wollte’ als alte Ablautvariante (§ 384 A.1).

Anm. 5. Mehrfach erscheinen für /ë/ vor /h/ Diphthongierungen (Brechungen) zu /eo, io, ie/ im swV. II *spëhōn* ‘spähen’: *spiohōn* O 4,11,2, *paspiohōn* und *spiohāra* ‘speculatores’ Rb; *spiehan* Gl 2,613,1 (auch mhd. *spieher*, Lexer II,1074). Hierher wohl auch *irfleohot* Kb (Splett Abr 196) und *fleohanti* Clm 6300 (Glaser 1996: 149.60, 380) zu *flëhōn* (Wissmann 1932: 23 f.). Vielleicht wurde die durch den frühen *h*-Schwund (§ 154) entstandene Folge /e'ō/ als wurzelauslautender Diphthong /eo, io/ phonematisiert und darum bei Restituierung des /h/ beibehalten. Oder Assimilation /io/ < /ia/ aus – sekundärem – /ē$_2$/ (§ 48 A.2aγ)? Vgl. noch § 52 A.2.

In Np wird /ë/ vor intervokalischem /h/ öfters mit Zirkumflex geschrieben (§ 154 A.8a).

§ 30 Germ. /e/ ist unter bestimmten Bedingungen – teilweise schon urgerm. (§ 10:4,6) – zu /i/ geworden:

1. wenn in der folgenden Silbe /i, ī, j/ stand („nordwestgermanische Hebung“; Bremer 1890: 248 ff.). Morphologische Typen:

   a) Nomina mit *i-/j-*haltigen Suffixen: *gift* ‘Gabe’ (**gef-ti-* zu *gëban*, § 364 A.3a), *wist* ‘Wesen’ (**wes-ti-* zu *wësan*); *bërg*: *gibirgi*, *rëht*: *rihtī* ‘gerade Richtung’; *ërda*: *irdīn* (Anm. 1), *wëg*: *āwiggi* ‘weglos’, *mitti* ‘mittlerer’ (got. *midjis*, lat. *medius*);

   b) Verben mit *j*-Suffix: *rihten* ‘richten’ (**reht-ija-*); *fël* ‘Fell’: *fillen* ‘das Fell abziehen’ (**fell-ija-*); *bitten* ‘bitten’ (got. *bidjan*; §§ 327:1b, 344);

   c) Verbformen mit *i*-haltiger Endung: 2.3.Sg. Präs. *nimis, nimit* (*nëman*); *gibis, gibit* (*gëban*); *ist* (**es-ti*);

2. wenn unmittelbar /n/ oder /m/ + Konsonant folgte. Morphologische Typen:
   a) stV. IIIa (§ 336) wie *bintan, rinnan, swimman*;
   b) Nomina wie *binta* 'Binde', *klingo* 'Gießbach', *sind* 'Weg' (mit *sindōn* 'reisen'), *wint* 'Wind';
   c) Lehnwörter wie *minza* 'Minze' (lat. *menta*), *zins* 'Steuer, Zins' (lat. *census*).
3. Zu diesen frühen Hebungen des /ë/ zu /i/ tritt im Ahd. und As. ein /i/, das häufig als partielle Assimilation an ein /u/ der Folgesilbe verstanden wird:
   a) 1.Sg. Präs. der stV. IIIb–V (§ 337–343), z. B. *hilfu, nimu, gibu*;
   b) Wörter wie *filu* 'viel' (ae. afrs. *felo*), *miluh* 'Milch', *sibun* 'sieben', vielleicht auch *situ* 'Sitte' (anders Bjorvand 1995: 48);
   c) Lehnwörter wie *sihhur* 'sicher' (lat. *securus*).

Die Annahme lautgesetzlicher Hebung wird allerdings dadurch infrage gestellt, dass /ë/ vor /u/ vielfach erhalten bleibt, so bei *ëbur* 'Eber', *ërnust* 'Ernst', *mëtu* 'Met', auch in Bildungen auf *-unga* wie *gërunga, nëmunga, wërfunga*; Schwanken herrscht in *fëhu, fihu* (§ 220e). Nach Kümmel ist die Hebung – zumindest meistens – nicht durch /u/, sondern durch ein /i/ zugehöriger Flexionsformen bedingt: bei 1.Sg. *-u* durch 2.Sg. *-is*, 3.Sg. *-it* (vgl. das analogische /i/ im Imperativ *nim*, § 312); bei *u*-Stämmen durch Dat.Sg. *-iu* (§ 220c A.3b), Nom.Pl. *-i* usw.

Lit.: Paul 1879: 79, ds. 1887: 548, Kögel 1887: 108, ds. 1892: 501, Wilmanns I,248 f., Baesecke Einf. 28.3b, Joesten 1931, Krogh 1996: 253 ff., Klein 2004: 244 A.13, Kümmel 2004: 107 ff.

Anm. 1. Ähnlich wie beim Umlaut des /a/ (§ 26 A.1,2) ist auch hier die Hebung nicht selten durch Analogie unterblieben. In verschiedenen morphologischen Kategorien erscheint statt des zu erwartenden /i/ ein /ë/ (zum umgekehrten Vorgang der analogischen Einführung von /i/ vgl. § 29 A.2):

a) fast ausnahmslos in der Nominalflexion, z. B. *hërza*, Gen.Dat. *hërzin* (nicht †*hirzin*), § 221; Ntr.Pl. auf *-ir* (§ 197): *fëldir, brëtir* (vereinzelt *pritir* AWB I,1373; vgl. § 29 A.6, ferner Lexer I,355, Nachtrag 103 [Nom.Sg. *brit* wohl falsch], Schweiz. Id. V,890, Schwäb. Wb. I,1408);
b) im Komparativ und Superlativ der Adjektive: *slëhtiro, slëhtisto* (§ 261 A.1);
c) zuweilen in Ableitungen, die den Vokal des Grundworts übernehmen (vgl. § 32 A.2a zu /o/ : /u/):
   α) Adjektivabstrakta, so immer *snëllī* (zu *snël*); vereinzelt *slëhtī, slëhtida* (neben *slihtī, -slihtida*), *gërī* (zu *gër*, neben *girī*) u. a.;
   β) Stoffadjektive auf *-īn* (besonders spätahd.), z. B. *ërdîn* N neben *irdīn* SH (sonst erst im Mhd. belegt, AWB IV,1707 f.);
   γ) sonstige Sekundärbildungen, z. B. *kahëlmit* 'galeatus' neben *cahilmit* R (AWB IV,940; zu *hëlm*);
d) nicht hierher gehört der Wechsel *Ërm(an)- / Irm(in)-* in Personennamen, der durch Suffixablaut verursacht ist (Geuenich 1976: 141, EWA IV,171 ff.).

Anm. 2. Der Wechsel zwischen /ë/ und /i/ – je nachdem, ob /a, e, o/ oder /i, j, u/ folgte – war ursprünglich auch vor /w/ und /ww/ (§ 111–114) in Kraft, wie im As. (z. B. *trëuua* 'Treue', *triuui* 'treu' Hel). Im Ahd. ist /ë/ vor /ww/ unabhängig vom Folgevokal meist zu /i/ geworden (/ëww/ > [euw] > /iuw/, § 49 A.4a), also nicht nur *niuwi, triuwi*, sondern auch *bliuwan* 'schlagen', *hriuwan, kiuwan* 'kauen', *kliuwa* 'Knäuel', *triuwa, iuwēr*. Nur in einzelnen alten alem. und frk. Quellen ist noch /ë/ bewahrt. So bei Isidor *hrëuūn* Akk.Sg. (Matzel Is 201) 'Reue', aber auch vor /i/: *ëuuuih* 'euch' und *ëu* (Dat.Pl.), dagegen *triuuua*, im Tatian *trëuuua* und *ëu* 'euch', je 1x neben sonstigem *iu*, in H 1x *rëuūn*, in BR 1x *ëuuih*, in al. Ps 2x *ëuuuih* (neben *hiuuuih*). Vgl. § 113 A.3.

Vor einfachem /w/ bleibt das /ë/ dagegen erhalten (§ 114:2a), so in den obliquen Kasus von *kneo, knio* (§ 204 A.3), z. B. Dat.Sg. *knëuue* T, dazu *ih giknëuue* (swV.) O (dagegen bei Notker *gechniuuentiu*; AWB V,282); *gisëwan* (Part. Prät. zu *sëhan*, § 343 A.4b). – Vgl. Paul 1879: 87, Kögel 1884b: 535 ff., Brinkmann 1931: 70.

Anm. 3. Vereinzelte Ausweichungen des neuen /i/ sind unter (altem) /i/, mit dem es im Ahd. völlig zusammengefallen ist, angeführt (§ 31 A.3–5).

(c) Germ. /i/

§ 31 Das alte germ. /i/ (= idg. /i/) bleibt teils als /i/ erhalten, teils wird es zu /ë/ gesenkt, ohne dass eine exakte Lautregel formuliert werden kann.

1. /i/ bleibt in vielen Fällen unverändert, auch vor folgendem /a, e, o/. Beispiele: die Part. Prät. der stV. I (§ 330) wie *gibiȥȥan, gisnitan*; *wiȥȥan* 'wissen' (Anm. 2); *wiȥȥōd* 'Gesetz'; *(h)linēn* 'lehnen'; *fisk* 'Fisch' (germ. **fiska-*, aber lat. *piscis*); *snita* 'Schnitte', *snitāri* 'Schnitter'; *wisa* 'Wiese', *bettiriso* 'Bettlägeriger', *skidōn* 'unterscheiden' (zu **skīdan* stV., s. 2c), *skidunga* 'Unterschied'. Mit diesem /i/ sind die neuen /i/ aus /ë/ (§ 30:1–3) zusammengefallen.
2. /i/ ist in einer Anzahl von Fällen (s. Anm. 1) vor ursprünglichem /a, e, o/ der Folgesilbe in /ë/ übergegangen (§ 52) und mit germ. /e/ (§ 29) zusammengefallen. Die wesentlichsten Fälle sind:
   a) starke Verben: *klënan* 'schmieren' (§ 343 A.6); swV. III und II: *hnëgēn* 'sich stützen' (zu *(h)nīgan*), *klëbēn* 'kleben' (zu *klīban*), *lëbēn* 'leben', *swëbēn* 'schweben'; *gëwōn* 'gähnen', *lëckōn* 'lecken' (as. *likkon*);
   b) Adjektive: *quëc* 'lebendig' (ae. *cwic*), dazu swV. I *quicken*; *smëckar* 'zierlich' (ae. *smicer*, § 96:1);
   c) Substantive: z. B. *blëh* 'Blech' (mnd. *blik*; B.Meineke 1991a: 248 f.), *lëbara* 'Leber' (ae. *lifer*, § 69 A.3), *skësso* 'Felsriff, Klippe' ('Gespaltener', zu **skīdan* neben *skeidan*, § 330 A.2bβ), *spëk* 'Speck' (ae. *spic*), *stëg* 'Steg', *stëga* 'Stiege' (zu *stīgan*), *wëhha* 'Woche' (as. *wika*), *wëhsal* 'Wechsel' (awn. *víxl*), *zëbar* 'Opfer' (ae. *tifer*), *zëssa* 'Woge' (zu *zeisan* § 352 A.1d?). Hierher gehören ferner einige Lehnwörter wie *bëhhāri* 'Becher' (as. *bikeri*, lat. *bicarium*), *pëh* 'Pech' (lat. *picem*), vgl. Bremer 1909: 150.
3. Mitunter stehen /i/ (vgl. 1.) und /ë/ (vgl. 2.) nebeneinander (Anm. 2), so *skif* / *skëf* 'Schiff', *pismiz* / *pismëz* 'Befleckung' (AWB I,1119).

Lit.: Paul 1879: 82, ds. 1880: 184, Osthoff 1888: 417 f., Kluge 1913: 120 f., Wilmanns I,250 ff., Kock 1898: 544 ff., Trautmann 1906: 11 ff., Bremer 1909: 149 ff., v.Helten 1909: 101 ff., Schatz Ahd. § 9 f., Antonsen 1964: 183+A.21, Hock 1973. Kritisch zu den unter 1. angeführten Beispielen Schweikle 1964: 221 A.59.

Anm. 1. Im Pronomen der 3. Person (§ 283) stehen von Hause aus die Stämme *ë-* und *i-* suppletiv nebeneinander (Seebold 1984: 62 ff., 79 ff., Ringe/Taylor 2014: 123 f.; anders Stiles 2017: 415 ff.). Die meisten Formen enthalten /i/, dagegen steht /ë/ im Nom.Sg. m. *ër* – auffällig *ir* bei Isidor (vgl. § 283 A.1aα; Matzel Is 408) – und im Gen.Sg. n. *ës* (vgl. § 283 A.1c). Für den Nom. Akk.Sg. n. *iȥ* tritt erst spätahd. *ëȥ* ein; in anderen Kasus ist /ë/ sehr selten, z. B. *ëra* (§ 283 A.1g), *ëro* (§ 283 A.1j; vgl. Franck Afrk. 28).

In *wër* 'Mann' (ae. as. *wër*; verfehlt Pogatscher 1908: 261), *nëst* 'Nest' (ae. *nëst*) und einigen anderen Wörtern ist /i/ wohl in nordwestgerm. Zeit zu /ë/ gesenkt worden. Connolly 1977 sah die Ursache für die Senkung in einem idg. Laryngal. Die laryngalistische Erklärung ist durch S.Müller 2007: 71 f. entkräftet worden (vgl. auch Lühr Hl 99 f. A.5, Voyles 1992a: 27).

Anm. 2. In einigen Wörtern greift der Wandel /i/ > /ë/ weiter, speziell im Frk. (vgl. § 52): *lirnēn* (zu got. *lais* § 377) 'lernen', dagegen frk. (obd. sehr selten) *lërnēn*; obd. *wissa, wista* (Prät. zu *weiȥ* § 371:1), frk. *wëssa, wësta*. Tatian zeigt in einigen Wörtern stets /ë/ gegenüber sonstigem /i/, so *mëssalīh* 'varius', *mëssezunft* 'dissensio', *giwësso* 'gewiss' (Kögel Lg. II,441. 535). – *stemna, stemma* 'Stimme' ist wohl durch Ablaut und Umlaut von *stimna, stimma* geschieden, vgl. as. *stemnia* mit /j/ (Kroonen 2013: 480).

Während im Frk. *skif* und *skëf* 'Schiff' nebeneinander stehen, kennt das Obd. nur *skëf* (Franck Afrk. 29, Schatz Abair. 10, AWB VIII,1047 ff.). *skirm* neben *skërm* 'Schutz' ist wahrscheinlich aus *skirmen* swV. rückgebildet, das seinerseits von *skërm* abgeleitet ist.

Anm. 3. Unter speziellen Bedingungen ist ahd. /i/ in anderen Wörtern zu /ë/ gesenkt:

a) Folgendes /h/ oder /r/ scheint gelegentlich ein /i/ zu /ë/ zu senken (vgl. Baesecke Einf. § 10:bg, Vennemann 1972: 871 ff.; zu /u/ vgl. § 32 A.2c), z. B. neben *widarbirgi* 'arduus' auch *widarbërgi*; *wër* al. Ps statt *wir* 'wir'; statt *wiht* hat BR *wëht*. Viele Beispiele hierfür bei Leffler 1875/76: 231 ff.; die meisten sind jedoch eher nach § 30 A.1 zu erklären (vgl. Bremer 1890: 250).
b) In Personennamen erscheint *-frid* (zu *fridu* 'Friede'; § 220c) öfters als *-fred, -vred* (Baesecke 1928: 104). Es handelt sich eher um westfrk.-merow. Graphien (E.Schröder 1944: 74, Tiefenbach 1973: 60, Menke 1980: 360) als um Abschwächung im Nebenton (Sonderegger 1961: 268).
c) *krisamo* 'Salböl' – wie ae. *crisma* aus lat. *chrisma* entlehnt (Feulner 2000: 164 f.) – hat die Nebenform *krësamo* (AWB V,416 f.). Deren /ë/, das hier früher nach Anm. 2 erklärt wurde, dürfte dem Mlat. zuzuschreiben sein (EWA V,803 mit Lit.; nach Franz 1883: 43 rom.).

Anm. 4. *ibu* 'wenn' und *nibu* 'wenn nicht' haben das /i/ nur noch in wenigen alten Quellen, z. B. Is, BR, Musp. Sonst tritt /u/ oder /o/ (*ube, oba*; *nube, noba*) mit mannigfachem Wechsel des zweiten Vokals auf (AWB IV,1442 f., Schatz Abair. § 51:d); mfrk. auch /a/: *avo* (Lb 19), *navo, nova* (Lb 17.2); vgl. §§ 29 A.3, 70 A.2; Kappe 1909: 358. Lühr 1976: 81 f. führt *ibu* und *ube, oba* auf unterschiedliche Vorformen zurück.

In OFreis steht 2x ‹*u*› für /i/: *humile* 1,3,32, *humiles* 3,12,37 (Kelle O 448, EWA IV,1014; ein weiterer *u*-Beleg im AWB IV,1064). Bei Notker erscheint /i/ nach anlautenden *w*-Verbindungen häufig als ‹*u*› (§ 107 A.3); *frisking* begegnet in Np und Npgl auch mit ‹*u, iu*› (AWB III,1266).

In allen Fällen hat der Labial das /i/ zu [ü] gerundet. Hierher wohl auch *zubar* (§ 270 A.2d); sonstige vereinzelte Beispiele von ‹*u*› (‹*y*›) für (meist neues) /i/ bei Singer 1886: 289. Zu *-zug* in Zahlwörtern vgl. § 273 A.1.

Anm. 5. Selten erscheint ‹*ie*› statt ahd. /i/, z. B. *ier* Pron. 'ihr' al. Ps (Matzel Is 168 f.+A.73), *neowiehti* BR (Singer 1886: 304), *rieba* 'Rippe' Gl 2,3,18 (Fehler für *ribba*?), *sciena* Jd (Gl 3, 363,50). Des Öfteren steht ‹*ie*› in Np und Npgl für /i/ vor Hauchlaut /h/ (*fieho, siehet*; AWB s. vv. *fihu, sehan*), vgl. § 154 A.8ab. – Zu ‹*ie*› für langes /ī/ vgl. § 37 A.1.

Einzelne Glossen des Clm 14345 (Regensburg 9. Jh.) zeigen ‹*ii*› für /i/ vor Frikativverbindung: *liist* Gl 1,783,3, *uuntarsiiht* 762,16 (Tiefenbach 2002: 25 A.50); hierher vielleicht auch *ēruuerdiistu* im Clm 6297 (um 800? Nievergelt 2012a: 398 f.).

(d) Germ. [u, o], ahd. /u/, /o/

§ 32 Germ. /u/, das aus idg. /u/ oder aus einem im Germ. vor (selten hinter) silbischem [l̥, m̥, n̥, r̥] neu entstandenen [u] (§ 10:2) stammt, ist in der Regel vor /i, j, u/ der Folgesilbe sowie stets vor Nasalverbindungen – /m, n/ + Konsonant – erhalten geblieben. Vor /a, e, o/ der Folgesilbe wurde /u/ in der Regel zu /o/ gesenkt (§ 52), außer wenn eine Nasalverbindung dazwischen stand. Aus den ursprünglich komplementär verteilten Allophonen [u, o] wurden noch in vorahd. Zeit die selbstständigen Phoneme /u/ und /o/.

1. Wörter mit durchgehendem Vokal:
   a) mit /u/: *sunu* 'Sohn', *hugu* 'Sinn', *kuri* 'Prüfung' (zu *kiosan*), *suht* 'Krankheit' (**suhti-*), *zunga* 'Zunge', *hunt* 'Hund', *wunta* 'Wunde';
   b) mit /o/: *fol* 'voll' (got. *fulls*, *a-/ō*-Stamm; s. u. 3c), *boto* 'Bote', *korōn* 'versuchen' (zu *kiosan*).
2. Regelmäßiger Wechsel von /u/ und /o/ in der Verbalflexion (doch s. Anm. 1b):
   a) Part. Prät. der stV. II *gibotan, gigoȥȥan*, aber Pl. Prät. *butun, guȥȥun*;
   b) Part. Prät. der stV. IIIb, IV *giholfan* (Pl. Prät. *hulfun*, § 337), *gistolan*, aber IIIa (§ 336) *gibuntan, giswumman*;
   c) swV. I *furhten, wurken*, Prät. *forhta, worhta* (§ 364:2);
   d) Präteritopräsentien *tugun*, Prät. *tohta* (§ 372), *mugun*, Prät. *mohta* (§ 375).
3. /u/ in Sekundärbildungen gegenüber /o/ im Grundwort (doch s. Anm. 2a):
   a) Adjektive auf *-īn-* (§ 249:2c): *wullīn* zu *wolla* 'Wolle', *russīn* zu *(h)ros* 'Pferd', *guldīn* zu *gold* 'Gold', *hurwīn* zu *horo* 'Kot';
   b) denominale Substantive: *gutin* 'Göttin' zu *got* 'Gott', *abguti* zu *abgot* (AWB I,13. 17); Deminutiv *puchilī* zu *bok* 'Bock';
   c) denominale *jan*-Verben: *fullen* 'füllen' zu *fol* 'voll', *antwurten* zu *wort*.

Lit.: Schatz Abair. § 5, Franck Afrk. § 21, Dal 1971: 37 f.

Anm. 1. In den Flexionsparadigmen ist der Vokalwechsel /u/ : /o/ häufig analogisch beseitigt.

a) Die Nominalflexion führt in aller Regel den Vokal des Nom.Sg. durch, z. B. *gold*, Instr. *goldu*; *boto* / *botin*, *botun* (vgl. §§ 30 A.1a, 47 A.2). Bei den Pluralen auf *-ir* (§ 197) heißt es *holz* / *holzir*, *hol* / *holir* (Anm. 2a). Doch kommt von *loh* neben *lochir* (*pilohhir* BR) der Plural *luhhir* Gl 2,241,5 vor, der bei Notker (*lucher*) die Regel ist; neben *abgotir* ist der Dat. Pl. *abgutirun* Gl 1,433,10 bezeugt. Auch *snor* Ra neben *snur* Kb (216,20) dürfte auf flexivischem Wechsel beruhen (§ 219 A.1a).

b) Die Verbalflexion bewahrt im Prinzip den Wechsel (s. o. 2.), doch ist im Obd. *wurhta* nach *wurchen*, im Frk. *forhten* nach *forhta* ausgeglichen (§ 364 A.1; vgl. Dal 1971: 37). Bei den Präteritopräsentien *an*, *kan* (§ 373) steht trotz der Nasalverbindung im Präteritum /o/ (*onda*, *konda*), wohl nach dem Vorbild von *dorfta*, *torsta*; nur bair. vereinzelt *kunda* (vgl. Behaghel 1886: 382). Zu *bigonda* vgl. § 336 A.3.

Anm. 2. Unter verschiedenen Bedingungen erscheint /o/ anstelle von /u/:

a) In Ableitungen wirkt bisweilen, besonders spätahd., analogisch die Form des Grundworts ein (vgl. § 30 A.1c zu /ë/ : /i/). Daher *pochilī* neben *puchilī* 'Böckchen', *holzīn* zu *holz* (statt *hulzīn*), *horawīn* Rb 'kotig' (statt *hurwīn*); zum *ir*-Plural *holzir* s. Anm. 1a. Diese Analogie wirkt noch stärker im Mhd., wo z. B. meist *götin* statt ahd. *gutin* gilt (Mhd. Gr. § L 34) und zuweilen auch schon Formen wie *wollīn* statt *wüllīn* auftreten (KSW III, § A 86).

b) Soweit nicht wie bei den *īn*-Adjektiven das /o/ des Grundworts beibehalten wurde, steht ‹o› bereits im Ahd. für umgelautetes [ö] (§ 51:1), wenngleich der *i*-Umlaut erst ab dem 12. Jh. graphisch zutage tritt (Schatz Ahd. § 66). Auch Lehnwörter wie *oli* 'Öl', *soleri* 'Söller' weisen Umlaut auf (vor direkt folgendem, altem /ĭ/ tritt hingegen Hebung ein, Anm. 4). Eine weitere Quelle von [ö] ist gerundetes Umlaut-*e* bei Notker: *froemidiu* (mhd. *vröm[e]-de*), *rosk(i)*, *irlosken* (mhd. *löschen*; § 25 A.1f); vgl. Michels Mhd. § 84, Schatz Ahd. § 49, Penzl 1968: 137.

c) Senkenden Einfluss auf das /u/ scheinen /h/ und /r/ zu haben – zu /i/ vgl. § 31 A.3a –, vgl. *trohtīn* 'Herr' im Tatian und anderswo statt *truhtīn*; *soht*, *lohs* für *suht*, *luhs* (Pietsch 1876: 361, Kögel 1879: 19 f.); frk. *eberworz* Gl 3,471,21 u. ö. (AWB III,33), *grasaworm* Gl 4,231,3 u. ö. (AWB IV,407). Zu *forhten* s. Anm. 1b, zu *pforzih* s. Anm. 4.

d) Weitere frk. Belege mit /o/ statt /u/ (vgl. Franck Afrk. § 21:5, Baesecke Einf. 32 f.): *son(es)* statt *sunes* in der Binger Grabinschrift (Lb 4.2), *cos* 'Kuss' statt *cus* in der Lorscher B (Lb 22.2, 21). Kaum hierher *bonni* 'zeli' Nievergelt 2015: 296.2 für **bunnī* zum Prät.-Präs. **b-unnan* (aaO. als **bannī* angesetzt); /o/ wohl nach Prät. *onda*/*onsta*, vgl. *ap̨onste* 'zelo' Gl 1,746,9 (GramErtr 160); zur Schwundstufe vgl. *urbunna* 'Missgunst' (§ 373 A.1), zu *bunnī* neben *-bunna* vgl. *wunna*/*wunnī* u. ä. (§ 210 A.2).

Anm. 3. Umgekehrt ist mitunter /u/ vor (ursprünglichem) /a/ nicht zu /o/ gesenkt:

a) In *fruma* 'Nutzen' (daneben *froma*, AWB III,1295), *sum* 'irgendein' (*a*-Stamm, § 295:1) und *sumar* 'Sommer' ist /u/ vor einfachem /m/ bewahrt (Baesecke Einf. § 11:3bβ; anders Gröger 1911: 146 A.1). Zum As. vgl. As. Gr. § 75.

b) Gelegentlich ist /u/ nach Labial bewahrt, so im Tatian und Gl 2,702,53 *fugal* (wie as.) statt *fogal* 'Vogel' (AWB III,1015, Bergmann 1966: 123), *burolang* 'sehr lange' Ludw 44 statt *bora-* (AWB I,1261), *Wulf-*, *Fulc-* in Personennamen neben *Wolf-*, *Folc-* (Franck Afrk. 32, Sonderegger 1959: 149).

c) Im Obd.: *trukkan*, *artruknēn*, dagegen frk. (erst Will) *trocken* (Jung 1938). In *ubar* 'über' – im Tatian und sonst auch *obar* – ist /a/ sekundär für /e/ eingetreten, vgl. § 261 A.2a zu *nidar* (Paul 1884: 582, ds. 1887: 549 f., J.Schmidt 1889: 208 und besonders G.Schmidt 1962: 187; vgl. auch Armitage 1911: § 280).

d) Weitere Fälle mit /u/ statt /o/: *guld* Lb 4.1 in der mfrk. Kölner Inschrift des 9. Jh. fügt sich zu anderen mfrk. Belegen (vgl. Franck Afrk. 33). – *Hulthūsir* der Salzburger Notitia Arnonis erweist weder einen got. (Kluge, Baesecke) noch einen rom. (E.Schwarz) Schreiber, sondern ist wie die anderen unverschobenen Ortsnamen wohl eine latinisierende Schreibung „mit hyperkorrektem lat. *u* für *o*" (N.Wagner 1991: 171). Bei urkundlichen Eigennamen kommt auch „verfestigter Kanzleischreibgebrauch" in Betracht (Menke 1980: 293).

Anm. 4. In frühen Lehnwörtern aus dem Rom. ist /o/ vor /ĭ/ zu /u/ gehoben: *chuhhīna* 'Küche', *mulina* 'Mühle', *munih* 'Mönch' (Feulner 2000: 264 f.), *munizza* 'Münze'. Dass in *pforzih* 'porticus' die Hebung ausbleibt, ist nach Lessiak 1908: 122 der öffnenden/senkenden Wirkung von /r/ zuzuschreiben (Anm. 2c); zu *oli* s. Anm. 2b. Vgl. Schatz Abair. 13, Baesecke Einf. § 11:3ad.

Anm. 5. Der im Mhd. vorliegende Umlaut /u/ > [ü] ist auch für das Ahd. anzusetzen (§ 51:1), aber nur in Spuren nachweisbar (geschrieben ‹*ui, iu, i, y*›). Zu ‹*u*› bei Notker als Schreibung für [ü] vgl. §§ 107 A.3, 271 A.2a sowie Penzl 1968: 137; zu ‹*gu*› für [jü] vgl. § 116 A.2; zum Umlaut /iu/ > [iü] vgl. § 49:1.

a) Beispiele: *muillen* (Georgsl, Lb 35, 37 Hs.), *zv́llen* Gl 4,353,24 (Thies 1994: 460.11, 464); *miruui, mirwe* GlMon (Matzel 1956: § 43:b), *antuuirtit* StD 404 (mhd. *antwürten*), *anuuirte* Gl 2,490,58 (mhd. *antwürte*), *irhiûgeton* Np 77,42, *irhiúgeda* Npgl 75,11 (zu beiden Steinmeyer 1908: 81 f.), *ibilo* (Merig 2,64); vielleicht *irlicint* Gl 2,483,33 (§ 27 A.7cγ). Weitere Belege: MSD II,164. 209, Singer 1886: 292, Franck Afrk. § 22, Baesecke Einf. 33; doch vgl. Schweikle 1964: 201.

b) Ein früher ON-Beleg ist 828 *Puillacha* = Bülach bei Zürich (Sonderegger 2007: 461, Gütter 2011: 2). Von daher kann auch der Abrogans-Beleg *liuhhit* 'lotus' Kb 204,14 zu *luhhen* 'waschen' entgegen Splett Abr 287 bereits Umlautschreibung zeigen (vgl. § 49 A.1a), ebenso bair. (1. Hälfte 9. Jh.?) *puitinna* 'cupae' Nievergelt 2017: 137.3, 141 (GramErtr 159).

c) Hierher gehört wohl nicht *firspirne, firspirnit* mit /i/ statt /u/ bei Otfrid (vgl. § 337 A.5), sicher nicht das /iu/ in *liuzil, lyuzil* 'klein' bei Is, MF (vgl. § 23:3; Paul 1879: 244, Matzel 1963: 157, ds. Is 177, EWGP 372). *gihigita* T 188,6 bezeichnet entweder Umlaut wie mhd. *hügen* oder ist für *-hugita* verschrieben.

Anm. 6. Gelegentlich entwickelt sich nebentoniges /o/ zu /a/ (zum umgekehrten Vorgang vgl. § 25 A.1).

a) *dur(u)hnoht* 'vollkommen' – < *-*nuhta*-, vgl. got. *bi-naúhts*, für älteres *bi-ūhts* < *-*unhta*- (EWGP 639) – erscheint mitunter als *durnaht*, häufiger *durhnahtig* u. ä. (AWB II,788 ff., EWA II,884 f.). Ferner meist *sumarlata* 'Schößling' statt des älteren *sumarlota* (doch vgl. Franck Afrk. 35 A.2, Schatz Ahd. § 2, Trier 1952: 106 ff., StW 606, SplAWB I,554). Sonst begegnet /a/ für /o/ (/u/) nur höchst vereinzelt (Singer 1886: 291).

b) Andere Fälle sind als Schreibfehler zu bewerten. In *a̱parosto* 'oberster' Pa ist das folgende ‹*a*› antizipiert (Baesecke 1931: 323); in *opo̱ra̱stic* Pa (statt *oparosta*, Splett Abr 75) und *vollo̱caman* Trierer Cap (statt *vollacoman*, Franck Afrk. 35 A.2) sind ‹*a*› und ‹*o*› vertauscht.

Anm. 7. Ganz vereinzelt werden /o/ und /u/ durch ‹*ou*› oder ‹*uo*› bezeichnet.

a) Mit ‹*ou*›: *piscouf, biscoufin* Npgl, *harzouch* SH, *lattouh, gasoupha* (= *gi-soffa*) GlMon; mit ‹*uo*›: *biscuoffen* Npgl, *behuocte* Npw (AWB IV,1174; zum synkopierten Präteritum vgl. § 362 A.4), *gihuoct* GlMon; *satelrůs* Gl 4,96,38 (vgl. Singer 1886: 307 ff., dessen Belege jedoch teilweise auf Kontamination bzw. Volksetymologie weisen, s. u. c). In *tuoron* T 213,2 für *turon* (zu *turi* 'Tür') kann *tor* n. 'Tor' oder das /o/ der Endung eingewirkt haben.

b) In *soulta* 'sollte' 2x Zeitzer B ist /o/ vor velarem /l/ diphthongiert. Die Form erinnert an mnd. Schreibungen mit ‹*auld*› (Mnd. Gr. § 96) und bezeugt die Vorstufe der aus dem Mnl. bekannten Entwicklung /old, olt/ > /oud, out/ (Mnl. Gr. § 50 f.).

c) Andere Fälle beruhen auf Volksetymologie: *brūtigomo*, mehrfach mit *-goum-* (AWB I, 1466 f.), nach *goumen* 'sich kümmern'; *cuoniowidi* Akk.Pl. 'Fessel' Merseb (Eichner/ Nedoma 2000/01: 43 ff., W.Beck 2011: 65 ff.), mit kurzem /u/, vgl. *khunauuithi* Kb 204,32. 38, got. *kunawida* (Splett Abr 288, Got. Gr. § 15 A.1), wohl an *kuoni* 'kühn' angelehnt.

P 2.1.4. Langvokale

(a) Germ. /ā/

Germ. /ā/, das sekundär aus /an/ vor /h/ entstanden ist und zunächst Nasalvokal war (§§ 10:5,7, 128 A.1), ist im Ahd. /ā/ geblieben und mit dem aus germ. /$ē_1$/ entstandenen nordwestgerm. /ā/ zusammengefallen (§ 12:2): *fāhan* 'fangen' (mit *fāho* 'Fänger', *fāhunga* 'das Fangen'), *hāhan* 'hängen' (§ 350 A.4), *brāhta* (zu *bringan* § 336 A.4), *dāhta* (zu *denken* § 364:1, dazu *gidāht* f. 'das Denken'), *āhta* 'Verfolgung' (dazu *āhten* swV. I 'verfolgen', *āhtāri* 'Verfolger' u. a.), *dāha* 'Lehm, Ton'. **§ 33**

Anm. 1. Etliche Personennamen enthalten ein Element *Hāh-*, z. B. *Hāhihho, Hāholt, Hāhbert, Hāburg* (Schatz 1935: 135, Menke 1980: 295). Es gehört am ehesten zu germ. **hanha-* 'Pferd', das auch schon runisch belegt ist (Laur 1990: 203, Nedoma 2004: 314 ff., EWA IV,744, SgRi 686 f.), kaum mit v.Kralik 1913: 41 zu **hanh-* 'hängen', **hanh-* 'quälen' oder **hanha-* 'Pfahl'.

(b) Germ. /ǣ ($ē_1$)/

Germ. /ǣ/ (/$ē_1$/, got. *ē*, Got. Gr. § 7) ist im Ahd. schon vor Beginn der schriftlichen Überlieferung zu /ā/ geworden (doch s. Anm. 1). Dieses /ā/ ist in der ahd. Periode unverändert geblieben. Morphologische Typen: **§ 34**

1. redV. Ib wie *slāfan, lāȥan* (§ 351);
2. Pl. Prät. der stV. IV/V *nāmun, gābun* (§ 339–344);
3. Substantive und Adjektive wie *jār* (got. *jēr*), *māno* 'Mond', *lāhhi* 'Arzt', *māri* 'berühmt';
4. Nominalpräfixe: *ā-* 'fort, weg; verkehrt' (Bammesberger 1979, Lühr Hl 425 f., EWA I,2 ff., Dietz 2005), z. B. *ākust* 'Laster', *āwiggi* 'weglos'; *sāmi-* 'halb' (lat. *sēmi-*, § 280a A.1), z. B. *sāmitōt* 'halbtot'.
5. Hinzu kommen Lehnwörter: mit lat. /ā/ *pfāl* 'Pfahl' (lat. *pālus*), *strāȥa* 'Straße' ([*via*] *strāta*) u. a.; mit lat. /ă/ z. B. *fāska, fāski* 'Binde' (*fascia*, EWA III,79), *pflāstar* 'Pflaster' (mlat. *plastrum*, zu /ā/ vgl. AWB VII,271).

Lit.: Bremer 1886: 1 ff., Franck Afrk. § 23, Kuhn 1944: 6, Steinhauser 1960: 101 ff., Bergmann 1965: 48, Peeters 1971: 26 ff., Geuenich 1976: 146, Schützeichel 1976: 29 f.

Anm. 1. Für die Chronologie des Übergangs /ē/ > /ā/ geben Personennamen und Runenbelege Anhaltspunkte.

a) Schon um 170 n. Chr. heißt bei Cassius Dio ein Markomanne *Ballomārius* (Reichert 1987: 115); im 4. Jh. überliefert Amm. Marc. Namen von Alemannen mit /ā/ (*Vadomārius*, *Chnodomārius* u. a.). Wenn der Name der Schwaben (ahd. *Suāpa* Gl 3,610,14 u. ö.) noch in spätantiken Quellen des 5. Jh. als *Suēbi*, *Suēvi*, griech. Σουῆβοι, vorkommt, liegt traditionelle Schreibung vor.

b) Im Frk. ist /ā/ dagegen erst im 6./7. Jh. nachzuweisen. Das ‹*e*›, das hier noch bis zur Mitte des 8. Jh. in Personennamen belegt ist (*Theudomērus*, *Dagarēdus*, *Mērofledis*), wird auf Schreibtradition beruhen (Menke 1980: 295).

c) Auch die vorahd. und voras. Runeninschriften weisen durchgängig ‹*a*› auf (SgRi LXXXVII, 566 A.7). Zu lgb. *-mār(ius)* vgl. N.Wagner 2008b.

Anm. 2. Ahd. /ā/ ist durch folgendes /ĭ, j/ im Mhd. zu /æ/ (md. /ē/) umgelautet (ahd. *māri*, mhd. *mære*, md. *mēre*). Phonetisch ist der Umlaut schon für das frühe Ahd. vorauszusetzen (§ 51:1), auch wenn er erst ab dem Spätahd. graphisch erkennbar wird.

a) Am frühesten tritt er in frk. Denkmälern des 10./11. Jh. in Erscheinung (Franck Afrk. § 24), zuerst in den südmfrk. und nfrk. Psalmen: *genēthe(g)*, *gerēde* (Lb 17.2, 6. 8; Quak 1983: 67 ff.); Rheinfrk. Cant *gesprēchi* (Lb 17.5, 51). Beispiele aus mfrk. Aratorglossen: *grēwe*, *ubiltētin* (v.Gadow 1974: 99 f., 137 f.); hierher auch mfrk. *smēhe*, *smēher* GlMon; *selbēza*, *seluēza* (Gl 3,471,4, H.Mayer 1974: 18,10), vgl. ae. *selfǣte*.

b) Im späteren Bair. begegnet die Graphie ‹*ai*›: *sa*ⁱ*lda* Npw (Heinzel 1875–76: III,531), *baîten* ‘bäten’ Pred C (Wunderle/Schmid 2006: 170), *kisuaisir* Gl 3,662,40 (mhd. *geswæse*); zu ‹*ai*› für kurzen Umlautvokal vgl. § 26 A.4c. – Ferner ‹*ei*› in *smeihe* GlMon (Wesle 1913: 100).

c) Aus dem Alem. vgl. mit ‹*ai*› *hairra* Gl 1,584,30, mit ‹*ei*› *speiter* 1,667,47, mit ‹*æ*› *drætino* 4,337,22 (§ 228 A.2a). Notker und Npgl schreiben vereinzelt ‹*eâ*›: *leâra* (*lāri*), *folgeârra* Np, *reatisca*, *sueâra* (*swāri*) Npgl (Schatz Ahd. § 65). Mit ‹*aia*› vgl. alem. *spaiatton* Gl 1,301,58 (*spāti*; Jacob 1897: 48). – *frêget* Np 23,8 ist schwerlich ein Vorläufer der nhd. Umlautform *frägt* (ab 18. Jh., Trübner II,423); eher liegt ein Fehler vor (Kelle 1889: 80 A.2; vgl. jedoch Lexer III,495).

Anm. 3. Germ. /$\bar{e}_1$/ scheint vorzuliegen in *ārunti* n. ‘Geschäft, Auftrag, Botschaft’ (as. *ārundi*), wozu ae. *ǣrende* stimmt. Die Länge des Vokals wird für das Ahd. durch den Vers bei Otfrid und den Zirkumflex bei Notker (*ârende* Nc 40,16. 44,17, Np 126,5) gesichert; daneben stehen jedoch awn. *erinde* und mhd. *er(e)nde* mit umgelautetem Kurzvokal. Unklar ist auch das Verhältnis zu got. *airus* ‘Bote’ (awn. *árr*, *órr*, ae. *ār*, as. *ēri* Pl.), dem ein ahd. **ēr* entsprechen müsste. Ausführliche Diskussion der weiterhin ungeklärten Etymologie: EWA I,351 ff.

Anm. 4. Zum Nebeneinander von /ā/ und /ē/ in *gān* / *gēn*, *stān* / *stēn* vgl. § 382.

(c) Germ. /ē ($\bar{e}_2$)/

§ 35 Germ. /$\bar{e}_2$/ ist nicht als solches aus dem Idg. ererbt, sondern frühestens in gemeingerm. Zeit aus verschiedenen, nicht eindeutig geklärten Ursprüngen entstanden (§ 10:3+A.2). Im Got. kommt /$\bar{e}_2$/ nur in vier Wörtern vor und ist dort – wenigstens graphisch – mit /$\bar{e}_1$/ zusammengefallen (Got. Gr. § 6–8). Im Verlauf der vorahd. Entwicklung hat /$\bar{e}_2$/ im Zusammenhang mit dem Umbau des Präteritums der reduplizierenden Verben (/eʀ/ > /$ē_2$/, mit Ersatzdehnung) an Verbreitung gewonnen (§ 36:2).

In frühahd. Zeit unterliegt /$ē_2$/ gemeinsam mit germ. /ō/ (§ 38 f.) einer Diphthongierung (§ 53:2). Es ist im 8. Jahrhundert noch als /ē/ erhalten (s. Anm. 1e); daneben tritt bald /ea/ auf, das im 9. Jahrhundert in /ia, ie/ übergeht. In der 2. Hälfte des 9. Jahrhunderts setzt sich /ie/ durch und ist die definitive Form, die auch noch im Mhd. besteht. Ab dem 10./11. Jahrhundert fällt dieses /ie/ mit dem aus /io/ entstandenen /ie/ (§ 48) zusammen.

Lit.: Zur Entstehung: Lüdtke 1957, Rauch 1967: 18 ff., Knapp 1974: 207 ff., Connolly 1979: 1 ff., Ringe 1984, Hilmarsson 1991, v.Coetsem 1994: 98 ff., Vennemann 1994a: 208 ff., Grønvik 1998: 91 ff., Stiles 2004, Kortlandt 2006a, S.Müller 2007: 71 f., 172, Kroonen 2013: XXIII f. – Die Diphthongierung von /$ē_2$/ zu /ea, ia, ie/ wurde zuerst von Jacobi 1843: 62, 120 erkannt.

Anm. 1. Zur Chronologie der Schreibungen (zu ‹*ei*› und ‹*i*› vgl. § 36 A.3; ferner Wilmanns I, 262 ff., Brinkmann 1931: 172 ff.; Sammlung aller Graphien bei Rauch 1967: 37 ff., 114 ff., dazu kritisch Jones 1979):

a) ‹*e*› ist noch die Regel in Pa, Kb, Ra (Kögel 1879: 13), Voc, Clm 6300 (Glaser 1996: 383), R, GlFrank, LexSal. In jüngeren Belegen wie *pilezi* 'solveret' GlMon (5,103,27, 11. Jh.; AWB V,669) ist ‹*e*› wohl ungenaue Schreibung (oder Schreibfehler) für ‹*ie*›.

b) Sporadisch taucht in allen Dialekten die Doppelschreibung ‹*ee*› auf: *apafarmeez*, *ceerī* R, *skeero* GlKass, *heer* LexSal, *entgeento* Clm 6293 (GlFreis 147.194). Baesecke Einf. 36 A. sieht darin ein Indiz für beginnende Diphthongierung (unwahrscheinlich).

c) Bei Isidor steht ‹*ea*›, in MF ‹*e*› und ‹*ea*› (der Vorlage) nebeneinander (Matzel Is 174 f.). ‹*ea*› ist die Regel in Ka, BR, Ha, al. Ps, Ja; ‹*ia*› in Rb, Hb, Sam, Musp (neben ‹*ie*›). Jb, Rd haben ‹*ea, ia, ie*›; Otfrid ‹*ia*› (daneben ‹*ie*›, durch Assimilation auch ‹*io*›, § 48 A.2aγ). Zum Status der Digraphe mit führendem ‹*e*› vgl. § 17 A.1.

d) ‹*ie*› tritt verstreut schon sehr früh auf, es ist Anfang des 9. Jh. nicht selten und herrscht im Tatian, in Ludw, Mainzer B und allen späteren Denkmälern. Der Schreiber γ des Tatian hat ‹*e*›, ‹*ea*›, ferner ‹*i*› in *hir* (Moulton 1944: 318; vgl. § 36 A.3b).

e) Angesichts dessen, dass /ē/ noch im 8. Jh. erhalten ist (s. o.), kommt *mịado* auf der Runenfibel von Aschheim (Ende 6. Jh.) entgegen A.Bauer/Pieper 2011: 30 ff. schwerlich als Frühbeleg für die Diphthongierung infrage. Ohnehin ist nach SgRi 51 eher *ḍado* zu lesen.

Anm. 2. ‹*eo*› in *einf'eori* Gl 2,153,50 (12. Jh.) weist nach Wesle 1913: 5 f. auf Vermischung von /ie/ < /$ē_2$/ und /ie/ < /io/. Nach Schatz Ahd. 23 sind auch frühe Belege wie *kiskeorti* Rf (Gl 1, 493,24) „wohl überall durch *eo, io* aus germ. *eu* veranlaßt". Zu /eo, io/ im Präteritum der redV. I vgl. § 349 A.1.

Anm. 3. Oft ist Einfluss der (nord)gallorom. Diphthongierung von /ē/ und /ō/ auf die ahd. Entwicklung vermutet worden (z. B. Frings 1939, bes. 103). Doch sind die dafür vorgebrachten Argumente nicht stichhaltig (vgl. Rauch 1967: 72 ff. mit Lit.), es handelt sich um beiderseits spontane, unabhängige Entwicklungen. Die Entstehung der ahd. Diphthonge aus germ. /$ē_2$/ und /ō/ (§ 38–40) ist als phonologischer Schub zu betrachten, nachdem im Ahd. neue /ē/ (§ 43) und /ō/ (§ 45) aus germ. /ai/ und /au/ entstanden waren (§ 53): Dal 1951: 115 f., Moulton 1961: 18 f., Rauch 1967: 84 ff., Lerchner 1971: 158 (anders v.Coetsem 1975).

Hinsichtlich der phonetischen Qualität des /$\bar{e}_2$/ herrscht Uneinigkeit. Für offenen Laut treten ein Franck 1896: 51 ff., Mackel 1896: 254 ff., Baesecke Einf. § 16, Frings 1939: 103, Rauch 1967: 92; für geschlossenen Fourquet 1959: 149, Schweikle 1964: 248, Penzl 1971: 130, Vennemann 1994: 208 f. Lüdtke 1957: 172 und ihm folgend Guinet 1976: 244 gehen von geschlossenem [ē] aus, das ab dem 3. Jh. gesenkt wurde. – Schleifton (Zweigipfligkeit) für /$\bar{e}_2$/ nimmt Schweikle 1964: 247 an (aufgrund der Kontraktionstheorie).

§ 36 Dieses /$\bar{e}_2$/ erscheint im Ahd. in verschiedenen morphologischen und lexikalischen Kategorien:

1. in aus dem Idg. ererbten oder mit germ. Mitteln gebildeten Wörtern: *mēta, meata, miata, mieta* 'Lohn, Miete' (Knapp 1970, EWA VI,405 f.); *hēr* K, *hear* Is, *hiar, hier* 'hier' (got. *hēr*; Anm. 3b); *zearrer* Rd, *ziari, zieri* 'schön', *zērī* (*ceeri* R) 'Zierde'; *skēri*, Adv. *skēro* Pa, K, Ra, *skiaro* (*skioro* O), *skiero* N 'schnell', *skiaren* 'beschleunigen' O (Anm. 2); *kēn, kien* 'Pechfackel, Kien' (ae. *cén*);
2. im Präteritum der redV. I (§ 349–352), die im Nord- und Westgerm. die Reduplikation aufgegeben haben. Sie zeigen in den ältesten ahd. Quellen /ē/, das zu /ea, ia, ie/ diphthongiert wird: *rēt, reat, riat, riet* (s. Anm. 3);
3. in früh entlehnten Wörtern: *meas, mias* 'Tisch' (got. *mēs*; aus vlat. *mēsa* = lat. *mensa*); *Chrēchi, Chreachi* Pa, K, *Kriachi* O, mhd. *Krieche* 'die Griechen' (got. *Krēks*; Feulner 2000: 162 ff.); hierher wohl auch: *fēra* K, *feara* Rd, *fiara* O (dazu *-fiaren* swV., AWB III,802 f.) 'Seite' (got. *fēra*; Lehnwort aus lat. *sphaera*, griech. σφαῖρα, Grønvik 1998: 83 f.); *wiara* 'feines Gold' Rb (kelt. Lehnwort? Brate 1908/09: 178);
4. in jüngeren, nicht gemeingerm. Lehnwörtern aus dem Lat./Rom.; in ihnen findet sich für lat. /ē̆/ häufig ahd. /$\bar{e}_2$/ > /ea, ia, ie/ (§ 37 A.2): *bieʒa* 'Mangold' (lat. *bēta*); *briaf, brief* 'Brief' (*breve*); *fiebar* 'Fieber' (*febris*); *prēstar, priester* 'Priester' (*presbyter*), daneben selten *prēst, priast* (= ae. *préost*; Kögel 1884: 327, Frings 1966–68: II,414 f., EWA VI,1563); *Rieʒ* 'Landschaft *Ries*' (*Raetia*); *spiagal, spiegel* 'Spiegel' (*speculum*); *zeagal, ziagal, ziegel* 'Ziegel' (*tēgula*).

Lit.: Franz 1884: 39 ff., Mackel 1896: 254, Schatz 1935: 138, Lüdtke 1957: 172 f., Bruch 1963: 409 ff., Guinet 1976.

Anm. 1. In H ist zu *Pētar* 'Petrus' der Gen.Sg. *Peatres* Ha 13,2,3, *Pietres* Hb 25,4,3 belegt (Sievers H 12).

Anm. 2. Zur Diphthongierung /ē/ > /ea, ia/ im Pronomen *ther* vgl. § 43 A.3c.

Anm. 3. Den in § 35 A.1 genannten Schreibungen für /$\bar{e}_2$/ treten weitere Graphien zur Seite:

a) In älteren Denkmälern, zuweilen aber auch später, findet sich hier und da ‹*ei*›: *meida* Kb 210,12; *firleizssi* Is; *reitun* O 4,28,9 (Hs. P, zu *rātan*); *biheilt, furleiz* usw. Fuldaer B (Hs. A); *heir* Zeitzer B; *zeigelun, speigela* Gl 1,419,11. 596,60 u. a., *gimeitit* 322,36 (Jacob 1897: 21); *undarsceit* (? Glaser 1996: 167); auch ‹*eia*› kommt vor, so *beheialt* H (Karstien 1927: 24 ff.).

b) ‹*i*› begegnet nicht nur in jüngeren Texten – *vîle, hîlten, slîfen, gezîrten* Nb (nicht mit Kelle 1885: 245, 257 A.9 als verschrieben einzustufen), *gehîzen* Npw, *fînc* Phys, *-gelīzzan* Arator-gl. (Schlechter 1993: 219) –, sondern schon im 9. Jh., so *anfingi* H 26,6,3 (§ 350 A.7b), vielleicht *rīfun* O 4,23,15 (Hs. V *ríafun*, ‹*a*› durchgestrichen, Benrath 1887: 11). Vgl. auch *scīra* Ka neben *scēra* (‹*scerco*›) Pa (Splett Abr 86). Die Graphie *hīr* T (2x bei Schreiber γ) scheint nördliches /ī/ gegenüber hd. /$\bar{e}_2$/ zu bezeichnen, vgl. as. afrs. *hīr*, mnl. *hijr* (Klein 2001: 38 f.); ebenso z. B. as. ae. *tīr* neben ahd. *ziari*.

c) Belegliste für ‹*ei*› und ‹*i*› bei Rauch 1967: 41 ff. (vgl. auch 114 ff.), Glaser 1996: 383 f. – Vgl. Franck Afrk. 52, Brinkmann 1931: 173.

(d) Germ. /ī/

Germ. /ī/ (got. ‹*ei*›; = vorgerm. /ī/ und /ei/, vgl. § 10:3) ist im Ahd. erhalten geblieben. Morphologische Typen: § 37

1. Präsensformen der stV. I mit vorgerm. /ei/ (§ 329 f.): *stīgan, līhan* usw.;
2. Präsensformen der stV. Ib mit durch germ. Nasalschwund vor /h/ entstandenem /ī/ (§§ 128 A.1, 331 A.5): *dīhan*;
3. verschiedene (Primär)bildungen wie *(h)wīla* 'Zeit', *wīh* 'heilig'; *mīn* 'mein' (§ 284 f.); *Rīn* 'Rhein' (Erbwort im Gegensatz zum kelt. Lehnwort lat. *Rhēnus*);
4. Lehnwörter wie *fīra* 'Feier' (*fēria*), *pfīl* 'Pfeil' (*pīlum*; N.Wagner 2007), *pīna* 'Pein' (*poena*), *wīwāri* 'Weiher' (*vīvārium*).

Anm. 1. Zu /ī/ > /ie/ vor spirantischem /h/ (*liehte*) bei Notker vgl. § 154 A.8c. Sonst begegnet ‹*ie*› für /ī/ nur sporadisch im Spätahd. und Mhd., z. B. *kerîete* Nc für *gi-rīti* 'Festzug' (AWB VII, 1094), *piepho* Gl 2,715,17 zu *pfīfa* (AWB VII,261), *giesel* SH (13. Jh.) für *gīsal* 'Geisel'; Weiteres bei Singer 1886: 296. – Zu ‹*ie*› für kurzes /i/ vgl. § 31 A.5.

Anm. 2. Zu den Schichten der Substitution von lat. /ē/ durch /ī/ bzw. /$\bar{e}_2$/ (§ 36:4) in *fīr(r)a*, *spīsa* 'Speise' (lat. *expensa*), *sīda* 'Seide', *krīda* 'Kreide', *pīna*, *pfīnon* bzw. *spiegal*, *ziecha* (lat. *thēca*) usw. vgl. Lüdtke 1957: 172 f., Guinet 1976: 244 ff. (verfehlt Weisgerber 1952: 23 f., der an Einfluss der irischen Missionare denkt; vgl. dazu Guinet 1976: 255 ff.).

(e) Germ. /ō/

Germ. /ō/ (got. *ō*) unterliegt im Ahd., parallel zu germ. /$\bar{e}_2$/ (§ 35 f.), einer Diphthongierung (§ 53:2). Ihr gemeinahd. Ergebnis ist /uo/, das sich um 900 in allen Dialekten durchgesetzt hat, während im 8. und 9. Jahrhundert noch Variation herrscht (§ 39). Morphologische Typen: § 38

1. die Präterita der stV. VI: *fuor* usw. (§ 345);
2. verschiedene Primärbildungen wie *bruoder* (got. *brōþar*), *fluot* 'Flut' (got. *flōdus*), *fuoʒ* (got. *fōtus*); *(h)ruofan* 'rufen' (§ 353:3), *suohhen* 'suchen' (got. *sōkjan*); *Uota* PN;
3. das Präfix *uo-* in *uoqhuëmo* 'Nachkomme' u. a. (< **ō* 'nahe bei, hin zu etwas', vgl. Steinhauser 1960: 101, Dietz 2005: 26 ff., 39);

4. Lehnwörter wie *pfruonta* 'Pfründe' (aus mlat. *prōvenda*, vgl. Frings 1966–68: II,410 ff., EWA VI,1494 ff.), *alamuosa(n)* 'Almosen' (über mlat. *eleemosyna* aus griech. ἐλεημοσύνη, an *ala-* 'all' und *muos* 'Speise' angelehnt, EWA I,143; vgl. Feulner 2000: 62 f.).

Anm. 1. Die Partikel *thō, dō* 'da, als' hat sich der Diphthongierung weitgehend entzogen; nur in Is, MF steht regelmäßig *dhuo, duo*, sonst selten; *duo* (*duoa*) öfter in den Tegernseer Vergilglossen (Gl 2,625 ff.); *thū, dū* Merseb (Eichner/Nedoma 2000/01: 108 ff., 117, W.Beck 2011: 133 f.). Auch mhd. *duo* neben *dō* (BMZ I,374, MWB I,1332 f.). Ursprünglich war *dō* die enklitische, *duo* die akzentuierte Form (Kögel 1887: 108+A.2). Zu weiterer Reduktion von *dō* vgl. Kappe 1909: 499 f.

Anm. 2. Die Diphthongierung betrifft nur /ō/ der betonten Anfangssilben (auch Präfix *uo-*, s. o. 3.). In den Nebensilben bleibt /ō/ hingegen unverändert, z. B. *salbōta* = got. *salbōda*; Ausnahmen wie *ādhmuot* Is (§ 366 A.1b) sind höchst selten. In *armuotī* (neben *armōtī* 'Armut', AWB I,655 f.) und *heimuoti* (spät und vereinzelt neben *heimōti* 'Heimat', AWB IV,853) beruht /uo/ auf volksetymologischer Anlehnung an *muot* (EWA I,339).

Anm. 3. *(H)ludwig* enthält im Erstglied nicht germ. /ō/ (zu germ. **hlōþō-* 'Schar', Rooth 1970: 174 f., ds. 1971: 207 ff., Menke 1980: 146), sondern /u/ (Schramm 1957: 18 A.2, N.Wagner 1986a: 78 ff., Timofeeva 2023). Nach N.Wagner 2016: 197 f. ist allerdings auch ein Personenname *(H)luodolf* anzusetzen.

§ 39 Im 8. und 9. Jahrhundert war die Diphthongierung des /ō/ noch nicht abgeschlossen; wir finden in den Denkmälern dieser Periode germ. /ō/ vertreten durch /ō, ua, uo/, alem., bair. – frk. nur im 8. Jahrhundert – auch [oa]. Da der Lautwandel regional gestaffelt abgelaufen ist, kann die Behandlung von germ. /ō/ im 8. und 9. Jahrhundert zur Unterscheidung der Dialekte herangezogen werden (§ 6a).

Lit.: Hassmann 1928/29: 180 ff., Brinkmann 1931: 169. – Zum 8. und 9. Jh.: Listen bei Rauch 1967: 110 ff. – Zu Personennamen in den Verbrüderungsbüchern der Reichenau, St. Gallens und Salzburgs: Sonderegger 1965: 81 ff. – Zu karol. Königsurkunden: Menke 1980: 295 f.

1. Im Alem. beginnt die Diphthongierung des /ō/ nach 760, ihre älteste Form ist [oa], die im 8. Jahrhundert neben /ō/ vorkommt. Gegen Ende des 8. Jahrhunderts kommt /ua/ auf und verdrängt um 800 /ō/, [oa] fast ganz; /ua/ herrscht im 9. Jahrhundert und charakterisiert den alem. Dialekt gegenüber dem bair. und frk. (doch s. u. 3.). Neben /ua/ zeigt sich /uo/, das allmählich häufiger wird und schließlich /ua/ verdrängt, sodass nach 900 /uo/ im Alem. feststeht.

Anm. 1. LexAl zeigt vorwiegend ‹*o*›, vereinzelt auch ‹*uo, ů, u*›; dagegen fehlt ‹*ua*› (Stricker 2019: 40 f.). – Nach Henning 1874: 115 ff. haben die Namen der St. Galler Urkunden bis 762 ‹*o*›, 763–780 dagegen 10 ‹*o*›, 14 ‹*oa*›, 8 ‹*ua*›, 1 ‹*uo*›; 781–800 ist schon ‹*ua*› am häufigsten (40x), daneben 37 ‹*o*›, 9 ‹*oa*›, 8 ‹*uo*›. Nach 800 herrscht ‹*ua*› vor; ‹*uo*› und ‹*oa*› fehlen, selten sind ‹*o*› und ‹*oa*› (vgl. Rauch 1967: 112).

Anm. 2. Denkmäler und Glossen zeigen folgenden Befund: Voc hat /ō/, z.B. *stool* ‘Thron’, *ploot* ‘Blut’, *frōtēr* ‘klug’; neben 16 /ō/ nur 1 ‹*uo*› in *huore* ‘Hure’. /ō/ und ‹*oa*› herrschen in K, ‹*ua*› und ‹*uo*› sind vereinzelt; in Ra überwiegt noch /ō/, daneben 26 ‹*oa*›, 18 ‹*ua*›, 9 ‹*uo*›, vgl. Baesecke 1931: 323; Pn hat noch /ō/ (*erstoont, sōnen, urstōdali*). Dagegen herrscht ‹*ua*› in BR, Rb (Ottmann 1886: 14), H, Ja, Jb, Jc, Rd, Re (Schindling 1908: 16, 154, 162). Ellwangen hat im 9. Jh. *suachunga* (Tiefenbach 1975a: 13, 15 ff.). Die al. Ps haben mehr ‹*uo*› als ‹*ua*›, in GlSchlett steht ‹*uo*› (neben wenigen ‹*o*›, Fasbender 1908: 64 ff.); ‹*uo*› herrscht in den St. Galler Glossen des 10. Jh., Sam, Notker (genauere, geringfügig abweichende Angaben bei Rauch 1967: 112).

2. Das Bair. hat /ō/ am längsten bewahrt. Es ist noch in den Denkmälern des 9. Jahrhunderts ganz gewöhnlich, daneben wird /uo/ zunehmend häufiger, bis um 900 auch im Bair. /uo/ allein gilt. Häufiges /ō/ in Denkmälern des 9. Jahrhunderts ist also ein Kennzeichen des Bair. (§ 6a:3a).

Anm. 3. Die Lex Baiuvariorum zeigt überwiegend ‹*o*› (Stricker 2019: 40). Die Namen in bair. Urkunden des 8. und 9. Jh. aus Salzburg, Mondsee, Passau, Regensburg weisen regelmäßig ‹*o*› auf, vereinzelt auch ‹*uo*›. Nur in den Freisinger Urkunden (A.Wagner 1876: 54 ff.) steht schon früher als im Alem. (ab 743) neben ‹*o*› die Graphie ‹*oa*› (Baesecke 1935: 22). Während aber im Alem. um 800 der Diphthong /ua/ sich durchsetzte, zeigen die Freisinger Urkunden bis ca. 850 ‹*o*› und etwas mehr ‹*oa*›, aber nur ganz selten ‹*uo*› und ‹*ua*›. Nach 850 nimmt ‹*uo*› zu, während ‹*oa*› und dann auch ‹*o*› verschwinden (Schatz Abair. § 8).

Anm. 4. Von den Glossen und Literaturdenkmälern steht Pa den Freisinger Urkunden näher: Dort steht ‹*o*› zu ‹*oa*› im Verhältnis 2 : 1, z.B. *mōs* neben *moas*; der Schreiber geht von ‹*oa*› ab. In Ka überwiegt ‹*oa*›. Im Übrigen fehlt aber das in Freisinger Personennamen häufige ‹*oa*› fast ganz, auch in den Freisinger Griffelglossen des Clm 6300 (10 ‹*o*›, 1 ‹*a*›; Glaser 1996: 384 f.). Außer verstreuten Glossenbelegen ist OFreis zu nennen, der ‹*oa*› einige Male für ‹*ua*› der Vorlage setzt (Kelle O 464). – Dagegen ist in den sonstigen älteren Quellen /ō/ ziemlich fest. Nur ‹*o*› haben R (1 ‹*oa*›), Exh A, GlKass, Carmen, Wess.

Doch tritt ‹*uo*›, das in Urkunden selten ist, in den Literaturdenkmälern häufiger auf: ‹*o*› und ‹*uo*› haben MF (die ‹*uo*› aus der frk. Vorlage, Matzel Is 65), Freis. Pn (z.B. *gōtlīh, prōder / pluot, suonotakin*), Emm, die Salzburger Griffelglossen (H.Mayer 1994: 101); nur ‹*uo*› Exh B; Musp hat kein ‹*o*› mehr, sondern 11 ‹*uo*› und 5 (sonst im Bair. sehr seltene) ‹*ua*› (Einwirkung von OFreis?). Vgl. Wüllner 1882: 84 f., Schatz Abair. 18 f., Baesecke 1931: 323.

Anm. 5. Vereinzelt findet sich im 8./9. Jh. auf bair. Gebiet die Graphie ‹*ao*› statt /ō/, was bei noch unsicherer Schreibung als graphische Metathese für ‹*oa*› angesehen werden kann (Sonderegger 1959: 149). So *heertaom, gaomono* (doch vgl. § 46 A.4) R, *gaotan* Emm, *gaotes* Exh A; vgl. Weinhold Bair. 74, W.Scherer 1893: 321, Schatz Abair. 17.

3. Im Frk. (zuerst im Rheinfrk.) ist die Diphthongierung ab der Mitte des 8. Jahrhunderts nachweisbar; in der 2. Hälfte nimmt in den Urkunden /uo/ immer mehr zu, daneben hält sich /ō/ bis gegen Ende des 8. Jahrhunderts. Die Zwischenstufe [oa] fehlt im Frk.; von Anfang an herrscht /uo/. Es ist schon um 800 völlig durchgedrungen, also fast 100 Jahre früher als im Obd. Dagegen

herrscht /ua/, das sonst im Frk. kaum vorkommt, während des 9. Jahrhunderts in den an das Alem. grenzenden Teilen des Rheinfrk. (südrheinfrk., § 6:2+A.7); bei Otfrid ist /ua/ die regelmäßige Form des Diphthongs.

Anm. 6. Im Ostfrk. kommt in Urkunden die traditionelle Schreibung ‹o› neben ‹uo› noch häufig vor (MSD I,XVI f., Kossinna 1881: 25 ff., vgl. Pietsch 1876: 357). Die frühen Fuldaer Personennamen weisen von Anfang an überwiegend ‹uo› auf, neben ‹o› und vereinzelten ‹oa›, ‹ua›, die als Ausnahmen zu werten sind. Für einzelne Personennamen haben sich unterschiedliche Schreibkonventionen verfestigt (Kletschke 1933: 35 ff., Geuenich 1976: 149 ff.). Von den ostfrk. Denkmälern zeigen noch ‹oo› bzw. ‹o›: LexSal (*mooter*), GlFrank (13x ‹o›, 4x ‹uo›, 1x ‹ua›). Nur ‹uo› haben dagegen: Frk. Taufgel (*bluostrum*; Hs. B 1x *bluastrum*), die Hammelburg-Würzburger Markbeschreibungen, Fuldaer B; vor allem hat Tatian durchweg ‹uo› (E.Sievers 1894a: 550), ebenso alle späteren Denkmäler.

Anm. 7. Im Rheinfrk. gilt /uo/, so Straßb. Eide, Lorscher B, Ludw, Mainzer B. Dagegen hat die Zeitzer B nur 1x ‹o› in *bozze*. – Isidor hat 5x ‹oo› (§ 7 A.6b) und 6x ‹o›, aber 80x ‹uo› (Matzel Is 63 A.44).

Anm. 8. Zu den südrheinfrk. Denkmälern (Franck Afrk. 11 f.):

a) ‹ua› zeigen Reich. B und Pfälzer B sowie die meisten Glossen des Cod. Sang. 292 (25 ‹ua›, 3 ‹uo›).
b) Von den Weißenburger Denkmälern hat WK 16 ‹ua›, 4 ‹uo›; auch in den Weißenburger Urkunden (Socin 1882: 222) herrscht ‹ua›, doch stehen daneben einige ‹uo›, besonders vor /o/ (MSD I,XX, Kelle O XXV).
c) Otfrid hat ‹ua› strikt durchgeführt; nur Assimilation an folgendes /o, u/ und /e/ hat vereinzelt ‹uo› (so *bluomono* 2,22,16, *bluomun* 1,3,27) bzw. ‹ue› (z. B. *bluetes* 3,25,36, *fuer er* = *fuari er* 4,20,13) ergeben (Kelle O 461 f., Benrath 1887: 2 ff.). Bei *muat* zeigen die Hss. P, V mehrfach ‹ya›, z. B. *gimyato* 1,11,51; vgl. *syazo* 3,5,20 und *blyent* (§ 40 A.4).

Anm. 9. Auch im Mfrk. werden germ. /ō/ und /ē$_2$/ diphthongiert, vgl. Franck Afrk. § 44, Bergmann 1966: 120 ff. (gegen Bruch 1953a: 159). Zu mfrk., nfrk. /uo/ vgl. Brinkmann 1931: 171.

§ 40 Das von 900 an in allen Dialekten herrschende gemeinahd. /uo/ erhält sich bis ins Mhd. im Wesentlichen unverändert.

Anm. 1. Verschiedentlich ist /uo/ graphisch durch ‹u› vertreten (Schatz Ahd. § 24):

a) In md. Mundarten tritt verstärkt seit dem 11. Jh., teilweise schon bedeutend früher, für germ. /ō/ ein /ū/ auf. So in den Rheinfrk. Cant *hōtmūdigōt* (Steppat 1902: 514); zum Mfrk. vgl. Bergmann 1966: 120 ff., v.Gadow 1974: 101 (vgl. § 39 A.9); im Friedberger Christ z. B. *dūn, slūgun, stūnden*. So schon *hrūmen* Hl (§ 153 A.1aβ); andere ältere frk. Belege bei Pietsch 1876: 356, Lühr Hl 73, 698. Vgl. noch *sū* 'ergo' W.Schulte 1993: 137.2.
b) Verstreut findet sich ‹u› für /uo (ua)/ in obd. Quellen, z. B. *mutas* Gl 2,170,44, *futisales* 2,220,26, *bi muzzo, bruh* 2,623,8. 11 (Redmond 2012: 70, 78, 187 f.); hier wird ungenaue Schreibung vorliegen (Schatz aaO.). Dazu ist Kb zu stellen, z. B. *fura* 212,30 (Kögel 1879: 12); alem. nicht ganz selten bei Notker, z. B. *zû, hûten, frûtheit* (Sehrt/Legner 1955 s. vv.); *brūderscaft* Otloh (Lb 26, 61), *grûba* Phys. Vgl. Weinhold Alem. 48, ds. Bair. 70.

c) Wenn /uo/ vor (geschwundenem) Hauchlaut /h/ als ‹u› erscheint (bair. *pihūhōnto* GlFreis 143, frk. *hūe* für *huahe* O 4,22,25), so entspricht das der antevokalischen Entwicklung (Anm. 4).

d) Nicht hierher, sondern zum ON *Rūma* 'Rom' (§ 41:4) gehören die PN *Rūmolt, -bald, -bert, -frid, -hilt*, dagegen die mit *Ruom-* gebildeten zu *(h)ruom* 'Ruhm' (E.Schröder 1924: 12, Schatz 1935: 37).

Anm. 2. Hier und da erscheinen statt ‹*uo*› andere Schreibungen:

a) ‹*io*›, z. B. im Tatian *biocherin, riorta* (Sievers T § 68; vielleicht Umlaut, s. Anm. 3), vgl. Pietsch 1876: 357 und das ‹*ya*› bei Otfrid (§ 39 A.8c).

b) ‹*ue*› öfter durch Assimilation an folgendes /e/, z. B. *gisuenen* Lorscher B und bei Otfrid (§ 39 A.8c); aber zuweilen auch sonst, s. Anm. 3, 4.

c) ‹*ou*› verstreut in bair. Quellen verschiedenen Alters, z. B. *crouzisali, souhnungu* H.Mayer 1994: 101 (9. Jh.), *roumelicher* Nievergelt 2019a: 355 (12. Jh.); in Npw *broudere, gnouge, scouf* u. a. (Heinzel 1875–76: III,531). Otloh schreibt neben einigen ‹*uo*›, ‹*u*› meist ‹*ŏ*› (vgl. die Lesarten zu StD Nr. 35; W.Scherer 1893: 321, Schatz Ahd. 25; vgl. auch Mhd. Gr. § E 25). Im Frk. kommt ‹*ou*› selten vor, z. B. *souhtun* T 101,2, *mouza* GlBud 130. – Die „gestürzten" Diphthonge [ou], [ei] für /uo/, /ie/ des nachahd. Nordbair. (DSA Kt. 12 'Bruder') sind kaum vor dem 12./13. Jh. aus *[ū, ǖ, ī] entstanden (Kranzmayer 1956: § 17:a2+A.2, Rowley 2000: 16 ff., 35).

d) Im Clm 19440 (Tegernsee, 10./11. Jh.) begegnet ‹*au*›: *plaustro* Gl 1,373,29.

Anm. 3. Der im Mhd. gängige Umlaut des /uo/ zu /üe/ (*muot* / *gemüete, fuor* / *füere*) ist auch für das Ahd. vorauszusetzen (§ 51:1), aber erst seit dem 10./11. Jh. in geringen Spuren nachweisbar. Vielleicht dürfen ‹*io*› und ‹*ya*› (Anm. 2a) als Indizien gewertet werden (so Baesecke Einf. 37); ähnlich die in späteren Quellen zuweilen auftretenden ‹*ue*› für /uo/, so z. B. *uuesta* Rheinfrk. Cant (StD 303 A.7), bei Notker *stûende, sûeze, grûene* (Kelle 1886a: 342 ff., Penzl 1968: 137). Sicheres Umlautzeichen ist ‹*ui*› für [üe] in späten Glossenhss., z. B. *chuile* Gl 1,537, 72, *cuîli* 2,33,44 (v.Gadow 1974: 101); *gipuizit* 1,397,48, *gisuizit* 581,37. 652,46 (vgl. Singer 1886: 298), ebenso bei Otloh (Lb 26, 67) *guita* (= *guotî*). Die Graphie ‹*iu*› liegt vor in *riuzo* Gl 2,6,62 (§ 353 A.1c), eventuell auch in *stiuan* 'schröpfen' 4,369,29, falls zu *stuowen* ('dagegenhalten'?); Npgl verwendet 1x ‹*iuo*› für [üe] in *riuohit* (= *ruohid*, Wissmann 1932: 88). Will bezeichnet den Umlaut nur in *uôiget* 58,6 (zu ‹*oi*› vgl. *groibun* § 207 A.1), *vîoge wir* 141,5, WGen nur in *růerent* (Dollmayr 1903: § 12). Vgl. die Ortsnamen *Buolinhoven, Puosindorf* (§ 221 A.2a).

Anm. 4. /uo/ und /ua/ im Wurzelauslaut unmittelbar vor /a, e, i/ der Endung haben ab dem 9. Jh. auf dem ganzen Sprachgebiet das zweite Diphthongelement [o, a] eingebüßt; dafür wird das verbleibende [u] gedehnt. Das [ū] ergibt in Verbindung mit dem Endungsvokal die Lautfolgen [ūa, ūe, ūi] (Paul 1882: 215 f.). Diese [ūa, ūe, ūi] sind keine Diphthonge, sondern bilden zwei Silben; dass deren *u*-Vokal lang ist, lehren die Metrik Otfrids (z. B. 5,23,153. 167) sowie der Zirkumflex, der bei Notker im Konjunktiv von *tuon* stets auf dem ‹*u*› steht: *tûêst, tûên, tûênt*. Nur von *duan* (§ 380+A.1) gebraucht Otfrid die betreffenden Formen (*duen, duis, duit*) einsilbig; vgl. Wilmanns 1889: 425.

Beispiele begegnen weithin, z. B. O *blūent* (*blyent* 3,7,64. 5,23,273; § 23:2), *mūent* (Benrath 1887: 5); T *tūanti, tūis*; BR *tūenne, tūeet*; N *tûen, kespûen, crûen*. Doch kommen auch die vollen Formen vor, z. B. *duoemēs* Is, *tuoit, tuoanne* MF. Spätere Belege können auf Ausgleich beruhen, so sicher in Np Formen wie *pluoe, tuoe* (§ 380 A.2).

Anm. 5. Bei Notker wird /uo/ vor dem Hauchlaut /h/ zu /u/ gekürzt (§ 154 A.8b).

(f) Germ. /ū/

§ 41 Germ. /ū/ bleibt im Ahd. bis auf Sonderfälle (Anm. 2) erhalten. Ahd. /ū/ kommt darüber hinaus auch in Lehnwörtern vor; seine Quellen sind:

1. vorgerm. /ū/, z. B. *brūt* 'junge Frau', *fūl* 'faul', *lūhhan* 'schließen' (§ 333 A.3a), *tūba* 'Taube';
2. durch germ. Nasalschwund vor /h/ entstandenes /ū/ (§§ 128 A.1, 364:1): *ūhta* (nur *uohta* N, § 154 A.8c) 'früher Morgen' (got. *ūhtwō* < **unhtwōn-*, schwundstufige Bildung neben *naht*, vgl. Casaretto 2004: 223 f.), Prät. *dūhta* zu *dunken* (got. *þūhta*);
3. lat. /ū/ in Lehnwörtern wie *klūsa* 'Klause', *mūra* 'Mauer', *mūr-beri* 'Maulbeere' (mlat. *mūrum*, daneben *mōr(a)-beri* aus lat. *mōrum*; EWA VI,543);
4. lat. /ō/ in *lūr(r)a* 'Nachwein' (lat. *lōr(e)a*; EWA V,1523 f.), *tūfstein* (*tōfus*; Lessiak 1933: 204). Neben älterem *Rūma* (*rūmisc*, *Rūmāri*) 'Roma' (vgl. Got. Gr. § 15 A.2) gewinnen bald die *ō*-Formen wie *Rōma* die Oberhand.

Anm. 1. Im Auslaut einsilbiger Wörter ist ahd. /ū/ wohl aus Dehnung eines kurzen /u/ entstanden: *jū* 'einst', *nū* 'jetzt', *dū* 'du'. In enklitischer Stellung treten die gekürzten Formen *nu*, *du* auf, die dann sogar als *no* (*ne*), *do* erscheinen können, z. B. *sēnu*, *sēno* 'siehe', *sëhent no*, *sih no*, *wolne* (Npw); *themo do* Sam 10, *gidua tho* O 3,5,20 (Hs. V, *tho* in *thu* korr.). Vgl. Kappe 1909: 501, ds. 1910: 22.

Dem Adverb *ūf* 'auf' kommt nach Ausweis von *uufqhuimit* R 119,32, *uufqhëman* 34, *uufqh*ᵛ*ëmanti* 36 im Frühobd. Langvokal zu (anders Mitzka 1964a, der für das Frühahd. nur kurzes /u/ gelten lässt); vgl. as. *uup*, *uupp* Hel C (sonst *up*, *upp*). Dagegen enthält *uph* bei Isidor sicher Kurzvokal (Matzel 1966a: 56 f.; zu ‹*ph*› vgl. § 132 A.2). Auch im Mhd. verwenden md. Dichter im Reim kurzes *uf* (Zwierzina 1901: 295 ff.).

Anm. 2. /ū/ wird bei Notker vor spirantischem /h/ regelmäßig zu /uo/ (§ 154 A.8c), ebenso vor /hh/ in *brûochen* 'brauchen' (Kelle 1886: 296, 299, Singer 1886: 301). In Nb erscheint ‹*ûo*› selten auch vor anderen Konsonanten, z. B. *drûoben* 36,3 zu *drūbo*, *rûoment* 49,18 zu *rūmen* (nach Kelle 1885: 232 Schreibfehler). Durch *huosherro* (3x), *chuosclīhen* Pred B kann schon die Diphthongierung nach Anm. 3 angezeigt sein (Schatz Ahd. § 20). Zu *cuoniowidi* Merseb vgl. § 32 A.7c.

Anm. 3. Im Mhd.-Bair. begegnen erste Spuren der Diphthongierung von /ū/ zu /ou/ (Singer 1886: 300, Schatz Abair. 20, Baesecke Einf. 35): zuerst wohl im Ortsnamen *Poustettin* 1099, im 13. Jh. *houetrout* (Thies 1989: 137. 158,20), *schazhous* Gl 4,57,48. Ab dem 12. Jh. erscheint schon das moderne ‹*au*› (Weinhold Bair. § 70, ds. Mhd. § 118), so *rauher* Gl 4,145,42 (13. Jh.).

§ 42 /ū/ wird im Mhd. vor folgendem /i, j/ zu /ǖ/ umgelautet. Dieser Umlaut wird, sofern er bezeichnet wird, ‹*iu*› geschrieben. Er ist auch schon für das Ahd. anzusetzen, wird aber nur in den Schriften Notkers regelmäßig durch ‹*iu*› bezeichnet, z. B. *hût* 'Haut', Pl. *híute* (= *hūti*, § 218 A.1), *chrût* 'Kraut', Pl. *chríuter* (= *chrūtir*, § 197:2), *chíuske* 'keusch' (= *chūski*), *líuten* 'tönen' (zu *lūt*). Der Umlaut des /ū/ ist vielfach mit dem alten Diphthong /iu/ zusammengefallen (§ 49).

Anm. 1. Bezeichnungen des Umlauts von /ū/ außerhalb Notkers:

a) Er kommt schon in einigen frühen ON-Belegen zum Ausdruck, so 827 in *Puirron* = Büren bei St. Gallen (< **būrjō-*, vgl. Gütter 2011: 3 f.). Gütter sieht darin „das älteste bekannte sichere Zeugnis für die Bezeichnung des Umlauts eines anderen Vokals als ahd. /a/" (aaO. 2). Es gibt indessen einen noch früheren Beleg, nämlich *pihliutit* Ra 190,33 (Anfang 9. Jh.) zu *bihlūten*; die Einstufung als Umlautgraphie ist den bei Splett Abr 267 aufgeführten Erklärungsversuchen vorzuziehen (GramErtr 159). Hierher ferner *luittenta* Gl 1,486,26 (2. Hälfte 9. Jh.). – *ruimiu* Rd (Gl 1,290,49; Schindling 1908: 17) offenbart entweder Umlaut durch das *j*-Suffix des *ja-/jō*-Adjektivs (§ 250 A.3) oder bloße Verschreibung.

b) In anderen Denkmälern des 10.–12. Jh. wird der Umlaut meist nicht bezeichnet, sondern einfach ‹*u*› geschrieben. Doch findet sich hier und da auch ‹*iu*›, z. B. *gizivnet* Gl 1,667,18, *liutī* 2,31,46 (v.Gadow 1974: 101), *gsniuzit* Siewert 1989: 97, 101, *diubiclīne* Klaes 2017: 246. In Npw ist der Umlaut des /ū/ überhaupt nur in 7 Fällen bezeichnet (Heinzel 1875–76: III, 531 f.), davon 4 ‹*iu*› (z. B. *liutet*), 3 ‹*ui*› (*chuisca, unchuisge, cruizigota*). Auch sonst erscheint für den Umlaut zuweilen ‹*ui*›, so regelmäßig bei Will, z. B. *fûihten, lûiteren, bûiuuen*; dieser schreibt jedoch oft auch ‹*û*›: *hûser* (und *hûisero*), *sûle, bedûhan*. In *picīnen* Gl 2,672,16 (*bizūni*) ist der Umlaut durch ‹*i*› bezeichnet (zu ‹*i*› für umgelautetes /iu/ vgl. § 49 A.2c).

P 2.1.5. Diphthonge

(a) Germ. /ai/

Der germ. Diphthong /ai/ (got. ‹*ai*› [ɛ:]) erscheint im Ahd. teils als Diphthong /ei (ai)/ (§ 44), teils als Langvokal /ē/ (im Rahmen der ahd. Monophthongierung, § 53). Zu /ē/ geworden ist germ. /ai/ vor /r/ (< germ. /r/ und /z/), /w/ und germ. /h/ bzw. /h^w/ (dagegen nicht vor ahd. /h(h)/ < germ. /k/, Anm. 4) sowie im Auslaut einiger Interjektionen (Anm. 3a). Morphologische Typen: **§ 43**

1. Präterita der stV. Ib (§ 331): *zēh, lēh* (zu *zīhan, līhan*), *spēo, spē* (zu *spīwan* § 331 A.3);
2. einzelne Kausativa (vgl. Riecke 1996: 539 f., 550 f.; zum gramm. Wechsel vgl. § 102:4): *lēren* 'lehren' (got. *laisjan*, zum Präteritopräsens got. *lais* § 377), *anarēren* 'aufkommen lassen' (zu *rīsan* § 330);
3. verschiedene Primärbildungen:
   a) vor /r/ < germ. /r/: *ēr* 'früher' (got. *air*), *sēr* 'Schmerz' (got. *sair*); – vor /r/ < germ. /z/: *ēr* 'Erz' (got. *aiz*), *ēra* 'Ehre', *gēr* 'Spieß', *mēro* 'größer' (got. *maiza*);
   b) vor /w/: *ēwa* 'Gesetz', *wēwo* 'Schmerz', *sēo, sē*, Gen. *sēwes* 'See' (got. *saiws*), *sēula, sēla* 'Seele' (got. *saiwala*, §§ 108 A.1, 110 A.1), *hrēo, hrē*, Dat. *hrēwe* 'Leichnam', *hlēo* 'Grabhügel', *slēo* 'stumpf' (§ 254:1);
   c) vor germ. /h/: *ēht* 'Besitz' (got. *aihts*; vgl. § 371 A.5), *zēha* 'Zehe', *flēhōn* 'flehen'.

Lit.: Zur phonologischen Entwicklung: Penzl 1947: 174 ff., Moulton 1961: 19 f., Antonsen 1964: 191 f., Williams 1970: 44 ff. (fragwürdig), Vennemann 1972, Rauch 1973, v.Coetsem 1975, Durrell 1977, Morciniec 1981.

Anm. 1. Die Monophthongierung von /ai/, die in den vorahd. Runeninschriften noch nicht zu beobachten ist (SgRi XCIV f.), fällt ins 7. Jh., in den Beginn unserer Überlieferung. Sie beginnt wohl im Frk., das nach Norden hin mit einem großen Gebiet allgemeinen Wandels /ai/ > /ē/ zusammenhängt (vgl. § 45 A.1; Brinkmann 1931: 165); auch im späteren Lgb. wird /ai/ vor /r/ und /w/ monophthongiert (§§ 2 A.1, 53 A.2; Bruckner 1895: § 29). In älteren ahd. Quellen finden sich noch etliche Diphthongschreibungen.

a) In den ältesten Weißenburger Urkunden (Socin 1882: 226) kommen noch einige Relikte mit ‹*ai*› vor /r/ vor: *Gairelaigo* 696, *Gairoaldo* 700 u. a., aber in der ersten Hälfte des 8. Jh. treten fast nur noch Monophthongzeichen auf. Zu westfrk. Namen mit ‹*ai, ae*› vor /r/ vgl. Menke 1980: 297. Der Vokal muss zunächst offenes [ɛ:] gewesen sein und sich von dem damals noch nicht diphthongierten geschlossenen /$\bar{e}_2$/ (§ 35 A.3) unterschieden haben.
b) Tatsächlich verwenden die ältesten Denkmäler z. T. noch ‹*ae, ę*›, konventionelle Zeichen für [ɛ]. Die St. Galler Urkunden haben bis 775 überwiegend ‹*ae*› (*Amalgaer, Gaerwini*; ‹*ae*› in den Vorakten bis Mitte 8. Jh. noch Diphthongzeichen? Sonderegger 1961: 271), später ‹*e*› (Henning 1874: 114, Sonderegger 1961: 257); ebenso das Salzburger Verbrüderungsbuch (Schatz 1899: 3). Die Schreibung ‹*ae*› überwiegt in Pa (78 ‹*ae*›, 10 ‹*e*›), z. B. *laeris, snaeuuac, aehaft* (aber stets *mēta* usw.). Ra hat noch viele ‹*ae*› (Baesecke 1931: 324), auch R hat neben überwiegendem ‹*e*› noch ‹*ae*› (Wüllner 1882: 11, 82). Rb schreibt sehr oft ‹*ę*› (22 ‹*ę*›, 46 ‹*e*›, Ottmann 1886: 16), z. B. Gl 1,411,19. 31 *sęla*, 33 *ęririn*, 44 *kichęrit*, 69 *ęuuart*- (Lb 1.6, 11. 15. 16. 20. 28).
c) Bei Isidor steht ‹*ae, ę*› zuweilen vor /r/ und /w/, z. B. *hęrduom, ęra*; *ęuun, æuuin*; auch noch in MF, z. B. *aerlōso, aer*; *ęuuarta, ęuu* (Kirschstein 1962: 30, Matzel Is 173 f.; vgl. auch ‹*ae, ę*› für /ë/ vor /r/ in Is, MF, § 28 A.2). In späteren Denkmälern findet sich nur sehr vereinzelt noch ‹*ę*›. – Zu den Schreibungen ‹*æ, ae, a*ⁱ*e, ę, ei, ee, e*› vgl. v.d.Lee 1962: 145.

Anm. 2. Schon in K und Voc, besonders aber ab dem 9. Jh., wird der Monophthong meistens ‹*e* (*ê*)› geschrieben, also mit demselben Zeichen wie für kurzes /e, ë/ (zu ‹*ee*› vgl. § 7 A.6).

Über die Qualität von ahd. /ē/ nach der Diphthongierung von /$\bar{e}_2$/ lassen sich keine hinreichend begründeten Aussagen treffen, da es der einzige lange *e*-Laut im ahd. Vokalsystem war. Die Weiterentwicklung in den Mundarten ist uneinheitlich: Im Bair. entsprechen dem ahd. /ē/ offene Laute, die md. Entwicklung zu [i:] setzt geschlossene Aussprache voraus.

Anm. 3. Unter bestimmten Bedingungen wird /ai/ auch unabhängig vom Folgekonsonanten zu /ē/ monophthongiert:

a) Im Auslaut erscheint /ai/ als /ē/ in den Interjektionen *sē, sē-nu* ‘siehe’ (got. *sai*, Got. Gr. § 219 A.1; daneben 7x *sinu*, Sievers T § 71), *wē* ‘weh’ (got. *wai*), während in *zwei* ‘zwei’ (§ 270:2), Pron. *dei* (§ 287 A.1h), *skrei* (Prät. zu *skrīan* § 330 A.3), *ei* ‘Ei’ der Diphthong geblieben ist (Walde 1900: 50, Franck Afrk. 40, Penzl 1947: 180). Das /ē/ in *rē, sē* ‘See’, *spē* u. a. ist erst durch den späteren Abfall von /-o/ (< /w/) in den Auslaut geraten (§§ 108 A.2, 204 A.1).
b) Regelmäßig ist /ai/ > /ē/ in Nebensilben und Endungen (vgl. *habēta* = got. *habaida*, *jungēm* Dat.Pl. der Adjektive = got. *juggaim*, *junge* < *-*ē* Nom.Pl. m. = got. *juggai*). Der einsilbige Dativ von *zwei* lautet hingegen *zweim* (got. *twaim*), nur äußerst selten *zwēm, zwēn* (§ 270 A.2b).

c) Auffällig ist das /ē/ = got. *ai* im Demonstrativpronomen (§ 287) *thē* Nom.Pl. m. (got. *þai*), *thēm* Dat.Pl. (got. *þaim*) insofern, als es wie germ. /$\bar{e}_2$/ an der Diphthongierung (§ 35 A.2) teilgenommen hat, und zwar überall im Nom.Pl. m. (§ 287 A.1g), nur alem. im Dat.Pl. (§ 287 A.1k). Vgl. dazu Franck 1896: 1 ff., Baesecke Einf. § 99.

d) Zu dem /ē/ in *gēn, stēn* vgl. § 382 A.1; Bremer 1886: 41 ff., Baesecke Einf. 221 f. Zu *jenēr* im Verhältnis zu got. *jains* vgl. § 289 A.1.

Anm. 4. Die Monophthongierung /ai/ > /ē/ erfolgt nur vor germ. /h/, nicht jedoch vor ahd. /hh, ch/ oder auslautendem /h/ < germ. /k/ (§ 145), daher mit /ei/ (§ 44) z. B. *eih* 'Eiche' (awn. *eik*), *leih* 'Spiel' (got. *laiks*), *zeihhan* 'Zeichen' (got. *taikns*). Daraus ist nicht (mit Brinkmann 1931: 166, Penzl 1947: 180, Lerchner 1971: 157 f.) zwingend zu schließen, die Monophthongierung müsse vor der Verschiebung germ. /-k/ > /-h(h)/ erfolgt sein; vgl. § 7:2 (Vennemann 1987: 45 f.; anders Schweikle 1964: 231).

Anm. 5. Auffällig ist irreguläres /ē/ in *bēde* 'beide' (neben *beide*, § 270 A.3), *wēnag* 'elend' und *zwēne* 'zwei' (§ 270 A.2); vgl. E.Sievers 1885: 495, Meringer 1887: 234, Paul 1887: 551, Janko 1903/04: 260, Franck Afrk. 40, EWA I,513 ff., Bammesberger 2010, Ringe/Taylor 2014: 80. Offenbar ist /ē/, das im Auslaut aus /ai/ monophthongiert worden ist (Anm. 3a; got. *bai, wai, twai*), durch spätere Wortbildungsprozesse in den Inlaut geraten.

Anm. 6. *ēo* 'immer' (got. *aiw*) und *(h)wēo* 'wie' (got. *ƕaiwa*) enthielten zunächst langes /ē/ (§§ 109 A.3, 291 A.1d). Das in älteren Quellen statt *hwēo* erscheinende *hwē, wē* (R, Exh A, LexSal) ist vielleicht wie *sē* < *sēo* (Schwund von /-o/, § 108 A.2) zu beurteilen (vgl. jedoch § 48 A.4 und Kögel Lg. II,500, Schatz Abair. § 15:e). Die Wörter *ēo, hwēo* wurden aber durch Kürzung des /ē/ bald dem einsilbigen Diphthong /eo/ angepasst: *eo, hweo* nebst Komposita (*neo* 'nie', *eoman* 'jemand', *hweolīh* 'qualis' usw.); ab dem 9. Jh. nahmen sie – etwas verzögert – an der Entwicklung /eo > io > ie/ teil (§ 48 A.4; zu ‹*eo*›/‹*io*› vgl. AWB IV,1647 ff.).

In anderen Wörtern mit /ēo/ (< germ. /aiw/) ist der Übergang zu /io/ selten (vgl. §§ 108 A.2, 109 A.3): Im Tatian stehen je 1x *siolīh* 'am See gelegen' und *snio* 'Schnee' (Sievers T § 74, Gröger 1911: 142). Vgl. J.H.Kern 1877: 48 ff., Paul 1879: 86, ds. 1880: 167, Franck Afrk. 48, Schatz Abair. § 15:d.

Anm. 7. Selten ist ‹*ei, ęi*› für /ē/. In Rb 4x: *archeirit, kacheirit, unfreihti, ęirina* (Ottmann 1886: 16); ferner *eiris* Merseb (Eichner/Nedoma 2000/01: 26 ff., W.Beck 2011: 2 ff.), *eihti* Gl 1,301,60, *heihti* GlFrank (zu *ēht*, Jacob 1897: 21, Pietsch 1876: 347), *eirendo* GlFreis 125. Es könnte umgekehrte Schreibung zu häufigerem ‹*e*› für /ei/ vorliegen (§ 44 A.4; vgl. Brinkmann 1931: 167, E.Meineke 1984: 88), eher aber Ausdruck palataler Aussprache vor dem jeweils folgenden Palatalvokal (vgl. Franck Afrk. § 30 A.1).

Nicht hierher gehört *steit, geit* zu *stēn, gēn*, wo /i/ Teil der Endung ist (§ 383 A.3).

Germ. /ai/ ist in allen übrigen Fällen Diphthong geblieben. Dieser erscheint in **§ 44**
obd. Quellen des 8. Jahrhunderts noch vielfach als /ai/, nicht selten auch in Fulda (Geuenich 1976: 154 f.), geht aber schon Ende des 8. Jahrhunderts in /ei/ über, das von da an die gemeinahd. Form des Diphthongs ist. Morphologische Typen:

1. Präterita der stV. Ia (§ 330): *beiʒ, steig* usw. (zu *bīʒan, stīgan*); auslautend *skrei* (zu *skrīan* § 330 A.3);

2. Kausativa zu stV. Ia: *(h)neigen* (zu *(h)nīgan*), *leiten* (zu *līdan*; zum gramm. Wechsel vgl. § 102:1) usw.;
3. die redV. Ic (§ 352): *heiȥan* 'heißen', *skeidan* 'scheiden' usw.;
4. verschiedene Primärbildungen, z. B. *(h)leib* 'Brot' (got. *hlaifs*), *teil* (got. *dails*), *ein*, *bein*, *heil*, *stein*; auslautend *ei* (§ 43 A.3a), *skrei*.

Anm. 1. Der Übergang /ai/ > /ei/ beruht auf partieller Assimilation des ersten Diphthongelements an das zweite (v.Coetsem 1975: 9 ff.: als Teil umfassender Hebungen; ds. 1997: 430). Die vermutliche Aussprache [ɛɪ] wird zum einen durch dt. Lehnwörter im Slowen. (Lessiak 1903: 79), zum anderen durch die nicht seltenen *e*-Schreibungen (Anm. 4b) nahegelegt.

Anm. 2. Zur Chronologie des Übergangs von /ai/ zu /ei/ im 8. Jh.:

a) Die frühahd. LexAl hat noch ‹*ai*›, z. B. *haistera hanti*, *laitihunt* (vgl. V.Schwab 2017: 337, 357, 576, Stricker 2019: 38 f.). Der Archetyp des Abrogans (um 765) hatte nach Baesecke 1931: 323 nur ‹*ai*› (zu den Hss. s. Anm. 3); in den St. Galler Urkunden herrscht bis 762 ‹*ai*›, 763–793 Schwanken zwischen ‹*ai*› und ‹*ei*›, danach nur ‹*ei*›; ähnlich die Weißenburger Urkunden (Socin 1882: 225).

b) Im Bair. zeigen die Leges-Wörter ‹*ei*› (Stricker 2019: 38). In den Namen des 8. Jh. herrscht jedoch noch ‹*ai*›, nur die Freisinger Urkunden (A.Wagner 1876: 57) haben 750–765 schon ebenso viele ‹*ei*› wie ‹*ai*›, 765–790 ‹*ai*› : ‹*ei*› = 1 : 5, nach 790 nur ‹*ei*› (Schatz Abair. § 13:a). Die Freisinger Griffelglossen des Clm 6300 haben 6 ‹*ai*› : 5 ‹*ei*› (Glaser 1996: 386).

c) In den Fuldaer Personennamen ist ‹*ai*› bis zum Anfang des 9. Jh. gut zu belegen (Geuenich 1976: 154, gegen Kossinna 1881: 74). In Lorsch gilt schon ab der Mitte des 8. Jh. nur ‹*ei*› (Welz 1913).

d) Als „Übergangsschreibung" (Schatz Abair. 24) zwischen ‹*ai*› und ‹*ei*› dient zuweilen ‹*aei*› bzw. ‹*æi*›, z. B. *aeinōti* Pa, *tæil* GlMon (1,819,13).

Anm. 3. Die Literaturdenkmäler entsprechen weitgehend dem Verhalten der Leges-Wörter und der Urkunden.

a) Von alem. Quellen zeigt Ad nur (4x) ‹*ai*› (Haubrichs/Müller 2021: 127 f.), in Ka überwiegt ‹*ai*›, in Kb ‹*ei*›; ‹*ei*› ist schon ganz durchgedrungen in Ra, Rb, BR, H. Einige versprengte ‹*ai*› sind Reste alter Orthographie, z. B. *haiter*, *laimo* Voc (Henning 1874: 86), *ainacun* Pn (gegen 7x ‹*ei*›), 4x ‹*ai*› in BR (F.Seiler 1874: 425), *ainluze* Lb 1.5, 10 und in GlSchlett (Fasbender 1908: 68 f.).

b) Die bair. Quellen haben ‹*ei*›; *maistron* Exh A mit *maister* (neben *meister*) MF kann durch *magister* beeinflusst sein. Pa zeigt noch überwiegend, R nur noch 4x ‹*ai*›, z. B. *raiffa* Pa, *hailac* R (Wüllner 1882: 11, 82).

c) In frk. Denkmälern findet sich kein ‹*ai*› mehr.

d) Ab dem 11./12. Jh. wird im Bair. und Schwäb. anstelle von ‹*ei*› wieder ‹*ai*› geschrieben, z. B. *laidaz* Gl 2,481,45 (Kauffmann 1890: 88, Schatz Abair. 24, Wesle 1913: 7 f.; Kölling 1983: 163). Dieser Diphthong bleibt von dem seit dem 12. Jh. aufkommenden neuen Diphthong /ei/ < /ī/ überwiegend geschieden. – Zu ‹*a*› statt ‹*ai*› s. Anm. 5.

Anm. 4. Die Schreibung ‹*e*› für /ei/ kommt im Frk. und Bair. nicht selten vor, kaum dagegen im Alem. (vgl. auch § 46 A.3 zu ‹*o*› für /ou/). Die ‹*e*›-Schreibungen erstrecken sich über den gesamten ahd. Zeitraum. Die Beispiele sind in einigen Quellen häufiger, in anderen seltener, fehlen aber nur in wenigen umfänglicheren Stücken ganz (Schatz Abair. § 73, Franck Afrk. § 31:2, O.Ernst/Glaser 2009: 1010 f.). Zu umgekehrtem ‹*ei*› für /ē/ vgl. § 43 A.7.

a) Nähere Angaben zur Beleglage:
   α) Obd.: häufig in K (Kb), z. B. *ziscēdit, hēlī*, ebenso in Ra, z. B. *flēsc, zēchinit* (Kögel 1879: 18); *frēdic* R (Wüllner 1882: 11, 82 f.), *hēlī* Exh A, *hēl-, kahēlta* Clm 6300 (Glaser 1996: 387), *līpl&a* Clm 6293 (GlFreis 71 f.), *uuēhhun* Clm 18550a (Nievergelt RP 459.T39), *stēn, ēnīhc* Musp 55, 52, *uuēz, nohēnīgeru* MF, *ēnin* Sam 27, *gēslīho, bezēhinen, hēligero* Phys, *vrêden* N, *keêschoen* Np, *penêmida* Npgl, *kihêlti* Pred C (zu *giheilen*, anders Wunderle/Schmid 2006: 170). Musp hat 2x *heligo*, dessen ‹*e*› von Kögel 1894: 287 und Ehrismann 1897: 292 f. zu Unrecht auf germ. /a/ zurückgeführt wurde.
   β) Frk.: *ēnigan* Is, 7x im Tatian (z. B. *gihēzzan, hēlant, giuuēgit* Sievers T § 64:2), *bēn* Merseb, *ēn, hēligen* Zeitzer B; auch in GlFrank (Pietsch 1876: 351 f.) und in Aratorglossen (v.Gadow 1974: 102, 141, Schlechter 1993: 242). Einige mfrk. Belege bietet Stührenberg 1974: 85. Bei Otfrid fehlt dieses ‹*e*› bis auf vereinzelte Belege (*giēnōt* V, *giēscōt* D). Zu einzelnen fuldischen Personennamen mit ‹*e*› vgl. Geuenich 1976: 155 f.

b) Dieses ‹*e*› für /ei/ fasste Braune als orthographische Nachlässigkeit ohne lautliche Grundlage. In der Tat kommt in nachlässiger geschriebenen Hss. ‹*e*› öfter vor als in sorgfältigen, d. h. orthographisch einheitlichen, weil jene leichter der Sprechsprache nachgeben konnten (der sorgfältige Otfrid hat fast nur ‹*ei*›, s. o.); vgl. Schiegg 2015: 37 f. In Rb, Jb, Jc ist ‹*i*› mehrmals korrigierend über der Zeile nachgetragen. Hingegen wies Mitzka (12. Aufl.) auf heutige md. Mundarten hin, in denen großflächig /ē/ gilt (DSA Kt. 16 'heiß'). Die obigen Beispiele stammen z. T. aus diesen Flächen, zum anderen aus Denkmälern, die frk. beeinflusst sein können (Kb, Ra, MF, Sam). Die Monophthongierung muss jedoch in ahd. Zeit noch nicht vollzogen gewesen sein.
   Zusammengenommen legen die Indizien den Schluss nahe, dass die Schreibung ‹*e*› statt /ei/ der (ungenauen) Wiedergabe von [ɛɪ] bzw. [ɛe] dient (s. Anm. 1). Die häufige Alternation von /ei/ und /ē/ im Zweitglied, besonders in *-heim* : *-hēm* (Franck Afrk. § 31 A.3), erfolgt im Nebenton, der für stärkere phonetische Reduktion bekannt ist (§ 43 A.3b).

c) Das häufigere Vorkommen von ‹*e*› für /ei/ vor Dentalen (z. B. Kögel 1879: 18) erlaubt keinen Schluss auf einen kombinatorischen Lautwandel, denn vor Velaren und Labialen ist /ei/ überhaupt viel seltener (anders Rauch 1973: 257, 261 f.). Im As. ist die Monophthongierung von /ai/ zu /ē/ dagegen in allen Positionen durchgeführt (As. Gr. § 89); diesem as. /ē/ sind die entsprechenden Formen im Hl (*ēnan, ēnīc, wēt, ǣnon* usw.) zuzurechnen.

Anm. 5. Bisweilen ist /ai/ oder /ei/ durch bloßes ‹*a*› vertreten (zu ‹*a*› für /au/ vgl. § 46 A.3*):

a) Die frühen Belege aus dem Abrogans – *pratet* (zu *breitēn*), *stani* (*stein*) 2x Pa, *uuahhem, uuahhii* (*weih*), *uuazzi* (*hweizi*) Kb – gelten als verschrieben (Kögel 1879: 16, Splett Abr 182 f.). – Altalem. *haniu* 'uni' (Vetus Latina, 8. Jh.) zeigt neben ‹*a*› weitere Auffälligkeiten (Nievergelt 2012: 50.44, 52: „ans Altenglische erinnernd").

b) In der Schlettstadter Hs. begegnet 5x ‹*a*› für etymologisches /ei/: *blachandimo* (zu *bleihhēn*), *follast* (*folleist*), *kiuollastit, tagewada* (*-weida*), *wezcistan* (*-stein*). Nach Wesle 1913: 7 stände dieses ‹*a*› im selben Verhältnis zu ‹*ai*› (Anm. 3) wie ‹*e*› zu ‹*ei*› (Anm. 4). Indessen steht der Diphthong nur im ersten Beleg unter dem Hauptton, in den anderen kann er im Nebenton abgeschwächt sein (§ 63 A.2). ‹*a*› in *blachandimo* ist entweder an das zweite /a/ assimiliert oder verschrieben (AWB I,1195).

c) Im Trierer Seminarkodex steht ebenfalls 2x ‹*a*› für /ei/, davon ein Beleg wieder im Nebenton: *brandrada* (*-reita*), *ranis* (*reinisk*), vgl. Katara 1912: 35, 91, 131. Zu *sprad* Gl 2,482,37 (*spreid*) vgl. Kölling 1983: 163 f.

d) Zu mhd. (bair.) ‹*a*› für /ei/ vgl. Mhd. Gr. § L 45 A.1; zum Spätalem. vgl. Weinhold Alem. 35.

Anm. 6. Zu spätahd. (alem.) /ei/ < /egi/ vgl. § 149 A.5*a. Zur merow. Schreibung ‹*ag*› für /ai/ in Metzer Personennamen des 9. Jh. und in der Lex Ribuaria vgl. Baesecke 1940–53: II,38. 63; zu Diplomen für westfrk. Destinatare vgl. Menke 1980: 359.

(b) Germ. /au/

§ 45 Germ. /au/ (got. ‹*au*› [ɔ:]) ist im Ahd. teils Diphthong geblieben (§ 46), teils zu /ō/ entwickelt (im Rahmen der ahd. Monophthongierung, § 53). /ō/ tritt ein vor germ. /h/ und vor allen Dentalen (/d, t; ʒ, s; n, r, l/). Morphologische Typen:

1. Präterita der stV. IIb (§ 334): *zōh, gōʒ, kōs* usw. (zu *ziohan, gioʒan, kiosan*);
2. Kausativa zu stV. IIb (vgl. Riecke 1996: 562 ff.; mit Umlaut nach Anm. 4 und gramm. Wechsel nach § 102:4): *drōʒen* 'abwendig machen', *flōʒen* 'wegspülen', *int-frōren* 'auftauen lassen', *fir-lōren* 'vernichten' (zu *-drioʒan, flioʒan, friosan, -liosan* § 334 A.1);
3. einige redV. II (§ 353:2): *stōʒan* 'stoßen' (got. *stautan*), *skrōtan* 'schneiden';
4. Nomina und Verben verschiedener Bildung:
   a) vor germ. /h/: *hōh* 'hoch' (got. *hauhs*), PN *Angilhōh* (A.Scherer 1953: 13), *lōh* 'Wald' (ae. *léah*);
   b) vor /d, t/: *tōd* 'Tod' (got. *dauþus*), *ōdi* 'leicht'; *rōt* 'rot' (got. *rauþs*), *ōtag* 'reich' (got. *audags*);
   c) vor /ʒ, s/: *nōʒ* 'Nutztier' (zu *nioʒan* § 334 A.1e), *ginōʒ(o)* 'Gefährte'; *lōs* (got. *laus*), *trōst, bōsi* 'böse';
   d) vor /n, r, l/: *lōn* 'Lohn' (got. *laun*), *scōni* 'schön', *frōno* 'königlich' (§ 222 A.4), *bōna* 'Bohne'; *ōra* 'Ohr' (got. *ausō*), *hōren* 'hören' (got. *hausjan*); *kōl* 'Kohl' (lat. *caulis*), *hōla* 'Leistenbruch' (awn. *haull*).

Lit.: Zur Monophthongierung von germ. /ai/ und /au/ vgl. die in §§ 43, 53 genannte Literatur; zu /au/ > /ō/ vgl. Harbert 1997.

Anm. 1. Die Monophthongierung des /au/ zu /ō/, die in den vorahd. Runeninschriften noch nicht zu verzeichnen ist (SgRi XCV f.), setzt etwa zu Beginn des 8. Jh. ein. Im Westfrk. reicht sie nach Ausweis von Wörtern wie *alōdis* – zuerst im merow. Pactus legis Salicae bezeugt (Tiefenbach 1973: 97 ff.) – sogar ins 6./7. Jh. zurück (vgl. v.Helten 1900: 245, v.Kralik 1913: 15).

Der Prozess lässt sich in den ältesten Quellen teilweise nachverfolgen. Wie bei /ai/ > /ē/ sind die Monophthonge zuerst im Frk. nachweisbar (vgl. § 43 A.1; Brinkmann 1931: 166). /au/ wurde zunächst zu [ao] und dieses dann zu /ō/, das anfangs offenes [ɔ:] gewesen sein muss. Mit dem aus dem Germ. ererbten geschlossenen /ō/ – soweit es noch nicht diphthongiert war (§ 39) – konnte das neue /ō/ zwar graphisch, aber nicht lautlich zusammenfallen, so z.B. in Voc *scōni, rootēr* wie *frōtēr, trōbi, stool.* Nachdem das alte /ō/ vollständig zum Diphthong /uo/ geworden war, konnte das neue /ō/ an die Stelle des geschlossenen /ō/ treten. Ob und inwieweit dies tatsächlich erfolgt ist, lässt sich von der Graphie her nicht entscheiden; zu den rezenten Dialekten vgl. Wiesinger 1970: I,200. Dem Übergang /au/ > /ou/ (§ 46) liegt partielle Assimilation von [a] an [u] zugrunde (vgl. § 44 A.1 zu /ai/ > /ei/).

Anm. 2. Zur Chronologie:

a) In einer Trierer Namenliste (nach 626/627) ist nur ‹*au*› belegt (Bergmann 1965: 48). Nach den Urkunden gilt in der 1. Hälfte des 8. Jh. noch /au/. In Weißenburg geht /au/ Anfang des 8. Jh. in /ō/ über, die Zwischenstufe [ao] tritt nur spärlich auf. Genaueres bei Henning 1874: 118 f., Socin 1882: 228, Geuenich 1976: 157. Die Hss. der LexAl verhalten sich z. T. konservativ (V.Schwab 2017: 413, 576).

b) Die frk. und alem. Literaturdenkmäler kennen kein ‹*ao*› mehr. Im Voc neben sonstigem ‹*o*› ein ‹*ao*› in *baona* (Gl 3,7,25; AWB I,1258); Ra hat 12x ‹*ao*› neben 48x ‹*o*›.

c) Im Bair. haben die Urkunden des 8. und beginnenden 9. Jh. weit überwiegend ‹*ao*›, erst allmählich nimmt ‹*o*› zu (Schatz Abair. 22). Nur die in Abschrift des 9. Jh. erhaltenen Freisinger Urkunden (A.Wagner 1876: 57) zeigen, wohl unter frk. Einfluss, regelmäßig ‹*o*› schon ab 747 und daneben nur selten (aber bis zum Anfang des 9. Jh.) das alte ‹*au*›, die Übergangsform ‹*ao*› und bei einem Schreiber ‹*oa*›. In den bair. Quellen herrscht sonst bis Anfang des 9. Jh. durchweg ‹*ao*›. In Pa ist ‹*ao*› das Normale (84x ‹*ao*› : 7x ‹*o*›), z. B. *haoh, scaoni, traost, taotero*, ebenso in R (Wüllner 1882: 13). Auch GlKass und Exh A haben ‹*ao*›: *fraono, canaotit* Exh, *aorun, capaot* GlKass. Alle späteren bair. Texte zeigen dagegen nur ‹*o*› (Wüllner 1882: 83 f.). Außerdem kommt ‹*ao*› im Hl vor: *laosa, laos, taoc* (= *toug*), *aodlīhho*, daneben 6x ‹*o*›.

d) Die in Freisinger Urkunden gelegentlich vorkommende inverse Schreibung ‹*oa*› findet sich sonst nur einige Male in Kb, z. B. *toat* 'tot' (Kögel 1879: 23): vielleicht der Versuch, die beginnende Monophthongierung wiederzugeben, vgl. *kino*^{a}*z-* Kb (Baesecke Einf. 40, ds. 1930: 90, ds. 1931: 324; dagegen nach Schatz Abair. 22 graphische Metathese).

Anm. 3. Wie [ao] (aus früherem /au/) zu /ō/ wurde, so auch [ao], das sich im Auslaut aus /aw/ entwickelt hat (§§ 114:1, 108 A.3), z. B. *frao* 'froh', *strao* 'Stroh' > gemeinahd. *frō, strō*. Auch /ō/ in *drōa, clōa* (AWB II,637. V,225) ist so entstanden (§§ 114:1, 212 A.1; Schatz Abair. 27).

Anm. 4. Der im Mhd. geläufige *i*-Umlaut des /ō/ zu /œ/ (*schœne, blœde, hœren*) kommt auch in spätahd. ‹*oe*› oder ‹*oi*› zum Ausdruck: *irloêsi, loesen* Pred C (Wunderle/Schmid 2006: 170), wohl auch *firstoezzen* (Part. Prät.) Pred B (nach Schatz Ahd. § 66 mit analogischem Umlaut); *troistet* Otloh (vgl. MSD II,412), *troistanne* Gl 2,707,21, *anavirstoizzi*^{n}*t* 206,75. In *bisloiz* (geheimschriftlich ‹*bkslpkz*›) 'conclusit' Gl 2,28,6, wo kein (analogischer) Umlaut zu erwarten ist, könnte Verschreibung vorliegen (Schlechter 1993: 282.30, 297). Dass der Umlaut schon dem Ahd. des 9. Jh. zuzuschreiben ist (§ 51:1), wird durch den 853 bezeugten GwN *Toissa* 'Töss' (Schweiz) erwiesen (**dausjō-*, ablautend zu mhd. *tūsen* 'schallen, sausen'); vgl. Sonderegger 1959: 149, N.Wagner 1993a: 6 f., Gütter 2011: 1 f., 7.

Anm. 5. Im Allgemeinen ist /ō/ im Ahd. sehr fest; Abweichungen sind selten, so diphthongische Schreibung ‹*uo*›, mehrfach in Fuldaer Personennamen ab dem 8. Jh. (Geuenich 1976: 157), öfter im anl. Leid. Will (v.Helten 1897: 464 f., Sanders 1974: 255); anderes bei Singer 1886: 299 f. In einigen spätbair. und schwäb. Quellen findet sich die Schreibung ‹*ŏ, o*^{v}› (*ou*? § 40 A.2c), vgl. MSD II,416. 455, Weinhold Alem. 103, Kauffmann 1888a: 466, ds. 1890: 72. Wohl nicht hierher *scuonīn* 'Schönheit' Is, ältester Beleg für die spätahd.-mhd. Nebenform *schuon, schüene* neben *schœne* (sekundärer Ablaut zu *skōni*, vgl. Matzel Is 458 f.).

Anm. 6. /ō/ in *sō* geht nicht auf /au/ zurück (§ 107 A.1b: *sō* < **swō*; vgl. G.Schmidt 1962: 143). Der Vokal ist im Allgemeinen fest; nur in proklitischer und enklitischer Stellung ist die gekürzte Form *sŏ* anzunehmen. Daneben kommen *sa* und *se* vor (z. B. *se wara* Lb 31.2, 3), besonders in der Zusammensetzung *sōso*, daneben *sōsa*, *sōse* (z. B. T, Nr [Lb 40]) und vor Vokal häufig *sōs*. Zu Elisionen des /ō/ in *sō* bei Otfrid vgl. Kappe 1909: 501 ff., de Boor 1928: 93 ff. – Zu dem /ō/ in *dō* vgl. § 38 A.1.

§ 46 Germ. /au/ ist, wo es nicht nach § 45 zu /ō/ monophthongiert worden ist, im Ahd. Diphthong geblieben, d. h. vor allen Labialen, vor Velaren – mit Ausnahme von germ. /h/ – und im Auslaut. Der Diphthong erscheint in den älteren Quellen noch als ‹*au*›; im 9. Jahrhundert geht /au/ in die gemeinahd. Form /ou/ über, die bis ins Mhd. bestehen bleibt. Morphologische Typen:

1. Präterita der stV. IIa (§ 333): *boug*, *floug*, *trouf* usw. (zu *biogan*, *fliogan*, *triofan*); auslautend *blou*, *kou* (zu *bliuwan*, *kiuwan* § 333 A.4);
2. Kausativa zu stV. IIa: *bougen* 'beugen' (zu *biogan*), *sougen* 'säugen' (zu *sūgan*) usw. (Anm. 5); vgl. *gilouben* 'glauben' (got. *galaubjan*);
3. redV. II (§ 353:1): *hlauffan* > *loufan* 'laufen' (got. *hlaupan*), *houwan* 'hauen';
4. verschiedene Primärbildungen, z. B. *ouga* 'Auge' (got. *augō*), *ouh* 'auch' (got. *auk*); *houbit* 'Haupt' (got. *haubiþ*), *bouhhan* 'Zeichen', *rouh* 'Rauch', *troum* 'Traum'; auslautend *tou* 'der Tau' (§§ 113:1, 204:3d).

Anm. 1. /au/ ist in den älteren Denkmälern aller Dialekte bis in die ersten Jahrzehnte des 9. Jh. bewahrt. Den Übergang zu /ou/ zeigt zuerst das Frk., dann das Alem., zuletzt das Bair.

a) Im Frk. haben ‹*au*›: Isidor, Frk. Taufgel, LexSal, WK (nur 1x *gilouban*), fuldische Personennamen (Geuenich 1976: 158). Ab dem 2. Viertel des 9. Jh. herrscht ‹*ou*› (vgl. MSD I, XVI): im ganzen Tatian nur noch 8x ‹*au*› (Sievers T § 72), Lorscher B 1x *gilaupta*, sonst ‹*ou*›. Bei Otfrid steht ohne Ausnahme ‹*ou*›. Zu Will s. Anm. 2.

b) Alem.: Nur ‹*au*› haben die älteren Glossen (Pa, K, Ra, Ad, Ja, Voc) und BR. LexAl hat meist ‹*au*›, selten auch ‹*ou*› (V.Schwab 2017: 576). H hat neben ‹*au*› schon 6x ‹*ou*›, ähnlich Jb-Rd. In Rb stehen ‹*au*› (41x) und ‹*ou*› (23x) nebeneinander, ähnlich im alem. Ps. In Jc überwiegt ‹*ou*› (Schindling 1908: 130, 162), in GlSchlett ist ‹*ou*› durchgeführt (Fasbender 1908: 70).

c) Bair.: Nur ‹*au*› haben R, MF (vgl. frk. Is), Exh, Clm 6300, GlKass, Freis. Pn, Wess (*paum*, *galaupa*), Emm. Erst ca. 860 taucht ‹*ou*› auf; Musp hat 1x ‹*au*›, 4x ‹*ou*› (*lauc*; *poum*, *lougiu*, *houpit*, *touuan*); 1. bair. B und spätere Texte haben nur noch ‹*ou*›.

d) Am Übergang des /au/ zu /ou/ nimmt auch solches /au/ teil, das aus /aww/ entstanden ist: *skauwōn* > *skouwōn* (§ 112 ff.). Konservative Glossarhss. tradieren die alte Graphie bis ins 11. Jh. (Wich-Reif 2001: 127, 352), so *glauuī*, *rauuēr*, *sauuahti*, *gizauua* (Mourek 1873: 14).

e) In nachahd. Zeit wird der Diphthong mitunter durch ‹*ow*› bezeichnet, z. B. *dow*, *miltow* SH (§ 189a:4). Im Mhd. setzt sich – dialektal gestaffelt – wieder ‹*au*› durch: bair. ab Ende des 12. Jh. (z. B. *lauge* Gl 3,513,30), frk. ab 13. Jh., alem. erst ab 15. Jh. (Mhd. Gr. § L 46).

Anm. 2. Will schreibt für (umlautloses) /ou/ meistens ‹*ôu*›, z. B. *bôum*, *ôuh*, *tôuc*. In 10 % der Belege steht jedoch ‹*ôi*› (T.Klein briefl.), so 6x *ôiga* (neben 5x *ôuga*), *trôif* (Prät. von *triofan*), *bôichen* 'Zeichen', *gelôibo*; es ist offenbar aus der in Anm. 5 angeführten Umlautschreibung verallgemeinert (v.Helten 1897: 465). Ferner verwendet Will 7x ‹*ô*› (Anm. 3).

Im Glossar Jd (Anfang 13. Jh.) erscheint mehrfach mhd.-mfrk. ‹*oi*› für /ou/, z. B. *roichhūs*. Bergmann (1966: 269) sieht hierin Dehnungs-‹*i*› (nach monophthongiertem /ou/); allerdings bleibt dieses im älteren Mfrk. ansonsten auf mhd. /ō, ā/ beschränkt (Klein 1995: 44 f.).

Anm. 3. Wie ‹*e*› für /ei/ (§ 44 A.4), so findet sich besonders im Frk. auch ‹*o*› für /ou/ (Franck Afrk. § 34:3, Schatz Ahd. § 33, Brinkmann 1931: 162), z. B. im Tatian *brūtlōfti*, *gilōbtun* (Sievers T § 64:2, E.Sievers 1894a: 549); *hōg* Hammelb (Lb 2.3, 20, neben *houg* 18; nach N.Wagner 2002a: 154 nur nachlässig); zu ‹*o*› in mfrk. Glossen vgl. Bergmann 1966: 334 (Reg.). Will bietet 7x ‹*ô*› (Anm. 2), z. B. *lôfon*, *bômgarto*, im Nebenton *wîrôch*. Aus dem Bair. hierher *pirōpōn* Glaser 1996: 224.172, 388 (GramErtr 160); dagegen können *hōpit* Kb (Kögel 1879: 22), *lōpit* GlFreis 116, alem. *lôfet*, *glôbet* Phys Umlaut zeigen (vgl. Anm. 5). In späten Glossen begegnet auch ‹*oo*›, so *soom* Gl 5,32,4, -*sôo* 5,40,13; vgl. *zoŏme* (1. ‹*o*› von 2. Hand) 2,661,56. Der Frühbeleg *kisloof* Kb kann aus -*slof* und -*slouf* kontaminiert sein (Splett Abr 285: „Fehlschreibung").

Anm. 3*. In alten Quellen wird für /au/ bisweilen bloßes ‹*a*› geschrieben (zu ‹*a*› für /ai/ vgl. § 44 A.5): *zōhlaft* Kb, *zapar*, *labazzent* Ra (Kögel 1879: 22, Schatz Ahd. § 33), *kehlaffan* BR (Masser 2002: 199: „Fehlschreibung"), *kalapit* H 16,1,3 (AWB V,1316: „ungenaue Bez. des Diphthongs"). Zu ‹*a*› in Freisinger Griffelglossen vgl. Glaser 1996: 388 f.

Anm. 4. ‹*uo*› statt /ou/ zeigen im Tatian *gituofit* und *arluobit* (wohl verschrieben, Sievers T § 64:2, E.Sievers 1894a: 551 f.); vgl. noch *ruopta*, *giruoptan* GlMon (1,631,41. 1,417, 27), *struom* Gl 2,261,17 (W.Schulte 1993: 96 f.). Zu *stuowen* neben *stouwen* vgl. § 110 A.2.

gauma, *gouma* f. 'Speisen, Gerichte' und *guomo* m. 'Gaumen' haben sich gegenseitig beeinflusst. Statt *guomo* treten vereinzelt *gaumo* und *giumo* auf (W.Schulze 1885: 429, Singer 1886: 297 f., AWB IV,296 f. s. v. *giumo*, EWA IV,556 f. 562 f., Mottausch 2011: 63). Umgekehrt auch *guomōta* 'schmauste' T, in Glossen des 10. Jh. *guoma* (AWB IV,376 ff.). Vgl. § 50 A.2.

Anm. 5. Der *i*-Umlaut von /ou/ (§ 51:1) muss in Bildungen wie *bougen* 'beugen', *sougen* 'säugen' (s. o. 2.) schon für das Ahd. angenommen werden, auch wenn er in aller Regel unbezeichnet bleibt. Sporadisches ‹*oi*›, wie es in bair. *durihloiphit* Gl 2,628,67, frk. *goiuui* 2,563,2, *scifsoifi* 2,774,75 (Schlechter 1993: 221, 242), *afderhoibite*, *sūroigia* (Klaes 2017: 246) vorliegt, kommt als Umlautschreibung in Betracht (Schatz Abair. § 30, ds. Ahd. § 70, Franck Afrk. § 35). Will schreibt für /öü/ sogar fast immer ‹*ôi*›, z. B. *hôibet*, *ôigen* (Ausnahme 1x *bôumelin*, T.Klein briefl.). Im späten Frk. steht ‹*oi*› auch für umlautloses /ou/ (Anm. 2; dort auch zu obd. ‹*o*›).

(c) Germ. /eu/

Germ. /eu/ (got. *iu*) setzt sich im Ahd. je nach Folgelaut in zwei verschiedenen **§ 47**
Diphthongen fort, /io/ und /iu/.

1. Germ. /eu/ ist vor ursprünglichem /a, e, o/ der folgenden Silbe zu /eo/ gesenkt worden (parallel zu einfachem /u/, § 32). Das so entstandene /eo/ wurde bald zu der gemeinahd. Form /io/, eine Entwicklung, die der universellen Tendenz zur Hebung des Nukleus fallender Diphthonge folgt (Vennemann 1972: 871). Der Übergang von germ. /eu/ zu ahd. /eo, io/ ist durchgehend nur im Frk. vollzogen. Im Obd. tritt die Senkung nur dann ein, wenn Dentale oder germ. /h/ – d. h. tiefe Konsonanten relativ zu hinteren Vokalen (Vennemann 1972: 879; anders Rauch 1973: 255 ff.) – dem Diphthong folgen.
2. In allen übrigen Fällen ist germ. /eu/ zu ahd. /iu/ geworden, und zwar schon in den ältesten Denkmälern. Ahd. /iu/ steht somit, wenn die Folgesilbe ein /i/ (/j/) oder /u/ enthält oder enthielt; im Obd. aber auch vor folgendem /a, e, o/,

sofern der dazwischen stehende Konsonant ein Labial oder Velar – außer germ. /h/ – ist. Vor Labial und Velar ist also im Obd. jedes germ. /eu/ zu /iu/ geworden (Braune 1877: 557 ff.); vgl. auch § 6a:1b,4c. Beispiele:

a) vor Dental oder germ. /h/: Präsens der stV. IIb (§ 334), z. B. Inf. *beotan*, Part. *beotanti*, Konj. *beote*, Pl. Ind. *beotames* gegenüber Sg. Ind. *biutu*, *biutis*, *biutit*, Sg. Imp. *biut*; *deota* 'Volk' / *diutisk* 'volkssprachig' (§ 249:2d), *diuten* (**-jan*) 'deuten'; *leoht*, *lioht* 'Licht' / *liuhten* (**-jan*) 'leuchten'; *teor*, *tior* (*a*-Stamm) 'Tier', *tiuri* 'teuer'; *neot*, *niot* (*a*-Stamm) 'Eifer'; *liut* (*i*-Stamm, Pl. *liuti*) 'Volk'; *gioȝo* m. 'fließendes Wasser';

b) vor Labial oder Velar: Präsens der stV. IIa (§ 333), z. B. frk. Inf. *liogan*, *klioban* / Sg. Ind. *liugu*, *kliubu*, obd. *liugan*, *chliuban* / *liugu*, *chliubu*; frk. *leob*, *liob* 'lieb', obd. *liup*, *liubōsto*; frk. *thiob* 'Dieb', *thiubia*, *thiuba* 'Diebstahl', obd. *diup*, *diufa* (§ 139 A.5); frk. *tiof* 'tief', *tiufī*, obd. *tiuf*, *tiufēr*, *tiufo*, *tiufī*; frk. *riomo* 'Riemen', obd. *riumo*; frk. *flioga* 'Fliege', obd. *fliuga*; frk. *sioh* 'krank' (got. *siuks*), *siuchī* f., obd. *siuh*, *siuhhēr*, *siuhho*, *siuhhī*.

Anm. 1. Zur Verteilung von ‹*eo*› und ‹*iu*› in frühen Quellen (vgl. § 48 A.1 und Cercignani 1973):

a) Nach Ausweis des vorahd.-thüring. Quasi-Minimalpaars *leob* (**leuƀa-*) / *[þ]iuþ* (**þeuþi-*) waren die ursprünglichen Allophone bereits im 6. Jh. phonematisiert (Nedoma 2004: 357, SgRi XCIII f.).

b) Der Wechsel zwischen ‹*eo*› und ‹*iu*› ist in den Namen der Urkunden des 8. Jh. schon regelmäßig vorhanden. Statt ‹*iu*› findet sich in der ersten Hälfte des 8. Jh. noch zuweilen die ältere Form ‹*eu*› (z. B. Socin 1882: 229, vgl. Kossinna 1881: 34). Die frk. Namen des 6.–7. Jh. (Jacobi 1843: 117) zeigen ‹*eu*› und ‹*eo*› für germ. /eu/ ohne konsequenten Wechsel; ‹*eu*› ist merow. Schreibung, Baesecke 1940–53: I,38; vgl. Bergmann 1965: 48, Menke 1980: 301.

c) Zum Vorkommen von ‹*eu*› in ahd. Denkmälern vgl. § 30 A.2. Tatian hat ‹*io*›, nur γ hat ‹*eo*›, so auch LexSal und Hammelb. Fuldaer Personennamen weisen zwar einerseits schon ab ca. 780 ‹*io*› auf, bleiben aber andererseits bis ca. 880 bei ‹*eo*› (Geuenich 1976: 160 ff.).

Anm. 2. Der Wechsel zwischen /eo, io/ und /iu/ ist in der Nominaldeklination ausgeglichen, sodass der Vokal des Nom.Sg. ohne Rücksicht auf den Endungsvokal durchgeht, z. B. Dat.Sg. *diotu*; *gioȝo*, Gen. *gioȝin*, Akk. *gioȝun* (vgl. § 32 A.1a). Auch in der Wortbildung zeigt sich vereinzelt Anlehnung an das Grundwort, so bei *elidheodīgūn* Is (Matzel Is 176), *steofi* Gl 2,7,29 (§ 231 A.4); vgl. auch *liomunt* neben *liumunt* (Mayer 1982: 43.116, 138 f.). Zum Adverb *sniomo* neben *sniumo* vgl. § 267 A.5.

Anm. 3. Wie der alte Diphthong wird auch das im Präteritum der redV. II neu entstandene /eo/ behandelt (vgl. § 354 A.1). Es unterliegt jedoch keinem innerparadigmatischen Wechsel, z. B. *stioȝ*, Pl. *stioȝun*, Konj. *stioȝi*.

Anm. 4. Zu einzelnen Abweichungen:

a) Von der frk. Regel findet sich bei Otfrid die Ausnahme, dass neben *liob*, *liab* einige Male nach obd. Weise *liub* steht; stets ‹*iu*› in *liublīh* (Benrath 1887: 5 ff., Franck Afrk. § 38:4). Die Weißenburger Denkmäler zeigen also auch hierin (vgl. § 39) den Übergang vom Frk. zum Alem.

b) *-fleugendēm* Is 2,17 ist archaische Schreibweise nach Art der Urkunden (Anm. 1b), kein Anklang an das Alem. (Matzel Is 460 f.); vgl. § 49 A.4b. Nur ‹*iu*› haben frk. *diufal* 'Teufel' (vgl. § 49 A.3,5d), *giziuch* 'Zeug' (Entlehnungen aus dem Obd.? Vgl. Brinkmann 1931: 72).
c) Scheinbare Regelverstöße erklären sich durch ehemaliges /j/: *liudōn* Pa, K, Ra, R u. a. (dazu *liudāri* Pa, K, Ra) ist nach Ausweis von *liudeon* R mit *-j-* gebildet (§ 367 A.1; Schatz Ahd. §§ 41, 296), also von got. *liuþōn*, awn. *ljóða*, ae. *léoðian* verschieden; *githiuto* O gehört zum *ja-/jō*-Adjektiv *githiuti* (§ 267 A.5; EWA IV,237), *thiubheit* WK zum *jō*-Stamm *diuba* (§ 210:1b; Franck Afrk. § 38:4). Auch *stiura* O, N, Gl enthält /iu/ vor /j/, vgl. as. *heristiuria* (E.Sievers bei Brenner 1895: 81 A.1), ebenso *skiura* T, O (Franck Afrk. § 29 A., Schatz Ahd. § 41).

Anm. 5. Die obd. Regel gilt im 8./9. Jh. für als obd. gesicherte Texte. Der aus dem Frk. in alem. Gebiet übertragene Voc zeigt die frk. Regel mit *deob*, *fleoganti*, *fleoga*, *pitreogan*. Aus alem.-frk. Mischung in Ka *fleogande*, *inleohtit*; in Ra *fleoganti*, in H *leohtantēr*, *inleohtantēr* neben *kaliuhte* (oder Analogie zum Grundwort, § 49 A.5c). Vgl. Kögel 1887: 108, Kauffmann 1900: 170, Schindling 1908: 131, Baesecke 1931: 325, Brinkmann 1931: 73, Kuhn 1944: 11.

Anm. 6. In MF hat der bair. Schreiber obd. *siuhhan*, *-siuhhōm*, *riuhhantan*, *triugara* (3x) eingeführt, aus frk. Vorlage blieb *leoban*, *hreofun*, *fleogente* (Matzel Is 176). Auch OFreis hat oft frk. ‹*ia*, *io*› durch bair. ‹*iu*› ersetzt, z. B. *liuf*, *siuchon*, *tiufo*.

Anm. 7. Im Obd. beginnt ab dem 10. Jh. die frk. Regel einzudringen, also ‹*io*› (bzw. ‹*ie*›) auch vor Labial oder Velar. Älteste Beispiele: ‹*deiob*› Wiener Hundesegen (Lb 31.2, 1; Schatz Ahd. § 39 A.), *fliogen* Psalm 32. In Npw nur noch 6x obd. ‹*iu*›; in WGen steht 22x obd. ‹*iu*› neben überwiegendem ‹*ie*› (Dollmayr 1903: 4 f.). Schon vorher verwendet Notker ‹*îe*› nach frk. Regel (§ 4 A.1c): Es heißt regelmäßig z. B. *lîeb*, *lîeblîh*, *tîef*, *flîegen*, *bîegen*; Ausnahmen wie *píugent*, *liuf*, *líufen* sind selten. Landschaftliche Entwicklung vertreten Braune 1877: 561 ff., Wilmanns I,256 ff., E.Schröder 1898: 27 f., Loewe 1907: 335 f., Schatz Abair. § 17, Behaghel 1928: 318 ff. Mit frk. Sprachströmung rechnet Brinkmann 1931: 75; dazu passt, dass in den rezenten Mundarten der frk. Diphthong /ie/ weit in das Alem. bis Basel/Säckingen ausgreift. – Penzl 1968: 138 f. propagiert dagegen eine allophonische Erklärung: /iu/ sei vor /i, u/ anders gesprochen worden als vor Labial oder Velar, sodass eine Spaltung eintreten konnte.

Anm. 8. /eu/ im Deutschwallis und sonst in der Südschweiz (entrundet) – *fleiga* 'Fliege', *teiff* 'tief', *beigu* 'biegen' (Ochs 1936: 133) – ist nur scheinbar erhalten (Hotzenköcherle 1956: 221 ff., ds. 1960: 65 ff.).

Der Diphthong /eo/ erscheint in dieser Form in allen älteren Quellen. Der Übergang zu /io/ vollzieht sich in der ersten Hälfte des 9. Jahrhunderts; von da an ist /io/ im 9. und 10. Jahrhundert die regelmäßige Form (zu /ia/ bei Otfrid s. Anm. 2a). Ab dem späteren 10. Jahrhundert geht /io/ in /ie/ über und fällt mit dem /ie/ zusammen, das schon früher aus /ia < ea < ē/ entstanden war (§ 35; vgl. Klein 2021: 279). Während also im Ludwigslied (Ende 9. Jh.) noch ‹*io*› in *thionōt*, *thiot*, *thiob*, *lioth* und ‹*ie*› in *lietz*, *hiez*, *hier* unterschieden sind, steht bei Notker unterschiedslos ‹*ie*› in *lîed*, *bîeten* und *hîez*, *hîer*. Das ‹*ie*› bleibt bis ins Mhd. bestehen. **§ 48**

Anm. 1. Belege zur Chronologie dieser Übergänge (vgl. § 47 A.1):

a) ‹*eo*› steht in H, Ra, BR, H, GlSchlett (Fasbender 1908: 71 ff.); Pa, R, MF, Exh, GlKass, Carmen; Voc, Is, WK, LexSal, Hammelb. In den Namen der Urkunden hält die Schreibtradition das ‹*eo*› am längsten fest, im Bair. bis nach 900 (Schatz Abair. § 15:b, Franck Afrk. § 40, Geuenich 1976: 160 ff.), doch stehen daneben zunehmend die jüngeren Formen.

b) Schon im 8. Jh. zeigt sich in Urkunden vereinzelt ‹*io*› neben ‹*eo*›; auch in einigen der eben genannten Denkmäler, so in Ra 2 ‹*io*› (Kögel 1879: 21), in H 7 ‹*io*› (gegen 50 ‹*eo*›); auch in BR stehen mehrere ‹*io*› neben ‹*eo*› (F.Seiler 1874: 427), ebenso in Jun (Schindling 1908: 20, 163). In Rb ist ‹*io*› schon die normale Form; ebenso hat Tatian regelmäßig ‹*io*›, nur die Schreiber γ und δ verwenden noch öfter ‹*eo*› (Sievers T § 74:1; s. o. § 47 A.1c).

c) Die jüngste Form des Diphthongs (‹*ie*›) findet sich ebenfalls vereinzelt schon früh in Urkunden, z. B. alem. *Nieʒliub* 797 (Henning 1874: 120); mfrk. (Prüm) *Lietheim* 865, *Thietdrudis* 881 u. a. (Mittelrhein. UB I). In Denkmälern steht ‹*ie*› bei Otfrid durch Assimilation (Anm. 2a), sonst im 9. Jh. noch sehr selten, z. B. *siehhero* Reich. B; vereinzelt bei Schreiber δ des Tatian (Sievers T § 74:3).

d) Auch im 10. Jh. herrscht noch ‹*io*› vor (Beispiele von ‹*ie*›: *uuielīh* Sam 9, *thiernun* Lb 39, 1). Im 11. Jh. herrscht ‹*ie*›, so stets bei Notker (doch s. Anm. 4), Will, Phys u. a. Aber auch ‹*io*› findet sich noch, es steht z. B. bei Otloh weitaus häufiger als ‹*ie*›.

Anm. 2. Zur Fortsetzung von /io/ im Südrheinfrk.:

a) Die Vertretung bei Otfrid hängt an der morphologischen Kategorie (Kelle O 468 ff.).

α) Häufig erscheint /ia/, und zwar stets im Präsens der stV. II, z. B. *biatan*, *niazan*, Konj. *niaze*, *fliahe*. Bei Formen mit /e/ in der Endung assimiliert sich /ia/ oft zu /ie/, z. B. Konj. *biete*, *fliehe*, *niezēn* u. a. (Kelle O 12 f.). Auch im Präteritum der redV. II (§ 354) steht immer ‹*ia*›, z. B. *riaf*, *stiaz*, *liaf* (nur 5,5,3 *liefen*).

β) Dagegen ist in nicht-verbalen Formen auch ‹*io*› vorhanden, z. B. *thiob*, *niot*, *thionōn*, *thiot*, öfter neben ‹*ia*›, z. B. *liob* (*liub*, § 47 A.4a), seltener *liab*, *diof* und *diaf*, *thiorna* und *thiarna*, *sioh* und *siah*. Vor /e/ der Nominalendungen kann ebenfalls ‹*ie*› eintreten, z. B. *thiote* und *thiete*, *liobe* und *liebe*, *siechēr* (nur 4,28,2 *fieru* zu *fiar* '4'). Es heißt bei Otfrid stets *io*, *nio*, *wio*, jedoch in den Komposita oft *ia-* (*iaman*, *niamēr*).

γ) Demnach ist bei Otfrid das alte /io/ meist mit dem aus /$\bar{e}_2$/ diphthongierten /ia/ (§ 35 A.1c) zusammengefallen. Doch ist letzteres teilweise noch zu unterscheiden: Es wird nur durch Assimilation zu /io/ (*skioro*, *zioro*; so auch *smiorondi* GlBud 130, 152); zudem tritt für /ia/ (< /$\bar{e}_2$/) beliebig ‹*ie*› ein (*brief*, *rietun*, *rieti*, *zieri*), während /io, ia/ (< /eu/) nur vor /e/ als ‹*ie*› erscheint (Benrath 1887: 5 ff., 9 ff.).

b) Der Wandel von /io/ zu /ia/ ist eine Eigentümlichkeit des Weißenburger Dialekts im 9. Jh. Der ältere WK hat noch ‹*eo*›, aber die Weißenburger Urkunden des 9. Jh. zeigen überwiegend wie Otfrid ‹*ia*› neben ‹*io*›. Schon 821 *Liabheri*, *Thiato* (MSD I,XXI, Socin 1882: 230). Von anderen südrheinfrk. Denkmälern erscheint ‹*ia*› statt ‹*io*› in der Pfälzer B (*liagannes*) und in GlBud (*thiazanδen*).

c) Vereinzelt begegnet auch ‹*ea*›, so in der südrheinfrk. Hs. Ottob. Lat. 3295 *deanont*, *dear*, *dearon*, *steafdoh[d]er* (H.Mayer 1982: 131, 139) und in *-uear-* '4' Gl 2,12,3 (Riedel 1990: 164). Hinzu treten Namen aus Weißenburger Urkunden (Socin 1882: 222 ff., Menke 1980: 301) und solche mit *Theat-* aus dem Reichenauer Verbrüderungsbuch (N.Wagner 2011a: 415 f.). – Statt *sceazan* 'schleudern' (Clm 6300, Glaser 1996: 192.120, 389 f.) ist nach A.Nievergelt (briefl.) *suuahan* zu lesen – ein Frühbeleg für das aus schweiz. *schwā̆(i)jen*, mnd. *swējen* u. a. (Matzel 1987: 166) bekannte Verbum purum *swāen* 'schwingen' (zu /h/ vgl. § 359 A.3).

Anm. 3. Spezielle Vertretungen der jüngsten Stufe /ie/:

a) Denkmäler, in denen /ie/ begegnet, zeigen dafür nicht ganz selten die Schreibung ‹*i*› (wohl als [ī] zu fassen). So 1x bei Otfrid *flīhemēs* (5,23,75), öfter vor /h/ in OFreis (z. B. *flīhe, zīhan*, Kelle O 468). In späteren Quellen häufiger, z. B. *nīman, līdes* Phys, *līben* StD Nr. 31, 17, *irchīsin* (Siewert 1986: 238); besonders häufig steht ‹*i*› für /io, ie/ in md. Denkmälern des 11./12. Jh. Aus Notker z. B. *ûz-tîzen* (*dioȝan*), *ulîgendez* (*fliogan*), *chîsen, uer-skîzen* (Kelle 1886a: 348, Tax 1968: XLVI). Hierher auch *nīzen* Gl 2,479,58 (Kölling 1983: 165), *dīnōn* Nievergelt 2017: 143.c, 146 sowie – falls nicht verschrieben – spätalem. (?) *kinirado, kniredo* Gl 2,623,50 (Redmond 2012: 126, 187, 189; zu *-redo* vgl. Klein 1977: 487, 499). Auch im Präteritum der redV. II (§ 354) steht zuweilen ‹*i*›, so *anastiz, anagestizzun* Aratorgl. (Schlechter 1993: 221); vermeintliches *instiz* Gl 2,749,13 ist nach Nievergelt 2007: 687.14, 726 jedoch *instioz* (Hs. ‹*lnstlqz*›) zu lesen. Zu /ī/ < /ie, $\bar{e}_2$/ vgl. § 36 A.3b.

b) Bei Notker wird /ie/ vor Hauchlaut /h/ zu /i/ gekürzt (*zîhen*), vgl. § 154 A.8b.

c) Selten kommt ‹*e*› [ē] für /ie/ vor: *bidrēgen, vērceg* Phys, *nēzant* Sam (vgl. MSD II,65), *nēzen* Nievergelt 2012a: 391.b (AWB VI,1276), *bedrēgonde* GlBud 111, 136. In älteren Quellen tritt es für /eo/ ein: *piflēhan, flēzzant, uuē* Pa (Kögel 1879: 21); *nēman, nēwiht* T (Schreiber γ; Sievers T § 74:2). Für dieses ‹*e*› in Pa und für *Dētrihhe* Hl erwägt Baesecke 1945: 61 ohne zureichenden Grund lgb. Einfluss. Im PN-Glied *Theod-* kommt ‹*e*› auch sonst vereinzelt vor, auch in Fulda (Geuenich 1976: 162, As. Gr. 82, Franck Afrk. 49). Auch im Hl stehen *Theot-*, *D-* (2x) und *Det-* (23) nebeneinander.

d) Zum „gestürzten" Diphthong [ei] für /ie/ des nachahd. Nordbair. vgl. § 40 A.2c.

Anm. 4. Die Wörter *ēo, hwēo* und Komposita, die nach § 43 A.6 den Diphthong /eo/ aufweisen und im Allgemeinen die gleiche Entwicklung nehmen, bleiben in einigen Quellen um eine Stufe zurück. Pred A hat stets ‹*ie*› (*dienetist, -fliehen* u. a.), aber ‹*io*› in *iomer, niomer, uuio, nioman* (2, 3 *ieuuelih*). Besonders Notker zeigt durchgehend *îo, nîo, îogelîh* neben sonstigem ‹*ie*› (s. Anm. 1). – Nicht hierher *dionoste* Emm 30 (Hs. A): jüngere Korrektur aus *deonoste*, ebenso hat Hs. B *deonosta*; es besteht also kein Unterschied zu *eo, uueo*.

Anm. 5. Den Wörtern mit /eo, io/ < germ. /eu/ ist noch das Zahlwort *feor, fior* (§ 271:1a) zur Seite getreten, vgl. got. *fidwōr* (dazu Stiles 1985–86). Aus /ew/ stammt das /eo, io/ in *deorna, diorna* 'Mädchen' (germ. **þewernō-*; EWA II,681 ff.), Nom.Akk. *kneo, knio* (§ 204 A.3). Durch Verschmelzung von Stamm und Flexionsendung (ursprünglich zweisilbig) ist /eo, io/ im Nom.Pl. f. *sio* (§ 283), *deo, dio* (§ 287) entstanden.

Das nach § 47:2 entstandene /iu/ unterliegt in der Folge einerseits dem *i*-Umlaut, **§ 49**
andererseits einer spontanen Monophthongierung. Allerdings gibt das Schriftbild davon bis ins Mhd. hinein kaum etwas zu erkennen; die Einzelheiten müssen größtenteils aus modernen Dialekten erschlossen werden (vgl. Wiesinger).

1. Parallel zum *i*-Umlaut von /u/ zu [ü], der sich ab dem frühen 9. Jahrhundert nachweisen lässt (§ 32 A.5), ist auch /iu/ zu [iü] umgelautet worden (§ 51:1). Das Umlautprodukt ist spätahd. zu [üü] assimiliert und zu [ǖ] monophthongiert worden. Unabhängig von der Aussprache bleibt bis ins Mhd. meist die Graphie ‹*iu*› bestehen; diese ist wegen der übereinstimmenden Lautung [ǖ] auf den *i*-Umlaut von /ū/ übertragen worden (§ 42). Als Indiz für den Umlaut kann in bestimmten Fällen die Schreibung ‹*u*› gewertet werden (Anm. 1).

2. Nicht umgelautetes /iu/ ist in großen Teilen des Alem. und Frk. in ahd. Zeit – etwa im 10. Jahrhundert – über [üu] zu [ṻ] entwickelt (§ 53:1) und somit gleichfalls mit dem *i*-Umlaut von /ū/ zusammengefallen (so auch im Nhd.). Auch im Dialekt Notkers ist der Diphthong /iu/ generell zu [ṻ] monophthongiert. Dagegen ist im Bair., Schwäb. und (südlichen) Hochalem. der Zusammenfall von /iu/ und Umlaut-/ṻ/ auf altes /iu/ vor Dental + /i, j/ der Folgesilbe beschränkt (z. B. *liuti*), während die übrigen alten /iu/ (z. B. *diup*) weiterhin vom Umlaut unterschieden und diphthongisch geblieben sind.

Lit.: Behaghel 1889: 247 ff., 370, Brenner 1895: 80 f., E.Sievers 1895, Schatz Abair. § 18, ds. Ahd. §§ 44, 68, Kranzmayer 1956: 51 ff., Kühebacher 1964: 210 ff., Wiesinger 1970: II,233 ff., Reiffenstein 2000: 329 f.

Anm. 1. Für /iu/ tritt zuweilen die Schreibung ‹*u*› auf:

a) Schon im Abrogans finden sich einige ‹*u*›-Graphien, die als Umlautfälle gewertet worden sind (Brenner 1895: 80 A.1; vgl. *liuhhit* § 32 A.5b): Kb *zūhit* (‹*zą̄uhit*› mit getilgtem ‹*a*›) 126, 32, *irzūhit* 219,20, Ra *pizūhit* 185,39. Die Konzentration auf éin Lexem spricht mit Splett Abr 193 eher gegen eine phonetische Interpretation; ist neben *ziohan* eine Variante **zūhan* – mit altem /ū/ nach § 333 A.3 – anzusetzen? Nicht auf Umlaut weist *kizūchaft* Ra 204,10 (‹*iu*› Kb). Bair. Belege wie *ursūnī* GlFreis 78.75 (9. Jh.), *firgūzit* Gl 2,179,67 (10. Jh., GlFreis 561.F74, 602) können hingegen Umlaut zeigen.

b) Einzelne frk. Belege aus dem 9. und 10. Jh.: Tatian *gistrūnis* 98,1, *scūhenti* 13,25, *tūridu* 90,6 (Sievers T § 68); Lorscher Bienensegen *flūc* Imp. neben *fluic* (Lb 31.3, 4. 1).

c) Notker zeigt wenige alte ‹*u*›-Graphien, so *ketrûen* Nb 102,21 f.; nicht hierher *úndûron* Nb, das wie *tûr* Np unter Rückumlaut aus *tiuren* rückgebildet ist (Heidermanns 2023: 165, vgl. Lindahl 1916: 91 A.1, Mhd. Gr. § M 89 A.4). Häufiger wird ‹*u*› als Umlautschreibung ab dem 11. Jh.: *begûzet*, *scûzet*, *trûget* Np (Kelle 1889: 54, Wardale 1893: § 24 A.2), *werhlûte*, *anasûne*, *intlûhet* Npw (12x; Heinzel 1875–76: III,531); *gebûdet*, *flûhet*, *gesûne*, *entlûhtet* Phys.

d) Besonders oft begegnet ‹*u*› im Frk.-Md. des 11./12. Jh., z. B. mfrk. *stūrida*, *ketūrit* (v.Gadow 1974: 103, 140 f.), *lūde*, *ūch*, *crūce* im Friedberger Christ (MSD Nr. 33; fmhd.). Die wenigen Fälle mit /iu/, die es im Frk. nach dem *i*-Umlaut noch gab – z. B. *hiutu*, *triuwa* (s. Anm. 3, 4a) –, sind im Md. z. T. mit /ū/ zusammengefallen (zentralhess. *haut* 'heute'). Zudem hat folgendes /w/ in Teilen des Md. den Umlaut verhindert und ebenfalls zu /ū/ geführt (*nūwe* > *nau* 'neu'). Vgl. Weinhold Mhd. § 132, Schiffmann 1902: 195, Weise 1907: 206 ff., Lessiak 1910: 213 f., Mertes 1929/30: 161, Wiesinger 1970: II,234 ff., Mhd. Gr. § L 44.

Anm. 2. Weitere Schreibungen:

a) Neben ‹*u*› tritt spätahd. ‹*ui*› auf als Versuch, [ṻ] zu bezeichnen (für den alten Diphthong wie für den Umlaut, § 42 A.1b), häufig bei Will, z. B. *tûir*, *unlûihten*, *trûiffet*, *trûiwa*, *frûint* neben seltenerem ‹*û*›, z. B. *stûren*, *bedrûzet*, *scûhan*; vereinzelt in anderen Quellen, z. B. *gesuine*, *genuiwet* Npw (6x; Heinzel 1875–76: III,531), *inluihta* Otloh (Lb 26, 2), *intluihde* Phys, *fluic* Lb 31.3, 1, *wildui* SH (Gl 3,194,13). Zu ‹*ui*› = slaw. /y/ in den slaw. Freisinger Denkmälern vgl. § 7 A.2 sowie Vondrák 1897: 204.

b) Notker schreibt zuweilen ‹*uo*› statt ‹*iu*›, so *hûotigen*, *stûorrent* Nb (Singer 1886: 301, Schatz Ahd. § 68, Sonderegger 1959: 149). Vgl. bair. *fuorārinni* GlMon (1,398,55, 12. Jh.), *anạṣtuorṭạ* H.Mayer 1994: 64.114, 102 (Lesung A.Nievergelt briefl.; falsch Langbroek 1996: 84 f.).

c) In *lihtentan* 'luculentam' GlFreis 68.57 bezeichnet ‹*i*› den Umlaut von /iu/ (zu *liuhten*, vgl. *leohtostin* 'luculenti' aaO. 150.198; der Bedeutung nach nicht zu transitivem *līhten*, vgl. GramErtr 159). Ebenso *tidisscemo* 'teutonico' GlBud 125. Zu ‹*i*› für umgelautetes /ū/ vgl. § 42 A.1b, zu ‹*y*› statt ‹*iu*› vgl. § 22 A.1d.

d) Nicht hierher *ferundun* 'candentem' GlBud 136 (111 A.32, 146 wird unikales ‹*e*› für /iu/ angesetzt, zu unbezeugtem †*furōn*). Da bei Vergil das Verb *tinxerat* folgt, könnte eine Form von *far(a)wen* 'färben' vorliegen, welches oft lat. *tinguere* übersetzt (AWB III,621 f.); dann stände ‹*e*› für umgelautetes /a/ wie in mhd. *verwen* (zum mittleren /u/ vgl. § 109 A.4c).

Anm. 3. Zu den Wörtern mit /iu/ sind schon in alter Zeit hinzugetreten: *friunt* 'Freund' (got. *frijōnds*, § 236:1), *hiuru* 'heuer', *hiutu* 'heute' (§ 283 A.1aε; Kluge 1887: 376), die Flexionsformen *driu* (§ 270:3), *siu* (§ 283), *diu* (§ 287) und das Lehnwort *tiufal* (Anm. 5d; vgl. § 47 A.4b). Ab dem 9. Jh. gilt ‹*iu*› auch in *fiur* 'Feuer'; die ältere Form *fuir* liegt noch in vielen älteren Quellen vor: Pa, K, Ra, Voc, WK, auch noch im Tatian neben *fiur* (Sievers T § 65:3). In Musp steht neben *fuir* (10, 21), *vuiru* (56) sogar *uug*ⁱ*r* (59), also noch deutlich zweisilbig. Isidor und MF haben *fyur*. Die biphonematische Qualität des Diphthongs lässt sich bis ins Mhd. nachweisen (s. u. Matzel). Vgl. Paul 1879: 244, W.Scherer 1893: 322, Franck Afrk. 50, Bartholomae 1916: 272 ff., Matzel Is 176+A.112, AWB III,925 ff.

Anm. 4. Einige Sonderfälle mit [eu] bzw. ‹*eu*›:

a) Der aus der Verbindung von ursprünglichem /ë/ mit /ww/ hervorgegangene Diphthong /iu/ ([euw] > [iuw]) hat sich den alten Diphthongen angeschlossen und wird fortan gleich behandelt, z. B. *bliuwan*, *hriuwa*, *triuwa*, *niuwi*, *iuwēr*. Zu dem in älteren Quellen hier noch teilweise vorliegenden ‹*eu*› statt ‹*iu*› vgl. § 30 A.2. Zu Namen wie *Niuwirāt*, *Niwerāt*, *Niwifrid*, *Niurāt* vgl. Schatz 1935: 131.

b) Bei dem alten Diphthong /iu/ liegt dagegen die Vorstufe /eu/ vor unseren Denkmälern und begegnet nur in alten Urkunden (§ 47 A.1b). Ob man in vereinzelten Fällen wie *leumunt* GlFrank das ältere /eu/ zu sehen hat, ist sehr zweifelhaft; *-fleugendēm* Is (§ 47 A.4b) gehört nicht dazu, denn es müsste ‹*eo*› (nicht ‹*iu*›) aufweisen (vgl. Kauffmann 1900: 170, Franck Afrk. § 41:2, Schindling 1908: 21, 131, E.Sievers 1925: 78; anders Kögel Lg. II,484).

c) Auf junger Entwicklung beruht das ‹*eu*›, das in einigen Fällen bei Notker begegnet: so *deumuote* (auch fmhd., z. B. MSD Nr. 91, 132) statt *diemuote*, das bei Notker weit häufiger ist (in Npgl auch *doumuotost*, *toumote* mit ‹*ou*›; in älterer Zeit stets *theomōti*, *diomuoti*); ferner bei Notker /eu/ aus /ëwe, ewe/ nach Synkope des zweiten /e/ (§§ 66 A.2, 109 A.3), z. B. *fóre-séuniu* Nb 241,21, Ntr.Pl. des Part. Prät. *foresëwen* (zu *sëhan*, § 343 A.4b), und in Präteritalformen von Verben wie *frewen* (§ 358 A.3): *fréuta*, *dréuta* (für *freuuita*, *dreuuita*).

Anm. 5. Notker, der nach § 47 A.7 die speziell obd. /iu/ in /ie/ umsetzt, zeigt in einigen Fällen – in b) graphisch, sonst wortspezifisch begründet – auch ‹*ie*› bzw. /ie/ für gemeinahd. /iu/:

a) Notker hat *slîemo* gegenüber *sliumo* T, O (vermutlich andere Bildung, § 267 A.5).

b) Für /i/, das vor /h/ aus /iu/ gekürzt ist – *skiuhen* O erscheint bei Notker als *skîhen* –, wird in Np auch ‹*ie*› geschrieben, z. B. *fliehet* für *flîhet* Nb, Nc aus *fliuhit* 'flieht' (§ 154 A.8bc).

c) Neben regulärem *liuhten* Np, Npgl bietet Nc *liehten*, in Analogie zum Grundwort *lieht* < *lioht*; so bereits *leohtantēr*, *inleohtantēr* H (vgl. § 47 A.5; Schatz Ahd. § 41).

d) Für das Lehnwort *tiufal* (Anm. 3) hat Notker regelmäßig *tîevel*, das auch sonst spätahd. begegnet und im Mhd. neben *tiuvel* vorkommt (vgl. Kluge 1909: 134 f., Lessiak 1933: 197 ff., Streitberg/Michels/Jellinek 1936: 100 f., Mhd. Gr. § L 48 A.1, Heidermanns 2023: 166).

P 2.1.6. Gruppenentwicklungen starktoniger Vokale

P 2.1.6.1. Ablaut

§ 50 Als Ablaut bezeichnet man einen aus dem Idg. überkommenen funktionalen Wechsel bestimmter Vokale in etymologisch verwandten Wörtern und Wortteilen („Wurzelablaut" und „Suffixablaut"). Seine Entstehung wird aus idg. Betonungsverhältnissen erklärt; durch „Abstufung" – Voll-, Dehn- und Schwundstufe – entstehen Quantitätsunterschiede (idg. /e/ : /ē/ : /Ø/), durch „Abtönung" Qualitätsunterschiede (idg. /e/ : /o/ bzw. /ē/ : /ō/).

Als sprachgeschichtliche Folge von Abstufung und Abtönung haben sich im Ahd. wie überhaupt im Germ. regelmäßige „Ablautreihen" ergeben, die durch weitgehende Systematisierung entstanden sind. Diese Reihen sind am deutlichsten in der Konjugation der stV. I–VI (sog. „ablautende Verben") erkennbar und werden dort (§ 329–347) dargestellt. Der Ablaut war aber auch in Flexion und Wortbildung wirksam (vgl. die Übersichten Got. Gr. § 29–36, Mhd. Gr. § L 5).

Infolge der ahd. Vokalwandlungen (§ 24–49) entstehen zu den im Germ. und Got. noch sehr einheitlichen Reihen mannigfache Untergruppen.

Lit.: Zum germ. und idg. Ablaut: Kluge 1913:112 ff., Hirt Urg. I, § 38–51 (mit Lit.), Helm 1949: 250, v.Coetsem 1970: 82 ff. (mit Lit.), Szemerényi 1996: 111 ff., Fritz/Meier-Brügger 2021: 152 ff., bes. 156.

Anm. 1. Statt der im Got. noch reduplizierenden Verben (Got. Gr. § 178–182) treten im Ahd. wie in den anderen west- und nordgerm. Sprachen Reihen mit einem ebenfalls geregelten Vokalwechsel auf (§ 348 ff.). Dieser bleibt aber auf das Tempussystem der betreffenden Verben beschränkt und hat mit dem Ablaut als einer aus dem Idg. ererbten Erscheinung nichts gemein.

Anm. 2. Auch bei den Nomina galt idg. und urgerm. in manchen Deklinationsklassen Ablaut des Wurzelvokals in den verschiedenen Kasus, was auf idg. Akzentwechsel zurückzuführen ist (Schaffner 2001: 69 ff., Mottausch 2011: 11 ff.). Dieser Ablaut ist im Ahd. ausgeglichen, aber teilweise noch aus Doppelformen zu erschließen. In anderen Fällen standen Bildungen mit unterschiedlichem Wurzelablaut nebeneinander, z. B. *stërz* / *-starz* 'Pflugsterz, Schwanz' (daneben *sturz(en)*, § 337 A.8a), *krëta* / *krota* 'Kröte', *brart* / *brort* 'Rand' (Kluge 1883: 102, AWB I,1322); kaum hierher *guomo, goumo, gummo* (§ 46 A.4; doch vgl. J.Schmidt 1883: 8). In Personennamen können Paare wie *Ilja-* / *Alja-*, *Eda-* / *Ada-*, *-brant* / *-brunt* auf alten Ablaut zurückgehen (vgl. Schramm 1957: 35, 44). Häufig ist Ablaut in der Wortbildung zu beobachten, z. B. *liob* Adj. / *giloubo* m. / *lob* n. (vgl. § 63 A.2), *sprëhho* m. 'Sprecher' / *sprāhha* f.

Anm. 3. Auch die Flexionsendungen der Nomina und Verben waren dem Ablaut unterworfen, was im Got. noch gut zu erkennen ist (vgl. z. B. die *u*-Deklination und die Endungen des Opt. Präs. und Prät.). Im Ahd. sind davon nur noch Reste vorhanden, etwa der Singular der *n*-Deklination *hano, hanin, hanun* (§ 221). Auch in Personennamen ist der Suffixablaut bewahrt, z. B. *Megin-* neben *Magan-* (Schatz 1935: 145); sekundär auch *Hrebin* neben *Hraban*.

Anm. 4. Die Konjunktion *inti* 'und' tritt im Ahd. in drei Haupttypen auf (AWB IV,1630 ff., Franck Afrk. § 65:8, Sehrt 1916, G.Schmidt 1962: 315 f., Sanders 1974: 239 f., DSA Kt. 67, Lühr 1979, ds. 2000: 12, Búa 2005):

a) *anti* (schon vorahd. *andi* [Pforzen, um 600], SgRi CVII, 516), besonders in bair. Denkmälern (stets in Pa, vereinzelt in MF, GlKass; vgl. as. *ande*, *endi*, ae. *and*, afrs. *and*, *ande*; auch im anl. Leid. Will durchgehend *ande*, *and*, vgl. Sanders aaO.), umgelautet *enti*, so in den meisten obd. Quellen des 8./9. Jh., aber auch frk.: *endi* Is; daneben *enta* (W.Schulte 1993: 76.31a);

b) *inti*, *indi*, hauptsächlich frk. (T, O), aber auch alem. (BR, H, Rb, al. Ps), ist vielleicht eine abgeschwächte Variante von *enti* oder *anti*; vgl. die gleiche Entwicklung beim Präfix *ant-*, § 73 (Sehrt 1916: 22, Lühr 1979: 138 f.; anders Búa 2005);

c) *unta*, *unti*, *unde* – vereinzelt schon im 9. Jh. (vgl. SchGW V,62 f.) – ist genetisch umstritten. Lühr (1979: 131 f.) sieht darin eine alte, schwundstufige Form. Auffällig ist allerdings das vergleichsweise späte Auftreten als Konjunktion. Daher hat schon Eggers an dieser Stelle an Verdumpfung des Vokals in unbetonter Stellung gedacht, eine Auffassung, die Búa (2005: 114 ff.) mit neuen Argumenten untermauert. Die Form verdrängt im Spätahd. weitgehend die anderen Formen, Notker verwendet nur noch *unde*; das Mfrk. zeigt allerdings weiterhin *ind(e)* (Mhd. Gr. § E 40:4.7).

P 2.1.6.2. *i*-Umlaut

Als Umlaut bezeichnet man die Affizierung betonter Wurzelvokale durch die Vokale nachfolgender schwach- oder unbetonter Silben (Endungen, Suffixe, selten Kompositionsglieder). Es handelt sich um eine – meist nur partielle – akzentbedingte, antizipierende (regressive) Assimilation. Ohne Spezifizierung versteht man unter Umlaut den *i*-Umlaut, der in allen west- und nordgerm. Sprachen unabhängig durchgeführt worden ist. Der Terminus „Umlaut" stammt von Klopstock und wird seit J. Grimm (1819) in der heute üblichen Bedeutung verwendet. § 51

1. Schon im vorahd. Germ. ist /e/ vor /i, ī, j/ der folgenden Silbe zu /i/ gehoben worden („nordwestgerm. Hebung", § 30:1). In ahd. Zeit ist der *i*-Umlaut im engeren Sinn erfolgt: die Palatalisierung velarer Vokale (/ă, ŭ, ŏ/) und Diphthonge (/uo, ou, iu/) vor /i, ī, j/ der folgenden Silbe zu [e (ä), ǟ; ü, ǖ; ö, ȫ; üe, öü, iü]. In den ahd. Quellen wird allerdings nur der Umlaut von /a/ zu /e/ („Primärumlaut") ab dem 8. Jahrhundert bezeichnet (durch ‹*e*› [‹*ei*, *ę*, *æ*›], § 26 A.4). Abgesehen von Einzelbelegen wird erst ab dem Spätahd. versucht, auch den Umlaut anderer Vokale graphisch wiederzugeben: schon mit einiger Konsequenz bei /ū/ (durch ‹*iu*›, §§ 42, 49 A.2a), sonst sporadisch (und z.T. fraglich); vgl. zu /o/ § 32 A.2b, zu /u/ § 32 A.5, zu /ā/ § 34 A.2, zu /ō/ § 45 A.4, zu /uo/ § 40 A.3, zu /ou/ § 46 A.5, zu /iu/ § 49:1+A.1. Der „Sekundärumlaut" von /a/ (bei Umlauthinderung, § 27 A.2d) wird erst fmhd. fassbar. Die Bezeichnung der Umlaute außer /e/ nimmt in mhd. Handschriften zu, bleibt aber bis ins Fnhd. hinein unvollkommen.

2. Der Umlaut im Ahd. zeichnet sich gegenüber dem Ae. oder Awn. durch drei Besonderheiten aus:
   a) Im Ae. und Nordgerm. hat der Umlaut schon eingesetzt, bevor /i/ (einzelsprachlich) nach langer Silbe geschwunden ist: germ. **gastiz* > (westgerm. **gasti* >) ae. *giest*, awn. *gestr*. Im Ahd. – vorwiegend auch im As., vgl. Krogh 1996: 175 ff., ds. 2013: 154 – konnten dagegen nur solche *i*-Vokale umlauten, die nach der Apo- bzw. Synkopierung noch vorhanden waren. Deshalb sind langsilbige *i*-Stämme wie *gast* ohne Umlaut geblieben (§ 217); daher auch das umlautlose Präteritum langsilbiger *jan*-Verben wie *trancta* (§§ 356:2b, 363) im Gegensatz zu ae. *drencte*, awn. *drekða*. Durch Ausbleiben bzw. Eintreten des Umlauts sind innerparadigmatische Oppositionen entstanden, die zu morphologischer Differenzierung genutzt wurden (s. u. c).
   b) Bis zum Ende des 10. Jahrhunderts (Notker) wird nur der Primärumlaut /a/ > /e/ bezeichnet. Erst das mhd. Vokalsystem wird auf graphisch sichtbare Weise um die neue Reihe der gerundeten Vorderzungenvokale – /ö, ü/ usw. – erweitert. Da aber bis spätestens 10./11. (z. T. schon im 8.) Jahrhundert die phonetischen Umlautbedingungen – Schwächung von /ĭ/ zu [ə] (§ 58 f.), Schwund von /j/ (§ 118) – weggefallen waren, müssen diese Umlaute vor diesem Zeitpunkt eingetreten, aber drei bis vier Jahrhunderte unbezeichnet geblieben sein.
   c) Der ursprünglich phonetisch-phonologisch operierende Umlaut hat in der Geschichte des Deutschen wichtige morphologische Funktionen übernommen. Deutliche Ansätze dazu sind schon im Ahd. angelegt – Pluralmarkierung bei den *i*-Stämmen (§ 215 ff.) und bei der neutralen *iz-/az*-Flexion (§ 197), Unterscheidung von Adjektiv und Adverb bei den *ja*-Stämmen (§ 267:2) und vieles mehr. Die Phonemisierung der palatalisierten Allophone ist eng an die Morphologisierung des Umlauts gekoppelt.

Lit.: Forschungsberichte: Jellinek 1914: 26, 160, 211 ff., 236, Jellinek in Streitberg/Michels/Jellinek 1936: 378 f., 390 ff., Brinkmann 1931: 77 ff., Sonderegger 1959a, ds. 1979: 105 ff., 297 ff., Davis 1999: 347 ff. – Weitere Lit. in Auswahl: Schatz Abair. § 19, Franck Afrk. § 10 ff. (dazu Lessiak 1908: 122 ff., ds. 1910: 211 f.), Schatz Ahd. § 47 ff., Prokosch 1939: 107 ff., Rooth 1940/41, Löfstedt 1944, E.Schwarz 1954/77, Hotzenköcherle 1956, Penzl 1968: 137 f., 141, Valentin 1969: 265 ff., Dal 1971: 39 ff., P.H.Erdmann 1972, Robinson 1975, Voyles 1977, Wiese 1987 (ablehnend Scheutz 1989, Penzl 1994: 54 f.), Durrell 1989, Voyles 1991: 172 ff., Iverson/Davis/Salmons 1996, v.Coetsem 1997: 424 f., M.Schulte 1998, Isakson 2002, Mhd. Gr. § L 16, O.Ernst/Glaser 2009: 1008 ff. – Optimalitätstheoretische Analyse: J.H.Schulze 2010.

Anm. 1. Im Wesentlichen werden folgende Erklärungen des Umlauts diskutiert:
a) Assimilation über den dazwischen liegenden Konsonanten hinweg als Antizipation, Epenthese oder „Vokalunterströmung“ (Wilmanns, Kauffmann u.a.), „Ersatz-Färbung“

(Höfler 1955: 62, ds.1956: 13). Zu Akzentbedingungen vgl. Baesecke Einf. § 8 (Initialakzent als „Beweger der starken ahd. Sprachentwicklung", aaO. § 153), Schweikle 1964: 220 ff., Sonderegger 1979: 302. Die meisten Vertreter dieser Theorie rechnen mit einem zeitlich einheitlichen Umlautprozess für alle Vokale (so ausdrücklich auch Braune an dieser Stelle). Kauffmann 1890: 152 nahm hingegen zwei getrennte Umlautperioden an (vgl. auch Schatz Abair. 44, Behaghel 1928: 295). Ortsnamenzeugnisse für ein Weiterwirken des Umlauts bis ins 13. Jh. nennt E.Schwarz 1954/77: 198 f. Vgl. noch Schweikle 1964: 233 ff. – Die Nichtbezeichnung wurde u.a. aus den Bedingungen des lat. Alphabets erklärt, es gab außer ‹*e*› keine geeigneten Zeichen (Behaghel 1928: 285, Kratz 1960: 471 f.).

b) „Mouillierung" (Palatalisierung) des dem /i, j/ vorhergehenden Konsonanten, der dann den Umlaut des vorausgehenden Velarvokals bewirkte (und diese umlautbewirkende Kraft gewissermaßen speichern konnte, als /i, j/ schon geschwächt oder geschwunden war), vertreten von W.Scherer, Sievers, Rooth und Kranzmayer 1937: 73 ff., ds. 1956: 71 f. (vgl. Sonderegger 1959a: 60 f.). Palatalisierte Konsonanten sind aber in der Geschichte des Hochdeutschen nicht erweisbar. Diese Theorie kann zudem z. B. den Umlaut durch /i/ in dritter Silbe (*fremidi* u. ä., § 27 A.4) nicht erklären.

c) Eine strukturalistische Interpretation des Umlauts wurde zuerst von Twaddell 1938 vorgelegt, weitergeführt von Penzl 1949, Marchand 1956, Antonsen 1964, J.H.Schulze 2010: Vor den *i*-Lauten (/i, ī, j/) entstanden palatalisierte Allophone, die komplementär zu den nicht palatalisierten Allophonen verteilt waren, z. B. Adj. /skōni/ ≠ Adv. /skōno/ = [skő̄ni] ≠ [skōno]. Solange die *i*-Umgebung intakt blieb, bestand keine Veranlassung, die phonetische Qualität der Allophone näher zu bezeichnen. Erst durch die Endungsschwächung bzw. den Schwund von /j/ wurden die palatalisierten Allophone phonemisiert (Phonemspaltung; abgelehnt von P.H.Erdmann 1972): mhd. /schœne/ ≠ /schōne/. Daraus erkläre sich das Paradox, dass die Umlaute genau dann bezeichnet wurden, als die umlautbedingenden Faktoren wegfielen. Dass allein das Primärumlaut-*e* dennoch von Anfang an bezeichnet wurde, wird dadurch erklärt, dass das Umlautprodukt von /a/ dem schon vorhandenen Phonem /ë/ phonetisch so nahe stand, dass es diesem Phonem als Allophon zugeordnet wurde (Marchand 1956: 579 ff.; seit dem Umlaut zwei *e*-Phoneme: Fourquet 1952: 525 ff., Szulc 1987: 86). Dieses Modell der *i*-Umlaut-Phonemisierung erlangte geradezu kanonische Geltung (vgl. Moulton 1961: 20 ff., Penzl 1975: 90 ff., ds. 1983, Szulc 1987: 82 ff.). Die wichtigsten Artikel bis 1961 – Twaddell 1938, Penzl 1949, Fourquet 1952, Marchand 1956, Moulton 1961 – sind bei Steger 1970: 480 ff. abgedruckt. Die Ablehnung (Kratz 1960: 471 ff., Voyles 1991) steht im Widerspruch zur Evidenz der Überlieferung.

Anm. 2. Gegen die rein phonetisch-phonologischen Erklärungen des Umlauts betont Dal 1971: 39 ff. die speziell im Deutschen (seit den ahd. Anfängen) enge Koppelung des Umlauts an die Morphologie (42: die Umlautvokale wurden phonemisiert, „indem der Umlautswechsel morphologisiert wurde"). Vgl. auch Robinson 1980, v.Coetsem/McCormick 1982. Auch Voyles 1991 u. 1992 interpretiert den *i*-Umlaut als sowohl phonologischen wie morphosyntaktischen Prozess, der vom frühen Ahd. (Isidor) bis zu Notker und zum Mhd. expandiert. Voyles operiert nur mit den tatsächlich belegten Umlautfällen und lehnt die Annahme, Allophone seien von den Schreibern grundsätzlich nicht bezeichnet worden, mit Hinweis auf verschiedene bloß phonetische Schreibungen ab (so schon Kratz 1960: 471). Gegen diesen „Schreibungspositivismus" Penzl 1982: 172 ff., 176 ff., ds. 1994: 55 ff.; zu Voyles 1974, 1976, 1979 u. ö. kritisch auch Ronneberger-Sibold 1989: 260, 291 f. Nach Gütter 2011: 11 f. wurden nur Phoneme und keine Allophone verschriftet.

Den engen Zusammenhang zwischen Umlaut und Morphologie betont auch Sonderegger 1979: 297 ff. Er hält den phonologischen Umlaut in ahd. Zeit für abgeschlossen (Ausbau zu einem neuen apophonischen [ablautenden] Prinzip durch Analogie, 299 ff.). Nach Durrell 1989 hatte die graphische Gleichbehandlung von altem /ë/ und Umlaut-*e* die Tradition zur Folge, auch bereits phonemisierte Umlautvokale lange Zeit unmarkiert zu lassen. Erst die Übernahme grammatischer Funktionen machte schließlich eine graphematische Kennzeichnung notwendig.

Anm. 3. Der Umlaut ist ein nord- und westgerm. Phänomen, lediglich dem Got. fehlt er. Er ist etwa im Ae. älter als im Ahd. (s. o. 2a) und auch innerhalb des Ahd. im Frk. früher durchgängig belegt als im Obd. (Schatz Ahd. 39). Dennoch ist die dialektgeographische Vorstellung einer Ausbreitung von Norden nach Süden (Brinkmann 1931: 77) abzulehnen. Der Umlaut ist überall, wo er wirksam war, ein autochthoner Vorgang. Es ist unrichtig, dass das „Umlautprinzip [...] dem Obd. ursprünglich fremd war" (Brinkmann 1931: 77). Anders wären die frühen Umlautschreibungen der St. Galler Vorakte (Sonderegger 1961: 267 f.) und in Südtiroler Ortsnamen wie *Eppan, Etsch* (aus lat. *Appianum, Athesis*; Finsterwalder 1990–95: 22 u. ö.) nicht erklärbar. Vgl. Kranzmayer 1937: 73 ff., Höfler 1955: 62 ff., Antonsen 1969: 201 ff.

P 2.1.6.3. *a*-Umlaut (Senkung, „Brechung")

§ 52 Eine andere, sich schon seit vorahd. Zeit vollziehende Assimilation des Haupttonvokals /u/ an /e, o, a/ der unbetonten Folgesilbe führte zur Senkung von germ. /u/ zu /o/ (§ 32). Unter gleichen Bedingungen wurde germ. /eu/ zu frühahd. /eo/ und weiter zu /io/ gesenkt (§ 47 f.). Umstritten ist, ob der gleiche Vorgang auch für die Senkung von /i/ zu /ë/ anzunehmen ist (Lloyd 1966: 739 ff.; vgl. Anm. 1 und § 31+A.1). Es handelt sich um eine Assimilation der Extremvokale an die Mittelvokale – wie in umgekehrter Richtung beim Wandel von /ë/ zu /i/ im Nordwestgerm. (§ 30:1,2) und im Ahd. (§ 30:3). Die alte Bezeichnung „Brechung" für die Senkung sollte aufgegeben werden (vgl. Anm. 2 und § 10 A.3).

Während /u/ vor folgendem /e, a, o/ außer vor Nasalverbindungen regulär zu /o/ wird (§ 32), unterbleibt die Senkung von /i/ zu /ë/ (§ 31) in vielen Fällen, z. B. im Part. Prät. der starken Verben: einerseits *gizogan, giwortan, ginoman* (aber *gibuntan*), andererseits *gistigan* usw. In anderen Fällen konnte morphologisch bedingter Wechsel in die eine oder andere Richtung ausgeglichen werden, vgl. *skif* : *skëf, skirm* : *skërm* usw. (§ 31 A.2).

Anm. 1. Im Ahd. sind Fälle mit /ë/ häufiger als in anderen germ. Sprachen, vgl. z. B. ahd. *quec, spec, zebar* : ae. *cwic, spic, tifer*, ahd. *wehha, behhari* : as. *wika, bikeri*. Marchand 1957: 346 ff. und Moulton 1961: 9 ff. gehen von einem Phonem mit den Allophonen [i, e] aus. Antonsen 1964: 181 ff. versucht, die Vorgänge mithilfe von *i*-, *a*- und *u*-Umlaut zu erklären. Die laryngalistische Erklärung von Connolly 1977, der früher an dieser Stelle gefolgt wurde, ist durch S.Müller 2007: 71 f. entkräftet worden (vgl. auch Lühr Hl 99 f. A.5, Voyles 1992a: 27).

Anm. 2. J. Grimm (Gr., 3. Ausg., 1840: 77 u. ö.; Grimm 1880: 193) nannte diesen Vorgang „Brechung"; Holtzmann 1841: 773 f. bezeichnete ihn in seiner Rezension als „Umlaut durch *a*" (*a*-Umlaut: Antonsen 1964: 177 u.a.). Die Bezeichnung „Brechung“ sollte der Diphthongierung einfacher Vokale durch Einflüsse folgender Konsonanten vorbehalten bleiben (§ 10 A.3). Die in anderen germ. Sprachen, besonders im Ae. (Ae. Gr. § 83 ff.), häufigere Erscheinung zeigt sich im Ahd. nur in beschränktem Umfang vor dem Frikativ /h/. Regelmäßig nur bei Notker in /ī > ie/, /ū > uo/ (§ 154 A.8c); anderes ist vereinzelt, so die in § 29 A.5 erwähnten Brechungen bei *spëhōn*, denen sich Fälle wie *firliache* Os 47 in Hs. P (= *firlīche* Hs. V) anschließen. Vgl. Kögel 1887: 107.

P 2.1.6.4. Monophthongierung, Diphthongierung

Abgesehen von den Umlauten wird das ahd. Vokalsystem vor allem durch die Monophthongierung von Diphthongen und die Diphthongierung von Langvokalen geprägt. **§ 53**

1. Der Wandel der germ. Diphthonge /ai/, /au/, /eu/ zu ahd. /ei/, /ou/, /iu/ erfolgt durch eine Kontaktassimilation an den benachbarten Vokal: Der erste Vokal des Diphthongs wird durch den zweiten gehoben. Dabei erfolgt die Assimilation des [a] in Richtung auf den folgenden Extremvokal (palatal: [a > e] vor /i/, velar: [a > o] vor /u/); [e] wird nur gehoben, aber nicht durch das folgende /u/ velarisiert. Erst in der spätahd. Monophthongierung von /iu/ zu [ü] sind beide Vokale wechselseitig assimiliert (/iu/ über [üu] zu [ü], § 49:2). Eine Totalassimilation tritt bei der kontextabhängigen Monophthongierung von germ. /ai/, /au/ (über [ei], [ou]) zu [ɛ:], [ɔ:] ein (§§ 43, 45). Das phonetische Merkmal, das die Senkung des zweiten Diphthongteils bewirkt, ist nach Vennemann 1972: 871 ff. die Tiefe des Folgekonsonanten in Relation zum vorhergehenden Vokal (vgl. § 80 A.4e; kritisch dazu Ronneberger-Sibold 1989: 226).
2. Die ahd. Diphthongierung von germ. /$\bar{e}_2$/ und /ō/ zu /ea, ia/ bzw. /ua, uo/ (§§ 35 f., 38 f.) ist Folge eines phonologischen Schubs, der durch die Entstehung der neuen /ē/, /ō/ < /ai/, /au/ ausgelöst wurde. Hingegen sieht v.Coetsem 1975: 24 ff. in der ahd. Monophthongierung und Diphthongierung gleichzeitige Hebungsprozesse, die den ersten Vokal biphonematisch gewerteter Vokalverbindungen (Diphthonge, /ē, ō/ = /ee, oo/) betrafen.

Lit.: Zur ahd. Monophthongierung und Diphthongierung: Baesecke Einf. 18 ff., Schweikle 1964: 230 ff., Valentin 1969: 281 ff., Krogh 1996: 257 f., 268 ff.; ferner die Lit. zu den einschlägigen Paragraphen. – Zur Monophthongierung: Penzl 1947, Rauch 1973, v.Coetsem 1975, Durrell 1977, Morciniec 1981, Taylor 1989; anders (und nur zu /au/ > /ō/) Harbert 1997. – Zur Diphthongierung: Wilmanns I,265, Dal 1951: 115 f., Moulton 1961: 19 f., Rauch 1967: 84 ff. (zur Phonetik 90 ff.), Becker 2008: 406.

Anm. 1. Monophthongierung und vor allem Diphthongierung sind Lautwandel, die sich in der ahd. Überlieferung gut verfolgen lassen und die regional gestuft ablaufen. Am frühesten sind die Endstufen im Frk. erreicht, bald danach im Alem. (z.T. graphisch abweichend), mit Verzögerung um bis zu einem Jh. im Bair. Erst um 900 ist ein einheitlicher ahd. Zustand erreicht. Brinkmann 1931: 157 ff. hat die Vorgänge als Ausbreitung aus dem Frk. interpretiert und breite Zustimmung erhalten. Rauch 1967: 94 f. lehnt dies für die Diphthongierung ab.

Anm. 2. Die Monophthongierung von germ. /ai/ zu /ē/ ist deutlich früher zu belegen als die von germ. /au/ zu /ō/, sie tritt auch im Lgb. ein (§ 43 A.1). Auch die Diphthongierung von /ē/ wird vor allem im Bair. erheblich früher bezeichnet als jene von /ō/. Die unterschiedliche Verschriftung lässt aber wohl nicht auf zeitlich verschobene Lautwandel schließen (Penzl 1947: 177 ff.). Beide können als je einheitliche Vorgänge („Reihenschritte") gelten.

Die in St. Galler Urkunden erfolgende Latinisierung wirkt bei der Verschriftlichung von Monophthongierung und Diphthongierung retardierend (Sonderegger 2019: 214).

Anm. 3. Die verschiedentlich vertretene Hypothese eines rom.-frz. Einflusses auf die ahd. Diphthongierung ist nicht zu halten (§ 35 A.3).

P 2.1.6.5. Expressive Vokaldehnung

§ 53a Die gesprochene Umgangssprache oder Mundart wird an geschriebenen Rufformen von St. Galler Personennamen erkennbar, in denen die Länge ausdrücklich bezeichnet wird: 764 *Haato*, 838 *Hâto* zu *hadu-*; 838 *Hûg* zu *hugu-*. Zu diesen aus zweigliedrigen Namen gekürzten (Kose-)Namen stellt sich – mit Apex als Längenbezeichnung (§ 7 A.7a) – 838 *Áto* zu **atto* 'Vater' (§ 161:3).

Lit.: Schatz 1935: 133, Sonderegger 1961: 268 f., H.Kaufmann 1965: 184 f., 250 ff., Menke 1980: 302.

Anm. 1. Die expressive Konsonantendehnung ist in § 95:3 behandelt.

P 2.2. Die Vokale der Nebensilben

§ 54 Die Vokale in den nicht stark betonten Silben sind im Ahd. weit weniger fest als die Wurzelvokale und zeigen eine von diesen meist sehr abweichende Entwicklung, die am Ende der ahd. Periode zu ‹*e*› ([ə], Schwa) oder gar zum Ausfall führt. Aber auch die ältesten Formen, in denen uns im 8./9. Jahrhundert die Vokale der Nebensilben entgegentreten, haben teils unter dem Einfluss der Wurzelbetonung, teils durch sonstige Ausweichungen schon so zahlreiche Wandlungen erfahren, dass es nur durch Heranziehung der übrigen germ. Dialekte möglich ist, den gemeingerm. Stand dieser Vokale klarzustellen.

Die folgende Darstellung verzichtet auf eine Erörterung der vorahd. Verhältnisse. Sie geht von den ältesten im Ahd. vorkommenden Belegen aus und verfolgt deren Entwicklung während der ahd. Periode.

Lit.: Zum Vokalismus der unbetonten Silben in der ahd. Sprachentwicklung: Wilmanns I, 335 ff., Baesecke Einf. § 21–47, Behaghel 1928: 322 ff., Sonderegger 1961: 271 ff., ds. 1970: 314 ff., McLintock 1966 u. 1970, Valentin 1969. – Zur Geschichte der germ. Nebensilbenvokale:

E.Sievers 1877: 522 ff., ds. 1878: 63 ff., Paul 1877: 315 ff., ds. 1879: 1 ff., Mahlow 1879, Möller 1880: 482 ff., Collitz 1891, Jellinek 1891d, Streitberg Urg. § 150 ff., Walde 1900 (dazu Jellinek 1901, Janko 1905), v.Helten 1903: 497 ff., Kluge 1913: 130 ff., Hirt Urg. I,37. 40 ff., Prokosch 1939: 132 ff., Lane 1963, Reis 1974a, Hollifield 1980 u. 1984, Boutkan 1995.

Die Vokale der nicht starktonigen Silben werden für Endsilben, Mittelsilben und Präfixe getrennt behandelt. Die Vokale vor dem Starkton – in Präfixen bzw. proklitischen Präpositionen – sind am frühesten der Abschwächung verfallen, von den Vokalen nach dem Starkton bleiben die Vokale der Endsilben fester als die Mittelsilbenvokale. Mittelsilben gibt es natürlich nur in drei- und mehrsilbigen Wörtern; bei den Endsilben handelt es sich entweder um Flexionsendungen oder um Wortbildungssuffixe, die in bestimmten grammatischen Formen in den Auslaut treten, durch Anfügung von Flexionsendungen jedoch als Mittelsilben vorliegen (z.B. Nom.Sg. *friuntin*, Gen.Sg. *friuntinna*, § 211). § 55

Anm. 1. Neben den proklitischen Wörtern, die regelmäßig dem folgenden Wort untergeordnet sind, werden selbstständige Wörter, die unter Umständen den Hauptakzent tragen können, im Satz oft enklitisch oder proklitisch an ein stärker betontes Wort angelehnt und dadurch in ihrem Vokalismus schwankend und der Reduktion ausgesetzt. Am häufigsten betrifft dies Formen der Pronomina; am jeweiligen Ort wird auf diese Erscheinungen im Einzelnen eingegangen (vgl. besonders §§ 283 A.2, 287 A.1a,2,3).

P 2.2.1. Die Vokale der Endsilben

Die Entwicklung der Endsilbenvokale während der ahd. Periode wird in der Morphologie behandelt, auf die für die Einzelheiten verwiesen sei. Hier mögen nur einige allgemeine Bemerkungen folgen. § 56

Lit.: Valentin 1969: 13–260, Hollifield 1980, Boutkan 1995.

In den Endsilben kommen im Ahd. die Vokale /a, e, i, o, u/ vor, und zwar sowohl kurz als auch lang. Ein Diphthong als Endsilbenvokal findet sich in der obd. Endung *-iu* des Instr.Sg. der *ja*-Stämme (§ 198 A.3*) und *i*-Stämme (§ 215 A.2), im Nom.Sg. f. und Nom.Akk.Pl. n. der starken Adjektivflexion (§ 248 A.6a) sowie – nur alem. – im Nom.Akk.Pl. der Deminutiva (§ 196 A.3) und als Nebenform zum Nom. Sg. der femininen *īn*-Stämme (§ 228 A.1b). § 57

Die weitere Entwicklung der Endsilbenvokale hängt oft davon ab, ob der Vokal unmittelbar am Wortende steht oder durch nachfolgende Konsonanten gedeckt ist. Danach ist zwischen auslautenden (ungedeckten) und inlautenden (gedeckten) Endsilbenvokalen zu unterscheiden.

Lit.: Braune 1876: 125 ff., Kögel Lg. II,467, Franck Afrk. 59 f., Valentin 1969: 57 ff.

Anm. 1. Die Länge der Endsilbenvokale im Ahd. setzte man seit J. Grimm vielfach nach dem Gotischen an. Daher gab man einer Reihe von Endsilben die Längezeichen, für die aus dem Ahd. selbst kein Beweis der Länge zu erbringen war. Heute werden nur diejenigen Vokale als lang angesetzt, deren Länge im Ahd. selbst nachweisbar ist. Zeugnisse für die Länge besitzen wir erstens in den Doppelschreibungen, hauptsächlich in BR (§ 7 A.6), zweitens in den Zirkumflexen, die Notker auf die Endsilbenvokale setzt (§ 7 A.7b). Diese beiden um ca. 200 Jahre voneinander entfernten Zeugen bezeichnen im Wesentlichen dieselben Endsilbenvokale als lang, sodass an ihrer Zuverlässigkeit kein Zweifel besteht; allerdings können beide nur für das Alem. sprechen. Valentin weist darauf hin (1969: 260), dass die Längen im Obd. (BR, N) besser bewahrt bleiben als im Frk. (T, O). Johannsson 2009 rechnet für BR z.T. mit sekundär gedehnten Kurzvokalen (§ 7 A.6a). Zu den heutigen Endsilbenvokalen im Deutschwallis vgl. §§ 60 A.3, 193 A.4c, 207 A.6a, 221 A.1.

Anm. 2. Nur vereinzelt steht in Endsilben auch ‹*ę*› oder ‹*ae, æ*› statt /e, ē/, teilweise wohl zur Bezeichnung der offenen Aussprache (zu Wurzelsilben vgl. § 14 A.1); öfter in Rb (Ottmann 1886: 25, 30), z. B. *tuę* ‘faciat’, *sīnę* ‘suos’, *farmanęn*. Vgl. ferner Dat.Sg. *pidenchennae* Freis. Pn, *sedalae* Ra; Nom.Pl. *andræ* Muller 1985: 73 (ags. Einfluss im Maihinger Evangeliar), *gastiurtæ* Gl 2,220,8, *ōtagę zuuiskę* Ra; Akk.Pl. *sarfę* H 3,4,3.

Im Spätahd. wird auslautendes [ə] aus /a/ mitunter durch ‹æ› bezeichnet, z. B. Nom.Sg. *spentæ* Gl 4,30,32, *niesewrzæ* 3,586,45. Die Graphie *rennilæ* 3,345,55, deren ‹æ› aus ‹*a*› korrigiert ist, lässt an Übergangsschreibungen zwischen ‹*a*› und ‹*e*› denken (vgl. auch § 193 A.4b). Weitere Belege bei Franck Afrk. § 56.

§ 58 Im 9. Jahrhundert erhalten sich die Endsilbenvokale im Allgemeinen noch auf demselben Stand wie in der 2. Hälfte des 8. Jahrhunderts. Erst Anfang des 10. Jahrhunderts beginnt ein stärkerer Verfall, von dem sich im 9. Jahrhundert schon Spuren zeigen. In den St. Galler Vorakten ist die Endsilbenschwächung schon zu Beginn des 9. Jahrhunderts zu erkennen: 804 *Gundhere* (zu *heri* ‘Heer’, § 202); im Erstglied (Mittelsilbe): 797 *Erchenhart* zu *erchan*, *Careman* zu *kara* ‘Sorge, Klage’ (Sonderegger 1961: 273).

Anm. 1. Im 8. Jh. ist noch deutlich der Übergang von /ja/ zu /e/ in den Endsilben fassbar. Vgl. Paul 1877: 344, ds. 1887: 553, Braune 1910: 554 f., Franck Afrk. § 52. Im 9. Jh. ist aber für dieses /e/ meist wieder /a/ eingetreten. Vgl. § 118 A.2 und in der Flexionslehre §§ 198 A.4, 209 A.3, 226 A.1, 250 A.2, 309, 314–316.

Anm. 2. Von den auslautenden kurzen Vokalen sind /a/ und /o/ am festesten, sie erfahren im 9. Jh. nur selten eine Veränderung. Weniger fest sind /i/ und /u/, die allgemein im 10. Jh., hin und wieder schon im 9. Jh., zu /e/ bzw. /o/ gesenkt werden (§ 59). Zur Adjektivflexion vgl. § 248; Baesecke 1931: 372; zu Tatian vgl. Sievers T § 103 ff.

Anm. 3. Kurzes oder langes /e/ der Endsilben zeigt im späteren Bair. (10. und 11. Jh.) eine starke Neigung, in /a/ überzugehen. Für fast alle *e*-haltigen Ausgänge finden sich Beispiele.

a) Besonders markant ist die Reduktion von langem /ē/, wie sie in den Endungen Nom.Sg. m. *-ēr* und Dat.Pl. *-ēn* des starken Adjektivs (§ 248 A.1,11b) zutage tritt, z. B. in den Prudentiusglossen aus Prag und München (Gl 2,400 ff., vgl. dazu Schatz Abair. 5 A.1, der ihren rein bair. Charakter bezweifelt). Zur 1.Pl.-Endung *-mas* statt *-mēs* vgl. § 307 A.4a.
b) In älteren bair. Denkmälern zeigen sich Anfänge dieser Neigung, z. B. im Freis. Pn (2 *wërda, wësa, rīchisōia*; 2 *danna eogawanna*); Petruslied (*alla, unsar*), Wiener Hundesegen (Lb 31.2: *Christas, geloufan, fruma, alla, gasunta*). Vgl. Vondrák 1897: 205; zur Nominalflexion: Schatz Abair. § 96:a, ds. Ahd. §§ 303, 304; zum Verb: Förster 1966: 41 ff., 45.
c) Auch in einzelnen alem. und frk. Quellen gibt es Beispiele dieses Übergangs; nur beim auslautenden /e/ bei Isidor (*hantgriffa* § 193 A.1a, *alilenda, dhīna, mīna*; E.Sievers 1925: 77); in Merseb (*holza, bluoda, bēna*; Eichner/Nedoma 2000/01: 106 ff.); Sam (*thanna; bërega, sīna, giborana*; Konj. Präs. *geba*); aus- und inlautend bei Schreiber γ des Tatian (Sievers T § 107, Moulton 1944: 329; doch vgl. Valentin 1969: 66 f., 143, Klein 2001: 35 ff.), z. B. Dat.Sg. *nemenna*; Nom.Akk.Pl. Adj. *sīna, touba*; Konj. *wësa*; Imp. *haba*; *thanna*; 2.Pl. Ind. *gisëhat*; *andar*; *iuwar*; Nom.Sg. Adj. *leobar*; Dat.Pl. Adj. *sīnan*, 3.Pl. Konj. *githuahan*; swV. III *sagant*; weitere frk. Beispiele bei Franck Afrk. § 57.
d) Unabhängig von der ahd. Entwicklung erscheint in St. Galler Namen ab dem 9. Jh. minderbetontes *-gēr* 'Wurfspeer' häufig latinisiert als *-garius*, analog zu *hari, heri* 'Heer', latinisiert *-harius* (vgl. § 27 A.1a): 754 *Uuodolgari*, 811 *Nōtgarii*, 821 *Liutgarii*, 822 *Roadkarii*. Dies setzt Kürzung von *-gēr* zu *-ger* voraus (Sonderegger 1961: 257); so auch in Fulda (Geuenich 1976: 154).

Anm. 4. Im Bair. und Frk. wird minderbetontes /ō/ bisweilen zu /u/ geschwächt (Schatz Abair. § 149:a, Franck Afrk. § 58:2); vgl. § 207 A.8a (Dat.Pl. *-ōm*), § 228 A.3c (Dat.Pl. *-inōn*), § 255 A.1b (Gen.Pl. *-ōno*), § 263 A.2 (Superl. *-ōst-*), § 319 A.2a (2.Sg. Prät. *-tōs*), § 366 A.1a (*ōn*-Verben). – Das /ō/ der *ōn*-Verben wird mitunter auch zu /a/ bzw. /e/ reduziert (§ 366 A.1cd).

Die Abschwächung der Endsilbenvokale zum einheitlichen Indifferenzlaut [ə] ‹*e*› **§ 59**
tritt vom 10. Jahrhundert an stärker hervor und führt im Laufe des 11. Jahrhunderts schon zu weiter Verbreitung der Graphie ‹*e*›. Die Untersuchung der großen Denkmäler durch Valentin 1969: 57 ff. ergibt folgendes Bild:

1. Unter den obd. Texten treten in BR die Kurzvokale /i, e, a, o/ in ungedeckter Stellung auf; dagegen ist die Opposition /u/ : /o/ wohl bereits zugunsten von /o/ aufgegeben (seltene, unsichere Schreibung von ‹*u*›). Im bair. überformten OFreis erscheint /u/ nicht mehr, /i/ ist auf dem Rückzug zugunsten von /e/. Notker hat im ungedeckten Auslaut das System der drei Kurzvokale /e, a, o/. – Im gedeckten Auslaut zeigt BR noch alle fünf Kurzvokale, bei OFreis deuten Unsicherheiten der Schreibung auf einen Zusammenfall der Mittelvokale /e, a, o/ hin, während die kurzen Extremvokale /i/ und /u/ noch intakt sind. Bei Notker herrscht überall ‹*e*›, nur vor /-ng/ stets ‹*i*› (z. B. *edeling, frisking*); dem Schwa kommt nach Penzl 1968: 136 f. Phonemstatus zu.
   Von Langvokalen und Diphthongen sind ungedeckt nachweisbar /ī, ō, iu/ in BR, /ī, ā, iu/ bei Notker, gedeckt /ī, ē, ā, ō, ū/ bei BR und Notker. In OFreis erlauben die Graphien keine Entscheidung.

2. In den frk. Denkmälern (Is, T, O) ist das dreistufige System der fünf Kurzvokale (/i – u, e – o, a/) in ungedeckter und gedeckter Stellung noch intakt; nur im ostfrk. Tatian (aber nicht im südrheinfrk. Otfrid) kündigt sich die Tendenz an, die Opposition /u/ : /o/ zugunsten von /o/ aufzugeben. Langvokale in ungedeckter Stellung lassen sich bei Isidor, Tatian und Otfrid nicht sicher nachweisen; nur 1x *scoldii* Is (§ 322) neben 2x *scoldi* und 7 sonstigen Schreibungen der 3.Sg. Konj. Präs. mit *-i*. – In gedeckter Stellung sind für Isidor ‹*i, e, a, o, u*› graphisch bezeugt; für Tatian und Otfrid sind Längen nicht nachweisbar, abgesehen von 2x *-lîh* T mit Zirkumflex (im Nebenton; deshalb wohl auch für Otfrid anzunehmen).
3. Gesprochene Sprache zeigt die Abschwächung früher als die konservative Schreibsprache; zu frühen Abschwächungen in Eigennamen vgl. Sonderegger 1961: 273 (z. B. *Ernost* im Vorakt gegenüber *Ernust* in der Urkunde 850), zu den Sonderverhältnissen einer Lernersprache in den Pariser Gesprächen vgl. Klein 2000: 52 ff. Geübte Schreiber halten die tradierten, volleren Formen länger fest als ungeübte; für jedes Denkmal bedarf es gesonderter Untersuchung.

Anm. 1. Zur Schwächung der Endsilbenvokale allgemein vgl. Paul 1879: 137 ff.; zur phonetischen und phonologischen Relevanz vgl. Becker 2000, ds. 2008: 403 ff. Zu Otfrid vgl. Lloyd 1964, Valentin 1969: 75 ff., 154 ff.; zu Notker vgl. Braune 1876: 146, Kelle 1885: 238 ff., Fenselau 1892: 13, Lloyd 1961, Valentin 1969: 123 ff., 175 ff. Zu spätalem. Endsilbenvokalen vgl. Kauffmann 1888a: 464 ff., ds. 1890: 121, 134, Leitzmann 1889: 498 ff.

Anm. 2. Zum Spätbair. vgl. Schatz Abair. § 110:d. Starkes graphisches Schwanken der Endsilbenvokale zeigen Otloh (Vogt 1876: 262 ff.) und Pred (Schatz 1908: 165 ff.). – Zu Npw vgl. Heinzel 1875–76: II,203 ff.; zu WGen vgl. Dollmayr 1903: 108; zu GlMon vgl. Steinmeyer Gl 5, 408 ff., Matzel 1956, Förster 1966.

Anm. 3. Zur Abschwächung im Frk. vgl. Franck Afrk. § 63; zu fuldischen Personennamen: Geuenich 1976: 163 ff.; zu Otfrid: Kappe 1909/1910, dazu Baesecke 1910: 374 ff.; zum anl. Leid. Will: v.Helten 1897: 467 ff., Sanders 1974: 263 ff.

§ 60 Das Endergebnis der Abschwächung der vollen Endvokale ist im Allgemeinen der Zentralvokal [ə], geschrieben ‹*e*›. Jedoch wird in manchen Denkmälern dieser schwache Vokal auch durch ‹*i*› bezeichnet, das dann, ebenso wie sonst ‹*e*›, für jeden beliebigen älteren Vokal eintritt. Noch nicht vollendet ist die Abschwächung bei Ausgang der ahd. Periode im Alem., wo sich sogar noch im Mhd. volle Vokale häufig als Entsprechungen der bei Notker zirkumflektierten Längen finden (zur heutigen Erhaltung im Deutschwallis s. Anm. 3); ähnlich noch in einigen rheinfrk. Quellen des 13. Jahrhunderts (Schneider 1987: 112 f.).

Lit.: Behaghel 1928: 327 f. Vgl. ferner die in § 59 A.1–3 zitierte Literatur.

Anm. 1. Das schwache ‹*i*› der Endsilben hat sich im Md. und Alem. (Fnhd. Gr. § L 38) bis tief in das Fnhd. hinein gehalten. Spätahd. ist es auch im Obd. nicht selten, vielfach in bair. Quellen (meist neben ‹*e*›), so Npw und Merig; ebenso im Spätalem., z. B. Mem. mori (StD Nr. 58).

Anm. 2. Auch bei Notker findet sich ‹*i*› statt des indifferenten ‹*e*› [ə], und zwar nur im gedeckten, nie im ungedeckten Auslaut. Die einzelnen Schriften differieren sehr in der Anwendung des ‹*i*›; es fehlt in Nb (mit wenigen Ausnahmen, Kelle 1885: 246, Tax 1968: XLVI), sehr häufig dagegen ist es in Ni, Nk (Cod. Sang. 818), z. B. 3.Pl. *téilint* (2), Inf. *chédin*, 3.Sg. *pehábit*, *sélbiz*, Gen.Sg. *chórnis*, Dat.Pl. *brúchin*, Dat.Sg. *chúmftîgin*. Der Cod. Sang. 825 von Nk (Steinmeyer 1874: 474 ff.) enthält ebenfalls viele ‹*i*›, die auch in Nr und Ns, in den Sprichwörtern (Lb 23.18), ferner im Brief Ruodperts (Lb 23.19) vorherrschen (vgl. Kelle 1886a: 343). Seltener findet sich ‹*i*› in Nc, Np (Wardale 1893: § 53+A.1) und Ncomp (N.Kruse 2003: 147), während Npgl ‹*i*› überaus häufig verwendet. Vgl. auch Bohnenberger 1913: 376 f.

Anm. 3. Erhalten ist die Vokalqualität bis heute – unter Mitwirkung des rom. Akzents – im Höchstalem. des Deutschwallis: *-a* für ahd. /a (ā)/: *taga* 'Tage' (§ 193 A.4c), *hirta* 'Hirten', *sēwa* 'Seen', *tsunga* 'Zunge', Akk.Sg. f. *sia* 'sie', Dat.Sg. f. *ira* 'ihr'; *-æ* für /ē/: z. B. in den Flexionsendungen des Sg. Konj. Präs., *-ēn(t)*, *-ēs(t)*, *-ēt*; *-i* für /ī/: z. B. Konj. Prät. (ungedeckt) *saiti* 'sagte', (gedeckt) *laitin* 'legten', *weltid* 'wolltet'; *-u* für /ō/ und /ū/: z. B. *dr tagu* 'der Tage', *tsur sītun* 'auf der Seite'. Vgl. Wipf 1910, Bohnenberger 1913a, Henzen 1928/29: 109, Moulton 1941: 59 ff., Rübel 1950: 7 ff.

Elision auslautender Kurzvokale vor vokalischem Anlaut des Folgewortes findet sich besonders häufig nur bei Otfrid. Dort wird der Vokal teils fortgelassen (*āz eine* = *āze eine* 2,17,4), teils durch darunter stehenden Punkt getilgt (*himilą allę* 2,4,74). Oft aber wird die metrisch notwendige Elision graphisch nicht bezeichnet (*ougta in* 2,4,82). Ganz besonders tritt bei Otfrid die Elision vor enklitischen Wörtern ein, am häufigsten vor einem dem Verb nachgestellten Pronomen, wie *det er* (= *deta er*, § 319 A.1b), *wān ih* (= *wānu ih*, § 305 A.3); aber auch andere Fälle wie *want er* (Kjn. *wanta*), *lant ist* (Dat.Sg. *lante*) sind zahlreich. **§ 61**

Nur bei Enklise ist die Elision auch in anderen ahd. Quellen nicht ganz selten, z. B. *quidih* (*quidu*), *sōsih* (*sōso*) T (Sievers T § 117), *haldih* Straßb. Eide (Lb 21, 18), *hōrtih* Musp, *gideilder*, *inder*, *wolder* Ludw, *mahtih*, *fliugih* Psalm, *untihc* Zeitzer B, *rauuet ir* Npgl 92,Prooem. (= *rāwēta ir*, AWB VII,713 f.; vgl. § 319 A.1b).

Anm. 1. Zu den Elisionen bei Otfrid vgl. Somers Wicka 2009: 87 ff. Franck Afrk. 79 (gefolgt von Baesecke 1910: 374 ff.) sieht darin z. T. Nachahmung der lat. Metrik. Dagegen nehmen Wilmanns ²I,332 (abgeschwächt ³I,353 f.) und vor allem Kappe 1909/1910 an, dies seien die von Otfrid gesprochenen Formen, neben denen oft rein graphische Normalformen ständen. Zur Unterscheidung der metrisch bedingten und der sprachgemäßen Kurzformen bei Otfrid vgl. de Boor 1928, Valentin 1969: 75.

Anm. 2. Im Mhd. setzt eine nach Dialekt und Funktion gestaffelte Apokopierung unbetonter Auslautvokale ein (Mhd. Gr. § L 53). Eine statistische Untersuchung des Befundes bietet Lindgren 1953. Zur Stellung nach Liquid vgl. Klein 2005a; zu WGen vgl. Dollmayr 1903: 29 ff., zum Bair. Triwunatz 1913, zum Ripuarischen Büthe-Scheider 2017.

P 2.2.2. Die Vokale der Mittelsilben

§ 62 Die Vokale der Mittelsilben in drei- und mehrsilbigen Wörtern sind im Ahd. schon in der älteren Zeit vielen graphischen Schwankungen unterworfen.

1. Nach Valentin 1969: 185 ff. erscheinen zwar in den großen Denkmälern von Isidor bis Notker in den Graphien alle fünf ursprünglichen Kurzvokale, doch beweisen von Anfang an Unsicherheiten der Schreibung, dass besonders die Opposition der Mittelvokale /e : a : o/ zur Neutralisierung neigt. Daher kann schon seit Isidor mit einem phonologischen System /i/, /a/, /u/ gerechnet werden, wobei [e], [o] als Allophone zu /a/, aber auch zu /i/ bzw. /u/ auftreten können. Bei Otfrid wird nur noch zwischen palatal und nicht-palatal unterschieden (McLintock 1961). Bei Notker kommen in Mittelsilben alle fünf Kurzvokale graphisch vor; aber ‹*e*› überwiegt bei weitem, die anderen Vokale halten sich nur beschränkt und in bestimmten Umgebungen.
2. Inwieweit in Mittelsilben Langvokale anzusetzen sind, bleibt vor Notker mangels ausreichender graphischer Bezeichnung weithin unsicher. Selbst BR enthält nur drei Doppelschreibungen in Mittelsilben – *porgeenne*, *hōrsamoonti*, *obonoontikii*. Bei Notker, der alle historisch langen Vokale überliefert, sind nach Ausweis der Akzente lange Mittelsilbenvokale nach langem Tonvokal oder nach mehreren Silben noch erhalten, wenn Kurzvokal folgt (Komparativ, § 260); vor Langvokal wird bereits gekürzt (Präteritum, § 366 A.2a). In allen anderen Fällen scheint Vokallänge zugunsten der Kürze neutralisiert zu sein. Soweit die Evidenz Aufschluss gibt, gilt dies ansatzweise schon für Otfrid (vgl. etwa *thionestes* 5,7,41). Tatian zeigt /ī/ in Mittelsilben noch intakt, die Oppositionen /ā/ : /ē/ und /ū/ : /ō/ neigen aber bereits zur Neutralisierung.
3. Viele ursprüngliche Mittelsilben sind durch den Schwund einer ehemaligen Flexionsendung im Ahd. zu Endsilben geworden. Dies gilt besonders für den Nom.Akk.Sg. vieler Nomina (vgl. § 55).

Lit.: Kögel 1879: 29 ff., Jellinek 1891a: 419 f., Wilmanns I, § 318, Baesecke Einf. § 24, ds. 1931: 334, Sievers T § 101, Schatz Abair. § 39, Franck Afrk. § 51 ff., Schindling 1908: § 19, McLintock 1961, Valentin 1969, Menke 1980: 303 ff. – Zur Kompositionsfuge: Benrath 1887: 44 ff., Franck Afrk. § 54, Sänger 1910, Gröger 1911, Weisemann 1911. – Zur Fuge in Eigennamen: Bader 1909, Schatz 1935: 129, Geuenich 1976: 172 ff., N.Wagner 2002b.

Anm. 1. Wie Mittelsilbenvokale verhalten sich auch die Vokale der Kompositionsfuge (vgl. Got. Gr. § 88a).

a) Der Vokal ist im Ahd. bei lang- und mehrsilbigen Erstgliedern meist synkopiert. Er steht regelmäßig nur nach kurzer Silbe: *a*-Dekl. *tagamuos* 'Mittagsmahl', *ō*-Dekl. *bëtahūs*; *i*-Dekl. *merigrioȥ* 'Perle', *turiwart*, *selihūs* 'aula'; *u*-Dekl. *fridusam*; *n*-Dekl. *botascaf*; *īn*-Dekl. *frawilaose* 'freudelose' Pa, Ra (Baesecke 1931: 337); *wa*-Stämme *trësohūs*, *balorāt*, in älterer Zeit auch *sēo-līdanti* Hl, **sēo-līh* > *sīo-līh* T 'am See gelegen' (Gröger 1911: § 93).

b) Bei *ja*-Stämmen ist auch in langsilbigen Substantiven /i/ meist erhalten (*heribërga* und *bettisioh, helliwīȝȝi, suntilōs*). Dagegen weisen langsilbige Adjektive das /i/ nicht auf (*kuonheit, milthërzi*).

c) Für die Schwankungen dieser Kompositionsvokale gelten im Allgemeinen die Feststellungen in § 64; doch kommen bei den Mittelvokalen bei langsilbigen Substantiven manche Abweichungen vor, die durch Anschluss an den Genitiv, z. B. *mannolīh, mannilīh, nōtigistallo* O, oder durch sonstige analogische Umbildungen bedingt sind (z. B. *hellawīzi* für *helliwīȝi* nach dem Nom. *hella*; *bëtohūs, bëtoman* O zum swV. *bëtōn*, vgl. Gröger 1911: 169 ff.).

Anm. 2. Synkope zwischen gleichen Konsonanten (vgl. § 98) zeigen z. B. *gomman* < *gomaman, ellenti* < *elilenti, suuuerrin* zu *swereri* (Nievergelt 2013: 414.12), ferner Personennamen wie *Herrant* neben *Heribrant, Immunt* neben *Imileib, Siggēr* neben *Sigimunt* (Schatz 1935: 129 ff.).

Anm. 3. *al-, fol-, man-, mis-* wechseln mit *ala-, folla-, manna-, missa-*, vgl. etwa *misfāhit* Kb, Ra vs. *missafāhit* Ad (Haubrichs/Müller 2021: 136). Die Präfixe unterliegen besonderen Bedingungen (Gröger 1911: 7, Baesecke 1931: 335); vgl. auch § 122 A.3.

Anm. 4. Ähnlich wie die Appellativa verhalten sich die Personennamen, auch wenn hier Ausnahmen häufiger sind (Bader 1909, Gröger 1911, Schatz 1935: 129 ff., Schramm 1957, Geuenich 1976: 172 ff.).

a) Der Fugenvokal fehlt gewöhnlich, wenn das erste Glied zweisilbig ist oder lange Wurzelsilbe hat: *Adalberth, Ërmanrīh, Ëburnand, Winidheri; Hūnbald, Mahthild; Wārbald, -boto, -gart* u. a. (zum Adjektiv *wār*, gegenüber *wara*, s. u.); *Ansoldwīlāre* ON des Vorakts gegenüber *Ansoldowīlāre* der Urkunde (Sonderegger 1961: 274).

b) Kurzsilbiges Erstglied bewahrt dagegen in der Regel den Fugenvokal, z. B. *ja*-Dekl.: *Biligunt, Elihilt, Kunigund*; *jō*-Dekl.: *Sibigelt* (zu got. *sibja*); *u*-Dekl.: *Batufrid* (§ 109 A.1), *Fridudanc, Fridurīh, Witukind*; *n*-Dekl.: *Arafrid, -gēr, -gīs, -lind* (zu *aro* 'Adler'), *Beradeo* (zu *bëro* 'Bär' und *-dëo*, § 204+A.5), *Gomahilt, -trūd* (zu *gomo* 'Mann'); *Waraburg, -here, -lind, -man* (alem., Förstemann I,1534 f.; in Frauennamen zu *wara* 'Achtsamkeit', sonst eher zu *werien* 'wehren'; Schramm 1957: 155 f.). – Gelegentlich kann bei kurzsilbigem Erstglied der Fugenvokal ausfallen: 858 *Chunbert* Vorakt / *Chunibret* Urkunde (zu ahd. *kun(n)i* 'Geschlecht', Sonderegger 1961: 274). Das /i/ in *Cundigart, Churzibolt* könnte aus euphonischen Gründen eingeführt sein.

c) Oft stehen langsilbige Namenformen mit und ohne Fugenvokal nebeneinander, wobei örtliche Unterschiede eine Rolle spielen mögen: *Altuperht* neben *Altperht* (vgl. § 64 A.3); *Deotarāt, Helferīh, Waltirīh* neben *Deot-, Helf-, Walt-* (vgl. § 65 A.2); *Ruodigēr* neben *Hrōtkēr, Ruodgēr; Karleman, Erlabald* neben *Karlman, Erlhilt, Erlman* (vgl. N.Wagner 2016: 57, 63 ff.). – Bemerkenswert sind bei den *jō*-Stämmen Formen mit und ohne Gemination (§ 127 A.2): *Eggihart / Egihart* (zu *eggia* 'Schwertschneide'), *Sunnihilt / Suniperht* (vgl. got. *sunja* 'Wahrheit'), *Brunnihilt / Brunihilt* (zu *brunnia* 'Brünne'; fernzuhalten sind Namen wie *Brūnhilt, Brūnrāt,* auch *Brūno, Brūning, Brūnicho*, denen das Adjektiv *brūn* 'braun' zugrunde liegt).

d) Zum Fugenvokal in lgb. und merow.-westfrk. Personennamen vgl. N.Wagner 2019a: 379 ff.

§ 63 Schwer nennt man Mittelvokale, die entweder lang oder durch mehrfache Konsonanz gedeckt sind. Sie sind durch den Nebenton geschützt, zeigen im Ahd. geringe Schwankungen und haben auch im Mhd. z. T. ihre volle Qualität behalten. Beispiele:

1. /ā/: *-āri* (*skrībāri*, daneben *-ari*, *-eri*, vgl. § 200);
2. /ē/ im swV. III (*habēta*, *habēnti*, § 368);
3. /ī̆/: *-inn-* (*kuninginna*, Gen.Sg. zu *kuningin*, § 211); *-isk* (*diutisk*, *mennisko*); *-ing*, *-ling* (*muoding*, *ediling*, Grimm Gr. II,332 ff., Munske 1964, Henzen 1965: 166 f.); *-īg* (*sālīg*); *-īn* (*steinīn*);
4. /ō̆/: *-ohti* (*steinohti*, § 251:2+A.2); /ō/ im swV. II (*dionōta*, *dionōnti*, § 366); Komp. *-ōro*, Superl. *-ōsto* (*liobōro*, § 261+A.2); *-ōd*, *-ōti* (*wiȝȝōd*, *einōti*, § 220b A.1; Grimm Gr. II,241 ff., Henzen 1965: 175);
5. /u/: *-unga* (*manunga*, § 208:2).

Anm. 1. Vereinzelte Schwankungen und Abschwächungen finden sich auch bei diesen Mittelvokalen. Vgl. z. B. /u/ statt /ō/ (§ 58 A.4) in *mānude*, korr. zu *mānōde* T 3,1, im swV. II (§ 366 A.1a) und die zahlreicheren /a/ für /ē/ der swV. III (§ 368 A.1*). Bei Notker ist /inn/ zu /enn/ geworden (*gutenno*, § 211 A.2); für *-isc* findet sich in Np öfter *-esc*, z. B. *himelescun* 86,2, *irdescen* 36,36. Zur Kürzung des /ō/ und /ē/ der swV. bei Notker vgl. §§ 366 A.2a, 368 A.1, zur Kürzung des /ī/ der *īn*-Feminina vgl. § 228 A.3b. – Paul 1879: 138 ff., Valentin 1969: 246 ff.

Anm. 2. Bei Komposita zeigen die Wurzelsilben des Zweitglieds als schwere Mittelsilben mit starkem Nebenton im Ahd. ganz festen Vokalstand (z. B. *éin-wīgi* 'Einzelkampf', *ṓstar-rīchi*), zumal hier die daneben selbstständig gebrauchten Wörter (*wīg*, *rīchi*) jede Abschwächung des Mittelvokals verhinderten. Doch finden sich auch im Ahd. schon einzelne Fälle der Abschwächung, sofern die Kompositionselemente nicht mehr als selbstständig gefühlt wurden. Neben *folleist*, *folleisten* schon vielfach mit abgeschwächtem Mittelvokal *follust*, *follist*, *follast* (§ 44 A.5b), *follisten* (AWB III,1057 ff.), neben *gomman* spätahd. *gomen* (§ 239 A.5) und Ähnliches (vgl. auch Ae. Gr. § 43). – In *urlub* Ludw, N, *hurolob* Lorscher Bienensegen (Lb 31.3), *urlup* Gl 5,33,4 neben *urloub* kann auch Ablaut *-lub* : *-loub* vorliegen (Mitzka 1934: 316, Sonderegger 1959: 151; anders Thies 1994: 485).

Anm. 3. Im Zweitglied von Komposita wird ein /a/, das zwischen Labial und einer Folge mit velarem /l/ steht, öfters zu /o/ velarisiert (Schatz Abair. § 6:bc, Franck Afrk. § 62, Baesecke 1928: 104, Schramm 1957: 29, Sonderegger 1961: 268, Geuenich 1976: 138 ff., Menke 1980: 289 f.):

a) nach labialem Obstruenten: *einfolt* O (Kelle O 451; vgl. § 25 A.1b); häufig in Personennamen: neben *-bald* häufiger *-bold*, z. B. *Adalbold*, *Ërkanpold*; schon 787 im Vorakt *Liutpoldo*, in der Urkunde *Leutbaldo* (Sonderegger 1961: 268);
b) früher und regelmäßiger nach /w/ unter Verlust desselben: v. a. in Personennamen, z. B. *-olt* < *-walt* (§ 109 A.4a). *-walh* kann über *-olah*, *-oloh* (mit Sprossvokal zwischen /l/ und /h/, § 69:1a) bis zu *-loh* reduziert werden: *Sigiloh*, *Ōtloh*. In *werolt*, *worolt* aus *wëralt* hat das /w/ der vorhergehenden Silbe zur Velarisierung beigetragen;
c) nach Labiovelar: in *sweiȝcholī* (Hs. ‹*suez-*›, Lex Baiuvariorum), falls < **-qualī*, ist nebentoniges /kwa/ im Bair. so früh zu /ko/ entwickelt, dass der Primärumlaut nicht mehr eintreten konnte (Tiefenbach 2004: 276; anders Baesecke 1935: 19: 'Schweißkühlung').

Die meisten Vokale in Wortbildungssuffixen sind kurz, unbeschadet ihrer Stellung in leichten oder durch Doppelkonsonanz (§ 63) schweren Silben. Sie schwanken vielfach und gehen allmählich in /e/ [ə] über. **§ 64**

1. Der häufigste Vokal in Suffixen ist /a/ (s. Anm. 1). Er unterliegt aber auch – gemäß der Tendenz zur Neutralisierung (§ 62:1) – den meisten Schwankungen, sodass kaum feste Regeln zu geben sind (vgl. § 65 ff.).
2. Nicht ganz so häufig ist in Suffixen /i/, z. B. *-il-* (Subst. *himil, sluȥȥil*; Adj. *ubil, mihhil*; Verben *mihhilen, spurilōn*); *-ir-* (Komp. *altiro*, § 260 f., Pl. n. *lambir*, § 197); *-in-* (*firina, redina*, Verben wie *altinōn*); *-is-* (z. B. *felis, egiso*, Verben wie *rīhhisōn*); *-ist-* (*hengist*, Superl. *altisto* usw., § 263); *-id-* (Abstrakta wie *hōhida, sālida*, § 208); /i/ im swV. I (*nerita*, § 66). Die /i/ sind im Allgemeinen ziemlich fest; spätahd. werden sie zu /e/ [ə] abgeschwächt (Schatz Abair. § 50, Gröger 1911: 150 f., Geuenich 1976: 165).
3. /u/ ist in Suffixen verhältnismäßig selten. Abgesehen von dem sehr häufigen *-unga* (§ 63) finden sich *-ust* (*ërnust, angust*; Thöny 2013: 219 f.), *-unt* (*ārunti, jugunt, dūsunt*), *-un* (*sibun, sibunto*), *-uh* (*abuh, habuh*), *-ur* (*cheisur, lëffur*) und Einzelwörter wie *ackus, hiruȥ, miluh*. – Für manche dieser /u/ tritt öfter /o/ ein, z. B. *aboha* (neben *abah, -eh, -ih*; AWB I,21 ff.), *keisor* (neben *keisar, -er, -ir*; AWB V,71). Für den PN *Ernust* wird in Fulda ab dem Ende des 9. Jahrhunderts gelegentlich *Ernost*, 1014 *Ernest* geschrieben (Geuenich 1976: 166); in *Ebur-* ist /u/ bis 1000 meist bewahrt, daneben aber auch früh schon *Eber-* (aaO. 165 f.). – Vgl. § 62:1; Schatz Abair. § 41, Franck Afrk. § 58:1; zu Tatian vgl. Sievers T § 100.
4. Ursprüngliches /e/ begegnet in Suffixen sehr selten: vor allem in Verwandtschaftsbezeichnungen wie *fater* (§ 233), ferner in *ander, after, unserēr, iuwerēr*. Für dieses /e/ tritt, wenn es in Mittelsilben steht, zuweilen /a/ ein, z. B. *bísmarōn* neben *bísmerōn* (EWA II,115), *fatara* (§ 235 A.2), *andaremo, unsariu, iuwarēm* (§ 285 A.2). – Vgl. Schatz Abair. § 49.

Anm. 1. Die in ahd. Mittelsilben und Suffixen so ungemein häufigen /a/ sind nach Paul 1879: 178 ff. z. T. aus älteren /u/ oder /o/ hervorgegangen, die auch im Ahd. noch zuweilen auftreten. Das beweisen auch Lehnwörter (Paul 1879: 206, Schatz Abair. § 46) wie *tiufal* 'Teufel' (aus lat. *diabolus*), *spiagal* 'Spiegel' (*speculum*), *ziagal* 'Ziegel' (*tēgula*), *zabal* 'Brettspiel' (*tabula*). Im Folgenden wird jedoch vom ahd. Standpunkt aus immer /a/ als der Normalvokal zugrunde gelegt, auch wo dieses sicher aus /u, o/ entstanden ist.

Anm. 2. In manchen Suffixen zeigt sich im Ahd. ein Vokalwechsel der Art, dass auf der einen Seite die Vokale /u, o, a/, auf der anderen /e, i/ stehen. Er ist z. T. Reflex alter Ablautverhältnisse (§ 50 A.3), ist aber im Ahd. schon meist verwischt und nur noch in einzelnen Denkmälern oder in einzelnen Wörtern vorhanden, ohne dass eine strenge Gesetzmäßigkeit zu erkennen wäre. Gewöhnlich hat schon die eine Variante das Übergewicht bekommen, während die andere zur Ausnahme geworden ist:

a) Bei den movierten Feminina steht *-unn* neben *-inn*, z. B. *wirtun* O statt *wirtin* (vgl. § 211). Die Ableitungen auf *-ung* wechseln ablautend mit denen auf *-ing* (vgl. Franck Afrk. § 50).
b) Auf Suffixablaut kann auch in Personennamen obd. *Uodal-* (später *-el*, *-il*) gegenüber frk. *Uodil-* beruhen. In Fulda halten sich *Uodal-*, *Gagan-* und *Uodil-*, *Gegin-* die Waage, *Irmin-* ist häufiger als *Erman-* (Geuenich 1976: 165).
c) In frk. Denkmälern, so bei Otfrid und anderen, findet sich der Wechsel zwischen ‹*a*› und ‹*e*› in den Adjektiven auf *-ag*. Diese haben bei Isidor regelmäßig ‹*a*› in der Endsilbe, ‹*e*› in der Mittelsilbe, z. B. *heilag*, aber *heilegan*, *heilegin*, *heilego*. Bei Otfrid ist hier ‹*e*› in den Mittelsilben noch häufig, z. B. *einegan*, *manegan*, auch Formen mit ‹*i*›: *einigan*, *heiligo* (Paul 1879: 230, Benrath 1887: 32 f.). Ähnliche Erscheinungen zeigen sich teilweise in denselben frk. Quellen beim Part. Prät. auf *-an* (§ 259 A.1a). Es handelt sich um frühe Schwächung (Franck Afrk. § 51).
d) Erörterung dieser Verhältnisse, die eingehende Vergleiche mit den übrigen germ. Sprachen erfordern, bei Paul 1879: 226 ff., ds. 1887: 553, Kluge 1913: 117 ff., Hamp 1990.

Anm. 3. In Personennamen schwankt zuweilen der Fugenvokal: *Altu-*, *Alti-*, *Altaperht* neben *Altperht* (§ 62 A.4c); *Willabert*, *Willahalm* neben häufigerem *Willi-* (zum *jan*-Stamm *willio* § 223). Bei *u*-Stämmen wie *Batufrid*, *Fridudanc*, *-rīh*, *Witukind* erscheint später auch /a/: *Fridarīh*, oder – durch Assimilation? – /i/: *Witikind*. Zum *wa*-Stamm *saro* 'Rüstung' ist 1x *Sarohildis* belegt, sonst mit /a/ *Sarabert*, *-boto*, *-burg* usw.

§ 65 Sehr viele der in Suffixen erscheinenden /a/ sind nicht gemeingerm., sondern erst im Westgerm. entstanden. Dies war der Fall vor /l, r, n, m/.

1. Diese Laute, die im Got. (vgl. Got. Gr. § 27) und im Awn. noch silbenbildend sein konnten, haben in den westgerm. Sprachen durch Anaptyxe einen Sprossvokal entwickelt, der im Ahd. regelrecht als /a/ erscheint: ahd. *fogal* (< **fugla-*, got. *fugls*, awn. *fugl*); *ackar* 'Acker' (got. *akrs*, lgb. *accar*, *achar*), *hlūttar* 'lauter' (got. *hlūtrs*); *zeihhan* 'Zeichen' (got. *taikns*), *ëban* 'eben' (got. *ibns*); *bodam* 'Boden' (< **buþma-*). Ursprünglich entstand der neue Vokal nur in den endungslosen Formen, wo silbische Sonanten [l̥, r̥, n̥, m̥] vorlagen; dagegen blieben in den durch Flexion oder Ableitung erweiterten Formen die konsonantischen /l, r, n, m/ ohne Sprossvokal. Dieser Zustand ist im As. noch ziemlich getreu bewahrt, z. B. *fugal*, Gen. *fugles* (As. Gr. § 298 A.3); er wird auch von ahd. *(h)raban* / *rammes* reflektiert (§ 125 A.1).
2. Das Ahd. zeigt jedoch die Tendenz, den neuen Vokal auch in die flektierten Formen und Ableitungen zu übertragen. In den ältesten ahd. Quellen (z. B. Pa, R, Ra, Voc, Is, MF) besteht noch der Unterschied, dass das sekundäre /a/ nach kurzer Wurzelsilbe schon eingetreten ist, nach langer hingegen meistens noch fehlt. Also einerseits *fogales*, *mahales*, *mahalen*; *ëbano*; *bodames*; andererseits *ackres*, *altres*, *hlūtres*; *zeihnes*, *zeihnen* (got. *taiknjan*), *zeihnunga* (§§ 194 A.4, 196 A.2; in Personennamen *Erchnolf*, *Frōhnolf*, *Ōstrolf* (zu *ōstar*), *Gīslolt* (Schatz 1935: 142, N.Wagner 2009a: 398 f.). Bald aber setzt sich der Mittelvokal auch nach langer Wurzelsilbe durch, und im 9. Jahrhundert sind

Formen wie *ackares, altares, lūtares, zeichanes, zeichanen, zeichanunga* regelmäßig. Hier und da kommen daneben noch Formen ohne /a/ vor, so z. B. bei Otfrid *lougnen* 'leugnen', *bouhnen* 'bezeichnen', Dat. *finstremo* (*finstar*), *zimbrōt* 'zimmert' (*zimbar*); im Tatian (Sievers T § 83) häufig bei den Schreibern δγζ; ferner u. a. Instr. *pittro* (*bittar* 'bitter', W.Schulte 1993: 161.31, GlFreis 69), Dat.Pl. *hadrun* (*hadara* 'Lappen', Quak 1973: 122.22).

Lit.: E.Sievers 1878: 79 ff., Schatz Abair. §§ 44, 52, Franck Afrk. § 60:1, Schindling 1908: 29 f., 132, 154 f., 164, Liehl 1913, Reutercrona 1920, Galton 1956, Vennemann 1991, Liberman 1992: 195 ff., Stevens 1998: 41 ff.

Anm. 1. Während die Sprossvokale vor /l, r, n/ sehr zahlreich belegt sind, existiert nur eine kleine Anzahl von Wörtern, in denen sich vor /m/ ein Vokal entwickelt (Grimm Gr. II,144). Er erscheint in älteren Denkmälern noch meist als /u/, z. B. *ātum*, Gen. *ātumes* 'Atem', swV. *ātumōn* (*āthmōn* Is); *buosum* 'Busen', *gadum* 'Gemach'; auch *bodum* 'Boden' ist – neben *bodam* – belegt. Doch treten, besonders in flektierten Formen, auch andere Vokale ein (AWB I,691 ff. 1243 f. 1507 f., IV,3 f.). Paul 1879: 249 ff. nimmt an, der Sprossvokal sei ursprünglich vor allen Sonanten ein /u/ oder /o/ gewesen, das erst ahd. zu /a/ geworden sei (§ 64 A.1).

Anm. 2. In Personennamen mit langsilbigem Erstglied, wo der Fugenvokal synkopiert sein sollte (§ 62 A.1,4), kann sich vor /r/ ein neuer Sprossvokal einstellen: *Deotarāt, Helferīh, Waltirīh*; hierher auch *Smidarāt*, falls zu *smīda* 'Geschmeide' und nicht etwa zu *smido* 'Schmied' gehörig (Schatz 1935: 131, Hammerich 1955: 166).

Anm. 3. Wie die Langsilbigen, die in den ältesten ahd. Quellen den Sprossvokal nur in der unflektierten Form aufweisen (z. B. *ackar, ackres*), werden in denselben Quellen auch einige Wörter behandelt, die nicht neuen Vokal, sondern altgerm. Suffixvokal enthalten, so *ander, andrēm*. Das Lehnwort *meistar* 'magister' zeigt in flektierten Formen oft den Stamm *meistr-* (AWB VI,382). Vgl. ferner Steigerungsgrade zu Ortsadverbien, wie *aftristo* Is zu *after* (§ 266), selten auch andere Komparative (§ 261 A.3), verkürzte Formen des Pronomens *unsēr* (§ 285 A.3), den Plural *pruadra* in BR (§ 235 A.2). – E.Sievers 1878: 94, Paul 1879: 153 ff., ds. 1887: 552 f., Schatz Abair. § 52:d, Franck Afrk. § 64:2, Klein 2005a: 129 A.14.

Synkope ursprünglicher Mittelvokale, die in den übrigen westgerm. Sprachen nach langer Wurzelsilbe sehr verbreitet ist (E.Sievers 1878: 70), tritt im Ahd. konsequent nur bei dem /i/ im Präteritum (Part. Prät.) der langsilbigen swV. I auf, z. B. *nerita, gineritēr*, aber *hōrta, gihōrtēr* (§ 360 ff.). **§ 66**

Sonstige ursprüngliche Mittelvokale bleiben im Ahd. – abgesehen von den in § 65 A.3 genannten Fällen – durchweg bewahrt. Beispiele:

1. Präteritalpartizipien auf *-an*: *gibuntanēr, eigan*, Dat. *eiganemu* (doch vgl. § 259 A.1a); Adjektiv: *offanes*, swV. *offanōn*;
2. Adjektive auf *-ag*: *manag, heilag*, Gen. *manages, heilages* (doch vgl. § 64 A.2c);
3. Komparative wie *lengiro* zu *lang* (doch vgl. § 261 A.2).

Anm. 1. In den Erstgliedern der Personennamen frk. *Magnacarius*, frühmerow. *Ragnoaldus*, *Chagnoaldus* zeigt sich Synkope nach kurzer Silbe (zu *Magan-*, *Ragan-*, *Hagan-*; Schramm 1957: 29). Nach N.Wagner (1987a: 57 f., 2001: 128, 2008: 171 A.34) handelt es sich um ein rom. Phänomen; Menke 1980: 306 sieht darin eine graphische Metathese im Westfrk.

Anm. 2. Während alte Mittelvokale im älteren Ahd. nur in den eben besprochenen Fällen synkopiert werden, geschieht dies bei Notker nach den Liquiden /l/ und /r/ häufig (vgl. E.Sievers 1878: 98, ferner Klein 2005a). Synkope begegnet besonders nach kurzer Wurzelsilbe, z.B. Part. Prät. *gemálnemo, verlórnez, ervárnêr* (§ 259 A.2); bei Feminina auf *-rida* und *-lida* auch nach langer Silbe, z.B. *sâlda, úrteilda, zîerda*, jedoch auch *tíureda* u.a. Auch nach Nebensilben zeigt Notker oft Synkope, z.B. *úndermo, únserro, lúzelmo* gegenüber *mánegero, lúzzelero* (§ 248 A.4bα); bei *hungerg* ist sie aus Flexionsformen in die Grundform übertragen (Ochs 1911: 37 f.). Belege aus anderen Quellen: *sigersto* < *sigiristo* Gl 2,759,24 (Thies 1994: 382, 420), *sichermo* StD 153,27. Synkope nach /w/ bei kurzer Wurzelsilbe bietet Notker in Formen wie *fréuta* < *freweta* (§ 49 A.4c).

§ 67 Assimilation (Vokalharmonie) ist bei – ursprünglichen und neuen (§ 65) – Mittelvokalen sehr häufig. Der assimilierte Vokal ist meist /a/, der assimilierende in der Regel der Endungsvokal, seltener der betonte Wurzelvokal. Doch gleicht sich der Vokal der Kompositionsfuge – außer in Bildungen mit den Halbsuffixen *-sam*, *-līh*, *-lōs* – oft auch dem Stamm an.

Die Assimilationserscheinungen sind nirgends konsequent durchgeführt, sie erscheinen im Obd. nicht so zahlreich wie im Frk.; besonders reich daran ist die Sprache Otfrids. Beispiele:

1. Assimilation an den End- oder Folgevokal:
   a) /a/ ist assimiliert an /i/: *heidinisc* K zu *heidan*, *fagiri* K = *fagari* Ra, *mezzinti* (Part. Präs.) BR; – an /e/: *kichorene* (Part. Prät.) K, *keiseres* (zu *keisar*) O; – an /o/ (sehr häufig): *sëgonōn* (neben *sëganōn* aus lat. *signāre*), *scachoro* (*skāhhari*, § 200 A.1b) O, *wuntorōn* (*wuntar*) O, *einogo* (*einag*) O, Jc; – an /u/: *kisamununga* Ra, *nagultun* (zu *nagal*) O, *widuru* (neben *widaru*) T;
   b) Assimilation anderer Vokale: /e/: *bruadoron* (Dat.Pl. zu *bruader*) O, *sëlbomo*, *rëhtoro* T (§ 248 A.10c); – /i/: *mihhala* (zu *mihhil*), *mihhilosōn*, *rīhhosōn* (zu *-isōn* § 367:2e) T; – /u/: *mammonto*, *mammenteru* (zu *mammunti* 'mild') O, flektiert *sibini* (zu *sibun*) O.
2. Assimilation an den Wurzelvokal: *gicorone*, *gicoronero* (zu *gicoran*), *mittimen* (neben *mittamen*, *mittemen*) T, *hōhona* (= *hōhana* 'von oben') K, *-scouuongu* E.Meineke 1983: 126.210, 293; dagegen ist *scīnintaz* O eher nach § 316 A.1 zu erklären. Abschwächung von /ar/ zu /er/ in *kafedere* Pa, *cafedhere* K 'Gefieder' (Ra bewahrt /ar/) führt Baesecke 1931: 333 auf frk. Einfluss in Murbach zurück.

Lit.: Zu Assimilationserscheinungen im älteren Frk.: Pietsch 1876: 362, Franck Afrk. § 61:1. – Zu Jun: Schindling 1908: 32, 133 f.; zu Otfrid: Benrath 1887; zu K, Ra: Kögel 1879: 27; zu Rb: Ottmann 1886: 42. – Zum Bair.: Schatz Abair. § 48. – Zu den Fugenvokalen: Gröger 1911: 180.

Anm. 1. Grundsätzlich anders – teils als Ablaut, teils als frühe Schwächung – werden viele dieser Erscheinungen von Paul 1879: 209 ff. aufgefasst, vgl. Franck Afrk. § 61:2.

Anm. 2. Zu Assimilationserscheinungen bei sekundären Sprossvokalen vgl. § 69.

Anm. 3. Außerhalb der Mittelsilben sind Vokalassimilationen im Ahd. selten. So finden sich hin und wieder Beispiele, dass Endsilben durch folgende Wörter (meist Enklitika) beeinflusst werden, z. B. *gibetis ir* T, *naman thaz* T (§ 221 A.2b), *ruarto thō* O (§ 319 A.1a), *diufil ir* O. Zu – sehr seltener – Assimilierung von Präfixvokalen vgl. §§ 71 A.2, 72 A.1, 76 A.2.

Die stark betonten Wurzelvokale sind erwartungsgemäß frei von Assimilationen; scheinbare Belege wie *getes* für *gotes* T, *drustun* O (Hs. V = *drōstun* Hs. P) sind als verschrieben zu werten (Belegsammlung zu Otfrid bei Benrath 1887: 1). Die besonders bei Otfrid begegnenden Assimilationen des Zweitelements der Diphthonge /ua, uo/ (§§ 39 A.8c, 40 A.2b), /ia, io/ (§ 48 A.2) bilden insofern keine Ausnahme, als nur die ersten Komponenten betont sind.

Umlaut eines Mittelvokals /a/ zu /e/ durch folgendes /i, j/ findet sich im Ahd. nur in beschränktem Maß bei wenigen Suffixen. Meist wird ein mittleres /a/, wenn es durch folgendes /i/ affiziert wird, gleich ganz zu /i/ assimiliert (§ 27 A.7), das dann seinerseits (nach § 27 A.4) in der Wurzelsilbe Umlaut bewirken kann, z. B. *nagal*, Pl. *negili*. **§ 68**

Anm. 1. Der Umlaut in Mittelsilben ist in den ältesten Quellen noch selten (zu Pa, K, Ra vgl. Kögel 1879: 25). Er tritt in den Maskulina auf frk. *-ari* ein, z. B. *beteri*, nur selten mit voller Assimilation, z. B. *leitiri* (§§ 27 A.7bγ, 200 A.1b; zu Otfrid vgl. Benrath 1887: 23 f.). Sehr gewöhnlich tritt Umlaut in den swV. I auf *-azzen* (germ. **-atja-*; zu ‹z›/‹zz› vgl. § 159 A.4) ein; schon in K *leidezzit* (*leidazit* Ra) 'verdammt', *irrofezit* (*arhroffazit* Ra) zu *hruofan* 'rufen' neben unumgelautetem *kizalazit* 'aufgezählt' u. a. Auch später gehen Belege mit und ohne Umlaut nebeneinander her, z. B. *leidezen, leidazunga, heilazet, heilezet* T 'grüßt'. Daneben stehen Fälle mit voller Assimilation, z. B. *līchizzant* Rb gegenüber Nom.Pl. *līhhazara, līchezera* und *līhhizara* 'Heuchler' T (zu *līchezen* 'heucheln'); hier könnte auch Suffixablaut (germ. **-atja-*/**-etja-*) vorliegen. Vgl. Schatz Abair. §§ 24, 27, ds. Ahd. § 103, Franck Afrk. § 53.

Anm. 2. Im Part. Präs. auf *-anti* und im Gerundium auf *-annes, -anne* (< **-annie*) ist das häufig vorkommende /e/ (*-enti*; *-ennes, -enne*) wohl nicht durch folgendes /i/ veranlasst, sondern dem vorhergehenden /j/ der swV. I bzw. der stV. mit *j*-Präsens zuzuschreiben (§ 58 A.1). Doch ist auch Umlaut durch folgendes /i/ nicht auszuschließen, besonders beim Partizip. Bisweilen findet sich auch volle Assimilation zu /i/ (vgl. § 315 f.).

Anm. 3. Neben den Abstrakta auf *-nissi* (zur Flexion vgl. §§ 201 A.1, 210 A.1, 231 A.1) kennt das Ahd. auch die Allomorphe *-nassi* und *-nessi*, z. B. *abohnassi* Pa 'Strenge', *finstarnessi* T. Im Tatian hatte Schreiber γ *-nissi*, das mit einer Ausnahme vom Korrektor in das dort sonst gültige *-nessi* geändert wurde. Offenbar ist *-nessi* aus *-nassi* umgelautet. Die Normalform *-nissi* könnte aus rein ahd. Sicht volle Assimilation des /a/ zeigen (§ 27 A.7bγ), doch deutet die umlautende Wirkung von ae. (angl.) *-nis* (Ae. Gr. § 95 A.8) auf westgerm. /i/ (vgl. swV. I *-izzen* neben *-ezzen*, Anm. 1). Das Allomorph *-nussi* weist in jedem Fall auf Ablaut (§ 64 A.2). Vgl. E.Sievers 1878: 140 ff., Paul 1879: 235, Kögel 1879: 25, v.Bahder 1880: 109 ff., v.Helten 1893: 297, Wilmanns II,356 ff., Kluge 1926: § 137 ff., Schatz Ahd. § 113, Baesecke 1931: 325, Brinkmann 1931: 117, ds. 1954/65: 377 ff., Henzen 1965: § 114, E.Meineke 1994: 275 ff.

P 2.2.3. Sprossvokale

§ 69 Außer der in § 65 besprochenen westgerm. Entwicklung von Vokalen, die im Ahd. auch in die flektierten Formen eingedrungen und zu festen Mittelvokalen geworden sind, kennt das Ahd. Vokalentfaltung („Anaptyxe") im Wortinneren, die nicht so fest ist, sondern beliebig fehlen kann und später meist wieder aufgegeben wird (s. u. 3.). Es handelt sich nicht um distinktive Phoneme, sondern um rein phonetische Übergangslaute.

1. Allgemein hd. (frk., obd., auch lgb.) kann sich ein Sprossvokal entwickeln:
   a) vor /h/ in den Verbindungen /rh/ (vgl. § 80 A.4a) und /lh/;
   b) vor /w/ in den Inlautverbindungen /rw/, /lw/ und (seltener) /sw/ (zu /tw/ und /nw/ s. Anm. 2).

   Der entstehende Vokal erscheint als [a] oder (besonders vor /w/) als [o], nimmt aber häufig auch die Form eines benachbarten Vokals an. Dabei sind in der Regel die Endsilbenvokale, seltener die Wurzelvokale maßgebend (vgl. § 67). Beispiele:

   a) vor /h/: *fëlhan* und *fëlahan* 'bergen', *bëraht* 'hell' (*bërahto* Adv., *gibërehtōn* swV. T), *forhta* und *forahta*, *forohta* 'Furcht', *durh* und *durah*, *duruh* 'durch' (Baesecke 1931: 331), vereinzelt *duroh* (AWB II,761 f.); so auch lgb. *marah* 'Pferd'. Die Vokalharmonie der Sprossvokale mit den Nachbarvokalen tritt in der Konjugation deutlich zutage. So hat z. B. Tatian von *bifëlhan*: *biviluhu*, *bifilihit*, *befëlahanne*, *bifalah*, *bifuluhun*; aus Rd, Jb: *fuluhīn*, *pifolohan*, *pifolohana*; *pifuluhun* Rd = *pifulahun* Jb; *pifilahu* Pa, K.
   b) vor /w/: *garo* 'bereit', flektiert *garwēr* und *garawēr* (§ 253), *garwĭ̄* und *garawĭ̄* 'Ausstattung', *gar(a)wen* swV. 'bereiten'; *farwa* und *farawa*, *farowa* 'Farbe'; *arwūn* und *arawūn*, *arowingūn*, *ariwingūn* 'vergeblich'; *mëlo* 'Mehl', Gen. *mëlawes*, Dat. *mëlewe* T, *miliwa* 'Milbe'; *balo* 'Verderben', Gen. *balawes*, Adj. *balwīg*, *palowīc*, *palawīc* 'verderblich'; *zëswa*, *zësawa* 'rechte Hand'; *trëso*, *triso* 'Schatz', Gen. *triswes*, *trisowes*, Dat. *trësewe*, *trësowe*, swV. *trisiwen*.

Lit.: Schatz Abair. § 53 f., Franck Afrk. § 60, Benrath 1887: 15 ff., Schindling 1908: § 17, Reutercrona 1920, Lerchner 1971: 128 ff., Geuenich 1976: 166 ff., Wulf 1985, Liberman 1992: 195 ff.

Anm. 1. Zu *bëraht* in Freisinger Personennamen vgl. Knitl 1955: 107 ff.: ‹*a, e, i, o*› (*-berht*, *-bereht*, *-beraht*, *-bert* u. a.) in verschiedener Häufigkeit und Zeit. Fuldaer Namen zeigen oft Metathese zu *-braht* (§ 154 A.6c; Ulbricht 1961, Geuenich 1976: 168). – Personennamen mit *alah-* (got. *alhs* 'Tempel') wie *Alahcōz*, *-mār*, *-swind* zeigen sich im Bair. auch ohne Sprossvokal: *Alhgīs*, *-munt*, *-olf* (Schatz 1935: 134, Sonderegger 1961: 273).

Anm. 2. Auch die Verbindung /tw/ zeitigt bisweilen einen Sprossvokal, so *scato*, Dat. *scatwe*, *scatawe* 'Schatten', swV. *biscatwen*, *-scatawita* T (vgl. § 109 A.1). Was die Folge /nw/ betrifft, so ist entgegen früherer Darstellung nicht *sënuwa, sënawa* 'Sehne' aus *sënwa* entstanden, sondern umgekehrt (altes /nw/ wäre zu /nn/ assimiliert worden, § 127:1). In *sinawël* 'rund' gegenüber *sinfluot* 'Sintflut' vermutet G.Schmidt (1962: 150 f.) ein anderes Präfix.

Anm. 3. In einigen schwach flektierten Substantiven auf *-mo, -ma* hat sich zwischen Frikativ/ Affrikate (/s, z, h/) und /m/ ein Sprossvokal entwickelt (analog zu *bodam* § 65:1): *wahsmo / wahsamo* 'Wachstum', *bësmo / bësamo* 'Besen', *brŏsma / brŏsama* 'Brotkrume' (zum Wurzelvokal vgl. EWA II,357 ff.), *dīhs(a)mo* 'Gedeihen'; *glízemo* Nc, Np 'Glanz'; *slīhmo / slīchimo, -amo* 'dünne Haut'. – Nach Plosiv dagegen *gesmagmo* Nc, Np ohne Sprossvokal (§ 144 A.3*c).

Auch zwischen inlautendem Plosiv und Liquid tritt Anaptyxe auf, so in *agaleizī* 'Eifer' (got. *aglaitei*), *(h)leitara* 'Leiter' (**hlaiđrō-*, EWA V,1151 f.), *fluobara* 'Trost' (**frōƀrō-*, § 120 A.1a, EWA III,417), *lëbara* 'Leber' (**liƀrōn-*, Bichlmeier 2018: 104 f. A.34). Vgl. § 166 A.2b; Reutercrona 1920: 162.

2. Nur oberdeutsch (§ 6a:1c) findet sich ein Sprossvokal in Verbindungen eines /r/ (seltener auch /l/) mit velaren oder labialen Konsonanten, also zwischen /r/ und /k (ch), g, b, p, f, m/; ferner zwischen /l/ und /p, pf, f/ sowie zwischen /r/ und /l/ (zu /rk/, /lk/, /nk/ s. Anm. 3*). Auch hier richtet sich die Qualität nach einem benachbarten Vokal. Die Erscheinung begegnet häufiger in älteren Denkmälern, aber auch da sehr ungleichmäßig; in den meisten zeigt sie sich nur selten oder gar nicht. Im Abrogans tritt sie vor Labial nur zwischen Hauptton und Nebenton in *arapeit, aramuoti* auf; Pa hat sie z. B. in *aripeo* 'Erbe' (Baesecke 1931: 332). Am stärksten sind diese Vokale in BR entwickelt (F.Seiler 1874: 430, Masser 2008: 136), z. B. *perege* (*bërg*), *kiparac* (*gibërgan*), *duruft* (*durft*), *eribun* (*erbo*), *starachistin* (*stark*), *vvaramem* (*warm*), *uuerach* (*wërk*), *uurum* (*wurm*); regelmäßig auch in Rb (Ottmann 1886: 40). Vgl. *-burg, -burug, -brug* in Personen- und Ortsnamen. Mit /l/ vor Labial vgl. *halap, halepe, halaphtran* (Schatz Abair. § 53:e), *halipe* (Klaes 2017: 217).
3. Formen ohne Sprossvokal treten nicht selten schon in der älteren Sprache auf, später gewinnen sie die Vorherrschaft. Bei Notker ist der Sprossvokal – soweit er noch vorkommt – zu [ə] ‹*e*› geworden, z. B. *bevúlehîst, fárewa*. Im Mhd. heißt es normalerweise *befëlhen, forhte, bërht, farwe, zëswe*; anaptyktische Formen wie *farewe* begegnen nur noch selten.
4. Ab dem 13. Jahrhundert entstehen dialektal – vor allem bair. – neue Sprossvokale, jedoch ohne Kontinuität zu den ahd. Sprossvokalen (Mhd. Gr. § L 56, Fnhd. Gr. § L 41, Kranzmayer 1956: §§ 49:f, 50:d, Tauber 1993: 66 ff.).

Anm. 3*. Die Vertretungen der germ. Lautfolgen /rk/, /lk/, /nk/ (*stark-, skalk-, ank-*) im Obd. hat Lippe 1983 untersucht. Sein Ergebnis: Sprossvokale sind immer in der Minderzahl und treten nur in einem kleineren Teil der infrage kommenden Wörter auf (122 f.), und zwar am häufigsten bei /rk/ (*starah*), selten bei /lk/ (*-scaleh*) und nur vereinzelt bei /nk/ (*anachla* 'Knöchel', nach AWB I,529 verschrieben); sie sind erst nach der Weiterentwicklung der Affrikaten (aus der zweiten Lautverschiebung) zu Frikativen entstanden. Die Frikativierung von /kh/ zu /h/ ist nicht Folge der Sprossvokalbildung (so Kauffmann 1890: 243 und danach andere, vgl. Lippe 1983: 106), sondern umgekehrt ihre Voraussetzung (aaO. 125, 132 f.). Im Alem. finden sich Belege vor allem im 8./9. Jh., im Bair. vor allem ab dem 10. Jh. (aaO. 128).

Anm. 4. Verbindungen aus /r/ und Dental entfalten im Obd. keinen Vokal, weil die Artikulationsstellen beider Laute benachbart sind (§ 80 A.4b). Es gibt jedoch vereinzelte Ausnahmen, z. B. *choron* 'Korn' K, *garat* 'Stachel' Gl 3,650,1 (für *gart*), *horen* (für *horn*), *wiret* (für *wirt* § 306 A.2) Phys, *wâred* StD Nr. 54, 19. Beispiele anderer singulärer Einschübe bei Kögel 1879: 34, Baesecke 1931: 332. Zu *harmscara* gehören die vereinzelten Belege *haranscara* (Ludw), *harinscara* (Np, Hs. R; Cirimele 2006: 197 f.); vgl. § 123 A.2b.

In Fuldaer Personennamen steht öfter ein Sprossvokal zwischen /r/ und /n, m/: *Arin-*, *-e-*, *Beren-*, *-a-*, *-i-*, *Irim-*, *Erem-*; durchweg nach /l/ in den PN-Elementen **alh-*, **walh-* (§ 109 A.4a). Gelegentlich begegnet Metathese: *Stracman*, *Stragfridus* (zu *starah-*), *Thangbrug*, *-braht* (s. o. Anm. 1; vgl. Geuenich 1976: 167).

Anm. 5. Im Anlaut entwickelt sich zwischen Konsonant und /w/, Liquid oder Nasal sporadisch ein vortoniger Sprossvokal (Jellinek 1892a: 268, Schatz Ahd. § 86, Baesecke 1931: 341):

a) zwischen Dental und /w/: oft in Ka, seltener in Pa, Ra (Kögel 1879: 45; für Kauffmann 1900: 167, Baesecke 1935: 7 A.1 rein graphisch), z. B. *zouueim* 'duobus', *zouuival* 'Zweifel', *souuarz* 'schwarz', *souuimman* K (= *suuuimman* Pa) 'schwimmen' (vgl. auch § 105 A.3); *gasauuāsi* 'Obhut' H.Mayer 1994: 69.133C, 99. Nach /th, d/: *thouuahit* K, *diuuingit* Pa (doch zu *tuuuāla*, *zuuuā* T vgl. § 105 A.1). Auch spätere obd. Quellen weisen zuweilen Sprossvokal auf, besonders bei /zw/; oft in Np (*zewêne*, *zewei*, *zewelf*, *zewifalt*), mehrfach in Pred B (*ziuuei*, *ziuuain*, *ziuuēni*). Vgl. auch *ziuuiflont* Gl 2,182,31, *zauuiflont* 2,221,64 (*zwīfalōn* 'zweifeln', GlFreis 574 f.; vgl. § 107 A.1d), *ziuuiuiligiu* 2,479,8 (*zwīfalīg* 'zweifelhaft', Kölling 1983: 169); weitere Belege bei Graff V,716. 734 (*ciuuīge*, *ziwire* u. a.);

b) zwischen /s/ und /l, n, m/ (vgl. Reutercrona 1920: 158): vor /l/ *siliumo* Nr 160,68 (Hs. G), spät *unsilit* Gl 3,676,67 (*-sliht*), *seleich* Siewert 1985: 82,13 (*slīo*; Fehler für *scl-* [§ 169 A.3]?); vor /n/ *siniumi* Ra, *sinopile* Gl 1,362,17 (*snuobilī(n)*, Matzel 1956: 93), *sinēuīn* 2,393,30; vor /m/ wohl *simiruua* 3,694,58 (oder Fehler für *smiriuua*?), zu inlautendem /sm/ s. Anm. 3;

c) zwischen Plosiv und /r, l, n/ (vgl. § 80 A.4a): vor /r/ *intspiranc* Pa, *spiricho*, *chereffti* Psalm (Lb 38, 10. 23, Hs.), *stirītin* Gl 2,151,30; vor /l/ *cheleinī* 1,793,15, *chulupt* 1,323,24 (Jacob 1897: 2), *phalāster* 2,513,26; vor /n/ *kinirado* 2,623,50 (§ 48 A.3a), *chenëht* (AWB V,272), *bechenâta* Nc 40,18. 54,21;

d) zur Anlautgruppe /wr/ vgl. § 106 A.1; weitere Belege bei Schatz Abair. § 54.

e) Verschrieben ist *sacrato* Gl 2,518,35 (= *scrato*; infrage käme allenfalls †*scarato*).

P 2.2.4. Die Vokale der Präfixe

§ 70 Die einsilbigen Präfixe und Präpositionen zeigen schon von den ältesten Zeiten an erhebliche Vokalschwankungen, die durch ihre proklitische Natur verursacht sind. Doch lässt sich der Vokalstand der Präfixe teilweise nach Ort und Zeit bestimmen, woraus sich ein Kriterium für die regionale und zeitliche Einordnung der Denkmäler ergibt.

Die meisten dieser proklitischen Wörter haben stark betonte Formen mit festem Vokalismus neben sich, die in der nominalen Komposition oder als Adverbien auftreten. Von den Präfixen ist im Ahd. *ga-* auch als Nominalpräfix unbetont (doch vgl. § 71 A.6), die übrigen zeigen Vokalwechsel nur als Verbalpräfixe.

Lit.: Pietsch 1876: 333, Kögel 1879: 31, ds. 1887: 109, Wüllner 1882: 120 ff., Benrath 1887: 49 ff., Wilmanns I, § 323, Franck Afrk. § 65, Baesecke Einf. 68 ff., Behaghel 1928: 346 ff., Brinkmann 1931: 152, Valentin 1969: 13, bes. 51 ff., Voyles 1992a: 270 ff., Got. Gr. § 217a+A.3, O.Ernst/Glaser 2009: 1017 ff. – Die Aussagekraft der Präfixformen ist von Steinmeyer 1873: 131 erkannt worden.

Zur Vokalvariation der Präfixe: Paul 1879: 247 (verschiedene Ablautstufen). – Zu betonten Formen der Präverbien: Kluge 1883: 68 ff., 328. – Zu Funktion und Valenz: Desportes 1998, Kuroda 2007 u. 2014. – Zu Präfixen in einzelnen Texten: Wedel 1970 (BR), H.Schwarz 1986 (Abr). – Zum Mhd.: Herbers 2002 (Präfixe), Waldenberger 2009 (Präpositionen).

Anm. 1. Die proklitische Negation *ni* hält in der älteren Sprache im Allgemeinen ihren Vokal fest; später (z. B. Lb 21, Sam, Psalm, Zeitzer B) tritt abgeschwächtes *ne* auf, das schließlich die Oberhand erlangt. Vor vokalischem Anlaut wird in gewissen festen Verbindungen der Vokal elidiert, z. B. *nalles, nibu, neo, nio, nist*; sonst öfter nur vor den Präfixen *ir-*, *int-*, z. B. *n-intfiengun, n-irfuor* T, besonders bei Otfrid (Kappe 1910: 15).

Die Präposition *mit* erscheint vereinzelt (Georgsl, Zeitzer B) als *met*; vgl. auch as. *med, met* neben *mid(i)*. Die Variante beruht am ehesten auf Abschwächung (Schützeichel 1982: 81 f. mit Lit., As. Gr. § 63). Dagegen ist mnd. *med* auf Zerdehnung zurückgeführt worden (Mnd. Gr. §§ 39:III, 107 A.3); sofern diese Lauterscheinung schon in as. Zeit eingesetzt hat (Krogh 1996: 255), kommt sie ebenfalls als Ursache infrage (as. Einfluss in der Zeitzer B?).

Anm. 2. Wechsel zwischen /ë, i/ und /o, u/ zeigen auch die in §§ 29 A.3, 31 A.4 besprochenen minderbetonten Partikeln (*ëdo/odo, ibu/ube, oba* u. a.), die im Satz den folgenden Haupttonsilben untergeordnet sind. Zu *anti, enti, inti, unti* vgl. § 50 A.4.

Anm. 3. Proklitisches *dār* in univerbierten Ortsadverbien wird spätahd. zu *dăr* gekürzt und vereinzelt zu *dr-* synkopiert: *draba* Gl 4,351,1, *drin* StD 346,1+A.1 (vgl. AWB II,643). Zum Mhd. vgl. Mhd. Gr. § E 21:4; zu nhd. *dran, drin, draußen* u. ä. vgl. Behaghel 1928: 349.

ga-, obd. *ka-* (= got. *ga-*, nhd. *ge-*). Das Präfix *ga-* erscheint gemeinahd. als *gi-*. Am frühesten hat sich *gi-* im Frk. durchgesetzt, wo es schon Anfang des 9. Jahrhunderts herrscht und nur noch wenige Reste des *ga-* neben sich hat. Im Alem. ist *ga-* (*ca-*) im 8. Jahrhundert noch häufig; daneben treten allmählich die Formen *ge-* und *gi-* auf. Anfang des 9. Jahrhunderts ist *ga-* im Erlöschen, im 9. Jahrhundert herrscht *gi-*. Im Bair. halten sich die *a*-Formen am längsten. Noch in der ersten Hälfte des 9. Jahrhunderts gilt hier *ga-* (*ca-*) ziemlich uneingeschränkt und ist für diese Zeit Kriterium des bair. Dialekts (§ 6a:3b). Dann tritt auch hier die *i*-Form auf, die allmählich die Oberhand gewinnt. Mit dem Ende des 9. Jahrhunderts herrscht also in allen Dialekten *gi-* (*ki-*), später *ge-*. Dieses ist im 11. Jahrhundert schon überwiegend in Gebrauch und bleibt die endgültige Form des Präfixes. § 71

In den Beispielen dieses Buches – soweit sie nicht Belegzitate sind – wird die Präfixform *gi-* verwendet. Zu Kollektiva mit *gi-* vgl. § 201:2; zu *gi-* in denominalen Adjektiven vgl. § 251:3; zur Verwendung im Partizip Präteritum vgl. § 323.

Lit.: Henzen 1965: 104, Lühr Hl 381 ff., Pfeifer 1993: 403 f. – Zur Beleglage: Pietsch 1876: 335, Wüllner 1882: 120 f., Schatz Abair. § 32, Franck Afrk. § 65:5, Baesecke Einf. § 43:3, ds. 1931: 339, Lawson 1970: 568 ff.

Anm. 1. Zur Vertretung in den Dialekten:

a) Im Frk. finden sich verstreute *ga-* in WK (*gameinito*), GlFrank, O (nur Hs. V: *ungalouba* 3,8,44, *ungalīh* 5,12,42). Stets *ga-* im Frk. Taufgel B, *gi-* in A (rheinfrk.). Isidor verwendet die Graphie ‹*chi-*› (§ 148 A.4a). In etwas späteren Quellen tritt zuweilen *ge-* auf, z. B. Ludw (3 *ge-* : 12 *gi-*).

b) Im Obd. dominiert bei den Leges-Wörtern ‹*a*› gegenüber ‹*i*› (Stricker 2019: 43). Ka (alem.) hat regelmäßig *ca-* (*ga-*), Kb hingegen *ki-*, Ra hat mehr ‹*i*› als ‹*a*› (Kögel 1879: 34, Steinmeyer 1900: 72); dagegen kennt Ad nur (7x) *gi-* (Haubrichs/Müller 2021: 109, 114, 133 f.). H hat häufig ‹*a*›, und zwar Ha (aus St. Gallen?) 130 ‹*a*› : 7 ‹*i*›, Hb aus Murbach 11 ‹*a*› : 26 ‹*i*›. Auch Rb (111 ‹*a*› : 316 ‹*i*›, Ottmann 1886: 42), Rd, Jun (Schindling 1908: 37 f.) haben noch oft ‹*a*› neben ‹*i*›; seltener ist ‹*a*› schon in BR und verliert sich im Alem. dann fast ganz. Bemerkenswert ist die alte Übergangsform mit ‹*e*›, die im 8./9. Jh. auftritt, meist neben ‹*i*› (z. B. Pn 3 *ki-*, 1 *ke-*); *ke-* überwiegt in BR (Verhältnis etwa 9 *ke-* : 5 *ki-* : 2 *ka-*) – ähnlich in al. Ps (Blom 2017: 143) – und gilt durchweg in GlPaul. Zum Bair. vgl. Nievergelt 2010: 22 f.

c) Pa hat neben *ca-* auch alem. *ki-* (27 ‹*a*› : 1 ‹*i*›), nur *a*-Formen stehen in R, Exh, GlKass, Freis. Pn, Wess; ‹*a*› überwiegt in Carmen, Emm, Emmeramer Gl; von bair. Quellen hat Musp die *i*-Form am frühesten durchgeführt. In MF stehen neben den bair. *ga-*, *ca-* die frk., zu jener Zeit nicht-bair. *ghi-*, *ki-*; OFreis hat nur wenige *ga-* (Kelle O 442); zu Isidor vgl. § 148 A.4.

Anm. 2. Eher auf Schreibfehlern als auf Assimilation beruhen *gohōrta* T (E.Sievers 1894a: 553), *ungumachu* O, *guuurti* Gl 2,165,26 (Nievergelt RP 107 A.611); weitere Beispiele bei MSD II,96. 231, Harczyk 1874: 78. Bei den besonders in BR häufigen *eocowër*, *eocowëlih* u. a. kann zusätzlich zum vorhergehenden /o/ auch das folgende /w/ assimilierend gewirkt haben.

Anm. 3. Zuweilen wird der Präfixvokal vor vokalischem Wurzelanlaut elidiert. Besonders häufig ist dies bei Otfrid, z. B. *g-irrōn*, *g-āzun* (Pietsch 1876: 334, Benrath 1887: 50, Wilmanns I,411, Kappe 1909: 476). Aber auch sonst finden sich einzelne Belege, z. B. *kepanont* (*ëbanōn*), *kepanlihhont* R.

Anm. 4. Zur Stellung vor konsonantischem Wurzelanlaut:

a) Synkope des Präfixvokals vor konsonantischem Anlaut begegnet in der Regel nur bei /w, r, l, n/ (doch s. u. c). In älterer Zeit bleibt dies selten, z. B. *ēregrehti* O (falls zu *-girëhtī*; vgl. AWB III,383, SplAWB I,186, Tiefenbach 1995: 82 f., EWA II,1125 ff.); *gloubit*, *glīhnessi* T; *krīsit* H; *glāssannerą* (NFG 257); vermutlich alem. *cuuāren*, *cquīchit* (Nievergelt 2021: 149). Häufiger wird es erst im 10./11. Jh., z. B. *gladōta* (W.Schulte 1993: 70.22), *klērtī*, *-e* (AWB V,849); bei Otloh *glouben*, *gnāda*, *gniozen*, *grihten*, *ungrihti*. Bei Notker ist in manchen, überwiegend intransparenten Wörtern der Vokal meist geschwunden: *guís* (*kuís*), *guón* (*quón* 'gewohnt', § 103 A.4), *guínnen*; *glóuben*; *gréht*; *gnóto*; *gnôz*, *gnâda*; dagegen wird er in anderen Wörtern wie *genémen* oder *gelîh* nie unterdrückt. Je stärker die Funktion des Präfixes verblasst, desto leichter wird dessen Vokal synkopiert (Hinderling 1967: 73 f.).

b) In entsprechend anlautende, intransparente Bildungen kann hyperkorrekt ein Vokal eingefügt werden, sodass der Eindruck von *gi*-Bildungen entsteht (Schatz Ahd. 154): *kilou* Jc, *kelouuiu* N, *gilauue* OFreis zu *glou* 'klug' (AWB IV,311); *ginegit, ganaganne* GlMon zu *gnagan* (AWB IV,316); *giroupit* zu *grouben* 'braten', vermutlich auch *gerob* N zu *grob* 'grob' (Reutercrona 1920: 152, AWB IV,441 f.; anders EWGP 307).

c) Wenn der Präfixvokal wie in *kpret* Rb, *kdennan* Jc, *ktrūida* Nievergelt RP 428.G106 ausnahmsweise vor Plosiv fehlt, kann abkürzende Schreibung wie etwa in *k tan* H 26,11,1 (*kehaltan*) vorliegen. Vor /s/ kann der Vokal im (Spät)obd. synkopiert sein (Mhd. Gr. § L 55 A.): *kseltines* Gl 1,311,5 (*giskëltan*), *gscephenter* 1,613,8, *gscurphtema* 2,455,6, *satilkscirri* 3,441, 6, *gsniuzit* Siewert 1989: 97, 101 (vgl. *psmiz* § 77 A.3d mit *bi-*). Bei *guirmont* GlMon (2,127,37, *gifirmōn*) ist das Fehlen wohl dem graphischen ‹*u*› zuzuschreiben. – Nicht hierher *chelen* 'enucleatius' Nievergelt 2017: 128.1 (dort als Adv. *g[i]hel[l]ēn* bestimmt, doch vgl. SchGW VIII,306 s. v. *scelen* swV., GramErtr 161).

Anm. 5. In seltenen Fällen wird *gi-* komplett getilgt, falls eine weitere *gi*-Bildung unmittelbar vorhergeht oder folgt (Heidermanns 2018): *kifago nuoc* Gl 2,142,3 (Frank 1974: 39, 66.63), *nuog ci gituonne* 2,93,1, *in nuhsamiu gikērtiu* 1,622,43; as. *an nutsomiđi giuuisso* (Tiefenbach 2003a: 435). Hier dürfte auch der Abrogans-Beleg *cachoranlīhho chunnēt* Pa 134,27 (*kikhunnet* Kb, *kichunnet* Ra) anzureihen sein (dazu Splett Abr 203, GramErtr 161).

Anm. 6. Entgegen der generellen Regel weisen einige Substantive wie *gabissa* O, *gâscaft* N auf ein betontes Nominalpräfix *ga-* (Kluge 1913: 89, 91, G.Schmidt 1962: 270 f., 273, EWA IV, 3 f., LIPP 423 A.7, 425+A.14; vgl. § 76 A.5 zu *fra-*, § 77 A.1 zu *bi-*). Ein solches legen auch got. Denominativa mit zweifachem *ga-* nahe: *ga-gáleikōn, ga-gáwairþjan* (s. u.) zu *gáleiks* (aber awn. *(g)líkr* setzt Wurzelbetonung voraus), **gáwairþs* (Got. Gr. § 217a A.1). – Aus **ga-ga(n)-* dürfte außerdem ahd. *gagan* '(ent)gegen' lexikalisiert sein (Voyles 1992a: 271: „compound prefix with *kom+ repeated twice"; anders G.Schmidt 1962: 390 ff.). Als Prototyp empfiehlt sich *gaganwerten* 'vergegenwärtigen' in Verbindung mit got. *gagawairþjan* 'versöhnen' – 'zugewandt/zugetan machen', zu **warđa-/-werþa-* '(wohin) gewendet' (EWGP 658, 672) –, denn damit erklärt sich zugleich die Bedeutung: 'zugewandt' > 'entgegengewandt'. Die spätahd. Nebenform *gegin* (11. Jh., AWB IV,5) kann aus dem *jan*-Verb *geginen* rückgebildet sein.

Auch anderweitig kann sich zweifaches *ga-* einstellen: *gi-garawi* n. 'Kleidung, Schmuck', zu einfachem *garawi* n. (Schlüter 1875: 110), zu *gar(a)wen* 'bereiten' § 356:2c < **g(a)-arw-ija-* – daraus rückgebildet *garo* § 253 (EWGP 234) –, zu germ. **arwa-* in as. *aru*, awn. *ǫrr* 'bereit'.

za(-) Präfix (nhd. *zer-*) und Präposition ('zu'). In beiden Geltungen wird der Vokal von *za* ganz ähnlich behandelt wie der von *ga-*. Im Frk. ist *za* nicht vorhanden, es gibt nur *zi*; im Alem. tritt im 8. Jahrhundert neben *za* schon *ze, zi* auf, im 9. Jahrhundert wird *zi* herrschend; im Bair. ist *za* noch im 9. Jahrhundert ganz gewöhnlich (§ 6a:3b), daneben tritt *ze* (seltener *zi*) auf. Ab dem 10. Jahrhundert ist in allen Dialekten *zi, ze* üblich, schließlich setzt sich *ze* durch. **§ 72**

Neben dem Präfix *za-, ze-, zi-* kommt in völlig gleicher Funktion in obd. Quellen seltener auch *zar-, zer-, zir-* vor (Anm. 2).

Lit.: Zum Vokalismus: Wüllner 1882: 123, Schatz Abair. § 34, Baesecke Einf. § 43:4. – Zur Herkunft: G.Schmidt 1962: 345 ff., Henzen 1965: 107, Lühr Hl 417 f., 424 f., EWDS s. v. *zer-*.

Anm. 1. Im Frk. des 9. Jh. begegnet neben dem herrschenden *zi* nur sehr selten *ze* (bei Otfrid einige Male durch Assimilation: *ze herzen* 1,23,27, *ze theru* 4,27,2); Weiteres bei Franck Afrk. § 65:6. Von älteren Quellen haben Ka *za*, Kb *zi* (4 *za*), Voc *za* und *ze*; *za* herrscht in H, auch in Rd, in Jc überwiegt *za*, Rb hat *za* und *zi* (37 *za* : 53 *zi*, und zwar Präp. *za* meist vor Subst. und Adj., dagegen *zi* überwiegend vor dem Gerundium: Ottmann 1886: 43). *ze* ist die Regel in al. Ps; BR hat in der ersten Hälfte stets, in der zweiten meist *ze* (neben 34 *za*, 12 *zi*). Pa hat *za* (41 *za* : 3 *zi*); durchweg *za* haben R, Exh, Wess, MF. *ze* ist jedoch im Bair. früh und stärker verbreitet als *ke-*: Schon Freis. Pn hat *ze* neben *za*, in Musp überwiegt *ze*.

Die Präposition *zi* zeigt bei Otfrid vor vokalischem Anlaut öfter Elision; vgl. Kappe 1909: 473 ff., de Boor 1928: 79. Zur Kontraktion mit folgendem Artikel vgl. § 287 A.2d.

Anm. 2. Die Präfixformen mit /r/ werden im Ahd. sehr beschränkt verwendet, sie kommen nur in einer Anzahl altobd. Quellen vor (vgl. Graff V,697).

a) Von alten Quellen sind besonders Jb und Rd hervorzuheben, die neben *za-*, *zi-* mehrere *zar-*, *zir-* haben (*zarworfano*, *zarfallano*, *zarlāzzanti*, *zarstōrrit*, *zirstōrre*, Schindling 1908: 40); Rf bietet *zarwarf*, *zartriufant*. Bei *cirp[rē]chumēs* Kb 217,20 scheint ‹*c*-› in ‹*f*› korrigiert (Splett Abr 310). Im Mhd. ist *zer-* neben *ze-* viel häufiger geworden (KSW III, § V 71 ff.).

b) Grimm (Gr. II,757 f. 846 f.) erklärte *zar* als Kombination aus *za* und *ur* (§ 75). In einigen Belegen liegt deutlich das Doppelpräfix vor, so bei Notker: *ze-irfûore* 'disiice' (Nb 151,11), *ze-erlekke* 'dissolvat' (Nb 66,17), *ze-irgân* 'perire' (Nk 11,12, Npgl 78,11) und in GlEmm *zearfellan* 'subruere' (Gl 2,331,9). In anderen Fällen geht *zar-*, *zir-* auf älteres **zur-* (got. *tuz-*) zurück. Dieses *zur-* ist starktonig in ahd. Nominalkomposita erhalten, vgl. bei Notker *zurganc* 'Abfall', *zurlust* 'Wollust', *zurlustig*, *zurtriuwe* 'treulos' (Sehrt/Legner 1955: 636, SchAWB 412; Weiteres bei Baesecke Einf. § 43:4). Das Präfix *za-*, das semantisch von der Präposition *zō* (*zuo*, schwachtonig *za*) zu trennen ist, könnte aus *zar-* gekürzt sein.

c) Demnach wären *zar-*, *zir-*, *zer-* und *za-*, *zi-*, *ze-* auf dieselbe Grundform *zur-* zurückgehende Doppelformen; sprachgeschichtliche Begründung bei Paul 1879: 208, 552, Kluge 1883: 71, G.Schmidt 1962: 345 f. Andere verbinden *zer-* mit got. *dis-*, *twis-*; vgl. Wilmanns II, § 134 (§ 421:1), Feist 1939: 119, Lühr Hl 424 f., Klingenschmitt 1987: 187 A.59.

§ 73 *ant-* (nhd. *ant-*, *ent-*). Das Präfix *ant-* ist in Nominalbildungen betont und behält sein /a/ bei, so *ántlāʒ*, *ántwurti*, denominal *ántwurten*. In proklitischer Stellung vor Verben ist es dagegen schon früh in allen Dialekten zu *int-*, *in-* abgeschwächt, z. B. *intlā̆ʒan*, *infāhan*; hier kommt die ursprüngliche Form *ant-* nur noch in sehr alten Quellen vor.

Lit.: Zur Herkunft: G.Schmidt 1962: 310 ff., EWA I,268 ff.

Anm. 1. Die volle Form *ant-* steht regelmäßig in MF (*antbintan*, *antfāhan* u. a.). Pa hat noch oft *ant-* (15x *ant-*, 13x *in-*, 9x *int-*, Kögel 1879: 39), Ad bietet *antsazzit* (Haubrichs/Müller 2021: 136); auch in Rb noch 15x *ant-/an-*, 5x *int-/in-* (Ottmann 1886: 44). Sonst findet sich *ant-* nur ganz vereinzelt (zu seltenem *anta-* vgl. Lühr 1979: 137). Die meisten altobd. Quellen haben schon fast durchgängig *int-/in-*: so K, Ra, R, H (selten *ant-/an-*), BR (1x *anpintamēs*), Exh u. a. – Von frk. Texten hat nur Isidor noch 5x *ant-*, aber daneben 6x *in-*. Vgl. Valentin 1969: 15.

Das Verbalpräfix *ant-* hält sich im As. länger als im Ahd. (Holthausen As. § 116, As. Gr. § 148:5, AWB I,551 s. v. *antlêhanôn*).

Anm. 2. Die Form *in-* (*an-*), die durch Ausfall des /t/ bei dreifacher Konsonanz (vgl. § 99 A.3) entstanden ist (*in-lāȥan* < *int-lāȥan* 'entlassen', vgl. *an[t]luzzi* O § 99:2b), nimmt im Ahd. breiten Raum ein. In vielen Quellen ist sie die regelmäßige Form und hat *int-* ganz verdrängt (Kb, Ra), in anderen steht *in-* neben *int-* (T, O); zu *an-*, *in-*, *en-* in Jc vgl. Krotz 2002: 446.334. Der *t*-Ausfall ist gefördert worden durch Vermischung mit dem alten Präfix *in-* (§ 77a; vgl. got. *in-* neben *and-*). Wenn Isidor *antfenc* 29,20 gegenüber *infenc* 23,15 bietet, ist eher mit dem Nebeneinander beider Präfixe als mit lautlicher Entwicklung zu rechnen.

Das /t/ des Präfixes verschmilzt mit folgendem /f-/ zur Affrikate /pf, ph/ (§ 138 A.2). In *inchquetani* Gl 2,661,16 ist das /t/ an den folgenden (Labio)velar assimiliert (§ 146a A.3e). Assimilation von /ntg/ zu /nk/ liegt vor in *inkeldan* Gl 2,31,38 (v.Gadow 1974: 88), *incaltan* 2,184,31 (GlFreis 582); vgl. *sinkewēge* Gl 3,368,66, *sincvuāge* 2,33,28 < **sint-gi-* (GramErtr 161). Zu ‹*intz-*, *inz-*› für /int-s-/ vgl. § 158 A.2.

Anm. 3. *int-*/*in-* ist die in der ganzen ahd. Periode vorherrschende Form. Das im Mhd. durchgedrungene *ent-* kommt zuweilen schon ahd. vor, vereinzelt selbst in älteren Quellen, z. B. *entfianc*, *entfiangut* BR (29 *int-*, 7 *in-*, 6 *im-*, 8 *ent-*, Valentin 1969: 19). – Im Spätahd. und Mhd. erscheint der unbestimmte Vokal (Schwa) zuweilen als ‹*u*› (*unt-*/*un-*), so stets im anl. Leid. Will *untwīchan* u. a. (Mhd. Gr. § L 57:3, Sanders 1974: 169). Die Beleglage hält davon ab, *unt-* für alt zu halten und mit got. *unþa-*, ae. *úð-* zu identifizieren.

Anm. 4. Scheinbar erscheint zuweilen ein betontes *ant-* als *int-*, so etwa *intheiȥ* (AWB IV, 867 f.) statt *ántheiȥ*. Die Bildung ist jedoch erst sekundär an das Verb *intheiȥan* angelehnt (AWB IV,891 f.); ähnlich *intlāzīgēr* (Graff II,314) statt *ántlāzīgēr* nach *intlāȥan*.

aȥ (= got. *at* 'zu, bei'). *aȥ* ist im Ahd. nur als Adverb (Präverb) und Präposition, nicht als Nominalpräfix gebräuchlich (doch s. Anm. 1). Im Adverb ist das /a/ fest (*aȥ quëman*, *aȥ stantan*), in der Präposition tritt daneben schon früh *iȥ* (*eȥ*) auf. Das Wort ist nur bis in die Mitte des 9. Jahrhunderts in Gebrauch, dann wird es als Adverb durch *zuo*, als Präposition durch *zi* ersetzt (vgl. § 72+A.2b). Im Tatian ist *aȥ*, *iȥ* schon sehr selten, Otfrid kennt es gar nicht mehr. Zur Konstruktion *aȥ ērist* 'zuerst' vgl. § 268 A.3. **§ 74**

Lit.: AWB I,759 ff., EWA I,405 f.

Anm. 1. Eine Substantivierung des Adverbs (vgl. awn. *at* n. 'Kampf, Streit') lebt in dem Kompositum *aȥgēr* 'Lanze, Wurfspeer' fort (EWA I,409, Bulitta/Heidermanns 2015: 167).

Anm. 2. Mit alter Schwundstufe (EWGP 597) oder jüngerem Vokalverlust (vgl. § 77a A.1 zu *n-* neben *in*) erscheint das Präverb in *zagēn* 'zaghaft, träge werden' (vgl. got. *ōg* § 377, altir. *ad-ágathar* 'fürchtet'; EWGP 587) und *zougen*, as. *tōgian* 'vor Augen führen, zeigen' (got. *at-augjan*; G.Schmidt 1962: 325).

ur(-) (= got. *us* 'aus', nhd. *ur-*, *er-*). *ur* ist im Ahd. Präfix und Präposition. Das Präfix *ur-* ist in Nominalbildungen betont und bewahrt das /u/ (z. B. *úrteil*, *úrcundo*), dagegen unterliegt es proklitisch als Verbalpräfix frühzeitig der Abschwächung. Die volle Form *ur-* ist vor Verben nur noch vereinzelt in wenigen altobd. Quellen erhalten. Die erste Abschwächung ist *ar-*, das in den meisten alten Denkmälern **§ 75** vorliegt, im Laufe des 9. Jahrhunderts aber allmählich durch *ir-*, *er-* ersetzt wird. Diese Form tritt schon im 8. Jahrhundert auf, gewinnt aber erst im 9. Jahrhundert die Oberhand und verdrängt die älteren Formen (*ur-*,) *ar-* allmählich ganz. *ir-* ist die gemeinahd. Form; *er-* steht von Anfang an neben *ir-* und wird schließlich im Mhd. die definitive Form des Präfixes.

Die Präposition *ur* erleidet die gleichen Schicksale wie das Verbalpräfix, bleibt jedoch nur noch im 8. und 9. Jahrhundert in Gebrauch; später wird sie durch *ūʒ* ersetzt.

Lit.: W.Lehmann 1906, A.Wolf 1915, Baesecke Einf. § 43:1, Gruber 1930, G.Schmidt 1962: 192 ff., Henzen 1965: 105 f., Bammesberger 1979.

Anm. 1. Für den Abrogans erschließt Baesecke 1931: 339 *ur-*, das in den Hss. durch *ar-*, im rheinfrk. schreibenden Murbach durch *ir-* ersetzt wird. In den obd. Denkmälern ist *ar-* das Normale, so in Pa, Ka, Ra, Rb, MF, R u. a. Die alte Form *ur-* findet sich daneben verstreut, so *vrpaizzit* Ad (Haubrichs/Müller 2021: 135), besonders im Bair., z. B. in den Freisinger Isidorglossen (Wüllner 1882: 121 f., Schatz Abair. § 35, Lühr Hl 574); vgl. noch *urgepan*, *ur tauffi* Exh, *ur lante* neben *ar arme* Hl 50, 32. Die Form *ir-* überwiegt zuerst in Kb (136 *ir-*, 6 *ur-*, 8 *ar-*, 3 *er-*), während Ka nur *ar-* hat. In BR ist *er-* die Regel, von H hat der erste Teil aus St. Gallen *ar-*, der zweite aus Murbach *er-*; in Jun *ar-* und *er-*; *ar-* überwiegt in Jb, *er-* in Jc aus St. Gallen (Schindling 1908: 39). Auch al. Ps hat *ar-* und *er-* (Blom 2017: 143). Im Frühbair. begegnet sporadisch *or-*: *orsceidi[t]* (‹o-› korr.), *orrihtit* Gl 2,150,30. 32. Im Bair. hat noch Musp *ar-*.

Anm. 2. Im Frk. kommt *ur* außerhalb des Starktons nicht mehr vor. Das betonte Nominalpräfix erscheint in den Aratorglossen *uremāren* und *urespringe* gemäß § 69:2 mit Sprossvokal (Schlechter 1993: 222).

Die älteren frk. Quellen zeigen nur *ar*, so stets Is, WK, GlFrank; auch Tatian hat *ar* (ein Schreiber *er*, Sievers T § 75). Die späteren frk. Denkmäler haben *er* oder *ir*. Otfrid hat *ir* (dafür zuweilen *yr*, § 22 A.1a), einige Male steht auch *er* (Kelle O 446, Benrath 1887: 51 f.). Auffällig ist in der Würzb. B zweimaliges *urloubit* neben *unerrīmitiu* und *unarloubidiu*, vielleicht an *urloub* angelehnt (Franck Afrk. § 65:3).

Anm. 3. Vereinzelt verliert das Präfix vor vokalischem Anlaut seinen Vokal (vgl. § 77a A.1): *rophunut* Gl 2,398,63 (*ir-offanōn*, 11. Jh.). In *rmuodotiz* Gl 2,355,17, *rlarth* 2,613,37 (*ir-lāren*), *rgibi* StD 356,50 fehlt der Vokal wohl nur graphisch (Bammesberger 1979: 31 A.4).

Anm. 4. In *fona demo dirahtēn* Gl 2,42 A.7 (wohl 10. Jh.) liegt vermutlich der älteste Beleg des nhd.-bair. Präfixes *der-* vor, das bereits durch *derzúcchit* Npgl 67,28 als spätahd. erwiesen war. Das anlautende /d-/ dürfte aus einem sprechsprachlichen Hiattilger angewachsen sein (Tiefenbach 2001a: 421 ff.; zu *-ēn* vgl. § 315 A.2).

§ 76 *fur-* (nhd. *ver-*). Die älteste Form dieses Präfixes ist *fur-*, *for-*; als betonte Formen stehen daneben die auch präpositional verwendeten Adverbien *furi* und *fora*. Das Präfix *fur-*, *for-* wird zuerst zu *far-* abgeschwächt, die zweite Stufe der Reduktion ist *fir-*, *fer-*. In vielen Quellen verläuft die Entwicklung von *fur-* derjenigen von *ur-* (§ 75) parallel. Das Präfix ist von Leopold 1907 monographisch behandelt worden.

Im frk. Bereich haben im 9. Jahrhundert die ostfrk. Texte (Tatian, Frk. Taufgel, Fuldaer B) *fur-*, *for-*, die rheinfrk. *fir-* (Isidor, Otfrid) oder *fer-* (Mainzer B, Ludw); *far-* ist im Frk. selten. Dagegen ist in den älteren obd. Quellen *far-* die gewöhnliche Form, *for-* und *fur-* sind selten (Anm. 1). Neben *far-* treten auch schon zeitig *fir-* und *fer-* auf, die ab dem Ende des 9. Jahrhunderts in allen Dialekten gelten. Zunächst überwiegt *fir-*, später nimmt *fer-* (*ver-*) immer größeren Raum ein und ist im Mhd. die definitive Gestalt des Präfixes.

Anm. 1. Zu obd. *fur-* vgl. *furlaugnit*, *furnoman* Ad (Haubrichs/Müller 2021: 134 f.). *far-* haben die alem. Quellen BR (gegenüber *er-*, § 75 A.1), Rbdef, Jab, Ha, ferner Pa, Ka, Ra. Auch die Lex Baiuvariorum zeigt fast durchgehend *far-* (Stricker 2019: 43). Frühbair. *for-* haben dagegen MF und Emm; Musp hat *far-*. Der südrheinfrk. WK hat *far-*, die Straßb. Eide haben *fur-*, *for-*.

Anm. 2. *fir-* hat zuerst Isidor, es herrscht in den Murbacher Texten Kb und Hb vor, in Jc zugleich mit *fer-*. Bei Otfrid überwiegt *fir-*, nur in *unfarholan* (4x) steht *far-*, durch Assimilation *unforholan*, *formonanti* (Franck Afrk. § 65:4, genauer Benrath 1887: 53, Valentin 1969: 25, 27). *fir-* im Petruslied stammt nach Baesecke 1922: 438 aus rheinfrk. Vorlage (dagegen Lomnitzer, VL VII,523); auch GlKass hat nur *fir-*. Vgl. Wüllner 1882: 122 f., Schindling 1908: 40, Schatz Abair. § 36, Baesecke Einf. § 43:2, ds. 1931: 338, Brinkmann 1931: 153, Valentin 1969: 51.

Anm. 3. Vor /l/ und /r/ wird *fir-* zuweilen zu *f-* reduziert; *frëȝȝan* offenbart eine Reduktion vor Vokal (s. u. d). Nach Leopold 1907: 19 f. A.2 liegt dabei in der Regel *fra-* (Anm. 4, 5) zugrunde.

a) Die Verben *fir-lāȝan* und *fir-liosan* nebst Ableitungen zeigen mitunter Synkope zu *flāȝan*, *fliosan*, z. B. Freis. Pn *flāz* (vgl. Glaser 1996: 497 f., 550), *flāzze*, *flāzzan*; T *fliosan*, *fliose*, *flurīn*; R *fleosan*; Npw *florn*; *flornussidi*. Zu *filloran* O vgl. § 99 A.1; zu *uuoloran* Gl 2,165,47 (9. Jh.), *wolorin* Gl 1,634,74 (12. Jh.) vgl. § 139 A.6; AWB V,1159 mit Lit. Ohne /r/ (vgl. § 120 A.2b) ferner *folāzanne* Gl 2,148,52, *selbfalāzzani* 1,585,45; vor /s/ + Konsonant auch *faslant* R 109,7, *fastrihhan* 123,24 (Wüllner 1882: 30). Weiteres bei O.Ernst/Glaser 2009: 1017 f.

b) In *frahhun* Gl 2,450,51 zum Part. Prät. *fir-rāhhan* (§ 351 A.1d) begegnet die Synkope auch vor /r/. Zum Vokalausfall vor /r/ vgl. auch mhd. *grade* aus *gerade* (Mhd. Gr. § L 55).

c) Die Synkope tritt bevorzugt bei Bildungen ein, die durch Untergang des Simplex intransparent geworden sind (vgl. § 71 A.4a zu *gi-*, § 77 A.3c zu *bi-*, § 77a zu *in-*); insgesamt überwiegen die vollen Formen jedoch bei weitem.

d) In *frëȝȝan* neben *ëȝȝan* (§ 343 A.5) ist bereits vorahd. der Vokal des unbetonten Präverbs *fra-* antevokalisch elidiert (EWA III,554). Anderweitiges *fra-* könnte für *fram-* bzw. *far-* verschrieben sein, so *frascurgit* Gl 1,297,47, *fratrīpit* R (135,19), *frasūmīc* Jc (2,50,47). Zu betontem *fra-* s. Anm. 5.

Anm. 4. In dem Präfix sind mehrere heterogene, teils durch Ablaut geschiedene Formen zusammengefallen, die im Got. als *fra-* (s. Anm. 5), *faír-*, *faúr-* erscheinen. Zur Vorgeschichte vgl. Leopold 1907: 24 ff., 30 f., Wilmanns II,158 ff., Johannisson 1939: 126 ff., G.Schmidt 1962: 321 ff., Henzen 1965: 106 f., Lühr Hl 488 ff.

Anm. 5. Einige Nominalkomposita enthalten im Ahd. noch das – betonte – Präfix *fra-* (vgl. Grimm Gr. II,715. 722, Kluge 1913: 89, 91, AWB III s. vv.): *frafildi* 'abgelegene Gegend', *fra(h)wāȝ* 'das Verfluchte' Ja (Gl 1,374,18), *fratāt* 'Verbrechen'; *frabald* 'frech', *fravali* 'ungestüm'. *frâsez* 'Rost' Npgl 77,46. 48 trägt im Gegensatz zu *ferséz* Np den Akzent auf der ersten Silbe. Zu präverbalem *fra-* s. Anm. 3d; zu betontem *ga-* vgl. § 71 A.6.

§ 77 *bi(-)* Präfix (nhd. *be-*) und Präposition (nhd. *bei*). Die volle Form lautet *bī*; sie liegt im Adverb vor (*pii* 'prope' Pa, *dârbî* N), tritt aber schon im Ahd. auch als Präposition auf (*pii* 'secus' BR) und verdrängt schließlich die kürzere Form der Präposition *bi, be*. Die Dehnung ist durch sekundäre Betonung des ursprünglich unbetonten Wortes verursacht (Behaghel 1928: § 235).

Das Präfix lautet im 8. und 9. Jahrhundert regelmäßig *bi-* (*pi-*), nur selten tritt daneben *be-* (*pe-*) auf, das erst ab dem 10. Jahrhundert immer mehr um sich greift. Auch die Präposition *bi* wird im gleichen Maße zu *be*, soweit nicht *bī* an dessen Stelle tritt.

Lit.: Franck Afrk. § 65:2, Bogner 1933, Henzen 1965: 105, EWA II,1 ff., Kuroda 2005.

Anm. 1. Ältere Beispiele für *be-* sind *za pekinnenne* BR 190,30, *bethurfun* Lb 37.1, *be demo* Sam 18, *peginno* Lb 38, 32. Bei Notker ist *be-* durchgeführt (Sehrt/Legner 1955: 31 f.), doch vgl. *bî-stân* (neben *be-stân*), *bî-uuesen* mit betontem Präverb. Einige Bildungen wie *biderbi, bigiht* (nhd. *bieder, Beichte*) enthalten ein betontes Nominalpräfix *bí-* (Kluge 1913: 91 f.); vgl. § 71 A.6 zu *gâ-*.

Anm. 2. Selten steht statt *be* auch *ba, pa*: Präp. *ba thaz* OFreis 3,7,59; *pa-* in *unpawollaniu* H; öfter in Rb, wo unbetontes /i/ auch sonst durch ‹*a*› bezeichnet sein kann (Ottmann 1886: 45), z. B. Präf. *paduunkenemo* (AWB II,818); ferner *palāntemo* (zu *bi-lān*, Kurzform von *-lāȥan*, AWB V,669 f.; vgl. § 351 A.2), *pawerrant*, Präp. *padiu* 'weil', *pa unfreihti* 'unverdient'. Hierher auch *balībit* im Leipziger Fragment (Mackert/Schmid 2019: 159).

Anm. 3. Präposition und Präfix erscheinen zuweilen als bloßes /b/ bzw. /p/.

a) Der Vokal der Präposition *bi* wird vor Vokalanlaut bei Otfrid öfter elidiert, z. B. *bunsih* 4,14,18; doch überwiegt die Vollform (de Boor 1928: 84 f.). Zur Präposition *buuzssan* bei Isidor (= *biūȥan*, as. *būtan, biūtan*) vgl. Nutzhorn 1912: 280, Matzel Is 144, EWA II,139.

b) /b/ in *ir-b-armēn, ir-b-unnan* (AWB I,816. 1490) muss nicht auf *bi-* zurückgehen; vielleicht liegt vielmehr *ab-* zugrunde (Wilmanns I,412, Kluge 1909: 149, EWA I,478 ff., EWDS s. v. *erbarmen*).

c) Vereinzelt wird der Präfixvokal vor anlautendem Liquid synkopiert:

 α) Von *bi-lāȥan* 'vergeben, verzeihen' finden sich bei Npgl Inf. *blazzin* und Imp. *blaz, plaz* (AWB V,669); anders Armitage 1911: 129, der mit einer *ab*-Bildung rechnet (aber diese begegnet erst in mhd. *abelāȥen* 'ab-, nachlassen', das semantisch abweicht).

 β) Zu *bi-līban* gehört *blibenar* Gl 1,622,40 (9. Jh.; Moulin-Fankhänel 1999: 157, 610); vgl. auch AWB V,885 f. zu *pleibet* StD 348,86. Durch Verlust des Simplex und die resultierende Intransparenz ist das Präfix funktionslos geworden; dies hat den Vokalverlust befördert und eine sprechsprachliche Neowurzel *blīb-* entstehen lassen (vgl. § 76 A.3c).

 γ) Kb zeigt synkopiertes *prinnit* 88,6 gegenüber *pirinnit* Pa (Splett Abr 152, AWB VII,1052; anders Reutercrona 1920: 149).

d) Einige Belege zeigen vielleicht Vokalverlust auf Schriftebene (GramErtr 162; zu *gi-* vgl. *kdennan* usw. § 71 A.4c):

 α) *psmiz* Kb 204,23 (Splett Abr 287), vielleicht *pslittium* 207,6 (für *-un* Ra, Plural von *bi-slitt[i]a* f. 'Umzäunung', zu **bi-slītan* stV. § 330 A.5e? Vgl. AWB VII,341); so wohl auch *phaltari* 'Wächter' Ad 79,48 (vgl. Haubrichs/Müller 2021: 134);

β) ferner *psigilōtiv* Gl 2,622,8, *brur[i]don* Kölling 1983: 77.24a, *brŏride* StD 147,4+A.2 (zu *bi(h)ruorida*; mit -*brurtida* kontaminiert?), *bruofon* Hildebrandt SH II,118,48;
γ) zu Griffelglossen vgl. O.Ernst 2007: 371, ds./Glaser 2009: 1018.

Das alte Präfix *in-* (nhd. *ein-*) hat seine Selbstständigkeit eingebüßt und ist weitgehend mit *int-* zusammengefallen (§ 73 A.2). Das Präfix hat im Ahd. sicher kurzen Vokal; ob das daneben stehende Adverb *in* 'ein, hinein' bereits wie im Mhd. Langvokal aufweist, ist den Belegen nicht zu entnehmen. **§ 77a**

Lit.: Wilmanns I, § 324, Baesecke Einf. § 43:6. – Zur Vokalquantität: Schatz Ahd. § 90, Behaghel 1928: § 235, Mitzka 1964, AWB IV,1581, Mhd. Gr. §§ L 23, 32 A.3, 40 A.4.

Anm. 1. Präfix *in-* und Präposition *in* können einzelsprachlich vor vokalischem Anlaut ihren unbetonten Vokal verlieren und mit dem Folgewort verschmelzen (vgl. § 76 A.3c): *in-eihhan* 'opfern' > *neihhan* (§ 352 A.3a), *in uppūn* 'vergeblich' Np > *nuppūn* Gl 2,547,27; so auch *in ëban* 'neben' > mhd. *nëben*, mhd. *in ein, enein* 'zusammen' > *nein* (Bulitta/Heidermanns 2015: 166 f.). Vgl. § 74 A.2 zu *z-* neben *aȝ*, § 75 A.3 zu *r-* neben *ir-*. – Grundsätzlich zu Prothese und Aphärese: Kozianka/Sturm 2017.

P 3. Konsonantismus

Lit.: Dieter 1900: 293–343 (Hartmann), Schatz Abair. 62–102, Franck Afrk. 86–170, Baesecke Einf. 73–137, Schatz Ahd. 91–201. – Zum Mhd.: Weinhold Mhd. 141–247, Mausser 1933: 299–487, 546–571, Michels Mhd. 102–155, Mhd. Gr. 115–175.

P 3.1. Übergreifende Konsonantenentwicklungen

§ 78 Der hochdeutsche Konsonantismus erhält gegenüber allen übrigen germ. Sprachen sein eigenes Gepräge durch die hochdeutsche (zweite) Lautverschiebung. Da sich die einzelnen Erscheinungen der Lautverschiebung nicht gleichmäßig über das ganze hd. Sprachgebiet verteilen, können sie zur Abgrenzung der hd. Mundarten verwendet werden. Sie ergeben Unterscheidungsmerkmale zur landschaftlichen und zeitlichen Bestimmung der überlieferten Texte. Vor Durchführung der Lautverschiebung war der Konsonantismus dem des Altsächsischen nächstverwandt.

§ 79 Zur Bezeichnung des ahd. Konsonantismus erwies sich das lat. Alphabet (§ 8) in verschiedener Hinsicht als unzureichend. Gerade in den von der Lautverschiebung betroffenen Lautgruppen gab es im Ahd. Laute, die durch die herkömmlichen Zeichen nur unbefriedigend wiedergegeben werden konnten. Die Bezeichnung der ahd. Konsonanten schwankt, auch die Laute selbst haben sich während der ahd. Periode teilweise verändert. Daher ist, wie im Vokalismus auch, nicht von den überlieferten ahd. Schriftzeichen, sondern vom erschließbaren germ. Konsonantensystem auszugehen. Wir haben zu verfolgen, welche Entsprechungen die germ. Konsonanten im Ahd. nach seinen verschiedenen Dialekten finden und welche Wandlungen innerhalb der ahd. Periode erfolgen.

An die Darstellung des Konsonantismus schließt sich eine Übersicht über die ahd. Konsonantenzeichen an (§ 171–191).

Lit.: Zum ahd. Schreibsystem: Sonderegger 1970: 310 f., Penzl 1971: 27 ff.

https://doi.org/10.1515/9783111210537-006

P 3.1.1. Die konsonantischen Phoneme

Das Ostfrk. des 9. Jahrhunderts verfügt über folgende Konsonantenphoneme (zu den Vokalen vgl. § 24): § 80

		Labiale	Dentale	Velare
Frikative:	lenis:	/f/, (/ff/)	(/th/ A.3), /s/, /ss/	/h/, (/hh/)
	fortis:	/ff/	/ʒʒ/	/hh (ch)/
Affrikaten (A.2):		/pf/	/z/	
Plosive:	fortis:	/p/, (/pp/)	/t/, /tt/	/k/, /kk/
	lenis:	/b/, /bb/	/d/	/g/, /gg/
Nasale:		/m/, /mm/	/n/, /nn/	[ŋ]
Liquide:			/l/, /ll/ /r/ (A.4), /rr/	
Halbvokale:		/w/	/j/	

Beispiele aus Tatian:

/f/ *folc, ouan*; – /s/: *sun, uuësan*; /ss/: *cussan*; – /h/: *hant, slahan*; /hh/ < germ. /hj/ (§ 154 A.7a): *lahhen*

/ff/ *offan*; – /ʒʒ/: *ëʒʒan*; – /hh/ < germ. /k/: *sprëhhan*

/pf/ *phorta, tropfo*; – /z/: *zëhen, sizzan*

/p/ *postul, spāhida*; /pp/: *crippea* (§ 135 A.1a); – /t/: *tag, sīta*; /tt/: *bittan*; – /k/: *kind*; /kk/: *accar*

/b/ *bëran, graban*; /bb/: *sibba*; – /d/ (/th/): *thanc, reda*; – /g/: *gëban, sagēn*; /gg/: *luggi*

/m/ *mit, sama*; /mm/: *stummo*; – /n/: *ni, thana*; /nn/: *thanne*

/l/ *lioht, uuola*; /ll/: *hella*; – /r/: *rëht, faran*; /rr/: *fërro*

/w/ *uuort, ēuua*; – /j/: *jār*

Zwischen kurzen (einfachen) und langen (geminierten) Konsonanten besteht eine Quantitätsopposition, die sich durch frk. (Quasi-)Minimalpaare illustrieren lässt (zum As. vgl. Cathey 2000: 27):

/b/	–	/bb/	*sibun*	'sieben'	–	*sibbon*	'Verwandte'
/g/	–	/gg/	*(h)rogo*	'Rogen'	–	*roggo*	'Roggen'
/l/	–	/ll/	*hëlan*	'hehlen'	–	*hëllan*	'schallen'
/n/	–	/nn/	*wanōn*	'mindern'	–	*wannōn*	'worfeln'
/r/	–	/rr/	*skëran*	'scheren'	–	*skërran*	'kratzen'
/s/	–	/ss/	*wësan*	'sein'	–	*wëssa*	'wusste'

Lit.: Penzl 1968: 142 ff., ds. 1971: 90 ff., ds. 1975: 87 f., Moulton 1969 u. 1972, Voyles 1976: 151 f., ds. 1992a: 223, Lühr Hl 95 f., Dietz 2017: 46 ff., 57, 69.

Anm. 1. Die germ. Labiovelare /kʷ/, /hʷ/ haben nur im Got. ihren Phonemstatus bewahrt, im Nord- und Westgerm. handelt es sich um Phonemverbindungen (Got. Gr. §§ 41 A.1, 59 A.2, 63 A.1, 78a A.1); vgl. §§ 96:5, 140, 146a, 150, 154a. Der germ. Labiovelar /gʷ/, der ohnehin nur noch nach /n/ [ŋ] vorlag (Ringe 2017: 244), hat im Ahd. sein labiales Element verloren (§ 109 A.2), vgl. *singan* 'singen' gegenüber got. *siggwan*, awn. *syngva*.

Anm. 2. Der Phonemstatus der Affrikaten ist umstritten. Ihrer Genese nach sind sie monophonematisch, synchron werden sie z. T. als Phonemverbindungen eingestuft (so Penzl 1975: 88). Die Geminaten werden hier mit Moulton als Einzelphoneme, nicht mit Penzl als Phonemfolgen gewertet (vgl. § 91 A.1).

Anm. 3. Der germ. Frikativ /þ/ hat sich im Ahd. über [đ] zum Plosiv /d/ entwickelt; zu den Einzelheiten vgl. § 166 f.

Anm. 4. /r/ ist im Ahd. wahrscheinlich noch wie im Germ. alveolar gesprochen worden, nicht uvular wie in der nhd. Standardaussprache. Darauf weisen folgende Indizien:

a) die Entwicklung von Sprossvokalen zwischen /r/ und /h/ (§ 69:1a) sowie zwischen /k-/ und /r/ (§ 69 A.5c), die für phonetische Distanz, d. h. für apikale Aussprache spricht (Penzl 1971: 69, Lühr Hl 91);
b) das weitgehende Ausbleiben von Sprossvokalen zwischen /r/ und Dental (§ 69 A.4), das so wie die Assimilation von *Heimrīh* zu *Heinrich* (§ 123 A.2b) auf phonetische Nähe weist;
c) das Ausbleiben der hochdeutschen Lautverschiebung in der Gruppe /tr/ (§§ 87:3, 161);
d) vereinzeltes Ausweichen von /r/ in /l/ (§ 120 A.1);
e) die Monophthongierung von /au/ zu /ō/ vor allen Dentalen einschließlich /r/ (§ 45). Dass /r/ so wie /h/ und /w/ die Monophthongierung von /ai/ zu /ē/ bewirkt (§§ 43, 53), ist als Argument für uvulares [ʀ] gewertet worden (Penzl 1961: 495 f., ds. 1971: 53 f.). Doch auch alveolares /r/ kann mit /h/ parallel gehen, wie die got. Senkung („Brechung") vor /r, h, ƕ/ (Got. Gr. §§ 20:1, 24) erweist (dazu Kostakis 2019 aus optimalitätstheoretischer Sicht).

Die Behandlung des Konsonantensystems gliedert sich in zwei Teile. Zunächst werden das Gesamtsystem der Konsonanten und die Wandlungen homogener Gruppen dargestellt. Die Einzeluntersuchung der Konsonanten folgt in § 104 ff.

P 3.1.2. Das germanische Konsonantensystem

§ 81 Das Urgerm. hatte folgenden Konsonantenbestand (vgl. v.Coetsem 1970: 59 ff., Moulton 1972; anders Vennemann 1984 und die Glottaltheorie, § 90:3):

1. Sonore Konsonanten (Sonanten): Halbvokale /w/, /j/, Liquide /r/, /l/, Nasale /m/, /n/. Diese sind aus dem Idg. unverändert übernommen und auch im Got. in gleicher Weise vorhanden. Die meisten unterliegen im Westgerm. und Ahd. keinen wesentlichen Veränderungen (zur Auslautbehandlung vgl. § 65:1). Der Halbvokal /j/ ist allerdings in etlichen Kontexten geschwunden (§§ 117 A.2, 118 A.2, 198 A.1,2, 306:1).

2. Obstruenten: Im Gegensatz zu den Sonanten stellen die germ. Obstruenten (Plosive und Frikative) gegenüber dem Idg. das Ergebnis eines durchgreifenden Lautwandels dar, der germanischen (ersten) Lautverschiebung. Nur idg. /s/ war nicht an der ersten Lautverschiebung beteiligt. – Nach der germ. Lautverschiebung besaß das Germ. folgende Obstruenten:
   a) Stimmlose Plosive: /p/, /t/, /k/. Diese Plosive sind aus idg. /b/, /d/, /g/ hervorgegangen. Auch im Got. sind sie als /p/, /t/, /k/ vorhanden.
   b) Stimmlose Frikative: /f/, /þ/, /χ/, /s/. Diese stimmlosen Frikative, die idg. /p/, /t/, /k/, /s/ entsprechen, blieben im Wortanlaut bewahrt. Im In- und Auslaut wurden sie dagegen schon im Urgerm. teils zu den homorganen stimmhaften Frikativen /ƀ/, /đ/, /g̱/, /z/ verändert, teils blieben sie erhalten. Eintreten oder Nichteintreten der inlautenden Lenisierung ist eine Folge des idg. Akzents, was von Verner 1877 nachgewiesen wurde („Verners Gesetz", § 100 ff.). Die germ. Frikative im Anlaut und (soweit stimmlos geblieben) im Inlaut erscheinen im Got. als stimmloses /f/, /þ/, /h/, /s/.
   c) Stimmhafte Frikative: /ƀ/, /đ/, /g̱/, /z/. Von diesen Lauten haben /ƀ/, /đ/, /g̱/ eine zweifache Herkunft. Häufig – so stets im Anlaut – sind sie aus den idg. stimmhaften Aspiraten /b^h/, /d^h/, /g^h/ hervorgegangen. Im In- und Auslaut sind sie vielfach nach Verners Gesetz über germ. /f/, /þ/, /χ/ aus idg. /p/, /t/, /k/ entstanden. Germ. /z/, das nie im Anlaut vorkommt (doch vgl. § 169 A.1), ist stets das Ergebnis der Lenisierung aus altem /s/ nach Verners Gesetz.

   Die Frikative /ƀ/, /đ/, /g̱/ zeigen im weiteren Verlauf der germ. Sprachentwicklung die Neigung, in die stimmhaften Plosive [b], [d], [g] überzugehen (§ 82:2). Im Got. entsprechen ihnen die Graphe ‹*b*›, ‹*d*›, ‹*g*›, die jedoch im Inlaut zum Teil noch Frikative bezeichnen, während sie anlautend schon für den Plosiv stehen (Got. Gr. §§ 54, 65, 72). Germ. /z/ ist im Got. inlautend noch vorhanden, auslautend jedoch zu stimmlosem /s/ geworden (Got. Gr. § 78).

Lit.: Zur germ. (ersten) Lautverschiebung: Russer 1931, Schrodt 1976 (dazu Ronneberger-Sibold 1989: 244 f.), Goblirsch 2005: 50 ff., Iverson/Salmons 2008, Euler/Badenheuer 2009: 58 ff. – Zu Plosiven und Frikativen: Moulton 1954.

Anm. 1. Alexander 1983 nimmt an, dass der Entwicklung des germ. Obstruentensystems nicht die Stimmbeteiligung, sondern die Opposition Fortis : Lenis zugrunde liege.

Der germ. Konsonantismus hat im Westgerm. einige Veränderungen erfahren. Dieser westgerm. Konsonantenstand muss auch für das Vorahd. vor der hochdeutschen Lautverschiebung angesetzt werden. **§ 82**

1. Im Westgerm. waren zahlreiche lange Konsonanten („Geminaten") entstanden, indem germ. einfache Konsonanten vor folgendem /j/, teilweise auch vor /r, l, w/ gelängt („geminiert") wurden. Durch diese westgerm. Konsonantengemination (§ 96) entstanden insbesondere zahlreiche geminierte Plosive und Frikative (/pp/, /tt/, /kk/; /bb/, /dd/, /gg/; /ff/, /þþ/, /hh/, /ss/), die abgesehen von /ss/ im Urgerm. fast gänzlich gefehlt hatten (§ 95:1; Hammerich 1955: 183 f.). Das bedeutete eine charakteristische Umstrukturierung des germ. Obstruentensystems, da im Westgerm. jedem einfachen Obstruenten eine Geminate gegenüberstand (vgl. Fourquet 1954: 21, Moulton 1969: 249 f.; einschränkend Raevskij 1972: 12: unterschiedliche funktionale Belastung). Die Geminatenkorrelation wird für die hochdeutsche Lautverschiebung wichtig.
2. Die germ. stimmhaften Frikative /ƀ/, /đ/, /g/, /z/ haben sich im Westgerm. in der in § 81:2c angesprochenen Richtung entwickelt:
   a) Germ. /ƀ/ (got. ‹*b*›) ist im Got. und Awn. anlautend und nach Nasal (got. auch nach /l, r/) Plosiv /b/, während es sonst Frikativ geblieben war, der im Got. inlautend durch ‹*b*›, auslautend durch ‹*f*›, im Awn. immer durch ‹*f*› wiedergegeben wird; z. B. got. *baíran*, awn. *bera*; got. awn. *lamb*; aber got. *giban* (d. h. [giƀan]), Prät. *gaf*, awn. *gefa* [geƀa], *gaf*.
   Das Westgerm. (As.) stimmt mit dem Awn. überein, also /b/ anlautend und nach /m/: as. *bëran*, *lamb*, *kamb* (awn. *kambr*); dagegen Bewahrung des Frikativs in- und auslautend nach Vokal und nach /l, r/: *geƀan*, *gaf*; *liof*, Gen. *lioƀes*, *loƀon*, *lovon*; *siƀun*, *sivun*; *selƀo*, *frōƀra* (ahd. *fluobra*) 'Trost'. Bei Gemination des /ƀ/ durch /j/ (s. o. 1.) entstand der Plosiv /bb/ (nicht †/ƀƀ/), z. B. as. *sibbia*, ae. *sibb* (got. *sibja*, awn. *sifjar* Pl.). Für das Vorahd. sind dieselben Verhältnisse vorauszusetzen (zum Ahd. vgl. § 134–136).
   b) Germ. /đ/ (got. ‹*d*›), das im Got. und Awn. nur im Anlaut und nach bestimmten Konsonanten zum Plosiv geworden war, hat sich im Westgerm. in allen Positionen zum Plosiv /d/ entwickelt, z. B. as. *dohter* (got. *daúhtar*, awn. *dóttir*), as. *bindan* (got. *bindan*, awn. *binda*); as. *biddian* (got. *bidjan* (d. h. [biđjan]), *baþ*, awn. *biðja*), as. *biodan*, *bōd* (got. *biudan*, *bauþ*, awn. *bjóða*), as. *fader* (got. *fadar*, awn. *faðir*), as. *nimid* 3.Sg. Ind. (got. *nimiþ*, Got. Gr. § 74). Denselben Zustand wie das As. – Plosiv /d/ an allen Stellen des Wortes – muss auch das Vorahd. vor Eintritt der Lautverschiebung aufgewiesen haben (zum Ahd. vgl. § 162–164).
   c) Germ. /g/ zeigt ebenfalls die Neigung, in den Plosiv /g/ überzugehen. Da aber im Got. wie auch in den meisten übrigen germ. Sprachen ‹*g*› sowohl den Plosiv wie den Frikativ bezeichnen kann, ist die Bestimmung im Einzelnen schwierig. Für das Got. ist in- und auslautend frikativischer Lautwert des ‹*g*› wahrscheinlich (Got. Gr. § 65 A.2). Im Westgerm. ist der Frikativ

in allen Stellungen noch weit verbreitet. Das As. sowie das Ae. (Ae. Gr. § 211) haben sowohl anlautend als auch inlautend noch frikativisches [g], z. B. as. *gëƀan*, *gast* / *ōga*, *stīgan*. Nur in der Geminate /gg/ und nach Nasal gilt im As. (wie bei ae. ‹*cg*›, Ae. Gr. § 216) der Plosiv, z. B. *liggian* 'liegen', *hruggi* 'Rücken', *singan* 'singen'. Das Vorahd. hatte in der Geminate sicher Plosiv. Aber auch sonst hat sich wahrscheinlich – abweichend vom Ae. und As. – der Plosiv allgemein durchgesetzt (zum Ahd. vgl. § 147–149).

d) Germ. /z/ (d. h. stimmhaft gewordenes /s/) wird westgerm. inlautend zu /r/ („Rhotazismus") und schwindet auslautend nach unbetontem Vokal (vgl. § 2 A.3cβ), z. B. got. *maiza* 'größer', as. ahd. *mēro*; got. *huzd* 'Schatz', as. ae. *hord*, ahd. *hort*; got. *dius*, Gen. *diuzis* 'Tier', ae. *déor*, ahd. *tior*; got. *marzjan* 'stören', as. *merrian*, ahd. *merren* (§ 99:1a); – got. *sunus* (germ. **-uz*), as. ahd. *sunu*; got. *fisks* (germ. **-az*), as. ahd. *fisk*.

Lit.: Paul 1879: 547 ff., Sarrazin 1889, v.Helten 1903: 534 ff., Kuhn 1944: 8 f.

Anm. 1. Im Voraltobd. sind alle stimmhaften Frikative regelmäßig in Plosive übergegangen (§§ 84:1, 88; Frings 1955: 170 ff., Goblirsch 2005: 138). Noch vor der zweiten Lautverschiebung wurden sie desonorisiert (stimmlos).

Anm. 2. Die ältere Ansicht, dass bei westgerm. /b, g/ auch im Inlaut von Plosiven auszugehen sei (dagegen Paul 1874: 147 ff.), wurde von Franck Afrk. 86 f., ds. 1913: 1 ff. (dagegen Bruckner 1910: 40 f., Lessiak 1910: 194) wieder aufgenommen (dazu Brinkmann 1931: 61, Lessiak 1933: 272 ff., Fourquet 1948: 48, ds. 1954: 1 ff., Moulton 1954: 38, Lerchner 1971: 95). Für das Voraltmfrk. postuliert Simmler (1981: 466 ff., 526 ff., 1986: 29 ff.) Übergang von germ. [ƀ] zu [b] und im 9. Jh. wieder zu [ƀ] (dagegen Draye 1984: 349 ff., Klein 1990: 42 ff.). Aus anderen Gründen nimmt Vennemann 1984: 7 f. für das Germ. Medien (stimmhafte Plosive) und nicht stimmhafte Frikative an (vgl. auch ds. 1987: 40 A.26). Vgl. § 88 A.3.

Anm. 3. Das Endungs-*s* der 2.Sg. Konj. im Präsens und Präteritum aller Verben (§§ 311:2, 322:1) und im Ind. Prät. der schwachen Verben (§ 319) geht nicht direkt auf idg. **-s* zurück (das dann in diesen Fällen regelwidrig erhalten geblieben wäre), sondern dürfte analogisch nach dem Ind. Präs. eingeführt sein. Vgl. Hirt Urg. I, § 83:4 (mit älterer Lit.), Krahe 1958: 57, Bammesberger 1986: 96, Boutkan 1995: 46 ff.

P 3.1.3. Hochdeutsche Lautverschiebung

Die hochdeutsche Lautverschiebung ist vor der Zeit eingetreten, aus der ahd. Texte überliefert sind. Sie hat sich spätestens im 7./8. Jahrhundert vollzogen, denn lat.-rom. Lehnwörter, die vor dem 8. Jahrhundert ins Hochdeutsche übernommen wurden, haben an der Verschiebung teilgenommen. Allerdings besteht über die Zeit der Lautverschiebung keine Einigkeit; graphisch zeigt sie sich erst gegen Ende des 7. Jahrhunderts (Schwerdt 2000: 267). Jedenfalls war sie vor Einsetzen der ahd. Überlieferung im Wesentlichen abgeschlossen. § 83

Die ahd. Mundarten sind in unterschiedlichem Maße von der Lautverschiebung betroffen (§ 87 ff.). Am vollständigsten ist sie im Obd. durchgeführt. Die intensive Diskussion der letzten Jahrzehnte hat die Fragen nach Zeit, Entstehung und Verlauf oder gar den Ursachen der Lautverschiebung nicht in der Weise klären können, dass darüber heute Konsens bestände. In § 85–89 wird, soweit möglich, deskriptiv der überlieferte Befund dargestellt. In § 90 folgt ein Bericht über den – kontroversen – Stand der Forschung.

Lit.: Die ahd. Lautverschiebung – erstmalig von J. Grimm systematisch beschrieben (Brief an Lachmann, Nov. 1820; Gr. I,495 ff.) – ist bis heute Gegenstand der Forschung: Nordmeyer 1936, Lerchner 1971: 13 ff. u. ö. (bes. für Osteuropa), Szulc 1987: 94 ff., Ronneberger-Sibold 1989: 569 (Sachregister), Davis 1999: 349 ff., Schwerdt 2000 (dazu Lerchner 2001, Harm 2002, Reiffenstein 2003a), E.Meineke/Schwerdt 2001: 208 ff., Goblirsch 2005: 137 ff., Callender 2012 u. 2017. – Zum Stand der Verschiebung im Lgb.: Baesecke 1935: 91 f., Lühr 2020: 298 ff.

§ 84 Vor Eintritt der hochdeutschen Lautverschiebung haben die Obstruentensysteme des Voraltobd. und des Voraltfrk. wahrscheinlich einige charakteristische Unterschiede aufgewiesen (vgl. § 82).

1. Voraltobd.:

	Artikulationsart	kurz	lang (geminiert)
a)	stimmlose Fortisplosive	/p/ /t/ /k/	/pp/ /tt/ /kk/
b)	stimmlose Lenisplosive	/b/ /d/ /g/	/bb/ /dd/ /gg/
c)	stimmlose Frikative	/f/ /þ/ /s/ /h (χ)/	/ff/ /þþ/ /ss/ /hh (χχ)/

Da die aus dem Germ. ererbten Frikative (Reihe c) zunächst stimmlos blieben (zur späteren „Spirantenschwächung“ vgl. § 102a), verfügte das Voraltobd. über keine stimmhaften Obstruenten. Demnach war nicht mehr, wie im Germ., die Stimmbeteiligung (Sonorität) das primäre phonologische Merkmal der Obstruentenopposition, sondern die Opposition zwischen Plosiv und Frikativ, also (/p/ : /b/) : /f/ gegenüber germ. (/p/ : /f/) : /b/ [b, ƀ] usw. (vgl. Fourquet 1954: 24; anders Raevskij 1972: 13 f.).

2. Das Voraltfrk. stimmte hinsichtlich der stimmlosen Plosive und Frikative (Reihe a und c) mit dem Voraltobd. überein. Hingegen haben sich die germ. stimmhaften Frikative /ƀ, đ, g/ (Reihe b) anders entwickelt. Nur germ. /đ/ ist in allen Stellungen zum stimmhaften Plosiv /d/ geworden, während germ. /ƀ, g/, je nach Stellung im Wort (vgl. § 82:2ac), stimmhafte Frikative geblieben oder stimmhafte Plosive geworden sind. Aufgrund ihrer Verteilung sind sie als komplementäre Allophone [b, ƀ] und [g, g̱] zu werten. In der Gemination sind /bb/, /dd/, /gg/ stimmhafte Plosive. Die ererbte Opposition stimmlos : stimmhaft ist also im Voraltfrk. erhalten geblieben.

Anm. 1. Die obige Darstellung ist natürlich bereits eine (strukturalistische) Interpretation des überlieferten Befundes, der auch anders interpretiert werden kann (und wird). – In den altobd. Dialekten, und daher gewiss auch im Voraltobd., kommen Geminaten anfangs häufig auch nach Langvokalen vor (Reiffenstein 1965: 62, 66 ff.); später wurden sie in dieser Position überwiegend vereinfacht. In den ältesten frk. Texten sind Geminaten fast ausschließlich auf die Stellung nach Kurzvokalen beschränkt und insgesamt seltener als im Obd.

Anm. 2. Die voraltobd. geminierten Lenes /bb, dd, gg/ erscheinen in obd. Texten fast ausnahmslos als ‹*pp*, *tt*, *kk*› (Durchführung der Lautverschiebung). Die altfrk. Mundarten verhalten sich unterschiedlich (§§ 135 A.1, 148 A.3,4, 164 A.1); Übergang zur stimmlosen Fortis ist nur bei /dd/ > /tt/ und nur im Rheinfrk. häufiger.

Anm. 3. Dass die vorahd. /b, d, g/ im Altobd. phonologisch als stimmlose Plosive aufzufassen sind, ergibt sich aus dem späteren Nebeneinander der ahd. Graphien ‹*p*, *k* (*c*)› und ‹*b*, *g*› (vgl. § 88:1,3) und daraus, dass vorahd. /d/ altobd. und ostfrk. fast ausnahmslos als ‹*t*› erscheint (§ 163). Auch Notkers Anlautgesetz (§ 103) setzt Stimmlosigkeit von /b, d, g/ voraus. Vgl. Valentin 1962: 345 ff. (der für Tatian einige ‹*d*› feststellt), Reiffenstein 1965: 66, Lerchner 1971: 135 f. – Für das Mfrk. bestreitet Simmler 1981: 680 ff., 817 u. ö. Sonorität als distinktives Merkmal (gegen Lerchner 1971: 185 f.).

Anm. 4. Sowohl im Voraltobd. als auch im Voraltfrk. kamen stimmlose geminierte Frikative – abgesehen von /ss/ – sehr selten vor (Fourquet 1954: 25, Reiffenstein 1965: 64). Dies erleichterte ihre spätere Verschmelzung mit den in der hochdeutschen Lautverschiebung entstehenden Doppelfrikativen.

Anm. 5. In der Dentalreihe ist das sonst herrschende Dreiersystem (Fortisplosiv, Lenisplosiv, Frikativ) durch das Nebeneinander von /þ, þþ/ und /s, ss/ überlastet.

§ 85 Von den vorahd. Obstruenten wurde die Reihe der stimmlosen Frikative einschließlich der Geminaten (§ 84:1c) von der hochdeutschen Lautverschiebung kaum betroffen. Dennoch sind die Auswirkungen der frühahd. Spirantenschwächung (§ 102a) im Zusammenhang mit denen der Lautverschiebung zu sehen: Ausbildung einer phonologischen Opposition zwischen den alten und den durch die hochdeutsche Lautverschiebung neu entstandenen stimmlosen Frikativen; Zusammenfall der wenigen vorahd. Doppelfrikative mit den neuen Geminaten der hochdeutschen Lautverschiebung (vgl. § 84 A.4 und Goblirsch 1997a: 67).

Germ. /þ/ hat im Zusammenhang mit der ahd. Spirantenschwächung (§ 102a) eine Sonderentwicklung durchgemacht. Es wird zunächst in den oberdeutschen, dann in allen hochdeutschen Mundarten und später auch im Niederdeutschen zum stimmhaften Plosiv /d/ (§ 166 f.) und ist dann an den für die Frikative geltenden Oppositionen nicht mehr beteiligt. Dieser Wandel /þ/ > /d/ ist kein Teilprozess der Lautverschiebung.

Anm. 1. Durch den frühen Übergang von germ. /þ/ zum Plosiv /d/ im Obd. wurde das aus germ. /đ/ entstandene /t/ jedoch vor der Rückbildung zu /d/ (analog zur Rückbildung von obd. /p, k/ zu /b, g/) bewahrt (vgl. § 84 A.3).

§ 86 Die hochdeutsche Lautverschiebung betrifft unmittelbar nur die in § 84:1ab aufgeführten einfachen und geminierten Plosive (Tenues, Medien), aber auch diese nicht gleichmäßig: Die frk. Mundarten werden von ihr in geringerem Maße erfasst als die obd.

Die Wandlungen der vorahd. Tenues geben dem Hochdeutschen sein eigenes Gepräge. Nur sie erstrecken sich – wenigstens in der Entwicklung zu geminierten Frikativen (§ 87:1) und von /t(t)/ zur Affrikate /z(z)/ (§ 87:2) – über das ganze hd. Sprachgebiet. Die Entstehung der Affrikaten /pf/, /kχ/ und die Wandlungen der Medien sind räumlich begrenzter geblieben.

Die bei diesen beiden Lautklassen eintretenden Verschiebungen werden im Folgenden zusammenfassend beschrieben. Die Behandlung der Einzellaute bleibt § 129 ff. vorbehalten.

§ 87 Die Entwicklung der germ. stimmlosen Plosive (Tenues) /p, t, k/ hängt von ihrer Stellung im Wort ab. Drei Positionen sind zu unterscheiden: 1. im In- und Auslaut nach Vokalen; 2. im Anlaut, im In- und Auslaut nach Sonanten (/l, r, m, n/) und in der Gemination; 3. nach nicht-sonoren Konsonanten (Frikativen) und in der Lautgruppe /tr/.

1. Nach Vokalen werden die westgerm. einfachen Plosive /p, t, k/ im Ahd. zu den stimmlosen, langen Frikativen /ff, ȥȥ, hh/ verschoben. Diese werden im Auslaut und vor Konsonant (§ 93) regelmäßig, nach Vokallänge (§§ 92, 97) in zunehmendem Maße vereinfacht. Beispiele:

   a) as. *opan, slāpan, skip* – ahd. *offan* 'offen', *slāf(f)an* 'schlafen', *skif* 'Schiff';
   b) as. *etan, lātan, hwat* – ahd. *ëȥȥan* 'essen', *lāȥ(ȥ)an* 'lassen', *(h)waȥ* 'was';
   c) as. *makon, tēkan, ik* – ahd. *mahhōn* 'machen', *zeihhan* 'Zeichen', *ih* 'ich'.

   Im Inlaut sind die neuen langen Frikative /ff, hh/ mit den bereits vorhandenen Geminaten zusammengefallen: *offan* / *heffen* (§ 139 A.4), *mahhōn* / *lahhēn* (§ 154 A.7a), nicht jedoch /ȥȥ/ mit /ss/: *ëȥȥan* / *wëssa* 'wusste'. Im Auslaut ist die Opposition zwischen (gekürzten) langen Frikativen /ff, hh/ und den Entsprechungen von germ. /f, h/ aufgehoben: *skif* / *hof*, *ih* / *sih* 'sieh!'; hingegen bleibt /-ȥ/ von /-s/ geschieden: *(h)waȥ* 'was' / *was* 'war'.
   Die Verschiebung in postvokalischer Stellung hat das gesamte hd. Gebiet (§ 2) bis zur nd. Sprachgrenze erfasst. Eine Ausnahme bildet das /-t/ der pronominalen Neutra *that, thit, it, wat* (*allet*), das im Mfrk. unverschoben bleibt.

   Anm. 1. Die mfrk. Ausnahme *that* usw. (§ 160 A.3) mit unverschobenem /-t/ wird aus satzunbetonter Stellung erklärt (aus der sich auch die gelegentliche Schwächung zu *dad* ergibt; K.Wagner 1921: 137); vgl. Franck Afrk. § 100:2, Mitzka 1963: 33 f., Schweikle 1964: 254, Schützeichel 1976: 287 ff. Anders Brinkmann 1941/65: 254 f., Vennemann 1987: 51.

2. Im Anlaut sowie im In- und Auslaut nach Sonanten (Liquiden, Nasalen) und in der Gemination werden /p, t, k/ nur bis zur Affrikate verschoben: /p/ > [pf] (‹*ph, pf*›), /t/ > [ts] (gewöhnlich ‹*z*› geschrieben, für die ehemalige Geminate meist ‹*zz, tz*›), /k/ > [kχ, kh] (‹*kh, ch*›). Von diesen Verschiebungen ist nur der Wandel /t > z/ über das ganze hd. Gebiet verbreitet. Der Wandel /p > pf/ ist im Obd. und Ostfrk. eingetreten, unverschoben ist /p/ im Mittel- und Rheinfrk., nur nach /l/ und /r/ zeigt das Rheinfrk. die Verschiebung (zu Ausnahmen vgl. § 131+A.2). Der Wandel /k/ > [kh] ist nur obd. (§§ 6a:1e, 144 A.7; Sonderegger 1965: 87 ff., mit Karten); in allen frk. Dialekten bleibt /k/ in diesen Stellungen unverschoben. Beispiele:
   a) as. *plëgan, penning, skeppian* (got. *skapjan*), *hëlpan, thorp* – obd. und ostfrk. *pflëgan* 'pflegen', *pfenning* 'Pfennig', *skepfen* 'schöpfen, schaffen', *hëlpfan* 'helfen', *thorpf* 'Dorf'; dagegen rheinfrk., mfrk. *plëgan, penning, skeppen*; mfrk. *hëlpan, thorp*;
   b) as. *tiohan, herta, holt, settian* (got. *satjan*) – ahd. *ziohan* 'ziehen', *hërza* 'Herz', *holz* 'Holz', *sezzen, setzen* 'setzen'; got. *skatts* – ahd. *skaz* 'Schatz';
   c) as. *korn, wërk, wekkian* – frk. *korn* 'Korn', *wërk* 'Werk', *wecken* 'wecken'; obd. *khorn* (*chorn*), *wërch, wechen* (*wecchen*).

Anm. 2. Zu *lp-*, *rp-*Relikten auch im südlichen Rheinfrk. vgl. § 131 A.2b. Bei den dort ebenfalls zitierten bair. Belegen, z. B. *Helpwini, Helprih*, handelt es sich jedoch eher um Latinisierungen (N.Wagner 1991: 167 f.). – In einigen Wörtern wird /pf/ nach /l, r/ noch im 9. Jh. zu /f/ (*helfan, dorf* u. a.; § 131 A.5a). Im Obd. kann in einigen Wörtern auch germ. /k/ nach /l, r/ zum Frikativ weiterverschoben werden (§ 144 A.5).

Anm. 3. Ahd. ‹*z*› bezeichnet sowohl den aus germ. /t/ entstandenen Frikativ wie meist auch die Affrikate (zu Ausnahmen vgl. § 157). Auch die Graphien ‹*ph, ch*› können ambivalent sein. Daraus phonetische Schlüsse zu ziehen (Affrikate als Zwischenstufe), ist jedoch problematisch. Zu gelegentlichem ‹*s*› für /ʒ/ vgl. § 157 A.1.

Anm. 4. Es ist zu beachten, dass bei der Affrikatenverschiebung in der Affrikate keine Silbengrenze liegt (anders als bei den geminierten Frikativen); auch inlautend eröffnet sie die zweite Silbe, also *hër-za, skep-pfen* (‹*skepphen, skephen, skepfen*›; vgl. § 131 A.1).

Anm. 5. Zur Datierung der Tenuesverschiebung:
a) Der älteste datierbare Beleg ist der Name des Alemannenherzogs *Buccelenus* † 554 (Gregor v. Tours), dem germ. *Butto* + *-lin-* zugrunde liegt (N.Wagner 1977: 342 ff., Lühr 2020: 299 f.; die byzantin. Schreibungen Βουτιλίνος, Βουσελίνος werden aus byzantin. Orthographie erklärt). Auch der Name des Langobardenherzogs *Zaban* (Gregor v. T., zu 573) zeigt Verschiebung von /t-/ (vielleicht zu awn. *tafn* 'Opfer'; anders N.Wagner 2001: 125). Die verschobene Namensform von *Attila* † 453 (Nibelungenlied *Etzel*) ergibt lediglich einen – zu frühen – terminus post quem. Wichtiger ist der terminus post quem für die Verschiebung von /p-/ (6. Jh.), den der GwN ahd. *Phāt* < *Padus* 'Po' (Gl 2,360,6; mhd. *Pfāt*) liefert (Lessiak 1933: 164). Der älteste Beleg für die *k*-Verschiebung ist der vorahd. PN *Dorih* (*Dōr-rīh*) der Lanzenspitze von Wurmlingen (Anfang 7. Jh.; Nedoma 2004: 281 ff., ds. 2006: 138 f.,

SgRi XCVII, 749 ff.; anders Schützeichel 1976: 279). Ca. 675 zeigt das Lgb. Belege mit verschobenem /p/ und /t/ (Lühr 2020: 301).

b) Ebenfalls ins 6. Jh. führen verschobene Ortsnamen in der Nordschweiz, z. B. *Turicum* > *Ziurichi* 'Zürich', *Torta aqua* > *Zurzacha* (Gl 3,611,25) 'Zurzach' (alem. Siedlung in der Nordschweiz seit ca. 530, in der später germanisierten Innerschweiz keine *t*-Verschiebung), ins 6./7. Jh. solche am Südrand des bair. Siedlungsgebiets, z. B. *Teriolis* > 799 *Cyreolu* 'Zirl b. Innsbruck', *Pontena* > 925 *Phunzina* '-pfunzen b. Rosenheim', *Cucullis* > 798/800 *Chuchil* 'Kuchel b. Salzburg' u. v. a. (Vordringen der Baiern in alpines Gebiet seit der 2. Hälfte des 6. Jh.).

c) Wichtig sind frühe Verschiebungsbeispiele aus dem Mfrk., z. B. *staffulus* (Lex Ribuaria [7. Jh., älteste Überlieferung frühes 9. Jh.], Schützeichel 1976: 308, 337 ff., ds. 1979: 212 ff.; mit anderer Herleitung bestritten von Goossens 1978: 283 ff., ds. 1979: 207 ff.), *hase* 'odio', *ganos* 'socii' (Echternacher Gl., frühes 8. Jh.; Bergmann 1966: 91 f.; relativierend Klein 2000a: 14 A.12; zur *s*-Schreibung vgl. §§ 7 A.1b, 160 A.2b). Zur Lautverschiebung in rhein. Ortsnamen vgl. Wirtz 1972.

d) Unverschobene Runenbelege aus dem späten 6. Jh. wie *writ(u)*, *wrait* (germ. **wrīta-* 'reißen, schreiben') sind als konservative Schreibungen erklärt worden (Haubrichs 1987: 1356 ff.), was angesichts des Lautwerts der Runennamen wenig wahrscheinlich ist (SgRi 193 f.). Eher kann dies auf Ortsnamen wie *Strateburgium* 'Straßburg' bei Gregor v. Tours zutreffen. Für den noch 704 bezeugten Namen *Virteburch* 'Würzburg' ist mit latinisierender Umsetzung einer verschobenen Form zu rechnen (N.Wagner 2004: 519). So erklären sich nach N.Wagner 1991 auch die graphisch unverschobenen Ortsnamen der Salzburger Güterverzeichnisse von 798/800 (gegen E.Schwarz 1927: 252, der Bewahrung noch nicht verschobener frühbair. Ortsnamen durch Romanen und Aufzeichnung durch rom. Schreiber angenommen hatte).

e) In der Vita Columbani steht zu 610 für Bregenz unverschobenes *cupa* (N *chûfâ*; Baesecke 1920: 401 f.). Lehnwörter aus dem Lat. mit unterschiedlichem Verschiebungsstand (z. B. ahd. *phorta/porza*, *pëh* u. v. a.) haben für die relative Chronologie der Verschiebungsphasen problematischen, von Fall zu Fall zu prüfenden Zeugniswert (positiv Baesecke Einf. 91 ff.; negativ Lessiak 1933: 170 ff., Öhmann 1934: 449 ff., Penzl 1964: 35, ds. 1971: 154 f., Frings 1966–68: I,195, Vennemann 1987: 33; differenziert Haubrichs 1987: 1364 A.66, Venema 1997: 62 f., 81 ff.). Die berechtigte Skepsis gegenüber dem Zeugniswert von Lehnwörtern sollte sich (entgegen Vennemann) nicht auf verschobene/unverschobene Ortsnamen erstrecken.

Anm. 6. Zur zeitlichen Staffelung der Verschiebungsakte:

a) Eine zeitliche Abfolge wurde zuerst von W.Scherer 1868: 80, ds. 1878: 145 f. und differenzierter von Braune 1874: 43 ff. aufgrund der unterschiedlichen Verbreitung postuliert (vgl. Lerchner 1971: 14 f.): Abfolge /t – p – k/. Dass die Tenuesverschiebung nach Artikulationsstellen abgestuft erfolgt ist (dental – labial – velar), ist auch aus Natürlichkeitsgründen erwartbar (Vennemann 1972a: 249, Davis/Iverson/Salmons 1999: 179 ff.). Die Abstufung dental – labial – velar gilt auch für die Ausbreitung der Affrizierung (/t/ > /z/ im ganzen hd. Gebiet, /p/ > /pf/ im Obd. mit dem Ostfrk., /k/ > /kχ/ nur im südlichen Obd.) und der Medienverschiebung /d/ > /t/, /b/ > /p/, /g/ > /k/ (§ 88).

b) Die Untersuchung eingedeutschter (vor)rom. Ortsnamen in Bayern (E.Schwarz 1927, Wiesinger 2011), der Schweiz (Sonderegger 1963, ds. 1966/67: 259 ff.) und Lothringen (Haubrichs 1987: 1368 ff.) hat dies unter Zuhilfenahme der von der Siedlungsforschung ermittelten Daten im Prinzip bestätigt. Die Analyse der Ortsnamen ergab (mit einer deutlicheren Zäsur zwischen /t, p/ und /k/): /t/ > /-zz-, z-/ im 6. Jh. (Sonderegger 1966/67: 261: 5./6. Jh.; vgl. dazu aber Haubrichs 1987: 1367 A.71; aaO. 1391: „bei den im 7. Jh. [in Lothringen] einwandernden Franken schon abgeschlossen"), /p/ > /-ff-, pf-/ im 6./7. Jh. und eindeutig als letzte Phase /k/ > /-hh-, ch-/ im 7./8. Jh. (E.Schwarz 1927: 261 zusammenfassend für die Tenuesverschiebung: 2. Hälfte des 6. und 1. Hälfte des 7. Jh.).

c) Zur Gradation der Verschiebung nach der Position im Wort – nach 1. Vokal, 2. Sonant, 3. Obstruent – vgl. Leys 1982: 3 ff. Nach Davis 2008: 421 f., 434 f. begann die Tenuesverschiebung nach Kurzvokalen und breitete sich erst später in die Position nach Langvokalen aus.

d) Verfehlt war der Versuch Baeseckes (Einf. 92 ff.), aus Lehnwörtern die Priorität von /p/ > /pf/ zu erschließen, vgl. Lessiak 1933: 170 ff., Öhmann 1934: 449 ff.

3. Nach den stimmlosen Frikativen /s, f, h/ ist keine Verschiebung von /p, t, k/ eingetreten. Beispiele: *spinnan*, *haspil* 'Haspel'; – *skalk*, *waskan*, *fisk*; – *stein*, *fasto* 'fest', *ist*; *naht*; *luft* (§§ 133:1, 146, 161:1). Von der Verschiebung ausgenommen ist ferner die Verbindung /tr/, z. B. in *trëtan*, *triuwa*; *bittar* < **bitra-*, *wintar* (got. *wintrus*), vgl. § 161:1.

Anm. 7. Zum Ausbleiben der Verschiebung in diesen Verbindungen vgl. Hammerich 1955: 197, Lerchner 1971: 151 f., Leys 1982: 4 f., Vennemann 1984: 26 ff., Davis/Iverson 1995: 113, Goblirsch 2005: 21 u. ö.

Die aus germ. /ƀ, đ, g/ entstandenen Plosive und Frikative sind nach den Artikulationsstellen getrennt zu behandeln. Dabei ist zu beachten, dass sie im Voraltobd. zu stimmlosen Plosiven (Lenes), im Voraltfrk. jedoch zu stimmhaften Plosiven bzw. Frikativen geworden waren (§§ 6a:1c,4d, 84). **§ 88**

1. Für germ. /ƀ/ ist der voraltfrk. Zustand, der mit dem des As. identisch gewesen sein muss, nur im Mfrk. erhalten. Das Mfrk. hat wie das As. *bëran*, *lamb*, aber in- und auslautend nach Vokal Frikativ: *gëvan* (*gaf*), *sivun*. Dagegen wird rhein- und ostfrk. durchgehend das Zeichen ‹*b*› verwendet, also *bëran*, *lamb*, *sibbia*; *gëban* (*gab*), *sibun*.
   Im Obd. der älteren Zeit steht statt des frk. ‹*b*› meist ‹*p*›, und zwar im Bair. in allen Positionen, im Alem. vor allem im Anlaut; wo das As. ‹*ƀ*› hat, steht im Alem. oft ‹*b*› (doch s. Anm. 3c). Also gemeinobd. *përan*, *sippa*, aber alem. meist *këban*/*gëban*, *sibun* = bair. *këpan*, *sipun*.
   Im Spätahd. tritt an die Stelle des inlautenden und meist auch des anlautenden ‹*p*› das Zeichen ‹*b*›; nur in der Gemination bleibt ‹*pp*› unverändert. Also heißt es ab dem 11. Jahrhundert auch obd. *bëren* (bair. daneben *përen*), *gëben*, *siben*, aber stets *sippa*.
2. Für germ. /đ/ ist schon im Westgerm. (As.) durchweg Plosiv /d/ eingetreten (§ 82:2b). Dieses /d/ wurde im Obd. und Ostfrk. zur Tenuis /t/ verschoben;

im Rheinfrk. und Mfrk. bleibt /d/ (stimmhafte Media) bewahrt: as. *dohter*, *bindan*, *biodan* – rheinfrk., mfrk. *dohter*, *bindan*, *biodan*, aber ostfrk., obd. *tohter*, *bintan*, *biotan*.

3. Für germ. /g/ hat das Gesamtfrk. das Zeichen ‹*g*› in genauer Übereinstimmung mit dem As., also *gast*, *gëban*, *ouga*, *stīgan*, *liggen*, *ruggi* (zu graphischen Indizien für frikativisches [g] im Mfrk. vgl. § 148 A.1). Im älteren Obd. tritt dagegen statt ‹*g*› nicht selten ‹*k*, *c*› ein, und zwar stets in der Gemination: *likkan*, *rucki*; im Übrigen ist ‹*k*› im Anlaut weitaus häufiger als im Inlaut, also altobd. *kast*, *këpan*, daneben nicht selten *gast*, *gëban*; – *ouga*, *stīgan*, seltener (vor allem bair.) *ouca*, *stīcan*. Zum Wechsel von ‹*k*› und ‹*g*› vgl. § 149.
Im späteren Ahd. weicht das /k/ dem /g/, also auch obd. ab dem 10. Jahrhundert überwiegend *gast*, *gëben* und nur noch *ouga*, *stīgan* (§ 149 A.6); nur in der Gemination (*rucki*) bleibt /kk/ erhalten.

Lit.: Zur Medienverschiebung: W.Scherer 1878: 139 ff., Paul 1880: 126 ff., Heusler 1888: 2 ff., Wilkens 1891: 70 f., 80 f., Schatz Abair. §§ 55, 69, 70, Lessiak 1908: 130, ds. 1910: 194, ds. 1933: 27 ff., 182 ff., Behaghel 1928: § 391 ff., Kranzmayer 1956: 76 ff., Reiffenstein 1965: 66 ff., Sonderegger 1965: 85 (Karte), Lerchner 1971: 146 ff., Goblirsch 1997a.

Anm. 1. Zur Chronologie der Verschiebung /d > t/ gibt es einige Anhaltspunkte: In Bregenz ist um 610 *Vodano* ‘dem Wotan’ noch unverschoben (Baesecke 1920: 401 f.); ebenso alem. *Wōdan* in der Runeninschrift Nordendorf I (2. Hälfte 6. Jh., SgRi 464 ff.) sowie *D[a]n[i]lo* (ahd. *Tenil*) in Balingen (um 600, SgRi 74 f.; Schwerdt 2000: 218, 201, Nedoma 2004: 273 ff.). In St. Gallen haben die Vorakte im 8. Jh. schon ‹*t*›, die Urkunden dagegen noch ‹*d*›: *Tūto* / *Dūto*, *in Taininga* / *in Dainingas* (Sonderegger 1961: 275).

Anm. 2. Zu dem im Rheinfrk. neben ‹*d*› erscheinenden ‹*t*› und dessen lautlicher Geltung vgl. § 163+A.2,3.

Anm. 3. Die Lautwerte der überlieferten Schriftzeichen ‹*b*/*g*, *p*/*k*› sind nicht mit Sicherheit zu bestimmen.

a) Die ost- und rheinfrk. ‹*b*, *g*› waren voraltfrk. im In- und Auslaut vermutlich noch Frikative (§ 82 A.2) und sind erst ahd. zu Plosiven geworden (Lessiak 1910: 194 ff., Brinkmann 1931: 61, 65 ff.). Für das Mfrk. nimmt Simmler (1981: 466 ff., 526 ff., 1986: 29 ff., Sprg II,1165 ff.) aufgrund von Cod. Leipzig Rep. II. 6 (Gl 2,140 ff.; Frank 1974) Plosivqualität von /b/, /g/ in allen Positionen an (vgl. § 82 A.2). Die Entwicklung zu Frikativen sei im Mfrk. jünger. Dies wird abgelehnt von Draye 1984: 349 ff. und vor allem von Klein 1990: 42 ff., der den mfrk. Charakter dieser Glossen infrage stellt (so auch Penzl 1985: 98) und auf zahlreiche mfrk. Belege mit ‹*u*, *v*› für /b/ verweist (aaO. 52).
b) Im Obd. bestätigen das Nebeneinander von ‹*p*, *k*› und ‹*b*, *g*› sowie Notkers Anlautgesetz (§ 103) die Stimmlosigkeit von /b/, /g/. Im Altbair. ist für /b/, wofür nur selten ‹*b*› geschrieben wird, der Übergang zur Fortis /p/ gesichert (Schatz Abair. § 69, Kranzmayer 1956: § 27:a4). Dass tatsächlich [p] gesprochen wurde, beweisen frühe Entlehnungen ins Slowen. und Tschech. (Lessiak 1903: 119 f., ds. 1908: 131, E.Schwarz 1927: 282). Dagegen tritt in der Velarreihe ‹*k* (*c*)› nur im Anlaut und nach stimmlosen Konsonanten häufiger auf, während sonst ‹*g*› schon in den ältesten Texten nicht selten ist (Schatz Abair. § 70,

Baesecke Einf. § 58:4a). Dabei ist mit stellungsbedingten Allophonen [g, k] zu rechnen; es ist fraglich, ob /g/ sich im Altbair. zu irgendeiner Zeit in allen Stellungen zur Fortis [k] wandelte (Kranzmayer 1956: § 27:a5/6). Slowen. Lehnwörter aus dem Bair. weisen nur ‹*g*-› auf (Lessiak 1908: 132). Zu frühem ‹*ch*› im Inlaut (Frikativ?) vgl. § 149 A.5b. – Zur Medienverschiebung als Verlust der phonologischen Sonorität vgl. Goblirsch 1997a: 67 ff.

c) Im Altalem. dürfte nach Ausweis der St. Galler Vorakte die Medienverschiebung in der gesprochenen Sprache stärker ausgeprägt gewesen sein, als es die Schriftzeugnisse sonst erkennen lassen. Das Überwiegen von ‹*b, g*› in alem. Texten ist z. T. auf orthographischen Einfluss des Frk. zurückzuführen (Sonderegger 1961: 274 ff. mit vielen Belegen; vgl. auch Baesecke 1928: 147).

Anm. 4. Die Sprachform, die ‹*p, k*› für /b, g/ aufwies, wurde früher mit dem entbehrlichen Etikett „strengalthochdeutsch“ versehen (§ 4 A.5).

§ 89 Die in § 87 f. behandelten Verschiebungsprozesse werden in der folgenden Tabelle zusammengefasst. Obenan stehen die erschlossenen urgerm. Phoneme, dann zum Vergleich die ihnen entsprechenden got. und as. Grapheme. Bei Spaltung eines Phonems in zwei Phoneme bzw. Allophone steht jeweils die erste Spalte für den Anlaut und die damit gleich behandelten Inlautstellungen, die zweite für die Stellung im Inlaut nach Vokal. Von den Zeichen der ahd. Dialekte sind diejenigen fett gedruckt, die Verschiebungen anzeigen.

	I.						II.				
urgerm.	p		t		k		ƀ		đ	g	
got.	p		t		k		b (f)		d (þ)	g	
as.	p		t		k		b	ƀ f	d	g (g)	
mfrk.	p	**ff**	**z**	**ʒʒ** (-t)	k	**hh**	b	v f	d	g (g)	
rheinfrk.	p (-**pf**)	**ff**	**z**	**ʒʒ**	k	**hh**	b	**b**	d (**t**)	g	
ostfrk.	**pf**	**ff**	**z**	**ʒʒ**	k	**hh**	b	**b**	**t**	g	
obd.	**pf**	**ff**	**z**	**ʒʒ**	**ch**	**hh**	**p** (b)	**b p**	**t**	**k** (g)	g (**k**)

Das altobd. Obstruentensystem nach Durchführung der zweiten Lautverschiebung:

Anlaut			Inlaut			Auslaut		
[p (‹p, b›)]	t	[k (‹g, k›)]		t			t	
b (‹b, p›)	d	g (‹g, k›)	b (‹b, p›)	d	g (‹g, k›)	b (‹b, p›)	d	g (‹g, k›)
pf	z	kh (ch)	pf	tz	kh	pf	tz	kh
f (v)	s	h	f (v)	s	h	f	s ʒ	h
			ff	ss ʒʒ	hh			

Anm. 1. Das altobd. Obstruentensystem kennt bei den Plosiven eine Lenis/Fortis-Opposition nur bei den Dentalen (/t ≠ d/), bei den Labialen und Velaren hingegen nur je einen Plosiv, der durch ‹*p, k*› bzw. ‹*b, g*› bezeichnet wird. Vor allem im Anlaut sind in den frühen Denkmälern Fortisschreibungen häufig. Dies wird in der obigen Tabelle durch [p] bzw. [k] angedeutet.

Anm. 2. In diesem Buch sind die als Beispiele angeführten ahd. Wörter hinsichtlich der Lautverschiebungsstufe stets in der dem Ostfrk. (Tatian) zukommenden Form angeführt, sofern es nicht auf einen bestimmten Dialekt ankommt (vgl. § 4). Die Verwendung der ostfrk. Verschiebungsstufe als Normalform hat den praktischen Vorteil, dass sie dem (normalisierten) mhd. und dem nhd. Konsonantenstand am nächsten steht, also z. B. *tage, gëban, bāgan.* Sie unterstellt keinesfalls das Bestehen einer ahd. Ausgleichssprache auf ostfrk. Grundlage.

§ 90 1. Bis heute folgt die Erforschung der beiden Lautverschiebungen mehrheitlich im Prinzip den von J. Grimm gelegten Bahnen, mit den entscheidenden Ergänzungen durch Grassmann 1863 (vgl. Bußmann 2002: 265) und Verner 1877 (vgl. § 100) und im Einzelnen mit z. T. tiefgreifenden Modifikationen. Durch zwei aufeinanderfolgende Veränderungen der Obstruenten wurde zunächst das Germ. aus dem Idg. (erste Lautverschiebung) und dann (ca. ein Jahrtausend später) das Hd. aus dem Germ. (zweite Lautverschiebung) herausgelöst. Es wird davon ausgegangen, dass im Germ. gegenüber dem Idg. bzw. im Hd. gegenüber dem Germ. Neuerungen erfolgt sind. Zwischen der ersten und der zweiten Lautverschiebung bestehen offensichtliche Parallelen – Frikativierung stimmloser und stimmhafter Plosive, Desonorisierung/Fortisierung stimmhafter Plosive –, deren phonetische Ergebnisse sich allerdings nicht decken. Über mögliche Zusammenhänge zwischen beiden Prozessen – z. B. einheitliche Drift (Prokosch 1939: 33 f., 56 f., Nordmeyer 1936: 489 ff., A.Schmitt 1949: 14 ff.) – bestehen kontroverse Ansichten, auf die hier nicht eingegangen wird. Im Gegensatz zur ersten Lautverschiebung ist die zweite ein stellungsbedingter (kombinatorischer) Wandel. Das „Grimmsche“ Konzept ist bis heute Mehrheitsmeinung geblieben und wird auch an dieser Stelle zugrunde gelegt.

Eine grundsätzlich andere Erklärung der Lautverschiebungen liefert Vennemann 1984 (und in zahlreichen folgenden Veröffentlichungen, vgl. Stevens 1998: 95 f., Schwerdt 2000: 67 f.). Er geht von einem paläogerm. Obstruentensystem mit einer Reihe glottalisierter Plosive aus, aus dem sich die „hochgerm.“ (= hd.) und die „niedergerm.“ (= die übrigen germ.) Obstruentensysteme jeweils unmittelbar entwickelt hätten. An die Stelle der Abfolge (Sukzession Germ. – Hd.) tritt also die Verzweigung („Bifurkation“). Diskussion dazu s. u. 3.

2. Bei der zweiten Lautverschiebung wurden/werden vor allem drei Problembereiche kontrovers diskutiert: a) das phonetisch-phonologische Problem des Lautwandels; b) das raum-zeitliche Problem, d. h. das Alter und die Durchführung

(Monogenese oder Polygenese) des Wandels; c) die Ursachen der Veränderungen. Alle drei Fragen hängen eng zusammen. Die Tenuesverschiebung, d.h. die Entstehung der Frikative und Affrikaten, hat die Forschung intensiver beschäftigt als die Medienverschiebung.

Anm. 1. Neuere Forschungsberichte bei Lerchner 1971: 13 ff., Venema 1997, Schwerdt 2000. Für 1932–1984 vgl. die kommentierte Bibliographie von Ronneberger-Sibold 1989. Zur älteren Literatur vgl. auch die früheren Auflagen der Ahd. Gr. Vollständigkeit ist im Folgenden nicht angestrebt.

a) Zur phonetisch-phonologischen Beurteilung: Weitgehend akzeptiert ist die Annahme, der Tenuesverschiebung sei eine Aspirierung (und eventuell eine akzentbedingte Druckverstärkung) vorausgegangen. Umstritten ist, ob die Frikativierung über eine Zwischenstufe von Affrikaten ([p] > [ph] > [pf] > [ff]; eventuell Allophone) oder direkt von aspirierten Plosiven aus erfolgte. Für die strukturalistischen Erklärungen grundlegend ist die phonologische Interpretation von Fourquet 1948 u. 1954: Merkmalwechsel von Sonorität zu Aspiration (wie auch bei der ersten Lautverschiebung), Entstehung der Frikative durch Schwächung (und „Deartikulation" *[φ] > [ff] usw.), Desonorisierung der stimmhaften [b, d, g] < [ƀ, đ, g̱] (Goblirsch 2002: 207 f.), systematischer Zusammenhang aller Prozesse. Für das vorahd. System war die Ausbildung der durchgehenden Opposition Simplex / Geminate wichtig (§§ 82:1, 91 ff.), die durch die zweite Lautverschiebung (Entstehung langer Frikative) funktionell gefestigt wurde.

Anm. 2. Zur Annahme aspirierter Tenues als Vorstufe der Tenuesverschiebung vgl. Braune 1874: 49 f., Lessiak 1933: 153, Schwerdt 2000: 349 ff., Goblirsch 2002: 210. Dagegen Hammerich 1955: 194 ff. (direkter Übergang von Geminaten zu Doppelfrikativen), ähnlich auch Brinkmann 1941/65: 254 f. („dehnende Schärfung", aspirierte Tenues nur im Anlaut), Galton 1954: 596, Raevskij 1972. Vonficht 1958 bestreitet aus phonetischen Gründen, dass Aspiration die Voraussetzung für Affrizierung gewesen sei. Alexander 1983 setzt Fortis : Lenis als primäre Opposition im Germ. an, Aspiration und Stimmbeteiligung seien lediglich begleitende phonetische Merkmale. Aspiration wird als unerweislich abgelehnt von Schützeichel 1976: 238 ff., Simmler 1981: 739 f., Schwerdt 2000: 352 f. Gute Argumente für die Behauchungstheorie bei Harm 2001; vgl. Harm 2004.

Im Einzelnen gehen die Vorstellungen über die Weiterentwicklung der aspirierten Tenues weit auseinander: Affrizierung und Frikativierung durch Energiekonzentration infolge des exspiratorischen Akzents (Baesecke Einf. 92, Schweikle 1964: 250 ff.), Intensitätssteigerung (Lessiak 1933: 154 ff., Hammerich 1955 [ohne Aspiration], Wissmann 1939 [expressive Intensivierung], Alexander 1983: 62), Schärfung (Brinkmann 1941/65: 252 ff.), Verschlusslösung als Schwächung („schlaffe Artikulation"; A.Schmitt 1949: 17 ff.) oder durch Lenisierung > [φ, θ, χ] und nachfolgender „Deartikulation" zu scharf klingenden [ff, zz, hh] (Fourquet 1948 u. 1954, Galton 1954: 595 f., Schützeichel 1976: 247, Goblirsch 2002: 217; Aufsaugung der bereits vorhandenen, aber gliederarmen Reihe der langen Frikative außer /ss/:

Reiffenstein 1965: 64 f.). Den meisten strukturellen Erklärungen seit Fourquet 1948, ds. 1954: 14 ist das Konzept des Merkmalwechsels gemeinsam (die germ. Sonoritätskorrelation wird abgelöst durch Aspiration [Fourquet, Reiffenstein 1965, Lerchner 1971], Gemination [in allen Positionen, auch im Anlaut; Hammerich 1955, meist abgelehnt], Artikulationsstärke [Fortis/Lenis, Raevskij 1972]). Für die Entstehung der Affrikaten bietet dieses Modell weniger befriedigende Lösungen.

Anm. 3. Als Zwischenstadium im Übergang von aspirierten Tenues zu langen Frikativen wird vielfach Affrikate angenommen, mit nachfolgender Frikativierung in der „schwachen" Position nach Vokalen; vgl. Braune 1874: 49 f. (*o'pan* > *op'an* [Aspirierung und Verschiebung der Silbengrenze] > *op'fan* > *of'fan* [Assimilation], woraus sich auch die Geminate erklärt), Lessiak 1933: 154, Galton 1954: 596, Hammerich 1955: 196, Penzl 1964: 39 f. (allophonische Affrikaten), ds. 1984: 214 f., Vennemann 1972: 247, ds. 1984: 22 ff., ds. 1987: 37 ff. (ohne vorausgehende Aspirierung), Davis/Iverson 1995: 113 ff., Davis/Iverson/Salmons 1999: 182 ff.

Steche 1939: 130 ff. sah in Affrikatenschreibungen wie in den PN-Elementen *Gaucio-*, *Gauts-*, in lgb. *uualapautz* (§ 157 A.2), ahd.-bair. *frilatz*, ahd.-frk. *lietz* (Ludw) Belege für diese Zwischenstufe (mit anderer Erklärung auch Brinkmann 1941/65: 254 f.). Bruch 1953: 150 f. interpretierte rezente mfrk. Affrikaten anstelle zu erwartender Frikative (Typ *kraits* 'Kreis') als bewahrte Zeugen dieser Zwischenstufe; auch Gusmani 1996: 137 ff. sieht in Schreibungen der Par. Gespr – *guats*, *hutz* (dazu anders Bergmann 1965a), *latz*, *ouetzes* u. a. – direkte Reflexe des gesprochenen Westfrk. (gegen die Erklärung als rom. Schreibungen bei N.Wagner 1985, Penzl 1986: 125, Haubrichs/Pfister 1989: 54 f.). Anders Schützeichel 1976: 249 ff. (geminierte Nebenformen), Heinrichs 1967: 370 f., Goossens 1968 („Pseudo-Lautverschiebung" von /t/, die weit ins Niederld. hineinreiche); vgl. auch Venema 1997: 449 ff.

Durch die Lautverschiebung wurde zunächst die Simplex/Geminaten-Opposition gefestigt, bald aber in eine Lenis/Fortis-Opposition umgebildet (Reiffenstein 1965: 70 f.).

b) Zur räumlich-zeitlichen Beurteilung:

α) Die räumlich gestufte Ausbreitung der zweiten Lautverschiebung wird im Sinne der Wellentheorie seit Braune 1874 chronologisch interpretiert: Entstehung der Lautverschiebung in den Gebieten mit vollständigster Durchführung, graduelle Abstufung (Abschwächung) im Expansionsgebiet. Daraus ergibt sich das Bild der Süd-Nord-Ausbreitung (für die Rheinlande pointiert formuliert von Frings 1957: 37 ff.) und der relativen Chronologie der Verschiebungsakte (§ 87 A.5). Lerchner 1971 hat diese Auffassung mit gewichtigen phonologischen Argumenten gestützt (Aspiration als Korrelationsmerkmal im voraltobd. Obstruentensystem – Sonorität im voraltfrk. Obstruentensystem; abgelehnt von Simmler 1981: 701).

β) Höfler 1957 sieht dagegen die Lautverschiebung als Ergebnis einer polygenetischen Entfaltung (zur Entfaltungstheorie vgl. Höfler 1955/56), die auch im Ostgerm. wirksam gewesen sei (zur Kritik einer ostgerm. Lautverschiebung vgl. Mitzka 1967, Lerchner 1971: 29 f. mit Lit.); zustimmend zur Polygenese Schützeichel 1976: 192 ff., Simmler 1981: 741, 821, Bergmann 1980 u. 1983a (jeweils autochthone Prozesse im Obd. und im Mfrk.).

γ) Vennemann (1987: 48 ff., 1988, 1994: 280 ff., 2008 u. ö.) nimmt an, die „hochgerm." (zweite) Lautverschiebung sei in allen hochgerm. Dialekten (Ahd., Lgb.) vollständig durchgeführt, dann aber unter frk.-„niedergerm." Einfluss partiell zurückgedrängt worden (von Norden nach Süden abnehmende „Kreolisierung" der später md. Dialekte).

δ) Die Datierungen der Lautverschiebung reichen vom 1. Jahrhundert v. Chr. (Grundr III,926 f. [Bremer], in der angeblich elbgerm. Ursprungsheimat der Alemannen, Baiern und Langobarden; z. T. Kauffmann 1915, Vennemann 1994: 293) über die Völkerwanderungszeit (Prokosch 1917, ds. 1938: 79 ff.) bis ins 6.–8. Jahrhundert (Klein 2004: 261, Mehrheitsmeinung; vgl. auch § 87 A.6).

Anm. 4. Weiteres über die Konzepte zur räumlichen Ausbreitung der Lautverschiebung:

a) Die Vertreter monogenetischer Entstehung sehen den Herd der Ausbreitung im Obd. Die Begründungen für eine weitere Lokalisierung innerhalb des Obd. sind unzureichend. Plädiert wurde für das Bair. (E.Schwarz 1927), Alem. (Steche 1939: 143, Mitzka 1951, 1951/52, 1953 u. ö.) oder Lgb. (Betz 1953); vgl. Sonderegger 1979: 133 ff., N.R.Wolf 1981: 40 ff.

b) Heinrichs 1961 u. 1967 interpretiert die zahlreichen unverschobenen Formen im Mfrk. (in historischer Überlieferung wie in den rezenten Dialekten) sprachsoziologisch: Lautverschiebung zunächst in der Schreibsprache der Oberschicht, die Grundschicht (Mundart) hält an den unverschobenen Formen länger fest. Dies wird von der Schützeichel-Schule abgelehnt (Schützeichel 1968a, Bergmann 1983, Schwerdt 2000: 316 ff.): die unverschobenen Wörter seien teils latinisierende Schreibungen, teils Import aus dem Nfrk. Mitzka 1951/52: 111 nahm an, die Franken hätten die Lautverschiebung nur so weit übernommen, wie die Ergebnisse dem eigenen Lautvorrat entsprachen (daher kein [pf], [kχ]).

c) Der Nachweis verschobener mfrk. Belege aus dem frühen 8. Jh. (*hase*, *staffulus* u. a., vgl. § 87 A.5c; Schützeichel 1964 u. 1979) gab Anlass zu Kritik an der traditionellen Interpretation. Die neuen Belege besagen freilich nur, dass die Lautverschiebung nicht erst um 1000 südlich von Köln stand (so Frings 1957: 38), sondern Jahrhunderte früher. Daraus kann man folgern, dass die Ausbreitung der Lautverschiebung früher erfolgte als bisher angenommen, dass die Lautverschiebung von Anfang an auch im Mfrk. galt (so Lessiak 1933: 168 ff.) oder dass sie dort in Polygenese autochthon – in der mfrk. Ausprägung, d. h. ohne /p/ > /pf/, /k/ > /kχ/) –, unabhängig vom Obd., durchgeführt wurde. Schützeichel, Bergmann und Simmler vertreten die letztere Position, hingegen Lerchner 1971, Vennemann 1972a: 251, Barrack 1978, Goossens 1978 u. 1979, Draye 1990, Venema 1997 u. a. die (wellentheoretische) Gegenposition, so auch, als Ergebnis seiner Kritik an Vennemann, Stevens 1998: 81. Dazu Schwerdt 2000: 276 ff., die ihrerseits zu dem Schluss gelangt, man könne nur von „Veränderungen einzelner westgerm. Dialekte auf später hd. Boden" sprechen (388), denen zwar Parallelität und phonetische Ähnlichkeit nicht abzusprechen seien, die aber nicht unter dem Etikett „zweite Lautverschiebung" zusammengefasst werden sollten (verfehlt). Die Streitfrage ist theoretisch nicht zu entscheiden. Das Vorhandensein unverschobener Wortformen und Ortsnamen im Mfrk. in diastratischer und diatopischer Reliktlage (Lerchner 1971: 199 ff., Venema 1997) ist jedenfalls leichter wellentheoretisch erklärbar.

d) Auch die Nord-Süd-Ausbreitung der Lautverschiebung wird vertreten, vor allem von Forschern, die die Lautverschiebung oder ihre Vorstufen (Anlagen) sehr früh ansetzen; man gelangt dann in die angeblich elbgerm. Heimat der Alemannen und Langobarden, so Bremer Grundr III,926 f., Kauffmann 1915. Prokosch 1917 denkt an graduelle Weiterentwicklung der Lautverschiebung (Drift) parallel zur germ. Nord-Süd-Expansion (volle Ausbaustufe im Süden). Auch Fourquet 1954: 32 nimmt an, die entscheidenden Veränderungen (31: Merkmalwechsel und eine Ursache, die Engelaute hervorbringt [Lenisierung]) seien von Alemannen, Langobarden (und Baiern) von der Elbe mitgenommen worden. Lange 2003 u. 2007 rechnet mit Entstehung im Westfrk. unter gallorom. Einfluss. – Auf ganz andere Weise gelangen Vertreter der generativen Phonologie zur Annahme einer Nord-Süd-Ausbreitung: zunehmende Generalisierung einer zunächst beschränkten Regel im Zuge ihrer Ausbreitung nach Süden (R.D.King 1969: 92; vgl. Schwerdt 2000: 287; Kritik Vennemann 1972a: 252 f.).

e) Mit einer speziellen Form der Nord-Süd-Ausbreitung operiert Vennemanns Zurückdrängungstheorie („niedergerm." Superstrat im Mfrk., s. o. bγ). Tatsächlich spielen frk. Einflüsse für das Ahd. eine wichtige Rolle, freilich keine „niedergerm."-frk. (ausführliches Referat und Ablehnung von Stevens 1998: 45 ff.). Venema 1997: 63 ff., 452 f. wendet ein, die unverschobenen Formen im Mfrk. zeigten nach Sozialschicht und Verbreitung gerade nicht die Merkmale von Importformen, sondern von Relikten. Die Zurückdrängungstheorie wird auch von Seebold 1998: 304 bezweifelt.

c) Die Ursachen beider Lautverschiebungen sind letztlich unbekannt. Psychologische und physiologische Gesichtspunkte wurden vorgetragen, werden heute jedoch kaum mehr ernsthaft diskutiert. Auch die Versuche, die Lautverschiebung auf den Einfluss älterer Substrate zurückzuführen, haben keine befriedigenden Ergebnisse erbracht. Alle neueren Arbeiten suchen die Ursachen der hochdeutschen Lautverschiebung in systematischen Bedingungen oder Veränderungen in vorahd. Zeit. Der germ. Akzent und damit verbundene Änderungen der Silbenstruktur werden eine Rolle gespielt haben. Es gibt sehr unterschiedliche, jeweils meist in sich schlüssige Hypothesen über die Prozesse der Lautverschiebung, die wichtige Einsichten ermöglicht haben (s. o. Anm. 2, 3). Welche Faktoren die Veränderungen ausgelöst haben, bleibt aber offen. Die Frage nach den Ursachen ist damit verschoben, nicht beantwortet.

Anm. 5. Zu psychologischen Erklärungen (Grimm, Mitzka [1951: 67 „stammhaftes Hochgefühl" der Alemannen], Höfler), zur „Schnauftheorie" – verstärkter Exspirationsdruck beim Vorstoß in gebirgige Gegenden, auch für die erste Lautverschiebung geltend gemacht – und zu diversen Substrattheorien vgl. Lerchner 1971: 34 f., Schwerdt 2000: 347 ff., 381 ff.

3. Eine prinzipiell neue Theorie zur Erklärung der beiden Lautverschiebungen hat Vennemann 1984 vorgelegt. Ausgangspunkt ist nicht das traditionelle Obstruentensystem des Idg. (T – D – D^h > germ. Þ – T – Đ; Großbuchstaben stehen für Lautklassen), sondern ein paläogerm. System T^h – T' – D̥ > urgerm. Þ – T' – D̥. Dabei steht T' für stimmlose, unaspirierte, glottalisierte Fortisplosive (1984: 19

„versuchsweise als Ejektive“ angesetzt). Dieses paläogerm. System stimmt weitgehend mit dem von Gamkrelidze/Ivanov angesetzten idg. System der Plosive überein, das ebenfalls eine Reihe glottalisierter Fortisplosive enthält (Vennemann 1984: 30). Demnach hätte nicht das Germ. (und Armen.) mit der ersten Lautverschiebung geneuert, sondern die anderen idg. Sprachen. Für die Weiterentwicklung der T'-Reihe spielt ihre Glottalität (Markiertheit) eine zentrale Rolle: T' geht im „Hochgerm.“ (= Hd., Lgb.) in die Affrikaten T^s (mit nachfolgender Frikativierung > SS in postvokalischer Position) über, im „Niedergerm.“ (= die übrigen germ. Sprachen) zu den Aspiraten T^h. Diese innergerm. Lautverschiebung (1984: 22) erfasst und teilt also alle germ. Sprachen (Bifurkationstheorie).

Aufgrund der relativen Chronologie der westgerm. Synkope und Anaptyxe (§ 65:1), die die zweite Lautverschiebung voraussetzen, und aufgrund ubischer Matronennamen des 2./3. Jahrhunderts setzt Vennemann, auch unter Berufung auf Bremer, Grundr III,926 f., die hochgerm. Lautverschiebung sehr früh an (1987, 1991, 1994). Die Ubier müssten sie im 1. Jahrhundert v. Chr. aus ihrer südskandinavischen Heimat mitgebracht haben (1994: 293, vgl. auch 1987: 48). Die Abstufung in der Durchführung der Lautverschiebung im Md. sieht Vennemann als Resultat einer niedergerm. frankonisierenden Kreolisierung (Zurückdrängung; s. o. 2bγ und Anm. 4).

Anm. 6. Vennemanns „Anti-Grimm“ (Stechow) hat viel Bewunderung, aber kaum Zustimmung gefunden (vgl. die Kritiken von Moulton, Penzl, Stechow, Messing, Draye und Merlingen in PBB 108, 1986: 1 ff., 159 ff., 321 ff., Meid 1987, Laur 1988, Voyles 1989, Lühr 1992: 278 ff., Stevens 1998). Hauptkritikpunkte sind einerseits die Gewichtung typologischer Argumente (vgl. Haider 1983) und die Glottalisierungstheorie, die auch für das Idg. höchst umstritten ist (Meid 1987; mehrere Beiträge in Vennemann 1989a, vor allem Rasmussen 1989; Fritz/Meier-Brügger 2021: 135 f.), andererseits der sehr frühe Ansatz der hochgerm. Lautverschiebung, zu dem Vennemann u. a. auch durch die von ihm angenommene Parallelität der hochgerm. und der niedergerm. Lautverschiebung genötigt ist. Vennemann betont zwar, die Glottalität spiele in seiner Theorie keine zentrale Rolle (1984: 19, 31), de facto ist sie aber ein essenzielles Merkmal seiner T'-Reihe (1987: 38: „seltsame Laute ..., die man ... als Aspiratae ... als auch als Affricatae ... hat misshören können“; traditionell idg. D > germ. T), so auch Messing 1986: 173. Dem Problem, dass Lehnwörter aus dem Lat. und fremde Ortsnamen die Lautverschiebung mindestens bis ins 7./8. Jh. mitgemacht haben, begegnet Vennemann (1987: 32 ff. u. ö.) damit, dass er nach der Vollzugsphase eines Lautwandels eine lange Adaptivitätsphase ansetzt und im Übrigen mit Lautsubstitutionen rechnet (vgl. auch Vennemann 1991a; dagegen Gusmani 1991, Venema 1997: 249 f., 331 f., Stevens 1998: 15 ff., 29 f.). Direkte Belege für das hohe Alter der Lautverschiebung sieht Vennemann in den ubischen Matronennamen, die aber etymologisch höchst problematisch sind (dazu Stevens 1998: 65 ff.). Zu der von Vennemann angenommenen frühen Verdrängung der Hochgermanen aus Jütland vgl. kritisch Laur 1988: 128 ff.

Die Medienverschiebung sieht Vennemann 1984: 23 als „eher triviale Folgeerscheinung der Fortesverschiebung“ (Fortisierung der einzig verbleibenden Plosivreihe); er rechnet sie ebenso wie den Übergang von germ. /þ/ zu /d/ (§ 166 f.) nicht zur hochgerm. Lautverschiebung (1987: 40 A.26).

Insgesamt schaffen die Bifurkationstheorie und die Frühdatierung der Lautverschiebung mehr Probleme, als sie zu lösen vermögen.

Anm. 7. Von glottalisierten Plosiven geht auch Kortlandt 1996 aus (56: Frikativierung durch Verschlusslösung [Lenisierung]). Anders als Vennemann datiert er die zweite Lautverschiebung nach der westgerm. Konsonantengeminierung und lehnt daher die Bifurkationstheorie ab, nicht aber die Zurückdrängungstheorie. Gerade umgekehrt befürwortet Seebold 1998: 304 die erstere und bezweifelt die letztere Theorie.

P 3.1.4. Konsonantengemination

§ 91 Geminierte Konsonanten kommen im Ahd. in weit größerer Anzahl vor als in jeder anderen germ. Sprache (§ 94 ff.). Diese Geminaten waren zunächst gedehnte oder lange Konsonanten (**rinn'an*); durch Verlegung der Silbengrenze in den Langkonsonanten konnten sie zu echten Geminaten werden (*rin'nan*).

Anm. 1. Die ahd. Geminaten (§ 80 A.2) müssen im Gegensatz zur heutigen Standardaussprache (in nhd. *wisse*, *bitte* u. a. bezeichnet Doppelschreibung des Konsonanten vorhergehende Vokalkürze) lange Konsonanten mit dazwischen liegender Silbengrenze (Halte) gewesen sein, also ahd. *wës'sa*, *bit'tu* (dagegen S.Müller 2007: 89). Dies gilt heute noch im südlichen Alem. und z. T. im Bair. (wie in ital. *messo*, *notte* oder finn. *kissa*, *mutta*).

§ 92 Die Gemination findet sich am häufigsten nach kurzem Vokal. Doch kann auch nach langer Silbe eine Geminate gesprochen werden; es gibt besonders im Altobd. viele Beispiele von Gemination nach Langvokal. Dabei zeigt sich allerdings die Neigung, nach langer Silbe den Doppelkonsonanten zu vereinfachen bzw. den langen Konsonanten zu verkürzen, sodass er nur noch im Anlaut der zweiten Silbe gesprochen wird; so wird z. B. *lūttar* (d. i. *lūt'tar*) zu *lūtar* (d. i. *lū'tar*). Diese Verkürzung zeigt sich im Verlauf der Sprachgeschichte wiederholt bei langen Konsonanten verschiedener Herkunft (§§ 95 A.1, 96 A.1*,4, 97 f.).

§ 93 Die in vorahd. Zeit entstandenen Geminaten werden unter folgenden Bedingungen regelmäßig vereinfacht:

1. im Wortauslaut, z. B. *rinnan* / *ran*, *ëʒʒan* / *iʒ*, *fël* / Gen. *fëlles*, *grif* / Gen. *griffes*;
2. vor Konsonant, z. B. *brennen* / Prät. *branta*, *kussen* / Prät. *kusta*, *bouhhan* 'Zeichen' / *bouhnen* 'bezeichnen', Adj. *grimmēr* / Adv. *grimlīhho*, *kunnan* / Prät. *konda*.

In beiden Fällen schwindet der zweite Teil des langen Konsonanten, weil er nicht eine neue Silbe eröffnet.

Anm. 1. Nach nicht starktonigem Vokal wird, besonders in späterer Zeit, die Gemination öfters vereinfacht, z.B. *himilīh* Kb, *himilīhī* Ra (vgl. auch § 98 A.1b), *gommanes* statt *gommannes* (§ 239 A.5), *solihēr* < *solihhēr* (§ 145 A.7a), *leidezen* usw. statt *leidezzen* usw. (§ 159 A.4), im Gerundium zuweilen bei Otfrid (*doufene* usw., § 315 A.3). Vgl. ferner *fola-* < *folla-*, *nales* < *nalles* (§ 122 A.3) sowie *-amu*, *-emu* < **-ammu* in der Adjektivflexion (§ 248 A.4aα).

Anm. 2. Für manche Geminaten schreibt Otfrid öfter das einfache Zeichen. Jedoch beweist das Metrum, dass dennoch konsonantische Länge vorhanden war. Besonders häufig ist dies bei ‹*k*› (*akar* statt *ackar* usw., § 143 A.1), häufig auch bei ‹*z*› (*ezan* für *ëȥȥan* usw., § 160 A.1) und ‹*f*› (*ofan* für *offan* usw., § 132 A.1); seltener bei anderen Geminaten (vgl. §§ 105 A.2, 167 A.10). Auch in anderen Quellen werden Geminaten des Öfteren durch einfache Konsonanten bezeichnet. Vgl. Franck Afrk. § 121:5, E.Sievers 1920: 162 ff., O.Ernst/Glaser 2009: 1016 f., Schiegg 2015: 37, 39.

Anm. 3. Vor einem enklitischen Wort mit Vokalanlaut tritt im Morphemauslaut meistens die Inlautschreibung (Geminate) ein, z.B. bei Otfrid: *kann inan* 4,5,10, *irhugg ih* Ol 37 (Franck Afrk. § 121:2). Aber auch Einfachschreibung kommt vor, so *thig ih* 5,25,35; ferner *nu scel ih iu* H.Mayer 1974: 139 (dazu Bulitta/Heidermanns 2015: 172 ff.). – Vgl. auch § 127 A.1.

Die im Ahd. vorhandenen Doppelkonsonanten sind sehr verschiedener Herkunft. **§ 94**
Sie können bereits urgerm. sein (§ 95); die westgerm. Gemination (§ 96) hat zahlreiche weitere Geminaten hinzugefügt. Ihre Zahl wird im Ahd. noch vermehrt durch die hochdeutsche Lautverschiebung (§ 97), durch Zusammenrückung nach Vokalausfall (§ 98) und durch ahd. Assimilationsvorgänge (§ 99).

Anm. 1. Mitunter werden einfache Konsonanten doppelt geschrieben. Die stets nur vereinzelten Belege stehen meist in inkonsequent geschriebenen Texten und sind sprachhistorisch nicht gerechtfertigt (Kögel 1887: 108, Franck Afrk. § 121:6; zu Tatian vgl. Sievers T § 59). Beispiele (meist nach Vokal):

a) ‹*rr*› für /r/: *girrōttiu* Gl 1,322,53 f. (Jacob 1897: 45), *sichiiurro* 2,323,52 (Wesle 1913: 16), *giborrenen* 2,615,51; wohl auch *arruuingon* (Nievergelt 2011: 326: Gemination vor /w/?);

b) ‹*ll*› für /l/: *īllīgero* Gl 2,671,50; in Fällen wie *hangillun* Aratorgl. (v.Gadow 1974: 93; anders AWB IV,676), *liella* 3x Gl für *liola* (Schatz Ahd. § 255, AWB V,1157, EWA V,1353 f.) weist die Evidenz eher auf sprachwirkliches /ll/;

c) ‹*mm*› für /m/: in Kb *firnëmmandi* (Splett Abr 323); in BR *boumma*, ‹*zaum|mum*› (an Zeilengrenze, nach Masser 2008: 136 Indiz lauten Vorsprechens beim Schreiben; weitere Fälle unetymologischer Geminatenschreibung in BR bei F.Seiler 1874: 423); im Tatian *nammen* 88,13 (2x, davon 1x ‹*nāmen*›); in *nëmmenna* 88,4 durch folgendes /nn/, in *thanne nëmmenti* 93,3 durch vorhergehendes /nn/ verursacht; ferner *nimmit* Gl 2,143,27 („stärker artikulierte Aussprache“, Frank 1974: 220), Dat.Sg. *rīhtuomme* Np;

d) zu ‹*nn*› für /n/ vgl. § 127 A.1; zu ‹*ss*› für /s/ vgl. §§ 154 A.5d, 168 A.2d;

e) ‹*bb*› für /b/: *lībbes* BR (StD 231,2), vielleicht mit *libbe* StD 230,26 (zu *(h)līben*, § 136 A.4) kontaminiert;

f) ‹*gg*› für /g/: *halsbougga* Gl 1,622,9, *ursaggo* (geheimschriftl. ‹*yrscggq*›) Thies 1994: 158, 323;

g) ‹*tt*› für /t/: *cotto* Kb, *bëttōn* T, *pintta* Gl 2,164,68, *wëroltti* u.a. (zu Weiterem vgl. § 164 A.3), häufig bei /ht/, /ft/ (§ 161 A.5). *pat te* ‘Pate, Patin’ Jd (Gl 3,364,28 f.) weist ‹*tt*› auf, weil die beiden Silben auf die Lemmata *patrinus* und *matrina* verteilt sind (AWB VII,210).

§ 95 Urgerm., in allen germ. Sprachen bezeugte Geminaten sind in relativ vielen Wörtern und Formen enthalten.

1. Neben dem bereits vorgerm. aus Dental + Dental entstandenen langen Sibilanten /ss/ (idg. /t+t/ über [tˢt] > /ss/, § 170 A.1) kommen vor allem die Geminaten /ll, mm, nn/ häufig vor; andere sind sehr viel seltener (Hammerich 1955: 174 f.). Beispiele: Ahd. *wëssa* 'wusste' (Prät. zu *wiʒʒan*), *giwis* / *giwissēr* 'gewiss'; *fol* / *follēr* 'voll', *wolla* 'Wolle'; *swimman* 'schwimmen'; *kan* / *kunnum*; *bok* / *bokkes* 'Bock', *loccōn* 'locken'.
2. Soweit Geminaten von Plosiven auf das Urgerm. zurückgehen, ist ihre Entstehung vielfach umstritten und jedenfalls nicht auf eine einzige Ursache zurückzuführen. Diskutiert wird einerseits Gemination durch Assimilation eines folgenden /n/ (Kluge 1884, nachdrücklich Lühr 1988, Kroonen 2011: 41 ff.), andererseits expressive Dehnung (Martinet 1937, Wissmann 1939, modifiziert Fagan 1989), zunächst okkasionell („Streben nach Ausdruckskraft", Wissmann 1939: 8), dann auch habituell (Letzteres abgelehnt von Brinkmann 1941/65: 241). Lerchner 1971: 119 ff. (gestützt auf Kacnel'son 1966) sieht die Bedingungen für Geminationen in der germ. Silbenstruktur und dem Silbenakzent.
   Da urgerm. Konsonantengeminationen nicht in die Zuständigkeit der Ahd. Gr. fallen, kann eine genauere Besprechung hier unterbleiben. Die urgerm. Geminaten sind von der zweiten Lautverschiebung in der gleichen Weise erfasst worden wie die durch die westgerm. Konsonantengemination (§ 96) erzeugten Geminaten.

Lit.: Zu den urgerm. Geminaten: ferner Kauffmann 1887, v.Friesen 1897, E.Schröder 1898a, v.Helten 1905: 213 ff., Trautmann 1906: 61 ff. (dazu Janko 1906: 46), Wilmanns I, § 135 ff., Hirt Urg. I, § 60, Kluge 1913: 76 ff., Seebold 1989, Görtzen 1998: 425 ff.

Anm. 1. Nach langer Silbe (§ 92) sind die schon im Urgerm. vorhandenen Geminaten in vorahd. Zeit wieder vereinfacht worden. So z. B. Prät. *muosa* (§ 376; < **mōss-*; vgl. *wëssa*); *wīsi* 'weise' (< **wīss-*, zu *wiʒʒan*), vgl. § 170 A.1; Prät. der redV. Ia (§ 350 A.2): *fialun*, *spianun* zu *fallan*, *spannan*. Zu ahd. Resten von Plosivgeminaten nach langer Silbe vgl. Kluge 1884: 178 ff.

Anm. 2. Einwirkung der idg. Laryngale auf die Geminatenentstehung wird propagiert von Hammerich 1955: 176 f., 186, Seebold 1966, Lühr 1976a; differenzierte Bewertung der Einzelfälle bei S.Müller 2007: 90 ff. – E.Sievers 1920: 161 führte das Nebeneinander von Geminaten und einfachen Konsonanten bei Otfrid (z. B. *offan*, *waʒʒar* / *ofan*, *waʒar*) im Rahmen seiner Schallanalyse auf Steigton bzw. Fallton zurück.

3. Die Annahme expressiver Geminaten liegt nahe in Kurz- und Kosenamen (ahd. *Benno*, *Geppo*; aus St. Gallen: *Wittilīno* zu *witu*, *Hetti* zu *hadu*, *Watto* zu *watan*), auch bei Tierbezeichnungen (ahd. *snecco*, *sneggo* zu *snegil* 'Schnecke').

Eine semantisch gut abgrenzbare Gruppe stellen die vielen verbalen Intensivbildungen dar (mhd. *zucken* zu *ziohan*, *snizzen* zu *snīdan*; Anm. 4).

Anm. 3. Zur expressiven Konsonantendehnung vgl. F.Stark 1868, Hoffmann-Krayer 1924: 46 ff., Wissmann 1932: 166, ds. 1939: 1 ff. (mit Lit.), Martinet 1937, Brinkmann 1941/65: 241, Rein 1958: 244 ff., Sonderegger 1961: 258, Reiffenstein 1965: 61 f.+A.5, Lerchner 1971: 119 ff., Menke 1980: 328 f. – Zur expressiven Vokaldehnung vgl. § 53a.

Anm. 4. Die Intensiv- und Iterativverben werden heute vielfach nicht mehr mit expressiver Gemination, sondern mit Assimilation eines /n/ begründet (Scheungraber 2014: 129 ff. mit Lit.).

P 3.1.5. Westgermanische Konsonantengemination

In den westgerm. Sprachen haben die Sonanten /j, w, r, l (n)/ Gemination eines unmittelbar vorhergehenden Konsonanten – d. h. Verlegung der Silbengrenze in den Konsonanten – bewirkt. Weitaus am stärksten ist die geminierende Wirkung von /j/; durch /r/ und (in geringerem Ausmaß) durch /l/ werden im Ahd. nur die germ. Tenues /p, t, k/, durch /w (u̯)/ nur westgerm. /k/, /h/ (und /t/?) geminiert; die geminierende Wirkung von /n/ ist umstritten (s. u. 6.). Die neuen Plosivgeminaten unterlagen im Ahd. der zweiten Lautverschiebung. **§ 96**

1. Nach älterer Auffassung machte es keinen Unterschied, ob dem Konsonanten ein kurzer oder ein langer Vokal vorausging; demnach wären die germ. Typen *at'ja*, *āt'ja* gleichermaßen zu westgerm. *at'tja*, *āt'tja* geworden. Da aber außerhalb des Ahd. Gemination nur nach Kurzvokal eingetreten ist, musste man sich mit der unbefriedigenden Lösung behelfen, überall sonst seien die Geminaten nach Langvokal und Konsonant – wie später auch im Ahd. (Anm. 2) – schon vorhistorisch wieder vereinfacht worden (vgl. § 92). Zudem gibt es auch im Ahd. Geminaten nach Langvokal oder Diphthong fast nur in obd. Quellen. Zu einer möglichen Erklärung der obd. Sonderentwicklung s. Anm. 1a; Beispiele in Anm. 1*.

   Auch nach Kurzvokal hat vielfach Ausgleich stattgefunden, da in vielen Wörtern regelmäßig Formen mit oder ohne Gemination nebeneinander entstehen mussten, z. B. got. *kuni*, Gen. *kunjis* versus vorahd. **kuni*, **kunnjes*, got. *akrs*, *akris* versus vorahd. **akar*, **akkres* (was ahd. Nom. **ahhar*, Gen. *ackres* ergeben musste). Ein entsprechendes Nebeneinander liegt bei kurzsilbigen *jan*-Verben vor (§ 358). Überwiegend ist zugunsten der geminierten Formen ausgeglichen worden (also *kunni*, *ackar*; auch as. *akkar*, jedoch ae. *æcer*); so auch *smĕckar* ‘zierlich’ gegenüber ae. *smicer* (**smikra-*, EWGP 521). Es gibt aber auch Ausgleich zugunsten des einfachen Konsonanten (Anm. 2).

Lit.: Paul 1880: 105 ff., Kauffmann 1887: 511 ff., E.Sievers 1887: 489, ds. 1892: 262 ff., Wilmanns I, § 138 ff., v.Helten 1903: 530 ff., W.Schulze 1966 [1908]: 489, Franck Afrk. § 120, Kluge 1913: 148 ff., Baesecke Einf. § 51, Lessiak 1933: 269 ff., Hammerich 1955: 165 ff., Schweikle 1964: 240 ff., Lerchner 1971: 122 ff., Simmler 1974 (umfassende Belegzusammenstellungen), Szulc 1987: 93 f., Denton 1998, Grønvik 1998: 99 ff., Callender 2007, Harm 2013: 88 ff.

Anm. 1. Zur phonetischen Natur und zum Ursprung der Konsonantengemination:

a) Murray/Vennemann 1983: 514 ff. und Murray 1986: 335 f. interpretieren die Gemination als Folge des Silbenkontaktgesetzes, wonach der Silbenanlaut „stärker" (von geringerer Sonorität) sein soll als der Silbenauslaut, was bei der Silbenfolge *V̆C$RV* (*R* = Resonant, $ = Silbengrenze) zur „Verbesserung" des Silbenkontakts durch *V̆C$CRV* (besonders wenn *R* = *i̯*) führen musste. Für Silbenfolgen mit Langvokal (*V̄Ci̯V*) nimmt Murray 1986: 353 f. für das As. – und die meisten anderen westgerm. Sprachen/Dialekte – die Silbenstruktur *V̄$Ci̯V* an (was durch das Ausbleiben der Auslautverhärtung erwiesen wird), für das Obd. hingegen die Silbenstruktur *V̄C$i̯V*, die Gemination bewirkte (freilich eine Ad-hoc-Annahme). Plausibler Seynnaeve 1987: 434 ff.: Gemination nach Kurzvokal bewirkt die von der Silbenstruktur präferierte Zweimorigkeit der nach der Festlegung des germ. Akzents dominanten Silbe.

b) Da die westgerm. Gemination besonders starke Wirkungen im Ahd. gezeitigt hat, wurde gelegentlich hier auch ihr Ursprungsherd gesucht: im Obd. (Rosenfeld 1950: 101 ff.); im Bair. (Jung 1938: 154, Brinkmann 1941/65: 247 ff.); im Alem. (Reiffenstein 1963: 325 ff.); im Merow.-Nordseegerm. (Maurer 1948: 221 f., lediglich aufgrund der historisch-politischen Situation). Die Argumente reichen für eine eingrenzende Lokalisierung nicht aus, zumal die Gemination nach langer Silbe oft zurückgenommen wird (Anm. 1*). Ob Monogenese oder Polygenese der Gemination in allen westgerm. Sprachen vorliegt, ist nach Harm 2013: 91 f. nicht eindeutig zu entscheiden. Gemination von /g, k/ (nach Kurzvokal) vor /j/ und von /k/ vor /w/ zeigt auch das Awn. (Aisl. Gr. § 279, Brinkmann 1941/65: 247). Vgl. auch Schützeichel 1976: 267 ff., Simmler 1974: 342 ff. – Ramat 1981: 45 f. stellt die westgerm. Konsonantengemination in den Kontext der älteren gemeingerm. Geminaten.

2. Vor /j/ erscheinen alle einfachen Konsonanten mit Ausnahme von /r/ (s. Anm. 3) geminiert, wenn ihnen ein kurzer Vokal vorausgeht. Im Ahd. ist /j/ meist schon geschwunden (§ 118). Beispiele dieser Gemination sind wegen der Häufigkeit von /j/ in Ableitungssuffixen ungemein zahlreich; die germ. Frikative /s, f, h/ stehen allerdings nur selten vor /j/.

   a) Dentale: *bitten*, as. *biddian* (got. *bidjan*, awn. *biðja*); *dritto* (got. *þridja*); – *sezzen*, as. *settian* (got. *satjan*); – *knussen*, Prät. *knusita* (§ 170:2);

   b) Labiale: frk. *sibba*, obd. *sippea*, *sippa*, as. *sibbia* (got. *sibja*); – *skepfen*, as. *skeppian* (got. *skapjan*); – *heffen*, as. *hebbian* (got. *hafjan*);

   c) Velare: frk. *huggen*, obd. *huckan*, as. *huggian* (got. *hugjan*); – *recken*, as. *rekkian* (got. *-rakjan*, awn. *rekja*); – *hlahhen**, ae. *hliehhan* (got. *hlahjan*, § 154 A.7a);

   d) Sonanten: *hella*, as. *hellia* (got. *halja*); *willo* (got. *wilja*, § 223); – *fremmen*, as. *fremmian* (awn. *fremja*); – ahd. as. *kunni* (got. *kuni*, Gen. *kunjis*); Gerundium ahd. *-annes*, as. *-annias* (§ 315).

Anm. 1*. Nach langem Vokal oder Diphthong liefert nur das ältere Obd. eine beträchtliche Anzahl von Beispielen, die aber in den späteren Quellen fast ganz verschwinden (§ 92); wenig bietet das Frk. (Franck Afrk. 160). Die übrigen westgerm. Sprachen zeigen von der Gemination durch /j/ nach Langvokal kaum Spuren.

a) Beispiele für Geminate nach Langvokal/Diphthong: in Ad: *uuānnentem* 66,4 (Haubrichs/ Müller 2021: 116); BR: *suanārre* (§ 200 A.2), *kerāttes* (ahd. *girāti* 'Beratung'; F.Seiler 1874: 437), *auckan* (got. *augjan*) 'zeigen', *leittan* 'leiten' u.a.; in H: *lūtten, scōnniu, kafuarre* u.a.; Exh A: *galauppenne*; Rb: *leittu, unscōnne, mārraz, rōrriun, kiteillanne* u.a.; Notker: *geslâpfa* (Nc 148,7; vgl. VEW 434), *sleipfa, loupfo*. Weitere Belege unter den einzelnen Konsonanten und in der Flexionslehre bei den verschiedenen *j*-Bildungen; die meisten Belege liefern die swV. I (§ 359 A.1). Vgl. auch Paul 1880: 110 ff., v.Helten 1896: 437, Reuter 1906, Lessiak 1910: 208; Belegzusammenstellung bei Simmler 1974: 212 ff.

b) Nach Mehrfachkonsonanz zeigt das Ahd. keine *j*-Gemination mehr. Nur durch die Lautverschiebung bezeugen einige Wörter wie *wulpa*, mhd. *wülpe* 'Wölfin' < **wulƀjō-* ihr einstiges Vorhandensein (Paul 1880: 133, Simmler 1974: 371); dazu der PN *Waldulpia* f. (Förstemann I,1512). Zu *(h)rinka* neben *(h)ringa* 'Spange' vgl. Simmler 1974: 370, AWB VII,1034.

Anm. 2. Bei mit /j/ gebildeten Verben (*j*-Präsentien und swV. I) ist im Spätahd. – wie bereits im Tatian – die Gemination analogisch beseitigt worden: *biten, ligen* statt *bitten, liggen/ lickan*; *zelen, denen* statt *zellen, dennen* (§§ 344 A.2, 347 A.1a, 358 A.1).

Anm. 3. Im Westgerm. wird /r/ nach kurzem Vokal durch folgendes /j/ in der Regel nicht geminiert, vgl. ahd. – mit bewahrtem /j/ – *nerien, heries* usw.; vgl. Seynnaeve 1987: 440. Doch finden sich vor allem in alem.-frk. Quellen auch *rr*-Formen, vgl. Simmler 1974: 269 ff. Hierzu sowie zu einzelnen Wörtern ohne Gemination bei /n/ und /d/ vgl. § 118:2+A.3,4. – Zur Gemination von /w/ durch /j/ vgl. § 112.

3. Von den sonstigen westgerm. Geminationen ist diejenige vor /r/ hervorzuheben. Diese hat im Ahd. nur die germ. Fortisplosive /p, t, k/ erfasst (Simmler 1974: 286 ff.). Beispiele:
   a) germ. /p/: ahd. *swëpfar* 'schlau' (zu **swīfan* stV. < **swīpa-*; VEW 479 f., EWGP 583; s. Anm. 4b); ahd. *tapfar* 'gewichtig', mnd. mnl. *dapper* (awn. *dapr*; EWGP 146 f.); ahd. *kupfar* 'Kupfer', mnd. *copper* (lat. *cuprum*; Wollmann 1990: 370 ff., Feulner 2000: 155 f.);
   b) germ. /t/ (vor /r/ unverschoben, § 161:2): ahd. as. *snottar* 'klug', ae. *snottor* (got. *snutrs*); ahd. *bittar*, Gen. *bittres, bittares* (§ 65:2) 'bitter' (awn. *bitr*); ahd. *ottar* 'Otter' (awn. *otr*); ahd. *zitterōn* 'zittern' (awn. *titra*);
   c) germ. /k/: ahd. as. *ackar* 'Acker' (got. *akrs*); ahd. *smëckar* 'zierlich' (ae. *smicer*, s. o. 1.); ahd. *wackar* (awn. *vakr*).

Anm. 4. Der Gemination vor /r/ sind in mehrfacher Hinsicht Grenzen gesetzt:

a) Nach Langvokal tritt sie lediglich bei /t/ ein (Simmler 1974: 305 ff.): ahd. *(h)lūttar* 'lauter' (got. *hlūtrs*), *eittar* 'Gift' (awn. *eitr*). Die Formen mit /tt/ sind im älteren Ahd. noch recht häufig; doch treten nach § 92 daneben *lūtar, eitar* auf, die in späterer Zeit überwiegen.

b) Dass *slëffar* 'schlüpfrig' (ae. *slipor*) < **slipra-* (EWGP 514) im Gegensatz zu dem synchron isolierten Wort *swëpfar* < **swipra-* (s. o.) keine Affrikate enthält, scheint auf Analogie zu dem Frikativ in *slīfan* stV. zu beruhen (anders Schatz Ahd. 102, der für bair.-frk. /ff/ alem. Herkunft nach § 131 A.4 erwägt).

c) Im Ae. ist Gemination vor /r/ offenbar jünger und mit Kürzung des vorhergehenden Langvokals verbunden (Letzteres auch im As., vgl. Holthausen As. § 108, Mnd. Gr. § 68, Sarauw 1921: 233 f.); vgl. ae. *hlŭttor* neben *hlútor* usw. (Ae. Gr. § 229, Murray 1986: 350 ff.). Vgl. noch Brinkmann 1941/65: 248 f.

4. Beispiele der westgerm. Gemination von germ. /p/ und /t/ vor /l/ sind ahd. *aphul* 'Apfel', ae. *æppel* (awn. *epli*) und ahd. *kizzilōn* 'kitzeln' (awn. *kitla*). Doch ist die Gemination sehr oft unterblieben. Nach Franck Afrk. § 119:3 kommt auch geminierende Wirkung des /l/ auf Mediae in Betracht; zu *daucgal* Is vgl. § 148 A.4a. Vgl. noch Wilmanns I, § 141, Simmler 1974: 311 ff.

5. Gemination vor /w/ ist nur bei /k/ und /h/ – d. h. aus germ. Labiovelaren entstandenen westgerm. Phonemfolgen /kw/, /hw/ (§ 80 A.1) – nach Kurzvokal sicher nachweisbar. Bei /k/ hat sie sich in einigen Wörtern durchgesetzt: *ackus* 'Axt', *nackot* 'nackt' (got. *aqizi*, *naqaþs*); bei /h/ bleibt sie auf wenige frühe Belege beschränkt, so in *sëhhan* neben *sëhan* 'sehen' (got. *saíƕan*, § 343 A.4b). Vgl. §§ 109 A.2, 145 A.6, 154 A.7b; Wilmanns I, § 140, Kluge 1913: 149, Simmler 1974: 329 ff.

Anm. 5. Vermutlich geht *fizzus* 'schlau' – zur Affrikate vgl. § 160 A.4a – auf **fitwes-* zurück (EWGP 197 f.), sodass auch /t/ vor /w/ geminiert wäre. Demgegenüber ist /w/ in *gaȥȥa* 'Gasse' < **gatwōn-* vor gerundetem Vokal geschwunden, weshalb /t/ hier zum Frikativ verschoben ist (vgl. § 109 A.2; EWA IV,107 ff.).

Gemination vor /w/ ist im As. wie im Ae. nicht eingetreten (Ausnahme: *quicc* Hel C 5445). Die ahd. Doppelformen *nacchet* N / *nahhut* BR, *quëck* / *quëh* usw. (Simmler 1974: 330 ff.) sind wohl durch verschiedene Suffixe oder unterschiedlichen Ausgleich von Flexionsformen zu erklären (Matzel 1966a: 46 A.35, ds. Is 193 ff., 453; abgelehnt von Simmler 1974: 333 A.502, 343 A.5), kaum dialektgeographisch (so Mitzka 1963, Reiffenstein 1963: 318 ff.).

6. Gemination vor /n/ findet sich vor allem bei Substantiven der *n*-Deklination, doch stehen daneben oft Formen mit einfachem Konsonanten. Nur mit Geminate belegt sind etwa ahd. *rocko* (as. *roggo*) 'Roggen', *brocko* 'Brocken'; dagegen mit Doppelformen *stëcko* 'Stecken', *backo* 'Backe', *tropfo* 'Tropfen' neben *stëhho*, *bahho* (aus /k/), *troffo* (aus /p/); ferner *knappo*, *knabo* 'Knabe', *klëtta*, *klëta* 'Klette' (§ 167 A.10e). Vgl. dazu Wilmanns I, §§ 136:3 f., 142, Jung 1938, Hammerich 1955: 190. Lühr 1988 und Kroonen 2011 nehmen für die meisten Fälle urgerm. Gemination vor /n/ an. Gemination von /k/ vor dem Suffix *-na-* kann in *trockan*, *truckin* 'trocken' vorliegen (aber as. *drokno* Adv.; vgl. EWGP 162 f.). In manchen *n*-Stämmen mag expressive Dehnung (§ 95:2) vorliegen, wie sie für ahd. *luzzil*, as. *luttil* (aber ae. *lýtel*; Anm. 6) mit ursprünglichem Zwischenvokal angenommen werden muss.

Anm. 6. Zu ahd. *luzzil* und zu *lyuzil* Is vgl. Matzel 1963: 153 ff., besonders 157, ds. Is 427 f., EWGP 372, 390.

7. Für eine Gemination vor /m/, wie sie von Kauffmann 1887: 520 ff. angenommen worden ist, fehlen sichere Belege. Simmler 1974: 338 ff. lehnt den Ansatz westgerm. Konsonantengemination nicht nur für /m/, sondern auch für /n/ als unerweislich ab.

§ 97 Durch die hochdeutsche Lautverschiebung entstanden im Ahd. aus westgerm. einfachen /p, t, k/ im Inlaut die langen Frikative /ff, ʒʒ, hh/ (§ 87:1). Nach kurzem Vokal blieb die Gemination bestehen (*offan, ëʒʒan, mahhōn/machōn*); sie macht noch im Mhd. die betreffenden Wurzelsilben positionslang (mhd. *offen, ëʒʒen, machen*). Nach Langvokal oder Diphthong tritt die Gemination in den älteren Quellen – vor allem obd. – meist deutlich zutage (*slāffan, lāʒʒan, zeihhan*). Später werden zumindest /ff/ und /ʒʒ/ meistens vereinfacht, sodass *slāfan, lāʒan* die häufigeren Formen sind (vgl. § 82).

Statt der Schreibung ‹*hh*› tritt später überall ‹*ch*› ein (*zeichan, machōn*), was die phonologische Beurteilung erschwert. Aber auch spätahd. begegnen noch oft Doppelschreibungen nach Langvokal (*slāffen, lāzzen*), auch noch in vielen mhd. (vor allem bair. und schwäb.) Handschriften. Zu Weiterem vgl. §§ 132, 145, 160.

§ 98 Durch Zusammenrückung nach Synkopierung eines Vokals entstehen im Ahd. bisweilen Doppelkonsonanten (vgl. § 62 A.2). Besonders häufig sind diese im Präteritum der auf /t/ ausgehenden swV. I, z. B. *scutta, ratta* neben *scutita, retita* (zu *skutten, (h)retten*, § 362); *leitta, breitta, nōtta* (zu *leiten, breiten, nōten*, § 363 A.4c). Bei langsilbigen Verben werden diese jungen Geminaten auch vereinfacht: *leita, breita, nōta* (§ 92), jedoch seltener und häufiger erst spätahd. (s. Anm. 1a).

Andere Fälle sind z. B. *elilenti* 'Fremde, Exil', später *ellenti*; *hērro* 'Herr' (aus *hēriro*), selten *hēro*; *thërra, thërru* T (= *thërera, thëreru* O; vgl. § 288 A.1,3g). Auch in Komposita und Suffixbildungen können durch Verlust des Fugenvokals Geminaten entstehen, z. B. *alttuom, adallīh, ōstarrīhhi* (Anm. 1b).

Anm. 1. Diese Geminaten neigen in verschiedenen Kontexten zur Vereinfachung:

a) Bei swV. I auf Konsonant + /t/ weist das Präteritum in aller Regel nur ein /t/ auf: *santa, hafta* zu *senten, heften*; vgl. §§ 163 A.5d, 363 A.4c. *tt*-Formen wie *santta, haftta* sind selten.

b) Auch an anderen Morphemfugen können Geminaten vereinfacht werden (Gröger 1911: 200 ff.), z. B. *altuom, furistuom, guoliche/cuolichi, himilīh* (vgl. auch § 93 A.1), *ōrinc, ōsterīche, iruoffe* (AWB I,307, III,1402, IV,482, VII,119. 137. 1251).

c) *nissa*-Bildungen zu Partizipien auf *-an* werden häufig (nach § 93 A.1) mit einfachem ‹*n*› geschrieben, z. B. *farloranissa* Ja. Letztlich ist das suffixale /n/ erst an Grundwörtern mit *n*-Suffix erwachsen, vgl. got. *-assus* (Meid 1967: 160); vielleicht handelt es sich teilweise auch um Reliktformen mit vokalisch anlautendem Suffix.

§ 99 Einige weitere im Ahd. vorliegende Geminaten sind durch Assimilation entstanden; besonders die Sonanten /l, r, m, n/ zeigen Assimilationskraft.

1. Ein Teil der ahd. Assimilationen ist von Anfang an auf dem ganzen hd. Gebiet vorhanden, reicht also in vorahd. Zeit zurück. Beispiele:
   a) /rr/ < /rz/ (§§ 82:2d, 121:2) in *irren* (got. *aírzjan*), *merren* (got. *marzjan*) u. a.;
   b) /tt/ < /gđ/: *brëttan* 'ziehen, zücken' (as. *brëgdan*, § 338 A.3).
2. Viele Assimilationen stellen sich aber erst im Verlauf des Ahd. und teilweise auch lokal beschränkt ein (§ 139 A.7b), sodass daneben oder in älteren Quellen die nicht assimilierten Formen vorkommen. Beispiele:
   a) /mm/: *stimna* und *stimma* 'Stimme', *nemnen* 'nennen' (got. *namnjan*), gewöhnlich assimiliert *nennen* (Schatz Abair. § 84) oder (alem.) *nemmen* (§ 123 A.2*); *frammert*, *frammort* 'weiter' (< *framwort* Gl 2,147,57, § 109 A.4b); *mammunti* 'mild' (as. *mađmundi* < **manthm-*; /nm/ noch in *manmuntmuati* Gl 1,758,8, *manmonto* O 2,14,42 [Hs. P], *manmende* N u. a., vgl. AWB VI, 154 ff.);
   b) /nn/: *firstannissi* neben *firstantnissi* (§ 127:3); in *antluzzi* 'Antlitz' ist /ntl/ über /nl/ (*anluzzes* O 1,5,17, vgl. *in(t)-lāȝan* § 73 A.2) zu /nn/ (*annuzzi* T, O) entwickelt (AWB I,531. 554, EWA I,282);
   c) /ll/: *uuâlliche* Nb, *unuuallichor* Gl zu *wātlīh* 'schön' (§ 122:3).

Lit.: Pietsch 1876: 444 f., Kauffmann 1887: 377 f., Sievers T § 60, Franck Afrk. § 126, Gröger 1911: 214 ff.

Anm. 1. Gelegentlich begegnen Assimilationen, die sich in der Sprache oder in der Schreibung nicht durchgesetzt haben, z. B. *filloran* O 1,20,6. 1,23,37 (Hss. P, V) zu *firliosan* (Kelle O 510; vgl. § 76 A.3a); *folwassan* Is für *folwahsan* (vgl. aber § 154 A.5b). Auch im Satzsandhi (über die Wortgrenze hinweg) tritt vereinzelt Assimilation ein, z. B. *was ses* mehrmals für *waz ses* bei Otfrid (Kelle O 508, MSD II,390 f.). Im Einzelfall ist auch mit Schreibfehlern zu rechnen.

Anm. 2. Die Assimilation ist in vielen Fällen nur partiell, besonders bei Zusammenrücken zweier Bestandteile, deren daneben bestehende Normalformen die Assimilation aufhalten oder durch etymologische Schreibung rückgängig machen (§§ 123, 126 A.1).

Anm. 3. Als Assimilation ist auch die in allen germ. Sprachen älterer und jüngerer Zeit auftretende Erscheinung zu betrachten, dass von drei zusammentreffenden Konsonanten einer, meist der mittlere, in der gesprochenen Sprache schwindet; z. B. *mammunti* (s. o.), *lenzo* 'Lenz' (*/ngz/, Kluge 1887: 377), *lastar*, *zëswa* (§ 154 A.5a). Auch im Satzzusammenhang (Sandhi) wird beim Aufeinandertreffen dreier Konsonanten bisweilen der mittlere ausgestoßen (§ 161 A.6b). Vgl. Got. Gr. § 82 A.1, Noreen 1894: 172 ff., Wilmanns I, § 158, E.Schröder 1898: 26 f., Franck 1902: 337, ds. Afrk. 169, Gröger 1911: 188 ff., Wolff 1921: 98, Behaghel 1928: § 349.

Weitere Einzelheiten:

a) In der Schreibung der St. Galler Vorakte (Sonderegger 1961: 280 ff.) tritt die Vereinfachung von Konsonantengruppen stark hervor, meist allerdings nur in der Kompositions-

fuge; z. B.: Vorakt 775 *Juncram*, Urkunde *Junchram* zu *hram* 'Rabe'; 789 *Wolholt* (< *Wolfholt*), Urk. *Wolvolto*; 799 *Wolbertus*, Urk. *Wolfbertus*; 799 *Kerram*, *Waltram* (< *Gērhram*, *Walthram*; beide ohne urkundliche Entsprechung).
Konsonantische Vereinfachung innerhalb eines Etymons begegnet z. B. in 850 *Pertcoz*, Urk. *Perhtgoz* (s. o. *Wolbertus*); *-pert*, *-pret*, *-bert*, *-bret* u. a. als Nebenformen zu *-berht* sind jedoch in den Vorakten kaum häufiger als in den Urkunden (Sonderegger 1961: 282).

b) Unter dem Einfluss verwandter Bildungen kann die dreifache Konsonanz erhalten bleiben bzw. restituiert werden, etwa in *wahsmo*, *wahst* zu *wahsan*. Nur in vereinzelten Fällen wird eine sprechsprachliche (?) Form verschriftlicht, z. B. *sëhta* T (Sievers T § 17), *sëhtin*, *sëhtun* BR 223,26. 247,10 (zu *sëhsto*, § 278 A.1a), *sëhzug* (neben *sëhszug*, § 273:1). Zu *fleis[c]līchemo* O u. ä. vgl. § 146 A.5, zu *geis[t]līchun* O u. ä. § 161 A.6aγ.

c) In mehrfacher Hinsicht auffällig ist zweimaliges *zi gunste* Lb 27, 34. 58, falls für *zi jungista* 'zuletzt' (AWB IV,1853. 1856, EWA V,315); zu ‹*g*› für /j/ vgl. § 116 A.2, zu ‹*n*› für [ŋ] § 128 A.3b, zur Synkope § 263 A.1.

Anm. 4. Frk. *stërro* 'Stern' kann – pace Lühr 2000: 277, Kroonen 2013: 478 – nicht aus *stërno* assimiliert sein, vgl. *barn*, *dorn*, *kërn(o)* usw. mit erhaltenem /rn/. Vielmehr liegt eine vorgerm. Parallelbildung vor (vgl. § 121:1; Sonderegger 1959: 152, NIL 348, 351 f. A.10 mit Lit.).

P 3.1.6. Grammatischer Wechsel

Unter „grammatischem Wechsel" versteht man die Erscheinung, dass in Wörtern desselben Stammes oder innerhalb der Flexion eines Wortes die urgerm. stimmlosen Frikative /f, þ, χ (h), s/ im In- und Auslaut zu ihren stimmhaften Entsprechungen [ƀ, đ, g, z] werden. Dieses Phänomen, das zuerst von K. Verner erklärt wurde (1877: 97 ff.), wird „Verner(sche)s Gesetz" genannt: Die nach der germ. Lautverschiebung vorhandenen stimmlosen Frikative /f, þ, χ, s/ wurden (außer im Wortanlaut) in stimmhafter Umgebung zu den entsprechenden stimmhaften Frikativen [ƀ, đ, g, z] geschwächt. Die Lenisierung unterblieb, wenn der idg. freie Wortakzent auf der unmittelbar vorhergehenden Silbe lag. Wo Verners Gesetz zu regelhaften Alternanzen in der Flexion – vor allem der starken Verben – und der Wortbildung führt, spricht man von grammatischem Wechsel. **§ 100**

Lit.: v.Bahder 1903: 258 ff., Hirt Idg. V, § 62 ff., Barber 1932, Rooth 1974, Seebold 1998a, Schaffner 2001, Mottausch 2011, Fritz/Meier-Brügger 2021: 162 ff.

Anm. 1. Neben den Wechsel [χ] : [g] (/h/ : /g/) tritt bei labiovelarem /hʷ/ (got. /ƕ/) der Wechsel /h(w)/ : /w/, indem hier das [g] vor [w] geschwunden ist (E.Sievers 1878: 149; vgl. Osthoff 1882a, Kluge 1887: 379, Trautmann 1906: 57, Mhd. Gr. § L 65 A.1). Ferner entsteht aus dem ursprünglichen [nχ] : [ng] (/nh/ : /ng/) der Wechsel /h/ : /ng/, da /n/ schon urgerm. vor /h (χ)/ geschwunden ist, mit Nasalierung und folgender Ersatzdehnung des vorhergehenden Vokals (vgl. § 128 A.1).

Anm. 2. Zur phonologischen Erklärung des gramm. Wechsels vgl. Fourquet 1948: 28, 113, ds. 1963: 544 ff., Lerchner 1971: 103 ff. Ramers 1994 und Page 1998 diskutieren Erklärungen von Verners Gesetz im Rahmen der Nichtlinearen Phonologie.

Ramat 1981: 38 f. datiert das Vernersche Gesetz entgegen der sonstigen Auffassung nicht nach, sondern vor die erste Lautverschiebung (Frikativierung der aspirierten Plosive), ebenso Vennemann 1984: 21, Koivulehto/Vennemann 1996: 172 f.

§ 101 Der grammatische Wechsel ist in der Konjugation der starken Verben im Westgerm. noch ziemlich gut erhalten (§ 328); dagegen ist er in der Deklination in allen germ. Sprachen bis auf erstarrte Reste beseitigt. Die Verbalformen des Präsens und des Sg. Prät. waren im Idg. und zur Zeit von Verners Gesetz auf der Wurzelsilbe, jene des Pl. Prät. und des Part. Prät. auf der Endung betont:

ai.	*vártā-mi*	germ.	**werþō*	ahd.	*wirdu*	'ich werde'
	vavárta		**warþ(a)*		*ward*	'ich wurde'
	vavr̥timá		**wurđum(i)*		*wurtum*	'wir wurden'
	vr̥tānás		**wurđanaz*		*(gi)wortan*	'geworden'

Lit.: Reste des gramm. Wechsels im Nominalsystem: Noreen 1880: 431, Kluge 1883: 92 ff., Barber 1932, Schaffner 2001, Mottausch 2011.

Anm. 1. Im Got. ist der gramm. Wechsel in der Verbalflexion bis auf geringe Spuren (Got. Gr. §§ 56 A.4, 203 A.2) beseitigt; er ist nur noch in der Wortbildung (aaO. §§ 66 A.1, 74 A.3) erkennbar (Paul 1879a, Woodhouse 1998, Bernhardsson 2001). Im Ahd. ist er hingegen nur bei einigen Wörtern beseitigt, z. T. aber auch analogisch ausgedehnt (vgl. § 328).

§ 102 Im Ahd. stehen nach Eintritt der in § 82 ff. dargestellten westgerm. und hochdeutschen Lautwandel die Konsonanten /d, f, h, s/, denen stimmlose Frikative zugrunde liegen, in grammatischem Wechsel mit auf stimmhaften Frikativen beruhenden Konsonanten:

1. /d/ (älter ‹*th, dh*›) : /t/ (< germ. [þ : đ], § 167 A.7): *snīdan* (*snīthan*) 'schneiden', aber 1.Pl. Prät. *snitum*, Part. Prät. *gisnitan* (§ 330), dazu *snita* 'Schnitte', *snitāri* 'Schnitter'; *(gi-)līdan* 'gehen', aber *gilitan*, Kausativum *leiten* 'führen'; *sind* 'Weg', *gisindi* 'Gesinde', *sindōn* 'reisen', aber *senten* 'senden';
2. /f/ : /b/ (obd. auch /p/): *heffen* 'heben', aber *huobum*, *(ir-)haban* (§ 347 A.1b), dazu *hevī* 'Erhebung', aber *urhab* 'Ursache'; *durfan* 'bedürfen', aber *darbēn* 'darben', *biderbi* 'brauchbar' (§ 373 A.5); *wolf* 'Wolf', aber *wulpa* 'Wölfin' (§ 96 A.1*b; Schaffner 2001: 62, 171, 312);
3. bei /h/ liegt der Wechsel in drei Ausprägungen vor:
   a) /h/ : /g/ (obd. auch /k, c/): *ziohan* 'ziehen', aber *zugum*, *gizogan* (§ 334), dazu *zug* 'Zug', *zugil* (auch *zuhil*) 'Zügel', *zogōn* 'ziehen', *magazogo*, *herizogo* (auch *maga-*, *heri-zoho*); *fliohan* 'fliehen', aber Kausativum *irflougen*

'vertreiben' (§ 334 A.2a; vgl. Riecke 1996: 563, Lühr 2000: 201); *zëhan* 'zehn', aber *-zug* 'Dekade' (§ 273 A.1);

b) /h/ : /ng/ (< germ. [nχ : ng], § 100 A.1): *fāhan* 'fangen' (§§ 10:5, 128 A.1), aber *fiangum, gifangan* (§ 350 A.4), dazu *fāho* 'Fänger', *fāhunga*, aber *fang, (furi-)fangōn, ubarfangolōn*;

c) /h/ : /w/ (< germ. [$χ^w$: g^w], §§ 100 A.1, 109 A.2): *līhan* 'leihen' (got. *leiƕan*), aber *liwum, giliwan* (§ 331 A.2), *aha* 'Fluss' (got. *aƕa*), aber *ouwa* 'Aue' (§ 112:2);

4. /s/ : /r/ (< germ. [s : z], § 82:2d): *ginësan* 'gesund werden', aber *ginārum, ginëran* (§ 343 A.2c), dazu swV. I *nerien* 'retten'; *kiosan* 'wählen', *kōs*, aber *kurum, gikoran* (§ 334), dazu *kust* 'Wahl', *chiesunga* N 'Urteil', aber *kuri* 'Wahl', *korōn* 'prüfen'.

Lit.: Wilmanns I, § 23, Franck Afrk. § 118.

P 3.1.7. Althochdeutsche Spirantenschwächung

Etwa ab der Mitte des 8. Jahrhunderts wurden die stimmlosen Frikative germ. /f, þ, χ, s/ in intervokalischer Stellung einer Lenisierung unterworfen, die der durch Verners Gesetz beschriebenen Entwicklung prinzipiell vergleichbar ist. Die Spirantenschwächung hat in unterschiedlicher Ausprägung und zu unterschiedlicher Zeit alle west- und nordgerm. Sprachen erfasst. Aus slaw. und rom. Entlehnungen aus dem Ahd. und z. T. aus konservativen Mundarten ist auch Sonorisierung der Frikative erweisbar (E.Schwarz 1926, Steinhauser 1928, von Penzl 1964a: 314 bezweifelt). Die Schwächung lässt sich bei den einzelnen Frikativen unterschiedlich gut nachweisen. **§ 102a**

1. Am klarsten drückt sich der Wandel in der Graphie ‹*v, u*› für /f/ aus (§ 137:2).
2. Weniger deutliche Indikatoren sind die Graphien ‹*th, dh, d*› für /þ/ > /đ/ (vgl. § 166 f.). Davon getrennt zu halten ist der vom Obd. ausgehende Übergang von /đ/ zu /d/ (Steinhauser 1928: 146 f.).
3. Germ. /χ/ hat sich im Anlaut und intervokalisch bereits innerhalb des Germ. zum Hauchlaut /h/ entwickelt (Kluge 1913: 65 f.). Im Ahd., zufrühest im Obd., schwindet /h/ im 8./9. Jahrhundert in den Anlautverbindungen /hl, hn, hr, hw/ (§ 153). Auch im Inlaut hat die Lenisierung gelegentlich zum Ausfall von /h/ geführt (§ 154). Überwiegend ist aber /h/ (als stimmhafter Lenisfrikativ? Steinhauser 1928: 163 ff.) erhalten geblieben.

4. Für /s/ lässt sich wegen der unveränderten Graphie ‹*s*› der Übergang zwar nicht graphisch belegen, wohl aber aus Entlehnungen ins Slaw. erschließen (E.Schwarz 1926: 10 ff., dazu Steinhauser 1928: 148 ff.). In den rezenten obd. Mundarten gelten überwiegend stimmlose Lenes [y̥, z̥, x].

Lit.: E.Schwarz 1926, Steinhauser 1928, Lessiak 1933: 285 f., Brøndum-Nielsen 1928–35: II, § 236, Brinkmann 1941/65: 244 f., Fourquet 1954: 19, Sonderegger 1959: 151, Zabrocki 1965: 360 ff., Lerchner 1971: 153 f., Szulc 1987: 106 ff., Goblirsch 1997a: 67.

Anm. 1. Steinhauser 1928: 147 f. erklärt die Schwächung aus der druckschwachen Position im Nebensilbenanlaut, also als Folge des Initialakzents, sprachgeographisch als Nord-Süd-Ausbreitung; zustimmend Brinkmann 1941/65: 245. – Schwer erweisbar ist, inwieweit mit der Lenisierung auch eine Sonorisierung verbunden war (dafür Goblirsch 2005: 142 ff.); das phonologisch relevante Merkmal war zweifellos lenis im Gegensatz zu fortis der Geminaten. Die Ausweitung der Lenisierung auf den Anlaut ist erst in ahd. Zeit erfolgt. – Vgl. §§ 137 ff., 151 ff., 166 A.1, 168.

Anm. 2. Die Anfänge der binnendeutschen Konsonantenlenisierung, die Mitzka 1954: 65 ff. in ahd. Zeit verlegen wollte, reichen kaum über das 12. Jh. zurück. Vgl. Lessiak 1933: 24 ff., Kranzmayer 1956: § 34:a2-c1, Schützeichel 1976: 244 ff., Reiffenstein 2002. Vgl. auch §§ 131 A.1, 133 A.2, 143 A.4c, 146 A.3, 161 A.2b.

P 3.1.8. Notkers Anlautgesetz

§ 103 Bei Notker wechseln im Wortanlaut die Plosive ‹*b*› / ‹*p*›, ‹*g*› / ‹*k*›, ‹*d*› (< germ. /þ/; Anm. 2) / ‹*t*› so, dass ‹*b, g, d*› dann steht, wenn das vorhergehende Wort auf einen stimmhaften Laut (Vokal oder /l, r, m, n/) ausgeht. In allen anderen Positionen steht ‹*p, k, t*›, d.h. 1. am Anfang eines Satzes oder Satzteils, 2. innerhalb des Satzes dann, wenn das vorhergehende Wort auf einen stimmlosen Laut endet; als stimmlos gelten alle Obstruenten (/p, t, k; b, d, g; pf, z, ch; f, h, ʒ, s/). Weniger regelmäßig wechseln unter den gleichen Bedingungen ‹*v*› und ‹*f*› (Anm. 3).

Diese Anlautgesetze, die auch für den zweiten Teil eines Kompositums gelten, sind in der jungen Handschrift der Psalmen (Np) nicht mehr streng durchgeführt; dagegen werden sie in den durch alte Handschriften überlieferten Texten (Nb, Nc, Nk u. a.) so genau beachtet, dass die vereinzelten Verstöße wohl nur der Überlieferung zur Last fallen. In Ncomp und Ndef wird die Regelung überwiegend befolgt, wenngleich mit einigen Ausnahmen (N.Kruse 2003: 147, J.C.King/Tax 1996: CII).

Beispiele: *Ter bruoder / únde des prûoder*; *Tes kóldes / unde demo gólde*; *in dîh / unde daz tih*; *íst taz kuís*; *mit tero gûoti*; *nemág pezera sîn*; *kotes peuuárunga gáb táz*; *tu váhest / íh fáhe*. Komposita: *fiurgót*, aber *érdcót*; *nórdkíbel* ‘Nordpol’ (*gibil* ‘Pol’); *únde gástkebûn*; *hímilbûwo*, aber *érdpûwo*.

Lit.: Grimm Gr. I,107. 130 f. 150, ds. 1880: 364 ff., Wilkens 1891: 20 ff., Jellinek 1897, Weinberg 1911 (dazu Baesecke 1913), Helm 1924: 131 ff., Schatz Ahd. § 148, Penzl 1955/56, 1964a u. 1980, Valentin 1962: 347, Schweikle 1964: 205+A.28, Tax 1968: XLIV f., W.P.Lehmann 1971, Lerchner 1971: 154 f., Clausing 1979, Moulton 1979, Szulc 1987: 106, Goblirsch 1997, Page 1999 u. 2013, Lahiri/Kraehenmann 2004, Luxner 2015 (mit weiterer Lit.).

Anm. 1. Notkers /b, d, g/ sind stimmlose Lenes (§ 88 A.3b). Sie werden im Satzanlaut und nach stimmlosen Konsonanten als (Halb-)Fortes realisiert. Dies gilt z. T. noch in obd. Mundarten, z. B. in Imst in Tirol (Schatz 1897: 22) und in schweizerdt. Mundarten (Moulton 1979: 249 f.). Die Schreibung Notkers gibt also die Variation stellungsbedingter Allophone wieder, die sonst in der Regel graphisch unbezeichnet bleiben (Penzl 1955/56 u. 1980).

Spuren des Anlautgesetzes finden sich auch anderweit, so Ludw (vgl. § 137:1; Steinmeyer 1873: 139, Pietsch 1876: 331, Kraus 1894: 80); zu ‹*p* / *b*›, ‹*k* / *g*› in Rb vgl. Ottmann 1886: 60, 67. Reiche Belegsammlung aus St. Galler Urkunden bei Wilkens 1891: 24 ff.; seine Annahme (auch Wilmanns I, § 66+A.1), es sei von stimmhaften Lenes auszugehen, trifft jedoch nicht zu.

Anm. 2. Es ist zu beachten, dass der Wechsel ‹*d*› / ‹*t*› nur ahd. /d/ (< germ. /þ/) betrifft, nicht aber ahd. /t/ (< germ. /d/). Dieses bleibt im Anlaut überall ‹*t*›, auch nach stimmhaften Lauten; es heißt also *tes tâges, temo tâge* (nicht †*dâge*), *ih tûon* und *tû tûost* (nicht †*dûost*). Nur /b, d, g/ sind also für Notker Phoneme, die nur im Satz- und Wortanlaut nach stimmlosen Konsonanten als Fortis-Allophone realisiert werden; das Phonem /t/ bleibt hingegen unverändert. Ein von Jellinek (1897: 84 ff.) erklärtes Lenis-Allophon von /t/ findet sich gelegentlich im Anlaut, wenn das vorhergehende Wort mit /n/ schließt, z. B. *in dûot* (Lb 23.4, 22). Meistens aber wird im Wortanlaut nach /n/ an der Schreibung ‹*t*› festgehalten; z. B. steht Lb 23.5, 6 *nehéin déil*, aber unmittelbar darauf *nehéin téil* und *nehéinen téil*. Der Wandel ist wie die Lenisierung des inlautenden /nt/ bei Notker (§ 163 A.5d) zu beurteilen. Vgl. Goblirsch 1997a: 68.

Anm. 3. Der Wechsel von ‹*v*› und ‹*f*› ist bei Notker weniger konsequent geregelt. Nach Obstruenten steht immer ‹*f*›, nach Sonanten ‹*v*› oder ‹*f*›. Es gilt die Regel, dass anlautendes ‹*v*› nur nach Sonanten steht, während in den übrigen Fällen ‹*f*› stehen muss; also *ih fâhe*, aber *tu vâhest*. Jedoch kann überall nach Sonanten auch ‹*f*› stehen (*tu fâhest*), während ‹*v*› nach stimmlosen Lauten nur höchst selten (wohl fehlerhaft) erscheint. Diese Regel ist in Notkers Schriften unterschiedlich durchgeführt: am häufigsten in Ni und Nk, seltener in Nb, nur vereinzelt in Nc, wo auch nach Sonanten fast regelmäßig ‹*f*› geschrieben wird. Vgl. Penzl 1964a: 292, Tax 1968: XLV.

Anm. 4. Auf graphischer Ebene fällt auf, dass bei dem Wechsel ‹*g*› / ‹*k*› öfter ‹*q*› statt ‹*k*› geschrieben wird, wenn es durch Synkope im Präfix *ge-* (§ 71 A.4) unmittelbar vor /w/ zu stehen kommt; z. B. *guis* und *kuis*, *quis* 'gewiss', *quuinnen*, Prät. *quan* (zu *giwinnan*), *quon* neben *guon* (für *geuuon* 'gewohnt'), *quv*^{n}*nesamōte* Gl 2,760,25 (zu *wunnisamōn*; Thies 1994: 497).

P 3.1.9. Auslautverhärtung

§ 103a Fraglich ist, ob es im Ahd. schon eine Auslautverhärtung von /b, d, g/ aus germ. /ƀ, đ, ǥ/ gegeben hat, wie sie für das Mhd. charakteristisch ist (so Vaught 1977).

1. Im Obd. hat die Medienverschiebung (§ 88) prinzipiell in allen Wortpositionen zu ‹*p, t, k* (*c*)› geführt. Zwar gilt dies konsequent nur bei /d > t/ (und bei /b > p/ im älteren Bair.), während sonst ‹*b*/*p*› und ‹*g*/*k*,*c*› auch im Obd. stark variieren, wobei ‹*p, k* (*c*)› im Auslaut zweifellos häufiger erscheinen als im Inlaut (z. B. in BR *framkanc* / *framkange, tac* / *tage, euuic* / *euuigan, honec, uuec* / *managii*, aber auch oft *euuikemu, uueke, manakero*; hingegen nur vereinzelt *lip, gap* neben überwiegendem *lib, gab*, nur *lob* usw.). Aber die Fortes erscheinen nicht seltener auch im Anlaut (BR *keuuisso, karauuenne, kib, kepoto cotes, piboto, puazza* usw.) und werden vor allem inlautend gemieden. Fortisiertes auslautendes /-t/ für /-d/ < germ. /þ/ erscheint nicht vor dem 10. Jahrhundert (§ 167 A.6). Daher wird man für das frühere Obd. nicht von Auslautverhärtung sprechen können (doch s. Anm. 1).
2. Im Frk. fällt hingegen Isidor mit durchgehendem auslautendem ‹*-c*› und inlautendem ‹*g, gh*› (§ 148 A.4) und mit häufigem auslautendem ‹*-p*› für /b/ auf (§ 135 A.2). Ähnliches findet sich auch in anderen Texten (nicht selten z. B. im Tatian, fast gar nicht allerdings bei Otfrid). Noch ausgeprägter wechselt an- und inlautendes ‹*d*› mit auslautendem ‹*t*› für vorahd. /d/ (Otfrid hat allerdings auch inlautend ‹*t*›). Das aus germ. /þ/ entstandene /d/ blieb jedoch auch im Frk. unverändert; zu den wenigen Belegen mit auslautendem ‹*-t*› vgl. § 167 A.6. Vielleicht liegt im Frk. (abgesehen von Otfrid) eine Auslautfortisierung vor, die in den nördlichen Nachbarsprachen (As., Mnl.) ihre Fortsetzung findet (Mihm 2004: 144 f.; vgl. auch mfrk. ‹*-v-*› : ‹*-f*›; ‹*-g-*› : ‹*-ch, -h*›, §§ 139 A.1, 148 A.1; ablehnend T.Klein briefl.); aber /-d/ (Is ‹*-dh*›) ist davon nicht betroffen.

Lit.: Vaught 1977, Mihm 2004. – Zum Mhd.: Mhd. Gr. § L 72. – Zum As.: Odwarka 1982.

Anm. 1. Echte Beispiele der Auslautverhärtung liefert allerdings bair. ‹*-ch*› [kχ] für /-g/, das vereinzelt schon im ausgehenden 8. Jh. auftritt und im 10./11. Jh. das Übergewicht über ‹*-c*› bekommt (§ 149 A.5; Schatz Abair. 81); hier sind /-g/ und /-k/ zusammengefallen.

Zahlreiche Zeugnisse der Auslautverhärtung enthält im Spätahd. Npgl, z. B. *anafanc, -uanch, burch, eweclicho, firrotak, friscinch, kenadich, uuech*; *grap, chalp, lamp*; *ertpiboth, balt, riuohit* (zu ‹*iuo*› vgl. § 40 A.3, zum Suffix *-id* vgl. Wilmanns II, § 265:1a), *tot* (Nachweise bei Sehrt/Legner 1955 s. vv.). Notker selbst bietet schon in Nb einige Belege für /-d/, so *dôt* 15,16; nach /l, r/ *felt* 35,27, *golt* 196,8, *holt* 106,5, *uualt* 76,2; *unuuert* 137,24. Auslautendes /nd/ (germ. /nþ/) erscheint bei Notker durchweg als /nt/: *fant* (§ 336 A.2), *chunt, munt, sint*. Auch die von Vaught 1977: 160 ff. aus den späten Beichten zitierten Belege gehören hierher; vgl. noch Kölling 1983: 149, Langbroek 1995: 112.

Zu /-b/ vgl. §§ 135 A.2, 136 A.1c,3ab, zu /-d/ vgl. §§ 163 A.1, 167 A.6, zu /-g/ vgl. §§ 148 A.1,4, 149 A.2b,4,5.

P 3.2. Die einzelnen Konsonanten

P 3.2.1. Sonanten

P 3.2.1.1. Halbvokale

(a) Ahd. /w/

Der ahd. Halbvokal /w/ hat den Lautwert des engl. bilabialen ‹w›, d. h. [u̯] in unsilbischer, konsonantischer Funktion. Die Aussprache unterscheidet sich also grundlegend von der des labiodentalen Frikativs /w/ im Nhd. **§ 104**

Lit.: Baesecke 1935: 6 ff. A.1, Penzl 1971: 52 f., ds. 1975: 87.

In der ahd. Orthographie wird /w/ in der Regel durch doppeltes ‹u› bezeichnet; neben ‹uu› stehen die rein graphischen Varianten ‹uv›, ‹vu›, ‹vv› (vgl. § 7 A.5). Erst gegen Ende der ahd. Zeit beginnt ‹vv› dem daraus zusammengerückten Zeichen ‹w› zu weichen (vgl. § 189a). /w/ kann aber auch durch einfaches ‹u› oder ‹v› bezeichnet werden. Häufig ist dies vor /u/ und /uo/, z. B. *uuntar* (neben *uuuntar*), d. h. *wuntar*, bzw. *uuofan*, d. i. *wuofan*. Auch nach Konsonant steht oft ‹u› für /w/, z. B. *duingan* 'zwingen', *huas* 'scharf', *suarz* 'schwarz'. **§ 105**

In diesem Buch wird der Deutlichkeit halber meist das Zeichen ‹w› statt des handschriftlichen ‹uu, u› verwendet, außer wo es auf die Originalschreibung ankommt, wie vielfach in den folgenden Paragraphen.

Anm. 1. Zuweilen steht dreifaches ‹u, v› für /w/: *ortuuuasse*, *pahuuuazzar* Pa, *rāuuua* Gl 1,344, 23, *gislēvuvēt* GlMon, *uuuisser* Ludw 21, *tuuuāla* T 148,3, *zuuuā* 149,2 (Sievers T § 8:2). Meist hat von drei ‹u› eines vokalische Geltung (*uuunt* = *wunt*) oder gehört zu einem Diphthong (*triuuua* = *triuwa*, § 111 ff.). In *puuuri* Gl 2,163,37 scheint ‹uuu› sogar für Kurzvokal zu stehen (AWB I,1539, Nievergelt RP 89 A.380). Zu spätahd. ‹w› für /wu/ oder /ūw/ vgl. § 189a:2,3.

Anm. 2. Einfaches ‹u, v› für /w/ findet sich außer in den oben genannten Fällen nur selten, z. B. *ir-uahhit* K, *zur-uāridun* Gl 2,168,55, *uinnan* Clm 18547b (Nievergelt 2007: 194.61, 730); durchgehend in den Griffelglossen des Clm 6263 (O.Ernst 2007: 245 f.) und in Psalm. Auch für /uw/ kommt einfaches ‹u› vor, z. B. *pliuanti* Nievergelt RP 262.F58; besonders häufig bei Otfrid in *scouōn* (*skouwōn*), *iuēr* (*iuwēr*) u. ä., vgl. dazu § 93 A.2 und Kögel 1884b: 539 f. Weitere graphische Einzelheiten bei Kögel 1887: 109, Sievers T § 8 f., Schatz Abair. § 88:a.

Anm. 3. Rom. ist die Schreibung ‹o› für anlautendes /w/ im Zweitglied von Personennamen, z. B. *Leod-oinus*, *Marc-oardus* (Franck Afrk. 88, Baesecke 1940–53: II,28, Sonderegger 1961: 258 f.+A.5, Menke 1980: 324, 362). Kauffmann (1892: 247, 1900: 167) erklärt so auch vereinzelte postkonsonantische Schreibungen wie *gadoinc* Pa, *saloer* R (vgl. auch § 69 A.5a).

Für das Georgslied erschließt Haubrichs 1979: 103 ‹uh› für /w-/ (rom. Einfluss?), analog zu ‹ih› für /j/ (§ 118 A.3a), in der Hs. allerdings immer verderbt.

Anm. 4. Für die Beurteilung von ahd. /w/ ist auch das Zeugnis der slaw. Freisinger Denkmäler von Belang, die slaw. /v/ mit ‹*uu, uv, vu*› wiedergeben (Braune 1874a: 531 f.).

Anm. 5. Einzelne ahd. Hss. verwenden für /w/ die ags. Wynn-Rune ‹*ƿ*› (§ 7 A.1a).

Anm. 6. Im Spätbair. (etwa ab 12. Jh.) wird /w/ vereinzelt durch ‹*b*› bezeichnet, das für frikativisches [ƀ] steht (analog zu ‹*g*› [g̱] für /j/, § 116 A.1,2): *gehībōt* Siewert 1986: 393, *ības* AWB IV,1766 (Nievergelt 2019a: 351 f.), *sinebel* Gl 4,103,56. Zu mhd.-bair. /b/ für /w/ vgl. Michels Mhd. § 188 A., Mhd. Gr. § L 85 A.3.

§ 106 Im Anlaut bleibt germ. /w/ im Ahd. vor allen Vokalen unverändert, z. B. *wësan* (got. *wisan*), *wuntar*. Dagegen ist /w/ in der germ. Anlautgruppe /wl-/ schon vor Beginn, in /wr-/ etwa zu Beginn der ahd. Überlieferung geschwunden (zu vereinzelten Resten s. Anm. 1): *ant-lizzi* ‘Antlitz’ (got. *wlits*, as. *wliti* ‘Aussehen’; EWA I,280 f.); *rëhhan* ‘verfolgen’ (got. *wrikan*, as. *wrëcan*); *ruogen* ‘anklagen’ (got. *wrōhjan*).

Lit.: MSD I,XIII, Kögel 1884: 323, Kögel Lg. II,514, Schindling 1908: 75, Franck Afrk. § 69:1, Baesecke Einf. 70, 131, Reutercrona 1920: 41 f., Schatz Ahd. §§ 87, 283, Brinkmann 1931: 145 f. (= 1965: 149 f.).

Anm. 1. Wie das Nd. hat auch das Mfrk. anlautendes /w/ vor /r (l)/ bewahrt, z. B. *uuristfillī* Gl 2,564,44 f. (Bergmann 1966: 213, AWB VII,1084 f.); noch im 14. Jh. heißt es mfrk. *wrëchan*, *wroegen* usw. Auch *ar-uurinkit* ‘entwindet’ (extorsit) Gl 1,707,30 (Frank 1974: 126.199) ist wohl mfrk. (aaO. 221); der Beleg gehört nicht zu *ringan*, sondern führt auf ein stV. **(w)rinkan* (§ 336 A.1f), Grundwort des swV. *bi-renken*, ae. *wrencan* (Lühr 1988: 178, 185, Riecke 1996: 608 f., AWB VII,1047).

Sonst finden sich nur in alten Denkmälern seltene Spuren von /wr-/ (Schatz Ahd. § 87): *uurëhhan* Akk.Sg. ‘vertrieben’ Is (dazu Matzel Is 195, EWGP 694); alem. (mit vortonigem Sprossvokal, vgl. § 69 A.5; Baesecke Einf. 70): *uuerecho* ‘Rächer’ Jc (Krotz 2002: 640.862; aber schon im Hl 48 alliteriert *reccheo* mit *riche*), *ka-uuirich* H 22,1,2 (= *gi-rih* ‘Strafe’, AWB VII, 952. 954; anders Gerhards 2018: 128), *uuiritta* ‘Halm’ Jb, Rd, *uuurennun* Pl. ‘Zuchthengst’ Rb (Gl 1,636,11; anders Graff I,978). Für H, Jb, Jc, Rd vermutet Baesecke Einf. 131 ags. Einfluss, da kein Beleg aus Ja vorliegt.

§ 107 Anlautverbindungen mit /w/ an zweiter Stelle finden sich ziemlich häufig. Sie zerfallen in zwei Typen:

1. Gruppen mit Velar (Labiovelare): /kw/ (‹*qu*›, obd. ‹*chu*›), z. B. *quëdan*, *quëman* (§ 146a); /hw/, z. B. *hwër*, *hwīʒ* bzw. – mit frühem Schwund des /h/ (§ 153) – gemeinahd. *wër*, *wīʒ*;
2. Gruppen mit Dental: /dw/ (‹*thw*›), /tw/, /zw/, /sw/, z. B. *dwingan*, *twellen*, *zwēne*, *swarz*.

Weitere Angaben zu den Konsonantenverbindungen mit /w/ folgen jeweils unter dem ersten Konsonanten.

Anm. 1. Treten diese Anlautverbindungen vor /u/ auf, so schwindet zuweilen das /w/ (Paul 1880: 162 f., Kögel 1887: 109, Schatz Abair. § 88:b, Kluge 1913: 71 f., Franck Afrk. § 69:2).

a) In einer alten Folge /kʷu/ (mit /u/ nach § 10:2) ist der Halbvokal bereits im Germ. dissimilatorisch geschwunden (Heidermanns 1986: 285 f.+A.47), daher *-kumi* 'Ankunft' (§ 217 A.1a), *brun-kulla* 'Quelle' (Splett Abr 127, EWA II,379).

b) Die gleiche Entwicklung zeigt sich vor ahd. /uo/ in *huosto* 'Husten' (< **hwō-*, vgl. ae. *hwósta*, § 154a A.1; zu nhd.-obd. Formen mit /w-/ vgl. EWA IV,1271 f.), *suona* 'Sühne' (< **swō-*, vgl. mnd. *swōne*, mnl. *swoene*) und *suoȥi* 'süß' (< **swō-*, vgl. as. *swōti*), nur selten im Ahd. noch *suuozzi, suuazi* K (Kögel 1879: 10), OFreis (Kelle O 483). Entsprechend führt *sō* wohl auf **swō* zurück, vgl. ae. *swá*, got. *swa* (§ 45 A.6; G.Schmidt 1962: 143). In *sorga* 'Sorge' – falls aus *sworga* T, O entstanden (LIV 613 f.+A.1; anders Pfeifer 1993: 1310, EWDS s.v.) – ist /w/ vor /o/ (< germ. /u/, § 32) geschwunden (Paul 1887: 550).

c) Sonst fällt /w/ vor /u/ nur vereinzelt aus, da meist Formen vor anderen Vokalen daneben stehen, die /w/ stützen oder restituieren. So steht neben *suuor* (*swuor*, Prät. zu *swerien* § 347 A.4) öfter *suor, suar* (O 4,18,15. 31; vgl. Graff VI,894), ebenso neben *duuog* (*dwuog*, zu *dwahan* § 346 A.2b) auch *duog*. Das Part. Prät. von *dwingan* lautet in alten Quellen öfter *gidungan, githungan* (§ 336 A.5). Zu *swimman* gehört das Part. Prät. *ūzsumman* Gl 1,308,34.

d) In *ziuolont* Gl 2,164,28 scheint /w/ gegen den folgenden Labial dissimiliert, in *ziuflonti* Glaser 1996: 311.303. 420 Sprossvokal nach § 69 A.5a und Rundung nach Anm. 3 vorzuliegen (Nievergelt RP 98 A.509: „Schreibung ‹*iu*› für /wī/").

Anm. 2. Die Verbindung /kw/ (§ 146a) verliert im Spätalem. ihr /w/, so bei Notker durchgängig *chëden* (= *quëdan*), *chelen* (= *quellan*), *chëg* (= *quëc*) u. a.; Phys *erchihit* (= *erquickit*), *chat* (daneben auch *choat*). In den übrigen Dialekten bleibt /kw/ erhalten; einzelne bair. Ausnahmen wie *cham* GlMon, *archelitą* GlFreis 142 mögen fehlerhaft sein (Schatz Abair. § 88:b).

Allgemein spätahd. ist die Labialisierung /ko, ku/ < /kwë, kwi/ in *coman* (1.Sg. *cumu*; § 340 A.3b). Erst ganz spät begegnet auch *chone* statt *quëna*; ebenso (bair.) *choden* für *quëdan* (§ 343 A.3a; Schatz aaO., Franck Afrk. § 69:2, Michels Mhd. § 135). Ein möglicher Frühbeleg ist die Griffelglosse *arqoh&a* 'revixit' (Sg 70, A.Nievergelt briefl., um 800), deren ‹*q*› (§ 146a A.2) wohl als Übergangsschreibung zu werten ist (zu ‹*h*› vgl. § 145 A.6). Zu frühbair. /ko/ < /kwa/ vgl. § 63 A.3c. – In *konala, chonela* 'Quendel' ist umgekehrt /ko/ (lat. *conila*) durch /kwë/ ersetzt worden: *quënala* u. ä. (vgl. Trübner V,260, AWB VII,602). Zu ‹*qu*› statt ‹*k*› vgl. § 142 A.2.

Anm. 3. Bei Notker erscheint /i/ zwischen anlautender *w*-Verbindung und /mm, nn/ als ‹*u*›: *suuúmmen* für *swimmen*; ebenso – nach Synkope des /e/ (§ 71 A.4a) – *guuúnnen* für *gewinnen*. Ohne Synkope schreibt Notker *geuuínnen*, jedoch auch *guuínnen* und – nur in Np – mit restituiertem /e/ *geuuúnnen*. Dieses ‹*u*› bezeichnet nach Ausweis neuerer Mundarten einen gerundeten *ü*-Laut (Weinhold Alem. § 32, Kögel 1887: 109, Penzl 1968: 137); vgl. § 31 A.4.

Anm. 4. Zur obd. Entwicklung von Sprossvokalen in Dentalverbindungen vgl. § 69 A.5ab.

Inlautendes /w/ ist gesondert zu betrachten, je nachdem, ob es nach Konsonant (§ 109), nach Langvokal (§ 110) oder nach Kurzvokal (§ 111) steht. /w/ wird zu /o/ vokalisiert, sobald es in den Wort- oder Silbenauslaut tritt, z. B. *kneo, sēo, snēo* / Gen. *knëwes, sēwes, snēwes*; *balo* 'Bosheit' / Gen. *bal(a)wes*; *garo* 'bereit' / flektiert *gar(a)wēr* (§ 253); *gar(a)wen* 'bereiten', Prät. *gar(a)wita* oder gewöhnlich mit Synkope des /i/ (§ 66) *garota* (§ 356:2c); *far(a)wen* 'färben' / Prät. *farota*, Adj. *faro*. **§ 108**

Lit.: Jellinek 1892a: 268 f., v.Helten 1905: 235 ff., Loewe 1913.

Anm. 1. Nur selten erscheint statt /o/ ein /u/, z.B. *sēu* MF, *strau* GlFreis 148.196, *inkaruta, inkarutēr* R (vgl. § 363 A.4d). In *sēula* Is, MF (= as. *sēola*, Leid. Will *siela*, ae. *sáwol*) steht /u/, während das Wort sonst überall ahd. *sēla* (= got. *saiwala*) lautet (vgl. § 110 A.1); zur morphologischen Verschiedenheit – **saiwulō-* versus **saiwalō-* – vgl. v.Helten 1905: 236 f., Matzel Is 202, 317, 427.

Anm. 2. Das auslautende /o/ für /w/ nach Langvokal steht nur in den älteren Quellen. Seit der Mitte des 9. Jh. fällt es in Flexionsformen überall ab; also *sē, snē* statt *sēo, snēo* (§ 204 A.1), *spē* statt *spēo* (Prät. zu *spīwan* § 331 A.3), *grā* statt *grāo* (§ 254 A.1). Schon bei Otfrid ist /o/ durchweg geschwunden. Vgl. Paul 1880: 167, Schatz Abair. § 89:b, Franck Afrk. § 70. Namenschreibung kann Altes bewahren, so ca. 1000 bair. *Tegeranseo*. – In den isolierten Bildungen *ēo, hwēo*, wo /ē/ nicht durch ein Paradigma gestützt war, ist der Langdiphthong dagegen in den Kurzdiphthong /eo, io/ übergegangen (§ 43 A.6).

Anm. 3. Nach Kurzvokal erscheint auslautendes /o/ nur bei einfachem /w/: *frao, strao* (> *frō, strō*), *kneo* (§ 114), während bei geminiertem /w/ der Diphthong im Auslaut steht: *tou, spriu* (§ 113:1,2).

§ 109 Inlautendes /w/ kommt nur nach wenigen Konsonanten vor. Lediglich nach /l/ und /r/ begegnet es häufiger, z.B. *mëlo*, Gen. *mëlwes, farwa*. Meist entwickelt sich im Ahd. hier ein sekundärer Sprossvokal: *mëlawes, farawa* (vgl. § 69).

Anm. 1. Nur wenige Wörter zeigen /w/ nach inlautendem /s/: *trëso – trës(o)wes* (§ 69); *zëso, zës(a)w-* (§§ 205:4, 253); selten auch nach anderen Dentalen: *scato – scat(a)wes*; *sën(u)wa* (§ 69 A.2). In Personennamen begegnet germ. **badwō-* f. 'Kampf' (vgl. § 212, Kroonen 2013: 47; sekundär auch **badu-*): *Batu-* (§§ 62 A.4b, 64 A.3), obd. *-pat, -pato* (Schramm 1957: 32, H.Kaufmann 1968: 51 f., Nedoma 2004: 437 f., SgRi 335).

Anm. 2. In den meisten Wörtern ist /w/ nach Inlautkonsonant (außer /l, r/) im Ahd. (Westgerm.) geschwunden; z.B. *aha* (got. *ahva*), *nāh* (got. *nēhv*), *līhan* (got. *leihvan*, § 331 A.2), *sëhan* (got. *saíhvan*, § 343 A.4b); *singan* (got. *siggwan*, § 80 A.1); *fīadōn* 'hassen' (zu got. *fi(j)aþwa* 'Feindschaft'), *selida* (got. *saliþwa*; zu as. [?] *selidua* vgl. Nievergelt 2015: 311.2) 'Wohnung', *wado* (awn. *vǫðvi*) 'Wade' (§ 222 A.5); *wahta* (got. *wahtwō*) 'Wache', *ūhta* (got. *ūhtwō*) 'früher Morgen', *gaȥȥa* (got. *gatwō*) 'Gasse' (§ 96 A.5); *obasa* (got. *ubizwa*) 'Halle'.

Manches spricht dafür, dass dieser *w*-Ausfall auf Analogien beruht und zunächst nur vor /u, o/ eingetreten ist (vgl. Kluge 1913: 151 f.). Bei Wörtern mit dem germ. Labiovelar /h^w/ ist aus vereinzelten Fällen wie *nāhhitun, sëhhan* (zu *nāhen, sëhan*) noch die geminierende Wirkung des /w/ (§ 96:5) ersichtlich (vgl. § 154 A.7b; Kögel 1887: 109 f., ds. Lg. II,531). Dem alem. PN *Mauuo, Mauwo* liegt stimmhaftes [g^w] zugrunde (zu got. *magus* 'Knabe', *mawi* 'Mädchen'; Förstemann I,1118 f., Schatz 1935: 141).

Anm. 3. Ein auf den Wurzelvokal folgendes, die zweite Silbe anlautendes /w/ ist in einigen Wörtern als zweiter Teil eines Diphthongs unter den Akzent der Wurzelsilbe geraten. Jüngere Beispiele sind *fréuta* usw. bei Notker (§ 49 A.4c), ältere die Fälle wie *ēo, hwēo* (§ 43 A.6), *sēula* neben *sēla* (§§ 108 A.1, 110 A.1). Weiteres bei Kögel 1887: 110.

Anm. 4. Im Anlaut wortinnerer Morpheme schwindet vielfach /w/, oft unter Velarisierung des folgenden Vokals (§ 63 A.3b). Vgl. Kluge 1887: 378 f., Schatz Abair. § 88:d, ds. 1935: 153, Franck Afrk. § 69:4, Gröger 1911: 213, E.Schröder 1944: 13, 15, Menke 1980: 325.

a) So in den Völkernamen auf *-(w)ari* (§ 200 A.3), besonders in den Personennamen auf *-olt*, *-olf* (aus *-walt*, *-wolf*), auf *-alh* (*-alah*, *-olah*, *-uloh*, *-oloh*, vgl. *Ōtloh*) zu *walh* (*-wolh*, *-wolah*; vgl. *Ruadwalah*; Bader 1909: 5 ff.); *Eparoxar* (= *Ëbar-wackar*) PN (§ 144 A.3d). Die St. Galler Vorakte zeigen Abschwächung früher als die Urkunden, so 764 *Albuni* gegen *Albvino*, 858 *Adalene* (< **Adalwini*), vgl. Sonderegger 1961: 274, 279+A.3;

b) ebenso in appellativischen Komposita: *ērachar* 'früh wach' (awn. *árvakr*); *heimort* 'heimwärts', *frammort* (vgl. § 99:2a, Franck Afrk. § 17:3); *wurzala* 'Wurzel' (ae. *wyrtwalu*; EWDS s.v. *Wurzel*);

c) außerdem in Suffixbildungen wie bei *ackus* (§ 240 A.2), *nackot* (§ 96 A.5); ferner *halsfuleilin* Nievergelt 2017: 135.c (= *-pful*^{u}*wilīn*, mit „vermutlich sprechsprachlicher Lautung"; vgl. GramErtr 162). Vergleichbare Reduktionen zeigen *bithero* (mfrk. [v] < [ƀ], = *biderbe*) und *ferundun* GlBud 126, 136 (vielleicht für *far*^{a}*wenton*, vgl. mhd. *verwen* 'färben', § 49 A.2d).

Nach Langvokal begegnet /w/ im Ahd. nicht ganz selten, z. B. *brāwa* 'Braue' (§ 212 **§ 110**
A.1), *grāwēr* 'grau' (unflektiert *grāo*, *grā*, § 254 A.1); *ēwa* 'Gesetz' (§ 210:1b) mit *ēwīg*, *ēwīn* 'ewig'; *sēo*, Gen. *sēwes* 'See' (§ 216 A.5); *hīwen* 'heiraten' (§§ 117 A.1, 363 A.4d) mit *hīwo*, *hīwa* 'Gatte, Gattin', *hīwiski* 'Familie'; *spīwan* 'speien' (§ 331 A.3); *ūwila* 'Eule' (§ 189a:3).

Anm. 1. Das inlautende /w/ nach Langvokal fällt intervokalisch in älteren wie in jüngeren Denkmälern nicht selten aus (oft in Rb: Ottmann 1886: 47; in Jun: Schindling 1908: 76 f.). So findet sich *grāēr*, *ēa*, *sēes*, *spīan* statt *grāwēr*, *ēwa*, *sēwes*, *spīwan*; vgl. im Lehnwort *wīari* neben *wīwari* 'Weiher' (*vivarium*; Anm. 3). Jedoch überwiegen die Formen mit /w/ (Schatz Abair. § 89:b, Franck Afrk. §§ 69:5, 70).

/w/ nach Langvokal fällt stets aus, wenn es vor einen Konsonanten gerät (Schatz Abair. § 89:a), vgl. schw. Prät. *hīta*, *-lāta* (zu *-lāwen** 'verraten', got. *lēwjan*; § 363 A.4d); *sēla* < **sēwla*, got. *saiwala* (neben *sēula* Is, MF, ae. *sáwol*; §§ 108 A.1, 109 A.3; vgl. Kluge 1894: 310).

Anm. 2. Nach Langvokal – besonders in Primärverben auf /ū/ – tritt zuweilen ‹w› auf, wenn auch die Formen ohne ‹w› weit überwiegen. So kommen *būwan*, *trūwēn* neben häufigeren *būan*, *trūēn* vor (AWB I,1573). Dieses ‹w› lässt sich als etymologisch nicht berechtigter Übergangslaut nach /ū/ phonetisch erklären (vgl. E.Sievers 1879: 569, Schatz Abair. § 89:e; anders VEW 124 ff.: *būan* < **bōww-*). Ein ähnliches /w/ kommt aber auch bei den Verba pura auf /uo/ und /ā/ vor (Hiattilger, § 359 A.3,4d), allerdings fast ganz auf das (Ost-)Frk. beschränkt: *bluowen* für *bluoen* 'blühen' (AWB I,1227 f.), *krāwen* für *krāen* 'krähen', *crāwa* für *crāa*, *crā* 'Krähe' (AWB V,362. 359), *sāwen* T für *sāen* 'säen' (vgl. Bremer 1886: 71 ff., Franck Afrk. § 69:7, Kluge 1910: 107). Eine – obsolete – morphologische Erklärung dieses /w/ referiert H.Wagner 1950: 33 f. (idg. *w*-Perfekt; dazu Sonderegger 1959: 152).

Dagegen enthält das Paar *stuowen* / *stouwen* (vgl. § 358 A.3) etymologisches /w/; es dürfte durch Paradigmenspaltung entstanden sein: **stōwi-* vor Konsonant, **stōwwj-* > **stawwj-* vor Vokal? (Jasanoff 2014: 114 A.5). Zu /w/ als Lexemerweiterung vgl. Lühr 2018: 240 ff.

Anm. 3. In den Stämmen auf /uo/ und /ā/ (Anm. 2) findet sich oft, zumal in jüngeren Texten, statt /w/ ein /h/ oder /j/ – für dieses häufig ‹g› geschrieben – als Hiattilger (vgl. § 359 A.4d).

Das trifft zuweilen auch dort zu, wo mit Sicherheit altes /w/ vorliegt, z. B. *hīhun* O (Hs. P), *êho* (Gen.Sg.), *êha* 'lex' Npgl 70,15. 74,9; dazu *êhascrift* 'litera' 70,15 (AWB III,447. 459); *hīien, hīgisgi, hīgī* T (alle von Schreiber γ und nur in Kap. 147; AWB IV,1154 ff.), *unkihīgitēr* 'caelebs' Ja, *ūzspīget* Phys, *itniugiu* (= *-niuwiu*) Himmel u. Hölle 162, *vviger* (= *wīwari*) H.Mayer 1974: 25,10 (Langbroek 1995: 75, 112).

Voraussetzung für die Bildung von Hiattilgern ist der Ausfall des /w/ (Anm. 1; § 152+A.2,3). Nach Sonderegger 1959: 152 sind hiattilgende /w/ z. T. alt (ab dem 8. Jh. überliefert), in Analogie zu lautgesetzlichem /w/. Ab dem 9. Jh. begegnet auch intervokalisches /h/; Belege mit /j/ (‹g›) – vereinzelt schon im Tatian – sind in der Regel jünger. Vgl. auch Mhd. Gr. § L 87.

§ 111 Nach germ. Kurzvokal sind die Verhältnisse dadurch besonders verwickelt, dass zu unterscheiden ist zwischen einfachem oder kurzem /w/, das nur im Silbenanlaut steht (also /a'wa/), und geminiertem oder langem /ww/, das sich wie die sonstigen Geminaten (vgl. § 91 A.1) auf zwei Silben verteilt (also /aw'wa/). Nun wird aber konsonantisches [u̯] nach silbenbildendem Vokal gewöhnlich durch ‹*u*› bezeichnet. Man schreibt also für /aw'wa/ [au̯u̯a] herkömmlich ‹*auwa*›. Somit kennt das Ahd. den Typ /awa/ mit einfachem und den Typ /auwa/ mit geminiertem /w/.

Die ahd. Orthographie reicht zur genauen Scheidung dieser Typen nicht aus. Der Typ /awa/ erscheint in den ahd. Handschriften regelrecht als ‹*auua*› (seltener ‹*aua*›), der Typ /auwa/ dagegen wird zwar oft ‹*auuua*› (mit 3 ‹*u*›, § 105 A.1) geschrieben, aber sehr häufig auch nur ‹*auua*› mit 2 ‹*u*› oder sogar ‹*aua*› (§ 105 A.2). In vielen Fällen lässt uns also das Schriftbild bei der Scheidung von /w/ und /ww/ im Stich, weshalb im Einzelnen Zweifel bleiben (vgl. auch Simmler 1974: 105 ff.).

§ 112 Die ahd. Geminate /ww/ ([u̯w]) ist zu verschiedenen Zeiten aus vorahd. Geminaten entstanden:

1. gemeingerm. /ww/, das überall da steht, wo das Got. und das Awn. /ggw/ entwickelt haben („Verschärfung"), z. B. ahd. *bliuwan* 'schlagen' (‹*bliuuuan, bliuuan*›) = got. *bliggwan* (VEW 120 f.); ahd. *triuwi* 'treu' (‹*triuuui, triuui*›) = got. *triggws*, awn. *tryggr* (EWGP 603 f.);
2. westgerm. [u̯w], das vor unmittelbar folgendem /j/ durch die westgerm. Gemination (§ 96:2) aus germ. /w/ entstanden ist; z. B. *frawēr*, unflektiert *frao* > *frō* (§ 114:1) 'froh', *frewida* 'Freude', aber swV. I Inf. *frauwen* (= *frau̯wjan*), später *frouwen* (§ 46 A.1d) 'freuen'; *ouwa* ‹*ŏva*› Gl 5,65,23 (SchGW VII,232, EWA VI, 1277 ff.) 'Aue' (= *au̯wja*), aus germ. **awjō-* (zu **ah*[w]*ō-* 'Fluss', § 102:3c).

Lit.: Streitberg 1889: 186, Wilmanns I,162 ff., Franck Afrk. §§ 34:2, 36:2.

Anm. 1. Die zuerst von Holtzmann 1870: 330 f. getroffene Unterscheidung zwischen germ. /w/ und /ww/ hat Kögel 1884b: 523 ff. ausführlicher dargelegt (vgl. v.Helten 1903: 530, Trautmann 1906: 40 ff., Kluge 1913: 75).

Das gemeingerm. /ww/ – got. *ggw*, awn. *gg(v)* – begegnet in zwei Lautkontexten: **§ 113**

1. nach germ. /a/, das dadurch zum Diphthong /au/ wird, der im 9. Jahrhundert ebenso wie altes /au/ in /ou/ übergeht (vgl. § 46 A.1d), z. B. *hauwan, houwan* 'hauen', *skauwōn, skouwōn* 'schauen', *glauwēr, glouwēr* Adj. (got. *glaggwus*, awn. *glǫggr*) 'klug'. Im Auslaut wird wie stets (§ 93) die Geminate vereinfacht, es bleibt also nur der erste Teil des /ww/, der am Silbenschluss einen Diphthong bildet: *glau, glou* 'klug'; *tou*, Gen. *touwes* 'der Tau' (§ 204:3d), Prät. *blou, rou* (zu *bliuwan, (h)riuwan*, s. u.);
2. nach germ. /e > i/. Der Wechsel /ë/ : /i/ (as. *trëuua* : *triuui*) ist nach § 30 A.2 im Ahd. aufgehoben. Vor /ww/ steht fast nur /i/, wodurch sich /iuw/ ergibt, z. B. *triuwa* 'Treue', Adj. *gitriuwi*; *iuwēr* 'euer'; Verben *bliuwan, (h)riuwan, kiuwan* (§ 333 A.4) u. a. Auch hier bleibt im Auslaut nur der Diphthong: *iu* Dat.Pl. 'euch', *spriu*, Nom.Pl. *spriuwir* (§ 204 A.4) 'Spreu'; *triu-haft, triu-līh* usw.

Anm. 1. Alle diese Wörter werden oft mit 3 ‹u› geschrieben (*triuuua, iuuuēr, bliuuuan* u. a.). Zu Tatian vgl. Sievers T § 9:5.

Anm. 2. Die Lautfolge /ŭw/ entwickelt sich zu /ū/ und phonetisch weiter zu [ūw]: „There is no contrast between *-uwa-* and *-ūa-* in Old High German" (Jasanoff 2014: 117+A.15). Betroffen ist hauptsächlich das Präteritum von Verben des Typs *bliuwan*: *blū(w)un, kū(w)un, rū(w)un*, Part. Prät. *giblū(w)an* usw. (§ 333 A.4; anders VEW 121). Parallel dazu /ĭj/ > /ī/ > [īj] (§ 117:2).

Anm. 3. Aus seltenen Graphien wie *hreuun* Is 29,10, *treuuua* T 141,17 schließt Brinkmann 1931: 70, dass der Wandel /ë > i/ vor /ww/ (§ 30 A.2) später als der Wandel /eu > iu/ (§ 47) eingetreten sei. Zu den Belegen vgl. Franck Afrk. § 41:2, Schatz Ahd. § 42.

Das germ. einfache /w/ nach Vokal und das nach § 112 durch die westgerm. Gemination vor /j/ entstandene /ww/ vermischen sich teilweise: **§ 114**

1. Nach /a/ z. B. in *frauuēr* 'froh', daneben (mit Übergang [a] > [o] vor /w/, Anm. 3) auch *frouuēr*; auslautend *frao*, das bald einsilbig und zu *frō* geworden ist (wie /ō/ < [ao] < germ. /au/, § 45 A.3). Dieses *frō* ist früh zur Normalform avanciert und auch in die flektierten Formen eingedrungen (Schatz Abair. §§ 14:c, 89): *frōer* usw., so auch *frōōn* neben *frawōn* swV. (AWB III,1279. 1227; § 254 A.2); ebenso *fō* 'wenig' (AWB III,1014), *(h)rō* 'roh' sowie die Substantive *strō*, älter *strao* 'Stroh' (Dat.Sg. *strōe* H 4,3,1 für älteres **strawe*, § 204:4), *drōa* neben *drawa* 'Drohung' (§ 212 A.1).

   Besonders wichtig sind die Fälle, in denen /i/ oder /j/ folgt:

   a) Vor /i/ ist /a/ umgelautet worden (§ 27 A.3): z. B. *frewida* 'Freude', *gewi* 'Gau', *hewi* 'Heu' (§ 201 A.2), Präteritum *frewita, strewita* u. a. (zum Präsens *frouwen, strouwen*, s. u. c).
   b) Vor /j/ wird das /w/ geminiert, und in der ersten Silbe entsteht der Diphthong /au/, der in /ou/ übergeht (§ 113:1); so in frühahd. *frauuue* 'Frau' Pa

(**frawwjōn-*) mit *-e* < *-ja* (§ 226 A.1; vgl. awn. *Freyja*). Hingegen könnte die Normalform *frouwa*, die nach Ausweis von mhd. *vrouwe* umlautlos war, einen reinen *ōn*-Stamm **fraw(w)ōn-* fortsetzen (EWA III,598, T.Klein briefl.) – parallel zum Maskulinum, wo der *an*-Stamm *frō* 'Herr' dem *jan*-Stamm as. *frōio*, got. *frauja* gegenübersteht (§ 222 A.4).

c) Meist treten im selben Wort beide Fälle ein, je nachdem, ob /i/ oder – ahd. schon geschwundenes – /j/ folgte, also zu *gewi*, *hewi* Gen. *gauwes*, *gouwes* < **gawjes*, *houwes*; swV. I *frouwen*, *strouwen* usw., aber *frewis*, *-it*, *strewis*, *-it*. Jedoch sind die ursprünglichen Verhältnisse vielfach verwischt: Einerseits wird *hewi*, *gewi*, Gen. *hewes*, *gewes* durchflektiert, andererseits treten auch im Nom.Sg. die Formen *houwi*, *gouwi* auf (§ 201 A.2). Ebenso steht bei den swV. *frewen*, *strewen* neben *frouwen*, *strouwen* (genauer § 358 A.3).

d) Auch in Eigennamen begegnen beide Typen nebeneinander, z. B. *Frewigīs* (St. Gallen) / *Frouuigīs* (Freising); weitere Belege bei Schatz 1935: 130 f.

Anm. 1. Die Formen mit /ouw/ sind im Bair. herrschend geworden, also bair. *gouwi*, *houwi*; *frouwen*, Prät. *frouwita*, *strouwen*, *strouwita*; sie haben die kurzen umgelauteten Formen fast gänzlich verdrängt (Schatz Abair. § 14:b). Im Alem. und im Frk. haben dagegen die kurzen Formen ihren Geltungsbereich erweitert. So heißt es bei Ofrid und Notker überwiegend *frewen*, *strewen* usw. statt *frouwen*, *strouwen*.

Anm. 2. Dass ahd. *freuuen*, *freuuida*, *streuuita* usw. wirklich kurze erste Silbe haben (also /e'w/, nicht /eu'w/ mit Diphthong), geht aus der Metrik Otfrids hervor, der diese Silben als Kürzen gebraucht (Kögel 1884b: 529). Zudem weist ‹*e*› auf den Umlaut /a/ > /e/, da ein Umlaut des Diphthongs /ou/ im Ahd. noch kaum bezeichnet wird (§ 46 A.5).

Anm. 3. Vereinzelt finden sich allerdings auch Formen, in denen die Graphie auf Diphthong vor einfachem /w/ hinzuweisen scheint, vgl. *freuui*, *freuuidha* Is (Kögel 1884b: 528 A.1, Baesecke Einf. 224, Matzel Is 201 A.250). Auch der Übergang [a] > [o], der sich öfter in *frouuer* usw. (statt *frawēr*) findet, deutet auf den Diphthong /au/, wozu die Auslautformen *frou* bei Otfrid (statt *frō*), *strau*, *strou* in Jb, Rd (statt *strō*) zu vergleichen sind.

Anm. 4. Einfaches /w/ liegt vor in dem Lehnwort *lewo* 'Löwe'; zu den Schreib- und Lautvarianten vgl. Bremer 1888, zur Entlehnung auch Feulner 2000: 253 f. Bei Notker lautet das Wort noch *léuuo*, so stets in Np. Erst Npgl schreibt *louuuo*, d. i. *löüwo* (Sehrt/Legner 1955: 330); mhd. *löüwe* ist nicht vor dem 12. Jh. belegt. Auch die im AWB V,866 ff. aufgeführten Formen *lo̊we*, *lo̊win*, *lo̊welin* Gl 3,79,29. 33. 61 (Einsiedeler Hs. 354, 13. Jh.) fallen ins Mhd., sie zeigen junge Rundung /e/ > /ö/ vor /w/ (Mhd. Gr. § L 24).

2. Nach /ë/ und /i/.

a) Germ.-ahd. /ë/ bleibt vor einfachem /w/ fest (§ 30 A.2): *gëwōn* 'gähnen', *gisëwan* (zu *sëhan* § 343 A.4b); im Auslaut erscheint /w/ als [o] in *kneo*, Gen. *knëwes* 'Knie' (daneben [i] in *knio*, *chniuuen*, vgl. § 204 A.3). Wenn /i/ oder /j/ folgt, tritt nach § 30:1 /i/ ein – bei /j/ mit Gemination des /w/ –: *siuwen* 'nähen', Prät. *siwita* (§ 358 A.3), *niuwi* 'neu' (urgerm. **newja-*, EWGP 425 f.).

b) Urgerm. /i/ (§ 31) vor einfachem /w/ (z. T. < /hʷ/) liegt vor in *liwun, giliwan, bisiwan* (zu *līhan, sīhan* § 331 A.2), *spiwun, gispiwan* (zu *spīwan* § 331 A.3).

Anm. 5. Auch hier erscheinen vereinzelt 3 ‹*u*› (*erspiuuuen, ferliuuuen*, vgl. Kögel 1884b: 539); im Allgemeinen aber stehen sie nur da, wo Gemination vor /j/ vorliegt, z. B. sehr häufig *niuuui, niuuuēr; irniuuuōn* (AWB VI,1297 ff.), § 113 A.1. Andererseits scheint im Tatian die westgerm. Gemination des /w/ meist analogisch (§ 96 A.2) beseitigt zu sein (Sievers T § 9:6).

(b) Ahd. /j/

Das Zeichen ‹*j*› fehlt im Ahd. Der Halbvokal /j/ wird in den ahd. Handschriften gewöhnlich durch ‹*i*› wiedergegeben, also graphisch nicht vom Vokal /i/ geschieden. Die lautliche Geltung ist aber die eines konsonantischen, unsilbischen [i̯]. Die für /j/ erscheinende Graphie ‹*g*› (§ 116 A.1–3) scheint eine Entwicklung zum stimmhaften palatalen Frikativ wie im Nhd. auszudrücken (§ 118 A.3); zum Teil mag auch rom. Schreibtradition eine Rolle spielen (Penzl 1971: 53). § 115

In diesem Buch wird für anlautendes /i̯/ zu grammatischen Zwecken das Zeichen ‹*j*› verwendet. Ansonsten bleibt es bei der handschriftlichen Form.

Anm. 1. Bei Notker sind vokalisches /i/ und konsonantisches /j/ durch die Akzentuierung scharf geschieden, z. B. *îo, bîeten, íuuër*, aber *iâr, iúng*. Bei Otfrid trägt das vokalische /i/, wenn darauf ein Vokal folgt, ebenso wie dieser einen Akzent: *íó, íámer, íú* (J.Fleischer 2009: 169).

Anm. 2. Kauffmann 1890: 253 ff. will ahd. ‹*g*› statt /j/ als palatalen Plosiv auffassen (so auch Baesecke Einf. § 72:a, Brinkmann 1931: 87). Dagegen spricht die Verwendung von ‹*g*› für slaw. /j/ in den Freisinger Denkmälern (§ 149 A.5*d; Braune 1874a: 532 f.). Nach Jellinek 1898: 515 stammt ‹*ge, gi*› für /je, ji/ aus der lat.-westfrk. Orthographie. Vgl. auch Lessiak 1910: 219.

Im Anlaut ist germ. /j/ im Ahd. erhalten. Die Anzahl der hierher gehörigen Wörter ist jedoch nicht groß, z. B. *iă* 'ja', *iār* 'Jahr', *ioh* 'Joch', *iū* 'einst' (Anm. 3), *iāmar* 'Jammer' (Anm. 4). § 116

Anm. 1. Vor /e/ und /i/ erscheint im Ahd. anlautend meist ‹*g*›. So im stV. *jëhan* (§ 343 A.4a): Prät. *iah, iāhun*, aber Präs. *gihu, gëhan* und in Ableitungen *bigiht, gigiht* 'confessio', *bigihtīg*. Ebenso in den selteneren Verben *jëtan* (§ 343 A.1g) und *jësan* (§ 343 A.2d); AWB IV,1811 f. Im 8./9. Jh. ist ‹*g*› die gewöhnliche Schreibung, doch kommt auch ‹*i*› vor, z. B. *biiihti* Is, *biiehamēs* WK. Erst später, besonders bei Notker, ist ‹*i*› häufiger (*iéhen, iíhet, geiíht* N, *iétan, iéhent* Will), doch ist auch hier ‹*g*› nicht selten. Beispiele aus bair. Quellen bei Schatz Abair. § 90.

Anm. 2. Vor anderen Vokalen als /e, i/ ist ‹*g*› für /j/ äußerst selten. Vor (palatalem) [ü] steht es in *gungirun* MF (= *iungirun*, Lb 9.1, 3), *gunkist* GlFreis 165.231, *gunste* (= *jungiste*?) Lb 27, 34. 58 (§ 99 A.3c). Weiteres: *gahha* 'etiam; ja' Lb 9.3, 15 (Kögel Lg. II,485), *gaganz-* 'Hyazinth' Gl 2,218,52 (Nievergelt RP 273.F88; Feulner 2000: 247); öfter im Mfrk.; vgl. § 148 A.1; Baesecke Einf. 125, Matzel Is 198, 202. – Vgl. spätbair. ‹*b*› [ƀ] für /w/ (§ 105 A.6).

Anm. 3. In der Partikel *jū* wird für /j-/ sehr oft ‹*gi-*› geschrieben, also *giū* neben *iū* (AWB IV, 1826 f., Fasbender 1908: 145). Bei Notker ist hier das /j/ zum Vokal /i/ geworden, wie die Schreibung ‹*íu*› (nicht †‹*iú*› oder †‹*iû*›, § 115 A.1) beweist. Auch für *jūh* 'Joch Landes' ist im Bair. 2x die Schreibung *giuh* belegt (Schatz Abair. § 90, AWB IV,1839. 1840).

Anm. 3*. In später Zeit wird /j-/ vereinzelt durch ‹*y*› wiedergegeben: *yagot* 'sequitur' Gl 2, 689,18 (Fasbender 1908: 145).

Anm. 4. Für *jāmar* und *jenēr* (§ 289), bei Otfrid *iāmar, genēr* (in Hs. V ‹*g*› fast immer aus ‹*i*› korrigiert), erscheinen bei Notker die Nebenformen *āmer* (AWB I,310 f., Schweiz. Id. I,218 *amer*) und *enēr* (AWB IV,1805 f., auch im späteren Obd.). Abgesehen von Otfrid und Notker sind beide Wörter im Ahd. selten. Das Fehlen des /j/ im Obd. ist schwerlich durch sekundären Schwund zu erklären (vgl. E.Sievers 1894: 407 f., Schatz Abair. § 90, Schatz Ahd. § 293, Behaghel 1928: § 368, G.Schmidt 1962: 19). Etymologische Argumente für ein eigenständiges Pronomen *enēr* liefert EWDS s. v. *jener*; zur Beurteilung von *(j)āmar* vgl. EWA V,265 f.

§ 117 Im Inlaut nach Vokalen begegnet /j/ in der ganzen ahd. Periode nicht selten, aber nur nach Langvokal oder Diphthong; auch ist es wenig fest, da häufiger Formen ohne /j/ daneben stehen. Geschrieben wird es ‹*i*›, vor /e, i/ dagegen meist ‹*g*› (vgl. § 116 A.1). Es findet sich vor allem in folgenden Kontexten:

1. in den Verba pura auf /ā/ und /uo/ nebst ihren Ableitungen (sekundäres /j/, s. Anm. 2), z. B. *sāian* 'säen', *blāian* 'blähen', *bluoian, pluogen* 'blühen', *sāio* 'Sämann', neben *sāan, blāan, bluoan, sāo* oder Formen mit /w/ (§ 110 A.2) bzw. /h/ (§ 152:2);
2. häufig als Übergangslaut zwischen /ī, ei/ und Vokal, z. B. von *fīant* 'Feind' (/īja/ > /īa/ > [īja], vgl. §§ 113 A.2, 236:1): *fiiant* T, mit ‹*g*› *uīgandun* Merseb (wohl nicht zu *wīgant* 'Krieger', vgl. W.Beck 2011: 83 ff.), *fīgenden* Npgl 68,19; von *frī* 'frei': flektiert *frīēr*, auch *frīgēr* BR, *frīge* T; von *ei* 'Ei': Gen. *eies, eiies*, Pl. *eigir, eiier* (§ 197:2; Kögel 1884b: 542, AWB III,93 f.); von *skrīan* 'schreien' (§ 330 A.3): 3.Sg. *scrīgit* (R, GlMon) und *scrīit*; von *skrei* 'Schrei': Dat. *screie* und *screige*; statt *stīa* 'Stall' meist *stīga* (EWDS s. v. *Steige*[3]);
3. auch im längeren Konj. Präs. der swV. II/III, besonders bair.: *rīchisōia, chōsōge, starchēge* (§ 310 A.4,5).

Lit.: Holtzmann 1870: 324, Kögel 1884b: 524 ff., Bremer 1886: 60 ff., v.Helten 1905: 240, Trautmann 1906: 40 ff., 47 f., Schatz Abair. § 94, Franck Afrk. § 73, Hirt Urg. I,113.

Anm. 1. Die historische Geltung dieses /j/ ist nicht in allen Fällen sicher. Einige Wörter, wie *ei* 'Ei', *hweijōn* 'wiehern', *zweijo* 'zweier' (§ 270 A.2a; got. *twaddjē* mit „Verschärfung"), enthalten germ. /jj/ (wie /ww/ § 113). In manchen Fällen ist das /j/ wahrscheinlich als Übergangslaut aus einem benachbarten /i/ entwickelt; hierher gehören sicher *hīien, hīgī, hīgisgi*, in denen ein /w/ ausgefallen ist (§ 110 A.3); desgleichen Schreibungen wie *vugir* statt *vuir* (§ 49 A.3). Zu ähnlichen Erscheinungen in den slaw. Freisinger Denkmälern vgl. Vondrák 1897: 204.

Anm. 2. Die Verba pura auf /ā/ und /uo/, die früher der Klasse der redV. angehörten, haben das Präsens von Hause aus mit /j/ gebildet (Matzel 1987a: 216 ff.; anders Garnier 2022) und sind im (Vor-)Ahd. bis auf geringe Reste ganz zu den swV. I übergetreten (§ 348). Das präsentische /j/ ist im Urgerm. intervokalisch geschwunden (Ringe 2017: 159); der so entstandene Hiat wird einzelsprachlich verschieden aufgefüllt, z. T. auch wieder mit /j/. Im Ahd. sind zunächst *j*-lose Formen normal, wie überhaupt Formen ohne hiattilgenden Konsonanten während der ganzen ahd. Zeit gelten. ‹*i*› und ‹*g*› stehen vereinzelt schon im Tatian, spätahd. und mhd. wird häufiger ‹*i*› geschrieben (Sonderegger 1959: 152; vgl. §§ 110 A.3, 359 A.3,4).

§ 118 Im Inlaut nach Konsonant war wegen der großen Zahl der mit *j*-Suffixen gebildeten Wörter /j/ ursprünglich sehr häufig. Dieses /j/ hat im Westgerm. einen vorhergehenden einfachen Konsonanten geminiert: allgemein nach Kurzvokal (§ 96), im Ahd. (Obd.) teilweise auch nach Langvokal (§ 96 A.1*a). Das postkonsonantische /j/ ist im As. meist erhalten, im Ahd. hingegen schon zur Zeit der ältesten Quellen im Schwinden begriffen (Anm. 2). Im Laufe des 9. Jahrhunderts verliert es sich völlig. Unter folgenden Voraussetzungen ist es jedoch bewahrt:

1. In den ältesten Quellen sind immer noch genügend Reflexe des /j/ vorhanden. Geschrieben wird es vor /e, u/ als ‹*i*›, vor /a, o/ dagegen meist als ‹*e*› (selten ‹*i*›). Dieses ‹*i, e*› ist jedenfalls als Bezeichnung eines vokalischen Übergangslauts aufzufassen; darauf weist auch sein baldiges Verschwinden hin. Beispiele: *minnea, sippea, redia; willio, māreo, enteōn; minniu, gilaubiu; ruckie, kunnie*. Dafür steht im 9. Jahrhundert schon regelmäßig *minna, sippa, reda; willo, māro, entōn; minnu, giloubu; rucke, kunne*.
2. Nur nach /r/ mit vorhergehendem Kurzvokal bleibt /j/ fest, wie auch die westgerm. Gemination dieses /r/ nicht betrifft (Anm. 3; § 96 A.3). In Denkmälern des 9.–11. Jahrhunderts, die sonst kein postkonsonantisches /j/ mehr haben, findet sich noch *nerien, nerian* (*nergen, nerigen*) usw. Besonders gilt dies für das Bair. (§ 6a:3c); im Alem.-Frk. steht daneben eine speziell ahd. Gemination unter Verlust des /j/: *nerren, werren* usw.

In der Flexionslehre gelten die hier berührten Eigenschaften des postkonsonantischen /j/ bei den *ja-* und *jō*-Stämmen der Substantive (§§ 198 ff., 209 ff.) und Adjektive (§ 250 f.), bei den *j*-Bildungen der *n*-Deklination (§§ 223, 226, 256) sowie bei den Verben mit *j*-Präsens (§ 327) und den swV. I, II (§§ 356 ff., 367 A.1).

Anm. 1. Das Schwinden des postkonsonantischen /j/ im 9. Jh. (außer /j/ nach /r/ bei Kurzsilbigen, Anm. 3) wird durch die speziellen Verhältnisse bestimmter Quellen beleuchtet. Vgl. Schatz Abair. § 91, Franck Afrk. § 55:1, Baesecke Einf. § 72:3a, Brinkmann 1931: 148.

a) Während in Pa, K, Ra ‹*i, e*› noch sehr häufig erscheint, ist es in BR, Rb, H nur selten erhalten, ebenso bei Isidor (vgl. Valentin 1969: 68 f.). Von bair. Quellen aus dem Anfang des 9. Jh. hat Exh A noch *christāniun, purgeo, filleol* (und *fillol*), *redia, radia, sunteōno*; Wess hat *enteo, uuenteo* (dazu M.Gebhardt 2000), *māreo, uuilleon* (2); 1. bair. B *suntiōno, missatātio, uualtantio, kihukkiu* u. a. (vgl. Kögel Lg. II,533 f.). Später zeigt nur noch Musp /j/ in *lougiu* (§§ 215 A.2, 216 A.2), sonst fehlt es durchweg.

b) Von älteren frk. Quellen zeigt WK noch überwiegend /j/, z. B. *rëhtiu* (§ 248 A.6a), *helliu, gilaubiu, scepphion, thurfteo, sundeōno, secchia, gihōrie*, seltener Schwund, z. B. *sunta, heilanto, thisu*. Dasselbe gilt für LexSal, z. B. 9x *wirđriun*, aber *here* u. a. (Lühr 2013: 104). Im Tatian ist /j/ schon selten, z. B. *crippea, betteo*; meistens fehlt es, so auch im Lehnwort *spunga* 208,3 (lat. *spongia*). Etwas öfter steht es nur vor /u/: 1.Sg. *hōriu, wāniu*, Ntr.Pl. *cunniu, gibeiniu* (Sievers T § 7, Moulton 1944: 320, Valentin 1969: 70 ff.). Bei Otfrid ist /j/ fast ganz verschwunden; es liegt nur nach /r/ und in einigen Kurzsilbigen vor (Anm. 3, 4).
c) Braune erklärte an dieser Stelle den Wandel /e < i̯/ durch Assimilation an /a, o/; anders Valentin 1969: 70+A.1, 72; vgl. noch Baesecke Einf. § 72, Schatz Ahd. § 294. – N.Wagner 1999: 170 f. führt ‹*e*› auf orthographischen Gebrauch des Lat. zurück, es handle sich nicht um ein ahd. Sprachphänomen.
d) Eine genauere Chronologie des Vorgangs lässt sich nicht geben, da /j/ zuweilen noch in späteren Quellen auftaucht. Man wird zur Erklärung teilweise lokale Verschiedenheiten annehmen dürfen; so hat das zeitlich auf Otfrid folgende Ludwigslied /j/ noch völlig korrekt, z. B. *gendiōt, sundiōno, willion, ellian, kunnie*. Wie immer ist auch mit unterschiedlich konservativem Verhalten der Schreiber zu rechnen.

Anm. 2. Im ältesten Ahd. ist in Endsilben /ja/ (/jā/) zu /e/ geworden (vgl. § 58 A.1), z. B. *sunte* Nom.Akk.Sg. Pl. < **suntja*; Dat.Sg. *suntiu*, § 209); *kennen* (< **kannjan*; 1.Sg. *kenniu*, § 314). In diesen Fällen ist also /j/ schon in der ältesten Zeit geschwunden; daraus erklärt sich, dass bei den swV. I /j/ vor /e/ und auch vor dem in Analogie zu den stV. eintretenden /a/ (obd. *chennan* § 314 A.2,3) fast gar nicht vorkommt. Beim Nomen ist mit dem /a/ im 8./9. Jh. auch das /j/ aus den obliquen Kasus z. T. restituiert (*suntea, suntia* statt *sunte* einerseits nach *gëba*, andererseits nach *suntiu, sunteōm*), vgl. § 209 A.3. – Schatz Abair. § 91:c.

/j/ erscheint am häufigsten vor /o/ und /u/, weniger häufig vor /a/, am seltensten vor altem /e/; Formen wie *kunnie, ellies* für *kunne, elles* sind sehr spärlich belegt. Nach Schatz (Abair. § 91:b, Ahd. §§ 59, 312) seien die wenigen /j/ vor /e/ nur analogisch hergestellt, da hier /j/ schon vor dem Umlaut geschwunden sei; vgl. bair. *hares* zu *heri* in alten Ortsnamen (Schatz Abair. § 96:d), obd. *alles* neben frk. *ellies* § 27 A.6. Vor /i/ ist suffixales /j/ früh ausgefallen und kommt im Ahd. gar nicht mehr vor (Paul 1880: 112, 160, Schweikle 1964: 241).

Anm. 3. Zur Folge /r/ + /j/:
a) /j/ nach Kurzvokal + /r/ muss sich in der Lautqualität von sonstigem /j/ unterschieden haben (anders Schweikle 1964: 242 f.). Der Unterschied wird darin liegen, dass dieses /j/ früh zum stimmhaften palatalen Frikativ geworden ist (vgl. § 115), während die übrigen postkonsonantischen /j/ Halbvokale geblieben und allmählich verklungen sind. Das frikativische /j/ nach /r/ dagegen musste fester bleiben. Dafür spricht, dass /j/ zwischen /r/ und /a, o/ nie als ‹*e*› erscheint, also nie †*nerean*, †*fereo*, sondern *nerian, ferio* geschrieben wird. Ferner spricht für frikativische Geltung, dass /j/ nach /r/ sehr häufig ‹*g*› geschrieben wird (nach anderen Konsonanten nicht; erst fnhd. auch nach /l/: *lil(i)ge* 'Lilie'), z. B. *nergen, spurgen* neben *nerien, spurien*. Häufig wird sogar ‹*ig*›, ‹*eg*› mit Sprossvokal zwischen /r/ und palatalem Frikativ /j/ geschrieben (§ 69); z. B. *nerigen, spuregen, herie* und *herige* T (Dat.Sg. zu *heri* § 202), *feriun* und *ferigun* 'Fergen', neben *heriunga* 'Verheerung' auch *herigunga*, sogar *herihunge* Gl 1,371,55 f., vgl. *biherihōt* H.Mayer 1982: 22.11b, 124, *werihan* K (Kögel 1879: 44). Haubrichs 1979: 102 vergleicht ‹*ih*› für konsonantisches /j/ (z. B. *ihar* im Georgslied, inlautend *herih-, werihan*) mit vertrauten Schreibmustern wie *ihesus, iherusalem, iheronymus*. – Vgl. Wilmanns I,168, Schatz Abair. § 92 f., Franck Afrk. § 55:2, Schweikle 1964: 240 ff.

b) Das Bair. hält die kurzsilbigen *rj*-Formen generell fest (Ausnahme: *biuuerrie* OFreis 4,21, 24); das Alem. und das Frk. haben daneben Formen mit /rr/ (§ 6a:3c). Dieses /rr/ muss als speziell ahd. betrachtet werden und ist von den westgerm. Geminaten zu trennen. Während letztere entstanden, als das /j/ noch existierte, steht im Ahd. immer nur /rr/ oder /rj/, nie †/rrj/. Es gilt *ferio, nerien* oder *ferro, nerren*, niemals †*ferrio*, †*nerrien* (Ausnahme: alem. *herriōd* GlFreis 342 mit *ri*-Ligatur), während z. B. *willeo, gisellio* u. a. im älteren Ahd. häufig sind. Vielleicht ist das frk.-alem. /rr/ als ahd. Assimilation des (frikativischen) /j/ an /r/ zu betrachten (anders Paul 1880: 115 ff., v.Helten 1896: 438, Baesecke Einf. § 72:4a). Zu *nerren* Is, MF, *suuerren* MF sowie zu *herrum* 'den Heeren' Is vgl. Matzel Is 200+A.241. – Übrigens herrschen die *rr*-Formen im Frk.-Alem. nicht allein: Otfrid hat *werien* neben *werren* usw. (E.Sievers 1920: 193 f.), und noch bei Notker findet sich 1x /rj/ (*genérien* Nb 44,7). – Weiteres zu /rj/ und /rr/ in der Flexionslehre, bes. § 358 A.2, ferner §§ 202, 223 A.3, 305 A.2, 307 A.3, 309 A.3, 310 A.2, 314 A.3, 316 A.2. Zum Abrogans vgl. Baesecke 1931: 341.

c) In Stämmen mit Langvokal + /r/ wird das folgende /j/ ganz in der gewöhnlichen Weise behandelt: Es schwindet frühzeitig, sodass schon bei Otfrid *lēren, hōren* usw. gilt. Diejenigen obd. (besonders alem.) Quellen, die nach Langvokal Konsonantengemination zeigen (§ 96 A.1*a), bieten auch Formen wie *hōrran, lērran, kērran* (BR, MF; aber Isidor nur *chihoran*, Matzel Is 200, AWB IV,1240 ff.). Bair. und in Npgl gelegentlich *uīrratag* 'Feiertag' (Matzel aaO., AWB III,903); so auch *vīrro* Nievergelt RP 395.G24, 440. Nach Langvokal erscheint auch – bei Kurzsilbigen fehlendes – ‹*rri, rre*›, z. B. in Rb *rōrr*[i]*ūn, rōrreōno* 'Schilfrohr' (Gl 1,336,18. 1,363,18). Noch bei Notker ist /rr/ nach Langvokal nicht selten, so etwa *stûorrent, uuârra, uuârrêr, lâchanarra* Nb.

Anm. 4. Wie bei den Kurzsilbigen auf /r/ verhält sich /j/ in zwei Wörtern auf /n/: *winia* 'Freundin' (N, Will), auch *winiga* (z. B. Merig), zum *i*-Stamm *wini* gehörig (vgl. § 226 A.3); neben regelmäßigem *brunna, prunna* 'Brünne' steht bei O 5,1,15 und mehrfach in Glossen *brunia* mit einfachem /n/ und länger erhaltenem /i/ (AWB I,1437). Ebenso behandelt ist /j/ (aus lat. unsilbischem [e]) in dem Lehnwort *kevia* 'cavea' (mhd. *kevie, kefige*, nhd. *Käfig*) und im PN *Maria* (§ 225 A.2). Die westgerm. Gemination fehlt stets in dem Wort *reda* 'Rede', dazu *redōn* 'reden'. Das /j/ ist aber außer in alten Quellen, die auch sonst /j/ haben (*radia, redia, redea* BR, Exh, MF), auffälligerweise bei Otfrid mehrfach erhalten: *redia*; *rediōn*; dazu ist auch die Adjektivform *redie* O 1,1,75 zu vergleichen. – Einiges Weitere, auch zur Erklärung, bei Wilmanns I,168 A.2, Schatz Abair. § 93, Franck Afrk. 68, E.Sievers 1920: 193 f.

Das postkonsonantische /j/ wird zum vokalischen, silbenbildenden /i/, wenn es durch Schwund des Folgevokals in den Auslaut tritt. Dieses /i/ bleibt erhalten, auch nachdem inlautendes /j/ längst geschwunden ist; also *kunni*, Gen. *kunnes* (§ 198+A.1); Part. Präs. *waltanti*, flektiert *waltantēr*, schw. *waltanto* (älter *waltanteo*), Adj. *māri*, schw. *māro* (älter *māreo, mārro*; § 256 A.1). Hierher gehört auch der Imperativ der swV. I und der *j*-Präsentien (§§ 303, 312 A.2,3). § 119

P 3.2.1.2. Liquide

(a) Germ. /r/

§ 120 Germ. /r/ ist im Ahd. generell erhalten geblieben (zu Sonderfällen s. Anm. 2), z. B. *rëht* (got. *raíhts*), *bëran*, Prät. *bar* (got. *baíran*, *bar*). Zur Aussprache vgl. § 80 A.4.

Im Inlaut hat ahd. /r/ durch den Übergang von germ. /z/ zu westgerm. /r/ (§ 82:2d) Zuwachs erhalten, z. B. *mēro* (got. *maiza*).

Anm. 1. In einigen Wörtern und Einzelbelegen ist /r/ in /l/ ausgewichen (vgl. § 80 A.4d; zum umgekehrten Vorgang vgl. § 122 A.4b). Vgl. E.Schröder 1898: 22 f., Hoffmann-Krayer 1907: 491 ff., Wilmanns I,151 f.

a) Dissimilation liegt vor in *fluobara* T 'Trost' neben as. *frōƀra* (Braune 1918a: 383 ff., EWA III,416 f.), *marmul* Pa, K 'Marmor', *martolōn* O 'martern' neben *martorōn* (EWA VI,190 f.), *murmulōn* 'murmeln' neben *murmurōn* (EWA VI,685), *mūl(a)beri* 'Maulbeere' neben *mūrberi* (EWA VI,543).

b) Bei *piligrīm* 'Pilger' ist bereits die Ausgangsform mlat. *pelegrinus* aus *peregrīnus* dissimiliert (zur Umbildung vgl. Schatz 1925, EWA VI,1515 ff.).

c) In weiteren Lehnwörtern ist /r/ ohne Dissimilation durch /l/ ersetzt worden: *pflūma* neben *pfrūma* 'Pflaume' (vulgärlat. **prūma*; Frings 1966–68: II,416 f., Feulner 2000: 408 ff., EWA VI,1490 ff.); *skiluf* 'Schilf' (lat. *scirpus*; Pfeifer 1993: 1200); statt gemeinahd. *chirihha* 'Kirche' ab dem 9. Jh. alem. auch *chilicha* (Weinhold Alem. 162, Sonderegger 1959: 152).

d) In *wëlolt* OFreis 1,4,32 ist /r/, falls nicht verschrieben, an folgendes /l/ assimiliert (*worolt* Hss. P, V; Kelle O 509).

e) Wenn in OFreis das Adverb *sār* 1x als *sāl* erscheint (3,26,3; Kelle O 510), offenbart sich eine Unsicherheit, die den *r*-Schwund nach Langvokal ankündigt (Anm. 2a).

Anm. 2. Auch wenn /r/ im Ahd. grundsätzlich stabil ist, kann es unter speziellen Umständen schwinden.

a) In einsilbigen, langvokalischen Wörtern ist auslautendes /r/ vereinzelt schon bei Notker in *sâ* geschwunden (Sehrt/Legner 1955: 429, Oksaar 1958: 309); bei Will erscheint *wā*, *dā*, *sā*, *ē*, *hīe* für *wār*, *dār*, *sār*, *ēr*, *hīar*. Schon früher finden sich *thā* Kb 58,7 (*dār* Pa), *hia* in OFreis (Kelle O 512) und Sam 30 (dazu MSD II,66 f.); zu *sāl* OFreis für *sār* s. Anm. 1e. Vgl. Schatz Abair. § 82; zu *di*, *mi* für *dir*, *mir* vgl. § 282 A.2c. Auch in Komposita mit einsilbigem, langvokalischem Erstglied schwindet /r/ ausnahmsweise vor Dental: *hāsib*, *hāsip* (AWB IV,727), *hētuomę* Gl 2,33,65 (Gröger 1911: 210; zweifelnd Schatz Ahd. 175).

b) Sporadische Schreibungen ohne ‹r› wie *afa* Kb 78,22 (*auar* Pa), *uuinta* Voc 'Winter', *ubatrunchan*, *untacrabanti* Rb, *uuidesprigint* Rc (zu ‹g› vgl. § 128 A.3a), *feozuc* Is deuten auf schwache Artikulation, auch hier besonders vor Dental (vgl. Nutzhorn 1912: 452, Matzel 1966a: 60); zu *fa-* statt *far-* vgl. § 76 A.3a. In *īsan* neben *īsarn* 'Eisen' ist antekonsonantisches /r/ im Nebenton geschwunden (vgl. mhd. mnd. mnl. *īsen*; EWA V,201 ff.). In Npw fehlt ‹r› bei Dreierkonsonanz in *duft* 106,43 (*durft*), *duftegen* 102,7 (*durftīg*).

c) Auch aus Assonanzen bei Otfrid – z. B. *arnōn* : *korn*, *wort* : *gisamanōt* – ist auf schwache Artikulation geschlossen worden. Dass *widarort* auf *nōt*, *gibōt* reimt (Wilmanns 1873: 120, Pietsch 1876: 444, Franck Afrk. § 129, Gröger 1911: 209 f., Baesecke Einf. 124), ist ausweislich der Schreibungen *widarot*, *widorot* einem Einfluss der Richtungsadverbien auf *-ot* (§ 269a) zuzuschreiben.

d) In Kosenamen mag *r*-Schwund wie in heutigen Mundarten auf kindersprachliche Herkunft deuten: *Erpo* > *Eppo*, *Imma*, *Himma*, Frauenname zu ahd. as. *irmin* 'groß, gewaltig' (Sonderegger 1961: 280+A.2). Komponierte Namen wie *Annivert* für *Arnibertus*, *Emmegiselus* neben *Ermegundis*, *Gemmunt* neben *Germunt*, *Attumar* neben *Artumar* können „gute Aufzeichnungen von lässigen Sprechformen" darstellen (N.Wagner 2016: 56, 94; zu /l/ vgl. § 122 A.5).

Anm. 3. Vereinzelt ist im Hiat zwischen vokalischem Auslaut und vokalischem Anlaut /r/ eingefügt (MSD II,74), so *wolar abur* Ludw 57 (oder Vorwegnahme des /r/ von *abur*?); spät *des bistur vnsculdic* im Erfurter Judeneid (Hellgardt 798). Vgl. auch die Hiattilger /h/ (§ 152), /j/ (§ 117), /w/ (§ 110 A.2); /r/ in /rd/ aus /þ/ (§ 167 A.11b-d). *iar* OFreis 2,8,51 ist gegenüber *ia* 'ja' der übrigen Hss. um – emphatisches? – /r/ erweitert (dazu Grimm Gr. III,287, Kelle O 429 f.). – Anders zu beurteilen ist /r/ im Präteritum reduplizierender Verben (*steroz* u. ä., § 354 A.3); zu *scrirun*, *umpihriran* vgl. § 330 A.3.

Anm. 4. In rheinfrk. *Kirst* (Lb 31.3) für *Krist* zeigt sich ein frühes Beispiel der später im Nd. und Md. häufigen Metathese. Vgl. Franck Afrk. § 125, Wrede 1924: 374. Metathese in *brunno* 'Quelle, Brunnen' dringt aus nd. Gebiet nach Süden; zuerst linksrheinisch in Ortsnamen: 893 *Mulenburne*, *Bornicho* im Mfrk., vgl. Küppersbusch 1931/32: 61, Jungandreas 1954: 131 f., Mhd. Gr. § L 92 (mit weiterer Lit.). Unter Nebenton kommt Metathese oft dadurch zustande, dass der Wurzelvokal schwindet und der Sprossvokal erhalten bleibt: *-berht*, *bereht* > *-breht*, *-bret*; *-bern* > *-brin*; *-burg*, *-burug* > *brug*; *-berg*, *-birig* > *-brig* (Schatz 1935: 154).

Anm. 5. In der Sippe von *sprĕhhan* 'sprechen' (§ 341:1) begegnen auch *r*-lose Formen (AWB s. vv.), die an ae. *spĕcan* (Ae. Gr. § 180) erinnern. Die Erklärung ist kontrovers: unterschiedliche Wurzeln (Kögel 1894a: 316 f., Lühr 1988: 158) / Kontamination (Kieckers 1921, Kroonen 2013: 469); falsche Auflösung von Abbreviaturen (Schatz Ahd. § 446, AWB I,1121); Einschub von emphatischem /r/ (Vries 1959: 467 ff., 480 ff.); lautlicher *r*-Ausfall (VEW 456 f.). Vermutlich sind mehrere Faktoren zusammengeflossen. – Einschlägige Belege aus anderen Sippen treten meist spät auf, etwa *spiu* Gl 2,495,53 (11. Jh.) für *spriu* 'Spreu'; früher bezeugt ist *caspiuzzit* 2,222,5 (9. Jh.) zu *spriuȥen* 'stützen' (mit *spioȥ* 'Spieß' gekreuzt?).

Anm. 6. Zu Sprossvokalen in *r*-Verbindungen vgl. § 69; zur Hemmung des Umlauts durch /r/ + Konsonant im Obd. vgl. § 27 A.2b; zur westgerm. Gemination durch /r/ vgl. § 96:3.

/rr/ ist im Ahd. nicht selten. Die Geminate ist durch verschiedene Lautprozesse zustande gekommen: **§ 121**

1. Fortsetzung von germ. /rr/ in einigen Fällen wie *fĕrro* 'fern', *stĕrro* 'Stern' (§ 99 A.4), vielleicht *wĕrran* 'wirren' (oder zu 2., vgl. § 337 A.8b);
2. jüngere (westgerm.) Assimilation aus /rz/ in *durri*, *irren*, *merren* usw. (§ 99:1a);
3. Gemination durch /j/ nach langem Vokal im Obd. (besonders alem.; bair. Belege bei Schatz Abair. § 82): *hōrran*, *wārrēr*, *suanārre* für gewöhnliches *hōren*, *wārēr*, *suonāre* (§§ 96 A.1*a, 118 A.3, 200 A.2);
4. im Frk. und Alem. Entwicklung aus /rj/ nach kurzem Vokal: *nerren*, *ferro* statt *nerien*, *ferio* (§ 118 A.3);
5. durch Synkope entstanden in *hērro*, *ērro* (§ 261 A.3); vgl. *thërra* usw. im Tatian (§§ 98, 288 A.1,3g).

(b) Germ. /l/

§ 122 Germ. /l/ bleibt im Ahd. unverändert, z. B. *lēren* (got. *laisjan*), *filu* (got. *filu*), *haltan* (got. *haldan*).

/ll/ ist im Ahd. sehr häufig. Es handelt sich um

1. germ. Geminate, z. B. *wolla, fallan* (§ 95:1);
2. westgerm. Gemination durch /j/: *zellen, will(i)o, gisell(i)o* (§ 96:2), seltener obd. nach Langvokal/Diphthong: *īllan, teillan* (§ 96 A.1*a);
3. jüngere Assimilation, so *uuâlliche* Nb 149,20 f., *unuuallichor* Gl 2,5,4 zu *wātlīh* (§ 99:2c), *rolacha* 3,588,44 < *rōtlāhha* (§ 98 A.1b); zu *guollīh* s. Anm. 2, zu *amballahchan* vgl. § 161 A.6aα, zu *uuizzethallikhen* § 139 A.7b.

Anm. 1. Zur Verhinderung des Umlauts durch *l*-Verbindungen im Obd. vgl. § 27 A.2b; zu Sprossvokal zwischen /l/ und /h/ oder /w/ vgl. § 69:1; zu /l/ aus /r/ v. a. in Lehnwörtern vgl. § 120 A.1; zu /l/ aus /n/ vgl. § 126 A.3; zu /o/ für /a/ vor /l/ vgl. §§ 25 A.1, 63 A.3.

Anm. 2. Auch in *guollīh* 'ruhmvoll' neben *guotlīh* (AWB IV,479 ff. 510 ff.) dürfte Assimilation vorliegen (Schatz Abair. § 83, H.U.Schmid 1994: 396 f., ds. 1998: 464 A.302). Freilich kann das Wort auch von *-*guol* in *urguol* 'ausgezeichnet' abgeleitet oder zumindest beeinflusst sein (Graff IV,183 f., Freudenthal 1959: 42, 72 f., 147 f., EWGP 251 f., EWA IV,692 f.).

Zur Metathese in *nālda* 'Nadel' T, Gl neben *nād^{a}la* vgl. § 166 A.2c.

Anm. 3. Im Bair. erscheint das Präfix *folla-* vor Verben als *fola-* (Schatz Ahd. §§ 133, 254, ds. 1935: 142), was als vortonige Schwächung nach § 93 A.1 zu werten ist: Das Part. Prät. ohne *gi-* (*follasotan, follazogan*, § 323 A.3c) erweist den Status als untrennbares und somit unbetontes Präverb (wie nhd. *vollzógen, volléndet*). Auch einfaches /l/ in *nales* O, *noles* Würzb. B für *nalles* „deutet auf schwächere Betonung“ (Schatz Ahd. §§ 2, 258). Dagegen sind Präfix *al(a)-* und flektiertes Pronomen *all-* (§ 300:3) von Hause aus unterschiedlich gebildet (germ. **ala-* versus **alla-*). – Die Schreibung ‹*l*› für /ll/ im Musp (*alero, hela*) zeugt nach Baesecke 1922: 432 von „falschen Vereinfachungen von Geminationen“; zu ‹*n*› für /nn/ vgl. § 126 A.6.

Anm. 4. Vereinzelt weicht /l/ in andere Sonanten aus:

a) Vor einem zweiten /l/ wird /l/ im Spätahd. mitunter zu /n/ dissimiliert: *knobelouch* für *klobalouh* (Gröger 1911: 371, AWB V,259), *snegel* SH für *slegil*; zum Mhd. vgl. Mhd. Gr. § L 95 A.2. In Personennamen ist die Dissimilation schon ab dem 8. Jh. bezeugt: *Amanolf, Amanolt* < *Amal-* (N.Wagner 2009: 312). – Zu /l/ für /n/ vgl. § 126 A.3.
b) In besonderen Fällen erscheint statt /l/ ein /r/ (zum umgekehrten Vorgang vgl. § 120 A.1):
   α) Für erwartetes *smalz* 'Öl' steht in 2 Hss. *smarz* (Gl 2,623,32). Die Abweichung gilt als singuläre Lauterscheinung (so Redmond 2012: 106, 187). *smarz* kann jedoch an das stV. *smërzan* 'schmerzen' (§ 337 A.1p), Pa 'verbrennen' angelehnt sein (zur Bedeutung vgl. VEW 439, Splett Abr 201); denkbar auch Einfluss des sachverwandten Neutrums *harz*.
   β) In *goteforahtar* OFreis 1,15,3 gegenüber *-forahtal* der übrigen Hss. ist das auslautende /l/ in /r/ ausgewichen. Es könnte sich um einen Schreibfehler handeln (AWB IV,357), aber auch um eine ungewöhnliche Assimilation (Kelle O 512).

Anm. 5. Für komponierte Personennamen wie *Abbagund, Abbarich* im Reichenauer Verbrüderungsbuch rechnet N.Wagner 2016: 55 f. mit sprechsprachlicher Assimilation aus *Alba-* (zu /r/ vgl. § 120 A.2d).

P 3.2.1.3. Nasale

(a) Germ. /m/

Germ. /m/ bleibt im Ahd. an- und inlautend im Ganzen unverändert, z. B. *mih* (got. *mik*), *gomo* (got. *guma*), *quëman* (got. *qiman*). Antekonsonantisch steht /m/ zunächst nur vor Labialen, z. B. *umbi*, *wamba*, *limpfan*, *kempfo*. **§ 123**

Durch Ausfall eines Vokals kann /m/ vor nicht-labiale Konsonanten geraten, z. B. *rūmta* (< **rūmita*), Prät. zu *rūmen* swV. I; öfters in der Kompositionsfuge, z. B. *tuomtag*, *tuomlīh*, *ruomgërnī*, *har(a)mscara*. Meistens ist /m/ in diesen Fällen erhalten oder restituiert; zu Sonderentwicklungen vor Velar oder Dental s. Anm. 2.

Anm. 1. /m/ zeigt vor germ. /f/ die Neigung, in /n/ überzugehen.

a) Zunächst ist dies nur im Frk. ab dem 9. Jh. der Fall. In Betracht kommen *fimf* '5' sowie – mit /f/ aus vorgerm. Übergangslaut [p] (s. u. e) – *kumft* (zu *quëman*), *zumft* (zu *zëman*), *semfti* 'sanft' u. a. Bei Isidor gilt noch /m/ (*fimf*, *chumft*), Tatian schwankt (*fimf* und *finf* usw., Sievers T § 11:1), bei Otfrid ist /n/ schon völlig durchgeführt, also *finf*, *kunft*, *kunftig*, *gizunft* (aber stets *limphan* usw., s. u. d).

b) Im Obd. hält sich /m/ länger, /n/ bleibt bis ins 11. Jh. selten. Frühe Ausnahmen sind *finfta*, *unsenfti* K, *finuiu* Ra (Kögel 1879: 59), *unsenftiu* Jb-Rd (Gl 1,284,2); aus späterer Zeit etwa *nōtnunftigiu* Gl 2,216,56 (Wesle 1913: 16). Selbst bei Notker steht noch meist /m/ (daneben /n/, besonders in Np). Erst im Mhd. gilt auch obd. durchweg /n/ (Mhd. Gr. § L 94).

c) Aus dem Übergang des /m/ in /n/ ist geschlossen worden, das ursprünglich bilabiale germ. /f/ sei im Ahd. labiodental geworden (Heusler 1888: 122, Schatz Abair. § 84, Franck Afrk. § 76:1); vgl. jedoch § 137 A.1.

d) Vor ahd. /ph, pf, f/ (= germ. /p/, § 131) bleibt /m/ in der Regel unverändert, z. B. *kempfo*, *kemfo*. In begrenztem Umfang erscheint es jedoch auch hier als /n/, so vereinzelt im Tatian (*kenphon*, *gilinpfit*) und regelmäßig bei Schreiber δ (Sievers T § 11:2); ferner *sinph* (für *skimph*) Gl 4,29,25, *renfit* 2,489,8 (AWB VII,906 f.).

e) In *firnunst* 'Vernunft' (AWB VI,1415) erscheint /m/ auch vor antekonsonantischem /s/ als /n/ (Suffix *-sti-*, EWA III,303). Hier hat sich wie in *amfs(a)la* 'Amsel' (AWB I,329, Wilmanns I,131), got. *swumfsl* 'Teich' bereits vorgerm. ein Übergangslaut [p] eingestellt, der durch die germ. Lautverschiebung zu /f/ entwickelt ist (*mst* > *mpst* > *mfst* > *nfst* > *nst*); vgl. *mt* > *mpt* > *mft* im Typ *kumft* (auch mit ‹*pf*›, § 139 A.7a; s. o. a). Die jüngere Flexionsform *kilampsta* Rb (zu *lemsen*) zeigt zwischen /m/ und /s/ wieder das phonetisch erwartbare [p] (Schatz Ahd. 110); s. auch Anm. 2b.

Anm. 1*. Mitunter ist /mb/ durch ‹*nb*› bezeichnet (Schatz Ahd. § 274), so *pizinbrōt* Ra, *finbun* Jb-Rd, *trenbil* Gl 2,487,51, *sinbulum* BR. Wenn in *unpifangan* Ka, *vnbeuiengun* Gl 2,772,65 f. (Schlechter 1993: 213) ‹*n*› steht, ist *umbi-* graphisch an die Präfixfolge *un-bi-* angelehnt.

Anm. 2. In Flexion oder Wortbildung entstandene Folgen aus /m/ + Velar oder Dental sind phonotaktisch unbequem und werden z. T. durch Übergangslaut oder Assimilation beseitigt.

a) In *boumgart(o)* wird für /m/ mehrfach ‹*n*› geschrieben (AWB I,1301). Dieses steht für den velaren Nasal [ŋ] (§ 128), der durch partielle Assimilation an /g/ entstanden ist (vgl. mnl. *bongart*, nhd. ON *Bongard*; Franck Afrk. 166, Mnl. Gr. § 109 A.2).

b) Vor einem durch Vokalausfall an das /m/ getretenen /t/ ist sporadisch ein [p] als Übergangslaut eingeschoben: *erduompt* T, bair. *gituamptin* OFreis, *ruompta* Gl 2,25,19, *chradampta* 2,445,32, alem. *ûzfrúmpta* Np 67,9. In anderen Fällen wird /m/ in demselben Kontext an den Dental assimiliert, so *irreinta* OFreis 2,14,120 (*-reimta* Hss. P, V), *biscirnder* Gl 2,620,51, as. *antsōnda* Naumann 1927: 77.10 (*-soumen*). Letzteres geschieht vereinzelt auch in der Kompositionsfuge, so *harnscara* Nb, GlMon, *haranscara* Ludw 14, *harinscara* Np (Hs. R), Cirimele 2006: 197 f. (Gröger 1911: 220, AWB IV,720 f.; zu *harmiscara* in karol. Kapitularien vgl. de Sousa Costa 1993: 276 ff.). Hierher auch *Heinrich* aus *Heimrīh* (nach Schatz 1935: 144 nicht aus *Hagan-*; vgl. § 80 A.4b). Dagegen ist *franrechara* Rb für *fram-* – bzw. ‹*frā-*› (vgl. § 124 A.2) – verschrieben (E.Meineke 1984: 94).

Anm. 2*. Die in *nemnen* 'nennen' und *stimna* 'Stimme' vorliegende Gruppe /mn/ ist nur selten (Is, T) erhalten, meist ist sie zu /mm/ oder /nn/ assimiliert (§ 99:2a).

Wenn ‹*m*› wie in *crimiu* GlFreis 320 für die Geminate /mm/ steht, dürfte ein Nasalstrich zu ergänzen sein (*crīmiu*; oder für *crimm* verlesen?).

Anm. 3. Anlautendes /m/ ist mfrk. in der Präposition *mit* in unbetonter Stellung in /b/ übergegangen: *bit* (Lb 19). Vgl. Franck Afrk. § 76:2, Schützeichel 1955: 201 ff., ds. 1976: 123.

Anm. 4. Zur Assimilation von /n/ zu /m/ vor Labial vgl. § 126.

§ 124 In Flexionsendungen geht auslautendes /m/ ab dem Anfang des 9. Jahrhunderts in /n/ über: 1.Sg. Präs. Ind. *habēm* > *habēn* (§ 305), ebenso die einsilbigen *tuom* > *tuon* (§ 380) usw.; 1.Pl. *nāmum*, *nëmēm* > *nāmun*, *nëmēn* (§ 321:1); Dat.Pl. *tagum* > *tagun* (§ 193 A.7a), *jungēm* > *jungēn* (§ 248 A.11a), *dēm* > *dēn* (§ 287 A.1k) usw. Die ältesten Denkmäler zeigen in allen Dialekten noch /m/.

Stammhaftes auslautendes /m/ bleibt dagegen stets erhalten, zumal es durch Flexionsformen mit inlautendem /m/ gestützt wird: *tuom*, Gen. *tuomes*; *arm*, flektiert *armēr*; *nim*, Imperativ zu *nëman*.

Anm. 1. Im Frk. geht auslautendes /m/ in Nebensilben bald nach 820 in /n/ über (vgl. MSD I,XIX). Isidor und WK haben noch ‹*m*›, Tatian hat meist ‹*n*› neben wenigen ‹*m*› (Sievers T § 12), während Otfrid und die Späteren nur ‹*n*› kennen (Franck Afrk. § 76:2).

Im Obd. scheint der Übergang noch etwas früher einzutreten. Schon die alten Glossen, BR, Rb, MF, Ja, Exh u. a. (vgl. Kögel 1879: 55 ff.), haben neben ‹*m*› auch einzelne ‹*n*›; ziemlich oft steht ‹*n*› in H (Sievers H 20) und in Jb, Rd, Jc (Schindling 1908: 83, 158, 177 ff.). Jedoch ist ‹*m*› auch obd. bis in den Anfang des 9. Jh. regelmäßig. In Musp ist ‹*n*› völlig durchgeführt. – In St. Gallen haben die Vorakte 805 schon *in Erfstetin* (Urk. *-im*), aber 858 *Paracstetim* (Urk. *Parachstetin*), vgl. Sonderegger 1961: 280.

Anm. 2. Auslautendes /m/ wird ebenso wie /n/ in den Hss. auch durch Nasalstrich bezeichnet (§§ 7 A.1c, 126 A.2a). In Denkmälern der Übergangszeit kann die Auflösung zweifelhaft sein, z. B. LexSal *sinē* neben *māgun* und *farahum*, *urcundeōm*. Es kennzeichnet die Unsicherheit der Schreiber dieser Zeit, dass sie – besonders in Glossen – bisweilen ein unorganisches ‹*m*› einsetzen, wo ‹*n*› zu erwarten wäre, z. B. *almahticum* (Akk.Sg.) Pn; viele Belege aus Pa, K, Ra bei Kögel 1879: 57, weitere bei Graff II,590. Bei Akkusativen wie *uuānentem* Pa, *uuānnentem* Ad 'coniectorem' mag die lat. Endung Pate gestanden haben (Splett Abr 154).

Die Geminate /mm/ ist teils germ. Erbe, teils durch jüngere Lautprozesse zustande gekommen. Sie ist § 125

1. Fortsetzung einer germ. Geminate, z. B. *swimman*; *grimmēr*, *stummēr*, im Auslaut vereinfacht: *grim*, *stum* (§ 95:1);
2. der westgerm. Gemination durch /j/ (§ 96:2) zu verdanken, z. B. *frummen*, obd. auch nach langem Vokal oder Diphthong (§ 96 A.1*a), z. B. *sūmman*, *goumma* (Wissmann 1975: 41, GlFreis 578);
3. Ergebnis jüngerer Assimilation, z. B. *mammunti*, *frammort*, *stimma*, alem. *nemmen* (§ 99:2a), vgl. Schatz Abair. § 84.

Anm. 1. Assimilation liegt auch vor in ahd. *ram*, Gen. *rammes* gegenüber *raban*, Gen. *rabanes* 'Rabe'. Die vorahd. Flexion lautete **hraban*, Gen. **hrabnes*; daraus hätte sich im Ahd. Nom.Akk. *raban*, Gen. *rammes* ergeben sollen (§ 65:1). Zu *rammes* wurde dann der Nom. *ram* gebildet, ebenso (§ 65:2) Gen. *rabanes* zu *raban* (Suolahti 1909: 174, Sonderegger 1961: 256, H.Kaufmann 1968: 285); vgl. in Personennamen: *Hramminc*, *Wolfram*, *Ramolf* (aber *Ramuolf* aus *Ramfolf* zu *ramf* 'Rand'). – Mit /dm/ *Ruommar*, *Ruommunt*, *Thrummunt*, mit /tm/ *Thiommar*, *Ommar*; vgl. Schatz Ahd. § 269, ds. 1935: 134 ff., Baesecke 1930: 88, Geuenich 1976: 175 f.

(b) Germ. /n/

Germ. /n/ bleibt im Ahd. im Wesentlichen unverändert, z. B. *nëman* (got. *niman*), *hano* (got. *hana*). Es ist im An-, In- und Auslaut häufig. Besondere Aufmerksamkeit verdient die Stellung im In- und Auslaut vor Konsonanten. Es steht vor allem vor Dentalen, z. B. *bintan*, *kund*, *anst*; oft ist /n/ vor germ. /f/ aus /m/ entstanden: *finf*, *kunft* (§ 123 A.1). Vor Labialen kann /n/ nur in Komposita stehen; in diesem Fall geht es häufig in /m/ über, z. B. *imbīʒ* 'Imbiss'; jedoch bleibt oft /n/ bestehen (Anm. 1). Vor Velaren bezeichnet ‹*n*› den velaren Nasal [ŋ] (§ 128). Abfall von auslautendem /n/ ist ein Merkmal des Ostfrk., sonst begegnet er nur vereinzelt (Anm. 2). § 126

Anm. 1. Nur in festen Verbindungen, die nicht mehr deutlich als Komposita gefühlt wurden, ist ‹*m*› auch in der Schreibung die Regel geworden, so *imbīʒ* (doch auch *inbīʒ*; AWB IV,1582). Wo das Erstglied etymologisch transparent blieb, konnte der Übergang /n/ > /m/ vor labial anlautendem Zweitglied in der Schreibung nicht durchdringen, wenn auch in der gesprochenen Sprache die Assimilation vollzogen sein wird.

a) Am häufigsten findet sich ‹*m*› geschrieben in den Präfixen *un-*, *in-*, z. B. *ummaht*, *umblīdi*, *imbot*, *imbīʒan*, doch überwiegen die Schreibungen mit ‹*n*› (*unmaht*, *unblīdi*, *inbot*, *inbīʒan*) bei weitem. Hierher vielleicht auch vorahd. *ubada* (Bad Ems, 2. Hälfte 6. Jh.), vgl. SgRi 60.

b) Regelmäßig bleibt /n/ in Vollwörtern, z. B. *wīnberi*, *beinbërga*, *ëbenmichel*. Ausnahmen sind selten (Gröger 1911: 219 f.), z. B. *pīmpoum* Gl 1,431,43, *spambette* 1,550,35, *līmpōzon* Thoma 1975: 28.1 (vgl. E.Meineke 1983: 281, 328); in Personennamen: *Hūmfrid* neben *Hūnfrid* (Geuenich 1976: 177), vgl. auch Menke 1980: 327.

c) 5x *skīmbāre* neben 7x *skīnbāre* N (Sehrt/Legner 1955: 457) sowie *staimbort* Hl 65 zeigen nicht Assimilation, sondern enthalten Erstglieder mit /m/ (*skīm* Npw; zu mhd. *steim* vgl. Lühr Hl 719 f., N.Wagner 2014: 318 [anders früher an dieser Stelle; wieder anders Schürr 2016]).
d) In *eimbar*/*einbar* 'Eimer' (AWB III,118) ist nicht /n/ zu /m/ geworden (so Schindling 1908: 85), sondern das aus lat. *amphora* entlehnte Wort ist volksetymologisch an *ein* § 270:1 angelehnt (Feulner 2000: 69 f.); vgl. *zwibar* 'Zuber' (§ 270 A.2d).

Anm. 2. Etymologisches /n/ wird verschiedentlich nicht geschrieben:
a) Auslautendes /n/ wird nicht selten durch Nasalstrich über dem Vokal bezeichnet (§§ 7 A.1c, 124 A.2); bei inlautendem /n/ ist diese Abbreviatur seltener (s. u. d). Der Nasalstrich wird öfters versehentlich weggelassen, z. B. bair. *uuilli* Gen.Sg. Gl 2,165,49; Weiteres bei H.Mayer 1982: 117, 125. Mitunter schwindet auslautendes /n/, besonders beim Infinitiv im Ostfrk. (§ 314 A.4), z. B. *wasge* 'waschen', *faste* Würzb. B, *fara* T (Sievers T § 13:1); vgl. Pietsch 1876: 419, Kögel Lg. II,522. 535, Franck Afrk. 169 f., Lawson 1972: 37 ff. Der nasallose Dat.Sg. *sehsti* Pred B (StD 169,33) kann durch das Folgewort *uuerlti* verursacht sein.
b) Bei Otfrid ist auslautendes /n/ öfter im Reim weggelassen, z. B. *redino* 2,14,35 (Ingenbleek 1880: 8 f., Bloomfield 1929: 489 ff.). Zu Späterem vgl. MSD I,203 f., v.Helten 1897: 441 f., Kozianka/Sturm 2017: 114 ff.; zum Verlust von /n/ in der Kompositionsfuge vgl. Gröger 1911: 208 f. Auch Urkunden aus St. Gallen zeigen ein Schwanken: Vorakt 838 *Buachinhorn, Patihovun*; Urk. *Buachihorn, Patinhova* (Sonderegger 1961: 280). Zu *Ërman-*, *Irmin-* > *Ërm-*, *Irm-* in Personennamen vgl. Schatz 1935: 141.
c) Das Deminutivsuffix *-līn* tritt obd. meist als *-lī* auf, so in Pa; aber Kb, Ra haben *-līn* (vgl. § 196 A.3; Baesecke 1931: 364).
d) Im Wortinneren wird ‹*n*› vereinzelt ausgelassen; so in Pa, K, Ra (Kögel 1879: 59 ff.); in H *ast*, *usih* vor Frikativ (Sievers H § 19). Das sind z. T. gewiss Schreibfehler (Weglassen des Nasalstrichs), so T 205,3 *uuatih* aus *uuātih*. In einigen mfrk. Belegen fehlt /n/ vor Frikativ wie im As. (Anm. 5, fraglich); vgl. Brinkmann 1931: 56 ff., Baesecke Einf. § 68b.

Anm. 3. In *sniumo* 'schnell' tritt im Frk. des 9. Jh. /l/ für /n/ ein (*sliumo* T, O); im Obd. erscheint erst bei Notker *sliemo* (§ 49 A.5a). Hier ist /n/ gegen das folgende /m/ dissimiliert (anders Kögel 1894: 290); nach Ausweis von got. *sniumundō* und der Geminate in awn. *snemma*, *snimma* liegt im Inlaut /u̯mn/ zugrunde (EWGP 526, Heidermanns 2023). Vgl. auch spätahd. *kumil* statt des älteren *kumin* 'Kümmel' aus lat. *cuminum* (Feulner 2000: 182 f.). Ahd. *himil* zeigt gegenüber got. *himins* eher Dissimilation (EWA IV,1014 f.) als ein anderes Suffix (Sonderegger 1959: 152). Vgl. E.Schröder 1898: 23, Wilmanns I,148. Die Lehnwörter *esil* (got. *asilus*), *keʒʒil* beruhen nicht mit „Suffixtausch" (Schatz Ahd. 172) auf lat. *asinus*, *catinus*, sondern auf *asellus*, *catillus* (EWA II,1155 ff. V,505). – Zu /n/ für /l/ vgl. § 122 A.4a.

Anm. 4. In Phys steht ‹*n*› für /nd/ in *un* (= *und*), *dorstûnër* (= *dō erstuond ër*); vgl. § 128 A.3b zu ‹*n*› für /ng/.

Anm. 5. Im As. sind Nasale vor den Frikativen /f, þ, s/ mit Ersatzdehnung des Vokals geschwunden (§ 2a:2b; As. Gr. § 214, Krogh 1996: 213 ff.). Dieser Wandel zeigt sich im Hl bei *gūđhamun* 5, *ōdre* 12 (Franck 1904: 52, As. Gr. § 51), *chūd* 13. 28, *ūsere* 15, *gūdea* 60. Zu *ingesīde* Nc 50, 14a (auch mhd. *ingesīde* neben *ingesinde*) vgl. Schatz Ahd. § 276, E.Schröder 1923. Zu vermeintlichem Nasalschwund vor Frikativ im Mfrk. vgl. Anm. 2d und Lessiak 1910: 220 f.; zum germ. Nasalschwund vor /h/ vgl. § 128 A.1.

Manche ahd. Personennamen sind offenbar aus dem Nasalschwundgebiet entlehnt, so *Ans-*: *ās-*, *ōs-*, *oas-*, *-uos* (H.Kaufmann 1968: 35 f., N.Wagner 2022: 173); *Anst-*: *āst-*, *ōst-*; *-funs*: *-fūs*; *-nanþ*: *-nōd*, *-noad* (N.Wagner 2008a: 284 f.); *-sinth*: *-sīd*; *-swinth*: *-swīd* (Schatz 1935: 150, E.Schwarz 1962: 295 ff.). Vgl. Franck Afrk. § 128, Wrede 1924: 375 f., Baesecke 1930: 48 A.1, Brinkmann 1931: 142, 179, Geuenich 1976: 177 f., N.Wagner 2011a: 381 ff.

Anm. 6. ‹*n*› für /nn/ zeigt z. B. Musp in *mano*, *dene* (Baesecke 1922: 432 rechnet mit „falschen Vereinfachungen von Geminationen"); zu ‹*l*› für /ll/ vgl. § 122 A.3.

Anm. 7. Die Folge /sn/ erfährt in Nebensilben früh eine Metathese zu /ns/: *sëgesna*, *sëgansa* 'Sense' (AWB VIII,265 f.), so auch *alansa* 'Ahle' (Darms 1978: 97, EWA I,146), *waganso* 'Pflugschar' (Wilmanns II,315). Zu einer parallelen Metathese /sl/ > /ls/ im nördlichen Westgerm. (as. *rādisli* / mnd. *rādelse*) vgl. Klein 1977: 320 f., de Vaan 2012.

Die Geminate /nn/ ist teils germ. Erbe, teils durch jüngere Lautprozesse zustande gekommen. Sie ist **§ 127**

1. häufig Fortsetzung von germ. /nn/ (§ 95:1), z. B. *man* / *mannes*; *rinnan*, *kan* / *kunnum* (zu /nn/ in starken Verben vgl. Seebold 1966); auch idg. /nu̯/ ergibt germ. /nn/, so in *dunni*, *kinni*, *minniro* (Krahe/Meid 1969: I,113; vgl. § 69 A.2);
2. der westgerm. Gemination durch /j/ (§ 96:2) zu verdanken, z. B. *kunni*, *dennen*, *nëmanne*, obd. auch öfter nach langem Vokal (§ 96 A.1*a) *suannan* (*suonen*), *cruanniu* Rb (*gruoniu*);
3. Ergebnis jüngerer Assimilation (§ 99:2b), z. B. *firstannissi* neben *firstantnissi*.

Anm. 1. Zuweilen steht ‹*nn*› für einfaches /n/ (vgl. § 94 A.1): in der Anlautgruppe *snnëllīcho* H 25,5,1, nach Kurzvokal *uuanna* Pa, *elinna* Kb, *-plāhanner* (mit dem Gerundium auf *-anne(s)* [§ 315] kontaminiert?) Pa, Kb (Kögel 1879: 135, 191), *ordinna* GlFreis 318.76, *fonne*, *hinnana*, *thannana* O, auch bei Enklise *binnih* (1,25,5 = *bin ih*); dagegen sind *kanninan*, *mannës* (= *man ës*) O nach § 93 A.3 korrekt (Kelle O 513). Aus anderen Quellen *sāmefrezzenna* Gl 2,709,32, *glāssannerą* (Part. Prät. *gilāʒan*, NFG 257); *annimo*, *dāranna* Phys; *irbizzennemo* GlBud; häufig spätbair. *fonna* (Schatz Abair. § 85). Nach Langvokal nur ganz selten, so *pihrīnnenti* Ra (Apex [§ 7 A.7a] der Vorlage als Nasalstrich fehlgedeutet?).

Anm. 2. In Personennamen stehen nach § 62 A.4c nebeneinander *Bruni-* / *Brunni-*, *Suni-* / *Sunni-*, *Wuni-* / *Wunni-* (Schatz 1935: 130).

Nur vor /g/ und /k/ wird /n/ allophonisch als velarer Nasal [ŋ] realisiert, bezeichnet durch ‹*n*›; z. B. *lang*, *bringan*; *danc*, *trinkan* (*trinchan*). **§ 128**

Anm. 1. Vor germ. /h/ ist [ŋ] schon urgerm. geschwunden, wobei der vorhergehende Vokal zuerst nasaliert, dann gedehnt wurde (§ 10:5; vgl. Kluge 1913: 68 f., 124, Wilmanns I, § 107:1), z. B. *fāhan*, *hāhan* (aus **fanha-*, **hanha-*), Prät. *fiang*, *hiang* (§§ 33, 350 A.4), *brāhta* zu *bringan*, *dāhta* zu *denken*, *dūhta* zu *dunken* (§ 364:1); *āhten* 'verfolgen' aus **anhtja-*; *dūhen* 'drücken' (zu *dwingan*? Vgl. EWA II,842 ff.); *urtrūht* 'sobrius' (zu *trinkan*, Kluge 1884: 194; anders Spl-AWB I,1022, SchAWB 365); *dīhan* 'gedeihen' (§ 331 A.1b) aus **þinha-* (vgl. ae. Prät. *þungon*, Part. *geþungen*, Ae. Gr. § 186 A.4). – Vgl. §§ 100 A.1, 102.

Anm. 2. Der velare Nasal neigt im Suffix *-*inga*- zum Schwund, wenn im Wort bereits ein Nasal vorhergeht (vgl. Grimm Gr. II,281, Paul 1879: 139, ds. 1879a: 546, E.Schröder 1893). So steht schon im Tatian öfter *cunig* < *cuning*, *phennig* < *phenning* (Sievers T § 13:2) und 1x *suntrigun* 'besonders' statt des sonst im Tatian und bei Otfrid geltenden *suntringun* (E.Schröder 1898: 22). Im Spätahd. werden die nasallosen Formen *cunig*, *phennig* häufiger (AWB V,492, VII,250 f.; vgl. Schatz Abair. § 86), doch finden sich auch alte Belege (*chuniges* Gl 1,309,27 ff., *pendigo* MF). Die vereinzelten ‹*gg*›-Schreibungen *chunigges*, *honegge* in Rb (Ottmann 1886: 68) sind schwerlich mit Kauffmann 1892: 246 als merow. zu bezeichnen, sondern eher nach Anm. 3aβ zu beurteilen.

Anm. 3. Monographematische Schreibungen deuten an, dass /g/ nach [ŋ] schwach artikuliert worden ist (Schatz Abair. § 86, Penzl 1968a, O.Ernst 2007 [s. u. b], ds./Glaser 2009: 1014 ff.). Andererseits erweist obd. ‹*nk*, *nc*› für /ng/ (§ 149 A.2,3), dass /g/ nicht völlig verklungen ist (Schatz Ahd. § 281). Zu besprechen sind die Graphien ‹*g*›, ‹*n*›, ‹*nn*› und ‹*ncg*, *nchg*›.

a) Zuweilen ist für /ng/ nur ‹*g*› geschrieben:
   α) intervokalisch: z. B. *incagan* (für -*gangan*) Pa, *lageru* Ra, *pruganiu* R, *sigēm* H 10,1,4 (Baesecke Einf. § 69:1, Frank 1974: 147 f.), *gilegida* (wohl für -*lengida*) Gl 2,166,39 (AWB V,810, Nievergelt RP 117 A.743). – *geligasuga* 'aemulatione' Nievergelt 2015: 315.5 steht schwerlich „unter zweimaliger Suspension von ‹*n*›" für **gilingasunga*, sondern eher mit fehlerhafter Vorwegnahme von ‹*ga*› für *gilīhhisunga* (GramErtr 163);
   β) vor (antevokalischem) Velar: in *spentugga* 'Verschwendung' Gl 2,242,41, *kidiggōtun* 2,432,26, *hīugga* 'Ehe' 4,247,16 (Frank 1974: 148), *uggapon* (= *ungiwon*) Nievergelt RP 251.F26 – wohl auch in *honegge*, *chunigges* Rb (Anm. 2) – steht ‹*g*› für [ŋ] vor /g/, in *igkislahti* 'Innereien' Gl 3,613,22 für [ŋ] vor /k/ (wie im Got. und Griech.);
   γ) desgleichen im (Silben)auslaut: *dig*-, *thigman* (AWB II,497); zum Typ *cunig* für *cuning* s. Anm. 2.

b) Öfter ist /ng/ durch ‹*n*› repräsentiert:
   α) intervokalisch: 9x in Phys (§ 126 A.4): *gevanen*, *sprinet*, *sinen*, *zunon*, *gëruna*, *begînen* (-*giengen*). Mehrfach im Clm 6277 (Gl 2,162 ff.), so *uorscunun* 166,1 (Nievergelt RP 113 A.694), -*uanōt* 166,8 (s. u.), *peziruno* 168,38, -*prinit*, *prunan* 169,32 f., *fāscunun* 169,60; vgl. noch *antfenīk* 2,104,21, *bidunan* H.Mayer 1982: 59, 123, *arkanana* (-*gangana*) W. Schulte 1993: 76. – In *gifuriuan*[g]*oī* Gl 2,184,64 nimmt „[d]as korrigierend eingefügte *g* [...] den späteren Sprachgebrauch zurück" (GlFreis 584 f. mit Lit.), vgl. die unkorrigierte Parallelglosse *uuriuanot* (s. o.);
   β) im Silbenauslaut (vgl. Gröger 1911: 196 f.), z. B. *lanlīpēr*, *stranlīhho*, *stranlīh* Kb 204,12. 213,7. 242,6, *lansamiu* H.Mayer 1982: 45, 123, 126, *gethindun* GlBud 132; – im absoluten Auslaut: *biduan*, *rafsun* O.Ernst 2007: 153, 176, 243.

c) Sporadisch scheint /ng/ durch ‹*nn*› bezeichnet: *trutinne* Gl 1,385,63 (falls zu *truhting*), *sceitunna* 2,192,47 (wohl zu *skeitunga*), *cheosonnu* GlFreis 331.119 (mit anderer Analyse), falls zu *kiosunga* (GramErtr 163). Letztere können freilich auch das archaische Abstraktsuffix -*un(na)* (§ 211 A.3a) enthalten, wie es in *forscunne* Kb vorliegt (*jō*-Stamm nach § 209 A.3; davon zu trennen *forscunga* Pa und *uorscunun* Clm 6277, s. o. b).

d) Vereinzelt wird in bair. Hss. ‹*ncg*› bzw. ‹*nchg*› geschrieben: *Uuānincgus* Frank 1974: 33, *gidinchgōtōs* GlMon. Hier liegt die bair. Auslautgraphie ‹*c*, *ch*› (§ 149 A.5) zugrunde, wobei „die Silbengrenze durch Wiederholung des *g* [...] hervorgehoben wurde" (Frank 1974: 148).

P 3.2.2. Obstruenten

Für die Obstruenten (Plosive und Frikative), die von der hochdeutschen Lautverschiebung betroffen sind, ist auf die zusammenfassende Darstellung in § 83–90 zu verweisen. Die hier folgende Behandlung der Einzellaute dient zur Dokumentation der Verhältnisse in den wichtigsten ahd. Denkmälern und Dialekten. **§ 129**

P 3.2.2.1. Labiale

(a) Germ. /p/

Germ. /p/ nimmt insofern eine Sonderstellung ein, als sich nur wenige aus dem Idg. ererbte Wörter nachweisen lassen, die sicher eine Verschiebung von idg. /b/ zu germ. /p/ durchlaufen haben. **§ 130**

1. Viele germ. Wörter lauten mit /p/ an. Die meisten mit /p/ anlautenden Wörter sind allerdings aus anderen Sprachen entlehnt, zumeist aus dem Lat., z. B. as. *pund* (lat. *pondus*).

Anm. 1. Vgl. Wilmanns I,56 f., Johansson 1900, Hirt Urg. I,80, Sonderegger 1959: 152. Entlehnung aus unbekannter idg. Sprache (im sog. „Nordwestblock" zwischen Germanen und Kelten, besonders Westfalen) nimmt H. Kuhn an (§ 2 A.4); anders G.Neumann 1971, Matzel/Lühr 1986, Meid 1986.

2. Etwas häufiger (auch in idg. Erbwörtern) begegnet /p/ im Inlaut und Auslaut nach Vokal, z. B. as. *opan* 'offen', *grīpan* 'greifen', *diop* 'tief'. Ferner steht /p/ nach den Konsonanten /l, r, m/, z. B. as. *helpan* 'helfen', *gelp* 'Hohn', *werpan* 'werfen', *thorp* 'Dorf', ae. *gelimpan* 'sich ereignen', *comp* (lat. *campus*) 'Kampf'. Häufig ist /p/ auch in der Phonemfolge /sp/, z. B. as. *spil* (§ 133:1).
3. Die Geminate /pp/ ist in Einzelfällen schon urgerm. (Kluge 1884: 162 ff.). Die meisten Belege entstehen aber durch die westgerm. Konsonantengemination vor /j/, /l/ oder /r/ (§ 96:2–4), z. B. as. *skeppian* 'schaffen', *appul* 'Apfel', mnd. *kopper* 'Kupfer'.
4. Im Ahd. entsteht aus germ. /p/, soweit die hochdeutsche Lautverschiebung eintritt, je nach der Stellung im Wort entweder die Affrikate /pf, ph/ (§ 131) oder der geminierte Frikativ /ff/ (§ 132), vgl. § 87.

Lit.: Wilmanns I,56 ff., Wilkens 1891: 40 ff., Schatz Abair. § 58–60, Franck Afrk. § 83–86, Lessiak 1910: 203 ff. – Zu Isidor und MF: Matzel Is 186 ff.

Anlautend, postkonsonantisch und in der Gemination entwickelt sich /p/, soweit es nicht nach § 133 unverschoben bleibt, zur Affrikate. **§ 131**

1. Im Anlaut bleibt /p/ mittel- und rheinfrk. unverschoben, also bei Otfrid *pad, pluag, puzzi, pending, palinza, plĕgan* (weitere Beispiele bei Kögel 1884: 312). Im Ostfrk. und Obd. herrscht die Affrikate /pf/, geschrieben sehr häufig ‹*ph*›, also z. B. im Tatian *pfenning, phlanzōn, phluog, phuzi, phunt*; in R *pfentinc, pfad, pfīfūn, phīnōn, phīnunga*. Die alem. Denkmäler haben statt /pf/ meist ‹*f*›, z. B. *funt, farra* 'parochia' BR, *fád, fálenza, flegen* N (Anm. 4).
2. Inlautendes /pp/ sowie /p/ nach /m/ bleiben mittel- und rheinfrk. unverschoben, nur der südrheinfrk. Otfrid hat Verschiebungen zu /ph, pf/, wie das Ostfrk. und Obd. Nach /l/ und /r/ bleibt /p/ im Mfrk. teilweise unverschoben, sonst gilt /pf/, meist ‹*ph*› geschrieben (Anm. 2). In bestimmten Wörtern (Anm. 5a) werden diese ‹*rph, lph*› bald zu ‹*rf, lf*›, und auch statt ‹*mph*› erscheint öfter ‹*mf*› (selten ‹*nf*›, § 123 A.1d). Die alem. Denkmäler haben regelmäßig ‹*f*›, auch meist ‹*ff*› für alte Geminate /pp/. Beispiele:
   a) Otfrid: *aphul, scephen, scepheri*; *limphan* (*limpfan*); *gëlph, hëlphan* (*hëlpfan, hëlfan*); *harpha, sarph, wërphan* (*wërfan*); vgl. E.Sievers 1920: 184 f.;
   b) Tatian: *scephen, tropfo, gilimpfan, scimphen* (auch *scimfen, scinfen*); *hëlphan, wërpfan* (selten *hëlfan, wërfan*);
   c) R: *skephit, scepfent, scapheo, suëpfar*; *kastemphit, chamf, kalimflīh*; *wërphan* und *wërfan* (Wüllner 1882: 18 f.);
   d) Musp: *khenfun, hilfa, hëlfan*;
   e) BR: *sceffan, limfan, chamfan, hëlfan, sarf.*

In diesem Buch wird bei Beispielen, die nicht die Form einer bestimmten Quelle wiedergeben sollen, für germ. /p/ im Anlaut, im Inlaut nach Konsonant und bei Gemination stets ‹*pf*› oder ‹*ph*› geschrieben.

Anm. 1. Für /ph, pf/ wird, wo es altem /pp/ entspricht, oft auch ‹*pph, ppf*› geschrieben, z. B. *uuipphe, giscepphēs* O, *scepphion* WK, *calippfit* Pa (zu /i/ vgl. § 27 A.7cα); vgl. das analoge ‹*cch*› § 144 A.3a. Dadurch soll offenbar die Länge des Lautes, der sich auf zwei Silben verteilt, bezeichnet werden. Vereinzelt finden sich andere, ungeschicktere Schreibungen wie ‹*fph, phf, pff, fpf, bph*›; für ‹*fph*› vgl. *slifphe* GlMon, *pislifphit, steifphim* (= *stepfim*, zu *stapf*) Rb, *scefphe* O 2,4,33 (V), für ‹*phf*› vgl. *ephfi, -e* Gl 3,572,19. 3,549,38, *craphfo* 3,399,54, *zaphfenare* 2,337,44 (Siewert 1986: 163, 236). In später Zeit begegnen auch für an- und auslautendes /pf/ derart gehäufte Schreibungen, z. B. *phfeidirare* SH, *phfrille* Gl 3,361,50, *ramphf* 4,134,16. Gelegentliches ‹*bf*› – so frk. *gibfun* 'Rungen' (obd. *chipphun, chipfun*; zu ‹*g*› vgl. § 143 A.4b), alem. *chobf* 'Tassenkopf', bair. *tobf* – deutet Mitzka 1954: 68 f. als Anzeichen der Konsonantenschwächung (vgl. § 102a A.2).

Anm. 2. Zum Schicksal von germ. /lp/, /rp/, /mp/ in den frk. Dialekten (s. Anm. 5):
a) Die von Mitzka 1953: 143 ff. behandelten Verhältnisse bei /lp/, /rp/ im nördlichen Rheinfrk. sind ähnlich uneinheitlich wie im Mfrk. (Wirtz 1972: 70 ff.). Sprachgeographische Schlüsse sind daraus kaum zu ziehen. „Die Verschiebungsgrenze [im Mfrk.] verläuft [...] von Wort zu Wort verschieden" (Bergmann 1966: 112; vgl. auch Stopp 1972: 308 f.).

b) In ältester Zeit kommen urkundlich auch in anderen Gebieten vereinzelt unverschobene PN- und ON-Schreibungen vor; z. B. alem. (Murbach) *Welponi* 760, *Helpwini* 794; bair. (Passau) *Helprīh* 818, *Hwelp* 'Welf' 819 (vgl. § 87 A.2; Schröter 1938: 226); südrheinfrk. (Weißenburg) *Scalkendorp*, *Daugendorp* 786 (Kirschstein 1962: 56, Sonderegger 1965: 89).
c) Isidor hat unverschobenes /p/ in *hilpit*, *arworpanan*. Für /mp/ fehlen Belege (Kögel Lg. II,490, Franck Afrk. 104), doch stammt *ardempant* MF sicher aus Isidor (Matzel Is 187, 439); *hilp* auch im Frk. Gebet (Lb 14). Auffällig ist *kamf* Ludw 56 neben *hilph* 23. – Otfrid hat neben ‹*mph*› auch einzelne ‹*mp*›: *limpit* 2,23,16. 4,29,2, dazu 3x *gilumplīh* (nur graphisch *intslupta* zu *-slupfen*, §§ 139 A.7a, 362 A.2). Weiteres in frk. Glossen; zu *scazvurpun* GlMon (2,120,42) vgl. Baesecke 1922: 446 (urspr. rheinfrk.; dagegen Gl 5,472,24).
d) Im Mfrk. stehen Ortsnamen auf *-dorp*, *-dorf* und *-dorph* ohne klare regionale Verteilung nebeneinander (Wirtz 1972: 70 ff., 175; *Dorp*/*Dorf*-Linie heute in der Eifel). Stopp (1971: 394, 1972: 310 f.) und danach Schützeichel (1976: 416, 1977: 18) erklären dies aus dem Nebeneinander von vorahd. Formen auf [-rp] und [-rəp] (mit Sprossvokal nach § 69) und jüngerem Ausgleich, wobei postvokalisches /p/ (**dorəp*) regulär verschoben worden wäre, postkonsonantisches /p/ (*dorp*) aber ebenso regulär nicht (so auch Kauffmann 1890: 243 zur Entwicklung von germ. /rk, lk/). Jedoch sind Sprossvokale zwischen /r/ und Labial nur obd. belegt (§ 69:2); unter den von Wirtz 1972: 70 ff. gesammelten Belegen für 183 Ortsnamen mit *-dorf* (überwiegend aus dem 12. Jh.) findet sich mit Sprossvokal nur Nr. 135, *Paphenthorof*, 9. Jh. Unwahrscheinlich ist auch die Entstehung der Sprossvokale vor der zweiten Lautverschiebung (Lippe 1983: 125), vgl. § 69 A.3*.
e) Die Personennamen aus Fulda zeigen Verschiebung (meist ‹*ph*›, aber auch ‹*pf*›, ‹*f*›, vgl. Geuenich 1976: 179 f.). Durch überregionalen Schreibgebrauch können ‹*pf, ph*› auch in rheinfrk. und mfrk. Texten vorkommen, obwohl dort die Verschiebung von germ. /p/ zu /pf/ nicht erfolgt ist (‹*ph*› kann allerdings auch für /f/ stehen, § 132 A.3a); vgl. Mitzka 1953: 148, Schützeichel 1956.

Anm. 3. Für anlautendes /p/ fehlen bei Isidor und im Ludwigslied Belege, doch vgl. das aus Isidor übernommene *pending* MF (vgl. Matzel Is 186). Die ostfrk. LexSal hat *pentinga* (Lühr 2013: 106). OFreis setzt manchmal bair. ‹*ph*› ein (*phluag*, *phad*), lässt aber meist das ‹*p*› der Vorlage stehen (Kelle O 476). Die in K vorkommenden Belege von an- und inlautendem ‹*p*› für ‹*ph*› führt Kögel 1884: 312 f. auf rheinfrk. Einfluss zurück.

Anm. 4. Die Bezeichnung von /ph, pf/ durch ‹*f*, *ff*› ist für das Alem. charakteristisch, in bair. und frk. Quellen finden sich nur vereinzelte Beispiele (abgesehen von den in Anm. 5a aufgeführten Fällen); vgl. Wilkens 1891: 42 ff., Schatz Ahd. § 150, Behaghel 1928: § 177:2, Penzl 1964: 38, ds. 1964a: 289 ff., ds. 1968: 143 f. Im Einzelnen:
a) ‹*pf*› fehlt auch im Alem. nicht ganz, besonders bei Gemination ist es vielfach vorhanden. Die Affrikate hat Voc (nicht eindeutig alem.): *pharra*, *phalanze*, *ërpfer*, *tropfo*; auch Kb (Murbach) hat Affrikate, Ka (St. Gallen) hingegen die alem. Schreibung (*forzih*, *falanzo*, *souuëffri*), desgleichen Ra (*flikiit*, *suëffar*, *sceffen*, *këlf*, *krimfit*), vgl. Kögel 1879: 73 ff.
b) Weitere alem. Denkmäler mit ‹*f*, *ff*› sind H (*fade*, *scheffo*, *staffin*), Jun (Schindling 1908: 53), Rd (*fant* 'Pfand', *forzih*, *fruanta*, *fanna*, *chamf*, aber Geminate ‹*pf*›: *pislipfit*, *chupfili*), BR, Rb (doch in der Gemination überwiegend ‹*pf*›: *scopf*, *choppha*, vgl. Ottmann 1886: 59). Bei Notker ist ‹*pf*› bei Gemination die Regel (*sképfen*, *sképfo*, *trópfo* usw.), sonst überall ‹*f*› (*flégen*, *chémfo* usw.). Der Infinitiv *steffen* Np ist an die 2.3.Sg. angelehnt (Wardale 1893: 46). Der Schreiber γ (δ) hat in den ostfrk. Tatian Formen wie *flanzōn*, *fuzze*, *sceffen*, *clofōn* eingeführt (Sievers T § 32 ff., Klein 2001: 39 f.), auch *hëlfan*, *wërfan* statt *hëlphan*,

wërpfan stammt im Tatian wesentlich nur von γ δ (Sievers T § 34). Weitere Belege mit alem. ‹*f*› bei Kögel 1884: 317; so auch *afful* in einer LexAl-Hs. des 11. Jh. (anders V.Schwab 2017: 223). – Der frk.-alem. Cod. Sang. 295 (9. Jh.) schreibt 1x ‹*fh*› für die Affrikate: *chrofh* Gl 1,341,19 (Brans 1914: 30: „unorganisches *h*").

c) Im Alem. ist also anlautendes germ. /p/ (*flëgan*) von germ. /f/ (*faran*) in der Schreibung meist nicht geschieden; doch wird ‹*u, v*› (*uaran*) fast nur für germ. /f/ angewendet (vgl. auch § 103 A.3), selten für /f/ = germ. /p/ (vgl. § 138 A.1c), was auf lautliche Scheidung schließen lässt. Andererseits liegt in der heutigen Westschweiz vielfach eine „Extremverschiebung" /p/ > /f/ vor (Bickel 1999); einen Lautwandel /pf/ > /f/ hatte bereits Kauffmann 1890: 221 ff. angenommen (zu [kχ] > [χ] vgl. § 144 A.4). Dennoch wird alem. ‹*f, ff*› zumindest teilweise rein graphische Eigenheit sein und die Affrikate bezeichnen, so wie ‹*ch*› vielfach im Obd. (§ 144 A.1) und ‹*z*› überall im Ahd. zugleich für Affrikate und Frikativ stehen; vgl. auch die Mehrdeutigkeit von ‹*ph*›.

d) Einzelne unklare Belege verwenden eventuell ‹*pp*› für die Affrikate, so *opparoht* Kb 202,2 (AWB VII,97; unvollkommene Schreibung?), *slippe* al. Ps 114,8 (schwerlich mit Kögel Lg. II,474, Stewart 1904: 169 f. unverschoben; Auslautvariante wie mnl. *slibbe* f. 'Schlamm'?); jüngere Belege bei Weinhold Alem. 118.

Anm. 5. Nach /l, r/ zeigt gemeinahd. /pf/ eine uneinheitliche Entwicklung (zum Frk. s. Anm. 2). Vgl. Kauffmann 1890: 227, E.Schröder 1897: 7, Franck Afrk. § 85, Schatz Abair. § 59, Lessiak 1910: 206 f., Steche 1939: 144, Schützeichel 1976: 188 f.

a) In *wërfan, dorf, hëlfan, wëlf* 'Tierjunges' (as. *hwëlp*) wird /pf/ während des 9. Jh. zu /f/. Dagegen wird die Affrikate bis ins Mhd. beibehalten in *sarpf, scarpf, karpfo, harpfa, gëlpf,* dazu ahd. *ërpf* (Wilkens 1891: 40 ff.). Doch kommen daneben auch ahd. *s(c)arf, harfa, gëlf* vor (AWB IV,203. 724 f.; zu *gelp* Kölner Taufgelöbnis, *gelb* St. Mihiel vgl. E.Meineke 1983: 354). Vgl. ferner ahd. *scurffen, scurfta* 'schärfen' neben *scurphen.*

b) Kauffmann 1887: 505 ff. und Lühr 1988: 264 ff. nehmen alte Doppelformen **skarpp-*, **skarp-* an; Formen mit /pp/ sind in den übrigen germ. Sprachen aber nicht belegt. Mit Wandel /lpf, rpf/ > /lf, rf/ in Dreierkonsonanz rechnet Schweikle 1964: 253 (vgl. § 99 A.3).

Anm. 6. In späten Belegen schwindet /t/ durch Assimilation an folgendes /pf/: *rōphelle* SH (Gl 3,249,32), *rōphellin* Gl 4,184,22. Zur Folge /t-f/ vgl. § 138 A.2.

§ 132 Die Verschiebung des germ. /p/ zum geminierten Frikativ /ff/ tritt im In- und Auslaut nach Vokalen ein und gilt in allen hd. Dialekten. Im Auslaut steht stets einfaches /f/ (§ 93). Auch im Inlaut tritt nach Langvokal meist einfaches /f/ ein; nur in den älteren obd. Quellen ist /ff/ noch häufig (§ 97). Nach Kurzvokal steht inlautend dagegen meist ‹*ff*›, seltener auch ‹*f*› (Anm. 1). Also z.B. *offan*; *slāffan* und *slāfan*; *slāf*, Gen. *slāffes, slāfes*; *skif*, Gen. *skiffes*; *giskaffan*, aber *skuof, skuofun* (*skuoffun*) zu *skepfen* (§ 347 A.3).

In diesem Buch wird in Beispielen, die nicht eine bestimmte Quelle wiedergeben, ‹*f*› nach langem, ‹*ff*› nach kurzem Vokal geschrieben.

Anm. 1. Quellen, die auch nach Langvokal überwiegend oder doch häufig ‹*ff*› aufweisen, sind BR (F.Seiler 1874: 420), Pa, K, Ra, Rb, MF u.a. Im Ganzen ist ‹*ff*› nach Langvokal nicht so verbreitet wie ‹*ʒʒ*› (§ 160). Umgekehrt steht auch nach Kurzvokal öfter einfaches ‹*f*›; so haben Otfrid und Notker ‹f› stets nach Langvokal, oft aber auch nach Kurzvokal (z. B. Otfrid: *ofan* neben *offan, offonōn, scife, ungiscafan*; Notker: *tréfen, keskáfen* u. a.); vgl. § 93 A.2. Aber auch spätahd. begegnet ‹ff› noch nach Langvokal, so bei Otloh *slāffentemo* neben *ruofi, ruofo*.

Anm. 2. Isidor hat konsequent nach Langvokal ‹f›, nach Kurzvokal ‹ff› (*daufin, slāfis, chiscuofi / chiscaffan, hantgriffa*), auslautend ‹f› (*lantscaf, chiscuof*). Auffälligerweise erscheint je 1x im Wort- bzw. Silbenauslaut ‹p› in *scaap, ubarhlaupnissi*; zu ‹ph› in *uph* s. u. Vgl. Paul 1879a: 555, Kögel Lg. II,490, Franck Afrk. § 86, Baesecke Einf. § 52:3, Brinkmann 1931: 131, Mitzka 1963: 31 ff., Matzel Is 186, 440 A.263.

‹ph› in *uph* deutet Mitzka 1963: 32 als Graphie für /b/ (vgl. dazu § 135 A.2); dagegen Matzel 1966a: 56 f., ds. Is 442 ff. (*uph* = *up*). Zu germ. **up(p)* als Urschöpfung vgl. F.Sommer 1977: 7 f.

Anm. 3. Weniger gebräuchliche Schreibungen für /f (ff)/:

a) Zuweilen findet sich die Graphie ‹ph› (selten ‹pf›), die dann nicht als Affrikate, sondern als Frikativ zu werten ist. Häufiger ist dies in GlMon, z. B. *untiuphi* (1,326,17 ff.), *irruophent* (1,370,25), daneben aber auch ‹f, ff›, z. B. *tiuffi* (1,385,38). Eindeutig beweisend für frikativische Geltung jenes ‹ph› ist, dass ‹pht› dort auch für germ. /ft/ steht (§ 139 A.7a). Auch in der 2. bair. B steht *slāphanto* neben *-scephte* (germ. /ft/). Der Sprossvokal in alem. *vuiriphit* Gl 4,337,63 weist eher auf Frikativ als auf Affrikate (Ertmer 1994: 205). Vgl. noch *slapfi* GlMon (2,170,25. 37); *pigrīpha* (Siewert 1986: 228.17, 236); Mainzer B *sclāphun* (und *thurphtigōn*); T *scāph(o)* (133,6. 11; neben mehrfach *scāf(o)* 133,6–13); vgl. Franck Afrk. § 86. – Im anl. Leid. Will überwiegt ‹ph› für /f/ (v.Helten 1897: 442, Sanders 1974: 274 ff.).

b) Sporadisch begegnet ‹u› in *souuenten* (= *souf-*) Npw 27,1, *iroufenet* (= *-offan-*) 36,6 (Heinzel 1875–76: III,524), *saruisōt* Gl 2,640,64, wohl auch in *askv uvoruan* 'mit Asche beworfen' GlFreis 32 f. (dort anders gedeutet; zum Fehlen von *gi-* vgl. § 323 A.2). Hierher auch der Spätbeleg *schaûrete* (= *skafreita*) SH (Gl 3,129,53, 13. Jh.). – *slcauer* und *sçlaui* gehören nicht zu *slaf / slaffi* (H.Mayer 1982: 40,98a. 57,206), sondern zu *slāo* § 254:1 / *slāwī* (Heidermanns 2021: 376). Zu *chriuanti* Rb vgl. § 333 A.5e.

c) ‹fh› in frk.-alem. *slafher* Jb, *santkeuurfhe* Gl 2,690,26 (11. Jh.), rheinfrk. *stifhmuder* 4,257, 41 (12. Jh.).

d) ‹fph› in *arhefphet* R (§ 139 A.4), *ofphano* T 104,3 (aber 10 Zeilen später *offono*) und mfrk. *afpho* Gl 2,261,46 (9. Jh.). – ‹phf› vereinzelt in *slaphfi* GlMon (2,179,73, 2 Hss.).

e) Im späten Bair. (ab 13. Jh.) erscheint im Auslaut vereinzelt ‹hf›: *sahf* Gl 4,161,36, *scahf* 3,642,22, *scāhfhert* 3,691,35.

Anm. 4. Einige Wörter, die sonst für germ. Geminate inlautend /pf/ zeigen, kommen daneben (auch außerhalb des Alem., § 131 A.4) mit /ff/ vor, was auf alte Nebenformen mit germ. /p/ weist; z. B. *psalmscof, -scoffes* 'Psalmist' Is neben *scopf* (vgl. ae. *scop, scopes*; § 25 A.1e). Zum Nebeneinander von Simplex und Geminate vgl. Wissmann 1955: 25 ff. (gegen Baesecke 1940–53: I,483. 487 ist *scapheo* mit *scaffōnti* fernzuhalten). Vgl. auch *tropfo* neben *troffo* (§ 96:6), *trof, drof* (O), *aphul* 'Apfel' neben *affoltra* 'Apfelbaum' (E.Sievers 1878a: 524; auch *a(p)pholtra, apfoltra*, AWB I,35 f.). Vgl. Franck Afrk. § 84 A.1, Schatz Abair. § 60. – Vgl. § 145 A.6.

/p/ ist im Ahd. nicht verschoben, wenn entweder ein spezieller Lautkontext oder fremder Ursprung vorliegt: **§ 133**

1. in der Verbindung /sp/ (§ 87:3), z. B. *spil, spinnan, springan, hwispalōn* 'wispern', *hrëspan* 'rupfen';

2. in Lehnwörtern wie *predigōn, priestar, prōsa, pĕh, piligrīm, palma, pīna, paradīs, purpura; tempal, temprōn* (doch s. Anm. 1, 3). Ob /p/ bewahrt bleibt oder verschoben wird, hängt nicht nur von der Entlehnungszeit ab, sondern auch von sozialen Gegensätzen und von gelehrten Einflüssen.

Lit.: Franz 1884: 13 ff., Baesecke Einf. 82, Schatz Ahd. 83, Frings 1966–68 (passim).

Anm. 1. Schwanken im gleichen Dialekt zeigen u.a. *pīnōn* Ra, Kb, N = *phīnōn* R, *pfīnōn* Pa, *fīnōn* Ka; *porta* obd. = *phorta* T, *prëssōn* Pa, K, aber *frëssa* N (AWB VII,333 f.), *plastar* Voc, Gl 1,618,35 = *phlāstar*, alem. *flastar* (zu /ā/ vgl. § 34:5); *puzzi* m. 'puteus', z.B. Kb, Ra, Rb = *phuzzi* T (γ *fuzze*) und in einigen anderen Quellen (AWB VII,298); *puzzi* O, *puzza* f. Will entspricht dem rheinfrk. Verschiebungsstand (§ 131:1).

Obd. (auch Otfrid) *opfarōn* 'opfern', *opfar* 'Opfer' nebst Ableitungen gehen auf lat. *operari* zurück; frk. *offeren, offer* (dazu *offerunc* Is) auf lat. *offerre* (Schatz Abair. § 60, Braune 1918a: 391 ff., Foerste 1951: 141, Frings 1957: Kt. 15, ds. 1966–68: I,42 f., II,340 ff., AWB VII,98).

In *psalmo* 'psalmus', *psitich* 'psittacus' fällt das /p/ meist weg, also gewöhnlich *salmo, sitich*. Nur Isidor und MF haben ausschließlich *psalm(o)* (Matzel Is 318 A.692). In *pisitech, pesitich* Gl 3,30,7 (12. Jh.) ist /ps-/ durch Sprossvokal getrennt.

Anm. 2. Das ‹*p*› in /sp/ fällt vereinzelt (graphisch) mit ‹*b*› zusammen (wie /p/ im Obd. allgemein, s. Anm. 3), so stets in dem ahd. nur bei Otfrid belegten swV. *thwesben* 'vertilgen' (dazu mhd. rheinfrk. *bedespen, verdespen* 'verbergen', vgl. Kluge 1907: 316). Häufiger bei Will in *sprëchan* (*sbrëhhen, sbrihhet, sbrach, gesbrāche*), dagegen *sprung, spunne*. Sonst nur sporadisch in Glossen, z.B. *gesbaldenen* Gl 2,486,45, *sbrētenda, ensbannenero* 2,487,52, *pisbrāchant* 1,396,3, *wisbalōt* Rb (1,472,7); vgl. Braune 1874a: 533 f., Petersson 1914: 563. Mitzka 1954: 68 sieht darin (zu Recht?) frühe Belege für die Konsonantenschwächung (vgl. § 102a A.2). Singulär begegnet ‹*ssb*› in *bissbrāchida* Gl 2,320,47 (Hiltensberger 2008: 159); vgl. ‹*ssp*› in *bissprāchidu* Reich. B, *pissprāhha* Gl 1,571,57, *drisspissi* 2,654,32, *asspul* 4,196,54 (*haspil*).

Anm. 3. Ganz regulär wird im späteren Obd. das unverschobene /p/ der Lehnwörter wie germ. /b/ (altobd. /p/) durch ‹*b*› bezeichnet (§ 136:3), z.B. alem. *buzza* Sam, N (vgl. *puzza* Anm. 1), *bîna, bînôn* N, *hellibīna* OFreis (für *-pina* O), *brëdigôn* N, *bīmentun* Phys.

Im Frk., wo germ. /b/ nicht zu /p/ verschoben wurde, ist dieses ‹*b*› selten, z.B. *bīminza* T. Otfrid hat *bëh* und *bredigōn* mit ‹*b*›, während sonst bei ihm /p/ nie schwankt. In diesen Wörtern ist also lat.-rom. /p/ durch /b/ substituiert. Vgl. Franck Afrk. § 83, Lessiak 1910: 206.

Zu *bâbes(t)* (seit Notker) vgl. Lessiak 1933: 204 f., Öhmann 1969, Benware 1979: 334, EWA I,413 ff., Feulner 2000: 287. Zu *biscof* vgl. Schatz Ahd. § 152 („*bi-* als Präfix gefaßt"), Sonderegger 1959: 153, Rotsaert 1977, Feulner 2000: 104 f. – Zu ‹*g*› für /k/ vgl. § 143 A.4d.

(b) Germ. /b/

§ 134 Germ. /ƀ/ (got. ‹*b*›, auslautend ‹*f*›) hat sich im Westgerm. je nach der Stellung im Wort in zwei Allophone gespalten (vgl. § 82:2a):

1. in den Plosiv [b], der im Anlaut (as. *bindan, bëran*) sowie inlautend bei Gemination als /bb/ steht, außerdem allgemein nach /m/: as. *lamb* u.a. Die Gemination ist meist durch westgerm. /j/ bewirkt (§ 96:2b), z.B. as. *sibbia* 'Sippe', ae. *ribb* 'Rippe', *swebban* 'töten';

2. in den Frikativ [ƀ] im In- und Auslaut nach Vokalen und Konsonanten (außer /m/); er wird as. durch ‹ƀ, *v*›, auslautend ‹*f*›, ae. durch ‹*f*› wiedergegeben: as. *gëƀan*, *gaf*.

Im Ahd. hat (nach § 88:1) nur das Mfrk. den westgerm. Lautstand als charakteristisches Merkmal bewahrt, daher silbenanlautend ‹*u*, *v*›, -auslautend ‹*f*›; z. B. Trierer Cap *bodun*, *bat* / *sëlvo*, *erve*, *lëven*, *belīve*, *ergëven*; GlBud 110 *haluun*, *gistoruen*, *uuarfda*; Gl 2,699,18 *corf*. Vgl. Franck Afrk. § 78, Brinkmann 1931: 65, Lessiak 1933: 27 ff., 219 ff.

Anm. 1. Die Forschung geht mehrheitlich davon aus, dass westgerm. /ƀ/ im Mfrk. im Inlaut und Auslaut als Frikativ erhalten geblieben ist. Weniger plausibel ist die Ansicht, dass es früh zum Plosiv [b] und erst später wieder zum Frikativ entwickelt wurde (Simmler) bzw. dass es seit dem Germ. Plosiv war (Vennemann); vgl. §§ 82 A.2, 88 A.3.

Frikativ (‹*v*, *f*›) hat auch De Heinrico (Lb 39; nordrheinfrk.?): *sëlvemo*, *hafodes*, *hafon*. Auffällig ist ‹*f*› in *half* Kb 210,4 (*halp* Ra; Splett Abr 298). Zu gelegentlichem anlautendem ‹*p*› statt ‹*b*› im Mfrk. vgl. § 135 A.4.

Im Ost- und Rheinfrk. steht im In- und Auslaut wie im Anlaut gleichermaßen ‹*b*›, also bei Otfrid *biatan*, *bintan*; *lëbēn*, *gëban* – *gab*; *liob*; *sibba* (§ 88:1+A.3a). **§ 135**

Diese Schreibung wird in den Beispielen und Paradigmen dieses Buches stets verwendet, wo nicht die Form eines bestimmten Dialekts oder Denkmals wiedergegeben werden soll.

Anm. 1. Zur Vertretung von westgerm. (as.) /bb/ im Frk. (vgl. Paul 1880: 129, Franck Afrk. § 80 ff.):

a) Die Geminate erscheint im Tatian und bei Otfrid regelmäßig als ‹*bb*›: *sibba*, *stubbi* 'Staub' (got. *stubjus*), *gotowebbi* 'feines Gewebe', *ubbīg* (nhd. *üppig*). Nur *crippea* 'Krippe' (as. *cribbia*) ist im Tatian stets mit ‹*pp*› geschrieben, bei Otfrid und im SH (3,210,61) mit Verschiebung *krippha*, *-pf-* (Lehngut aus dem Obd.? mhd. nhd. *kripfe* alem., DWB V,2320, Schweiz. Id. III,845; ferner Brinkmann 1931: 131, Lessiak 1933: 169, Lühr 1988: 250 f.).

b) In anderen frk. Denkmälern findet sich ‹*pb*› oder ‹*bp*›, z. B. GlFrank *unsipbi*, Lorscher B *unsipberon*, GlBud *gelupbon*; Würzb. Gl *ubpīg* (2,92,29). Dazu stellt sich Isidor mit *sipbea* (phonetische Schreibung mit silbenauslautendem [p] und silbenanlautendem [b], Matzel 1966: 160 f., ds. 1966a: 35 A.13, 58); ebenso ‹*cg*› in *daucgal* Is, *cunincgin* MF (§ 148 A.4ac).

c) In späterer Zeit herrscht ost- und rheinfrk. für die Geminate ‹*pp*›, z. B. *stuppe*, *crippa* Will.

Anm. 2. Im Auslaut bleibt im Ost- und Rheinfrk. ‹*b*›; jedoch erscheint statt dessen auch ab und zu ‹*p*›, z. B. im Tatian *giscrip* 'scriptura', *arstarp* (Sievers T § 28); bei Otfrid einige Male wegen des Akrostichons: *bileip*, *kleip*; *grap*, *gap* Os 20, 30, aber auch sonst vereinzelt, z. B. *scrip* 1,1,2, und öfter nach Konsonant: *dumpheit*, *lamp*, *irstarp* (Kelle O 475). Auch in Fuldaer Personennamen ist ‹*-p*› nicht selten, z. B. *Folcgrap* und vor allem Namen mit *Alp-* und *-ulp* (< *-wulp*), Geuenich 1976: 184. – Isidor hat häufig auslautend ‹*p*›, neben *ab*, *gab*, *grab* steht *chiscrip*, *chalp*, *halp*, *sëlp*, *chilaupnissa* und mit ‹*ph*› *screiph*, 2 *bileiph*, wozu noch *līph*, *lauph* MF kommen. Vgl. Kögel Lg. II,490, Franck Afrk. § 79, Lessiak 1910: 196 (wohl irrig), E.Sievers 1925: 85, Matzel Is 190 f. Zu *uph* Is vgl. § 132 A.2.

Auch vor dem /t/ des Präteritums der swV. I (§ 363 A.4b) bewahrt das Frk. meist ‹*b*›: *giloubta*, *gitruobta* T; doch kommen Formen mit ‹*p*› vor, öfter bei Otfrid, z. B. *gikrumpti*, *kleipta*, 2 *gioupta* (gegen 19 *giloubta*), vgl. Kelle O 475. Beispiele aus kleineren Denkmälern bei Pietsch 1876: 420. Bei Isidor *hapta* (§ 368 A.2a).

Anm. 3. Im An- und Inlaut kommt ‹*p*› für /b/ im Frk. nur sehr selten vor, bei Otfrid niemals, im Tatian nur ein *intprennent* 25,2 (durch das /t/ veranlasst), der Schreiber γ hat 2 *prah*, *pittent*, *përahtnessi*. Die frühe Fuldaer PN-Überlieferung bis Mitte des 9. Jh. zeigt viele anlautende ‹*P*› (bair. Schreiber?), Geuenich 1976: 181 ff., 249, im Namenelement *Perht*, *-p-* sogar gelegentlich mfrk. (Schützeichel 1968: 65, Geuenich 1971: 101 [in Reichenauer Überlieferung]). Einiges in kleineren Denkmälern bei Pietsch 1876: 420; vgl. Franck Afrk. § 77. – ‹*p*› haben die Bas. Rez in *pipaoz*, *nipu*, LexSal in *haupit* neben *haubit* (Lühr 2013: 105).

Anm. 4. Im Mfrk. steht für anlautendes /b/ vor Liquid zuweilen ‹*p*› (Pauly 1968: 147 f., Schützeichel 1968: 65): *prëstungo* Gl 2,27,63, *prëstungon* 2,381,23, *prëstonga* 2,42,40 (4,625, 6); weitere Belege bei Franck Afrk. § 77. ‹*pb*› in *erpblintēn* Gl 2,616,49+A.16 kann „Unsicherheit der Artikulation" anzeigen (Pauly 1968: 148). Zu mfrk. ‹*c*› für /g-/ vgl. § 148 A.1aα.

§ 136 Für das Obd. ist das häufige ‹*p*› für germ. /b/ charakteristisch, doch kommt daneben auch ‹*b*› vor.

1. Im Bair. (Anm. 1, 2) zeigen Quellen des 8./9. Jahrhunderts im An-, In- und Auslaut weit überwiegend ‹*p*›. Ab dem 10. Jahrhundert wird ‹*b*› im In- und Auslaut häufiger und herrscht seit etwa 1050 vor, während im Anlaut ‹*p*› auch im Mhd. noch häufig neben ‹*b*› verwendet wird und bis ins 16. Jahrhundert ein Charakteristikum der obd. Schreibsprache bleibt (Sprg III,2925. 2948 f. [Reiffenstein]).
2. Im Alem. erscheint ‹*p*› im Anlaut im 8. Jahrhundert häufig, nimmt seit dem 9. Jahrhundert langsam ab, ist aber auch mhd. noch zu belegen. Im In- und Auslaut ist ‹*p*› neben ‹*b*› im 8. Jahrhundert häufig, im Laufe des 9. Jahrhunderts beginnt ‹*b*› zu überwiegen.
3. /p/ in Lehnwörtern wird im späteren Obd. ebenso wie germ. /b/ durch ‹*b*› bezeichnet (§ 133 A.3).
4. In der Gemination gilt im Bair. wie im Alem. von Anfang an /pp/ (Anm. 4).

Anm. 1. Die echtbair. Wörter der Lex Baiuvariorum zeigen durchgehend ‹*p*› (Baesecke 1935: 19, Stricker 2019: 41 f.). Die älteren bair. Quellen haben gewöhnlich inlautend ‹*p*›; doch kommt im Inlaut, selten im Anlaut auch ‹*b*› vor. Die Denkmäler verhalten sich wie folgt (weitere Einzelheiten bei Schatz Abair. § 69, Behaghel 1933: 242):

a) Für den Archetyp des Abrogans nimmt Baesecke 1931: 352 ‹*p*› in allen Stellungen an; Pa und K setzen auf den ersten Blättern dafür ‹*b*› ein (vgl. Kögel 1879: 106), in R steht nur ‹*p*› (nur 1x *umbi*, Wüllner 1882: 23, 100). Ebenso in Exh und GlKass (z. B. Exh A *potōm*, *purgeo* / *liupōstun*, *calaupa*, *hapēn*; GlKass 1x *hab&* [nach lat. *habet*?]), Wess (*forgāpi*, *galaupa*), Freis. Pn (z.B. *pist*, *līpe*, nur 1x *ubar*), Musp (*umpi*, *arhapan*, *hap&* u.a., nur 1x *hab&*); Emm (nur 1x *fargëban*); auch Psalm hat noch *nupe*, *hapet* (kein ‹*b*›).
b) In GlMon und GlEmm überwiegt noch inlautendes ‹*p*›, doch ist ‹*b*› nicht selten; dieses nimmt dann immer mehr überhand: 2. bair. B hat nur *zoupre*, sonst *uber*, *sëlbemo* usw.

Aber erst vom 11. Jh. an verschwindet das in- und auslautende bair. ‹*p*›, während im Anlaut ‹*p*› neben ‹*b*› bleibt, z. B. Merig: *përge*, *prunno*, *pī* und *bī*, *bat*, *biderbiu*, *bistrīchit*, aber inlautend nur *uber*, *līb*, *ëbene* usw. Das unbetonte Präfix *bi-*, *be-* hat schon meist ‹*b*›, bei Otloh steht überall ‹*b*› (*bito*, *ubila*, *lob* usw.) bis auf 3 ‹*p*›: *pist*, *piviliho* (*-fëlhan*), *tumpheit*. Auch andere spätbair. Quellen wie Npw zeigen anlautend ‹*b*› und ‹*p*›, sonst stets ‹*b*›.

c) In *rīphante* Gl 1,726,19 steht singulär ‹*ph*› für inlautendes /b/; auslautend begegnet ‹*ph*› in *loph* 3x GlMon (AWB V,1227). *scarpha* 'Scherbe' H.Mayer 1994: 86.195 zeigt schwerlich ‹*ph*› für /b/ (so aaO. 94), sondern gehört zu *skarpf* 'scharf' (AWB VIII,874 f., GramErtr 163). Vereinzeltes ‹*-p*› in späten Beichten (Vaught 1977: 163) und in Npgl (*grap*, *chalp*, *lamp* u. a.) kündigt die mhd. Auslautverhärtung an (§ 103a A.1). Der bair. Schreiber des slaw. Freisinger Denkmals 2 (§ 7 A.2) verwendet für anlautendes slaw. /p/ sowohl ‹*p*› als auch ‹*b*› (Braune 1874a: 533 f.).

Anm. 2. Von den aus frk. Vorlage stammenden bair. Texten MF und OFreis hat der letztere nur sehr wenige bair. ‹*p*› eingeführt (Kelle O 473). Etwas häufiger ist ‹*p*› in MF, doch bleibt es in der Minderzahl gegenüber ‹*b*›, z. B. *plint*, *hapēt*, *grapehūs* neben gewöhnlichem *blint*, *habēt*, *grabir* usw. (‹*p*› : ‹*b*› im Anlaut 8 : 168, Inlaut 15 : 184, Auslaut 3 : 6, Hench MF 116); vgl. Matzel Is § 53.

Anm. 3. Zur Vertretung von /b/ im Alem.:

a) Im Anlaut überwiegt in den St. Galler Vorakten ‹*p*› gegenüber ‹*b*› in den Urkunden, z. B. *Pusilo*, *Palduuuino*, *Liutpoldo* gegen urkundliches *Busilo*, *Baldoino*, *Leutbaldo* (Sonderegger 1961: 274 f.). LexAl zeigt anlautend mehrfach ‹*p*›, häufiger aber ‹*b*› (V.Schwab 2017: 574, Stricker 2019: 41 f.). – Im 8. Jh. überwiegt inlautend ‹*b*›. Die Namen in St. Galler Urkunden von 744–789 haben inlautend 10 ‹*p*› : 31 ‹*p*›, im Auslaut nur ‹*p*›; von 790 bis 819 ist das Verhältnis im Inlaut 4 ‹*p*› : 44 ‹*b*›, im Auslaut 2 ‹*p*› : 3 ‹*b*› (Wilkens 1891: 66; weitere Hinweise auf ‹*p*› in Namen, auch des 9. Jh., bei Sonderegger 1959: 147). Pn hat neben *ubile*, 2 *kilaubu* auch *picrapan*. In K, besonders in Kb, überwiegt hingegen inlautend ‹*p*›, ebenso in Ra (Kögel 1879: 107). Voc hat inlautend 11 ‹*p*›, 7 ‹*b*›.

b) An der Wende des 8./9. Jh. hat BR anlautend ‹*p*› (nur 8 ‹*b*›), aber inlautend ‹*b*› (nur 4 ‹*p*›), auslautend ‹*b*› (nur 5 ‹*p*›), also in der Regel *pintan*, aber *haubit*, *līb* (F.Seiler 1874: 418). Mit wenigen Ausnahmen steht inlautendes ‹*b*› auch in Rb, Rd, Rf, Ja, Jb, GlPaul u. a. Dagegen stehen in H inlautend zwischen Vokalen neben 79 ‹*b*› noch 36 ‹*p*›, auslautend meist ‹*p*› (Sievers H § 15), ähnlich in Jc 30 ‹*b*› : 17 ‹*p*› (Schindling 1908: 56 f.).

c) Später nimmt ‹*b*› auch im Anlaut zu. In den alem. Ps, die inlautend stets ‹*b*› haben (auslautend *kap*), steht im Anlaut öfter ‹*b*› als ‹*p*›, z. B. *buruc*, *barn*, *arbolgan* / *pi*, *pirumēs*, *puasum*). Sam hat anlautend nur *këcprunnen*, *prunen*, *pruston*, sonst 10 ‹*b*›, auslautend 4 ‹*p*› : 2 ‹*p*›. Bei Notker ist der Wechsel von anlautendem /p/ und /b/ durch das Anlautgesetz geregelt (§ 103).

d) Wenn /b/ in *salua* 'Salbe' Gl 2,735,32 (9. Jh.) durch ‹*u*› bezeichnet ist, kann Kontamination mit *salvei(a)* 'Salbei' vorliegen (‹*u*› „vielleicht fremder Herkunft", Schatz Ahd. § 172). Doch vgl. auch Weinhold Alem. § 166:a zu mundartlichem ‹*w*› für /b/.

Anm. 4. Für die inlautende Geminate (frk. ‹*bb*›, selten ‹*pb*›, vgl. § 135 A.1) gilt im Obd. durchweg ‹*pp*›, auch in Quellen, die inlautend für einfaches /b/ regelmäßig ‹*b*› haben, z. B. alem. *sippa* Jb, *cotaweppi* Rb, *uppīg* BR; spätbair. *uppigemo* 2. bair. B, *uppigas* Otloh, *uppic*, *stuppe*, *chrippe* Npw. Andere Schreibungen sind selten, so zuweilen ‹*bp*› oder ‹*pb*›, z. B. *ubpēr*, *ubpīgī*, *lubpāra* 'venefici' (zu *lubbi* 'Gift') Rb; *gilupbiv* Gl 2,383,39, *rapbo* SH; ganz vereinzelt auch ‹bb›, z. B. *cotauuebbes* Rd (Gl 1,273,16). – Zu *scāppāri* 'Schafhaut' Jb, Rd, *scâpâre* N vgl. Schatz Ahd. 109, Ochs 1932: 356.

Sehr selten begegnen Geminatenschreibungen (‹pp›, ‹bp›) für /bb/ im Altobd. nach Langvokal/Diphthong (§ 96 A.1*a), häufiger nur in BR (F.Seiler 1874: 419): *erlauppe, līppanti, erlaubpan, truabpe, kelaubpamees* und (mit ‹bb›) *lībbe* (‹lib|be›, zu *(h)lībe*n swV.; vgl. § 94 A.1e). Masser (2008: 139) sieht darin nicht echte Geminaten, sondern „okkasionelle Doppelschreibungen aufgrund hyperkorrekten Sprechens". Andere Texte zeigen nur vereinzelt ‹pp›, z. B. *galauppenne* Exh A, *bi-uappo* 'übe aus, usurpo' Rb (Gl 2,308,9). Gewöhnlich folgt auch im Obd. auf Langvokal nur einfaches ‹*b* (*p*)›, so auch in BR *erlauben, lībanti* u. a.

(c) Germ. /f/

§ 137 Germ. /f/ ist im Ahd. als Frikativ /f/ erhalten geblieben. Neben der Schreibung ‹*f*› stehen die Graphien ‹*u, v*›.

1. Durch die Schwächung der germ. Frikative (§ 102a) wird intervokalisches /f/ ab der Mitte des 8. Jahrhunderts, anlautendes /f/ ab dem 9. Jahrhundert lenisiert, im Frk. bis zur Stimmhaftigkeit, was für das Obd. nicht gesichert ist (stimmlose Lenis?). Die Schwächung von germ. /f/ wird im Ahd. oft an der Graphie ‹*u* (*v*)› erkennbar, vor allem im Inlaut, seltener im Anlaut, jedoch nie im Auslaut, z. B. *faran, uaran, auar* 'wieder', *houes*, aber *hof*. Die Schwächung im Anlaut tritt besonders, aber nicht ausschließlich nach Sonant ein, z. B. Ludw *eruirrit, sīna uaston*, aber nach Pause *quādhun al: frō mīn* (§ 103 A.1).
2. Aus graphischen Gründen wird schon ahd. vor ‹*l, r, u*› gelegentlich ‹*v*› statt ‹*u*› geschrieben. In modernen Texten (auch in diesem Buch) wird, wo nichts anderes erforderlich ist, ‹*v*› für konsonantisches ‹*u*› gesetzt, also *varan, avar, hoves*.
3. Von dem ahd. /f, v/ = germ. /f/ zu unterscheiden ist das neue, durch die hochdeutsche Lautverschiebung aus germ. /p/ entstandene ahd. /f, ff/ (§ 130 ff.). Dieses ist – mit Ausnahme alem. Denkmäler (§ 131 A.4) – auf den Inlaut und Auslaut beschränkt, während im Anlaut /pf/ oder /p/ erscheint. Das neue /f/ ist Fortis und oft Geminate (/ff/). Äußerst selten tritt für neues /f/ die Graphie ‹*u*› auf (§ 132 A.3b). Nur im Auslaut bleiben altes und neues /f/ graphisch ungeschieden, indem sie gleichermaßen durch ‹*f*› bezeichnet werden.

Lit.: Vgl. § 102a Lit. – Nörrenberg 1915, Jellinek 1925, E.Schwarz 1926: 43 ff., Lessiak 1933: 55 ff., Penzl 1964a, Must 1967.

Anm. 1. Die Meinung, germ. /f/ sei labiodental, das neue aus /p/ entstandene /f, ff/ dagegen bilabial gewesen (Paul 1874: 168, Kögel 1879: 72), ist unerweislich. Im Mhd. reimen auslautend beide /f/ miteinander (z. B. Wolfram *huof* : *ruof* P 72,1 : *schuof* W 429,11, *brief* : *lief* P 650,23 : *rief* P 649,5 : *slief* P 85,23), während die durch die Artikulationsstelle geschiedenen /ʒ/ und /s/ (§ 168) mhd. nicht reimen. Die gegenteilige, von Wilmanns I,129 vertretene Annahme bilabialer Geltung von germ. /f/ hat zwar die besseren Argumente für sich, ist aber auch nicht zu erweisen; das für altes /f/ gesetzte lat. ‹*u*› war in rom. Aussprache labiodental.

Vgl. Wilkens 1891: 93 f., Franck Afrk. § 81, Penzl 1964: 311 ff. Vermutlich waren beide ahd. /f/ labiodentale Frikative, wenn auch für beide ihrer Herkunft nach (aus idg. bzw. germ. /p/) eine bilabiale Zwischenphase anzusetzen ist (vgl. § 123 A.1).

Anm. 2. Während lat. /v/ in frühen Entlehnungen durch ahd. ‹w› wiedergegeben wurde, z. B. *wīn* 'vinum', *pfāwo* 'pavo', *wīwari* 'vivarium', tritt in den späteren Lehnwörtern ahd. ‹*f*, *v*› als Vertreter des lat.-rom. /v/ ein, z. B. *vërs*, *fërs* 'versus', *kevia* 'cavea' (§ 139:2). Zur Chronologie vgl. Franz 1884: 20 ff., Kossinna 1895: 299 f., Frings 1966–68: I,160 f. (*cav(e)a*), E.Schwarz 1970: 902 (7. Jh.). Die graphische Wiedergabe von lat. /v/ durch ahd. ‹*f*› kann durch irische Mönche vermittelt sein (Weisgerber 1952: 23, Baesecke 1940–53: II,23).

Must 1967 hält den Gebrauch von ‹*u*, *v*› für eine rein graphische Konvention unter lat. Einfluss, ohne lautliche Relevanz. Dem widerspricht aber die tendenziell genaue Unterscheidung von altem und neuem /f/.

Im Anlaut ist germ. /f/ stets als ahd. /f (v)/ erhalten. Beispiele sind zahlreich, z. B. *fuoȥ* (got. *fōtus*), *filu*, *vilu* (got. *filu*), *fater* (got. *fadar*), *fram*, *fluot* (got. *flōdus*). **§ 138**

Anm. 1. Die Wiedergabe des germ. /f/ durch das im Lat. stimmhafte ‹*v*› (in den Hss. ‹*u*›, § 137) ist anlautend im älteren Ahd. selten, sie beginnt sich im 9. Jh. durchzusetzen (vgl. Schatz Abair. § 77:a, Franck Afrk. § 81 sowie § 137 Lit.). Die zunehmenden ‹*v*›-Graphien weisen auf eine Lenisierung von [f] zu [v] im Silbenanlaut (Mhd. Gr. § L 100).

a) Der Abrogans hat anlautend ‹*f*›, doch ‹*u*› in *zwiualt*, *ainualt*, wo nach Meinung Baeseckes (1931: 347) /f/ stimmhaft geworden ist. Isidor und LexSal haben kein ‹*v*-› (Matzel Is 191, Lühr 2013: 104 f.); nur sehr vereinzelt haben es die St. Galler Urkunden (Wilkens 1891: 90 ff.). Auch Otfrid schreibt mit wenigen Ausnahmen (Kelle O 479) immer anlautend ‹*f*›. Im Tatian dagegen ist ‹*v*› häufiger, besonders bei Schreiber γ, z. B. *uinf*, *uaran*, *uallent* (Sievers T § 14 f.). Von alten obd. Quellen hat Rb vor Vokalen 37 ‹*v*› : 32 ‹*f*› (Ottmann 1886: 61), Musp hat 21 ‹*v*› : 18 ‹*f*›. Eine Ellwanger Hs. des 9. Jh. hat *ual* (Tiefenbach 1975a: 13, 15).

b) Ab Ende des 9. Jh. nimmt ‹*v*› zu. Im Ludwigslied steht es häufig (*Vranko*), in Merseb durchgängig (zu *uīgandun* vgl. § 117:2). Im 10. und 11. Jh. wechseln ‹*f*› und ‹*v*› ziemlich regellos, wobei ‹*f*› noch überwiegt.

c) Bei Notker steht meist ‹*f*-›, besonders in Nc, doch findet sich (nach sonorem Auslaut, vgl. § 103 A.3) auch ‹*v*-› nicht selten. Dagegen schreibt Notker für gemeinahd. /pf-/ nur ‹*f*-› (§ 131 A.4b), nach auslautendem Vokal so selten ‹*u*-› (*uadôn* = *pfadōn* 'gehen', *ulâgîn* = *pflāgīn*, Schatz Ahd. § 150), dass es fehlerhaft scheint.

d) Bei Will herrscht ‹*v*-›; er schreibt ‹*f*-› fast nur vor /u, l, r/ (also *fûoz*, *flîz*, *frído*), eine auch im Mhd. häufige Schreibweise.

Anm. 2. Anlautendes /f/ verschmilzt nach dem Präfix *ant*-, *int*-, besonders in späteren Quellen, derart mit dem /t/ des Präfixes, dass /t-f/ sich zur labialen Affrikate /pf, ph/ assimiliert (§ 73 A.2; zur Folge /t-pf/ vgl. § 131 A.6). Neben *antfāhan*, *intfāhan*, *infāhan* der älteren Zeit erscheint schon im Tatian *inphāhan* (auch *intphahan*). Später ist *inphāhen* häufiger, doch ist auch die Schreibung *infāhen* üblich, in der jedoch das /f/ dem aus /pf/ entstandenen entspricht (§ 131) und daher nie durch ‹*v*› vertreten ist. Dasselbe gilt für *intfallan* (*inphallen*), *intfindan*, *infindan* (*inphinden*), *intfaran* (*inpharen*) nebst den zugehörigen nominalen Bildungen und Ableitungen. Assimilation /n > m/ vor /pf, f/ (§§ 126 A.1, 123 A.1) zeigt sich in der Schreibung selten: *imphāhen*, *imfāhen*. Vgl. Bruch 1955: 131.

§ 139 Im Inlaut und Auslaut liegt germ. /f/ nur in einer beschränkten Anzahl von Fällen vor, da viele urgerm. /f/ durch den grammatischen Wechsel zu /ƀ/ und weiter zu ahd. /b, p/ geworden sind (§§ 81:2bc, 102:2).

1. Intervokalisches /f/ wird im Ahd. meist ‹*u* (*v*)› geschrieben (§ 137:1), die Graphie ‹*f*› findet sich nur vereinzelt; nur in der Geminate herrscht ‹*f*›. Beispiele: *heffen* 'heben' (got. *hafjan*), Präs. *heffu*, *hevis*, *hevit* (§ 347 A.1a), dazu *hevīg* 'schwer', *hevī* 'Ausdehnung'; *zwīfo* und *zwīval* 'Zweifel' (got. *tweifls*), *nëvo* 'Neffe', *grāv(i)o* 'Graf', *fravali* 'ungestüm', *avur*, *avar* 'wieder' (got. *afar*), *ovan* 'Ofen', *diuva*, *diufa* 'Diebstahl', *hrëf*, Gen. *hrëves* 'Mutterleib'.
2. Zu intervokalischem /v (f)/ in Erbwörtern treten viele /v/ in Lehnwörtern, wie *brief* 'breve', Gen. *brieves*, *kevia* 'cavea', *evangelio*, *tiufal*, *diuval* 'diabolus'.
3. Im Auslaut wird (wie in der Geminate, s. o.) regelmäßig, zwischen Konsonant und Vokal häufig ‹*f*› geschrieben: *hof* 'Hof', *huof* 'Huf', *einlif* '11', *zwelif* '12'; *fimf* '5', flektiert *fimfi*, *finvi* (§ 123 A.1a); *wolf* 'Wolf', Gen. *wolves* neben *wolfes* (got. *wulfs*). Ein Sonderfall ist *durfan* 'bedürfen' (Anm. 3).
4. In den Konsonantenverbindungen /fs/ und /ft/ (Anm. 7) steht nie ‹*v*›, vgl. *lëfs* 'Lippe', *refsen* 'tadeln'; *after*, *kraft*, *luft*, *sūft(e)ōn* 'seufzen'.

Anm. 1. Das inlautende /v/ (= germ. /f/) ist jedenfalls Lenis und im Frk. vermutlich stimmhaft (vgl. §§ 102a, 137:1; Lessiak 1933: 65 ff.). – Im Mfrk. sind /u (v)/ aus germ. /f/ und aus germ. /ƀ/ (§ 134) zusammengefallen, stimmhaft im An- und Inlaut vor Vokal, stimmlos im Auslaut und vor stimmlosen Obstruenten (Lerchner 1971: 184 f.).

Anm. 2. Die Schreibung ‹*f*› zwischen Vokalen ist nur in ganz alten Quellen häufiger; besonders in Pa, K, wo ‹*v*› in der Minderheit ist (Kögel 1879: 124 f.), z. B. *zuīfal*, *afar*, *arhafit* Pa, *hofarohti*, *afalōndi* Kb. Später ist intervokalisches ‹*f*› die Ausnahme, z. B. *zwīfal*, *diufa* BR, *hefige*, *diufale* T (Sievers T § 16), *afur* O. – Auch nach Konsonant, wie in *wërvan*, *finvi*, überwiegt ‹*v*› die hier immerhin häufigen ‹*f*›; nur in den Formen von *darf*, *durfan* wird nie ‹*v*› geschrieben (§ 373 A.5; vgl. Schatz Abair. § 77:a, Franck Afrk. § 82, Baesecke 1931: 347).

Anm. 3. In einzelnen Wörtern weist das Ahd. /f/ auf, wo im Got. aufgrund grammatischen Wechsels ‹*b*› ([b] bzw. [ƀ]) steht, z. B. *einlif*, *zwelif* (got. *ainlibim*, *twalibim*). So auch *durfan* (got. *þaúrban*), bei dem für /f/ nie ‹*v*› geschrieben wird (Anm. 2). Zu *hwërvan* (got. *hvaírban*) s. Anm. 5ab.

Anm. 4. Die westgerm. Gemination des /f/ durch /j/ (zu urgerm. /ff/ vgl. Kluge 1884: 159) liegt in den Präsensformen von *heffen* 'heben' vor, mit regelrechtem Wechsel in der 2.3.Sg. Ind. *hevis*, *hevit* und der 2.Sg. Imp. *hevi*, wo auf den Konsonanten kein /j/ gefolgt ist. Doch ist die Geminate /ff/ nur in älteren Quellen bewahrt, z. B. *heffenti*, *heffan* K; *irheffe* O; in einigen Quellen wird für dieses (noch bilabiale?) /ff/ sogar ‹*pf*› geschrieben: *hepfu*, *ubarhepfendi* Is, *erhepfent* Gl 2,238,50, *urhepphantio* Gl 2,344,40, dazu (mit ‹*fph*›, vgl. § 132 A.3d) *arhefphet* R. Vgl. Franck Afrk. § 82:6, Lessiak 1910: 211, Steche 1939: 144, Matzel Is 188 ff., 440 A.263. Bald jedoch dringt einfaches /f (v)/ in alle Präsensformen, sodass *heven* die gemeinahd. Form wird (§ 347 A.1a). Zu dem zu erschließenden *intseffen** vgl. § 347 A.2.

Anm. 5. Nach § 102:2 steht ahd. /f, v/ mit /b/ in grammatischem Wechsel, also *heffen* / *huob*; *durfan* / *darbēn*; *diob* 'Dieb' / *diufa, diuva* 'Diebstahl' (mit /f/ auch *mit diûfin* 'furto' Pred C; anders Wunderle/Schmid 2006: 170), *(h)riuva* 'pestis', *ruf* 'Aussatz' / *riob* 'aussätzig', *wolf* / *wulpa* 'Wölfin' (Lb 31.2, 3). Dabei sind einige Besonderheiten zu verzeichnen (Wilmanns I, 131, Schatz Abair. § 78, Franck Afrk. § 82:5, Lessiak 1933: 219 ff., Kranzmayer 1956: § 31:d1):

a) Öfter tritt in demselben Wort bald /f, v/, bald /b (p)/ auf. Besonders frk. Denkmäler zeigen in manchen Wörtern stets oder vorwiegend /b/ gegenüber sonstigem /f/, z. B. *wërban* T, O = *hwërfan, wërvan*; *hebīg* 'schwer' O, *thiuba* T, *diubiu* LexSal; *abur* T. Aber auch im Obd. findet sich /b/ statt /f, v/. Zwar tritt erst bei Notker regelmäßig *aber, aberen, wërben* für älteres *avur, avaren, wërvan* ein, aber auch schon ganz alte Quellen schwanken, z. B. *hwërban, wërpan* = *hwërfan*; *hiuban, hiupan* 'trauern' neben *hiufan* (got. *hiufan*) in Pa, K; *ruaba* 'numerus' Rb, BR, *roapa* Pa = *ruava* BR, H, *ruova* Musp, *hepīg, hebīg* in bair. Glossen häufig (AWB IV,781) = *hevīg*. Weiteres bei Holtzmann 1870: 303, Schatz Abair. § 78.

b) Die Erklärung dieses Schwankens zwischen /f/ und /b/ ist erstens in verschiedenartigem Ausgleich früheren grammatischen Wechsels zu suchen (vgl. *hiofan* § 333 A.2, *heffen* § 347 A.1b). Zweitens kommt Vermischung mit anderen Wörtern in Betracht (*hwërban* / *wërfan* § 337 A.3). Drittens kann – wohl infolge unbetonter Stellung im Satz – der eine Laut in den anderen übergegangen sein, so *avur* > *aber* (Franck Afrk. § 82:1).

c) Nach v.Bahder 1903 ist in Wörtern mit *l-*, *r-*Suffix ein /b (ƀ)/ in /f/ übergegangen, wobei Sprossvokale zu Doppelformen führen können, z. B. *aipar, eipar* 'scharf' Pa, Ra = *eiver* N, *eifir* Npgl (AWB III,94 f., EWGP 95 f., EWA II,969 f.), *scūfla, scūvala* 'Schaufel' zu *skioban*. Weiteres Material liefert Schatz Ahd. § 171.

Anm. 6. Selten wird ‹*uu, vu*› statt ‹*u, v*› geschrieben, besonders in MF: 28 *auuar* neben 3 *avar*, je 1x *hrëuue* (Dat.Sg. zu *hrëf*) und *hauuanares*, vgl. Matzel Is 191. In Kb *quiuualt* (Splett Abr 111 f.; zu ‹*qu*› für /zw/ vgl. § 159 A.5); in H *kiuualdaniu* zu *faldan* (§ 350 A.3) sowie 1x *auuar* (4,3) neben sonstigem *avur*; in Musp 35 *uuora* statt *vora* (Baesecke 1918/68: 57, Krogmann 1937: 29), ebenso *uuore* Thoma 1951: 229 (vgl. Ertmer 1994: 71, Quak 1996: 260); *giuuangan* Gl 2,168, 65; *uual* H.Mayer 1982: 123; *wile* (*filu*) Schlechter 1993: 333, 335; *vuarante* Gl 4,338,14 (*fāren*, vgl. Ertmer 1994: 163 f.). Bei Notker begegnet 3.Sg. *heuuet* Np (nach Wardale 1893: 47 Schreibfehler). Zu *uuoloran, wolorin* (*fir-loran*) vgl. § 76 A.3a. In Fulda PN-Erstglied *Ramuu-* für *Ramf-* (Geuenich 1976: 185). Weitere Belege bei Kögel 1887: 111, Schatz Ahd. § 166.

Anm. 7. Spezielle Vertretungen der Folge /ft/:

a) /ft/ erscheint in spätbair. Quellen (Weinhold Bair. 134) zuweilen als ‹*pht*›, z. B. GlMon: *aphter* Gl 1,361,9, *sūphtōde, unsemphti* 404,39. 44; *senphten* 2,522,67. Auch frk. (Pietsch 1876: 424), z. B. *thurphtigon* Mainzer B, *gescriphte* Leid. Will (Sanders 1974: 294+A.983; vgl. § 132 A.3a). In der Folge /mft/ (§ 123 A.1abe) tritt schon früh ‹*pft*› auf: *numpft, sampftī* Pa, *sempftī* Ra (Kögel 1879: 59), *nōtnumpfti* T 141,19 (mit ‹*fpt*› *cunfpt* 145,18, E.Sievers 1870: 15 A.3), *sémpfti* N. Zu ‹*ph*› für /f/ im As. vgl. Tiefenbach 2003: 69. – ‹*pt*› in *hapt, heptidun, haptbandun* Merseb ist lat./rom. beeinflusste Schreibung für /ft/ (Eichner/Nedoma 2000/01: 39 f., W.Beck 2011: 52); vgl. auch alem. *chulupt* Gl 1,323,24. – Weitere Lit.: Heinzel 1874: 124, W.Scherer 1878: 136, Kauffmann 1890: 231, v.Grienberger 1895: 442 f., Franck Afrk. § 82:2, Frings 1953: 478.

b) Im Mfrk. kommt /ht/ statt /ft/ vor, z. B. im Trierer Cap (dort ‹*th*› geschrieben; Lb 19): *ather* (= *after*), *uuizzetathia* (= *wiʒʒōdhaftīga*) 'legitimam' 6; *uuizzethallikhen* 25 mit Assimilation /ll < hl < fl/ nach Erleichterung der Dreierkonsonanz aus *-hahtlīkhen*: Tiefenbach 1975: 295; vgl. MSD II,364. In der Darmstädter Hs. des SH begegnen *luht, scaht, ahter*. In *haletera* ‘Halfter’ ist das aus /f/ entwickelte /h/ anschließend geschwunden (Bergmann 1966: 100, W.Schulte 1993: 100 f.), ebenso in der Aratorglosse *geschat* (v.Gadow 1974: 91, 136, B.Meineke 1991: 106). Vgl. Rieger 1864: 18, Leitzmann 1901: 257 f., Wilmanns I, § 98, Franck Afrk. § 82:2 A., Schützeichel 1955a, Bergmann 1966: 118, 253, Krogh 1996: 263 ff.; vgl. DSA Kt. 63 ‘Luft’ (*lucht* westlich von Trier). – Vgl. § 154 A.4.

P 3.2.2.2. Velare

(a) Germ. /k/

§ 140 Germ. /k/ hat im Westgerm. Zuwachs erhalten durch die Phonemfolge /kw/, die auf dem germ. Labiovelar /kʷ/ beruht (§§ 80 A.1, 146a). Ahd. /k/ ist an-, in- und auslautend häufig. Im Inlaut und Auslaut steht es nach Vokalen sowie nach den Konsonanten /l, r, n/ (z. B. as. *rīki*, *folk*, *wirkian*, *thunkian*). Die verbreitete Verbindung /sk/ kann an allen Positionen auftreten.

Die recht häufige Geminate /kk/ ist teils alt (§ 95:1), z. B. ae. *loccian* ‘locken’, awn. *hnakki* ‘Nacken’, teils erst im Westgerm. entstanden (§ 96), z. B. as. *wekkian*, *accar*.

§ 141 Nach § 87 wird das alte /k/ ahd. teils zum (geminierten) Frikativ /hh/ verschoben (§ 145), teils wird es Affrikate im Obd. (§ 144), während es frk. unverschoben bleibt (§ 143). Von der Verschiebung ausgenommen bleibt die Folge /sk/ (§ 146).

Lit.: Lessiak 1933: 165 ff.

§ 142 Zur Orthographie ist vorab zu bemerken, dass für /k/ gewöhnlich das Zeichen ‹c› verwendet wird. Es begegnet am häufigsten im Auslaut (*folc*) und vor Konsonant (*cleini*, *skancta*, *wecken*), doch auch sehr oft vor den Vokalen /a, o, u/ (*corn*, *accar*). Vor /e/ und /i/ steht fast immer ‹k› (doch s. Anm. 1), da ‹c› hier die Geltung der Affrikate /z/ hat (*lucicu* = *luziku*), vgl. § 157. In der mehr oder weniger häufigen Anwendung des ‹c› weichen die Denkmäler sehr voneinander ab, so schreibt z. B. Otfrid fast ausnahmslos ‹k›.

Lit.: Zum allmählichen Vordringen von ‹k› in der ahd. Orthographie: Kauffmann 1892: 253 ff., Franck Afrk. § 115:1,2.

Anm. 1. Den ags. Schreibgebrauch, wonach /k/ auch vor /e/ und /i/ als ‹c› erscheint (Ae. Gr. § 206 f.), kennen spurenweise auch ahd. Hss. Die Regel ist ‹c› in Voc (z. B. *cinni*, *cëla*, *uuincil*, Kauffmann 1892: 252), von der ags. Schreibtradition ausgehend; sonst nur vereinzelt in Hss. des 8. und 9. Jh., z. B. *arcennit* MF, *cind* (2x) T (vgl. Kögel Lg. II,522, Matzel Is 138 f.).

Anm. 2. Sporadisch ist anlautendes /k/ vor (mittelbar) folgendem /u/ oder /ŏ/ durch ‹q› bzw. ‹qu› bezeichnet (Schatz Ahd. § 286): *quundun* OFreis 4,34,23, *quumil* Gl 3,578,33, *qrustala* 1, 507,19 (vgl. got. *qrammiþa* für **krammiþa*, Got. Gr. § 60 A.1); *wile quŏselīnen* ‘grandiloquos’

Schlechter 1993: 332 f., 335 (zu *kōsilīn*), *quorunga* 'gustus' Nievergelt 2019a: 356.2. Es handelt sich um hyperkorrekte Schreibungen, die dem Wandel /qu > k/ vor gerundetem Vokal (§ 107 A.2, dort auch die Griffelglosse *arqoh&a*) geschuldet sind.

Die späten bair. ‹*q*›-Schreibungen bei *ākust* 'Laster' – *aquiste* Pred C (Wunderle/Schmid 2006: 170), *aquusta* Npw (AWB I,94) – zeugen von Anlehnung an *quisten* 'jmdn. versuchen'.

Im Anlaut sowie inlautend bei Gemination und nach den Konsonanten /l, r, n/ **§ 143**
bleibt /k/ im gesamten Frk. unverschoben. Beispiele aus Tatian: *calb, kind, kiosan, cund, knëht, accar, bithekkit, scalc, wirken, thanc*; aus Otfrid: *kalt, kraft, fakala* 'Fackel', *dunkal, folk, wërk.*

In den Beispielen dieses Buches wird, wo es nicht speziell auf die Lautung oder die Schreibung des /k/ ankommt, die dem frk. Lautstand entsprechende Bezeichnung durch ‹*k, c*›, der Geminate durch ‹*ck, kk*› angewendet (also nicht in obd. Weise ‹*ch*›: *chind, achar*).

Anm. 1. Die Geminate /kk/ wird bei Otfrid gewöhnlich durch einfaches ‹*k*› bezeichnet (§ 93 A.2), z. B. *akar, lokōn, irzuken, irreken, wakar.* Im Vers erzeugt jedoch ein solches ‹*k*› Positionslänge und erweist so seine Aussprache als Geminate. Selten steht bei Otfrid auch ‹*kk*› (*zukke*) oder ‹*ck*› (*irquickit*), vereinzelt ‹*gk*› (*irquigken, quëgkaz*); öfter dagegen steht ‹*ch*› (z. B. *irrechen, wachar*), Kelle O 521, doch vgl. § 145 A.6. – Auch Tatian hat nicht selten statt ‹*kk, ck, cc*› einfaches ‹*k*› oder ‹*c*›, z. B. *theki, stuke, nacot* (Sievers T § 48). Weiteres bei Franck Afrk. § 115:7.

Im Auslaut und vor Konsonant wird die Geminate stets vereinfacht (vgl. §§ 93, 144 A.3*), z. B. *loc, smak, thacta* (Präteritum zu *thecken*).

Anm. 2. Nur selten begegnet im Frk. ‹*ch*› (geminiert ‹*cch*›) statt ‹*k*›.

a) Tatian zeigt ‹*ch*› im Anlaut nie, im Inlaut nur in *untarmerchi* 107,3; weitere fünf Fälle (*uuecchit, achre, uuirche, folche, vorsenchit*) gehören dem Schreiber γ an (Sievers T § 47).
b) Otfrid hat im Anlaut einzelne ‹*ch*›, von denen *chëret* Os 25, *chëri* Oh 55 durch das Akrostichon verursacht sind; ferner z. B. *chuani, chind* zu Beginn des ersten Buches (Kelle O 520); inlautend außer bei Gemination (Anm. 1) nur 1x *scalches* (Hs. V) und *archa* (Hss. V, P). Vgl. Kleiber 2000: 128 f.
c) In kleineren Denkmälern finden sich einige weitere ‹*ch*›, so in WK *gotchundī, giwurchen, secchia, quëcchēm*, im Frk. Taufgel *chirichūn*, Straßb. Eide (Lb 21.1) *folches*, häufig in der Mainzer B; vgl. MSD I,XXIX f., Pietsch 1876: 431 ff., Franck Afrk. § 115.
d) Frk. ‹*ch*› erscheint besonders in den ältesten Quellen (jedoch sind im Hl *chind, chuning; folches, Otachre, dechisto, reccheo* bair., daneben *folc, cnuosles*). Von bair. Schreibern stammen ‹*ch, cch*› in Fuldaer Personennamen, z. B. *Ërchan-, Folch-, Thanch-, Reccheo* u. a., Geuenich 1976: 187 f. Manche ‹*ch*› sind aus westfrk.-lat. Orthographie zu erklären, die /k/ vor palatalen Vokalen durch ‹*ch*› ausgedrückt hat. Vgl. Kögel Lg. II,486 f., Franck Afrk. § 115:1, Baesecke 1933: 24 (in Z. 23 muss es heißen: 6 *ch* neben 30 *c* aus *k*), Lasch 1935: 128 f.

Anm. 3. Eine von den übrigen frk. Denkmälern völlig abweichende Bezeichnung des /k/ (und ebenso des /g/, § 148 A.4) verwendet Isidor: ‹*c*› im Auslaut (*folc, chidhanc, fleisc*) und in /sk/ vor /a, o, u/ und Konsonant (*scaap, scoldi, sculd, scrīban*, jedoch *schamēn*); ‹*ch*› im

Anlaut (*chalp, chind, chnëht, chraft* usw.), inlautend nach Konsonant (*folches, wërchum, scalche* usw.) und in Gemination (*arwechu, antdhechidiu*: mit ‹*cch*› *antdhecchidero, dhecchidōn*); ebenso ‹*sch*› für /sk/ vor /e, i/ (*scheffidhes, fleisches, himilischin*; vgl. § 146 A.2). Zu /kw/ vgl. § 146a A.1. – ‹*k*› fehlt im orthographischen System Isidors (Matzel Is 284 ff.).

Die lautliche Geltung des ‹*ch*› bei Isidor ist umstritten. Ausführlich über *h*-haltige Konsonantengraphien bei Isidor (‹*ph, dh, ch, gh*› usw.) und ihre lautliche Bedeutung Matzel 1966: 158 ff., speziell über ‹*ch*› 162 ff. Danach ist es verfehlt, vom Gebrauch des ‹*h*› bei irgendeiner dieser Graphien auf Aspiration zu schließen (so Nörrenberg 1884: 384 f.; dagegen schon Kögel Lg. II,487; für ‹*ch*› als Bezeichnung der Aspirate oder Affrikate Lessiak 1933: 165). Der Isidor-Übersetzer hat aus vorhandenen ahd. Ansätzen mit Anleihen bei rom. Orthographie – ‹*sch*› und ‹*gh*› vor Palatalvokal, vielleicht über lgb. Vermittlung durch Paulus Diaconus (Bruckner 1935: 74 f.; zu ‹*gh*› vgl. § 148 A.4) – eine eigene Norm entwickelt. Die Parallelen zu rom. Orthographie sind begrenzt (Ausweitung von ‹*ch*› auf die Stellung vor allen Vokalen). Vgl. noch Franck Afrk. 147 f., Baesecke Einf. 88 f.

Anm. 4. Verschiedentlich wird /k/ durch ‹*g*› bezeichnet:

a) Bei Otfrid wird statt ‹*k*› oft ‹*g*› geschrieben, wenn inlautendes /k, kk/ vor das /t/ des Präteritums der swV. I zu stehen kommt; doch ist ‹*k*› daneben gleich häufig, z. B. *drankta, wankta, sankta* neben *drangta, wangta* (zu *drenken, wenken*); und (Hs. P) *sangta*, aber nur *skrankta, skankta*; *thagta, scrigta* und *thakta* (zu *theken*), *scrikta* (zu *skricken*) u. ä. (vgl. Kelle O 523, Pietsch 1876: 429). Auslautendes ‹*g*› statt ‹*k*› bei Otfrid, z. B. in *thang, wang, wërg, scalg*, wird von Kelle O 524 dem Schreiber der Hs. V zugewiesen, vom Korrektor (Otfrid) oft in ‹*k*› verbessert.
   Man darf in diesem ‹*g*› vor /t/ und im Auslaut die Bezeichnung eines unaspirierten, nicht notwendig eines lenisierten /k/ sehen; vgl. Kauffmann 1892: 263, Franck Afrk. § 115:4 (dazu Lessiak 1910: 205), Lessiak 1933: 16 f.

b) Auch Fuldaer Personennamen enthalten nicht selten solche ‹*g*›-Schreibungen: *Danghilt, Meginuuerg, Starg-*, auch *Asgirih*. Auffallend ist in späterer Überlieferung (10./11. Jh.) anlautendes ‹*g*›: *Guonrat, Grapht, Gristan* (Geuenich 1976: 186). So auch die frk. Glossen *gibfun* (zu ‹*bf*› vgl. § 131 A.1), *sulzgar* Gl 3,658,15. 29; zu hyperkorrektem *krunni* 'Jammer' O (Schreiber V_1, von Otfrid in *grunni* korrigiert) vgl. Kleiber 2000: 130 f.

c) Bei Notker begegnet die Graphie *werg*; ebenso *unwerghaftiu* 'inactuosa' Gl 2,695,57. Mitzka (1954: 60) sieht in Schreibungen wie *skrig, cheg* Nc 152,10. 98,3, *giglenchis* (Gl 1,516,17) zu *klenken*, *hintergriogigi* (Gl 2,205,15) 'tergiversatione' zu *kriag, granuh, graniche, gnehta, gnehto* Will Zeugnisse der binnendt. Lenisierung; vgl. dazu § 102a A.2 sowie §§ 133 A.2, 146 A.3, 163 A.3. Zu ‹*gu*› für /kw/ vgl. § 146a A.2.

d) In späten Lehnwörtern wird /k/ als – unaspiriertes bzw. lenisiertes – ‹*g*› übernommen (Schatz Ahd. § 221), so *germinōn* Np, GlMon (mlat. *carminare*), *gustra* Pl. GlMon (mlat. *custor*). Zu ‹*b*› für /p/ vgl. § 133 A.3.

§ 144 Im Obd. tritt in den Fällen, in denen das Frk. unverschobenes /k/ bewahrt (im Anlaut, in der Gemination und nach /l, r, n/), die Verschiebung zur Affrikate [kχ] (d. h. /k/ + *ach*-Laut) ein (zur bair. Aussprache s. Anm. 7). Die gewöhnliche Bezeichnung dieses Lautes ist obd. ‹*ch*›, in der Gemination auch oft ‹*cch*› (zu /kw/ vgl. § 146a). Beispiele: *chorn, chind, dechan* oder *decchan* 'decken', *poch* 'Bock', Gen. *poches* oder *pocches, scalch, starchen* 'stärken', *trinchan*.

Doch kommt auch in obd. Quellen der älteren Zeit daneben nicht selten die Schreibung ‹*k*, *c*› vor, z. B. *kind*, *corn*. In diesen Fällen liegt graphisch kein Unterschied zu den frk. Formen vor.

Lit.: Wilkens 1891: 45 ff., Schatz Abair. § 62.

Anm. 1. ‹*ch*› steht hier noch in seiner eigentlichen Bedeutung, nämlich ‹*c*› (= /k/) + ‹*h*› (Frikativ [χ]), also eine dem ‹*pf*› ganz analoge Schreibung. Bald aber begann man im Ahd., mit ‹*ch*› auch den velaren Frikativ zu bezeichnen (§ 145), wodurch die Schreibung des Obd. leicht zweideutig wird. – Statt ‹*ch*› zur Bezeichnung der Affrikate wird nur in wenigen Denkmälern gleichwertiges ‹*kh*› verwendet, z. B. in Kb (Kögel 1879: 83) und Ad (*khaisorlīh*, *khregenti*), ferner in Pn (*khorunka*, *quëkhe*, *khirihhūn*) und Musp (*khuninc*, *khenfun*, *quëkkhēn*). Sonst noch gelegentlich in MF und in Glossen; dazu ausführlich Haubrichs/Müller 2021: 118 ff. – Zu Formen von *quëc* mit ‹*hh*› bei Is, MF vgl. § 145 A.6.

Anm. 2. Zum Verhältnis der Schreibungen ‹*k*› und ‹*ch*› im Obd.:

a) ‹*k*, *c*› statt ‹*ch*› ist im älteren Obd. weit verbreitet. Man kann darin eine ungenaue Bezeichnung der Affrikate sehen. Aber Otfrid verwendet ‹*k*› ausdrücklich wegen der „Kehllautung" (*ob faucium sonoritatem*, Ad Liutb. 70) des so bezeichneten Lautes (d. h. wegen seiner Aspirierung/Affrizierung, Lessiak 1933: 17; anders Mattheier 1990: 73). Manche ältere Quellen verwenden neben ‹*ch*› keine oder nur wenige ‹*k*, *c*›, so z. B. Pa, R, Ka, H, Rb, BR. Andere dagegen weisen sie in großer Zahl auf, z. B. Musp neben 4 ‹*kh*› (Anm. 1), 3 ‹*ch*› (*chunno*, *wechant*, *kimarchōt*) immerhin 8 ‹*k*› (*kistarkan*, *kreftīg*, *mankunnes*, *varsenkan* usw.; 3 ‹*h*› in *marha* bezeichnen Frikativ, vgl. Anm. 5 und Lippe 1983: 122); ähnlich verhalten sich Kb, Ra, MF, Sam. – Voc zeigt regelmäßiges ‹*c*›, dem nur sehr wenige ‹*ch*› zur Seite stehen (Henning 1874: 88), vermutlich unter ags. Schreibeinfluss, vgl. § 142 A.1. – Selten begegnet in Glossen anlautendes ‹*h*› statt ‹*ch*› (wohl nur unvollständige Schreibung), z. B. *hrefti*, *harles* Rb (zu *arhuuëme* vgl. § 146a A.3d), vgl. Kögel 1884: 305 A.; *hrefte* Aratorgl. (v.Gadow 1974: 85, 129). – Der Abrogans hat in der Stellung nach /n/ nur ‹*k*›, jedoch ‹*g*› zwischen /n/ und /e, i/, Verschiebung nach /r, l/. Dies stimmt zum Bair. (Schatz Abair. § 62:b, Baesecke 1931: 361); vgl. auch Anm. 3c.

b) Die jüngeren obd. Quellen des 10./11. Jh. haben dagegen im Allgemeinen das ‹*ch*› weit regelmäßiger und zeigen nur selten daneben einzelne ‹*k*›. So herrscht ‹*ch*› durchweg bei Notker und ebenso in bair. Quellen wie Npw, Ambraser Predigten, Otloh, Merig. Auch in Psalm steht immer ‹*ch*› (*chērte*, *irchennit*, *gidanchen* usw.), und OFreis setzt sehr häufig ‹*ch*› für ‹*k*› der Vorlage ein. Dieses spätobd. ‹*ch*› ist eine orthographische Regelung, die bis ins 15. Jh. gilt, und bezeichnet – pace Braune an dieser Stelle – generell sicher keinen Übergang zum Frikativ; ein solcher ist lediglich für das Spätalem. (Notker; s. Anm. 4, 5) mit einiger Wahrscheinlichkeit anzunehmen. – Vgl. Paul 1879a: 556 ff.

Anm. 3. Die inlautende Geminate ist neben der häufigen Graphie ‹*ch*› durch weitere Schreibungen vertreten.

a) Zu allen Zeiten wird die Geminate auch durch ‹*cch*› bezeichnet, z. B. *rucchi*, *arzucche* Pa; *secchea* R; *decchan* BR; *zucchen*, *ëcchert* Npw; bei Notker herrscht ‹*cch*› völlig, z. B. *uuecchen*, *diccho*, *nacchet*. Ganz vereinzelt steht ‹*cch*› für nicht geminiertes /k/, z. B. *kadanccho* Emm (neben *tranche*). Vgl. Schatz Abair. § 62:b.

b) Beispiele für die Graphien ‹*ck*, *k*, *c*› (vgl. Anm. 2a): *ackar*, *reckis* Ra, *stukim*, *thicnes* Kb, *smacōn* Gl 3,243,50 (12. Jh.). In Quellen ohne geregelte Orthographie treten auch andere

Schreibungen auf, vgl. etwa die von Kögel 1879: 85 aus Kb angeführten ‹*kh, hk, hkh, ckh, hck, hcc*› (z. B. *trohkini* 'siccamenta'); zu Jun vgl. Schindling 1908: 64 f. ‹*gch*› begegnet sporadisch in *thagchio* Ka 26,21, *quëgchaz* OFreis 2,1,43; ‹*chch*› in *rehpochchili* Nl (Piper Bd. I, CLIII,4), *itiruchchit* Gl 1,342,16 (Jacob 1897: 7; oder zu § 145 A.4d?). Die sonst dem Frikativ vorbehaltene Graphie ‹*hh*› liegt vor in *thihhero* Gl 2,763,20, *dihhera* GlFreis 354, 432 (dort als Frikativ gewertet).

c) Im Abrogans ist die Geminate anscheinend vereinzelt ‹*g*› geschrieben in *regent* Pa, *kiregen* Pa (Kögel 1879: 81, Schatz Abair. § 62:b) und vielleicht in *regit* Kb (Splett Abr 160). Die Graphie würde der bair. Regelung nach /n/ entsprechen (‹*g*› vor /e, i/, Anm. 2a). Jedoch fällt auf, dass die Belege auf *recken* beschränkt sind (AWB VII,889; weitere Pa-Belege wie *plechet* oder *ubarspichi* weisen kein ‹*g*› auf). Womöglich sind sie durch (die Vorstufe von) mhd. *(ge-)regen* 'erregen, aufdecken' beeinflusst.

d) ‹*x*› in dem frühbair. Personennamen *Eparoxar* Gl 4,602,40. 42 (Regensburg 8. Jh.; = *Ëbar(w)ackar*, Förstemann I,445 f.) bezeichnet wohl die aspirierte oder affrizierte Geminate; zugleich offenbart der Name eine Velarisierung /wa/ > /o/ im Zweitglied (§ 109 A.4a; Schatz Abair. § 88:d, Tiefenbach 2002: 17 A.17).

Anm. 3*. Im Auslaut wird die Geminate in der Regel vereinfacht, was sich unterschiedlich äußern kann (vgl. Schatz Ahd. § 224):

a) Die normale Auslautgraphie ist ‹*c*›, z. B. *flëc, stric* Ra, *pic* Rc, *loc* T; häufiger begegnen auch ‹*k*› (*strik* Kb, *quëk* O) und ‹*ch*› (*flëch* Kb, *stoch* Voc).

b) Im Obd. wird zuweilen ‹*hc*› geschrieben, das Aspirierung oder Affrizierung anzugeben scheint: *hnahc* Pa, *bohc* Gl 2,720,28, *pohc* 3,442,11, *(-)rohc* 2,732,7. 3,682,67, *smahc* 3,69, 38, *quihc* Nievergelt 2012a: 408.2; vereinzelt auch für /k/ lat. Ursprungs, so *pestinahc* Gl 3, 573,46. Zu *scalhc* Nk s. Anm. 5. – Spätalem. *hcussilīn* Nievergelt 2017: 135.b zeigt ‹*hc*› im Anlaut.

c) Bei Notker erscheint ‹*g*› (selten ‹*gh*› oder ‹*c*›), was auf stimmlosen, unaspirierten Plosiv weist: *chëg*, Gen. *chëcches* 'lebhaft'; *plig*, Gen. *plicches* 'Blitz'; *pog*, Gen. *pocches* 'Bock'; *matoscrëgh* 'Grashüpfer'; im Silbenauslaut *gesmagmo* 'Geschmack' (aber *gismag* 'angenehm' vielleicht mit germ. /g/, vgl. *gismagan* Gl 2,414,40. 2,474,38). So auch *rog* SH.

Anm. 4. Ob die hochalem. „Extremverschiebung" der anlautenden Affrikate zum Frikativ ([χint] 'Kind') in ahd. Zeit zurückreicht, lässt sich der Graphie ‹*chind*› nicht entnehmen (zu /pf/ > /f/ vgl. § 131 A.4). Die ältesten Quellen unterscheiden jedenfalls deutlich zwischen ‹*ch*› und ‹*h, -hh-*›. Sicher Affrikate hat Notker in der inlautenden Geminate ‹*cch*›, z. B. *wecchen, diccho*.

Auch nach /n/ ist für ‹*ch*› bei Notker Affrikate (nicht Frikativ) anzusetzen, denn dem inlautenden ‹*nch*› entspricht auslautendes ‹*ng*›, also *danchôn, wenchen, trinchen*, aber *dang, wang, trang*, vor Konsonant neben *wanchta, tranchta* häufiger *wangta, trangta, scangta* und (etwas seltener) *wancta, scancta* usw., ein sicheres Zeichen dafür, dass ‹*ch*› in *wenchen* usw. Plosiv war. Vgl. Bohnenberger 1906: 426, Pestalozzi 1916: 129 ff. (z. T. anders), Baesecke Einf. 90, Behaghel 1928: § 411. – Zu analogem ‹*g*› bei Otfrid vgl. § 143 A.4a.

Anm. 5. Im Obd. ist germ. /k/ in den Verbindungen /lk, rk/ in einigen der infrage kommenden Wörtern zum Frikativ verschoben, was durch Formen wie *scalh, starh* (und durch rezente Mundarten) erwiesen wird, z. B. in MF *scalh*, H *folh*, in Emm *scalh, scalhe, wërh* (neben *wërcho*), bei Notker *starh*; zu Jb, Jc vgl. Schindling 1908: 62, ferner z. B. Pred B *wërhliute, wërh*. Sporadisch erscheint ‹*nh*› für /nk/: Jb *piscranhta* (Rd *-nchta*); GlMon *screnhenter*, *scenhanne, wīnswenhe.* In alem. Quellen finden sich die meisten Belege im 8./9. Jh., in bair. vor allem im 10./11. Jh. Dass in diesen Fällen auch ‹*ch*› für den Frikativ steht, beweist der Wechsel mit ‹*h(h)*› (wie *sprĕchen/sprah* § 145). Auch ‹*hc*› in *scalhc* Nk 65,14 (s. Anm. 3*b) und ‹*gh*› in *scalgh, uuĕrgh* Np weisen auf Frikativ (vgl. § 145 A.5e zu *rough*). In solchen Fällen ist die Affrikate nach Sonant zum Frikativ weiterverschoben.

Zuweilen hat sich zwischen Liquid und /h, ch/ ein Sprossvokal entwickelt (*chelich, biricha, maracha, starach-, werach*; vgl. § 69 A.3), wohl erst nach dem Übergang von der Affrikate zum Frikativ, Lippe 1983: 125, 136 (vgl. auch § 87 A.6c).

Anm. 6. OFreis (bair.) schreibt zuweilen ‹*g*› für /k/ (z. B. *gorōti, gūmīgan*), s. Kelle O 515, wo Ähnliches aus Glossen nachgewiesen wird (zum Frk. vgl. § 143 A.4ab). – Die Behandlung des anlautenden /k/ lässt im Bair. den Zeitraum der Übernahme von Lehnwörtern und Ortsnamen erkennen: ‹*ch*› bis 700, ‹*g*› bis 1000, dann mhd. ‹*k*›: ahd. *chestina, chutinna, chatza* aus vlat. *castinea* (Feulner 2000: 146 f.), *quadanaea, catta* (Kranzmayer 1956: § 27:c6).

Anm. 7. Die lautliche Geltung von obd. ‹*ch*› als Affrikate im Anlaut, nach /l, r, n/ und in der Gemination wird durch die rezenten Mundarten nur für das südliche Obd. gestützt. Affrikaten bzw. Frikative nach /l, r/ gelten heute nur noch im Hochalem., im Südostschwäb. südlich von Augsburg und im Südbair. Das Mittel- und Nordbair. dagegen hat aspiriertes [kh] ([g̊h]) nur anlautend vor Vokalen, sonst lenisiertes unaspiriertes [k], als Ergebnis der Konsonantenschwächung. In ahd. Zeit wird [kχ] oder [kh] aber im ganzen Obd. gegolten haben (§ 87:2). Dafür sprechen die ahd. und mhd. Schreibung ‹*ch*› im Obd. (gegen frk. ‹*k*›) sowie die Auslautverhärtung von bair. /g/ > [kχ] (‹*ch*›) (§ 149 A.5). Vgl. Lessiak 1908: 131 f., Reiffenstein 2002: 624, 629 A.6, Tiefenbach 2002: 18.

Nach Vokalen im In- und Auslaut wurde germ. /k/ im Ahd. im gesamten hochdeutschen Sprachgebiet zum geminierten stimmlosen Frikativ verschoben. Dieser wird in den ältesten Quellen durch ‹*hh*› bezeichnet, im Auslaut und vor Konsonant tritt dafür nach § 93 einfaches ‹*h*› ein, z. B. *sahha* 'Sache'; *zeihhan* 'Zeichen', Gen. *zeihnes*, dazu *zeihnunga*; *sprĕhhan*, Prät. *sprah*; *sioh* 'krank', flektiert *siohhēr*; *suohhen* 'suchen', Prät. *suohta*; *ih* (got. *ik*) 'ich', aber *ihhā* 'egomet' (§ 282 A.2a); *joh*, Gen. *johhes*. **§ 145**

Statt ‹*hh*› wird überall bald ‹*ch*› geschrieben, obd. fällt dies graphisch mit der Affrikate /ch/ zusammen (§ 144 A.1). Intervokalisches ‹*ch*› verdrängt ab der Mitte des 9. Jahrhunderts älteres ‹*hh*› und bleibt von da an die normale Bezeichnung. Für den einfachen Frikativ bleibt dagegen die Schreibung ‹*h*› unverändert; diese gilt 1. im Silbenauslaut, 2. haupttonig in bestimmten Quellen (Anm. 2), 3. häufig im Nebenton (Anm. 7). Als gemeinahd. Schreibung ergibt sich: *sacha, zeichan, sprĕchan / sprah, sioh / siochēr, joh / joches, suochen / suohta, ih.*

Im Ahd. ist der Frikativ vermutlich durchweg als velarer *ach*-Laut gesprochen worden, wie heute noch im Niederländischen und Schweizerdeutschen (Moulton 1987: 80).

Lit.: Wilkens 1891: 56 ff., Schatz Abair. § 61, Franck Afrk. § 117.

Anm. 1. Das Eintreten der Schreibung ‹*ch*› für ‹*hh*› lässt sich chronologisch nicht genau fixieren.

a) Von frk. Quellen verwendet Isidor ‹*hh*› (*zeihhan, boohhum* usw.), kein ‹*ch*›, wohl aber 1x ‹*hch*› (Anm. 3). Dagegen zeigt WK schon regelmäßig ‹*ch*›. Im Tatian überwiegt noch ‹*hh*›, doch treten zahlreiche ‹*ch*› auf (verschiedene Schreiber, Sievers T § 53). Otfrid hat das ‹*ch*› durchgeführt (doch s. Anm. 2), ebenso spätere Quellen wie Ludw, Mainzer B u. a. (Pietsch 1876: 431 f.).

b) Ähnlich im Obd.: In Pa, Kb, Ra, R herrscht ‹*hh*› (bzw. ‹*h*›, s. Anm. 2), woneben nur wenige ‹*ch*› auftreten; kein ‹*ch*› haben ferner Voc, MF, Musp, al. Ps usw. In BR ist ‹*hh*› noch das Normale, ‹*ch*› tritt erst wenig in Erscheinung (Masser 2008: 140). Aber schon Rb ist stark mit ‹*ch*› durchsetzt, auch wenn ‹*hh*› noch überwiegt; in H herrscht überhaupt ‹*ch*›. Zu Jun vgl. Schindling 1908: 62 ff.

c) Man kann also nur sagen, dass ‹*hh*› die älteste Schreibung ist und im Verlauf des 9. Jh. allmählich verschwindet, dass aber ‹*ch*› schon Ende des 8. Jh. auftritt, immer mehr vordringt und schließlich die Alleinherrschaft gewinnt. Die alte Schreibung ‹*hh*› begegnet vom 10. Jh. an nur noch selten.

Anm. 2. Ziemlich häufig findet sich statt und neben ‹*hh*› direkt nach dem Hauptton auch einfaches ‹*h*› (vgl. ‹*f*› neben ‹*ff*› § 132 A.1; zur Stellung im Nebenton s. Anm. 7). In manchen Texten ist dies die Regel, z. B. in Ra (*zeihan, sprāha, mihil* usw.) und Exh A (*mihiliu* u. a.; in Exh B auch ‹*ch*›), überwiegend in Voc und Pa. In Rb stehen 49 ‹*h*› neben 66 ‹*hh*› und 65 ‹*ch*› (Ottmann 1886: 63); im Tatian verwendet nur Schreiber ζ meist einfaches ‹*h*›.

Sonst findet sich einfaches ‹*h*› verstreut in vielen Quellen, auch in solchen, die schon regelmäßig ‹*ch*› schreiben, wie H (Sievers H § 16) und hier und da bei Otfrid, z. B. *mihilan* 4,8,23, *rīhi* Os 5; 4,21,17; *skāhari* 4,22,13 usw. (Kelle O 522), ferner im Phys (z. B. *bezēhinet, brihit*), im Musp (*rīhi*) und anderwärts.

Anm. 3. Eine andere ziemlich verbreitete Schreibung ist ‹*hch*›. Regelmäßig steht es in Ka (Kögel 1879: 83), nicht selten in Kb, häufig in gewissen Teilen von BR (F. Seiler 1874: 409; für Murbach vgl. Baesecke 1931: 362). In BR wird mehrfach ‹*h ch*› mit Spatium geschrieben; daraus schließt Masser 2008: 140 auf abgesetzte, nach Sprecheinheiten segmentierende Artikulation beim Vorsprechen des Schreibers. Vereinzelt kommt ‹*hch*› in weiteren Quellen vor, z. B. Rb (*stěhchalēr, flūmlīhchemu* u. a.), Is (*scaahche*), T (*brěhchanne*), O (*gimahchaz* 5,12, 16), Phys (z. B. *būhche, uuahcheta, mihchelin*), Npw (*sprihchet, inlohchen* usw.).

Anm. 4. Sporadisch finden sich weitere Inlautschreibungen:

a) ‹*kh*› (vgl. § 144 A.1) einige Male bei Otfrid: *bisuīkhe* (: *rīche*), *gisuīkhit, bisuīkhit* 5,23,156. 260; in Kb z. B. *sprikhit, prūkhumēs* (Kögel 1879: 87); *sprākha* Lb 39, 22; zum Mfrk. vgl. Tiefenbach 1975: 300;

b) ‹*chh*›, z. B. *intlūchhante* Pa (Kögel 1879: 82), *Deotrīchhe* Hl 26, *dechhitut* MF 21,4 (in frikativischer Geltung aus ‹*hh*› der Vorlage umgesetzt, Matzel Is 193 A.202), *machhenne* GlMon (1,326,53);

c) ‹*cc*› und ‹*cch*›, so *sciemaccal* Gl 3,493,14; *bleccher* 2,485,1 (9. Jh., zu *blěh*; vgl. § 197 A.1b), *frěcchī* H (Sievers H 16), *irricche* Npgl (zu -*rěhhan* stV.), *gimacchōst* Otloh; zu *chocchil* 'Löffel' (?) vgl. AWB V,298;

d) ‹*chch*›, z. B. *curtilachchan* Rb (Gl 1,336,25), *puochchīniu* Gl 2,678,37; in OFreis *gianabrěchchōn* 4,19,64, *gimachchaz* 4,4,42;

e) ‹*hc*› (Anm. 5b), ‹*hk*›, z. B. *rīhces* H 1,7, *nuzbrëhca* SH (Gl 3,304,36); *sōhken* Kb, *mihkil* Georgsl (2x, Haubrichs 1979: 131, 133 f., Schützeichel 1982: 88 f.);
f) ‹*hcch*› 2x in Rb: *fohcchinza, kimahcchōta* Gl 1,336,56. 335,45 (Ottmann 1886: 64).
g) Zu ‹*k, c*› statt ‹*ch*› vgl. MSD II,332, Weinhold Alem. 177, Paul 1879a: 556, Franck Afrk. § 117:3, Brinkmann 1931: 160. Das fast durchgehende ‹*k*› des Georgslieds in *spreken, zheiken* usw. (vereinzelt ‹*hk*›, s. o. e, 2x *ich*), das Haubrichs 1979: 133 als Zeugen für unverschobenes mfrk. /k/ ansieht (neben ‹*f(f), z(s)*› für germ. /p, t/), ist eher als unvollständige Schreibung für den Frikativ zu werten (Schützeichel 1982: 89 f.), wie sie in *grimlīco* Gl 2, 575,17 (Stührenberg 1974: 75, GramErtr 164; anders Klein 1977: 114), *gemaclig* GlBud 125+ A.96 vorzuliegen scheint.
h) Zuweilen bleibt der Frikativ nach betonter Silbe ganz ohne graphischen Reflex (zu nebentoniger Reduktion s. Anm. 7): vor Vokal in Griffelglossen der Hs. Ottob. Lat. 3295 (9. Jh.; H.Mayer 1982: 121), z. B. *spraa* (*sprāhha*), *sprean* (*sprëhhan*), *soaan* (*suohhen*), ferner vielleicht in *scliandi* Gl 1,298,8 (9. Jh., *slīhhan*; oder für as. *slīcandi* verschrieben?); vor Konsonant in *glīnessi* T 91,1 (*gilīh-*), *rohus* Gl 2,619,15 (*rouhhūs*, Wich-Reif 2001: 229 f.).
i) Bei *fregchiu. frechiu* Gl 2,576,41 (vgl. Stührenberg 1974: 75) scheint irrtümliches ‹*gch*› in der Wiederholung korrigiert zu sein.

Anm. 5. Im Auslaut ist ‹*h*› bis ins 11. Jh. die Regel. Abweichende Schreibungen:
a) In einigen Denkmälern kommt ‹*ch*› auch im Auslaut vor; meist nur vereinzelt wie *pëch* H, *gōtlīch* Freis. Pn; häufig setzt OFreis ‹*ch*› für ‹*h*› des Originals: *sprach, buach, ich, unsich* usw. (Kelle O 525); Cod. SGall 292 neben ‹*h*›: *duach* usw. (Pietsch 1876: 432). Dagegen ist bei Otfrid in Fällen wie *sprach ër* 1,5,13 das ‹*ch*› durch Enklise des *ër* inlautend und gehört zu beiden Silben (§ 93 A.3). Häufig ist ‹*ch*› im Auslaut bei Will.
b) Nicht ganz selten ist auslautend die Schreibung ‹*hc*› statt ‹*h*›, z. B. in H *eocalīhc, uuntarlīhc*; Rb *chelihc* Gl 1,317,59 f., *duruhsiunlīhc* Gl 1,353,27; Musp *uuelīhc*, OFreis *egislīhc*, Zeitzer B *ihc, mihc*; zum Mfrk. vgl. Tiefenbach 1975: 300. Ob das auslautende ‹*hc*› in einer St. Galler Urkunde gegenüber ‹*h*› im Vorakt zur Differenzierung von ‹*h*› für germ. /h/ dient (so A.Seiler 2013: 136 f.), bleibt angesichts des Zusammenfalls im Auslaut fraglich.
c) Bloßes ‹*c*› begegnet in *unsic* Freis. Pn (Lb 12, 30), *rouc* GlMon (1,523,35, 12. Jh.).
d) In frk. Texten steht gelegentlich ‹*-g*› statt ‹*-h*›: *mig* Straßb. Eide (Lb 21.1, 19), *ig* De Heinrico (Lb 39, 25) u. a. (zu ‹*-g*› für ‹*-h*› < germ. /h/ vgl. § 154 A.4c). Im Mfrk. dient ‹*g*› aufgrund des frikativischen Charakters von /g/ auch als Umkehrschreibung für ‹*ch*›, z. B. in *erssuogingo* Gl 1,319,4 (N.Kruse 1976: 213), *-gebroganēr* GlBud 110, 132 (*-brëhhan*), *berogane* 126 (*-rëhhan*, § 341 A.1b). Vgl. v.Helten 1897: 447 ff., Franck Afrk. § 106:2. – Bei sehr alten Weißenburger Namen mit ‹*g*›, z. B. *Gairelaigo* 696, *Gaerlaigouilla* 713 (Socin 1882: 234) zu got. *laiks*, ahd. *leih* ‘Spiel, Tanz’, kommt westfrk.-merow. Schreibung in Betracht.
e) Ausnahmsweise bietet Np die Graphie ‹*gh*›: *rough* ‘Rauch’ 101,4 (vgl. § 144 A.5 zu *scalgh, uuërgh*).

Anm. 6. In einigen Wörtern, die gemeinahd. geminiertes /ck/ (obd. /cch/) haben, zeigen bestimmte Quellen die Verschiebung zu /hh/, setzen also Nebenformen mit einfachem westgerm. /k/ voraus. So findet sich zu *seckil*, obd. *secchil* ‘sacculus’ im Tatian ein *sehhil* neben *seckil* und bei Otfrid *sechil* neben *sekil*. Neben *nackot* ‘nackt’ steht in MF *nahhut*, in BR *nahhutan*, bei Otfrid 2x *nachot* (neben *nakot*); bei Notker nur *nachet, na(c)cheten*. Statt sonstigem *quëc* (Gen. *quëckes*) hat MF nur *quëh*, Gen. *quëhhes*; dazu die Griffelglosse *arqoh&a* (§ 107 A.2). Vgl. § 96 A.5; Reiffenstein 1963: 326; zu MF vgl. Matzel 1966a: 46 A.35, ds. Is 193 ff., 453 (anders Mitzka 1963: 33). – Zu /kk : k/ vgl. /pp : p/ § 132 A.4.

Anm. 7. Schon früh wird /hh (ch)/ in minderbetonter Silbe (§ 93 A.1) zu /h/ reduziert, das dadurch mit germ. /h/ zusammenfällt (zur haupttonigen Stellung s. Anm. 2 u. 4h).

a) Mit einfachem ‹*h*›: Pa *pihaltantlīho*; Ka *gernlīho*; Ra *himilīhī*; R *samftlīho*, *smālīhēr*, *tagolīhan* u. a. (Wüllner 1882: 21, 95 ff.); Exh A *cahuctlīho*, *suslīhera*; T *tuniha*, *uuārlīho* u. a. (Sievers T § 53). Vor allem *solīhhēr* und *welīhhēr* werden schon in älteren Quellen sehr oft mit ‹*h*› geschrieben (Graff IV,1209 ff., VI,19 ff., ferner z. B. *soliha* Nievergelt 2023: 140 f.); zu weiteren Reduktionen dieser Wörter vgl. § 292 A.1.

b) Vereinzelt wird ‹*gh*› geschrieben: bair. *gelfligho* Gl 2,165,42 (9. Jh.), *mv̊ligher* 3,239,5 (SH).

c) Typ b) indiziert eine schwächere, Typ a) eine hauchlautartige Aussprache. Eine solche macht nämlich verständlich, dass der nebentonige Frikativ mitunter gar nicht bezeichnet wird (vgl. Anm. 4h, ferner § 154 zu altem /h/): *souuelies* Ad (Haubrichs/Müller 2021: 118), *ehirlies* (*-līhhes*) Gl 2,636,5, *misliemo* (*-līhhemo*) 2,770,8, *rehantlia* (*-līhha*) 2,192,16 (vgl. GlFreis 521 f.), *kihantreie[n]te* (*-reihhen*) GlFreis 56.36. Hierher auch ‹*siftlio*› ‘adeo’ GlBud 133+A.165, 151, falls für *sihtlīhho* (vgl. aber *sō filo* ‘adeo’ Gl 2,668,35. 2,670,62).

d) In der Regel aber ist intervokalisches /hh/ bei den Bildungen auf *-līh* (§ 249:2e) und *-līhho* (§ 267 A.3a) restituiert.

§ 146 In der Verbindung germ. /sk/ bleibt ahd. /k/ unverschoben (§ 87:3), also *skeidan*, *skirm*, *skūr*, *skalk*, *skrītan*, *fisk*, *waskan* usw. Erst mhd. ist die Verbindung /sk/ zu einem neuen Laut, dem stimmlosen Sibilanten [ʃ] (‹*sch*›) geworden (Mhd. Gr. § L 124). Wann dieser Lautübergang durchgedrungen ist, lässt sich nicht genau bestimmen. Noch im 12. Jahrhundert ist die alte Schreibung ‹*sc*, *sk*› sehr verbreitet, als Schreibtradition hält sie sich bis ins 14. Jahrhundert. Doch muss die Vorstufe des mhd. /š/ schon im Ahd. zu suchen sein, und als solche ist ‹*s* + *ch*› (= [ç]) zu erwarten. Somit muss im Verlauf der ahd. Periode /k/ nach /s/ zum palatalen stimmlosen Frikativ geworden sein. Auf die Existenz dieser Stufe im Ahd. weisen wohl die Schreibungen vieler Handschriften hin, die statt und neben ‹*sk*› öfters ‹*sch*› oder ‹*sg*› aufweisen, z. B. *scheidan*, *mennischo*, *fisg*, *wasgan* (s. Anm. 2, 3 sowie 6e). Doch bleibt bis ins 11. Jahrhundert ‹*sk*, *sc*› die normale Schreibung, was der Annahme von Kauffmann 1890: 251 entgegensteht, /sk/ sei gleichzeitig mit der Verschiebung des postvokalischen /k/ (> [χ], ‹*hh*›) zu [sχ] verschoben worden.

Lit.: Wilmanns I,78 ff., Franck Afrk. § 116, Schatz Abair. § 75 f. (z. T. mit anderen Ansichten über die phonetische Natur des Vorgangs); zu Schatz ([sk > šk > š]) vgl. Lessiak 1908: 133, ds. 1910: 211. – Ferner Baesecke Einf. 112, E.Schwarz 1926: 138, E.Sievers 1928: 179, A.Mayer 1929, U.Schulze 1964: 308 ff., Schweikle 1964: 254, Hall 2021: 34 ff., 44 (anders).

Anm. 1. In orthographischer Hinsicht ist zu bemerken, dass in der Verbindung /sk/ die Schreibung mit ‹*c*› besonders beliebt ist und in vielen Hss. selbst vor /e, i/ angewendet wird, wo sonst nie ‹*c*› für /k/ gebraucht wird (§ 142). So z. B. bei Otfrid *scirm*, *scīn*, *scepheri* (Kelle O 506), auch im Tatian (Sievers T § 50), in H u. a. Andere, z. B. BR oder N, schreiben ‹*sc*› vor /a, o, u/, dagegen ‹*sk*› vor /e, i/ (vgl. Wesle 1913: 24). Im Kontext des auffälligen Gebrauchs von ‹*h*› ist die Graphie ‹*sh*› für /sk/ im Georgslied (3x *keshante* zu *giskenten*) zu verstehen (vgl. Anm. 6b; Haubrichs 1979: 129 f.).

Anm. 2. Die Schreibung ‹*sch*› für /sk/ tritt schon früh auf. Abgesehen von Isidor (§ 143 A.3) und von MF, wo (wie bei Isidor) meist ‹*sch*› vor /e, i/ steht, findet sich vereinzeltes ‹*sch*› in vielen älteren Quellen, so etwa *schapen, schërent* Gl 2,222,30. 35 (Ende 8. Jh.; vgl. Nievergelt RP 521). Im Tatian 3x ‹*sch*› (*bischein, lantscheffi, himilisches*), in H 4x ‹*sch*› (*scheffo, schīmo, schalchilun, mannaschīnes*); vgl. *forschōt* R, *unchūschida* BR. Auch in Pa, K, Ra stehen einzelne ‹*sch*›. Häufig tritt ‹*sch*› nur in OFreis auf, wo ‹*sch*› ziemlich regelmäßig die ‹*sk, sg*› des Originals ersetzt (Kelle O 506); ferner ziemlich häufig anlautend vor /e, i/ in Rb (vor /e, i/ 20 ‹*sc*›, 15 ‹*sch*›, und zwar überwiegend ‹*sch*› vor /ī/, Ottmann 1886: 65 f.). Sonst bleibt ‹*sch*› vereinzelt und ist erst ab dem 11. Jh. auf dem Vormarsch. Will und Npw zeigen neben ‹*sc*› schon häufig ‹*sch*›. Auch Np der St. Galler Hs. hat ‹*sch*›, während die in alten Hss. überlieferten Stücke Notkers davon noch frei sind (Holtzmann 1870: 337 f.).

Anm. 3. Hin und wieder wird für /sk/ ‹*sg*› geschrieben (vgl. §§ 102a A.2, 143 A.4; Franck Afrk. § 116:2, E.Sievers 1920: 186 ff., Brinkmann 1931: 67, Mitzka 1954: 65).

a) Im (Wurzel-)Anlaut ist die Graphie selten. Für den Abrogans rekonstruiert Baesecke 1931: 364 *sgīnanti* 'candida'. Öfter findet sich ‹*sg*› nur in Pa, wo statt ‹*c*› oft ‹*g*› steht, und Ka (Kögel 1879: 91, z. B. *sgauuōnti, sgīmo*); sonst nur sehr vereinzelt, so *bi-sgerit* Gl 2,92,6, *gi-sgëssōtēr* Graff VI,552 (Holtzmann 1870: 335).

b) Häufiger dagegen ist im 8. und 9. Jh. in- und auslautendes ‹*sg*›. Es steht z. B. in Pa, K, Voc (*asga, uncūsgēr, drisgūfli*; Henning 1874: 90). Im Tatian ist inlautendes ‹*sg*› bei einigen Schreibern die Regel (Sievers T § 51 f.); Otfrid verwendet im In- und Auslaut regelmäßig ‹*sg*›, schreibt also *scaz, scif*, aber *mennisgo, fleisges, disg*; Ausnahmen sind selten, abgesehen von *eiscōn* und *biscof* (vgl. AWB III,226 ff., I,1113); auffällig ist *giwunxti* (*-xsti* Hs. P) statt *giwunsgti* 2,2,37 (vgl. Kelle O 507). In H steht ‹*sg*› nur vor /e, i/, also *fleisge, wuasgi*, aber *horsco, fleisc* (Sievers H 17).

c) Später wird ‹*sg*› seltener, kommt aber noch vor, z. B. Npw *wunsgendo, irdisgis* u. a. (Heinzel 1875–76: III,528), Will *irdisgen*. Bei Notker wird ‹*sg*› nur im Morphemauslaut verwendet: *fisg, fleisg, disg, mennisgheit* (Nc 7,10). Da aber inlautend stets ‹*sc*› entspricht (*fisca, fleisco*), wird dieses auslautende ‹*g*› wohl wie in ‹*ng*› bei Notker (§ 144 A.4) als Plosiv geringerer Intensität zu fassen sein.

Anm. 4. Zwei Wörter schwanken im Anlaut zwischen /sk/ und /s/ (v.Fierlinger 1885: 190 ff., Kögel 1887: 111, Johansson 1889: 290, 292, Kock 1891: 242, J.Schmidt 1895: 40, Kuhn 1960: 107 ff.).

a) Das Präteritopräsens *skal, skolan* erscheint ab dem 11. Jh. meist als *sal, sol, solan*; vorher sind die Formen ohne /k/ selten. Zum Befund und zur Erklärung vgl. § 374 A.2.

b) Umgekehrt herrscht das Adj. *sarpf, sarf* 'scharf' in allen älteren Quellen vor (AWB VIII, 227 ff.); nur vereinzelt (z. B. *scarpēn* Hl 64) und erst seit dem 10./11. Jh. etwas häufiger begegnet daneben *skarpf, skarf* (§ 131 A.5ab). Letzteres nimmt allmählich überhand, im Mhd. tritt neben *schar(p)f* nur noch selten *sar(p)f* auf. *skarpf* gehört zu germ. Primärbildungen auf der Basis von idg. **(s)ker-* 'schneiden, ritzen', *sarpf* ist ein Reimwort ausgehend von **ser-* 'sicheln' (IEW 943, 911 f., Lühr Hl 707 ff., EWGP 470, 487; anders Kuhn aaO.).

Anm. 5. Das /k/ der Gruppe /sk/ schwindet öfters in antekonsonantischer Stellung (§ 99 A.3). Dies betrifft vor allem das Präteritum der swV. I, z. B. *wista* N (statt *wiscta*) zu *wisken* 'wischen' (§ 363 A.5); andere Beispiele: *fleislīchemo* O 2,2,29, *fleislīche* Npgl 44,8 (davor *geislīche* 'spiritales', § 161 A.6aγ; sonst nur ‹*sk*›, ‹*sc*›, ‹*sch*›), *drisheite* (neben *drisgheit*) 'Dreiheit' Npw (MSD Nr. 79 B, 85) usw. Vgl. E.Schröder 1898: 21 f., Gröger 1911: 197 f., Krüer 1914: 315.

Anm. 6. Seltenere Schreibungen für /sk/, die überwiegend schon in älterer Zeit auftreten (vgl. auch Schatz Ahd. § 207):

a) Belege mit ‹ssc› (zu ‹ss› für /s/ vgl. auch § 168 A.2d): *casscafti* Pa, *kasscaffti* Ra (Kögel 1879: 91 f.), *unchūsscida* Rb, *bisscofheit* Is 36,4, *fleisscun* 'carnibus' Gl 1,319,29 (N.Kruse 1976: 255 f.), *frōnisscī* 'venustas' 2,32,59 („Zeichen einer Verlagerung der Silbengrenze", v.Gadow 1974: 94), *tutisscomo* 'teutonico' 2,712,4, *tidisscemo* 'teutonico' GlBud 125 (AWB II, 565), *heissci* Phys (= *eiskī*).

b) Frühe Belege mit ‹sh›: *hŏbetshaz* Gl 2,352,16 (9. Jh.; AWB IV,1295 f., V.Schwab 2017: 345 ff.), *sherninc* 620,19 (9. Jh.); zu späteren Belegen wie *shaz* Gl 1,742,52 (12. Jh.) vgl. Schatz aaO., zum Georgslied vgl. Anm. 1 und § 168 A.1.

c) Belege mit ‹ss›: anlautend (SH) *ssarsach* Gl 3,193,32, *ssare* (*skāra*) 3,193,34; inlautend (frk., vgl. § 170:3) *frosse* 'ranae' 2,701,16 (Franck Afrk. § 116:6), *uissare* 'piscator' 5,103,39 (Siewert 1986: 371).

d) Für morphemanlautendes /sk/ begegnet schon im Abrogans einige Male einfaches ‹s› (Kögel 1879: 92); in Kb 3x vor /e/: *sepit*, *kisephendi* (zu *(gi-)skepfen*), *piseitit* 'repudiet' (wohl zu *bi-skeidan*, mhd. *bescheiden* redV., vgl. AWB VIII,930); in Ra 2x vor /a/: *samalīh*, *unfriuantsaf* (‹sc› Pa, K). Auch sonst ist die Graphie nicht selten, z. B. *giseidinen* Gl 2,294, 29 (Parallelhs. ‹sc›), *sernare* (Siewert 1986: 186.12, 212), *giseppħēs* OFreis (‹sc› Hss. P, V), *gesoz* GlBud 125; vor /r/: *srōtīsen* Gl 3,122,48, *sroatexin* 3,193,13, *srohtmezzer* 4,95,42. Zu ‹s› für /sk/ im As. vgl. Tiefenbach 2003: 64, 66.

e) Mitunter wird morphemanlautendes /sk/ durch bloßes ‹c› oder ‹k› wiedergegeben, z. B. Kb *pikaffot* (*-skaffōn*); R *picerit* (*-skerien*), *kipa* (*skība*); Jb *cappare* (*skāppāri*); Jd *cilla* (*skëlla*); SH *cera* (*skëra*). Die Graphie wird oft als verschrieben gewertet (so etwa Splett Abr 261, ds. R 82, 142); doch dass ‹s› nur bei /sk/ – nicht bei /sp/ und /st/ – ausfällt, weist auf eine spezielle Aussprache (Vorstufe von [ʃ], s. o.). So erklärt sich auch vereinzeltes ‹ch› in *chëssōtan* GlMon (1,434,18).

f) Vereinzelt wird /sk/ durch ‹z› bezeichnet: *zëlo* Gl 1,579,8, *zītwrz* 3,587,9, *silbirzūm* 4,368, 17. Umgekehrt kommt im Mhd.-Alem. auch ‹sc› für /z/ vor, so *scīt*, *erscurnet* (Weinhold Alem. § 193).

(b) Germ. /k^w/

§ 146a Der germ. Labiovelar /k^w/, der im Westgerm. als Phonemfolge /kw/ fortlebt (§§ 80 A.1, 140), wird im Frk. regulär durch ‹*qu*› bezeichnet; im Obd. steht meist ‹*chu*› (seltener ‹*chuu*›), in manchen Quellen auch ‹*qhu*› (zu Varianten s. Anm. 3). Beispiele: frk. *quëman*, obd. *chuëdan*, *chuuëman*, *erqhuichen*. Doch sind auch im Obd. Graphien wie *quëdan* nicht selten.

Der halbvokalische Bestandteil interagiert vielfach mit dem folgenden Vokal. Vor /u/ ist der Halbvokal früh geschwunden (§ 107 A.1a). Im Spätalem. geht er generell verloren, allgemein im Spätahd. vor /e, i/ unter Umfärbung des Folgevokals (§ 107 A.2), im Bair. sporadisch vor nebentonigem /a/ (§ 63 A.3c).

Anm. 1. Bei Isidor wird der Graphemfolge ‹*qu*› stets ein ‹*h*› nachgesetzt (*quhalm*, *quhëdan*, *quhoman*); Kögel 1884: 307, Nutzhorn 1912: 441 ff. So auch Jc, WK und oft H, ebenso Georgsl (Haubrichs 1979: 134); vgl. Matzel 1966: 163. MF hat ‹*quh*› fast nur auf der ersten Seite der

Hs., danach selten (Matzel Is 196, 539). Als westfrk. Schriftbild fasst es Bruckner 1935: 74, als graphische Analogie zu ‹*ch*› (§ 143 A.3) Penzl 1959: 357.

Anm. 2. Sonst wird für ‹*qu*› öfter auch ‹*quu*› geschrieben (z. B. *quuëman*, *quuātun* MF). Sehr selten steht dafür ‹*cu* (*ku*)›, so *cuimit*, *cuënūn* LexSal, *opacuam* GlFreis 95 f., 196; nicht hierher *foracuọd* Glaser 1996: 596 f., 607 (vielmehr -*cund* NFG 269). Ganz vereinzelt steht für ‹*qu*› einfaches ‹*q*›: *arqoh&a* (§ 107 A.2), *qenula* (SH) Gl 5,35,60 (nach Hildebrandt SH I,192,273 A.); angebliches *qitv* (O.Ernst 2007: 280 f., 377) ist lat. *exitu* (ds. in AWB VII,349). Die sporadische Schreibung ‹*gu*› (*furiguëmunt* Gl 2,242,40) entspricht der Graphie ‹*g*› für /k/ (§ 143 A.4); vgl. auch *bigomit* Gl 2,63,51.

Anm. 3. Schreibvarianten für obd. verschobenes ‹*qhu*›:

a) ‹*quh*›, z. B. *quhëdanti* BR (Kögel 1884: 307, Schindling 1908: 61, 138, 172);

b) im Abrogans mehrfach ‹*hqu*›: *hquad* Pa, *hquëlando* K (mit über ‹*u*› nachgetragenem ‹*h*›, d. h. Korrektur zu *qhu*-, vgl. Kögel 1879: 82, Splett 1975: 26), *kahquëmi* K (§ 217 A.1c);

c) in R 2x ‹*qh*› ohne ‹*u*›: *arqhellente*, *uufqhëman* (Wüllner 1882: 19); so auch *uaqhëmo* Jb (-*qhuëmo* Rd; Schindling 1908: 61), *ferqhëde*, *qhidit* Jc (Krotz 2002: 301.19, 328.63);

d) ‹*huu*› in *arhuuëme* Rb (Gl 2,313,70) entspricht der Graphie ‹*h*› für ‹*ch*› (§ 144 A.2a);

e) die Folge ‹*chqu*› in *inchquëtani* Gl 2,661,16 (bair.) weist auf Assimilation aus *int-qu-* (§ 73 A.2).

Anm. 4. Durch /j/ geminiertes /kw/ wird im Obd. durch ‹*cch*› wiedergegeben (vgl. § 144 A.3a), so *irchuicche* BR. Bei Otfrid wird vereinzelt ‹*cqu*› geschrieben: *irquicqui* 3,1,22 (Hs. D); auch in OFreis: *irquicquit* 4,19,37.

(c) Germ. /g/

§ 147 Germ. /g/ – zum Lautwert als Plosiv oder Frikativ vgl. § 82:2c – ist an-, in- und auslautend häufig. Die Geminate (as. *gg*) ist meist erst westgerm. durch folgendes /j/ entstanden (§ 96:2c), z. B. as. *liggian* 'liegen', *hruggi* 'Rücken', *luggi* 'lügnerisch'. Selten ist älteres, nicht durch /j/ entstandenes /gg/ (§ 95:1), z. B. as. *roggo* 'Roggen' (Lühr 1988: 291).

§ 148 In den frk. Dialekten entspricht dem germ. (as.) /g/ an allen Stellen des Wortes normalerweise ‹*g*› und in der Gemination ‹*gg*› (§ 88:3). Ob frk. ‹*g*› als Frikativ oder als Plosiv gesprochen wurde, hängt sowohl von der Position im Wort als auch vom Dialekt ab. Im In- und Auslaut scheint mfrk. Frikativ, rhein- und ostfrk. Plosiv gegolten zu haben. In der Gemination galt wohl überall der Plosiv; einige Denkmäler schreiben dafür auch ‹*cc*›.

Anm. 1. Zur lautlichen Geltung des ‹*g*› vgl. § 88 A.3a und Franck Afrk. § 103 ff.; dieser vertritt die Ansicht, /g/ sei im Frk. ursprünglich Plosiv gewesen, habe sich aber später teilweise zum Frikativ entwickelt (ähnlich Wilmanns I,100 f., Simmler 1981: 472 ff.; dagegen Brinkmann 1931: 65). Zum heutigen Stand vgl. Lerchner 1971: 163 ff., DSA Kt. 45 'Gänse'.

Nähere Angaben zum Befund im Anlaut, Inlaut und Auslaut:

a) Im Anlaut ist in den frk. Dialekten die Schreibung ‹*g*› üblich. Besonderheiten (Kauffmann 1892: 263, Franck Afrk. § 103, Baesecke 1933: 114):

α) Vereinzelte ‹*c, k*› in frk. Glossen werden von Franck Afrk. § 103:2 auf obd. Einfluss zurückgeführt; doch mfrk. *cluentem* (*gluoen* 'glühen') Pauly 1968: 118.12, 148 findet eine Parallele in mfrk. ‹*p*› für /b-/ vor Liquid (§ 135 A.4).

β) Die (wohl rheinfrk.) Zeitzer B folgt dem Usus, an- und inlautend nur vor /a, o, u/ ‹*g*›, vor /e, i/ jedoch ‹*k*› zu schreiben: *got, keist, keloubo, ketāte, kefirohta, gakenuuartthic.* Dasselbe System offenbaren Glossen aus verschiedenen frk. Hss., die Bergmann 1966: 175, 289 als mfrk. erachtet (mfrk. Charakter von T.Klein briefl. bezweifelt; vgl. § 88 A.3a). Auch der Kölner Cod. LXXXI hat vor /e, i/ mehrfach ‹*k*› für /g/, z. B. *këlesut* 'Gelbsucht' Gl 2,560,59, *kellun* (zu *gi-ella*) 'Geliebte' 2,570,24 (von G.Wolf 1970: 71 f. zu Unrecht dem Obd. angelastet). Diese Regelung, die aus rom.-westfrk. Schreibtradition erklärt wird (Kauffmann 1892: 249 f., Baesecke 1922: 445, Bergmann aaO., Pauly 1968: 151 f.), spricht für Geltung als Plosiv: Das ‹*k*› soll verhindern, dass /g/ vor /e, i/ in rom. Weise palatalisiert bzw. assibiliert gesprochen wird (zu einer anderen Strategie s. Anm. 4). Andererseits finden sich *iechose* Trierer Prudentiusglossen (= *gecosi* Köln) und *iegivan* 'gegeben' Leid. Will (Weiteres bei Franck Afrk. § 103:4), was auf Frikativ deutet (vgl. v.Helten 1897: 449, Sanders 1974: 168 f., 291).

γ) Hinter der Kompositionsfuge zeigen Anfang des 9. Jh. westfrk. Personennamen auf *-gaud* auch ‹*i*› für /g/: *Altiaud, Winiaud, Vulfiaud* (Förstemann I,608).

b) Inlautend überwiegt die Graphie ‹*g*› (zu ‹*k*› s. o. unter a). Doch weisen Schreibungen mfrk. Texte auf Frikativ hin, vgl. *trechelen* Siewert 1986: 188.15, 213, *zachalīchun* GlBud 110, 133+A.164, ferner *innenewendiun, ūzzenewendiun* (für *-wendīgun*) Trierer Cap (vgl. § 149 A.5*b) und ebenda die Schreibungen für /h/ (vgl. § 154 A.4c): *thegein, neieina* (= *dehein, nehein*).

c) Die Auslautschreibung variiert je nach frk. Einzeldialekt (v.Helten 1897: 449 ff., Baesecke Einf. § 58:2, Brinkmann 1931: 64, Sanders 1974: 292):

α) Rhein- und ostfrk. wird im Auslaut nicht selten ‹*c*› für /g/ geschrieben. Die Beispiele gehören neben Isidor (Anm. 4) besonders kleineren Denkmälern an (Pietsch 1876: 428), z. B. Mainzer B *begienc, sculdīc, nintphiec*; Lorscher B *heilac, unbigihtīc, unwirdīc*; Lorscher Bienensegen (Lb 31.3) *fluic, flūc.* Im Allgemeinen ist aber auch im Auslaut ‹*g*› üblich.

β) Im Tatian ist auslautendes ‹*c*› nicht ganz selten, besonders bei Schreiber ζ (Sievers T § 28, Vaught 1977: 101 ff., 111 f.), ebenso in Fuldaer Personennamen (Geuenich 1976: 190). Otfrid hat nur nach /n/ wenige ‹*k*› (5 in Hs. V: *gank, gifank,* 2 *sank, edilinc*), außerdem 5 ‹*c*› wegen des Akrostichons: *Ludowīc* Ol 18, *wirthic* : *githic* Oh 56, *wirthīc* : *ginâthīc* Oh 158. Diese ‹*c*› fordern für /g/ Geltung als Plosiv.

γ) Im Mfrk. und wohl auch im nördlichen Rheinfrk. weisen hingegen häufige Auslautschreibungen ‹*ch, hc, gh, h*› auf Frikativ (v.Gadow 1974: 88+A.268): *mach* (zu *mugen*) Trierer Cap, *alemattīh* Zeitzer B, *genāthīh* Augsb. Gebet (Lb 37.1, 1), *burchstrazza* Köln 10. Jh. (Schützeichel 1965: 49), *gelahc* Gl 4,313,52 (Tiefenbach 1977: 45); in Personennamen aus Köln: *Uuendilburh* (Bergmann 1964: 172), *Here-, Regin-, Wal-, Willeburhc* (neben häufigem *-burg*); *Burhchart; Hathe-, Heiluuihc* (Schützeichel 1965a: 105 ff.). Vgl. auch den Reim *Hludwīg* : *ih, gelīh* Ludw (Pietsch 1876: 428); später im Arnsteiner Marienleich *dach, mach* und Reim *zwīg* : *dich.* Auch die umgekehrte Schreibung *mig* (= *mih*) Straßb. Eide (§ 145 A.5d) weist auf frikativische Aussprache. Auffällig ist *erbalhtan* in einer alem. Hs. des 9. Jh. (Nievergelt 2012a: 383 f.).

Anm. 2. Wenn /g/ vor /t/ zu stehen kommt (besonders im Präteritum der swV. I, § 363 A.4b), bleibt es im Frk. meist unverändert; stets bei Otfrid (z. B. *ougta, neigta, hangta*), im Tatian nur 1x *eroucta*, sonst *ougta, ruogta* usw. Beispiele von ‹c› für /g/ nur in einigen kleineren frk. Denkmälern, z. B. Fuldaer B *gihancti*, Mainzer B *gihancdi, gehancti* (Pietsch 1876: 428).

Anm. 3. Für die Geminate steht im Frk. regelmäßig ‹gg›, z. B. O *irhuggu, liggen, luggi* (auch ‹*ch, ck, kk, gk*› u. a., vgl. Kleiber 2000: 130). Im Tatian *luggi* (oft), *giwiggi* usw. – in Verben wie *hugen, ligen* vereinfacht (§§ 96 A.2, 149 A.7b) –, nur 1x ‹*cg*› in *mucgūn*. ‹*cg*› ist wohl ae. Schreibung, so im PN *Secges* (Fulda), Genitiv zu *Seggi* (vgl. Schatz 1935: 132; s. u. Anm. 4c). Kurzformen von Fuldaer Personennamen zeigen expressive Fortisierung, z. B. *Bucga, Ecco, -cch-* usw. (Geuenich 1976: 190). In einigen kleineren Denkmälern (und bei Isidor, Anm. 4a) findet sich ‹*cc*›, z. B. *diccanne* GlFrank (Pietsch 1876: 428, Franck Afrk. § 108).

Im Nhd. lebt die Geminate gewöhnlich als /ck/ fort (*Brücke, Schnecke*), nur in Sonderfällen als /gg/: *Egge, Roggen* (Differenzierung von *Ecke, Rocken*), *flügge* (Analogie zu *fliegen, Flug*).

Anm. 4. Isidor weist besondere Eigentümlichkeiten in der Wiedergabe von frk. /g/ auf (wie auch – aber abweichend – bei /k/, § 143 A.3).

a) Isidor schreibt anlautend ‹*g*› vor /a, o, u, r/, dagegen ‹*gh*› vor /e, i/; z. B. *ghibu / gab / ghëba, bighinnan / bigunsta, grab*. Im Inlaut zeigt sich die gleiche Regel, doch wird hier ‹*g*› auch oft vor /e, i/ geschrieben: z. B. *bërghe* und *bërge, araughit, arstīgit* (E.Sievers 1925: 83). Dagegen steht im Auslaut stets ‹*c*› für /g/ (Vaught 1977: 21 ff.), z. B. *burc, einīc, mac*, ebenso *araucnissa*; auch für die Geminate steht ‹*cc*›: *hrucca*. Vgl. *daucgal* Is mit Gemination durch /l/ (Matzel 1966: 171+A.103, ds. 1966a: 35 A.13). Es fällt auf, dass das Präfix *gi-* nur 1x (*ghilaubīn*) mit ‹*gh*› erscheint, sonst aber stets mit ‹*ch*› – Isidors Zeichen für /k/ – geschrieben wird: *chilaubīn, chimeini, chidhanc* usw. Ausführlich über die Herkunft von ‹*chi*› Matzel Is 281 ff.

b) Außer im Präfix *chi-* steht ‹*ch*› für /g/ nur 1x inlautend in *blūchisōe* und auslautend in *einīch* (5x hintereinander, neben sonstigem *einīc*); vgl. Paul 1887: 552, Kögel Lg. II,487 f., Franck Afrk. §§ 103, 115, Nutzhorn 1912: 444 ff., Baesecke Einf. § 58, Brinkmann 1931: 64, Penzl 1959: 357, Matzel 1966: 162 f. Andere frk. Belege für *chi-* bei Matzel 1966a: 49.

c) MF hat als Präfix *ga-, ka-*, selten *gha-, gi-, ghi-, ki-* und vereinzelte ‹*gh*› wie *ghiri, gheist, saghēm; ghifinstrit, ghirūni* (Kögel 1884: 302, Matzel Is 196 f.). – Sonst ist ‹*gh*› für /g/ selten: *eittarghëbon* WK; *ghëlf* Gl 2,320,15 (Hiltensberger 2008: 158 A.297, 160); weitere Nachweise besonders aus Urkunden und Glossen geben Weinhold 1874: 78 f., Kögel 1884: 302 ff. – Die sonst für Geminate stehende Graphie ‹*cg*› (s. o. a; § 149 A.7c) in *cunincgin* MF verbindet nach Matzel 1966: 171 Auslaut-‹*c*› (vgl. *chuninc* MF) mit Inlaut-‹*g*› (Hench MF 119 rechnet mit bloßem Schreibfehler). Die bair. Griffelglosse *hrincga* Nievergelt RP 411. G61 dürfte ags. Usus folgen (aaO. 440; vgl. schon Baesecke 1933: 29). Vgl. § 135 A.1b zu ‹*pb*›.

d) In der Schreibung ‹*gh*› bei Isidor usw. sehen Müllenhoff (MSD I,XXX), Holtzmann 1870: 265, Franck Afrk. § 103:1 u. a. eine rom. beeinflusste Graphie für Plosiv (vgl. auch Wilkens 1891: 70 f., Kauffmann 1892: 248 f., 255 f.); durch ‹*h*› sollte bezeichnet werden, dass /g/ vor /e, i/ nicht nach rom. Weise palatalisiert bzw. assibiliert ist (vgl. § 149 A.8c; zu einer anderen Strategie s. Anm. 1aβ). Dass bei Isidor /g/ auch im Inlaut Plosiv gewesen ist, wird durch das auslautende ‹*c*› nahegelegt. Kögel 1893: 223 f. und Lg. II,488 f. deutet ‹*gh*› hingegen als Frikativ und spricht nur dem auslautenden /g/ (‹*c*›) bei Isidor die Geltung als Plosiv zu. Brinkmann 1931: 63 hält ‹*gh*› für merow. Schreibung, ohne Aussprachеunterschied gegenüber ‹*g*›. An lgb. Einfluss denkt Matzel 1966: 158 ff., bes. 163. Nach v.d.Hoek 2010 steht ‹*g*› für einen velaren, ‹*gh*› für einen palatalisierten Frikativ.

§ 149 Im Obd. entspricht dem frk. /g/ häufig ‹*k*, *c*›, besonders im Anlaut in älteren Quellen; im Inlaut wird in der Gemination durchgehend ‹*kk*› gebraucht, sonst ist inlautendes ‹*k*, *c*› selten und ‹*g*› das Übliche. Im Auslaut steht dagegen meist ‹*c*›, aber nicht in allen Quellen, und ‹*g*› ist daneben nicht selten. – Vgl. § 88:3; zum mutmaßlichen Lautwert von obd. ‹*g*, *k*› vgl. § 88 A.3b.

Anm. 1. Hinsichtlich der Schreibung ‹*k*› oder ‹*c*› gelten die Feststellungen in § 142. Auch hier steht ‹*c*› nicht vor /e, i/, also z. B. *cast*, aber *këban*; Ausnahmen wie *cërnlīhho* BR sind sehr selten. Im Allgemeinen herrscht in den ältesten Aufzeichnungen ‹*g*› gegenüber jüngerem ‹*k*› vor (nicht in den St. Galler Vorakten, s. Anm. 2c); beide Zeichen werden im Obd. zunächst nur für germ. /g/ verwendet, während für germ. /k/ obd. ‹*ch*› gilt. Vgl. Kauffmann 1892: 248 ff., Schatz Abair. § 70:c. Zum Abrogans vgl. Baesecke 1930: 92, ds. 1931: 354; zu Kb mit seinem überwiegenden an- und inlautenden ‹*k*› für /g/ vgl. auch Kögel 1879: 110.

Anm. 2. Zu den alem. Quellen des 8./9. Jh.:

a) Pn hat ‹*c*› oder ‹*k*› für /g/ konsequent durchgeführt: nicht nur *kip*, *kot* usw., sondern auch *sculdīkēm*, *khorunka*, *almahtīcum*, *macadi*, *pislacan*, *ēwīkan* (1x *inphangan*). Ferner *tacauuërch* Nievergelt 2021: 148 (Ende 8. Jh.). GlSchlett hat oft ‹-*k*-› (Fasbender 1908: 101 ff.).

b) In den übrigen altalem. Quellen steht ‹*k*› überwiegend nur im Auslaut – BR hat durchgehend ‹-*c*› (Vaught 1977: 139 ff.) –, während im Inlaut ‹*g*› das Gewöhnliche ist. Nicht ganz selten ist inlautendes ‹*k*› in BR (ca. 3 ‹*g*› : 1 ‹*k*›, vgl. F. Seiler 1874: 403 ff.), also *këban*, aber *piugan* (und *piukan*), *singan* (und *sinkan*). Ka hat inlautend ‹*g*› und nur wenige ‹*k*›, ebenso, wohl unter frk. Einfluss, Ra, Rb, Rd, H; Kb zeigt 1x ‹*kg*› (*sikginumfti* 258,18). – Im Anlaut kommt in einigen Quellen (wie Ka, Ra) ‹*g*› neben ‹*k*› häufiger vor, in anderen (wie BR, H) ist anlautendes ‹*g*› selten; zu Jun vgl. Schindling 1908: 67 ff., 174, zu al. Ps Blom 2017: 143.

c) In LexAl dominiert ‹*g*› (V. Schwab 2017: 575, Stricker 2019: 42 f.). In Voc steht in allen Positionen, auch anlautend, nur ‹*g*›, mit Ausnahme des einen alem. *cacostōt* ‘probatus’. Die Namen der St. Galler Urkunden (Henning 1874: 136 ff., Wilkens 1891: 101 ff.) zeigen, dass Mitte des 8. Jh. anlautendes ‹*g*› neben ‹*k*› recht häufig ist, im Laufe des 8. Jh. abnimmt und im 9. Jh. fast ganz fehlt. Die St. Galler Vorakte zeigen fast ausnahmslos ‹*k*, *c*› in allen Positionen, das die Urkunden überwiegend durch ‹*g*› ersetzen (Sonderegger 1961: 274 ff., ds. 1965: 85 f.).

Anm. 3. In den älteren bair. Quellen sind inlautende ‹*k*› ebenfalls selten, während auch hier im Anlaut ‹*k*› herrscht, woneben aber auch ‹*g*› ziemlich häufig auftritt (zur Lex Baiuvariorum vgl. Stricker 2019: 42 f.). Der Abrogans hat anlautend *ca*-, *co*-, *cr*-; Pa, Ra zeigen die frk. Neigung, dafür ‹*g*› zu setzen, doch kommen Fehler vor, so *thungitha* für germ. /k/ (Baesecke 1930: 14). Inlautendes ‹*k*› gegen überwiegendes ‹*g*› zeigen Wess (*manake*, *almahtīco*) und Freis. Pn (*suonotakin*, *pifankan*, *ēwīkemo*, *makan*, *chorunka*, *mekīn*). Sonst herrscht im Inlaut ‹*g*›, so in MF, Exh, GlKass, Musp, GlMon. OFreis setzt im Anlaut häufig ‹*k*› für ‹*g*› des Originals, im Inlaut dagegen nur in 12 Fällen (Kelle O 525 f.). Vgl. Schatz Abair. §§ 70, 71 mit eingehenden Nachweisen über die bair. Namen. Schatz wertet das bair. inlautende ‹*g*› als Verschlusslenis, das auslautende ‹*k* (*g*)› als Fortis. Vgl. Schatz 1899: 31 ff., Lessiak 1908: 132 f., Baesecke Einf. § 58:4a, Kranzmayer 1956: § 27:a.

Anm. 4. Im Auslaut haben die älteren obd. Quellen meist ‹*c* (*k*)›, woneben jedoch nicht selten auch ‹*g*› vorkommt (also *tac*, Gen. *tages*, aber daneben *tag*). Ebenso erscheint ‹*c*› statt /g/ häufig im Silbenauslaut vor einem konsonantisch anlautenden Suffix, z. B. *blūcnissa*, *manacfalt, sorcsam, sorchaft*, und besonders oft vor dem /t/ des Präteritums der swV. I (§ 363 A.4b), z.B. *ougen* / *oucta, kiouctēr* usw. Im Alem. gilt dies für die ganze ahd. Periode; nur selten findet sich für ‹*c, g*› im Auslaut ‹*ch*› oder ‹*h*›, z.B. *halspauch* Ja (Schindling 1908: 71), *wirdih* H (Sievers H 18). Im Alem. ist für auslautendes ‹*c* (*g*)› stimmloser Plosiv anzunehmen (Bohnenberger 1906: 412 ff.).

Anm. 5. Im Bair. erscheint schon Ende des 8. Jh. auslautend neben ‹*c*› für /g/ auch ‹*ch*›.

a) Beispiele sind seit der Mitte des 9. Jh. nicht selten, z.B. Musp (*tac, mac*, aber *warch* und mit ‹*hc*›: *wīhc* 39, *enīhc*, vgl. §§ 145 A.5b, 148 A.1), Petrusl (*mach*), 2. bair. B (*tach*), Psalm (*wĕch, tach*); sehr häufig in OFreis (*ginuach, burch, junch, manachfalt* usw., Kelle O 518), in GlMon und anderen bair. Glossen, z.B. *sanch* Gl 2,185,50 (GlFreis 591, 601). Im 10./11. Jh. erhält ‹-*ch*› das Übergewicht über ‹*c, g*›; zur Auslautverhärtung von /g/ vgl. § 103a A.1.
b) Wie Jellinek (1891: 268 f., 1892: 77 ff.) gezeigt hat, bezeichnet dieses bair. ‹*ch*› die Affrikate [kχ], die in den südbair. Mundarten noch heute auslautend dem inlautenden /g/ entspricht. Im Bair. ist also die auslautende Fortis [k] in der 2. Hälfte des 9. Jh. zu [kχ] weiterverschoben (§ 6a:3d; Bohnenberger 1906: 393 ff., Schatz Abair. § 73, E.Schwarz 1925/26: 268 ff.). Einzelne Frühbelege zeigen auch im Inlaut ‹*ch*› (vgl. § 88 A.3b): *dache* (§ 314 A.4), *kadachata* Glaser 1996: 132.37 (Lesung A.Nievergelt briefl.), *uparhucht* H.Mayer 1994: 68.127, 97. Im 11. Jh. tritt im Auslaut wieder öfter ‹*g*› auf, z.B. *tag, lag* Merig (Paradigmenausgleich nach dem Inlaut).
c) Ab dem 9. Jh. zeigen bair. Quellen auch (silben)auslautendes ‹*h*› für /g/, z.B. *karistīhlīho* Gl 2,222,13 (Nievergelt RP 481.T123). Zu *sluoh* GlMon vgl. § 346 A.2a, zu weiteren GlMon-Belegen vgl. Jellinek 1891: 269 f., ds. 1891a: 426.

Anm. 5*. Kontraktionen:

a) Im Alem. des 10./11. Jh. ist in der Folge /egi/ das /g/ geschwunden, sodass ein neuer Diphthong /ei/ entstanden ist: bei Notker *antseida* 'Verteidigung' (aus *antsegida*), *antseidôn* 'verteidigen'; urkundlich in Personennamen *Mein-, Rein-, Ein-* (aus *Megin-, Regin-, Egin-*); zu *ydehsun* vgl. § 22 A.1f, zum Prät. *breit* (mit /g/ vor Konsonant) vgl. § 338 A.3. Vgl. Heusler 1888: 67, Kauffmann 1890: 244, Zwierzina 1900: 345 ff., Schatz 1935: 141.
b) Im Spätahd./Fmhd. ist bisweilen /g/ nach unbetontem /i/ palatalisiert worden und graphisch geschwunden, so *predion* Np, *bimuniun* StD Nr. 71 (für *-munigōn*), *gnādie* (= *gnādige*) StD 141,26/27. Vgl. Schatz Abair. § 71:b.
c) In *hăzussa* neben *hagazussa* 'Furie, Hexe' (AWB IV,600) ist anscheinend die Folge /aga/ kontrahiert, vgl. Franck Afrk. 134 (aus *hagz-* assimiliert?), Baesecke Einf. 66 (Synkope), Kölling 1983: 149, Langbroek 1995: 111 f. So auch *anagisater* GlMon (2,135,68 f., 12. Jh.), falls für *-sagatēr*; mfrk. *geslānet* 'geschlagen' (Thies 1989: 120, 13. Jh.).
d) Nach Braune (früher in der Ahd. Gr.) war ‹*g*› in diesen Stellungen zunächst Frikativ (vgl. § 148 A.1b); für Plosiv trat Franck 1913: 19 A.1 ein; vgl. Brinkmann 1931: 67. Die slaw. Freisinger Denkmäler indizieren frikativisches ‹*g*› im 10./11. Jh. (vgl. § 115 A.2).

Anm. 6. Vom 10. Jh. an fehlt auch im Obd. inlautendes ‹*k, c*› für /g/ völlig. Auch im Anlaut nimmt die Schreibung ‹*g*› immer mehr zu. Viele obd. Quellen dieser Zeit haben anlautend nur ‹*g*› (z.B. Merig, Otloh); andere zeigen neben vorherrschendem ‹*g*› noch anlautendes ‹*k*›, so Npw (Heinzel 1875–76: III,524 f.). Im Allgemeinen ist spätahd. anlautendes ‹*k*› für /g/ viel seltener als anlautendes ‹*p*› für /b/ (§ 136 A.1b,3c). Bei Notker wechselt im Anlaut ‹*g*› mit ‹*k*› nach § 103; im Auslaut schreibt er in aller Regel ‹*g*›: *mág, tág, óugta, genéigtêr*; nur selten ‹*c, k, gh, ch*›. Npgl schreibt hingegen im Auslaut oft ‹*ch, c, k*›, Npw meist ‹*c*› (Ochs 1911: 26 ff.).

Anm. 7. Die obd. Bezeichnungen der Geminate (frk. /gg/) sind ‹*ck, kk, cc*›. Besonderheiten:

a) Geminate steht fast nur nach kurzem Wurzelvokal, so *huckan, liccan, dickan, rukki, lukki, āwicki, mucca* usw. Nach Langvokal ist die Gemination des /g/ durch /j/ (vgl. § 96 A.1*a) in BR erhalten, z. B. *auckan* (daneben *augan*), *hneickan* 'neigen', *kenuackan* (daneben *kenuagan*), vgl. F.Seiler 1874: 407; sonst steht nach Langvokal einfaches ‹*g*› (‹*k*›). Bair. ‹*kk*› nach Diphthong noch in *aukkante* Gl 2,344,53, *sūraukke* 2,330,40 u. a. (Schatz Abair. § 72).

b) Die Geminate erhält sich als ‹*ck, kk*› in der ganzen ahd. Periode bis ins Mhd. hinein und steht auch in allen den Quellen, die sonst inlautend nur ‹*g*› haben, z. B. *huckan, likkan* Musp, *gihukka* Merig, *manslekken, lukke, rukke* N. In mit /j/ gebildeten Verbalformen wird die Geminate jedoch spätahd. – und bereits im Tatian (§ 148 A.3) – durch einfaches /g/ ersetzt; also bei Notker *hugen, ligen, digen* (vgl. § 96 A.2).

c) Vereinzelt wird die Geminate durch ‹*cg*› bezeichnet, so in Voc (*prucge, mucge*). Beispiele aus Pa, K (z. B. *hucgent, lecgende* Pa) bei Kögel 1879: 109 f.; vgl. bair. *pilecges* Gl 2,166,32. Die Graphie weist auf Einfluss der ags. Orthographie; die Abrogans-Belege führen nach Baesecke 1930: 94 auf den ags. Archetyp. Zu *daucgal* Is, *cunincgin* MF vgl. § 148 A.4ac.

d) Weitere seltene Bezeichnungen der Geminate im Obd.: ‹*ch*› z. B. in *thicho* Sam 21 (Weiteres MSD II,66); ‹*cch*› in *licchentan, zwi-ecchēm* MF; ‹*gg*› z. B. in *luggeo* Voc; einfaches ‹*k*› öfter in Kb, z. B. *irlikent*; ‹*gk*› in Pa, Kb: *analagkende* (‹*g*› aus ‹*c*› korr.), *altuuigki*; ‹*chk*› in *ruchkipeini* GlMon (1,515,53, 2 Hss.).

Anm. 8. Das Alem. (Obd.) bezeichnet /g/ auch durch Zusatz von ‹*h*› (zu bair. ‹*-ch*› s. Anm. 5).

a) ‹*ch*› steht (morphem)anlautend z. B. in H *chrimmiu, eochalīchera* u. a. (vgl. Sievers H 18); Belege aus Pa, K, Ra bei Kögel 1884: 307, aus Jun bei Schindling 1908: 68 f. Inlautend vor /e, i/: *cumftīchēm* Freis. Pn, *slechepräuun* Rc, *kītachī* Jb, *mŏathsorchi* Gl 2,321,15 (Hiltensberger 2008: 158 A.298; anders AWB VI,897). Weiteres bei Graff IV,350, Kögel 1884: 304 ff.

b) Die Personennamen älterer obd. Urkunden – besonders in St. Gallen – zeigen vor /e, i/ häufig die Schreibung ‹*gh, ch*› für /g/, z. B. *Gheltfrid, Ghisalberto*; *Ruadcher, Sichihario* (vgl. § 148 A.4; Henning 1874: 138, Wilkens 1891: 76 ff.). Entsprechend begegnet ‹*gh*› öfter in Jun, z. B. *sighinumfti* Ja, *menighī* Jc (Schindling 1908: 67, 70, 174).

c) Die Graphien in a) und b) mit ‹*gh, ch*› vor Palatalvokal dienen dazu, die Plosivgeltung kenntlich zu machen, da die rom. Palatalisierung eine Interpretation von ‹*g, c*› als Affrikaten nahelegte (vgl. § 148 A.4d; A.Seiler 2013: 133 ff.).

d) Im (Silben)auslaut tritt ‹*gh*› zuweilen auch bei Notker auf, so *giengh, gangh* Nc 76,9. 15; etwas häufiger in Np, so *heiligh* 85,2, *uuizzigh* 106,43 (2x), *fighpoûma, sluôgh, analagh* 104, 33. 36. 38, und in Npgl, z. B. *tagh* 76,3, *manigh* 68,18, *sanghleichis* 67,1 (Steinmeyer 1908: 80, Ochs 1911: 27). Wardale 1893: § 100 A. rechnet mit Kontamination aus ‹*g*› und ‹*ch*›.

(d) Germ. /h/

§ 150 Germ. /h/ hat im Westgerm. Zuwachs erhalten durch die Phonemfolge /hw/, die auf dem germ. Labiovelar /h^w/ beruht (§§ 80 A.1, 154a). Der Laut, der ursprünglich in allen Stellungen stimmloser Frikativ gewesen sein muss, neigt in allen germ. Sprachen dazu, in den bloßen Hauchlaut überzugehen oder ganz zu schwinden. Er ist an allen Stellen des Wortes häufig; insbesondere steht er anlautend außer vor Vokalen auch vor den Konsonanten /l, r, n, w/, z. B. as. *hlūd* 'laut', *hrēo* 'Leichnam', *hnīgan* 'sich neigen', *hwīt* 'weiß'.

Gemination des /h/ ist nicht häufig, sie entsteht im Westgerm. nach § 96:2c, so in ae. *hliehhan* 'lachen' (got. *hlahjan*).

§ 151 Im Ahd. bleibt westgerm. /h/, von Ausnahmen abgesehen (§ 153 f.), erhalten und wird durch ‹*h*› wiedergegeben. Jedoch dürfte die Aufspaltung in zwei Allophone schon früh eingetreten sein (Anm. 1).

Im Wort- und Silbenauslaut ist /h/ velarer Frikativ geblieben (z. B. *hōh, nāh; wahsan, brāhta*), ferner im Inlaut vor Konsonant (z. B. *naht, fahs* 'Haar') und in der Gemination (z. B. *bluhhen* 'brennen', § 154 A.7a). Dagegen ist /h/ im Wort- und Silbenanlaut zum Hauchlaut geworden (z. B. *hano, zëhan*).

Lit.: E.Schwarz 1926: 62, Steinhauser 1928: 162, Harbert 1997: 80 f.

Anm. 1. Aus den Merowingernamen *Chrotchildis, Chlotchildis, Chlotacharius* (zu ‹*ch*› s. Anm. 2), die keine Doppelstäbe bewirken, schließt Schramm 1957: 18 auf die lautliche Verschiedenheit von /h/ in den Anlautverbindungen /hl-, hr-/ und in /h-/. Im Ahd. gilt das allerdings nicht, im Hl stabt /h-/ vor Vokal mit /hr-, hw-/ (§ 153 A.1aβ). Im 10./11. Jh. erweisen die altslaw. Freisinger Denkmäler den zweifachen Lautwert des ‹*h*› (Braune 1874a: 531). – Vgl. §§ 152, 153 A.1,2, 154 A.1,9.

Anm. 2. Die westfrk.-merow. Bezeichnung des /h/ durch ‹*ch* (*c*)›, die noch einzelne alte Urkunden kennen (z. B. *Childericus, Chradoberctus*), kommt für ahd. Denkmäler kaum mehr in Betracht (vgl. § 154 A.4b). Vgl. Kauffmann 1892: 246, v.Helten 1900: 252 f., Franck Afrk. § 109:2, Bergmann 1965: 47. – Es fällt auf, dass das Zeichen ‹*h*› in der ahd. Orthographie von Anfang an sowohl Hauchlaut als auch Frikativ bezeichnet und für den aus /k/ neu entstandenen (geminierten) Frikativ verwendet wird. Vgl. § 7:2; Franck Afrk. 12 f.

§ 152 Die Geltung des /h/ als Hauchlaut wird dadurch bestätigt, dass öfter ‹*h*› erscheint, wo es etymologisch nicht berechtigt ist: 1. im Anlaut, 2. im Inlaut, 3. im Auslaut.

1. Im Wortanlaut werden in den verschiedensten Quellen vokalisch anlautende Wörter öfter mit prothetischem ‹*h*› geschrieben. Sehr häufig in H, z. B. *hensti, huns, harbeiti* (für *ensti, uns, arbeiti*; zu weiteren Belegen vgl. Sievers H 18); in MF öfter *hërda, haerda* 'Erde' (vielleicht Kontamination mit *hërd* m. 'Erdboden', vgl. Kögel 1887: 111); BR *hubilan* u. a. (F.Seiler 1874: 419); al. Ps *hiuuih, hërda, hër*; Musp *hauar, heo, hio, hēuīgon, Helias*. Beispiele aus frk. Quellen: *heigun, hiu, hio* Ludw; *hōtmūdigōt, heribis* 'hereditatis' Rheinfrk. Cant (Lb 17.5, 24. 63); *hūze, hurolob* Lorscher Bienensegen (Lb 31.3, vgl. Pietsch 1876: 436). Das frk. Pronomen *hër* für *ër* gehört jedoch nicht hierher (§ 283 A.1a).

Lit.: Ausführliche Materialsammlung: Garke 1891 (dazu Bruckner 1896). – Wilmanns I,119, Schatz Abair. § 80:b, Franck Afrk. § 109:3, Baesecke Einf. 115. – Schwund im Anlaut und vor Vokal, unorganisches ‹*h*› in Namen: Sonderegger 1961: 279 f. – *h*-Prothese im Westen des frk. Mundartgebiets: Schützeichel 1968: 69 f., Pauly 1968: 105 (mit weiterer Lit.).

Anm. 1. Die meisten Beispiele finden sich in Glossen und unsorgfältig geschriebenen Denkmälern (doch vgl. Sonderegger 1959: 153). Häufiger mit ‹*h*-› auftretende Wörter erfordern eine eigene Erklärung. Sorgfältig geschriebene Texte haben wenig davon.

a) In den alten Notker-Hss. (Garke 1891: 58 f.) fehlt das Phänomen fast ganz: Cod. 825 (Nk 24,7 La.) hat nur ein *hohso* (Verschreibung durch nachfolgendes /h/, Cod. 818 ‹*h*› radiert); denn alem. frk. *hūwo* 'Uhu' (danach alem. *hūwila* für *ūwila* 'Eule'; beide bei Notker, Sehrt/Legner 1955: 274) ist ein anderes Wort als bair. *ūvo* (ae. *úf*, awn. *úfr*), vgl. Suolahti 1909: 307. Dagegen enthält die jüngere Np-Hs. mehr Fälle, besonders 8x *heigen* 'haben' für Notkers *eigen* (Sehrt/Legner 1955: 128); das im 12. Jh. ausgestorbene Wort ist mit *habēn* gekreuzt (§ 371 A.4).

b) Bei Otfrid (Garke 1891: 68) sind in Hs. P nur 2 Fälle (*gihērēte* 4,5,52, *hēra* 4,12,32) aus Hs. V stehen geblieben; in V stehen einige mehr (so *gihīlit* 5,16,33, *hīltun* 5,4,10), aber auch da schon meist durch Rasur entfernt; großenteils Kreuzungen der Stämme *ēra* und *hēr* (vgl. Erdmann O zu 4,9,30 und 4,12,32).

c) Im Tatian (Garke 1891: 67, Sievers T § 24) sind nur 5 Fälle geblieben (z. B. *hōrun* 'Ohren' neben *gihōret* 89,5), dagegen 14 durch Rasur beseitigt (Verschreibungen, die durch folgendes /h/ hervorgerufen sind? Vgl. *hēht*, *hāhten*, *hahtōn*, *hahto*).

d) Zu *hutz* (= *ūȝ*) 'aus' Par. Gespr 40 vgl. Bergmann 1965a: 17; zum extensiven Gebrauch von ‹*h*› im Georgslied (unter rom. Einfluss) vgl. Haubrichs 1979: 95 ff.

e) Nicht hierher gehört *hëlpfant*, *hëlfant* 'Elefant', dessen ahd. Normalform mit /h/ anzusetzen ist (volksetymologische Kreuzung mit *hëlphant* 'Helfer' § 236 A.1; AWB IV,917 ff.). Die seltenen Formen ohne ‹*h*› (Garke 1891: 112 f.) sind gelehrte Eindringlinge (Palander 1899: 148 ff.).

2. Im Wortinlaut wird beim Zusammenstoß zweier silbenbildender Vokale nicht selten ein ‹*h*› eingeschoben. Der erste der beiden Vokale ist stets ein Langvokal oder Diphthong. Den Hauptanteil haben die Verba pura auf /ā/ und /uo/, etwa *sāan* 'säen', *bluoan* 'blühen' (§ 359 A.3,4), die häufig als *sāhan*, *bluohan* erscheinen (Materialsammlung bei Bremer 1886: 61 ff.). Dieses ‹*h*›, das häufig auch in Quellen erscheint, die sonst /h/ korrekt behandeln, bezeichnet einen Übergangslaut, der sich – nach urgerm. *j*-Schwund (§ 117 A.2) – zwischen den beiden Vokalen entwickelt hat. Dass dieser hiatverhindernde Übergangslaut wirklicher Hauchlaut war, geht daraus hervor, dass bei Notker vor diesem /h/ die gleichen Vokalwandlungen eintreten wie vor altem /h/ (§ 154 A.8b).
Abgesehen von den genannten Verben (nebst Ableitungen) begegnet dieses sekundäre /h/ eher selten, z. B. *ketrūhēnt* (= *-trūēnt*) al. Ps. Hierher auch *gāhi* 'eilends, jäh' < **gǣ-i-*, zum Wurzelverb *gān* 'gehen' (vgl. § 251:1c; EWA IV,15).

Anm. 2. Das /h/ der Verba pura tritt zuerst im Bair. auf, so Gregorglossen 8. Jh., GlEmm 8./9. Jh.; das Frühalem. hat es nicht (Baesecke 1931: 351).

Anm. 3. Neben dem ‹*h*› treten in den betreffenden Wörtern auch andere Zeichen für Hiattilger auf, etwas häufiger ‹*j*›, ‹*g*› (§ 117), seltener ‹*w*› (§ 110 A.2); zu ‹*h*› statt eines alten /w/ (*ēha*, *hīhun*) vgl. § 110 A.3; zu ‹*r*› zur Bezeichnung eines Übergangslautes vgl. § 120 A.3. Steinhauser 1928: 165 wertet das sekundäre /h/ als stimmhaften Frikativ.

Anm. 4. In einigen alem. Quellen können die längeren Konjunktivformen (§ 310:1+A.4) ein zusätzliches ‹*h*› aufweisen: *piscauwōhe* BR, *apanstōhēm* H, *húhôhen* Np (weitere Belege bei Kögel 1884a: 507, 519). Die Lautgeltung ist zweifelhaft, da es sich um Quellen handelt, die auch im Anlaut fälschlich ‹*h*› setzen (zu Np s. Anm. 1a).

Unklar ist auch die Funktion von ‹*h*›, das vereinzelt in Diphthongen oder gar inmitten der Doppelschreibung eines Langvokals steht: *hohubit* (für *houbit*) H; *flohat* Pa (22,31); *stehic* (= *steic*), *emezzihic* (= *emezzīc*) Pn; *seher* (2x, = *sēr*) al. Ps; *rohost* Gl 1,323,57, *dohotrūnu* 2,19, 12; *arprahastun* Rb (Gl 1,363,48); *gitahan* (= *gitān*) T 100,1; *gibohozen* (= *-buoȥen*) H.Mayer 1982: 52.175, 117, 124. Weiteres bei Kögel Lg. II,475, der darin eine Bezeichnung zweigipfligen Akzents sieht (vgl. § 7 A.6c); vgl. Bremer 1886: 62, Franck Afrk. § 110:4, Mihm 2001: 588 ff.

Anm. 5. In seltenen Fällen werden /i/ und ein folgender Vokal durch ‹*h*› getrennt: *herihunga*, *werihan* (§ 118 A.3a), *hefihanna* Jb-Rd 'Hebamme' (Kögel 1887: 111). Dieses scheint weniger einen konkreten Übergangslaut als allgemein eine Silbengrenze anzuzeigen.

3. Einige Handschriften zeigen im Auslaut zuweilen unetymologisches ‹*h*›, meist nach Vokal, z. B. *nahtagalah* Gl 1,342,38, *runsah* 1,375,23 (vgl. Brans 1914: 30 mit weiteren Belegen); vereinzelt auch nach Konsonant: *ālh* GlMon (1,499,12, 3 Hss.), *vventilsteinh* 1,434,40, *givielh* 2,258,14, *īsh* 4,1,4 (AWB IV,1733).

Anm. 6. Auffälligerweise weisen einige *wa*-Stämme im Auslaut unetymologisches ‹*h*› auf:

a) Bei *hreh*, *reh* Rb (zu *hrēo* § 204:3a) könnte falsch platziertes Anlaut-*h* vorliegen (Ottmann 1886: 69 f.), aber auch Übertragung eines inlautenden Übergangslautes, wie er in *reuhe* Gl 2,616,33 bezeugt ist (zu diesem vgl. Pauly 1968: 84, 89).

b) *untarthioh*, *thiohmuati* O (beide Hs. P; Kelle O 276 A.1, 529), *deohmuatī* al. Ps (StD 298,3): Diese scheinen angesichts der Obsoleszenz von *dëo*, *-dio* 'untertan' (§ 254 A.4) volksetymologisch an *dioh* 'Hüfte' angelehnt zu sein, so wie *thiotmuati* (mittleres ‹*t*› radiert) O an *diot(a)* 'Volk' (vgl. Kelle O 280 A.3).

c) *seh* 'See', *stroh* 'Stroh' Npgl (Schatz Ahd. § 248): Der hyperkorrekte Zusatz von ‹*h*› weist auf Einfluss des Inlauts, wo /h/ vom Notker-Glossator nicht mehr gesprochen wurde (Ochs 1911: 21); vgl. § 154 A.4d.

d) In *slieh* Gl 3,675,67, *sleih* 3,45,16 (zu *slīo* § 204:1) scheint ‹*h*› einen in den Auslaut geratenen Übergangslaut /j/ zu vertreten, vgl. § 117:2.

e) Zu den Nebenformen *fōh*, *rōh* der *wa*-Adjektive *fō*, *(h)rō* vgl. § 254 A.2.

§ 153 Im Anlaut ist germ. /h/ ahd. nur vor Vokalen erhalten geblieben; z. B. *hant*, *habēn*, *heil*. Vor Konsonanten, d. h. in den Anlautverbindungen /hl, hr, hn, hw/, setzen die ältesten Quellen das ‹*h*-› meist noch korrekt; dagegen verliert es sich im Laufe des 9. Jahrhunderts vollständig. Somit wird älteres *hlūt*, *hrēo*, *hnīgan*, *hwīȥ* im 9. Jahrhundert zu *lūt*, *rēo*, *nīgan*, *wīȥ* (zu /hw/ vgl. auch § 154a).

Anm. 1. Während das As. noch im 9. Jh. die Anlautverbindungen /hl, hr, hn, hw/ bewahrt, muss deren /h/ im Ahd. schon in der 2. Hälfte des 8. Jh. so schwach artikuliert worden sein, dass bei den Schreibern Unsicherheiten auftreten. Dies gilt besonders für die obd. Texte.

a) Das Verhalten der frk. Quellen lässt sich gut beschreiben.

α) WK hat /h-/ noch vollständig erhalten (z. B. *eogihuuār, hlūttru, unhreinitha*); ebenso bis auf vereinzelte Ausnahmen Isidor und LexSal (Matzel Is 197 f., Lühr 2013: 104). Dagegen ist im Tatian, bei Otfrid und allen Späteren das /h-/ völlig geschwunden. Dass in Ludw noch *Hludwīg* steht, ist dem Königsnamen zuzuschreiben, wie sich auch sonst ‹*h-*› in der PN-Schreibung länger hält. Fuldaer Personennamen haben /hr-, hl-/ bis Mitte des 9. Jh. recht gut bewahrt, nicht aber /hn-, hw-/ (Geuenich 1976: 191 ff.). – Vgl. MSD I,XVII f., E.Schröder 1897: 4 f., Franck Afrk. § 109:1, Eikel 1953: 221 ff.

β) Der Dichter des Hl sprach das /h-/ vor Konsonant wie vor Vokal, wie durch die Alliteration für *hringā* 6, *hrusti* 56, *hregilo, hwërdar* 61, *huītte* 66 bewiesen wird. Dagegen zeigt die Hs. schon Verwirrung: Sie lässt ‹*h-*› weg bei *wër, welīhhes, wërdar, ringa*, setzt ‹*h-*› richtig in *hregilo, hrūmen* (nach Lühr Hl 696 ff. zu *(h)ruomen*; zu ‹*u*› für /uo/ vgl. § 40 A.1a), *hrustim, hrusti*, falsch in *gihueit* (zu *gi-wīȥan* § 371:1), *bihrahanen*.

b) Dagegen verhalten sich schon die ältesten obd. Quellen uneinheitlich.

α) Zwar ist anlautendes /h/ vor Konsonant in Voc noch völlig korrekt erhalten (z. B. *hros, hrind, hlōit, huuaijōt*; Henning 1874: 90), ebenso in R (von wenigen Fehlern abgesehen, vgl. Wüllner 1882: 29). Doch sind diese Glossare frk. beeinflusst, und das gilt auch für den Isidor-Abkömmling MF (nur 1x *uuales* statt *hwales* 'Wal', Lb 9.2, 15).

β) In den nicht vom Frk. beeinflussten Texten scheint zuerst /h-/ vor /w/ zu schwinden (Kögel 1879: 132; vgl. § 154a), so bereits *uuelīh* (Vetus Latina, 8. Jh., Nievergelt 2012: 44.3). Für den Abrogans erschließt Baesecke 1931: 350 noch /hr, hl, hn/ (aber immerhin 1 *lūtar* neben 2 *hlūtar*), aber Schwanken bei /hw/; zwar sei *hwas* 'scharf' mit Ableitungen stets mit /hw/ anzusetzen, jedoch *wërban* statt *hwërban* (dieser Sonderfall lässt sich als Angleichung an *wërfan* begreifen, vgl. Baesecke aaO. sowie § 337 A.3; umgekehrt *santhuuvrfi* neben *santuurfi* Gl 2,514,5).

In Pa und K ist /w-/ schon viel häufiger als /hw-/, während /hr-, hl-, hn-/ noch einigermaßen erhalten sind (am besten in Kb; in Pa und mehr noch in Ka kommen schon /r, l/ neben /hr, hl/ vor; Kögel 1879: 126 ff.). Ad zeigt *hlauft*, aber *vmpilauft* (Haubrichs/Müller 2021: 117). Auch in Exh und GlKass ist /h-/ vor /w/ schon geschwunden (*wēo, wanta, waȥ*), steht dagegen noch vor /l, n, r/ (*hlosēt, hnapf, hrindir*). In BR haben nur einzelne Partien noch /hl, hn, hr, hw/, andere ebenso regelmäßig einfaches /l, n, r, w/ (F.Seiler 1874: 410 ff.). In Rb begegnet das /h-/ noch in vereinzelten Resten (Ottmann 1886: 69); hier und da haben besonders Glossen aus älteren Vorlagen noch /h-/.

γ) Gänzlich verschwunden ist das /h-/ in H und anderen Denkmälern des 9. Jh. Auch der Dichter des Musp hatte (wie die Hs.) das /h/ nicht mehr: Er alliteriert *wiu* mit *weiz* 62, *lēwo* 'Grabhügel' (*hlēo*) mit *lōssan* 82; die Alliteration *ki(h)lūtit* mit *horn* 73 war wohl eine alte formelhafte Verbindung.

δ) Die Unsicherheit verrät sich schon früh durch falsch gesetztes ‹*h*›: besonders häufig in Ra, z. B. *hrinnit, hliuhtenti* und sogar *hsēo* 'See' (Kögel 1879: 130), aber auch in vielen anderen Quellen, z. B. *hrōdar* GlFreis 81 f. Überhaupt zeigen alte und jüngere Glossen wiederholt Schwund und fehlerhafte Setzung des ‹*h*›, so z. B. Jun (Schindling 1908: 72 f.), Emm, Tegerns. Vgl. Wüllner 1882: 112 f., Schatz Abair. § 79, Brinkmann 1931: 148.

ε) Die frühobd. Leges-Wörter zeigen im Bair. nur /hr-/, im Alem. /hr-/ neben /r-/ (vgl. V.Schwab 2017: 450, 576, Stricker 2019: 39 f.). Auch die Salzburger Notitia Arnonis kennt noch /hr-/ (P.Ernst 1992: 341). Namen des Salzburger Verbrüderungsbuchs wie *Hrōsmōt, Hrimideo, Hraffolt, Hriffo, Hrīsilo* (Schatz 1935: 149) mit sekundärem ‹*h-*› sind kaum als Frühbelege von [hr-] für /r-/ in rezenten Salzburger Mundarten (Kranzmayer 1956: 122) zu werten.

Anm. 2. Nur selten wird ‹*h*› am Wortanfang vor Vokal weggelassen (vgl. Garke 1891: 38 ff.).
a) In orthographisch sorgfältigen Quellen wie Tatian oder Otfrid tritt diese Erscheinung nicht auf (*ëlfa* statt *hëlfa* O 1,28,5 nur in Hs. V); sie begegnet nur in weniger einheitlich geschriebenen Texten und Glossen, z. B. *ōrren* (statt *hōrren*) BR, *ge-altnissī* Straßb. Eide (AWB IV,663), *izzu* (zu *hizza*) GlFreis 111. Die Fälle weisen auf schwache Artikulation, auch wenn wortanlautendes /h/ vor Vokal nirgends regulär schwindet.
b) In älteren Urkunden ist Fehlen des ‹*h-*› Folge rom. Schreibpraxis, z. B. PN *Agastolt* statt *Hagustald* (Schatz 1935: 132), *Aribertus* für *Heriberht* (Menke 1980: 322); vgl. Henning 1874: 141 f. Hierher auch die Korrekturschreibung *gi*^h^*ōrtun* in den Pariser Tatian-Fragmenten (Haubrichs/Pfister 1989: 22, Endermann 2000: 77).
c) Sicher in lautlicher Reduktion begründet ist das nicht ganz seltene Fehlen des /h/ im Anlaut von Zweitgliedern, z. B. *-haft* in *triuafte, triuaftemu* H (Sievers H 19), *namaaftosto* Pa; ferner *zuoafta* Gl 2,772,51 (Schlechter 1993: 212, 242), *unolda* Ra, *inteiz* (= *intheiʒ*) Würzb. B; vgl. Pietsch 1876: 436, Garke 1891: 39, Wilmanns I,118, Franck Afrk. § 110:2, Gröger 1911: 211 ff. Zu Personennamen vgl. E.Schröder 1944: 15 (junges *-er* < *-heri*), Menke 1980: 323.

Inlautend vor Vokalen – also im Silbenanlaut – ist westgerm. /h/ (auch < germ. /h^w/, § 154a) im Ahd. ebenfalls Hauchlaut; intervokalisch ist es offenbar früh geschwunden. Daher begegnen neben den regelmäßigen Formen wie *sëhan, dīhan, nāhisto* nicht selten Graphien ohne ‹*h*›, so *sëan, dīan, nāisto.* **§ 154**

Dagegen ist /h/ im Ahd. im Wortauslaut und vor Konsonant stimmloser Frikativ geblieben (§ 151), z. B. in *sah, nāh, lioht, brāhta, wahsan.* In einigen späteren Quellen wird für dieses /h/ auch ‹*ch*› geschrieben: *sach, wachsan* (Anm. 4a).

Anm. 1. Der Schwund des /h/ wird als Spirantenschwächung erklärt, die über [g] führte.
a) Die südbair. Sprachinseln am Südhang der Alpen haben [g] vielfach bewahrt, z. B. in *zäger* 'Zähre', vgl. Steinhauser 1928: 163 ff.
b) Belege, in denen inlautendes /h/ vor Vokalen nicht geschrieben wird, finden sich in der ganzen ahd. Periode (vgl. Schatz Ahd. § 241 f.):
   α) nach betontem Vokal: *kisiit* (= *kisihit*) BR, *sëe* Jb (*sëhe* Rd), *spāida* Is, *hōī* (= *hōhī*) H, *hōisten, hōan, givëo* (= *gifëho* 'Freude') T, *hūe* (= *huahe*, § 40 A.1c,4) O, *bithīan* OFreis (zu Notker s. Anm. 8ab);
   β) nach Liquid (+ Sprossvokal): *fireo* Hl (Lühr Hl 441; vgl. § 199 A.1), *meria* Gl 3,450,19; *pifolaan* Jb (*pifolohan* Rd), *bifilu* (= *bifilhu*) O, *peuolên* Nb, *beuilo* Np.
c) Besonders häufig sind die Fälle im späteren Frk. (Franck Afrk. §§ 110:1 und 43:2), z. B. *heera* 'Häher' Jd. Überwiegend geschwunden ist inlautendes /h/ schon in den Rheinfrk. Cant: *erhōit* 38, *hōster* 59, *begien* 26 (= *bejëhen* Part.), *vlione* 68 (= *vliohanne*), daneben nur *vihu* 39; zum Mfrk. vgl. *fora* 'Föhre' GlBud 110, 126. Im späteren Md. – seit dem 11./12. Jh. – ist der Hauchlaut /h/ im Wortinneren völlig geschwunden (Weinhold Mhd. 243 f.). Im Friedberger Christ (MSD Nr. 33) reimt *gesān* (= *gesāhen*) auf *gān* (130).

Anm. 2. *h*-Schwund (s. Anm. 4de) zeigen Eigennamen mit *Hāh-* (vgl. § 33 A.1), *Hōh-* wie *Hārat, Hōwart, Hōilo, Hōolf*; mit *Ferah-, Feramundus, Ferholt, Feraholt, Feroinis*; mit *Walh-, Walah-*, wenn z. B. *Walafrid* neben *Walahfrid* hierher und nicht zu *wal* 'Schlacht(-feld)' gehört (wie etwa in *Waluram, Walaram*). Diese Unsicherheit besteht auch bei *Walhad, -here, -frid, -gēr, -man, -purg, -rāt, Waladanc, -frid* (Schatz 1935: 135).

Anm. 3. Das /h/ im Silbenauslaut, das seine alte Geltung als stimmloser Frikativ im Ahd. bewahrt hat, ist lautlich und graphisch mit dem aus germ. /k/ verschobenen /h/ zusammengefallen, das auslautend für inlautendes /hh, ch/ eintritt (§ 145). Die /h/ in *noh* (got. *naúh*) vs. *joh* (got. *juk*) bzw. in *sih*, *sah* (zu *sëhan*) vs. *sprih*, *sprah* (zu *sprëhhan*) sind also verschiedener Herkunft.

Anm. 4. Für dieses frikativische /h/ begegnen verschiedene Schreibungen.

a) Die Schreibung ‹*ch*› für frikativisches /h/ ist im Mhd. die Regel im Auslaut (mhd. *noch*, *sich*, *sach*), häufig aber auch vor Konsonant, besonders md. (mhd. *rëht* und *rëcht*). Im Ahd. ist ‹*ch*› noch selten und auf etwa dieselben Quellen beschränkt, die (nach § 145 A.5a) auch ‹*ch*› für /h/ aus germ. /k/ zeigen; also z. B. regelmäßig in OFreis (*noch*, *dēch*, *rëchto*, *dāchta* usw., Kelle O 529). Auffällig ist ‹*ch*› für /h/ vor durch Sprossvokal getrenntem /l/ in *machalen* Kb 152,36 (Splett Abr 226).

b) Statt ‹*ch*› begegnet auch ‹*hc*›, z. B. *duruhc* Reich. B; *farlīhc*, *arrihctit* H (vgl. § 145 A.5b); *nāhc* GlFreis 310, 434. In H und einigen Glossen steht sogar ‹*c*› statt ‹*ch*›: *duruc*, *noc*, *slëcter* H, *doc* (Moulin-Fankhänel 1999: 250), *rëct* GlFrank (Wüllner 1882: 113), wozu westfrk. ‹*ct*› = /ht/ in Urkunden aus rom. Schreibpraxis (§ 151 A.2; vgl. ‹*pt*› für /ft/ § 139 A.7a) zu vergleichen ist (Kauffmann 1892: 246 f.). Auch im Lgb. wird ‹*ct*› geschrieben, z. B. *actugild* 'Achtgeld, achtfacher Ersatz', manchmal freilich auch ‹*tt*› (Bruckner 1895: 163).

c) Nur einige spätere frk. Quellen zeigen auch ‹*g*› für auslautendes /h/; so *dog* (Ende 9. Jh., Nievergelt 2013: 412.7, 418), *thog* GlBud 110, 126, ferner der Arnsteiner Marienleich mit *durg*, *nog*, *sag*, *gescag* usw. (zu ‹*g*› für /-h/ < germ. /k/ vgl. § 145 A.5d).

d) Nur äußerst selten wird frikativisches /h/ im Auslaut nicht geschrieben, z. B. *zō* (für *zōh*) OFreis (Kelle O 529). Doch kann es, besonders in späteren frk. Quellen, auch in Analogie zu Inlautformen ohne /h/ beseitigt sein (Franck Afrk. § 111:2), z. B. *hō* Lb 17.5, 45 (s. Anm. 1) und *intfaa* Augsb. Gebet (Lb 37.1, 2). Häufig dagegen fehlt /h/ – inlautend geworden – in Weiterbildungen vor mit verschiedenen Konsonanten anlautendem Zweitglied, wo also Lautwandel vorliegt (Gröger 1911: 207 f., Schatz Ahd. § 239, Baesecke 1931: 351). Beispiele: vor /w/ in *uuauuirche* Gl 2,55,7 für *wāh-*, *houuarto* Npgl für *hōh-* (Ochs 1911: 21); vor /r/ in *wīrouh* neben *wīh-* (Kögel 1893: 244, E.Schröder 1898: 17 f., Schatz Abair. 87 f.); vor /l/ in *smaliher* R, *smalihetun* GlMon für *smāh-*; vor /n/ in *uuinessi* Freis. Pn für *wīh-*; vor /s/ in *haosedal* R, *hosedale* Rb für *hōh-*. Oft fehlt /h/ spätahd. in *dur*, *dure* für *durh*, *duruh* 'durch' (Mhd. Gr. § E 30 A.1), aber sogar schon in K 1x *thur*.

e) In Personennamen wie *Alaheri*, *Alahilt* kann *alah-* 'Tempel' (got. *alhs*) enthalten sein (vgl. *Alahfrit*, *Alahgunt*); dann läge Schwund des /h/ wie in Anm. 2 vor (Schatz 1935: 134). Zur Abgrenzung von *Ala-* und *Alah-* vgl. Sonderegger 1961: 273+A.2; vgl. § 69:1a.

Anm. 5. Die Folge /hs/ hat in lautlicher und graphischer Hinsicht verschiedene Sonderbehandlungen erfahren (Kögel Lg. II,489, Franck Afrk. § 114, Gröger 1911: 216 f., Schatz Ahd. § 240, Matzel 1966: 168).

a) In der Verbindung /hs/ fällt /h/ meist durch Assimilation weg, wenn /hs/ vor einen Konsonanten zu stehen kommt (vgl. § 99 A.3). In einigen Wörtern ist /h/ völlig beseitigt, so in *mist* (got. *maíhstus*), *lastar* (< **lahstar*), *zëswa* (got. *taíhswō*), *deismo* 'Hefe' (< **deihsmo* zu *dīhan*; vgl. jedoch Lidén 1906: 353), *niusen* 'versuchen' (got. *niuhsjan*) u. a. In anderen stehen Formen mit und ohne /h/ nebeneinander, z. B. in den zu *wahsan* gehörigen Bildungen *wast* und *wahst*, *wasmo* und *wahsmo*, in *wislen* neben *wihslen* 'wechseln' usw. Weitere Belege bei Kögel 1880: 193 ff.; vgl. Osthoff 1882: 148 ff.

Dasselbe gilt für auslautendes /hs/, so *flas* für *flahs* MF, *aruuos* zu *irwahsan* GlFreis 45; zur mfrk. Aratorglosse *eruuos* (= *irwuohs*) vgl. v.Gadow 1974: 91, 135. Silbenauslautend auch mfrk. *onderuueslīchūn* GlBud 108, 119 mit weitergehender Reduktion.

b) In einigen, meist frk. Belegen ist intervokalisches /hs/ – wie im Nd.-Nl.-Wmd. (Mnl. Gr. § 111:1, Frings 1957: Kt. 38) – zu /ss/ assimiliert, z. B. *folwassan* 'perfecta' Is, *wasset* Phys; so wohl auch *wasanti* statt *wahsanti* Carmen (Lb 15.3; kaum Schreibfehler). Etwa ab dem 11. Jh. ist der Lautwandel /hs/ > /ss/ auch im Obd. gut zu belegen; vgl. *givasoti*, *giuasota* Gl 2,415,11. 474,47 (= *gifahsōti*; Kölling 1983: 152). – Vgl. K.Wagner 1925/26, ds. 1927 (Kt.), ds. 1933, Boesch 1946: 173, Kranzmayer 1956: § 33:e, Bergmann 1966: 118.

c) Fälschliche, d. h. hyperkorrekte Umsetzung von /ss/ in ‹*hs*› liegt vor in *geskehseten* zu *skëssōn* Thoma 1975: 2.35 (vgl. E.Meineke 1983: 278), ebenso vermutlich in *wahs* 'scharf' neben sonstigem *was* (vor allem spätbair, aber schon Kb *wahso* Gl 1,218,18 und Will *wahs*; vgl. DWB XIII,70 f., Behaghel 1928: 156, Schatz 1935: 151) sowie im ON *Taxenbach*, 963 *Tassinpah*, 1151–67 *Tahsenpach*, wenn zum PN *Tasso* (ANB 231) gehörig. Bei *wascha* (für *wahsa*) *in regene* 'concrescat in pluvia' Lb 17.5, 50 liegt wohl Schreiberirrtum vor (Verwechslung mit *waskan* 'waschen'). Zu ‹*hs*› für /ʒ/ vgl. § 160 A.2bδ.

d) Isidor hat neben ‹*hs*, *ss*› auch ‹*xs*› nach ags. Muster, z. B. *uuëxsal*, *uuaxsmin*. In MF ist ‹*xs*› teils erhalten (*uuaxsanne*), teils zu ‹*x*› vereinfacht (*uuaxmun*, *sëx*), vgl. Matzel Is 140 f. (mit Lit.), 199 f. Vgl. ferner *egedexa* Gl 3,692,34. – Sehr selten ist ‹*hss*›: *giuuahssent* Phys; *uuëhssal* in Glossen (Graff I,715). Die Graphie *ouuede*^{h}*ssa* Gl 4,257,39 zeigt an, dass erst /hs/ assimiliert und dann ‹*h*› wieder eingefügt wurde (etwas anders Schimpf 2004: 173 f.). – *Elossandria* 'Alexandria' im Georgslied ist rom. (Haubrichs 1979: 87+A.72).

Anm. 6. Auch die Folge /ht/ erfordert eine eigene Darstellung (zu ‹*hd*›, ‹*dh*› für /ht/ vgl. § 161 A.3).

a) Nicht ganz selten tritt in Quellen der verschiedensten Orte und Zeiten ‹*th*› für /ht/ auf; z. B. *nath* (= *naht*) Lorscher B, *ather* Trierer Cap (§ 139 A.7b), *lieth* (neben *lieht*) Lb 43, 67; öfter in OFreis, z. B. *rëth*, *math*, *kneth*, aber auch bei Otfrid (Hs. V) *lioth* (= *lioht*) 1,18,9 (Kelle O 528); ganz gewöhnlich im Friedberger Christ (MSD Nr. 33), z. B. *druthin*, *dūth* und (häufiger) mit ‹*tth*›: *gesletthe*, *motthen*; vgl. MSD II,199. Weiteres bei Weinhold Alem. 137, ds. Bair. 149. Auch ‹*tht*› kommt vor, so *angothten*, *scīpothtemo*, *scīpothtiv* GlMon. Zur Graphemvertauschung in St. Galler Urkunden vgl. Sonderegger 2019: 214; in Fuldaer Personennamen stehen ‹*ht*›, ‹*th*› und ‹*t*› nebeneinander (Geuenich 1976: 197 f.).

b) Mehrfach wird auch das ‹*h*› ganz weggelassen:

α) Besonders früh erfolgt dies im Mfrk.; Belege bei Heinrichs 1961: 113 ff., Hofmann 1963: 34 ff., Bergmann 1966: 90 f., Matzel 1966a: 49, v.Gadow 1974: 90, 135 f. Vgl. ferner z. B. *liotfaz*, *leotkar*, *trutines* H (Sievers H 19), *rëtliche* Trierer Cap, *ret*, *reto*, *retu* Musp, *leot* Carmen, *trotin* (neben *trohtin*) Phys, *uerstratan* GlBud 128+A.122 (-*straht*-, zu *strecken*); zu Pa, K, Ra (auch ‹*th*›) vgl. Kögel 1879: 69 f., Baesecke 1931: 351, ds. 1948a: 59.

β) Zur Verbreitung im Frk. vgl. besonders Franck Afrk. § 113:1: mittel- und rheinfrk. (mit Otfrid) *h*-Schwund; Brinkmann 1931: 167: rom. Nachbarschaft, merow. Tradition, vom Obd. her im 9. Jh. verdrängt; vgl. DSA Kt. 34, 63 'recht', 'Luft'. Außerhalb des Rheinfrk. und Mfrk. wird ‹*th*›, ‹*t*› für /ht/ eher eine graphische Ungenauigkeit darstellen.

γ) In der Zeitzer B erscheint /ht/ als ‹*tt*›: *alemattīh*, *rettemon*; ebenso mfrk. *gislittidero* Gl 1,297,46 (Paris Lat. 2685; Schreiber 1961: 47, 209) sowie *fūttemo* (*fūht(i)*) 2,558,12, *sciuatten* (*skībaht(i)*) 566,17 (Kölner Cod. LXXXI; Bergmann 1966: 213, G.Wolf 1970: 56, 80 f.). Zum Bair. s. u.

δ) Doch kann Assimilation bzw. Schwund von /h/ in /ht/ (wie in /hs/, s. Anm. 5ab) auch im Bair. alt sein (W.Scherer 1878: 132, Kranzmayer 1956: § 33:d), vgl. ‹*t*› in *unmatīçun* GlFreis 69 f., *gauuīten* Gl 2,223,58 (Nievergelt RP 505.T220), ‹*tt*› in *inchnetta* GlMon (1,405,47, 10./11. Jh.).

c) Anders zu beurteilen ist eine Form wie *ervortent* 'formidabunt' Lb 17.5, 34 mit Dreierkonsonanz (§ 99 A.3), wo sonst durch den Sprossvokal (§ 69; *vorahten*) das /h/ gehalten wird. Die Dreierkonsonanz hat in den Personennamen mit Adj. *bërht* (*bëraht*) die häufige Nebenform *bërt* hervorgerufen (*Adalbërt, Bërtram* usw.), die vor allem in lat. Form in Urkunden (*Adalbertus, Bertramnus*) häufig ist, neben *Adalbërht, -bëraht, Bërhtram, Bërahthraban* usw. Aus *-bëraht* entsteht durch Verschiebung des Nebentons (vgl. Franck Afrk. § 60:2) die häufige Form *-braht*, z. B. *Adalbraht* Lb 2.4, 17; *Hiltibraht, Hadubraht* Hl (dazu Kauffmann 1896: 136 f., Grundr II,74 [Kögel], Klingenberg 1993: 436 ff., Vopat 1995: 27 ff., 57 ff., 119 f., Lühr 2013a: 163 ff.); zu den Personennamen mit *bërht* vgl. noch § 69 A.1 und Franck Afrk. § 113:2, Schatz 1935: 154, Knitl 1955, Ulbricht 1961, Geuenich 1976: 168 ff. (mit vielen Belegen).

d) In *zorht, zoraht* 'hell' (Graff V,705; as. ae. *torht*) ist spätahd. (Notker, Gl 1,710,63. 2,417,15. 434,53) das /ht/ zu /ft/ geworden: *zorft*, dazu mhd. *zorftel* (also umgekehrt wie /ft/ > /ht/ § 139 A.7b). Im Frühbeleg *houorofti* 'bucklig' Ra 221,10 (*hofarohti* Kb), von Splett Abr 317 als verschrieben erachtet, kann /f/ an den ersten Labial assimiliert sein. In mfrk. *ādumzufti* Gl 2,576,21 steht ‹*ft*› hyperkorrekt für ‹*ht*› (Stührenberg 1974: 106, GramErtr 165).

Anm. 7. Geminiertes /h/ (/hh/) ist mit dem aus germ. /k/ entstandenen /hh/ zusammengefallen und wird wie dieses durch ‹*ch*› wiedergegeben.

a) Beispiele für vorahd. /hh/ sind spärlich, sie sind durch westgerm. Gemination (§ 96) entstanden. Für das Ahd. ist ein stV. *hlahhen** zu erschließen, das nach Ausweis von got. *hlahjan* ein *j*-Präsens besaß (VEW 257); von dort aus wurde /hh/ auf das neu gebildete swV. *lahhēn, lachēn* übertragen (§ 347 A.5). Andere Vertreter: swV. I *bluhhen* 'brennen' (AWB I,1226 f., EWA II,203 f.), vgl. *pluhhenti* 'flagrans' Pa 142,14; *luhhen* 'waschen' (AWB V,1400 f., EWA V,1499); nach Langvokal (§ 96 A.1*a) in *kihōhhu* 'exaltabo' Jb-Rd Gl 1,278, 29 (zu *intrīhan* 'enthüllen' vgl. jedoch § 331 A.4). Zu weiteren Resten vgl. Kögel 1887: 111.

b) Von der Gemination durch /w/, die im Allgemeinen durch Ausgleich beseitigt ist (§ 109 A.2), sind einzelne Spuren in alten Quellen erhalten. In MF *nāhhitun* 'sie nahten' (got. *nēƕ-*), öfter *sëhhan, sāhhun* statt *sëhan* (got. *saiƕan*) Hench MF 120; z. T. anders Matzel Is 198 f.; bei Otfrid (Os 47) *firlīche* statt des gewöhnlichen *firlīhe* (got. *leiƕan*), andere Fälle hat Otfrid korrigiert (Kelle O 528). Weiteres bei Kögel 1887: 109 f., ds. Lg. Erg. 16, II,531, Zupitza 1896: 60 f., Franck Afrk. § 112, Baesecke Einf. 77. – Durch /n/ (§ 96:6) kann *zucka, zuhha* (auch *zuga*) 'Runzel' bedingt sein (Kauffmann 1887: 524, SplAWB I,1193, StW 770).

c) Sekundäre Gemination erscheint nicht selten in den komponierten Pronomina *dëhein* (*dohein*) und *nihein* (*nohein*), vgl. §§ 295:5, 296, neben denen häufig *dëhhein, dihhein*; *nihhein, nohhein*, später auch *dëchein, nëchein* auftritt (AWB II,353 ff.). Das kann damit zusammenhängen, dass [χ] in *nihein, dëhein* usw. ursprünglich den Silbenauslaut des Erstglieds bildete und frikativisch geblieben war. Der Laut wurde dann im Kompositum z. T. zur zweiten Silbe gezogen und korrekt als Geminate geschrieben (§ 91). Anders Bech 1964: 212. – Franck Afrk. § 105:2, v.Grienberger 1907: 74, EWA II,562 f.; wohl verfehlt Marcq 1986.

Anm. 8. Im Dialekt Notkers tritt der unterschiedliche Lautwert von ‹*h*› durch die verschiedene Wirkung auf benachbarte Vokale besonders deutlich hervor (Braune 1876: 130 f., Ochs 1911: 5 ff., Schatz Ahd. § 243, Lloyd 1968, Penzl 1968: 139 f., 145).

a) Der Hauchlaut /h/ im Wortinlaut zwischen Vokalen fällt bei Notker in vielen Wörtern nach Kurzvokal aus, meist mit nachfolgender Kontraktion der beiden Vokale, z. B. *zên* (< *zëhen* '10'), *suêr* (< *swëher* 'Schwäher'), *trân* (< *trahen* 'Träne'), *mâlôn* (< *mahelōn* 'anklagen'). In anderen Wörtern fehlt ‹*h*› seltener, so in den Verben *sláhen, séhen, gescéhen, jéhen*, in *fého, fího* 'Vieh' usw. Nach Lloyd 1968: 112 ist /h/ hier phonetisch immer geschwunden, auf graphischer Ebene aber teilweise restituiert.
In Np und Npgl kann /ih/ als ‹*ieh*› – selten ‹*ie*› – erscheinen, z. B. *sieho* (*sieo*), *geskiehet, iiehet, fieho* (*fieo*) für *sího, geskíhet, gihet, fiho* (zur Erklärung s. b). Ferner werden in Np Kurzvokale vor intervokalischem /h/ (/hʷ/) öfters mit Zirkumflex geschrieben, z. B. *âha, slâhen, sêhen, sîhet* (Wardale 1893: §§ 1, 4, 8); vereinzelt auch sonst bei Notker: in Nc *geslâhen* 70,15, *sêh-* 27,16, bei Npgl 34,18. 80,5. Es kann sich nicht um phonetische Dehnung handeln, denn diese liefe der unter b) erörterten Kürzung von Langvokalen zuwider; vielmehr liegen hyperkorrekte Schreibungen vor, analog zu restituierten Graphien wie *fêhi* Nc 59,16 für gekürztes *féhi* (s. u.).

b) Nach Langvokal fällt /h/ bedeutend seltener aus, z. B. *hûe* (< *huohe*), *hô* oder *hôo* (< *hōho* Adv.), öfter bei *dien* stV. (< *dīhen*, Kelle 1886: 297). Auch in spätalem. Prudentiusglossen fehlt es mitunter, z. B. *lienten* (zu *līhan*, Heinisch 1935: 208). Meistens aber bleibt /h/ bei Notker nach Langvokal erhalten; dieser wird dabei regelmäßig gekürzt: *sáhen* (< *sāhen* 'sahen'), *náhôr* (< *nāhōr* 'näher'), *féhi* (< *fēhī* 'Buntheit', s. o.), *líhen* 'leihen', *hóhôr* 'höher' (Kögel 1884b: 541 schreibt die Kürzung dem folgenden Vokal zu; E. Sievers 1920: 153 f. bestreitet sie grundsätzlich). – Sekundäres /h/, das Notker häufig in den Verba pura auf /ā/, /uo/ zeigt (vgl. § 152:2), hat die gleiche kürzende Wirkung, so *sáhet* 'sät', *múhet* 'müht', *múhi* 'Mühe' (vgl. § 333 A.4); hierher auch *gáhe* 'eilends, jäh' (§ 152:2).
Die Diphthonge /ie, iu/ bzw. /uo/ werden zu kurzem /i/ bzw. /u/: *zíhen* (< *ziohan*), *flíhet* (< *fliuhit*), *scúha* (< *scuoha* 'Schuhe'). Das gekürzte /i/ aus /ī, ie, iu/ kann in Np gemäß a) graphisch als ‹*ieh*› repräsentiert sein: *liehen, ziehen, fliehet* neben *líhen, zíhen, flíhet* aus *līhan, ziohan, fliuhit* (§ 49 A.5b). Dabei handelt es sich nicht um phonetische Diphthongierungen, sondern um „umgekehrte Schreibungen" (Penzl 1968: 139).

c) Vor dem Frikativ [χ] werden die Langvokale und Diphthonge nicht gekürzt, z. B. *nâh, zôh, brâhta, scûoh, lîeht*. Infolge seiner velaren Aussprache (Penzl 1968: 145, Merlingen 1970) hat er bei Notker die Diphthongierung /ī > ie/ bzw. /ū > uo/ bewirkt (§ 52 A.2): *lîehte* (< *līhti* 'leicht'), *ûohta* für *ūhta* 'früher Morgen' (§§ 41:2, 109 A.2), *dûohta* (< *dūhta*, Prät. zu *dunken*), *rûoh* (< *rūh* 'rau'), aber flektiert *rúhêr*.
Auch /iu/ bleibt bei Notker vor [χ] erhalten, wie aus *líuhtîg* Nb, *irliûhtet* Np hervorgeht. Daher können *scíht* 'Flucht' Np, *skíhtig* 'flüchtig' Nb, Np, *lîehtskíhtig* 'lichtscheu' Nc nicht mit Wardale 1893: § 22 A.3, AWB V,1156 zu *skiuhen* 'scheuen' § 49 A.5b gehören, zumal dessen Präteritum bei Notker *skîehta* lautet (Ochs 1911: 16). Die Bildungen führen auf *(gi)-skëhan* § 343 A.1d (ursprünglich 'sich wohin wenden'), vgl. VEW 409, EWGP 491.

Anm. 9. Nach § 102:3 steht /h/ in grammatischem Wechsel mit /g/, seltener mit /w/, z. B. *ziohan / gizogan*; *zëhan / -zug*. Reste des grammatischen Wechsels liegen vor, wenn etwa zu *jëhan* das Part. Prät. neben *gigëhan* bei Notker als *gejëgen*, oder zu *sëhan* neben *gisëhan* als *gisëwan* erscheint (§ 343 A.4ab). Durch Ausgleich treten neben *-slago, herizogo, zugil* auch *-slaho, herizoho, zuhil* auf.

(e) Germ. /h^w/

§ 154a Der germ. Labiovelar /h^w/ lebt im Westgerm. als Phonemfolge /hw/ fort (§§ 80 A.1, 150); diese hat sich im Ahd. nur anlautend in alten Quellen erhalten (§ 153 A.1bβ). Normalerweise wird /hw/ im Anlaut zu /w/ (doch s. Anm. 1), im In- und Auslaut zu /h/ vereinfacht (§ 153 f.). Geminierende Wirkung des Halbvokals äußert sich in frühen Inlautschreibungen mit ‹*hh, ch*› (§§ 96:5, 109 A.2, 154 A.7b). Einen weiteren Hinweis auf den Labiovelar liefert der grammatische Wechsel /h/ : /w/ (§§ 100 A.1, 102:3c, 154 A.9).

Anders als /k^w/ (§ 146a) hat der Labiovelar /h^w/ infolge der schwachen Artikulation des Hauchlauts früh seine Eigenständigkeit eingebüßt. Deshalb wird er gemeinsam mit /h/ besprochen (§ 150 ff.).

Anm. 1. Vor /uo/ (< /ō/) ist anlautendes /hw/ im Ahd., bevor das /h/ schwinden konnte, delabialisiert worden: *huosto* 'Husten' (ae. *hwósta*, § 107 A.1b).

P 3.2.2.3. Dentale

(a) Germ. /t/

§ 155 Im Germ. war /t/ im Anlaut, Inlaut und Auslaut sehr häufig. Germ. Konsonantenverbindungen mit /t/ sind anlautendes /tr/, /tw/, /st(r)/, in- und auslautendes /nt/, /lt/, /rt/ und /ht/, /ft/, /st/, /tr/. Im As. ist der germ. Lautstand meistens bewahrt: as. *triuwi*, *twēne*, *strīd*; *unt* 'bis', *holt* 'Holz', *swart*; *naht*, *luft*, *lust*, got. *hlūtrs*. Geminiertes /t/ ist nur in wenigen Wörtern alt (z. B. got. *skatts* 'Geld'); sehr häufig dagegen ist westgerm. Gemination vor /j/ (z. B. as. *sittian* 'sitzen') und vor /r/ (z. B. as. *hlūttar*, *bittar*); vgl. § 96:2,3.

§ 156 Nach § 87 wird germ. /t/ im Ahd. je nach Stellung zum dentalen geminierten Frikativ /ʒʒ/ (§ 160) oder zur dentalen Affrikate /z, zz/ (§ 159) verschoben. Von der Verschiebung ausgenommen sind die Verbindungen /tr/, /st/, /ht/, /ft/ (§ 161).

§ 157 Es ist ein Mangel der ahd. Orthographie, dass in den meisten Texten das Zeichen ‹*z* (*zz*)› sowohl die Affrikate /ts/ als auch den Frikativ /ʒ (ʒʒ)/ bezeichnet (vgl. § 7:2+A.4). Nur bei Isidor sind beide Phoneme konsequent graphisch geschieden; er bezeichnet die Affrikate durch ‹*z*›, in der Gemination durch ‹*tz*›, den Frikativ dagegen durch ‹*zss*›, im Auslaut durch ‹*zs*›, z. B. *zwēne*, *setzan*, *dhiz*, aber *wazssar*, *fuozssi*, *dhazs* (vgl. Matzel Is 178 ff.). Auch das Ludwigslied scheint eine geregelte Unterscheidung anzustreben. Für die Affrikate findet sich vor Velarvokalen ‹*cz*› (*czala*, *magaczogo*) und vor /e, i/ ‹*c*› (*ce hanton*, *uncih* = *unz ih*). Der Frikativ wird im Wort- und im Silbenauslaut vor Konsonant durch ‹*z*› bezeichnet (*weiz*, *hiez*, *ūz, iz, thaz*; *gibuozta*), intervokalisch durch ‹*zs*› (*heizsit*; kein weiterer Beleg); vgl. Schützeichel 1966/67: 301 (anders über Ludw – Verwirrung von ‹*z*› und ‹*s*› – MSD II,73).

In manchen Quellen wird nach lat.-rom. Vorbild die Affrikate vor /e, i/ durch ‹*c*› bezeichnet (z. B. *ci, ciuhit, lucil*); zur Bezeichnung des Frikativs kommt gelegentlich ‹*s*› vor (Anm. 1, 2).

Anm. 1. Gegen die Auffassung, ‹*z*› in Isidors Gruppe ‹*zss*› könne noch die Affrikate bezeichnen (Mitzka 1951/52: 112, ds. 1951/52a: 70), wendet sich zu Recht Matzel Is 180 A.127.

‹*c*› für die Affrikate (§ 159 A.2a) und ‹*s*› für den Frikativ (§ 160 A.2b) kommen nach Schützeichel 1966/67: 301+A.31 (mit Hinweis auf Bergmann 1966: passim und Schützeichel 1964: 22) in frühen ahd. Texten häufiger vor, als gemeinhin angenommen wird und es normalisierte Texte erkennen lassen. Tiefenbach 1975: 287 f. weist diese Unterscheidung im Trierer Cap nach. ‹*c*› für /z/ vor /e, i/ wird zwar in T, O, N nur selten verwendet; es begegnet jedoch häufig in den rheinfrk. Aratorglossen (Tiefenbach 1977: 36 ff., Schützeichel 1982: 51) sowie in Fuldaer Personennamen (Geuenich 1976: 199).

Anm. 2. Das Lgb. bezeichnet den Frikativ durch ‹*s, ss*› (§ 160 A.2c), vgl. lgb. *sculdhais* (ahd. *skuldheizo*); PN *Zusso* (ahd. *Zuȥȥo*; zu awn. *tútr* 'Zwerg'). So auch lgb. *walupaus* 'vermummter Stößer/Stoß' (Edictum Rothari in 3 alten Hss.; *-pauz* in 5 jüngeren, 1x *-pautz*: Schützeichel 1976: 257; vgl. dazu *lietz* Ludw 11, § 90 A.3); das Wort gehört zu ahd. *bōȥ(ȥ)an* (awn. *bauta*) 'stoßen' (N.Wagner 2019a: 355 ff. mit Lit., Lühr 2020: 301).

Anm. 3. Zu Einzelheiten der Schreibung vgl. §§ 159 A.1–3, 160 A.1,2.

Ob ein ‹*z*› (bzw. ‹*zz*›) als Affrikate oder als Frikativ zu lesen ist, ergibt sich aus den **§ 158**
Regeln der Lautverschiebung (§ 87). Danach ist ‹*z*› im Anlaut und nach Konsonant stets als Affrikate zu fassen (*zwēne, holz, swarz*). Ambivalent ist die Schreibung nur im Inlaut und Auslaut nach Vokal, weil dort ‹*z*› und ‹*zz*› beide Geltungen haben können, z. B. *wizzan* (d. h. *wiȥȥan* 'wissen'), aber *sizzan* 'sitzen'; *daz* (d. h. *daȥ* 'das'), aber *diz* (d. h. *ditz* 'dies', § 288 A.3b). Im Inlaut und Auslaut ist stets die Affrikate zu lesen, wo eine Geminate (westgerm. /tt/) zugrunde liegt; dagegen ist westgerm. /t/ nach Vokal zum Frikativ verschoben.

Lit.: W.Scherer 1878: 128 ff., Penzl 1970, Voyles 1972: 47 ff., Hall 2014.

Anm. 1. Ahd. und mhd. ‹*z, zz*› besitzt zweifache Lautgeltung (Affrikate und Frikativ), die ungefähr dem nhd. Unterschied von ‹*z, tz*› und ‹*ss, ß*› entspricht (ahd. *sizzan* / *sāȥun, gisëȥȥan* = nhd. *sitzen* / *saßen, gesessen*). Dies ergibt sich aus folgenden Argumenten:

a) die parallelen Verschiebungen von germ. /p/ und /k/ zur Affrikate und zum Frikativ lassen den gleichen Unterschied auch für die Dentalreihe erschließen;
b) bei Isidor sind auch in der Schreibung (‹*z, tz*› / ‹*zss, zs*›) die beiden Laute deutlich getrennt (§ 157);
c) nur für die Affrikate /z/ wird vor /e, i/ häufig ‹*c*› geschrieben (§ 157), nicht für den Frikativ /ȥ/, für den dagegen zuweilen ‹*s, sz, zs*› (§ 160 A.2ab) erscheint;

d) die altslaw. Freisinger Denkmäler verwenden ‹z› sowohl für slaw. /s/ als auch für Affrikate (Braune 1874a: 530 f.);
e) noch im Mhd. sind /z/ und /ʒ/ durch die Reime streng geschieden, es reimt nicht etwa *schaz* 'Schatz' auf *daʒ* 'das' u. ä.

Anm. 2. Die Folge /t+s/ an der Morphemfuge wird mitunter durch ‹tz› oder bloßes ‹z› bezeichnet, was Affrikatengeltung von ‹z› voraussetzt: in GlMon *intzaganne* 1,750,60, *inzagan* 2,186,62 f. (*int-sagēn*), *notzuch* 2,137,55 f. (*nōt-suoh*); ferner *inzezze* 2,200,25 (*int-sezzen*), *sëlzānen* GlBud 135. Zu sonstigem ‹z› für /s/ vgl. §§ 160 A.2bε, 168 A.2.

§ 159 Die Verschiebung des germ. /t/ zur Affrikate /z/, die nach § 87:2 im Anlaut sowie in- und auslautend nach den Konsonanten /l, n, r/ und bei Gemination (= as. /tt/) eintritt, ist über das ganze hd. Gebiet verbreitet; dialektale Unterschiede sind hierin nicht vorhanden. Die Affrikate hat den Lautwert einer Tenuis [t] mit eng angeschlossenem Frikativ [ʒ] (vgl. § 158 A.2). Bei inlautender Gemination ist die Affrikate auf zwei Silben verteilt, also *sizzan* = [sit'tzan]. Geschrieben wird in den ahd. Handschriften im Anlaut sowie nach /l, n, r/ stets einfaches ‹z› oder ‹c› (vor /e, i/, § 157). Dagegen ist intervokalisch ‹zz› die regelmäßige Schreibung; doch kommt auch einfaches ‹z› nicht ganz selten vor (regelmäßig in Jc). Im Auslaut oder vor Konsonant wird die Geminate stets durch einfaches ‹z› bezeichnet (§ 93).

Beispiele aus Otfrid: *zala, zi, zwēne*; *salz, unz* 'bis' (dazu Lühr 1979: 141), *hërza*; *scaz*, Gen. *scazzes* 'Schatz', *nezzi* 'Netz', *hizza* 'Hitze', *antluzzi* 'Antlitz', *nuzzi* 'nütze', *sezzen* 'setzen' (Prät. *sazta*, Part. *gisaztēr*, § 356:1), *lezzen* 'hemmen'.

Anm. 1. Wie germ. /t/ ist auch fremdes /t/ in alten Lehnwörtern verschoben, z. B. *ziagal* (lat. *tegula*); *balz* 'Gürtel' (*balteus*), *pflanza* (*planta*), *minza* (*menta*), *pforzih* (*porticus*), *puzzi*, *pfuzzi* (*puteus*, vgl. § 133 A.1). Neben gewöhnlichem *kurz*, obd. *churz* (*curtus*) kommt obd. wie frk. öfter die im Auslaut unverschobene Form *curt*, *churt* vor, z. B. bei Otfrid *kurt* (neben *kurz*), *churteru* H, *churtnassi* Exh. In jüngeren Lehnwörtern dagegen steht ahd. ‹z (c)› für lat. /c/ vor /e, i/, wie *zins* (lat. *census*), *krūzi*, *crūci* (lat. *crucem*), *dëcemo*, *dëzemo* (lat. *decima* § 163 A.8). Vgl. § 161 A.1; Franz 1884: 25, Frings 1966–68.

Anm. 2. Für einfaches /z/ finden sich zuweilen besondere Schreibungen:
a) ‹c› steht öfters vor /e, i/, vgl. § 157 A.1. Vor anderen Lauten begegnet es selten in uneinheitlich geschriebenen Glossen u. ä., z. B. *cuueincug* Gl 2,47,13, *uarca* (= *warza*) 2,240,49, *sprincuurc*, *scelliuurc* (= *-wurz*) 3,513,33. 39. Daher auch die Umkehrschreibung ‹z› für ‹c› = /k/ in *anzlihhem* Pa (zu *anglīh*, Splett Abr 101).
b) ‹ç› in *herçin*, *liuçilu*, *uurçūn* MF (Hench MF 113).
c) ‹cz› in *czala*, *magaczogo* Ludw (§ 157; vgl. Urmoneit 1973: 119 A.167).
d) ‹s› für /z/ liegt vor in mfrk. *runson*, *runsoda* Gl 2,711,9 f. (zu *(h)runza*, *(h)runzōn*), vgl. mnd. mnl. *runse* (aus dem Hd.; vgl. Mnd. Gr. § 330:II).
e) Zu ‹zh› im Georgslied vgl. Haubrichs 1979: 128 f.

Anm. 3. Die inlautende Geminate, die bis auf Sonderfälle (§ 160 A.4b) nur nach Kurzvokal vorkommt, ist neben den Normalgraphien ‹zz› und ‹z› (s. o.) auch anderweitig repräsentiert.

a) Bei Isidor steht regelmäßig ‹tz›: *setzu, setzida, sitzit, sitzi*; einfaches ‹z› begegnet dort auslautend in *dhiz*, ferner in dem anstelle von *luzzil* verwendeten *liuzil* (mit Vereinfachung nach Langvokal/Diphthong; Hench Is 80, Matzel Is 179). In anderen Quellen findet sich ‹tz› nur selten, z. B. *netza* GlMon, *netze* Jd, *scatzgirida* Gl 2,321,56 (Weiteres bei Graff V, 566). Erst ganz spät wird es häufiger und ist dann im Mhd. die Regel (Mhd. Gr. § L 61).
b) Ansonsten findet sich etwas öfter nur ‹c› vor /e, i/ (jedoch meist vereinzelt und weit seltener als in der Geltung von einfachem /z/), z. B. *annuci, luciles* T, *lucil* Jb, *līchicera* O; es herrscht nur in Pa (Kögel 1879: 63), z. B. *casacit, antsicenti, lucikem, firuuici* (so wohl schon im Archetyp des Abrogans, Baesecke 1931: 359).
c) Mehrfach erscheint ‹zc›, z. B. *luzcīc* K, *kasezcida* BR, *sizcente, gasizcet* MF, *luzcila* al. Ps., *mahalazci, -ezce* Gl 2,74,28. 2,106,33; mit ‹zs› *gisazsido* 2,167,16 (Nievergelt RP 121 A.802).
d) Vereinzelt begegnen weitere Schreibungen wie ‹cc› (*foalaccit* Pa, Gl 1,44,6; zu *fuolazzen*, AWB III,1341), ‹cz› (*geuuiczi* Straßb. Eide) oder sogar ‹ztz› (*gimeztzōt* Gl 1,446,7, 11. Jh.; zur Affrikate vgl. AWB VI,542). Vgl. Franck Afrk. § 98.

Anm. 4. Vereinfachung von ‹zz›, der regulären Bezeichnung der aus Geminate entstandenen Affrikate, findet sich besonders später häufig nach nicht starktonigem Vokal (vgl. § 93 A.1); z. B. *einizēn* O, Verben auf *-azen, -ezen* (got. *-atjan*, ae. *-ettan*), z. B. *leidezen, heilezen, heilazunga* (vgl. Sievers T § 39:3). Auch Notker verwendet in *leidezen, lougezen* usw. die vereinfachte Schreibung der Affrikate in der Nebensilbe. Verschiedentlich wird auch nach betontem Vokal nur ‹z› geschrieben, z. B. *sizenti* T, *sizen* O; *nezen* O, Gl; *nezi* T 236,3, Gl 4,254,39 (Schimpf 2004: 172).

Anm. 5. Kb zeigt für die Anlautgruppe /zw/ häufig ‹qu› (*quifalt, quiski, quei, quiro* usw.); auch in Pa und Ad sind davon Spuren vorhanden (*queot* Pa 156,14, *queon* 168,16, *quehonti* Ad 75,33 zu *zwëhōn*). Kögel 1879: 64 dachte an Übergang von germ. /tw/ in /kw/ (vgl. auch Reiffenstein 1963: 345, Haubrichs/Müller 2021: 115). Kauffmann 1900: 166 erklärt ‹qu› aus ‹cu› der Vorlage, die danach ‹c› = /z/ auch vor /u/ geschrieben haben müsste. Baesecke Einf. § 53:2a sieht darin eine missverstandene lat. Schreibregel wie *loquutus* für *locutus*. ‹qu› für ‹cu› ist Hauptkennzeichen spanischer Hss.; solche brachte Pirmin nach Murbach (Baesecke 1933: 151).

zuuistilavinco 'Distelfink' Voc 7,24 (statt ‹th-, d-›) ist volksetymologisch an Bildungen wie *zwisila* 'gabelförmiger Zweig' angelehnt (vgl. Suolahti 1909: 116, AWB II,559).

Anm. 6. Das Mfrk. und das nördliche Rheinfrk. belegen im Neutrum des Pronomens *thit* (gemeinahd. *diz*, § 288 A.3b) das Unterbleiben der Verschiebung (§ 160 A.3). Anderweitige Belege sind spärlich (*thid* § 163 A.4d; AWB II,418).

Anm. 7. Zu zweifelhaften Fällen der inlautenden Affrikate vgl. § 160 A.4b,5.

Anm. 8. Frikativ statt sonstiger Affrikate postuliert Steche (1937: 1 ff., 1939: 125 ff.) – kaum zu Recht – für das ältere Alem. (St. Gallen, Reichenau), in Analogie zu den Schreibungen ‹f, ff› für sonstiges ‹pf› (§ 131 A.1).

§ 160

Im ganzen hochdeutschen Gebiet wurde germ. /t/ zu stimmlosen Frikativen /ʒʒ, ʒ/ verschoben, wo das nicht geminierte germ. /t/ im In- und Auslaut nach Vokalen stand. Im Inlaut war /ʒʒ/ ursprünglich auf zwei Silben verteilt, also langer (geminierter) Frikativ: *ëʒ'ʒan, bīʒ'ʒan* = as. *ëtan, bītan*. Nach Langvokal tendiert jedoch

/ʒʒ/ zur Verkürzung (§ 92), sodass es nur noch zum Anfang der zweiten Silbe gehört (*bī'ʒan*). Nach Kurzvokal hat das /ʒʒ/ seine Geltung als langer Konsonant bewahrt; noch im Mhd. macht es ausweislich der Metrik die erste Silbe positionslang, mhd. *ëʒʒen* ist wie ahd. *ëʒʒan* ein Wort mit langer Wurzelsilbe. Das ahd. (mhd.) frikativische /ʒʒ, ʒ/ ist von /ss, s/ durch die Artikulationsstelle deutlich geschieden (vgl. § 168).

Geschrieben wird in den ahd. Handschriften für den frikativischen *ʒ*-Laut regelmäßig ‹zz› oder ‹z›; und zwar steht einfaches ‹z› im Wortauslaut oder vor Konsonant (§ 93), z. B. *iz, bīz* (Imp. von *ëʒʒan, bīʒʒan*), *haz* (Gen. *hazzes*) 'Hass', *fuoz* (Pl. *fuozzi*) 'Fuß', *hwaz, waz* 'was', *daz* 'das'; *buozta* (Prät. von *buozzen*), *giwizscaf, giwiznessī* 'Zeugnis' (zu *wiʒʒan*). Dagegen wird im Wortinlaut zwischen Vokalen in vielen Quellen der ältesten Zeit überwiegend ‹zz› geschrieben, und zwar ohne Unterschied nach Lang- und Kurzvokal, also *ëzzan* wie *lāzzan, bīzzan*; daneben tritt aber auch einfaches ‹z› unterschiedslos auf, also *ëzan* wie *lāzan, bīzan*. Für viele Denkmäler ab dem 9. Jahrhundert lässt sich jedoch die Regel angeben, dass nach Kurzvokal überwiegend ‹zz› (*ëzzan*), nach Langvokal dagegen häufiger ‹z› (*lāzan, bīzan*) geschrieben wird, doch so, dass nur selten ein Denkmal konsequente Unterscheidung zeigt.

In den grammatischen Beispielen dieses Buches wird nach Kurzvokal ‹ʒʒ›, nach Langvokal ‹ʒ› geschrieben (*ëʒʒan* / *bīʒan*).

Anm. 1. Für einige der bedeutenderen Quellen sei das Verhältnis der Schreibungen des inlautenden /ʒʒ/ oder /ʒ/ genauer dargestellt.

a) Durchgehend inlautendes ‹zz› nach Kurz- und Langvokal mit nur vereinzelten Abweichungen haben Pa, K, BR, WK; H (nur im ersten Teil, im zweiten überwiegend ‹z›, vgl. Sievers H 14); auch in Rb und Jb-Rd überwiegt ‹zz› durchaus, doch ist ‹z› nach Langvokal schon wiederholt vertreten.

b) Dagegen haben in der Regel einfaches ‹z›, ebenfalls unterschiedslos nach Kurz- oder Langvokal, von älteren Quellen: Voc (nur 1x *hornazza*), Ra (nur 3 ‹zz›), Jc und MF. Auch Otfrid schreibt meist einfaches ‹z›, sowohl nach Lang- als nach Kurzvokal; dass bei ihm trotzdem ‹z› einen langen Laut bezeichnet, ergibt die Metrik in zahlreichen Versen, wie *góz er wázár tharín* oder *thaz thú mih sár ni wízíst*. Die Schreibung ‹zz› ist daneben bei Otfrid nicht selten, nach Kurz- wie Langvokal (vgl. § 93 A.2).

c) Für Tatian gilt im Allgemeinen schon die Regel, dass nach kurzem Vokal meist ‹zz› steht, nach langem meist ‹z›; nur bei Schreiber ζ ist nach Langvokal ‹zz› noch in der Überzahl (Sievers T § 41). In R stehen nach Langvokal 32 ‹z› : 6 ‹zz›, nach Kurzvokal 13 ‹zz› : 13 ‹z› (Wüllner 1882: 16). Ähnlich auch in Fuldaer Personennamen (Geuenich 1976: 199).

d) Notker schreibt mit sehr seltenen Ausnahmen einfaches ‹z› im Inlaut auch nach Kurzvokal (z. B. *héizen*; *uuázer, ézen*) und scheidet so den Frikativ von der Affrikate (*sízzen*, vgl. § 159 A.4). Nur die junge Hs. von Np hat sehr häufig ‹zz› statt ‹z›.

e) ‹zz› bleibt in der ganzen ahd. Periode bis ins 11. Jh. auch nach Langvokal häufig, z. B. bei Will, Otloh, Merig und noch in vielen mhd. Hss.

Anm. 2. Schreibungen des Frikativs /ʒ/, die von ‹*zz, z*› abweichen, sind seltener und jeweils vereinzelt.

a) Eine Ausnahme macht nur Isidor mit konsequent durchgeführtem ‹*zss*› für den Doppelfrikativ im Inlaut (*uuazssar*; *heizssan*, *buuzssan*), im Auslaut zu ‹*zs*› (*dhazs*; *ūzs*) verkürzt (vgl. § 157). MF hat dafür ‹*z*› und nur sehr vereinzelt (inlautend) noch ‹*zs*› (*forlāzseno*, *ūzserōm*). In anderen Quellen begegnet ‹*zs*› sehr selten, z. B. *huazsemo* R, *heizsit* Ludw, ‹*zsc*› in *nazscent* Nl (Lb 23.18, 8a; 11. Jh.). Etwas öfter findet sich ‹*sz*›, z. B. *wiszida*, *wiszun* BR, *gisāsznissi* T (Sievers T § 42), *hasze* Würzb. B, *ëpanmëszōn* Gl 2,164,26, *uberāszelī* 2,552,34 [4,623,28 f.]; zu ‹*sc*› s. u. dα.

b) Zwar wird zwischen /ʒ/ und /s/ im Prinzip scharf unterschieden, doch wird /ʒ/ in Texten und besonders in Glossen zuweilen auch durch einfaches ‹*s*› bezeichnet. Nach N.Wagner 2002 beginnt der Zusammenfall von /ʒ/ und /s/ Mitte des 11. Jh.; speziell im Auslaut tritt jedoch schon Ende des 8. Jh. mitunter ‹*s*› für /ʒ/ auf. Vgl. Schützeichel 1964: 22, Lerchner 1971: 258, Klein 2000a: 14 A.12, O.Ernst/Glaser 2009: 1011 f.

α) ‹*s*› für /ʒ/ steht in BR öfter im Auslaut (z. B. *das*, *einas*), in H *kalīchas* (vgl. dazu Sievers H 14), in OFreis einige Male, Kelle O 508 (vgl. auch über ‹*s*› für /ʒ/ durch Assimilation § 99 A.1), ferner *was* (W.Schulte 1993: 71), *das* (O.Ernst 2007: 240, Mackert/Schmid 2019: 159 f.). Inlautend z. B. *hase* ‘odio’ in Echternacher Glossen, frühes 8. Jh. (ags. Einfluss, §§ 7 A.1b, 87 A.5c); *masas* ‘nectaris’ (§ 193 A.1a), *stōsit* Gl 2,165,11, *ueisti* (*feiʒitī*) 2,168, 45. Weiteres bei Franck Afrk. § 99:2, Schatz Ahd. § 177, Hofmann 1963: 40.6,10, 69.85.

β) Auch in Personennamen begegnet frühzeitig ‹*s*› für /ʒ/, z. B. in Lorsch (Welz 1913: 75); in St. Gallen hat 782 der Vorakt *Ragos*, *Liugos* gegenüber *Raatcoz*, *Liutcoz* (germ. **gaut-*) der Urkunde (Sonderegger 1961: 267); vereinzelt in Fulda (Geuenich 1976: 199); zu *Gaut-*, *Gauc-*, *Gaus-* vgl. auch Schützeichel 1976: 260.

γ) Vor diesem Hintergrund kann *reis* (Frankreich 10. Jh., Nievergelt 2017: 165), das Nievergelt wegen der Graphie ‹*s*› und der Kontextbedeutung ‘Netz’ zu *(w)reisan* ‘Knoten’ stellt, durchaus als Vokabelübersetzung von lat. *linum* ‘Leine, Schnur’ zu *reiʒ* ‘Linie’ gehören (AWB VII,884 f., LexErtr 189 f.).

δ) In *gilāhsini* ‘clementia’ Gl 2,473,63 (Hs. 11. Jh.) ist /ʒ/ durch ‹*hs*› bezeichnet (AWB V, 693), das hyperkorrekt statt ‹*s*› gebraucht sein könnte (vgl. ‹*hs*› für /s/, § 154 A.5c).

ε) Die umgekehrte Schreibung ‹*z*› für /s/ bleibt auf wenige Einzelfälle beschränkt (§§ 158 A.2, 168 A.2; vgl. A.Nievergelt bei Schiegg 2015: 37 A.60).

c) Der geminierte Frikativ /ʒʒ/ wird vereinzelt ‹*ss*› geschrieben: in Freisinger Griffelglossen *pisëssanemo* (W.Schulte 1993: 151 f., GlFreis 48.25, 195), *glāssannerą* (*gi-lāʒan*, O.Ernst 2007: 240, NFG 257), *unuuissan* (O.Ernst 2007: 528 f., anders 536); in Augsburg *flīsse* (W.Schulte 1993: 69); ferner *gimëssōta* Gl 2,544,74, *drisspissi* 2,654,32 (zu ‹*ssp*› vgl. § 133 A.2), *lessist* Quak 1973: 121.14, 126. – Im Lgb. wird der Frikativ in frühen Hss. durch ‹*s, ss*› bezeichnet (vgl. § 157 A.2).

d) Selten begegnen Schreibungen für /ʒ/, die sonst für die Affrikate /z/ stehen (vgl. §§ 90 A.3, 157, 159):

α) *c*-Graphien: ‹*c, cc*› in *anagefācen* Thoma 1975: 21.28, *scuci*, *scuccin* ‘telo’ H.Mayer 1982: 95.439, 121, *mëchafto* W.Schulte 1993: 76 f.; ‹*cz*› in *heiczet* Np (AWB IV,871), *hūc*^{z}*e* Lorscher Bienensegen (Lb 31.3, 1); ‹*zc*› in *farnozcenes* Gl 2,700,50, *flīzciclīchen* Pred B (Fehler für *flīzic-*? StD 170,63+A.22), *pezcist* Npw 118 D,29. Etwa 20x begegnet in Glossen (1x auch in Npw) ‹*sc*› für /ʒ(ʒ)/, z. B. *nasc*, *friscit* (Bulitta/Heidermanns 2015: 170 f.; zu *fernoscenen* vgl. § 338 A.4), *frāsciger* Gl 3,23,55; dazu die Personennamen *Vescil* 11. Jh., *Sintaruescilo* 10. Jh. (zu *feʒʒil*, N.Wagner 2014: 304 f.);

β) ‹tz› in *lietz* Ludw, wohl auch in *em&zīgaz* WK. Zu ‹*tz*, *thz*› der Par. Gespr vgl. Bruch 1953: 149, ds. 1955: 134, Haubrichs/Pfister 1989: 54 f., Gusmani 1996: 137 ff.; zu *hutz* ‘aus’ vgl. Bergmann 1965a: 17;

γ) ‹*thzss*› bei Isidor in *chilōthzssōm* (Dat.Pl. zu *gihlōʒʒo* ‘consors’), Hench Is 79;

δ) Bruckner 1935: 75 will ahd. ‹*zss*, *zs*› als Kombination aus lgb. und frk. Schreibsitte erklären; dagegen sieht Penzl 1959: 357 in dem *s*-Zusatz einen graphischen Ausdruck des Sibilantencharakters. Schützeichel 1976: 257 f. hält neben dialektgeographischen Kontaminationen auch Schreibfehler für möglich, so in lgb. *walapautz* statt *-t* oder *-s* (§ 157 A.2), Lex Baiuvariorum *frilatz*, *-zt*, *-th*, *-t* für *frīlāʒ* ‘Freigelassener’ (dazu Tiefenbach 2004: 284).

e) Im Hl entspricht dem ahd. geminierten Frikativ ein pseudo-nd. ‹*tt*›, z. B. *heittu*, *huītte*, *lēttun*, Ausnahme *sceotantero* 51. Das beweist – ebenso wie *harmlicco* = *harmlīhho* 66 –, dass die Vorlage die ahd. Schreibung ‹*zz*› bzw. ‹*hh*› enthielt, die mechanisch ins Nd. umgesetzt wurde. In gleicher mechanischer Weise ist einfaches ‹*z*› in ‹*t*› umgesetzt: *dat*, *tō*, *tuēm*, *uuēt* usw.; es fällt also mit ahd. /t/ in *gihōrta*, *hiltiu*, *fater* usw. zusammen.

Anm. 3. Die einzige Ausnahme – unverschobenes /t/ der pronominalen Neutra *that*, *it*, *(h)wat* – ist ein mfrk. Charakteristikum. Die Belege sind spärlich, so etwa *that* Trierer Cap. Etwas weiter verbreitet ist *thit* (vgl. §§ 87 A.1, 159 A.6). Zu einigen neutralen ‹*t*› in der Otfrid-Hs. P (*that*, *rozagat*, *it* u. a., von V_1 in ‹*z*› korrigiert) vgl. Otfrid ed. Piper I,112, Kleiber 2000: 125 f., Franck Afrk. § 100:2. Vermutlich wurde das /t/ „schon vorahd. zu *d* lenisiert und so der Lautverschiebung entzogen“ (KSW II.1, § P 151 mit Lit.).

Das zweimalige *dat* im sonst bair. Wess ist Teil der altertümlichen Eingangsformel mündlicher Dichtung (StD 19; Haubrichs 1995: 244); kaum aus einer as. oder mfrk. Vorlage oder von einem nd. Schreiber. Ags. Vorlage nahmen u. a. Braune und Baesecke 1933: 120 an. Krogmann 1937a: 129 hält *dat* für bair. Relikte der Art, wie sie das Mfrk. bewahrt hat.

Anm. 4. Bei ‹*zz*, *z*› im postvokalischen In- und Auslaut können oft nur die Etymologie und der Vergleich mit anderen germ. Dialekten sowie dem Mhd. und Nhd. lehren, ob Affrikate oder Frikativ zu lesen ist (vgl. § 158). Vgl. Paul 1880: 119 ff., Kögel 1887: 111 f., Kauffmann 1890: 210 ff., Schatz Abair. 64 f., Franck Afrk. § 99:3, Lessiak 1910: 207, Fourquet 1954: 23, Lerchner 1971: 269, Schützeichel 1976: 268 f.

a) Die größte Zahl der in- und auslautenden ‹*zz*, *z*› bezeichnet Frikative. Eine Zusammenstellung der Wörter mit Affrikate gibt Holtzmann 1870: 297 ff. Zweifel können entstehen, wenn ein Wort nur im Ahd. vorkommt, wie z. B. *fizzus* ‘schlau’, dessen Affrikate /z/ jedoch durch mehrfache Schreibungen mit ‹*c*› (*ficise*, *ficislīcho*; AWB III,936 ff.) sichergestellt wird (zur Genese vgl. § 96 A.5; EWGP 197 f.). Auch ‹*zz*› oder ‹*z*› bei Notker (vgl. Anm. 1 und § 159 A.4) kann für Affrikate oder Frikativ entscheiden, z. B. bei *azzāsi* ‘Gerät’, für das durch *azâse* Frikativ erwiesen wird (AWB I,767, EWA I,410 f.).

b) Aber auch dialektale Schwankungen zwischen Affrikate und Frikativ, die mhd. und nhd. vorliegen, sind schon für das Ahd. zu erwägen. So ist neben *leʒʒisto* ‘der letzte’ (§ 265 A.2) die Affrikate durch die Schreibung *lecisto* bezeugt, und der Dat.Sg. *bizze* bei Notker scheint neben *biʒ* ‘Biss’ eine Form mit Affrikate zu erweisen (mhd. *bitz* neben häufigerem *biʒ*). Diese Möglichkeit ist besonders bei *j*-Bildungen mit langer Wurzelsilbe gegeben, bei denen im Obd. noch teilweise Gemination und daher Affrikate /zz/ zu erwarten ist, während ihnen für gewöhnlich /ʒʒ/ zukommt; so z. B. in *(h)weizi* ‘Weizen’, swV. I wie *beizen* ‘beizen’, *reizen* ‘reizen’, die noch nhd. /z/ haben, mhd. und dialektal aber oft mit /ʒ/ nachweisbar sind (Holtzmann 1870: 298), ferner swV. I wie *buozen* ‘büßen’, *gruozen* 'grüßen', die mhd. /ʒ/, nhd. /ß/ haben, in Schweizer Dialekten jedoch /z/. Möglicherweise ist also das ‹z› mancher altobd. Quellen als Affrikate zu lesen.

Anm. 5. Auch in *hirz* 'Hirsch' ist die lautliche Geltung des ‹z› nicht ganz sicher. Nach dem mhd. vorwiegenden *hirʒ* setzt man auch im Ahd. aufgrund der ahd. Form ‹*hiruz*› den Frikativ an. Aber die kürzere Form *hirz* (vgl. ae. *heort* neben *heorot*) kann auch, wenigstens teilweise, Affrikate aufweisen, wie mhd. Schreibungen *hirtz* und mundartliche Formen bezeugen. Daher setzt Heusler 1888: 94 *hiruʒ*, Gen. *hirzes* als ursprüngliche Flexion an (vgl. Palander 1899: 105, Lundahl 1944: 5). *Hirz* begegnet in obd. Quellen bis ins 16. Jh. (DWB IV,2, 1563 f., Schmeller 1872: I,117 f.), auch in vielen topographischen Namen, z. B. *Hirzer*, *Hirzbach* u. a. (Finsterwalder 1990–95: Register).

/t/ unterliegt in einigen Kontexten speziellen Bedingungen, die die Lautverschiebung verhindern. **§ 161**

1. In den germ. Verbindungen /tr/ und /st/ sowie in den nur in- und auslautend vorkommenden Folgen /ht/ und /ft/ wurde /t/ im Ahd. nicht zu /z/ verschoben. Beispiele für /st/, /ht/, /ft/: *stein*, *strīt*, *ist*, *lust*; *fëhtan*, *knëht*, *naht*; *heften*, *kraft*, *luft*; für /tr/: *trāgi*, *trahan* 'Träne', *bi-trëhhan** '(Glut) bedecken', *trëtan*, *triuwa*, *trōst*, *truēn* (vgl. §§ 80 A.4c, 87:3).
2. Im Inlaut ist das /t/ der germ. Verbindung /tr/ durch /r/ geminiert worden (§ 96:3); auch dieses /tt/ wurde nicht verschoben, obwohl es gemeinahd. meist durch den – ursprünglich nur endungslosen Formen zukommenden – Sprossvokal von /r/ getrennt ist (§ 65). Beispiele: *bittar* 'bitter' (zu *bīʒan*), *snottar* (got. *snutrs*) 'klug', *ottar* 'Otter', *zittarōn* 'zittern'; nach Langvokal/ Diphthong *hlūttar* 'lauter', *eittar* 'Gift' (gemeinahd. *lūtar*, *eitar*, § 96 A.4a). – In *wintar* (got. *-wintrus*) 'Winter' ist /t/ nicht geminiert, weil es nach Konsonant steht (Anm. 2a).
3. Ahd. **atto* 'Vater' (nur *ato* Gl 2,318,17; got. *atta*) hat sich als kindersprachliche Bildung der Lautverschiebung entzogen; dazu der ahd. PN *Atto*, *Etto* § 53a (Feist 1939: 62, AWB I,689, Sonderegger 1959: 153, EWA I,385 ff.).

Anm. 1. Unverschoben bleibt das /t/ in jüngeren Lehnwörtern wie *tempal*, *tunihha*, *porta* (*phorta* § 133 A.1), *kurt* (neben häufigerem *kurz* § 159 A.1) u. a. (vgl. Franz 1884: 8 ff., Frings 1966–68: II,493. 403 ff.).

Anm. 2. Die Lautfolgen /tr/ und /dr/ berühren sich in beiden Richtungen.

a) Anlautendes germ. /dr/ wird obd. und ostfrk. /tr/ und fällt mit germ. /tr/ zusammen (*trinkan*, *truhtīn* usw., vgl. § 163). Rheinfrk. und Mfrk. scheiden noch /dr/ und /tr/: Isidor hat *dragan*, *druhtin*, aber *triuua*. Inlautend ist germ. /dr/ von germ. /tr/ durch das Fehlen der Gemination geschieden (*wëtar*, *fuotar* / *bittar*, *lūttar*); nach /n/ fehlt dieses Kriterium (*wuntar* / *wintar*). Bei Notker entzieht sich jedoch germ. /nt(r)/ der Lenisierung (§ 163 A.5d): *winter* (Jellinek 1897: 86), aber *wunder*; zu dem bei Notker erhaltenen /nt/ von *antrôn*, *anterôn* 'nachahmen' (AWB I,536, s. auch *antharōn*, aaO. 543) vgl. Ochs 1915: 467 ff. – Vgl. § 102a A.2; Franck Afrk. § 97, Schweikle 1964: 254.

b) Anlautendes germ. /tr/ erscheint als ‹*dr*› in *drago* ‘träge’, Komp. *dragor* Würzb. B, *drit* ‘tritt’ StD 61, 2,11, vgl. Mitzka 1954: 70 (Lenisierung?). ‹*dr-*› für germ. /tr/ ist auch ein Kennzeichen des mhd. Rheinfrk. (Weinhold Mhd. § 187); zu Otfrid s. Anm. 4. In *truosana* ‘Hefe’ tritt spätobd. auch /d/ auf, wohl von *druos* ‘Drüse’ beeinflusst (Schatz Ahd. § 186).

Anm. 3. Ziemlich häufig erscheint rheinfrk. ‹*d*› statt /t/ in den germ. Inlautverbindungen /ht/, /ft/, viel seltener in inlautendem /st/ und nur ganz selten (abgesehen von Otfrid, s. Anm. 4) bei anlautendem /tr/. Spärlich begegnet dies ostfrk., ganz vereinzelt obd. Nur Kb hat sehr viele Fälle, besonders mit ‹*hd*› (Kögel 1879: 68, Kauffmann 1900: 170). Ausführliche Belegsammlung bei Kögel 1884: 314 ff. – Beispiele: Is *wihd*, *rëhd*; Lorscher B *bigihdi*, *unrëhdero*, *rëhde*; *priesda*, *gidrōsda*; Reich. B *bigihdic*; *dursdage*; *durfdige*; Aratorgl. *zunfdil* Gl 2,771,22 (Schlechter 1993: 207); GlBud 110 f. *manehdon*, *scafde*; rheinfrk. auch ‹*hdt*› oder ‹*htd*›: Lorscher B *druhdtin*, Reich. B *unrëhtdes*, *almahtdigen*. Zur lautlichen Erklärung vgl. § 163 A.3b; Kögel 1879: 68 ff., Paul 1880: 129, Nörrenberg 1884: 399 ff., Franck Afrk. § 101, Baesecke Einf. 85. – Gelegentlich kommt auch ‹*dh*› vor, z. B. *madh* (= *maht*) Straßb. Eide (vgl. ‹*th*› für /ht/, § 154 A.6a).

Anm. 4. Diese rheinfrk. Erscheinungen fehlen weitgehend bei Otfrid; nur anlautendes germ. /tr/ ist bei ihm stets ‹*dr-*› (wie überhaupt stets ‹*d-*› statt /t/ im Anlaut, § 163), z. B. *driuwa*, *drōst*, *drūt*, *drëtan*; in Lehnwörtern *drëso*, *drahta*, *drahtōn*, daneben ganz vereinzelt *trëso*, *trahta* (E.Sievers 1920: 178). OFreis setzt dafür meist ‹*tr-*› ein (vgl. Kelle O 493).

Anm. 5. Bei inlautendem /ht/, /ft/ kommt in vielen ahd. Quellen Doppelschreibung des ‹*t*› vor, doch überall nur vereinzelt neben regulärem ‹*ht*›, ‹*ft*›; z. B. *rëhtteru*, *nōtduruftti*, *durufttīgōt* BR, *rëhtto* Rb, *slihttī* O 1,1,36 (reiche Belegsammlung bei Sievers H 13, 106). Das häufige Auftreten dieser Schreibung kann den phonetischen Grund haben, dass der *t*-Verschluss vielfach schon vor der Silbenpause gebildet wurde, also *rëht'to* statt *rëh'to* (§§ 94 A.1g, 98 A.1). Darauf weisen zudem Doppelschreibungen bei Zeilenwechsel wie in *rëht|tera* Pred C (StD 173,1). Zu ‹*tt*› für /ht/ vgl. § 154 A.6bγ.

Anm. 6. Mitunter fällt das /t/ von /ht/, /ft/, /st/ ganz weg:

a) im Wortinneren zwischen Konsonanten (vgl. § 99 A.3; Gröger 1911: 190, 192, 195 f.):
   - α) /htf/: *girëhfestīgōt* T, *liehfaz* Gl 4,149,54; – /hth/: *wicheit* Gl 2,326,48 f.; – /htl/: *forahlīhhun*, *rëhlīhhiu* BR, *unrëhlīhon* Phys, *urtrūhlīcho* H (vgl. Sievers H 13); zu /ll/ assimiliert in *amballahchan* Gl 2,623,14 (Franck Afrk. 166, Redmond 2012: 82 f.); – /hts/: *kinuhsam* u. ä. (AWB VI,1408; auch zu /ss/ assimiliert, vgl. Gröger 1911: 216), *slëchsprāchōndo* Npgl 69,4, *truhsāʒo* u. ä. (SchGW X,72);
   - β) /ftl/: *sigenumflīhen* GlMon (1,400,29), *chraflīhōr* Gl 2,268,62; – /ftm/: *sanfmōti* Rx (Gl 1, 3,12);
   - γ) /stl/: *geislīchun* O 4,5,1, *gēslīho* Phys, *gerislīchen* N, *caturslīhcho* Ka, *kiturslīho* Ra, *anguslīh* Jc, *unuirnunslich*, *unfirnūslich* Gl 2,213,44. 208,49; – /sts/: in *lustsam* und Ableitungen oft zu /ss/ assimiliert (AWB V,1434 ff.).

b) vereinzelt im Wortauslaut:
   - α) meist vor konsonantischem Anlaut des Folgewortes (vgl. MSD II,66), sodass auch hier Dreierkonsonanz vorliegt; z. B. *nis dīn* Sam 27; *eowih nimit* LexSal; *niowih ni*, *nōtthurf uuas* T (Sievers T § 61); *fastōs mohtun* O 4,27,18; *nīh wār*, *sigehaf heimchámé* Phys;
   - β) selten vor Vokal: *eigenhaf ist* Lb 37.1, 1; *unthurf ist* O 2,4,80 (Hs. V, *unthurft* Hss. P, F), vielleicht mit haplologischer Dissimilation wegen des folgenden /-t/ (Wood 1912: 178).

c) Weitere Lit.: Kelle O 499 (zu OFreis), Pietsch 1876: 412, Erdmann O 341 (zu O 1,1,84), Kögel 1879: 70 (zu Pa, K, Ra).

(b) Germ. /d/

Westgerm. /d/, das im Wesentlichen dem got. *d* entspricht, aber durchweg stimm- **§ 162**
hafter Plosiv (nicht Frikativ, § 82:2b) ist, ist an allen Stellen des Wortes häufig. Im Anlaut steht es vor Vokal (as. *dohter, dag*) und in den Verbindungen /dr/, /dw/ (as. *drinkan, drohtīn; dwĕlan*); – im In- und Auslaut sowohl nach Vokal (as. *biodan, mōdar, dād*) als auch nach Konsonant in den Verbindungen /rd/, /ld/, /nd/ (as. *hirdi, word; haldan, scild; bindan, sundia, land*).

Geminiertes /dd/ ist durch /j/ bewirkt (as. *biddian, thriddio, middi*, § 96:2a); altes germ. /dd/ fehlt so gut wie ganz (Kluge 1884: 162).

Anm. 1. As. und ae. /ld/ entspricht germ. /ld/ und /lþ/, wie aus as. *haldan, gold, wildi* gegenüber got. *haldan – gulþ, wilþeis* hervorgeht. Dieser Zusammenfall ist aber nicht gemeinwestgerm.: Das älteste Ae. hatte ihn noch nicht (Ae. Gr. § 201:2), und auch im Ahd. sind beide Laute auseinandergehalten.

Westgerm. /d/ wird durch die hochdeutsche Lautverschiebung im Obd. und im **§ 163**
Ostfrk. zum Plosiv /t/ (zu frühalem. /d/ vgl. § 88 A.1). Das Mfrk. und Rheinfrk. haben im Anlaut und Inlaut /d/; /t/ statt /d/ meist nur im Auslaut. Im Rheinfrk. erscheint allerdings zuweilen /t/ neben /d/ (s. Anm. 3). Sehr häufig ist /t/ neben /d/ im Südrheinfrk.: Otfrid verwendet nur im Anlaut regelmäßig /d/, sonst meist /t/. – Die Geminate (as. *dd*) lautet /tt/, auch im Rheinfrk., wo aber daneben ‹*td*› erscheint (§ 164 A.1). Beispiele:

1. Isidor: *dohter, druhtīn, liudi, ghĕldan; chiburt*, Gen. *chiburdi; hant*, Nom.Pl. *hendi*; – *dhritto, mittingart, bitdande*;
2. Otfrid: *dag, drinkan, drīban, dwellen; biatan, situ, liuti, waltanti, stunta, herti*; – *bitten*;
3. Tatian: *tag, tōt, trinkan, truhtīn; biotan, bintan, alt, mort*; – *thritto*.

Anm. 1. Im Ludwigslied steht anlautend ‹*d*› (*dugidi, gideildĕr* usw., nur 2 *truhtīn*), auch inlautend weit überwiegend ‹*d*›, daneben 12 ‹*t*› (*gode, sundiōno, wolda* u. a. gegenüber *faterlōs, rītan, liutin* usw.), dagegen in Gemination ‹*tt*› (*rette*); im Auslaut ist ‹*t*› die Regel (*lōnōt, got, nōt* usw.), nur wenige ‹*d*› (2 *god, gibōd, skild, gisund*). Zu den kleineren Denkmälern vgl. Pietsch 1876: 408, Franck Afrk. § 88–90. Rheinfrk. /rd/ ist in ahd. Zeit das Regelmäßige, z. B. *wordo* Mainzer B, *frammordes* Straßb. Eide; daraus erst in mhd. Zeit rheinfrk. und südmfrk. /rt/. Vgl. Böhme 1893: 14 f., 59 ff., E.Sievers 1887a: XVI ff. (kritisch dazu Wilhelm 1907: 114 ff.).

Bei Isidor herrscht im Anlaut ‹*d*› (nur 1x *chitĕda*), ebenso inlautend stets ‹*ld, nd, rd*›; inlautend intervokalisch aber stehen 80 ‹*t*› neben 194 ‹*d*› (Hench Is 80), besonders ist ‹*t*› die Regel in *fater, muoter*, häufig in den Formen von *got* (Gen. *gotes* und *godes*), vereinzelt in *dĕta, muotes* (neben *ubarmuodīc*), 2x *dhrato* (neben *drādo*); dagegen auslautend ‹*t*› (mit einer Ausnahme, Hench Is 81). Vgl. Penzl 1959: 355, 359, Matzel Is 181 ff.

Anm. 2. Unter den südrheinfrk. Texten hat Otfrid anlautend ‹*d*›, in- und auslautend ‹*t*› ziemlich streng durchgeführt (Kelle O 492, 495). Im Anlaut ist bemerkenswert, dass Otfrid das Subst. *tōd* 'Tod' häufiger mit ‹*t*› als mit ‹*d*› schreibt, während im Adj. *dōt* 'tot' ‹*d*› vorherrscht. Auch statt *druhtin* erscheint öfter im letzten Teil des 4. Buches und einige Male im 5. Buch *truhtin* (Böhme 1893: 34). Dagegen erklärt sich das stete ‹*t*› in *intrātan* aus *int-trātan* = as. *an(t)drādan* (vgl. § 351 A.1f).

In gleicher Konsequenz wie bei Otfrid findet sich anlautend ‹*d*› / inlautend ‹*t*› nur noch in der Pfälzer B. In den weiteren südrheinfrk. Quellen herrscht starkes Schwanken: so im St. Galler Cod. 292 (Pietsch 1876: 408) und in den Weißenburger Urkunden (Socin 1882: 242), wo ‹*d*› an- und inlautend überwiegt. Ganz entgegengesetzt überwiegt in dem älteren WK an- und inlautend ‹*t*› (anlautend 25 ‹*t*›, 10 ‹*d*›; inlautend 99 ‹*t*›, 63 ‹*d*›); nebeneinander steht *tootēm* und *doodēm*, *guodiu* und *guates* usw. (vgl. Böhme 1893: 33 f.).

Anm. 3. Das rheinfrk. Schwanken zwischen ‹*d*› und ‹*t*› lässt mehrere Deutungen zu (Braune 1874: 51 ff., Pietsch 1876: 409, Kögel 1884: 313, Franck Afrk. §§ 87, 89 [dazu Lessiak 1910: 198], Baesecke Einf. 197, E.Sievers 1920: 176 ff., Lessiak 1933: 120).

a) Hält man die stimmhafte Media für ursprünglich, so muss Übergang zur stimmlosen Lenis nach obd. Vorbild angenommen werden, die von der stimmlosen Fortis nur durch geringere Intensität unterschieden ist und daher den Übergang von /d/ zu /t/ erleichterte (die heutige Mundart hat stimmlose Lenis).
b) Folgte dagegen das Rheinfrk. von Anfang an der obd. Artikulation, so wären die ‹*d*›, als stimmhafte Mediae interpretiert, Import aus dem nördlichen Frk. (Nfrk. und Mfrk.). Damit stände im Einklang, dass der südrheinfrk. Otfrid ‹*d*› statt ‹*t*› nur im Anlaut zulässt. Hier vermutete allerdings Braune (früher an dieser Stelle) eine willkürliche, den Lautverhältnissen nicht entsprechende orthographische Regelung Otfrids (zustimmend H.Mayer 1982: 137), in der gleichen Verteilung wie anlautendes ‹*th*› gegenüber in- und auslautendem ‹*d*› aus germ. /þ/ (vgl. § 167:2). Zu beachten ist auch rheinfrk. ‹*d*› in ‹*hd, fd, sd, dr*› (§ 161 A.3,4).

Anm. 4. Zum Befund der ostfrk. Quellen:

a) Tatian hat im Anlaut neben den herrschenden ‹*t*› einzelne ‹*d*› (besonders bei Schreiber ζ); auffällig ist das Überwiegen des ‹*d*› in *diuri* 'teuer', *duri* 'Tür', *duon* 'tun' nebst Ableitungen. Inlautend ist ‹*d*› statt ‹*t*› sehr selten (Sievers T § 29 ff., Brinkmann 1931: 138, 140).
b) In der Überlieferung der Fuldaer Personennamen herrscht bis 900 anlautend ‹*t*› vor, danach ‹*d*› (*Tagamar, Tuoto, Brun-tag* – *Dagasuind, Duodo, Brun-dag*). Im Auslaut gilt ‹*t*›, vor /r/ oder Vokal häufig auch ‹*d*› (*Hildrat, Uualdrat, Liudolf* usw.); Geuenich 1976: 199 ff.
c) Sonst haben die ostfrk. Denkmäler wie Würzb. B, Würzb. Gl mit nur vereinzelten Ausnahmen ‹*t*› (Pietsch 1876: 408). Schwanken zwischen ‹*d*› und ‹*t*› (z. B. *gëlton, gëldom*) im Frk. Taufgel A erklärt Baesecke 1966: 333 durch ostfrk. Abschrift aus rheinfrk. Vorlage.
d) Die Merseburger Zaubersprüche mit ihrem durchgehenden ‹*d*› sind wohl rheinfrk.; auch das (nordrheinfrk. oder thüring.) De Heinrico (Lb 39) hat nur ‹*d*›, auch im Auslaut (sogar in *thid* für germ. /t/, vgl. § 159 A.6).

Anm. 5. Zu ‹*d*› für /t/ im Obd.:

a) Die Schreibung ‹*d*› ist im Allgemeinen noch seltener als im Ostfrk. Beispiele finden sich ebenfalls hier und da nach /n/, wie 1x *standan*, 2x Part. Präs. (*hōrendo, farsuumando*) BR (F.Seiler 1874: 414); *standantēr* H; sonst hauptsächlich in orthographisch uneinheitlichen Texten, z. B. in Phys (*dier, drinket, geduot*; *gibûdet, fader*, vgl. MSD II,411).

b) Abweichend verhalten sich Pa, K, in denen das Part. Präs. 45x mit /nt/, aber immerhin 19x mit /nd/ vorkommt (Baesecke 1931: 352 f.; vgl. auch Kögel 1879: 96 ff., ds. 1884: 316, ds. Lg. II,432; anders Kauffmann 1900: 168 ff.). Kb zeigt in allen Stellungen /d/ statt obd. /t/ (z. B. *diuffī*, *sidu*, *tād*, *kisezzid*, *hirdi*); hier wird rheinfrk. Einfluss angenommen. Auch die wenigen /d/ statt /t/ in Voc (z. B. *mundrī* 'Munterkeit, Eifer', *diufī*) werden so erklärt. Zum häufigeren Vorkommen im alem. Clm 6383 vgl. GlFreis 433.

c) /d/ in dem bair. PN *Keidrīh* zu germ. **gaid-* 'Spieß' wird von Schatz 1935: 143 auf lgb. Lautform zurückgeführt. Fulda hat *Geithilt*, *Geitlind* (Geuenich 1976: 201); zu bair. Namen vgl. auch Schatz 1935: 147. Im späteren Bair. erscheint im Auslaut öfters ‹*d*›, so *smalelivd* Gl 4,166,33 (13. Jh.); Weiteres bei Weinhold Bair. § 149. Ab dem 10. Jh. beginnt im Bair. /nd/ für /nt/ einzutreten (Schatz Abair. § 67); vgl. *firhindran* Gl 2,182,11 (GlFreis 572, 601).

d) Bei Notker ist schon die Lenisierung der inlautenden Gruppe /nt/ zu /nd/ durchgeführt (wie mhd.; Mhd. Gr. § L 74,4), z. B. *binden*, *hende*, Part. Präs. *farende* (vgl. § 316 A.3), Prät. *wânda* statt gemeinahd. *bintan*, *henti*, *faranti*, *wânta*. Auch anlautendes /t/ erscheint nach /n/ vereinzelt als /d/ (*dûon*, *déil*, § 103 A.2). Nach /m/ hat Notker ebenfalls /d/: *rûmda*, *troumda* usw. (§ 363 A.7). – Dagegen ist /nt/ bei Notker bewahrt, wo germ. /t/ vorliegt (*winter*, § 161 A.2a), im Auslaut (*hant*, *bant*, jedoch mit Verschiebung der Silbengrenze *indêret*, *indânotêr*, *indédelet* aus *int-êret* usw.), im Präteritum, wenn ‹*t*› für /dt, tt/ steht (§ 363 A.4c), sowie in den obliquen Kasus des Part. Präs., die westgerm. Gemination aufweisen (Jellinek 1897: 86, ds. 1935: 109). Vgl. Brinkmann 1931: 136.

Anm. 6. Das gemeinahd. /t/ steht nach § 102 im grammatischen Wechsel mit /d/ (älter ‹*th*›, ‹*dh*›). Dieser Wechsel ist in der Konjugation noch ziemlich gut erhalten, z. B. *quātun* zum Präs. *quëdan* (§ 343 A.3a). Oft aber, besonders in der Deklination, ist er schon vorahd. ausgeglichen und hat seine Spuren in Doppelformen hinterlassen, entweder zwischen dem Ahd. und anderen germ. Dialekten oder innerhalb des Ahd. selbst.

a) Ein Beispiel des ersten Typs liegt vor, wenn es im Ahd. regelmäßig *ātum* 'Atem', *ātamōn* heißt, aber ae. *ǣðm*, as. *āthom*; des zweiten, wenn neben *ātamōn* (rheinfrk. **ādmōn*) bei Isidor 2x *ādhmōt* steht (vgl. Kögel 1887: 112, Matzel Is 450 A.309). Bei solchen Differenzen handelt es sich nicht um Unregelmäßigkeiten der ahd. Lautverschiebung.

b) Einige weitere Beispiele (vgl. auch § 167 A.7):
   α) ahd. *kind* (*chindh* Is und noch 1x *kinthes* O) gegenüber as. *kind* (zu *chind* Hl 13, 53 vgl. Franck 1904: 42, Lühr Hl 451+A.4), was ahd. †*kint* erwarten ließe (die späten Graphien *chint*, *kint* [AWB V,159 f., B.Meineke 1987: 59 ff.] zeigen Auslautverhärtung nach § 167 A.6, vgl. Schlechter 1993: 212); Schaffner 2001: 335;
   β) ahd. *menden* (*mandhendi* K, *menthenti* O) – as. *mendian*; wenn die Annahme grammatischen Wechsels (Kelle O 494, 503) zu Recht besteht, kann die Standardetymologie mit idg. /d^h/ (EWA VI,297 ff.) nicht zutreffen, da germ. /þ/ idg. /t/ voraussetzt;
   γ) ahd. *skeidan*, as. *skēthan* – ae. *scéadan*, got. *skaidan* (§ 352 A.2); VEW 402 f., Schaffner 2001: 150;
   δ) ahd. *skuld* (*sculdi* WK) – *skult* (*scult* Kb [§ 167 A.6], Gl), got. awn. *skuld* (as. *skuld*, ae. *scyld* kann, wie ahd. *skuld*, nach § 162 A.1 auf germ. **skulþi-* beruhen); Schaffner 2001: 479+A.221;
   ε) ahd. in der Regel *brōt*, *brōtes*, daneben *prooth* Pn (*prōth*, *brōth* auch in GlMon, s. AWB I,1420, Schaffner 2001: 184; doch vgl. Anm. 7 und Mottausch 2011: 143).

c) Zum Wechsel got. *alds* / *alþeis* (Got. Gr. § 74 A.3) vgl. ahd. *altar* 'das Alter' und *alt*, Komp. *altiro* 'alt'; dagegen in der Bedeutung 'Eltern' im Tatian stets (10x) *eldiron* und – zum strikten Beweis von germ. /þ/ – 1x *elthiron*, dazu *althrōm* 'den Eltern' Kb 96,16 (= *altirōm* Pa). Auch dass in der Formel *eonaldre, neonaldre* in BR (F.Seiler 1874: 414) stets /d/ erscheint und ebenso im Tatian 2x *neo in aldere*, wird nicht als mangelnde Verschiebung, sondern als formelhaft erhaltener Rest des alten Wechsels zu betrachten sein (Schatz Abair. § 65:d, Franck Afrk. 158, Schaffner 2001: 175 ff.).

Anm. 7. Ziemlich selten begegnet für gemeinahd. /t/ (rheinfränk. *d*) die Schreibung ‹*th*› (zur Erklärung vgl. Franck Afrk. § 96). Zwar sind mehrere der von Pietsch 1876: 410 und Weinhold Alem. 137 ff., ds. Bair. 148 f. aufgeführten Beispiele zu streichen, da es sich um Wörter mit germ. /þ/ handelt. Dennoch bleibt manches bestehen:

a) anlautend: z. B. *thōd* O 5,8,55, *theorīnēr* Rb (Gl 1,316,48, zu *teor*), je 1x *thruhtīn, throhtīn* T, im Lehnwort *thictōta* Exh A, einige Belege in Kb, z. B. *thoendi* (zu *tuon*; Kögel 1879: 104);
b) inlautend: besonders in OFreis, z. B. *guathen* (Kelle O 504). In der (wohl rheinfrk.) Zeitzer B begegnen *kefīrōhta* – mit Umkehrschreibung ‹*ht*› wie in *gemuohtfagōt* GlBud 125 – und *gakenuuartthīc* (‹*t|th*› an Zeilengrenze, also gleichfalls für ‹*th*›), gegenüber anlautendem ‹*t*› im Lehnwort *tyufel* (Anm. 8);
c) auslautend: z. B. *liuth* Pa, *uualth* (= *waltu*, zu *waltan* redV.) O 5,16,19 (Hss. F, V); in Np *guôth, nôth, ziêreth* („rühren vom Schreiber her", Kelle 1889: 36, 83), in Npgl *ertpiboth, noth*; besonders oft in GlMon, z. B. *girith* Gl 1,327,54. 1,692,31, *sinvluoth* 1,581,21 (Jellinek 1891a: 424; Belegsammlung in Gl 5,422 f., zu Clm 22201 vgl. Matzel 1956: 125 f.).

Anm. 8. In Lehnwörtern ist /d/ teilweise unverschoben geblieben, z. B. *diubil, dictōn* BR; im Tatian *diufal, disk, dëzemōn* 'decimare' (Sievers T § 29; dagegen frühe Entlehnung *kitëcha-mōta* 'addecimabat' Rb, *tëhmōt* 'decimatis' MF 17,16), *predigōn* 'praedicare' (AWB VII,329 ff.); vgl. noch *firdamnōn* 'damnare' (AWB II,31). Meistens aber ist fremdes /d/ zu /t/ verschoben: gemeinahd. *tiufal, tisk, tictōn/tihtōn* (Franz 1884: 10 f.).

§ 164 Die Geminate /tt/ (die auch rheinfrk. gilt, § 163) entspricht in den meisten Fällen dem as.-ae. /dd/ mit *j*-Gemination, das nur nach Kurzvokal steht (§ 96:2a), wie in ahd. *mitti, betti, dritt(i)o, bitten, quetten* 'grüßen', *(h)retten, skutten* 'schütteln'. Im Obd. aber ist /tt/ vor /j/ oft auch nach Langvokal/Diphthong erhalten, wie in *leittan, wāttan* 'kleiden', *kiuātte, gawātto* (Dat.Sg./Gen.Pl. zu *giwāti* 'Kleidung'), vgl. §§ 96 A.1*a, 359 A.1. Bereits im Archetyp des Abrogans ist /tt/ vereinfacht, z. B. *praiten* (Baesecke 1931: 353).

Viele /tt/ entstehen auch durch Zusammenrückung (Synkope) im Präteritum der swV. I, z. B. *scutta, leitta, nōtta*; nach Langvokal/Diphthong (besonders später) auch verkürzt zu *leita, nōta* usw. (§ 98). /t/ aus /tt/ ist bei Notker nicht Lenis (§ 163 A.5d).

Anm. 1. Beispiele für rheinfränk. ‹*td*› (§ 163) statt /tt/ sind noch *betdi* Reich. B, *bitdiu* Lorscher B (Paul 1880: 129, Franck Afrk. § 91). Die Graphie ‹*thd*› begegnet in *scethdo* 'Schatten' Gl 3,397,7 (zum *jan*-Stamm s. § 223 A.2; vgl. auch Mausser 1933: 612, 620).

Sehr selten ist ‹*dd*› statt /tt/, z. B. in Kb *irleidda, priddil, meddila-* (= *mittila-*); vgl. Holtzmann 1870: 289 f., Kögel 1879: 99, Franck Afrk. § 91. Unklar bleibt *sumerladda* Gl 4,251,9 (Schimpf 2004: 63 f., 172; Kontamination mit *latta, ladda* 'Latte'?).

Anm. 2. Auch auf anderem Wege sind einzelne ahd. /tt/ entstanden: so durch Assimilation aus germ. /gđ/ in *brëttan* (as. *brëgdan*, awn. *bregða* § 338 A.3; VEW 129 ff.); durch Anlehnung an das Adjektiv *mitti* in *mittamen* T, O, N (Dat.Sg. zu *mëtamo*, ae. *meodum*, dazu got. *miduma*), vgl. Graff II,672 f., AWB VI,769 f. – Zu /tt/ = westgerm. /tt/ vgl. § 161:2,3, zu /tt/ = westgerm. /þþ/ vgl. § 167 A.10.

Anm. 3. Nur ganz vereinzelt ist für einfaches /t/ ‹*tt*› geschrieben (vgl. § 94 A.1g), z. B. nach Vokal *cotto* 'deorum' Kb 102,3 (Hs. *cot|to*, Splett Abr 167), *bëttōn* T 87,5, *pitrëttan* Jc (Gl 4,7, 18); zu *kiflittan* vgl. § 330 A.2aα. Nach Konsonant *pintta* Gl 2,164,68 (9. Jh.), *wëroltti* Lb 22.1b, 17, *alttere* T 141,15 (häufiger bei germ. /ht/, /ft/, § 161 A.5). Zu spätalem. ‹*tt*› für /t/ vgl. Weinhold Alem. § 172.

(c) Germ. /þ (th)/

Der germ. stimmlose dentale Frikativ /þ/ (got. *þ*, ae. *þ/ð*, as. *th/đ*) ist in allen Positionen häufig, z. B. got. *þaúrnus*, ae. *þorn*, as. *thorn* 'Dorn'; got. *qiþan*, as. *quëthan*, Prät. *qaþ* / *quath* 'sprechen'. Anlautend begegnet /þ/ in den Verbindungen /þr/ und /þw/, z. B. got. *þreis*, as. *thrī* 'drei'; got. *þwahan*, as. *thwahan* 'waschen'. In- und auslautend kommt /þ/ nach den Konsonanten /l, r, n/ vor, z. B. got. *gulþ*, as. *gold* (§ 162 A.1) 'Gold'; got. *aírþa*, as. *ërtha* 'Erde'; got. *kunþs*, *anþar*, ae. *cúð*, *óðer* (mit Nasalschwund und Ersatzdehnung, § 126 A.5) 'kund / ander'. § 165

Gemination des /þ/ ist nur in sehr wenigen Wörtern eingetreten, z. B. in got. *aíþþau* 'oder' (§ 167 A.11a), ferner westgerm. durch /j/ in ae. *smiððe* (**smiþjōn-*) 'Schmiede' (Paul 1880: 135, Kluge 1884: 159).

Germ. /þ/, das ursprünglich stimmloser Frikativ war, ist im Hoch- und Niederdeutschen zum stimmhaften Plosiv /d/ geworden. Die erste Stufe dieses Wandels bestand in der Lenisierung von /þ/ zu /đ/ (§ 102a:2); das Alter dieser Entwicklung ist schwer auszumachen (Anm. 1), vielleicht hat der Lenisfrikativ nur kurze Zeit bestanden. Er ist in allen ahd. Dialekten, wenn auch z. T. nur spurenweise, noch nachweisbar. § 166

Der Frikativ wird meist durch ‹*th*› bezeichnet, manchmal jedoch auch durch ‹*dh*› (Kögel 1884: 308 ff.). Selten ist in ahd. Texten das im Heliand geläufige Zeichen ‹*đ*› (§ 7 A.1a). Durch ‹*dh*› wie durch ‹*đ*› wird zweifellos der Lenisfrikativ bezeichnet; diesen wird auch ahd. ‹*th*› meist schon ausdrücken, da es unmittelbar durch ‹*d*› abgelöst wird. Die Lenisierung des /þ/ und der darauf folgende Übergang in /d/ sind im Allgemeinen zuerst im Inlaut eingetreten, besonders früh nach /l, n/.

Anm. 1. Die Spirantenschwächung (§ 102a) hängt mit einer Reduzierung des Atemdrucks zusammen. Dies wird dadurch bestätigt, dass frühalem. und im Tatian in den oft unbetonten (druckschwachen) Wörtern *daz, der* usw. im Gegensatz zu sonstigem ‹*th*› schon ‹*d*› auftritt (Baesecke Einf. 109 f., Steinhauser 1928: 146 ff., Brinkmann 1941/65: 244 f.). Zur Evidenz für die Lautentwicklung /þ/ > /d/ vgl. Penzl 1964b.

Die vorahd. Runeninschriften zeigen von der Lenisierung keine Spur, es wird durchgehend ‹*þ*› geschrieben (SgRi XCVI). Sofern hier nicht konservative Schreibung vorliegt, dürfte der Lautwandel etwa in der Mitte des 8. Jh. einsetzen. Die Datierung von E.Schwarz 1927: 286 bereits ins 6. Jh. zielt jedenfalls deutlich zu früh (SgRi XCVI A.65).

Anm. 2. Die Lautverbindung /þl/ zeigt verschiedene Sonderentwicklungen.

a) Germ. /þl/ ist inlautend zu /hl/ geworden in ahd. as. *mahal* 'Gericht' (got. *maþl*, ae. *mæðl*; EWA VI,39 ff.); dazu PN *Mahaldrud* (Fulda), *Mahalcoz* (Salzburg). Personennamen mit *Madal-* sowie das runische *ṃadali* auf der Spange von Bad Ems (2. Hälfte 6. Jh., SgRi 58) führen hingegen auf germ. **mađla-* mit gramm. Wechsel (dazu ausführlich Nedoma 2004: 369 ff.).

b) Nach gerundetem Vokal ist germ. /þl/ als ahd. /fl/ fortgesetzt in *driskuf(i)li* 'Schwelle' mit Nebenformen auf *-ubil-*, *-upil-* (AWB II,663; < **preskuþlia-*, vgl. ae. *þerscold*, awn. *þreskoldr*; zur Bildung mit dem Instrumentalsuffix germ. **-þla-* vgl. Kluge 1926: § 97 A., EWA II,787 ff.); zum Sprossvokal vgl. § 69 A.3. Derselbe Wandel liegt vor bei *innovili*, *-uo-* neben *innōdili* 'Innereien' (AWB IV,1624. 1623) und bei *uuītovuli* 'Weite' Gl 2,439,15, *uuîtuobele* Nb, Nc. Vgl. E.Sievers 1878a: 528 ff., Schatz Ahd. 115.

c) In *nālda* 'Nadel' T, Gl – gegenüber normalahd. *nād*^{a}*la* – ist /þl/ nach ingwäonischer Art (Ae. Gr. § 183:2, Afrs. Gr. § 30 A.2) mit Metathese zu /ld/ entwickelt (Gutmacher 1914: 272).

d) *flēhōn* und *fliohan* enthalten die ererbte Anlautfolge /fl/. Das /þl/ in den got. Entsprechungen *gaþlaihan* bzw. *þliuhan* bewahrt nicht das Ursprüngliche, sondern ist Resultat einer got. Sonderentwicklung (Nordmeyer 1935: 216 ff., Prokosch 1939: 87, Matzel 1962: 220 ff., Got. Gr. § 71 A.2 mit weiterer Lit.).

§ 167 Der Wandel von /þ/ zu /d/ ist zeitlich und in seiner Ausbreitung von Süden nach Norden gut zu verfolgen.

1. Er beginnt im Obd., und zwar am frühesten im Bair. Die ältesten bair. Quellen haben nur noch wenige ‹*th*› (seltener ‹*dh*›). Das Alem. vollzieht die Umsetzung des ‹*th*› zu ‹*d*› in der 2. Hälfte des 8. Jahrhunderts; in den ältesten alem. Quellen finden sich noch zahlreiche Belege für ‹*th, dh*›, aber die (der gesprochenen Sprache näheren) St. Galler Vorakte zeigen anlautend von Anfang an fast nur ‹*d*›: 786 *Deotbert*, *Deoto*, *Deotpold*, allerdings neben *Dahdorf* noch 805 auch *Thahdorf* (Urkunde *Dhahdorf*) zu *dāha* 'Ton, Lehm' (Sonderegger 1961: 278 f.). Ab dem 9. Jahrhundert ist im Obd. ‹*d*› die allein herrschende Schreibung. Es heißt also z. B. *daz*, *duingan*, *qhuedan*, *qhuad*, *cold*, *erda*, *chund*.
2. Das Ostfrk. wandelt /þ/ zu /d/ während des 9. Jahrhunderts; schon im Tatian ist ‹*d*› im In- und Auslaut durchgedrungen, während im Anlaut noch ‹*th*› herrscht. In der zweiten Hälfte des 9. Jahrhunderts setzt sich ‹*d*› auch im Anlaut durch. Das Rheinfrk. bewahrt den Frikativ länger, sodass ‹*d*› erst nach 900 vollständig durchdringt. Auch hier ist anlautendes ‹*th*› am festesten; im In- und Auslaut nehmen die ‹*d*› immer mehr zu, am meisten nach /n/ und /l/, wo sich ‹*d*› zuerst durchsetzt. Bei Otfrid herrscht dasselbe Verhältnis wie im Tatian. Beispiele:

a) Isidor: *dhazs, dhri, dhuuingu*; *huuedhar, redha, dodh, uuerdhan, uuardh* (aber stets *uurdun, chiuuordan* mit gramm. Wechsel); neben ‹*dh*› kommen einige ‹*d*› vor (Matzel Is 181 ff., 450 ff.);
b) Tatian und Otfrid: *thanne, thing, thionon, thunken, thrati, thuahan*; *wedar, quedan, sid, hold, ander, uuerdan.*

3. Noch später, etwa im 10. und 11. Jahrhundert, hat sich der Übergang /þ/ > /d/ im Mfrk. vollzogen; das As. und das Nfrk. haben sich dem angeschlossen (Braune 1874: 53 ff., Klein 2000a: 18).

In den Beispielen dieses Buches wird ‹*d*› verwendet, außer wo die Schreibung einer bestimmten Quelle wiedergegeben wird.

Lit.: Braune 1874: 53 ff., Schatz Abair. § 64 ff., Franck Afrk. § 92 ff., Brinkmann 1931: 141 f.

Anm. 1. Von den obd. Quellen bair. Grundlage hat der Abrogans im Auslaut ‹*d*› : ‹*th, dh*› im Verhältnis 5 : 2, inlautend nach Vokal 3 : 70, anlautend 2 : 38. Also dringt wie auch anderwärts /d/ zuerst in den Auslaut, dann von dieser unbetonten Stelle zu betonter vor (Baesecke 1931: 348 f.). Pa hat ‹*th*› nur im Anlaut etwas öfter, jedoch herrscht ‹*d*› (29 ‹*th*› : 218 ‹*d*›); im In- und Auslaut begegnet ‹*th, dh*› noch seltener (Kögel 1879: 115). In R gilt ‹*d*› schon allein (*dhuahal, thuuihal*, Wüllner 1882: 27, stammen aus der Vorlage; AWB II,801 f.). Zu vereinzeltem altbair. ‹*th*› vgl. Wüllner 1882: 109 f., Schatz Abair. § 64; auffällig sind besonders die anlautenden ‹*th*› in Exh B (24 ‹*th*› : 11 ‹*d*›).

Anm. 2. Zur Evidenz der alem. Quellen:

a) Die Namen der St. Galler Urkunden aus der 2. Hälfte des 8. Jh. haben in- und auslautend schon meist ‹*d*›; im Anlaut dagegen bis 779 überwiegend ‹*th, t*›; von 780 an tritt öfter ‹*dh*› auf, und ‹*d*› nimmt auch im Anlaut zu, doch bleibt ‹*th*› häufig bis ins 10. Jh. (Henning 1874: 127, Wilkens 1891: 82 f.; die Vorakte haben hingegen von Anfang an auch im Anlaut ‹*d*›, vgl. Sonderegger 1961: 278).
b) In K herrscht ‹*th, dh*› noch an allen Stellen des Wortes vor: Die ‹*d*› machen in Ka nur etwa den 7., in Kb den 3. Teil der ‹*th, dh*› aus. Übrigens gilt in Kb meist ‹*th*› (z. B. *theorna, thūsunt, kikhunthit, ërtha, sceithit*; ‹*dh*› ist außer in *ëdho* selten), während in Ka anlautend meist ‹*th*›, inlautend meist ‹*dh*› steht (Kögel 1879: 117).
c) In Pn stehen *thu, dhana, kemeinitha* neben 9 ‹*d*›. – In Voc herrscht ‹*d*›, nur 2 ‹*th*› in *thūmo, tharma* (Henning 1874: 87). – BR hat ‹*d*›, nur im letzten Teil noch 12 ‹*th*›, z. B. *theonon* (F. Seiler 1874: 416, Wilkens 1891: 89 f.).
d) In den frk. beeinflussten Schreibstuben von Reichenau und Murbach hat Hb gewöhnlich im Anlaut ‹*th*› (in- und auslautend nur selten, vgl. Sievers H 14), ebenso Jc (Schindling 1908: 51 f., 156). Auch Rb bietet – neben häufigerem ‹*d*› – noch zahlreiche ‹*dh*›, z. B. *dhu, dhruscun, tōdh, uuardh* (Ottmann 1886: 76). In Ja überwiegt anlautend ‹*dh*›, inlautend ist es seltener (Schindling 1908: 166 f.). Weitere Belege mit alem. ‹*dh*› bei Kögel 1884: 309.
e) Wenn man nach dem Zeugnis von BR (und der St. Galler Vorakte) annimmt, dass um 800 im Alem. der Frikativ schon völlig dem /d/ gewichen war, so sind die in H, Jc, Rb u. a. noch häufigen ‹*th, dh*› dem Frk. von Reichenau und Murbach zuzuordnen (vgl. Kögel 1884: 310), wenn nicht dialektale Unterschiede innerhalb des Alem. anzunehmen sind. In Sam (rheinfrk.-alem., 9./10. Jh.) fällt anlautendes ‹*th*› auf, es ist ungefähr gleich häufig wie ‹*d*› und wohl frk. Herkunft (MSD II,68, Baesecke 1908).

Anm. 3. Im Ostfrk. ist der ursprüngliche Frikativ ab dem 9. Jh. sukzessive durch /d/ ersetzt worden. Im Einzelnen:

a) Einige ältere Quellen weisen öfter ‹*d*› auf, wie Frk. Taufgel (immer inlautend: *unholdun, heidene, tōde* und auslautend 2 ‹*d*› neben 4 ‹*th*›), ähnlich GlFrank und auch die älteren Fuldaer Urkunden (Kossinna 1881: 44). Doch könnte dies ungenaue Schreibung sein (ebenso Lühr 2013: 107); auch die ältesten ae. Quellen schreiben gelegentlich ‹*d*› neben ‹*th*› (Ae. Gr. § 199 A.1).

b) Erst etwa zur Zeit des Tatian kann im Ostfrk. inlautend der Plosiv /d/ durchgedrungen sein; im Tatian finden sich nämlich noch einige Reste des inlautenden ‹*th*› (wie *heithin, anthere, quāthun, wurđun* [5,13]; Sievers T § 23, Brinkmann 1931: 142). Von der Regel des anlautenden ‹*th*› hat der Schreiber γ viele Ausnahmen, besonders in Pronominalformen; sonst ist anlautendes ‹*d*› statt ‹*th*› selten, nur etwas häufiger in Enklise des Pronominalstammes *der*, z. B. *bidiu, thiudar* (vgl. Sievers T § 19 f.).

c) Das gleiche Verhältnis wie Tatian zeigen Fuldaer B, Hammelb. Die der 2. Hälfte des 9. Jh. angehörende Würzb. B hat auch im Anlaut schon ‹*d*› durchgeführt.

d) Die Fuldaer Personennamen stimmen bis ins 10. Jh. im Wesentlichen mit dem Schreibgebrauch im Tatian überein: anlautend überwiegend ‹*th*› (erst ab Ende des 10. Jh. wird ‹*d*› zur Regel), in- und auslautend ‹*d*›, auslautend daneben gelegentlich ‹*t*› (Genaueres bei Geuenich 1976: 203 ff.).

Anm. 4. Zur Vertretung von germ. /þ/ in den rheinfrk. Denkmälern:

a) WK bewahrt den Frikativ auch im Inlaut. Hier steht anlautend stets ‹*th*› (nur ein *dhir*), wogegen inlautend ‹*dh*› gilt (z. B. *ladhunga, andher, werdhen*), ein deutliches Zeichen, dass der Frikativ im Anlaut anders gesprochen wurde als im Inlaut. Nur 7 ‹*th*› stehen im Inlaut, doch finden sich auch schon 5 ‹*d*›: *quedem, magadi*, 2x *thiwideru, erda*, dazu auch *gotcundi, -cundnisse*, die zwar westgerm. /d/ haben (as. ae. *godcund*, got. *-kunds*), aber im Ahd. meist mit der Entsprechung von got. *kunþs* 'bekannt', as. ae. *cúð* vermengt sind (vgl. Bulitta/Heidermanns 2015: 150 f.); daneben 1x *gotcundhi*.

b) Isidor behandelt den Inlaut wie WK. Im Anlaut wird der Frikativ durchgehend – ein einziges wohl verschriebenes *drado* ausgenommen – durch ‹*dh*› bezeichnet. Dagegen sind in- und auslautend nach Vokal und nach /r/ neben 55 ‹*dh*› schon 19 ‹*d*› vorhanden. Dabei sind die Verben *quhedhan* und *werdhan* nicht mitgezählt, da hier Ausgleich des gramm. Wechsels das Verhältnis verschiebt (anders Matzel Is 450 A.309): merklich schon im Präsens (22 *werdhan* : 12 *werdan* und 9 *quhedan* : 10 *quhedan*), noch mehr im Sg. Prät. mit 25 *ward* : 24 *wardh*, und nur *quhad* (54, kein †*quhadh*), während sonst im postvokalischen Auslaut 8 ‹*dh*› : 2 ‹*d*› stehen. Voller Übergang des Frikativs zum Plosiv gilt nach /n/ (z. B. *ander, chundida, mundes*); den Zusammenfall mit westgerm. /d/ beweisen die Auslautformen *chunt, bifant* (vgl. § 163 A.1), doch begegnen noch 2 ‹*dh*› in *jugundhi, chindh* (neben 44 ‹*d*›, 2 ‹*t*›); ebenso nach /l/ (nur 3 Fälle *huldin, sculdim, baltliihho*). Vgl. Hench Is 81 f.

c) LexSal zeigt abgesehen von *felde* immer ‹*đ*›, z. B. *đer, điubiu*; *wirđit, anđran urcunđeom* (vgl. Lühr 2013: 104, 106 f.). Nicht hierher *alode*, das germ. /đ/ hat (Tiefenbach 1973: 98 f.).

d) Bei Otfrid ist die Norm des anlautenden ‹*th*› nur durch einzelne anlautende ‹*d*› in Hs. V (seltener in Hs. P) durchbrochen (Kelle O 502), während der bair. OFreis anlautendes ‹*d*› in stärkerem Maße einführt. Andererseits stehen in- und auslautend statt des herrschenden ‹*d*› auch einige ‹*th*›; auslautend nur in *-ōth*, inlautend öfter, z. B. *Luthowic, frithu, bruather, anther*, besonders oft in *sinthes* und in obliquen Kasus von *tōd, dōd* 'Tod' (§ 163 A.2), z. B. *tothes, dothe* (Kelle O 494). Da Otfrid auslautendes /d/ mit /f, h/ reimt, hat man auf frikativische Aussprache geschlossen (Kögel Lg. II,26, Zwierzina 1900: 14, Franck Afrk. 115, 118 f.). Dass ‹*d*› im Frk. einen Lenisfrikativ bezeichnet haben könne, ist nach Analogie frz. Orthographie (Kluge/Baist 1896: 322 ff.) ebenso gut möglich wie frikativische Geltung von frk. ‹*b*›, ‹*g*› (vgl. § 88 A.3a).

e) Von kleineren rheinfrk. Denkmälern (ausführliche Nachweise bei Pietsch 1876: 414 und Franck Afrk. § 93 f.) sei noch das Ludwigslied angeführt, in dem anlautend ‹*th*› herrscht (jedoch *biduuungan*), während inlautend ‹*d*› gilt (z. B. *bruoder*, *lidan*), außer *leidhor*, *quadhun*; dagegen auslautend regelmäßig ‹*th*› (8 *warth*, *lioth*, *North-*), daneben 1 ‹*dh*› (*sidh*) und 1 *dot* (wohl für *doth* verschrieben), was auf frikativische Geltung des Auslauts hinweist, außer nach /n/ (*kind*, *gundfano*, *fand*). Die Straßb. Eide haben anlautend ‹*th*›, inlautend ‹*dh*›, 1x auslautend ‹*d*› (*eid*); auch im frz. Text dient ‹*dh*› zur Bezeichnung des frz. stimmhaften Frikativs (Kluge/Baist 1896: 327 f.), wodurch für das ahd. ‹*dh*› frikativische Geltung erwiesen wird. Die schon dem 10. Jh. angehörende Mainzer B hat außer inlautendem ‹*d*› auch im Auslaut 6 ‹*d*› neben 11 ‹*th*›.

Anm. 5. Noch über die Mitte des 10. Jh. ist anlautendes und inlautendes ‹*th*› im nordrheinfrk. oder thüring. De Heinrico geblieben (z. B. *thaz*, *thiernun*, *bethiu*, *genatheno*). In GlBud begegnet die (mfrk.?) Umkehrschreibung ‹*ht*›: *ohtsaman* (= *ōdsam*). Im 11. Jh. herrscht im anl. Leid. Will ‹*th*› an allen Stellen des Wortes, außer nach /l/ und /n/, wo stets ‹*d*› steht (v.Helten 1897: 457, Sanders 1974: 295 f.).

Anm. 6. Das aus /þ/ über [đ] entstandene /d/ wird weder im Frk. noch im Obd. auslautend zu /t/ verhärtet, es heißt ahd. regelmäßig *leid*, *sid*, *eid*, *quad*, *ward*. Erst seit der Mitte des 10. Jh. wird die (mhd. durchgedrungene) Auslautverhärtung von /d/ häufiger, also *leit*, *sit*, *wart* usw. (§ 103a; vgl. Schatz Abair. §§ 65:ac, 67, Vaught 1977). Doch ist bei Notker wenigstens in den älteren Hss. ‹*d*› noch die Regel. In früherer Zeit findet sich nur vereinzelt auslautendes ‹*t*›, z. B. in MF (*quuat*, *uuirt*, *uuart* neben *quuad*, *uuird*, *uuard* bzw. *uuarth*, vgl. Hench MF 114, Matzel Is 183 ff.); im Tatian nur in *abasnit*, *uuart*, 2x *quat* und oft *fant* (Sievers T § 23), alles Verbalformen, in denen der gramm. Wechsel übergegriffen haben kann. Die von Kögel 1879: 119 für K angeführten Fälle nach /n, l, r/ zeigen jedenfalls mehrfach gramm. Wechsel, vgl. § 163 A.6bδ zu *scult*. Zu auslautendem ‹*t*› für /d/ in Fuldaer Personennamen vgl. Geuenich 1976: 204 f.

Anm. 7. Der gramm. Wechsel von /d/ und /t/ (vgl. § 163 A.6) tritt nach dem besonderen Lautstand einzelner Denkmäler in verschiedener Gestalt auf, so in K als ‹*th*› / ‹*d*›, bei Isidor als ‹*dh*› / ‹*d*›. In § 163 A.6 ist schon auf Doppelformen hingewiesen, die vielfach durch Ausgleich des gramm. Wechsels entstanden sind. In ähnlicher Weise sind auch Formen wie das bei Isidor 3x belegte *zidh* (statt *zid*, gemeinahd. *zīt*; Tiefenbach 1975a: 16, Schaffner 2001: 480 f.) oder *hinavarth* Ludw (statt *-vart*; Schaffner 2001: 457) zu erklären (Schatz Abair. § 65:d).

Anm. 8. In der Anlautverbindung /þw, dw/ (in *thwahan*/*dwahan* 'waschen', *thwingan*/*dwingan* 'zwingen', *thwëran*/*dwëran* 'mischen', *dwërh* 'quer', mit Ableitungen) wird zuweilen spätahd. das aus /þ/ entstandene /d/ weiter zu /t/ verschoben. Zur Regel wird dies erst im Mhd., wo es dann *twahen*, *twingen*, *twern*, *twerch* heißt, unter Zusammenfall mit dem aus germ. /dw/ entstandenen alten /tw/ in *twellen* usw. (§ 162 f.). Im 8. und 9. Jh. herrschen dagegen in den Quellen, die nicht mehr ‹*thw*, *dhw*› haben, durchweg *dwahan*, *dwingan*, *dwëran*, *dwërh* (Franck Afrk. § 93 A.1). Wenn vereinzelte Formen wie *tuuingit*, *ketuuagen* (Rc) vorkommen, so ist das nicht mit der späteren Weiterverschiebung in Verbindung zu bringen, da Rc (Gl 2,232 ff.) überhaupt öfter im Anlaut ‹*t*› statt /d/ setzt, z. B. *torren, torrent, tarbet, tultet, tana*. Auch sonst findet sich ganz vereinzelt anlautend ‹*t*› statt /d/; öfter in *drūbo* 'Traube', *dūsunt* '1000' (AWB II,682 f. 798), die mhd. das /t/ durchgeführt haben. Bei Notker steht anlautend ‹*t*› für /d/ nach Notkers Anlautgesetz (§ 103; vgl. auch Schatz Abair. § 65:b). – E.Schröder 1898: 18 f. führt das anlautende ‹*t*› auf stimmlose Konsonanten im Wortinneren zurück.

Anm. 9. Zuweilen steht ‹*t*› statt ‹*th*› (in Quellen, die sonst noch ‹*th*› haben); z. B. *truen, troen* neben *thruoen* 'leiden' T; *tekan, trio, trauuid* usw. K (Kögel 1879: 118). Besonders häufig begegnet dieses ‹*t*› in Namen alter Urkunden, vgl. Henning 1874: 127, Socin 1882: 243, Wilkens 1891: 82; Salzburger Verbrüderungsbuch: Baesecke 1930: 96; in Fuldaer Personennamen nur ganz vereinzelt: Geuenich 1976: 203 f. Einesteils kann rom. Schreibeinfluss vorliegen, sodass dieses ‹*t*› statt ‹*th*› von den in Anm. 8 besprochenen ‹*t*› statt /d/ zu trennen wäre (vgl. Franck Afrk. § 93 A.2, Sonderegger 1961: 279; hierher 773 *Teutperto*, 786 *Tunso* [zu *thinsan* 'ziehen'?] der Vorakte). Andernteils, besonders in den Glossen, ist mit sprechsprachlichen Schreibungen zu rechnen (vgl. O.Ernst/Glaser 2009: 1013 f., Schiegg 2015: 37, 39); so vielleicht auch *tancdihto*.. (zu *danktihtōn*, Nievergelt 2013: 392.3; oder ‹*d*› und ‹*t*› vertauscht, GramErtr 165).

Anm. 9*. Vereinzelt wird ahd. /d/ als mittlerer von drei Konsonanten assimiliert bzw. ausgestoßen, so *uuerlihosto* Pa, *uuerlihhosta, pallih*^{h}*o* Kb (Splett Abr 235, 231), *belliho* H.Mayer 1982: 42.113, 126.

Anm. 10. Die nur in einer sehr beschränkten Anzahl von Wörtern vorliegende Geminate /þþ/ (§ 165) ist ahd. über [đđ, dd] zu /tt/ geworden. Im späteren Ahd. wird sie stets ‹*tt*› geschrieben, während in der älteren Zeit (8./9. Jh.) häufig ‹*dd*› (auch ‹*td, dt*›) vorkommt, soweit nicht noch frikativische Graphien wie ‹*thth, tth, th*› auftreten (Paul 1880: 135, Schatz Abair. § 66, Franck Afrk. § 95). Belege (zu *ëd(d)o* 'oder' s. Anm. 11ab):

a) *fëttāh* (Vokallänge durch Notker bezeugt) 'Fittich': *fethdhah* Is (Matzel 1966a: 35 A.13, ds. Is 451 A.317), *feddhacho* H, *-hth-*, *-ht-*, *-dd-*, *-td-*, *-tt-* usw. (AWB III,674 f., EWA III,98 ff.);
b) *mittunt, mittundes* 'vor kurzem, inzwischen': *mitthont*, *-th-* O, *mitthunt*, *-dt-* Gl 2,27,20 / *middont* OFreis / *mitdunt* Ra 245,7 / *mittunt, mittundes* N, *mitton* Will (AWB VI,552 ff., EWA VI,402 f.);
c) *smitta* 'Schmiede' (§ 165): *smiththun* Gl 2,410,1, *smittha* 3,629,44, *-hth-* 2,562,58, *-th-*, *-dd-*, *-tt-* (Graff VI,827);
d) *ëttes-* Pronominalpräfix, später häufiger *ëtte-*, *ëte-* (§ 295:4): *ethes-* K, *etthes-* O / *eddes-*, *edde-* Ra, BR / gemeinahd. *ët(t)es, ët(t)e* (AWB III,34 ff., Bech 1964: 213, EWA II,947 ff.);
e) auch das /tt/ in *klëdda*, *-tt-* 'Klette' (AWB V,230 f.) und *spottōn, spot* 'spotten, Spott' ist aus altem /þþ/ zu erklären (Kluge 1884: 160, Kögel 1887: 112, EWA V,573 f.).

Bemerkenswerterweise zeigt Otfrid in den bei ihm vorkommenden Wörtern (*mithont, ethes-*) stets ‹*th*›, nie die bei einfachem inlautendem germ. /þ/ herrschende Verschiebung zu /d/; Hs. P bietet hier ‹*tth*› als genaueren Ausdruck der Gemination, die Otfrid sonst oft graphisch vernachlässigt (§ 93 A.2).

Anm. 11. In einzelnen Wörtern zeigt germ. /þ/ ungewöhnliche Vertretungen:

a) Abweichend von sonstigem /þþ/ ist die Entsprechung von got. *aíþþau* 'oder' (Singer 1887: 211, Feist 1939: 29, Bech 1964: 213 f., Lühr 1976: 77 ff., Cercignani 1984: 329 ff., EWA II,950 ff.) im Ahd. entwickelt, da die Geminate infolge der meist proklitischen Stellung vereinfacht wurde (§ 93 A.3). Die gewöhnlichen Formen sind ahd. *ëdo* (älter *etho, edho*) und *odo* (*odho* Is, *odo* R, bair. Gl, Exh, T, O, *ado* Exh A, *athe* Trierer Cap); vgl. § 29 A.3a; vereinzelt ist in alten Quellen noch die Geminate als ‹*dd*› belegt (*eddo* Hl, Ka, 1. bair. B, nie †*etto*). Lühr 1976: 83 ff. setzt dafür getrennte Vorformen mit /ë/ und /a/ (> /o/ nach § 25 A.1c) an. Seit dem Spätahd. wird *oder* häufiger.

b) Bei *ëdo* finden sich zudem nicht befriedigend erklärte Formen mit ‹*rth, rdh, rd*› (kaum zu vergleichen mit dem in § 120 A.3 erörterten /r/ im Hiat): je 1x *ertho, erdo* Kb (gewöhnlich *edho* Kögel 1879: 120), 3x *erdo* LexSal, 3x *erdho* WK (sonst *edho*), *erdo* Hl 62, *erdu* H, *order* Mainzer B (AWB III,57 ff.). Lühr 1976: 86 vermutet Kontamination mit *werdar* (s. u. d).

c) Gelegentlich begegnet ‹*rd*› für einfaches /þ/ vor *r*-Suffix in *nidar* 'nieder', so *nirder* GlMon (1,513,70), sowie in *widar* (*withar*) 'wider', so 3 *uuirthar* Pa, 2 *uuirdar* Ra (Kögel 1879: 54), 1 *uuirdar* T und öfter in Glossen (Graff I,635), dazu auch *uvirdrota* 'abnueram' Gl 2,666,29, *uirderos* 'adverseris' Gl 4,265,6, zu *widarōn*; *uuirdaruuartida* 'controversia' Gl 4,322,60; *uuirderuuerfunga* Nr 117,20.

d) Für *werdar* Hl 61 (= *wedar*) erwägt Lühr 1976: 86 Kontamination mit *h^w*arja-* (got. *ƕarjis* 'welcher') und Einfluss auf Hl 62 *erdo* 'oder' (*wedar – edo*, AWB III,73; vgl. Lühr Hl 691 A.2). Indessen könnte auch hier das *r*-Suffix eingewirkt haben (s. o. c).

e) Das von J. Grimm zu *wirdar* gestellte *wirđria* 'Weigerungsgeld' (LexSal, vgl. R.Schröder/ v.Künßberg 1932: 377, HRG I,673 f.) dürfte zum Adjektiv *wërd* gehören, vgl. v.Helten 1900: 517, SplAWB I,1097.

(d) Germ. /s/

Der urgerm. stimmlose Frikativ /s/ hat sich in- und auslautend vielfach zu stimmhaftem [z] entwickelt (Verners Gesetz, § 81:2bc). Dieser stimmhafte *s*-Laut (got. *z*) ist im Vorahd. (im Süden spätestens im 6. Jahrhundert) wie im gesamten Westgerm. zu /r/ geworden (Rhotazismus) und im Auslaut mehrsilbiger Wörter geschwunden (§ 82:2d). Die spätere Spirantenschwächung (§ 102a) führt bei germ. /s/ zur Entwicklung neuer (stimmhafter?) Lenis-*s*, was aber im Schriftbild keinen Niederschlag findet. **§ 168**

Der Lautwert des ahd. /s/ ist von dem des stimmlosen Frikativs /ʒ, ʒʒ/ (§ 160) deutlich unterschieden: wahrscheinlich sowohl durch die Artikulationsstelle (/s/ alveolar, /ʒ/ präpalatal oder dental?) als auch durch die Druckintensität (/s/ Lenis, /ʒ/ Fortis), vielleicht auch durch die Artikulationsart (/s/ retroflex?). Recht gut gesichert ist die *š*-artige Aussprache des /s/: Die altslaw. Freisinger Denkmäler geben slaw. /š/ und /ž/ durch ‹*s*›, slaw. /s/ und /z/ durch ‹*z*› wieder. Die „schibilantische" Qualität des /s/ wird durch die Weiterentwicklung im Mhd. – die auch die ungarische Orthographie mit ‹*s*› für [š] und ‹*sz*› für [s] reflektiert – und in konservativen rezenten Dialekten bestätigt.

Lit.: Zur Aussprache: Lessiak 1933: 77 f., Penzl 1961: 490, ds. 1971: 71 f., ds. 1986: 38 f. – Zur slaw. Wiedergabe: Braune 1874a: 528 ff., E.Sievers 1928: 179 f. – Zur Evidenz aus Dialekten: Kranzmayer 1956: 88 f.

Anm. 1. Auf „schibilantische" Qualität des /s/ weist auch ‹*sh*› im Georgslied, z. B. *shagehn, shār* (Haubrichs 1979: 129; zu /sk/ vgl. § 146 A.6b). Sporadische bair. Glossenbelege: *geshihine* Gl 1,644,64 f. (Matzel 1956: 145), *shemfter* SH (Gl 3,253,73, 13. Jh.). Zur Schwächung – und Sonorisierung? – von vorahd. /s/ etwa ab der Mitte des 8. Jh. vgl. § 102a:4; Paul 1874: 168 f., Wilmanns I,137 f., Schatz Abair. § 74, E.Schwarz 1926: 41, Steinhauser 1928: 148 ff.

Anm. 2. Ziemlich selten wird im Ahd. ‹*z*› für /s/ geschrieben (häufiger ist die umgekehrte Schreibung ‹*s*› für /ʒ/, § 160 A.2b):

a) (Silben)anlaut: *piziuuit* Kb 68,8 (falls zu *bisiuwen*, Splett Abr 128), *chōzōnt* GlMon, *zuichentemo* Gl 2,165,12 (Hs. 9. Jh.; zu *siohhēn* oder zu *swīhhan*, vgl. Nievergelt RP 105 A.592), *pizlīfida* Quak 1973: 119.4 (vgl. Reiffenstein 2009: 1436), spätahd. *beznodan* (§ 334 A.1a); in *zëz* 'Sitz' Gl 2,28,46 und *zāza* 'Sänfte' (mhd. *sāȝe*) 4,132,52 unter Einfluss des zweiten ‹*z*›.

b) (Silben)auslaut: z. B. *crucez* H, *krucez* OFreis, *dæz* 'des' Sam 27, *anguzlīho* Gl 2,168,40 (9. Jh.; vgl. § 161 A.6aγ), zuweilen im zweiten Teil von BR: *wazkan, dez, kasezamez* u. a. (F.Seiler 1874: 416).

c) Sporadisch begegnet die Graphie ‹*zs*› für /s/: vor Vokal in *zsēo* Quak 1973: 119.6, 126, *Satanazses* Musp 8; vor /t/ in *uuezstą* O.Ernst 2007: 309, 375, *zueinzicozstin* BR (vgl. Schatz Ahd. 137). Umgekehrt ‹*sz*› in *szmidōti* Gl 2,512,59.

d) /ss/ erscheint in *huaszemo, schëzzōte* als ‹*sz*› bzw. ‹*zz*› (§ 170 A.2). In frk. *dūssuntohti* (Nievergelt im Druck b: Nr. 30, Kap. 2.3.5), *erssuogingo, ssoumun* (N.Kruse 1976: 212 f., 265), *-īssarn* (Tiefenbach 1977: 19), spätbair. *bessv̊fen* (Thoma 1951: 219) steht ‹*ss*› für antevokalisches /s/; vgl. auch § 154 A.5d. Zu ‹*ssp*› und ‹*ssb*› für /sp/ vgl. § 133 A.2, zu ‹*ssc*› für /sk/ vgl. § 146 A.6a.

Anm. 3. Am Westrand der Germania finden sich vereinzelte ‹*c*› für /s/, z. B. *cindes* 'Weges' Par. Gespr 91, *cela* im Leipziger Fragment (Mackert/Schmid 2019: 159), falls für *sēla* 'Seele' (wohl eher *cella* 'Zelle', § 248 A.6d); dazu einige Namen im Cod. Lauresham. wie *Rucilesheim* 'Rüsselsheim'. Es handelt sich offenbar um rom. beeinflusste Orthographie (Schützeichel 1982: 51 ff.). Auffällig ist *piciuuit* Pa 68,8, falls zu *bisiuwen* (Splett Abr 128).

Statt des hier früher angeführten, in die Otfrid-Hs. P eingeritzten Frauennamens †*Kicila* (angeblich 'Gisela') ist vielmehr *Hicila* zu lesen, vgl. AAL 163 f. (Hartmann) mit Lit.

§ 169 /s/ ist einer der häufigsten Laute. Außer in einfacher Stellung (z. B. *sun, wësan, blāsan, lōs*) steht es in der Gemination (§ 170) und in den sehr häufigen Verbindungen /sp(r)/, /sk(r)/, /st(r)/, z. B. *spil, springan, hwispalōn; skal, skrītan, fisk; stein, strō, frist, ist.* Ferner in den häufigen Anlautverbindungen /sm/, /sn/, /sl/, /sw/, z. B. *smal, snīdan, slāfan, swarz*; im Inlaut sind diese Verbindungen selten, da sie meist durch Sprossvokal getrennt sind (§§ 65, 69), z. B. *bësmo* und *bësamo, fërs(a)na* 'Ferse', *geis(i)la* 'Geisel', *zës(a)wa* 'die Rechte'. Dazu kommen Inlaut- und Auslautverbindungen mit /s/ an zweiter Stelle: /hs/, /ls/, /ns/, /rs/, z. B. *wahsan, hals, gans, wirs, gërsta.*

Anm. 1. Das /s/ steht im Ahd. in grammatischem Wechsel mit /r/ (< germ. /z/ nach Verners Gesetz, § 168), z. B. *kiosan / kurum, korōn; list / lēren* (vgl. § 100 ff.). *farlos* 'Verderben' K 24,19 neben *farlor* Pa ist kein Schreibfehler (so Baesecke 1931: 346 = 1966: 199), sondern sprachwirkliche Variante (Splett Abr 76, AWB V,1277 f., Mottausch 2011: 139).

Für das Kompositum westgerm. **mati-sahsa-* 'Messer' ist grammatischer Wechsel über die Morphemgrenze hinweg angenommen worden (Schaffner 2001: 58, EWA VI,393 f.): *meʒʒirahs* und mit weiterer Abschwächung (§ 63 A.2) *meʒʒarehs, meʒʒiras, mezzeres, mezzir* u. ä. (AWB VI,539 f.); daneben mit /s/ *mezzisahs* Rb Gl 1,542,10, *mazsahs* 3,632,22. Nach Ausweis von Ortsnamenparallelen ist eher mit dissimilatorischem Rhotazismus in der Position zwischen /ʒʒ/ und /-s/ zu rechnen (Mottausch 1998a: 62).

Anm. 2. Zu /sk/ und seinen Erscheinungsformen ‹*sg*›, ‹*sch*› vgl. § 146; zu /sp/ vgl. § 133:1, zu /st/ vgl. § 161. Zu anlautendem /sw/ vgl. §§ 69 A.5a, 107, zu inlautendem /hs/ vgl. § 154 A.5. Zur Metathese /sn/ > /ns/ (sowie zu /sl/ > /ls/) vgl. § 126 A.7.

Anm. 3. Statt /sl-/ erscheint zuweilen ‹*scl, skl*›, statt /sn-/ vereinzelt auch ‹*scn, stn*›:

a) Am häufigsten ist dies in H, wo im Ganzen 8 Fälle vorkommen: 3 *sclaf, sclahan, sclahttu, kasclactot, sclecter, sclehtem*. Belege aus anderen Quellen: *skluog* Ludw 52 (Urmoneit 1973: 53 A.250, Matzel 1975: 117 A.11), *piscluoc* Ra (vgl. Kögel 1879: 132), *sclaphun* Mainzer B, *sclahda* Phys, *giscliz* Gl 2,478,39 (Kölling 1983: 76.24); *sçlaui* H.Mayer 1982: 57.206, 121 (= *slāwī*, § 132 A.3b). Weitere Belege bei Franck Afrk. § 102, Schatz Ahd. § 208.

b) Vereinzeltes ‹*scn*› für /sn-/: *scnirfit* Gl 1,501,7, *scnidit* 1,672,1, *agescnidden* 2,720,15; as., afrs. und ae. Belege: J.Schmidt 1895: 39 A.1, As. Gr. § 291, Ae. Gr. § 210 (dort auch ‹*scm*›). Selten auch ‹*stn*›: *stnarchon* Thoma 1963: 232.4; spät *stnuor* SH (Gl 3,244,39, 13. Jh.).

c) Dieses ‹*scl, scn*› hat mit der Entwicklung /sl-, sn- > schl-, schn-/ oder /sk > sch/ nichts zu tun. W.Scherer 1878: 127 führt den *c*-Einschub auf Stimmlosigkeit des /l/ zurück (so auch Armitage 1911: §§ 211, 230); Frings 1942: 227 ff. erwägt rom. Lautsubstitution von germ. /sl/ am frk. Westrand. Den inlautenden *c*-Einschub in Personennamen auf *-giscl(us)* neben *-gisil* schreibt N.Wagner (2001: 128, 2009a: 397) ebenfalls dem Rom. zu. – Vgl. Weinhold Alem. 155, Aron 1893: 248 ff., v.Helten 1900: 324, Leitzmann 1901: 258, H.Mayer 1982: 121.

Ahd. /ss/, das auslautend und vor Konsonant vereinfacht wird (§ 93), ist mehrfachen Ursprungs: **§ 170**

1. Meistens setzt es germ. /ss/ fort (§ 95:1), z. B. *kus*, Gen.Sg. *kusses* 'Kuss', dazu *kussen*, Prät. *kusta*; *(h)ros*, Gen. *(h)rosses* 'Ross' (Anm. 3); *missen* (§ 363 A.6), *giwis*, flektiert *giwissēr*.
2. Nur selten ist /ss/ durch westgerm. Gemination vor /j/ entstanden (§ 96:2a): nach Kurzvokal in *knussen*, Prät. *knusita* 'stoßen' (§ 356:1), *essa* 'Esse', *gussa* 'Flut' (§ 201 A.4b); obd. vereinzelt auch nach Langvokal (§ 96 A.1*a), so *lōssan* Musp 'lösen', *uuīssan* Musp, BR 'weisen' u. a.
3. Dialektal kann /ss/ durch jüngere Assimilation entstehen, z. B. *vissare* < *fiskāri* (§ 146 A.6c), *wassan* < *wahsan* (§ 154 A.5c).
4. Auf Zusammensetzung beruht /ss/ im Gen.Sg. *dësses* (§ 288 A.3d).

Lit.: Schatz Abair. 82 f., Lerchner 1971: 127 f., Glaser 1987.

Anm. 1. Eine der Quellen von germ. /ss/ ist vorgerm. /tt/ [t^st], vgl. Got. Gr. § 81, Görtzen 1998: 444 ff., Hill 2003: 74 ff., Fritz/Meier-Brügger 2021: 145 f. Infolge dieser Genese steht einem /ss/ öfter /ʒ(ʒ)/ gegenüber, z. B. Prät. *wëssa* zu *wiʒʒan* (got. *witan*; § 371:1), dazu *gi-wissēr* 'gewiss'; *(h)was(s)*, flektiert *(h)wassēr* (vorgerm. /tt/; EWGP 315 f.) 'scharf', *wassida*, *wassī* 'Schärfe', neben ae. *hwæt*, as. *hwat* und ahd. *(h)wezzen* 'wetzen'.

Nach Langvokal wurde germ. /ss/ jedweder Herkunft schon vorahd. gekürzt (§ 95 A.1), z. B. im Prät. *muosa* (**mōss-*; Hill 2003: 89 f.) zu *muoʒ* (§ 376); *muos* 'Speise' (Darms 1978: 221 ff., Hill 2003: 189 ff.) neben *maʒ* < **mata-* (älter wohl **mati-*, § 214 A.2) und *mezzi* < **matja-* (EWA VI,389; schwerlich mit Splett Abr 166 < **mati-* nach § 217); *wīsi* 'weise' (**wīss-*) zu *wiʒʒan* (Kluge 1884: 152).

Anm. 2. In *huaszemo* R 37,25 ist /ss/ durch ‹*sz*› bezeichnet, in *schëzzōte* Gl 1,667,50 (12. Jh.) durch ‹*zz*› (Umkehrschreibung, Matzel 1956: 134); vgl. § 168 A.2d.

Anm. 3. Vereinzelt ist die Auslautschreibung ‹*s*› in den Inlaut übertragen: *des rosis* Npw 146, 10, *ros*^{e} 'equo' Par. Gespr (Gl 5,519,18), *rosụṇ* 'equis' (Moulin-Fankhänel 1999: 82.9). Anders zu beurteilen ist *gusu* 2x T, Nom.Pl. von *gussi* (§ 201 A.4b). – Zur umgekehrten Schreibung ‹*ss*› für /s/ vgl. §§ 154 A.5d, 168 A.2d.

P 3.3. Übersicht über die Konsonantengraphien

§ 171 Der historischen Darstellung des ahd. Konsonantismus folgt eine alphabetisch angeordnete Übersicht über die im Ahd. verwendeten Schriftzeichen für die Konsonanten. Eine Tabelle mit den konsonantischen Phonemen findet sich in § 80.

Anm. 1. Inwieweit die in § 172–191 angegebenen Graphien auf Schreibkonventionen – in erster Linie den lat., sodann mit merow., rom., ags. usw. Einflüssen – beruhen und inwieweit sie phonetische, phonologische oder dialektgeographische Schlüsse erlauben, bedarf in jedem einzelnen Fall der Untersuchung. In § 78–170 wird versucht, beiden Aspekten Rechnung zu tragen.

§ 172 ‹**b**›.

1. Ahd. ‹*b*› ist die gewöhnliche Entsprechung von germ. /ƀ/, soweit dieses Plosiv geworden ist, und zwar regelmäßig im Frk. (*bintan*, *gëban*): § 135. Aber ‹*b*› herrscht auch altobd. wenigstens inlautend im Alem. (*këban*), wird spätahd. bair. wie alem. inlautend allein üblich und verdrängt anlautend z. T. das ältere obd. ‹*p*›: § 136.
2. ‹*b*› statt ‹*p*› ist in Lehnwörtern (besonders obd.) nicht selten (z. B. *buzza* 'Brunnen' Sam): § 133 A.3;
3. gelegentlich (Will usw.) in der Verbindung /sp/ (*sbrah*): § 133 A.2;
4. ‹*b*› als spätbair. Schreibung für /w/ [ƀ]: § 105 A.6.

‹**bb**›.

1. Die Geminate ‹*bb*› ist im Frk. (T, O) regelmäßiger Vertreter von westgerm. /bb/ (*sibba*): § 135; nur selten im Obd.: § 136 A.4;
2. vereinzelt Schreibung für einfaches /b/: § 94 A.1e.

‹bp›, **‹pb›** seltenere Nebenformen von *‹bb›*: § 135 A.1b, von *‹pp›* im Obd. (*ubpēr*): § 136 A.4.
‹bph› s. **‹pph›** (§ 184).

‹c›. **§ 173**

1. Vor /a, o, u/ und vor Konsonant sowie im Auslaut dient *‹c›* sehr häufig zur Bezeichnung von /k/ in allen seinen Lautwerten: §§ 142, 144 A.3*a, 149.
2. Vor /e, i/ ist *‹c›* häufig eine graphische Form der Affrikate /z/ (*ci*): §§ 157, 159 A.2a; weniger häufig steht *‹c›* für die aus Geminate entstandene Affrikate /zz/ (*lucil*): § 159 A.3b; in der Verbindung *‹sc›* steht jedoch *‹c›* vor /e, i/ in der Geltung von /k/: § 146 A.1.
3. Nur sehr selten steht *‹c›* vor /e, i/ in der Geltung von /k/ (ausgenommen *‹sc›*, § 146 A.1): §§ 142 A.1, 149 A.1;
4. ebenso selten für Affrikate /z/ in anderen Stellungen als vor /e, i/: § 159 A.2a;
5. sehr selten für Frikativ /ʒ/: § 160 A.2dα. Vereinzelt in rom. beeinflusster Schreibung für /s/: § 168 A.3.
6. Nur in wenigen Fällen steht das rom. Zeichen ‹ç› für *‹c›* (= /z/): § 159 A.2b.
7. *‹c›* für ‹h› 2 (§ 178) auslautend und in der Verbindung *‹ct›*: § 154 A.4b.
8. *‹c›* für /sk/: § 146 A.6e.

‹cc› steht
1. häufig für /kk/, vgl. § 180;
2. sehr selten für *‹ch›* 1 (s. u.): § 145 A.4c;
3. sehr selten für die Affrikate /zz/: § 159 A.3d;
4. vereinzelt für den geminierten Frikativ /ʒʒ/: § 160 A.2dα.

‹cch›.
1. Häufig ist *‹cch›* (neben ‹ch› 2) im Obd. als Vertreter von germ. und frk. /kk/ (*acchar*): § 144+A.3; selten in gleicher Geltung im Frk.: § 143 A.2,3.
2. selten als Bezeichnung velarer stimmloser Frikative (statt ‹hh› 1: § 178; ‹ch› 1: § 145 A.4c);
3. sehr selten obd. für westgerm. /gg/ (statt obd. ‹kk› 2, § 150): § 149 A.7d.

‹cg› steht
1. selten für frk. ‹gg› (§ 177): §§ 148 A.3,4c.
2. selten für obd. ‹kk› 2 (§ 180): § 149 A.7c.

‹ch›:
1. gemeinahd. im Inlaut die üblichste Bezeichnung des aus germ. /k/ nach Vokal hervorgegangenen geminierten stimmlosen Frikativs (*machōn*, *zeichan*), der in der ältesten Zeit meist *‹hh›* (‹hh› 1, § 178) und auslautend *‹h›* (‹h› 2, aaO.) geschrieben wird: § 145.

2. im Obd. die gewöhnliche Bezeichnung der velaren Affrikate im Wortanlaut, sowie inlautend nach Konsonanten und (neben ‹cch› 1) in der Gemination (*chind, starchēr, achar*), entsprechend germ. /k/ und frk. ‹*k*› (‹k› 1, § 180): § 144.
3. inlautend in einigen Wörtern = westgerm. /hh/ (‹hh› 2, § 178): § 154 A.7a.
4. bisweilen (besonders in späterer Zeit) auslautend und vor Konsonant für /h/, sowohl < germ. /h/ (‹h› 1, z. B. *sach*): § 154 A.4a, als auch < germ. /k/ (‹h› 2, z. B. *sprach*): § 145 A.5a.
5. manchmal auslautend statt /g/ (‹g› 1); am häufigsten bair., aber auch frk. (hier auch inlautend), weniger im Alem. (*mach, burch*): §§ 128 A.3d, 148 A.1, 149 A.4,5.
6. öfter in Verbindung mit ‹*s*› (*schīmo*), vereinzelt auch ohne dieses (*chëssōtan*), für /sk/ (‹k› 3, § 180): §§ 143 A.3, 146 A.2,6e.
7. selten frk. für sonstiges /k/ (‹k› 1), sowie in der Gemination für ‹kk› 1: § 143 A.1,2; regelmäßig nur an- und inlautend bei Isidor: § 143 A.3.
8. manchmal vor /e, i/ statt /g/ (‹g› 1, § 177): §§ 148 A.4a (*chi-* bei Isidor), 149 A.8a-c.
9. zuweilen obd. für im Auslaut vereinfachte Affrikate ‹*cch*›: § 144 A.3*a.
10. sehr selten für obd. /kk/ (‹kk› 2, § 180): § 149 A.7d.

‹**chch**› ist
1. seltene Schreibung für ‹*ch*› 1 (s. o.): § 145 A.4d;
2. sporadische Schreibung für geminiertes /kk/: § 144 A.3b.

‹**chh**› ist seltene Schreibung für ‹*ch*› 1: § 145 A.4b.

‹**chk**› sehr selten für obd. /kk/ (‹kk› 2, § 180): § 149 A.7d.

‹**chqu**› durch Assimilation aus /t-kw/: §§ 73 A.2, 146a A.3e.

‹**chu**› (seltener ‹**chuu**›) obd. sehr häufig, wo das Frk. ‹*qu*› schreibt (*chuëdan, chuuëdan*, § 185): § 144.

‹**ck**› häufigste Schreibung für /kk/ in allen seinen Geltungen (§ 180).

‹**ckh**› für ‹kk› 1 (§ 180): § 144 A.3b.

‹**cqu**› steht vereinzelt
1. bei Otfrid für geminiertes /kw/: § 146a A.4;
2. im Alem. wohl für verschobenes /gw/: § 71 A.4a.

‹**cu**› seltene frk. Schreibung für ‹*qu*›: § 146a A.2.

‹**cz**›.
1. seltene Schreibung für die Affrikate /z/ (‹z› 1, § 191): § 159 A.2c; für die aus Geminate entstandene Affrikate /zz/ (‹zz› 1, § 191): § 159 A.3d;
2. sehr selten für Frikativ /ʒ, ʒʒ/ (‹z› 2): § 160 A.2dα.

§ 174 ‹**d**› ist
1. der gemeinahd. Vertreter von germ. /þ/, das im ältesten Obd. (8. Jh.) und länger noch im Frk. (9. Jh.) oft durch ‹*th*›, ‹*dh*› wiedergegeben wird (*dionōn, bruoder*): §§ 166, 167;

2. im Mfrk. und (meist) auch im Rheinfrk. regelmäßiger Vertreter von westgerm. /d/ = gemeinahd. /t/ (*dag, rādan*): § 163+A.1,3. Nur vereinzelt oder unter besonderen Bedingungen (/nd/ bei Notker) steht /d/ im Ostfrk. und Obd. statt des dort gewöhnlichen /t/: § 163 A.4,5.
3. bisweilen, bes. rheinfrk., steht ‹*d*› für germ. /t/ (‹t› 2, § 188) in den Verbindungen ‹*hd, fd, sd, dr*›: § 161 A.3,4.

‹**đ**› ist eine im Ahd. sehr seltene Schreibung für ‹*dh*›: §§ 8 A.2, 166.

‹**dd**›.

1. Ahd. ‹*dd*› ist in der älteren Zeit (9. Jh.) häufig die Wiedergabe eines alten /þþ/ (*ëddes-*) und erscheint später als ‹*tt*› (s. ‹tt› 3, § 188): § 167 A.10,11;
2. sehr selten für gemeinahd. /tt/ (‹tt› 1 = westgerm. /dd/): § 164 A.1.

‹**ddh**› vereinzelt für ‹dd› 1: § 167 A.10.

‹**dh**› ist eine in der älteren Zeit häufige graphische Repräsentation von germ. /þ/ = gemeinahd. ‹d› 1 (*dhionon, bruodher*): §§ 166, 167.

‹**dt**› s. ‹**td**›.

‹**e**› als Konsonantzeichen ist **§ 175**

1. im 8. und 9. Jh. Zeichen für inlautendes /j/ nach Konsonant (unsilbisches, halbvokalisches ‹*e*›); häufig besonders vor /a, o/ (*māreo*): § 118:1;
2. vielleicht vereinzelt Dehnungszeichen nach /a, o/ (*noet*): § 7 A.10.

‹**f**› ist im Ahd. **§ 176**

1. = germ. /f/ an allen Stellen des Wortes (*faran, zuifal, hof*): § 137–139; doch wird germ. /f/ häufig durch ‹*u, v*› (§ 189) bezeichnet: § 137:1, und zwar überwiegend im Inlaut zwischen Vokalen (*zwīval*): § 139:1; oft im Anlaut (*varan*): § 138 A.1, aber nie im Auslaut: § 137:1.
2. die Bezeichnung des aus germ. /p/ entstandenen geminierten Frikativs, der im Auslaut und häufig nach Langvokal im Inlaut (vgl. ‹ff› 1) vereinfacht wird (*slāfan, slāf*): § 132, ab dem 9. Jh. auch teilweise nach /l, r/ (*hëlfan, dorf*): § 131+A.5. – Im Inlaut zwischen Vokalen wird jedoch vielfach der geminierte Frikativ ‹*ff*› geschrieben, besonders nach Kurzvokal (s. ‹ff› 1); für dieses ‹*f*› wird nur im Ausnahmefall ‹*u* (*v*)› verwendet: § 132 A.3b;
3. im Alem. regelmäßiger Vertreter der sonstigen ahd. /ph, pf/ (im Anlaut und nach Konsonanten: *flëgan, chamf*); in anderen Dialekten ist dieses ‹*f*› selten: § 131+A.4. – Vereinzelt und fehlerhaft wird statt dieses ‹*f*› anlautend ‹*u* (*v*)› geschrieben: § 138 A.1c.
4. Im Mfrk. ist ‹*f*› auslautend regelmäßiger Vertreter von germ. /ƀ/, soweit es Frikativ geblieben ist (gemeinahd. /b/, vgl. ‹b› 1, § 172); inlautend wird dann fast stets ‹*u, v*› geschrieben (*wīves; wīf*): § 134.

‹**ff**› ist
1. im Inlaut zwischen Vokalen die gewöhnliche Vertretung des germ. /p/ (*offan*, *slāffan*): § 132; doch wird daneben häufig ‹*f*› geschrieben, besonders nach Langvokal (s. ‹f› 2).
2. in wenigen Fällen = westgerm. /ff/ (*heffen*): § 139 A.4.
3. oft im Alem. (sonst nur selten) für gemeinahd. Geminate /ph, pph/ < westgerm. /pp/ (*sceffen*): § 131+A.4.

‹**fh**› ist ganz vereinzelt frk. Vertretung von germ. /p/:
1. als Frikativ: § 132 A.3c;
2. als Affrikate: § 131 A.4b.

‹**fph, fpf**› steht
1. selten für ‹*pph*›: § 131 A.1;
2. vereinzelt für /ff/: § 132 A.3d.

§ 177 ‹**g**› steht im Ahd.
1. gewöhnlich für germ. /g/, und zwar regelmäßig im Frk. (*gëban*, *ouga*, *tag*): § 148; aber auch überwiegend im Obd.: § 149; dort ist daneben im Auslaut meist, im Anlaut oft und im Inlaut zuweilen ‹*k*, *c*› in Gebrauch (s. ‹k›, § 180);
2. häufig in Vertretung des unsilbischen, halbvokalischen ‹*i*› (/j/), und zwar
   a) anlautend regelmäßig vor /e, i/ = germ. /j/ (*gëhan*, *gihit*): § 116 A.1,3, selten vor anderen Vokalen: § 116 A.2;
   b) inlautend = unsilbischem [i̯] zwischen Vokalen (*frīgēr*, *hīgi*): §§ 117, 110 A.3; nach /r/ (*nergen*, *nerigen*): § 118:2+A.3;
3. nicht selten für /k/ in der Verbindung /sk/ (s. ‹k› 3, § 180), besonders in- und auslautend (*asga*, *fisg*): § 146 A.3bc;
4. für frk. ‹*k*› (‹k› 1), obd. ‹*ch*› (‹ch› 2, § 173) in bestimmten Fällen des (Silben)auslauts (*wangta* O, *wangti*, *plig* N): §§ 143 A.4ab, 144 A.3*c,4; ganz vereinzelt im Anlaut (*gnëht*): §§ 143 A.4c, 144 A.6; vielleicht im Inlaut (*regent*): § 144 A.3c;
5. auslautend in späteren frk. Quellen zuweilen für /h/ (‹h› 1 und ‹h› 2, § 178): §§ 145 A.5d, 148 A.1b, 154 A.4c;
6. vereinzelt für /ng/ bzw. für [ŋ]: § 128 A.3a.

‹**gch**› begegnet ganz vereinzelt
1. für die Affrikate ‹*ch*› aus westgerm. /kk/: § 144 A.3b;
2. für den Frikativ ‹*ch*› aus germ. /k/: § 145 A.4i.

‹**gg**› ist
1. im Frk. regelmäßige Entsprechung von westgerm. /gg/ (*huggen*): § 148+A.3, nur höchst selten obd.: § 149 A.7d;
2. vereinzelte Schreibung für einfaches /g/: §§ 94 A.1f, 128 A.2;
3. seltene Schreibung für die Phonemfolge /ng/: § 128 A.3aβ.

‹**gh**› steht
1. in einzelnen Quellen für gemeinahd. /g/ (‹g› 1); meist frk.: § 148 A.1cγ,4; viel seltener obd.: § 149 A.8b-d;
2. vereinzelt bei Notker für auslautendes /kk/: § 144 A.4;
3. vereinzelt in Np für auslautendes ‹h› 2: §§ 144 A.5, 145 A.5e;
4. vereinzelt im Bair. für inlautendes, minderbetontes /hh/: § 145 A.7b.

‹**gk**› sehr seltene Schreibung
1. für frk. ‹*kk*› (‹kk› 1): § 143 A.1;
2. für obd. ‹*kk*› (‹kk› 2): § 149 A.7d;
3. für die Phonemfolge /nk/: § 128 A.3aβ.

‹**gu**› vereinzelt für ‹*qu*›: § 146a A.2.

‹**h**›. § 178
1. Ahd. ‹*h*› entspricht dem germ. /h/ an allen Stellen des Wortes (*hano*, *zëhan*, *lōh*): §§ 151, 153, 154.
2. Im Auslaut ist ‹*h*› reguläre Bezeichnung des velaren Frikativs, der aus germ. /k/ nach Vokal hervorgegangen ist (*sprah*): §§ 145+A.5, 154 A.3.
3. Nicht selten steht einfaches ‹*h*› im Inlaut zwischen Vokalen statt des gewöhnlichen ‹hh› 1 oder ‹ch› 1 (*mihil*, *zeihan*): § 145 A.2,7.
4. /h/ ist ahd. nicht selten zwischen zwei Vokalen als hiatverhindernder Laut eingeschoben (*sāhan*, *bluohan*): § 152; auch vereinzelt anstelle eines sonstigen /j/: §§ 118 A.3, 152 A.4, oder anstelle eines /w/: § 110 A.3; zuweilen vielleicht nur graphischer Zusatz: § 152 A.4.
5. ‹*h*› wird öfter Wörtern mit vokalischem Anlaut vorangestellt (*harbeiti*): § 152; vereinzelt auch konsonantisch anlautenden Wörtern (*hrinnit*): § 153 A.1.
6. ‹*h*› begegnet obd., besonders spätahd., öfters auslautend nach /l, r (n)/ statt ‹ch› 2 (*starh*, *scalh*): § 144 A.4,5; – sehr selten dagegen anlautend statt ‹ch› 2: § 144 A.2a.
7. ‹*h*› im Auslaut selten für gemeinahd. /g/ (‹g› 1): §§ 148 A.1cγ, 149 A.5c.
8. /h/ (mfrk.) für /f/ in der Verbindung /ft/: § 139 A.7b.

‹**hc**› ist eine häufiger vorkommende Schreibung:
1. öfter im Auslaut für ‹*h*›, sowohl für ‹h› 1: § 154 A.4b, als auch für ‹h› 2: §§ 144 A.5, 145 A.5b;
2. vereinzelt auslautend für ‹g› 1: §§ 148 A.1cγ, 149 A.5a;
3. vereinzelt inlautend zwischen Vokalen für ‹ch› 1: § 145 A.4e,5b;
4. mitunter auslautend für /kk/, im Einzelfall auch für germ. /k/: § 144 A.3*b,5.

‹**hcc, hck, hk, hkh**› seltene Bezeichnungen der obd. inlautenden Affrikate ‹*ch*› (‹ch› 2): § 144 A.3b.

‹**hcch**› selten statt ‹ch› 1, ‹hh› 1: § 145 A.4f.

‹hch› nicht seltene Schreibung des inlautenden velaren Frikativs, statt ‹hh› 1 oder ‹ch› 1 (*brĕhchan*): § 145 A.3.

‹hck› s. **‹hcc›**.

‹hf› steht im späten Bair. vereinzelt für auslautendes /f/ aus germ. /p/: § 132 A.3e.

‹hh›

1. ist nächst ‹ch› 1 die häufigste Bezeichnung des aus germ. /k/ nach Vokal entstandenen velaren stimmlosen geminierten Frikativs: ‹*hh*› steht (wie ‹ch› 1) nur im Inlaut zwischen Vokalen (im Auslaut steht ‹h› 2). Hauptsächlich die ältesten Quellen bevorzugen die Schreibung ‹*hh*›, später ist ‹*hh*› selten (*mahhōn, zeihhan*): § 145+A.1;
2. entspricht in wenigen Wörtern einem westgerm. /hh/ (§ 150), später tritt auch hierfür ‹*ch*› (‹ch› 3) ein: § 154 A.7a;
3. steht ganz vereinzelt für die aus westgerm. /kk/ entstandene Affrikate /ch/: § 144 A.3b.

‹hk›, **‹hkh›** s. ‹hcc›.

‹hqu› begegnet im Abrogans für ‹*qu*›: § 146a A.3b.

‹hs› ist – neben der Geltung als /hs/ – eine vereinzelte, hyperkorrekte Schreibung

1. für /s/: § 154 A.5c;
2. für /ʒ/: § 160 A.2bδ.

‹ht› ist – neben der Geltung als /ht/ – eine sporadische Umkehrschreibung zu ‹*th*›

1. für /d/ aus germ. /þ/: § 167 A.5;
2. für /t/ aus westgerm. /d/: § 163 A.7b.

§ 179 **‹i›** als Konsonantzeichen ist

1. regelmäßige Bezeichnung des unsilbischen, halbvokalischen /i̯/ (/j/) im An- und Inlaut (*iung, sāian, willio, nerien*), § 115–118; vgl. ‹*i*› (‹*g*›) für /w/: § 110 A.3;
2. spätahd. vereinzelt Umlautzeichen nach /ō/ (*troistet*): § 45 A.4;
3. im Mhd.-Mfrk. vielleicht postvokalisches Dehnungszeichen: § 46 A.2.

§ 180 **‹k›** wird im Ahd. zurückhaltend verwendet. Sehr häufig wird gleichbedeutend vor /a, o, u/, vor Konsonant und insbesondere im Auslaut ‹*c*› geschrieben.

1. ‹*k*› (‹*c*›) ist im Frk. die regelmäßige Entsprechung von germ. /k/ im Anlaut und in- und auslautend nach Konsonant (*calb, kind, wirken, thanc*): § 143; – aber auch im Obd. des 8./9. Jh. ist die Schreibung ‹*k, c*› (neben ‹ch› 2, § 173) sehr verbreitet: § 144+A.2.
2. ‹*k*› (‹*c*›) entspricht im Obd. häufig germ. und frk. /g/ (s. ‹g› 1, § 177), woneben ‹*g*› im Inlaut (und auch oft im Anlaut) überwiegt (*këban, takes, tac*): § 149. – Im Frk. wird ‹*k, c*› statt ‹*g*› nur im Auslaut selten verwendet: § 148 A.1, stets bei Isidor: § 148 A.4; auch vereinzelt vor /t/: § 148 A.2.

3. ‹*k, c*› entspricht germ. /k/ gemeinahd. in der Verbindung /sk/ (*sceidan, fisk*): § 146.
4. ‹*k, c*› steht regelmäßig im Auslaut für die Geminate /kk/ (‹kk› 1): § 144 A.3*a; nicht selten im Frk. auch inlautend, häufig bei Otfrid, § 143 A.1; desgleichen im Obd.: § 144 A.3b.
5. ‹*k*› selten im Obd. statt ‹kk› 2: § 149 A.7d.
6. ‹*k, c*› obd. statt ‹ch› 1: § 145 A.4g.
7. ‹*k, c*› sekundär in ‹*scl*›, ‹*scn*›: § 169 A.3.
8. ‹*k*› für /sk/: § 146 A.6e.

‹**kg**› steht singulär für intervokalisches /g/: § 149 A.2b.

‹**kh**› ist
1. als obd. Affrikate = ‹ch› 2 wenig verbreitet; in der Gemination steht dafür auch ‹*kkh*›, ‹*ckh*› (*khorn, quëkkhe*): § 144 A.1,3.
2. seltene Schreibung des Frikativs ‹*ch*›: § 145 A.4a.

‹**kk**›, wofür häufiger ‹*ck*›, oft auch ‹*cc*› geschrieben wird:
1. ‹*kk, ck, cc*› ist regelmäßige Entsprechung des germ. und westgerm. inlautenden /kk/ im Frk. (*zukken, ackar, accar*): § 143+A.1; häufig aber auch (neben ‹*ch*›, ‹*cch*›) im Obd.: § 144 A.3b.
2. ‹*kk, ck, cc*› entspricht im Obd. regelmäßig westgerm. inlautendem /gg/ (§ 147) = frk. ‹*gg*› (*liccan, rukki*): § 149+A.7; nur in beschränktem Umfang steht ‹*cc, ck*› auch im Frk. statt ‹*gg*›: § 148 A.3,4.

‹**kkh**› s. ‹**kh**›.

‹**l**› § 181
1. entspricht regelmäßig dem germ. /l/: § 122; im Anlaut auch dem germ. /hl/: § 153, und dem germ. /wl/: § 106;
2. entsteht in einzelnen – z. T. entlehnten – Wörtern aus /r/: § 120 A.1; aus /n/: § 126 A.3;
3. steht bisweilen für /ll/: § 122 A.3.

‹**ll**› ist
1. etymologisch berechtigte Geminate /ll/: § 122;
2. vereinzelte Schreibung für einfaches /l/: § 94 A.1b.

‹**m**› ist § 182
1. regelmäßige Fortsetzung von germ. /m/: § 123;
2. in der Morphemfuge vor Labialen öfter aus /n/ hervorgegangen: § 126+A.1;
3. zuweilen auslautend Schreibung für /n/: § 124+A.2.

‹**mm**› ist
1. etymologisch berechtigte Geminate /mm/: § 125;
2. vereinzelte Schreibung für einfaches /m/: § 94 A.1c.

§ 183 ‹**n**› ist
1. regelmäßige Fortsetzung von germ. /n/: § 126; anlautend auch von germ. /hn/: § 153;
2. vor Velar Schreibung für den velaren Nasal [ŋ] (*lang*, *trinkan*): § 128;
3. auslautend in Flexionsendungen ab dem 9. Jh. aus /m/ hervorgegangen (*bin*, *tagun*): § 124;
4. vor germ. /f/ ab dem 9. Jh. aus früherem /m/ entstanden (*finf*): § 123 A.1a;
5. vereinzelt statt ‹*ng*› geschrieben: § 128 A.3b;
6. vereinzelt statt ‹*nd*› geschrieben: § 126 A.4.

‹**nn**› ist
1. etymologisch berechtigte Geminate /nn/: § 127;
2. vereinzelte Schreibung für einfaches /n/: § 127 A.1;
3. vielleicht sporadische Bezeichnung von /ng/: § 128 A.3c.

§ 183a ‹**o**› kann als Konsonantzeichen unter speziellen Bedingungen für den Halbvokal /w/ stehen: § 105 A.3.

§ 184 ‹**p**›.
1. Ahd. ‹*p*› ist im älteren Obd. die häufigste Entsprechung von germ. /ƀ/ = frk. /b/ (§ 134), und zwar in allen Wortstellen im Bair. des 8./9. Jh. (*pittan*, *hapēn*), im Alem. im Anlaut, während inlautend ‹*b*› vorherrscht (*pittan*, *habēn*). Spätahd. ist ‹*p*› obd. viel beschränkter, kommt nur noch im Anlaut neben ‹*b*› vor: § 136. – Im Frk. ist ‹*p*› statt ‹*b*› sehr selten: § 135 A.2,3.
2. Im Rheinfrk. und Mfrk. (auch im älteren Lgb.) ist ‹*p*› im Anlaut regelmäßige Wiedergabe von germ. /p/ = gemeinahd. /ph, pf/ (*plëgan*), ebenso im Inlaut nach /m/ (*limpan*), im Mfrk. und nördlichen Rheinfrk. auch nach /l, r/: § 131+A.2,3.
3. ahd. ‹*p*› = germ. /p/ in der Verbindung /sp/ (*spil*): § 133.
4. sehr selten ist ‹*p*› im Ahd. = germ. /p/ nach Vokal (statt ‹f› 2, § 176): § 132 A.2; ebenso
5. ‹*p*› = germ. /f/ (‹f› 1) in der Verbindung /ft/: § 139 A.7a; und
6. ‹*p*› als Zeichen für Übergangslaut zwischen /m/ und /s, t/: § 123 A.1,2b.

‹**pb**› s. ‹**bp**›.

‹**pff**› s. ‹**pph**›.

‹**ph**› und das meist gleich gebrauchte, etwas seltenere ‹**pf**› sind
1. regelmäßige obd. und ostfrk. Entsprechung von germ. /p/ im Anlaut (*phlëgan*, *pfant*): § 131:1, im Inlaut nach /l, r, m/ (*limphan*, *hëlpfan*): § 131:2 (vgl. jedoch § 131 A.5a); ferner meist auch der germ./westgerm. Geminate /pp/ (*scephen*, *skepfen*): § 131:2;
2. mit Präfix *int-* oft für germ. wurzelanlautendes /f/ (*inphahan*): § 138 A.2;

3. vereinzelt Schreibung für westgerm. /ff/ (‹f› 2): § 139 A.4;
4. zuweilen für germ. /f/ (‹f› 1) in der Verbindung /ft/: § 139 A.7a;
5. *‹ph›* (selten *‹pf›*) zuweilen entsprechend germ. /p/ nach Vokal für ahd. ‹f› 2, ‹ff› 1: § 132 A.2,3a;
6. seltene Schreibung statt *‹b›*: frk. § 135 A.2, bair. § 136 A.1c.

‹**phf**› steht vereinzelt
1. für germ.-westgerm. /pp/ bzw. ahd. an- oder auslautendes ‹ph› 1: § 131 A.1;
2. für germ. intervokalisches /p/ (ahd. ‹ff› 1): § 132 A.3d.

‹**pp**› ist
1. im Obd. regelmäßige Entsprechung der westgerm. Geminate /bb/ = frk. *‹bb›* (*sippa*): § 136:4+A.4; im Frk. ist dieses *‹pp›* selten: § 135 A.1c;
2. im Rheinfrk. und Mfrk. (und im Lgb.) regelmäßige Entsprechung von westgerm. /pp/ = sonstigem ahd. ‹ph› 1, ‹pph› 1 (*sceppen*): § 131; sehr selten auch im Alem.: § 131 A.4d;

‹**ppf**› und das (häufiger gebrauchte) ‹**pph**› sind
1. nicht seltene Entsprechungen der germ.-westgerm. Geminate /pp/, neben gewöhnlichem ‹ph› 1, ‹pf› 1 (*skepphen, skeppfen*): § 131 A.1;
2. seltene Schreibung für germ. /ff/ (‹ff› 2): § 139 A.4.
3. Neben *‹pph, ppf›* begegnen selten die gleichbedeutenden Schreibungen *‹bph, fph, fpf, pff›* (§ 131 A.1, vgl. § 139 A.4).

‹**q**› ohne folgendes *‹u›* ist im Ahd. ungebräuchlich. Vereinzelte Ausnahmen: **§ 185**
1. *‹q›* für *‹qu›*: §§ 107 A.2, 146a A.2;
2. *‹q›* für *‹k›*: § 142 A.2.

‹**qh**› ohne folgendes *‹u›* ist eine seltene obd. Variante von *‹qhu›*: § 146a A.3c.

‹**qhu**› steht im älteren Obd. nicht selten für *‹chu›*, *‹qu›* (*qhuëdan*): § 146a.

‹**qu**›
1. ist im Frk. regelmäßige Entsprechung von germ. /k^{w}/ (*quëdan*): § 142; aber auch häufig im Obd. des 8./9. Jh. (neben *‹chu›*, *‹qhu›*): § 146a;
2. steht bei Notker öfter im Anlaut für /gw/ < /gew-/ (*quis*): § 103 A.4;
3. vertritt in Kb häufig die Anlautfolge /zw/: § 159 A.5;
4. wird ganz vereinzelt für bloßes /k/ verwendet: § 142 A.2.

‹**quh**› seltenere Schreibung (vor allem bei Isidor) für *‹qu›*: § 146a A.1,3a.

‹**quu**› seltenere Schreibung für *‹qu›*: § 146a A.2.

‹**r**› ist **§ 186**
1. regelmäßige Entsprechung von germ. /r/ (*bëran*): § 120; anlautend auch = germ. /wr/: § 106, und = germ. /hr/: § 153;
2. in- und auslautend sehr häufig stimmhaftes germ. /z/ (*mēro, tior*): § 82:2d;

3. zuweilen Übergangslaut zwischen Vokalen: § 120 A.3;
4. in der Verbindung ‹*rth, rdh, rd*› in einigen Fällen aus germ. /þ/ (/þþ/?) entstanden: § 167 A.11b-d.

‹**rr**› ist
1. etymologisch berechtigte Geminate /rr/: § 121;
2. vereinzelte Schreibung für einfaches /r/: § 94 A.1a.

§ 187 ‹**s**› steht
1. regelmäßig für germ. stimmloses /s/ (*sëhan, lësan*): §§ 168, 169;
2. in manchen Fällen für /sk/: § 146 A.4-6;
3. anlautend in Lehnwörtern statt /ps/: § 133 A.1;
4. zuweilen inlautend statt /hs/: § 154 A.5a;
5. zuweilen für den Frikativ /ʒ/ (‹z› 2): §§ 157 A.1, 160 A.2b und – Assimilation – § 99 A.1;
6. vereinzelt für /ss/: § 170 A.3;
7. im Mfrk. vereinzelt für die Affrikate /z/: § 159 A.2d.

‹**sb**› dient mitunter zur Bezeichnung von /sp/: § 133 A.2.

‹**sc**› ist
1. geläufige Schreibung der Folge /sk/: § 146;
2. sporadische Schreibung für /ʒ(ʒ)/ (neben häufigerem ‹*sz*›): § 160 A.2dα;
3. im Anlaut vor /l, n/ mitunter Schreibung für /s/: § 169 A.3.

‹**sch**› und ‹**sg**› stehen öfters für /sk/: § 146.

‹**sh**› steht vereinzelt (besonders im Georgslied)
1. für /sk/: §§ 146 A.1,6b;
2. für /s/: § 168 A.1.

‹**sk**› ist eine relativ häufige Variante von ‹*sc*›: § 146+A.1.

‹**ss**› ist
1. reguläre Schreibung für /ss/: § 170;
2. vereinzelt aus /hs/ assimiliert: § 154 A.5b; aus /hts/, /sts/: § 161 A.6aαγ;
3. seltene Wiedergabe von /sk/: § 146 A.6c;
4. ganz vereinzelt Schreibung für den geminierten Frikativ /ʒʒ/: § 160 A.2c (lgb. ‹*ss*› für ahd. /ʒʒ/: § 157 A.2);
5. mitunter Ausdruck von einfachem /s/: §§ 154 A.5d, 168 A.2d.

‹**ssc**› für /sk/: § 146 A.6a.

‹**st**› steht im Anlaut vor /n/ selten für /s/: § 169 A.3b.

‹**sz**› steht sporadisch
1. für den Frikativ /ʒ/ (‹z› 2, ‹zz› 2): § 160 A.2a;
2. für den Frikativ /s/: § 168 A.2c;
3. für den Frikativ /ss/: §§ 168 A.2d, 170 A.2.

‹**t**› § 188

1. ist der obd. und ostfrk. Vertreter von westgerm. /d/ (*tag*, *rātan*): § 163; das Rheinfrk. und Mfrk. haben ‹*d*› (s. ‹d› 2, § 174);
2. entspricht germ. /t/ in den Verbindungen /tr, st, ht, ft/ (*triuwa*, *stein*, *naht*, *luft*): § 161;
3. entspricht im Mfrk. germ. /t/ = gemeinahd. /ʒ/ in den Neutralformen des Pronomens (*that* usw.): §§ 159 A.6, 160 A.3;
4. steht zuweilen anlautend statt ‹*d*› bzw. ‹*th*› (= germ. /þ/): § 167 A.8,9; auch im Auslaut kommt ‹*t*› statt ahd. /d/ (= germ. /þ/) vereinzelt vor, öfter erst spätahd.: § 167 A.6;
5. begegnet vereinzelt statt /ht/: §§ 154 A.6bα, 139 A.7b;
6. kann an der Morphemfuge für /tt/ stehen: § 98 A.1ab.

‹**td**› oder ‹**dt**› steht

1. rheinfrk. öfter für westgerm. /dd/ (= gemeinahd. ‹tt› 1): §§ 163, 164 A.1;
2. zuweilen für germ. /þþ/: § 167 A.10;
3. vereinzelt (rheinfrk.) statt germ. /t/ in /ht, ft/: § 161 A.3.

‹**th**› steht

1. im Ahd. häufig für germ. /þ/ (vgl. ‹dh› und ‹d› 1, § 174), im Obd. nur in der ältesten Zeit, im Frk. im ganzen 9. Jh. regelmäßig, besonders im Anlaut (*thionōn*, *bruother*): §§ 166, 167;
2. im ältesten Obd. und im Frk. in einigen Wörtern für germ. /þþ/: § 167 A.10;
3. vereinzelt, doch nicht ganz selten, für /ht/: §§ 154 A.6a, 139 A.7b;
4. vereinzelt auslautend für gemeinahd. /t/ (‹t› 1), sehr selten an anderen Wortstellen: § 163 A.7.

‹**thd**› im Frk. singulär für westgerm. /dd/: § 164 A.1.

‹**thdh**› und ‹**thth**› vereinzelt und alt für germ. /þþ/: § 167 A.10.

‹**tht**› selten für /ht/: § 154 A.6a.

‹**thzss**› 1x bei Isidor = /ʒʒ/ (‹zz› 2): § 160 A.2dγ.

‹**tt**›

1. ist in der Regel die gemeinahd. Vertretung von westgerm. /dd/ (*bitten*): § 164;
2. entspricht westgerm. /tt/ vor /r/ (*bittar*): § 161;
3. vertritt im späteren Ahd. regelmäßig das seltene westgerm. /þþ/ (*fëttah*): § 167 A.10;
4. erscheint zuweilen für einfaches /t/: §§ 94 A.1g, 164 A.3, besonders in den Verbindungen /ht, ft/: § 161 A.5;
5. ist vereinzelt frk. und bair. Schreibung für /ht/: § 154 A.6bγδ.

‹**tth**› ist eine seltene Schreibung

1. für /ht/: § 154 A.6a;
2. für germ. /þþ/: § 167 A.10.

‹**tz**›
1. ist bei Isidor und sonst vereinzelt die Bezeichnung der inlautenden Affrikate /zz/ (‹zz› 1): §§ 157, 159 A.3a;
2. vertritt selten die Phonemfolge /t+s/ an der Morphemfuge: § 158 A.2;
3. steht sehr selten für den Frikativ /ʒ/ (‹z› 2, ‹zz› 2, § 191): § 160 A.2dβ.

§ 189 ‹**u, v**› als Konsonantzeichen – zu vokalischem ‹*v*› vgl. § 21a – wird im Ahd. gebraucht
1. für /f/ (in neueren Drucken gewöhnlich durch ‹*v*› wiedergegeben): § 176 unter ‹f› 1–4 (vgl. auch § 7 A.5);
2. für /w/ (s. ‹uu›) sehr gewöhnlich nach Konsonant (*suarz*) und vor *u*-Vokal (*uuntar*): § 105, weniger häufig an anderen Stellen: §§ 105 A.2, 111;
3. ganz vereinzelt für /f/ < germ. /p/: § 132 A.3b;
4. im Mfrk. oft für frikativisches /b/: § 134; sehr selten auch im Alem.: § 136 A.3d.

‹**uu** (**uv**, **vu**, **vv**)› ist im Ahd. die normale Bezeichnung des unsilbischen, halbvokalischen /u̯/, wofür neuere Drucke oft ‹*w*› (§ 189a) einsetzen: §§ 7 A.5, 105.
1. Ahd. ‹*uu*› (/w/) ist die regelmäßige Entsprechung von germ. /w/ (*uuolf*, *triuua*): § 106–114; anlautend auch von germ. /h^{w}/ (*uuër*): § 153.
2. ‹*uu*› erscheint als Bezeichnung eines Übergangslautes: § 110 A.2.
3. Sehr selten wird ‹*uu*› für ‹*u*› = /f/ (s. ‹u› 1) geschrieben: § 139 A.6.

‹**uuu**› seltene Schreibung für ‹*uu*› = /w/: § 105 A.1.

§ 189a ‹**w**› verdrängt ab dem Spätahd./Frühmhd. – „nicht vor d[em] 11. Jahrhundert" (GlBud 111) – ahd. ‹*uu*› (§ 189) in seinen verschiedenen Geltungen:
1. als reguläre Schreibung für /w/: § 105;
2. mitunter als Schreibung für /wu/ (*ze-wrffun* GlBud 137; *lindwrm*, *moltwrm*, *nasewrz* u. ä.): § 105 A.1;
3. vereinzelt als Schreibung für /üw/ (*wila* Gl 3,203,26, *wel* 4,189,12 für *ūwila*): § 105 A.1;
4. zuweilen in der Diphthongschreibung ‹*ow*› statt ‹*ou*›: § 46 A.1e.

§ 190 ‹**x**› kommt nur ganz vereinzelt vor, es dient der Bezeichnung unterschiedlicher Lautfolgen. Es steht
1. in Lehnwörtern für lat. ‹*x*›, z. B. *sextari*, *sexta* O;
2. selten für /hs/: § 154 A.5d;
3. 1x bei Otfrid für ‹sg› (/sk/): § 146 A.3a;
4. in einem frühbair. Personennamen für die aspirierte oder affrizierte Geminate /kk/: § 144 A.3d.

‹**y**› steht spätahd. vereinzelt für anlautendes /j/: § 116 A.3*. Zu ‹*y*› in vokalischer Geltung vgl. § 22 f. **§ 190a**

‹**z**›. **§ 191**

1. Ahd. ‹*z*› hat die Geltung einer Affrikate und entspricht
   a) dem germ. /t/ im Anlaut, sowie im In- und Auslaut nach Konsonant (*zwei, hërza, holz*): § 157–159;
   b) der germ. und westgerm. Geminate /tt/ stets im Auslaut (*scaz*): § 157–159, und oft (neben ‹zz› 1) auch im Inlaut (*sizen*): § 159 A.4;
   c) der Phonemfolge /t+s/ an der Morphemfuge: § 158 A.2.
2. Ahd. ‹*z*› hat die Geltung eines Frikativs (in neueren Drucken zur Unterscheidung von ‹z› 1 oft durch ‹ʒ› wiedergegeben) und entspricht dem germ. /t/ nach Vokal stets im Auslaut (*saz, ūz*) und auch sehr häufig im Inlaut, insbesondere nach Langvokal (*ëzan, lāzan*), vgl. ‹zz› 2: §§ 157, 160.
3. Ziemlich selten wird ahd. ‹*z*› für /s/ geschrieben: §§ 158 A.2, 160 A.2bε, 168 A.2.
4. Ganz vereinzelt steht ‹*z*› für /sk/: § 146 A.6f.

‹**zc**› ist
1. vereinzelte Schreibung der Affrikate /zz/ (‹z› 1, ‹zz› 1): § 159 A.3c;
2. sehr selten Wiedergabe des frikativischen /ʒ/ (‹z› 2, ‹zz› 2): § 160 A.2dα.

‹**zh**› im Georgslied für die Affrikate /z/: § 159 A.2e.

‹**zs**› ist
1. seltene Schreibung des Frikativs /ʒ/ (‹z› 2, ‹zz› 2), nur bei Isidor regelmäßig im Auslaut (*ūzs*): §§ 157, 160 A.2a;
2. vereinzelte Schreibung für einfaches /s/: § 168 A.2c;
3. ganz selten Schreibung für Affrikate /zz/: § 159 A.3c.

‹**zsc**› sehr selten = ‹zs›: § 160 A.2a.

‹**zss**› bei Isidor im Inlaut regelmäßige Schreibung für Frikativ ‹zz› 2 (*uuazssar*): §§ 157, 160 A.2a.

‹**ztz**› ganz selten für ‹zz› 1: § 159 A.3d.

‹**zz**›.
1. Ahd. ‹*zz*› ist die regelmäßige Bezeichnung der Affrikate (entsprechend germ./westgerm. /tt/) im Inlaut zwischen Vokalen (*sizzen, luzzil*): § 159, daneben wird jedoch sehr häufig auch ‹*z*› (s. ‹z› 1b) geschrieben.
2. ‹*zz*› (jetzt dafür oft ‹ʒʒ› gedruckt) ist die häufigste Bezeichnung des Frikativs /ʒ/ (entsprechend germ. /t/) in der Stellung zwischen Vokalen (*ëzzan, lāzzan*): § 160; daneben jedoch, besonders nach Langvokal, häufig ‹*z*› (s. ‹z› 2).
3. Singulär steht ‹*zz*› für /ss/: §§ 168 A.2d, 170 A.2.

Morphologie

M 1. Das althochdeutsche Formensystem

Das schon im Germ. gegenüber dem Idg. reduzierte morphologische System wird im Ahd. weiter vereinfacht. In der Deklination (§ 192b–300) werden die Flexionsklassen, die Numeri und die Kasus reduziert; in der Konjugation (§ 301–385) entfallen das synthetisch gebildete Passiv und der Dual. In der Substantivflexion sind die Genusunterschiede (Maskulinum/Neutrum – Femininum) deutlich markiert. Dabei wird die Numerusdifferenzierung (Pluralmarkierung) zunehmend stärker verdeutlicht, die Kasusunterscheidung hingegen allmählich verringert. Analytisch gebildete Formen kommen auf. Beim Substantiv setzt sich langsam der Gebrauch des Artikels durch, neben die reinen Kasusformen treten präpositionale Fügungen. Beim Verb kommt das Subjektpronomen in Gebrauch, und durch das Aufkommen analytisch gebildeter Verbformen kündigen sich die Anfänge eines neuen Diathesen- und Tempussystems an. Trotz allem ist das Ahd. eine konservative Sprache, die noch in hohem Maße den Typus einer flektierenden Sprache vertritt. Allerdings erleben die drei Jahrhunderte der ahd. Periode erhebliche Veränderungen, die im Folgenden zu beschreiben sind. **§ 192a**

Lit.: Brinkmann 1931: 1 ff., Dal 1971: 129 ff., 171 ff., v.Coetsem/Kufner 1972: 175 ff. (v.Coetsem), Szulc 1974: 141 ff., P.C.Kern/Zutt 1977, Werner 1984, Klein 1987, Simmler 1987, Sprg I,572 ff. (Werner), II,1171 ff. (Sonderegger). – Kommentierte Bibliographie 1941–1984: Ronneberger-Sibold 1989: 379–507. – Zur Flexivik der Glossen: Bergmann/Moulin 2009. – Zu den vorahd. Runenbelegen: SgRi C–CVII.

Anm. 1. Eine umfassende Wortbildungslehre zum Ahd. liegt bislang nicht vor. Ausgewählte Einzeluntersuchungen: Gröger 1911 (Komposita), Bürgisser 1983 (Denominativa), H.Schwarz 1986 (Präfixbildungen), E.Meineke 1994 (Abstrakta), Riecke 1996 (*jan*-Verben), H.U.Schmid 1998 (*līh*-Adjektive), Luxner 2017 u. 2022 (*ahti-*/*ohti*-Adjektive). Eine gute Materialbasis liefern Bergmann 1991 (zum Wortschatz der Texte) und besonders SplAWB (mit Strukturformeln für jedes Wort sowie mit Listen der Präfix- und der Suffixwörter). Zu den vorahd. Runenbelegen vgl. SgRi CVII–CXIX.

Bibliographien zur germ. und ahd. Wortbildung: Seymour 1968, E.Meineke 1994: 17–64, Heidermanns 2005: I,111 ff. 392 ff. – Historische Wortbildungslehren zum Germ. und Dt.: Grimm Gr. II, Wilmanns II, Kluge 1926, Henzen 1965, Meid 1967; vgl. auch VEW 42–65, EWGP 39–89, Habermann/Müller/Munske 2002. – Zum Mhd.: Weinhold Mhd. 248–349, KSW III, Ring 2008 (Substantive), Ganslmayer 2012 (Adjektive). – Zum As.: Sprg II,1270 ff. (Meier/Möhn; Übersicht), Hucko 1904 (Substantive), Roedder 1901 (Adjektive). – Zum Got.: Casaretto 2004 (Substantive).

https://doi.org/10.1515/9783111210537-007

M 2. Deklination

M 2.1. Gliederung des Nominalsystems

§ 192b Die ahd. Deklination gliedert sich – wie die der übrigen germ. Sprachen – in die nominale und die pronominale Flexion. Die nominale Flexion ist in reiner Form nur beim Substantiv vorhanden. Die Flexion des Adjektivs, die in den idg. Sprachen ursprünglich rein nominal war, ist im Germ. durch Eindringen pronominaler Formen in besonderer Weise entwickelt. Die Zahlwörter zeigen eine Mischung substantivischer und adjektivischer Bildungen. Nur eine Anzahl von Pronomina wird rein pronominal flektiert.

Lit.: Dieter 1900: 727–763 (Hartmann), Schatz Abair. 103–144, Franck Afrk. 171–228, Baesecke Einf. 138–188, Schatz Ahd. 202–279. – Zum Mhd.: Weinhold Mhd. 473–584, Mausser 1933: 577–974, Michels Mhd. 156–196, Mhd. Gr. 183–233, KSW II.1,55–635, II.2,637–700.

Anm. 1. Der Verlust unbetonter Wortausgänge infolge der germ. Anfangsbetonung hat bei ahd. Substantiven und Adjektiven zu endungslosen Formen geführt. Solcherart fehlende Endungen stellen dennoch syntaktische Signale dar („Nullflexive"). Das ist zu beachten, wenn im Folgenden von Endungslosigkeit die Rede ist.

§ 192c Die ahd. Deklination unterscheidet drei Genera: Maskulinum, Neutrum und Femininum.

Lit.: AG II, §§ 108, 110 f.; Brinkmann 1954/65, Leiss 1997 (kritisch dazu Ronneberger-Sibold 2010: 63), Froschauer 2003, Schwink 2004: 51 ff., Thöny 2013: 105 ff. – Zum Genus von Lehnwörtern: Petkov 2011.

Anm. 1. Die Genusunterscheidung fehlt nur dem Pronomen der 1. und 2. Person und dem Reflexivum: sog. „ungeschlechtiges Pronomen" (§ 282). Das Interrogativpronomen kennt lediglich die Dichotomie belebt – unbelebt (§ 291).

Anm. 2. Maskulinum und Neutrum sind formal eng verwandt und haben sich ursprünglich nur im Nom.Akk. beider Numeri unterschieden. Im Ahd. ist im Singular der starken Substantive auch dieser Unterschied gefallen, sodass hier nur noch der Nom.Akk.Pl. beider Genera unterschieden wird (zu einer sekundären Differenzierung beider Genera im Dat.Pl. der *ja*-Stämme vgl. § 198 A.6a). Hingegen gehen Maskulinum und Neutrum der starken Adjektivflexion und der Pronomina im Nom.Akk.Sg. getrennte Wege. In der schwachen Deklination der Substantive und Adjektive sind Nom.Akk.Pl. m. und n. meist zusammengefallen – zu geringen Resten des alten Unterschieds vgl. §§ 221 A.4, 255 A.1a –, sodass sich Maskulinum und Neutrum nur im Nom.Akk.Sg. unterscheiden.

https://doi.org/10.1515/9783111210537-008

Die ahd. Deklination kennt nur zwei Numeri: Singular und Plural. Der idg. Dual ist in der Deklination aller altgerm. Sprachen bis auf die 1. und 2. Person des Personalpronomens beseitigt; im Ahd. sind hiervon nur Reste vorhanden (§ 282 A.1b). **§ 192d**

Lit.: AG II, § 108 f.

Anm. 1. Der Dualbegriff ist im Ahd. (und Mhd.) nur beim Interrogativpronomen lebendig geblieben: *hwëdar* (§ 292) und Komposita (§§ 295 A.2, 296 A.1, 300 A.2). Das Personalpronomen ist nur noch 1x im Dual erhalten: *unkēr* O (§ 282 A.1b). Die in den bair. und in südwestfäl. Mundarten formal als *es* 'ihr', *enker, enk, ink* 'euch' erhaltenen Duale (got. **jut, igqis*, as. *git, ink*) sind erst ab dem 13. Jh. bezeugt. Sie haben seitdem nur pluralische Bedeutung (DSA Kt. 21); zur Erklärung des Funktionswandels vgl. Guðmundsson 1972: 111 ff., Seebold 1984: 17. Der verbale Dual ist untergegangen (§ 301:4).

Anm. 2. Sonstige Reste urgerm. Dualformen wurden in einigen Pluralen von Nomina und Pronomina gesucht (Kluge 1882a: 506 ff., ds. 1913: 191, Dieter 1900: 542 [Hartmann], Walde 1900: 50, Möller 1903: 105 ff., Osthoff 1906/07: 188 ff., v.Helten 1910: 506 f., Vennemann 1989); dagegen Klein 1992, Strunk 1992. Das neutrale Genus von Pronomina und Adjektiven, die auf Substantive verschiedenen Geschlechts bezogen sind (§ 244 A.3), wird z. T. auf den formalen Zusammenfall alter Duale mit Neutra zurückgeführt (dazu Askedal 1973).

Die ahd. Deklination umfasst vier voll entwickelte Kasus: Nominativ, Genitiv, Dativ, Akkusativ. Jedoch sind Nominativ und Akkusativ im Plural – abgesehen vom Pronomen der 1. und 2. Person (§ 282) – stets zusammengefallen; im Singular ist der Zusammenfall beider Kasus bei den Substantiven weit vorangeschritten (Anm. 1). Ein fünfter Kasus, der Instrumental, ist im älteren Ahd. noch im Singular des starken Nomens und des Pronomens vorhanden; er stirbt jedoch bald aus und hält sich länger nur im Neutrum der Pronomina *dër* und *hwër* (Anm. 2; §§ 287 A.1c, 291 A.1d). Ein alter Lokativ ist nur noch in Resten nachweisbar (Anm. 3). Eine spezielle Anredeform (Vokativ) existiert nicht. **§ 192e**

Lit.: AG II, § 1–19. – Zur Morphologie und Systematik der Kasusflexion: Dal 1971: 158 ff., 181 ff. – Zu Synkretismus („Unterspezifikation"): Lühr 2004: 132 ff.

Anm. 1. Nom.Sg. und Akk.Sg. sind im Neutrum aller Deklinationsklassen formengleich. Im Maskulinum und Femininum der Pronominal- und Adjektivdeklination sind beide Kasus deutlich geschieden, ebenso bei den maskulinen und femininen Substantiven der *n*-Deklination (§ 221–226) außer den *īn*-Feminina (§ 227–231). Sonst sind getrennte Formen bei Substantiven nur in wenigen Fällen vorhanden:

a) ein Akkusativ pronominaler Herkunft bei maskulinen Personennamen (§ 195);
b) ein alter Nominativ der *ō*-Feminina, der bald aufgegeben wird und nur in erstarrten Formen weiterlebt (§ 207 A.2d);
c) bei einem Teil der *jō*-Feminina (§§ 209 A.2, 211) – besonders bei femininen Personennamen (aaO. und § 210 A.5) – bleiben Nom.Sg. und Akk.Sg. lange formal getrennt.

Anm. 2. Zum Gebrauch des Instrumentals:

a) Der Instr.Sg. m. und n. ist im 8./9. Jh. noch häufig, in den älteren Quellen ohne Präposition, später, schon oft im Tatian und bei Otfrid, durch die Präp. *mit* gestützt. Im 10. Jh. wird der Instrumental durch den Dativ mit Präposition verdrängt; das 11. Jh. kennt nur noch verstreute Relikte. Ein erstarrter Rest ist adverbiales *mitallo* (mhd. *mitalle*) 'durchaus' (dazu Klein 2016: 141), vgl. § 248 A.5; so auch mhd. *ihtiu*, *nihtiu*.

b) Bei den Pronomina *dër* (in substantivischem Gebrauch) und *(h)wër* vertritt der Instr.Sg. im Neutrum den kaum gebrauchten Dativ. Deshalb sind hier Verbindungen mit dativischen Präpositionen häufig (z. B. *bi diu*, *in diu* § 287 A.1cγ, *zi wiu* § 291 A.1d), die bis tief ins Mhd., z. T. bis in rezente Dialekte erhalten bleiben (Mhd. Gr. §§ M 45 A.5, 49 A.3, KSW II.1, §§ P 109, 155, Dal 1971: 129 ff.).

c) Sehr alte Quellen überliefern vereinzelt einen Instr.Sg. f. in lokativischem Gebrauch (§ 218 A.3).

d) Eine Sammlung der im Ahd. belegten Instrumentalformen bietet Ehret 1907. Zur Syntax vgl. AG II, § 17–19.

Anm. 3. Zu verstreuten Relikten alter Lokative vgl. §§ 193 A.8,9, 220c A.3b; Krogh 1996: 338.

Anm. 4. Die Formen des Dat.Sg. sind mehrfacher Herkunft, sie gehen auf verschiedene idg. Kasus – Dativ, Instrumental, Lokativ, Ablativ – zurück; vgl. Delbrück 1907, Prokosch 1939: 234 ff., Szulc 1974: 164 ff., Got. Gr. § 85 A.1, Dal 2014: 37 f. Umgekehrt wird der lat. Ablativ im Ahd. durch verschiedene Kasus und Konstruktionen wiedergegeben; zu Is, MF, T, Nb vgl. Raposo 1982.

M 2.2. Deklination der Substantive

§ 192f Die Flexionsformen des germ. Substantivs sind aus der Verbindung einer etymologischen Wurzel mit einem stammbildenden Element (Suffix, Formans; zusammen Stamm) und den Kasusendungen entstanden. Je nachdem, ob ursprünglich ein vokalisches, ein konsonantisches oder gar kein Suffix vorhanden war, unterscheidet man vokalische, konsonantische und suffixlose Deklinationsklassen. Doch ist das historisch erschließbare Flexionssystem im Ahd. bereits in Auflösung begriffen (Anm. 1).

Zur vokalischen Gruppe, die seit J. Grimm auch als starke Deklination bezeichnet wird, gehören die *a-* (§ 192g–205), die *ō-* (§ 206–212), die *i-* (§ 214–220) und die *u-*Deklination (§ 220a–220e). Unter den konsonantischen Deklinationsklassen ist die *n-*Deklination (§ 221–231) – von J. Grimm schwache Deklination genannt – die bei weitem umfangreichste. Einigermaßen gut erhalten sind im Ahd. ferner die *r-* (§ 233–235) und die *nt-*Deklination (§ 236 f.). Von der ursprünglich suffixlosen Deklination (Wurzelnomina) sind nur noch Reste vorhanden (§ 237a–243).

Lit.: Zum germ. Nominalsystem: Krahe/Meid 1969: II,6 ff., Hollifield 1980: 39 ff., Ramat 1981: 59 ff., Bammesberger 1990: 11 ff., Harðarson 2017: 913 ff. – Zum ahd. Nominalsystem: Koekkoek 1963 (kritisch dazu Ronneberger-Sibold 1989: 408), Werner 1969: 107 ff. (besonders zur

Pluralbildung), Stopp 1974 (auch zum Mhd., Fnhd. und Nhd.), Klein 1987. – Zur Derivation der Substantive im Mhd.: Ring 2008. – Zum Ae.: Dahl 1938.

Anm. 1. Der alte stammauslautende Vokal ist im Ahd. in den meisten Flexionsformen nicht mehr erkennbar; was als Endung erscheint, ist meist durch Verschmelzung des Suffixvokals mit der ursprünglichen Kasusendung entstanden. Diese Endungen sind schon seit urgerm. Zeit durch die Wirkung der Auslautgesetze fortwährend reduziert worden (§ 192b A.1). Bei den vokalischen Deklinationen bleibt daher die Klassenzugehörigkeit in manchen Fällen unsicher (§ 216 A.2; vgl. P.C.Kern/Zutt 1977: 82, anders E.Dittmer 1983: 439 ff.). Synchronische Beschreibungen des ahd. Flexionssystems setzen den Nom.Sg. als Stamm an, dem die Flexionsendungen angefügt werden (Klein 1987: 148 ff.); zum Mhd. vgl. Stopp/Moser 1967, KSW II.1, 55–171, zu den Grenzen derartiger Ansätze vgl. Thöny 2013: 54 ff.

Anm. 2. Die *a*-Deklination enthält Maskulina und Neutra, die *ō*-Deklination nur Feminina. Die *i*-Deklination umfasst Maskulina und Feminina (zu Spuren der *i*-Neutra vgl. § 202 A.1). Aus der *u*-Deklination, die im Ahd. zu schwinden beginnt, sind alle drei Genera belegt. In der konsonantischen Gruppe weist die *n*-Deklination alle drei Genera auf. Die *r*-Deklination enthält maskuline und feminine Verwandtschaftsbezeichnungen; die *nt*-Deklination überliefert alte substantivische Partizipien im Maskulinum. Reste einer alten *s*-Deklination sind im *ir*-Plural einiger *a*-stämmiger Neutra bewahrt (§§ 197, 232). Durch mannigfaltige Analogieprozesse können einzelne Nomina ganz oder teilweise in andere Flexionsklassen übertreten (dazu umfassend Thöny 2013).

Anm. 3. Die Maskulina der *a*-Deklination weisen im Nom.Akk.Pl. die Endung *-a* auf. Bei den Neutra ist der Nom.Akk.Pl. im Ahd. endungslos und dadurch formgleich mit dem Nom.Akk. Sg. (zum *ir*-Plural bei *a*-Neutra s. Anm. 2; zu einigen anderen Ausnahmen vgl. §§ 196 A.3, 198 A.5). Die Feminina der *ō*-Deklination enden im Nom.Akk.Pl. auf *-a*.

Demgegenüber gehen die *i*-Stämme im Nom.Akk.Pl. auf *-i* aus. Alle Pluralkasus zeigen bei umlautfähigem Wurzelvokal Umlaut; bei den Feminina tritt dieser zugleich mit der *i*-Endung auch im Gen.Dat.Sg. auf (§ 215 ff.; vgl. Mhd. Gr. §§ M 4, 5:3, KSW II.1, §§ S 47, 49).

M 2.2.1. Vokalische (starke) Deklinationen

M 2.2.1.1. *a*-Deklination

Die ahd. *a*-Deklination umfasst Maskulina und Neutra. Phonologische Sonderentwicklungen lassen es zweckmäßig erscheinen, neben den reinen *a*-Stämmen (§ 193 ff.) auch *ja*-Stämme (§ 198 ff.) und *wa*-Stämme (§ 203 ff.) anzusetzen. **§ 192g**

Lit.: Bammesberger 1990: 35 ff., Thöny 2013: 60 ff. – Zum Ae.: Dahl 1938: 43 ff.

Anm. 1. Der Stammauslaut germ. /a/ ist aus idg. /o/ entstanden (§ 10:1). Die Flexionsklasse entspricht der zweiten Deklination des Lat. (vgl. lat. *agnus*, *templum* < altlat. *agnos*, *templom*) und wird vom idg. Standpunkt aus als *o*-Deklination bezeichnet (so etwa Schatz Ahd.). Zu den *ja*- und *wa*-Stämmen vgl. lat. *filius*, *servus* < *filios*, *servos*.

(a) Stämme auf *-a-*

§ 193 1. Paradigma der Maskulina: *tag* 'Tag' (as. *dag*, mhd. *tac*).

-*a*- (m.)		as.	ahd.	mhd.
Sg.	N.A.	*dag*	***tag***	*tac*
	G.	*dages, -as*	***tages*** (*-as*)	*tages*
	D.	*dage, -a*	***tage*** (*-a*)	*tage*
	I.	*dagu, -o*	***tagu, -o***	—
Pl.	N.A.	*dagos* (*-as*)	***taga*** (*-ā* N Anm. 4c)	*tage*
	G.	*dago*	***tago***	*tage*
	D.	*dagun, -on*	***tagum, -om; -un, -on***	*tagen*

2. Paradigma der Neutra: *wort* 'Wort' (as. *word*, mhd. *wort*).

-*a*- (n.)		as.	ahd.	mhd.
Sg.	N.A.	*word*	***wort***	*wort*
	G.	*wordes, -as*	***wortes*** (*-as*)	*wortes*
	D.	*worde, -a*	***worte*** (*-a*)	*worte*
	I.	*wordu, -o*	***wortu, -o***	—
Pl.	N.A.	*word* (*fatu* Anm. 5)	***wort***	*wort*
	G.	*wordo*	***worto***	*worte*
	D.	*wordun, -on*	***wortum, -om; -un, -on***	*worten*

Anm. 1. Im Gen.Dat.Sg. ist *-es* bzw. *-e* die weitaus häufigste Endung. Das gilt auch für die maskulinen *i*-Stämme; diese haben sich im Singular der *a*-Flexion angeschlossen (§§ 214 A.1, 215 A.1). In beiden Klassen stehen daneben Varianten mit abweichenden Vokalen:

a) Ab Ende des 9. Jh., in älterer Zeit nur vereinzelt, begegnen Gen.Sg. *-as*, Dat.Sg. *-a*, vor allem im Bair. (vgl. § 58 A.3; Schatz Abair. § 96:a, GramErtr 166). Die spärlichen Belege aus anderen Dialekten zeigen z.T. Assimilation an betontes /a/ (Weinhold Alem. 413, Franck Afrk. § 131:1, Schatz Ahd. § 303 f.): frk. *nalas* O (Adv.), *masas* Gl 2,22,25 (AWB VI,312; wohl zu *maʒ*, § 160 A.2bα); alem. *slaga* (*i*-Stamm) 2,592,34. *hantgriffa* Is kann an die Folgevokale assimiliert sein: *in einemu h. uuazssar* 19,9 (anders E.Sievers 1925: 77, Matzel Is 205 A.259).

b) Mitunter erscheint im Gen.Sg. statt *-es* spätahd. (N, Gl) *-is* (Schatz Ahd. § 303), vereinzelt schon im 9. Jh., so *iāris* Jc (Gl 4,20,11; vgl. *gauuātis* Ja, § 198 A.2). In Npw endet der Gen. Sg. wohl immer auf *-is* (Heinzel 1875–76: II,330 f.). Zu lokativischen Dat.Sg.-Formen auf *-i* s. Anm. 8.

c) Der Dat.Sg. endet in Npw nicht nur auf *-a* und *-i*, sondern mehrfach auch auf *-o*, z.B. *engilo, tōdo* m., *chindo, ubelo* n. (Heinzel aaO.); dieselbe Dreiheit liegt im Gen.Pl. vor (Anm. 6). In GlMon vgl. *rīhtuomo* (2,606,3 f., 11. Jh.), *laimo* (1,613,14, 12. Jh.). Im Einzelfall kann ein Dat.Sg. auf *-o* auch durch Assimilation entstehen (*opfrono* Ka, § 315 A.4); zu *goldo* O s. Anm. 3.

d) Zum endungslosen Dat.Sg. bei *dorf, holz, hūs* s. Anm. 8.

Anm. 2. Maskuline Personennamen zeigen im Akk.Sg. die pronominale Endung *-an* (§ 195).

Anm. 3. Der Instr.Sg. (§ 192e A.2; zur germ. Bezeugung vgl. Krogh 1996: 337 ff.) endet in der älteren Zeit auf *-u*. Ab Mitte des 9. Jh. beginnt nach § 58 A.2 dafür *-o* einzutreten (z. B. Pauly 1968: 99). Frühere Belege sind sehr selten, etwa *diu mezzo* Pa, *thiu rehto* Kb (Kögel 1879: 145), *uuazzaro* Rb (Gl 1,363,19); aber *rado* Pa, Kb ist entgegen Baesecke 1931: 365 eher Adverb (Splett Abr 126, AWB VII,636). Otfrid bietet neben regelmäßigem *-u* einige Belege auf *-o*, z. B. *goldo* 1,4,19 (vor zwei weiteren Wörtern auf *-o*; s. Anm. 1c), *himilo* 1,20,10 (Kelle O 134, 162, Erdmann O 352, 373, AWB IV,321. 1063). Zur Senkung *-u* > *-o* vgl. die Endung der 1.Sg. der stV. und swV. I (§ 305 A.1).

Ein endungsloses *fiur* – *fyur forbrennitun* MF 10,2 – wird nicht Instrumental 'mit Feuer', sondern alter Lokativ 'im Feuer' sein (s. Anm. 8).

Anm. 4. Im Nom.Akk.Pl. m. ist das *-a* weitgehend fest. Der Vokal gilt als von Hause aus kurz (N.Wagner 1986: 42 ff.); vgl. erstens die durchgehende Einfachschreibung in BR (Stiles 1988: 140 A.22, Johannsson 2009: 248 ff.), zweitens den Ausgang *-e* in frühen *ja*-stämmigen Belegen (§ 198 A.4a), drittens das Verhältnis von ahd. *tagă* / got. *dagōs* zu ahd. *gestĭ* (N *-e*, § 215 A.4) / got. *gasteis* (N.Wagner briefl.).

In jeweils beschränktem Umfang begegnen verschiedene Allomorphe:

a) Einige Belege enthalten eine alte Nebenform des Nom.Akk.Pl. m. auf *-o* (Kögel Lg. II,448): *angilo* H 17,3,2, *dorno* BR (Masser 2002: 155), *himilo* Is 24,17 f. (fraglich, Matzel Is 205 A.259), *scalcho* Pa 86,25, *sterno* Ra 247,23 (Splett Abr 150, 364). Die Endung *-o* entstammt über die *ō*-Feminina (§ 207 A.6b) dem Nom.Pl. f. der Adjektivflexion; nach Krogh 2013: 157 A.29 ist sie der Homonymie mit dem Gen.Pl. zum Opfer gefallen.

b) In Pa, K kommt ein Nom.Akk.Pl. auf *-e* vor: *felise*, *staufe*, *uueke* 'Wege' (Kögel 1879: 139, Baesecke 1931: 365); vgl. noch *casinde sine* 'comites eius' Gl 1,313,8 (9. Jh.; AWB VIII, 660 f.). Diese Endung wird auch für vorahd. *logaþore* (Nordendorf, 2. Hälfte 6. Jh.) vermutet (SgRi CI, 468 f.); sie dürfte der Adjektivflexion entstammen (Boutkan 1995: 191). – Einzelne spätahd. *-e* bei Notker und Merig beruhen hingegen auf Abschwächung. Das ‹æ› von *adalscalhæ* in den Dingolfinger Synodalbeschlüssen (Clm 19415, Tegernsee 11. Jh.) gilt als „Kompromiss zwischen alter und neuer Schreibung" (Tiefenbach 2004: 278); vgl. § 57 A.2. Im Spätahd. kann der Reduktionsvokal auch ‹*i*› geschrieben werden (§ 60+A.1), z. B. *santi* Gl 2,618,10, *himili* Npw (Heinzel 1875–76: II,213).

c) Der Akk.Pl. *scefinaa* 'arbitros' Gl 4,681,24 (Frehersches Abr-Bruchstück) indiziert mit seiner Doppelschreibung langes /ā/ (Baesecke 1930: 6). Zudem bietet Notker 10x ‹*â*›: 8 Nom., 2 Akk. (Kelle 1885: 280, Valentin 1969: 126). Dies gilt jedoch als Ergebnis jüngerer alem. Prozesse (Schatz Ahd. § 308 [„so selten, daß man nicht auf langes *-ā* schließen kann"], N.Wagner 1986: 45 f., Stiles 1988: 140 A.22). Die Annahme, die bis heute im Deutschwallis erhaltene Endung *-a* erweise altes *-ā* – so Hoffmann-Krayer 1895: 29, Wipf 1910: 54 (zweifelnd), Bohnenberger 1913a: 126, 187, Stucki 1917: 148 f., Henzen 1928/29: 109 –, bestreitet Moulton 1941: 11 ff., 18 f. (rom. Einfluss, § 60 A.3). Vgl. noch §§ 198 A.4c, 207 A.6a.

d) Der Nom.Pl. *helidos* Hl (gegenüber Akk.Pl. *bauga*, *ringa*) ist eine as. Form; zur Endung vgl. Quak 1989, Boutkan 1995: 187 ff., Ringe/Taylor 2014: 116, Versloot 2016: 464 ff. – In *kelachos* Gl 2,586,74 hat ein hd. Wort die as. Endung erhalten (Klein 1977: 273); zur Hybridform vgl. *bleho* (Anm. 5).

e) Weitere Literatur: Wolfermann 1886: 48, Walde 1900: 29 ff., 129, 133, v.Helten 1903: 536 ff., ds. 1910: 444 ff., Krahe/Meid 1969: II,11, G.Schmidt 1985: 402 A.92, Boutkan 1995: 191, 193 f., Shields 2006, Krogh 2013: 157 A.29, Ringe/Taylor 2014: 115, Versloot 2016: 466 ff.

Anm. 5. Im Neutrum ist der Nom.Akk.Pl. in aller Regel endungslos. Die nach dem Got. und den Kurzsilbigen des As. – Typ *fatu* (As. Gr. § 297 A.6b) – zu erwartende Endung *-u* (*-o*) findet sich bei den reinen *a*-Stämmen nicht. Die einzige Ausnahme bildet ahd./as. *bleho* Gl 1,721,20 (dazu B.Meineke 1991a: 217), eine Hybridform wie *kelachos* (Anm. 4d). Nur bei den Deminutiven (§ 196 A.3), den *ja*-Stämmen (§ 198 A.5a) und den Adjektiven (§ 248 A.9c) haben sich Reste erhalten (Thöny 2013: 62 f.).

In einigen Sonderfällen endet der Plural auf *-a*:

a) Ortsnamen mit neutralem Hinterglied wie *-dorf* oder *-hūs* können die lat. Endung *-a* übernehmen (Anm. 9).
b) Vereinzelt zeigen neutrale *ja*-Stämme Pluralformen auf *-a* (§ 198 A.5b).
c) Anders zu beurteilen sind die mit dem Singular identischen Pluralformen der *n*-Stämme *hërza* und *ouga* (§ 224 A.1). Hier dürfte die mangelnde Numerusdifferenzierung („Unterspezifikation") der Typen *wort*, *kunni* usw. Pate gestanden haben.

Anm. 6. Das *-o* des Gen.Pl. ist sicher kurz; aus moderner Mundart kann schwerlich Länge gefolgert werden (Moulton 1941: 9 f.). Es wird im späten Bair. zu *-e* abgeschwächt (Schatz Abair. § 97:c), z. B. *satalrosse* GlMon (1,433,47). Npw kennt neben *-o* auch die Ausgänge *-a* und *-i*, z. B. *himela* m., *dingi* n. (Heinzel 1875–76: II,331 f.); dieselbe Trias liegt im Dat.Sg. vor (Anm. 1c). Auch sonst endet der Gen.Pl. in später Zeit vereinzelt auf *-a*, so *chindelīna* Phys (AWB V,173); zum anl. Leid. Will vgl. Sanders 1974: 263 (rein graphisch). – Bei *ja*-Stämmen: bair. *sneitaha* GlMon, *spilāra* Gl 2,466,64, frk. *spanāra* 2,22,13. Vgl. noch §§ 207 A.7a, 221 A.6c.

Anm. 7. Im Dat.Pl. gilt in der ältesten Zeit *-um* (seltener *-om*), z. B. *trancum* Pa, *tranchom* Ra (Kögel 1879: 140), *fantum* Ja (Ertmer 1994: 257); *engilom* WK, *muotom* Aratorgl. (v.Gadow 1974: 91, 149). Jüngere Varianten:

a) Im 9. Jh. ist *-un* bzw. *-on* (§ 124) die herrschende Form, und zwar gilt *-un* mehr im Obd., *-on* mehr im Frk. (Otfrid, und neben *-un* im Tatian, Sievers T § 115); vgl. § 6a:1f,4e. Im Spätahd. (Notker) ist die Endung zu *-en* (selten *-in*) abgeschwächt. Diese Feststellungen gelten für alle Deklinationsklassen, deren Dat.Pl. auf *-um*, *-un*, *-on* ausgeht (vgl. § 221 A.3). Vgl. Paul 1877: 363 ff., Schatz Abair. § 97:d, Franck Afrk. § 132:1 (dazu Lessiak 1910: 217), Schindling 1908: 89 f., 175, Luiten 2013: 14 ff.
b) In *allēn dagan* 'cunctis diebus' Rheinfrk. Cant liegt ein Dat.Pl. auf *-an* vor, wie er aus dem As. bekannt ist (Steppat 1902: 534 f., As. Gr. § 297 A.8). *tuniwingan* Gl 1,523,12 und *dunawingan* 2,724,40 'temporibus' können aus *-wangin* umgestellt sein (Fasbender 1908: 188, Kölling 1983: 159; vgl. § 27 A.7bα). Vgl. noch *plīan* Gl 2,448,9 (§ 204 A.1), *sluntan* 2,484,21, *santan* 2,752,25. Auch im anl. Leid. Will steht häufig *-an* (rein graphisch, Sanders 1974: 263). Zu *-an* in der *ō*-Flexion vgl. § 207 A.8b.
c) Spätobd. ist die Endung nach Nebensilbe auf Liquid sporadisch zu bloßem *-n* reduziert: *hiusern* Np, *losern* Npgl (Kelle 1889: 108, 106). Auch im Mhd. ist die Reduktion zunächst ein obd. Phänomen (KSW II.1, § S 57).

Anm. 8. Ein alter Lok.Sg. kann in den endungslosen Dativen der Neutra *dorf*, *holz*, *hūs* vorliegen (AWB II,601, IV,1220. 1413), da das Endungs-*i* des Lokativs nach langer Wurzelsilbe lautgesetzlich schwinden musste (Kluge 1913: 195). Von *dorf* ist nur der endungslose Dativ belegt (T, N; Lok. *pi dorfi* Gl 2,736,30); *hūs* ist in MF, O, N belegt, *hūse* in Pa, K, BR, Rb; Tatian hat beide Formen (Schatz Ahd. § 305). Von *holz* ist bei Notker 5x die Fügung *ze holz* belegt (aber Npgl 65,17 *ze holze*), während er bei anderen Präpositionen den Dativ *holze* verwendet (3 Belege). Vgl. Paul 1887: 553, Walde 1900: 3 ff., Janko 1903/04: 252, v.Helten 1910: 439 ff.

Zwar könnten die Kurzformen, die vor allem in präpositionalen Fügungen auftreten, auch analogisch aus dem Akk.Sg. übertragen sein (v.Helten 1903: 542 ff., Franck Afrk. § 131:2). Dagegen sprechen jedoch Urkundenbelege wie *ad Holz, de Dornegindorf, ad Steinhard* (Schatz Abair. § 96:b). Vgl. Menke 1980: 332, Wiesinger 1992: 364 f., ferner Dahl 1938: 53.

Alte Weißenburger Urkunden enthalten einige Ortsnamen mit Lokativ auf *-i* nach Länge (Baesecke Einf. 141, Schatz Ahd. 204, ds. 1928: 1 ff., Menke 1980: 332, Wiesinger 1992: 363 ff.): *Chuzinhūsi, Uuittreshūsi, Unchesstaini*, wohl auch *Lalenheimi*. In bair. Urkunden finden sich Formen auf *-i* sowie auf *-iu* (nach der *u*-Deklination, § 220c A.3bβ), z. B. *ad Uualdi, az Uualdiu, in Uuangiu, in loco Uuanghi*; in den Salzburger Güterverzeichnissen Lok. *ad Lo*^{v}*ffi* und Dat. *ad Laufom* 'Laufen an d. Salzach' (Wiesinger 1992: 365). Vereinzeltes *heimi* neben *heime* wird auch als Dat.Sg. der femininen *i*-Deklination erklärt (Kögel 1889: 121, Franck Afrk. § 131:1, Thöny 2013: 250 ff.).

Anm. 9. In ON-Schreibungen auf *-as* (vor allem *-ingas*, wie *ad Frigisingas* 'Freising', aber auch *Niufaras* u. a.) oder *-am* (*ad Pidingam, ad Linzam*), die in lat. Urkunden des 8./9. Jh. sehr häufig sind (Schatz 1928: 7 ff.), liegt lat. Flexion (Akk.Pl., Sg.) auf der Basis des ahd. Nom.Pl. auf *-a* (*-inga, -hofa*) vor, der als Nom.Sg. f. aufgefasst wurde (Henning 1892: 297 ff., Schatz 1928: 7 ff., Menke 1980: 352 f., Wiesinger 1992: 364 f., Gütter 2011: 3). Später treten auch analoge Nom.Pl.-Formen wie *-dorfa, -hūsa* auf (Anm. 5a). An rom. Einfluss (Schatz 1928: 9 f.) ist dabei nicht zu denken (Wiesinger 1992: 366 A.16). Neben den latinisierten Formen stehen solche mit ahd. Endungen, z. B. Dat.Pl. *-ingun, -ingon* (Sonderegger 2001), Nom.Sg. *-heim, -hof* (Dat.Pl. *-um, -un, -on*).

Wie *tag* flektieren die meisten ahd. Maskulina. Dies sind die häufigsten Typen: **§ 194**

1. einsilbige Nomina wie *bërg, fisk* 'Fisch', *geist, hals, hëlm, (h)leib* 'Brot', *nīd* 'Hass', *(h)ring, skalk* 'Knecht', *skaz, slāf* 'Schlaf', *stein, stuol* 'Stuhl', *wëg*;
2. Bildungen auf *-il*:
   a) Gerätebezeichnungen (Kluge 1926: § 90, Henzen 1965: 156): *gurtil, leffil, sluȝȝil* u. a.;
   b) Nomina agentis (Kluge 1926: § 18, Henzen 1965: 156): *butil, wartil* u. a.;
   c) Primärbildungen wie *buhil* 'Hügel', *himil* 'Himmel' (doch vgl. § 126 A.3);
3. Zugehörigkeitsbildungen auf *-ing* (v.Bahder 1880: 163 ff., Kluge 1926: §§ 22 ff., 100, Munske 1964, Henzen 1965: § 103 f.): *ediling* 'Adliger', *kuning* 'König', *pfenting* 'Pfennig' u. a.;
4. sonstige mehrsilbige Wörter wie *felis* 'Fels', *truhtīn* 'Herr' (§ 195 A.1);
5. Lehnwörter wie *biscof, martyr, tiufal*.

Anm. 1. Die maskulinen *a*-Stämme stehen im Austausch mit anderen Flexionsklassen.

a) Da die Maskulina der *a*- und der *i*-Deklination im Singular formengleich sind (§ 214 A.1), wechseln viele *i*-Stämme auch im Plural in die *a*-Deklination (§ 216 A.3). Umgekehrt bilden *a*-stämmige Nomina mitunter einen Plural nach der *i*-Deklination, z. B. *wint* 'Wind', Pl. *winta* T / *winti* BR, *zūn* 'Zaun' (ae. *tún*, *a*-Stamm), Pl. *zūni* Kb, Ra (beide Wörter von v.Bahder 1880: 18 als *i*-Stämme erachtet). Entsprechend könnte *scativui* Gl 2,644,51 zu dem *wa*-Stamm *skato* (§ 205:1+A.2) gehören, doch weist mhd. *schete* f. eher auf ein Fem. *skat*^{a}*wī* (deverbal zu *skat*^{a}*wen* nach § 230?).

b) Einige lang- oder mehrsilbige *a*-Stämme haben ursprünglich der *u*-Deklination angehört (§ 220b A.1), z. B. *wald* 'Wald' < germ. **walþu-* (awn. *vǫllr*, § 216 A.3), *wëgōd* 'Vermittlung' mit Suffix *-*ō-þu-* (Pl. *uuegoda* Gl 2,92,65).

c) Latinisierte Stammesnamen wie *Hassi, Hessii, Hessones* zeigen nebeneinander *a-, ja-* und *n*-Flexion (Mitzka 1946: 5 ff., vgl. Schönfeld 1911: XXIV).

Anm. 2. Von *ginōʒ* 'Genosse', das meist der *a*-Deklination folgt, sind auch konsonantisch flektierte Formen bezeugt (§ 238 A.2b).

Anm. 3. Manche Wörter werden auch als Neutra gebraucht, z. B. *muot* 'Sinn', *jāmar* 'Jammer' (AWB IV,1780), *tuom* 'Urteil' (auch Abstrakta wie *hērtuom*, vgl. Kluge 1926: § 165, E.Meineke 1994: 501 ff., 522 ff.), *(h)wëlf* 'Tierjunges', *abgot* (§ 197:3); zum umgekehrten Übergang vgl. § 196 A.1. Von dem Lehnwort *tiufal* (*diufal*) begegnet bei Otfrid der *ir*-Plural *diufilir* 'Dämonen' (§ 197 A.3). Vgl. Wilmanns III,366 f.

Anm. 4. Bei den Wörtern auf *-ar* (*-al, -an*) mit langer Wurzelsilbe, etwa *ackar* (got. *akrs*) 'Acker', *fingar* (got. *figgrs*) 'Finger', ist /a/ in einigen alten Belegen noch auf den Nom.Akk. Sg. beschränkt (§ 65:2), also *ackar, fingar*, aber Dat.Sg. *ac(c)hre* je 1x MF, BR, T, Nom.Pl. *achra* Jc, Gen.Pl. *achro* BR; Nom.Akk.Pl. *fingra* Voc, Gl, Gen.Dat.Pl. *fingro, fingrum* Is. Sonst ist der Vokal auch in den mehrsilbigen Kasus fest geworden, sodass sie ganz wie *tag* flektieren (AWB I,90 f., III,879; zum Neutrum vgl. § 196 A.2). Im Gegensatz zum As. weisen kurzsilbige Stämme wie *fogal* (got. *fugls*) 'Vogel', *rëgan* (got. *rign*) 'Regen' schon in den ältesten Denkmälern den Mittelvokal in allen Kasus auf.

§ 195 Die sehr zahlreichen auf Konsonant ausgehenden maskulinen Personennamen flektieren weitgehend wie *tag*. Im Akk.Sg. weisen sie jedoch die adjektivisch-pronominale Endung *-an* auf (vgl. § 248 A.2): *Hartmuotan, Werinbrahtan* usw. Auch fremde Namen werden meist deutsch flektiert, z. B. bei Otfrid: *Petrus*, Gen. *Petruses*, Dat. *Petruse* (und *Petre*), Akk. *Petrusan* (und *Petrum*); *Krist*, Gen. *Kristes*, Dat. *Kriste*, Akk. *Krist* und *Kristan*; Tatian hat schon *-en* (Sievers T § 106). Die Entwicklung ist wohl von Namen mit adjektivischem Zweitglied ausgegangen (*Werinbrahtan* zu *bëraht*, § 154 A.6c) und auf substantivische Zweitglieder übertragen worden (*Chlotaharian, Hludowigan, Hartmuotan*). Der Ausgang *-an* dient zur Differenzierung vom Nom.Sg. bei artikellosen Substantiven (s. Anm. 1).

Lit.: Zum Akk.Sg. auf *-an*: Kelle O 264, Kluge 1894: 310, Franck Afrk. § 131:3, v.Helten 1910: 441 ff., Behaghel 1928: 503, 514, 535, Schramm 1957: 40. – Zur Flexion von Fremdnamen: Scholl 1906. – Zur Latinisierung: Sonderegger 1961: 256 ff. mit Lit.

Anm. 1. Wie ein Personenname wird auch oft *truhtīn* 'Herr' als Name Gottes flektiert („Quasi-Onym", AG II, § 69:3a), sodass der Akk.Sg. *truhtīnan* (neben *truhtīn*) lautet. Von *got* 'Gott' ist die Form *cotan* als Akk.Sg. nur alem. belegt, in BR und in GlPaul – *tan* 'deum' Gl 1,731,60. 732,53. 734,27 (zu solchen Verkürzungen vgl. Daab 1929: 49 ff., Henkel 2001: 441 ff., O.Ernst 2009: 303 ff.) –, sonst stets *got* (AWB IV,332. 338 f.); vgl. noch *fateran* § 235 A.3, *mannan* § 239 A.3. So auch *polonan* O 5,17,31 zum Lehnwort *polōn* 'Polarstern'.

Weil die meisten neutralen Suffixe (*-la-*, *-na-*, *-ra-* u. a.) *a*-stämmig sind, flektieren sehr viele ahd. Neutra wie *wort*: **§ 196**

1. einsilbige wie *barn* 'Kind', *fël* (Gen. *fëlles*) 'Fell', *jār* 'Jahr', *sēr* 'Schmerz', *swërt* 'Schwert';
2. mehrsilbige wie *honag* 'Honig', *houbit* 'Kopf', *īsarn* (später *īsan*, § 120 A.2b) 'Eisen', *fuir* (ab 9. Jh. *fiur*, § 49 A.3) 'Feuer'; Abstrakta auf *-sal*, *-isal* (Kluge 1926: § 142 f.), z. B. *knuosal* 'Geschlecht' (EWA V,657 f.), *uobisal* 'Übung'.

Anm. 1. Manche Neutra werden auch als Maskulina gebraucht, z. B. *folk* 'Volk' (AWB III, 1044), *lōn* 'Lohn' (AWB V,1260 f.), *tal* 'Tal'; zum umgekehrten Übergang vgl. § 194 A.3.

Anm. 2. Auch hier (vgl. § 194 A.4) zeigen die Langsilbigen auf *-ar*, *-al*, *-an* das /a/ in den ältesten Denkmälern nur in den endungslosen Kasus (Nom.Akk.Sg./Pl.), während es ansonsten noch fehlt, also z. B. bei Isidor *zeihhan* 'Zeichen', aber Dat.Sg. *zeihne*, Dat.Pl. *zeihnum* (got. *taikns*). Aber schon im Tatian *zeichane*, *zeichanon*, Gen.Pl. *zeichano* und *zeihno*. Andere Beispiele: *kortar* 'Herde', *wolkan* 'Wolke', *zwīfal* 'Zweifel'.

Anm. 3. Deminutiva auf *-īn*, *-līn*: Zur Bildung vgl. Polzin 1901: 18 ff. (Aufzählung der Belege), Wilmanns 1904: 174 ff., Suolahti-Palander 1907, Wrede 1908: 127 ff., Schatz 1910: 12 ff., Kluge 1926: §§ 57 ff., 62 f. Ihre Flexion folgt im Frk. ganz derjenigen von *wort*, also *kindilīn* 'Kindlein' O, T (Gen. *kindilīnes* usw.), *magatīn* 'Mägdlein'. Im Obd. ist dagegen das /n/ meist nur im Gen.Dat. vorhanden (§§ 6a:1g, 126 A.2c), außerdem endet im Alem. der Nom.Pl. meist auf *-iu* (vgl. § 198 A.5a). Das obd. Paradigma lautet also wie folgt:

Sg.	N.A.	*chindilī* (seltener *-līn*)	Pl.	N.A.	*chindilī* (*-līn*), alem. *chindiliu*
	G.	*chindilīnes*		G.	*chindilīno*
	D.	*chindilīne*		D.	*chindilīnum*, *-un*, *-on*

Wie die Deminutiva werden im Obd. auch behandelt *chussī* 'Kissen' (frk. *kussīn*), *pfuluwī̆* 'Kissen' (lat. *pulvīnus*; Petkov 2011: 280), *pecchī*, *bechī* 'Becken' (O *bekin*, N *becchine*; AWB I, 861 f.), *endī* 'Stirn' (O *endi*, N *ende*, starkes Neutrum nach *kunni* § 198, aber bei Isidor Dat.Sg. *andine*, Dat.Pl. *andinum*; AWB III,282). Ebenso werden obd. die maskulinen Personennamen (Kosenamen) auf *-ī*, *-ilī* – neben *-īn*, *-ilīn* – flektiert, z. B. *Wezzī*, Gen. *Wezzīnes* (Grundr II,89 [Kögel]). In mhd. Hss. kann der Suffixvokal zu ‹*e*› [ə] abgeschwächt sein, z. B. *uingerlen* Jd, *uingerle* Gl 3,191,62 (Mhd. Gr. § L 57:1). Vgl. Kögel 1884: 321, Kluge 1887: 380 ff., Schatz Abair. § 100 f., ds. Ahd. § 318 ff., Wilmanns III,330 f., ds. 1908: 144, Wrede 1908: 113 ff., Janko 1910: 23.

Anm. 4. *abgot* 'Abgott' und *wiht* 'Wesen, Wicht' zeigen nebeneinander Formen der *a*-, *i*- und *iz-/az*-Flexion (§§ 197, 202 A.1; AWB I,13 f.). *wiht* war in den übrigen germ. Sprachen Femininum und folgte der *i*-Deklination oder der konsonantischen Deklination (Got. Gr. § 116 A.1). Im Ahd. ist es zum Neutrum geworden, der Singular flektiert wie *wort* (*wihtes*, *wihte*, *wihtu*); nur die Komposita *niwiht*, *niowiht* zeigen noch den Dat.Sg. der femininen *i*-Deklination (§ 299:3). Dagegen kennt Otfrid noch den alten *i*-stämmigen Plural *wihti* (Nom.Akk.), *wihtin* (Dat.), konstruiert ihn aber als Neutrum (*armu wihti*), also wohl nach § 198. Daneben treten die neutralen Pluralformen *wiht* 'nugas' Gl 2,533,19 und (nach § 197) *wihtir* (O, Tegerns. Gl. 'animalia') auf.

(b) Flexion mit germ. *-*iz*-/-*az*

§ 197 Bei einigen neutralen *a*-Stämmen geht den Pluralendungen ein Element -*ir(-)* voraus (selten -*ar*, Anm. 1). Dem Typ liegen alte Neutra mit dem ablautenden Suffix idg. *-*es*-/-*os* zugrunde (§ 232; vgl. lat. *genus*, *generis* mit Rhotazismus /s/ > /r/). Dieses wurde im Germ. zu *-*iz*-/-*az*, das im Westgerm. im Auslaut (Nom.Akk.Sg.) schwinden musste, in gedeckter Stellung (im Gen.Dat.Instr.Sg. und im gesamten Plural) dagegen erhalten blieb. Der Nom.Akk.Sg. wurde dadurch formgleich mit dem der *a*-Neutra; in Analogie dazu trat auch der Gen.Dat.Instr.Sg. in die *a*-Klasse über. Einzelne Belege für die alte Flexion leben noch in Dat.Sg. *chalbire*, Gen.Sg. *rindares* Rb fort, ferner in dem bair. Ortsnamen *Kelbirisbach* (ca. 1030); dagegen ist *Pletirspahc* (887, zu *blat*) für *Pletiropahc* verlesen (N.Wagner 2019: 327 f.). Am besten ist die ursprüngliche Flexion im Ae. bewahrt (Ae. Gr. § 288 f., Schenker 1971: 54 f.).

Keines der ahd. Wörter mit *iz*-/*az*-Flexion führt auf einen idg. *es*-/*os*-Stamm zurück (Schenker 1971). Daher empfiehlt es sich, nicht von *iz*-/*az*-Stämmen, sondern nur von *iz*-/*az*-Flexion zu sprechen. Weil das Suffix im Singular lautlich bzw. analogisch verloren gegangen war, ist -*ir* im Ahd. zum Pluralmarker avanciert und auf *a*-stämmige Neutra übergegangen (zu *ja*- und *wa*-Stämmen s. Anm. 3).

So ist das Paradigma *lamb* 'Lamm' entstanden (as. *lamb*, mhd. *lamp*).

-*iz*- (n.)		as.	ahd.	mhd.
Sg.	N.A.	*lamb*	***lamb***	*lamp*
	G.	*lambes, -as*	***lambes***	*lambes*
	D.	*lambe, -a*	***lambe***	*lambe*
	I.	*lambu, -o*	***lambu, -o***	—
Pl.	N.A.	(*lamb*)	***lembir***	*lember*
	G.	*lembiro* (*lambo*)	***lembiro***	*lember(e)*
	D.	(*lambun, -on*)	***lembirum, -un, -on***	*lember(e)n*

Der Plural auf -*ir* (spätahd. -*er*) tritt in folgenden Wortgruppen auf:

1. Besonders fest ist -*ir* in einigen Tierbezeichnungen: *lamb*, *kalb* 'Kalb' (Pl. frk. *kelbir*, obd. *chalbir*; zum Umlaut vgl. § 27 A.2b), *huon* 'Huhn', *(h)rind* 'Rind', *farh* 'Ferkel', wohl auch *wild* 'wildes Tier' (Dat.Pl. *uuildirun* T, § 198 A.5c).
2. Regelmäßig haben -*ir* auch die Neutra *blat* 'Blatt', *ei* (Pl. *eigir*, *eier*, § 117:2) 'Ei', *luog* 'Höhle, Tierlager', *(h)rīs* 'Zweig, Reis'. Im Laufe der Zeit nimmt die Zahl dieser Wörter zu, doch bleibt meist der alte Plural ohne -*ir* daneben bestehen. Bei *brët*, *grab*, *hol* 'Höhle', *krūt* 'Kraut', *loub*, *rad* ist der *ir*-Plural häufiger als die kürzere Form.

3. Andere Wörter, bei denen *-ir* neben der kürzeren Form vorkommt, sind *abgot, bant, fëld, hār, holz, hūs* (Anm. 4), *loh* 'Loch', *seid* 'Schlinge' (Anm. 1b); nur in späteren Quellen oder vereinzelt bei *kar* 'Gefäß', *lid* 'Glied' (häufiger Mask., § 216 A.1a; Gering 1888: 249), *lōh* 'Wald' Rc (*loer* Gl 2,235,13), *rēh* 'Reh' Gl 2,78, 40, *smalenōz* 'Schaf' Sam 17, *swīn* 'Schwein' GlKass, *tal* 'Tal', *tior* 'Tier' (Palander 1899: 10 f.), *wëlf* 'Junges' u. a. Zu einigen Sonderfällen s. Anm. 3.

Dieses *-ir* lautet ein /a/ der Wurzelsilbe um: *lamb* / *lembir* (zu *spacher* Gl 2,33,38 vgl. § 27 A.2c). Hingegen ist die Alternation /ë/ : /i/ bzw. /o/ : /u/ meist beseitigt (§§ 30 A.1a, 32 A.2a); Reste davon liegen vor in *pritir* (Gl 1,431,1, SH, N; AWB I,1373), *luhhir, abgutir* (§ 32 A.1a).

Lit.: Kögel 1879: 146 f., Schatz Abair. § 98, Franck Afrk. § 132:2, Baesecke Einf. § 89, Ae. Gr. § 288 f., Wilmanns II,324 ff., v.Helten 1910: 495 ff., Lessiak 1910: 212 f., v.Unwerth 1910: 1 ff., Gürtler 1912: 492 ff., Kluge 1926: §§ 84, 145, Schenker 1971, Schlerath 1995, Klein 2013, Luiten 2013: 7 ff. – Zu Tierbezeichnungen: Palander 1899, Suolahti 1909 (228 zu *huon*).

Anm. 1. Zum Vorliegen von *-ir* bzw. *-ar*:

a) Nur in wenigen Wörtern – *ehir* 'Ähre', *stedir* 'Landungsplatz' (§ 216 A.4), *trestir* 'Trester', mit Suffixablaut *dëmar* 'Dämmerung', *liodar* 'Geräusch' – liegt das Suffix durch Analogiewirkung auch im Nom.Akk.Sg. vor. Bei *ehir, ahir* (§ 27 A.2c; AWB III,88 f.; 1x *ah* SH, AWB I,64) ist *-ir* wohl aus vorwiegend pluralischem Gebrauch auch im Singular verallgemeinert (vgl. EWA I,95 ff. s. v. *ah*, Bammesberger 1990: 212).

b) Vereinzelte Nom.Akk.Pl. auf *-ar* – *holar, plechar, seidar* neben *holir, plehhir, seidir* – zeigen eher sekundäre Entwicklung als alten Ablaut, denn germ. **-az* war nur im Nom.Akk. Sg. berechtigt, wo es im Ahd. hätte schwinden müssen (zum germ. Suffixablaut vgl. Klein 2013).

c) Das swV. **tagarōn* 'tagen' – Grundwort von *tagarōd* 'Morgenröte' (Suffix *-ōd*, § 220b A.1) – ist von einem *s*-Stamm **dagaz-* (für **dagiz-*) n. 'Tag' abgeleitet, der in altschwed. *dagher* fortlebt (Thöny 2023: 196 A.1), in Personennamen verbaut ist und auch dem maskulinen *a*-Stamm *tag* (§ 193) zugrunde liegen kann (N.Wagner 2011: 289).

d) Das früher hier aufgeführte *sahar* 'Riedgras' ist fernzuhalten, da es sich um eine Bildung mit Suffix *-ra-* handelt (Schuhmann 2019, EWA VII,870 f.).

Anm. 2. Gelegentlich kommen neben alten *r*-Pluralen Pluralformen nach der *a*-Deklination vor; so zu *farah* Dat.Pl. *farahum* (Lb 18, 23) und zu *lamb* Gen.Pl. *lampo* Pa, Kb 154,1, neben *pretir, -i-* (s. o.) Gen.Pl. *preto* Kb 241,32. Ab dem 11. Jh. erscheint der Plural *lamb* (zuerst *lamp* 'agnos' Npgl 79,7).

Anm. 3. Sonderfälle sind *diufilir* (§ 194 A.3) und *wihtir* (§ 196 A.4); dazu Franck Afrk. 176, 201. Hierher auch *kefildir* Npgl (*ja*-Stamm, § 198 A.5c), *lēwir, rēwir, spriuwir* (*wa*-Stämme, § 204 A.4).

Anm. 4. In Ortsnamen auf *-hūs* lautet der Nom.Pl. meist *-hūsir*, der Dat.Pl. hingegen *-hūsum, -un, -on*, so *Teoruneshusir* / *ad Holzhusum* (Wiesinger 1992: 398).

Anm. 5. Im As. ist der Typ praktisch nur in einigen Gen.Pl.-Formen erhalten, so *eiiero, hōnero* (As. Gr. § 300).

(c) Stämme auf *-ja-*

§ 198 1. Paradigma der Maskulina: *hirti* 'Hirt' (as. *hirdi*, mhd. *hirte*; § 199 f.). Die fett gedruckten Formen sind die regelmäßigen des 9. Jahrhunderts.

***-ja-* (m.)**		as.	ahd.	mhd.
Sg.	N.A.	*hirdi*	***hirti***	*hirte*
	G.	*hirdies, -eas*	***hirtes***	*hirtes*
	D.	*hirdie, -ea*	*hirtie*; ***hirte***	*hirte*
	I.	*hirdiu*	*hirtiu*; ***hirtu, -o***	–
Pl.	N.A.	*hirdios*	*hirte*; ***hirta*** (*-ā* N? Anm. 4c)	*hirte*
	G.	*hirdio, -eo*	*hirteo, -io*; ***hirto***	*hirte*
	D.	*hirdiun, -eon*	obd. ***hirtum, -un, -on*** frk. ***hirtim, -in*** (Anm. 6)	*hirten*

2. Paradigma der Neutra: *kunni* 'Geschlecht' (as. *kunni*, mhd. *künne*; § 201 f.).

***-ja-* (n.)**		as.	ahd.	mhd.
Sg.	N.A.	*kunni* (*bed* § 201 A.4a)	***kunni***	*künne*
	G.	*kunnies, -eas*	***kunnes***	*künnes*
	D.	*kunnie, -ea*	*kunnie*; ***kunne***	*künne*
	I.	*kunniu*	*kunniu*; ***kunnu, -o***	–
Pl.	N.A.	*kunni*	***kunni***	*künne*
	G.	*kunnio, -eo*	*kunneo, -io*; ***kunno***	*künne*
	D.	*kunniun, -eon*	***kunnim, -in*** (*-um, -un, -on*)	*künnen*

Lit.: Schlüter 1875. – Zum Ae.: Dahl 1938: 81 ff. – Zum Got.: Schuhmann 2011.

Anm. 1. Das ableitende /j/ erscheint im Nom.Akk.Sg. m.n. und im Nom.Akk.Pl. n. als vokalisches /i/ (§ 119); dieses kann zu ‹e› geschwächt sein (§ 59 f.), z. B. *hirte, chunne* (AWB IV,1139. V,510 f.). In den übrigen Kasus ist /j/ schon in älteren Quellen im Schwinden begriffen (§ 118). Im Gen.Sg. und Nom.Akk.Dat.Pl. kommen mit Ausnahme der in § 202 erwähnten Fälle keine Formen mit Reflexen des /j/ (‹*i, e*›) mehr vor. Sehr selten sind die älteren Formen des Dat.Sg. (Anm. 3), etwas häufiger kommen nur die *j*-Formen des Instr.Sg. (Anm. 3*) und des Gen.Pl. (Anm. 7) vor. Zu geminierender Wirkung des /j/ vgl. Anm. 3a und § 200 A.2.

Anm. 2. Für den Gen.Dat.Sg. auf *-es, -e* kommt in Kb, dann in späteren – besonders bair. – Quellen *-as, -a* vor (vgl. § 193 A.1a). In *gauuātis* Ja (Gl 1,315,61) endet der Gen.Sg. auf *-is* (vgl. *iāris* Jc, § 193 A.1b). /j/ scheint vor *-es, -e* schon vor Eintritt des Umlauts geschwunden zu sein, vgl. § 118 A.2 und Schatz Abair. § 96:de.

Anm. 3. Besonderheiten des Dat.Sg.:

a) Alte Quellen kennen noch den Ausgang *-ie*: *eintie, ruckie* Ra, *kunnie* Ludw (Schatz Ahd. § 313). Statt *pilitie* H.Mayer 1994: 57.86, 106 ist allerdings „ganz deutlich *pilide*" zu lesen (A.Nievergelt briefl.; also in GramErtr 166 zu streichen). – In bair. Ortsnamen zeigt *-reinne* *j*-Gemination des /n/ gegenüber dem Nom. *-reini*, so *Hohinreinne* (vgl. Schatz 1928: 4).

b) Selten steht *-ii*, *-i* (statt *-ie*, *-e*), so *caumii* (Vetus Latina, Nievergelt 2012: 48.34, 52); *einwīgi* O (Kelle O 178 f.), *enti* MF 10,21, Psalm, *uuetti* Gl 2,28,69. Vgl. Grundr II,126 (Kögel), Franck Afrk. 176, v.Helten 1910: 451, Baesecke 1931: 365. Zum Gerundium auf *-i* vgl. § 315 A.1c,4c; zum Nom.Akk.Pl. m. auf *-i* s. Anm. 4b.

c) Zum Gerundium auf *-a* im Tatian vgl. § 315 A.1d.

Anm. 3*. Belege für den Instr.Sg. mit erhaltenem *-iu*: *billiu* Hl 54, *wīzziu* T 22,2; mit /-jo/ und bewahrtem /j/ nach /r/ vermutlich *herigo* (Hs. ‹*ehrigo*›) Georgsl.

Anm. 4. Zum Nom.Akk.Pl. der Maskulina:

a) Die Formen auf *-e* sind die älteren (vgl. § 58 A.1). Sie stehen am häufigsten in den Glossen des 8. Jh., begegnen aber auch noch in Denkmälern vom Anfang des 9. Jh. (Paul 1877: 344). *-e* ist z. B. in *arslahare* 'interfectores' Pa, *lērare* 'doctores' K bezeugt; *-a* kommt in Pa und K noch nicht vor (Kögel 1879: 139, Schatz Abair. § 97:a). Die Schreibungen ‹*ae*› (*hrindirarae* Gl 2,341,11, *Peigirae* 3,610,1) und ‹*ę*› (*rūnarę* Rb) weisen auf offenes *-e* (< *-ja*, § 193 A.4); ob dieses noch mit Kögel Lg. II,523 als lang gelten darf, bleibt fraglich (vgl. § 209 A.3).

b) Statt *-e* zeigen alte Quellen mitunter *-i*, z. B. *laerari* Pa, *hrucki* R, *rucki* Rb (Schatz Ahd. § 310). Dieses *-i* kann aus dem Neutrum stammen (Kögel 1879: 140); doch vgl. auch den Dat.Sg. auf *-i* (Anm. 3b).

c) Im 9. Jh. ist *-e* nach dem Vorbild der *a*-Stämme (§ 193) durch *-a* ersetzt worden. Vereinzeltes *-a* aus älterer Zeit (*chamarara*, *pflanzara*, *kartara* Ra) ist hingegen durch Assimilation an die vorhergehende Silbe zu erklären (Baesecke 1931: 365). Für Notker lassen die reinen *a*-Stämme langes *-â* erwarten, das jedoch graphisch nicht zu erweisen ist (vgl. § 193 A.4c; dort auch zu *-a* im heutigen Deutschwallis, z. B. in *hirta* 'Hirten').

Anm. 5. Im Nom.Akk.Pl. der Neutra gilt die Form *kunni* ab den ältesten Quellen fast uneingeschränkt. Nur selten begegnen Erweiterungen, die zur Differenzierung vom homonymen Singular dienen:

a) Im Tatian zeigt der Typ *kunni* öfters Plurale auf *-iu*, *-u*, z. B. *cunniu*, *cunnu*, *gusu* (§ 201 A.4b), *giwātiu*, *gibeiniu*, *finstarnessiu* (Sievers T § 7:b); sie stammen wohl – über substantivierte Adjektive wie *wildi* (s. u. c)? – aus der Adjektivflexion (Walde 1900: 76 A.1, Thöny 2013: 63). Sonst sind solche Formen sehr selten (Franck Afrk. 177; vgl. auch § 196 A.3); vereinzelt in alem. Quellen, z. B. *kenestidiu* GlPaul 1,733,40, *meremanniu* Phys, *stucchiu* N (auch mhd. *stückiu* WMU II,1682). Zum as. Akk.Pl. *nettiu* 'Netze' Hel vgl. M.Gebhardt 2000: 119.

b) Neben *pful(u)wī* stehen drei Pluralbelege auf *-a* (gemäß § 193 A.5), z. B. *fuluuua* Rb (AWB VII,294); ebenso vielleicht *kirauba* Rb (1,542,14; Schatz Ahd. § 311, anders AWB VII,1177); spät (13. Jh.) *gerouba* Gl 4,160,61, *betta* 4,138,53. Hierher wohl auch *nezza zuuei* Rb, *de nezza* Npgl; oder aus dem Neutrum *nezzi* (§ 201:1) und einem Femininum wie ae. *nette*, awn. *netja* kontaminiert? (Schatz Ahd. § 354, AWB VI,1192). *sneitaha* GlMon (1,753,62) ist eher Gen.Pl. als Nom.Pl. (§ 193 A.6).

c) Plurale auf *-ir* (§ 197) begegnen bei den neutralen *ja*-Stämmen fast gar nicht (*ei* 'Ei' ist zwar mit *-ja-* gebildet, aber synchron *a*-Stamm). Eine vereinzelte Ausnahme ist *kefildir* Npgl 95,12 (*gifildi*). Sollte *uuildirun* T nicht auf den *a*-Stamm *wild*, sondern auf das Neutrum des Adjektivs *wildi* zu beziehen sein (s. o. a), so wäre die Übertragung schon älter. Im Mhd. kommen einige Instanzen wie *netzer* hinzu (Michels Mhd. § 209 A.2, KSW II.1, § S 83 A.5).

Anm. 6. Der Dat.Pl. zeigt einige Besonderheiten (Paul 1879: 221, ds. 1880: 113, Streitberg 1889: 189, Wilmanns III,329 f., v.Helten 1910: 452, Janko 1910: 22):

a) Zwischen Maskulinum und Neutrum besteht ein Unterschied (§ 192c A.2): Im Maskulinum ist *-um* (*-un*, *-on*) besonders obd. häufiger, frk. überwiegt *-im*, *-in*, so stets bei Otfrid und Tatian. – Die Neutra haben dagegen auch im Obd. häufiger *-im*, *-in* als *-um*, *-un*. Im Frk. herrscht *-im*, *-in*; nur ausnahmsweise findet sich *-um*, *-on*, z. B. *bilidum* Is, *heimingum* MF (konjizierte Form, von Matzel Is 206 A.264 bezweifelt, doch vgl. AWB IV,849 f.), bei Otfrid 3x im Reim (*bilidon*, *gouuon*, *heimingon*). Isidor zeigt jedoch vorwiegend *-um* (Bruckner 1935: 80, Matzel Is 206, 403). Weitere Belege bei Schatz Abair. § 97:e, Franck Afrk. 177.

b) Im Alem. hat sich anders als im Gen.Pl. (Anm. 7) vor *-um* keine Spur des /j/ erhalten, auch nicht bei den *āri*-Bildungen (§ 200 A.2). Offenbar ist *-um* von den *a*-Stämmen, *-im* von den *i*-Stämmen übernommen (Schatz Ahd. § 315).

Anm. 7. Im Gen.Pl. ist /j/ in alten Quellen erhalten, z. B. *sinuuākio* Rb, *mutteo* Pa, K, R, *betteo* T (Schatz Ahd. § 314 mit weiteren Belegen). Für *chinōmidiu* Is 17,7 nimmt Matzel Is 206 A.265 Verschreibung statt *-eo* oder *-o* an (vgl. auch Eggers 1960: 86 [*-io*], Matzel 1984: 354; anders Kögel 1893: 240 A.1). Zu Abschwächung in späten Quellen (z. B. *-a*) vgl. § 193 A.6. – Nicht hierher *abgrundiu* Is 1,5 (Akk.Pl. n. des Adjektivs *abgrunti*, AWB I,17, Eggers 1960: 2).

§ 199 Bei Maskulina mit einsilbiger Basis kommt der Flexionstyp *hirti* relativ selten vor:

1. von häufiger vorkommenden Erbwörtern neben *hirti* nur *hirsi* ‘Hirse’, *(h)ruggi* ‘Rücken’, *hweizzi*, *weizi* ‘Weizen’ (§ 160 A.4b; zur Bildung vgl. Heidermanns 2004: 144 f.) und *tilli* ‘Dill’;
2. ferner die Lehnwörter *kāsi* ‘Käse’ (lat. *cāseus*) und *p(f)uzzi* ‘Brunnen’ T, O (lat. *puteus*; meist Fem. *pfuzza* nach § 210).

Anm. 1. Nur vereinzelt belegt sind *lāhhi* ‘Arzt’ H, T, GlKass (AWB V,593 f.; got. *lēkeis*) und *asni* ‘Lohnarbeiter’ T (AWB I,678; got. *asneis*). Nur in der Alliterationsdichtung begegnet der Plural *fir(a)h(i)a* ‘Menschen’ (Gen. *fireo* Hl, *u[i]r[i]ho* Musp, Dat. *firahim* Wess; AWB III,903). Vgl. Kluge 1926: § 7.

Anm. 2. Das ehemalige Mask. *enti* ‘Ende’ (got. *andeis*, as. *endi* m.) ist im Ahd. zum Ntr. geworden (§ 201:1) und nur noch vereinzelt als Mask. belegt (so Lb 27, 9; AWB III,299). – Auch *heri* ‘Heer’ (got. *harjis*, ae. *here*, as. *heri*, alle m.) ist im Ahd. Ntr. (Mask. O 4,4,38; AWB IV,971; vgl. § 202). Latinisiert wird *hari*, *heri* als *jo*-Stamm: Nom. *Wacharius*, Gen. *Waltharii* (Sonderegger 1961: 257). – *smelzi* ‘Schmelzmasse, Legierung’ ist Mask. oder Ntr. (AWB VIII s. v.).

§ 200 Die größte Zahl der hierher gehörenden Maskulina stellen die Ableitungen auf *-āri* (*-ari*, *-eri*), die eine handelnde Person bezeichnen. Diese sind im Ahd. noch vorwiegend Denominativa, so *wahtāri* ‘Wächter’, *buochāri* (got. *bōkareis*) ‘Schriftgelehrter’, *fiskāri* ‘Fischer’, *zuhtāri* ‘Erzieher’, *lugināri* ‘Lügner’. Viele können jedoch auch auf ein Verb bezogen werden, z. B. *lērāri* (got. *laisareis*) ‘Lehrer’, *hëlfāri* ‘Helfer’, *skrībāri* ‘Schreiber’, *fārāri* ‘Nachsteller’. Das eröffnet den Weg zur verbalen Ableitung, die später zunimmt (Kluge 1926: § 8–10). Diesen Nomina agentis haben sich in der Flexion angeschlossen:

1. Völkernamen auf *-ari*, *-āri*, z. B. *Baiari* 'Baier', Nom.Pl. *Beiara* (*Peigira*), *Rōmāri* (*-â-* in Np) 'Römer'. Diese sind ursprünglich Komposita mit germ. **-warja-*, die nach § 109 A.4a das /w/ verloren haben (Anm. 3);
2. Lehnwörter konkreter Bedeutung, so *wīwāri*, *wīāri* (§ 110 A.1) 'Weiher' (lat. *vīvārium*), *karkāri* 'Kerker', *altāri* 'Altar' (vgl. Franz 1884: 64).

Lit.: Zur Geschichte der Nomina agentis auf *-āri*: Sütterlin 1887: 77 ff., Wilmanns II,283 ff. (mit älterer Lit.; verfehlt Goebel 1900), Kluge 1926: §§ 8 ff., 77, Henzen 1965: § 98, Weinreich 1971: 130 ff., Bürgisser 1983: 189 ff., EWA I,326 f. – Verzeichnisse der Maskulina auf *-āri*: Graff II,335 ff., Bergmann 1991: 150 ff., SplAWB II,204 ff.

Anm. 1. *-āri* ist germ. Lehnsuffix aus lat. *-ārius*, zunächst mit Lehnwörtern wie *mulināri* 'molinarius', *munizzāri* 'monetarius', *notāri* 'notarius' übernommen. Die *āri*-Bildungen haben allmählich die älteren *n*-stämmigen Nomina agentis wie *becko, skepfo* (§ 222:2) verdrängt (vgl. Weinreich 1971, E.Bauer 1991, Kozianka 2016). Der *a*-Vokal kommt lang und kurz vor:

a) Langes /ā/ ist für das spätere Obd. durch Notker sicher bezeugt. Im älteren Obd. zeigt *-ari* keinen Umlaut, ist also gleichfalls mit /ā/ anzusetzen. Zwar lässt Johannsson (2009: 252 ff.) für BR nur kurzes /a/ gelten, weil sich keine Doppelschreibung findet; jedoch sind Mittelvokale in BR überhaupt nur 3x als lang markiert (§ 62:2). Auch Otfrid gebraucht im Vers den Vokal als lang, so *fārāri* 2,4,5 (doch s. u. b). Mhd. *-ære* weist ebenfalls Länge auf (Mhd. Gr. § M 8 A.2, KSW III, § S 96), seine Entsprechungen werden in rezenten schweizerdt. und südbair. Mundarten bis heute von denen für *-er* unterschieden (Henzen 1965: 158 f.+A.13).
b) Im Frk. muss hingegen *-ari* mit kurzem /a/ üblich gewesen sein (vgl. § 6a:4f), da häufig *-eri* erscheint (§ 68 A.1), so Is *sangheri*; T (Sievers T § 76) *beteri*, *buohheri* (und *buohhari*), *landeri* 'Räuber' (ae. *hlōðere*, E.Sievers 1894a: 559 f.), O (Benrath 1887: 23 f.) *driageri* (und *driagari*). Dieses /e/ wird bisweilen sogar zu /i/: O *leitiri*, *fāriri* (neben *fārāri*), T *bigengiri* (Schatz Ahd. § 104, N.Wagner 2014: 311); zum Lautvorgang vgl. § 27 A.7bγ. Mitunter wird /a/ auch zu /o/ assimiliert, so O *scăchoro* (§ 67:1a).
c) Nach Brinkmann 1954/65: 371 f. ist *-āri* im Donauraum, *-ari* am Rhein entlehnt. Vgl. noch Henning 1874: 76, Pietsch 1876: 340 ff., Franck Afrk. § 53, v.Gadow 1974: 108.

Anm. 2. Die Flexion der Wörter auf *-āri* stimmt im Allgemeinen mit der von *hirti* überein. Im Alem. jedoch (besonders in BR) wird das /r/ in den Formen, die früher /j/ enthielten, häufig geminiert. In BR wird *suanāri* 'Richter' wie folgt flektiert:

Sg.	N.A. *suanāri*	G. *suanārres*	D. *suanārre*
Pl.	N.A. *suanārre*, *-ārra*	G. *suanārro*	D. *suanārum*

Der Dat.Pl. weist in BR durchweg einfaches /r/ auf (§ 198 A.6b): *kankarārum*, *lērārum*, *līhhisārum*, *uuēhchārum*, *zëhaningārum*. Auch bei Notker steht zuweilen /rr/, so Gen.Pl. *leidârro* Nb 34,22 (zu *leidāri*), meist jedoch einfaches /r/ (vgl. §§ 96 A.1*a, 118 A.3c). – Im Bair. zeigt der Dat.Pl. /rr/ (GramErtr 166), so *pohharron* GlFreis 52.29 (zu *buohhāri*).

Anm. 3. Das Zweitglied **-warja-* in Völkernamen (nicht †*-wari-*, § 217 A.2; vgl. ae. *Cantware*, Ae. Gr. § 252 A.3; latinisiert *-varii*, z. B. *Baiovarii*), nach Rübekeil (s. u.) zu *werien* 'wehren' gehörig, ist nach Schwund des /w/ (§ 109 A.4a) mit *-ări* verschmolzen (zu Personennamen auf *-(w)iri* vgl. § 27 A.7a). Es dient auch zur Bezeichnung der Bewohner von Ortschaften, so *Waltkirihhāre*, *Costinzāre* 'Bewohner von Waldkirch/Konstanz'. Diese Plurale können ihrerseits wieder zu Ortsnamen werden, z. B. *Tannāra* 'Bewohner von Tann', *ad Tannāron* 'in Tann' (Schatz 1928: 14, H.Kaufmann 1961: 170, Wiesinger 1992: 394 f.). Vgl. Kluge 1887: 378, ds. 1926: § 33:a, Meid 1967: § 164, Foerste 1969, N.Wagner 1993, Rübekeil 2002: 304 ff. (mit Lit.), 403 f.

Cyuuari Suāpa der Wess. Gl 3,610,14 bedeutet entgegen früherer Darstellung nicht 'Ziu-Leute', sondern ist mit dem Stammesnamen der *Raeti* oder dem Provinznamen *Raetia* (ahd. *Rēzi, Riez(zi)* 'Ries') gebildet und zu *[Re]cyuuari* zu emendieren (N.Wagner 1987: 519 ff., Rübekeil 2002: 387 ff., 394 f.).

§ 201 Weil etliche neutrale Suffixe *ja*-stämmig sind, flektieren sehr viele Neutra wie *kunni*. Morphologische Typen:

1. Bildungen mit einsilbiger Basis, so *arbi, erbi* 'Erbteil', *betti* 'Bett', *enti* 'Ende', *kinni* 'Kinn', *nezzi* 'Netz' (§ 198 A.5bc), *rīchi* 'Reich', *stuppi* 'Staub';
2. die zahlreichen mit Präfix *gi-* gebildeten Kollektiva (Hucko 1904: 46 ff., Kluge 1926: § 66, Wellmann 1969: 155 ff., Gante 2016: 19 ff.), z. B. *gibeini* 'Knochen', *gibirgi* 'Gebirge', *gisindi* 'Gefolgschaft', *giwāti* 'Kleidung', *gizungi* 'Sprache';
3. Wörter mit längeren Suffixen:
   a) Kollektiva auf *-ahi* (Kluge 1926: § 67, Henzen 1965: 139 f.) wie *eichahi* 'Eichenwald', *rōrahi* 'Röhricht';
   b) Kollektiva auf *-iski* (Kluge 1926: § 69) wie *hīwiski* 'Familie', *gumiski* 'die Männer';
   c) Kollektiva und Deminutiva auf *-idi* (Wilmanns II,350, Kluge 1926: §§ 60, 70) wie *ginëstidi* 'Nestgenossen, Junge', *jungidi* 'das Junge';
   d) zahlreiche Abstrakta auf *-nissi* (*-nessi, -nussi*, Anm. 1) wie *wārnissi* 'Wahrheit', *finstarnessi* T 'Finsternis', *firstantnissi* 'Verstand';
   e) weitere Bildungen wie *ārunti* 'Botschaft' (§ 34 A.3), *heimingi* 'Heimat', *hērōti* 'Obrigkeit'.
4. Formen des flektierten Infinitivs („Gerundium") auf *-nnes, -nne* (§ 315+A.1);
5. Komposita mit Kompositionssuffix *-ja-* (Wilmanns II,239, Ekwall 1904: 7 ff., Kluge 1926: § 76, Meid 1967: 22), z. B. *elilenti* 'Ausland', *hruckibeini* 'Rückgrat' (zu entsprechenden Adjektiven vgl. § 251:4b);
6. verschiedene Lehnwörter, z. B. *krūzi* 'Kreuz' (lat. *crux, crucem*), *mutti* 'Maßgefäß' (lat. *modius*).

Lit.: Wilmanns III,367 ff., Henzen 1965: 135 ff.

Anm. 1. Neben den Neutra auf *-nissi* stehen im Ahd. häufig Feminina auf *-nissī* (§ 231 A.1, so besonders bair., s. Schatz Abair. § 115) oder *-nissa* (< *-nissia* nach § 210 A.1), z. B. *wārnissi* n., *wārnissī* und *wārnissa* f., *dhrīnissi, -nissī, -nissa* 'Dreiheit' (zu diesem Suffix vgl. § 68 A.3 und Franck Afrk. § 154:2). Auch neben anderen Neutra dieser Klasse kommen nicht selten synonyme Feminina auf *-ī* (§ 229 ff.) vor, sofern die Wörter Abstrakta sind, z. B. *heimingi, antwurti* n. und *heimingī* (nur O 2,11,2), *antwurtī* f.; bei Otfrid und in Beichten *ābulgi* n. 'Zorn', in anderen Denkmälern *ābulgī* f. (AWB I,24). Die Nominative der Glossen geben das Genus nicht zu erkennen.

Anm. 2. Wörter mit /w/ vor dem /j/ wie *geuui*, Gen.Sg. *geuues* 'Gau', *heuui* 'Heu', *gistreuui* 'Streu' haben diphthongische Nebenformen: *gouwi*, *houwi*, *gistrouwi*, meist in obliquen Kasus (AWB IV,243 ff. 1043 ff.). Das Nebeneinander richtet sich regulär danach, ob /i/ oder die Gemination bewirkendes /j/ folgte: *ge'wi/gou'wi* < **gawi-/gawwj-* (vgl. § 114:1ac+A.2; Kögel 1884b: 526 ff., Dal 1971: 67+A.4). Zu Personennamen vgl. Schatz 1935: 130 f., Menke 1980: 300 f.

Anm. 3. In Einzelfällen wird der Nom.Akk.Pl. abweichend gebildet (mit *-iu*, *-a*, *-ir*, § 198 A.5).

Anm. 4. Bei einigen kurzsilbigen Stämmen ist die Gemination durch /j/ unterblieben:

a) Schreibungen wie *peti*, *beti* 'Bett' Gl 2,15,25, *vedarpeti* Gl 4,51,10, *weti* 'Pfand', *chuti* Jc 'Schafstall' lassen darauf schließen, dass im Nom.Akk. ursprünglich die lautgesetzlichen Formen ohne Gemination gegolten haben (Dal 1971: 69, Klein 2004: 266 f.); vgl. as. Neutra des Typs *bed*, *flet* (Holthausen As. § 275:3). Auch *wolaqueti* 'Begrüßung' sowie das Lehnwort *oli* 'oleum' (Gen. *oles*, Dat. *ole*, Instr. *oliu*, *olu*) im Tatian sind der *ja*-Flexion zuzurechnen (Franck Afrk. § 142, Gutmacher 1914: 267). Das /s/ in *azzāsi* 'Gerät' (§ 160 A.4a) ließe sich prinzipiell dadurch erklären, dass es ausweislich der Notker-Schreibung *azâse* nach Langvokal steht (doch s. u. b).

b) Der Erklärung bedarf das ‹s› in dem 2x belegten Nom.Pl. *gusu* (T 43,1. 2; zu *-u* vgl. § 198 A.5a) zu *gussi* 'Wasserschwall' (*cussi* Ja; AWB IV,523). Ein Schreibfehler kommt nicht in Betracht, denn auch *úrgûse* 'Überfluss' (2x N) zeigt ‹s›. Notkers ‹ú› und mhd. *güsse* erweisen Kurzvokal (irrig Franck Afrk. § 120). Die Beleglage spricht gegen die herkömmliche Annahme (Sievers T § 56, EWA IV,706), die Geminate sei nach § 170 A.1 aus vorgerm. /tt/ entstanden. Vielmehr ist mit VEW 228 von germ. **gusja-* auszugehen, Ableitung von dem in awn. *gjósa* 'hervorsprudeln' vorliegenden stV.; *úrgûse* setzt für das Ahd. eine Präfixbildung **ir-giosan* (§ 334 A.1c) voraus. Das /s/ in *gusu* ist aus einem Sg. **gusi* übertragen, der ebenso wie *azzāsi* nach a) zu beurteilen ist (Schatz Ahd. 136). Dementsprechend beruht das Femininum *gussa* R, Jb-Rd (AWB aaO.) nicht auf †*gussō-* (VEW 229) oder †*gussjō-* (Meid 1967: § 121, Hill 2003: 76), sondern auf **gusjō-* (§§ 170:2, 210:1b).

c) Das Neutrum *bini* 'Biene' zeigt auch im Gen.Pl. *pineo* Pa, K (44,34) keine Gemination (AWB I,1058) und könnte daher als neutraler *i*-Stamm angesehen werden (vgl. Thöny 2013: 267). Weiter können die Plurale *abguti* 'Abgötter' (AWB I,17) und *wihti* 'Wichte' hierher gehören, die früher vielleicht ebenfalls *i*-Stämme waren (§ 217), vgl. Karg-Gasterstädt 1945: 431 f. (zu jüngeren *abgutir*, *wihtir* aaO. 428 f. und oben § 196 A.4).

Da sich auf /r/ folgendes /j/ nach kurzem Wurzelvokal im Ahd. länger hält als in anderen Stellungen (§ 118:2), weichen die Neutra *heri* 'Heer' (got. Mask. *harjis*, § 199 A.2) und *beri* 'Beere' (got. *basi*) in ihrer Flexion ab. Hier erscheinen die *j*-Formen (auch im Gen.Sg., § 198 A.1) regelmäßig noch in Denkmälern des 9./10. Jahrhunderts, während Formen ohne /j/ selten sind (z. B. *heres*, *here*, neben *herige* T). Also regelmäßig Gen.Sg. *heries* O, *hereies* N; *peries* (*mūrperies*) GlMon; Dat.Sg. *herie* O, Musp, *herige* T, N; Gen.Pl. *herio* Musp, Dat.Pl. *heriun* Hl, *herin* T. Daneben stehen Formen mit /rr/ (§ 118 A.3), z. B. Gen.Pl. *wīnperro* Rb, Dat.Pl. *herrum* Is. **§ 202**

Anm. 1. *meri* 'Meer' zeigt den Gen.Dat.Sg. *meres*, *mere* (nie mit ‹ie›); daneben begegnen Gen. Sg. *meris*, Dat.Sg. *meri* Rb (vgl. § 198 A.3b). Deshalb kann *meri* vielleicht mit E.Sievers 1878: 107 als kurzsilbiger neutraler *i*-Stamm aufgefasst werden (§ 214 A.2); doch ist es im Ahd. auch Maskulinum (AWB VI,471 f.). Zu Wörtern ohne *j*-Gemination wie *bini*, *oli* vgl. § 201 A.4.

(d) Stämme auf *-wa-*

§ 203 Die nicht sehr zahlreichen Substantive, die mit *-wa-* gebildet sind, müssen als eigener Typ behandelt werden, weil das /w/ speziellen Lautveränderungen unterliegt (Anm. 1). Die Entwicklung hängt davon ab, ob dem suffixalen /w/ ein Vokal (§ 204) oder ein Konsonant (§ 205) vorausgeht.

1. Paradigma der Maskulina: *(h)lēo* 'Erdhügel, Grab' (as. *hlēu*, mhd. *lē*).

-*wa*- (m.)		as.	ahd.	mhd.
Sg.	N.A.	*hlēu, hlēo*	***hlēo, lēo, lē***	*lē*
	G.	*hlēwes, -as*	***hlēwes***	*lē(we)s*
	D.	*hlēwe, -a*	***hlēwe***	*lē(we)*
Pl.	N.A.	*(hlēwos)*	***hlēwa*** (*-ā* N § 193 A.4c)	*lē(we)*
	G.	*hlēwo*	***hlēwo***	*lē(we)*
	D.	*hlēwon*	***hlēwum, -un, -on***	*lē(we)n*

2. Paradigma der Neutra: *horo* 'Schmutz, Mist' (as. *horu* m./n., mhd. *hore*).

-*wa*- (n.)		as.	ahd.	mhd.
Sg.	N.A.	*horu, -o*	***horo***	*hor(e)*
	G.	*horuwes, -owes*	***hor(a)wes, -owes, -ewes***	*horwes*
	D.	*horuwe, -owe*	***hor(a)we, -owe, -ewe***	*horwe*
Pl.	N.A.	*horu, -o*	***horo***	*hor(e)*
	G.	*horowo*	***hor(a)wo***	*horwe*
	D.	*horowon*	***hor(a)wum, -un, -on***	*horwen*

Lit.: Zum As.: Hucko 1904: 40 f. – Zum Ae.: Dahl 1938: 113 ff.

Anm. 1. Wenn das halbvokalische /w/ des Suffixes in den Auslaut gerät (Nom.Akk.Sg. m.n., Nom.Akk.Pl. n.), wird es zu /o/ vokalisiert (sehr selten zu /u/, so *haru, kniu*), vgl. § 108+A.1. In den übrigen Formen stimmt die Flexion mit den reinen *a*-Stämmen (§ 193) überein. Einzelbelege bei Schatz Abair. § 99.

Anm. 2. Instrumentale sind nicht belegt; *sēwiu* Gl 1,172,23 ist eine *i*-stämmige Form (§ 216 A.5).

§ 204 In folgenden Wörtern geht dem /w/ ein Vokal voraus, was teilweise lautliche Vereinfachungen zur Folge hat:

1. Maskulina: *hlēo, lēo* 'Erdhügel' (Anm. 4), *sēo* 'See' (ursprünglich *i*-Stamm, § 216 A.5), *snēo* 'Schnee', *brīo* 'Brei', *slīo* 'Schleie' (st. Mask. wie ae. *slíw*, Ae. Gr. § 250 A.2; vgl. N.Wagner 2006: 198 ff.); – *-dëo* 'Diener' in Personennamen (Anm. 5); – *dou* 'Zucht' (*thau* Kb); – *bū* 'Bau, Wohnung' (Akk. *then bu* O 2,16,8,

Dat. *buwe* Diut III,100 [mhd.]; Anm. 2), *skū* 'Schatten' (Dat.Sg. *scue*, Gen.Pl. *scuuuo*, Anm. 2).

2. Neutra: *blīo* 'Blei' (Gen. *plīvves* BR); – *knëo*, *kniu* 'Knie' (Anm. 3), *spriu* 'Spreu' (Anm. 4); – *untarbrāo* 'Stelle zwischen den Brauen' (Dat. *-brâuue* N).
3. Einige *wa*-Stämme erscheinen als Maskulina und als Neutra:
   a) *hrēo*, *rēo* (Dat. *(h)reuue*) 'Leichnam' (Anm. 4): Mask. *der himilisko reo* Gl 2,262,4 (W.Schulte 1993: 122), *reuua* Akk.Pl. 1,427,20; Ntr. *hre* Nom.Pl. Rb;
   b) *klēo* 'Klee': Mask. *cleuua* Akk.Pl. (AWB V,247); Ntr. *rotiz cleo* Gl 2,680,27;
   c) *sou* (Gen. *sóuues*, Dat. *sóuue* N) 'Saft': Mask. *sǒa* Akk.Pl. Gl 2,631,33; Ntr. *taz sou* Nb 167,9;
   d) *tou* (Gen. *touwes*, Dat. *touwe*) 'der Tau' (Kögel 1884b: 524): Mask. *dher dau* Is 23,22; Ntr. *daz tou* Npw 132,3.
4. Wörter auf Langvokal, in denen weder /-o/ noch /w/ zutage treten, können deskriptiv auch in die einfache *a*-Deklination (§ 193) eingeordnet werden: *wē* n. 'das Weh' (nur Nom.Sg. Akk.Pl. *wē*, Anm. 1) ist eine Substantivierung der Interjektion (Schwentner 1924: 54 f.); daneben *wēwo* m., *wēwa* f. Bei *strō* n. 'Stroh' (Dat. *stroe* H) ergibt sich der Ansatz als *wa*-Stamm aus den alten Belegen *strau* GlFreis 148.196, *strao* R (§ 114:1+A.3; vgl. Paul 1880: 166).

Anm. 1. Nach /ē/ und /ī/ fällt das /o/ im Nom.Akk.Sg. m.n. und im Nom.Akk.Pl. n. während des 9. Jh. ab (§ 108 A.2). Somit lauten die betreffenden Wörter *lē* (Gen. *lēwes*), *klē*, *snē*; *rē*, *wē*, *blī* (so schon durchweg bei Otfrid). Zuweilen fällt in Analogie zum Nominativ das /w/ auch in obliquen Kasus fort, z. B. Gen.Sg. *rēes* (vgl. § 110 A.1); so auch Dat.Pl.? *plīan* Gl 2,448,9 (AWB I,1218 f.; zu *-an* vgl. § 193 A.7b), Akk.Pl. *brīa* (Klaes 2017: 248). Zu Belegen mit graphisch hinzugefügtem ‹*h*› vgl. § 152 A.6.

Anm. 2. Nach dem *u*-Vokal in *bū*, *spriu*, *sou*, *tou* werden Nom.Akk.Sg. m.n. und Nom.Akk.Pl. n. schon in den ältesten Quellen ohne /-o/ gebildet (vgl. § 108 A.3); morphologisch gesehen liegen einfache *a*-Stämme vor. Danach ist auch zum Dat.Sg. *scue* Gl 1,729,56 (8. Jh.), Gen.Pl. *scuuuo* Kb 215,35 der Nom.Sg. nicht als †*skūwo* oder †*skūo* (so Splett Abr 375, 505), sondern als *skū* anzusetzen (AWB VIII,1256; dazu *skūkar* 'Spiegel'). – *bū*, von Hause aus Neutrum, erscheint nur im Ahd. als Maskulinum (Thöny 2013: 122).

Anm. 3. Zu *knëo* sind außer Nom.Akk.Sg.Pl. *knëo* belegt: Dat.Sg. *knëuue* T, Dat.Pl. *knëvvun*, *knëuuon* T, *cnëon* Kb, *chnëum* BR. Daneben stehen Formen mit /i/: *knio*, *kniu*, Dat.Pl. *chniuuen* Nc (§§ 30 A.2, 114; Kögel 1884b: 537, AWB V,277).

Anm. 4. Bei dem Neutrum *spriu* tritt neben die reguläre Pluralbildung der *ir*-Plural *spriuir* Gl 1,818,75 (§ 197+A.3). Auch *hrēo* und *hlēo* waren ursprünglich Neutra, dazu noch vereinzelt Akk.Pl. *rēuuir* H bzw. Plural **lēwir* im Dat.Pl. *lēirum* Rb (Schatz Abair. § 99, Thöny 2013: 120 f.) und vielleicht im Akk.Pl. *lēgir* Gl 2,93,30 (AWB V,819).

Anm. 5. Zum PN-Element *-dëo* vgl. § 62 A.4b; Schatz Ahd. 209, Haubrichs 2004, N.Wagner 2014: 323 f.; zur Stammbildung vgl. Thöny 2013: 119 f. Dem Substantiv steht das Adjektiv *dëo*, *-dio* 'untertan' zur Seite (§ 254+A.4).

§ 205 Wenn das /w/ nach Konsonant steht, tritt in den obliquen Kasus meist ein Sprossvokal ein ([a], oft auch [o] oder [e], vgl. § 69). Anders als nach Vokal (§ 204 A.1) fällt auslautendes /o/ im Nom.Akk. nicht ab. Hierher gehören folgende Wörter:

1. Maskulina: *balo* 'Bosheit, Verderben' (Nom.Pl. *balawa*), *baro* 'Opferstätte' (nur Dat. *parauue* Pa; Mask. wie ae. *bearu*, awn. *bǫrr*, EWA I,483 ff., Thöny 2013: 122), *skato* 'Schatten' (*der scâto* N; Dat. *scatwe*, *scatawe*; Anm. 2);
2. Neutra: *horo* 'Schmutz' (*thaz horo* O 3,20,26. 27), *mëlo* 'Mehl' (Gen. *mëlwes*, *mëlawes*, Dat. *mëlewe* T), *saro* 'Rüstung' Hl (Akk.Pl. *saro*, Lühr Hl 405);
3. als Ntr. und Mask. begegnet *trëso* 'Schatz': *sīnaz dreso* O 4,7,71. 5,17,6; obd. *triso*, z. B. *den triso* N (vgl. Gröger 1911: 134, Gutmacher 1914: 8);
4. bei *haro* (*haru* Jb-Rd, § 203 A.1) 'Flachs' (Dat. *harwe*), *smëro* 'Schmer, Fett' (ae. *smeoru* n., mhd. *smër* n.m.; Thöny 2013: 125) und *zëso* 'rechte Seite' fehlt es an eindeutigen Belegen. – *ëro* 'Erde' Wess 2 kann Mask. oder Ntr. sein (Anm. 1).

Anm. 1. Bei *ëro* könnte der mhd. Beleg *das ere* 'Ackerland' (Glossen zum Sachsenspiegel-Lehnrecht, Die längere Glosse, Teil 1, Hg. F.-M. Kaufmann, Hannover 2013: 999,10), falls zugehörig, für den Ansatz als Neutrum sprechen (aber Variante *das ire*). Zu dem viel diskutierten Wort vgl. Bremer 1887, MSD II,3, AWB III,427, Tiefenbach 1980: 71 f., Haug 1988: 306 ff., EWA II,1146 f., Búa 2003: 24 ff.

Anm. 2. Zu *skato* bietet Will den Nom.Pl. *nahtscata* ohne /w/ (§ 109 A.2; AWB VI,1027). Zu *scativui* Gl 2,644,51 vgl. § 194 A.1a.

Anm. 3. *sparo* 'Sperling', von Kluge 1926: 35 als *wa*-Stamm erwogen, ist vermutlich ein *wan*-Stamm wie ae. *spearwa*, got. *sparwa* (vgl. § 222 A.5). /w/ ist im Nom.Sg. vor *-o* geschwunden, liegt aber noch vor in *sparwāri* 'Sperber' (ohne Nasal des Grundworts, vgl. *fan-āri* zu *fan-o*).

M 2.2.1.2. *ō*-Deklination

§ 206 Die *ō*-Deklination umfasst Stämme auf germ. *-ō-*; diese sind Feminina und bilden das Gegenstück zu den Maskulina und Neutra der *a*-Deklination. Auch hier ist zwischen reinen *ō*-Stämmen (§ 207 f.) und *jō*-Stämmen (§ 209 ff.) zu unterscheiden, doch fallen sie ab der Mitte des 9. Jahrhunderts in der Flexion vollständig zusammen. Die *wō*-Stämme flektieren ebenso wie die reinen *ō*-Stämme, zeichnen sich jedoch durch einzelne Besonderheiten aus (§ 212+A.1).

Lit.: Wilmanns III,371 ff., Flasdieck 1930, Bammesberger 1990: 99 ff., Kortlandt 2005, Thöny 2013: 63 ff. – Zum Ae.: Dahl 1938: 116 ff.

Anm. 1. Der Stammauslaut germ. /ō/ ist aus vorgerm. /ā/ entstanden (§ 10:1). Die Flexionsklasse entspricht der ersten Deklination des Lat. (Typ *mensa*) und wird vom idg. Standpunkt aus *ā*-Deklination genannt (so etwa Schatz Ahd.).

Anm. 2. Die *ī(n)*-Feminina, die Braune im Rahmen der starken Flexion in § 212 f. behandelt hatte, sind als ursprüngliche *n*-Stämme unten in § 227–231 dargestellt.

(a) Stämme auf *-ō-*

Paradigma: *gëba* 'Gabe' (as. *gëƀa*, mhd. *gëbe*). **§ 207**

-ō- (f.)		as.	ahd.	mhd.
Sg.	N.A.	*gëƀa, -e*	***gëba***	*gëbe*
	G.	*gëƀa*	***gëba*** (*gëbu, -o* Anm. 5b)	*gëbe*
	D.	*gëƀu, -o* (*gëƀa*)	***gëbu, -o***	*gëbe*
Pl.	N.A.	*gëƀa*	***gëba*** (*-ā* N Anm. 6a)	*gëbe*
	G.	*gëƀono*	***gëbōno***	*gëben*
	D.	*gëƀun, -on*	***gëbōm, -ōn, -on***	*gëben*

Lit.: Zu den Endungen des Nom.Akk.Sg. (Anm. 1, 2): Behaghel 1878: 272 f., Kögel 1884: 320, Bremer 1887: 205 f., Paul 1887: 553, Walde 1900: 76, Schatz Abair. § 110:a, Franck Afrk. § 137, Szulc 1974: 153, 155, Boutkan 1995: 225 f., Krogh 1996: 339 ff.

Anm. 1. Das *-a* des Nom.Akk.Sg. ist noch bei Notker stets bewahrt; erst im 11. Jh. tritt dafür *-e* [ə] ein. Mitunter begegnet *-e* schon in alten Texten, so *hëlfe* BR, *sorge* MF; hier war offenbar die *jō*-Flexion Vorbild (§ 209 A.3). Der Akk.Sg. *gruobe* (*-e* in *-a* korr.) T 84,7 ist nach Ausweis von *groibun* Gl 2,34,40 – zu ‹*oi*› vgl. § 40 A.3, Franck Afrk. § 47 (anders AWB IV,453) – sowie mhd. *grüebe* (Lexer I,1104 s. v. *gruobe*, MWB II,984 f.) überhaupt als *jō*-Stamm anzusetzen.

Auch im Gen.Dat.Sg. wird die Endung ab dem 11. Jh. abgeschwächt und dann ‹*e*› oder ‹*i*› geschrieben, z. B. *nōtigunge* Gl 1,482,3, *nōtigungi* 5 (GlMon); vgl. Schatz Abair. 123.

Anm. 2. Dem Nom.Sg. kommt historisch gesehen das Endungs-*a* nicht zu. Es ist aus dem Akk.Sg. übernommen, herrscht aber schon in den ältesten Quellen. – Abweichende Formen:

a) Nach den Auslautgesetzen sollte der Nom.Sg. germ. *-*ō* nach kurzer Silbe auf *-u* auslauten, bei lang- und mehrsilbigen Stämmen dagegen endungslos sein (so bewahrt in ae. *giefu* 'Gabe' / *lár* 'Lehre', vgl. Ae. Gr. § 252, Thöny 2013: 65). Im frühen Vorahd. wäre *-u* auch nach langer Silbe erhalten, falls *noru* (Aalen, um 500) einen Frauennamen **Nōrō* fortsetzen sollte (Nedoma 2004: 392 f., SgRi CII, 7 f.). Dieses *-u* kann ferner in – allerdings mehrsilbigen – Formen wie *ladungu* BR (anders StD 210 A.7), *lirnungu* Rd, *missiuuerbidu* Jb fortleben (Baesecke Einf. 145; die dortigen Akk.Sg.-Formen auf *-u* sind jedoch Dative). – Im Abrogans findet sich gelegentlich *-o*, das auf *-u* beruht (vgl. §§ 193 A.3, 305 A.1), z. B. *uuarido* 'Werd, Insel' Pa, Kb, *gamahhido* Pa (Baesecke 1931: 366, Splett Abr 59). Zu Adjektivformen auf *-o* vgl. § 248 A.6d; zu *ëro* Wess – wohl kein Femininum – vgl. § 205:4+A.1.

b) Echte endungslose Formen des Nom.Sg. finden sich in den ältesten Quellen, so *chimeinidh* 'Gemeinschaft' Is, vielleicht auch *khirih* H.Mayer 1982: 98.463, 134. Zu *diot* neben *diota* vgl. § 208 A.4ac; Weiteres bei Paul 1887: 552, Baesecke Einf. 145. Am häufigsten sind sie bei den Abstrakta auf germ. *-*ungō*-, z. B. *disu scauuunc* 'haec consideratio', *samanunc* (Gen.Sg. *samanunga*) BR. Der endungslose Nom.Sg. führt zum Übertritt in die maskuline *a*-Deklination, z. B. *bauhnunc*, Dat. *dhemu bauhnunge*, Dat. *samnunghe* Is (Schatz Ahd. § 343); die Griffelglosse *draḥunç* 'Drohung' gibt ihr Genus nicht zu erkennen (Glaser 1996: 256, 433, 435). Zum Nom.Sg. der *jō*-Feminina auf *-in* vgl. §§ 209 A.2, 211; zu möglicherweise endungslosen Formen der *wō*-Stämme vgl. § 212 A.1. Formal gehört hierher die endungslose, sog. unflektierte Form des Nom.Sg. f. der starken Adjektive (§ 247 A.2a).

c) Endungslos ist auch der Nom.Sg. der *ō*-stämmigen Frauennamen auf *-liub*, *-rūn*, *-wīh*; dagegen *-bërga*, *-gëba* (vgl. auch § 210 A.5). Personennamen der *ō*- und *jō*-Deklination werden latinisiert nach der lat. *ā*-Deklination (Nom. *-a*, Gen. *-ae*), seltener nach der *i*-Deklination (Nom.Gen. *-is*); zum Westfrk. vgl. N.Wagner 2013: 26 ff. Die St. Galler Vorakte bevorzugen den endungslosen Nominativ, die Urkunden bieten Formen auf *-a* – eher lat. Endung als aus dem Akkusativ übertragenes ahd. *-a* –, vgl. Sonderegger 1961: 260.
d) In formelhaften Wendungen und in adverbialem Gebrauch sind einzelne endungslose Nominative fest geworden und werden undekliniert für alle Kasus verwendet: *buoȝ*, *halb*, *stunt*, *(h)wīl*, *wīs* neben *buoȝa*, *halba*, *stunta*, *(h)wīla*, *wīsa* (Schatz Ahd. § 341). Zum Mhd. vgl. Mhd. Gr. § M 18 A.8, KSW II.1, §§ S 46 A.3, 48 A.2.
e) Auch im Lgb. ist der Nom.Sg. langsilbiger Stämme von Hause aus endungslos, so *-gāb*, *laib*, *-traib*. Belege mit auslautendem *-a* – *faida*, *mēta*, *snaida* – werden lat. Einfluss zugeschrieben (Bruckner 1895: 182, Baesecke 1935: 88 [„ungewiß"], Lühr 2020: 297 f.).

Anm. 3. Im Gen.Sg. ist das *-a* vielleicht in älterer Zeit noch lang gewesen, sodass *gëbā* anzusetzen wäre. Es fehlt jedoch ein eindeutiges Zeugnis, da *-a* in BR nie doppelt geschrieben ist (F.Seiler 1874: 438) und die Form bei Notker nicht existiert (Anm. 5b). Aus moderner Mundart kann Länge schwerlich gefolgert werden (Moulton 1941: 11 ff.).

Bei Glossenbelegen auf *-a* muss einkalkuliert werden, dass ein lat. Gen.Sg. auch durch einen Nom.Sg. glossiert sein kann („Grundformglossierung", Klaes 2017: 266; zum Prinzip vgl. Glaser 2003: 19 f.); s. Anm. 5a.

Anm. 4. Für den Dat.Sg. ist *-u* die noch im 9. Jh. (Tatian, Otfrid) regelmäßige Endung. Erst später (10./11. Jh.) tritt dafür *-o* ein (§ 58 A.2), das sich aber auch in älteren Quellen zeigt, so *ēro* BR, *chorungo* H (in St. Gallen schon im 9. Jh. die regelmäßige Form: Sonderegger 1959: 154). Zur Vorgeschichte von *-u* vgl. Krogh 1996: 343 ff.; zur späten Endung *-e*, *-i* s. Anm. 1.

Anm. 5. Gen.Sg. und Dat.Sg. neigen zum gegenseitigen Ausgleich (Schatz Abair. § 110:b, ds. Ahd. § 332, Franck Afrk. § 137, v.Helten 1910: 454, Baesecke Einf. 145,4).
a) Im 9. Jh. gibt es eine Reihe von Dativen auf *-a*, z. B. *forascauuunga* BR (AWB III,1172; zu BR vgl. auch Masser 2002: 92, das dort 184 genannte *racha* ist jedoch Akk.), *miltida* T 97,4 (aus *-u*?), 128,9 (AWB VI,590), *uuostinna* T 96,2 (Sievers T § 113), *lërnunga* Jb (Schindling 1908: 91, 176), *arrechida*, *framrechida* Gl 1,311,17 f. (AWB III,1221), *gischezunga* (Pauly 1968: 121, 157, AWB IV,239); bei Otfrid nur im Reim: *ahta* 1,23,49, *sēla* 3,5,6 u. a. (Kelle O 211). – Belege aus dem 11./12. Jh.: z. B. *slahta* Npw 118 L,87, Tiefenbach 1977: 24,18, *speͪunga* Gl 2,211,47, *pi dero racha* 2,631,25. Im Einzelfall kann *-a* auch durch Grundformglossierung bedingt sein (s. Anm. 3), so wohl *matda* 'syato' (*psiathium* 'Matte') W.Schulte 1993: 268 (dazu AWB VI,319).
b) Meist aber kommt der Ausgleich dadurch zustande, dass die Dativendung *-u* (*-o*) in den Genitiv eindringt (dazu Klein 2005: 144). Vereinzelt schon in den älteren Denkmälern, so *rëhtnissu* Is, *lēru* u. a. BR, *ërdu*, *sēlu* u. a. T; bei Otfrid wieder nur durch den Reim veranlasst: *redinu* Ol 14, *wunnu* Oh 18 (Kelle O 208). Mit dem 10. Jh. nimmt der Genitiv auf *-u*, *-o* überhand, so stets in der Mainzer B (*spīungu*, *thiubu*, *manslahdu* usw.) und in GlMon. Ebenso gehen bei Notker Gen.Sg. und Dat.Sg. gleichermaßen auf *-o* aus (zum Plural s. Anm. 7a). Aus dem 12. Jh. vgl. etwa *rethu* (Pauly 1968: 61, 98).
Nicht hierher der vermeintlich langvokalische Genitiv *hëlfoo* (Clm 6293, 9. Jh.; AWB IV, 905, W.Schulte 1993: 153), der als *helfa* mit offenem, *cc*-förmigem ‹*a*› zu lesen ist (GlFreis 51.28, GramErtr 166).

Anm. 6. Für den Nom.Akk.Pl. ist kurzes *-a* anzusetzen (N.Wagner 1986: 41 ff.; anders Voyles 1992a: 230 f., Boutkan 1995: 228 f.). Zwei Besonderheiten sind zu verzeichnen:

a) *-a* ist in BR nie doppelt geschrieben, also als kurz zu werten (Stiles 1988: 140 A.22, Johannsson 2009: 248 ff.). Langes *-ā* wird erst durch Notker reichlich bezeugt (zum Zeugniswert der Mundarten des Deutschwallis vgl. § 193 A.4c); es liegt wohl eine jüngere alem. Entwicklung vor (N.Wagner 1986: 44 ff., dazu Stiles aaO.).

b) Statt des *-a* findet sich in einigen alten alem. Quellen die Endung *-o*: durchgängig nur in H (*këbo, firino, sunto* u.a.), in anderen seltener neben gewöhnlichem *-a*, z.B. *tilo* 'ubera' Voc 4,12 (wegen des Mask. *tutto* 13?), *unsamftido* BR (Masser 2002: 235); zu Jun vgl. Schindling 1908: 91, 176 (vgl. § 212 A.2), zu GlSchlett vgl. Fasbender 1908: 80; vgl. noch *kiscuntido* Gl 2,202,41 (anders Jacob 1897: 19). Im Bair. und Frk. fehlt *-o* (vgl. § 6a:2b), nur Isidor bietet 1x Akk.Pl. *miltnisso* 42,4 (Kögel 1893: 240 A.1, Franck Afrk. § 138, Matzel Is 210). Die disambiguierende Nebenform *-o*, die auch bei den maskulinen *a*-Stämmen vorkommt (§ 193 A.4a), stammt aus der starken Adjektivflexion (Schatz Ahd. § 333, N.Wagner 1986: 46); vgl. auch Walde 1900: 32 ff., 51 f., Jellinek 1901: 1082 f., Janko 1910: 23 f.

Anm. 7. Die Endung *-ōno* des Gen.Pl. gilt im 9. Jh. noch allgemein (nach G.Schmidt 1985 ist sie vielleicht nicht, wie sonst angenommen, aus der femininen *n*-Deklination übertragen, sondern vorgerm. Erbe). Später treten verschiedene Kürzungen ein:

a) Im späteren Obd. wird die Endung zunächst zu *-ōne* abgeschwächt, so *mereminnone* Gl 1, 377,50 (AWB VI,481), *spaichone* 2,483,41 (Kölling 1983: 198 f.), *kinādone* StD 172,3 (Hs. *kidanone*, Pred B); diese Endung ist in *meindātone* StD 148,3 f. (Bamberger Beichte, 12. Jh.; alem. Vorlage?) sogar auf einen *i*-Stamm übertragen (§ 218 A.4; AWB VI,372). In GlMon lautet die Form vereinzelt auf *-a* aus, so *sulzona* Gl 1,418,13 (vgl. §§ 193 A.6, 221 A.6c). Bei Notker, der durch den Zirkumflex die Länge des *o*-Vokals sichert – z.B. *êrôn, gébôn* Nb (Kelle 1885: 290) –, erscheint die Endung als bloßes *-ōn*. Sie ist wohl nicht lautlich apokopiert, sondern an den Dat.Pl. angeglichen (Wolfermann 1886: 50, Schatz Ahd. § 351); als Vorbild kommt die Gleichheit von Gen.Sg. und Dat.Sg. (Anm. 5b) infrage.

b) Im Frk. scheint dagegen das erste /ō/ früh gekürzt zu sein (§ 6a:4f): *-ōno* > *-ŏno* > *-eno* (> mhd. *-en*). Schon Otfrid verwendet in gewissen Fällen *-ono* (Wilmanns 1873: 113 ff.), vgl. ferner *sunteno* Lorscher B, *sundino* Mainzer B u.a. (zu *suntino* O vgl. § 228 A.2c). Mit *-u*: *dero erzogononu sahhonu* Gl 2,91,28 f., *sachunu sīneru* Trierer Cap (zu *-eru* vgl. § 248 A.10a). Mitunter fehlt der Auslautvokal, so in *brëstungan* Gl 2,31,19 (v.Gadow 1974: 114), *hagazussun* 2,706,8. Will hat *-on*, z.B. *ēron, salbon* (Ausnahme *kuninginno*, § 209 A.5). Weiteres bei Franck Afrk. § 138, v.Helten 1910: 460.

c) Bei Otfrid ist einige Male dem Metrum zuliebe der Gen.Pl. auf *-ōno* zu *-o* verkürzt (vgl. Ingenbleek 1880: 25): *redino* Ol 22, Oh 2, *āleibo* 3,6,55, *innowo* 4,4,70. Von den bei Schatz Ahd. § 334 hier angeschlossenen Belegen aus anderen Quellen ist *unsamftido* BR als Akk. Pl. (Anm. 6b), *vrago* Gl 2,601,43 als Gen.Sg. (zu *frāga*, AWB III,1204; ebenso *urrechido* 44) auszusondern. Ansonsten kommen derartige Verkürzungen bei drei- und mehrsilbigen Wörtern zuweilen vor, z.B. *rātusso* 1,682,5. 2,302,44 (vgl. Schatz Abair. § 110:e, Franck Afrk. § 138, v.Helten 1910: 456). Sie sind als sekundäre Angleichungen an das Mask./Ntr. wie im Dat.Pl. (Anm. 8a) aufzufassen, schwerlich als archaische Gen.Pl.-Formen wie got. *gibō* (vgl. auch G.Schmidt 1985: 399 A.30; zweifelnd Baesecke Einf. 146.6). Zu Parallelen im As. vgl. As. Gr. § 307 A.5.

Anm. 8. Der Dat.Pl. auf *-ōm*, *-ōn* hat langes /ō/ nach dem Zeugnis von BR (z. B. *manungoom*, *redinoom*) und Notker (z. B. *êrôn*, *chlágôn* Nb, Kelle 1885: 290). Das /ō/ ist in der älteren Zeit sehr fest. Abweichende Ausgänge:

a) Nur selten findet sich die Endung *-um*, *-un*, so in *manungum* (oder Mask., Schatz Ahd. § 343), *wahtun* BR, *dheodum* Is (zur Flexion von *diota* vgl. § 208 A.4), *fuarun* GlFreis 323, im Tatian bei einigen Schreibern, die auch sonst ‹u› für /ō/ einsetzen (§ 58 A.4; vgl. *sēlu* 67,9 u. a., Sievers T § 111:3). Erst später tritt neben *-on* häufiger *-un* auf, in Angleichung an das Mask./Ntr. der *a*-Deklination (Beispiele bei Schatz Abair. § 110 f., Franck Afrk. § 138; vgl. v.Helten 1910: 457). In bair. *ad Mosahun* (zu *aha*) wird die ON-Endung *-un* verallgemeinert sein (Schatz 1928: 6).

b) Ganz vereinzelt begegnet der Ausgang *-an*: *vindungan* 'inventionibus' Gl 1,520,31 (2 Hss.; Franck Afrk. 181), *mit kinungan* 'rictibus' Gl 2,401,20, *halaphtran* 'capistris' 2,638,5 (nach Velthuis 1892: 50 Schreibfehler), *rāwan* Npw Cant. Ez. 11. Zu bair. Ortsnamen vgl. Schatz Abair. 124; zum anl. Leid. Will vgl. v.Helten 1897: 485, Sanders 1974: 263. Zu *-an* in der *a*-Flexion vgl. § 193 A.7b.

c) Im späten Frk. wird die Endung zu *-en* abgeschwächt (Franck Afrk. 181): *rūzzungen* 'clangoribus' Gl 2,706,6, *miaden* 'muneribus' 2,769,11, mfrk. *crippungen* 'rapinis' 2,39,12.

§ 208 Wie *gëba* flektieren außerordentlich viele Feminina. Es folgt eine Aufzählung häufiger Typen:

1. primäre Bildungen wie *bëta* 'Bitte', *ēra* 'Ehre', *ërda* 'Erde', *fëhta* 'Kampf', *lēra* 'Lehre', *wamba* 'Leib', *zala* 'Zahl', *zāla* 'Gefahr';
2. sehr zahlreich sind die Nomina actionis auf *-unga* (germ. **-ungō-*), die besonders zu swV. II gebildet werden (Kluge 1926: § 158 f., Lindqvist 1936: 122 ff.), z. B. *korunga* 'Versuchung', *manunga* 'Mahnung', *samanunga* 'Versammlung', *zilunga* 'Eile' (vgl. § 207 A.2b);
3. Abstrakta auf *-ida* (germ. **-iþō-*):
   a) Adjektivabstrakta, zu jedem Adjektiv bildbar (gleichwertig mit und neben denen auf *-ī*, § 229), z. B. *beldida*, obd. *paldida* 'Kühnheit', *hertida* 'Härte', *(h)reinida* 'Reinheit', *spāhida* 'Klugheit', *gimeinida* 'Gemeinsamkeit'; der lautgesetzlich zu erwartende Umlaut ist teilweise analogisch beseitigt (§ 26 A.1b);
   b) Verbalabstrakta, besonders zu swV. I, z. B. *uobida* 'Gebrauch', *ginemnida* 'Benennung' (Kluge 1926: § 120–125, Meid 1967: 144 ff., Pimenova 2004: 181 ff.).

Anm. 1. Ebenso flektieren ab dem 9. Jh. auch alle *jō*-Stämme (§ 209 f.).

Anm. 2. Die Feminina dieser Klasse haben mit den schwachen Feminina (*n*-Deklination, §§ 221, 225) den Nom.Sg. (*zunga*) sowie den Gen. und Dat.Pl. (*zungōno*, *zungōm*) gemeinsam. Deshalb tritt sehr leicht eine Vermischung beider Klassen ein (Voraussetzung für die Entstehung der sog. „Mischdeklination" des Nhd.). Von den meisten zweisilbigen Feminina der *ō*-Deklination finden sich in irgendeiner Quelle auch schwache Formen. So sind bei Otfrid folgende Feminina in starker und schwacher Flexion bezeugt: *bīta* 'das Warten', *ërda*, *fāra*

'Nachstellung', *forahta*, *frāga*, *freisa* 'Gefahr', *halba* 'Seite', *gilouba* 'Glaube', *salba*, *smërza*, *stimma*, *sworga* 'Sorge', *warba* 'Wendung', *wīsa*, *wunta*. Ebenso verhalten sich die Stämme auf *-jō-* und *-wō-* (§§ 210 A.3, 212 A.3). Vgl. Schatz Abair. § 113, Franck Afrk. § 154:3, Thöny 2013: 74 f., 100 f. Im Spätahd.-Frk. und Anl. hat sich eine „Einheitsdeklination" – Akk.Sg. stark, sonst schwach – herausgebildet (Klein 2005).

Anm. 3. So wie die Stämme auf *-jō-* und *-wō-* (§§ 210 A.2, 212 A.3) zeigen auch die *ō*-Stämme zuweilen Nebenformen auf *-ī* (§ 231 A.1), z. B. *stimmī* H neben *stimma*, *fārī* O neben *fāra*.

Anm. 4. Die Flexion von *deota*, *diota* (got. *þiuda*) 'Volk' weist einige Besonderheiten auf (Behaghel 1878: 272, Franck Afrk. § 154 A.1, v.Helten 1910: 454 A.1, AWB II,542 ff., 548):

a) Das Wort wird meist als *ō*-Femininum flektiert (vgl. auch § 207 A.8a). Selten ist *diot* als Femininum der *i*-Deklination (im Mhd. dagegen meist *diu diet*). Daneben stehen aber mask. *dër diet* (*i*-Stamm) als regelmäßige Form bei Notker und mask. *thiot* (*i*-Stamm?) bei Otfrid, dort auch ntr. *thaz thiot* 1,1,85. 1,12,31 (Kelle O 144). Auch Tatian bietet neben regelmäßigem *thiota* Nom.Sg. *thiot* 145,5 (AWB II,548) und Gen.Pl. *thioto* 112,3. 128,9 (AWB II,542).

b) In Is und MF stehen neben *ō*-stämmigen Singularformen Formen des schwachen Femininums für den Nom.Akk.Pl.: *dheodun*, *deotun*. Matzel Is 208 f. nimmt eine semantische Unterscheidung an: *n*-Stamm für die theologische Bedeutung 'Heiden' (*gentes*), *ō*-Stamm für die übliche ethnische Bedeutung.

c) Das Femininum *diot* zeigt lautgesetzliche Apokope nach langer Silbe (vgl. § 207 A.2); die Flexion als Mask. und Ntr. ist an *liut* m. bzw. *folk* n. angelehnt (Lühr Hl 462 f., EWA II,685).

Anm. 5. Die *wō*-Stämme sind jetzt in § 212+A.1 dargestellt.

(b) Stämme auf *-jō-*

Für die mit *-jō-* gebildeten Feminina werden zwei Paradigmen gegeben, die sich nur im Nom.Akk.Sg. unterscheiden. **§ 209**

Paradigma (1): *sunta* 'Sünde' (as. *sundia*, mhd. *sünde*). Die voranstehenden Formen sind die historisch älteren, die sich in den Glossen des 8. und in den Quellen vom Anfang des 9. Jahrhunderts finden, im Laufe des 9. Jahrhunderts aber bald verschwinden (vgl. § 118+A.1). Das fett gedruckte Paradigma stellt die regelmäßige Flexion des 9. Jahrhunderts (Tatian, Otfrid) dar, die mit der Flexion von *gëba* (§ 207) übereinstimmt.

-jō- (f.)		as.	ahd.			mhd.
Sg.	N.A.	*sundia*	*sunte*;	*suntea, -ia*;	***sunta***	*sünde*
	G.	*sundia*	*sunte*;	*suntea, -ia*;	***sunta***	*sünde*
	D.	*sundiu*		*suntiu*;	***suntu***	*sünde*
Pl.	N.A.	*sundia*	*sunte*;	*suntea, -ia*;	***sunta*** (*-ā* N)	*sünde*
	G.	*sundiono*		*sunteōno*;	***suntōno***	*sünden*
	D.	*sundiun, -ion*		*sunteōm*;	***suntōm, -ōn***	*sünden*

Paradigma (2): *kuningin* 'Königin' (as. [ersatzweise] *makerin, wōstin, burthin,* mhd. *künegīn, küneginne*).

-*injō*- (f.)		as.	ahd.	mhd.
Sg.	N.	*makerin*	***kuningin***	*künegīn, küneginne*
	G.	**makerinnia*	***kuninginna***	*küneginne*
	D.	(*wōstinniu*)	***kuninginnu***	*küneginne*
	A.	(*wōstinnia*)	***kuninginna*** (-*in* § 211 A.1)	*küneginne, künegīn*
Pl.	N.A.	**makerinnia*	***kuninginna*** (-*ā* N)	*küneginne*
	G.	**makerinniono*	***kuninginnōno***	*küneginnen*
	D.	(*burthinnion*)	***kuninginnōm, -ōn***	*küneginnen*

Anm. 1. Das Paradigma *kuningin* (vgl. § 211) gibt nur die regelmäßige Flexion an; es setzt – ebenso wie *sunta* – die älteren Formen voraus, die aber bei den hierher gehörigen Wörtern kaum belegt sind (Nom.Pl. *lungunne* 'Lungen' Voc; § 211 A.3a). Was in § 207 über die Weiterentwicklung der Endungen von *gëba* angemerkt ist, gilt auch für die *jō*-Stämme. Einzelbelege bei Schatz Abair. § 111:ab, Franck Afrk. § 139.

Anm. 2. Für den Nom.Sg. wäre eigentlich Endungslosigkeit zu erwarten, da die *jō*-Stämme durch die westgerm. Konsonantengemination (§ 96:2) langsilbig geworden waren (vgl. § 207 A.2). Die endungslosen Formen blieben aber nur bewahrt bei den movierten Feminina des Typs *kuningin* (§ 211) und in zweigliedrigen Frauennamen wie *Brunhilt* (vgl. § 210 A.5; Schatz Abair. § 111:c, Franck Afrk. § 139, Baesecke Einf. §§ 80:3, 93:2). Zwei Einzelfälle sind *diu* 'Magd' (§ 210 A.4) und *dūsunt* '1000' (§ 275+A.1). Sonst wurde wie bei den *ō*-Stämmen die Form des Akk.Sg. auf den Nom.Sg. übertragen (zum umgekehrten Ausgleich vgl. § 211 A.1).

Anm. 3. Im Nom.Gen.Akk.Sg. und Nom.Akk.Pl. sind die Formen auf -*e* (*sunte*) die ältesten (vgl. § 58 A.1). Sie sind in den ältesten Glossen die Regel, so Pa *unde* 'Woge', *raore* 'Rohr', K, Ra *seche, -k-* 'Streit' (Kögel 1879: 153 ff., Baesecke 1931: 366), *sītte* 'Seite' GlKass. Weitere Beispiele aus Voc und Is bei Paul 1877: 344. Zur von Kögel Lg. II,464 A.1 angenommenen Länge dieses -*e* vgl. § 198 A.4a; Wilmanns III,334, ds. 1908: 144, Bohnenberger 1913a: 200 f.

Schon Ende des 8. Jh. werden die Formen auf -*e* durch die auf -*ea*, -*ia* verdrängt (*suntea, suntia*), die nach Analogie von *gëba* sowie nach *suntiu, sunteōm* usw. gebildet sind (§ 118 A.2). Diese stehen schon in Ra neben den *e*-Formen, z. B. *kertia, sechia* (Kögel 1879: 154, 156). Im 9. Jh. weichen -*ea*, -*ia* einfachem -*a*. – Zu *gruobe* T vgl. § 207 A.1, zu *piunte, biunta* § 220 A.1.

Anm. 4. Wenn /j/ in den *ō*-Formen des Gen.Dat.Pl. erhalten ist (§ 118:1), erscheint es in der Regel als ‹*e*›. Sehr selten kommt ‹*i*› vor, z. B. *wunniōno* Ludw.

Anm. 5. Zu *kuningin* begegnet bei Will der verkürzte Gen.Pl. *kuninginno* (vgl. § 207 A.7bc).

§ 210 Die wie *sunta* (as. *sundia*) mit /j/ gebildeten Feminina sind nur dann als solche zu erkennen, wenn alte, beweisende Kasusformen vorliegen, wenn sie Umlaut zeigen – der oft erst im Mhd. sichtbar wird – oder wenn Doppelkonsonanz nach § 96 Gemination durch /j/ indiziert. In manchen Wörtern treten mehrere Merkmale gemeinsam auf. Demnach gehören zu den *jō*-Feminina folgende Typen:

1. zweisilbige Wörter:
   a) mit Primärumlaut /a/ > /e/: *gerta* 'Gerte' (*garde, gardea* Is, *kertia* Ra), *hella* 'Hölle' (Dat.Sg. *helliu* T), *reda* 'Rede' (*radia, redia* Exh A, *redia* noch bei Otfrid, vgl. § 118 A.4) u. a.;
   b) mit anderen Vokalen: *minna* 'Liebe' (Dat.Sg. *minniu* Is), *krippa* (Akk.Sg. *crippea* T), *sippa* 'Sippe' (Gen.Sg. *sipbea* Is); – *brucka* 'Brücke' (Nom.Pl. *prucge* Voc; mhd. *brücke*), *brunna* 'Brünne' (daneben *brunia*, auch spätahd., vgl. § 118 A.4; mhd. *brünne*), *gussa* 'Flut' (§§ 170:2, 201 A.4b), *hutta* 'Hütte', *unda* 'Woge' (Dat.Pl. *undeom* Pa; mhd. *unde, ünde*); – *thiuba, -f-* 'Diebstahl' (Dat.Sg. *diubiu* LexSal); – *ēwa* 'Gesetz' (Dat.Sg. *euuiu* Kb);
2. die femininen Abstrakta auf *-nissa* (Anm. 1, 2), z. B. *drīnissa* 'Dreiheit'.

Anm. 1. Bei den *jō*-stämmigen Feminina auf *-nissa, -nussa* (§§ 201 A.1, 231 A.1) ist halbvokalisches ‹*i, e*› nur aus dem As. zu belegen (*gōdlīcnissea, hēthinnussia*). Vgl. auch § 68 A.3.

Anm. 2. Die mit *-jō-* gebildeten Feminina zeigen – wie seltener auch die *ō*-Stämme (§ 208 A.3) – eine besondere Neigung zu den *ī(n)*-Feminina (§ 231 A.1), sodass sich bei den meisten *jō*-Wörtern Nebenformen auf *-ī* finden (vgl. Behaghel 1928: 523). So stehen neben *reda, brunna, minna, ēwa, wunna* 'Wonne' auch *redī, brunnī, minnī* MF, *ēwī* Kb, *wunnī*; insbesondere auch *-nissī* (*-nessī*) neben *-nissa* (§ 231 A.1; vgl. auch die Neutra auf *-nissi*, §§ 68 A.3, 201 A.1). Zum Gen.Pl. *suntino* O, *sulcina* GlMon vgl. § 228 A.2c. – Szadrowsky 1928: 398 ff.

Anm. 3. Die *jō*-Stämme berühren sich zudem mit der schwachen *ōn*-Deklination (vgl. § 208 A.2). So kommen von *redia, reda, rōrea* (*rōrra, rōre*), *brunna, hutta, unda, krippa* u. a. auch schwache Formen vor.

Anm. 4. Ein alter Nom.Sg. (§ 209 A.2) ist bei *thiu, diu* 'Magd' (got. *þiwi*, Gen. *þiujōs*) erhalten; Formen der *jō*-Flexion sind jedoch erst aus dem 11. Jh. belegt (AWB II,560): Gen.Sg. *diuwa*, Nom.Pl. *diuuâ*, Gen.Pl. *diuuôn* N, Akk.Pl. *diuwa* WGen. Sonst ist das Wort in die *i*-Deklination (§ 218) übergetreten: Gen.Dat.Sg. *thiuui, thiuwi* O, T (Kögel 1884: 538); auch bei Notker Akk. Sg. *diu*, Nom.Pl. *-dîuue* Nc 101,12. 21 (Sehrt/Legner 1955 s. vv. *diu, uuidemdiu*).

Anm. 5. Zu den *jō*-Stämmen gehören die meisten zweigliedrigen Frauennamen: auf *-birg* (vgl. Nedoma 2004: 137 ff., SgRi 495, 677 f.), *-birin, -diu, -drūd, -flāt* (mhd. *vlāt* 'Sauberkeit'), *-frīt, -gart* (sofern zu *garde* 'Gerte'), *-gilt, -gund, -heit, -hilt, -lind, -loug* (zu got. *liugan* 'verheiraten', Schramm 1957: 46 A.3), *-munt, -muot, -niu* (*-niuwi*), *-sind, -snot, -swind, -wint, -wit, -wulb*; unsicher sind *-meri, -suon, -wig*. Vgl. § 207 A.2c (auch zur Latinisierung); Menke 1980: 335.

Wie *kuningin* flektieren alle movierten Feminina, die mit dem Suffix germ. **-injō-* **§ 211**
(Nebenform **-unjō-*, § 64 A.2a) – westgerm. **-innjō-* (**-unnjō-*, § 96:2d) – von Maskulina abgeleitet sind; so *affin* 'Äffin', *esilin* 'Eselin', *forasagin* 'Prophetin', *friuntin* 'Freundin', *gutin* 'Göttin', *herizogin* 'Herzogin', *māgin* 'Verwandte'; *wirtun* O 'Wirtin'. Charakteristisch für diese Wörter ist die Bewahrung der Kurzform des Nom. Sg., die schon im 9. Jahrhundert hier und da auch in den Akk.Sg. gedrungen ist (§ 209 A.2).

Zu dieser Gruppe gehören auch Eigennamen auf germ. **-injō-*: *Walahin*, *Frankin*, *Swābin* (zu Völkernamen), *Engelbirin* (zu *bëro* § 222:1a); auf **-unjō-*: *Hraitun*, *Hruadunne* Dat. (Fulda). Vgl. Schatz 1935: 155 f.

Lit.: Henning 1874: 90 ff., E.Sievers 1878: 142, ds. 1878a: 536, Kögel 1879: 151 f., Walde 1900: 173, Wilmanns II,309 ff., III,334 f., Kluge 1926: § 39–41, Henzen 1965: § 95.

Anm. 1. In der Flexion der movierten Feminina übernimmt ab dem 11. Jh. einerseits der Nom. Sg. die längere Form *kuninginna* des Akk.Sg. (§ 209 A.2); die Flexion gleicht dann der von *gëba*. Andererseits greift die kürzere Form schon im 9. Jh. auf den Akk.Sg. über: *eina esilin* T 116,1, *kuningin thia rīchun* O 1,3,31 (Schatz Ahd. 220), auch *lein* 'Löwin' Gl 2,42,2 (AWB V,867), frk. *frīlāzin* Lex Baiuvariorum (Tiefenbach 2004: 286); im 12. Jh. *friudalin*, *ginōzin* GlMon. Vereinzelt dringt die Kurzform in weitere Kasus ein, so Nom.Pl. *friûnden* Np (AWB III,1276, anders Sehrt/Legner 1955: 195); späte Glossenbelege (Grundformglossierung?): Dat. Sg. *reitmannin* Gl 2,547,24 (AWB VII,880), Akk.Pl. *affin* 1,439,1. 5,5,27 (AWB I,34), *brōtbeiccerin* 1,393,17 f. (AWB I,1424 f.). Im Mhd. entstehen schließlich zwei Flexionen: *diu küneginne* und – mit Dehnung des *-in* zu *-īn* (§ 231 A.3) – *diu künegīn* (KSW II.1,114 f., III,97 f.).

Anm. 2. Im Mhd. wurde das *-in* des Nom.Sg. gedehnt (Anm. 1). Dass es im Ahd. kurz ist, geht aus dem *-en* bei Notker hervor: *wirten*, *herzogen*, Gen.Sg. *gutenno*, Akk.Pl. *gutenna* 'Göttin'. Sowohl die Sprachgeschichte als auch der Mangel jedes direkten Zeugnisses für langes /ī/ erweisen, dass ahd. *-in* mit Kurzvokal anzusetzen ist.

Anm. 3. Bildungen mit formal vergleichbaren *n*-Suffixen:

a) Mit einem Suffix germ. **-injō-*, *-unjō-* sind auch einige Feminina von nicht persönlicher Bedeutung gebildet, die ursprünglich ebenso flektierten (Wilmanns II,313, Kluge 1926: § 150, Schatz Ahd. 220): *lungun* (*lungin*) 'Lunge', Gen.Sg. *lungunna* Jb-Rd, Nom.Pl. *lungunne* Voc, *lungunnā*; *wuostin* 'Wüste', dazu im Tatian und bei Otfrid Dat.Sg. *wuostinnu* (auch *-a* T, § 207 A.5a), Akk.Sg. *wuostinna*, und einige sehr spärlich belegte, wie *festin* 'Schutzwehr', Nom.Pl. *fastinna* Rd (Jb), dazu – anderes Wort? – Nom.Sg. *festi*, *festini* (?) 'Festigkeit' Rd-Jb (AWB III,769 ff.; vgl. as. **fastun*, Akk.Sg. *fastunnea* As. Gr. § 309); *mistun* 'Misthaufen' K, Ra, dazu *mistunnea* R (Kögel 1879: 151), *birtun** 'Weihegabe' (nur Nom.Pl. *pirtunna* 'eulogiae' Gl 2,100,54. 4,322,72; Springer 1987: 916 ff., EWA II,102 ff.) u.a. – Auf eine nicht gesicherte Suffixform **-njō-* (Kluge 1926: § 40) könnten obd., besonders bair. Frauennamen wie *Hrōdni*, *Rīhni*, *Adalni* führen (Schatz 1899: 44, ds. 1935: 146 f.).

b) Andere Feminina auf *-in* enthalten in obliquen Kasus einfaches /n/; sie sind deshalb als *inō*-Stämme mit kurzem Nom.Sg. anzusehen (Wilmanns II,304 A.1, Kluge 1926: § 151): *lugin* 'Lüge', *burdin* 'Bürde', *lentin* 'Niere, Lende', *hartin* 'Schulterblatt', *linsin* 'Linse'. Zu *lugin* sind noch Formen der reinen *ō*-Deklination belegt (Akk.Sg. *lugina* T, O; Gen.Sg. *lugino* N; Dat.Pl. *luginōn* O). Im Übrigen aber vermischt sich die Flexion dieser Wörter mit derjenigen auf *-in* (s. oben a) und beider mit den *ī(n)*-Feminina (§ 231 A.3). Sie haben also im Singular und im Nom.Akk.Pl. *lugī*, *burdī*, *lentī*, *hartī*, *linsī* neben sich. Wo die *in*-Formen vorhanden sind, sind sie gewöhnlich im ganzen Sg. und Nom.Akk.Pl. fest geworden, sodass dann *burdin* wie folgt flektiert: Sg. Nom.Akk.Gen.Dat. *burdin*; Pl. Nom.Akk. *burdin*, Gen. *burdino* (§ 228 A.2b), Dat. *burdinōn* (und nach § 228 A.3a *purdinum* Jb-Rd). Statt *wuostin* lautet die regelmäßige Form in allen Singularkasus *wuostī*.

c) Zu den Wörtern unter b) treten einige Lehnwörter aus lat. Feminina auf *-ina* (*-ena*), die – soweit eindeutige Belege vorliegen – ganz deren Schicksal teilen. So *butin* (mlat. *butina*) 'Bütte', *muli(n)* 'Mühle' (*molina*) und reicher belegt *ketin* 'Kette' (*catena*), woneben noch Formen mit einfachem /n/ stehen (Dat.Sg. *ketinu* O, Dat.Pl. *goltkétenon* Will, schwach Akk.Pl. *ketinūn* T). Dagegen herrscht im Obd. – durch Vermischung mit a) – /nn/: Dat.Sg. *chetinnu* H, Gen.Dat.Sg. *chétenno*, Nom.Akk.Pl. *chétennâ* N. Vgl. Schatz Abair. §§ 111:c, 114, Franck Afrk. § 140:2,3, Wilmanns III,338 f., Gröger 1911: § 111, AWB V,146 f.

(c) Stämme auf *-wō-*

§ 212 Die Feminina auf *-wō-* stimmen in der Flexion mit den reinen *ō*-Stämmen (§ 207) überein, zeigen jedoch teilweise lautliche und formale Besonderheiten (Anm. 1). Beispiele: *(h)riuwa* 'Trauer, Reue', *triuwa* 'Treue', *far*ᵃ*wa* 'Farbe'. Einige Personennamen enthalten einen Stamm **bađwō-* 'Kampf' (§ 109 A.1).

Lit.: Zum Ae.: Dahl 1938: 155 f. – Zur Vorgeschichte der *wō*-Flexion: de Vaan 2016.

Anm. 1. Neben *drawa*, *dro(u)wa* 'Drohung', *klāwa* 'Klaue', *brāwa* 'Braue' begegnen auch *drō*, *clō*, *brā* (Paul 1880: 167 f.). Es handelt sich eher um junge als um alte endungslose Nom.Sg.-Formen (§ 207 A.2b; anders Baesecke Einf. § 81). Von dort ist /ō/ auch in den Inlaut vorgedrungen: *drōa*, *clōa* (§§ 45 A.3, 114; Schatz Abair. 27), Akk.Sg. *droha* GlFreis 403.359 (zu /h/ vgl. § 110 A.3). Der Dat.Sg. ‹*sto*‾› GlFreis 244.16 führt auf einen *wō*-Stamm *stuo(w)a* 'Strafgericht' (= got. *staua* < **stōwō-*, Casaretto 2004: 103; dazu *stuotago* § 222 A.3); vgl. Akk.Sg. *roa* MF 7,12 zu *ruo(w)a* 'Ruhe' (**rōwō-*, GramErtr 166).

Anm. 2. *prāo* Rd enthält die altalem. Pluralendung *-o* (§ 207 A.6b; „Kontraktion mit Schwund des *w*", Schindling 1908: 76). – Schwerlich hierher der Nom.Pl. *slegiprāu* H.Mayer 1974: 129 (bair., 9. Jh.): ‹*u*› = stammhaftes /w/, *-a* graphisch oder phonetisch verloren (?).

Anm. 3. Ebenso wie bei den Stämmen auf *-ō-* und *-jō-* (§§ 208 A.2,3, 210 A.2) begegnen auch bei den *wō*-Stämmen Nebenformen nach der *n*- und der *ī*-Deklination: *farawa*, *farawī* O (vgl. Thöny 2013: 121). Zu Feminina auf *-wōn-* vgl. auch § 225 A.1c.

M 2.2.1.3. [*ī*-Deklination]

§ 213 Die früher im Anschluss an die *ō*-Stämme behandelten Abstrakta auf *-ī(n)* sind aufgrund ihrer Genese zur *n*-Deklination gestellt (§ 227 ff.).

M 2.2.1.4. *i*-Deklination

§ 214 Der ahd. *i*-Deklination gehören fast nur noch Maskulina und Feminina an (zum Neutrum s. Anm. 2). Die im Ae. und auch noch im As. vorhandene Scheidung der Flexion nach langsilbigen und kurzsilbigen Stämmen ist im Ahd. nur in wenigen Resten erhalten (§§ 217, 220). Die normale Flexion ist die der langsilbigen Stämme.

Lit.: E.Sievers 1878: 101 ff., Bammesberger 1990: 123 ff., Thöny 2013: 66 ff. – Zum Ae.: Dahl 1938: 156 ff., Adamczyk 2008.

Anm. 1. Maskulinum und Femininum wurden im Idg. völlig gleich flektiert (lat. *hostis* m., *turris* f.). In den germ. Sprachen ist das Maskulinum im Singular in die *a*-Deklination übergetreten – sei es bereits im Urgerm. (Got. Gr. § 99) oder in einzelsprachlicher Zeit („tendency toward analogical reformation", Fulk 2018: 158).

Anm. 2. Das ursprünglich vorhandene Neutrum kann relikthaft in *meri* (§ 202 A.1) und *bini* (§ 201 A.4c) erhalten sein (Thöny 2013: 262 ff., 274 f.), wohl auch in *sib(i)* 'Sieb' (aaO. 222 f.; zum *i*-Schwund vgl. die Maskulina § 217; mit Auslautvokal *sibe* Gl 3,642,40, 13. Jh.). Der neutrale *a*-Stamm *maȝ* ist vielleicht aus germ. **mati*- umgebildet (EWA VI,218 f.; vgl. § 170 A.1).

(a) Maskulina auf *-i-*

§ 215 Paradigma: *gast* 'Gast' (as. mhd. *gast*; zu kurzsilbigen Stämmen vgl. § 217). Die fett gedruckten Formen sind die regelmäßigen des 9. Jahrhunderts.

-*i*- (m.)		as.	ahd.	mhd.
Sg.	N.A.	*gast*	***gast***	*gast*
	G.	*gastes, -as*	***gastes*** (*-as*)	*gastes*
	D.	*gaste, -a*	***gaste*** (*-a*)	*gaste*
	I.	(*kraftu*)	*gastiu, gestiu*; ***gastu***	–
Pl.	N.A.	*gesti*	*gesti*	*geste*
	G.	*gestio*	*gesteo, -io*; ***gesto***	*geste*
	D.	*gestiun, -ion*	***gestim, -in***; *-en*	*gesten*

Anm. 1. Für den Gen.Dat.Sg. auf *-es* bzw. *-e* gelten die Feststellungen zu *tag* § 193 A.1.

Anm. 2. Im Instr.Sg. ist *gastu* die regelmäßige Form; die ältere Form mit /i/ fehlt im Alem. seit BR, kommt aber in Ortsnamen mit konservativer Schreibung noch später vor (Sonderegger 1959: 154). Beispiele sind *falliu* K, *fuazziu* H, *slegiu* Rb, *lougiu* Musp (§§ 118 A.1a, 216 A.2; Braune 1915: 429, Baesecke 1918/68: 60, 67), *fra[m]kenkiu* 'processu' Gl 2,141,9; in Ortsnamen *ad Pachiu, in Wangiu* (Schatz 1928: 4, Wiesinger 1992: 365).

Einzelne Instrumentale auf *-iu, -u* werden anscheinend dativisch verwendet. Dies wurde früher auf Einwirkung der *iu*-Dative der *u*-Deklination (§ 220c A.3bα) zurückgeführt; Dal 1971: 133+A.10 sieht darin jedoch echte Instrumentale.

Anm. 3. Der Umlaut, der bei den Wörtern mit Wurzelvokal /a/ im Plural regelmäßig erfolgt, tritt noch öfters in denjenigen alten Quellen, in denen die Umlautbezeichnung erst teilweise durchgedrungen ist (§ 27 A.1b), nicht zutage, so *asti, zaneo* Pa. Stets fehlt er vor umlauthindernden Konsonantenverbindungen (§ 27 A.2): obd. *palg*, Pl. *palgi* = frk. *balg* / *belgi*.

Anm. 4. Das *-i* im Nom.Akk.Pl. ist sicher kurz: Nie findet sich die Schreibung ‹*ii*›, und Notker schreibt dafür von Anfang an ‹*e*›, z. B. *géste* Nb (Kelle 1885: 285 f.). Vgl. § 193 A.4.

Anm. 5. Für den Gen.Pl. ist *gesto* die regelmäßige Form des 9. Jh. Doch kommen die Formen mit *-eo, -io* in älteren Quellen noch ziemlich häufig vor, z. B. *zaneo* Pa, *zenio* T (vgl. § 118:1). In späten Quellen ist die Endung mitunter abgeschwächt: mit ‹*e*› *wurme* Will (v.Helten 1897: 488), mit ‹*i*› *liuti* Npw (Heinzel 1875–76: II,216); zum Femininum vgl. § 218 A.4.

Anm. 6. Im Dat.Pl. sind *-im*, *-in* die Formen des 8. und 9. Jh. Die Abschwächung zu *-em*, *-en* tritt jedoch schon in älterer Zeit vereinzelt auf (so *weroldem, gitātem* WK, *heidem* Is, *liuten* Sam) und ist im 10./11. Jh. (Notker) die Regel.

Wie *gast* flektieren recht viele Maskulina. Hervorzuheben sind folgende Gruppen: **§ 216**

1. primäre Konkreta wie *ast* 'Ast', *bah* 'Bach', *balg* 'Schlauch', *liut* 'Volk' (Pl. *liuti* 'Leute'; Anm. 4), *skaft* 'Speer', *wurm* 'Schlange'; Mehrsilbler wie *apful* 'Apfel' (Pl. *epfili*), *zahar* 'Träne' (Pl. *zahari*, § 27 A.4b); s. Anm. 1c;
2. Abstrakta zu starken Verben (Kluge 1926: § 115), deren Wurzel nach Möglichkeit in der Schwundstufe steht, z. B. *skrit* 'Schritt', *wurf* 'Wurf'; *slag* 'Schlag' (vgl. Anm. 2 und § 217+A.1);
3. einige Lehnwörter wie *brief* 'Brief' (Pl. *prievi* Gl), *sak* 'Sack' (Pl. *sekki* Gl), *tisk* 'Tisch' (Pl. *tisgi* T, *disgi* O); s. Anm. 1c.

Anm. 1. Viele Maskulina, die im Ahd. wie *gast* flektieren, haben ursprünglich anderen Stammklassen angehört:

a) alte *u*-Stämme (§ 220b): *arn* 'Adler' (Gutmacher 1914: 26, AWB I,657 f., N.Wagner 2008: 168, Thöny 2013: 197 ff.), Pl. *erni* (daneben der *n*-Stamm obd. *aro*, AWB I,661; vgl. **bërn* neben *bëro* § 220b A.1), *buog* 'Bug' (EWA II,444), *furt* 'Furt' (*tu*-Abstraktum, Schaffner 2001: 84), *heit* 'Wesen, Art und Weise, Person' (Thöny 2013: 279 ff.), *lid* 'Glied' (§ 220c A.1), *skilt* 'Schild' (got. *skildus*), *sun* 'Sohn' (§ 220c A.1), *widar* 'Widder' (got. *wiþrus*), *wirt* 'Hauswirt' (got. *waírdus*);
b) alte Konsonantstämme (§ 238): *fuoȥ* 'Fuß' (§ 238 A.1), *nagal* 'Nagel' (EWA VI,749 f.), *spurt* '(Runde)' (*i*-Stamm [§ 281 A.3] wie ae. *spyrd*, aber got. *spaúrds* ist Kons.-Stamm), *zan, zand*, Pl. *zeni, zendi* 'Zahn' (nach LIV 230 lexikalisiertes *nt*-Partizip [Aorist]; vgl. Gröger 1911: 147, Schatz Ahd. 232, Lühr 1979: 124 ff., Griepentrog 1995: 481 f., Thöny 2013: 136 f.);
c) alte *a*-Stämme (§ 193 f.): Dem *i*-Stamm *ast* 'Ast' steht der ältere *a*-Stamm got. *asts* gegenüber (Bjorvand 1995: 45, Casaretto 2004: 54+A.134); zu **aska-*/*aski-* 'Esche' (ahd. *ask*) vgl. Lühr 2000: 223. Auch die oben genannten Mehrsilbler (*apful*) und Lehnwörter (*tisk*) sind zumindest teilweise aus *a*-Stämmen umgebildet; bei letzteren kann auch ein lat. *i*-Vokal (*i*-Suffix bzw. *ī*-Plural) Pate gestanden haben.

Anm. 2. Da der Singular dieser Deklination ganz mit dem der *a*-Stämme übereinstimmt (§ 214 A.1), ist bei nicht im Plural belegten Wörtern die Zugehörigkeit oft zweifelhaft. Nur selten ist eine ältere Form des Instr.Sg. belegt, die eine Entscheidung ermöglicht, so bei *lougiu* Musp zu *loug* 'Flamme' (= ae. *líeg*; § 215 A.2). Der Wortbildung nach ist eine Anzahl schwundstufiger Verbalabstrakta wie *grif* oder *zug*, die nur im Singular belegt sind, hierherzustellen (v.Bahder 1880: 25 ff., Bjorvand 1995: 21, 41); Pluralbelege wie *strihi* (Nievergelt 2013: 392.2, GramErtr 166) sind naturgemäß nicht allzu häufig. Vollstufige Verbalabstrakta wie *gang* pflegen sich einer eindeutigen Zuordnung zu widersetzen (Bjorvand 1995: 4 f., 10, 44 f.).

Anm. 3. Aufgrund des übereinstimmenden Singulars bilden viele *i*-stämmige Maskulina auch den Plural nach der stärker besetzten *a*-Deklination. Etliche *i*-Maskulina besitzen daher auch einen Plural auf *-a* (zur umgekehrten Übertragung vgl. § 194 A.1a), z. B. *kruog*, Pl. *kruagi* O / *kruoga*; bei Verbalabstrakta z. B. *fal*, Pl. *felli* / *falla*, *scuȥ* 'Schuss', Pl. *scuȥȥi* / *scuȥȥa*; bei ursprünglichen *u*-Stämmen (Anm. 1a) z. B. *heida* Is neben *heiti*, *scilta* neben *scilti*.

Daher können im Plural seltene *i*-Stämme zufällig nur mit *a*-Pluralen belegt sein, z. B. nur *guȥȥa* zu *guȥ* 'Guss', *snita* zu *snit* 'Schnitt', nur *walda* zu *wald* (früher *u*-Stamm, §§ 194 A.1b, 220b A.1), aber *az Waldiu* Instr. (oder Lok., vgl. §§ 193 A.8, 220c A.3bβ) und mhd. *welde*. „Die [...] Pluralflexion dieser Stämme bedarf einer gründlichen philologischen Untersuchung" (Bjorvand 1995: 43); vgl. noch v.Bahder 1880: 18, Wilmanns III,362 f., Schatz Abair. § 102:b.

Anm. 4. Einige Wörter schwanken zwischen Maskulinum und Femininum der *i*-Deklination (vgl. § 219 A.2), z. B. *list* 'Klugheit', *heit* (alter *u*-Stamm, Anm. 1a), *grun* 'Unglück' (bei Otfrid im Singular mask., im Plural *grunni* fem.). – *liut* 'Volk' erscheint auch als Neutrum (*a*-Stamm) sowie bei Otfrid zuweilen als Femininum (*thio liuti*). – *stad* 'Ufer, Landungsplatz' (Instr. *stediu*, *stedu* T) hat außer regelmäßigen Pluralformen der *i*- und *a*-Deklination in seltenen Belegen ein Femininum *stedī* und ein Neutrum *stedir* (§ 197 A.1a) neben sich (Graff VI,643 f., Schatz Abair. 110, 113, ds. Ahd. 243).

Anm. 5. *sēo* (später *sē*, § 108 A.2) 'See' folgt vielfach der *wa*-Flexion (§ 204), ist aber eigentlich ein *i*-Stamm. Dies wird sowohl durch den Umlaut in ae. *sǣ* (Ae. Gr. § 266 A.2) als auch durch ahd. Formen bewiesen: Dat.Pl. *sēwim* (neben Nom.Akk.Pl. *sēa*, Dat.Pl. *sēom*), Instr.Sg. *sēuuiu* (Pa, Kb 172,23; § 203 A.2), *sēwu*, der (nach § 215 A.2) dativisch gebraucht erscheint, z. B. *ze demo sēuuiu* Lb 2.4, 53, *nāh themo sēwu* T. Der *i*-stämmige Nom.Pl. ist als *sēwi*, *sēowi* 'Meer' noch einige Male in Pa und K belegt (vgl. Kögel 1879: 141).

§ 217 Die Maskulina mit kurzer Stammsilbe sollten eigentlich wie im As. und Ae. im Nom.Akk.Sg. den Suffixvokal *-i* beibehalten (vgl. § 214). Die meisten haben aber ebenso wie die langsilbigen *i*-Stämme das *-i* aufgegeben, vgl. ahd. *biȥ*, *slag* gegenüber as. *biti*, *slegi*. Wie das Fehlen des *i*-Umlauts erweist, ist die Apokope älter als der Primärumlaut (vgl. § 51:2a sowie Szulc 2002: 92; anders Antonsen 1969/70).

Nur wenige Wörter haben die alten Formen bewahrt (zu *mezzi* 'Speise' Pa, K, Ra vgl. § 170 A.1):

1. *hugi* 'Sinn' Pa; sonst nur *hugu* (§ 220c+A.4,5);
2. *risi* 'Riese'; daneben *riso* nach § 222;
3. die Verbalabstrakta *quiti* 'Aussage' (zu *quëdan*; Anm. 4) und *-kumi* (*-quimi*) 'Ankunft' (zu *quëman*; Anm. 1);
4. als Sonderfall *wini* 'Freund' (Anm. 5).

Abgesehen vom Nom.Akk.Sg. stimmt *quiti* 'Aussage' flexivisch mit *gast* (§ 215) überein (vgl. ersatzweise as. *hugi* 'Sinn', mhd. *slac* 'Schlag'):

-*i*- (m.)		as.	ahd.	mhd.
Sg.	N.A.	*hugi*	***quiti***	(*slac*)
	G.	*huges, -ies, -ias*	***quites***	*slages*
	D.	*hugi, -ie, -ea*	***quite***	*slage*
	I.	*hugi, -iu*	***quitiu, quitu***	—
Pl.	N.A.	*hugi, -ios*	***quiti***	*slege*
	G.	*hugio*	***quitio, quito***	*slege*
	D.	*hugiun, -ion*	***quitim, quitin***	*slegen*

Lit.: E.Sievers 1878: 107 ff., Kögel 1879: 157 f., v.Bahder 1880: 19 ff., Schatz Abair. § 103, Franck Afrk. 186 ff., v.Helten 1910: 462, E.Schröder 1923a, Klein 2004: 243 ff., 253 ff.

Anm. 1. Bei *-kumi* (*-quimi*) kommt eine mehrstufige Analogie zum Tragen:

a) *-kumi* (*ūf-*, *samanchumi* Pa, K; dazu Anm. 4), identisch mit as. *kumi*, ae. *cyme*, zeigt die bei einem *i*-stämmigen Verbalabstraktum zu erwartende Schwundstufe (vgl. § 216:2). Der Anlaut /k/ statt /kw/ beruht auf frühem dissimilatorischem Schwund des Halbvokals in der Phonemfolge /k^{w}u/ (§ 107 A.1a).

b) In *zoquumi* Pa ist die unbequeme Anlautvariation /kw/ : /k/ ausgeglichen; auf derselben Stufe steht got. *qums* (v.Bahder 1880: 30, Casaretto 2004: 175 A.537).

c) Die vollstufige Variante *-quimi* (*ana-*, *ka-*, *ūfquimi* Pa, Kb), die als alte Bildung morphologisch ungewöhnlich wäre (Bjorvand 1995: 48 f., Thöny 2013: 213), hat ihr /i/ aus dem Präsens *quimit* bezogen. Ähnliches gilt für das /ë/ in *kahquemi* (zu ‹*hqu*› vgl. § 146a A.3b), *zoquemi* Kb, das Analogie zum Infinitiv *quëman* offenbart (Splett Abr 130, 157).

d) In *anaquim* Kb, *ūfchuim* Ra ist /-i/ schon wie bei den langsilbigen Stämmen geschwunden.

Anm. 2. Die Völkernamen auf Nom.Pl. *-wari*, früher in der Ahd. Gr. als vermeintliche *i*-Stämme hierher gestellt, enthalten ein *ja*-stämmiges Zweitglied **-warja-*, das mit dem Suffix *-ări* der Nomina agentis zusammengefallen ist (§ 200+A.3).

Anm. 3. Hierher ist aus der *u*-Deklination das nur 1x belegte *q(h)uiti* 'Gebärmutter' Jb-Rd (Gl 1,294,21) übergetreten, vgl. den *u*-Stamm got. *qiþus*, awn. *kviðr* m. 'Bauch' (Thöny 2013: 222). Zur Ursprünglichkeit der *u*-Flexion vgl. Meid 1985 (anders Mottausch 2011: 27).

Anm. 4. Der Ansicht (Kögel 1879: 158, Baesecke 1931: 367, auch früher an dieser Stelle), *in einu quidi* Pa, K, Ra 70,28 und *anaquimi* 'eventu' Pa 148,23 seien archaische Dat.Sg.-Formen auf *-i*, hat Splett Abr 131 f., 221 mit guten Gründen widersprochen; doch vgl. *hegi* 'generatione' Nievergelt 2015: 329 f. (dazu GramErtr 166), *zugi* 'ductu' Gl 2,231,57, Schatz Abair. 113 f., ds. Ahd. § 325. Auch im Abrogans lautet die normale Dativendung *-e*: *fona ūfchume* Pa, K 20,23 (zu *-kumi*, *-quimi* s. Anm. 1ac).

Anm. 5. *wini* ist nach Thöny 2013: 206 ff. aus einem *iz*-Stamm umgebildet (§ 232). Bei *-wini* in Personennamen wurde das *-i* früh aufgegeben: *Hleodwin* (Baesecke Einf. § 93), frk. *Alboin* (Fulda, Weißenburg, Lorsch: E.Schröder 1923a: 285). Latinisiert wird *-wini* nach der lat. *o*-Deklination als *-winus*, *-vinus*, *-oinus* oder mit Schwund des /w/ als *-inus*. Gelegentlich kommen Übertritte in die konsonantische Deklination auf *-o*, *-onis* vor (Sonderegger 1961: 258). Die St. Galler Vorakte bevorzugen die ahd. Form *Albuni*, dazu mit Aufgabe des *-i* 838 *Targun* (< **Thragwini*, zu got. *þragjan* 'laufen'; aaO. 166); vgl. § 109 A.4a.

(b) Feminina auf *-i-*

§ 218 Paradigma: *fart* 'Fahrt' (as. *fard*, mhd. *vart*; zu kurzsilbigen Stämmen vgl. § 220). Die fett gedruckten Formen sind die regelmäßigen des 9. Jahrhunderts.

-i- (f.)		as.	ahd.	mhd.
Sg.	N.A.	*fard*	***fart***	*vart*
	G.	*ferdi*	***ferti***	*verte*
	D.	*ferdi*	***ferti***	*verte*
	I.	—	(Anm. 3)	—
Pl.	N.A.	*ferdi*	***ferti***	*verte*
	G.	*ferdio*	*ferteo, -io*; ***ferto***	*verte*
	D.	*ferdiun, -ion*	***fertim, -in***; *-en*	*verten*

Anm. 1. Der Umlaut ist im Plural und im Gen.Dat.Sg. bei den Wörtern mit Wurzelvokal /a/ stets vorhanden, außer wo er durch eine Konsonantenverbindung verhindert wird (§ 27 A.2), z. B. *mahti* (zu *maht*). In sehr alten Quellen finden sich noch Formen ohne Umlautbezeichnung (§ 215 A.3). Bei Notker ist auch der Umlaut von /ū/ graphisch erkennbar (§ 42): *hût* 'Haut', Gen.Dat.Sg., Nom.Akk.Pl. *híute*, Gen.Pl. *híuto*, Dat.Pl. *híuten*. Zur morphologischen Funktion des Umlauts vgl. Luiten 2013: 12 ff.

Anm. 2. Im Gen.Dat.Sg. ist die Endung *-i* schon im ältesten Ahd. kurz: Das *-i* ist nie doppelt geschrieben und bei Notker schon zu *-e* geworden. – Zum vermeintlichen Akk.Sg. auf *-i* vgl. § 220 A.2.

Mitunter ist der Gen.Dat.Sg. endungslos; schon in BR Gen. *deoheit, dera werolt*, Dat. *anst, deoheit* (Masser 2002: 82, 103, 107, 122). Bei Otfrid *worolt* 1,11,59 (Hs. P, *werolt* OFreis; als Nom. missverstanden?); vor Vokal oder im Reim stehende Belege bei Kelle O 195, 197. Aus anderen Quellen *mit dīnera anst* Freis. Pn A (*ensti* B), *pi dero perhtūn sālicheit* Gl 2,74,24, *mit nōt* (3x) H.Mayer 1982: 66.256b, 135, *hūt* Nievergelt 2015: 315.6, *stat* Trierer Cap, *giwalt* Lb 38, 22, *mítewist* Lb 23.6, 15 (Schatz Abair. § 109:b, Franck Afrk. 189, v.Helten 1910: 468). Die endungslosen Formen haben keinen Umlaut (§§ 51:2a, 217); somit steht ‹*st&*› BR nicht für †*stet* (so Masser 2002: 130), sondern für *steti* (StD 214,16). Die Kurzform, die auf Ausgleich nach dem Nom.Akk. beruht (Schatz Ahd. § 328), hat im Mhd. stark zugenommen (Mhd. Gr. § M 19, KSW II.1, §§ S 47, 49).

Anm. 3. Für den Instr.Sg. finden sich in alten Quellen einige Formen auf *-eo, -iu* in lokativischem Gebrauch (§ 192e A.2c), so *steteo* Pa, *kiwaltiu* Lb 6, 7 (Kögel 1884c: 113, Schatz Abair. §§ 109:e, 329, 370, Franck Afrk. 189 f., v.Helten 1910: 470); dazu Ortsnamen wie *in Heggistetiu, de Moresfurtiu*. Auch dativische Funktion kommt vor, so *vntar rehtteru eidsvvertiv* BR (Masser 2002: 242). Die Endung *-iu* lautet in der Regel um.

Anm. 4. Der Plural der Feminina stimmt mit dem der Maskulina überein. Somit gelten die in § 215 A.4-6 getroffenen Feststellungen auch hier, z. B. Gen.Pl. auf ‹*e*› oder ‹*i*› (*arbeite, geuurhti* Npw, Heinzel 1875–76: II,216. 274). Davon abgesehen können flektierte Singular- und Pluralformen in späten Quellen auch der *ō*-Flexion folgen (Schatz Ahd. § 330), so Gen.Sg. *siharheita* Gl 1,694,6 (12. Jh.), Dat.Pl. *stetun* 1,671,19 (11. Jh.); zu *meindātone* vgl. § 207 A.7a.

In diese Deklination gehört eine sehr große Anzahl von Feminina, die verschiedene *i*-stämmige Suffixe aufweisen: **§ 219**

1. alle im Nom.Sg. auf Konsonant endenden Wörter – abgesehen von endungslosen *jō*-Stämmen (§ 209 A.2) –, so *huf* (Gen. *huffi* Rb) 'Hüfte', *arn* 'Ernte', *hūt* 'Haut', *sūl* 'Säule', *stat* 'Ort', *snur* (Dat. *snuri* Rb) 'Schwiegertochter' (Anm. 1a), *jugund* 'Jugend', *tugund* 'Tugend';
2. die zahlreichen Abstrakta auf *-scaf*, spätahd. auch *-scaft* (= nhd. *-schaft*, vgl. Wilmanns II,389 ff., Kluge 1926: § 166 f., Schatz Ahd. § 328, Benware 1979: 346, B.Meineke 1991, Thöny 2013: 270 ff., Stevanović 2023): *lantscaf*, Gen. *-sceffi*, spätahd. (Notker) *-scaft*, Gen. *-scefte*; *botascaf*, *bruoderscaf* u. a.;
3. die Abstrakta auf *-heit* (§ 216 A.1a,4; vgl. Wilmanns II,383 ff., Kluge 1926: § 164, Stevanović 2023), z. B. *dëganheit*, *gomaheit*, *tumpheit*;
4. die zahlreichen Verbalabstrakta auf *-t* (Suffix idg. *-*ti*-, vgl. v.Bahder 1880: 62 ff., Kluge 1926: § 127–129, Bammesberger 1990: 139 ff.), z. B. *fart* (zu *faran*, § 218), *gift* 'Gabe' (zu *gëban*, § 30:1a), *tāt* (zu *tuon*, § 381), *sāt*, *bluot* 'Blüte', *fluht*, *giburt*, *(h)last*, *brunst*, *durft*, *numft* u. a.

Anm. 1. Ein gewisser Teil der *i*-Feminina ist ursprünglich anderen Stammklassen gefolgt:

a) alte *u*-Stämme: *fluot* (Fem. nach AWB III,1008; irrig EWA III,423), *hant* (§ 220d; EWA IV, 815 f.), *lust* (auch Mask., AWB V,1419). Hierher wohl auch *snur* (s. o. 1.): Nach Schatz Ahd. § 14 kann die frühe Nebenform *snor* Ra aus einem *u*-stämmigen Gen.Sg. auf *-ō* (§ 220c A.3a) erwachsen sein (vgl. lat. *nurus*, *-ūs* f.; zu ahd. /o/ vgl. § 32 A.1a) und die Grundlage des *ōn*-Stamms *snora* (§ 225 A.1b) darstellen. Neben *kraft* – im Ahd. reiner *i*-Stamm – steht das maskuline *tu*-Abstraktum awn. *krǫptr*, *kraptr* (parallel zu dem Synonym awn. *máttr* m. neben ahd. *maht* f.); in as. *kraft* sind beide Bildungen zusammengeflossen;

b) alte Konsonantstämme (zu Resten vgl. §§ 220 A.1, 240 ff.): *eih* 'Eiche', *gans*, *geiʒ*, *lūs*, *mūs*, *magad* 'Jungfrau' (Gen.Dat.Sg. *magadi* § 27 A.4b [im Reim Dat.Pl. *woroltmagadon* O 1,6,7, Kelle O 199]), *miluh* 'Milch', *(h)nuʒ* 'Nuss' u. a.; dazu einsilbige Stämme auf Vokal: *kuo*, Pl. *kuoi* 'Kuh', *sū*, Pl. *sūi* 'Sau'.

Anm. 2. *nōt* und *frist*, meist Feminina, sind bei Otfrid auch Maskulina. *zīt* wird auch als neutraler *a*-Stamm flektiert (Schatz Ahd. 247, Schaffner 2001: 480 ff.). Zum Schwanken zwischen Maskulinum und Femininum der *i*-Deklination vgl. § 216 A.4; Wilmanns III,370 f.

Anm. 3. Hierher auch *ou* 'weibliches Schaf, Lamm' (vgl. Gröger 1911: § 95 A.; früher fälschlich als †*awi*, †*ewi* angesetzt). Belege (AWB VII,147 f.): Sg. Nom. *au* Voc (Gl 3,6,47), *hou* 3,446,17; Pl. Nom. *owi* 3,451,10, *euue* 3,442,27, Akk. *auui* GlKass (Lb 1.3, 6), Dat. *óuuuen* Np 77,71.

Anm. 4. Die Latinisierung von Personennamen durch lat. *-is* geht von der *i*-Deklination aus, wird aber oft auf die *ō*- und *jō*-Stämme übertragen (vgl. § 207 A.2c).

Die kurzsilbigen Feminina wie *stat* flektieren im Ahd. ganz wie *fart* (im Gegensatz zu as. *stedi*, As. Gr. § 316). Nur zwei Wörter bewahren regelmäßig das *-i* im Nom. Akk.Sg., wodurch alle Singularkasus gleich lauten: *kuri* 'Wahl' (Akk.Pl. *churi*, AWB V,540 f.) und *turi* 'Tür' (Pl. Nom.Akk. *turi*, Gen. *tureo*, *-io*, *-o*, Dat. *turim*, *-in*). **§ 220**

Lit.: Vgl. – auch zu weiteren unsicheren Resten – E.Sievers 1878: 108, Kögel 1879: 161.

Anm. 1. *turi* gehört zu den in § 219 A.1b angeführten, früher konsonantisch flektierten Wörtern; ein Rest davon ist der im Tatian und bei Otfrid bezeugte Dat.Pl. *turun, duron* (§ 240 A.1). Ein Übergang in die *ō*-Flexion (Nom.Sg. *tura*) begegnet erst sehr spät (Schatz Ahd. 231).

piunt 'Beunde, Privatgrundstück' folgt im Plural der *i*-Flexion (*cum duobus pratis quod piunti dicimus*, Salzburg 963), dagegen sind *piunte* Voc (Gl 3,2,15) und frk. *biunta* nach den *jō*-Stämmen gebildet (Schatz 1928: 5, EWA II,135 ff.).

Anm. 2. *lantscaffi* Is 31,10 ist kein Akk.Sg., der (so Kögel Lg. II,484) den alten Suffixvokal /i/ bewahrt hätte, sondern regulärer Akk.Pl. (Matzel Is 210 A.287). *metamun sceffi* 'loco mediocri' BR 269,16 ist ebenfalls nicht Akk.Sg., sondern Dat.Sg. (B.Meineke 1991: 62 ff., Masser 2002: 245). – *chiwaldi* Is 35,2 gehört zu den neutralen *ja*-Stämmen (Kollektivum, § 201; Hench Is 184, Eggers 1960: 89); zweifelnd Matzel 1975: 118 (vielleicht verkürzt abgeschrieben für bei Is, MF mehrfach belegtes *chiuualdida*).

Anm. 3. In Ortsnamen kann *-steti* Dat.Sg. oder Nom.Pl. sein: *in loco qui dicitur Pousteti* (Schatz 1928: 4); neben *Hahholstat* der Dat.Pl. *ad Situlinesstetim*.

M 2.2.1.5. *u*-Deklination

§ 220a Die *u*-Deklination, die im Got. noch lebendig war und auch im Awn. noch leidlich erhalten ist, hat in den westgerm. Sprachen ihre Geltung verloren und ist im Ahd. nur in spärlichen Relikten erhalten. Die hierher gehörigen Wörter sind ahd. fast ganz in andere Deklinationsklassen übergetreten, sodass hier nur Reste aufgeführt werden können. Die *u*-Deklination umfasste alle drei Genera, die im Idg. (bis auf Nom.Akk. n.) ganz gleich flektierten (vgl. die 4. Deklination des Lat.). Im Westgerm. ergaben sich Unterschiede zwischen langsilbigen (§ 220b) und kurzsilbigen Wörtern (§ 220c). Zum Femininum vgl. § 220d, zum Neutrum § 220e.

Lit.: Ross 1952–54, Bammesberger 1990: 150 ff., Thöny 2013: 77 ff. – Zum Ae.: Dahl 1938: 178 ff., Adamczyk 2010. – Zum Got.: Neri 2003.

(a) Maskulina auf *-u-*

§ 220b Die früheren *u*-Stämme mit langer Wurzelsilbe mussten das auslautende *-u* in den westgerm. Sprachen verlieren. Deshalb sind sie meist in die *i*-Deklination übergewechselt (vgl. § 216 A.1a).

Lit.: E.Sievers 1878: 104 ff., Klein 2004: 243 ff., 251.

Anm. 1. Der alte maskuline *u*-Stamm *dorn* (got. *þaúrnus*) ist in die *a*-Deklination übergetreten. Andere, wie *tōd, hungar, wald*, Abstrakta auf *-ōd* – etwa *wĕgōd* 'Vermittlung' (§ 194 A.1b; vgl. Wilmanns II,345, III,360, Kluge 1926: § 135, Beifuss 1991: 131 ff., E.Meineke 1994: 478 ff., N.Wagner 2014: 345 f.) –, zeigen in den vereinzelt vorkommenden Pluralen ebenfalls *a*-Formen, manche schwanken zwischen *i*- und *a*-Deklination (§ 216 A.3). Nach N.Wagner 2008: 168 ist in Personennamen wie *Bërnolt, Adalbërn* der mit ae. *beorn*, awn. *bjǫrn* identische *u*-Stamm **bërn* 'Bär' erhalten, der dem *n*-Stamm *bëro* zur Seite steht (wie *arn* neben *aro* § 216 A.1a). Zur Umbildung der maskulinen *u*-Stämme vgl. v.Helten 1910: 474 ff., Thöny 2013: 78.

Anm. 2. Vereinzelte Relikte der alten *u*-Deklination bei lang- oder mehrsilbigen Wörtern können sich in Nom.Sg. *fluatu* GlFreis 421.421 (got. *flōdus*; GramErtr 167) und Dat.(Instr.)Sg. *hungiru* (< *-iu*) O 2,22,22 (Franck Afrk. §§ 131:1, 145:1) erhalten haben. Dagegen setzt *fuoȝ* (got. *fōtus*) einen alten Konsonantstamm fort (§ 238 A.1).

Kurzsilbige Maskulina sind *fridu* 'Friede', *hugu* 'Sinn', *mëto* (**mëtu*) 'Met', *sigu* 'Sieg' (Anm. 4, 5), *situ* 'Sitte', *witu* 'Holz' (§ 220e A.2b). Diese haben im Nom.Akk. Sg. das auslautende *-u* behalten; die übrigen Kasus werden aber im 9. Jahrhundert nach der *i*-Deklination gebildet (§ 215). **§ 220c**

Die regelmäßige Flexion von *situ* lautet demnach wie folgt (as. [ersatzweise] *sunu* 'Sohn', *lith* 'Glied', mhd. *site*).

-u- (m.)		as.	ahd.	mhd.
Sg.	N.A.	*sunu, -o*	***situ***	*site*
	G.	*sunies, -eas*	***sites***	*sites*
	D.	*sunu, -o; sunie, -e*	***site***	*site*
	I.	*(ferhu)*	***sitiu, situ*** (Anm. 3bαγ)	—
Pl.	N.A.	*suni*	***siti***	*site*
	G.	*litho, -io*	***siteo, sito***	*site*
	D.	*lithun, -on, -ion*	***sitim, sitin***	*siten*

Lit.: E.Schröder 1923a.

Anm. 1. *sunu* 'Sohn' zeigt das *-u* (bzw. *-o*, Anm. 2) nur noch in alten Quellen: Is, WK, Hl. Sonst lautet der Nom.Akk.Sg. überall *sun*, sodass das Wort vollständig als *i*-Stamm flektiert. Auch *lid* 'Glied' ist völlig in die *i*-Deklination übergetreten (§ 216 A.1a) und offenbart nur noch in Komposita und Ableitungen den *u*-Stamm *lidu-* (Braune 1884: 548 ff., EWGP 384 f.). Zu weiteren Resten kurzsilbiger *u*-Stämme in Komposita vgl. Gröger 1911: § 103. Der PN *Magubrant* enthält eine Entsprechung von got. *magus* 'Knabe' (Schatz 1935: 145).

Anm. 2. Das *-u* des Nom.Akk.Sg. geht ab dem Ende des 9. Jh. in *-o* über (§ 58 A.2), vereinzelt auch schon in älterer Zeit, so *suno* WK, Hl. Notker hat nur noch *frido, sigo, sito*.

Anm. 3. Weitere Reste alter *u*-Kasus:

a) Einige der ältesten Quellen überliefern einen Gen.Sg. auf *-ō* (= got. *-aus*), dessen Länge durch *fridoo* BR erwiesen wird (v.Helten 1910: 471, Stiles 1988: 140 A.22). Die übrigen Belege: *fridō* Is (Matzel Is 212), H, *witō* Kb (*witu* Pa, vgl. Kögel 1879: 164). Vgl. § 219 A.1a.

b) In den ältesten Quellen ist ein Dat.Sg. auf *-iu* zu finden (zu *-u* s. γ), der zur alten *u*-Deklination gehört und formal auf einen Lokativ zurückgeht (Krogh 1996: 303 f.):

   α) Die Belege – *(un-)fridiu, hugiu, sigiu, sitiu, suniu* (auch *suni* Is) – stammen aus BR, H, Is, MF, Freis. Pn (Lb 12, 25), einigen Glossen sowie Ortsnamen (s. β). Der *iu*-Kasus fällt lautlich mit dem Instr.Sg. auf *-iu, -u* der *i*-Deklination (§§ 215 A.2, 216 A.5) zusammen (Thöny 2013: 221); syntaktisch fungiert er durchweg als Dativ (vgl. AWB s. vv.; anders Schatz Abair. § 104:a, ds. Ahd. § 326, Franck Afrk. § 145:1). – Zu *fihiu* Rb vgl. § 220e+A.1.

β) Besonders zu beachten sind die lokalen Dative auf *-iu* bei Ortsnamen, z. B. *az Waldiu* (§§ 193 A.8, 216 A.3), *in Stetifurtiu*; diese finden sich auch bei *i*-Stämmen, so *in Barnbehhiu, ad Pachiu, Pahhu*. Vgl. Kögel 1884c: 112 ff., ds. 1889: 119 ff., v.Helten 1893: 295 f., ds. 1903: 539 f., ds. 1910: 469 ff., E.Schröder 1897: 7, Schatz Abair. § 102:a, Wiesinger 1992: 365.

γ) Ein Dat.Sg. auf bloßes *-u* liegt vor in *situ* (4x AWB VIII,731) und *fridu* (4x AWB III,1258, ferner GlFreis 338.139); dabei mag *mit fridu* 3x O Instr. sein, vgl. *mit fridu joh mit guatu* 3,14,18. Im Frk. kann *-u* lautlich aus *-iu* entstanden sein (§ 248 A.6a); ist altobd. *-u* (z. B. *in fridu* BR 206,9) vom Instr. beeinflusst? Vgl. GramErtr 167.

c) Bei Otfrid begegnet der *u*-stämmige Akk.Pl. *situ filu guate* 4,5,59 (Kelle O 206; nach Hirt Urg. II, § 47 „keine Neubildung"; oder vom Folgewort *filu* beeinflusst?). Zum Dat.Pl. *situn* s. Anm. 4.

Anm. 4. Von *situ* und *sun* sind *i*-stämmige Plurale belegt, dazu Akk.Pl. *sigi* O 5,4,49; *hugu, mëto, witu* erscheinen nur im Singular. Bei *fridu* und *situ* treten vereinzelt *a*-stämmige Plurale auf: Dat. *fridun* Gl 1,700,54 (AWB III,1257 f.), *situn* 2,443,36; Akk. *frida* 1,694,51, *sita* 2,240, 54. Neben *hugu* begegnet in Pa der *i*-stämmige Akk.Sg. *huki* nach § 217:1 (AWB IV,1337 f.; s. Anm. 5).

Anm. 5. Die *u*-Stämme *hugu* und *sigu* sind auch in Personennamen enthalten: *Hugubert, Sigobold*; daneben *hugi-, sigi-* in *Wolfhugi, Hugiwolf, Sigimunt* (Schatz 1935: 132, A.Scherer 1953: 7, H.Kaufmann 1965: 249 ff.). Teilweise – auch früher an dieser Stelle – sah man darin Varianten des *s*-Stamms, der u. a. in got. *sigis*, lat. *Sigismundus* vorliegt, und postulierte einen Suffixablaut idg. **-es, *-os, *-əs* > westgerm. *-i, -a, -u* (so noch N.Wagner 2022: 166). Aber **-əs* hat im Paradigma der *s*-Stämme keinen Platz (vgl. Klein 2013: 171 mit Lit.). Eher ist mit altem Nebeneinander von **sigiz-* und **sigu-* zu rechnen (zum idg. *u*-Stamm vgl. griech. ἐχυρός 'fest', ἰσχύς 'Kraft' u. a.; Seebold 1983: 32 f., NIL 600 ff.); *hugu* dürfte in Analogie zu *sigu* aus *hugi* (Anm. 4) umgebildet sein. Vgl. auch Thöny 2013: 216 ff., 224 f.

(b) Feminina auf *-u-*

§ 220d Das Femininum *hant*, das ursprünglich der *u*-Flexion angehörte (got. *handus*; vgl. Thöny 2013: 132 f.), folgt im Ahd. weitgehend der *i*-Deklination (§ 219). Lediglich im Dat.Pl. wird normalerweise die umlautlose Form der *u*-Deklination verwendet: *hantum, -un, -on*, bei Notker *hánden*; die *i*-stämmige Form *hentin* begegnet nur einige Male im Tatian und bei Otfrid (AWB IV,679).

Weitere Feminina der *u*-Deklination sind im Ahd. nicht nachweisbar. Einige ehemalige *u*-Stämme sind in die *i*-Deklination übergetreten (§ 219 A.1a).

(c) Neutra auf *-u-*

§ 220e Das einzige *u*-stämmige Neutrum des Ahd. ist der kurzsilbige Stamm *fihu* (*fiho, fëho*, vgl. § 30:3; AWB III,815 f.) 'Vieh' (zu weiteren Spuren s. Anm. 2). Der Nom. Akk.Sg. hat die *u*-Flexion beibehalten, der Gen.Dat.Sg. wird nach *wort* (§ 193) gebildet. Bei Otfrid entspricht dem Nom.Akk. *fihu* (4x) der Gen.Sg. *fëhes* (4x).

Notker, der schon im Nom.Akk. /ë/ zeigt (*fëho*), bildet Gen. *fëhes*, Dat. *fëhe*; in Npgl begegnet auch *fie(h)-* aus *fih-* (§ 154 A.8a).

In *fihiu* Rb kann der Nom.Akk.Pl. belegt sein (doch s. Anm. 1). Bei Notker findet sich Nom.Akk.Pl. *fëho*. Gen.Pl. und Dat.Pl. sind in Npgl als *fieho*, *fiehen* belegt.

Anm. 1. *fihiu* Rb (nur *za fuattanne fihiu* 'ad alenda iumenta' Gl 1,380,38) kann vielleicht auch als missverständlich gesetzter Dat.Sg. auf *-iu* (§ 220c A.3bα) gefasst werden, entgegen Schatz Ahd. 215 und AWB III,815 jedoch kaum als Instr.Sg.

Anm. 2. (Mögliche) Spuren weiterer kurzsilbiger Neutra:

a) Hierher gehört *filu* (später *filo*, § 59) 'viel', das nicht flektiert wird und als Adverb fungiert (altes Substantiv, Got. Gr. § 131 A.3); zur Syntax vgl. Kolb 1984, zur steigernden Funktion Leuschner 1918: 45 ff.

b) Bei Otfrid liegt 1x *witu* 'Holz' (Akk.Sg.) als Neutrum vor (wohl Analogie nach *holz*), während es sonst wie in den übrigen germ. Sprachen Maskulinum ist (auch mhd. überwiegend *dër wite*).

c) Für den neutralen *a*-Stamm *spër* 'Speer' (dazu § 224 A.4) wird wegen des Ae. und Awn. ehemalige *u*-Flexion postuliert (Lühr 2000: 73, Neri 2003: 252, Thöny 2013: 223 f.). Doch die Indizien sind schwach: Ae. ‹*speru-uuyrt*› ist eine Variante von ‹*smeru-uuyrt*› (zum *wa*-Stamm ahd. *smëro* § 205:4); die Brechung des Plurals awn. *spjǫr* ist bei einem *a*-stämmigen Neutrum regulär (vgl. awn. *fjǫll* zu *fjall*). Ae. *spere* steht den *iz*-Stämmen (§ 232) nahe und hat daher Merkmale eines neutralen *i*-Stamms ausgebildet (Hogg/Fulk 2011: §§ 2.63, 3.32 f.).

M 2.2.2. Konsonantische Deklinationen

M 2.2.2.1. *n*-Deklination (schwache Deklination)

Die *n*-Deklination umfasst alle drei Genera. Die Maskulina und Neutra sind *an*-Stämme, die Feminina sind *ōn*-Stämme (die femininen *īn*-Stämme sind in § 227 ff. behandelt). Gen.Pl. und Dat.Pl. werden jeweils in allen Genera gleich flektiert. § 221

1. Paradigma der Maskulina: *hano* 'Hahn' (as. *hano*, mhd. *hane*).

-*an*- (m.)		as.	ahd.	mhd.
Sg.	N.	*hano* (*-a*)	***hano***	*han(e)*
	G.D.	*hanen*; *-on*, *-an*	frk. ***hanen*** (Anm. 2)	*hanen*
			obd. ***hanin*** (*henin*)	
	A.	*hanon*, *-an*	frk. ***hanon*** (Anm. 3)	*hanen*
			obd. ***hanun***	
Pl.	N.A.	*hanon*, *-un*	frk. ***hanon*** (Anm. 3, 4)	*hanen*
			obd. ***hanun***	
	G.	*hanono*	***hanōno*** (*-ōn* N)	*hanen*
	D.	*hanon*, *-un*	***hanōm***, ***hanōn***	*hanen*

2. Paradigma der Neutra: *hërza* 'Herz' (as. *hërta*, mhd. *hërze*).

-*an*- (n.)		as.	ahd.	mhd.
Sg.	N.A.	*hërta, -e*	***hërza***	*hërze*
	G.D.	*hërten; -on, -an*	frk. ***hërzen*** (Anm. 2) obd. ***hërzin***	*hërzen*
Pl.	N.A.	*hërtun, -on*	***hërzun*** (*hërzon*)	*hërzen*
	G.	*hërtono*	***hërzōno*** (-*ōn* N)	*hërzen*
	D.	*hërton, -un*	***hërzōm, hërzōn***	*hërzen*

3. Paradigma der Feminina: *zunga* 'Zunge' (as. *tunga*, mhd. *zunge*).

-*ōn*- (f.)		as.	ahd.	mhd.
Sg.	N.	*tunga, -e*	***zunga***	*zunge*
	G.D.A.	*tungun, -on*	***zungūn***	*zungen*
Pl.	N.A.	*tungun, -on*	***zungūn***	*zungen*
	G.	*tungono*	***zungōno*** (-*ōn* N)	*zungen*
	D.	*tungon, -un*	***zungōm, zungōn***	*zungen*

Lit.: Zum Germ.: Osthoff 1876, Wessén 1914, Benediktsson 1968, Bammesberger 1990: 163 ff., Kortlandt 2006, Kroonen 2011, Thöny 2013: 70 ff., Swart 2020. – Zum Femininum: Kuryłowicz 1968. – Zu einzelnen Kasus: Jasanoff 1980 u. 2002, Harðarson 1989 u. 2005, Nedoma 2005. – Zum As.: Behaghel 1886: 385 ff., Schlüter 1892 (dazu Klein 1977: 339 ff.), Hucko 1904: 13 ff.

Anm. 1. Die Endungen des Nom.Sg. auf -*o*, -*a* sind bis ins 11. Jh. fest. Für ihre Länge haben wir aus ahd. Zeit keinen direkten Beweis, und das -*a* des Femininums ist nicht von dem des Nom.Sg. der *ō*-Deklination zu unterscheiden. Erst ganz spät (11./12. Jh.) treten Abschwächungen des -*o* (-*a*) zu -*e* [ə] auf (zum fraglichen Frühbeleg *ortfrume* 'auctor' Kb 47,35 vgl. Splett Abr 101). Im späten Bair. wird dieses [ə] ganz selten ‹*a*› geschrieben, so *gihëlfa* Npw 128,3 (oder durch vorhergehendes *ira* statt *iro* § 283 A.1j verursacht?). – Zum Nom.Sg. f. auf -*e* bei den *jōn*-Stämmen vgl. § 226 A.1.

Anm. 2. Im Gen.Dat.Sg. m.n. lautet die Endung obd. mit dem ost- und rheinfrk. Süden -*in*, sonst frk. -*en* (Schatz Ahd. § 348). Isidor hat -*in* (*nemin, liihhamin* usw.), nur selten -*en* (Matzel Is 214). Vielleicht ist -*en* die ursprüngliche Endung des Gen.Sg., -*in* die des Dat.Sg. (Franck Afrk. 192, Rösel 1962: 110, Boutkan 1995: 82 f., 284). Später wird obd. -*in* zu -*en* (so Notker).

a) -*in* hat ursprünglich Umlaut von /a/ zu /e/ bewirkt, so *henin* H 25,6,1, *nemin* (vgl. AWB VI, 1043), *forasegin* BR 195,3, *scedin* Gl 2,179,2 (GlFreis 556 f., 604) – „alte Erscheinung, weil nicht analogisch ausgeglichen" (Nievergelt RP 360). Doch hat sich der Umlaut nicht halten können und begegnet nur noch in alten Quellen; im 9. Jh. fehlt er schon regelmäßig (§ 26 A.2a; vgl. Paul 1877: 408 ff., Walde 1900: 178, Schatz Abair. § 105:b, Franck Afrk. 192, v.Helten 1910: 479 ff., Lessiak 1910: 217, Hollifield 1980: 35 A.29, Klingenschmitt 1987: 181 A.49). Er ist in vielen obd. Ortsnamen erhalten: *Buolinhoven* Pielenhofen, *Puosindorf* Piesendorf (vgl. § 40 A.3), *Lenginvelt* Lengenfeld usw. (Schatz Ahd. § 348, E.Schwarz 1954/77: 200 ff.); auch rhein. Ortsnamen kennen Umlaut durch -*in* (H.Kaufmann 1965: 341 f.).

b) Der Dat.Sg. endet vereinzelt auf *-an*: *naman* T 164,1 (Sievers T § 108 A.), *līchaman* StD 138,14 (Bamberger Glaube), *harabezan* Gl 1,378,9 (zu *harobōȝo*, AWB IV,724); Adjektiv: *themo egislīchan falle* OFreis 1,24,2. In allen Fällen kann Assimilation an ein vorhergehendes oder folgendes /a/ vorliegen (zu *naman* vgl. § 67 A.3). Gen.Sg.-Formen auf *-an*, wie sie im As. vorkommen (Schlüter 1892: 13, As. Gr. § 330 A.2), scheinen in hd. Quellen nicht aufzutreten (*sikinoman* Kb 54,20 gilt als verschrieben, Splett Abr 110).

Anm. 3. Der Akk.Sg. und der Nom.Akk.Pl. m. lauten überall gleich und haben die Endung *-un* regelmäßig im Obd. des 8./9. Jh.; im Frk. dagegen ist *-on* normal (vgl. Dat.Pl. der *a*-Stämme, § 193 A.7a). Besonderheiten (Paul 1877: 361, Walde 1900: 167 ff., Schatz Abair. § 105:c, Franck Afrk. § 147, Schindling 1908: 176 ff., v.Helten 1910: 483 f., Janko 1910: 26, Schatz Ahd. § 349):

a) Die Scheidung der Dialekte ist nicht ausnahmslos: Im Frk. findet sich auch *-un* (stets bei Isidor), im Obd. haben gerade einige der ältesten Quellen nicht selten *-on* neben *-un*.
b) Im 10./11. Jh. geht auch das obd. *-un* über *-on* in *-en* über, das bei Notker herrscht; zu frk. *-en* vgl. Franck Afrk. 193.
c) Selten ist die von Norden (as. *-an*, vgl. Schlüter 1892: 31 f., 50) ausgehende Variante *-an*, z. B. *naman* T, Akk.Sg. *brunnan* Sam 14. 16 (im Reim auf *man*), häufiger im anl. Leid. Will (v.Helten 1897: 490).
d) In späteren, besonders bair. Quellen (vgl. § 59 A.2) greift *-un*, *-on* zuweilen auch in den Gen.Dat.Sg. über (Paul 1877: 359, Schatz Abair. § 105:bc): Gen. *rechun* Gl 2,23,4, *gidingon* Otloh (StD 186,54); Dat. *portun* Gl 1,582,11, *līchamon* Nievergelt RP 406.G48, *prûtegomon* Npgl 44,12 (Kelle 1889: 128: „Schreibfehler") und schon *volon* Merseb. Umgekehrt dringt dessen *-in*, *-en* selten (fehlerhaft) in den Akk.Sg./Nom.Akk.Pl.: *leohtōstin* Clm 6293, 9. Jh. (W.Schulte 1993: 220), *then sëlben* O 4,7,40 (Hs. V). *nemin* BR 198,1 f. – im Kontext Akk.Sg. (Masser 2002: 89, AWB VI,1043. 1052) – wird an den folgenden Gen. *mēririn* attrahiert sein.

Anm. 4. Der Nom.Akk.Pl. n. hat regelmäßig die Endung *-un* (*-on* ist im 8./9. Jh. selten) und ist im Obd. dem Nom.Akk.Pl. m. gleich. Die frk. Denkmäler (Tatian, Otfrid) haben im Maskulinum *-on*, im Neutrum regelmäßig *-un*. Das kann nur als ein Reflex der germ. Flexionsunterschiede (got. *hanans* m. / *hairtōna* n.) gedeutet werden. Doch es fehlt an Indizien für ein altes Neutrum †*hërzūn*: Die Endung wird in BR nie mit ‹*uu*› geschrieben, und Notker erweist mit abgeschwächtem *-en* (Nom.Akk.Pl. *hérzen* Nc, Np) die Kürze. – Braune 1876: 150, Paul 1877: 370, Franck Afrk. 195, v.Helten 1910: 486. Zum Nom.Akk.Pl. *hërza* vgl. § 224 A.1.

Anm. 5. Gen.Dat.Akk.Sg. f. und Nom.Akk.Pl. f. lauten überall gleich; die Länge des Vokals ist durch Doppelschreibung in BR (Gen. *sunnuun*, Dat. *chëluun*, Akk. *pezzistuun*, auch *uuntu*[u]*n* Rb) und durch Zirkumflex bei Notker (Pl. *fórhtûn* Nb) gesichert; zu BR vgl. Johannsson 2009: 292 ff. *-ūn* ist in der ganzen ahd. Zeit fest (Paul 1877: 369 f., Schatz Abair. § 112:b, Franck Afrk. § 148, Wilmanns III,347 ff., v.Helten 1910: 481 ff., 484 f.). Zur Erklärung des bereits in vorahd. Runeninschriften bezeugten /ū/ vgl. Reis 1974a: 42 ff., SgRi CIII+A.80.

Abweichende Ausgänge:

a) Nur sehr selten tritt dafür *-on* ein: *wëhhon* Is, *ostron* T, *pappulon* Siewert 1986: 237, *stuofon*, *vuindon* Nievergelt 2017: 162. Jedoch ist *figon* Gl 2,759,41 (2 Hss.) entgegen Thies 1994: 388, 421 nicht Nom.Pl., sondern Dat.Pl. (AWB III,806).
b) Im Frk. begegnet vereinzelt *-an*: Gen.Sg. *sceithungan* Gl 1,715,43 (‹*a*› aus ‹*u*› korr.), Nom. Pl. *scaffreitan* 2,569,3. Die Endung ist für das As. typisch (Schlüter 1892: 63, 66 f., Klein 1977: 184 f., Krogh 1996: 308 f.).

c) Im späten Bair./Frk. erscheint mitunter *-in*, so 12x im Clm 22201 (Matzel 1956: 108 ohne Belege), ferner *rizzin* Gl 1,612,50; hier dürfte ‹*i*› für Schwa stehen (§ 60 A.1). Anders zu beurteilen sind ältere Ortsnamen wie *Hōhinprugka*, deren Fugenelement *-in-* aus dem Maskulinum übertragen ist (Schatz Abair. §§ 105:b).

Anm. 6. Gen.Pl. und Dat.Pl. lauten in den drei Genera jeweils gleich; die Länge des /ō/, auch im Maskulinum und Neutrum (entgegen got. /a/), ist durch BR (Dat. *discoom*, *augoom* u. a., vgl. Johannsson 2009: 275 ff.) und Notker (Gen.Dat. *ougôn*) gesichert. Besonderheiten (vgl. Franck Afrk. § 149, v.Helten 1910: 486 ff.):

a) Das einmalige *heilegeno* Is 26,7 darf nicht mit Kögel 1893: 229 als Archaismus auf got. *-anē* bezogen werden, sondern ist nach Ausweis von *heilegono* Is 26,12 verschrieben.

b) Die Ortsnamen *Pernopah* (8. Jh.) und *Ohsnofurt* (11. Jh.) führen nicht, wie z. B. von Schatz Ahd. 228 angenommen, auf eine schwundstufige Endungsvariante †*-no*, wie sie durch got. *abnē*, *aúhsnē* (Got. Gr. § 108 A.1) nahegelegt werden könnte. Vermutlich enthält *Pernopah* einen *u*-Stamm **bërn* 'Bär' (§ 220b A.1), *Ohsnofurt* zeigt Synkope nach langer Silbe (N.Wagner 2008). Zum Gen.Pl. f. awn. *kvinna*, *kvenna* vgl. Harðarson 1989.

c) Für die weitere Entwicklung des Gen.Pl. *-ōno* gelten die Feststellungen in § 207 A.7 zu *gëbōno*. In GlMon gehen die Vokale zuweilen durcheinander (vgl. § 193 A.6): *magezohana*, *-zogina* Gl 1,762,13 f.

d) Die weitere Entwicklung des Dat.Pl. *-ōm*, *-ōn* entspricht dem Befund bei *gëba* (§ 207 A.8); zum Ausgang *-un* im Femininum vgl. *uallun* Gl 1,557,70 (*falla*), *stvdun* 2,417,17 (*stūda*).

Anm. 7. Den spätahd. Entwicklungsstand zeigt die Flexion bei Notker (zur Schwächung vgl. die Literatur in § 59 A.1):

Mask.	Sg. N.	*háno*	G.D.A.	*hánen*	Pl. N.A.	*hánen*	G.D.	*hánôn*
Ntr.	N.A.	*hérza*	G.D.	*hérzen*		*hérzen*		*hérzôn*
Fem.	N.	*zúnga*	G.D.A.	*zúngûn*		*zúngûn*		*zúngôn*

Anm. 8. Ortsnamen auf ahd. *-o* werden oft auf *-a* latinisiert, z. B. ahd. *Brunno* : lat. *Prunna* (Schatz 1928: 9, Menke 1980: 351). Maskuline Personennamen (meist Kurzformen) auf *-o* zeigen im Lat. überwiegend den Ausgang *-o*, Gen. *-onis*, selten *-us* oder *-inus*: *Haimo*, *Haimonis* / *Duado*, *Duodini* (Sonderegger 1961: 259, Menke 1980: 355). Feminine Personennamen auf *-a* können im lat. Obliquus auf *-anae*, *-anam*, *-ana* enden: Nom. *Geila*, Gen. *Geilanae*, Akk. *Geilanam* (N.Wagner 1993b: 258 f.).

(a) Maskulina auf *-n-*

§ 222 Weil viele Suffixe *n*-stämmig sind, ist die Zahl der hierher gehörigen Maskulina überaus groß. Morphologische Typen:

1. Nomina verschiedener Klassen:
   a) Konkreta wie *bëro* 'Bär' (Thöny 2013: 203 f.), *garto* 'Garten', *gomo* 'Mann', *haso* 'Hase' (§ 253 A.3), *stërno*, *stërro* 'Stern' (daneben *stërno* und *a*-Stamm *stërn*, § 99 A.4); *bës(a)mo* 'Besen', *līhhamo* 'Körper', *nabulo* 'Nabel';
   b) Abstrakta (Pimenova 2003: 394 ff.) wie *giloubo* 'Glaube', *skado* 'Schaden', *wēwo* 'Schmerz' (§ 204:4), Bildungen auf *-mo* (§ 69 A.3); hierher auch einzelne ehemalige Neutra: *namo* 'Name', *sāmo* 'Same' (§ 224 A.3);

2. eine im Ahd. noch umfangreiche Gruppe sind die Nomina agentis zu meist primären Verben (Kluge 1926: § 15, Weinreich 1971, Bürgisser 1983: 194 ff., Swart 2020), so *boto* 'Bote', *gëbo* 'Geber', *skolo* 'Schuldner', *sprëhho* 'Sprecher', *forasago* 'Prophet' (Schaffner 2010: 175), *herizogo* (*-zoho*) 'Herzog'; zum Femininum vgl. § 225:2;
3. aus schwach flektierten Adjektiven (§§ 244, 255) substantivierte Personenbezeichnungen (Kluge 1926: § 17, Froschauer 2005: 255 ff.): *mennisko* 'Mensch' (got. *mannisks* 'menschlich', Wissmann 1977: 104), *swāso* 'Hausgenosse' (*swās* 'vertraut'), *wīʒago* 'Prophet' (*wīʒag* 'weissagend', EWGP 666 f.);
4. Lehnwörter wie *pfaffo* 'Pfaffe' (mlat. *papa*? Feulner 2000: 286 ff., ds. 2004: 34 A.8 gegen Kluge 1909: 126 f.), *(p)salmo* 'Psalm' (lat. *psalmus*), *pforro* 'Porree' (lat. *porrum*), *riemo* 'Ruder' (lat. *rēmus*); vgl. die Feminina in § 225:4.

Anm. 1. Zum schwachen Maskulinum vgl. Osthoff 1876: 1 ff., ds. 1876a: 101 ff., Wilmanns III, 363 f., Wessén 1914, Weinreich 1971: 26 ff.

Anm. 2. Die mit *gi-* präfigierten denominativen schwachen Maskulina persönlicher Bedeutung, die eine Gemeinschaft anzeigen, sind teils *an-*, teils *jan*-Stämme; letzteres, wo das Grundwort der *ja-* oder *i*-Deklination angehört (§ 223): *gimaʒʒo* 'Tischgenosse', *gisëʒʒo* 'Sitzgenosse', *gihlōʒʒo* 'consors'; – *gisellio* 'Geselle', *giferto* 'Fahrtgenosse', *gisippo* 'Verwandter'. Neben *gibūro* 'Anwohner' findet sich häufig die starke Form *gibūr*, Nom.Pl. *gibūra*; *ginōʒ* 'Gefährte' (§ 238 A.2b) ist wesentlich häufiger als *ginōʒʒo* (AWB VI,1391 ff.). – Wilmanns II,202, Kluge 1926: § 16, Gante 2016.

Anm. 3. Mehrere Komposita mit *-tag* sind schwach flektiert, so *suonatago* 'dies iudicii', *stuotago* Musp 'Gerichtstag' (G.Müller 1957: 315 ff.; zu /uo/ vgl. *stuo(w)a* § 212 A.1). Vgl. Wilmanns II,516, Schatz Abair. § 107:a; zum Abstraktsuffix *-tago* vgl. Lindqvist 1918, Meid 1967: § 163.

Anm. 4. *frō* 'Herr' (**fraw-an-*, in ae. *frēa* gut bezeugt) ist im Ahd. und im As. defektiv: nur Nom.(Vok.)Sg. *frō* in der Anrede *frō mīn* und lexikalisierter Gen.Pl. *frōno* als indeklinables Adjektiv 'königlich' sowie als Adverb 'öffentlich' (§ 247 A.3). Vgl. AWB III,1278 f. 1285 ff., Möller 1903: 108 A.2, Ehrismann 1905/06: 199, Wiens 1935, Green 1965: 19 ff., Sonderegger 2002: 140, N.Wagner 2003, Nievergelt 2019: 144,53. Daneben ein *jan*-Stamm in as. *frōio* (As. Hwb. 109; anders As. Gr. 331 A.2), ae. *frīgea*, awn. *Freyr* GtN, got. *frauja*; zur zweifachen Stammbildung des Femininums ahd. *frouwa* vgl. § 114:1b.

Anm. 5. *wado* 'Wade' ist wie awn. *vǫðvi* eine *wan*-Bildung (vgl. § 109 A.2, Wilmanns II,232). Zu *sparo* 'Sperling' vgl. § 205 A.3; zu Feminina auf *-wōn-* vgl. §§ 212 A.3, 225 A.1c.

Viele deverbale oder denominale Maskulina sind mit *-jan-* gebildet. Der Ausgang **§ 223**
ist in den meisten Fällen als Suffix *-an-* nach Grundwörtern mit /j/ oder /i/ zu bestimmen, so *skepf*^{i}*o* zum *j*-Präsens *skepfen*, *erb*^{i}*o* zum *ja*-Stamm *erbi*, *giferto* zum *i*-Stamm *fart* (§ 222 A.2).

Das /j/ (‹*e*, *i*›) ist im 9. Jahrhundert schon meist ganz geschwunden (vgl. § 118), sodass die Flexion derjenigen von *hano* (§ 221) gleicht. In älteren Quellen ist noch vielfach – jedoch nie vor *-in*, *-en* des Gen.Dat.Sg. – ein Reflex des /j/ bewahrt, ohne dass sich die Flexion dadurch ändern würde.

Älteres Paradigma: *willeo* 'Wille' (später *willo*; vgl. got. *wilja*, as. *willio*, mhd. *wille*).

***-jan-* (m.)**	as.	ahd.	mhd.
Sg. N.	*willio, -eo*	***willeo, -io***	*wille*
G.D.	*willen; -ion, -ean*	obd. ***willin*** frk. ***willen*** (§ 221 A.2)	*willen*
A.	*willion, -ean*	***willeon, -ion, -iun***	*willen*
Pl. N.A.	*willion, -iun*	***willeon, -ion, -iun***	*willen*
G.	*williono*	***willeōno***	*willen*
D.	*willion, -iun*	***willeōm***	*willen*

Anm. 1. Beispiele für diese Formen sind in den Quellen des 8. und frühen 9. Jh. noch ziemlich zahlreich, vgl. z. B. aus Pa, K, Ra (Kögel 1879: 164 ff.): Nom.Sg. *scapheo, arpeo, reckio*; Nom.Pl. *purkeon/purgeun, grāveon*; Gen.Pl. *erpeōno*; Dat.Pl. *willeōn*; aus R *reinneo*; aus WK Nom.Sg. *willeo*, Akk.Sg. *willeon, scepphion*. Vgl. Schatz Abair. § 106, Tiefenbach 2004: 277.

Anm. 2. Die Zugehörigkeit zu den *jan*-Stämmen ist ab dem 9. Jh. nur noch am Umlaut und/oder an der Konsonantengemination zu erkennen: *erbo* (älter *erbeo*) 'Erbe', *fetiro* (ä. *fatureo*, Gen.Sg. *faterrin*; AWB III,787 f.) 'Vetter', *kempho* (ä. *cempheo*) 'Kämpfer', *reinno* (ä. *reinneo*) 'Zuchthengst', *reccho* (ä. *racheo, reckio*) 'Recke', *gisello* (ä. *gisellio*) 'Geselle', *scepfo* (ä. *scephio*) 'Schöpfer', *scutzo* 'Schütze'; zu *scethdo* 'Schatten' vgl. § 164 A.1. Wo diese Merkmale nicht vorkommen können, lässt sich allein durch ältere Formen oder durch Vergleich mit anderen germ. Sprachen feststellen, ob ein Wort *jan-* oder *an*-Stamm war. So bei *sculdheizo* (ä. *sculthaizeo*) 'Schultheiß', *grāvo* (ä. *grāveo*) 'Graf', *burgo* (ä. *purkeo, purgeo*, s. Anm. 3) 'Bürge', *scirmo* (ä. *skirmeo*) 'Verteidiger', *urcundo* (*urcunđeom* LexSal) 'Zeuge', *wurhto* (as. *wurhtio*; Hucko 1904: 43) 'Arbeiter'.

-gouwo 'Gaubewohner' in Namen wie *Rīhgauuo, Witugauuo, Mosogauuo* kann *an-* oder *jan*-Stamm sein; vgl. Schatz 1935: 131, Schramm 1957: 83, H.Kaufmann 1968: 143.

Anm. 3. Nach /r/, das auf kurzen Wurzelvokal folgt, bleibt /j/ meist als ‹i› erhalten und erscheint später als ‹g› (vgl. § 118 A.3): *ferio*, mhd. *verige, verge*, Pl. *feriun, ferigun* (*vérigen* N) 'Ferge'. Ebenso *scario* Voc, mhd. *scherige, scherge* 'Scherge'. Von **erio* 'arator' ist nur *eriun* Rb (Gl 1,409,55) belegt. Sekundäre Angleichung an den Typ *feri(g)o* zeigt *burigo, burio* mit altem /g/ (aus *burgeo* 'Bürge'; AWB I,1535 f., EWA II,464 f.).

Anm. 4. Unter Anschluss an die schwache Flexion einheimischer Völkernamen wie *Franko, Sahso* ist das Lehnwort *Judaeus* – mit Reduktion des /æ, e/ zu [e, j] – zu ahd. *Judeo*, Nom.Pl. *Judeon, Judon* umgebildet worden (vgl. mhd. *jüde*) und flektiert ganz als *jan*-Stamm. Doch kommen in älterer Zeit in engerem Anschluss an das lat. Wort auch starke *ja*-Formen vor: Nom.Pl. *Judea*, Gen. *Judeo* Is, oder gelehrt *Judaei, Judei* bzw. Hybridformen wie *Judaeon* im Tatian (vgl. Franck Afrk. § 150). Zum as. Gen.Pl. *Ebreo, Judeo, Spānio* vgl. As. Gr. § 330 A.6; Schlüter 1892: 53 begründet die Kurzform mit „Anlehnung an die vocalische Declination" infolge von „Flüchtigkeit der Schreiber".

(b) Neutra auf *-n-*

Die Anzahl der schwachen Neutra ist im Germ. sehr beschränkt. Im Ahd. handelt es sich fast durchweg um Körperteilbezeichnungen. Wie *hërza* flektieren nur noch *ōra* 'Ohr', *ouga* 'Auge' (ehemalige Wurzelnomina, § 237a+A.2), *wanga* 'Wange'; außerdem der Plural *diu hīwun* (*hīun*, § 110+A.3) 'Ehegatten, Familie', wozu als Singulare *hī(w)o* m. und *hī(w)a* f. 'Gatte, Gattin' gehören. **§ 224**

Lit.: J.Schmidt 1889: 106 ff., Kluge 1913: 204 f., Kroonen 2011: 37 ff., Thöny 2013: 152 ff.

Anm. 1. Statt des Nom.Akk.Pl. auf *-un* tritt zuweilen eine Form auf *-a* auf. Belegt ist sie selten von *ouga* (Nom.Pl. *auga* BR), häufiger bei *hërza* (so BR, O und Nievergelt 2020: 151; auch in Npw nur *herza*, *herce*, Heinzel 1875–76: II,218). Es ist die Form des Nom.Akk.Sg., die für den Plural gebraucht wird. Vorbild waren wohl die starken Neutra des Typs *wort*, bei denen ebenfalls beide Formen übereinstimmen (§ 193 A.5c; J.Schmidt 1889: 123; anders Thöny 2013: 160 f.).

Anm. 2. Otfrid verwendet den Dat.Sg. *hërzen* auch als Dat.Pl. (4,5,30. 5,11,32. 5,20,113); vgl. Behaghel 1928: 506.

Anm. 3. Aus dem Idg. ererbte neutrale *n*-Stämme (Kollektiva) sind im Westgerm. aufgrund des übereinstimmenden Nom.Sg. *-*ō* zu Maskulina geworden: *anko* 'Butter', *namo* 'Name', *sāmo* 'Same' (§ 222:1b); vgl. Jasanoff 2002: 35, Thöny 2013: 161, Ringe/Taylor 2014: 79, EWA VI,805 f.

Anm. 4. Der neutrale *a*-Stamm *spër* 'Speer' (§ 220e A.2c) erscheint ab dem 10. Jh. (Gl 1,675,3. 3,374,32. 3,634,40) auch als schwaches Neutrum *spëra*, das eine eindeutige Pluralmarkierung ermöglicht (mhd. *speren* Pl., Weinhold Mhd. § 463). Nicht hierher *spera* Par. Gespr („*-a* hyperkorrekt hinzugesetzt", Haubrichs/Pfister 1989: 19).

(c) Feminina auf *-ōn-*

Weil einige häufige Bildeweisen *n*-stämmig sind, ist die Zahl der wie *zunga* flektierten Feminina groß. Morphologische Typen: **§ 225**

1. Nomina verschiedener Bildetypen, z. B. *aska* 'Asche', *bluoma* (neben *bluomo* m.) 'Blume', *diorna* 'Mädchen', *fasta* 'Fasten', *quëna* 'Frau', *sunna* 'Sonne', *swëgala* 'Pfeife', *tūba* 'Taube', *wituwa* 'Witwe';
2. feminine Nomina agentis (§ 222:2; Kluge 1926: § 36, E.Bauer 1991), z. B. *forasaga* 'Prophetin', *gastgëba* 'Gastgeberin';
3. konkrete und abstrakte Substantivierungen schwach flektierter Adjektive, z. B. *unholda* 'Dämon', *trāga* 'Trägheit'; zum Maskulinum vgl. § 222:3;
4. Lehnwörter wie *kirihha* 'Kirche', *līra* 'Leier' (lat. *lyra*), *pflanza* 'Pflanze' (lat. *planta*), *tunihha* 'Tunika'; zum Maskulinum vgl. § 222:4.

Lit.: Kuryłowicz 1968, Harðarson 1989.

Anm. 1. Berührungen mit anderen Stammklassen:

a) Viele Wörter dieser Klasse haben vor allem im Plural Nebenformen nach der *ō*-Deklination, z. B. *aska, diorna, kirihha, pflanza, swëgala*, teilweise erst spätahd. – besonders bei Notker, z. B. Nom.Akk.Pl. *chilicha, flánza, zunga* –, teilweise aber auch schon im 9. Jh. Vgl. § 208 A.2; Schatz Abair. § 113, Franck Afrk. § 154:3, N.Wagner 1986: 45, Sonderegger 2003: 294. – Zum Wechsel mit *jō*-Stämmen vgl. § 226 A.2.

b) Neben *snora* 'Schwiegertochter' steht der synonyme *i*-Stamm *snur* (§ 219+A.1a).

c) *gaʒʒa, ūhta, wahta* sind ehemalige *wōn*-Stämme (§ 109 A.2). Zu *-wan-* vgl. § 222 A.5.

Anm. 2. Von den meist nach dieser Deklination flektierten fremden Frauennamen auf *-a* – *Martha* T, Akk. *Euun* Lb 25, 59 – ist *Maria* besonders bemerkenswert. Neben der dreisilbigen lat. Form *Marīa* entwickelt sich im Ahd. eine zweisilbige Form *Mária* mit Wurzelsilbenakzent, deren /i/ wie ahd. /j/ nach /r/ bei kurzem Wurzelvokal (vgl. § 223 A.3) spirantisch wurde und mhd. *Märge* ergeben musste (DWB VI,1625), aber durch gelehrte Einflüsse immer wieder zurückgebildet wurde. In der ahd. Poesie überwiegt bei Otfrid die deutsche Form *Mārja* (*Mária* 1,6,1. 1,7,1. 3,23,10, *Máriun* 1,3,31. 1,5,7. 1,7,25; vgl. auch Lb 31.3, 3), gegen dreimaliges *Marīa* (*María* 2,8,12. 5,5,1; *Maríun* 5,7,1; auch *Maria* 4,2,15 ist wohl *María* zu lesen). In der gelehrten Prosaliteratur begegnen auch lat. flektierte Formen, so im Tatian 1x Akk.Sg. *Mariam* neben sonstigem *Mariun*. Auch im Got. steht neben *Maria* (Μαρία) öfter *Marja* mit germ. Betonung.

§ 226 Die Feminina der *ōn*-Deklination, die mit /j/ gebildet sind, werden wie *zunga* flektiert. /j/ tritt nur noch vereinzelt in alten Quellen auf; im 9. Jahrhundert ist es regelmäßig geschwunden (§ 118) und hat nur in der Konsonantengemination bzw. im Umlaut seine Spur hinterlassen. Morphologische Typen:

1. verschiedene Denominativa wie *huorra, huora* 'Hure', *mugga, mucca* 'Mücke', *mer(i)ha* 'Stute', *winia* 'Freundin' (Anm. 3), *steinna* 'Steintopf', *zeinna* 'Korb' (got. *tainjō*), *zaturra, zatara* 'Hure'; Pl. *Albūn* (*alpeom* Dat.Pl. Pa, Kb, *elbon* Gl 2,501,3) 'Alpen'; *wirđria* 'Weigerungsgeld' (LexSal, § 167 A.11e); zu *frouwa* 'Frau' s. Anm. 1;
2. Wörter auf *-aria, -arra, -ara* (*-āra*?) als Feminina zu den Nomina agentis auf *-āri* (§ 200), z. B. *lāchanarra* N 'Ärztin', *salbara* 'Salberin', *zuhtara* (Akk.Sg. *zuhtariun* Pa) 'Erzieherin' (E.Bauer 1991: 151 ff.);
3. Lehnwörter wie *kevia* 'Käfig' (*cavea*; Anm. 3), *lëcza* (älter *lëczia*) 'Lesung' (*lectio*), *lūr(r)a* 'Nachwein' (*lōr(e)a*; § 41:4).

Lit.: Kluge 1926: § 80–83.

Anm. 1. In den ältesten Quellen (Pa, K, Ra, Voc) endet der Nom.Sg. auf *-e* (< *-ja*, vgl. § 58 A.1), z. B. *frauuue* (daneben *frouwa* wohl ohne /j/, § 114:1b), *huore, mucke, zatare* (Paul 1877: 344, Kögel 1879: 169); *marhe* 'Stute' GlKass (Lb 1.3, 4). Zum Adjektiv vgl. § 256 A.2.

Anm. 2. Einige der oben genannten Wörter – *steinna, zeinna* – zeigen Berührungen mit der *jō*-Flexion (§§ 210 A.3, 225 A.1a).

Anm. 3. In *wini(g)a* 'Freundin, Geliebte' (zu *wini* § 217:4) bleibt das ‹i› fest bis Notker und Will, ebenso im Lehnwort *kevia* (§ 118 A.4). Zu *Maria* vgl. § 225 A.2.

(d) Feminina auf -*īn*-

Die Feminina auf ahd. -*ī(n)* gehören mit ihrem stammbildenden Suffix -*īn*- historisch ebenfalls zur *n*-Deklination und sind insofern mit den *jan*- und *jōn*-Stämmen (§§ 223, 226) vergleichbar. Es handelt sich im Wesentlichen um Adjektivabstrakta (§ 229); diesen haben sich Verbalabstrakta auf *-*īni*- angeschlossen (§ 230 f.). **§ 227**

Lit.: Zur Flexion: Kögel 1884: 319 ff., Thöny 2013: 75 f., 245 f. – Zur Wortbildung: E.Sievers 1878: 143 ff., Jellinek 1891b: 137 ff., Walde 1900: 172 f., Franck Afrk. § 141, Wilmanns III,336 ff., v.Helten 1910: 461, Janko 1910: 23 ff., Baumann 1914, Behaghel 1928: 522 f., Hirt Urg. II, § 65, Prokosch 1939: 254, Mezger 1946: 348 ff., Pimenova 2002a. – Zum As.: Hucko 1904: 49 ff.

Die im Got. noch ganz deutliche Zugehörigkeit zur *n*-Deklination ist im Ahd. durch vorahd. Abfall des auslautenden /n/ verdunkelt. Aufgrund der vorwiegend nasallosen Ausgänge wird die Klasse öfters – wie im Mhd. – der starken Flexion zugerechnet. Sie zeigt vielfache Berührungen mit den *jō*-Feminina (§§ 210 A.2, 231 A.1). **§ 228**

Paradigma: *hōhī* 'Höhe' (as. [ersatzweise] *huldi* 'Huld', mhd. *hœhe*).

-*īn*- (f.)		as.	ahd.	mhd.
Sg.	N.G.D.A.	*huldi*	***hōhī*** ***hōhīn*** (Anm. 1a)	*hœhe*
Pl.	N.A.	*huldi*	***hōhī*** ***hōhīn*** (Anm. 1a)	*hœhe*
	G.	*huldio, -eo*	***hōhīno***	*hœhen*
	D.	*huldion, -iun*	***hōhīm, hōhīn***	*hœhen*

Anm. 1. Die Formen auf -*ī* (Sg., Nom.Akk.Pl.) überwiegen durchweg. Die Vokallänge ist durch Doppelschreibung (z. B. *finstrii, riiffii* BR, *lōsii* LexSal) und durch Zirkumflexe bei Notker (z. B. *crâuuî, míttî*) gesichert; zu BR vgl. Johannsson 2009: 255 ff. (zu abgeschwächtem -*e* s. u. d).

a) Die Formen auf -*īn* stehen regelmäßig nur in wenigen Quellen: Is, MF und oft in Jc. Bei Isidor sind nur die *nissī*-Bildungen (*bërahtnissī, ubarhlaupnissī*) ausgenommen (E.Sievers 1878: 141, Hench Is 95). Weitere Belege: *drātīn, vberāzilīn* Aratorgl. (Schlechter 1993: 304, 355), *gāhīn* Gl 2,190,52 (nach GlFreis 598 Akk.Pl.; anders AWB IV,23); zum Akk.Sg. *luzilīn* O 5,14,5 vgl. AWB V,1473, zum Dat.Sg. *mendīn* Lb 42, 77 vgl. W.Scherer 1880: 441 f. Angesichts dessen, dass auslautendes -*n* hätte schwinden müssen und innerparadigmatischer Ausgleich hier wenig plausibel ist (Ringe/Taylor 2014: 87 f.), dürfte es sich um ein flexivisches Relikt der im Typ aufgegangenen Verbalabstrakta auf *-*īni*- (§ 230 f.) handeln.

b) Bei Isidor steht der Normalform *maneghin* 16,19 der Nom.Sg. *maneghiu* 'pluralitas' 17,7 zur Seite; ebenso gebildet sind *nāhiu* 'vicinitas' Je, *indersezcidiu* Gl 2,142,13 und *lansamiu* H.Mayer 1982: 45.127c, 134, 140. Die Endung ist wohl nicht pronominal (§ 248 A.6), sondern als -*ī* + *u* des Nom.Sg. der *ō*-Stämme (§ 207 A.2a) aufzufassen. Dieses -*iu*, das im Mhd. weiterlebt (Sonderegger 1958: 275), dringt in *nuhsamiu* Gl 1,622,43 und *antrunnigiu* 2,123,14 auch in den Akk.Sg. ein. Vgl. Kögel 1884: 320, Bremer 1887: 206, Hench Is 95, Franck Afrk. 185, Schatz Ahd. 224, Baesecke Einf. 155, Sonderegger 1959: 150, Matzel Is 218 A.315.

c) Vereinzelt ist auch im Dat.Sg. die disambiguierende Endung *-u* der *ō*-Stämme angetreten: *slaffiu* 'ignaviā' Gl 1,376,25, *kamachadiu* 'consortio' H 22,8,2 (Sievers H 79; kaum Instr. des Ntr. *gimachidi* [Firchow 1972: XLIX], das gemäß AWB VI,93 semantisch abweicht). So kann auch *mëȝhaftiu* BR auf *mëȝhaftī* BR 249,8 bezogen werden (§ 269:6). Entsprechend führt *zi speriu* T neben *zi (ala)speri* 'gänzlich, in der Tat' (dazu Grimm Gr. III,142 f.) auf *sperī* 'Sparsamkeit' ('[alles] einbehaltend, einbeziehend' > 'überhaupt'?): *sperī* und besonders *alasperī* – gebildet wie *alagruonī*, *alarihtī* u. ä. – sind als Adjektivabstrakta auf *-īn-* (§ 229) zu bestimmen (anders Schatz Ahd. § 329).

d) Im Spätahd. kann *-ī* zu *-e* [ə] reduziert werden. Beweisend ist nur der Umlaut: *lenge* Npw, *men(i)ge* GlMon; der Wortbildung nach gehört auch *klērte* Tiefenbach 1977: 24, 36 hierher (§ 229:3). Belege wie *gadalōse* Gl 2,608,61. 2,610,27 sind eher neutrale *ja*-Stämme, solche wie *scarfe* Will, *uuirde* N feminine *ō*- bzw. *jō*-Stämme (vgl. § 231 A.2; z. T. anders Franck Afrk. 185, Schatz Ahd. § 344, Tiefenbach 1977: 36).

Anm. 2. Der Gen.Pl. ist insgesamt nicht häufig:

a) Der reguläre Ausgang *-īno* begegnet sehr selten: *werīno* Kb 188,30, *salzsutīno* Gl 1,418,10, *wuorīno* 1,604,16, *drǣtīno* 4,337,22 (zu ‹æ› vgl. § 34 A.2c).

b) Etwas häufiger ist *-ino* bei ursprünglich nach § 211 A.3b flektierten Wörtern: *lukino*, *lugino* (AWB V,1391), *lånđino* Is, *purdino* GlFreis 294.6.

c) Im ganzen Otfrid ist *-ino* nur durch *suntino* 4,1,53 (Hs. V) vertreten, sofern dieses auf einen Ansatz *suntī* (neben *sunta*, § 210 A.2) zu beziehen und nicht nach § 207 A.7b aus *-ono* abgeschwächt ist; ähnlich *sulcina* GlMon (1,418,14) neben dem *jō(n)*-Stamm *sulza*.

d) In Npgl begegnet der Gen.Pl. *finstrinon* (s. Anm. 3b).

e) Reimbedingt sind *uuenteo* Wess zu *wentī* 'Wende' und *resto* O zu *restī* 'Rast' (v.Helten 1910: 461, M.Gebhardt 2000: 115 f.).

Anm. 3. Der regelmäßige Dat.Pl. endet auf *-īm*, *-īn*, z. B. *werīm* Pa, Ra (Splett Abr 265), *andreidīm* Is, *ubarāzzilīm* Rb; *menigīn* T, *restīn*, *guatīn* O. Um die Endung *-īn* zu disambiguieren, wird sie auf mehrfache Weise umgestaltet:

a) Schon früh begegnet die Erweiterung *-īnum* (nach den Neutra auf *-īn*, § 196 A.3; vgl. Schatz Ahd. 224), besonders in H: *finstrīnum*, *hōhīnum*, *mendīnum*; so auch *kītigīnum* Jc.

b) Bei Notker und Npgl erscheint der Ausgang als *-inōn* (zur Kürze des /i/ vgl. § 366 A.2a), z. B. *fuoginon* Nc, *leidsaminon*, *mínnesaminon* Np, *prúttinon*, *hôinon*, *lústsaminon* Npgl; so auch alem. *misseburinon* Gl 2,58,19, frk. *werminon*, *wirminon* 2,556,78. 2,566,30. Bei Notker ist das /n/ auch in den Nom.Akk.Pl. vorgedrungen, vgl. Nom. *mûotegîna* Nk, Akk. *uuîtinâ* Nb u. a. Die Abstrakta zeigen dort folgende Flexion: Sg. *hôhî*, Pl. Nom.Akk. *hôhinâ*, Gen.Dat. *hôhinôn*; der Plural folgt also ganz der *ō*-Deklination. Jedoch hat Notker bei den nach § 211 A.3b hierher übergetretenen Wörtern im Nom.Akk.Pl. einfaches *-î*: *lugî*, *burdî*.

c) Daneben steht ein bair.-frk. Allomorph *-īnun*, das zu a) oder – nach § 58 A.4 – zu b) gehören kann: bair. *grāwīnun*, *mihhilīnun* GlMon (Kögel 1884: 321, Schatz Abair. § 114:b); frk. *vūhtīnun* Gl 1,623,50 (Franck Afrk. 185 f.).

§ 229 Die Hauptmasse der Wörter des Typs *hōhī* bilden die Adjektivabstrakta auf *-ī*, die auch im Got. der *n*-Deklination angehören (got. *managei* usw.; Kluge 1926: § 116). Sie können im Ahd. von jedem Adjektiv gebildet werden und konkurrieren mit den Abstrakta auf *-ida* (§ 208). Der lautgesetzlich zu erwartende Umlaut ist z. T. analogisch beseitigt (§ 26 A.1a). Je nach Grundwort ergeben sich mehrere Typen.

1. Zu Primäradjektiven: z. B. *finstrī* 'Finsternis', *frewī* 'Freude', *(h)reinī* 'Reinheit', *setī* 'Sattheit', *tiufī* 'Tiefe', *wīhī* 'Heiligkeit', *menigī*, alem. *managī* (§ 27 A.4a) 'Menge'.
2. Zu Sekundäradjektiven: *menniskī* 'Menschheit' (vgl. § 222:3), *(h)wiolīhhī* 'Beschaffenheit'. Besonders Notker ist reich an solchen Neubildungen, z. B. *samenthaftī*, *liumenthaftīgī* (Braune 1877: 556, Luginbühl 1933: 77 A.1, 94 A.1 u. ö.).
3. Zu Partizipien des Präteritums: häufig im Obd. (Gl 5,422, Wilmanns II,255, Gutmacher 1914: 31 f., Betz 1965: 138 f., Bürgisser 1983: 165 ff., Pimenova 2002), z. B. von stV. *irstantanī*, *ēristboranī*, *gidiganī*, von swV. *biweritī* Rb, *firwesitī*, *gibeȝȝirōtī* GlMon, *gilērtī* (AWB V,849). Zur Ableitungsstruktur vgl. *bolgenscaft* Nb, Np (B.Meineke 1991: 37 f.).
4. Zu Partizipien des Präsens: häufiger im älteren Obd., davon rund 40x im Abrogans (Anm. 1; Wilmanns II,255, Baesecke 1930: 111): BR *heilantii* (‹*ii*› erweist *īn*-Bildung), *lībantī*; Pa, Kb *breitēntī*, *forscōntī* (AWB I,1348. III,1196) u. a.; Rb *farmanēntī*, *fartragantī*. In spätere Zeit fällt *wësentī* 'substantia' Npgl 43,5.

Anm. 1. Bei Nedoma 1998: 35 A.31 – nach E.Meineke 1994: 146 f. – sind die einschlägigen Lemmata des Abrogans aufgelistet; hinzu kommt *knëhtgibërantī* (dazu Wissmann 1956: 87, anders AWB V,276). Zwar rechnet Splett Abr durchweg mit unflektierten Partizipien auf *-nti* (vgl. schon v.Guericke 1915: 50 f., 71; oft vom AWB übernommen). Typologisch sind Abstrakta zum Part. Präs. jedoch – wenngleich meistens marginal und selten alltagssprachlich – im Prinzip bildbar: ahd. *(fora)wiȝȝantheit* (Wilmanns II,389), mhd. *wësentheit*, ae. *dǣlnimendnes*, *þearfendnes*, lat. *voluntās*, griech. οὐσία 'Wesen, Sein' (ὤν 'seiend'). Im Lat. sind Bildungen auf *-(e)ntia* sogar produktiv geworden (Leumann 1977: 291), so *patientia*, *potentia*, *substantia* usw. Die Belegfülle der ahd. Frühzeit spiegelt das Bemühen, fachsprachliche Termini des Lat. zu adaptieren. Dabei fungiert *-ntī*, ohne in jedem Fall ein Partizip vorauszusetzen, als eigenständiges Abstraktsuffix nach lat. Vorbild. Vgl. *-līh* für lat. *-bilis* in *bittentlīh* 'exorabilis' u. ä. („Klangassoziation zwischen den Suffixen bei der Übersetzung“, Wissmann 1977: 106 f.); ferner ahd. *-ndo* nach lat. *-ndo* (§ 315 A.5).

Anm. 2. Nedoma (1998: 34 f., SgRi CIX, 557 f.) stuft auch vorahd. *siþwagadin* (Schretzheim, um 600) als Partizipialableitung ein (*si(n)þ-wag(g)a(n)dīn* 'Reisebetreibung', zu *sind* m. und *weggen* swV.). Das Fehlen des verbalen /j/ sei dem Einfluss des stV. *wëgan* § 343 A.1c zuzuschreiben (Nedoma 1998: 31+A.21). Die postulierte Analogie entbehrt freilich paradigmatischer Kohärenz („Paulsches Prinzip“, § 343 A.2); zudem bedeutet *weggen* hauptsächlich 'erschüttern' (Stieglbauer-Schwarz 2001: 59). Alternativ kommt der Ansatz eines stV. **wagan* 'fortbewegen' nach Klasse VI in Betracht, dessen Präsensvokal in *wagan* m. 'Wagen' wiederkehrt. Denn auch bei anderen stV. stehen – bzw. standen – *e*- und *a*-Stufe nebeneinander; zu ablV. VI vgl. §§ 343 A.8, 346 A.7, zu redV. §§ 350 A.8, 352 A.4.

5. Es gibt sogar einzelne Ableitungen vom Infinitiv: *farleitinī* Rb, *manuuerdinī* Npgl (SplAWB I,535. 1099). Als Vorbild ist an Bildungen wie *irstantanī* (s. 3.) zu denken, bei denen Partizip Präteritum und Infinitiv homonym sind.

§ 230 Dieser Klasse haben sich die Nomina actionis (Verbalabstrakta) zu swV. I angeschlossen, die im Got. noch der *i*-Deklination angehören (Suffix *-*īni*-, so *daupeins* 'Taufe', Got. Gr. § 103 A.1, Kluge 1926: § 147–149), z. B. ahd. *mendī* 'Freude', *restī* 'Rast', *toufī* 'Taufe', *urlōsī* 'Erlösung', *welī* 'Wahl', *werī* 'Wehr'. Jedoch sind diese Wörter im Ahd. nicht allzu zahlreich (Liste bei v.Bahder 1880: 89 ff.); die Bildung ist auf dem Rückzug, die produktive Bildung ahd. Verbalabstrakta erfolgt durch -*unga* (§ 208). So steht neben *mendī* schon *mandunga*; die meisten swV. I verfügen nur noch über ein Abstraktum auf -*unga*, z. B. *rafsunga* 'Tadel' zu *refsen*.

§ 231 Die beiden historisch zu trennenden Klassen der Adjektivabstrakta (got. *managei* zu *manags*, § 229) und der Verbalabstrakta (got. *daupeins* zu *daupjan*, § 230) sind ihrer Flexion nach im Ahd. zusammengefallen (doch vgl. § 228 A.1a). In den Quellen mit überwiegendem -*īn* erstreckt sich dieses gleichermaßen auf beide Typen; es heißt z. B. bei Isidor *huldīn*, *geilīn* wie *dauffīn*, *chilaubīn*.

Anm. 1. Vielfach geraten Wörter aus anderen Deklinationen in diese Flexionsklasse. Dies betrifft Neutra auf -*i* (§ 201 A.1) sowie Feminina auf -*jō*- (§ 210 A.2), seltener auf -*ō*- (§ 208 A.3) und -*wō*- (§ 212 A.3). Besonders häufig ist dieses Schwanken bei den Abstrakta auf -*niss*-, die in allen drei Flexionsklassen erscheinen, z. B. *wārnissi* n., *wārnissa* und *wārnissī* f.

Anm. 2. Auch der umgekehrte Fall tritt ein, dass die eigentlichen Angehörigen dieser Klasse in eine andere Flexion (*ō*-Deklination) übertreten. So findet sich bei Otfrid je 1x *harta*, *wīha* (im Reim) neben sonstigem *hertī*, *wīhī* (*hēra* 4,12,32 ist nicht *hērī*, sondern *ēra*, § 152 A.1b). Etwas häufiger sind solche Formen auf -*a* statt -*ī* in sehr späten Quellen, wenn z. B. statt *restī*, *toufī*, *urteilī* ein *resta*, *taufa*, *urteila* erscheint (vgl. *urdeila* Lb 17.5, 56 f.; Steppat 1902: 527). Vor allem späte bair. Quellen, in denen die Graphien der Auslautvokale durcheinander geraten sind (§ 59 A.2), enthalten solche Abstrakta auf -*a*, z. B. *serfa* Npw (Schatz Abair. § 114:b).

Anm. 3. Einige Feminina auf -*in* haben sich mit den Feminina auf -*ī(n)* vermischt (§ 211 A.3b). Vielleicht sind sie daher schon früher mit Langvokal anzusetzen (*burdīn* usw.), sodass sie für mhd. -*īn* der Motionsfeminina (§ 211 A.1,2) das Muster abgeben könnten.

Anm. 4. Konkreta (vgl. Got. Gr. § 113:b) sind im Ahd. die Ausnahme: *fuotar-eidī* 'Nährmutter, Amme' (AWB III,1361, Lb 15, 24; zu got. *aiþei* f. 'Mutter'), vielleicht *steofī* 'Heiratsverwandte' Gl 2,7,29 (SplAWB I,941; oder *jō*-stämmiges Adjektiv *stiofi*, vgl. EWGP 554).

M 2.2.2.2. Stämme auf idg. *-*es*-/-*os*, ahd. -*ir*/-*ar*

§ 232 Die idg. *es*-/-*os*-Stämme des Typs lat. *genus*, *generis* haben die konsonantische Flexion aufgegeben. Die meisten sind in die *a*-Deklination übergetreten (§ 197); *sigi* 'Sieg' ist mit einem *u*-Stamm verschmolzen (§ 220c A.5), *wini* 'Freund' hat *i*-Flexion angenommen (§ 217 A.5). Auch *sal* 'Saal' (*i*- und *a*-Stamm) beruht nach Ausweis von *selerlant* Gl 3,645,13 f. und ae. *salor* n. auf einem *iz*-/-*az*-Stamm (N.Wagner 2019: 328), ebenso vielleicht *tag* 'Tag' (§ 197 A.1c) und *spër* (§ 220e A.2c). Das germ. Suffix *-*iz*- ist die Quelle des ahd. *ir*-Plurals (§ 197).

Lit.: v.Bahder 1880: 52 ff., v.Unwerth 1910, Schenker 1971, Bammesberger 1990: 208 ff., Schlerath 1995, N.Wagner 2011, Klein 2013, Thöny 2013: 82 ff., Harðarson 2014. – Zum Ae.: Adamczyk 2011 u. 2014. – Zum Got.: Casaretto 2000.

M 2.2.2.3. Verwandtschaftsbezeichnungen auf *-er*

Von den konsonantischen *r*-Stämmen des Idg. sind im Ahd. noch fünf Verwandtschaftsbezeichnungen übrig: die Feminina *muoter*, *tohter* und *swëster* (§ 234) sowie die Maskulina *fater* und *bruoder* (§ 235). Die Feminina haben die ursprüngliche Flexion am besten bewahrt. **§ 233**

Lit.: Wilmanns III,353, v.Helten 1910: 490 ff., Kluge 1926: § 1, Prokosch 1939: 255 f., Henzen 1965: 118, Meid 1967: 178 f., Bammesberger 1983, ds. 1990: 206 ff., Jones 1990: 46 ff., EWA II, 385 ff., Tremblay 2003, Adamczyk 2009: 418 ff., Thöny 2013: 84 ff. – Zum Ae.: Adamczyk 2014.

Anm. 1. Im Ahd. endet der Nom.Sg. schon in der ältesten Zeit auf *-er* und nicht wie im Got. auf *-ar* (Braune 1876: 141, Paul 1877: 419, Stiles 1988, Boutkan 1995: 272 f.).

Anm. 2. Die Bezeichnungen der Heiratsverwandtschaft – *swëhur* 'Schwiegervater', *swigar* 'Schwiegermutter' und *swāgur* 'Schwager' – gehören nach Bildung und Flexion nicht in diese Gruppe, der sie in den jüngeren Formen *swëher*, *swiger*, *swāger* ähnlich sehen (W.Schulze 1907: 400 ff., Darms 1978: 7 ff.).

Paradigma der Feminina: *muoter* 'Mutter' (as. *mōder*, mhd. *muoter*). Die gesperrten Formen zeigen noch eindeutig konsonantische Flexion. **§ 234**

-er- (f.)		as.	ahd.	mhd.
Sg.	N.G.D.A.	*m ō d e r*, *-ar*	***m u o t e r***	*m u o t e r*
Pl.	N.A.	*m ō d e r*, *-ar*	***m u o t e r***	*m u o t e r*, *müeter*
	G.	**mōdro*	***muotero***	*muoter*, *müeter*
	D.	*mōdrun*, *-on*	***muoterum*, *-un*; *-on***	*muotern*, *müetern*

Anm. 1. Im älteren Ahd. gilt diese Flexion ausnahmslos. In späterer Zeit ist im Plural ein Übergang in die *ō*-Deklination (Typ *gëba* § 207) zu verzeichnen; also bei Notker: Sg. *tohter*, Pl. Nom.Akk. *tohterâ*; Gen.Dat. *tohterôn*; ebenso Pl. *swësterâ*. Auch der schw. Nom.Akk.Pl. *tohterun* kommt bei Notker 1x vor (Nc 43,11).

Von den Maskulina *bruoder* 'Bruder' und *fater* 'Vater' wird *bruoder* genau wie *muoter* flektiert. Dagegen macht sich bei *fater* schon im älteren Ahd. ein Übergang in die *a*-Deklination (Typ *tag* § 193) geltend. Im Nom.Akk.Pl. sind die alten Formen (*fater*) im Ahd. gar nicht mehr belegt, im Gen.Dat.Sg. gehen sie neben den *a*-Formen einher (AWB III,654 ff.). **§ 235**

Paradigma der Maskulina: *fater* 'Vater' (as. *fader*, mhd. *vater*). Die gesperrten Formen zeigen noch eindeutig konsonantische Flexion.

-*er*- (m.)	as.	ahd.	mhd.
Sg. N.A.	*fader, -ar*	***fater***	*vater*
G.	*fader, -ar*	***fater; fateres***	*vater, vater(e)s*
D.	*fader, -ar*	***fater; fatere***	*vater, vatere*
Pl. N.A.	*fader, -ar*	***fatera***	*vatere, veter(e)*
G.	**fad(a)ro*	***fatero***	*vatere, veter(e)*
D.	*fad(a)run, -on*	***faterum, -un; -on***	*vatern, vetern*

Anm. 1. Wie die betreffenden einfachen Wörter flektieren auch die Komposita, z. B. *horngibruoder* 'Aussätziger', *stioffater*, *altfater*.

Anm. 2. Spätahd. hat auch *bruoder* (AWB I,1444 f.) den Nom.Akk.Pl. auf *-a*: *bruodera* N, *bruodra* Otloh (Lb 26, 59). Im älteren Ahd. ist nur in BR der *a*-Plural (meist mit Synkope des Mittelvokals, § 65 A.3) vorhanden: Sg. *pruader*: Pl. Nom.Akk. *pruadra*, Gen. *pruadro*, Dat. *pruadrum*. Im Tatian und bei Otfrid findet sich Dat.Pl. *bruodoron*, *bruadaron*, auch von *fater* im Tatian die Assimilationsformen *fatara*, *fatoron* (§ 64:4; vgl. Paul 1879: 252 ff.).

Anm. 3. *fater* als Eigenname Gottes bildet in H den Akk.Sg. *fateran* nach § 195 A.1.

M 2.2.2.4. Stämme auf *-nt-* (Partizipialstämme)

§ 236 Das Got. (Got. Gr. § 115) und das As. (As. Gr. § 338) kennen noch zahlreiche substantivierte Präsenspartizipien, die im Gegensatz zum paradigmatischen Partizip, das der *ja-/jō*-Flexion folgt (§ 257), das aus idg. **-nt-* ererbte konsonantische Suffix *-nd-* fortführen. Im Ahd. ist die Flexionsklasse nur noch in Resten greifbar; hier lassen sich drei Typen ausmachen:

1. Eindeutig konsonantische Formen liegen nur noch bei den Maskulina *friunt* 'Freund' und *fiant* 'Feind' vor; beide haben sich von ihrem Grundverb, das in got. *frijōn* 'lieben' bzw. ahd. *fiēn*, got. *fijan* 'hassen' erhalten ist, gelöst und fungieren nicht mehr als Partizipien. Zu *zan*, *zand* 'Zahn' vgl. §§ 216 A.1b, 238; zu adjektivischen Reliktformen s. Anm. 2.
2. Lexikalisierte Nomina agentis mit verbalem Bezug wie *heilant* 'Heiland' haben sich vollständig den *a*-Stämmen angeschlossen (Anm. 1).
3. Ansonsten weisen substantivisch gebrauchte Partizipien die reguläre Partizipialform mit schwacher oder (seltener) starker Flexion auf, z. B. dem got. *nasjands*, as. *neriand* 'Heiland' entsprechend ahd. *nerrendeo* 'Jesus' Is, dem as. *waldand* 'Herrscher' entsprechend ahd. *waltanto* 'dominator' Jb-Rd, *waltanti* 'arbiter' Ra; so auch *fëlahanto* 'Schöpfer' H, *heilanto* 'Retter' WK.

Lit.: Bammesberger 1990: 214 f., Thöny 2013: 87 ff. – Zum Ae.: Adamczyk 2014.

Anm. 1. Der alte Nom.Sg. ist erhalten in *scepfant, schefant* 'Schöpfer' Rb, *urteillent* 'Richter' Gl 1,820,31, *haltant* 'Hüter' GlMon (2,278,45). Auch einige Personennamen gehören dieser Klasse an, etwa *Rëchant, Waltant* (Schatz Abair. § 104:b). Ebenso sind gemeinahd. *heilant* 'Retter', *hëlfant* 'Helfer', *wīgant* 'Kämpfer' eigentlich Nom.Sg.-Formen dieser Klasse, zeigen aber keine Reste konsonantischer Flexion mehr: *heilant* flektiert ganz wie *tag* (§ 193), ebenso *hëlfant* H, Dat.Sg. *hëlphante* O 'Helfer' (nur diese Belege). In *lantpūant* 'indigenos' Voc 8,19 könnte ein weiterer konsonantischer Akk.Pl. erhalten sein (AWB V,630).

Anm. 2. In alten Quellen, besonders im Abrogans, begegnen adjektivische Partizipialformen ohne Auslautvokal (Baesecke 1931: 369 = 1966: 215 f.): *incānt, përant, slīffant, toant* Pa, *ingānt, zo*[a]*cānt, zōcalīdhant, uuidharrūzzand* Ka, *zōgalid*[a]*nt* Ra (Splett Abr 83 f., 87, 106, 108, 162), *waltant* Hl 49 (Seebold 1985: 270), *sigufaginōnt* H. Es handelt sich um konsonantische Reliktformen: Für lautliche Apokope sind sie zu alt, für graphischen ‹*i*›-Verlust zu zahlreich (Splett Abr 84).

Anm. 3. Der Gen.Pl. *sceotantero* Hl 51 kann wegen der Adjektivendung nicht mit Blick auf ae. *scéotend* auf ein Substantiv †*skioȝant* 'Schütze' bezogen werden (Grundr II,77 [Kögel], Lühr Hl 646 ff.). *sēolīdante* Hl 42 bezeugt – gegenüber as. Nom.Akk.Pl. *wāglīthand* – schon nach ahd. Weise adjektivische Flexion der substantivischen Partizipien (Lühr Hl 610 ff.). Seebold 1985: 270 f. hält eine Mischdeklination für möglich: Singular konsonantisch, Plural adjektivisch. Zu einer anders gearteten Mischflexion bei got. *daupjands* vgl. Got. Gr. § 115:9.

Paradigma: *friunt* 'Freund' (as. *friund*, mhd. *vriunt*); zu *fiant* s. Anm. 2. Die gesperrten Formen zeigen noch eindeutig konsonantische Flexion. **§ 237**

-*nt*- (m.)		as.	ahd.	mhd.
Sg.	N.A.	*friund*	***friunt***	*vriunt*
	G.	*friundes*	***friuntes***	*vriundes*
	D.	*friunde*	***f r i u n t*, *friunte***	*vriunde*
Pl.	N.A.	*f r i u n d*	***f r i u n t*, *friunta***	*v r i u n t*, *vriunde*
	G.	*friundo*	***friunto***	*vriunde*
	D.	*friundun, -on*	***friuntum, -un; -on***	*vriunden*

Lit.: Jones 1990: 92–106 (zur Semantik).

Anm. 1. Von *friunt* ist im Dat.Sg. neben der Normalform *friunte* vereinzelt die alte konsonantische Form *friunt* erhalten (Gl 1,705,65 f.). Im Nom.Akk.Pl. wird überwiegend die alte Form *friunt* verwendet, so durchweg bei Notker und auch noch im Mhd. (Mhd. Gr. § M 9:3). Doch herrscht *friunta* schon im Tatian und bei Otfrid (AWB III,1274).

Anm. 2. Von *fiant* ist die konsonantische Form des Nom.Akk.Pl. *fiant* sehr selten (Isidor, BR), *fianta* ist das Regelmäßige. So bietet Notker – im Gegensatz zum Nom.Akk.Pl. *friunt* – durchweg *fienda*. Somit flektiert *fiant* im Ahd. gewöhnlich schon ganz wie *tag* § 193 (AWB III,792 f.). Zum Übergangslaut nach /ī/ vgl. § 117:2.

M 2.2.2.5. Nomina ohne Suffix (Wurzelnomina)

§ 237a Ein spezieller Wortbildungstyp des Idg. zeichnete sich dadurch aus, dass die Endungen ohne ein Suffix direkt an die Wurzel traten; die betreffenden Nomina werden daher „Wurzelnomina" genannt. Diesem Typ haben sich im Germ. einsilbige Nomina mit *t*-Suffix angeschlossen (Anm. 1). Zu den ahd. Wurzelnomina zählen wenige Maskulina (§ 238 f.); die meisten sind Feminina (§ 240 ff.). Die ursprünglichen Neutra sind im Germ. zu *n*-Stämmen umgebildet (Anm. 2).

Lit.: Bammesberger 1990: 188 ff., Griepentrog 1995, Thöny 2013: 79 ff. – Zum Ae.: Adamczyk 2012 u. 2014.

Anm. 1. Die einsilbigen Konsonantstämme wie *naht* (§ 241), das ursprünglich mit Dentalsuffix gebildet ist, unterscheiden sich in der Flexion nicht von den echten Wurzelnomina wie *buoh*. Deshalb ist es zweckmäßig, beide Typen gemeinsam zu behandeln (Griepentrog 1995: 463, Thöny 2013: 79 f., 86 f.).

Anm. 2. Der Übertritt der neutralen Wurzelnomina in die *n*-Deklination tritt in den Körperteilbezeichnungen *hërza*, *ōra*, *ouga* (§ 224) zutage, vgl. Thöny 2013: 104, 152 ff.

(a) Maskuline Wurzelnomina

§ 238 Von einsilbigen Maskulina ist im Ahd. nur noch *man* 'Mensch' bei der alten Flexion geblieben. Die übrigen, die nach dem Zeugnis der anderen germ. Sprachen früher konsonantisch flektierten, etwa *fuoȥ* 'Fuß' (Anm. 1) oder *zan*, *zand* 'Zahn', sind in die *i*-Deklination übergetreten (§ 216 A.1b).

Lit.: Baesecke Einf. § 92:1, Griepentrog 1995: 162 f., 490 f., Bammesberger 2000, Thöny 2013: 128 ff., 241 f.

Anm. 1. Ahd. *fuoȥ*, das nach Ausweis des Ae. und Awn. im Vorahd. zu den konsonantischen Stämmen gehörte, hat in einigen Belegen den konsonantischen Dat.Pl. auf *-um*, *-un*, *-on* festgehalten: *fuazzum* BR, Ra, *fuozun* T, *fuazon* O u. a. Doch überwiegen die Formen der *i*-Deklination: Nom.Akk.Pl. *fuozi*, Dat.Pl. *fuozim*, *-in* (AWB III,1364).

Anm. 2. Auch einige mehrsilbige Nomina weisen konsonantische Flexionsformen auf:

a) *aruȥ* 'Erz' zeigt einige endungslose Formen: 3x Dat.Sg., vielleicht 2x (1x as.) Nom.Pl. (AWB I,668); vgl. EWA I,355. 357.

b) Zu *ginōȥ* 'Genosse' gehören der mehrfach belegte Dat.Sg. *ginōz* (O 5,5,10), *gnōz* (Freis. Pn B), *kanōz* (neben *kanōzze* Freis. Pn A) u. a. sowie der Nom.Pl. *kinōz* 'socii' Kb (Gl 1,248,28 = *kinōza* Ra). Mhd. Belege bei Haupt 1871: 362 ff. (zu Erek 2109). Gewöhnlich folgt *ginōȥ* der *a*-Deklination (AWB VI,1391 f.; vgl. auch § 222 A.2).

c) Hierher wohl auch der 1x begegnende Akk.Pl. *mānōt* 'Monat' (Merig 2,100).

Paradigma: *man* 'Mensch' (as. mhd. *man*). Die gesperrten Formen zeigen eindeutig konsonantische Flexion; Fettdruck kennzeichnet die ahd. Normalformen. **§ 239**

-Ø- (m.)		as.	ahd.	mhd.
Sg.	N.A.	*man(n)*	***man***	*man*
	G.	*mannes, -as*	*man*, ***mannes***	*man, mannes*
	D.	*man, manne*	*man*, ***manne***	*man, manne*
Pl.	N.A.	*man(n), men(n)*	***man***	*man, manne, -en*
	G.	*manno*	***manno***	*manne, man*
	D.	*mannun, -on*	***mannum, -un; -on***	*mannen, man*

Anm. 1. Neben dem Gen.Sg. *mannes* ist die kürzere Form *man* nur 2x bei Otfrid belegt (2,18, 21. 5,21,11); vgl. Kelle O 260, Nemitz 1962: 381 (aber *man* 4,35,1 ist Nom.Sg.).

Anm. 2. Im Dat.Sg. ist beim Simplex die kürzere Form noch geläufig; häufiger ist jedoch die *a*-stämmige Form *manne*, die bei den Komposita (Anm. 5, 6) allgemein gilt. Bei Otfrid steht neben 3x *gommanne* 1x Dat.Sg. *gomman* (1,16,5 im Reim auf *bigan*).

Anm. 3. Der Akk.Sg. lautet in Is (MF) und H *mannan*, eine pronominale Form, die wie *cotan, truhtinan, fateran* nach § 195 A.1 zu erklären ist (anders Matzel Is 78+A.92).

Anm. 4. Der Nom.Akk.Pl. lautet stets *man*; nur in einzelnen Komposita und erst in Quellen des 11. Jh. – noch nicht bei Notker – tritt die *a*-Form *-manna, -manne* (nach § 193) auf, z. B. *dienistmanna, scëfmanna, uuërhmanne*. Nur von *gomman* kommt schon in älterer Zeit die Form *gommana* vor (Anm. 5).

Anm. 5. Die überaus zahlreichen Komposita auf *-man* (Graff II,738 ff., Voetz 1977, AWB VI, 188) flektieren im Allgemeinen ganz wie das Simplex (vgl. jedoch Anm. 2, 4). Nur neben *gomman* 'Mann, Ehemann', das meist auch wie das Simplex flektiert wird (Sg. Gen. *gommannes*, Dat. *gommanne*; Pl. Nom.Akk. *gomman*), stehen schon früh abgeschwächte Formen. Da das Wort als Kompositum offenkundig verdunkelt war, verlor der zweite Teil seinen selbstständigen Ton und wurde wie ein Suffix behandelt (§ 63 A.2). Daher wird /a/ zu [ə] abgeschwächt und das /nn/ verkürzt (§ 93 A.1): Nom.Akk.Pl. *commana* K, Ra, *gommana* Gl 1,490,12; Gen.Sg. *gommanes* O, *gommenes* OFreis; Dat.Sg. *commane* Rb, *gommane* O; Akk.Sg. *commen* Sam 25. Schließlich wird auch /mm/ verkürzt (*gomana* Gl 1,490,13), und bei Notker ist daraus *gomen* geworden (Gen.Sg. *gomenes*, Dat.Pl. *gomenen*). Zur Flexion vgl. AWB IV,327 f.

Personennamen auf *-man* werden durch *-us*, Gen. *-i* latinisiert: St. Gallen 867 *Altmanni* (Sonderegger 1961: 260).

Anm. 6. Die pronominalen Komposita *eoman, ioman* 'jemand' und *neoman, nioman* 'niemand' (§ 298), die nur im Singular vorkommen, haben im Akk.Sg. nur die pronominale Form auf *-an*: *(n)eomannan*, im Gen.Dat. nur die längeren Formen *(n)eomannes, (n)eomanne*. Zum Indefinitpronomen *man* vgl. § 297.

Anm. 7. Ob *man* wirklich ohne Themavokal gebildet ist, bleibt strittig. Das Wort wird oft als abstufender *n*-Stamm **man-n-* mit Schwundstufe des Suffixes erklärt; vgl. Wiedemann 1893: 149, Brugmann 1916/17: 252, Ramat 1963: 23, Harðarson 2009: 15 f., EWDS s. v. *Mann* (mit Lit.).

(b) Feminine Wurzelnomina

§ 240 Die Mehrzahl der früher hierher gehörigen Wörter ist im Ahd. in die *i*-Deklination übergetreten (§ 219 A.1b). Die wenigen, die noch ganz oder teilweise bei der alten Flexion geblieben sind, werden im Folgenden aufgezählt.

Lit.: Franck Afrk. § 153:2, Schatz Ahd. § 356, Baesecke Einf. § 92:3, Griepentrog 1995.

Anm. 1. Reste konsonantischer Flexion finden sich bei *turi* 'Tür' (Dat.Pl. *turun*, § 220 A.1; Griepentrog 1995: 117, Thöny 2013: 146 ff.), *itis* 'Frau' (Dat.Sg. *itis* O 1,5,6, aber Nom.Pl. *idisi* Merseb nach der *i*-Deklination; AWB IV,1759, Eichner/Nedoma 2000/01: 30 ff., W.Beck 2011: 8 ff.), bei dem nur O 4,24,26 belegten Dat.Sg. *leidunt* 'Anklage' und vielleicht bei *kuo* (Nom.Akk.Pl. *chua* 'vaccas' Jb = *chuai* Rd; *chuo* WGen; Griepentrog 1995: 241 f.). – Vgl. ferner *dūsunt* § 275.

Anm. 2. Etwas sicherer erscheint die Annahme konsonantischer Flexion bei *ackus* 'Axt', da neben dem *i*-stämmigen Nom.Pl. *acchussi* Gl 3,636,7 (/ss/ wohl aus *jō*-Stamm übertragen, nach Schatz Ahd. 136 dagegen fehlerhaft) auch Dat.Sg. *akus* O 1,23,63 (durch as. Dat.Sg. *acus* Gl 2,583,50 gestützt; dagegen nach Ingenbleek 1880: 24 *i*-Abfall im Reim) und Dat.Pl. *accheson* Np 73,6 belegt sind (AWB I,93 f.).

§ 241 Am vollständigsten hat sich die konsonantische Flexion bei *naht* 'Nacht' erhalten (as. mhd. *naht*). Die gesperrten Formen sind eindeutig konsonantisch flektiert.

-Ø- (f.)		as.	ahd.	mhd.
Sg.	N.A.	*naht*	***naht***	*naht*
	G.	*nahtes* (Anm. 2)	***naht***	*naht, nahte, nehte*
	D.	*naht*	***naht***	*naht, nahte, nehte*
Pl.	N.A.	*naht*	***naht***	*naht, nahte, nehte*
	G.	*nahto*	***nahto***	*nahte, nehte*
	D.	*nahtun, -on*	***nahtum, -un; -on***	*nahten, nehten*

Anm. 1. Der Übergang in die *i*-Deklination zeigt sich spurenweise (AWB VI,1009); nur in H finden sich Gen.Dat.Sg. *nahti* (daneben Dat.Sg. *nahte ioh tage* 16,2,2) und Dat.Pl. *nahtim*. Auch Notker bietet vereinzeltes *nahte* neben vorherrschendem *naht* (Gen.Dat.Sg., Nom.Akk. Pl.). Erst ab dem 12. Jh. (mhd.) tritt neben *naht* häufiger *nahte, nehte* auf (KSW II.1, § S 51).

Anm. 2. Der Gen.Sg. *nahtes* 'nachts' erscheint ahd. nur in adverbialem Gebrauch (Paul 1877: 395 f., ds. 1879a: 550, v.Helten 1895: 514, M.Gebhardt 2000: 119 ff.); im As. begegnet er 1x auch als Kasusform: *thera nahtes* Hel 2912. Schon bei Otfrid, dann spätahd. (Will) und mhd. wird *des nahtes* als Maskulinum nach *des tages* gebildet.

§ 242 Wie *naht* werden *bruoh* 'Hose' und *buoh* 'Buch' flektiert: Nom.Akk.Sg. *pruah* (-*uo*-), Nom.Akk.Pl. *bruoh, buoh*, Gen.Pl. *buocho*, Dat.Pl. *pruochun, buohhum, -un, -on*.

Anm. 1. Von *bruoh* ist im Singular nur der Nom.Akk. *bruoh* belegt (AWB I,1451; vgl. Griepentrog 1995: 83). Dass *bruohha* 'Gurt' Is 40,18 ein *ō*-stämmiges Femininum sei (so Hench Is 124,

Eggers 1960: 14), bezweifelt (mit E.Sievers) Matzel Is 213+A.298. Im AWB I,1453 ist der Beleg dem Kompositum *bruoh-hāh* 'Gürtel' zugeordnet.

Anm. 2. *buoh* ist im Singular meist Neutrum (selten Maskulinum), Gen.Sg. *buoches*, Dat.Sg. *buoche*; doch findet sich bei Otfrid 2x (Ol 91, Os 5, durch den Reim veranlasst) ein Gen.Sg. f. *buachi* der *i*-Deklination. In dem – besonders für die Heilige Schrift – häufig gebrauchten Plural überwiegt aber im 8. und 9. Jh. das Femininum noch bei weitem; so lautet der Nom. Akk.Pl. f. bei Otfrid regelmäßig *buah*, ferner *wīho puah* BR, *thio buoh* T 240,2. Später gewinnt von der Pluralform *buoh* aus das Neutrum die Oberhand (*diu bûoh* N). Vgl. AWB I,1494 ff., Griepentrog 1995: 68 ff.

burg 'Burg' und *brust* 'Brust' werden schon im 9. Jahrhundert ganz wie *fart* (§ 218) flektiert. Jedoch ist bei *burg* im Gen.Dat.Sg. neben *burgi* die konsonantische Form *burg* noch sehr gebräuchlich (AWB I,1524 f.). *brust*, das meist im Plural gebraucht wird, zeigt noch mehrmals den Dat.Pl. auf *-um* (*brustum* Is, *prustum* K, *pruston* Sam 20) neben *brustin* O. Auch der Nom.Akk.Pl. ist neben herrschendem *brusti* in K, Ra noch als *prust* vorhanden (Kögel 1879: 171, AWB I,1456 f.). § 243

Lit.: Griepentrog 1995: 100 f., 467.

Anm. 1. Noch im Mhd. finden sich Nom.Akk.Pl. *brust* und Dat.Pl. – unumgelautet – *brusten* (Mhd. Gr. § M 17, KSW II.1, § S 65).

M 2.3. Deklination der Adjektive

Die Adjektive werden im Ahd. wie in den übrigen germ. Sprachen in zweifacher Weise dekliniert: stark und schwach. Die starke Flexion der Adjektive ist aus dem Idg. ererbt und stimmt im Kern mit der Flexion der vokalischen Substantivstämme überein; in die meisten Kasus sind jedoch pronominale Flexionsformen eingedrungen. Die schwache Flexion der Adjektive ist eine germ. Neuerung: Jedes Adjektiv kann auch als *n*-Stamm nach der substantivischen *n*-Deklination flektiert werden (§ 255). Zugrunde liegt eine Grammatikalisierung individualisierender Nominalbildungen, wie sie aus anderen idg. Sprachen bekannt sind, vgl. Personennamen wie lat. *Cato* zu *catus* 'schlau', griech. Στράβων zu στραβός 'schielend'. § 244

Der Gebrauch der beiden Flexionsarten ist syntaktisch bedingt. Ist das Adjektiv durch ein Demonstrativpronomen (Artikel) determiniert, dann wird es schwach flektiert, sonst gilt im Prinzip die starke Flexion (doch s. Anm. 1). Man kann daher funktional von einer bestimmten (schwachen) und einer unbestimmten (starken) Flexion des Adjektivs sprechen. Alte Belege lassen noch einen Zustand erkennen, in dem die Definitheit vom Artikel unabhängig war (§ 255).

Zur Steigerung der Adjektive vgl. § 260 ff., zu den Adjektivadverbien § 267 ff.

Lit.: Prokosch 1939: 259 ff., Brinkmann 1964, Szulc 1974: 204 ff., Wissmann 1977, Ramat 1981: 75 ff., Bammesberger 1990: 217 ff., EWGP, Got. Gr. § 121, Harðarson 2017: 920 ff.

Zu spezifischen Problembereichen:

a) Starke Flexion des germ. Adjektivs: E.Sievers 1876: 98 ff., Wilmanns III,436 ff., v.Helten 1910a: 290 ff., Janko 1910: 33, Baesecke Einf. § 103, Dal 1971: 160 ff., Birkhan 1974, Matzel 1974 u. 1992, Klein 2007: 193 ff.
b) Entstehung der schwachen Adjektivflexion: Osthoff 1876a, Jellinek 1909: 581 ff., v.Helten 1909/10: 187 ff., Curme 1910, Heinrichs 1954: 83, Trutmann 1972: 3 ff., Braunmüller 2008.
c) Gebrauch des starken und des schwachen Adjektivs: AG II, § 91–94; Wilmanns III,745 ff., Franck Afrk. § 155, Behaghel I,138 ff., Ramat 1981: 81 ff., Klein 2007: 197 ff., 215 ff., Dal 2014: 68 ff.
d) Prädikatives Adjektiv: Orton 1951, J.Fleischer 2007. – Attributives Adjektiv im Mhd.: Schwerdt 2007.
e) Zum Mhd.: Ganslmayer 2012. – Zum As.: Roedder 1901. – Zum Ae.: Schön 1905.

Anm. 1. Otfrid lässt auf Demonstrativpronomen oder Artikel bisweilen ein stark flektiertes Adjektiv folgen, v. a. im Akk.Sg. (*then liaban man* 4,35,28) und im Dat.Pl. (*then lieben giferton* 5,9,40); aus Tatian vgl. *themo unsūbremo geiste* 92,6, aus Notker *des kotelīches sinnes* Nb 260,27. Erdmann (O 376) sieht darin Bezeichnungen aktueller – nicht inhärenter – Eigenschaften; doch die Otfrid-Hss. verhalten sich mehrfach uneinheitlich (AG II, § 92:3+A.2, dort auch weitere Belege). Das Phänomen tritt auch im Mhd. und Nhd. auf (Harnisch/Hinderling 2000).

Anm. 2. Auch in den baltoslaw. Sprachen wird die Definitheit des Adjektivs formal markiert, allerdings durch Suffigierung eines Pronomens. Eine Parallele zum Germ. besteht somit nur in funktional-struktureller, nicht in morphologischer Hinsicht. Vgl. Birkhan 1974: 7.

Anm. 3. Adjektive und Pronomina, die sich auf koordinierte Substantive verschiedenen Geschlechts beziehen, können im Neutrum stehen, z. B. *warun s i u b e t h i u* [Zacharias u. Elisabeth] *gote filu d r u d i u* O 1,4,5 (vgl. § 192d A.2, AG II, § 111; monographisch Askedal 1973).

M 2.3.1. Starke Adjektive

§ 245 Die starke Flexion der Adjektive lässt bei den Maskulina und Neutra den Stammvokal *-a-*, bei den Feminina den Stammvokal *-ō-* erschließen. Wie bei der *a-* und *ō*-Deklination der Substantive sind auch bei den Adjektiven *a-/ō-*, *ja-/jō-* und *wa-/wō*-Stämme zu unterscheiden. Die Masse der ahd. Adjektive verteilt sich auf die *a-/ō-* und die *ja-/jō*-Stämme.

§ 246 Die Reste einer *i-* und einer *u*-Deklination der Adjektive, die das Got. noch besaß (Got. Gr. § 129 ff.), sind im Ahd. ganz verschwunden. Die hierher gehörigen Adjektive sind in die *a-/ō-* oder – häufiger – die *ja-/jō*-Deklination übergetreten.

Anm. 1. Zu Reflexen der früheren *i-* und *u*-Stämme vgl. § 251 A.1; Behaghel 1878: 275 ff., Wilmanns II,412. 417, Kluge 1926: § 178–182, Ross 1972, EWGP 30 f., 56 ff., 77 f.

Im Gegensatz zu den anderen germ. Sprachen besitzt das starke Adjektiv des Ahd. und Mhd. im Nom.Sg. aller Genera und im Akk.Sg. n. – prädikativ auch im Nom. Pl. (s. 2b); zu Weiterem s. Anm. 1 – je zwei Formen, eine pronominal flektierte und eine kürzere, nominal flektierte (synchron endungslos, aber historisch gesehen nicht unflektiert; s. Anm. 2a). **§ 247**

1. Nur in den endungslosen Formen tritt der Unterschied der drei Stammklassen deutlich hervor. Sie entsprechen den reinen Stammformen und enden bei den *a-/ō*-Stämmen auf Konsonant, bei den *ja-/jō*-Stämmen auf *-i* (§§ 119, 250), bei den *wa-/wō*-Stämmen auf *-o* (§§ 108, 253); also nominal *jung, māri, garo*, pronominal *jungēr, mārēr, gar(a)wēr.*
2. Funktional sind beide Formen im Ahd. noch wenig geschieden.
   a) In attributivem Gebrauch sind sie im Singular völlig gleichberechtigt, also *jungēr man* und *jung man, jungiu magad* und *jung magad, jungaʒ kind* und *jung kind.* Im Plural stehen dagegen nur die pronominalen Formen, z. B. *blinte man* O 4,26,17.
   b) In prädikativem Gebrauch wird im Singular und im Plural (§ 248) die nominale Form bevorzugt, aber auch die pronominale Form kommt häufig vor. Es gibt also nicht nur den Typ *der man ist jung, die man sint jung*, sondern auch den Typ *der man ist jungēr, die man sint junge.*

Lit.: Zum Gebrauch der nominalen Form im Ahd.: Grimm Gr. IV,561 ff., Wilmanns III,734 ff., Kelle O 296 ff. (speziell zu Otfrid), Brugmann 1910: 272, Behaghel I,170. 218 ff., Dal 2014: 66 ff. – Zum Mhd.: Mhd. Gr. § M 24, KSW II.1, §§ A 8, 17, 49, 51. – Zur Entstehungsgeschichte der pronominalen Formen: Dal 1971: 163 ff., Rennert 2022; zu ihrem sukzessiven Vordringen vgl. Matzel Is 219 ff.

Anm. 1. Die nominalen Formen greifen verschiedentlich auf weitere Kontexte über:

a) Bei Otfrid stehen nicht selten endungslose Akkusative aller Genera in prädikativer Geltung, so *gidua mih* (*unsih*) ... *wīs* 4,21,4. 1,27,29 u. ö. (Kelle O 298 f.). Der Gebrauch geht einerseits vom Neutrum aus, dessen Akk.Sg. stets mit dem Nom.Sg. übereinstimmt, andererseits vom Prädikatsnomen in Verbindung mit *wësan* und *wërdan*, z. B. *thu ni bist ës ... wīs* 1,18,3. Am häufigsten ist dies in Periphrasen mit *habēn* oder *eigan* (§ 371:2), die schon bei Otfrid seltener das pronominale Partizip enthalten, z. B. *er habēt gizaltan* 4,15,55 (vgl. 1,4,53. 5,7,29). Der älteste Beleg mit nominalem Partizip schon in Exh: *ir den christanun namun intfangan eigut* (dazu Grønvik 1986: 34 f.).
b) Stärkere Ausdehnung hat die nominale Form bei dem Adjektiv *al* erfahren (Frings 1945: 404, G.Müller/Frings 1950: 420, AWB I,96 ff.). In Ortsnamen kann das Adjektiv als Bestimmungswort nominal sein (doch vgl. § 255 A.4): bair. *Altheim, Pirihhīnwang* ('Birken-'), *Niufara, ad Diupstadum* (Schatz 1928: 15).
c) Die Bamberger Beichte (12. Jh.) enthält endungslose Formen des Akk.Sg. f. in attributiver Verwendung, z. B. *rëht ēra, mīn guot bimeinida* (StD 147,35 ff.). Der Gebrauch hat im Mhd. weitere Verbreitung gefunden (KSW II.1, § A 73).

Anm. 2. Zur Verteilung der nominalen und der pronominalen Formen:

a) Die nominalen (sog. „unflektierten") Formen sind durch regulären Endungsschwund infolge der germ. Auslautgesetze entstanden (§ 192b A.1). Sie kommen lautlich dem Nom. Sg. m.f. und dem Nom.Akk.Sg.Pl. n. zu (zum prädikativen Plural s. o. 2b) und entsprechen den Formen des Substantivs (J.Fleischer 2007: 288): *jung* m.n. wie Nom.Sg. *tag*, Nom.Akk. Sg.Pl. *wort*; *jung* f. wie Nom.Sg. *samanunc* (§ 207 A.2b). Dagegen sind die sog. flektierten Formen (*jungēr, jungaȥ, jungiu*) Neubildungen nach dem Vorbild der Pronomina.

b) Das As. kennt im Nom.Sg. nur die nominale Form, ebenso wie das Ae. und das Anfrk. Angesichts dessen muss die scheinbare Ausnahme *suāsat* Hl 53 als mechanische Saxonisierung von ahd. *-aȥ* beurteilt werden (Lühr Hl 654 mit Lit.). Dem Mfrk. der mhd. Zeit fehlt die pronominale Form des Maskulinums auf *-er* komplett, die des Neutrums auf *-et* weitgehend (Braune 1873: 294 ff.). Im ahd. Trierer Cap stehen *frīer* und 2 *sīner*; in mfrk. Prudentiusglossen begegnen *bevīltad* 'gefeilt' Gl 2,554,29 f. (‹*d*› aus ‹*t*› korrigiert? Bergmann 1966: 139) und *ërthagat* 'erdig' 2,586,41 (Klein 1977: 273+A.4); ferner mhd.-mfrk. *rōdet* 'rot', *geslānet* 'geschlagen', *gestrālteth* 'gekämmt' (Thies 1989: 55).

c) Bemerkenswerterweise fehlen bei Isidor die pronominalen Formen des Maskulinums und Neutrums völlig, während beim Femininum neben 15 nominalen 5 auf *-iu* (*-u*) vorkommen (Hench Is 100). Auch in MF (Hench MF 130 f.) sind für das Maskulinum neben 69 nominalen nur 2 Formen auf *-ēr*, für das Neutrum neben 72 nominalen nur eine pronominale belegt; im Femininum 2 auf *-iu* neben 27 nominalen. Dagegen hat das Neutrum im Plural regelmäßig die Endung *-iu* (Is 7, MF 14), und nur prädikativ (s. Anm. 1) stehen nominale Formen (Is 4, MF 4). Der anl. Leid. Will hat die meisten pronominalen Formen der Vorlage getilgt (Sanders 1974: 203).

Anm. 3. Als indeklinables Adjektiv fungiert im Ahd. und As. der Gen.Pl. *frōno* (§ 222 A.4).

M 2.3.1.1. Adjektive auf *-a-*/*-ō-*

§ 248 Paradigma: *jung* 'jung' (as. *jung*, mhd. *junc*). Für das Neutrum gelten abgesehen vom Nom.Akk. die Formen des Maskulinums. Gen.Pl. und Dat.Pl. sind jeweils für alle Genera gleich (++). Die nominalen Formen des Ahd. sind gesperrt, die nur prädikativen Pluralformen eingeklammert.

Maskulinum		as.	ahd.	mhd.
Sg.	N.	*jung*	1. **j u n g**	*junc*
		—	2. **jungēr**	*junger*
	G. m.n.	*junges, -as*	**j u n g e s**	*junges*
	D. m.n.	*jungum(u), -un, -on*	**jungemu, -emo** (*-amu*)	*jungem(e)*
	A.	*jungan*	**jungan**	*jungen*
	I. m.n.	*jungu, -o*	**j u n g u , - o**	—
Pl.	N.	*junga, -e*	1. **junge**	*junge*
		(*jung*)	2. (*j u n g*)	(*junc*)
	G. ++	*jungaro, -ero*	**jungero**	*junger(e)*
	D. ++	*jungun, -on*	**jungēm, -ēn**	*jungen*
	A.	*junga, -e*	**junge**	*junge*

Neutrum		as.	ahd.	mhd.
Sg.	N.A.	*jung* —	1. ***jung*** 2. ***jungaȥ***	*junc* *jungeȥ*
Pl.	N.	*junga, -e* (*jung*)	1. ***jungiu***; frk. ***jung(i)u*** 2. (***jung***)	*jungiu* (*junc*)
	A.	*junga, -e; managu*	***jungiu***; frk. ***jung(i)u***	*jungiu*
Femininum		**as.**	**ahd.**	**mhd.**
Sg.	N.	*jung* —	1. ***jung*** 2. ***jungiu***; frk. ***jung(i)u***	*junc* *jungiu*
	G.	*jungara, -aro*	***jungera***	*junger(e)*
	D.	*jungaru, -aro*	***jungeru, -ero***	*junger(e)*
	A.	*junga*	***junga***	*junge*
Pl.	N.	*junga* (*jung*)	1. ***jungo*** 2. (***jung***)	*junge* (*junc*)
	A.	*junga*	***jungo***	*junge*

Die in Klammern gesetzten nominalen Formen des Nom.Pl. sind nicht ursprünglich, sondern durch prädikativen Gebrauch bedingt (§ 247:2b). Im Ahd. werden die meisten Singularformen und der ganze Plural pronominal gebildet.

1. Singular des Maskulinums und Neutrums:

Anm. 1. Die pronominale Form des Nom.Sg. m. enthält sicher Langvokal, vgl. *preiteer* BR, *lângêr* N. Die Endung ist sehr fest. Zwar wird sie später vereinzelt zu *-ar* abgeschwächt (§ 58 A.3a), besonders bair., z. B. *slafar* GlMon (Schatz Abair. § 117:a), schon 1x *leobar* im Tatian; generell aber hat sich /ē/ bis Notker gut erhalten. Sporadisch begegnet die Übergangsschreibung ‹-ær›, so *kinuhtsamær* (‹æ› aus ‹a› korr.) Ra, *uuildær* Gl 1,562,18 (Jacob 1897: 17); Rb hat 19x ‹-ęr› (Ottmann 1886: 30). Im 12. Jh. auch *-ir*, so *serphir* 4,38,47 (§ 60 A.1). – Zur Herleitung vgl. § 287 A.1a; anders Kögel 1882: 127 f., Johansson 1890: 121 ff., Wilmanns III,427, v.Kienle 1969: 212, Boutkan 1995: 296 f., Johannsson 2009: 237 ff.

In *kinuhsameri* Kb 100,38 (dazu Splett Abr 167) und *slapheri* GlMon (1,566,24 f.) begegnet ein schwer zu erklärender Ausgang *-eri*, der an *deri* Pa (§ 287 A.3c) erinnert, aber ebenso wie dort durch individuelle Fehler verursacht sein dürfte.

Anm. 2. Das *-an* des Akk.Sg. m. und das *-aȥ* des Nom.Akk.Sg. n. (zu letzterem vgl. § 247 A.2b) sind in der älteren Zeit (8./9. Jh.) fest. Ab dem Ende des 9. Jh. (OFreis) beginnt die Abschwächung zu *-en* bzw. *-eȥ* (*-iȥ*), die vom 10. Jh. an vorherrscht. Doch hält sich *-aȥ* im Allgemeinen besser als *-an*; dieses ist in manchen Quellen schon zu *-en* geworden, während *-aȥ* bleibt (Jellinek 1891a: 416, Schatz Abair. §§ 117:b, 118:a, Franck Afrk. 207). Frühbelege wie *frumahaften* Pa (Splett Abr 99), *dhīnen* Is (Matzel Is 221), *gōten* Hl (Lühr Hl 630) können auf früher Abschwächung beruhen (Lühr; Schatz Ahd. § 381 rechnet mit Einfluss anderer *e*-Endungen des Maskulinums, Splett mit Eindringen der *ja*-Flexion). Zu *-an* in Personennamen vgl. § 195.

Anm. 3. Der Gen.Sg. m.n. ist dem substantivischen Gen.Sg. (*tages, wortes*) gleich. Sein *-es* ist im Allgemeinen fest; ein Wandel zu *-as* nach § 58 A.3 findet sich – wie beim Substantiv

(§ 193 A.1a) – nur gelegentlich, besonders in späteren bair. Quellen, z. B. *kidartas perigas* 'uvae passae' (zu *derren*) Gl 1,423,34, *kineztas* (zu *neiȝen*) 2,25,21 (Schatz Abair. 104). Im Spätobd. erscheint die Endung auch als *-is* (vgl. § 60+A.1,2), z. B. *armis* Np, Npw 101,1.

Anm. 4. Zum Dat.Sg. m.n. (Schatz Abair. § 120:d, Franck Afrk. 207, Brans 1914: 67, Rösel 1962: 9 ff.):

a) Endungsallomorphe aus älterer Zeit:
   α) *-amu* zeigt sich mit einigen Belegen in K, BR, H, Rb, so *apanstīgamu, imu sëlbamu* (E.Sievers 1876: 115, Paul 1877: 407, ds. 1879: 220, Schindling 1908: 149, 159, 177, Janko 1910: 33, Rösel 1962: 9, 55, 58). Die Endung entspricht got. *-amma* (/mm/ > /m/ nach § 93 A.1); nach Sievers aaO. kann die Geminate noch in *einenkāmu* Kb 269,13 fortleben (schwerlich gemäß Splett Abr 410 „mit überflüssigem Nasalstrich").
   β) Daneben begegnet vereinzelt *-amo* (/u/ > /o/ nach § 58 A.2), z. B. *niheinagamo* T 86,2, *grāuıamo* Gl 1,344,43, *reinamo* 654,31; pronominal *mīnamo, dīnamo* Rb (Gl 1,510,45. 458,1), *dësamo* H 16,6,2.
   γ) Ablautendes *-emu* (vgl. *demu* § 287 A.1b) liegt in einer Anzahl älterer, besonders obd. Denkmäler vor: *uuīhemu* u. a. GlPaul (Voetz 1985: 163), *kizaltemu* u. a. Ja (Ertmer 1994: 256), *plāemu, rōtemu* Rb (Ottmann 1886: 27), *ungihasanōtemu* Rf (Brans 1914: 40), auch im frk. Isidor (Matzel Is 61, 221).
   δ) Anfang des 9. Jh. gewinnt *-emo* die Oberhand, besonders frk. (WK, T, O), aber auch obd. (so MF, Ra, Exh, Musp); *jungemo* ist also vom 9. Jh. bis Notker die normale Form. Eine Übergangsschreibung zwischen *-amo* und *-emo* liegt vor in *[ī]sarnīnæmo* Rb (Ottmann 1886: 32).

b) Die Endung unterliegt verschiedenen Reduktionen:
   α) Bei Notker wird das /e/ in mehrsilbigen Adjektiven nach Liquid oft synkopiert (*luzzelmo, andermo*, vgl. § 66 A.2). Nach Starkton sind in *dîmo* 'tuo' Npgl 12,6 sogar die Nasale assimiliert.
   β) In *keuoorafteme* Gl 2,143,46 (9. Jh., *gifuorhaft*), *rōteme* GlMon (1,330,19, 12. Jh.), mfrk. *sëlbuuasneme* ist *-emo* zu *-eme* abgeschwächt (Pauly 1968: 100, Frank 1974: 209); so auch *mit unzytlicheme huore, mit sippeme hore* (Benediktb. Gl. u. B.). *-ema* begegnet in bair. *gscurphtema* Gl 2,455,6 (vgl. § 58 A.3), *-emi* in alem. *vnterhūffōtemi* 2,736,48.
   γ) Vereinzelte Assimilationen (Graff II,582 f.): *ubaruunnomo* H 26,7,1, *einomo, sëlbomo* T (Sievers T § 108), *liobomo, sëlbomo* O (§ 67:1b); *mannisgīnimo* WK, *līnīnimo* T 107,1.
   δ) Eine (sprechsprachliche?) Form ohne Auslautvokal ist *clūentem* 'flagrante' Gl 2,616,47 (Pauly 1968: 118.12); statt *glāssannem* O.Ernst 2007: 171 ist nach NFG 257 jedoch *-erą* zu lesen. Zu *sīnen* (Würzb. B) vgl. MSD II,392, Franck Afrk. 207. Vereinzelt zeigt sich Elision vor Vokal, so *z einem urspringe* (Merig), *sarpfim antphange* (Bamberger Beichte); vor /h/ *mit sippim huore, mit unzitigim huore* (Benediktb. Gl. u. B.). In spätalem. *michilm* Gl 2,676,1 ist gar kein Vokal geschrieben (Fasbender 1908: 79 [„Flüchtigkeit"], Schatz Ahd. 251).

c) Zur as. „Kurzform" *-um* neben *-emu* vgl. Krogh 1996: 372 ff. (anders Dal 1971: 46 ff.).

Anm. 5. Der Instr.Sg. m.n. (Belege bei Ehret 1907: 17) stimmt mit der Substantivdeklination des Typs *tagu, wortu* überein (vgl. §§ 192e A.2, 193 A.3; Schatz Abair. § 120:a), z. B. *mit cuatu muatu* BR. Das später vorherrschende *-o* hat schon Tatian in *mihhilo* neben sonstigem *-u* (Sievers T § 112:c), auch sonst begegnet es vereinzelt in älteren Quellen. Ein spätes Beispiel auf *-e* wäre *mit holze erlīne* Merig 1,68 (doch vgl. MSD II,192). Der Instrumental *allu* lebt in nhd. *(mit) alle(dem)* fort (Klein 2016), vgl. § 192e A.2a.

2. Singular des Femininums:

Anm. 6. Zum Nom.Sg. (Braune 1876: 164, E.Sievers 1877: 534, ds. 1894: 557 ff., Kögel 1879: 175 f., Paul 1879: 164, Wilmanns III,427 f., AWB I,96 ff. 467):

a) Die Form *jungiu* zeigt (ebenso wie der gleich lautende Nom.Akk.Pl. n., Anm. 9c) einen Unterschied zwischen Obd. und Frk. (§ 6a:1h,4g). Im Obd. ist das *-iu* Diphthong – mit Silbenakzent auf dem [i] (bei Notker *-íu* mit Akut) – und bleibt deshalb unversehrt bis ins Mhd. erhalten (*jungiu*, bair. *jungeu*); nur sehr vereinzelt ist obd. ‹*u*› für *-iu* geschrieben (Schatz Abair. §§ 118:b, 119:a). Im Frk. ist zwar die älteste Form auch *jungiu* (WK, Is), aber hier ist [u] der Silbenvokal, das [i] ist unsilbischer Halbvokal und fällt in derselben Weise weg wie sonst (nach § 118), sodass *jungu* im Tatian schon weit überwiegt (vgl. Sievers T § 7:e) und bei Otfrid vorherrscht (sehr selten *-iu*, Kelle O 271, 273). Nur für das südliche Ostfrk. (Würzburg) ist die obd. Endung *-iu* bezeugt: Würzb. B *guotiu, luggiu, ītaliu, unbiderviu*. – Vgl. § 220c A.3bγ zum Dat.Sg. der *u*-Stämme.

b) Das *-u* dieser Endung wird im Frk. spätahd. durch *-o*, *-a* ersetzt, das in ‹*e*› [ə] übergeht; im anl. Leid. Will ist die Abschwächung vollzogen. Vgl. v.Helten 1897: 493, Franck Afrk. 208, Sanders 1974: 203 A.489.

c) Die Endung *-iu* sollte vorhergehendes /a/ eigentlich umlauten, doch ist der Umlaut (unter Einwirkung der übrigen Formen) normalerweise ausgeblieben (§ 26 A.2b). Bei *al* zeigt das Bair. durchweg Umlaut (*elliu* MF, OFreis, Npw); im Frk. stehen *elliu, ellu* neben häufigerem *all(i)u*; das Alem. kennt nur *alliu* (zu den Einzelheiten vgl. Klein 2016: 142 f.). Außerdem selten *endriu* (zu *ander*, AWB I,467; auch Adverb, § 269:6; vgl. Thies 1994: 327); vereinzelt weitere Belege wie *scemmiu* 'prosa' Rb (Gl 1,509,15), *menigiu* Merig 1,52 (Schatz Abair. 39 f.). Zum Mhd. vgl. KSW II.1, §§ A 91 f., P 357.

d) Daneben bietet der Abrogans (Pa, K, Ra) einige Belege mit nominalem *-o* (s. Anm. 9c zum Nom.Akk.Pl. n.): *finstro* (anders AWB III,882), *haoho, rūmo, salauuo, souuarzo, tunclo*, vielleicht auch *cafoarsamo, uuīslīhho*. Es handelt sich um Archaismen, vergleichbar den in § 207 A.2a behandelten Substantivformen auf *-u* bzw. *-o* (Kögel 1879: 175 f., Baesecke Einf. 178, ds. 1931: 372, Splett Abr 63, 71, 160, GramErtr 167). Hierher auch *sino cela* im Leipziger Fragment (Mackert/Schmid 2019: 159), falls = 'seine Seele' (wohl eher *iro cella*, § 168 A.3). Das Frühobd. kennt einzelne Reliktformen wie *einu* H 10,4,2, deren *-u* nicht aus *-iu* herrühren kann (Schatz Ahd. § 386).

Anm. 7. Zum Gen.Sg. *jungera* und Dat.Sg. *jungeru* (für *-eru*, z. B. *rëhteru* Is 41,13, O 4,37,9, tritt ab Ende des 9. Jh. überwiegend *-ero* ein, vgl. § 58 A.2):

a) Die Endungen beider Kasus neigen wie bei den ō-Feminina (§ 207 A.5) zum Ausgleich. Im 9. Jh. erscheint daher bisweilen *-era* auch für den Dat.Sg.: meistens bei Tatian-Schreiber δ, z. B. *allera* 242,2 (Sievers T § 114), zuweilen bei Otfrid, z. B. *allera* 1,5,31 (Kelle O 274); *mīnera* Is 36,22, *farmissera* Rf (Gl 1,408,31, ‹*-a*› aus ‹*o*› korr.; vgl. Brans 1914: 40, AWB VI, 658) u. a.; so auch *haistera hanti* LexAl (V.Schwab 2017: 335 f., 568). – Öfter findet sich umgekehrt *-eru* (*-ero*) auch im Gen.Sg., und vom 10. Jh. an dringt dies durch (Schatz Ahd. § 389). Bei Notker enden beide Kasus durchweg, in GlMon meistens auf *-ero*.

b) Der Endvokal geht spätahd. (11. Jh.) in *-e* über und schwindet zum Teil, z. B. *ieglīchere, leimīger* (GlMon), *aller* (Merig 1,23. 27. 62), *rërindire* (zum /i/ der Endung vgl. Pauly 1968: 100). Er ist gegenüber dem *-o* im Dat.Sg. m.n. *-emo* reduziert und wird von Kappe 1909: 342 f. schon für Otfrid als Indifferenzlaut (Schwa) betrachtet; Einzelheiten bei Schatz Abair. § 119:c, Franck Afrk. 208 f. Apokope schon im 9. Jh. anscheinend in *lazer slcāuer* H.Mayer 1982: 40,98a (Heidermanns 2021: 376); zum Spätbair. vgl. Triwunatz 1913: 366.

c) Das /e/ der Endungen *-era, -eru* – und ebenso des Gen.Pl. *-ero* (Anm. 10) – ist sicher kurz. Es ist vereinzelt an den Folgevokal assimiliert, z. B. *grōzara* O 2,4,36 (Kelle O 274). Npgl zeigt in *anagāntiro, pariro, ubiliro* graphisches ‹i›, Np in *īseninro, gechoretro* Synkope von /e/ (anders Kelle 1889: 138: „Schreibfehler"), so auch mfrk. *hauendro* Gl 2,712,49 (*habēn*). Zu haplologischem Ausfall von /er/ vgl. § 249 A.1*.

Anm. 8. Der Akk.Sg. *junga* stimmt zu *gëba*; es gilt das in § 207 A.1 Bemerkte. Das *-a* ist noch bei Notker fest, abgeschwächtes *-e* erst im 11./12. Jh. häufiger. Selten ist *-e* in alten Quellen (nach den *jō*-Stämmen), so *alle, sīne* Is. Vgl. § 250 A.2; Schatz Abair. § 119:b, Franck Afrk. 209.

3. Plural:

Anm. 9. Zum Nom.Akk.Pl. (Schatz Abair. § 117–119, Franck Afrk. 209 f., Baesecke Einf. § 103, Schatz Ahd. §§ 386, 388):

a) Der Nom.Akk.Pl. m. auf *-e* ist im Allgemeinen fest. Das *-e* war im Westgerm. lang (Ringe/Taylor 2014: 25, 119) – vgl. noch *andree* BR 220,17. 222,2 (Seiler 1874: 435) –, ist aber früh gekürzt worden (Braune 1876: 139). Es stammt aus germ. **-ai* und ist zunächst ein offener *e*-Laut; vgl. die Schreibungen ‹*ae, æ, ę*› (§ 57 A.2). Daher tritt vereinzelt schon in älteren Quellen *-a* auf, z. B. *andhra, kifoacsama* K (Kögel 1879: 174), *mīna, dhīna* Is; einige Belege im Tatian, besonders bei Schreiber γ (Sievers T § 107:1). Häufig ist *-a* in den alem. GlSchlett (Fasbender 1908: 76) und vor allem im Spätbair. (vgl. § 58 A.3). Da hier ab dem 10. Jh. das *-a* in vielen Quellen auch dann herrscht, wenn anderweitiges Auslaut-*e* bewahrt bleibt, ist Angleichung der Adjektivendungen an den Nom.Akk.Pl. der maskulinen *a*-Substantive (§ 193 A.4) anzunehmen. Diese Erklärung kommt auch für frk. und alem. *-a* in Betracht (vgl. Jellinek 1893: 36 ff., v.Helten 1903: 538, Schatz Abair. § 117:c).

b) Die regelmäßige Endung des Nom.Akk.Pl. f. lautet *-o*, in Anlehnung an die Pronominalflexion (*deo*; N.Wagner 1986: 46 f.). Bezüglich der Quantität des *-o* fehlen Zeugnisse (vgl. Bohnenberger 1913: 377; Ablehnung der Länge durch Moulton 1941: 11 ff.). Statt *-o* steht vereinzelt *-a*, z. B. *suma* Merseb, mehrfach im Tatian (Sievers T § 110:1), *[gi]denita* Gl 2,166, 39 (Nievergelt RP 117 A.743), *tokina* GlSchlett (Fasbender 1908: 79); fraglich Ottmann 1886: 26 f. (3x Rb). Auch hier liegt Einfluss der Substantive nahe (*ō*-Feminina, § 207 A.6).

c) Für den Nom.Akk.Pl. n. gilt das in Anm. 6a über den Nom.Sg. f. Gesagte. Danach herrscht *-iu* im Obd. und noch bei Notker. Im Abrogans begegnet noch vereinzelt nominales *-u* bzw. *-o* nach § 193 A.5 (Kögel 1879: 175, Baesecke Einf. 178): *clesīnu, himilischu* (‹*sh*› über ‹*ic*›) Kb; *farsoffano, farsuu*ᵘ*olgano* (Nom.Sg. f.?) Pa, Ka. Im spätahd. Frk. wird *-(i)u* wie im Anfrk. (Borgeld 1899: 88 f.) durch *-a, -e* ersetzt (Ausgleich nach dem Maskulinum, vgl. Franck Afrk. 210, Pauly 1968: 100, v.Gadow 1974: 142). Doch es gibt auch ältere Belege, so *gelīmida* Merseb (Eichner/Nedoma 2000/01: 155 ff., W.Beck 2011: 199 f., AWB V,997 f.; anders Tiefenbach 1970: 396, SchAWB 202: Subst. auf *-ida*), *heilega* Würzb. B (MSD II,392, Kögel Lg. II,536) und vielleicht *bisprāha* Würzb. B (AWB I,1124 f.).

d) Bei Notker ist der Ausgleich zwischen Nom.Akk.Pl. m. und f. vollzogen, *-e* gilt auch für das Femininum (zu Nb vgl. Wolfermann 1886: 45 f.; zum schwachen Adjektiv vgl. § 255 A.2). Spurenweise zeigt sich fem. *-e* schon im Tatian (Sievers T § 110:1 A.) sowie in WK, bei Isidor und Otfrid (Franck Afrk. 209 f.). Während aber obd. – einschließlich des Ostfrk., s. Anm. 6 – der Unterschied zwischen mask./fem. *-e* und ntr. *-iu* noch im Mhd. erhalten bleibt, tendiert das Rheinfrk. und Mfrk. zu *-e, -a* für alle drei Genera; im anl. Leid. Will ist dies durchgeführt (*-e, -a, -o*; v.Helten 1897: 495 f., Sanders 1974: 203 A.489).

Anm. 10. Der Gen.Pl. aller Genera auf *-ero* ist sehr fest; zur Kürze des /e/ s. Anm. 7c. Seltenere Varianten:

a) *-eru*: *kalaubīgeru* 'fidelium' H 8,3,1, *wīheru* 'sanctorum' 23,2,1; *ritlīheru* Jb (Gl 1,279,11), *rīferu* Rb (Gl 1,412,52); – bei Pronomina: *alleru* 'omnium' BR 197,22 (Masser 2002: 88: „Fehler des Schreibers"), *sumilīcheru* 'quorundam' Jc (Gl 4,16,55), *sīneru* 'suarum' Trierer Cap;

b) *-era*: *cotchundera* 'divinarum' BR 234,39; *clobigera* 'credentium' Npgl 7,8 (*giloubīg*); zu *-ira* assimiliert: *kalichira* 'similium' Glaser 1996: 232 f. (Lesung nach A. Nievergelt mündl.); – bei Pronomina: *therera* O 5,23,115 (Hs. V); *allera* StD 157,26, Gl 2,600,32. 4,331,4; *beidera*, 4x *dīnera* Npw (AWB I,840. II,461);

c) *-aro*, *-oro* mit pro- bzw. regressiver Assimilation: *armaro* Würzb. B, *halzaro* T, *pararo* Gl 2,542,15, *urhapanaro* 102,64 f. (auch as. *hēlagaro*); *frēhtīgoro*, *sumoro* Ra, *āwërtoro* Jc, *rëhtoro* T, *offonoro* O (vgl. § 67:1b);

d) *-ro* mit später Synkope nach Nebensilbe: *ubilro* Npgl, alem. *huontro* Gl 2,239,39 (*huohōn*);

e) zu haplologischem Ausfall von /er/ vgl. § 249 A.1*.

Anm. 11. Die Dat.Pl.-Endung *-ēm*, *-ēn* ist aus der Pronominalflexion (*dēm*, *dēn* § 287 A.1k) übernommen, eine Neuerung gegenüber dem As. (§ 2a:1h; s. u. c). Die Vokallänge ist durch Doppelschreibungen bzw. Zirkumflexe gesichert (*cuateem* BR, *allên* N u. a.); zu BR vgl. Johannsson 2009: 229 ff. Formale Varianten (vgl. Schatz Abair. § 120:e, Franck Afrk. 210 f.):

a) Ab dem 9. Jh. begegnet *-ēn* (§ 124). Die Hs. des Hl zeigt neben 4x *-ēm* schon 1x *-ēn*: *dīnēm* (2x), *fōhēm*, *chōnnēm*, aber *scarpēn* (Lühr Hl 114). Die wenigen *-ēm* im Tatian sind zu *-ēn* korrigiert (Sievers T § 12:1). Schon Otfrid kennt kein *-m* mehr (Kelle O 272, 284). Notker bietet durchweg *-ên* (Nb: Kelle 1885: 309, Nc: ds. 1886: 338 f., Nk: ds. 1886a: 364); nur in Np begegnet (neben sonstigem *-en*) 4x *-em*, stets im Part. Präs. – *uuiderstântem* 16,8, *souffentem* 29,4, *zuosehentem* 68,23, *allên sizzentem* 112,3 – offenbar durch den Abschreiber hineingebracht (Kelle 1889: 146: „[v]erschrieben"), wohl aufgrund äußerlichen Anklangs an lat. *-ntem*.

b) Das *-ēn* ist meist fest, nur in einzelnen, besonders jüngeren Quellen findet sich vereinzelt *-an* nach § 58 A.3a (Thies 1994: 329); so schon *mīnan*, *sīnan* Ludw, T (Sievers T § 107:1b), auch *sērlīchan* OFreis. Mitunter erscheint der Ausgang als *-in*, *-on*, *-un* (späte Abschwächung, z. T. wohl auch Analogie nach den Substantiven), z. B. *getilōsin* GlMon; *heiligon* (Pauly 1968: 101); *langun*, *-in* Gl 1,583,9, *uuildun* 2,710,50.

c) Im As. ist das nominale *-um*, *-un* bewahrt (As. Gr. § 344 A.11), z. B. *sinuuuellun* Gl 2,718,63 f.

Die sehr zahlreichen Adjektive, die wie *jung* flektiert werden, gehen sämtlich in der nominalen Form auf Konsonant aus. Es handelt sich im Wesentlichen um folgende Wortbildungstypen: **§ 249**

1. einfache (primäre) Adjektive: *alt*, *guot*, *heil* 'gesund', *hold*, *jung*, *siuh*, frk. *sioh* (flektiert *siuhhēr*, *siochēr*) 'krank', *snël* (*snëllēr*), *stum* (*stummēr*); *bër(a)ht* 'glänzend', *ëban* 'eben', *mihhil* 'groß', *ubil* 'böse'; *gilīh* 'gleich', *gimah* (*gimahhēr*) 'passend';
2. abgeleitete (meist denominale) Adjektive in sehr großer Anzahl (Bürgisser 1983: 43–148). Lautgesetzlich zu erwartender Umlaut ist teilweise analogisch beseitigt (§ 26 A.1c):

a) auf *-ag* und *-īg* (meist Possessivadjektive, P.Schmid 1908: 485 ff., Kluge 1926: § 202 ff.): *heilag*, *-īg* 'heilig', *jāmarag* 'schmerzvoll', *ōtag* 'reich'; *enstīg* 'günstig', *giloubīg* 'gläubig', *mahtīg* 'mächtig', *suntīg* 'sündig';
b) auf *-al* und *-il* (meist Eigenschaftsadjektive, Tiefenbach 1991: 103 ff., 108): *āʒal* 'gefräßig', *grĭ̄sil* 'grau' u. a.;
c) auf *-īn* (meist Stoffadjektive, Kluge 1926: § 198 ff.): *durnīn* 'dornig', *guldīn* 'golden' (§ 32:3a), *irdīn* 'irden' (§ 30 A.1cβ), *steinīn* 'steinern'; *ēwīn* 'ewig';
d) auf *-isk* (Zugehörigkeitsadjektive, Götze 1899, Kluge 1926: § 209 ff., Klein 1994): *diutisk* 'volkssprachig' (§ 1:3; „dem [eigenen] Volk zugehörig", zu *diot(a)* § 208 A.4), *frenkisk* 'fränkisch', *himilisk* 'himmlisch';
e) auf *-līh* (Qualitätsadjektive, Fricke 1899, P.Schmid 1908: 521 ff., Wissmann 1977: 108 ff., Winkler 1995, H.U.Schmid 1998, Bammesberger 2002): *kindlīh* 'kindlich';
f) aus Kompositionsgliedern erwachsene Halbsuffixe (Kluge 1926: § 239 ff., Meid 1967: § 169 ff.): *-falt* (*-faltīg*, § 280+A.1), *-haft* (*-haftīg*), *-sam* (Möllmann 1994) u. a.;

3. hierher gehört auch das Partizip Präteritum der starken und schwachen Verben (Typen *ginoman*, *gidionōt*, § 258 f.).

Anm. 1. Adjektive auf *-ar*, *-al*, *-an* mit langer Wurzelsilbe synkopieren das /a/ häufig in den flektierten Formen, besonders in älteren Quellen (vgl. § 66 A.2): *finstar*, aber *finstrēr*, *finstremo*; *bittar* / *pittres*, *pittremo*, *pittran*; *zwīfal* 'zweifelhaft' / *zwīflera*; *tougan* 'geheim' / *tougnes*.

Anm. 1*. In Adjektiven auf *-er* (meist aus *-ar*) kann bei *r*-haltiger Endung éin /er/ haplologisch – d. h. haplographisch oder sprechsprachlich? – ausfallen (Schatz Ahd. 272): Dat.Sg. f. *heitero* N (nach Kelle 1885: 303 A.1 verschrieben), *lūtero* Npgl 61,5, StD 181,6, *lūttero* Würzb. B, *lūttere* St. Galler Gl u. B 2 (AWB V,1449 f.); Gen.Pl. *andero* T, N, Will (AWB I,466). Vgl. das verkürzte Possessivpronomen (§ 286+A.3).

Anm. 2. Manche alte *a*-Adjektive sind ganz oder teilweise in die *ja*-Flexion übergetreten (vgl. §§ 251 A.1, 267 A.6; Wilmanns II,412. 417 f., EWGP 31). So stehen bei Otfrid nebeneinander *wīs* und *wīsi* 'weise', *giwis* und *giwissi* 'gewiss', *ginuag* und *ginuagi* 'genug', *suār* und *suāri* 'schwer' (Kelle O 303; vgl. Kappe 1909: 348).

M 2.3.1.2. Adjektive auf *-ja-* / *-jō-*

§ 250 Die *ja-*/*jō*-Stämme unterscheiden sich von den reinen *a-*/*ō*-Stämmen nur in der nominalen Form (§ 247:1), in den pronominalen Formen flektieren sie wie *jung* (§ 248). Es genügt daher, von dem Paradigma *māri* 'berühmt' die Nominative anzuführen (zu den gesperrten Formen vgl. § 247:2b):

		Maskulinum	Neutrum	Femininum
Sg. N.	1.	***māri***	***māri***	***māri***
	2.	***mārēr***	***māraʒ***	***māriu***; frk. ***mār(i)u***
Pl. N.	1.	***māre***	***māriu***; frk. ***mār(i)u***	***māro***
	2.	(***māri***)	(***māri***)	(***māri***)

Anm. 1. In den pronominalen Kasus finden sich auch in den ältesten Quellen nur höchst selten noch die älteren Formen mit ‹*i, e*› vor der Flexionsendung, z. B. Akk.Sg. m. *kaumantian, farlīhantian*, Nom.Pl. m. *fleogantie, ursahtie* Ra (dazu Splett Abr 370 f.), Nom.Pl. f. *hornohteo, kuntheo, thornohteo* K; Akk.Sg. f. *(un)festea*, Nom.Pl. f. *quëdanteo* MF; bei Otfrid 1x *redie* Nom.Pl. m. (§ 118 A.4).

Das [i] im Nom.Sg. f., Nom.Akk.Pl. n. *māriu* gehört nicht zum Stamm, sondern zur Endung: *mār-iu* ist mit *jung-iu* gleichzusetzen (vgl. § 248 A.6a). Auch hier ist *-iu* im Obd. fallender Diphthong ([íu], nicht †[jú]), und im Frk. fällt das [i] wie bei den *a-/ō*-Adjektiven aus. Bei Otfrid heißt es regulär *heilu* und *māru*; vereinzelte Ausnahmen mit bewahrtem *-iu* sind *bërantiu* 1,4,29 (Hs. P), *scōniu* 1,12,16 (Kelle O 284 f.).

Anm. 2. Auch die Erscheinung, dass /ja/ in alten Quellen durch [e] vertreten ist (§ 58 A.1), ist bei den Adjektiven nur selten zu finden. Die meisten Spuren zeigt Pa, wo der Akk.Sg. m. meist auf *-en* (*sniumen, cafoaren*), der Akk.Sg. f. auf *-e* (*framade*) ausgeht (vgl. Kögel 1879: 174 ff.). Wenn die nominale Form (Grundform) in jüngeren Quellen auf *-e* endet, ist das der Abschwächung der Auslautvokale nach § 59 f. zuzuschreiben.

Anm. 3. Das /j/ des ursprünglichen Suffixes hat bei den Wörtern mit kurzer Wurzelsilbe in der Konsonantengemination seine Spuren hinterlassen, so *mitti* (got. *midjis*), *luggi, lucki* 'lügnerisch', *nuzzi* (*nutzi*) 'nützlich'. Nach langer Wurzelsilbe ist die Gemination in der Regel nicht mehr vorhanden. Nur in obd., besonders alem. Quellen (H, BR, Rb, N u. a.) findet sie sich öfter (§ 96 A.1*a), vor allem bei /r/. So bildet *māri* häufig den Nom.Sg. *mārrēr, mārraʒ, mārriu*, Dat.Sg. *mārremu*, Akk.Sg. f. *mārra*; Nom.Pl. m. *mārre*, Dat.Pl. *mārrēm*; ähnlich bei *swāri, tiuri* usw. Bei anderen Konsonanten ist die Gemination seltener: bei /n/ z. B. *hreinnan, reinnaʒ* zu *(h)reini*; *scōnniu* zu *skōni*; *chleinnēr, chleinniu* zu *kleini*; *chōnnēm* Hl 28 zu *kuoni* („bair. Spracheinfluß", Lühr Hl 536); bei /t/ etwa *drāttēr* zu *drāti*, *spāttiu* zu *spāti*.

Das suffixale /j/ lässt Sekundärumlaut erwarten. Dieser wird aber im Ahd. nur ausnahmsweise geschrieben: *mærrer, mǣrer, mêrer* Gl 4,60,39, vielleicht auch *ruimiu* Rd (§ 42 A.1a).

Die hierher gehörigen Adjektive sind ebenfalls sehr zahlreich (vgl. Graff I,31 f.), sie vertreten verschiedene Wortbildungstypen (Schlüter 1875: 41 ff.): **§ 251**

1. primäre Adjektive aus verschiedenen germ. Stammklassen (zum Flexionswechsel vgl. Anm. 1; EWGP 30 f. und s. vv.):
   a) Adjektive mit ursprünglicher *ja*-Flexion: z. B. *edili* 'edel', *framadi, fremidi* 'fremd', *kūski* 'keusch', *māri* 'berühmt' (Anm. 3b), *milti* 'freigebig', *niuwi* 'neu', *semfti* 'sanft';
   b) frühere *a*-Adjektive (Anm. 1): z. B. *blīdi* 'freundlich', *drāti* 'schnell', *festi* 'fest', *muodi* 'müde', *strengi* 'stark', *swāri* 'schwer', *truobi* 'trübe';

c) frühere *i*-Adjektive (Heidermanns 1999): z. B. *gāhi* ‘eilends’ (< **gǣ-i-*, vgl. § 152:2), *(h)reini* ‘rein’, *lāri* ‘leer’, *skōni* ‘schön’, *tiuri* ‘teuer’ (< idg. *$d^{h}eg^{u̯h}$-*ri-* [wie lat. *febris*], vgl. EWDS s. v.);

d) ehemalige *u*-Adjektive (Heidermanns 1986): z. B. *dunni* ‘dünn’, *engi* ‘eng’, *herti* ‘hart’;

2. denominale Adjektive auf *-ohti*, *-ahti* ‘versehen mit’ (Luxner 2017 u. 2022; s. Anm. 2): *bartohti* ‘bärtig’, *holzohti* ‘bewaldet’, *steinahti* ‘steinig’;
3. viele mit Präfixen – besonders mit *gi-* (§ 71) – gebildete Adjektive (Gante 2016: 10 ff.), so *gifuori* ‘passend’, *gimeini* ‘gemeinsam’, *gimuoti* ‘angenehm’, *gitriuwi* ‘treu’, *gizāmi* ‘ziemend’; *antfengi* ‘angenehm’, *biderbi* ‘nützlich’, *urminni* ‘uneingedenk’, *urougi* ‘unsichtbar’;
4. komponierte Adjektive:
   a) die Stammklasse ist eine Eigenschaft des Zweitglieds: *skëfsoufi* ‘schiffbrüchig’ (EWGP 471), *skīnbāri* ‘glänzend’ (Flury 1964: 11);
   b) die *ja*-Flexion ist durch die Komposition bedingt (Kluge 1926: § 177): *armhërzi* ‘barmherzig’, *einmuoti* ‘einmütig’ (zum Kompositionssuffix *-ja-* bei Substantiven vgl. § 201:5);
5. hierher gehört auch das Partizip Präsens der starken und schwachen Verben (Typ *nëmanti*, *dionōnti*, § 257).

Anm. 1. Zu den bei manchen dieser Adjektive vorkommenden Berührungen mit den *a-/ō-*Stämmen vgl. § 249 A.2. Einige der zwischen beiden Flexionen schwankenden Adjektive sind von Hause aus *u*-Stämme (§§ 246+A.1, 267 A.6), so *herti* / *hart* (Anm. 3a); bei anderen wie *swāri* / *swār* ist die *ja-/jō*-Flexion nach diesem Muster sekundär entwickelt. *strengi* / *strang* (Isidor, Leid. Will 137,4) wird kontrovers beurteilt (*a*-Stamm: EWGP 560, Lühr 2000: 313; *u*-Stamm: Bjorvand/Lindeman 2019: 1191); zu analogischer Beseitigung des Umlauts im anl. Leid. Will vgl. Sanders 1974: 236 f.

Anm. 2. Dem Ausgang *-ohti*, *-ahti* steht eine seltene Variante ohne *-i* zur Seite. „Wäre hier die *jo*-Bildung alt, so müßte auch *-uhti* vorkommen“ (Schatz Ahd. § 393). Vgl. Luxner 2017: 165, 180 f., ds. 2022: 8, 301 ff.; ferner Grimm Gr. II,361, Wilmanns II, § 353:2, Kluge 1926: § 218, Henzen 1965: 199 f.

Anm. 3. Nebenformen einzelner Adjektive:

a) *-hert(i)* in Namen der St. Galler Vorakte erscheint urkundlich als *-hart* (Sonderegger 1961: 258); zur Erklärung s. Anm. 1.

b) Dem *ja-/jō*-Adjektiv *māri*, das aus *māren* ‘preisen, rühmen’ rückgebildet ist, stehen Personennamen mit dessen primärem Grundwort *-mār* gegenüber (EWGP 409, N.Wagner 2008b).

c) *rīhhi* ‘mächtig’ und das Wurzelnomen germ. **rīk-* (got. *reiks*) m. ‘Herrscher’ unterscheiden sich nicht in erster Linie in der Flexion (Schramm 1957: 32), sondern vor allem in der Wortbildung (EWGP 450 f., EWA VII,463).

M 2.3.1.3. Adjektive auf *-wa-*/*-wō-*

Der Klasse der *wa-*/*wō-*Stämme gehören nur wenige Adjektive an. In der nomi- § 252
nalen Form gehen sie auf *-o* aus (§ 247:1), in den übrigen Formen folgen sie der Flexion von *jung* (§ 248). Abhängig davon, ob dem /w/ ein Konsonant (§ 253) oder ein Vokal (§ 254) vorausgeht, ergeben sich zwei Untergruppen.

Bei folgenden *wa-*/*wō-*Adjektiven geht dem /w/ ein Konsonant voraus: mit /l/ *falo* § 253
'fahl', *kalo* 'kahl', *salo* 'schmutzig' (Anm. 2), *gëlo, ëlo* 'gelb'; mit /r/ *(-)faro* 'aussehend, farbig', *garo* 'bereit, fertig' (Rückbildung aus *gar(a)wen*, vgl. § 71 A.6, EWGP 234, EWDS s. v. *gar*), *maro* 'mürbe' (Anm. 1); mit /s/ *zëso* 'recht(s)' (zu **haso* 'grau' s. Anm. 3). Die pronominalen Formen weisen meist einen Sprossvokal auf, gewöhnlich [a], seltener [e] oder [o] (vgl. § 69:1). Dies ergibt für *garo* Formen wie *garwēr, garawēr, garewēr* (zu den gesperrten Formen vgl. § 247:2b):

		Maskulinum	Neutrum	Femininum
Sg. N.	1.	***g a r o***	***g a r o***	***g a r o***
	2.	***gar(a)wēr***	***gar(a)waȥ***	***gar(a)wiu***; frk. ***gar(a)wu***
G.		***gar(a)wes***		***gar(a)wera***
D.		***gar(a)wemo***		***gar(a)weru***
		usw.		

Anm. 1. Neben *maro* stehen die *ja*-Stämme *marawi* und – mit schwundstufiger Wurzel – *murwi, muruwi* (EWGP 418, AWB VI,992).

Anm. 2. Zu *salo* 'schmutzig, dunkel' gehört der Personenname *Salu-ram*. Anderer Herkunft ist *Sala-man* (zu ahd. *sal* 'Saal', vgl. Schramm 1957: 37).

Anm. 3. Nach N.Wagner 2022: 172 ff. könnten einige Personennamen das Adjektiv **haso* 'grau' – vgl. ae. *hasu*, awn. *hǫss* (EWGP 284), dazu *haso* 'Hase' (§ 222:1a) – enthalten: *Hasa-purc* (Freising), *Hasiuuine* (Pfäfers); *Niidhasus* (Reichenau).

Bei folgenden *wa-*/*wō-*Adjektiven geht dem /w/ ein Vokal voraus, was teilweise § 254
lautliche Vereinfachungen zur Folge hat:

1. Langvokal (Anm. 1): *blāo* 'blau', *grāo* 'grau', *(h)lāo* 'lau', *slāo* 'träge' (Heidermanns 2021); *slēo* 'stumpf' (< **slaiwa-* mit vorahd. Diphthong, § 43:3b);
2. Kurzvokal (Anm. 2): *frao, frō* 'froh', *(h)rao, rō* 'roh', *fao, fō* 'wenig'; *dëo, -dio* 'untertan' (Anm. 4);
3. Diphthong (Anm. 3): *glau, glou* 'klug'; zu *slēo* s. o.

Die Flexion von *grāo* lautet wie folgt (zu den gesperrten Formen vgl. § 247:2b):

		Maskulinum	Neutrum	Femininum
Sg. N.	1.	***grāo***	***grāo***	***grāo***
	2.	***grāwēr***	***grāwaȥ***	***grāwiu***
G.			***grāwes***	***grāwera***
			usw.	

Anm. 1. Nach langem /ā, ē/ fällt in der nominalen Form das *-o* schon früh im 9. Jh. ab, sodass die betreffenden Wörter *blā, grā, lā, slē* lauten (§ 108 A.2). Zuweilen fällt das /w/ (in Analogie zu den nominalen Formen ohne *-o*) auch in den pronominalen Formen aus, z. B. *crāiu* Nom. Pl. n. (statt *crāwiu*) Jb-Rd, *plāemu* Dat.Sg., *plāēm* Dat.Pl. Rb (§ 110 A.1), *slēaz* Nom.Sg. n. Ja.

Anm. 2. Die Wörter mit kurzem /a/ (*frao, (h)rao*, fao**) werden zunächst regelmäßig flektiert: *frawēr, frawaȥ, frawiu* usw. (oder mit Übergang /auw/ > /ouw/: *frouuēr, frouuaȥ, frouuiu*; vgl. § 114 A.3). In der nominalen Form ist aber das auslautende [ao] früh zu /ō/ monophthongiert worden (§ 45 A.3), sodass sie gemeinahd. *frō* (*rō, fō*) lautet. Diese *ō*-Formen ziehen dann eine Flexion *frōēr, frōaȥ, frōiu* usw. nach sich, die neben der ursprünglichen Flexion einhergeht.

fō, das mit dem 9. Jh. ausgestorben ist, hat neben den *w*-Formen (*fouuēr, fōēr* usw.) häufig solche mit ‹*h*› (z. B. *fōhēr*, schon in Hl *fōhēm*, AWB III,1014). Entgegen früherer Darstellung handelt es sich nicht um Reste eines gramm. Wechsels /h/ : /w/ (EWA III,432). Bei dem häufigen Adjektiv *frao, frō* begegnet im Ahd. kein einziger Beleg mit ‹*h*› (AWB III,1279); bei *(h)rao, rō* treten erst nachahd. (12./13. Jh.) Formen mit ‹*h*› auf: *rooh* Gl 3,153,57, *rohes* 3,415,5, *rohem* 1,581,31 (mhd. Einfluss von *rūh* 'rau', vgl. Trübner V,428). Somit bezeichnet ‹*h*› in *fōh* schwerlich einen Übergangslaut, sondern liegt in der Herkunft des Wortes begründet. Die Auffassung, dass *fōh* germ. /h/ enthält und mit lat. *paucus* identisch ist (IEW 843), verdient weiterhin Beachtung (dagegen Paul 1880: 167, Kögel 1884b: 526, Gröger 1911: 140 f.).

Anm. 3. *glau, glou*, das /ww/ aufweist und deshalb in der nominalen Form ohne *-o* anzusetzen ist (§ 113:1), flektiert ganz regelmäßig als *glauuēr, glouuēr* (AWB IV,311 f., Kögel 1884b: 524, Schatz Ahd. § 289, EWGP 247 f.). In *claouan, claouuen* GlFreis 388.303, 394.327 ist die nach § 45 A.3 zu beurteilende Auslautgraphie ‹*ao*› eingedrungen (GramErtr 167).

Anm. 4. *dëo* ist nur im Akk.Pl. m. *teuue* N sowie in *thuruh-*, *untarthëo* Pa, K, Ra bezeugt, daneben *untarthio* O (Schatz Ahd. § 377, EWGP 615 f., EWA II,662 f.; vgl. § 152 A.6b). Dem Adjektiv steht das substantivische Personennamenelement *-dëo* zur Seite (§ 204+A.5).

M 2.3.2. Schwache Adjektive

§ 255 Die schwache Flexion aller Adjektive ist die der *an-/ōn*-Substantive; zu den einzelnen Kasusformen vgl. § 221 A.1–7. In der Verwendung der schwachen Formen erhält sich die ältere definite (individualisierende) Bedeutung des schwachen Adjektivs, die syntaktisch noch vom Gebrauch des bestimmten Artikels unabhängig war (vgl. § 244; Kögel 1889: 102 ff., Behaghel I, § 109, Klein 2007: 197 f.). In freier Anwendung finden sich in den ältesten Quellen noch Belege ohne Artikel, besonders in den alliterierenden Denkmälern (*luttila ... barn* Hl 20, *himiliskin gote* Musp

29), aber auch in anderen Texten (*himiliscun got* Is, vgl. Franck Afrk. § 155 A.3). Von schwach flektierten Adjektiven gehen auch die in §§ 222:3, 225:3 angeführten Substantivierungen aus.

<table>
<tr><th></th><th></th><th>Maskulinum</th><th>Neutrum</th><th>Femininum</th></tr>
<tr><td>Sg.</td><td>N.</td><td>jungo</td><td>junga</td><td>junga</td></tr>
<tr><td></td><td>G.D.</td><td colspan="2">jungen, -in</td><td>jungūn</td></tr>
<tr><td></td><td>A.</td><td>jungon, -un</td><td>junga</td><td>jungūn</td></tr>
<tr><td>Pl.</td><td>N.A.</td><td>jungon, -un</td><td>jungun, -on</td><td>jungūn</td></tr>
<tr><td></td><td>G.</td><td colspan="2">jungōno</td><td>jungōno</td></tr>
<tr><td></td><td>D.</td><td colspan="2">jungōm, -ōn</td><td>jungōm, -ōn</td></tr>
</table>

Anm. 1. In manchen Texten haben sich gewisse Differenzierungen zwischen dem schwachen Adjektiv und dem schwachen Substantiv eingestellt (Franck Afrk. § 161 f.).

a) Otfrid hat im Nom.Akk.Pl. m. beim Substantiv stets *-on* (*hanon*), beim Adjektiv aber meist *-un*, gleich dem Neutrum (und Femininum), z. B. *thie altun forasagon* 1,10,2. 1,17,38. Nur vereinzelt (Kelle O 290) verwendet Otfrid *-on* im Nom.Akk.Pl. m. des Adjektivs. Auch zwei Tatian-Schreiber (Sievers T § 111:2) bieten beim Adjektiv im Nom.Akk.Pl. *-un* neben *-on*.

b) Im Gen.Pl. aller Genera hat Otfrid statt *-ōno* überwiegend (12x) die verkürzte Endung *-un*, so *dūfarlīchun* 5,31,6, *sëlbun* Oh 71. 113. Daneben *-on* in *managfalton* 2,21,16, *sëlbon* 3,12, 27; die volle Endung nur in *wārōno* 1,13,22 und *sëlbōno* 3,12,27 (OFreis). Vgl. Kelle O 291, Kappe 1909: 351 f.

c) Isidor hat im Nom.Akk.Sg. n. beim Substantiv stets *-a*, beim Adjektiv jedoch neben überwiegendem *-a* auch 3x *-e*: *gheistliihhe* 21,19, *susliihhe* 38,4, *undarquhedene* 29,4 (Schatz Ahd. § 347, Matzel Is 216).

Anm. 2. Auch Notker hat beim schwachen Adjektiv einige Analogien durchgeführt. Der Nom. Akk.Pl. f. zeigt statt *-ūn* die maskuline Endung *-en* (vgl. zum starken Adjektiv § 248 A.9b); so heißt es *dîe dînglichen chlâgâ* Nb (Wolfermann 1886: 46 f.). Ferner steht im Dat.Pl. statt der schwachen Endung *-ōn* stets die Form des starken Adjektivs auf *-ên*, z. B. *dîen êrwírdigên hêrrôn* Nb (Braune 1876: 136, 148, Wolfermann 1886: 47).

Anm. 3. Einige scheinbare Adjektive kommen – besonders bei Otfrid (vgl. Erdmann II,188) – nur schwach und in prädikativem Gebrauch vor: *gëro*, *wiȥȥo*, *giloubo*, *āteilo*, *gifago*, *gimacho*, *unbëro* (vgl. auch Jünemann 1967: 310 ff., 364). Diese Wörter, die als Ergänzung den Genitiv zu sich nehmen, sind in Wirklichkeit alte Substantive (Behaghel 1918: 153 ff.). Nach Analogie der starken Adjektive (vgl. § 247+A.1) werden die Formen des Nom.Sg. als unflektiert behandelt und in den Akk.Sg. und den Nom.Akk.Pl. übertragen. So steht im Plural *ādeilo* O 1,1,115 (flektiert *ādeilon* 2,9,4; zu *āteili*, *-o* vgl. AWB I,686 f.), im Akk.Sg. *thes duan ih thih giloubo* 4,13,28 (nach *thu wirdist mir g.* 5,23,227, *ni bist es g.* 1,18,7).

Anm. 4. Ortsnamen mit adjektivischem Erstglied – so *Lutzilindorf*, *Lenginveld*, *Rōtinpah*, *Luzzilūnouwa*, *Sēligūnstat*, *Haohūnsteti*, *Altūnhūsir* – zeigen meist die schwache Form des Adjektivs (doch vgl. § 247 A.1b). Zuweilen wird die Form des schw. Dat.Sg. m. *-in* auf Feminina übertragen, z. B. *Hōhinprugka*; umgekehrt jedoch *Sundūnberg*. Vgl. Franck Afrk. § 164, Schatz Abair. § 105:b, ds. 1928: 16, Baesecke Einf. § 104, Menke 1980: 339.

§ 256 Bei den *ja-/jō-* und *wa-/wō*-Stämmen (vgl. §§ 250, 253) entspricht die schwache Flexion der von *jungo* (§ 255):

	Maskulinum	Neutrum	Femininum
Sg. N.	***māro***	***māra***	***māra***
	gar(a)wo	***gar(a)wa***	***gar(a)wa***
		usw.	

Anm. 1. Bei den *ja-/jō*-Stämmen treten in den älteren Quellen mitunter ‹*e*› und ‹*i*› als Reflexe von /j/ auf (§ 118:1), so Mask. *māreo* Wess, *luggeo* Voc, *waldendeo*, *nerrendeo* (Part. Präs.) Is, Dat.Pl. *festeōm*, *unfesteōm* MF, Dat.Sg. f. *niuwiūn* R. Hierher wohl auch das Adverb *nāhiǖn* GlFreis 38.12 (GramErtr 167).

Anm. 2. Der Nom.Sg. f. endet wie bei den *jōn*-Substantiven (§ 226 A.1) in der Frühzeit auf *-e*: *scīre* 'candida' Nievergelt im Druck b: Nr. 28 (Ende 8. Jh.); Part. Präs. *dhiu zifarande chiscaft* Is 3,17 f. (Hench Is 103, E.Sievers 1925: 73), *Uuahsante* PN Salzburg (Schatz 1935: 155 f.; nach Schatz Ahd. § 391 schwach flektiert).

M 2.3.3. Deklination der Partizipien

§ 257 Das Partizip Präsens der starken und schwachen Verben (§ 316) flektiert wie ein reguläres Adjektiv mit starker und schwacher Flexion. Die starke Flexion richtet sich nach den *ja-/jō*-Stämmen, die nominale Form geht auf *-i* aus: *nëmanti*, *diononti*. Die pronominalen Formen flektieren wie folgt:

	Starke Flexion			Schwache Flexion	
Sg. N.	***nëmantēr***	***nëmantaȝ***	***nëmantiu***	***nëmanto***	***nëmanta***
	dionōntēr	***dionōntaȝ***	***dionōntiu***	***dionōnto***	***dionōnta***
			usw. wie *jung*, *māri* (§§ 248, 250)		

Anm. 1. Zum Auftreten des /j/ (als ‹*e*, *i*›) in flektierten Formen der starken und der schwachen Deklination vgl. §§ 250 A.1, 256 A.1; Grønvik 1998: 114 ff. Zum – fehlerhaften – Dat.Pl. auf *-ntem* (4x Np) vgl. § 248 A.11a.

Anm. 2. Das Partizip Präsens flektierte ursprünglich als Dentalstamm (zu got. Relikten vgl. Got. Gr. § 133 A.3,4). Die konsonantische Flexion ist in Resten erhalten, zumeist bei Substantiven (§ 236 f.), aber auch in adjektivischer Geltung (§ 236 A.2).

Anm. 3. Zum Partizipialadverb auf *-nto* vgl. §§ 267:1, 315 A.5, 316 A.3.

Das Partizip Präteritum wird bei starken Verben mit *-an*, bei schwachen mit *-t* gebildet. Bei Verben, die kein untrennbares Präfix aufweisen, wird in aller Regel das Präfix *gi-* vorangestellt (§ 323). Das Partizip flektiert als *a-/ō*-stämmiges Adjektiv (wie *jung*) sowohl stark als auch schwach. **§ 258**

Anm. 1. Zum Partizipialadverb auf *-ano* bzw. *-(i)to, -ōto, -ēto* vgl. § 267:1.

Das Partizip Präteritum flektiert also wie folgt: **§ 259**

1. starke Verben – nominal: *ginoman*

   – pronominal:

	Starke Flexion			Schwache Flexion	
Sg. N.	***gi-nomanēr***	***-nomanaʒ***	***-nomaniu***	***-nomano***	***-nomana***
G.	***-nomanes***		***-nomanera***	***-nomanen***	***-nomanūn***
			usw.		

Anm. 1. Der Suffixvokal unterliegt je nach Dialektgebiet gewissen Schwankungen:

a) In frk. Quellen zeigen flektierte Formen statt des suffixalen /a/ öfter /e, i, o/, meist unter dem Einfluss eines Nachbarvokals (vgl. § 64 A.2c); so bei Otfrid *giscribe̱ne, gihalte̱nera, einboro̱non, gisceidi̱nir, gihalti̱nu* (Nom.Sg. f., *-u* aus *-iu*). Die nominale Form endet hingegen stets auf *-an*. Vgl. Paul 1879: 239, Sievers T § 91, Franck Afrk. § 51:1, Wilmanns III,54; Tiefenbach (1977: 36) spricht von einer „Verteilungsregel".

b) Im späteren Obd. erscheint der unflektierte Ausgang *-an* mehrfach als *-un* oder *-in*; so in GlMon *gigozzin wirt* Gl 1,455,14 f., *piduungun, piduungin* 646,5 ff., *gipuntun uurti* 649,41, *pilohhun wrti, pilocchin uuerdint* 651,28 f. (Förster 1966: 204 ff.). Hierher auch alem. *firstunchin sint* Gl 2,358,29 (Eisenhut 2009: 251). Der Wechsel beruht teils auf Assimilation, teils auf Nebensilbenschwächung. – Ob *frahhun* (§ 351 A.1d) mit *-un* statt *-an* ebenso zu beurteilen ist, bleibt ungewiss (offenes ‹*a*› [§ 8 A.2] als ‹*u*› verlesen?).

Anm. 2. Bei Notker ist der Suffixvokal nach /l/ oder /r/ oft synkopiert, besonders in flektierten Formen, z. B. *gemálnemo, ferlórn, verlórnez* (§ 66 A.2; Wolfermann 1886: 12).

2. schwache Verben – nominal: Klasse I *ginerit*, II *gidionōt*, III *gifolgēt*

   – pronominal:

	Starke Flexion			Schwache Flexion	
Sg. N.	***gi-neritēr***	***-neritaʒ***	***-neritiu***	***-nerito***	***-nerita***
			usw.		
			entsprechend: ***gi-dionōtēr***, ***gi-folgētēr*** usw.		

Anm. 3. Das /i/ der swV. I wird in Mittelsilben oft synkopiert: *gihōrit*, aber *gihōrtēr* (§§ 356:2, 365). Das /ō, ē/ der swV. II/III wird bei Notker gegebenenfalls gekürzt (§§ 366 A.2a, 368 A.1).

M 2.3.4. Steigerung der Adjektive

M 2.3.4.1. Komparativ

§ 260 Das Komparativsuffix (idg. *-*i̯os*-, -*i̯es*-, -*i̯ōs*-, -*is*-) tritt im Ahd. in den beiden Allomorphen -*ir*- (got. -*iz*-) und -*ōr*- (got. -*ōz*-) auf. Die Länge des /ō/ im Suffix -*ōr*- ist sicher. Noch bei Notker kommen Schreibungen mit Zirkumflex vor, so *máhtigôren*, *mánigôrin*, *níderôro*, *óberôro*. Unmittelbar nach langer, betonter Silbe ist der Vokal jedoch bereits gekürzt und abgeschwächt: *hóhera*, *léidera*, *sîdero* (zur Mittelsilbenschwächung vgl. § 62:2).

Lit.: Zur Herkunft der auf das Germ. beschränkten *ō*-Formen: Streitberg 1892: 19 ff., Brugmann 1899, Armitage 1911: 215, Kluge 1913: 243 f., Kuryłowicz 1954: 252 ff., Bammesberger 1990: 231 f., Got. Gr. § 135 A.2, Fulk 2018: 218 f.

§ 261 Die Verteilung der beiden Bildungsarten auf die einzelnen Adjektive lässt sich weitgehend in Regeln fassen.

1. Mehrsilbige, mit Ableitungssuffixen gebildete oder komponierte Adjektive verwenden im Komparativ nahezu ausnahmslos das *ō*-Suffix. Also z. B. *sālīg*: *sālīgōro*, *tiurlīh*: *tiurlīhhōro*, *managfalt*: *managfaltōro*. Das Partizip Präteritum wird selten – z. B. *gilëgan*: *gilëganōro* –, das Partizip Präsens nie gesteigert (Grimm Gr. III,569 f.).
2. Bei primären Adjektiven sind beide Suffixe möglich.
   a) Die *ja*-/*jō*-Stämme weisen fast ausschließlich das *i*-haltige Suffix auf, also *(h)reini*: *(h)reiniro*, *suoȝi*: *suoȝiro*, *engi*: *engiro*, *blīdi*: *blīdiro*. Nur ausnahmsweise sind einzelne *ō*-Formen zu *ja*-/*jō*-Stämmen belegt: *rīchōro* Jc neben *rīchero*, *tiurōro* BR, GlMon neben *tiuriro*.
   b) Die *a*-/*ō*-Stämme schwanken dagegen; viele zeigen beide Formen, so *hēr*: *hēriro* und *hērōro*, *hōh*: *hōhiro* und *hōhōro*, *rëht*: *rëhtiro* und *rëhtōro*. Meistens erscheint jedoch nur eine Form, wobei aber die oft geringe Belegzahl zu bedenken ist. Es heißt z. B. *liob*: *liobōro* (bei Notker *lîebero* nach § 260), *lioht*: *liohtōro*, andererseits *heiȝ*: *heiȝiro*, *slëht*: *slëhtiro*, *hlūt*: *hlūtiro*, *lang*: *lengiro* (mit Umlaut, s. Anm. 1, 2a).
3. Zur morphologischen Distribution tritt eine dialektale Präferenz: Im Gegensatz zum Superlativ auf -*ōsto* (§ 263 f.) und zum Adverbkomparativ auf -*ōr* (§ 268:1,2) ist der adjektivische Komparativ auf -*ōro* ein Spezifikum des Obd. (§§ 6a:1i,4h, 266 A.1); auch *hērōro* und *frōtōro* Hl weisen auf das Obd. (Schatz Ahd. § 397). *aftoro* T (§ 266 A.1) und *jungoro* T, O (Anm. 3) enthalten sekundäres /ŏ/ (Sievers T § 98:1, Schatz Ahd. § 395), wahrscheinlich auch *ērwirdīgoro* T 110,3 (-*iro* aufgrund der *i*-Vokale gemieden?). Zu -*ara* bei Otfrid s. Anm. 2b.

Lit.: Grimm Gr. III,554 ff., Graff II,243 ff., Wilmanns II,440 ff., Schatz Abair. § 122. – Zum Mhd.: KSW II.1, § A 124.

Anm. 1. Das /i/ des Suffixes bewirkt Umlaut. Dieser ist im Obd. durch *l*- und *r*-Verbindungen (§ 27 A.2b) gehindert in *altiro, starchiro, argiro, armiro*. Dem Frk. kommt hier Umlaut zu, so *eldiron* 'Eltern' T; Notker bietet im Sekundärverb neben *argerôn* 1x *geergerôt* Np (Wardale 1893: 4, AWB I,638). Doch haben auch Tatian *altiro* und Otfrid *argero, altero* (zu frk. *-ero* s. Anm. 2a). – Dagegen wird wurzelhaftes /ë/ nicht zu /i/ gehoben (§ 30 A.1b).

Anm. 2. In frk. Denkmälern begegnen mitunter von /i/ und /ō/ abweichende Vokale:

a) Bei Isidor und Tatian und besonders bei Otfrid ist statt *-iro* häufig *-ero* die Form des Komparativs (Franck Afrk. §§ 51:2, 165, Sievers T § 98:1, Benrath 1887: 38 f.). *-ero* beruht wohl auf früher Abschwächung, könnte aber auch aus Oppositivbildungen wie *nideri, nidaro* < germ. **ni-þera-* mit altem /e/ (EWA VI,935 f.; vgl. § 266 A.2) eingedrungen sein. Dass *-ero* älteres *-iro* verdrängt hat, wird durch den Umlaut erwiesen, vgl. *smelerun* Is 41,19 (Franck Afrk. § 51:2). Im Obd. ist *-ero* in älterer Zeit höchst selten, z. B. *einfaltlīhhero, kenuhtsamera* BR, *slěctera* H, bair. *festero* GlFreis 169.240; erst bei Notker ist es durch regelrechte Abschwächung eingetreten (Paul 1879: 155 f.).

b) Selten erscheint durch Assimilation [a] als Suffixvokal des Komparativs, so einige Male bei Otfrid: *liabara, scōnara, giwissara, ziarara*. Die Beschränkung von *-ōro* auf das Obd. (s. o. 3.) widerrät der Annahme (Kelle O 455, Franck Afrk. § 165), [a] gehe auf /ō/ zurück.

Anm. 3. *jung* zeigt neben dem regulären Komparativ *jungiro* eine Nebenform *jūgiro* (1x BR, 3x T), deren Wurzelvokal durch got. *jūhiza*, as. *jūgro* (‹*iuugron*› Hel C 1130) als alt erwiesen wird (Franck Afrk. 158, Schaffner 2001: 347 f.).

Daneben erscheint durch Assimilation – nur vor einem /o/ der Endung – auch *jungoro* (T, O), dessen Mittelvokal als kurzes [ŏ] anzusetzen ist; bei Otfrid ist es meist metrisch zweisilbig und weist auf älteres synkopiertes **jungro* hin (Armitage 1911: § 491, Schatz Ahd. § 395, AWB IV,1843. 1848 f.). Synkope im Komparativsuffix begegnet sonst nur noch im substantivisch gebrauchten *hērro* 'Herr' (aus *hēriro*) und vereinzelt in *althrōm* 'den Eltern' K (§ 163 A.6c), *ęrrin* Is (statt *ēririn* § 266 A.4; Matzel Is 200, AWB III,400); vgl. auch § 65 A.3. Im Spätahd. kommen einige Belege hinzu, so *êrreron, liebra* Np, *altrin* Npgl. Im Mhd. fällt der Vokal in der Regel nach /r, l, n/ aus (Mhd. Gr. § M 30 A.3).

Anm. 4. In *liuberōra* 'gratior' Rc (2,236,48), *pézerōra* Nk, *álterôra* Ni (hinter *fórderôra*), *altrōren* 'maiores' Gl 2,689,48 (12. Jh.) ist der Komparativ doppelt markiert. Vgl. §§ 265 A.1, 266 A.1; zu *-a* vgl. § 262 A.2.

Der Komparativ flektiert im Ahd. nur schwach (doch s. Anm. 1), also wie *jungo* (§ 255): **§ 262**

Sg. N.	***jungiro***	(m.)	***jungira***	(n.f.)
G.	***jungirin***	(m.n.)	***jungirūn***	(f.)
		usw.		

Anm. 1. Die schwache Flexion von Komparativ und Superlativ erklärt sich aus deren individualisierender Bedeutung (Birkhan 1974: 6, KSW II.1, § A 126). Die starke Flexion des Komparativs, die im Mhd. neben der schwachen vordringt (Mhd. Gr. § M 30), findet sich im Ahd.

nur in geringen Spuren. Als Archaismus erscheint die nominale (unflektierte) Form des starken Neutrums regelmäßig im Adverbkomparativ auf *-ōr* (Streitberg 1892: 23; vgl. § 267 A.7) und im Adverbsuperlativ auf *-ist*, *-ōst* (§ 268+A.3). Ansonsten sind im 8. und 9. Jh. nur durch Otfrid einige stark flektierte Formen zu belegen: Dat.Sg. *beziremo* 2,6,45, Dat.Pl. *rëhterēn*, *suazerēn* und *mērēn* (Kelle O 204), vgl. Grimm Gr. IV,610 f., Schatz Ahd. § 403. Npw kennt starke Formen wie Dat.Sg. f. *starchere*, Nom.Pl. m. *rëhtere*. Ab dem 12. Jh. begegnen endungslose (apokopierte) Nom.Sg.-Formen wie *pezzir*, *minner*; zum Mhd. vgl. KSW II.1, § A 135.

Anm. 2. Im Nom.Sg. m. des Komparativs zeigen einige Quellen statt *-o* öfters die Endung *-a* – im as. Heliand die Regel (Paul 1877: 346, As. Gr. § 350 A.1) –, so Pa, K, Ra (Kögel 1879: 165 f.), vereinzelt Tatian (*furira* 38,1 [2. Beleg]) und Otfrid (*furira* 2,14,31, *liabara* 2,22,20 u. ö.). Sie ist aus dem Neutrum übertragen, vgl. Erdmann II,45. Ähnlich – prädikativ auf ein Maskulinum bezogen – *bezira* 'etwas Besseres' MF 4,26, *rīhōra*, *vuirdīgōra* Gl 2,661,33 (AWB VII,959 f.), *smáhera*, *fórderôra* Nb 137,14 f. (dazu § 261 A.4). Vgl. Schatz Abair. § 105:a, ds. Ahd. § 347, Franck Afrk. § 163. Zum Superlativ vgl. § 264 A.2.

M 2.3.4.2. Superlativ

§ 263 Das ererbte Superlativsuffix idg. **-isto-* erscheint im Ahd. in den Varianten *-ist-* und *-ōst-*. Hinsichtlich ihrer Verteilung auf die einzelnen Adjektive gilt weitgehend das in § 261 für den Komparativ Gesagte.

1. Im Prinzip verwenden diejenigen Adjektive, die ihren Komparativ mit *-iro* bilden, im Superlativ *-ist-*; dem Komparativ auf *-ōro* entspricht ein Superlativ auf *-ōst-*. Es heißt also *sālīgōsto*, *tiurlīhhōsto*; *(h)reinisto*, *suoȝisto*; *hēristo* und *hērōsto*, *hōhisto* und *hōhōsto*; *liohtōsto*; *slëhtisto*, *lengisto*, *jungisto* (§ 261 A.3).
2. Allerdings ist /ō/ im Superlativ etwas weiter verbreitet als im Komparativ. Da *-ōro* im Frk. ungebräuchlich ist (§ 261:3), steht *-ōst-* zuweilen neben anders vokalisierten Komparativen; z. B. im Tatian *altiron* 120,6, *altero* 97,6, aber 3x *altōston* (stets hinter *hērōston*) / 1x *altiston* (hinter *furiston*); bei Otfrid *liabara* 2,22,20 (§ 261 A.2b), aber *liobōsta* 1,22,43.
3. Auch die Ordinalzahlen ab '20.' werden mit *-ōst-* gebildet (§ 278:3).

Lit.: Zum ahd. Superlativ: R.Wagner 1910; aaO. 90 Nachweise über die Verteilung der *ist-* und *ōst-*Bildungen.

Anm. 1. Das /ō/ des Superlativs ist noch bei Notker als lang bezeugt, z. B. *zágôsten*, *-ên* Nb. Das /i/ wird später zu ‹e› abgeschwächt, so *lengesten* Nc. Ältere frk. Quellen zeigen dieses ‹e› hier weit seltener als im Komparativ (§ 261 A.2a), z. B. *hēresto* O (Paul 1879: 156). In *fúrsten*, *fúrsta* Nb ist der Vokal synkopiert (Wolfermann 1886: 61), ebenso in bair. *furstan* Gl 2,654,53, eventuell auch in *gunste* (= *jungiste*? § 99 A.3c). Zur Synkope im Mhd. vgl. Mhd. Gr. § M 30 A.2.

Anm. 2. Einzelne Belege enthalten den Suffixvokal ‹a› (Schatz Ahd. § 394): a) *in iungastin* BR 224,8, b) *kifōrasta* Ra 248,9 (*kifōrōsta* Kb), c) *ci vordorast* (geheimschriftlich ‹*ckuprdprast*›) Gl 1,456,23. Der Vokal, der nicht durch reguläre Prozesse zu erklären ist, dürfte in a) und c) auf Graphemvertauschung (**jungistan*, **fordarōst*), in b) auf Assimilation beruhen. – Bair. Belege mit ‹u› (*oparusto*, *za lazzust* Gl 2,419,1. 2,423,57) weisen Schwächung nach § 58 A.4 auf.

Der Superlativ wird im Ahd. schwach flektiert, also nach dem Paradigma *jungo* (§ 255); zu Resten der starken Flexion s. Anm. 1. **§ 264**

Sg. N.	***jungisto***	(m.)	***jungista***	(n.f.)
G.	***jungistin***	(m.n.)	***jungistūn***	(f.)
		usw.		

Lit.: Zu substantivierten Superlativen: AG II, § 72.

Anm. 1. Die starke Flexion des Superlativs, die im Got. und Awn. neben der schwachen einhergeht, ist in den älteren westgerm. Dialekten nicht gebräuchlich. Das As. hat die starke Form nur im (nominalen) Nom.Sg. aller Genera und im Akk.Sg. n., alle übrigen Kasus flektieren nur schwach. Ähnliches gilt für das Ae. (Ae. Gr. § 311).

Im Ahd. gilt ganz überwiegend die schwache Flexion, auch der Nom.Sg. wird regelmäßig schwach flektiert. Die im As. und Ae. häufige starke nominale Form ist im Ahd. eine seltene Ausnahme (*Satanas altist* Musp; Unsicheres aus Glossen: R.Wagner 1910: 59). Äußerst selten finden sich im älteren Ahd. flektierte starke Formen; so Dat.Pl. *in hōhōstēm* 'in excelsis' WK und Dat.Sg. n. *jungistemo*, Dat.Sg. f. *ēristera*, Dat.Pl. *furistēn* 2x O. Im Spätahd. und Mhd. nimmt die starke Flexion zu (R.Wagner 1910: 62 f., 102 ff., Schatz Ahd. § 403). Nur im Adverb gilt noch durchweg die alte nominale (starke) Form des Neutrums (§§ 262 A.1, 268). Vgl. Heinrichs 1954: 62.

Anm. 2. Auch beim Superlativ – zum Komparativ vgl. § 262 A.2 – ist im Abrogans (Pa, K, Ra) die neutrale Form auf *-a* häufig für den Nom.Sg. m. eingetreten, z. B. *uuirsista* 'pessimus' 108,15 (Kögel 1879: 166). Bei Otfrid steht *furista* öfter bei Maskulina, z. B. 4,16,24, so auch im Tatian *vurista* 94,3; bei Isidor 1x *dher hōhista* 24,8.

M 2.3.4.3. Unregelmäßige Steigerung

Einige primäre Adjektive bilden keine Steigerungsgrade. Als Ersatz treten etymologisch nicht verwandte Steigerungsformen ein, denen ihrerseits ein Positiv fehlt („suppletive Komparation"). Zu den zugehörigen Adverbien vgl. § 268 A.1. **§ 265**

Positiv		Komparativ	Superlativ
guot	'gut'	*bezziro*	*bezzisto*
ubil	'böse'	*wirsiro*	*wirsisto*
mihhil	'groß'	1. *mēro* (Anm. 1)	*meisto*
		2. *mēriro, mērōro*	
luzzil	'klein'	*minniro*	*minnisto*

Lit.: Bammesberger 1990: 235 f., EWGP 47, Got. Gr. § 138 mit Lit.

Anm. 1. Zu *mihhil* ist *mēro* die echte und häufigste Komparativform (= got. *maiza*). Die nochmals suffigierten Formen *mēriro, mērōro* sind auf alem. Quellen – BR, N – beschränkt; vgl. §§ 261 A.4, 266 A.1.

Anm. 2. Ein Superlativ ohne Komparativ ist *lezzisto* 'der letzte'. Der formal zugehörige Positiv – *laz* 'träge' – ist schon ahd. durch die spezielle Bedeutungsentwicklung des Superlativs von diesem losgelöst. Die daneben vorhandene Form mit Affrikate (§ 160 A.4b) geht auf Einfluss des swV. *lezzen* 'hemmen' (vgl. nhd. *verletzen*) oder des daraus rückgebildeten Adjektivs *lezzi* 'schlecht' (AWB V,871) zurück (EWGP 364).

§ 266 Eine Anzahl von Steigerungsformen hat kein Adjektiv als Positiv neben sich, sondern ist von Adverbien oder Präpositionen abgeleitet (vgl. Wilmanns II,431 f.):

		Komparativ	Superlativ
after 'nach'	1.	*aftero, aftaro, -ro* 'der folgende'	*afterōsto, aftrōsto* 'letzter'
	2.	*aftarōro, aftrōro*	*aftristo*
ēr 'vorher'		*ēriro* 'der frühere, ehere'	*ēristo* 'frühester, erster'
fora, furi 'vor'		*furiro* 'der vordere, vornehmere'	*furisto* 'vorderster, vornehmster'
furdir 'vorwärts'	1.	*fordaro, fordoro, -ro* 'der vordere'	*fordarōsto* 'vorderster'
	2.	*fordarōro, fordrōro*	
hintar 'hinter'	1.	*hintaro* 'der hintere'	*hintarōsto* 'hinterster'
	2.	*hintarōro*	
inne 'innen'	1.	*innaro* 'der innere'	*innarōsto* 'innerster'
	2.	*innarōro*	
oba 'oben'	1.	*obaro, oboro*	*obarōsto* 'oberster'
	2.	*obarōro* 'der obere'	
untar 'unten'	1.	*untaro*'der untere'	*untarōsto* 'unterster'
	2.	*untarōro*	
ūz (*ūzar*) 'außen'		*ūzaro* 'der äußere'	*ūzarōsto* 'äußerster'

Den Steigerungsformen stehen die in § 269a behandelten Adverbien des Typs B zur Seite.

Anm. 1. Die bei den Komparativen unter 2. angegebenen Formen, die durch das Komparativsuffix *-ōro* erweitert sind, kommen nur dem Obd., besonders dem Alem., zu; sie fehlen im Frk. (vgl. § 261:3). Neben *furiro* begegnet 1x in GlMon die doppelt markierte Form *furirōro* (1,811,42). Die erneute Suffigierung erklärt sich – wie bei *mēro* (§ 265 A.1) – dadurch, dass die einfachen Formen keine gewöhnlichen Komparative darstellen; sie zeigen vor /r/ nicht den Komparativvokal /i/ oder /ō/, sondern /a/, das oft mit /e/, /o/ wechselt (*fordaro, fordero, fordoro*) und in sehr alten Quellen oft ganz fehlt (*aftro* MF, *fordro* Is), vgl. § 65 A.3. Letztlich handelt es sich nicht um Komparative, sondern um Oppositivbildungen (Meid 1967: §§ 84, 136).

Anm. 2. Das von *nidar* 'unten' abgeleitete Adj. *nidaro* gehört, obwohl formal nahestehend, nicht hierher (§ 261 A.2a). Es hat Positivbedeutung 'niedrig, humilis' und zeigt schon in alten Quellen auch starke Formen (nominal *nidari*, pronominal *nidarēr*). Dazu Komp. *nidarōro* (auch *-iro* GlFreis 140.181), Superl. *nidarōsto*.

Anm. 3. Nur selten und nur in einer Steigerungsform kommen folgende hierher gehörende Wörter vor: Komp. *sīdero* 'der spätere' zu *sīd* Adv. 'später' (nur bei Notker; vgl. § 268 A.2); Superl. *entrōsto* 'der letzte' (AWB III,314) zu *enti* Adv. 'einst' (O 5,8,55).

Anm. 4. *ēriro* wird bei Notker zu *êrro* zusammengezogen (vgl. § 66 A.2). Davon zu trennen ist die alte synkopierte Form *ęrrin* bei Isidor (§ 261 A.3).

M 2.3.5. Adjektivadverbien

Die regelmäßigen Adjektivadverbien – zu unregelmäßigen vgl. Anm. 2, 4 sowie § 269 f. – werden im Ahd. mit dem Suffix *-o* gebildet. **§ 267**

1. Von den *a-/ō*-Stämmen (§ 248 f.) z. B. *snëllo, hōho* (> *hô* N, vgl. Behaghel 1920: 342 f.), *ubilo, ëbano, mahtīgo, bërahto*. Auch von Partizipien gehen nicht selten Adverbien aus (vgl. Heinle 2004: 86 f.): zum Präsens etwa *bibēnto* 'bebend' T, *īlōnto* 'eilend' O, *loufendo* 'laufend' N, *stândo* 'stehend' N; zum Präteritum z. B. *chiholono* 'verborgen' Is, *unpilipono* 'unablässig' Freis. Pn., *kimiscto* 'vermischt' Ja, *casezzito* 'kunstvoll' GlFreis, *unbiwānto* 'unvermutet', *gistabēto* 'mit Härte' GlMon. – Neben Adverbien auf einfaches *-o* stehen zahlreiche Bildungen auf *-līhho*, die teils von einem *līh*-Adjektiv (*gilīhho*), teils nach Anm. 3a direkt vom Grundwort (*baldlīhho, wēnaglīhho*) ausgehen.
2. Die Adverbien zu *ja-/jō*-Adjektiven (§ 250 f.) sind schon in den ältesten Quellen ohne das stammauslautende /j/ gebildet; es gibt also keine Adverbien auf †*-io*, †*-eo* (zu *langeo* Pa s. Anm. 4, zur Erklärung s. Anm. 6). So lauten zu den Adjektiven *blīdi, (h)reini, tiuri* die Adverbien von Anfang an *blīdo, (h)reino, tiuro*. Die Adverbien umlautfähiger Adjektive weisen – wie im Mhd. (Mhd. Gr. § M 32, KSW II.1, § A 157) – keinen Umlaut auf: Zu *engi, festi, semfti* gehören die Adverbien *ango, fasto, samfto*, zu Adjektiven mit Sekundärumlaut (§ 51:1) wie *drāti, swāri, suoȝi* = mhd. *dræte, swære, süeȝe* die Adverbien *drāto, swāro, suoȝo* = mhd. *drāte, swāre, suoȝe* (Anm. 5). Im Falle des Paares *fruoi* / *fruo* ist umgekehrt das Adjektiv vom Adverb abgeleitet (G.Schmidt 1962: 325, EWA III, 606). Zu Adverbien auf *-līhho* s. Anm. 3aγ.
3. Von den *wa-/wō*-Stämmen (§ 252 ff.) ist nur zu *garo* das Adverb *gar(a)wo* belegt. Häufiger aber erscheinen dafür *garo* (starkes Neutrum, § 269:4; AWB IV, 111. 118) sowie die deutlicher markierte Bildung *garalīhho* (Anm. 3aαγ).

Lit.: Zur Bildung der Adjektivadverbien: Wilmanns II,605 ff., Henzen 1965: 230, Szulc 1974: 214 f., Heinle 1987, ds. 2004: 76 ff. (80 ff. Liste der ahd. Adverbien auf *-o*). – Zu steigernden Adverbien wie *harto, rëhto*: Leuschner 1918. – Zum Mhd. und Fnhd.: Paraschkewoff 1967. – Zum Mnd.: Mähl 2004. – Zum Got.: Heidermanns 1996.

Anm. 1. Das Suffix *-o* setzt vermutlich den idg. Ablativausgang **-ōd* fort (G.Schmidt 1962: 364 f.); anders Voyles 1992a: 241 f. (unwahrscheinlich), KSW II.1, § A 140.

Anm. 2. Dem Adjektiv *guot* steht nur das suppletive Adverb *wola* (§ 29 A.4) zur Seite (vgl. Wilmanns II,608 A.). Zu seltenem mhd. *guote* vgl. Mhd. Gr. § M 35 A.1, zu mhd. *guot* Adv. vgl. MWB II,1037 (Nr. 14).

Anm. 3. Mehrere Adverbausgänge sind von Bildungen auf *-līh* ausgegangen.

a) Besonders beliebt sind im Ahd. – wie in den anderen germ. Sprachen – Adverbbildungen auf *-līhho* (in der Regel ohne Umlaut, § 26 A.1d; teils mit Schwächung von /hh/, § 145 A.7).

α) Oft sind nur die Adverbien auf *-līhho* gebräuchlich, ohne dass ein entsprechendes Adjektiv auf *-līh* belegt ist; es liegt also ein Adverbsuffix *-līhho* vor (Fricke 1899: 76 f., Schatz Ahd. § 404, H.U.Schmid 1998: 525 ff.). So stehen z. B. *gërnlīhho* 'gern', *garalīhho* 'gänzlich' neben den einfachen Adverbien *gërno, garo* (zu Adj. *gërn, garo*), während entsprechende Adjektive †*gërnlīh*, †*garalīh* fehlen.

β) In anderen Fällen vertritt das Adverb auf *-līhho* – ohne Adjektiv auf *-līh* – vollständig das inexistente einfache Adverb, so *(gi)triulīhho* 'getreu', *glaulīhho* 'klug' zu Adj. *(gi)-triuwi, glau* (§ 254 A.3). H.U.Schmid 1998: 469 ff. macht für eine semantisch definierte Gruppe von *līh*-Adjektiven Rückbildung aus *līhho*-Adverbien wahrscheinlich.

γ) *līhho*-Adverbien zu *ja-/jō*-Adjektiven werden ohne Fugenvokal gebildet, z. B. *blīdlīhho, tiurlīhho* (Bildungen auf *-ilīhho* gehen von *i-, ja-, jō-* oder *ī(n)*-Substantiven aus: *lugilīhho, kunnilīhho, minnilīhho, bruttilīhho*). Bei *wa-/wō*-Adjektiven mit /w/ nach Konsonant (§ 253) enthält die Fuge /a/, bei substantivischer Grundlage /o/: *garalīhho*, aber *balolīhho* (vgl. auch Gröger 1911: § 84 f.).

b) Daneben steht der seltenere Ausgang *-līhhĕn*, z. B. *frīlīhhĕn, jārlīhhĕn*. Der frühe Beleg *smāhlīhhēm* Kb legt nahe, darin einen starken Dat.Pl. auf *-ēn* nach § 269:5 zu sehen (vgl. auch Matzel 1956: 114). Im Einzelfall kommt auch ein schwacher Gen.Sg. auf *-ĕn* (§ 269:1) in Betracht, so bei Notker *mānōdlīhhen* neben dem starken Gen.Sg. *mānōdlīhhes* (AWB VI,258).

c) Einige Adverbien zeigen den stark flektierten Genitivausgang *-līhhes*, so *jārlīhhes, mānōdlīhhes* N (s. o.).

d) Schließlich enden einige Adverbien auf *-līhhŭn*, z. B. *baldlīhhŭn, garalīhhŭn, nāhlīhhŭn*. Im Regelfall wird es sich um den schwachen Akk.Sg. f. auf *-ūn* nach § 269:3 handeln. Einzelne Belege können die Variante *-ŭn* des schwachen Akk.Sg. m. (§ 221 A.3) enthalten, vgl. Adverbien wie *ginuagon* O (§ 269:2). Zu Npw vgl. Heinzel 1875–76: II,223.

Anm. 4. Zu dem Adjektiv *lang* ist neben dem regulären Adverb *lango* in einigen alten Quellen die Form *lange* bezeugt (Rb, Jc, Is, MF; AWB V,613 f., Schatz Ahd. § 404). Eine Parallele liegt möglicherweise vor in *lūte* 'laut' Gl 2,52,37 (9. Jh.; AWB V,1446). Das *-e* kann in so früher Zeit nicht auf Abschwächung beruhen (§ 58 ff.). Es handelt sich um eine eigenständige, archaische Bildung, die in den anglofries. Adverbien auf *-e* (Ae. Gr. § 315, G.Schmidt 1962: 364) eine Entsprechung findet (Matzel Is 222 ff.). *langeo* Pa ist aus *lange* und *lango* kontaminiert (Matzel aaO., Splett Abr 72).

Anm. 5. Adverbien zu *ja-/jō*-Adjektiven zeigen zwar keinerlei Spuren des *i*-Umlauts, doch äußert sich das /j/ noch darin, dass wurzelhaftes /i/ oder /iu/ nicht nach §§ 31:2, 47:1 zu /ë/ bzw. /io/ gesenkt ist (Wilmanns II,607 A., Heidermanns 2023: 165): mit /i/ *dicko* (AWB II,450), *spildo* (SchGW IX,90), *stillo* (Graff VI,670); mit /iu/ *diuro* O 4,2,22 (Hss. DPV), *tiuro* (Hs. F) – in klarem Kontrast zu reimendem *scioro* (mit /$\bar{e}_2$/, §§ 35 A.1c, 48 A.2aγ) –, *sniumo* Gl, BR, Carmen, O, *stiuro* (SchGW IX,239), *githiuto* O (§ 47 A.4c), *ougsiuno* (AWB VII,182). Somit ist /j/ sekundär getilgt worden (Anm. 6).

sniomo Kb 66,23 und *sliemo* N (§ 49 A.5a) können noch auf das nach Schatz Ahd. § 41, EWGP 525 f. vorauszusetzende *a-/ō*-Adjektiv **sniom* führen (vgl. Heidermanns 2023: 165 ff., anders Splett Abr 126); entsprechend vielleicht frk. *ungahioro* Gl 2,85,43 (9. Jh.) auf **(gi)hior* (vgl. Franck Afrk. § 37).

Anm. 6. Die Umlautlosigkeit der Adverbien zu *ja-/jō*-Adjektiven ist damit begründet worden, dass viele von diesen ursprünglich *u*-Stämme gewesen seien, denen kein Umlaut zukam (Hirt 1896: 70 A.1, ds. Urg. II, § 89:1, Streitberg Urg. § 189:1, Kluge 1913: 246, KSW II.1, § A 157). Tatsächlich trifft dies jedoch nur auf wenige Adjektive zu (§ 251:1d; EWGP 43, 62). Als weitere Quelle empfiehlt sich der geläufige Übertritt von *a-/ō*-Adjektiven in die *ja-/jō*-Flexion (§§ 249 A.2, 251:1b+A.1). Dieser ließ bereits bestehende umlautlose Adverbien unberührt; später wurde der so entstandene Gegensatz zur Regel erhoben (G.Schmidt 1962: 365).

Anm. 7. Otfrid verwendet statt prädikativer Adjektive im Nom./Akk. öfters Adverbien (AG II, § 39 A.2; Erdmann O 325, Behaghel II,13), z. B. *lango ... lāz imo thie daga sīn, legita nan ... in sīnaz grab reino* (AWB V,614. VII,869 f.). Np bietet die adverbiale Fügung *liebo sīn* 'wohlgefällig sein' (AWB V,1034). – Zuweilen begegnen prädikative Adverbkomparative (vgl. §§ 262 A.2, 264 A.2): *heillīhhoor* 'salubrius' BR 203,4 f. (§ 268:1; anders AWB IV,842), *liupōr* 'desiderabilius' Gl 2,173,30 (s. o. Np). Im Prinzip könnten diese der Ambivalenz von lat. *-ius* geschuldet sein (vgl. *-ōra* = *-ōr* Adv., § 268 A.4b). Die Junktur *gimahhōr ł scazluomira* (von éiner Hand) 'commodius' GlMon (1,441,50) indiziert jedoch archaische Adjektivformen (vgl. § 262 A.1), wie sie auch das Maskulinum *hradōr horskiro* 'efficacior agilior' Ra 120,22 vermuten lässt.

Die Steigerungsgrade der Adjektivadverbien werden analog zu denjenigen der Adjektive gebildet, und zwar ohne besonderes Adverbsuffix, lediglich durch die starke nominale Form – Akk.Sg. n. – des adjektivischen Komparativs und Superlativs (vgl. §§ 262 A.1, 264 A.1, 267 A.7, 269:4). **§ 268**

1. Die Adverbkomparative verwenden stets das Komparativsuffix *-ōr*; die Vokallänge wird durch *heillīhhoor* § 267 A.7, *trāgoor* BR (Johannsson 2009: 286 f.), *glátôr, níderôr* Nb erwiesen. Im Spätahd. wird das Suffix zu *-er* abgeschwächt, so *uaster* GlMon. Der Ausgang *-ōr* gilt auch dort, wo der adjektivische Komparativ stets auf *-iro* ausgeht: Es handelt sich nicht um Adverbien zu Komparativen, sondern um Komparative zu Adverbien; deren Suffix *-o* < **-ō* (§ 267 A.1) ist in *-ōr* aufgegangen (Streitberg 1892: 26, Brugmann 1899: 89 f.).
2. Somit gibt es – wie im As. – keine Adverbkomparative auf †*-ir* (s. Anm. 1, 2). Auch die *ja*-stämmigen Adjektive bilden Adverbkomparative auf *-ōr*, so *reinōr, kleinōr, fastōr* (Adj. *reini, kleini, festi*, Komp. *reiniro, kleiniro, festiro*); entsprechend bei *a*-stämmigen Adjektiven: *lang*, Komp. *lengiro*, Adv. *langōr* (AWB V, 614). Zu den spätahd. Ausgängen *-ōra* und *-era* s. Anm. 4b.
3. Dagegen können Adverbsuperlative nicht nur mit *-ōst*, sondern auch mit *-ist* gebildet werden, z. B. *bezzist, ērist, jungist, minnist, nāhist, wirsist*. Doch überwiegt auch hier die Form auf *-ōst*; sie findet sich auch neben adjektivischem *-isto*: *fastōst, hartōst, langōst* (Adj. *festisto, hertisto, lengisto*), *lazzōst* (Adj. *lezzisto* § 265 A.2). Im Spätahd. erscheint *-est*, z. B. *gërnest* Npw (vgl. § 263 A.1).

Lit.: Wilmanns II,614 f., R.Wagner 1910: 81 f.

Anm. 1. Zu den suppletiven Steigerungsformen aus § 265 gehören kürzere adverbiale Komparative, in denen **-iz* geschwunden ist: Adv. *baz* < **bat-iz* (Adj. *bezziro*), *wirs* (Adj. *wirsiro*), *mēr* (Adj. *mēro*; zu *filu*), *min* (Adj. *minniro*). Daneben die Superlative *bezzist*, *wirsist*, *meist*, *minnist*. Reguläre Adverbkomparative wie as. *leng* (**lang-iz*) zu *lang* kennt das Ahd. nicht.

Anm. 2. Ein Komparativ auf *-*iz* ohne Positiv und Superlativ ist auch *halt* 'mehr' (got. *haldis*). Weitere isolierte Adverbkomparative sind *ēr* 'früher' und *sīd* 'später'; diese haben eine neue Steigerung entwickelt: *ēr* / *ērōr* (Adj. *ēriro*, § 266) / *ērist* (§ 281 A.2); *sīd* / *sīdōr* (§ 266 A.3).

Anm. 3. Manche Adverbsuperlative werden oft mit der Präposition *az* oder *zi* verbunden: *az ērist*, *zi ērist* 'zuerst', *zi jungist* 'zuletzt', *zi untarōst* 'zuunterst' u.a. Die Konstruktion ist von R.Wagner 1910: 83 ff., 113 f. beschrieben und von Krömer 1914: 487 ff. erklärt worden: ursprünglich *az* mit Akk., umgedeutet als *az* + Adv., danach analogisch *zi* + Adv. (es ist also nicht erforderlich, für *zi* akkusativische Rektion anzunehmen). Daneben findet sich auch *az*/*zi ēristin*, *zi jungistin*, *zi untarōstin* mit dem Dat.Sg. der schwachen Flexion.

Anm. 4. Einzelne adverbiale Komparationsformen weisen eine doppelte Markierung auf:

a) Ein Ausgang -*ōro* liegt vor in *hōhōro* 'superius' MF 14,15, mit Vokalschwächung *gërnore* Npw 9,2 (*gérnor* Np), *gefoursamero* 'compendiosius' Gl 2,198,47 (AWB III,1360), ferner im anl. Leid. Will *samftero* 92,3 (*samftor* 'magis facile' Will).

b) Ein Adverbkomparativ auf -*ōra* (Akk.Sg. n.) liegt vor in *hōhōra* Gl 2,660,68 (allerdings -*a* von 2. Hand), Npw. Bei Notker steht *minnera* neben *min* (Sehrt/Legner 1955: 361, 364), in Npw begegnen *fërrera* (anders AWB III,750), *gnōtera*, *rëhtera* (AWB VI,1383 f., VII,836 f.).

c) Neben *mēr* wird nicht selten das schwache Neutrum *mēra* adverbial gebraucht; im Superlativ kommt zuweilen *meista* (neben *meist*) vor (R.Wagner 1910: 82).

§ 269 Abgesehen von der regelmäßigen Bildung der Adjektivadverbien auf -*o* (§ 267) können Adverbien auch durch paradigmatische Kasusformen der Adjektive gebildet werden. Als adverbiale Kasus kommen vor:

1. st. Gen.Sg. n.: *alles* 'gänzlich', *nalles* 'durchaus nicht', *gāhes* 'plötzlich', *frammortes* 'vorwärts', *widarortes* 'zurück'; schw. Gen.Sg.: *einin* 'allein, nur' BR (§ 270 A.1), *bezeren* (= *baz*), *scônisten* N; zu -*līhhen*, -*līhhes* vgl. § 267 A.3bc;
2. schw. Akk.Sg. m. (selten), z.B. *follon* 'völlig' (kritisch dazu G.Schmidt 1962: 371), *ginuagon* 'hinreichend' O; zu -*līhhun* vgl. § 267 A.3d;
3. schw. Akk.Sg. f. (öfters), so *ar(a)wūn* 'vergebens', *follūn* 'völlig', *gāhūn* 'eilig', *nāhŭ̄n* 'kürzlich; bald' (§ 256 A.1; nach Grimm Gr. III,90, Brans 1914: 42 zu 2.); auf -*ingūn* (so *ītalingūn*), vgl. Kluge 1926: § 159 A.; zu -*līhhūn* vgl. § 267 A.3d;
4. st. Akk.Sg. n. (sehr häufig), so *al* 'vollständig', *luzzil* 'wenig', *ginuog* 'hinreichend', dazu alle Komparative und Superlative (§ 268);
5. st. Dat.Pl., so *dichēm* Rb, *dicchên* Np 'dicht', *einazēm* 'einzeln' (§ 279 A.1), *emmizīgēn* 'unaufhörlich', *luzzīgēm* 'allmählich'; zu -*līhhēn* vgl. § 267 A.3b;
6. st. Akk.Pl. n. (selten): *andriu*, *endriu* 'im Übrigen' (AWB I,505; zum Umlaut vgl. § 248 A.6c), vielleicht auch *mëzhaftiu* 'behutsam' 4x BR (oder Dat.Sg. von *mëzhaftī*, § 228 A.1c; Masser 2002: 172, 321 setzt den Instr.Sg. eines neutralen *ja*-Stamms an, doch gibt es keine Neutra auf †-*hafti*).

Lit.: Grimm Gr. III,82 ff., Wilmanns II,609 ff., Henzen 1965: 231 f., Heinle 2004: 76 ff.

Davon abgesehen verfügt das Ahd. über eine Anzahl korrelativer Ortsadverbien mit reihenbildenden Suffixen, deren Kernbestand in der folgenden Tabelle dargestellt ist. Typ A geht von einfachen Pronominalstämmen, Typ B von Lokalpartikeln und Präpositionen, Typ C von Bezeichnungen für Himmelsrichtungen aus. Semantisch wird zwischen Ruhelage (*-(a)r*, *-ōnt* [Anm. 1], *-e*, *-a*), Richtung (–, *-ra*, *-ar*, *-sun*, *-ot*) und Herkunft (*-na*, *-nne*, *-nān*) unterschieden. Die Übergänge sind fließend (vgl. Markey 1970: 74); die Anordnung folgt der ursprünglichen Wortbildungsfunktion (s. Lit.). **§ 269a**

Typ	Ruhelage	Richtung	Herkunft
A	*dār* 'da'	*dara* 'dahin'	*dana, dan(ne)* 'von da'
		darasun, darot	*dan(n)ana, dan(n)ān*
	hiar 'hier'	*hera* 'hierher'	*hina* 'von hier'
	hin(n)ōnt 'diesseits'	*herasun, herot*	*hinana, hinān*
	en(n)ōnt 'jenseits'	–	*ennān* 'von dort her'
	(h)wār 'wo'	*(h)wara* 'wohin'	*(h)wanne* 'woher'
		(h)warasun, (h)warot	*(h)wanana, (h)wanān*
B	*after* 'hinten, dahinter'	–	*aftan* 'von hinten'
	fër 'fern'	–	*fërrana, fërranān* 'von fern'
	fora, fore 'vorn'	–	*forna, fornān* '(nach) vorn'
	(*hintar* 'hinter')	–	*hintana, hintanān* 'hinten'
	inne 'innen'	*ĭ̄n* 'ein, hinein'	*innana, inn(an)ān* '(von) innen'
	nāh 'nah'	–	*nāhana* 'in der Nähe'
	nida, nidar 'unten'	–	*nidana, nidanān* '(von) unten'
	oba, ubar 'oben'	–	*obana, obanān* 'von oben'
	ūfe 'auf, oben'	*ŭ̄f* 'auf, nach oben'	*ūfana* 'von oben'
	(*untar* 'unter')	–	*untanān* '(von) unten'
	ūʒe (*ūʒar*) 'außen'	*ūʒ* 'aus, nach außen'	*ūʒan(a), ūʒanān* '(von) außen'
C	(*nord* 'Norden')	*nordarot* 'nach Norden'	*nordana, nordanān* 'von Norden'
	ōst 'im Osten' (mhd. *ōst* 'Osten')	*ōstar(ot)* 'nach Osten'	*ōstan(a), ōstanān* 'von Osten'
	(*sund* 'Süden')	*sundar(ot)* 'nach/im Süden'	*sundana, sundanān* 'von Süden'
	(mhd. *wëst* 'Westen')	*wëstar(ot)* 'nach Westen'	*wëstana* 'von Westen'

Den Adverbien des Typs B stehen die in § 266 behandelten Steigerungsformen zur Seite.

Lit.: Grimm Gr. III,194 ff., Wilmanns II,640 ff. 647 ff., Rösel 1962: 14 ff., G.Schmidt 1962, Henzen 1965: § 156, Markey 1970, Voyles 1992a: 242, Heinle 2004: 91 ff. – As. Gr. § 357, Ae. Gr. § 321, Got. Gr. § 213.

Anm. 1. Die Ableitungen *aftanōntīg, for(a)nōntīg, hintanōntīg, obanōntīg, ūʒanōnti* sowie *nordanōnti, ōstanōnti* (AWB VI,1334. VII,130) lassen auf mit *-ōnt* gebildete Adverbien des Typs *en(n)ōnt, hin(n)ōnt* schließen (Schatz Ahd. 73, anders EWA VI,1174 f.). Die Vokallänge wird durch *obonoontikii* BR erwiesen (§ 62:2).

M 2.4. Zahlwörter

§ 269b Die germ. Kardinalzahlen zerfallen nach ihrer Wort-, Laut- und Formengeschichte in die Gruppen '1–3' (§ 270), '4–12' (§ 271), '13–19' (§ 272), '20–60' (§ 273:1), '70–100' (§ 273:2) und '100 ff.' (§ 274 f.). In § 277 f. werden die Ordinalzahlen, in § 279 ff. andere Zahlarten, in § 281 Zahladverbien behandelt.

Lit.: AG II, § 86–88; v.Helten 1905/06, Kluge 1913: 249 ff., H.Hildebrandt 1937, Prokosch 1939: 285 ff., Szemerényi 1960: 27 ff., ds. 1996: 221 ff., Frings 1962, Krahe/Meid 1969: II,87 ff., Voyles 1987, Ross/Berns 1992, Harðarson 2017: 924 f., Ringe 2017: 318 ff. – Zum Ae.: v.Mengden 2010.

Anm. 1. Die idg. Numeralia bilden ein konsequent durchgeführtes Dezimalsystem. Zu möglichen Einflüssen eines Zwölfersystems vgl. Szemerényi 1996: 221 (ablehnend), Schuppener 1996 (dazu Heidermanns 1999a) u. 1998, v.Mengden 2005.

M 2.4.1. Kardinalzahlen

§ 270 Die Zahlen '1' – '3' sind in allen Kasus deklinierbar und unterscheiden die drei Genera.

1. Ahd. *ein* wird als Zahlwort '1' wie das Adjektiv *jung* (§ 248) flektiert, also stark:

		Maskulinum	Neutrum	Femininum
Sg. N.	1.	***ein***	***ein***	***ein***
	2.	***einēr***	***einaʒ***	***einiu***; frk. ***ein(i)u***
			usw.	

a) Nach dem bestimmten Artikel und nach Demonstrativpronomina steht die schwache Flexion, z. B. *daz eina* MF, *dhea einūn godnissa* Is, *thiz eina jār* T, *ther eino / ther ander* O. Ferner wird *ein* in der Bedeutung 'allein' schwach flektiert: *eino* m., *eina* n.f.; so auch im Plural, z. B. *einon sīne jungiron* T 82,2, *wir ... einon* O 2,9,4. Starke Flexion bleibt in dieser Bedeutung relativ selten, z. B. *thuruh sīno eino dōti* O 3,25,28 (AWB III,147 ff.).

Anm. 1. In der Bedeutung 'allein, nur' liegt auch das Adverb *eino* vor (AWB III,206), in BR der adverbiale Genitiv (vgl. § 269:1) *nalles einin* 'nicht allein, nicht nur' (AWB III,179 f. s. v. *einen*); vgl. § 281:1.

b) *ein* kommt außer als Zahlwort auch in der Funktion und Bedeutung des Indefinitpronomens ‘irgendein, ein gewisser’ vor. Daraus entwickeln sich im Ahd. erste Ansätze zu einem unbestimmten Artikel; stärker vor dringt er erst im Mhd. Als Indefinitpronomen und unbestimmter Artikel wird *ein* stark flektiert, z. B. *zeinen brunnon* Sam; bei vorwiegend pluralischen Substantiven auch dort, z. B. Nom.Pl. *eino zīti*, Dat.Pl. *in einēn buachon* O.

Lit.: Zur Grammatikalisierung des unbestimmten Artikels: AG II, § 76; Mhd. Gr. §§ M 44, S 134, KSW II.1, § P 169, Oubouzar 1997 u. 2000, Desportes 2000, Pasques 2016, Szczepaniak 2016. – Zum bestimmten Artikel vgl. § 287 Lit.

c) Steht *ein* – als Zahlwort oder als Indefinitpronomen – attributiv vor einem Substantiv, so wird im Nom.Sg. aller Genera und im Akk.Sg. n. regelmäßig die nominale, synchron endungslose Form verwendet (vgl. § 247): *ein man, ein frouwa, ein wīb*. Pronominale Formen wie *einaz skëf* T, *einaz hūs* O sind seltene Ausnahmen (Behaghel I, § 292).

2. Flexion des Zahlworts ‘2’:

	Maskulinum	Neutrum	Femininum
N.A.	***zwēne***	***zwei***	***zwā, zwō*** (Anm. 2)
G.		***zweio***	
D.		***zweim, zwein***	

Anm. 2. Zu dem /ē/ in *zwēne* vgl. § 43 A.5, zu der Bildung selbst und der des Neutrums *zwei* vgl. v.Helten 1905/06: 87 ff. Brugmann 1907: 34, 59 f., Prokosch 1939: 286, Strunk 1992: 194 ff. *zwā* ist die Form des Nom.Akk. f. im Tatian und bei Otfrid; *zwō* gilt in BR, in alem. Glossen und bei Notker; im Bair. kommen beide Varianten vor. Vgl. Gutmacher 1914: 249 f., Hollifield 1979: 56, ds. 1980: 51 f.

Zu einzelnen Formen:

a) Der Genitiv lautet *zweio* (*zuueiio* Is), nur im Tatian findet sich daneben schon 2x *zweiero* – eine Form, die durch Anlehnung an die Adjektivflexion entstanden ist und sich im 12. Jh. durchsetzt (mhd. *zwei(g)er*, vgl. § 117+A.1; Mhd. Gr. § M 60, KSW II.2, § N 6).

b) Der Dativ erscheint bei Isidor 4x als *zuuēm*, in GlMon sporadisch als *zwēn* (1,598,56. 60; Matzel 1956: 63). Das /ē/ ist vermutlich aus *zwēne* übertragen (Schatz Ahd. 262, Matzel Is 176+A.106; oder nach der Adjektivendung *-ēm*?); vgl. § 43 A.3b. – *tuēm* Hl 3 dürfte eine ins As. umgesetzte Form sein (Lühr Hl 398).

c) Im Akkusativ des Maskulinums kommt bei Tatian-Schreiber γ 1x *zwēna* vor (*zuuena taga* 87,9). Zum Neutrum *zowei* usw. vgl. § 69 A.5a, zu *quei* Kb vgl. § 159 A.5.

d) Als Erstglied von Komposita hat die Zahl ‘2’ die Form *zwi-*, so *zwi-jārīg* ‘zweijährig’, *zwibar* n. (daraus *zubar*, § 31 A.4) ‘Zuber’, *zwi-falt, zwi-līh* (§ 280). Notker führt in *zwei-elnîg, zweio-elnîg* die Form des Simplex ein. Vgl. Wilmanns II,594.

Anm. 3. Die kollektive Zweizahl wird durch *bēde, beide* 'beide' ausgedrückt und ganz wie der Plural eines starken Adjektivs flektiert. BR hat 1x /ei/, 3x /ē/ (vgl. § 43 A.5), Otfrid hat immer /ē/, Tatian /ei/. Die Flexion ist also: Nom.Akk. *bēde* m., *bēdo* f., *bēdiu*, frk. *bēd(i)u* n.; Gen. *bēdero*, Dat. *bēdēm, -ēn* (AWB I,839 f.); vgl. E.Sievers 1885: 495 A.1, Meringer 1887: 235 ff., v.Helten 1905/06: 92, Brugmann 1907: 22, EWA I,513 f. In Npw begegnet 1x (10,7) der Akk.Sg. m. *beiden* (Angleichung an folgendes *guoten*), im as. Hel 2x der Gen.Sg. n. *bēthies*.

3. Flexion des Zahlworts '3':

	Maskulinum	Neutrum	Femininum
N.A.	***drī***	***driu***	***drīo***
G.		***drīo***	
D.		***drim, drin***	

Anm. 4. Besonderheiten der einzelnen Kasus (AWB II,642 f., v.Helten 1905: 243, Franck Afrk. § 167:3, Eichner 1987, EWA II,770 ff., Ringe/Taylor 2014: 121):

a) Einfluss der Adjektivflexion zeigt sich in Nom.Akk. f. *drīo* (*thriio, dr-* T) und dem spätahd. (11. Jh.) Nom.Akk. m. *drîe* (Np, *trie* Phys) neben *drī*. Hingegen ist einmaliges *dhrie* bei Isidor neben sonstigem *dhrii* als Fehlschreibung zu bewerten (Eichner 1987: 195; vgl. auch Matzel Is 169 A.71). Dass bei Notker der Akk. f. *drî* (nicht †*drio*) lautet, erklärt sich wie beim Adjektiv (§ 248 A.9d) als Form des Maskulinums.

b) Im Genitiv begegnet statt *drīo* vom 11. Jh. an *drīero* (Nk 33,1), das im Mhd. über *drīere* zu der Normalform *drīer* geführt hat (KSW II.2, § N 9).

c) Der Dativ *drim* hat zunächst kurzes /i/, wie aus *drín* bei Notker (Nb, Nc, Nk u. a.) hervorgeht; die späten Quellen Np, Npgl und Will zeigen hingegen *drîn* (AWB II,643), dessen /ī/ aus *drī* übertragen ist. In der Verbindung mit *stunta, stunton* (§ 281 A.1) hat Otfrid 3x *thria*, eine Sonderentwicklung im festen Syntagma (Eichner 1987: 198 f.).

d) In Komposita erscheint die Stammform *dri-* (mit kurzem /i/), z. B. *dri-falt, dri-līh* (§ 280+ A.2a), *drícôz* N 'dreieckig'. Anschluss an langvokalisches *drī* liegt nahe und ist bei Notker bisweilen erkennbar (vgl. Braune 1876: 132), sonst aber schwer nachzuweisen. Übertragung flektierter Formen zeigt sich in *drîo-elnig* N (Wilmanns II,594) und in der Neubildung *driunissa* 'Dreiheit' H (neben *drīnissa, -i*), AWB II,649. 656.

§ 271 Das Flexionsverhalten der Zahlen von '4' bis '12' wird durch ihre syntaktische Geltung und Position bestimmt.

1. Die Zahlen '4' – '12' sind unflektiert, wenn sie adjektivisch vor einem Substantiv stehen. Die Formen lauten:

a) '4': *feor, fior* (*fiar* O, *fier* N); vgl. AWB III,888 f., DSA Kt. 57;

b) '5': *fimf*, älteste Form; *fimf, finf* T; später *finf* (schon bei Otfrid); s. Anm. 2a;

c) '6': *sëhs*. – '7': *sibun*. – '8': *ahto*. – '9': *niun*. – '10': *zëhan, zëhen* (*zên* N, § 154 A.8a). – '11': *einlif* (AWB III,198, EWA II,1008 ff.). – '12': *zwelif*.

Anm. 1. Beispiele für die unflektierte Form: Nom. *sibun korbi* O 3,6,56, Gen. *stat zëhen burgo* 'decapolis' T 53,14, Dat. *fon fior uuinton* T 145,19, Akk. *fior taga* T 135,9. 24.

Anm. 2. Nebenformen einzelner Zahlwörter:

a) Für *finf* (zu /nf/ vgl. § 123 A.1a) tritt erst im 12. Jh. (Np) die Form *funf* (mit [ü]; zum Umlaut vgl. Schatz Abair. § 132 [‹*fiunf*›, 12. Jh.], Penzl 1968: 137) auf, die mhd. herrscht (AWB III, 850, KSW II.2, § N 14).

b) Für *sibun* ist bei Otfrid 1x (4,6,47) *siban* belegt (vgl. *sibanto* für *sibunto*, § 278 A.1b), ebenso für *niun* 1x *niwan* (2,4,3), vgl. Benrath 1887: 30. Das Vorbild ist das beim Zählen folgende Numerale *zëhan* (vgl. Heidermanns 2018: 38 A.16).

c) Für *ahto(-)* steht im Tatian mehrmals *ahtu, hahtu-* (Sievers T § 111:1, AWB I,78. 87).

2. Die Zahlen '4' – '12' werden dagegen flektiert, wenn sie als Adjektive nach ihrem Substantiv stehen oder wenn sie substantivisch gebraucht werden. Die Flexion ist die der *i*-stämmigen Substantive (Mask. und Fem.); ein Nom.Akk. des Neutrums wird durch die adjektivische Endung *-iu*, frk. *(-i)u* gebildet.

Als Paradigma für alle dient *fior*:

	Maskulinum = Femininum	Neutrum
N.A.	***fiori***	***fioriu***; frk. ***fior(i)u***
G.	***fioreo, fioro***	
D.	***fiorim, fiorin***	

Anm. 3. Beispiele für flektierte Formen: Nom.Akk. m. *alle sibuni* T, *mānodo fiari* O, *porzicha finfi* O, n. *(brōt) sibinu* T; Gen. *dero sipuneo* Pa 16,38, *ein dero finvo* N; Dat. *mit knëhton sibinin* O.

Anm. 4. Die einzelnen Formen erklären sich durch bekannte Lautprozesse, also z. B. von *sibun* neben *sibuni* meist assimiliert *sibini* (§ 67:1b), von *zëhan* bei Otfrid *zëheni, zëhinu*.

Sonstige Besonderheiten:

a) Bei Isidor ist 1x (20,6) der Nom. m. *sëhse* belegt, eine Form nach Analogie des starken Adjektivs, das sonst keine Einwirkung auf diese Zahlen zeigt.

b) *ahto* weist flektierte Formen mit /w/ auf: bei Notker Dat. *ahtouuen* Np, Akk. n. *áhtouuiu* Nm 342,5, wonach also Nom.Akk. m.f. *ahtowi* anzusetzen ist (vgl. *hatouui* GlPaul 1,732, 62, mhd. *ehtewe*; vgl. AWB I,78).

Anm. 5. Zur Entstehung der *i*-Flexion vgl. Loewe 1902: 75 ff., v.Helten 1905/06: 85 ff., Szemerényi 1960: 40, Stiles 1985–86. Zu *-lif* in *einlif, zwelif* vgl. EWA II,1009 f.

Die Zahlen '13' – '19' werden dadurch gebildet, dass dem Zahlwort *zëhan* die betreffenden Einer vorangestellt werden: *drizëhan, fiorzëhan, finfzëhan, sëhszëhan, sibunzëhan, ahtozëhan, niunzëhan*. In der Flexion werden '13' – '19' ganz wie das einfache *zëhan* behandelt, z. B. *ahtozëhen iār* T 103,1. 5, aber *thie ahtozëheni* 102,1. § 272

Lit.: Zur Geschichte dieser Zahlen: v.Helten 1905/06: 109 ff. – Zur Betonung: H.Hildebrandt 1937: 9 f.

Anm. 1. In *fóne dîen ánderên drínzênin* Ns 303,14 wird auch der erste Teil flektiert (H.Hildebrandt 1937: 24 f.). In *níunzêne syllogismos* Ns 303,4 wird ausnahmsweise ein adjektivisches Zahlwort vor einem Substantiv flektiert (AWB VI,1293).

§ 273 Die höheren Zehner (Dekaden) sind mit *-zug* bzw. *-zo* gebildet und werden im Ahd. nicht dekliniert (doch s. Anm. 3).

1. Die Zehner '20' – '60' werden durch Komposition der betreffenden Einer mit *-zug* (Anm. 1) gebildet: *zweinzug*, aber *drīʒʒug*, *drīʒug* (Anm. 2), *fiorzug*, *fimfzug*, *sëhszug* und – nach § 99 A.3b – *sëhzug*.
2. Die Zehner '70' – '100' werden in ältesten alem. Glossen, in Is und MF und in bair. Glossen aus Melk (BStK 435; Gl 1,820,14) durch Anfügung von *-zo* an die Einer gebildet; Bildungen mit *-zug* kommen in diesen Denkmälern nicht vor (Frings 1962: 43). Die Formen lauten *sibunzo*, *ahtozo*, **niunzo* (nicht belegt), *zëhanzo*. Spuren von *-zo* reichen bis in mhd. Zeit (Mhd. Gr. § M 60 A.4, KSW II.2, § N 37). Schon im 9. Jahrhundert aber tritt in den meisten Denkmälern, z. B. in BR, T, O, *-zug* mit seinen Varianten (Anm. 1) an die Stelle von *-zo*. Gemeinahd. werden somit die Zahlen *sibunzug*, *ahtozug*, *niunzug*, *zëhanzug* nach dem Muster der Reihe '20' – '60' gebildet.
3. *-zug* ist von Hause aus ein Substantiv 'Dekade' (Anm. 1), die damit komponierten Zahlen werden substantivisch verwendet und mit dem Genitiv verbunden (Behaghel 1920a): *feorzuc wëhhōno* Is, *cëhenzog scāfo* T. Nur ganz selten werden sie analog zu '4' – '19' adjektivisch gesetzt: *mit zweinzug thūsuntin* T. Das Gleiche gilt von denen auf *-zo*, nur dass der adjektivische Gebrauch schon häufiger gewesen zu sein scheint; neben Subst. *dhea sibunzo wëhhōno* steht Adj. *dhēm sibunzo wëhhōm* Is.

Lit.: Zur Zehnerbildung mittels *-zug* und *-zo*: Brugmann 1890: 12, 47, 139, Wilmanns II,595 f., v.Helten 1905/06: 115 ff., Kluge 1913: 254 ff., Rosenfeld 1956/57: 195 ff., Szemerényi 1960: 44 ff., Frings 1962, G.Schmidt 1970: 111 ff., Lühr 1977: 63 ff., Bammesberger 1986b, Nielsen 1990, Justus 1996, Carruba 2004. – Zu *zweinzuc* vgl. auch Loewe 1902: 85 ff., Brugmann 1907: 34, G.Schmidt 1970: 120+A.122.

Anm. 1. Zur Verteilung der Formen mit *-zug*, *-zog* usw. vgl. Frings 1962: 21, 30, 44. Danach wird *-zug* in alem. und frk. Quellen bevorzugt. *-zog* in T (4 Belege) stammt vom Schreiber γ; ferner herrscht *-zog* im Bair. des 11./12. Jh. und bei Will. *-zig* kommt alem. schon in BR und bair. ab dem 11. Jh. vor, selten bei Notker, der gewöhnlich *-zeg* hat, z. B. *zênzeg*, *zênzech*.

Im As. entspricht *-tig*, auch *sehstic* Hl 50 ist eine as. Form. Das Got. verwendet Formen eines *u*-Stamms *tigus** (Got. Gr. § 142). Man versucht, ahd. *-zug* lautlich aus vorahd. **-tigu-* herzuleiten (vgl. Wilmanns aaO., Fulk 2018: 229 A.3); der Ansatz einer idg. Reduktionsstufe (v.Kienle 1969: § 200) ist obsolet.

Anm. 2. In *drīʒʒug*, *drīʒug* ist ‹z› spirantisch (< **þrītug* mit intervokalischer Verschiebung von germ. /t/, vgl. § 87:1); doch hat sich wohl hier und da in Analogie zu den übrigen Zehnern auch die Affrikate /z/ eingestellt, vielleicht in *dri*c*zoc* K (Gl 1,95,31), sicher in *trīcigvaltez* StD 157,1 (einfaches †*tricig* Frings 1962: 42 A.41 nicht nachweisbar). Vgl. AWB II,671 f.; zum Mhd. vgl. KSW II.2, § N 36. Statt *ahtozug* kommen im Spätahd. zusammengezogene Formen vor: *ahzoch* Will, *ahzeg* Np.

Anm. 3. Ein vereinzelter Beleg für flektiertes *-zug* ist T 80,5: *thuruh zëhenzuge inti thuruh fimfzuge* 'per centenos et per quinquagenos', also in distributiver Funktion. Die Zahlen sind hier als starke Adjektive (Akk.Pl. m.) flektiert, wozu wohl die lat. Vorlage den Anlass gab.

Für die Zahl '100' gilt im Ahd. zuerst *zëhanzo*, dann *zëhanzug* (§ 273:2). Auch die weiteren Hunderte können mit *zëhanzug* gebildet werden, wobei das betreffende Zahladverb (§ 281) vorausgeht: '200' *zuiro zëhanzug* O, *zuiren zëhenzog* Will, '500' *finfstunt cênzeg* Nb, '1000' *zênstunt zênzech* ('decies centum') Npgl, '1200' *zuelifstunt cênzeg* Nc. **§ 274**

Gewöhnlich werden die mehrfachen Hunderte jedoch mit dem Neutrum *hunt* Pl. 'hundert' gebildet, das mit lat. *centum* ursprungsgleich ist (EWA IV,1241 f.). Diesem werden adjektivische Kardinalzahlen vorangestellt: *zuei hunt phendingo, thriu hunt, finf hunt* T (im AWB als Komposita gewertet: *thriuhunt, fimfhunt* usw.).

Anm. 1. Das einfache Hundert wird erst sehr spät (Np) durch *ein hunt* ausgedrückt; sonst hat Notker noch regelmäßig *zênzeg*. Die Bildung *hundert* tritt erst seit dem 12. Jh. auf (Gl. Herrad., AWB IV,1356). – Frings 1962: 13.

Anm. 2. Einfaches *hunt*, das durch *zëhanzo* verdrängt wurde, ist auch in *hunno* 'centurio' (AWB IV,1364) < **huntno* (Kluge 1926: § 20, EWA IV,1230) verbaut; vgl. *chunna* Malb. Gl. (v.Helten 1900: 512 f., Brugmann 1907: 27, 34). Auch *hunno* (und *hunteri* 'centurio' T) wurde durch *zëhanzohērōsto* 'centurio' Gl 1,89,15. 1,411,62. 1,820,14 verdeutlicht. Vgl. Schatz Abair. 143 f., Gutmacher 1914: 269, 577; anders Rosenfeld 1956/57: 206.

Das reguläre Wort für '1000' ist *dūsunt, thūsunt* (spätahd. auch *tūsent*, § 167 A.8; AWB II,798) – ein Substantiv, das syntaktisch als Femininum, vereinzelt auch als Neutrum behandelt wird (daneben die Umschreibung *zênstunt zênzech* 2x Npgl, § 274). Der Plural, der in Verbindung mit adjektivischen Kardinalzahlen die mehrfachen Tausende bildet, lautet endungslos *dūsunt* (zur Stammbildung s. Anm. 1): bei Otfrid *manago thūsunt* 5,23,223, *thūsunt filu managa* (*-a* im Reim für *-o*) 4,17,17. Im Tatian wird der Plural hingegen nach der *ō*-Deklination gebildet: *zuā* (*ueor, fimf, zëhen, zuelif*) *thūsunta*; in *driû dusent* Npgl 101,15 tritt er sekundär – in Analogie zu *hunt* § 274 – als Neutrum auf. Der Dat.Pl. endet meist auf *-un, -on* (*thūsunton, thūsonton* O), nur im Tatian auf *-in* (Übertritt in die *i*-Flexion nach § 240); doch werden Gen.Pl. und Dat.Pl. öfters – so stets bei Notker – unflektiert gebraucht. **§ 275**

Der gezählte Gegenstand steht bei *dūsunt* erwartungsgemäß im Genitiv, z. B. *thūsunt scrito* T. Jedoch dringt auch hier sporadisch adjektivischer Gebrauch ein: *fiar thūsonton mannon* O 3,6,53, *ze zên dûsent iâren* Nb 99,30.

Anm. 1. *dūsunt* – den Belegen nach ein Konsonantstamm (§ 240 A.1) – ist nach got. *þūsundi* (Got. Gr. § 145) wohl als femininer *jō*-Stamm zu erschließen (§ 209 A.2). Zu den Formen vgl. Franck Afrk. § 167:7, Baesecke Einf. § 105:7; zur Geschichte des Wortes vgl. besonders EWA II,890 ff., ferner v.Helten 1905/06: 89, 121 ff., Streitberg 1905/06: 421, Kluge 1913: 257.

§ 276 Die Zwischenzahlen werden durch Zusammenstellung mit *inti* 'und' gebildet. Meistens geht die größere Zahl voran; sie kann jedoch auch folgen. Beispiele:

1. größere Zahl zuerst: *drīzog inti ahto jār* '38' T, *jāro ... fiarzug inti sëhsu* '46' O, *zëhanzo endi feorzuc* '140' Is, *zëhenzug inti finfzug inti thrin* '153' T, *stadiōno zëhenzug inti sëhzug* '160' T, *zwei hunt funfzig* '250' Np, *zwelifstunt cênzeg unde ahtozêniu* '1218' Nc 92,3;
2. kleinere Zahl zuerst: *unzan fioru inti ahtuzug jāro* '84' T, *niuni inti niunzug rëhte* '99' T.

Anm. 1. Zuweilen werden Zahlen mit dem Einer '8' oder '9' durch Subtraktion erzielt, z. B. *eines min dhanne fimfzuc jāro* 'um eins weniger als fünfzig Jahre' = '49' Is, *wangta zwein ... thero jāro fiarzug* = '38' O 3,4,17, *in zvein min ahzig tagen* = '78' StD 138,3.

Anm. 2. Otfrid pflegt größere Zahlen durch Multiplikation zu bilden: *zwiro sëhs jāro* = '12', *einlif stuntōn sibini* = '77', *thria stuntōn finfzug ouh thrī* = '153', *thrīzzug stuntōn zëhinu* = '300'.

M 2.4.2. Ordinalzahlen

§ 277 Die Ordinalia zu '1' und '2' werden nicht vom Stamm der betreffenden Kardinalzahlen, sondern suppletiv gebildet. Als Zahlwort 'erste(r)' wird *ēristo* verwendet, in Gegenüberstellung mit *ander* auch *ēriro* (Superlativ/Komparativ zu *ēr* § 266).

Das Zahlwort 'zweite(r)' wird durch das Pronominaladjektiv *ander* vertreten. Dieses wird zunächst stets stark flektiert (*anderēr*, *-aʒ*, *-iu*, § 295a; zu synkopierten Formen vgl. § 65 A.3). Später – so häufig bei Notker – tritt auch schwache Flexion auf (*dër andero* usw., AWB I,467).

Lit.: AG II, § 87. – Zum Ordinale '1.': Hammerich 1955: 166, Szemerényi 1996: 228 f.

Anm. 1. Sporadisch werden die Ordinalia '1.' und '2.' durch Lokalbildungen ersetzt: einerseits *furisto*, andererseits *aftero*, *afterōro* (AWB III,1389, I,49. 53); vgl. § 266.

§ 278 Die übrigen Ordinalia werden mit *-to* bzw. *-do* von den Stämmen der Kardinalzahlen abgeleitet. Ihre Flexion ist die der schwachen Adjektive; nur ausnahmsweise begegnet starke Flexion: *tes sîbendes mânodes* Nc 98,4, *niunta uuīla* (Akk.?) H 13,1,4.

1. '3.' *dritto* (< **-jo*, vgl. *drittiun* BR, LexSal, as. *thriddio*, got. *þridja*); '4.' *feordo*, *fiordo*; '5.' *fimfto*, *finfto*; '6.' *sëhsto*; '7.' *sibunto*; '8.' *ahtodo*; '9.' *niunto*; '10.' *zëhanto*; '11.' *einlifto*; '12.' *zwelifto*.

Anm. 1. Vereinzelte Nebenformen:

a) Das in BR und T belegte *sëhto* (Sievers T § 17) muss nicht mit Kluge 1913: 259 unter Verweis auf griech. ἕκτος '6.' als *s*-lose Bildung eingestuft werden. Es konnte jederzeit durch

Vereinfachung der Dreierkonsonanz (§ 99 A.3b) aus *sëhsto* entstehen, ebenso wie *sëhzug*, *sëhzugōsto* BR, T u. ö. (kaum mit Rosenfeld 1956/57: 197 Analogie nach *fimfto*).

b) *sibanto* '7.' Gl 2,643,60 muss nicht für *sibunto* verschrieben, sondern kann an *zëhanto* angelehnt sein (vgl. *siban* für *sibun*, § 271 A.2b).

c) Die Ordinalzahl '8.' ist bei Notker nach Ausweis von *tiu áhtôda* Nc 53,12 wohl als *ahtōdo* anzusetzen (Brugmann 1895: 90 A.2, v.Helten 1905/06: 125, Frings 1962: 42 A.41).

2. Die Ordinalia '13.' – '19.' sind aus *zëhanto* und der vorgesetzten Ordinalzahl des betreffenden Einers zusammengesetzt. Flektiert wird aber nur der zweite Teil, der erste geht immer auf *-o* oder *-a* (später *-e*) aus. '13.' *drittozëhanto*; '14.' *fiordozëhanto*; '15.' *fimftazëhanto*; '17.' *sibuntozëhanto*; '19.' *niuntazëhanto*.

Anm. 2. Erst bei Notker beginnt die Neigung, dem ersten Teil die Form der Kardinalzahl zu geben, z. B. *fierzêndo, funfzêndo, sëhzêndo*. Im Mhd. ist dies zur Regel geworden (KSW II.2, § N 48 A.1).

3. Von '20.' an werden die Ordinalzahlen als reguläre Superlative auf *-ōsto* (§ 263:3) von den betreffenden Kardinalzahlen gebildet: '20.' *zweinzugōsto*; '30.' *drīȝugōsto*; '40.' *fiorzugōsto* (Dat.Sg. *fiarzegusten* O); '50.' *fimfzugōsto*; '60.' *sëhszugōsto*; '70.' *sibunzugōsto*; '80.' *ahtozugōsto*; '90.' *niunzugōsto*; '100.' *zëhanzugōsto*.

Anm. 3. Die Zwischenzahlen werden durch Nebeneinanderstellen der betreffenden Ordinalia – ohne *inti* 'und' – ausgedrückt, z. B. *sibunzogōsto andrēr* '72.' BR, *demo sibinzegosten drittin* '73.' Npgl, *niunzogōsto fiordo* '94.' BR, *zëhanzugōsto sibuntozëhanto* '117.' BR. Jedoch sind alle belegten Fälle Übersetzungen aus dem Lat., das von Einfluss gewesen sein dürfte.

Anm. 4. Zur Verteilung von *-zugōsto, -zogōsto, -zigōsto, -zegōsto, -zgōsto* in den ahd. Denkmälern vgl. G.Müller bei Frings 1962: 47 f.

M 2.4.3. Andere Zahlarten

§ 279 Distributiva sind nur sehr spärlich belegt: Nom.Pl. m. *einluzze* 'einzeln', *zwiske* 'je zwei', *drĩske* 'je drei', *feoriske* 'je vier'. Nur *einluzze* kommt in der echten Distributivbedeutung auch später vor, die übrigen begegnen so nur in einigen der ältesten Quellen (besonders in BR, Kap. I).

Anm. 1. *feoriske* ist überhaupt nur 1x (BR 197,15) belegt. Zu den Pluralformen *zwiske, drĩske* ist der unflektierte, *ja*-stämmige Singular *zwiski, drĩski* hinzugebildet worden, und zwar in multiplikativer Bedeutung 'zweifach, dreifach', die bei dem späteren Vorkommen der Wörter herrscht. Tatian bietet häufig die adverbiale Fügung *untar zwisgēn* '(da)zwischen'.

Auch bei *einluzze* ist der Singular häufig (unflektiert *einluzzi*), in der Bedeutung 'einzeln'. In dieser Bedeutung wird neben *einluzzi* der adverbiale Dat.Pl. *einazēm, einizēn* O, *einzên* N gebraucht (AWB III,181 f.); adjektivisch *zeinitzen stucchen* WGen 375.

Anm. 2. Die umschreibende Bildung der Distributivzahlen durch 'und' – meist verstärkt durch *io* – ist ab Notker belegt: *ío sîben séiten únde sîbene* 'immer sieben und sieben Saiten' Nm 336,4. Vgl. Brugmann 1907: 10 f., 21.

§ 280 Die reguläre Bildung der multiplikativen Zahladjektive erfolgt durch das Halbsuffix *-falt* (§ 249:2f): *einfalt* 'einfach', *zwifalt* 'zweifach' (§ 270 A.2d), *drifalt* 'dreifach' (§ 270 A.4d), *fiorfalt, fimffalt, sibunfalt, zëhanfalt, sëhszugfalt, zëhanzugfalt* (älter *zëhanzofalt* MF, vgl. § 273:2). Diese Adjektive werden stark und schwach flektiert.

Lit.: AG II, § 88.

Anm. 1. In älterer Zeit finden sich Weiterbildungen dieser Adjektive mit *-faltlīh*, so *einfaltlīh, zwifaltlīh*. Spätahd. kommen Bildungen auf *-faltīg* vor, z. B. *einfaltīg, sibenfaltīg, zëhenzigfaltīg*.

Anm. 2. Reste anderer Bildungen der Multiplikativa:

a) Zusammensetzungen mit *-līh*: *einlīh* 'einfach', *zwilīh* und *drilīh*, die aber nur noch in der Bedeutung von lat. *bilix, drilix* 'zwei-, dreidrähtig' – vgl. nhd. *Zwillich, Drillich* – vorkommen, wohl unter sekundärer Anlehnung an die lat. Wörter (vgl. Brugmann 1907: 34). Dazu noch *fiorzuglīh* (*in uiorzuhlīha zala* 'in quadragenarium' Gl 2,289,16);
b) Ableitung mit Suffix *-īg*: *cêndûsendîg* 'zehntausendfach' Np 67,18.

§ 280a Von einfachen Bruchzahlen ist nur das Adjektiv *halb* in lebendigem Gebrauch; verbunden mit der Ordinalzahl drückt es den Begriff '½' aus: *ander halb* '1½', Gen. *andres halbes*. Von weiteren gemischten Brüchen ist ahd. nur *dritdeha[l]p* '2½' Gl 2,597,55 belegt. Erst ganz spät (SH) und besonders mhd. kommt *vierdung* 'Viertel eines Maßes' vor (AWB III,894). Im Übrigen werden die Bruchzahlen (mit Zähler '1') durch *teil* m.n. mit attributiver Ordinalzahl ausgedrückt: *der halbo teil* '½' N, *der dritto teil* '⅓' N, *daz feorda teil* '¼' R, *finfta teil* '⅕' K, *der ahtodo teil* '⅛' N.

Lit.: Wilmanns II,601. 603, Schatz Ahd. § 413. – Zum Mhd.: KSW II.2, § N 62.

Anm. 1. Zum Adjektiv *halb* gehört im älteren Ahd. als Substantiv *halftanōd* m. 'Hälfte' (AWB IV,627); doch ist die gewöhnliche Bezeichnung *der halbo teil* (s. o.), bei Notker auch *halblîh* n. 'Hälfte' (AWB IV,621). Das Femininum *halba* dagegen bedeutet nur 'Seite'.

Das idg. Wort für 'halb', **sēmi-* (IEW 905 f.), ist nur in übertragener Bedeutung in einigen Komposita erhalten: *sāmiquëc* 'semivivus' T, *sāmitōto* 'semimortuus' Gl 3,18,13, *sāmiheil* 'debilis' Rf (Gl 1,424,10) u. a. (Graff VI,44). Häufiger sind auch in dieser Verwendung schon Komposita mit *halb* (*halbtōt, halbgot* u. a.; AWB IV,619 ff.).

Anm. 2. Attributive Verbindung von *teil* mit der Kardinalzahl wird angewendet, wo nicht '1' der Zähler ist. So ist in Glossen schon mehrfach *fiorteil* 'Viertel' (AWB III,898 f.) belegt, aber *daz feorda teil* 'ein Viertel'. – Die meisten Belege für Bruchzahlen bietet Nm: *teile in ahto teil* 'teile in Achtel', aber *daz ahtoda* 'ein Achtel'; dort auch der einzige ahd. Beleg für einen Bruch mit größerem Zähler: *zwêne ahto téila* '2/8' (341,17).

M 2.4.4. Zahladverbien

Nur wenige Zahladverbien sind nicht mit syntaktischen, sondern mit morphologischen Mitteln gebildet. Sie haben die Funktion von Multiplikativa: **§ 281**

1. *eines* (Gen.Sg.) ‘einmal’, spätahd. *einêst* N (Schatz Ahd. § 407), *einist* Merig; *eino, einin, einen* ‘allein, nur’ (§ 270 A.1); *einazēm, einizēn* ‘einzeln’ (§§ 269:5, 279 A.1; s. Anm. 3);
2. *zwiro* ‘zweimal’ (häufig), seltenere Nebenformen *zwiror* (altobd.) und *zwiron* T, *zwiren* Will, erweitert *zwiront* N;
3. *driror* ‘dreimal’ (nur in H).

Abgesehen von *driror* werden die Zahladverbien von ‘3’ an mit dem Femininum *stunt* gebildet, dem die Kardinalzahlen adjektivisch vorangestellt werden. Dabei ist *stunt* die adverbial gebrauchte alte Form des Nom.Sg. von *stunta* (§ 207 A.2d), fungiert aber nach Ausweis von *driostunt* syntaktisch als Akk.Pl. (§ 270 A.4a). Weitere Bildungen: *fiorstunt* ‘viermal’, *sibunstunt* ‘siebenmal’, *zëhanstunt* ‘zehnmal’.

Lit.: Loewe 1916. – Zum Mhd.: KSW II.2, § N 61.

Anm. 1. Bis ins 9. Jh. wird auch der Dat.Pl. *stuntōm* zur Bildung des Zahladverbs verwendet, z. B. *sëhs stuntōm* ‘sexies’ H, *sibun stundōm* ‘septies’ Is, *einlif stuntōn* ‘elfmal’ O. Auch findet sich der Akk.Pl. *stuntā* in *viorzëhan stuntā* ‘quater decies’ Gl 2,289,23 und bei Otfrid *thria stuntā zwēne* ‘dreimal zwei’ 1,5,2, wo *thria* statt *thrīo* steht. Dieselbe abweichende Form des Akk.Pl. wird bei Otfrid in *thria stuntōn* ‘dreimal’ 5,13,19. 5,15,25 sogar mit dem Dat.Pl. verbunden; daneben regulär *thrīn stuntōn* 4,13,37. Vgl. § 270 A.4c; Eichner 1987: 198 f.

Anm. 2. Auch ein ordinales Zahladverb kann durch *stunt* ausgedrückt werden, das dann als Akk.Sg. fungiert: *andera stunt* ‘zweitens’, *drittiūn stunt* BR, *thrittūn stunt* O, T ‘drittens’. Als direkt von der Ordinalzahl abgeleitetes Zahladverb ist nur *ērist* ‘erstens’ (§ 268:3) in allgemeinem Gebrauch; jedoch kennt Notker auch *anderêst* ‘zum zweiten Mal’ (Schatz Ahd. § 407).

Anm. 3. Ganz vereinzelt begegnen Umschreibungen mit *warb* (unflektierter Akk.Pl. zu *(h)warb(a)* m./f. ‘Umdrehung’): *sibun warb* ‘siebenmal’ T, ähnlich *vier werba* Merig; mit *spurt* ‘(Runde)’ (§ 216 A.1b): *drim spurtim* ‘dreimal’ MF; mit *māl* ‘Zeitpunkt’ einige Notker-Belege, z. B. *éinzên mâlen* ‘einzelne Male, mehrmals’ Nb, *ze drîn mâlen* ‘dreimal’ Np (AWB VI,138 f.).

M 2.5. Pronomina

Lit.: Petersen 1930, G.Schmidt 1978, Seebold 1984, Howe 1996, Harðarson 2017: 925 ff.

M 2.5.1. Personalpronomina

M 2.5.1.1. Ungeschlechtige Pronomina

§ 282 Hierher gehören die Personalpronomina der 1. und 2. Person sowie das Reflexivpronomen. Paradigmen für die 1. und 2. Person: *ih* 'ich' (as. *ik*, mhd. *ich*), *dū* 'du' (as. *thū*, mhd. *dū*).

1. | 2. Pers.	as.	ahd.	mhd.
Sg. N.	*ik* | *thū*	***ih*** | ***dū, du***	*ich* | *dū, du*
G.	*mīn* | *thīn*	***mīn*** | ***dīn***	*mīn* | *dīn*
D.	*mī* | *thī*	***mir*** | ***dir***	*mir* | *dir*
A.	*mī, mik* | *thī, thik*	***mih*** | ***dih***	*mich* | *dich*
Pl. N.	*wī, wē* | *gī, gē*	***wir*** | ***ir***	*wir* | *ir*
G.	*ūser* | *iuwer, -ar*	***unsēr*** | ***iuwēr***	*unser* | *iu(we)r*
D.	*ūs* | *iu, eu*	***uns*** | ***iu***	*uns* | *iu*
A.	*ūs* | *iu, eu*	***unsih*** | ***iuwih***	*uns(ich)* | *iuch*

Das Reflexivpronomen besitzt im Ahd. (und Mhd.) nur zwei Formen: *sīn* für Gen. Sg. m.n. und *sih* für Akk.Sg. und Pl. aller Genera (Anm. 1a).

Lit.: Zum gesamten Formenbestand von *ih, dū, ir*: AWB IV,1465 ff., II,696 ff., IV,1703 ff. – Zur Etymologie: EWA V,29 ff., VI,445, II,826 ff. 833 ff. – DSA Kt. 4, 31, 68 'ich', 25, 31, 44 'dich', 5, 31, 68 'dir', 36 'sich', 21, 43 'euch' Akk.; König 2015: 160 'dir, dich', 164 'er', 155 'sich', 160 'uns-', 156 'euch'.

Anm. 1. Die Paradigmen haben einen Teil ihrer ursprünglichen Flexionsformen eingebüßt.

a) Das Reflexivum weist nur noch zwei Formen auf, einen Gen.Sg. (z. B. *mannilīh sīn goume* 'jeder gebe auf sich acht' O 1,23,59) und einen Akk.Sg. und Pl. Die fehlenden Kasusformen werden von den entsprechenden Formen des Pronomens der 3. Person (§ 283) vertreten: *ira, imo, iru*; *iro, im* (Wilmanns III,409). Zum Gebrauch der Reflexivformen vgl. Behaghel II,139 ff., Bökenkrüger 1924. Nach Hole 2005: 50 f. hat der Gen. *sīn* nicht mehr reflexiv-possessive, sondern allgemein possessive Funktion (s. Anm. 2b).
Zum Verlust des Dat.Sg. **sir* (< **siʀ* < germ. **siz*) vgl. Klein 1979: 436, Krogh 1996: 327. Zuweilen wurde für das Ahd. zu Unrecht dativischer Gebrauch von *sih* angenommen, so von Grimm Gr. IV,384 f. und Kögel Lg. II,530 (aber *sih* Hl 2 ist Akk.); die größte Wahrscheinlichkeit kommt noch *wānit sih kināda* Musp 28 zu (Kögel Lg. I,321 A.1, doch vgl. A.Gebhardt 1908: 373 f., Schatz Ahd. § 419).

b) Der Dual der 1. und 2. Person, der im Got. und in den übrigen altgerm. Sprachen vorhanden ist, scheint im Ahd. frühzeitig außer Gebrauch gekommen zu sein. Erhalten ist nur in einem einzigen Otfrid-Beleg der Gen.Du. 1.P. *unkēr*: 3,22,32 *unker* (*uncher* OFreis) *zweio* 'unser zweier', also schon der Verdeutlichung durch *zweio* (§ 270 A.2a) bedürftig. In rezenten Mundarten lebt die Dualform der 2. Person in pluralischer Geltung weiter (§ 192d A.1).

Anm. 2. Zu den Singularformen:

a) Der Nom.Sg. *ih* und *dū* steht oft enklitisch, besonders nach dem Verb. *ih* verliert dann bei Otfrid zuweilen seinen Vokal („Synalöphe": *hiluh* = *hilu ih*, *zelluh* = *zellu ih*), anderswo selten. Will hat *ine* für *ih ne* (Seemüller 1878: 98). – *dū*, dessen /ū/ durch Notker bezeugt ist, wird in Enklise verkürzt (§ 41 A.1; umgekehrt: Schatz Ahd. § 416); /u/ kann bei Otfrid sogar elidiert werden (Baesecke 1910: 375 ff., Kappe 1910: 19 ff., de Boor 1928: 96 ff.). Obd. erscheint nach Obstruenten nicht selten *tū*, so *daz tū* Lb 22.1, 14 (1. bair. B); vgl. § 306 A.5. Ein durch *-ā* verstärktes *ih* zur Wiedergabe von lat. *egomet* findet sich in Pa, K: *ihha*, *ihcha* (Bremer 1890: 249 A.1, Johansson 1890: 169, Schwentner 1924: 6 ff., Hammerich 1955: 166, Seebold 1984: 17, N.Wagner 2013: 38). Die Partikel dient auch zur Verstärkung von Imperativen (§ 312 A.5).

b) Im Genitiv treten bei Otfrid Analogieformen mit der Endung *-es* in Verbindung mit *sëlbes* auf: *mīnes/thīnes/sīnes sëlbes lēra* 2,21,24. 34. 4,19,6 (Franck Afrk. 217). Diese von Otfrid neben *mīn/thīn/sīn sëlbes* häufiger gebrauchten Formen sind als adjektivische Possessivpronomina aufgefasst worden, wie aus *iuues sëlbes* (2,17,20, Oh 152, Os 12. 15) und dem *hires selues* des anl. Leid. Will hervorgeht (vgl. § 284 A.1). – In T 77,1 begegnet *bī gefëhen sīnes* 'prae gaudio illius'.

c) Für Dat.Sg. *mir*, *dir* stehen in Würzb. B 1 *mi*, 3 *di* (wichtige md. Frühbelege, vgl. KSW II.1, § P 20); in De Heinrico (Lb 39) 2 *mi* neben 2 *thir* (vgl. § 120 A.2a). Die 3 *mi* im Hl neben *mir*, *dir* sind as. Formen (Franck 1904: 52 f.). *mer* T 167,2 (Schreiber ζ) ist vielleicht verschrieben (E.Sievers 1894a: 554 f.); zu einigen weiteren Belegen vgl. AWB IV,1471 mit Lit. In *mer*, *wer*, *er* (neben überwiegendem *mir*, *wir*, *ir*) des anl. Leid. Will (Sanders 1974: 206 f.), *mer*, *ter* der Par. Gespr sieht Klein 1979: 430 ff., 436 f. reguläre Restformen der Senkung /i/ > /e/ vor /ʀ/ < /z/ in schwachtoniger Position. Zu den ingwäonischen *r*-losen Pronomina *mi*, *thi*, *wi* vgl. Klein 1979: 437 ff., Krogh 1996: 233 ff., Tinaburri 2017 (anders EWA II, 830 f.).

Anm. 3. Die Formen des Nom.Pl. *wir* und *ir* sind überall fest; Nebenformen sind sehr selten. In De Heinrico (Lb 39) steht die zum As. stimmende 2.Pl. *gī*. Bei Isidor ist 1x *er* belegt, dazu in MF (neben vielen *ir*) 1x *er*, 2x *aer* aus dem Original (Matzel Is 167 ff., 408), wahrscheinlich Reste eines älteren Nebeneinanders von *ir*, *er* als Folge der Senkung /i/ > /e/ (vgl. 'er', § 283 A.1aα; Klein 1979: 433+A.41). Auffällig sind in den al. Ps 2x *wer* (vor *er-*, Schatz Ahd. 268) und 1x *ier*. Vgl. Kögel Lg. II,474, Wilmanns III,408, Janko 1910: 27, v.Grienberger 1921: 229.

Anm. 4. Im Gen.Pl. *unsēr*, *iuwēr* wird die Länge des *e*-Vokals durch Zirkumflexe bei Notker (*únsêr*, *íuuêr*) bezeugt; zum gleich lautenden Poss.-Pron. sowie zur Genese vgl. § 284 A.3. Daneben begegnet selten *unsar*, *iuwar*, jedoch nur in Denkmälern, die auch sonst statt /e, ē/ in Endsilben /a/ aufweisen (§ 58 A.3). Vgl. Braune 1876: 140 ff., Kögel 1882: 128, Johansson 1890: 121 ff., Schatz Ahd. 268.

Anm. 5. Zwischen Dat.Pl. *uns*, *iu* und Akk.Pl. *unsih*, *iuwih* wird im Allgemeinen streng unterschieden. Jedoch werden die beiden Kasus auch im Ahd. schon vereinzelt vermischt. So steht *uns* als Akk.Pl. im Augsburger Gebet (Lb 37.1, 3), *unsih* als Dat.Pl. bei Otloh (Lb 26, 47, vgl.

Schatz Abair. § 126:a); in der 2. Person steht *iu* (*hiu* vgl. § 152:1) als Akk.Pl. öfter im Ludw (Lb 36, 32. 34 f.); umgekehrt fmhd. *ûch* als Dat.Pl. im Friedberger Christ (MSD Nr. 33, C^{b} 14); vgl. KSW II.1, § P 25 ff. Zur Verwechslung von Dativ und Akkusativ im anl. Leid. Will vgl. v.Helten 1897: 501, Sanders 1974: 206 ff. – DSA Kt. 21, 43 ‘euch’ Akk.

Anm. 6. Die Pluralformen der 2. Person, die /uw/ enthalten (Gen. und Akk.), werden nach § 111 meist mit ‹*uu*› geschrieben (*iuuēr*, *iuuih*), oft aber auch mit ‹*uuu*› (*iuuuēr*, *iuuuih*). Die Schreibung mit einfachem ‹*u*› ist nur bei Otfrid die Regel (*iuēr*, *iuih*, § 105 A.2), sonst selten. – Statt Dat. *iu*, Akk. *iuuih* sind bei Isidor ältere Formen mit /ë/ belegt (*ëu*, *ëuuuih*), vereinzelt auch anderwärts (vgl. § 30 A.2; AWB IV,1705 f., Klein 1979: 435). Die kontrahierte Form *iuh* (*iuch*, *ūch*) des Akk.Pl. findet sich erst seit fmhd. Zeit, z. B. Lb 42, 49 (Mem. mori).

M 2.5.1.2. Geschlechtiges Pronomen

§ 283 Die Formen des geschlechtigen Pronomens der 3. Person gehören zu drei Stämmen: germ. **i*-, **e*- und **si*-. Die Formen des *i*-Stamms halten das anlautende /i/ fest. Nur im Nom.Sg. m. und Gen.Sg. n. (*ër*, *ës*) liegt ganz oder teilweise /ë/ vor; in andere Formen ist /ë/ statt /i/ nur selten oder spät eingedrungen (vgl. § 31 A.1). Gen.Pl. und Dat.Pl. sind jeweils für alle Genera gleich (++). Die im 9. und 10. Jahrhundert vorherrschenden Formen sind fett gedruckt.

Paradigma: *ër*, *iʒ*, *siu* ‘er, es, sie’ (as. *hē*, *it*, *siu*, mhd. *ër*, *ëʒ*, *siu*).

Maskulinum	as.	ahd.	mhd.
Sg. N.	*hē*, *hie*	*ir*, ***ër*** (*hër*)	*ër*
G.	*is* (*ës*)	***sīn*** (Anm. 1c)	*sīn* (*ës*)
D.	*imu*, *im*	*imu*, ***imo***	*ime*, *im*
A.	*ina*	***inan***, *in*	*in*
Pl. N.A.	*sia*, *sea*, *sie*	***sie***	*sie*, *sī*, *si*
G. ++	*iro*	***iro***	*ire*, *ir*
D. ++	*im*	***im***, ***in***	*in*, *inen*
Neutrum	as.	ahd.	mhd.
Sg. N.A.	*it*	***iʒ***	*ëʒ*
G.	*is* (*ës*)	***ës***, *is* (*sīn*)	*ës* (*sīn*)
D.	*imu*, *im*	*imu*, ***imo***	*ime*, *im*
Pl. N.A.	*siu*	***siu***	*siu*, *si(e)*
Femininum	as.	ahd.	mhd.
Sg. N.	*siu*	*sī*, *si*; ***siu***	*sī*, *si* (*siu*)
G.	*ira* (*iro*)	***ira*** (*iru*, *-o*)	*ire*, *ir*
D.	*iru*, *-o*	***iru***, *-o*	*ire*, *ir*
A.	*sia*, *sea*, *sie*	***sia***, *sie*	*sie*, *sī*, *si*
Pl. N.A.	*sia*, *sea*, *sie*	***sio***	*sie*, *sī*, *si*

Lit.: Über Literatur zur Pronominalflexion vgl. § 287 Lit. Zum Pronomen der 3. Person ferner Wilmanns III,414 ff., Behaghel 1928: 542, Rosenfeld 1955, Klein 1979: 433 ff., Seebold 1984, EWA II,1092 ff., Hill 2016: 16 ff., Stiles 2017.

Anm. 1. Das Pronomen der 3. Person und das Demonstrativpronomen *dër, daȥ, diu* (§ 287) haben sich analogisch beeinflusst (s. u. f). Zu den Formen im Einzelnen:

a) Der Nom.Sg. m. zeigt vokalische und konsonantische Varianz.

   α) *ër* ist die herrschende Form, die in MF auch *aer* (*ę̄r*) geschrieben wird. Nur bei Isidor heißt es stets *ir* (reguläre archaische Form, Matzel Is 408, ferner 60, 165; Klein 1979: 433 f.), das 1x auch in MF stehen geblieben ist. Ergebnis jüngerer Abschwächung ist es hingegen, wenn im Spätalem. ab dem 12. Jh., wiederholt schon in Np, im Nom.Sg. *ir* auftritt (vgl. Sehrt/Legner 1955: 140).

   β) Neben *ër* findet sich in frk. Quellen *hër*, das zu as. *hē* gehört (vgl. Brugmann 1904: 53 ff., Krahe/Meid 1969: II, § 35, KSW II.1, § P 44 ff.). *hër* haben (z. T. neben *ër*) WK, Hl, LexSal, T, Ludw, De Heinrico, Bas. Rez (aus Fulda; Moulton 1944: 309 A.16, 315), GlBud, Leid. Will. Im Tatian stehen neben überwiegendem *hër* auch 6 *hē* (nur bei Schreiber γ, Sievers T § 10); *hē* auch 1x in Ludw und Merseb (Franck 1896: 17, Eichner/Nedoma 2000/01: 129, W.Beck 2011: 188). Otfrid dagegen hat *ër*, nur 2,7,34 *hër* (Garke 1891: 31).

   γ) Im westmoselfrk. Trierer Cap, das *ër* hat, steht /h-/ im Dat.Sg. *himo*, Dat.Pl. *hin* (KSW II.1, § P 42 mit Lit.). Der anl. Leid. Will hat (außer in *siu, sie*) in allen Formen nordseegerm. /h-/ (v.Helten 1897: 501 f., Sanders 1974: 212 ff.). Vgl. Franck Afrk. § 170.

   δ) Wo *hër* vereinzelt in obd. Quellen erscheint (z. B. OFreis, vgl. Kelle O 527; al. Ps), ist ‹*h*› als prothetisch (§ 152:1) zu beurteilen. Belege für *hër* bei Garke 1891: 114 ff., DSA Kt. 48 ‘er’, König 2015: 164.

   ε) /h/ ist wohl von dem Demonstrativum germ. **hi-* ‘dieser’ bezogen, das u. a. in *hiutu, hiuru* (§ 49 A.3), *hina* (§ 269a), *hitamon* (AWB IV,1146 f.) fortlebt. Vgl. Rosenfeld 1955: 75 ff., Lühr Hl 421 ff., Klingenschmitt 1987: 173, EWA II,1097 ff., Stiles 2017: 422 ff.

b) Der Nom.Akk.Sg. n. lautet *iȥ* (mfrk. *it*, § 160 A.3). *ëȥ* tritt generell erst im 11./12. Jh. auf, findet sich jedoch schon in der Zeitzer B (8x, stets nach *sō*, Abschwächung nach Anm. 2b). Notker hat noch *iz*; der anl. Leid. Will hat *hiz* (Sanders 1974: 212).

c) Der Gen.Sg. m. ist im Ahd. untergegangen und wird durch den Genitiv *sīn* des Reflexivums (§ 282) vertreten (wenn *es* Ludw 6 auf *stuol* bezogen werden darf, wäre dies ein Beleg für Gen.Sg. m. *ës*). Im Neutrum ist *ës* dagegen erhalten, doch kann auch dafür *sīn* eintreten. Statt der allgemeinen ahd. Form *ës* tritt bei Notker und spätahd. in Analogie zum Nom. *iz* auch *is* auf (Schatz Abair. § 127:a, Sehrt/Legner 1955: 151).

d) Was den Dat.Sg. m.n. betrifft, so gelten die Feststellungen zum Adjektiv (§ 248 A.4): *imu* herrscht in einigen der ältesten Quellen (Is, H, BR u. a.). Ab dem 9. Jh. lautet die regelmäßige Form aber *imo*, so noch bei Notker. Sehr selten ist *ëmo* (LexSal, Lb 18, 11). Im anl. Leid. Will steht ausnahmslos *himo* (Sanders 1974: 212 ff., Klein 1979: 444 ff.).

e) Im Akk.Sg. m. ist *inan* in älterer Zeit durchweg die regelmäßige Form. Die kürzere Form *in* wird erst ab dem 11. Jh. herrschend, so schon immer bei Notker (vgl. *wën* neben *(h)wënan* § 291 A.1c); im Spätbair. steht *inen* neben *in*, z. B. Merig. Doch kommt *in* verstreut auch in älterer Zeit vor, so Musp 19, bei Otfrid einige Male in der Enklise (Kelle O 327), häufig nur im Tatian neben *inan* (auch *santa-n, sie-n* u. ä.); in Merseb enklitisch *-en* (3 *biguol-en*). Auffällig ist *ini* 4x LexSal; die Form weist auf im Ahd. singuläres **ina*, das in as. *ina* wiederkehrt (Lühr 2013: 110+A.46). Für den anl. Leid. Will ist *hine* (*-a, -o*) anzusetzen (Klein 1979: 445 f., z. T. gegen Sanders 1974: 215 f.).

f) Im Nom.Sg. f. herrscht *siu* bis ins 10. Jh. vor; die Form, zusammen mit Akk.Sg. *sia* und Nom.Akk.Pl. *sio*, ist nicht Analogiebildung zu *diu, dia, dio* (so Krahe/Meid 1969: II, § 35, auch früher an dieser Stelle), sondern umgekehrt deren Vorbild (§ 287 A.1). Zur Genese vgl. Stiles 2017: 425 ff.: *siu* ist aus der kürzeren Form *sī* (/ī/ bei Notker durch Zirkumflex gesichert) umgebildet, die in Enklise zu *si* gekürzt wurde. Otfrid hat häufiger *sī, si* als *siu*; sonst findet sich *sī, si* im 9. Jh. nur selten (z. B. Musp). Ab Notker überwiegt *sī, si* wieder bei weitem und nimmt spätahd. den breitesten Raum ein. Zuweilen tritt spätahd. auch *sie* auf, die Form des Akk.Sg. f. (s. u. h).

g) Über Gen.Sg. f. *ira*, Dat.Sg. f. *iru* gilt, was bei den betreffenden Adjektivformen gesagt ist (§ 248 A.7a). Danach ist die Dativform *iru* (später *iro*) schon im 9. Jh. mitunter (auch bei Otfrid) in den Genitiv eingedrungen, bei Notker gilt *iro* als Form beider Kasus. Sehr selten ist dagegen *ira* als Dativ (OFreis 3,23,12, nach Kelle O 333 „durch Assimilation begünstigt"). – *ëra* begegnet als Gen.Sg. in Merseb (Lb 31.1, 7. 8; Eichner/Nedoma 2000/01: 123, W.Beck 2011: 176, Lühr 2013: 110 A.46) und 1x bei Otfrid. Der anl. Leid. Will hat für Gen. Dat.Sg. wie für Gen.Pl. *hiro* (Sanders 1974: 212). – Vgl. Franck Afrk. 219.

h) Der Akk.Sg. f. lautet regelmäßig *sia* (s. o. f), so noch bei Notker; Tatian hat 27 *sia*, 4 *sie* (Moulton 1944: 317). Die Nebenform *si* findet sich nur vereinzelt, aber schon im Tatian (bei Otfrid nur in den Hss. P, F). Spätahd. (Will) nimmt *sie* überhand; auch *si* kommt noch vor. Bei Otfrid steht mehrmals in allen Hss. *sa* (Kelle O 334). Zu *sea* LexSal (Lb 18, 5) vgl. Franck Afrk. 219.

i) Die Formen des Nom.Akk.Pl. *sie, siu, sio* entsprechen den Endungen des starken Adjektivs und sind im Allgemeinen sehr fest.

   α) Im Maskulinum kommt neben *sie* nur selten *sia* vor (so in OFreis, wohl auch Nievergelt 2013: 413.9, vgl. GramErtr 167), selten *see, sea*; vgl. Schatz Abair. § 127:b, Franck Afrk. 220. Der Tatian-Schreiber γ beginnt mit *see, se* und setzt mit *sie* fort (Moulton 1944: 316). Schwachtonig ist *sa* Ludw 24.

   β) Im Neutrum steht neben *siu* vereinzelt die Maskulinform *sie* (öfter bei Otfrid, Kelle O 329, doch vgl. Kappe 1910: 189), häufiger spätahd. Im Fmhd. tritt neben *sie* auch *si* auf, so Merig.

   γ) Die Femininform *sio* (s. o. f) wird zuweilen durch *sie* (*sia*) vertreten: im Tatian nur vereinzelt (Sievers T 422); dagegen hat Otfrid regelmäßig die Maskulinform *sie*, nur noch 3x steht *sio* (Kelle O 334; vgl. Kappe 1910: 189 f.). Auch bei Notker gilt ausnahmslos *sīe* für Maskulinum und Femininum zugleich (vgl. § 248 A.9d), im Spätahd. wird *sie* auch für das Femininum die Regel.

j) Der Gen.Pl. aller drei Genera *iro* ist sehr fest. Im Tatian steht 1x *ero* 6,1 (Sievers T § 66:1; durch das Folgewort *ewit* verschuldet?). Vereinzelt begegnen die Nebenformen *iru* (z. B. H 19,5,2) und *ira* (Kelle O 330); in Npw sind *iro* und *ira* etwa gleich häufig (Heinzel 1875–76: II,279). Zum Leid. Will vgl. den Gen.Dat.Sg. f. (oben g).

k) Der Dat.Pl. lautet anfangs *im*, ab dem 9. Jh. *in* (§ 124) und hat keine Nebenform. Der anl. Leid. Will hat mit *him* (*hin, himo*) die nordseegerm. Form (Sanders 1974: 216). Die im Mhd. auftretende Form *inen* mit adjektivischer Endung begegnet nur in Npgl (67,17. 101,8), also immerhin im 11. Jh. (Hs. 12. Jh.).

Anm. 2. Das Pronomen der 3. Person gibt hinter stark betonten Wörtern meist seinen eigenen Starkton auf und schließt sich enklitisch dem vorhergehenden Wort an. Die einsilbigen Formen sind dann ganz ohne Ton, die zweisilbigen haben einen Nebenton auf der zweiten Silbe, während die Wurzelsilbe tonlos wird (*inàn, imò, irò*, vgl. Kluge 1913: 101 f.). Infolge dieser Akzentverhältnisse treten oft Kürzungen der Wortformen ein. Diese stellen sich besonders deutlich bei Otfrid dar, der die Formen teils verkürzt schreibt, teils die zu unterdrückenden Vokale durch Punkte kennzeichnet (vgl. Kappe 1910: 23 ff., 189 ff., dazu de Boor 1928: 47 ff.). Auch in anderen Quellen treten neben den vollen nicht selten die durch Enklise verkürzten Formen in der Schreibung auf.

a) Die Kürzung zeigt sich bei zweisilbigen Formen durch Wegfall des Anfangsvokals (meist nach Vokal, aber auch nach Konsonant), also *nan, mo, ro* für *inan, imo, iro*, so sehr häufig bei Otfrid (vgl. Kelle O 324 ff.); ferner z. B. *santa-nan* T, *tranc ër-nan* Sam 16, *ër-ro* Lb 42, 37 (Mem. mori), *hancta-mo* Gl 2,30,62, *der-mo selpo* Gl 2,275,34. – Stark betont sind die Formen z. B. nach (proklitischen) Präpositionen, wie bei Otfrid stets das Metrum ergibt, vgl. *umbi ínan, mit ímo* (4,10,2), dagegen enklitisch ohne Verkürzung z. B. *ióh inàn, ér imò* (4,8,8).

b) Die einsilbigen, mit /i/ (/ë/) anlautenden Formen (*ër, iȥ, ës, in*) können in der Enklise nach vorhergehendem Vokal ihren Anlautvokal aufgeben, so *wior* O = *wio ër, zaltaz* O = *zalta iz, tuoz* T = *tuo iz, imos* Ludw = *imo ës, du mos* Psalm 24 = *dū imo ës, sôz* N = *sō iz, saltan* T = *salta in* (Akk.Sg.). Am häufigsten ist dies bei *iȥ* (zu *sō eȥ* Zeitzer B s. Anm. 1b); bei *ër* fällt in diesem Fall weit öfter der Endvokal des vorhergehenden Wortes aus (vgl. § 61; Seebold 1984: 62), so *giloubt-ër* = *giloubta ër, quāt-ër* = *quāti ër, scouu-ër* = *scouuo ër* O. Enklitisches *ër* in Ludw *gideild-ër, wiss-ër; ind-ër* (= *indi ër*) muss nicht für *hër* (Anm. 1aβ) stehen.

c) Zu den mit /s/ anlautenden Formen *sia, sie, sio*:

α) In der Enklise kann der Diphthong durch Unterdrückung des /i/ reduziert werden; also *sa* für *sia* (Akk.Sg. f.), *se, so* für *sie, sio* (Nom.Akk.Pl. m.f.), z. B. *bōt sa* O 4,12,38 und öfter (Kelle O 334), *ih so* 1. bair. B (Lb 22.1b, 11; vgl. MSD II,398).

β) Sehr häufig ist jedoch von diesen Formen nur der Nom.Pl. m. *se*: Er kommt besonders hinter Verbalformen vor, so *garutun se* Hl, *quādun se, irthionōtun se* O, wird aber auch anderen Wörtern, z. B. den stark betonten Formen desselben Pronomens, untergeordnet: *sie se* O 1,1,84. Dafür *sa* (vgl. *sia* statt *sie*, Anm. 1i) in *heigun sa* Ludw 24.

γ) Dieselben Formen *sia, sie, sio* werfen aber auch zuweilen den Schlussvokal ab und werden durch *si* vertreten, meist durch Verschmelzung mit einem vokalisch anlautenden Wort, z. B. Sg. f. *sies* = *sia ës* O und noch weiter verkürzt *sës* O 5,8,50. Auch der Nom.Pl. wird öfter bis auf *s* verkürzt, z. B. *sịe in, sinan* = *sie inan* O 1,12,5.

d) Fest ist im Allgemeinen *siu* (Nom.Sg. f. und Nom.Akk.Pl. n.). Dagegen ist im Nom.Sg. f. die bei Otfrid überwiegende Nebenform *si* (s. o. Anm. 1f) vor Vokal oft zu bloßem *s-* verkürzt, z. B. *quādun, sīlti* = *siu ïlti* 3,24,45; vgl. Kappe 1910: 190 ff., de Boor 1928: 102 ff. (hingegen ist in *thaz si ụns* 1,3,38 der Vokal von *uns* unterdrückt).

M 2.5.2. Possessivpronomina

Das possessive Adjektiv zum Personalpronomen ist in der unflektierten Grundform mit dessen Genitiv identisch, also 1.Sg. *mīn*, 2.Sg. *dīn*, 1.Pl. *unsēr*, 2.Pl. *iuwēr*; zur Abstammungsrichtung s. Anm. 2, zu *-ēr* Anm. 3. Das Possessivpronomen der 3. Person *sīn* entspricht dem Reflexivstamm, wird aber – gemäß der Verwendung des Gen.Sg. *sīn* (§§ 282 A.1a, 283 A.1c) – nur auf ein Maskulinum oder Neutrum im § 284

Singular bezogen. Für den Singular des Femininums und den ganzen Plural existiert im Ahd. kein Possessivpronomen; an seine Stelle treten suppletiv die entsprechenden Genitive des Personalpronomens der 3. Person, *ira* bzw. *iro* (Anm. 1).

Lit.: AG II, § 82–85. – Zur Genese: Hirt Urg. II, § 69:2, Prokosch 1939: 281, G.Schmidt 1978: 83 f., Seebold 1984: 47 f., Hole 2005 (s. Anm. 2).

Anm. 1. Aus den Genitiven *ira, iro* ist im Mhd. (zuerst frk. ab dem 12. Jh.) ein adjektivisches Pronomen entwickelt worden (Weinhold Mhd. 526 f., genauer KSW II.1, § P 256 ff.). So auch im anl. Leid. Will Dat.Pl. *hiron, hiran* und Gen.Sg. *hires selues* (v.Helten 1897: 502 ff., Sanders 1974: 216 f.). Vergleichbar ist der Typ *mīnes/thīnes/sīnes sëlbes* bei Otfrid (§ 282 A.2b).

Anm. 2. Die Richtung der Entwicklung – Poss.-Pron. aus Pers.-Pron. oder umgekehrt – ist in früheren Auflagen unterschiedlich beurteilt worden. Mit Mitzka (9.–11. Aufl.) dürfte der Genitiv des Pers.-Pron. auf dem Poss.-Pron. beruhen (G.Schmidt 1978: 199, Hole 2005: 58 ff.); ebenso got. *meina* zu *meins* (Krause 1968: § 176:2), lat. *meī, nostrī* zu *meus, noster* (F.Sommer 1914: § 259) u. a. Im Einklang damit steht die Genese von *unsēr, iuwēr* (Anm. 3).

Anm. 3. Die Länge des *e*-Vokals von *unsēr, iuwēr* ergibt sich aus Doppelschreibung in BR und Pn (*unseer*) und aus Zirkumflexen bei Notker (*únsêr, íuuêr*); zum gleich lautenden Genitiv des Pers.-Pron. vgl. § 282 A.4. Auszugehen ist von **unsĕr, *iuwĕr* (idg. Oppositivsuffix **-ero-*, Krahe/Meid 1969: II, § 36), deren kurzvokalischer Ausgang nach der Adjektivendung *-ēr* (§ 248 A.1) zu *unsēr, iuwēr* umgebildet wurde (vgl. auch § 286).

§ 285 Die Flexion der Possessiva ist die der starken Adjektive (nach *jung* § 248), auch wenn der bestimmte Artikel vorhergeht (Anm. 1). Der Nom.Sg. der jeweiligen Pronomina lautet wie folgt:

Person	Singular			Plural		
1.	***mīnēr***	***mīnaȥ***	***mīniu***	***unserēr***	***unseraȥ***	***unseriu***
2.	***dīnēr***	***dīnaȥ***	***dīniu***	***iuwerēr***	***iuweraȥ***	***iuweriu***
3.	***sīnēr***	***sīnaȥ***	***sīniu***		—	

Im Nom.Sg. werden jedoch überwiegend die unflektierten Formen (§ 284) verwendet, die mit den Genitiven der Personalpronomina übereinstimmen. Diese können auch außerhalb des Nom.Sg. für das Possessivum eintreten, z. B. Nom.Pl. *manslagon sīn* ‘seine Mörder’ O 4,20,39.

Anm. 1. Das Possessivum wird im Ahd. nicht schwach flektiert, auch nicht nach dem Artikel, z. B. *thaz mīnaz līb* O 4,26,29. Vereinzelte Ausnahmen sind *druhtin mīno* O 1,2,20 (Vokativ, im Reim) und *mīno gilīcho* O 3,7,53 statt des sonstigen *mīn gilīcho* (Kelle O 335, Franck Afrk. 221).

Anm. 2. Der Mittelvokal der flektierten Formen von *unsēr, iuwēr* lautet zuweilen /a/ statt des – hier sicher kurzen – /e/ (§ 64:4), besonders im Tatian (vgl. Sievers T § 97:c), aber auch in anderen alten Quellen, z. B. *unsariu* H, *unsarēm* Rb, *iuuuarero, iuuuarēm* MF. Jedoch überwiegt /e/ auch hier; ausnahmslos steht es in Is, BR, O, z. B. *unseremu, unsera* Is, *iuueriu* BR.

Anm. 3. Synkope des Mittelvokals /e/ zeigt *unsēr* in älterer Zeit nur sehr selten: *unsriu* (Nom. Sg.) H, *unsraz, unsro* (Nom.Akk.Pl. f.), *unsrēm* (Dat.Pl.) Freis. Pn, vgl. § 65 A.3. Erst spätahd./ fmhd. – im 11./12. Jh., noch nicht bei Notker – wird sie häufiger, z. B. *unsre, unsrun* (Otloh).

Dem Frk. eigen ist bei den Pluralpossessiva eine verkürzte Form (vgl. § 6a:4i). Die – nach § 284 A.3 entstandene – Grundform *unsēr, iuwēr* wurde als flektierter Nom. Sg. m. interpretiert (zum Mfrk. s. Anm. 2), was die Kurzstämme *uns-*, *iuw-* ergab: **§ 286**

		Maskulinum		Neutrum	Femininum
Sg.	N.	***unsēr***		***unsaʒ***	***unsu***
	G.		***unses***		***unsera***
	D.		***unsemo***		***unseru***
	A.	***unsan***		***unsaʒ***	***unsa***
Pl.	N.A.	***unse***		***unsu***	***unso***
	G.			***unsero***	
	D.			***unsēn***	

Lit.: Braune 1876: 141, Franck Afrk. 222, Frings/Linke 1963. – Zur Entstehung der Kurzform: Baesecke Einf. 180, Rösel 1962: 107, 110, G.Schmidt 1978: 202. – Zum Ingwäonischen: Wrede 1924: 370 f. – Zum Mhd.: KSW II.1, § P 242 ff. – Zur heutigen Verteilung: König 2015: 156.

Anm. 1. Beispiele für *iuwēr*: aus Tatian Dat.Sg. f. *iuuueru, iuuaru*; aus Otfrid Gen.Sg. *iues*, Nom.Pl. m.f. *iue, iuo*, Dat.Pl. *iuēn*.

Anm. 2. Die Kurzformen gelten im As. und Anl. (*unsa* Wachtendonckschen Psalmen) allein. Das Frk., das kürzere und längere Formen nebeneinander zeigt, bildet den Übergang zum Obd., das nur die längeren Formen kennt. Das Mfrk., dem der Nom.Sg. m. auf *-ēr* fremd ist (§ 247 A.2b), hat auch in dieser Form *r*-loses *unse* (wie anl. *unsa* [s. o.], mnl. *onse*, as. *ūsa*, mnd. *ūse, unse*). Die Formen *unser, ūser* in den as. (Lubliner) Psalmenfragmenten scheinen aus der hd. Vorlage zu stammen (Lasch 1932: 250, Klein 1977: 278; anders Tiefenbach 2003a: 407).

Anm. 3. Rein äußerlich gehören auch einige Formen aus dem Obd. hierher: *unsera* (Gen.Sg. f.) H, *unsero* (Gen.Pl.) Exh, *hiuero* (Gen.Pl.), StD Nr. 44, 15 (St. Galler Gl u. B 1). Sie sind jedoch auf anderem Wege entstanden: Es handelt sich um *r*-Kasus, in denen eine der beiden /er/-Folgen haplologisch geschwunden ist (aus *unserera, unserra* usw.). Vgl. § 249 A.1*; MSD II, 324, Paul 1887: 552.

M 2.5.3. Demonstrativpronomina

Das einfache Demonstrativpronomen *dër, daʒ, diu* (ebenso mhd.; as. *thē, that, thiu*) wird im Ahd. auch als bestimmter Artikel und als Relativpronomen verwendet. Gen.Pl. und Dat.Pl. sind jeweils für alle Genera gleich (++). Die fett gedruckten Formen sind die regelmäßigen des 9. und 10. Jahrhunderts. **§ 287**

Maskulinum		as.	ahd.	mhd.
Sg.	N.	*thē, thie*	***dër***	*dër*
	G. m.n.	*thës, thas*	***dës***	*dës*
	D. m.n.	*thëmu, -o, thëm*	*dëmu,* ***dëmo***	*dëme, dëm*
	A.	*thëna, thana*	***dën***	*dën*
	I.	*thiu*	(*diu* Anm. 1cβ)	–
Pl.	N.A.	*thia, thea, thie*	*dē, dea, dia,* ***die***	*die*
	G. ++	*thëro*	***dëro***	*dëre, dër*
	D. ++	*thēm, thēn*	***dēm, dēn*** (*deam, dien*)	*den*
Neutrum		as.	ahd.	mhd.
Sg.	N.A.	*that*	***daȥ***	*daȥ*
	I.	*thiu*	***diu***	*diu*
Pl.	N.A.	*thiu*	***diu*** (obd. *dei*)	*diu*
Femininum		as.	ahd.	mhd.
Sg.	N.	*thiu*	***diu***	*diu*
	G.	*thëra* (*thëro*)	***dëra*** (*dëru, -o*)	*dëre, dër*
	D.	*thëru, -o*	***dëru****, -o*	*dëre, dër*
	A.	*thea, thia, thie*	*dea,* ***dia*** (*die*)	*die*
Pl.	N.A.	*thea, thia*	*deo,* ***dio***	*die*

Lit.: Zur germ. Pronominalflexion und zur Vorgeschichte des ahd. einfachen Demonstrativpronomens: E.Sievers 1876: 98 ff., v.Helten 1892: 283 ff., ds. 1896: 455 ff., ds. 1909/10: 174 ff., Franck 1896: 1 ff., Walde 1900: 37 ff., Brugmann 1904, Wilmanns III,418 (dazu Janko 1910: 28 ff.), Kluge 1913: 211 ff., Behaghel 1928: 544 ff., Heinrichs 1954, Hodler 1954, Kuhn 1955/56: 97 ff., Klingenschmitt 1987: 182 ff., EWA II,589 ff., Hill 2016: 11 ff.

Zur Grammatikalisierung des bestimmten Artikels im Ahd.: AG II, § 66–75; R.Neumann 1967, Oubouzar 1992 u. 1997, Glaser 2000, Demske 2001: 105 ff., Lühr 2013: 111 ff., Dal 2014: 95 ff. – Zum unbestimmten Artikel vgl. § 270 Lit.

Anm. 1. Im Got. lebt das idg. Suppletivparadigma **so/sehₐ/tod* als *sa/sō/þata* fort. Im Kontinentalwestgerm. ist der dentale Anlaut (*þ-*, *th-*, *d-*) generalisiert. Die ahd. Femininformen *diu, dia, dio* sind dem Personalpronomen *siu, sia, sio* nachgebildet (§ 283 A.1f; E.Sievers 1876: 119, G.Schmidt 1978: 40 f., Stiles 2017: 425 ff.). Zu den Formen im Einzelnen:

a) Der Nom.Sg. m. *thër, dhër, dër* (*daer, dęr* MF) gilt allgemein. Diese Form könnte die westgerm. Neubildung **siz* mit analogischem Anlaut *þ-* fortsetzen (Ringe/Taylor 2014: 81; vgl. Rosenfeld 1955: 104, Klein 1979: 436+A.56, EWA II,593). Besser Hill 2016: 17, Rennert 2022: 14: westgerm. **þa-iz* > vorahd. **þēr*, dann Kürzung in proklitischer Stellung (vgl. § 55 A.1); dieser Ansatz erklärt zugleich die langvokalische Endung *-ēr* im starken Adj. (§ 248 A.1). Nur im Tatian begegnet neben *thër* nicht selten die dem As. entsprechende Form *thie*; diese ist aus *thē* hervorgegangen (vgl. Paul 1879a: 552), das sich ebenfalls vereinzelt im Tatian findet (Sievers T § 69:2; vgl. Moulton 1944: 316). Sonst ist *dē* in alten Quellen sehr selten: *dhe sëlbo* Is (1x neben sonstigem *dher*), *de* LexSal (neben 8 *đer*), *de* Hl 60 (Franck 1904: 53), *de* Gl 2,222,16. 223,14 (Schatz Abair. § 129:a), *de* Pa, *the* K, *dee* Ra (Gl 1,36,34).

Vgl. E.Sievers 1876: 122, Eneide ed. Behaghel LXXXIX, Johansson 1890: 124 ff.; zu Tatian vgl. Sievers T § 10:2, Franck 1896: 17, ds. Afrk. 223. Nach Heinrichs 1954: 98 ff., Klein 1979: 440 ist *thē* betont, *ther* unbetont; zur Verteilung vgl. auch KSW II.1, § P 137 ff.
Der Nom.Akk.Sg. n. lautet im Mfrk. *that* (§§ 87 A.1, 160 A.3).

b) Im Dat.Sg. m.n. ist *dëmu* (*dhëmu*, *thëmu*) die ältere Form, so stets in Is, BR, Rb. Sie geht auf einen idg. Instrumental zurück und wird nach Dal 1971: 133 f. im Maskulinum nicht nur mit Dativ-, sondern auch mit Instrumentalformen des Substantivs verbunden (vgl. §§ 216 A.5, 220c A.3bα). – Bereits in Pa, K, H steht neben *dëmu* auch *dëmo*, das im 9. Jh. (schon stets in MF) allein gilt und sich noch bei Notker unverändert erhalten hat. Erst ab dem 11. Jh. tritt die abgeschwächte Form *dëme* auf (Heffner 1961: 26); der Auslautvokal wird vor Vokal vereinzelt elidiert (*dem ole* Npw 44,8).

c) Zum Instr.Sg.:

α) *diu* kommt im 8./9. Jh. gelegentlich noch in Verbindung mit Substantiven vor (zur Herleitung vgl. G.Schmidt 1962: 137 f., Dal 1971: 145). Als Artikel zeigen die spärlichen Belege ihn nur mit Neutra verbunden: *mit diu vuiru* Musp, *mit thiu bettu* T und einige Male in alten Glossen in den adverbialen Wendungen *diu rehtu*, *diu (ga-)mëzzu*, *diu dingu* ‘auf diese Weise, so, insofern’. Häufiger wird aber auch bei Neutra schon in den ältesten Quellen in präpositionalen Wendungen *dëmu*, *dëmo* als Artikel verwendet.

β) Bei Maskulina ist *diu* als Artikel nicht mehr vorhanden, doch kommt die Form (nur bei Sachbezeichnungen) als Relativpronomen vor: *flecho mit diu man gaporan uuirdit* (R 214,26), *hacco mit diu* (Jb-Rd, Gl 1,288,71; doch vgl. Schindling 1908: 104); ferner z. B. O 1,26,9 (§ 287 A.3a), 5,5,11 (vgl. Dal 1971: 130 f., 145 A.19).

γ) Während der adnominale Instrumental gegen Ende des 9. Jh. verschwindet, bleibt in substantivischer Verwendung der Instr.Sg. n. *diu* bis ins Mhd. hinein auch in dativischer Funktion in Gebrauch (vgl. § 192e A.2b), so z. B. bei Notker *fone diu*, *innan diu*, abgeschwächt zu *de* in der Enklise hinter *dës*: *dës te*, *dës de* N, Will (Klein 2016: 139). Schon bei Otfrid kommt diese Abschwächung vor: *thi baz*, *the baz* (Kelle O 351, Kappe 1910: 221 f.), s. Anm. 2.

δ) Zu *bidu* ‘ex hoc’ Kb (*pidiu* Pa, Ra) vgl. *disu* neben *disiu* (§ 288 A.3c; Splett Abr 199).

d) Der Nom.Sg. f. *diu* (zur Genese s. o.) ist im Ahd. fest und lebt im Mhd. fort. Im anl. Leid. Will begegnet daneben 7x *thie* (Franck Afrk. 223, Sanders 1974: 219).

e) Zum Gen.Dat.Sg. f. vgl. §§ 248 A.7a, 283 A.1g. Danach tritt die Dativform *thëru* (später *thëro*) schon im 9. Jh. öfter als Genitiv auf, während im Dativ die Genitivform *thëra* weit seltener begegnet (zur Kontraktionsform *zëra* s. Anm. 2d). Später gilt die Dativform *dëro* für beide Kasus, so stets bei Notker. Vgl. Franck Afrk. 223, Krogh 1996: 353 f.

f) Im Akk.Sg. f. ist *dea* die ältere Form, die in Is, MF, H, BR u. a. vorliegt. Früh im 9. Jh. geht *dea* in *dia* über (schon in BR *dia* neben *dea*). Die Form *dia* ist gemeinahd. bis zu Notker (*dîa*; s. u. g). Hier und da tritt allerdings auch schon im 9. Jh. die Form *die* ein (zu Tatian Sievers T § 103 f., zu Otfrid Kelle O 357), die im 11. Jh. durchdringt. Die der sonstigen Entwicklung *ea* > *ia* (§ 35) parallele Geschichte dieser Form lässt auf ein älteres *dē* schließen, das in altbair. Quellen (Exh, Freis. Pn, Weiteres bei Schatz Abair. 140) und auch ostfrk. (Würzb. Markbeschr, Lb 2.4, 22, vgl. Franck Afrk. 224) begegnet (vgl. Kögel Lg. II,463 f.). – In Hammelb (Lb 2.3, 19) ist *theo* neben 3 *thie* wohl verschrieben (MSD II,358). Im anl. Leid. Will steht 3x *thiu* (dazu Sanders 1974: 219 A.575).

g) Für den Nom.Akk.Pl. m. ist als älteste Form *thē*, *dē* (got. *þai*) anzusetzen, das noch in den frühesten, besonders bair. Quellen (Pa, K, R, Exh, Freis. Pn; Carmen, vgl. Schatz Abair. 140) gilt, so auch Nievergelt RP 391.G13. Im Tatian (Sievers T § 69:2) kommt bei Schreiber γ 9x *the*, im Hl *de* (neben *dea*, Franck 1904: 51 A.1) vor. Daraus wurde durch Diphthongierung des /ē/ (§ 43 A.3c) *dea* (Is, MF, H, BR) und *dia* (BR, Rb, OFreis). Während im Akk. Sg. f. sich *dia* durch Einfluss des Personalpronomens *sia* – entgegen früherer Darstellung scheiden die Adjektive als Vorbild aus (G.Schmidt 1978: 40 f.) – bis Notker hielt, herrscht im Maskulinum schon im 9. Jh. *die* allgemein (vgl. *sie*); Tatian und Otfrid haben nur *thie* (v.Helten 1896: 456 f., Franck Afrk. 224). Singulär ist *dio* Zeitzer B 4 (aus dem Femininum übertragen oder Fehler nach vorhergehendem *keloubo*?).

h) Der Nom.Akk.Pl. n. *thiu*, *diu* erscheint spätahd. (alem./frk.) 2x als *tu* (Nievergelt 2017: 135, GramErtr 168). Er hat im Obd. (alem., bair.) die Nebenform *dei* (vgl. *zwei* § 270:2, *deisu* § 288 A.3f; Brugmann 1907: 60); *dei* gilt schon in BR, Rb, Exh, R u.a. Im Bair. hat sich *dei* bis ins 11./12. Jh. gehalten (Merig; dazu Weinhold Bair. 377, EWA II,598).

i) Im Nom.Akk.Pl. f. ist die älteste Form *theo*, *deo*, so in Pa, K, H, MF, auch Gl 2,218,49. 2,220, 10. 23; zur Entstehung vgl. N.Wagner 1986: 47. Die gewöhnliche Form des 9. Jh. lautet dagegen *thio*, *dio*. Bei Notker ist wie sonst (§ 248 A.9d) die Maskulinform *dîe* auch für das Femininum eingetreten. – Auf ähnlicher Angleichung an das Maskulinum beruht es wohl, wenn in mehreren alten Quellen wie BR, Is statt *deo* überwiegend *dea* gilt. Später im Tatian und bei Otfrid steht ebenfalls bisweilen *thie* statt *thio*, selten *thia*. Im 11./12. Jh. wird *die* im Femininum allgemein herrschend. Vgl. Schatz Abair. 140, Franck Afrk. 224.

j) Der Gen.Pl. erscheint Gl 2,99,37 als *dëru*. Im Laufe der Überlieferung wird er über *dëre* zu *dër* reduziert (s. Anm. 2c); zum Alem. vgl. *der* Nc 7,6, Np 10,5. 57,6, Npgl 68,26; zum Bair. vgl. Triwunatz 1913: 362, 366, zum Frk. Franck Afrk. § 176:4.

k) Der Dat.Pl. *dēm*, im 9. Jh. *dēn* (§ 124), hat langes /ē/ (= got. *ai* in *þaim*, § 43 A.3c). Dieses /ē/ wird im Alem. meist zu /ea, ia, ie/ diphthongiert (vgl. Nom.Akk.Pl. m.): *deam* H, *diem* (neben *dēm*) BR. Noch Notker hat durchweg *dîen*; dieses lebt auch im mhd. und teils noch fnhd. Alem. fort (KSW II.1, § P 149). Die herrschende Form ist *dēn*, vielleicht später zu *den* gekürzt. Da Notker nur *dîen* kennt, ist die Quantität des *e*-Vokals schwer zu bestimmen. Außerhalb des Alem. bleiben diphthongierte Formen selten (*thien* Mainzer B, Lb 22.3, 14).

Anm. 2. Das Pronomen *dër* steht im Ahd. oft in unbetonter Satzstellung, besonders als Artikel. Infolgedessen stellen sich manche Verkürzungen oder Kontraktionen ein.

a) Diese bestehen oft darin, dass für viele Kasus einfaches *the*, *de* oder *thi*, *di* eintreten kann. So vertritt z.B. in Psalm *de* mehrmals die Formen *diu*, *dia* (Nom. und Akk.Sg. f.), *die* (Nom.Pl. m.); ferner *de* Rb (Gl 2,307,52), Glaser 1996: 275 (vgl. aaO. 444, 463), *the* Ludw (Lb 36, 29); Straßb. Eide (Lb 21.1, 20) u.ö. Auch Elision vor Vokal kommt vor, z.B. bei Otfrid *thevangelion* (= *thie ev.*), OFreis *thundāti* (= *thio undāti*), in Merig *dërda* (= *die ërda*), *doberan* (= *die oberan*). Solche Kontraktionen sind in älterer Zeit besonders vor anderen Pronomina häufig, hauptsächlich bei Otfrid, aber auch sonst. Als Relativpronomen scheint *dër* am meisten zu derartigen Verschmelzungen zu neigen. Fälle aus Otfrid: *theiz* = *ther iz*, *thiuns* = *thiu uns*, *thiuuo* = *thio iuuo*, *theih* = *then ih*.

b) Besonders bemerkenswert sind die Kontraktionen *theiz*, *theih*, *theist* für *thaz iz*, *thaz ih*, *thaz ist*, die bei Otfrid häufig sind, aber auch sonst zuweilen auftreten; vgl. Franck Afrk. § 176:3, Wilmanns III,420 (dazu Janko 1910: 29, 32); zu Otfrid vgl. Kappe 1910: 222 ff., Somers Wicka 2009: 31 ff., 76 ff.

c) In den zweisilbigen Formen (*dëmo*, *dëra*, *dëru*, *dëro*) wird der auslautende Vokal bei Otfrid oft durch Unterpunktierung getilgt, fällt zuweilen auch in der Schreibung weg. Besonders gilt das für die Feminformen *thëra*, *thëru*; speziell für *thëru* schreibt Otfrid nicht selten *thër*, nicht bloß vor Vokal, sondern auch vor Konsonant. In anderen Quellen begegnen ebenfalls solche Verkürzungen; zum späten Bair. vgl. Triwunatz 1913: 362, 366.

d) Zu beachten ist auch die Kontraktion der Dativformen mit der Präposition *zi* (§ 72) zu *zëmo* (*zëm*), *zëru* (*zër*); Dat.Pl. *zēn*; vgl. § 291 A.1d (*ziu*). Diese sind besonders bei Otfrid häufig, der auch Gen.Sg. *zës* für *zi thës* bietet; sie finden sich aber auch anderwärts, so *zemo* T 86,1 (Sievers T § 20:5), bair. *zera* H.Mayer 1994: 73.150A, 98 (GramErtr 168), *zer* Gl 4,331,4 (?). Zu den Verhältnissen bei Otfrid vgl. Kappe 1910: 197 ff. (der aber in seinen Folgerungen für die Sprechsprache zu weit geht, Baesecke 1910: 375 ff.), de Boor 1928: 49 ff.; zum Mhd. vgl. KSW II.1, §§ P 145, 161.

Anm. 3. Im Ahd. fungieren einige Pronominalformen als Relativpartikeln:

a) Zum Stamm des Pronomens *dër* gehört eine Relativpartikel *de*, *the* (*thi*), die besonders bei Otfrid häufig ist (vgl. Erdmann I,X, Kappe 1910: 228 f., Franck Afrk. § 176:2) und wohl manchen der in Anm. 2 erwähnten Kontraktionen zugrunde liegt. Sie vertritt jeden Kasus des Pronomens *thër*, z.B. *thih waltu* = *thero ih waltu* 4,11,47, *in doufe the unsih reinōt* (Instr.) 1,26,9, in Hs. P zu *thiu* geändert. Diese Partikel kann aus dem verallgemeinerten Nom.Sg. m. *the* entstanden sein; im Tatian fungiert nach Sievers T § 10:2 die Form des Nom.Sg. m. *thie* (*the*) neben *thër* hauptsächlich als Relativum. So ist wohl auch die as. Relativpartikel *the* zu erklären (As. Gr. § 369).

b) Damit konkurriert die aus nachgesetztem relativierendem *dār*, *thār* abgeschwächte Form, die als *dar*, *der*, *dir* allgemein ahd. ist (Grimm Gr. III,20 f., AWB II,166 ff. 172 ff. 243 ff.), im Tatian jedoch häufig als *the*, *de* erscheint (Sievers T § 20:2), *the* besonders bei Schreiber γ (Moulton 1944: 313; vgl. auch Gutmacher 1914: 272 f.).

c) Eine ahd. Relativpartikel †-*ī* (wie got. -*ei*, Got. Gr. § 157) gibt es nicht; *deri* Pa 88,17 ist Fehler für relatives *der*, das in Kb so richtig geschrieben ist (Braune 1910a, Splett Abr 152). – Zu einem fehlerhaften Ausgang -*eri* bei Adjektiven vgl. § 248 A.1.

Das komplexe Demonstrativpronomen nhd. *dieser* mit Nahdeixis ist nur dem West- und Nordgerm. eigen, dem Got. fehlt es. Es wird auf zweifache Weise erklärt: **§ 288**

1. als Verbindung des einfachen Demonstrativpronomens *dër* mit der indeklinablen Partikel *se* (aus **sa*, **si*), wobei zunächst nur die Mitte, dann auch das Ende flektiert wurde und schließlich allein Endflexion übrig blieb;
2. durch Iteration der pronominalen Stämme germ. **sa*-/**þa*- (Klingenschmitt 1987: 184 ff., Kritik EWA II,616 f.), zunächst mit doppelter Flexion, dann mit Endflexion. Auf dieser Stufe sind die meisten ahd. Formen angelangt.

Die Flexion ist die des starken Adjektivs; für die Endungen gelten demgemäß die Angaben in § 248 A.1–11. Gen.Pl. und Dat.Pl. sind jeweils für alle Genera gleich (++).

Das folgende Paradigma *dëse*, *dësēr* stellt den Durchschnitt der älteren Flexion des 9. Jahrhunderts dar, wie sie in Is, MF, BR u. a. erscheint. Abgesehen von den in Anm. 1 angeführten Abweichungen gilt es aber auch für Tatian und Otfrid (zu Notker s. Anm. 2). Vgl. as. *thës*-, mhd. *dirre*, *diser*; die ahd. Normalformen sind fett gedruckt.

Maskulinum	as.	ahd.	mhd.
Sg. N.	–	*dëse*, ***dësēr*** (*dísêr* N Anm. 2)	*dirre, diser*
G. m.n.	*thëses, -as*	***dësses***	*dises, disse(s)*
D. m.n.	*thësum(u), -on*	*dësemu*, ***dësemo***	*disem(e)*
A.	*thësan*	***dësan***	*disen*
Pl. N.A.	*thësa, -e*	***dëse***	*dise*
G. ++	*thësaro*	***dësero***	*dirre, diser(e)*
D. ++	*thësun, -on*	***dësēm, dësēn***	*disen*
Neutrum	as.	ahd.	mhd.
Sg. N.A.	*thit, thitt*	***diz*** (mit Affrikate)	*ditze, diz, diȝ*
I.	*thius*	***dësiu***, *dësu*; ***disiu***, *disu*	–
Pl. N.A.	*thius*	*dësiu*, ***disiu*** (*thisu* O)	*disiu*
Femininum	as.	ahd.	mhd.
Sg. N.	*thius*	*dësiu*, ***disiu*** (*thisu* O)	*disiu*
G.	*thësara* (*-o*)	***dësera***	*dirre, diser(e)*
D.	*thësaru, -o*	***dëseru***	*dirre, diser(e)*
A.	*thësa*	***thësa***	*dise*
Pl. N.A.	*thësa*	***thëso***	*dise*

Lit.: AG II, § 77. – Zu den Flexionsformen: AWB II,417 ff. – Zur Vorgeschichte: Lidén 1888: 97 f., Johansson 1890: 132, Brugmann 1904: 61 f., Wilmanns III,430 ff., v.Helten 1910a: 278 ff., Kluge 1913: 98, 212 f., Behaghel 1928: 547 f., Rosenfeld 1955a: 176 ff., Rösel 1962: 23, Klingenschmitt 1987: 184 ff., EWA II,608 ff.

Anm. 1. Die wichtigste Abweichung von diesem Paradigma betrifft die *r*-Kasus (Gen.Dat.Sg. f., Gen.Pl.). Hier kann sich das /s/ dem /r/ assimilieren (anders Wilmanns III,431). Besonders Tatian, Otfrid und Notker zeigen häufig die Assimilation, wobei manchmal das /e/ der Mittelsilbe synkopiert wird. Es sind z. B. belegt:

a) vom Sg. f. bei Otfrid: Gen. *thërera* (1x *thërero*), Dat. *thëreru* (meist jedoch durch die Genitivform *thërera* vertreten; vgl. § 248 A.7a); im Tatian: Gen. *thërra, thërro*, Dat. *thërru* (auch *thërro* und *thërra*); bei Notker (und Will): beide Kasus *dirro* (s. Anm. 2);
b) vom Gen.Pl. bei Otfrid *thërero*, im Tatian *thërero* und *thërro*, bei Notker *dirro*.
c) Durch Übertragung – wohl durch Anschluss an *thër* – dringt /r/ auch in den Nom.Sg. m. ein. Otfrid hat nur *thërēr*; im Tatian findet sich 2x *thërēr* neben gewöhnlichem *thëse* oder *thësēr*; bei Notker ist *disēr* die Regelform. Nur in Np begegnet die aus den *r*-Kasus übertragene Form *dirro*, die in mhd. *dirre* fortlebt.

Anm. 2. Das /ë/ des Stammes ist im 9. Jh. (Tatian, Otfrid) in den Formen, deren Endung ein /i/ enthielt (Nom.Sg. f., Instr.Sg., Nom.Akk.Pl. n.), in /i/ übergegangen. Von diesen Formen aus ist das /i/ später auch in alle übrigen Kasus eingedrungen. Dieser Zustand ist im 11. Jh. durchgeführt. Schon Notker flektiert regelmäßig Nom. *dísêr* (Np *dirro*, Anm. 1c), *díz*; *dísiu*, Gen. *dísses*; *dírro* (Anm. 3g), Dat. *dísemo*; *díro*, Akk. *dísen, díz*; *dísa* usw. – Hingegen ist /i/ im Nom.Akk.Sg. n. *diz(i, -e)* sicher alt (Anm. 3b).

Anm. 3. Zu den Formen im Einzelnen:

a) Im Nom.Sg. m. ist bei Isidor und in MF allein die ältere Form *dhëse, dëse* üblich (Matzel Is 171), im Tatian findet sich *thëse* neben anderen. Die gewöhnliche Form *dëser* hat Endflexion angenommen.

b) Der Nom.Akk.Sg. n. *diz* hat Affrikate /z/, wie u.a. nach § 157 Isidors Schreibung *dhiz* gegenüber *dhazs, izs* beweist. Die Affrikate liegt auch in der längeren Nebenform obd. Quellen vor – *deze* GlPaul; *dezi* Gl 2,647,29; *dezzi* Rb; Pred C (StD 173,10); *thizi* Jc (Gl 4, 8,16; Krotz 2002: 421 f.), *dize* Gl 1,654,16 – und lebt in mhd. (bair.) *ditze*, mnl. *ditte* fort (dagegen gilt mhd. im Alem. und überwiegend im Md. *diȥ* mit Frikativ, KSW II.1, § P 195). Die Affrikate erfordert den Ansatz einer vorahd. Geminate /tt/, wie sie in as. *thitt* neben *thit* vorliegt. Im Frk. ist nur die (auch obd. geltende) kürzere Form *thiz* belegt. Die Deutung durch Iteration aus **þit+þi(t)* (Klingenschmitt 1987: 187) erklärt nicht nur die Gemination von /t/, sondern auch das /i/. Vgl. v.Grienberger 1907: 66 ff., Rosenfeld 1955a: 177 A.19, EWA II,613 ff. Unverschobenes *thit* hält sich im Md. (auch außerhalb des Mfrk., § 159 A.6); *dit* reichte noch in nachahd. Zeit vom Norden bis zum Main (Mitzka 1953: 131 f.).

c) Die alem. ganz vereinzelt neben *desiu* vorkommende Form *deisu* des Nom.Sg. f. (BR, H) ist entweder durch Epenthese aus *dësiu* oder wahrscheinlicher durch Übertragung aus der in denselben Quellen üblichen neutralen Pluralform *deisu* (s. u. f) zu erklären. *-u* neben *-iu* (auch im Instr.Sg.) folgt derselben Regel wie beim starken Adjektiv (§ 248 A.6a).

d) Im Gen.Sg. m.n. ist *dësses* (*dísses* N) mit doppelter Flexion (*dës-ses*) die herrschende Form. Eine ältere, nur binnenflektierte Form ist das seltene *dësse* (Musp 103), das in mhd. *disse* (neben *dises, disses*, Mhd. Gr. § M 46 A.4, KSW II.1, § P 191) fortlebt. Neben *dësses* tritt ahd. sehr vereinzelt die nur endflektierte Form *dëses* auf (zu Tatian vgl. E.Sievers 1894: 555).

e) Eine Form mit doppelter Flexion im Akk.Sg. f. zeigt Isidor in *dheasa*; vgl. *tivsa* StD Nr. 68, 8, *thiusa* Leid. Will (v.Helten 1897: 505, Sanders 1974: 222; vgl. Ringe/Taylor 2014: 102).

f) Im Nom.Akk.Pl. n. haben alte obd. Quellen, die von *dër* die Form *dei* bilden (§ 287 A.1h), mit doppelter Flexion *deisu* statt *dësiu* (auch im Nom.Sg. f., s. o. c). So steht *deisu* in Exh, BR (neben *dësiu, disiu*), *deisiu* MF (neben *dësiu, dhësiu*; Matzel Is 171), *deiso* Rb. In späterer Zeit haben die bair. Quellen mit *dei* hier nur *disiu*.

g) Die Formen mit *er*-Endungen erfahren dialektal unterschiedliche Reduktionen: im Tatian zu *thërra, -u, -o* (Anm. 1a), bei Notker zu *dirro* (Anm. 2), im späten Bair. über *dësere* Npw zu *dëser* Otloh (Triwunatz 1913: 362, 366).

Das Pronomen *jenēr* 'jener' mit Ferndeixis wird als starkes Adjektiv flektiert. Es ist bei Otfrid belegt und wird meist *gener* (§ 116 A.1), selten *iener* geschrieben (AWB IV,1805). Von *jenēr* kommen keine unflektierten Formen vor. **§ 289**

Im Obd. fehlt das anlautende /j/: *enēr, enaȥ, eniu*. Auf hohes Alter des *j*-losen Stamms weisen die Adverbien *eo ener* 'irgendwo' Kb (anders Splett Abr 410) und *enōnt* 'jenseits' R, Jb, Rd u.a. Ansonsten finden sich Belege für *enēr* fast nur bei Notker; durchgängig noch in Npw, ferner 1x in Will (KSW II.1, § P 201). Jünger sind auch *ena* Akk.Pl. 'hos' Gl 2,642,65, *ena halp* 'jenseits' 2,768,56, *ie enes* Gen. Sg. Psalm 34 (mit Anm. zur Stelle, *ienes*?) und das Adverb *ennān* 'von dort her' (AWB III,296). Das /j/ ist kaum auf lautlichem Wege geschwunden; eher liegen alte Doppelformen vor (§ 116 A.4).

Lit.: AG II, § 78; Paul 1884: 567, E.Sievers 1894: 407 ff., Hoffmann-Krayer 1897: 144 ff., Brugmann 1904: 91, v.Helten 1909a: 57 ff., Schatz Ahd. § 293, G.Schmidt 1962: 19, 68 f., Klingenschmitt 1987: 174 A.6, 179 ff., EWA II,1076 ff. V,282 ff., EWDS s. v.

Anm. 1. Der früher übliche Ansatz mit /ë/ (†*jënēr*) ist falsch, die Erklärung des /e/ allerdings problematisch (Lit. s. o.). Stiles im Druck § 5:4.3 setzt *jenēr* mit got. *jains* gleich: /ai/ sei wegen Unbetontheit zu /ē/ entwickelt (vgl. § 43 A.3) und anschließend gekürzt worden.

§ 290 Das Pronomen *sëlb* 'selbst' wird regelmäßig adjektivisch flektiert, und zwar stark und schwach, also *sëlbēr, sëlbaʒ, sëlbiu* – unflektiert *sëlb* – und *sëlbo, sëlba.* Mit dem bestimmten Artikel in schwacher Flexion hat es die Bedeutung 'derselbe': *dër sëlbo, daʒ sëlba, diu sëlba*; vor Substantiven oft 'der bereits erwähnte'. Zum Gen.Sg. *sëlbes* in Verbindung mit Pronomina vgl. § 282 A.2b.

Lit.: Behaghel I, § 210 f. – Zu beginnender Erstarrung einzelner Formen: Franck Afrk. § 179:2.

Anm. 1. Das alte Identitätspronomen *dër samo* 'derselbe' (got. *sa sama*, Got. Gr. § 156) ist nur in den ältesten Glossen relikthaft bewahrt (AWB VIII,197): *dën samun* 'eundem' Pa 128,13, *daz sama* Pa 178,16, *dër sëlpo samo* 'idem ipse' R 179,17; *daz sama* 'ebenso (– wie)' Gl 2,628,1.

Anm. 2. Zu dem ehemaligen Demonstrativpronomen **hi-* 'dieser' vgl. § 283 A.1aε.

M 2.5.4. Interrogativpronomina

§ 291 Das einfache Interrogativpronomen *hwër* 'wer?', ab dem 9. Jahrhundert *wër* (zum Abfall des /h-/ vgl. § 153), wird nur im Singular verwendet (doch s. Anm. 2). Es besitzt eine gemeinsame Form für Maskulinum und Femininum, sodass lediglich die Opposition belebt – unbelebt zum Ausdruck kommt (§ 192c A.1). *(h)wër* wird nur substantivisch gebraucht, ein hinzutretendes Nomen steht also im Genitiv: *(h)wër manno* 'wer von den Menschen, welcher Mensch' (AWB VI,186).

Paradigma: *hwër, hwaʒ* (as. *hwē, hwat*, mhd. *wër, waʒ*). Die fett gedruckten Formen sind die regelmäßigen des 9. und 10. Jahrhunderts.

Mask. = Fem.	as.	ahd.	mhd.
Sg. N.	*hwē, hwie*	*hwër*, ***wër***	*wër*
G.	**hwës*	*hwës*, ***wës***	*wës*
D.	*hwëmu, hwëm*	*hwëmu*, ***wëmo***	*wëm(e)*
A.	*hwëna, -e*	*hwënan*, ***wënan***, *wën*	*wën*
Neutrum	as.	ahd.	mhd.
Sg. N.A.	*hwat*	*hwaʒ*, ***waʒ***	*waʒ*
G.	*hwës*	*hwës*, ***wës***	*wës*
D.	*hwëmu, hwëm*	*wëmo*; ***wiu***, ***hiu*** (Anm. 1b)	*wëm(e)*; *wiu*
I.	*hwī, hwiu*	*hwiu*, ***wiu***, ***hiu*** (Anm. 1d)	*wiu*

Anm. 1. Zu den Formen im Einzelnen:

a) Im Nom.Sg. m. hat Tatian 1x *wie* statt *wër* (vgl. *thie* zu *thër*, § 287 A.1a). – *waȥ* ist bei Otfrid z. T. mit folgendem *ih* zu *weih* (z. B. 1,3,29) bzw. mit *ist* zu *weist* kontrahiert (z. B. 3,13,50; vgl. *theih*, *theist* § 287 A.2b), Kappe 1910: 230. Zu *was* statt *waz* bei Otfrid vgl. § 99 A.1.

b) Der Dat.Sg. n. *wëmo* steht 3x im Tatian (64,12. 73,1 [2x]), mehrfach bei Notker und in Npw (dazu Brinkmann 1954/65: 378). An seine Stelle tritt meist der Instrumental (s. u. d); so auch mhd. (Mhd. Gr. § M 49 A.3).

c) Der Akk.Sg. m. endet zunächst auf *-an*. Bisweilen ist er abgeschwächt zu *wënen* (OFreis 3,21,2, Gl 2,38,17) bzw. *wënin* (Gl 2,694,44). Erst bei Notker herrscht *wën* (schon 2x im Tatian; vgl. *in* neben *inan* § 283 A.1e); zum Ursprung vgl. Rösel 1962: 11.

d) Der Instr.Sg. n. lautet im Tatian meist *hiu* (nur selten *wiu*); auch bei Otfrid überwiegt *hiu* (Kappe 1910: 231, Helm 1936: 427 f.). In *hwe* Pa, K, LexSal u. a. und *hwuo* T (= as. *hwō*, mnl. *hoe*, ae. *hû*) 'wie?' sieht Baesecke Einf. 177 gleichfalls Instrumentale; doch wird sich *hwē* (*hweo*, *hwio*) eher aus einem Adverb *h^w*aiw*- (wie got. *ƕaiwa*) erklären (§ 43 A.6; Wilmanns III,424, Schatz Abair. §§ 21, 30 [$ē_2$], Frings 1955: 410, ds. 1957: Kt. 50 'wie'). Der Instrumental *wiu* (*hiu*) kommt nur in Verbindung mit Präpositionen vor, er vertritt dann den Dativ des Neutrums (s. o. b; vgl. § 192e A.2b). Er wird öfter mit der Präposition *zi* zu *ziu* 'warum?' kontrahiert (z. B. T 12,6, O 1,1,57); vgl. § 287 A.2d.

Anm. 2. Ausnahmsweise begegnen im Tatian zwei Pluralformen: Nom.Pl. m. *wie* 'qui' 59,3, Dat.Pl. *fon wēn* 'a quibus' 93,2. Es dürfte sich um Neubildungen nach dem Lat. handeln.

Die adjektivischen Interrogativa sind durch Ableitung bzw. Komposition aus dem einfachen Interrogativstamm entstanden: *hwëdar*, *wëdar* 'welcher von zweien?' (vgl. § 192d A.1), *hwelīh*, *welīh* 'welcher?' Davon zu unterscheiden ist das mit *hweo* (§ 291 A.1d) zusammengesetzte *hweolīh*, *wiolīh* 'wie beschaffen, was für ein', neben dem als Korrelativ *solīh* (*sulīh*) 'so beschaffen' steht (stärker demonstrativ *suslīh*). Alle Bildungen werden regelmäßig als starke Adjektive flektiert. **§ 292**

Anm. 1. In *welīh* und *solīh*, die nicht mehr als Komposita empfunden wurden, verkürzten sich allmählich das /ī/ sowie das /hh/ (§ 145 A.7a), z. B. Nom.Sg. m. ursprünglich *welīhhēr*, *solīhhēr*, später *welīhēr*, *solīhēr* > *welehēr*, *solehēr*. Im Spätahd. wurde meist der Mittelvokal synkopiert, also *welhēr*, *solhēr* (so meist mhd.), im Alem. (Notker) wurde das /h/ ausgestoßen: *weleêr*, **soleêr* (z. B. Akk.Sg. f. *wélea*, Nom.Pl. *wélee*). Meist erfolgte Kontraktion, also Nom.Sg. m. *wélêr*, n. *wéléz*, Gen.Sg. *wélês*, Dat.Pl. *wélên*, *sólên*. Daraus wurde ein Stamm *wel-*, *sol-* abstrahiert, was die Flexion *welêr*, *weleȥ*, *weliu*; *weles*, *welemo* usw. ergab (so noch mhd.-alem.; vgl. Braune 1876: 135).

welīh hat Umlaut-*e* (*h^w*a-līka-*), vgl. *uualih* Pa 148,18, Gl 2,52,40, *uualihhu* Kb 234,37, *sō uualih sō* Ja (1,354,4); auch die heutigen Dialekte erweisen Umlaut-*e* (Luick 1886: 496, 509). Der früher übliche Ansatz †*wëlīh* ist also falsch. Vgl. Franck Afrk. § 179:4, Rösel 1962: 8.

Anm. 2. Das ursprüngliche Korrelativ zu *solīh* ist *welīh* (vgl. got. *swaleiks* / *ƕileiks*, Got. Gr. § 161). Auch im Ahd. kommt *welīh* noch zuweilen für 'wie beschaffen' vor. Da aber *welīh* im Wesentlichen zum einfachen adjektivischen Interrogativpronomen 'welcher' geworden war, wurde für die Bedeutung 'wie beschaffen' *(h)wiolīh* neu gebildet (Schatz Abair. 142; dazu *(h)wiolīhhī* § 229). Dieses *wielich* kommt mhd. wieder außer Gebrauch und wird durch synonymes *wie getān* ersetzt, das schon bei Notker auftritt (*wie getân* / *sô getân*).

§ 293 Die Interrogativa *wër* und *welīh* werden in beschränktem Umfang (Tatian) auch als Indefinita verwendet. Meistens wird ihnen dann jedoch ein Präfix vorangestellt (§ 295+A.1).

Rein relative Funktion haben *wër, welīh* und *wëdar* im Ahd. nicht. Dagegen bezeichnen sie das verallgemeinernde Relativum, wenn sie mit vor- und nachgesetztem *sō* verbunden sind: *sō wër sō, sō welīh sō* 'wer/welcher auch immer', *sō wëdar sō* 'wer auch immer von beiden'. Das zweite *sō* wird schon im 9. Jahrhundert oft weggelassen: *sō wër, sō welīh*; im 11. Jahrhundert entsteht daraus *swër* (schon bei Notker, N.Kruse 2003: 147 f.), *swelich.*

Lit.: Behaghel I, § 243 ff., Fobbe 2004: 113 ff., 153 ff., Naganawa 2004.

M 2.5.5. Indefinitpronomina

§ 294 Das Ahd. verfügt über ein breites Spektrum an Indefinitpronomina. Deren Flexion entspricht den jeweiligen Grundwörtern und weist keine Besonderheiten auf. Im Folgenden sind die einzelnen Bildungen dargestellt: 'irgendein' (§ 295), 'anderer' (§ 295a), 'kein' (§ 296), 'man' (§ 297), 'jemand, niemand' (§ 298), 'etwas, nichts' (§ 299), 'jeder' (§ 300). Zur verallgemeinernden Bedeutung 'wer auch immer' vgl. § 293.

Lit.: AG II, § 79–81. – Ausführliche Darstellungen: Grimm Gr. III,1–81, Behaghel I, § 235–290, Fobbe 2004: 105–161. – Kürzere Übersicht: Erben 1950.

§ 295 Der Begriff 'irgendein' wird teils durch einfache Pronomina, teils auch durch Ableitungen und Komposita ausgedrückt:

1. durch *sum* (G.Schmidt 1962: 156 f., Fobbe 2007: 10 ff.) und dessen Weiterbildung *sumalīh*, die beide als starke Adjektive flektiert werden;
2. durch das Zahlwort *ein* (vgl. § 270:1b). – Die Ableitungen *einīg* und (nur K, Ra, T) *eining* (Paul 1879a: 545, E.Schröder 1898: 22) stehen nur in Sätzen der unter 5. bezeichneten Art; die Flexion ist die der starken Adjektive;
3. durch die Pronomina *(h)wër* (Subst.), *(h)welīh* (Adj.), vgl. § 293;
4. mit Präfix *ëddes-*, *ëttes-*, später *ëtte-*, *ëte-* (§ 167 A.10d) werden gebildet:
   a) *ëddeswër, ëtewër* 'irgendjemand', *ëddeswelīh* 'irgendein'; Flexion wie bei *wër* und *welīh*;
   b) *ëddeslīh, ëtilīh* starkes Adj.;
5. mit *dëh-*, *thëh-* (daneben *dih-* und älteres *doh-*; vgl. §§ 29 A.3b, 154 A.7c) wird gebildet: *dehein, thehein* (*thehhein, dechein*; *thihhein*; *thohhein, dohein*); AWB II,353 ff. Mit /k/ anlautende Formen wie *chein(n)a* begegnen zuerst bei Otloh

(zu *chein* im anl. Leid. Will vgl. Sanders 1974: 223). Das Pronomen steht in negativen Sätzen, in Fragesätzen sowie in verschiedenen Arten des abhängigen Satzes (AG II, §§ 80 f., 232; Mhd. Gr. § S 128, KSW II.1, § P 283). – Die gleiche Verwendung zeigt *thihheinīg*, *diheinīg*; *dohheinīg* (bei Otfrid auch *thihheining*, vgl. unter 2.); AWB II,359 f.

Lit.: Danielsen 1968, Fobbe 2004: 107 ff., 138 ff., ds. 2007. – Zu den Bildungen auf *-ein*: Gerring 1927, Lühr 1976: 80, 88 A.16, EWA II,562 f., VI,955 f.

Anm. 1. Folgende Bildungen kommen nur in beschränkter Verbreitung vor:

a) mit dem Präfix *sih-*: *sihwer* und *sihwelīh* (nur im Tatian; dazu *seuuemo* Trierer Cap, Lb 19, 4). Das Präfix lebt fort in mhd. *sichein* 'irgendein' (Mhd. Gr. § S 128, KSW II.1, § P 291). Bei ahd. *sih-* dürfte es sich um den Imperativ 'sieh' des stV. *sëhan* handeln (§ 312), vgl. ae. *lóca-hwă*, *lóc-hwylc* 'we(lche)r auch immer' zu *lócian* 'blicken' (Ae. Gr. § 345, Lühr 1999: 174 f.; anders Wilmanns II,585 f., Bech 1964: 215 f., Voyles 1992a: 215, Fobbe 2004: 52). Vgl. noch Fobbe 2004: 117 ff., ds. 2007: 16 ff.;

b) mit präfigiertem, unflektiertem *sum-*: *sumewelīh* (nur im Trierer Cap und in einigen Glossen, Graff IV,1214; vgl. Behaghel I,406, dagegen Splett 1992: 171 f.);

c) mit präfigiertem, unflektiertem *ein-*: *einhwelīh* (nur Is, MF; Matzel Is 228, 328, Fobbe 2007: 7 ff., 19 ff.). Die Flexion ist die des einfachen *welīh*.

Anm. 2. Zur Bezeichnung von 'einer von zweien' dienen *einwëdar* und *dewëdar*, d.i. *dehwëdar* (Bech 1964: 215, AWB II,424 f., III,220 ff., EWA II,568. 1019 f.). Beide finden sich erst bei Notker, sie werden wie das einfache *wëder* (§ 292) flektiert.

§ 295a Der Begriff 'andere(r)' wird durch *ander* ausgedrückt; dieses ist zugleich die Ordinalzahl zum Zahlwort '2' (§ 277). Das Wort wird zunächst nur stark flektiert, z. B. *thie anthere* 'die anderen' O; später, so häufig bei Notker, kommt auch schwache Flexion in Gebrauch (*dër andero* usw., AWB I,467).

Anm. 1. Die Grundbedeutung von *ander* war dualisch: 'der andere von zweien'; sie lebt außer in der Ordinalzahl auch in der Antithese *der eino – der ander* (§ 270:1a) weiter.

Anm. 2. Der Begriff 'ein anderer von mehreren' wird im Got. durch *aljis* (lat. *alius*) bezeichnet. Dieses wurde aber schon dort durch *anþar* verdrängt und ist nur noch 5x belegt (Got. Gr. § 126 A.1a). Im Ahd. ist es außer in Komposita (z. B. *elilenti*, *eliliut* R; AWB III,256 ff.) nur noch in dem Genitivadverb *alles* 'anders' (*ellies*, *elles* § 27 A.6; AWB I,228) erhalten.

Davon zu trennen ist der adverbiale Genitiv *alles* (zuerst Rb) 'gänzlich, durchaus' von *al*, *all-* (§ 300:3), vgl. *nalles* (G.Müller/Frings 1950: 451 f., AWB I,227).

§ 296 Die Bezeichnung für 'kein' wird aus *ein* mit dem Präfix *nih-*, *nëh-*, *noh-* (§§ 29 A.3b, 154 A.7c) gebildet: *nihein*, *nihhein*; *nohein*, *nohhein* und – seltener – *nihheinīg*, *nohheinīg* (im Tatian auch *niheining*, *noheining*, vgl. § 295:2). Außerdem werden in der Bedeutung 'kein' die in § 295:2,5 angeführten Wörter in Verbindung mit der Negation *ni* gebraucht. Das Wort *kein* tritt erst zu Beginn des Mhd. auf (vgl. § 295:5; BMZ I,422, KSW II.1, §§ P 286 A.1, 288).

Lit.: Gerring 1927, Lühr 1976: 79 ff., Fobbe 2004: 138 ff.

Anm. 1. Der Begriff 'keiner von zweien' wird durch *ni wëdar* (*ne wëder*) und *noh-wëdar* ausgedrückt. Nur in Jc (Gl 4,8,16) ist *niuuedrisc* 'neutrum' belegt.

§ 297 *man* erscheint schon im Ahd. als persönliches Indefinitpronomen 'man', jedoch weit seltener als im Nhd. Die Grundbedeutung 'Mensch, Mann' des Substantivs (§ 238 f.) ist meist noch durchzufühlen. Einzelne Belege zeigen aber die Pronominalbedeutung schon völlig ausgebildet, so etwa *dār man mih ēo scerita* Hl 51; bei Notker steht es schon enklitisch.

Lit.: O.Fleischer 1882: 152, AWB VI,188 ff., Fobbe 2004: 124 f.

§ 298 *eoman*, *ioman* 'jemand' und *neoman*, *nioman* 'niemand' werden nur im Singular verwendet. Die Bildungen flektieren wie das Substantiv *man* (vgl. § 239 mit den dort in Anm. 6 angegebenen Besonderheiten).

Lit.: AG II, § 80; AWB IV,1683 f., VI,1267, Fobbe 2004: 125 ff.

§ 299 Das Ahd. verwendet das Substantiv *wiht* 'Wesen, Ding' als Indefinitpronomen in der Bedeutung 'etwas' bzw. negiert 'nichts'.

1. Der neutrale *a*-Stamm *wiht* 'Wesen, Ding' (§ 196 A.4) wird im Tatian und bei Otfrid in der Bedeutung 'etwas' verwendet, aber nur in den in § 295:5 aufgeführten Satzarten, z. B. *zi wihtu iz ni hilfit* O. Daneben steht das auch in anderen Quellen vorkommende feste Kompositum *niwiht* 'nichts' mit der Negationspartikel *ni-* (vgl. unten 2.).
2. Häufiger ist die Zusammensetzung mit *eo*, *io* 'immer': *eowiht*, *iowiht*, *iawiht* O; spätahd. *ieweht*, *ieht* N in der Bedeutung 'etwas, irgend etwas', aber nur in den in § 295:5 aufgeführten Satzarten. Das Oppositum 'nichts' wird durch *neowiht*, *niowiht*, später *niewiht*, *nieht* (Notker) ausgedrückt. Spätahd. beginnt aber *nieht* auch schon als einfache Negation 'nicht' aufzutreten.
3. Die unter 1. und 2. genannten Komposita werden wie *wiht* flektiert, aber nur im Singular gebraucht, z. B. Gen. *iowihtes*, Dat. *iowihte*, Instr. *niowihtu*. Bemerkenswert ist der mehrmalige Dativ *niwihti*, *niowihti*, der darauf hindeutet, dass *wiht* früher ein femininer *i*-Stamm war (§ 196 A.4).

Lit.: AG II, §§ 80, 239–241; AWB IV,1698 ff., VI,1314 ff., Fobbe 2004: 125 ff.

Im Ahd. stehen verschiedene Möglichkeiten zur Verfügung, die Bedeutung 'jeder' auszudrücken: **§ 300**

1. durch das starke Adjektiv *gilīh* 'gleich'. Dieses kann aber nur dann 'jeder' bedeuten, wenn es mit dem Gen.Pl. eines Substantivs verbunden ist, z. B. *manno gilīh* 'jeder Mensch', *kunno gilīhhaʒ* 'jedes Geschlecht'.
   Nur das mit *eo, io* komponierte *iogilīh* kann überall – als Adjektiv und Substantiv – 'jeder' bedeuten, z. B. *iuuēr eogalīhēr* 'jeder von euch' Exh B, *fon eogilīcheru rachu* 'in jeglicher Hinsicht' T 98,3.

Lit.: Henrici 1878, Braune 1894: 262, Splett 1992, Winkler 1995: 97 ff., 409 ff., H.U.Schmid 1998: 113 f.

Anm. 1. Einfaches *-līh* (§ 249:2e) bedeutet von Hause aus nie 'jeder'. Formen wie *mannolīh, mannilīh* O 'jeder Mensch', *allero tierlīh* N sind unter Ausfall des *-gi-* aus *mannogilīh, tierogilīh* gekürzt.

2. durch das Pronomen *hwelīh, welīh* (vgl. § 292 f.). Das einfache *welīh* ist aber in dieser Bedeutung selten und auf die Verbindung mit dem Gen.Pl. eines Substantivs beschränkt, z. B. *allero manno welīhhemo* 'jedem Menschen' Freis. Pn, *rahhōno welīha* Akk.Sg. 'jede Sache' Musp.
   Sehr gebräuchlich sind dagegen die Erweiterungen *gi(h)welīh* und *eogiwelīh, iogiwelīh*, die substantivisch und adjektivisch verwendet werden. *eowelīh, iowelīh* ist seltener und kommt meist in späten Quellen vor, es scheint erst aus *iogiwelīh* verkürzt zu sein (s. Anm. 1).

Lit.: Fobbe 2004: 147 ff.

Anm. 2. Analog wird 'jeder von zweien' durch *gihwëdar, giwëdar* und *iogiwëdar* ausgedrückt. Auch hier dürfte das seltener und meist später (bei Notker) vorkommende *eowëdar, iowëdar* aus *eogiwëdar* gekürzt sein.

3. durch *al, all-* 'ganz, jeder', im Plural 'alle' (vgl. §§ 122 A.3, 295a A.2). Es tritt in der unflektierten und der flektierten Form als Pronomen und als Adverb auf. Beispiele für *al*: Nom.Sg. *al irmindeot* Hl 13, Gen.Pl. f. *fone alslahto liute* Npgl 64,3, Akk.Pl. n. *al erderīche* 'omnia regna terrae' Npgl 98,9.

Lit.: Behaghel I,393 f., Frings 1945: 404 ff., G.Müller/Frings 1950: 420 ff., AWB I,96 ff., 109.

M 3. Konjugation

Lit.: Dieter 1900: 482–514 (Hartmann), Schatz Abair. 144–176, Franck Afrk. 228–266, Baesecke Einf. 188–252, Schatz Ahd. 280–341, Raven 1963–67, VEW, Meid 1971, Fullerton 1977, Bammesberger 1986, Riecke 1996, Bailey 1997, Mottausch 2013, Harðarson 2017: 930 ff. – Umfassende Analyse einzelner Quellen: Förster 1966 (GlMon), T.Sommer 1994 (Tatian). – Zum Mhd.: Weinhold Mhd. 350–473, Mausser 1933: 974–1339, Michels Mhd. 196–232, N.R. Wolf 1971, Mhd. Gr. 234–284, KSW II.2,701–985.

M 3.1. Gliederung des Verbalsystems

§ 301 Das ahd. Verb weist einen Formenbestand auf, der gegenüber dem Kategorieninventar des Germ. und erst recht des Idg. in mehrfacher Hinsicht reduziert ist:

1. nur eine selbstständig entwickelte, d.h. synthetisch gebildete Diathese, das Aktiv. Das im Got. noch teilweise erhaltene Passiv, das sich durch eine eigene Endungsreihe auszeichnet, ist untergegangen (vgl. Lühr 2008);

Anm. 1. Das Passiv wird durch *wësan* oder *wërdan* + Part. Prät. umschrieben, im Präsens *ist ginoman* und *wirdit ginoman*, im Präteritum *was ginoman* und *ward ginoman*. Zur Bildung und zur Semantik des Passivs vgl. AG II, §§ 112, 120, 125 f.; P.Kaufmann 1912: 22 ff., Daab 1929: 34 ff., W.Schröder 1955, Rupp 1956, Guchman 1964, T.Fritz 1994. Zum Mhd. vgl. Mausser 1933: 983 ff., Mhd. Gr. § S 21 ff., KSW II.2, § V 1 A.1; zum Got. vgl. W.Schröder 1957a u. 1957/58.

2. zwei Tempora: Präsens und Präteritum. Das Präsens vertritt in der Regel auch das Futur, für das keine eigene Form vorhanden ist. Das Präteritum ist allgemeines Tempus der Vergangenheit;

Anm. 2. Eine Umschreibung des Futurs ist im Ahd. nur spärlich belegt, meist mit dem Modalverb *skulan* 'sollen' (§ 374:1), seltener mit *wellen* 'wollen' (§ 384 f.), spätahd. vereinzelt schon mit *wërdan* 'werden' (§ 337 A.2a). Vgl. AG II, §§ 121:6, 127, 132; Saltveit 1962: 20 ff., 179 ff., Ščur 1964, Scaffidi Abbate 1981, Harm 2001a, Luther 2013: 136 ff. (zu Bamberger Glaube u. Beichte, Npw, Will), Jäger im Druck. Mitunter lässt der Konjunktiv eine futurische Lesart zu (AG II, § 114:3). Zum mhd. Futur vgl. Pfefferkorn 2005, Mhd. Gr. § S 12 f., KSW II.2, § V 3 A.1.

Anm. 3. Das Präteritum entspricht regelmäßig dem lat. Imperfekt und dem erzählenden Perfekt. Das reine Perfekt des Lat. kann im Ahd. zwar noch durch das einfache Präteritum wiedergegeben werden. Meist aber tritt dafür eine Umschreibung mit *habēn*/*eigan* oder mit *wësan* ein, die schon in den ältesten Quellen fest ausgebildet ist, z.B. *intfangan eigut* 'accepistis' Exh, *fram ist gigangan* 'processit' T 2,8 (§ 323). Die mit *habēn*/*eigan* gebildeten Umschreibungen verwenden in der Regel die nominalen Formen des Partizips (§ 247 A.1a; Mhd. Gr. § S 8). – Vgl. AG II, §§ 115, 120, 123, 129; Brinkmann 1931: 22 ff., v.Ertzdorff 1966: 401 ff., Mhd. Gr. § S 8 ff.

Das germ. Präteritum der starken Verben setzt formal das idg. Perfekt fort (§ 318 A.1).

https://doi.org/10.1515/9783111210537-009

3. zwei volle Modi: Indikativ und Konjunktiv; dazu den auf das Präsens beschränkten Imperativ;

Anm. 4. Der Modus, der im Mhd. und Nhd. Konjunktiv genannt wird, geht formal auf den idg. Optativ zurück (daneben besaß das Idg. einen separaten Konjunktiv, der im Germ. verloren gegangen ist; vgl. Szemerényi 1996: 257 ff., Tichy 2006). Seiner Genese gemäß wird der Modus in der Got. Gr. Optativ genannt; auch bis zur 15. Auflage der Ahd. Gr. ist so verfahren worden. Hier wird der Modus, wie von U.Götz 2006: 485 angeregt, als Konjunktiv bezeichnet. Damit soll erstens der Kontinuität zum Mhd. und Nhd. Rechnung getragen werden; zweitens wird auch im Syntaxband, der Funktion entsprechend, der Terminus Konjunktiv verwendet (KSW II.2, § V 3 A.5; AG II, §§ 114, 116, 199 u. ö.).

Vgl. Hirt Idg. IV,284 ff., Stolle 1947, Benediktsson 1983, Schrodt 1983, Valentin 1997, Mhd. Gr. § S 18 ff. (mit Lit.), Dal 2014: 159 ff. Strukturalistische Analyse der Indikativ- und Konjunktivformen des starken Verbs bei Werner 1965: 363 ff. Zum as. Heliand vgl. Robin 2010.

Anm. 5. Der Imperativ, dessen Einstufung als Modus umstritten ist (Donhauser 1986, Valentin 1997: 186), hat nur die 2.Sg. und Pl. festgehalten. Die im 8./9. Jh. noch vorhandene 1.Pl. fällt bald mit dem Konjunktiv zusammen (Adhortativ, § 313), der auch die im Ahd. fehlende 3.Sg. und Pl. vertritt (Wilmanns III,219 ff.). Auch Periphrasen des Imperativs durch die Modalverben *muoȝ*, *skal* und *wil* mit Infinitiv werden schon im Ahd. verwendet (Wilmanns III,223 ff. 300). Vgl. AG II, § 132; Behaghel II,247 ff.

4. zwei Numeri: Singular und Plural. Der im Got. noch teilweise erhaltene verbale Dual ist untergegangen (zum pronominalen Dual vgl. §§ 192d, 282 A.1b);

Anm. 5*. Feist 1918: 335 f. suchte den Runenbeleg *wiuþ* (Weimar III, 6. Jh.) als vorahd. 3. Dual von *wīhen* 'weihen' zu bestimmen. Die Deutung ist in jeder Hinsicht verfehlt (SgRi 693 A.4).

5. drei Verbalnomina: Infinitiv Präsens, Partizip Präsens und Partizip Präteritum.

Anm. 6. Die zum Infinitiv gehörigen Genitiv- und Dativformen, das sog. „Gerundium", können als viertes Verbalnomen gezählt werden, da sie formal vom Infinitivstamm abweichen (§ 315 A.1).

Anm. 7. Das Partizip Präsens hat aktive Bedeutung und bezeichnet eine unvollendete oder andauernde Handlung. In Verbindung mit *wësan* wird es häufig durativ gebraucht: *ër ist gote thionōnti* OI 66, *wārun hirta haltente* O 1,12,1; seltener mit *wërdan* ingressiv: *wio ... sëhenti wurti* O 3,20,122. Vgl. AG II, § 121 f.; Wilmanns III,171 f., Mossé 1938: 37.

Anm. 8. Das Partizip Präteritum bezeichnet eine vollendete Handlung, und zwar bei transitiven Verben mit passiver, bei intransitiven mit aktiver Bedeutung. Ursprünglich war die Form ein Verbaladjektiv, auch der Bildung nach gehört sie nicht zum Präteritalstamm. Erst durch die gewohnheitsmäßige Bildung der periphrastischen Tempus- und Passivformen ist aus der adjektivischen eine partizipiale Funktion entstanden. Vgl. AG II, § 123–130; Mossé 1938. Zur Perfektperiphrase durch *habēn* oder *eigan* vgl. § 371:2 sowie Grønvik 1986: 34 ff.

§ 302 Die ahd. Verben verteilen sich nach der Bildung des Präteritums und des Partizips Präteritum auf zwei Hauptklassen (1., 2.) sowie einige Sondertypen (3.):

1. starke Verben (stV.) – (in aller Regel) primäre, nicht erkennbar abgeleitete Verben. Sie bilden den Stamm des Präteritums ohne Suffix, nur durch regelmäßigen Wechsel des Wurzelvokals („Ablaut"); den Stamm des Part. Prät. bilden sie mithilfe eines Nasalsuffixes (*-ana/ō-*). Man unterscheidet zwei Klassen starker Verben:
   I. ablautende Verben (ablV.), deren Vokalwechsel gemäß einer von sechs „Ablautreihen" (vgl. § 50) erfolgt und aus dem Urgerm. ererbt ist, z. B. *bintu* 'ich binde', *bant* 'ich band' (got. *binda* / *band*);
   II. ehemals reduplizierende Verben (redV.), die im Got. ihr Präteritum durch Reduplikation – d. h. Voranstellung des Wurzelanlauts mit einem Zwischenvokal – bilden. Im Nord- und Westgerm. ist die Reduplikation aufgegeben worden. An ihre Stelle ist eine jüngere Alternation des Wurzelvokals getreten, die mit dem Vokalwechsel der sechs eigentlichen Ablautreihen nichts zu tun hat (§§ 50 A.1, 348); z. B. *heiʒu* 'ich heiße' / *hiaʒ* 'ich hieß' gegenüber got. *haita* / *haí-hait*.
2. schwache Verben (swV.) – (mit einigen Ausnahmen) abgeleitete Verben. Die swV. bilden ihr Präteritum durch Anfügung von *-ta* an das Stammbildungssuffix; das Part. Prät. endet auf *-t* (idg. Suffix **-tó-*). Nach ihren Suffixen zerfallen sie in drei Klassen:
   I. Suffix *-j-* (im Ahd. meist geschwunden, § 118): *neriu* / *nerita*; *lōsu* / *lōsta*;
   II. Suffix *-ō-* (zu archaischem *-eō-* vgl. § 367 A.1): *dionōm* / *dionōta*;
   III. Suffix *-ē-* (got. *-ai-*): *habēm* / *habēta*, *folgēm* / *folgēta*.

Lit.: Forschungsberichte zum schwachen Präteritum: Collitz 1912 (dazu Sverdrup 1915), Tops 1974. Zur älteren Literatur vgl. Got. Gr. § 183 A.1; vgl. ferner Must 1951/52, Sehrt 1961: 265 ff., Wisniewski 1963 (abgelehnt von Hiersche 1968: 394 f.), Bech 1963, Hammerich 1964: 12 ff., ds. 1964a: 129 ff. (dazu Bech 1972: 142 ff.), Seebold 1967: 119 ff., Hiersche 1968: 391 ff., Meid 1971: 107 ff., Rauch 1972, Tops 1974 u. 1978, Kuryłowicz 1977, G.Schmidt 1977 u. 1978a, Birkhan 1979: 55 ff., Hollifield 1980: 150 ff., Shields 1982, Lühr 1984: 41 ff., Mańczak 1984, Bammesberger 1986: 68 ff., Fullerton 1989, Kortlandt 1989, Pohl 1989, Rasmussen 1996, West 2001, Hill 2004 u. 2010, Kiparsky 2009, Fulk 2018: 292 ff., KSW II.2, § V 69 A.2.

Anm. 1. Das Präteritum der schwachen Verben ist eine Neubildung der germ. Sprachen. Über seine Erklärung besteht trotz intensiver Diskussion kein Konsens. Im Wesentlichen stehen sich zwei Theorien gegenüber:

a) periphrastische Bildung mit germ. **dō-* 'tun' (§ 380 f.; sog. „Kompositionstheorie"), seit J. Grimm immer wieder vertreten, z. T. in Kombination mit idg. nominalen *t*-Ableitungen, z. B. von Bech 1963 und Kortlandt 1989. Schwierigkeiten ergeben sich vor allem daraus, dass sich gerade die ältesten bindevokallosen Präterita (Präteritopräsentien wie *dorfta*, *konda*, swV. wie *worhta*) nur mit idg. /t/, nicht mit idg. /d^h/ (Wurzel **d^heh_1-*) erklären lassen (daher die Versuche einer Kombination mit idg. *t*-Formen);

b) Bildung mit idg. /t/ (Part. Prät., bestimmte Personalformen). So lassen sich die lautlichen Probleme zwanglos erklären; die auffällige Übereinstimmung des got. Pl. Prät. *-dēdum* usw. mit ahd. *tātum* 'wir taten' wäre dann Ergebnis sekundärer Anlehnung oder – nicht sehr plausibel – lediglich ein Zufallsprodukt. Außer Streit steht, dass das Part. Prät. der swV. ein Verbaladjektiv mit dem idg. Dentalsuffix **-tó-* fortsetzt.

Anm. 2. In wenigen Fällen wird im Ahd. zu einem starken Präsens ein schwaches Präteritum gebildet (Kluge 1913: 169 f.): *girīsan* § 330 A.4; *biginnan, bringan* § 336 A.3,4; *brūhhan* § 333 A.3c.

3. Neben den starken und den schwachen Verben gibt es einige kleinere Gruppen, die außerhalb dieses Einteilungsschemas stehen und ihr Präteritum z. T. suppletiv – von anderen Stämmen oder Wurzeln – bilden. Dies sind in erster Linie die Präteritopräsentien mit schwachem Präteritum (§ 370–377), ferner die athematischen Wurzelverben *sīn* (§ 378 f., mit Präteritum von *wësan*), *tuon, gān, stān* (§ 380 ff., letztere mit Präteritum von *gangan* bzw. *stantan*) sowie *wellen* (§ 384 f.)

M 3.2. Flexion der starken und schwachen Verben

Die Personalendungen sind bei den starken und schwachen Verben im Präteritum nur im Sg. Ind. verschieden, im Plural und im ganzen Konj. Prät. dagegen grundsätzlich gleich. **§ 303**

Im Präsens zeigt sich nur in der 1.Sg. Ind. der Reflex einer idg. Scheidung zwischen der athematischen Endung idg. **-mi* (ahd. *-m, -n*) und der thematischen Endung **-ō* (ahd. *-u*). Letztere herrscht bei den stV. und den swV. I vor; ahd. *-m, -n* findet sich bei den swV. II/III sowie bei den athematischen Wurzelverben *ih bin, tuon, gān, stān* (§ 378 ff.). In den übrigen Personalformen gelten einheitliche Präsensendungen.

Gewisse Unterschiede entstehen allerdings durch die Ableitungssuffixe *-j-, -ō-, -ē-* der swV. (vgl. § 302). Vor allem ersetzt das *-ō-* und *-ē-* der II. und III. Klasse den ablautenden Themavokal (Bindevokal), der bei den stV. vor der Personalendung erscheint (vgl. stV. *nim-i̲-t/nëm-a̲-nt*, aber swV. *dionō-t/-nt, folgē-t/-nt*). Bei den swV. I schwindet früh das suffixale /j/ (§ 118+A.2). Zwar hinterlässt es lautliche Spuren (Gemination § 82:1, Umlaut § 51:1), doch die Personalendungen stimmen gemeinahd. mit denen der stV. überein. Nur in der 2.Sg. Imp. kann das /j/ als scheinbare Endung *-i* erhalten bleiben (§§ 119, 312 A.3).

Lit.: Zur athematischen Flexion: Krahe/Meid 1969: II, §§ 86 f., 97 ff., Fullerton 1977: 45 ff., Lühr 1984.

Anm. 1. Da /ja/ in unbetonten Silben sehr früh zu /e/ wird (vgl. § 58 A.1), unterscheiden sich in der ältesten Zeit die 1. und 3.Pl. Ind. Präs. der swV. I (*lōsemēs, lōsent*) von den Formen der stV. (*nëmumēs, -amēs, nëmant*). Im 9. Jh. (Tatian) ist dieser Unterschied bereits zugunsten von /e/ ausgeglichen (vgl. die Paradigmentafeln auf S. 370 ff.). Zur Geschichte der Flexionsendungen vgl. Boutkan 1995: 306 ff., zu ihrer Entwicklung ab dem 10. Jh. Förster 1966. Vollständige Analyse aller 765 im Tatian belegten Verben bei T.Sommer 1994.

§ 304 Als Paradigmen dienen:

1. für die starken Verben:
   I./II. *nëman* 'nehmen' (ablV. IV) und *ziohan* 'ziehen' (ablV. IIb), in denen Präsens und Präteritum je zwei Vokale aufweisen, wozu bei *ziohan* noch der grammatische Wechsel (§ 328) tritt;
   III. *faran* 'fahren' (ablV. VI), in dem das Präteritum nur einen Vokal, das Präsens (durch Umlaut) zwei Vokale zeigt;
   IV. *rātan* 'raten' (redV. Ib), in dem Präsens und Präteritum nur je einen Wurzelvokal aufweisen.
2. für die schwachen Verben:
   I. a) *lōsen* (got. *lausjan*, as. *lōsian*) 'lösen' (mit langer Wurzelsilbe); – b) *zellen* (awn. *telja*, as. *tellian*) '(er)zählen' (mit Umlaut in kurzer Wurzelsilbe und zum Teil Gemination des /l/ durch /j/, § 358+A.1,5); – c) *nerien* (got. *nasjan*, as. *nerian*) 'retten' (mit kurzer Wurzelsilbe und nach /r/ länger erhaltenem /j/, § 118:2);
   II. *dionōn* 'dienen';
   III. *folgēn* 'folgen'.

Anm. 1. Zu den Paradigmentafeln (S. 370 ff.):

a) Die vier Paradigmen der starken Verben dienen zugleich dazu, die diachrone Entwicklung der Flexionsendungen im Ahd. – auch im Kontrast zum As. und zum Mhd. – aufzuzeigen. Das erste Paradigma (*nëman*) gibt die Flexionsformen der ältesten Quellen bis zum Anfang des 9. Jh., also die in den alten Glossen sowie in Is, MF, BR, H u.a. vorliegenden Formen. Dabei wird nur das überwiegend Geltende berücksichtigt, Einzelheiten kommen in § 305–323 zur Sprache. Das zweite Paradigma (*ziohan*) gibt den im Tatian (ca. 825), das dritte (*faran*) den bei Otfrid (ca. 865) geltenden Stand der Flexion, während das vierte (*râtan*) die Verbalformen Notkers (ca. 1000) zeigt.

b) Die Paradigmen der schwachen Verben enthalten nur die Normalformen des 9. Jh., unter Voranstellung der älteren. Doch lassen sich die bei den Paradigmen der starken Verben angegebenen Einzelheiten entsprechend auch auf die schwachen Verben anwenden. Die Beispielwörter früherer Auflagen wurden teilweise ersetzt: *suohhen* durch *lōsen*, um die Umlautopposition im Präteritum des Mhd. (*lōste* – *lœste*) darstellen zu können; *salbōn* durch *dionōn*, weil *salvon* im As. nur 1x vorkommt; *habēn* durch *folgēn*, weil as. *hebbian* den in § 368 A.2 behandelten Sondertyp verkörpert.

Paradigmen der starken Verben (1): frühahd. *nëman* 'nehmen', ahd. (Tatian) *ziohan* 'ziehen'; vgl. as. *bëran* 'tragen'.

stV.	as.	frühahd. Präsens: Indikativ	Tatian
Sg. 1.	*biru*	***nimu***	***ziuhu***
2.	*biris*	***nimis***	***ziuhis*** (*ziuhist*)
3.	*birid*	***nimit***	***ziuhit***
Pl. 1.	*bërađ*	*nëmumēs*, ***nëmamēs, nëmemēs*** (*-ēm*)	***ziohemēs*** (*ziohēn*)
2.		***nëmet*** (*nimit* § 308 A.1,2)	***ziohet***
3.		***nëmant***	***ziohent***
	as.	frühahd. Präsens: Konjunktiv	Tatian
Sg. 1.3.	*bëre*	***nëme***	***ziohe***
2.	*bëres*	***nëmēs***	***ziohēs*** (*ziohēst*)
Pl. 1.	*bëren, -an*	***nëmēm*** (*nëmamēs, nëmemēs*)	***ziohemēs*** (*ziohēn*)
2.		***nëmēt***	***ziohēt***
3.		***nëmēn***	***ziohēn***
	as.	frühahd. Präsens: Imperativ	Tatian
Sg. 2.	*bir*	***nim***	***ziuh***
Pl. 1.	—	***nëmamēs, nëmemēs***; *nëmēm*	***ziohemēs*** (*ziohēn*)
2.	*bërađ*	***nëmet*** (*nimit* s. o.)	***ziohet***
Infinitiv	*bëran*	***nëman***	***ziohan*** (*ziohen*)
Part. Präs.	*bërandi*	***nëmanti*** (*nëmenti*)	***ziohenti*** (*ziohanti*)
	as.	frühahd. Präteritum: Indikativ	Tatian
Sg. 1.3.	*bar*	***nam***	***zōh***
2.	*bāri*	***nāmi***	***zugi***
Pl. 1.	*bārun, -on*	***nāmum*** (*nāmumēs*)	***zugumēs*** (*zugun*)
2.		***nāmut***	***zugut***
3.		***nāmun***	***zugun***
	as.	frühahd. Präteritum: Konjunktiv	Tatian
Sg. 1.3.	*bāri*	***nāmi***	***zugi***
2.	*bāris*	***nāmīs***	***zugīs*** (*zugīst*)
Pl. 1.	*bārin*	***nāmīm*** (*nāmīmēs*)	***zugīmēs*** (*zugīn*)
2.		***nāmīt***	***zugīt***
3.		***nāmīn***	***zugīn***
Part. Prät.	*giboran*	***ginoman***	***gizogan***

Paradigmen der starken Verben (2): ahd. (Otfrid) *faran* '(umher)ziehen, fahren', ahd. (Notker) *râten* 'raten'; vgl. mhd. *hëlfen* 'helfen'.

stV.	Otfrid	Notker Präsens: Indikativ	mhd.
Sg. 1.	***faru***	***râto***	*hilfe*
2.	***ferist*** (*feris*)	***râtest***	*hilfest*
3.	***ferit***	***râtet***	*hilfet*
Pl. 1.	***farēn***	***râtên***	*hëlfen*
2.	***faret***	***râtent*** (§ 308 A.3)	*hëlfet*
3.	***farent***	***râtent***	*hëlfen(t)*
	Otfrid	Notker Präsens: Konjunktiv	mhd.
Sg. 1.3.	***fare***	***râte***	*hëlfe*
2.	***farēs***	***râtêst***	*hëlfest*
Pl. 1.	***farēn***	***râtên***	*hëlfen*
2.	***farēt***	***râtênt*** (§ 311:4)	*hëlfet*
3.	***farēn***	***râtên***	*hëlfen*
	Otfrid	Notker Präsens: Imperativ	mhd.
Sg. 2.	***far***	***rât***	*hilf*
Pl. 1.	***faremēs*** (*-amēs*) (§ 313+A.2)	***râtên***	*hëlfen*
2.	***faret***	***râtent*** (§ 308 A.3)	*hëlfet*
Infinitiv	***faran***	***râten***	*hëlfen*
Part.Präs.	***farenti*** (*faranti*)	***râtente***, ***râtende***	*hëlfende*
	Otfrid	Notker Präteritum: Indikativ	mhd.
Sg. 1.3.	***fuar***	***riet***	*half*
2.	***fuari***	***rieti***	*hülfe*
Pl. 1.	***fuarun***	***rieten***	*hulfen*
2.	***fuarut***	***rietent*** (§ 321:2)	*hulfet*
3.	***fuarun***	***rieten***	*hulfen*
	Otfrid	Notker Präteritum: Konjunktiv	mhd.
Sg. 1.3.	***fuari***	***riete*** (§ 322)	*hülfe*
2.	***fuarīs***	***rietîst***	*hülfest*
Pl. 1.	***fuarīn***	***rietîn***	*hülfen*
2.	***fuarīt***	***rietînt*** (§ 322:3)	*hülfet*
3.	***fuarīn***	***rietîn***	*hülfen*
Part.Prät.	***gifaran***	***gerâten***	*geholfen*

Paradigmen der schwachen *jan*-Verben: *lōsen* 'lösen', *zellen* '(er)zählen', *nerien* 'retten' (as. *lōsian, tellian, nerian*, mhd. *lœsen, zel(le)n, ner(e)n*). Die Endungsvarianten, die in den Paradigmentafeln der starken Verben aufgeführt sind, gelten entsprechend auch hier (s. Anm. 1b).

swV. I	as.	ahd. Präsens: Indikativ	mhd.
Sg. 1.	*lōsiu | telliu | neriu*	***lōsu* | *zellu* | *neri(g)u, nerru***	*lœse | zel(le) | ner(e)*
2.	*lōsis | telis | neris*	***lōsis* | *zelis* | *neris*** (*-ist*)	*lœsest | zel(le)st | ner(e)st*
3.	*lōsid | telid | nerid*	***lōsit* | *zelit* | *nerit***	*lœset | zel(le)t | ner(e)t*
Pl. 1.	} *lōsiađ | telliađ | neriađ*	***lōsemēs* | *zellemēs* | *neriemēs*** (*-ēn*)	*lœsen | zel(le)n | ner(e)n*
2.		***lōset* | *zellet* | *neriet, nerret***	*lœset | zel(le)t | ner(e)t*
3.		***lōsent* | *zellent* | *nerient, nerrent***	*lœsen(t) | zel(le)n(t) | ner(e)n(t)*
	as.	ahd. Präsens: Konjunktiv	mhd.
Sg. 1.3.	*lōsie | tellie | nerie*	***lōse* | *zelle* | *neri(g)e, nerre***	*lœse | zel(le) | ner(e)*
2.	*lōsies*	***lōsēs*** (*-ēst*)	*lœsest | zel(le)st | ner(e)st*
Pl. 1.	} *lōsien, -ian*	***lōsēm, -ēn*** (*-emēs, -amēs*)	*lœsen | zel(le)n | ner(e)n*
2.		***lōsēt***	*lœset | zel(le)t | ner(e)t*
3.		***lōsēn***	*lœsen | zel(le)n | ner(e)n*
	as.	ahd. Präsens: Imperativ	mhd.
Sg. 2.	*lōsi | teli | neri*	***lōsi* | *zeli* | *neri***	*lœse | zel(le) | ner(e)*
Pl. 2.	*lōsiađ | telliađ | neriađ*	***lōset* | *zellet* | *neriet, nerret***	*lœset | zel(le)t | ner(e)t*
Infinitiv	*lōsian | tellian | nerian*	***lōsen* | *zellen* | *nerien, nerren***	*lœsen | zel(le)n | ner(e)n*
Part. Präs.	*lōsiandi*	***lōsenti* | *zellenti* | *nerienti, nerrenti***	*lœsende | zel(le)nde | ner(e)nde*
	as.	ahd. Präteritum: Indikativ	mhd.
Sg. 1.3.	*lōsda | talda | nerida*	***lōsta* | *zalta, zelita* | *nerita***	*lōste | zalte | nerte*
2.	*lōsdes, -as, -os*	***lōstōs*** (*-ōst*)	*lōstest | zaltest | nertest*
Pl. 1.	} *lōsdun, -on*	***lōstum, -un*** (*-umēs*) } (*-tō-* § 320)	*lōsten | zalten | nerten*
2.		***lōstut***	*lōstet | zaltet | nertet*
3.		***lōstun***	*lōsten | zalten | nerten*
	as.	ahd. Präteritum: Konjunktiv	mhd.
Sg. 1.3.	*lōsdi | telidi | neridi*	***lōsti* | *zalti, zeliti* | *neriti*** (*-ī* § 322)	*lœste | zelte | nerte*
2.	*lōsdis*	***lōstīs*** (*-īst*)	*lœstest | zeltest | nertest*
Pl. 1.	} *lōsdin*	***lōstīm, -īn*** (*-īmēs*)	*lœsten | zelten | nerten*
2.		***lōstīt***	*lœstet | zeltet | nertet*
3.		***lōstīn***	*lœsten | zelten | nerten*
Part. Prät.	*gilōsid | gitald | ginerid*	***gilōsit*** (*-lōstēr*) | ***-zelit, -zalt* | *-nerit***	*gelœset | gezalt | gener(e)t*

Paradigmen der schwachen *ōn-* und *ēn*-Verben: *dionōn* 'dienen', *folgēn* 'folgen' (as. *thionon, folgon*, mhd. *dienen, volgen*). Im As. und im Mhd. sind die Klassen II und III weitestgehend zusammengefallen.

swV.II/III	as.	ahd. Präsens: Indikativ	mhd.
Sg. 1.	*thionon ~ folgon*	***dionōm, -ōn* | *folgēm, -ēn***	*diene ~ volge*
2.	*thionos*	***dionōs*** (*-ōst*) | ***folgēs*** (*-ēst*)	*dienest*
3.	*thionod*	***dionōt* | *folgēt***	*dienet*
Pl. 1.	} *thionođ*	***dionōmēs***, *-ō(ē)n* | ***folgēmēs***, *-ē(ē)n*	*dienen*
2.		***dionōt* | *folgēt***	*dienet*
3.		***dionōnt* | *folgēnt***	*dienen(t)*
	as.	ahd. Präsens: Konjunktiv	mhd.
Sg. 1.3.	*thiono(ie) ~ folgo(ie)*	***diono, -ōe* | *folg(ē)e***	*diene ~ volge*
2.	*thionos*	***dionō(ē)s(t)* | *folg(ē)ēs(t)***	*dienest*
Pl. 1.	} *thiono(ia)n*	***dionō(ē)m, -ōn* | *folg(ē)ēm, -ēn*** (*-ō/ēmēs*)	*dienen*
2.		***dionō(ē)t* | *folg(ē)ēt***	*dienet*
3.		***dionō(ē)n* | *folg(ē)ēn***	*dienen*
	as.	ahd. Präsens: Imperativ	mhd.
Sg. 2.	*thiono ~ folgo*	***diono* | *folge*** (§ 312 A.3)	*diene ~ volge*
Pl. 2.	*thionođ ~ folgođ*	***dionōt* | *folgēt***	*dienet ~ volget*
Infinitiv	*thionon ~ folgon*	***dionōn* | *folgēn***	*dienen ~ volgen*
Part. Präs.	*thionondi ~ folgondi*	***dionōnti* | *folgēnti***	*dienende ~ volgende*
	as.	ahd. Präteritum: Indikativ	mhd.
Sg. 1.3.	*thionoda ~ folgoda*	***dionōta* | *folgēta***	*dien(e)te ~ volg(e)te*
2.	*thionodes, -as, -os*	***dionōtōs(t)* | *folgētōs(t)***	*dien(e)test*
Pl. 1.	} *thionodun, -on*	***dionōtum* | *folgētum, -un*** } – (*-umēs*)	*dien(e)ten*
2.		***dionōtut* | *folgētut*** } (*-tō-* § 320)	*dien(e)tet*
3.		***dionōtun* | *folgētun***	*dien(e)ten*
	as.	ahd. Präteritum: Konjunktiv	mhd.
Sg. 1.3.	*thionodi ~ folgodi*	***dionōti* | *folgēti*** (*-ī* § 322)	*dien(e)te ~ volg(e)te*
2.	*thionodis*	***dionōtīs(t)* | *folgētīs(t)***	*dien(e)test*
Pl. 1.	} *thionodin*	***dionōtīm* | *folgētīm, -īn*** (*-īmēs*)	*dien(e)ten*
2.		***dionōtīt* | *folgētīt***	*dien(e)tet*
3.		***dionōtīn* | *folgētīn***	*dien(e)ten*
Part. Prät.	*githionod ~ gifolgod*	***gidionōt* | *gifolgēt***	*gedienet ~ gevolget*

M 3.2.1. Flexion des Präsens

M 3.2.1.1. Indikativ Präsens

§ 305 Die Endung der 1.Sg. lautet bei den stV. und swV. I. *-u* (< **-ō*); dieses wird ab dem 9. Jahrhundert zu *-o* gesenkt (s. Anm. 1).

Bei den swV. II/III sowie bei den athematischen Wurzelverben (§ 378 ff.) gilt in der ältesten Zeit die Endung *-m* (*-ō-m*, *-ē-m*), die im 9. Jahrhundert zu *-n* wird (§ 124). Das *-m* der schwachen Verben ist entweder aus idg. **-mi* ererbt (§ 303) oder erst vorahd. nach den Wurzelverben analogisch eingeführt. Das Ahd. und das As. weichen hierin vom übrigen Germ. ab (got. *salbō*, *haba*).

Lit.: Kluge 1882: 342, Osthoff 1882b: 298, Schatz Abair. §§ 154:a, 162:a, Franck Afrk. § 199:1, Bech 1962: 205 ff., Förster 1966: 73 ff., 89 ff., Fullerton 1977: 47 ff., Fulk 2018: 274, 306 f., 323.

Anm. 1. Die Senkung des *-u* zu *-o* (vgl. § 58 A.2) begegnet vereinzelt schon im 9. Jh., sogar bereits im Abrogans, z. B. *inginno* Ka, *spano* Kb, *piuuerfio* Ra (Kögel 1879: 179); einige *-o* in Jun, z. B. *qhuido* Jc (Schindling 1908: 112). Die gleiche Lautentwicklung zeigt sich im nominalen Instrumental (§ 193 A.3).

Anm. 2. Das suffixale /j/ der swV. I ist in den ältesten Quellen noch erhalten; besonders regelmäßig in Pa, K, Ra, Hl, z. B. *huckiu*, *wāniu*, *chundiu*, R *zateiliu*, *kachripfiu*. Aber schon zu Anfang des 9. Jh. schwindet es bis auf vereinzelte Relikte, z. B. *gilaubiu* WK, *kihukkiu* Lb 22.1, 6 (1. bair. B), *buozziu* Fuldaer B, außerdem in Teilen des Tatian: *hōriu*, *tuomiu*, *fremiu*, *sentiu* usw. (Sievers T § 7a). Isidor bietet *nemniu* (6,7 = MF 34,10), ansonsten steht *-u* (*setzu*, *wendu*, *chihruoru* usw.), ebenso wie in Rb, BR und O. Nur nach /r/ bleibt bei kurzer Wurzelsilbe das ‹i› fester – im Wechsel mit ‹ig, g› (§ 118:2) –, z. B. *cherio*, *chergo* 'fege' Gl 1,602,36 ff., *pisuerio*, *-suerigo* 1,818,65.

Anm. 3. Vor vokalisch anlautenden Enklitika wird die Endung *-u* öfter elidiert, besonders vor nachgesetztem *ih* (§ 61), z. B. *quimih* = *quimu ih* T (nur bei Schreiber ζ häufig, vgl. Sievers T § 117:1a), *lāzih* O, *haldih* Straßb. Eide (Lb 21.1, 18); vgl. § 282 A.2a; Paul 1879: 160; aber auch vor anderen Enklitika, z. B. *wān-ër*, *zell-iu*, *zell-uns* O (zu Otfrid vgl. Kappe 1909: 200 f., de Boor 1928: 17 f., Somers Wicka 2009: 87 ff.).

Anm. 4. In spätahd. Zeit haben die Endungen *-u* (auch *-o*, *-e*) und *-n* ihren Geltungsbereich in beide Richtungen ausgedehnt.

a) Die Endung der swV. II/III *-ōn*, *-ēn* ist bis ins 11. Jh. fest geblieben und hat später zuweilen, besonders rheinfrk. und mfrk., ihr /n/ sogar auf die übrigen schwachen und starken Verben übertragen, z. B. Mainzer B *ih gihun*, *wirdon ih* (statt *gihu*, *wirdo*), Rheinfrk. Cant *anaruophon*, *sprëchon*, Aratorgl. *rībun*, *wirdun*, *gebannon* (v.Gadow 1974: 119 f., 142 f.), GlBud *binëmun*. Auch Will zeigt *-n* als Endung der 1.Sg. bei allen Verben, so etwa *līdon*, *behalton*, *bekennon*. Der Trierer Seminarkodex enthält zahlreiche Formen auf *-on*, die als mfrk., anfrk./anl. oder as. bestimmbar sind und meist nicht auf ahd. *ōn*-Verben führen (Quak 2019: 334 f.). Zum Mhd. vgl. KSW II.2, § V 44.

b) Umgekehrt wird gegen Ende der ahd. Zeit die Endung *-u*, *-o*, *-e* der stV. und swV. I auf die swV. II/III übertragen, was mhd. meist durchgedrungen ist (Schatz Abair. § 162:a, Franck Afrk. § 199:1, Mhd. Gr. § M 70 A.5, KSW aaO.).

Anm. 5. Bei den swV. II kommt später zuweilen *-un* statt *-ōn* vor, z. B. *bimuniun* StD Nr. 71,2 (= *-munigōn*), *munizun* GlMon; vgl. § 366 A.1a.

Bei den Endungen der 2. und 3.Sg. zeigen sich vokalische und konsonantische Varianten. **§ 306**

1. In der 2. und 3.Sg. (*-s*, *-t*) geht bei den starken Verben der Bindevokal /i/ voran (*-is*, *-it*; zur späteren Abschwächung s. u. 3). Die swV. I stimmen hierin ganz mit den starken Verben überein. Sie zeigen vor diesem /i/ keine Konsonantengemination (*zelis*, *zelit*; *neris*, *nerit*, vgl. § 358), da /j/ vor /i/ früh geschwunden ist (ebenso in der 2.Sg. Imp., § 312 A.3). Die swV. II/III weisen anstelle des /i/ den Vokal /ō/ bzw. /ē/ auf.

Lit.: Schatz Abair. §§ 154:bc, 162:bc, Franck Afrk. § 199:2,3, Flasdieck 1935: 129, 157, Boutkan 1995: 310 f. – Zu den Endungen *-is*, *-it* der swV. I: Paul 1880: 112, 160, Streitberg 1889: 224 ff., Hirt 1894: 519 ff.

Anm. 1. Das /i/ der 2.3.Sg. bewirkt Umlaut eines /a/ der Wurzelsilbe bei den betreffenden ablV. VI (§ 345) und redV. Ia (§ 350); vgl. § 26:1c.

Anm. 2. Kontrahierte Formen der 2.3.Sg. finden sich bei dentalem Wurzelauslaut („Ekthlipsis“), v. a. bei *quëdan* ‘sprechen’, und zwar in älterer Zeit nur bei Otfrid: *quīs*, *quīst* statt *quidis(t)*, *quīt* statt *quidit*. In jüngerer Zeit begegnet die Kontraktion häufig, besonders bei Notker *chîst*, *chît*, bair. *chuīt* Merig. Erst spätahd. (Notker) tritt die 3.Sg. *wirt* zu *wërdan* häufig auf; Belege aus GlMon verzeichnet Förster 1966: 36 ff. Anderes, wie 3.Sg. *gît* zu *gëban* Will, ist auch spätahd. erst sehr vereinzelt. Auffällig ist *lāz* O 4,24,6 statt *lāʒis* (vgl. Erdmann O 454, Franck Afrk. 251 f.).

Anm. 3. Gemeinahd. /-t/ der 3.Sg. erscheint im Frk. zuweilen als ‹*d*›, so in *fellid* Gl 1,710,11. Im Obd. wird sporadisch ‹*th*› geschrieben: *ziêreth* Np (§ 163 A.7c); zum Clm 22201 vgl. Matzel 1956: 125 f.

2. Die Endung der 2.Sg., die in den ältesten Quellen nur auf *-s* ausgeht, wird im 9. Jahrhundert mittels *-t* zu *-st* erweitert. Diese längere Form erscheint zuerst im Frk. (Tatian, Otfrid), tritt aber später auch im Obd. auf und dringt dort vollständig durch (Notker). Im Frk.-Md. erhält sich die kürzere *s*-Form daneben noch bis ins Mhd.; vgl. Weinhold Mhd. 388, Brinkmann 1931: 150 ff., KSW II.2, § V 46.

Anm. 4. Das *-t* scheint zunächst nur dem Ind. Präs., nicht dem Konj. (Präs. und Prät.) angefügt zu werden. Dieses Verhältnis ist am besten bei Otfrid bewahrt, der im Ind. Präs. *-ist*, *-ēst*, *-ōst* schon häufiger hat als *-is*, *-ēs*, *-ōs*, während die 2.Sg. Konj. Präs. und Prät. (sowie 2.Sg. Ind. Prät. der swV.) noch regelmäßig auf einfaches *-s* ausgehen und nur ganz vereinzelt *-t* zeigen. Im Tatian überwiegt zwar die alte Endung auf *-s* noch bei weitem und *-t* ist am häufigsten im Ind. Präs., aber *-st* kommt auch schon in anderen Formen der 2. Person vor (z. B. Konj. Präs. *gileitēst* (§ 311:2), Konj. Prät. *wārist*, Ind. Prät. swV. *gihōrtōst*). Schreiber γ kennt nur *-s* (Sievers T § 62:2, Moulton 1944: 319); Hl hat *bist*, *pist*, aber *sis*, *sages*, *gileitos*, *spenis*, *fuortos*, *habes*, was der älteren von γ vertretenen Fuldaer Schreibung entspricht. In Ludw steht nur *gibiudist*. Im Obd. tritt die *st*-Form erst ab dem 10. Jh. auf, z. B. Sam, Psalm; vgl. Förster 1966: 15 f., 200. – Zur Erklärung des *-s* vgl. Fullerton 1975, Boutkan 1995: 310 f. (gramm. Wechsel).

Anm. 5. Vorbild für die Entstehung der Endung *-st* waren anscheinend die Formen der Präteritopräsentien (§ 370 ff.) *muost*, *weist*, *kanst*, *tarst*, denen sich früh *bist* anschloss (§ 379 A.1*; vgl. Lühr 1984: 29 f., Sihler 1986, Ringe/Taylor 2014: 101). Dabei können Formen mit enklitisch angefügtem *thu*, *du* mitgewirkt haben, indem *weistu*, *bistu* usw. als *weist thu*, *bist thu* aufgelöst wurden (vgl. W.Scherer 1878: 331, Paul 1879a: 549, Paraschkewow 2003). Auch bei regulären stV. und swV. begegnen derartige Formen schon früh, z. B. Frk. Taufgel *forsahhistu*, *gilaubistu*, ebenso im Tatian (Sievers T § 62:2) und später bei Otfrid *lisistu*, *suachistu*, *thenkistu* u. a. Diese Zusammenfügungen förderten die Auflösung zu *gilaubist thu*, *lisist thu* usw. Vgl. z. B. *gisihist tu* im Tatian und besonders Sam, wo es heißt *kërōst thu*, *gābist du*, aber *thu wissīs*, *tu bātīs* usw.

3. Der Bindevokal /i/ der 2.3.Sg. bei stV. und swV. I (s. o. Lit.) ist zunächst stabil. In späterer Zeit unterliegt er der Nebensilbenschwächung (§ 59 f.):
   a) Häufig erscheint er als ‹*e*› [ə], im Alem. und Frk. früher als im Bair. Bei den Neubildungen des Clm 22201 bleibt die Schwächung auf die stV. beschränkt, z. B. *svīnet* Gl 1,397,24; zu GlMon vgl. noch *rīset*, *sīget* 1,513,69. Notker zeigt auch bei den swV. I in aller Regel ‹*e*›, z. B. *recchest*, *recchet*.
   b) Das spätere Bair. zeigt zuweilen nach § 58 A.3 den Ausgang *-as* bzw. *-at*, so *slihtas* Gl 1,368,2, *wīzat* 2,31,37 (v.Gadow 1974: 119), *pimeinat* 2,460,60. Zu den *ēn*-Verben vgl. § 368 A.1*.
   c) Spätahd. kann der Bindevokal nach Liquid ganz ausfallen, so *vert*, *widerfert*, *hindert* N, *hungert* Npgl; nach Kelle 1889: 36 bevorzugt bei mehrsilbigem Verbalstamm. Zu Fällen von Kontraktion („Ekthlipsis“) s. o. Anm. 2.

Lit.: Schatz Abair. 161 f., ds. Ahd. 318 f., Franck Afrk. 251 f., Förster 1966: 27 ff., 54 ff.

§ 307 Kennzeichen der 1.Pl. ist die Endung *-mēs*, die den übrigen germ. Sprachen fehlt und eine charakteristische Neuerung des Ahd. darstellt (vgl. § 2a:1i). Zur Entstehung s. Anm. 1, zum Geltungsbereich Anm. 1*, zu Nebenformen Anm. 4.

1. Die Vokallänge von *-mēs* ist durch häufige Doppelschreibung in BR (*-mees*) gesichert (anders Johannsson 2009: 304 f.). Der Bindevokal variiert bei den stV. und swV. I. Die häufigsten Ausgänge sind *-amēs* und *-emēs*; dabei ist *-amēs* vorwiegend obd. (s. Anm. 2). Nur K hat meist *-umēs*, z. B. *wërfumēs*, *lērumēs* und – mit erhaltenem /j/ der swV. I (Anm. 3) – *frummiumēs*. Nach Genese und Bezeugung sind die Formen mit /u/ als die ursprünglichen anzusehen (Anm. 1; Schatz Ahd. § 511).

2. Neben den Formen auf *-mēs* treten ab dem 9. Jahrhundert kürzere auf *-m*, *-n* auf, die ab Otfrid vorherrschen (Anm. 5). Notker verwendet stets *-ên* (Anm. 6). Jedoch verschwinden die Formen auf *-mēs* nicht gänzlich (Förster 1966: 69 ff.).

Lit.: Kögel 1879: 181, ds. 1882: 126 ff., Schatz Abair. §§ 155:a, 157:ac, 163:a, 164, Franck Afrk. § 200:1, Baesecke 1931: 374. – Zur (Vor)geschichte von *-mēs* (Anm. 1): v. Fierlinger 1885: 189 ff., Armitage 1911: § 325, Roberts 1935, Krahe 1958, Bech 1962, Hollifield 1980: 149 f., Voyles 1992a: 256 f., Boutkan 1995: 313 ff., Johannsson 2009: 77 ff., 134 ff., 208 ff., 302 ff., Fulk 2018: 276 A.8.

Anm. 1. Lange wurde in *-mēs* eine idg. Personalendung oder eine im Vorahd. angefügte, dem ahd. *wir* (§ 282) entsprechende Pronominalform gesucht, doch keiner der betreffenden Ansätze vermochte die phonologischen und morphologischen Probleme auszuräumen. Indessen ist eine plausible Erklärung, die auch der Beleglage Rechnung trägt, längst gefunden. Gemäß Bech 1962 handelt es sich um das Resultat einer Analogieproportion: Nach dem Verhältnis der 2.Sg. Imp. *bint* zur 2.Sg. Konj. (Adhort.) *bint-ēs* wurde zur ehemaligen 1.Pl. Ind./ Imp. **bintum* – zu *-m* vgl. voras. *lātam*, *lōkom* 'wir lassen/blicken' (SgRi CVI, 731 f.) und Ringe/ Taylor 2014: 107 – der Adhortativ *bintum-ēs* hinzugebildet. Bechs Entstehungsszenario wird besonders durch den Befund bei Otfrid gestützt, wo *-mēs* noch klar an den Adhortativ gekoppelt ist (§ 313+A.2). Weil die Endung als markiertere Variante des formal zugrunde liegenden Ind. Präs. auf *-m* erscheinen musste, konnte sie diesen rasch verdrängen. Die Verallgemeinerung bot den funktionalen Vorteil, die spezifisch (vor)ahd. Homonymie der 1.Sg. auf *-m* (§ 305) und der alten 1.Pl. auf *-m* (s. o.) zu beseitigen.

Die abweichende Position von Johannsson 2009, der kurzvokalisches *-mĕs* zugrunde legt (s. o. Lit.; vgl. § 7 A.6a), wird weder den Doppelschreibungen noch der Beschränkung auf das Ahd. gerecht.

Anm. 1*. Zur ahd. Formenverteilung:

a) Nach Anm. 1 entstammt die Endung *-mēs* dem adhortativen Imperativ (§ 313). Als sie im Ind. Präs. Einzug gehalten hatte, gingen der Ind. Prät. und die Konjunktivformen zunächst weiterhin auf einfaches *-m* (*-n*) aus. Doch ist dieses Verhältnis dadurch gestört, dass *-mēs* auch in den Konjunktiv und das Präteritum vorgedrungen ist (Anm. 7); in manchen Denkmälern gilt es generell.

b) Einige alte Quellen weisen noch scharfe Unterscheidungen auf. Das ursprüngliche Verhältnis zeigt sich im Freis. Pn: Ind. Präs. *dikkamēs*, *flāzzamēs*, *intfāhamēs*; Konj. Präs. *dikkēm*; Ind. Prät. *intfengun*; Konj. Prät. *muozīn*, *mekīn*. In anderen bair. Quellen sind Belege rar: in R Ind. Präs. *-mēs*; Prät. Ind. *-um*, Konj. *-im*, Konj. Präs. fehlt; in GlKass (Lb 5.1, 6) Ind. Präs. *firnëmamēs*, aber Ind. Prät. *quāmum*, *sōhtum*, vgl. Wüllner 1882: 131 ff.

c) Von größeren Denkmälern haben Is und MF *-mēs* im Ind. (und Imp.) Präs., *-m* im Ind. und Konj. Prät. (Matzel Is 230); der Konj. Präs. ist dort nicht belegt. In Pa, K, Ra gilt *-mēs* im Ind. und Konj. Präs., nicht im Präteritum. In BR und H dagegen ist *-mēs* im Konj. Präs. nicht vorhanden (z. B. H 10 *kalaupemēs* 'credimus', aber *pittēm* 'precemur'; 4,14 *pittamēs* 'rogamus', aber *sëhēm* 'cernamus'), wohl aber im Ind. Prät. (z. B. *qhātumēs*, *kehōrtōmēs* BR, *[wāntō]mēs* H).

d) Im Tatian steht *-mēs* gleichermaßen in allen Formen der 1.Pl., daneben sind die kürzeren Formen auf *-n* seltener (4 *-mēs* : 1 *-n*, Sievers T § 12:4); hinter der kürzeren Form steht meist *wir* (*gihōrtun wir* usw.), das nach entsprechenden *mēs*-Formen fast stets fehlt (vgl. Paul 1877: 421 f.).

Anm. 2. Der Bindevokal der *mēs*-Formen der 1.Pl. Ind. Präs. ist nur bei den swV. II/III (*dionōmēs, folgēmēs*) fest (zu *-umēs* bei swV. II vgl. § 366 A.1a). Was die übrigen Konjugationen betrifft, sollte nach Analogie anderer Formen (§§ 309, 314–316) *-amēs* den stV., *-emēs* den swV. I zukommen. Aber im Ganzen ist kein Unterschied zu erkennen. Entweder gilt *-emēs* für beide, wie bei Isidor (vgl. § 309 A.2), z. B. *findemēs* und *chilaubemēs* (ebenso in Pa, Ra, T u. a.), oder *-amēs*, wie in Rb, z. B. *arschīnamēs / kisezzamēs*, oder *-amēs* tritt neben *-emēs* ungefähr gleichmäßig auf, wie in H u. a. Dass *-amēs* auch im Frk. vorkommt, zeigt z. B. WK mit *ginōtamēs, hruamamēs* swV. I neben *quëdhemēs* stV. Spuren einer Scheidung zwischen stV. und swV. I liegen vielleicht in BR vor, wo bei den stV. *-amēs* herrscht (nur 1x *qhuëmemees* Adhort.). Bei den swV. I steht neben 7x *-amēs* (inkl. *pittamēs*) 3x *-emēs* (F.Seiler 1874: 452, 454).

Stärkere Zeichen der Unterscheidung zeigen die bair. Glossen, wo bei den swV. – bei überwiegendem *-amēs* – häufiger *-emēs* steht und auch *-imēs* vorkommt, das bei den stV. fehlt (Schatz Abair. 162 f.). Mit *-omēs* bair. *irleittomēs* Gl 1,478,18, *piromēs* 1,704,4 (Prät.-Endung, § 379 A.3). In *stercmēs* Gl 2,415,55 ist gar kein Bindevokal geschrieben.

Anm. 3. Das /j/ der swV. I ist in den Formen auf *-mēs* nur in K einige Male vor *-umēs* erhalten (s. o.). Es findet sich niemals vor *-emēs, -amēs*, außer in kurzsilbigen Verben nach /r/ (z. B. *-puriemēs, -purigemēs* Gl 2,134,47; vgl. § 118:2).

Anm. 4. Zu *-mēs* begegnen vereinzelt lautliche bzw. graphische Varianten (Kögel 1882: 130 f., Schatz Ahd. § 510):

a) auf *-mas*, z. B. *uuidirneozamas* Gl 1,383,59, *gipuozamas* 2,175,21 (jüngere Abschwächung nach § 58 A.3a);
b) auf *-mus*, z. B. *zaspaltemus* Pa („umspringen aus *umes*", Baesecke 1931: 374), *pespurnemus* Gl 1,787,26, *bittemus* OFreis 1,28,1, *lāzemus* 3,3,13 (nach der lat. Endung);
c) auf *-ms*, so *pituams* Kb (zu *bi-tuon*, [sprechsprachlicher?] Schreibervermerk 'machen wir Schluss', vgl. Splett Abr 211);
d) auf *-men*, z. B. *leitamen* Gl 1,478,19, *verdemen, vuerdamen* 1,491,42 f. (falsche Auflösung von ‹*-m̄*› der Vorlage [§ 7 A.1c] in Anlehnung an die Kurzform *-ēn*, vgl. Kögel 1882: 131, Förster 1966: 193 A.4).

Anm. 5. Die kürzere Form der 1.Pl. Ind. Präs. auf *-m, -n* tritt in älterer Zeit (als *-m*) nur höchst selten auf; belegt sind nur Pn *oblāzēm*; WK je 2 *farlāzzēm, quëdhēm, bittēm*, dazu 1 *wërdhēn*. Häufiger wird sie erst später in den Formen auf *-n* (*-en, -ēn, -ōn*, vgl. § 124); zuerst im Tatian (Anm. 1*d), durchweg bei Otfrid (*nëmēn, zellēn; ahtōn, habēn*). Nur an einer Stelle (3,3,13. 14) verwendet Otfrid *-mēs* im Ind. Präs. (§ 313): *lāzemēs* stV., *firmonamēs* swV. III.

Vereinzelt ist *-ēn* zu *-in* abgeschwächt (vgl. § 60+A.1,2): *ingaganin* Gl 2,461,41, *ūzrīzinmēs* (Anm. 7a), *lāzin* Npgl (Hs. X).

Anm. 6. Die kürzere Form auf (*-ēm*,) *-ēn*, (*-ōm*,) *-ōn*, die die längere auf *-amēs, -emēs, -ēmēs, -ōmēs* verdrängt, kann ihrer Herkunft nach nur die Form des Konj. Präs. sein, die in den Indikativ eingedrungen ist, wie umgekehrt teilweise die Indikativform *-mēs* in den Konjunktiv (Anm. 1*). Den Beweis hierfür liefert Notker, der dieses *-en* der stV. und der swV. I mit Zirkumflex versieht (z. B. *héizên, hôren, séhên*) und ebenso bei den swV. II/III in *chôsoên, zéigoên, lébeên, râmeên* deutlich konjunktivische Formen regelmäßig als 1.Pl. Ind. Präs. einsetzt (Braune 1876: 137, Wolfermann 1886: 8 f.). In diesem Buch wird daher auch für Belege wie *oblāzēm* Pn, *farlāzzēm* WK, *farēn* T, O (Anm. 5) langes /ē/ angesetzt (Kögel 1882: 134; anders Baesecke Einf. 199 f.).

Anm. 7. Mitunter sind 1.Pl.-Formen auf *-n* sekundär um die Endung *-mēs* erweitert, öfters bei Tatian-Schreiber ζ (Sievers T § 12:4) und meist in solchen Kategorien, denen *-mēs* von Hause aus nicht zukommt (Kögel 1882: 130):

a) Ind. Präs. auf *-in* (Anm. 5): *ūzrīzinmēs* (Hs. *-mef*) Gl 2,695,67; auf *-un* (§ 379 A.3): *pirunmēs* Gl 1,704,5;

b) Konj. Präs. auf *-ēn* (§ 311:3): *comēnmēs, slīzēnmēs* T, *rātēnmēs* Gl 5,17,68;

c) Ind. Prät. auf *-un*: *gābunmēs, quāmunmēs, gihalōtunmēs* u. a. T, ebenso alem. *ruortōnmēs* Thoma 1975: 7.15 (zu /ō/ vgl. § 320).

Anm. 8. Die im Mhd. geläufigen Formen der 1.Pl. ohne /-n/ vor enklitischem *wir* (Mhd. Gr. § M 70 A.7, KSW II.2, § V 52) finden sich im älteren Ahd. erst spurenweise (*wizzuwir* T 132,17, *wëge wir, sagē wir* OFreis 2,6,32. 3,20,89). Im Spätahd. werden sie häufiger, z. B. *geloube wir, genëse wir* Npw; *wëse wir, offene wir* Will (Gering 1888: 249, Schatz Abair. 163). In GlMon kann die Endung auch völlig fehlen: *leccwir* (1,785,47, 12. Jh.) zu *leggen* (Förster 1966: 69 f., 72).

Die 2.Pl. Ind. Präs. und die (überall gleich lautende) 2.Pl. Imp. haben die Endung *-t*, die bei den swV. II durchgehend als *-ōt*, bei den swV. III als *-ēt* erscheint. Bei den stV. und den swV. I ist *-et* die reguläre Form, die im Frk. und Bair. allein gilt; das ältere Alem. dagegen (BR, Rb u. a.) hat neben *-et* häufiger *-at*, das zur 3.Pl. *-ant* (§ 309:1) hinzugebildet ist (Schatz Ahd. § 513). In MF steht neben *-et* öfter die Endung *-it* (Anm. 1, 2). **§ 308**

Lit.: Schatz Abair. §§ 155:b, 163:b, Franck Afrk. § 200:2. – Zur ursprünglichen Form der Endung: Paul 1877: 400 ff., Kögel 1882: 135 ff., Berneker 1898: 355 ff., Jellinek 1900: 197 ff., Walde 1900: 119, v.Helten 1903: 526 A.2, Wilmanns III,51 f., Kortlandt 1993.

Anm. 1. Die Endung *-it* zeigen 12 Formen in MF (7 stV., 5 swV., Hench MF 133 ff.) sowie *arspriuzit* Ja; aus dem Ostfrk. *rein'ᵗ* Hofmann 1963: 75.120 (9. Jh.) und vielleicht *bitit* T 164,1 (nach Sievers T § 108 A. unerklärt, nach Schatz Ahd. § 513 assimiliert). Sie sind insofern bemerkenswert, als sie Hebung bzw. Umlaut aufweisen und demnach völlig mit der 3.Sg. übereinstimmen: *quidit, gasihit* (statt *quëdet, gasëhet*), *ferit* (statt *faret*). Da *-it* im Bair. nicht belegt ist, muss es aus der Vorlage stammen und auch für Isidor vorausgesetzt werden (Matzel Is 170); nach Ausweis der Hebung ist es mindestens nordwestgerm. Alters (Anm. 2).

Anm. 2. Zwischen den stV. und den swV. I besteht in der Endung der 2.Pl. kein Unterschied. Das /j/ der swV. I und der starken *j*-Präsentien ist nur bei den kurzsilbigen Verben auf /r/ erhalten (vgl. § 118:2): *neriet* GlMon (1,527,16), *eriget* GlMon (5,89,14). Gemination durch /j/ tritt bei Otfrid zutage, so *thigget* (aber 3.Sg. *thigit*), *zellet* (aber 3.Sg. *zelit*). Das Allomorph *-it* (Anm. 1) kann hingegen auf eine Vorform ohne /j/ führen, wie sie bei Ringe 2017: 297 f., Ringe/Taylor 2014: 108 für das Urgerm. und Westgerm. angesetzt wird; vgl. § 358.

Anm. 3. Im späteren Alem., von Notker bis ins Mhd., lautet die Endung der 2.Pl. *-nt* statt *-t*, und zwar in allen Tempora und Modi. So durchweg bei Notker, z. B. 2.Pl. Ind. Präs. *nëment, salbônt, folgênt*; Konj. Präs. *râtênt, salboênt, folgeênt*; Ind. Prät. *nâment, suohtônt*; Konj. Prät. *nâmînt, suohtînt* (vgl. §§ 321:2, 322:3). Dies betrifft auch den Imperativ: Np *sînt, uuésent* (§ 378 A.3b), *lóbont* 'laudate'; *puozant* 'solvite' Gl 2,33,24 (v.Gadow 1974: 123, 143 f.), *vuīchent* 'cedite' 2,774,20 (Schlechter 1993: 240). Die Formen auf *-nt* kommen im Frk. spärlich vor, so mfrk. *inthauent* 'suspendite' Gl 2,576,57 (Stührenberg 1974: 59.63, 94+A.195, AWB IV,575; s. u.), im

Bair. fast gar nicht (vgl. Mhd. Gr. § M 70 A.8, KSW II.2, § V 53). Die Umbildung der Endung *-t* zu *-nt* ist wohl durch die 3.Pl. Ind. Präs. auf *-nt* veranlasst; die Entwicklung wäre also vom Präsens ausgegangen. Zur syntaktischen Relevanz des Zusammenfalls der 2. und 3.Pl. vgl. Schlachter 2012: 179 ff.

Im 8. und 9. Jh. finden sich erst wenige Spuren davon, die ältesten in Pa und K: *haffent*, *dannent* Pa, K, *firnëmant* K (alles Imperative, Kögel 1879: 185); in Rb *kisāhunt* (Ind. Prät., Gl 1,410,58); in Jc *wantolōnt*, *ahtōnt* (Schindling 1908: 113); einige in gewissen Teilen des Tatian, z. B. *tuoment*, *intfāhent*, *ingiengunt*, *gihōrtunt* (Ind. Präs. und Prät.; Sievers T § 13:5), besonders bei Schreiber γ (Harczyk 1874: 80, Moulton 1944: 331, Klein 2001: 37, 39); bei Otfrid nur spurenweise *swerrēnt* 2,19,8 (im Reim), *intfāhent* 5,8,57 (Imp.? Erdmann O 468) und noch einige Male nur in den Hss. P und F; Sam 31 *ir sagant*, OFreis *eigunt* (Kelle O 111); zu dem zweifelhaften *gaweridōnt* 'induistis' MF vgl. MSD II,347.

Anm. 4. In den Par. Gespr endet die 2.Pl. (neben einigen regulären Formen auf *-t*) meist auf *-n*, z. B. Präs. *queten*, *guān*, Prät. *sarden*, *dāden* (Haubrichs/Pfister 1989: 65). Der Tatian-Schreiber γ hat 2x *tātun* 'fecistis' (84,3. 4), die Otfrid-Hs. P 2x *dātun* (Os 22. 5,20,94; Kelle O 38 f.). Hier ist das *-un* der 1.3.Pl. Prät. auf die 2.Pl. übertragen; der neue Einheitsplural hat in den Par. Gespr. auch das Präsens erfasst.

§ 309 Die Endung der 3.Pl. auf *-nt* erscheint bei den swV. II/III durchgehend als *-ōnt*, *-ēnt*. Bei den stV. und den swV. I lautet der Bindevokal /a/, der aber bei den swV. I durch /j/ (§ 58 A.1) zu /e/ werden musste; somit ist *-ant* die Endung der stV., *-ent* die der swV. I. Dieser Zustand ist aber nur noch in einigen der ältesten Quellen ziemlich korrekt erhalten (Pa, K, R, MF).

1. Im Übrigen treten Vermischungen ein: Entweder dringt *-ant* auch in die swV. I ein, oder *-ent* erscheint umgekehrt auch bei den stV. Ersteres ist obd. der Fall, wo schon BR, H, Rb auch im swV. I immer *-ant* zeigen, Letzteres im Frk., wo es im Tatian und bei Otfrid durchweg *farent* wie *zellent* heißt. Die meisten Quellen unterscheiden also nicht zwischen stV. und swV. I.
2. Vereinzelt steht in alem. und bair. Glossen *-unt* bzw. *-ont*, z. B. *besingunt* Gl 2, 31,72, *chrademont* 2,774,33 (Schatz Ahd. § 514, v.Gadow 1974: 119). Zu spätobd. *-int* s. Anm. 1*.

Lit.: Schatz Abair. §§ 155:c, 163:c, Franck Afrk. § 200:3, Förster 1966: 38 ff.

Anm. 1. Bei den swV. I finden sich vereinzelte *-ant* statt *-ent* schon in Pa, K, MF (*ardempant* neben *gahōrrent*, *chaufent* usw.), weit öfter in Ra (Kögel 1879: 184), nur *-ant* in Rb (Ottmann 1886: 29); im Obd. des 9. Jh. wiegen die Formen auf *-ant* vor; die Formen auf *-ent* gibt es umgekehrt auch vereinzelt bei stV. So kommen z. B. im Musp nebeneinander vor: swV. I *wechant*, *wīssant*, stV. *pāgant*, *quëmant*, *inprinnant*, *varant*, daneben stV. *pringent*. Die späteren bair. Glossen haben bei swV. I mehr *-ent* als *-ant* (vgl. Schatz Abair. § 155:c, Förster 1966: 39). Bei swV. III kommt auch *-ant* vor (Förster 1966: 113).

Anm. 1*. Bei Notker ist *-ant* zu *-ent* abgeschwächt. Dieses erscheint in einigen Schriften nach § 60 A.2 auch als *-int*, z. B. stV. *ríngint* Ns 284,18. 285,1; aus Npgl vgl. *chomint*, *nemint*, *genesint* (Kelle 1889: 60). 1x schon in OFreis: *sizzint* 1,10,25. Zu *-int* in GlMon vgl. Förster 1966: 40, 47 ff.

Anm. 2. In den frk. Quellen herrscht *-ent* bis auf ganz vereinzelte Ausnahmen (Pietsch 1876: 343). Nur Isidor hat regelmäßig *-ant*, auch im swV. I, z. B. *arfullant, nemnant* usw. (*-ent* nur 2x in *sitzent, wellent*) gegenüber *-emēs* in der 1.Pl.; vgl. § 307 A.2; Paul 1877: 365, 405, Kirschstein 1962: 106 f., Matzel 1966: 154.

Anm. 3. Sporadisch hat sich in den swV. I ein Reflex des /j/ gehalten: vor *-ant* in *helliant, arleckeant* Ra, *kahōneant* Nievergelt 2009a: 340 (vgl. § 118 A.2); ansonsten nur noch bei den kurzsilbigen Verben auf /r/, z. B. *irpurient* Gl 2,187,53, *urburigent* Gl 2,202,73, *teriant* Gl 2,166, 35; und mit /rr/ statt /ri/ (§ 118 A.3): *derrent, werrent* O, *pawerrant* Rb.

Anm. 4. Das *-nt* der 3.Pl. Ind. ist im Ahd. fest. Einige Ausnahmen lassen sich phonotaktisch durch den sprechsprachlichen Satzsandhi – Verlust des /t/ in Dreierkonsonanz (§ 99 A.3) – erklären, z. B. *forahten sie* O 1,1,84, *wīzen sie* 4,26,16, *sizzen drūta* 5,20,17; in Np *furhten* 13,5 (Kelle 1889: 83: „Schreibfehler"), in Npw *beten* 21,28, *tuon* 35,3, *chomen* 37,8. Ohne folgenden Obstruenten: in OFreis *firsprechen* 1,15,44, *firnemen* 2,9,17, *nennen* 3,12,12 (*-ent* Hss. P, V), in Npw *chomen* 125,6, *sīn* Cant. Deut. 20. 37. Sporadische Glossen auf bloßes *-n*: *kinuokin* Gl 2, 202,75, *suuintin* 2,204,75 (Jacob 1897: 16), *tarun* 2,185,43 (GlFreis 590.F169).

Dagegen ist im Konjunktiv ab dem 10. Jh. Verwirrung zwischen *-n* und *-nt* festzustellen, die späterhin zunimmt (Franck Afrk. 254 f., Förster 1966: 45, 51 f.). Schon Rd (Anfang 9. Jh., alem.) bietet *rutichoent* Gl 1,290,29 (*-oen* Jb). Im anl. Leid. Will gehen die Formen auf *-ent* und *-en* durcheinander (v.Helten 1897: 510); nach Sanders 1974: 225 f. ist *-ent* hyperkorrekt vom Schreiber gesetzt.

M 3.2.1.2. Konjunktiv Präsens

Der Konjunktiv Präsens hat im Ahd. das Moduskennzeichen /ē/, dessen Länge – abgesehen von der 1.3.Sg. – durch Doppelschreibungen in älterer Zeit (*kangees* BR) und durch Zirkumflexe bei Notker (*gângên* Nb) gesichert ist. Entstanden ist dieses /ē/ aus nebentonigem /ai/ (§ 43 A.3b). **§ 310**

1. Die stV. und die swV. I stimmen in der Flexion des Konj. Präs. völlig überein. Die swV. II/III weichen insofern ab, als bei ihnen zwei Bildungen vorliegen: eine längere *dionōe, folgēe* und eine kürzere *diono, folge*. Die kürzeren sind im Frk. – ohne Isidor, aber mit MF – die allein üblichen, die längeren sind obd. (§ 6a:1j,4j). Insbesondere kennt das Alem. nahezu ausschließlich die längeren Formen; im Bair. sind sie – neben den kürzeren – nur bei den swV. II geläufig, sehr selten dagegen bei den swV. III. Strittig ist, ob die längeren Formen die ursprünglichen sind oder verdeutlichende Neubildungen.
2. Bei den stV. II–V wird vor /ē, e/ der Wurzelvokal nicht gehoben: 3.Sg. Ind. *ziuhit, wirfit, nimit, gibit*, aber Konj. *ziohe, wërfe, nëme, gëbe*. Eine singuläre Ausnahme ist *biquhime* Is 26,5 (§ 29 A.2).

Lit.: Wilmanns III,85 f., Baesecke Einf. 220, Flasdieck 1935: 159 ff., Cowgill 1959: 1 ff., Kirschstein 1962: 1 ff., Matzel Is 231 f., 399 f., Johannsson 2009: 222 ff.

Anm. 1. Nur sehr vereinzelt findet sich in älterer Zeit /a/ für das /ē/ des Konj. Präs. (2.Sg., 1.–3.Pl.); bei Isidor 3.Pl. *setzan, bichnāan*, im Tatian *githuahan* (Sievers T § 107:1bβ), in BR (F.Seiler 1874: 452); später öfters in bair. Quellen, die auch sonst /a/ für /ē/ eintreten lassen (vgl. § 58 A.3), z. B. 1.Pl. *pisuīhhan* Gl 1,815,47; 3.Pl. *gihuccan* Gl 1,371,58, *pigëpan* Gl 2,403,14 usw. – Schatz Abair. § 157, Förster 1966: 45 (weist aaO. 53 auch auf fmhd. ‹*i*› hin).

Anm. 2. Bei den swV. I ist /j/ hier nirgends erhalten, abgesehen von den kurzsilbigen auf /r/, z. B. 3.Sg. *piwerie* BR, *nerie, biwerie* O, *nerige* Gl 1,812,41; 1.Pl. *gaspurgemēs* Gl 2,297,25; 3.Pl. *piweriēn* BR, *weriēn, deriēn* O. – Formen mit /rr/ (§ 118 A.3): z. B. 2.Sg. *erpurrēs* H, 3.Sg. *biwerre, derre* O.

Anm. 3. Die längeren Formen der swV. II/III hat Kögel 1884a: 506, 518 dokumentiert und behandelt. Im Frk. begegnen sie nur bei Isidor (*blūchisōe, sagheen, schameen*, weitere in MF; vgl. Franck Afrk. § 201); Matzel Is 400 sieht darin eine wichtige Übereinstimmung mit dem Alem.-Obd. Hierher auch *bidarbōe* im Leipziger Fragment (Mackert/Schmid 2019: 159), falls nicht *-ōt* zu lesen. Die kürzeren Formen sind im Bair. bei den swV. III die Regel und kommen auch bei den swV. II schon in alten bair. Quellen vor, z. B. 2.Sg. *kawërdōs* 1. bair. B (Lb 22.1, 15), 3.Sg. *rīchiso* Freis. Pn (Hs. B), in jüngeren Quellen überwiegen sie (Schatz Abair. § 164).

Anm. 4. Die längeren Formen zeigen oft noch ein /j/ vor dem Flexionsvokal, das vor /e/ meist ‹*g*›, seltener ‹*i*› geschrieben wird (vgl. § 117:3), z. B. *rīchisōia* Freis. Pn (Hs. A), *chōsōge, leidōgēs, leidōgēn* (Belege bei Schatz Abair. § 164:b). Dieses ‹*g*› bzw. ‹*i*› ist am häufigsten im Bair., findet sich aber zuweilen auch im Alem., z. B. *toubōge, kizuchōie* (Kögel 1884a: 507), *starchēge, ermiltēge* (aaO. 519). Zu Formen mit ‹*h*› vgl. § 152 A.4.

Anm. 5. Notker verwendet nur die längeren Formen; das /ō/ bzw. /ē/ des Stammauslauts wird jedoch vor dem /ē/ des Konjunktivs regelmäßig ohne Zirkumflex geschrieben: *minnoe, chôsoe, râmee*, Pl. *choroên, skaffoên* usw. (O.Fleischer 1882: 159). Das beweist, dass /ō, ē/ in diesem Fall gekürzt oder zumindest ohne Nebenton gewesen ist (zum Präteritum vgl. § 366 A.2a).

In Np tritt oft das /j/ vor der Konjunktivendung auf: *minnoien, chôsoien, habeiest*; /o/ ist in diesem Fall zuweilen zu /e/ geworden, z. B. *jageie* (für *jagoe*), *bildeiest* (für *bildoêst*). Zum Typ *nemêist* vgl. § 311 A.2*.

§ 311 Die einzelnen Formen des Präsenskonjunktivs bieten Anlass zu verschiedenen Bemerkungen.

1. Die 1.3.Sg. hat kurzes /e/, welches bei Notker keinen Zirkumflex trägt (Braune 1876: 136, 153; doch s. Anm. 1). Das /o, e/ der swV. II/III (*diono, folge*) ist – wie in der 2.Sg. Imp. (§ 312) – ebenfalls als kurz zu betrachten.

Anm. 1. Das /e/ der 1.3.Sg. ist in *trahtōhee* BR 270,5 vereinzelt als lang markiert. Wie andere auslautende /e/ erscheint es im Bair. nicht selten als /a/ (§ 58 A.3), so schon im Freis. Pn *wërda, wësa, rīchisōia* neben *piqhuëme, walte*; häufiger im späteren Bair. (Schatz Abair. § 156:a, Förster 1966: 84 f.), z. B. *pigrīpha* (Siewert 1986: 237 f.). In anderen Dialekten ist dies selten, z. B. *gëba* Sam 7, *bichnāa* Is, öfter im Tatian (γ, Sievers T § 107:1aδ). Zuweilen begegnen die Übergangsschreibungen ‹*ę, æ, ae*›: *prestę* Gl 2,164,69; *uuerdæ* 2,267,55; *gineriae, biuueriae* OFreis 4,7,60.

Anm. 2. Das /e/ wird vor vokalisch anlautenden Enklitika öfter elidiert (§ 61), besonders bei Otfrid: *brëst imo, irbiat ër, hōr ër, lëb ër*; selten das /o/ der swV. II, *scouu ër* (= *scouuo ër*) O. Genaueres bei de Boor 1928: 24 ff., Somers Wicka 2009: 87 ff.

2. Die 2.Sg. Konj. Präs. geht in der älteren Zeit auf *-ēs* (*-ōs*) aus; zur Vokallänge vgl. *kangees* BR, zur Herkunft vgl. § 82 A.3. Ab dem 9. Jahrhundert nimmt sie zunächst im Frk., später auch im Obd. nach dem Vorgang des Indikativs vielfach *-t* an (§ 306:2). Tatian hat schon *gileitēst* 'inducas' 34,6 (§ 306 A.4); Notker verwendet regelmäßig *-êst*: stV. *râtêst*, swV. *lôsêst, dienoêst, folgeêst.*

Anm. 2*. In Np erscheint einige Male der Ausgang *-êist* (Kelle 1889: 39): stV. *nemêist* 36,1, *feruuérfêist* 50,13, *irgébêist* 141,8; swV. I *iruerrêist* 39,12, *ruochêist* 140,2. Er ist dem Typ *habeiest* neben *habeêst* der swV. II/III (§ 310 A.5) nachgebildet (Schatz Ahd. § 515).

3. Die echte Endung der 1.Pl. Konj. auf *-ēm* (*-ōēm, -ōm; -ēēm, -ēm*) ist in mehreren der ältesten Quellen scharf geschieden von der 1.Pl. Ind. auf *-amēs, -emēs*: *teil nemēm ... kearneēm* BR 191,9 f., *sehēm* H 14,4,4. Wie in § 307 A.1*,2 dargestellt, hat sich aber im Ahd. eine Vermischung der 1.Pl. Ind. und Konj. vollzogen: In älterer Zeit nahm in manchen Quellen der Konjunktiv die Indikativform auf *-amēs* oder *-emēs* usw. an; umgekehrt erhielt in anderen Quellen der Indikativ die Konjunktivformen auf *-ēm, -ēn* usw., die dann in der späteren Zeit Alleingeltung erlangten und die alten Indikativformen verdrängten (§ 307 A.6).

Anm. 3. Die Konjunktive auf *-emēs* sind also von Hause aus Indikative und dürfen deshalb nicht als †*-ēmēs* angesetzt werden. Dies geht auch daraus hervor, dass in den Quellen, die im Indikativ *-amēs* haben, auch im Konjunktiv *-amēs* erscheint, ohne dass dort sonstiges langes /ē/ zu /a/ würde; z. B. *niozzamēs* 'ut abutamur' Rb, *thaz gilaubamēs endi bijëhamēs* 'ut credamus et confiteamur' WK. Daher ist auch z. B. im Tatian (82,5) Konjunktiv *wirkemēs, gisëhemēs, giloubemēs* wie im Indikativ anzusetzen.

Anm. 4. Zu Formen der 1.Pl. Konj. auf *-ēnmēs* vgl. § 307 A.7b.

4. Der ursprüngliche Ausgang der 2.Pl. Konj. lautet *-ēt*: *kenemmeet* 'invocetis' BR 193,27. Bei den swV. II endet die kürzere Form auf *-ōt* (*bilidōt* O 2,19,18, *pichorōt* GlMon). Im späteren Alem. gilt auch im Konj. Präs. die Form auf *-nt* (N *râtênt, lôsênt, dienoênt, folgeênt*), vgl. § 308 A.3.

5. Die 3.Pl. Konj. der stV. und swV. I endet auf *-ēn*; zur Vokallänge vgl. *framkangeen* 'proficiant' BR 200,23 f., *antuurdeen* 'respondeant' Is 5,2, bei Notker *erbítên* Nb 245,1, *préitên* 130,15 f. Bei den swV. II/III endet die kürzere Form auf *-ōn* (*prastōn* R 79,26, *bilidōn* O 3,19,33) bzw. *-ēn* (*tholēn* Gl 2,144,32, *ērēn* T 88,7, O 2,21,12, bei Notker *lâzên* Nb 191,27, *hábên* Nc 115,9); zur längeren Form vgl. § 310 A.3–5. Zum Eindringen des indikativischen *-nt* vgl. § 309 A.4.

Anm. 5. Auch in der 2.3.Pl. Konj. erscheint das /ē/ bisweilen als /a/ (s. Anm. 1): *areinat* (für *-neinat*?) 'negetis' (AWB III,180); *lësan* 'legant', *arbeitan* 'laborent' BR 255,25. 6.

M 3.2.1.3. Imperativ

§ 312 Nur die 2.Sg. Imp. hat ihre eigene, von der 2.Sg. Ind. und Konj. deutlich unterschiedene Form. Diese hält zugleich einen scharfen Unterschied zwischen starken und schwachen Verben fest: Die 2.Sg. der schwachen Verben geht stets vokalisch – auf kurzes *-i*, *-o*, *-e* (Anm. 3) – aus, während die 2.Sg. der starken Verben konsonantisch endet (doch s. Anm. 2).

Bei den starken Verben mit *e*-haltiger Wurzel (Klasse II–V) ist der Wurzelvokal im Ahd. – anders als im Ae. und meistens im As. – regelmäßig gehoben: *ziuh* (*ziohan*), *wirf* (*wërfan*), *nim* (*nëman*), *sih* (*sëhan*; zum Präfix *sih-* vgl. § 295 A.1a). Es handelt sich nicht um Lautwandel (nordwestgerm. Hebung, § 30:1), sondern um Analogie zur 2.Sg. Ind., parallel zum analogischen /i/ der 1.Sg. *nimu* usw. (§ 30:3).

Lit.: Bech 1964a, Boutkan 1995: 74, 326.

Anm. 1. Bei den stV. werden im Imperativ auslautende Geminaten vereinfacht (§ 93:1): *bigin* O 3,18,35 (*biginnan*).

Anm. 2. Die *j*-Präsentien der stV. bilden die 2.Sg. Imp. auf *-i*, ebenso wie die swV. I (Anm. 3), z. B. *biti*, *sizzi*, *sweri* (§§ 303, 327), mit Abschwächung *skephe* Np. In Np und Npgl finden sich einige Imperative auf *-e* von stV. nach dem Muster der swV. (Schatz Ahd. § 519): Np *beuile* (*bi-felhan*), *infāhe*, *fare*, *sceide*, Npgl *hāe* (Kelle 1889: 62); Npw *fara*, *sceide* (Heinzel 1875–76: II,324). Die Form *riuue* Nb 41,3, die an die vorhergehenden Imperative auf *-e* angelehnt ist, kann zum stV. *(h)riuwan* (so Kelle 1885: 249) oder zum swV. *(h)riuwōn* (vgl. aaO. 269) gehören. – Im Mhd. werden Imperative auf *-e* bei stV. zahlreicher (KSW II.2, § V 48+A.1,3).

Anm. 3. Bei den swV. I steht vor dem *-i* des Imperativs einfacher Konsonant, wie in der 2.3.Sg. Ind. Präs. (§ 306:1): *frumi*, *zeli* (*neri*). In späterer Zeit ist das *-i* zu *-e* abgeschwächt, so *frume* Schiegg 2015: 213. Notker erweist auch den Auslautvokal der swV. II/III als kurz, z. B. *choro*, *folge* Nb (Kelle 1885: 258, 269 bzw. 262, 272). Auch dieser erscheint später als *-e*, vgl. *mache* Thoma 1975: 15.32, Will.

Anm. 4. Das *-i* der swV. I wird vor vokalisch anlautenden Enklitika besonders bei Otfrid oft elidiert (§ 61), z. B. *suaz imo* (für *suazi*), *hug ës*, *īl io* (Kappe 1909: 203 und genauer de Boor 1928: 29).

Anm. 5. Der Imperativ primärer Verben kann durch eine Partikel *-ā* verstärkt werden, die bei mit /j/ gebildeten Verben das *-i* der Endung verdrängt (AWB I,1): *purā* Gl 1,416,20 f. (*burien*), *īlā* 1,812,4 (*īlen*); aus dem Mhd. vgl. *dringā*, *hilfā* (Mhd. Gr. § M 70 A.10). Die Partikel kann auch das Personalpronomen *ih* verstärken (§ 282 A.2a). Vgl. Schwentner 1924: 6 ff.

§ 313 Von den Pluralformen des Imperativs ist die 2.Pl. vollständig identisch mit der 2.Pl. Ind. Präs. (§ 308).

Die 1.Pl. („Adhortativ"; AG II, § 119:5) besitzt ebenfalls keine eigene Form. Sie stimmt ursprünglich (wie die 2.Pl.) mit der entsprechenden Indikativform überein (vgl. § 307 A.1) und unterscheidet sich vom Konjunktiv: *nëmamēs*, *-emēs* Ind. und Imp., *nëmēn* Konj. Ein entsprechendes Verhältnis findet sich auch im Got. (*nimam* Ind. und Imp., *nimaima* Konj.) und im Awn.

Aber schon früh wird im Ahd. zum Ausdruck des Adhortativs auch die 1.Pl. Konj. verwendet. So stets in H (*singēm* 'psallamus!', *pëtōēm* 'oremus!', *duruch wachēēm* 'pervigilemus!'). Dieser Gebrauch nimmt mit dem 9. Jahrhundert zu und verdrängt schließlich die Adhortativform auf *-mēs* ebenso, wie die Indikative auf *-mēs* durch die Konjunktivform ersetzt werden (§ 307 A.6). Nur bei Otfrid, wo im Indikativ Formen auf *-mēs* bis auf wenige Reste fehlen (§ 307 A.5), sind sie im Adhortativ noch regelmäßig erhalten (Anm. 2).

Anm. 1. Die formale Gleichheit des Adhortativs mit der 1.Pl. Ind. Präs. zeigt sich darin, dass der Bindevokal in beiden Formen derselbe ist. In den Quellen, in denen der Ind. Präs. *-amēs* hat, zeigt der Adhortativ ebenfalls *-amēs*, z. B. in Rb *ingagan kisezzamēs* 'opponamus', *camiscamēs* 'confundamus', in BR (F.Seiler 1874: 452) neben *hoorramēs*, *kasëhamēs* usw. auch *qhëmemees* 'veniamus'. Ebenso hat bei Isidor der Adhortativ (wie der Indikativ) stets *-emēs*: *chichundemēs*, *araughemēs*, *suohhemēs*, MF daneben *faramēs*, *haltamēs*, *zwiflomēs* (Hench MF 133, 137). In K finden sich Adhortative auf *-umēs*: *zispaldumēs* 'disrumpamus', *mōsiumēs* 'comedamus' (vgl. § 307:1).

Anm. 2. Bei Otfrid sind folgende Formen des Adhortativs belegt: stV. und swV. I *-emēs*: *bittemēs*, *fāhemēs* (2), *flīhemēs*, *irstërbemēs*, *quëdemēs*, *singemēs*; *giloubemēs*, *garawemēs*, *īlemēs* (5), *kēremēs*, *thenkemēs* (2); zu *biremēs* s. u. Nur *faramēs* ist viermal mit *-a-* belegt, vielleicht wegen des /a/ der Wurzel (auch im Tatian ist *faramēs* [2x: Ind. und Imp.] die einzige Form auf *-amēs*; vgl. auch MF, Anm. 1). Dazu noch bei Otfrid swV. II/III: *fërgōmēs*, *scouuōmēs*, *wīsōmēs*; *ērēmēs*, *folgēmēs*.

Dass diese Formen aus dem Indikativ herzuleiten sind, dafür sprechen die Adhortative *sculumēs* O 1,24,14 und *birumēs* 2,6,57 (*biremēs* OFreis, Kelle O 115); vgl. § 307 A.1. Neben letzterem steht aber auch das neu gebildete *sīmēs* (5 Belege, Kelle O 116), das sich an den Konjunktiv *wir sīn* anschließt.

M 3.2.1.4. Infinitiv

Der Infinitiv Präsens geht auf /n/ aus. Die Formen der swV. II/III *dionōn*, *folgēn* **§ 314**
geben kaum Anlass zu Bemerkungen (§§ 366 A.1, 368 A.1*). Die Infinitivendung der stV. lautet *-an*, die der swV. I *-en* (< *-jan*, § 58 A.1), also *nëman*, aber *lōsen*, *zellen*. Dieser Unterschied ist in vielen älteren Quellen scharf ausgeprägt, so in Voc, Pa, K, R, MF, T und noch konsequent bei Otfrid (doch s. Anm. 1). Durch Ausgleich können aber die swV. I von den starken Verben den Ausgang *-an* erhalten, also *lōsan*, *zellan* wie *nëman*. Diese Analogie ist hauptsächlich obd. und nimmt dort schon im 9. Jahrhundert breiten Raum ein.

Im späteren Ahd. (Notker) tritt für *-an* meist *-en* ein, doch herrscht in bair. Glossen *-an* bis ins 12. Jahrhundert (Förster 1966: 57 ff.) und wird auch auf die swV. III übertragen (aaO. 113).

Lit.: AG II, §§ 61, 127 f., 131 f.; Schatz Abair. § 159, Franck Afrk. § 203:1, Haudry 1994, Thies 1994: 329.

Anm. 1. Der umgekehrte Ausgleich zu einem Infinitiv der stV. auf *-en* ist nirgends allgemein durchgeführt. Immerhin begegnen verschiedentlich einzelne starke Infinitive auf *-en*; im Tatian besonders bei Schreiber γ (Sievers T § 89), auch einige Male bei Otfrid, z. B. *nëmen* 2,10,12 (Benrath 1887: 26). Weitere Belege mit *-en* verzeichnet Pietsch 1876: 343.

Anm. 2. Der Ausgang *-an* bei den swV. I (und den *j*-Präsentien der stV., § 327) ist im Frk. selten, z. B. WK *giterian, gilouban, suanan* neben *bitten, giwurchen, ardeilen*. Nur Isidor hat durchgehend *-an*: *chilauban, chigarawan* usw. (1x *-en*: *bichennen*); im Tatian stehen 25 *-an*, 56 *-en* (Sievers T § 90). – Dagegen zeigt sich im Obd. *-an* neben *-en* schon in Ra; *-an* herrscht in BR (nur noch wenige *-en*, F.Seiler 1874: 457), Rb und in vielen anderen Quellen vor, z. B. Freis. Pn (*arfullan*), Exh B *galaupian, lēran, galēran* (Exh A noch *-en*), Musp *arteillan, suonnan, huckan, furisizzan, likkan* usw. (vgl. Wüllner 1882: 130).

Anm. 3. Das /j/ ist in alten Quellen nur sehr selten belegt (nur vor *-an*), z. B. K *kawerpian*, Ra *huckian, hrōrian*, Exh B *galaupian*. Nur bei den kurzsilbigen Verben auf /r/ ist /j/ allgemein erhalten (§ 118 A.3), so *nerien, werien, swerien* O; *ginerian, nerian, skerian* (Lb 33 [Petruslied]); *werian* Gl 2,98,64. 109,15. Daneben stehen Formen mit /rr/ wie *swerran* BR, *swerren* MF.

Anm. 4. Abfall des /n/ im Infinitiv findet sich ab dem 9. Jh. öfter im Ostfrk., besonders in Würzburg (Kögel Lg. II,522); vgl. § 126 A.2a. Die rezenten Mundarten haben dort das *-en* verloren, vgl. DSA Kt. 11. Wenn im Abrogans einige *n*-lose Infinitive wie *kafoge* Pa, *kilatho* Kb begegnen, haben wir es kaum mit phonetischem Nasalschwund (so Kögel 1879: 60, Baesecke Einf. § 68:3a) zu tun, sondern entweder mit dem Fehlen von Nasalstrichen (Splett Abr 118 f., 350), wie sie in den Infinitiven *mosē, hnuttē* Kb 265,16. 27, *galirnē* Exh B – spät *furiuarē* Gl 4, 88,51, *hazzē, slafē* 5,7,14. 17 – vorliegen, oder generell mit verkürzter Schreibung. Letztere ist auch für frühe bair. Glossen wie *dache* 'silere' Glaser 1996: 104.1 (Lesung A.Nievergelt briefl., wohl = *dagēn*, § 149 A.5b), *uuargelta, mezhaftigo* Gl 2,168,21. 50 zu erwägen (vgl. noch Nievergelt RP 129 A.905). – Auffällig *wëse* 2x Merig (im rührenden Reim 1,53. 54) neben Infinitiven auf *-an, -en, -in* (zu Weiterem vgl. KSW II.2, § V 36 A.1).

§ 315 Dem Infinitiv, der ein neutrales Substantiv im Nom.Akk.Sg. darstellt, stehen ein Genitiv auf *-nnes* und ein Dativ auf *-nne* zur Seite, die nach der lat. Grammatik auch Gerundium genannt werden (zu weiteren Kasus s. Anm. 4). Der Vokal vor diesen Ausgängen folgt – außer den in Anm. 1ab aufgeführten Sonderfällen – den Regeln für den Infinitiv (§ 314): stV. *nëman*, Gen. *nëmannes*, Dat. *nëmanne*; swV. I *zellen*, Gen. *zellennes*, Dat. *-enne* (obd. häufig *-annes, -anne*); swV. II *dionōn*, Gen. *dionōnnes*; swV. III *folgēn*, Gen. *folgēnnes*.

Lit.: AG II, §§ 21 A.1, 61:2; Schlüter 1875: 184 ff., Schatz Abair. § 160, Franck Afrk. §§ 203:2, 204, Pisani 1955, Haudry 1994, Froschauer 2005: 253 ff.

Anm. 1. Die Formen des Gerundiums unterscheiden sich insofern von denen des Infinitivs, als sie mit /j/ gebildet sind (Heteroklisie; Froschauer 2005: 254 spricht von einem Suppletivparadigma). Das Gerundium wird meist als westgerm. Neuerung erachtet (§ 2 A.3cδ; Hammerich 1955: 166, Haudry 1994, Grønvik 1998: 112 ff., Stiles 2013: 16, Ringe/Taylor 2014: 79); es könnte sich jedoch auch um einen Archaismus handeln (Schlüter 1875: 184 f., Pisani 1955). Zugrunde liegt ein neutraler *ja*-Stamm nach § 201 (Suffix **-an-ja-* > westgerm. **-annja-*; vgl. as. *sueriannias, liagannias* Sächs. B). Das /j/ ist im Ahd. geschwunden (§ 118) und nur noch an der Gemination des /n/ zu erkennen (§ 96:2d).

Formale Besonderheiten:

a) Das alte /j/ ist wohl die Ursache dafür, dass sich bei diesen Formen auch im starken Verb in einigen Quellen etwas häufiger Formen mit /e/ (*-ennes, -enne*) finden als im einfachen Infinitiv (Zahlen für Tatian bei Sievers T §§ 89, 90).
b) Vereinzelt entwickelt sich das suffixale /e/ sogar zu /i/, z. B. *zirrettinne* O 1,1,75, *heilizinnes* T 4,4 (Paul 1877: 367, ds. 1879: 219, E.Sievers 1877: 534); zu diesem Umlautprodukt vgl. § 27 A.7bγ.
c) In Kb begegnen fünf Dative auf *-i*, z. B. *zi quëthanni* (Kögel 1879: 142 ff.; s. Anm. 4c). Sie werden auf Rechnung des vorhergegangenen /j/ zu setzen sein (§ 198 A.3b; v.Guericke 1915: 34, Pisani 1955: 217).
d) Bei Tatian-Schreiber γ endet der Dativ auffallend oft auf *-a* (vgl. Sievers T § 107:1), z. B. *ëzzanna* T 101,2, *nëmenna* 85,4, was Klein 2001: 37 dem Vorbild von as. *-a* zuschreibt.

Anm. 2. Der Dativ des Gerundiums ist gewöhnlich mit der Präp. *zi* verbunden. In selteneren Fällen steht schon im Ahd. (Bair.) nach *zi* auch der einfache Infinitiv, z. B. *ze wësan* Freis. Pn, *za galaupian, za pigëhan* Exh B (Exh A *za galauppenne, za pigëhanne*), *za zilēn odo piginnan* Gl 2,103,69; ferner 2,82,35. 245,1 f. 332,36. 765,2. Bei dem Beleg *fona demo dirahtēn* Gl 2,42 A.7 bleibt ungewiss, ob *-ēn* als Infinitiv oder als apokopiertes Gerundium auf *-enn(e)* anzusprechen ist (Tiefenbach 2001a: 419 f.; zu *dir-* vgl. § 75 A.4).

Anm. 3. Die im Mhd. häufige Vereinfachung der Geminate /nn/ (§ 93 A.1) begegnet schon im Ahd.; einige Beispiele bei Otfrid: *weinōnes, zellene, doufene, irkennene*, öfter in OFreis, vgl. Kelle O 129 f. Weiteres bei Franck Afrk. § 121:3, v.Gadow 1974: 92, 114, H.Mayer 1982: 125, 135, ds. 1994: 45.39B, 111.

Anm. 4. Weitere Kasus:

a) Auch der Instrumental kommt vor: *mit ferrennu* 'navigio' T 236,7; zu *mit singendo* 'cantando' Npgl s. Anm. 5. Dagegen ist *za opfrono* 'ad officium' Ka 35,19, von Ehret 1907: 7 hierher gestellt, eher als Dativ mit assimilierter Endung aufzufassen (§ 193 A.1c; vgl. *za offoronne* Pa; Baesecke 1931: 365, Splett Abr 86).
b) In Rb begegnen drei Dat.Pl.-Formen: *halsannum* 'amplexibus' Gl 2,310,27, *troffizzannum* 'constillationibus' 2,309,30, *uuanchonnum* 'nutibus' 1,541,26. Sie sind den lat. Pluralen nachgebildet (Helm 1936: 429).
c) Kögel 1879: 143 f. hat die in Anm. 1c genannten Dative auf *-i* für adjektivische Nom.Sg.-Formen erklärt und versucht, sie syntaktisch als Partizipien der Notwendigkeit (Gerundiva) zu erweisen. Angesichts alter Dative auf *-i* bei anderen *ja*-Stämmen (§ 198 A.3b) verdient die traditionelle Auffassung sicher den Vorzug (vgl. auch Splett Abr 359).

Anm. 5. Vereinzelt sind Dative mit /nd/ bezeugt: *ze chundande* 'nuntianda' BR 253,20; *zi snīdanda* 'putandis' Gl 2,406,66; *zi giscīdande* 'decernere' Gl 2,670,12 (aber *zi giscidonne*

670,71); in Npw Symb. apost. 12 *ze habende* = Np *ze hâbenne*. Hier kann das Part. Präs. oder – in den beiden ersten Belegen – das lat. Gerundivum Pate gestanden haben. Den Einfluss lat. *nd*-Formen auf das Ahd. bezeugen Adverbien wie *predigōndo* / *prędicando* Is (Hench Is 168, AWB VII,332); zu Notker vgl. Erdmann I,231, Göcking 1905: 18 ff. In *mit singendo* 'cantando' Npgl 20,14 kann ein Instrumental des Gerundiums (Anm. 4a) vorliegen, der von lat. *cantando* beeinflusst ist (Jeep 1987: 123, 150; anders AWB VIII,685 f. s. v. *singanto*). Zu mhd. *nd*-Formen vgl. KSW II.2, § V 37.

M 3.2.1.5. Partizip Präsens

§ 316 Das Partizip Präsens geht in der unflektierten Form des Nom.Sg. auf *-nti* aus. Dem *-nti* geht bei den swV. II/III der Vokal /ō/ bzw. /ē/ voraus (*dionōnti, folgēnti*). Bei den stV. ist der Normalvokal /a/ (*nëmanti*), bei den swV. I das nach § 58 A.1 aus /ja/ entstandene /e/ (*zellenti*). Doch bewirkt das /i/ der Endung oft Umlaut, sodass abweichend vom Infinitiv in vielen Quellen auch beim stV. sehr häufig *-enti* steht. So z. B. bei Otfrid *-enti* mit seltenen Ausnahmen (Kelle O 119, Benrath 1887: 40 f.), also Part. Präs. *farenti* (selten *faranti*), aber Inf. *faran*, Gerund. *farannes*. Auch im Tatian steht beim stV. *-enti* dreimal so oft wie *-anti*, während bei swV. I nur 17 *-anti* gegen 165 *-enti* vorkommen (Sievers T § 89 f.).

Zur Flexion des Präsenspartizips vgl. § 257; zu den konsonantischen Partizipialstämmen auf *-nt-* vgl. § 236.

Lit.: Paul 1877: 367, ds. 1879: 219, Jellinek 1891a: 421 f., Schatz Abair. § 161, Franck Afrk. § 204, Schatz Ahd. § 528.

Anm. 1. In swV. I erscheint besonders im Obd. auch häufig *-anti* (z. B. in Rb überwiegend, Ottmann 1886: 33), doch schwanken hier die Verhältnisse in den einzelnen Quellen stärker als beim Infinitiv; zu Jun vgl. Schindling 1908: 116 f.

Mitunter begegnet bei stV. und swV. I auch *-inti* (*-indi*), z. B. *mëzzinti* BR, *-fuarinti* H, *scīninti* (§ 67:2), *kundinti* O (Benrath 1887: 41); *rëdinti, uuotinti* (Brans 1914: 43 f.); *bliccindes, rērindire* (Pauly 1968: 97, 100); *bedenchindi, vuidarceihninde* Aratorgl. (Schlechter 1993: 240); Weiteres bei Schatz Ahd. § 530. Mindestens teilweise wird hierfür der „verstärkte" *i*-Umlaut /a/ > /e/ > /i/ vor folgendem /i/ (§ 27 A.7bγ) verantwortlich sein. Späte Belege wie bair. *përinto* Gl 2,651,48, alem. *rínginten* Ns 288,8 sind dagegen nach § 60 A.2 zu beurteilen.

Anm. 2. Das /j/ der swV. I erhält sich nur bei kurzsilbigen Verben auf /r/, z. B. *ferienti* O, *cherientēr* Gl 1,602,42, *purigenta* 1,361,33 f., *erburgentēr* 2,107,25; dagegen mit /rr/ z. B. *nerrendo* Is (vgl. § 118 A.3).

Anm. 3. Die später eintretende Lenisierung /nt/ > /nd/ (§ 163 A.5d) ist bei Notker im Part. Präs. in der unflektierten Form (*fárende*) und im Adverb (*fárendo*) gewöhnlich durchgeführt, nicht dagegen in den flektierten Formen (*fárentêr, fárentin* usw.); vgl. Jellinek 1897: 86 A.1.

Die /nd/ in alten rheinfrk. Quellen sind ohne hochdeutsche Lautverschiebung (§ 163), so auch *sprëhhendi* Is u. ä.

M 3.2.2. Flexion des Präteritums

Das starke und das schwache Präteritum, so verschieden sie in ihrer Bildung sind (§ 302), weisen in der Flexion so viele Übereinstimmungen auf, dass es geboten erscheint, beide gemeinsam zu besprechen. Nur der Singular des Indikativs zeigt gar keine Berührungen. **§ 317**

Lit.: Schatz Abair. § 167–170, ds. Ahd. § 520–524, Franck Afrk. § 205–208, Meid 1971.

M 3.2.2.1. Indikativ Präteritum

Die starken Verben haben in der 1. und 3.Sg. keine Endung. **§ 318**

Die 2.Sg. endet auf *-i*. Die Wurzelgestalt ist bei vokalischer (§ 325) oder konsonantischer (§ 328) Verschiedenheit von Singular und Plural diejenige der Pluralformen: *nam* / *nāmi*, *zōh* / *zugi*.

Lit.: Die Herkunft der 2.Sg. ist umstritten: Braune 1876: 165, v.Fierlinger 1885a: 430, v.Helten 1893: 554, ds. 1903: 545, Walde 1900: 131 f., Streitberg Urg. 325 f., Loewe 1907: 267, Wilmanns III,31 f., Kluge 1913: 188, E.Schröder 1921: 224 ff. (dagegen Behaghel 1922: 167 f.), Prokosch 1939: 164, Krahe 1958: 58, Rösel 1962: 39 ff., Bech 1969a, Meid 1971: 12 ff., Barnes 1975, Birkhan 1979: 69 ff., Lühr 1984: 71 f. A.122, Bammesberger 1986: 47 f., Boutkan 1995: 334 f., Shields 1995, Grønvik 1998: 103 ff., Mottausch 2013: 16, Ringe/Taylor 2014: 67 ff.

Anm. 1. Die Formen des Sg. Prät. der germ. stV. entstammen dem idg. Perfekt (Meid 1983, Boutkan 1995: 331 f.). Die idg. Form der 2.Sg. (got. awn. *namt*) lebt im Ahd. allerdings nur bei den Präteritopräsentien weiter (§ 370 ff.); zum Got. vgl. Heidermanns 2007. Die Ersetzung der 2.Sg. Ind. Prät. der urgerm.-got.-an. stV. durch westgerm. **-i* (as. ahd. *nāmi*, ae. *nǣme*) – vielleicht aus dem idg. Aorist (urgerm. **-iz*) – zählt zu den wichtigsten Argumenten für die Einheit des Westgerm. (§ 2 A.3cγ; Ae. Gr. § 364 A.1, Harm 2013: 92 f.). Ihr Motiv liegt in phonotaktischen Komplikationen, hervorgerufen durch die alte Endung *-t* (Heidermanns 2007: 57 ff., Hogg/Fulk 2011: § 6.8 A.4).

Anm. 2. In GlMon wird vereinzelt der 2.Sg. Prät. von stV. das Pron. 2.Sg. *du* enklitisch angefügt (*lugidu* 'du logst' 1,664,44 f., ähnlich 1,306,34 ff.), vielleicht zur Unterscheidung von der 1. und 3.Sg. Konj. Prät. (Förster 1966: 164).

Anm. 3. In *tāte* OFreis 2,8,45 ist das *-i* zu *-e* abgeschwächt (Kelle O 38). Bei Notker ist dies regelmäßig der Fall; Nb hat *tâte* 33,13. 149,17. 173,23. 193,9 (vgl. § 381).

Die schwachen Verben weisen nach dem /t/ des Suffixes (§ 302:2) in der 1. und 3.Sg. die Endung *-a* auf (*lōsta*, *dionōta*, *folgēta*), in der 2.Sg. die Endung *-ōs* (*lōstōs* usw.; vgl. § 82 A.3), die später zu *-ōst* erweitert wird (vgl. § 306 A.4). **§ 319**

Anm. 1. Das *-a* der 1.3.Sg. ist noch bei Notker fest. Abhängig von Quelle und Kontext kann es zum einen abgeschwächt, zum anderen elidiert bzw. apokopiert werden.

a) Im Rahmen der Nebensilbenschwächung (§ 59 f.) wird *-a* zu *-e* reduziert. Schon Otfrid hat einige Formen auf *-e*, z. B. *lērte* 4,11,18, durch Assimilation auch solche auf *-o*, z. B. *ruarto* *mo* 4,18,40 (Kelle O 101, E.Sievers 1884: 561). Manche Quellen bieten auch *-i* (vgl. § 60), so *frouti, santi* Npw (Heinzel 1875–76: II,326). Die Griffelglosse *clak&o* GlFreis 59.42 steht vielleicht mit Graphemvertauschung für *clakote* (zu *klagōn*; GramErtr 168).

b) Vor vokalisch anlautenden Enklitika wird das *-a* häufig elidiert (§ 61), besonders bei Otfrid, z. B. *sagēt ih, drōst er, zalt in* (vgl. Kappe 1909: 207, de Boor 1928: 6 ff., Somers Wicka 2009: 87 ff.); so auch *tēt ih* T 168,3, *hōrt ih* Musp 37, *rāuuēt ir* Npgl. In GlMon ist der Vokal öfters apokopiert, z. B. *furbet* 'curavit' (anders AWB III,1371), *padōt* 'baptizavit' (Matzel 1956: 82, Förster 1966: 130+A.21).

Anm. 2. Die Länge des /ō/ der 2.Sg. ist gesichert durch Doppelschreibungen in BR (*saztoos, kesuahtoos*) und durch Zirkumflexe bei Notker (*géiscotôst* Nb, *ferchnístôst* Np); zu BR vgl. Johannsson 2009: 289 f. Das /ō/ ist im Prinzip fest; es gibt jedoch verschiedene Ausnahmen:

a) Bei einzelnen Tatian-Schreibern erscheint bisweilen ‹*a*› oder ‹*u*›, z. B. *woltas, giloubtas; giloubtus, sagētus* (Sievers T § 110:5). Ersteres ist „Angleichung an die Form *-ta*" (Schatz Ahd. § 520); Letzteres weist teils auf Abschwächung nach § 58 A.4, teils – nicht im Alem., vgl. § 320 – auf Einfluss des Plurals und tritt gelegentlich auch sonst auf: *kiidniuuuōtus* Kb 240,19, *hōrthus, irquictus* OFreis (Kelle O 97), *gamarhtust* Gl 2,441,61. Im Spätahd. findet sich vereinzelt abgeschwächtes ‹*e*› oder ‹*i*›, so *gihōntest, -tist* GlMon (Förster 1966: 200 ff.), *gehōrtes(t), -tist* Npw (Heinzel 1875–76: II,209).

b) Bemerkenswert ist eine dem As. entsprechende Form auf *-ēs* – neben 2x *-ōs* – bei Isidor: *chiminnerōdēs* 23,9 f.; ebenso *altinōtēs* 'distulisti' Gl 2,142,63 (Leipzig Rep. II.6; Frank 1974: 90). Eventuell gehört auch *garotæs* O 1,15,18 (Hs. D, Kleiber) hierher (so Kelle O 97, der *garatēs*, korr. aus *garotas*, liest; AWB IV,104, skeptisch Franck Afrk. § 207). Vgl. Paul 1877: 420, E.Sievers 1884: 561, Hirt 1904/05: 287, Wilmanns III,63.71, Kluge 1913: 168, Collitz 1914/15: 221, Sverdrup 1915: 10, Matzel Is 144, 237 f., Lühr 1984: 46, Ringe 2012.

§ 320 Der Plural der starken und der schwachen Verben wird in den frk. und bair. Quellen gleich flektiert, indem der Flexionsvokal /u/ durchgeht: *nāmun* wie *lōstun*. Nur die alem. Quellen scheiden hier starke und schwache Verben. Sie haben /u/ bei den stV. (*nāmum, -ut, -un*), dagegen /ō/ bei den swV. (*lōstōm, -tōt, -tōn*). Dieses Charakteristikum des Alem. (§ 6a:2c) tritt schon in den ältesten Quellen auf (*sohatōn* § 363 A.4a, Nievergelt 2012: 43.2, 52) und ist noch bei Notker scharf ausgeprägt: stV. *rieten, rietent, rieten* (s. Anm. 2d), swV. *suohtôn, suohtônt, suohtôn*. Dieselbe Unterscheidung trifft Isidor: *sungun, wārun*, aber *aughidōm, sendidōn*. Das Präteritum *tātum, tātut, tātun* ist von der Regel ausgenommen (§ 381 A.2).

Ein ähnlicher Unterschied zwischen starken und schwachen Verben zeigt sich im Konj. Prät. (§ 322).

Lit.: Grimm 1858: 147, Wolfermann 1886: 33 f., Wilmanns III,63, Sverdrup 1915: 11, Bech 1963: 29, Hollifield 1980: 151, Lühr 1984: 46 f.

Anm. 1. Die Länge des /ō/ im Alem. ist gesichert durch Doppelschreibung in BR (*plātoon* 195,17) und Zirkumflexe bei Notker (*lêrtôn* Nb 20,15). Nur äußerst selten weichen die Quellen, die starke und schwache Verben scheiden, von der obigen Regel ab; so einerseits *sluagon* (‹*sla*ᵘ*gon*› Rb 1,388,6), andererseits *caugarōtu(n)* 'vagabuntur' Gl 1,411,71 (*gougarōn* AWB IV, 374). Bei Isidor findet sich 1x *mahtun* (28,4).

Die alem. Differenzierung folgt der 2.Sg. Prät., die in allen Dialekten /ō/ enthält (§ 319 A.2). Im Vorahd. wies der Sg. Prät. in allen Personen /ō/ auf (Ringe/Taylor 2014: 76).

Anm. 2. Während alem. ‹o› der swV. bis weit ins Mhd. fortlebt (KSW II.2, § V 28), weicht das /u/ verschiedenen Schwächungsprodukten:

a) Zu einem äußerlich mit alem. /ō/ identischen Ergebnis führt es, wenn im Frk. und Bair. /u/ in stV. und swV. zu /o/ geschwächt ist. Dieses /o/ begegnet vereinzelt schon im 9. Jh., z. B. im Tatian *gisāhomēs, quādon* / *gihōrtomēs, suohton* (Sievers T § 112:d). Später wird es häufiger: in OFreis 9 Fälle (Kelle O 40, 103), im 10. Jh. gewöhnlich, z. B. *rieton* Psalm 17.

b) In bair. Glossen des 10./11. Jh. herrscht in der 1.2.Pl. /o/ vor (§ 321 A.1,3). In der 3.Pl. überwiegt /u/, doch tritt daneben u. a. auch /o/ auf (Förster 1966: 165 ff.), so *rūnaton* (geheimschriftlich ‹*rynctqn*›) Gl 1,516,31. Hieraus ist auf Relikte einer alem. Vorlage geschlossen worden, so etwa Blom 2017: 264. Ökonomischer ist es, Schwächung aus *-un* anzunehmen, wie sie auch in frk. Glossen begegnet (Franck Afrk. § 205, v.Gadow 1974: 119).

c) Mitunter erscheint *-un* auch als *-an*, zuweilen schon in OFreis, z. B. *truagan, funtan, irluagētan*; ferner etwa *pezigan* Aratorgl. (v.Gadow aaO.).

d) Im Spätahd. wird früheres /u/ zu [ə] ‹*e*› geschwächt: frk. *roorten* Thoma 1975: 6.20 (E.Meineke 1983: 309, 356), bair. *minnōten* Npw, auch bei Notker im stV. (*rieten, -ent, -en*, s. o.).

Der Plural des Präteritums, dem von Hause aus eigene Endungen zukommen, zeigt einige Anlehnungen an das Präsens. **§ 321**

1. Die 1.Pl. geht in den ältesten Quellen auf *-m* aus, das im 9. Jahrhundert zu *-n* wird (§ 124): *nāmum, nāmun*. Doch ist in manchen Quellen des 9. Jahrhunderts (BR, Rb, Ja, T u. a.) *-mēs* aus dem Präsens übertragen (*nāmumēs, lōstumēs, -tōmēs*), das nach älterer Meinung (so auch früher an dieser Stelle) nach dem 9. Jahrhundert wieder verschwindet. Die bair. Monseer Bibelglossen des 10./11. Jahrhunderts zeigen jedoch noch durchweg die Endung *-mes* (Förster 1966: 193); über deren Vokalquantität sagen die Schreibungen nichts aus.

Anm. 1. Zu *-mēs* in der 1.Pl. Prät. vgl. § 307 A.1*; zu Allomorphen der Endung vgl. § 307 A.4. In Rb ist auch der Flexionsvokal des Präsens übertragen: *wāramēs, eigamēs* (§ 371:2) und 1x *piramēs* (sonst *pirum*, § 379 A.3). Mit *-o-* (§ 320 A.2b) z. B. *gistīzon, puritomes*, wohl auch *stioze*^{o}-*mes* GlMon (Förster 1966: 193).

Anm. 2. Mitunter sind 1.Pl.-Formen auf *-n* um die Präsensendung *-mēs* erweitert (§ 307 A.7c).

2. Die 2.Pl. endet spätalem. wie im Präsens stets auf *-nt*: *nāment, lōstōnt* (§ 308 A.3); so auch im Konj. Prät. (§ 322:3). Zu Nb vgl. Wolfermann 1886: 8, 11 f.

Anm. 3. In GlMon (bair.) weisen stV. und swV. die Endung *-ot* auf, z. B. *pisprāhhot, g-irtot* (vgl. Förster 1966: 197 ff.). – In den Par. Gespr ist die 2.Pl. an die 1.3.Pl. auf *-en* angeglichen (Einheitsplural, § 308 A.4).

3. In GlMon ist die 3.Pl. selten um *-t* erweitert, so *spiennunt, spienent*. Als Vorbild kommt teils das Präsens, teils die lat. Endung in Betracht (Förster 1966: 166 f.).

M 3.2.2.2. Konjunktiv Präteritum

§ 322 Der ursprüngliche Flexionsvokal des Konj. Prät. lautet bei starken und schwachen Verben gleichermaßen /ī/. Die Länge ist bewahrt, wo ein Konsonant folgt (2.Sg., 1.–3.Pl.), z. B. *eigiit* BR. Im absoluten Auslaut (1.3.Sg.) ist der Vokal im Bair. und Frk. gekürzt (*nāmi, lōsti*). Im Alem. zeigt sich jedoch ein ähnlicher Unterschied wie im Plural des Ind. Prät. (§ 320, vgl. § 6a:2d): Der Vokal ist kurz bei den starken Verben (*nāmi*) und erscheint daher bei Notker schon als ‹e› (*nâme*, auch *tâte* § 381 A.2); dagegen ist er lang bei den schwachen Verben und daher bei Notker noch als ‹i› erhalten (*lôsti*). Die seltenere Schreibung ‹î› kommt in Nb nur nach Mittelsilben oder bei Primärverben mit Dentalpräteritum vor: *habetî, mahtî, dûohtî* (*dunken*) u. ä. (Kelle 1885: 275). Isidor folgt auch hier der alem. Regel, wie *scoldii* 24,14 erweist.

Bei den swV. I bleibt der Konj. Prät., sofern er nicht mit Bindevokal /i/ gebildet ist, ohne Umlaut (§§ 26 A.2c, 361; s. jedoch Anm. 3).

Zu den einzelnen Endungen:

1. die 2.Sg., die in der älteren Zeit auf *-s* endet (§ 82 A.3), nimmt später *-t* an: *nāmīs* → *nāmīst* (§ 306 A.4);
2. die 1.Pl., die auf *-īm* (später nach § 124 *-īn*) endet, geht im 9. Jahrhundert auch auf *-īmēs* aus, wesentlich in den Quellen, die auch in der 1.Pl. Ind. Prät. *-mēs* annehmen (§ 307 A.1*); nach dem 9. Jahrhundert gilt wieder allgemein *-īn*;
3. die 2.Pl. geht spätalem. auf *-nt* aus, z. B. *nâmînt, lôstînt* N (§ 308 A.3); so auch im Ind. Prät. (§ 321:2).

Lit.: Zum *-i*: Walde 1900: 15 f., v.Helten 1903: 509 f., Sverdrup 1915: 11, Schatz Ahd. § 524.

Anm. 1. Das /i/ der 1.3.Sg. wird bei Otfrid vor vokalisch anlautenden Enklitika öfter elidiert (§ 61), z. B. *wār in* 4,22,16, *wurt iz* 2,6,44 (vgl. de Boor 1928: 26 ff.). Das /i/ ist in der älteren Zeit sehr fest, erst spätahd. wird es zu [ə] abgeschwächt (in OFreis 1x *liafe* 2,14,45); vgl. Förster 1966: 134 ff. Bei Notker (Nb) steht das *-i* bei swV. oft ohne Zirkumflex; wie Langvokale bewirkt es jedoch Kürzung von /ō, ē/ bei swV. II/III (vgl. § 366 A.2a; Kelle 1885: 275, Schatz Ahd. § 524).

Anm. 2. Bemerkenswert sind die Formen *kuri* und *kurīt*, die stets mit der Negation *ni* verbunden werden und als verneinte Imperative (Prohibitive) fungieren: *ni curi* 'noli' (doch auch *ni churīs* Rb, Gl 1,584,18), *ni curīt* 'nolite', *ir nichuriit* BR. Sie stimmen teilweise mit dem Konj. (idg. Opt.) Prät. von *kiosan* (§ 334) überein, ihre ursprüngliche Bildung – idg. Aorist, Perfekt, Injunktiv oder Konjunktiv? – ist jedoch umstritten (Braune 1918: 333 A.1, Schatz Ahd. § 524, Bech 1970, Meid 1971: 13 f.+A.14, Bammesberger 1986a, Kortlandt 1994: 1, Boutkan 1995: 326, Ringe/Taylor 2014: 68). Im Tatian steht häufiger *curet* als *curīt*: Analogie zum Imperativ der swV. I (Sg. *lōsi*, Pl. *lōset*) oder Archaismus?

Anm. 3. Die Umlautlosigkeit des Konj. Prät. kann nur durch Analogie zum Ind. Prät. erklärt werden (Wardale 1893: 4, Schatz Abair. § 146, ds. Ahd. § 524, Robinson 1980, J.H.Schulze 2010: 58 f.; anders Baesecke Einf. 26, Kiparsky 2009: 114 ff.). Demgegenüber kennt das Mhd. drei Domänen mit Umlaut:

a) synkopierte Präterita aus md. Dialekten, z. B. *brennen / brente* (Mhd. Gr. § M 89 A.6, KSW II.2, § V 59);
b) Präterita von Präteritopräsentien, z. B. *kunnen / künde* (Birkmann 1987: 194 ff., Mhd. Gr. § M 94 A.3, KSW II.2, § V 176 A.4);
c) ursprünglich bindevokallose Präterita mit Primärberührungseffekt (vgl. § 364 A.3a), z. B. *denken / dæhte, dünken / diuhte* (Mhd. Gr. § M 68, KSW II.2, § V 81 A.1).

Typ c) wirft Licht auf die Natur der Analogie. Dass es im Mhd. *denken / dæhte*, aber *senken / sancte* heißt, weist darauf hin, dass die Umlautlosigkeit im Konjunktiv tatsächlich als Rückumlaut gegenüber dem Präsens einzustufen ist. Diese Korrelation setzt aber voraus, dass die konsonantische Wurzelstruktur übereinstimmt (zu paradigmatischer Kohärenz als Vorbedingung für Analogie vgl. § 343 A.2), was bei dem unregelmäßigen Indikativ mhd. *dāhte* nicht der Fall ist. Typ c) ist also ein Relikt, das beweist, dass das Konjunktiv-/ī/ lautgesetzlich Umlaut bewirken müsste. Erst nach der umlautlosen Phase ist der Umlaut in a) – und b)? – eingeführt worden; er entspringt dem Bestreben, den Konjunktiv vom Indikativ zu differenzieren. Für das spätahd. Frk. sind noch keine Umlautformen nach Typ a) nachgewiesen.

M 3.2.2.3. Partizip Präteritum

Das Partizip Präteritum wird bei den starken Verben durch ein *n*-Suffix, bei den schwachen Verben durch ein *t*-Suffix gebildet. Dieser Gegensatz bildet ein wichtiges Unterscheidungsmerkmal der beiden Hauptklassen der germ. und ahd. Verben (§ 302). Die regelmäßige starke und schwache Adjektivflexion beider Partizipialbildungen ist in § 258 f. dargestellt. **§ 323**

Gemeinsam gilt bei starken und schwachen Verben schon im Ahd. die Regel, den einfachen Verben im Partizip Präteritum stets das Präfix *gi-* (§ 71) voranzustellen, also *ginoman, gidionōt*. Auch die von Nominalkomposita abgeleiteten Verben verwenden *gi-*, z. B. *gihalsslagōt* zu *halsslagōn* 'ohrfeigen', *girëhtfestīgōt* zu *rëhtfestīgōn* 'rechtfertigen'. Bei Verben, die mit schwachtonigen, untrennbaren Präfixen gebildet sind, fehlt dagegen das *gi-*, z. B. *binoman, firnoman, untarnoman* (zu *bi-, fir-, untarnëman*). Doch heißt es *abaginoman, inginoman, ūʒginoman* usw. bei den Verben mit nebengesetztem (trennbarem) Adverb (*ër nimit aba, in, ūʒ*). In prädikativer Stellung sind Präverb und Partizip in älterer Zeit bisweilen durch die Kopula getrennt („Tmesis"): *fram ist gigangan* 'processit' T 2,8, *ana sī hangan* 'suspendatur' 94,4 (Anm. 2), *furi was prungan* 'eminebat' GlFreis 31.2 (Anm. 1; vgl. LexErtr 187).

Lit.: Zur Verbindung des Part. Prät. mit *gi-*: AG II, § 117; Grimm Gr. I,933 f., II,830 f., Streitberg 1891: 70 ff. (172 ff.), Wilmanns III,15 f., Dahm 1909: 29 f., Wischer/Habermann 2004, Fleißner 2023: 112 ff. – Zum Mhd.: Herbers 2002, KSW II.2, § V 40.

Anm. 1. Grund für die *gi*-Präfigierung ist die perfektivierende Funktion des Präfixes, wodurch der Verbalbegriff als für die Gegenwart vergangen und vollendet hingestellt wird (etwas anders Fleißner 2023). Deshalb wird das Part. Prät. folgender Verben, die schon an sich perfektive Bedeutung hatten, noch regelmäßig ohne *gi-* gebildet: *quëman* (Part. *quëman*, seltener *quoman*, § 340 A.3a), *findan* (*funtan* § 336 A.2), *bringan* (*brungan* § 336 A.4 und *brāht* § 365 A.4) und meist von *wërdan* (*wortan* § 337 A.2a; nur im Tatian häufig *giwortan* und bei Isidor 2x *chiuuordan* neben 8x *uuordan*). Auch bei *trëffan* (§ 341:2) scheint das Partizip *troffan* neben *gitroffan* üblich gewesen zu sein (Graff V,526); noch mhd. herrscht *troffen* ohne *ge-* (KSW aaO.).

Anm. 2. Nur ganz vereinzelt begegnen bei anderen Verben Präteritalpartizipien ohne *gi-* (vgl. Franck Afrk. 229 f.); z. B. *wuntane bauga* Hl (dichtersprachlich, Lühr Hl 573 f.); *liuhhit* 'lotus' Kb (§ 32 A.5b); *filu këpan* 'valde data' Pa, Kb 104,20; *preitit ward* 'disseminabatur' Gl 1,746,21 f.; *wizzan wërde, heizzan was, ana sī hangan* (s. o.), *rëhtfestīgōt* neben *gi-r.* T; *rihtet* (statt **grihtet* § 71 A.4a) Otloh (StD 185,45); *worfan* 'beworfen' (§ 132 A.3b).

Anm. 3. Das Präfix *gi-* fehlt auch einigen Wörtern, die ihre Geltung als Verbaladjektive beibehalten haben und nicht in periphrastischen Konjugationsformen grammatikalisiert worden sind (vgl. § 301 A.8).

a) Hierher gehören insbesondere Verbaladjektive zu Präteritopräsentien (vgl. § 370 A.1). Solche sind: *kund* 'bekannt' (zu *kan* § 373:2); *durft* 'nötig' (AWB II,747 ff. 750; nur noch in *durft ist* 'necesse est'; sonst *durftīg*) zu *darf* (§ 373:3); *eigan* 'proprius' (§ 371 A.3). – *sculd* 'reatus' Kb, R 239,33, das früher an dieser Stelle als Part. Prät. von *skal* (§ 374 A.1*) gedeutet wurde, ist vielmehr = *skuld* f. 'Schuld' (Splett Abr 351, ds. R 131).

b) Sonstige lexikalisierte Verbaladjektive (vgl. Wilmanns II,435. 450): z. B. *haft* 'gefesselt', *tōt* 'mortuus', *scant* O 'beschämt' (EWGP 483; oder Rückbildung aus *skenten*?), *scart* 'verletzt' (Graff VI,524, EWGP 485 f.; vgl. *skëran*); *tougan* 'verborgen' (daneben *gitougan*, § 353 A.1b), *trunkan* 'ebrius' (aber *gitrunkan* zu *trinkan*); ebenso auch *sō scaffan* im Tatian stets als Adjektiv 'schwanger' (gegen *giscaffan* Partizip zu *skepfen* § 347 A.3).

c) Hierher auch rein adjektivische Komposita von Part. Prät. mit Adjektiven; so mit *niuwi-*: *niuuiboran* 'neugeboren' O – vgl. *avurboran* 'regeneratus', *einboran* 'unigenitus', *ēristboran* 'primigenitus' (AWB I,749, III,178 f. 413) –, *niuprochana* 'recentes' Gl 2,644,42, *níuflanzôt ólegarto* 'novella olivarum' Np 127,3; mit *folla-* z. B. *vollasotan* Gl 1,396,46, *folletân* N, *follazogan* 'fultus' Ra 146,37 (§ 122 A.3); *mit áltchétenên wórten* N zu *quëdan*, AWB I,306.

d) N.Wagner 2013: 50, 64 f. deutet einige Personennamen aus dem 8. Jh. als Part. Prät. ohne *gi-*: *Lungan* 'gediehen' zu *lingan* stV. (§ 336 A.1e), *Rātan* 'beraten' zu *rātan* redV., *Waltan* 'beherrscht' zu *waltan* redV. Weitere Bildungen wie *Boran, Polgan* verzeichnet Förstemann I,1143. Hierher wird auch *Uuallod* zu *wallōn* swV. 'pilgern' gestellt (Geuenich 1976: 81, 117, Schützeichel 1991: 150); die Graphie ‹-*d*› und die Reichenauer Nebenform *Uuallold* weisen jedoch eher auf ein Kompositum.

Anm. 4. Von verbalen Präteritalpartizipien mit *gi-* werden sehr häufig rein adjektivisch verwendete Wörter mit dem Negationspräfix *un-* gebildet, z. B. *ungilērit* 'ungelehrt', *ungiskeidan* 'ungetrennt'.

Anm. 5. Zahlreiche denominale Adjektive mit ornativer Bedeutung ('versehen mit'), z. B. *gisteinit* oder *gilockōt*, weisen zwar die Morphologie von Präteritalpartizipien schwacher Verben I/II auf, sind jedoch nicht Teil eines Verbalparadigmas. Sie sollten daher nicht auf Infinitive bezogen werden; sie werden zu Recht als „Pseudopartizipien" bezeichnet (Riecke 1999, Gante 2018, Luxner 2022: 311 ff.).

M 3.3. Bildung der Tempusstämme

M 3.3.1. Starke Verben

Die Tempusstämme der starken Verben – Präsens, Präteritum und Partizip Präteritum – werden nur durch den Vokal der Wurzelsilbe unterschieden (§ 302), z. B. Präs. *nëm-*, *nim-*, Prät. *nam-*, *nām-*, Part. Prät. *nom-*. Die Unterscheidung erfolgt nicht durch die Konsonanten der Wurzel, die mit geregelten Ausnahmen (§§ 327, 328, 344, 346 A.5, 347) unverändert bleiben (vgl. dagegen lat. *rumpō, rūpī, ruptus*; *scindō, scidī, scissus*), oder durch Suffixe (z. B. griech. τυπτο- Präs., τυπο- Aor.; εὑρισκο- Präs., εὑρο- Aor.; δακνο- Präs., δακο- Aor.) bzw. Präfixe (Augment oder Reduplikation). Derartige Stammbildungen, die im Urgerm. ebenso wie in den übrigen idg. Sprachen vorhanden waren (so noch im Got. die Reduplikation), sind im Ahd. bis auf geringe Reste der Tendenz zum Opfer gefallen, die Tempusstämme nur durch den Vokalwechsel zu unterscheiden. § 324

Man kennt also die Bildung der Tempusstämme, wenn man die Wurzelvokale kennt, die ihnen jeweils zukommen. Nach der Gruppierung dieser Wurzelvokale verteilen sich die ahd. starken Verben auf die verschiedenen Klassen. Die starken Verben zerfallen in ablautende (§ 329 ff.) und ehemals reduplizierende (§ 348 ff.). In § 328a findet sich eine Tabelle mit den kennzeichnenden Stammformen.

Lit.: v.Coetsem 1956, VEW, Meid 1971, v.Coetsem/Kufner 1972: 198 ff., Bammesberger 1986, Hempen 1988, v.Coetsem 1990: 13 ff., Kühne 1999 (philologisch unselbstständig), Mailhammer 2006 u. 2007, Mottausch 2013.

Von den in § 329–347 aufgeführten Klassen der ablautenden Verben zeigen die Klassen I–V den qualitativen Ablaut idg. /e – o/, germ. /e – a/, verbunden mit quantitativem Ablaut (Voll-, Schwund- und Dehnstufe; s. u.). Die Unterschiede zwischen den fünf Reihen ergeben sich aus den Folgelauten des Wurzelvokals /e – a/: [i̯] (I), [u̯] (II), Nasal oder Liquid + Konsonant (auch Doppelnasal oder -liquid) (III), einfacher Nasal oder Liquid (IV), Plosiv oder Frikativ (V). Die Unterschiede zwischen den Klassen I–V sind also durch die Wurzelstruktur bedingt, nicht durch den Ablaut (Fullerton 1977: 79). § 325

Der idg. Ablaut wurde im Germ. für das Flexionssystem der ablautenden Verben systematisiert. Für das Präsens gilt die Vollstufe (oder Hochstufe) /e/, für den Sg. Prät. die abgetönte Vollstufe (idg. /o/ > germ. /a/), für Pl. und Part. Prät. die Schwundstufe. Als Besonderheit tritt im Pl. Prät. der Klassen IV und V die Dehnstufe (germ. /$\bar{e}_1$/, ahd. /ā/) auf, ferner im Part. Prät. von Klasse V ein /ë/ (Anm. 3).

Lit.: Matzel 1970: 2 f., Bammesberger 1986: 43 f., 136 f.

Anm. 1. Im Gegensatz zur gemeingerm. Regelung wird im Westgerm. die 2.Sg. Prät. mit der Ablautstufe des Pl. Prät. gebildet (vgl. § 318 A.1).

Anm. 2. Die idg. und germ. Gestalt der Reihen I–V ist also (‹*l*› steht für Nasal oder Liquid, ‹*k*› für einen beliebigen anderen Konsonanten, ‹*lk*› auch für Doppelnasal oder -liquid):

I.	idg. *ei̯*,	*oi̯*	– *i*	germ. *ī*,	*ai*	– *i*
II.	idg. *eu̯*,	*ou̯*	– *u*	germ. *ëu*,	*au*	– *u*
III.	idg. *elk*,	*olk*	– *l̥k*	germ. *ëlk*,	*alk*	– *ulk*
IV.	idg. *el*,	*ol*	– *l̥*	germ. *ël*,	*al*	– *ul*
V.	idg. *ek*,	*ok*	– *(e)k*	germ. *ëk*,	*ak*	– *ëk*

Anm. 3. Das /ë/ im Part. Prät. von Klasse V ist als ersatzweise eingeführter Vollstufenvokal aufzufassen, der dazu dient, schwer sprechbare Konsonantenfolgen zu trennen (Streitberg Urg. § 95:III, Got. Gr. § 29 A.1a); die noch von Hirt Idg. II, § 107 angenommene Reduktionsstufe ist obsolet.

Ablautreihe VI setzt nur quantitativen Ablaut voraus. Die vorgerm. Oppositionen /a – ā/, /o – ō/ und /ə – ā/ sind im Germ. zu /a – ō/ zusammengefallen. Den germ. Vollstufenvokal /a/ zeigen hier Präsens und Part. Prät., den germ. Dehnstufenvokal /ō/ haben Sg. und Pl. Prät.

§ 326 Durch die Entwicklung der Tonsilbenvokale, wie sie in § 25–53 dargestellt ist – Umlaut, Hebung, Senkung, Monophthongierung und Diphthongierung –, ändert sich an der Verteilung der Ablaute auf die sechs Ablautreihen zwar grundsätzlich nichts. Wohl aber entstehen innerhalb der einzelnen Reihen Subklassen, die eine weitere Differenzierung der Ablautreihen zur Folge haben (§ 329–347).

§ 327 Von den im älteren Germ. gebräuchlichen Bildungen des Präsensstamms durch zusätzliche Suffixe und Infixe (§ 324) ist bis ins Ahd. hinein hauptsächlich eine Anzahl von Präsensbildungen durch /j/ erhalten geblieben, die als „*j*-Präsentien" bezeichnet werden; wie lat. *capiō*, *sapiō* (= ahd. *heffen*, *-seffen*, s. u. 1c) enthalten sie das idg. Suffix *-*i̯o*-. Dieses /j/, das nur dem Präsensstamm zukam, gab den betreffenden Verben im Präsens die Form der swV. I, von denen sie aber durch die Bildung des Präteritums und des Präteritalpartizips unterschieden sind. Wie bei den swV. I ist im Ahd. auch bei den starken Verben auf *-jan* das /j/ bis auf seltene Ausnahmen geschwunden (§ 118), sodass es nur noch indirekt an seinen lautlichen Auswirkungen auf die Wurzelsilbe erkennbar ist. Es sind also gewisse konsonantische und vokalische Besonderheiten, in denen sich die *j*-Präsentien von den regulären Verben ihrer Ablautreihen unterscheiden. Für die Flexion gilt dasselbe, was in § 305–316 über das Präsens der swV. I gesagt ist.

Die Präsensbildung mit /j/ liegt im Ahd. noch bei neun Verben vor:

1. ablautende Verben:
   a) Klasse I: das früher hierher gestellte *int-rīhan* scheidet aus (§ 331 A.4);
   b) Klasse V: *bitten, liggen, sizzen* (§ 344);
   c) Klasse VI: *swerien, skepfen, heffen, int-seffen*, hlahhen** (§ 347);
2. reduplizierende Verben:
   a) Subklasse I: *erien* (§ 350 A.5);
   b) über Reste in Subklasse II vgl. § 353 A.2.

Lit.: Kluge 1913: 154 ff. (auch zu weiteren Spuren im Germ.), Hirt Urg. II, § 130 f., Bammesberger 1986: 36 ff., Mottausch 2013: 152 ff.

Anm. 1. Reste anderer Bildungen – *n*-Suffix bzw. *n*-Infix – liegen bei *backan* (§ 346 A.4) und *stantan* (§ 346 A.5) vor. Auch das zum Prät. *giwuog* gehörige schwache Präsens *giwahanen* (§ 346 A.2c) wird aus einem starken Präsens mit *n*-Suffix umgebildet sein, vgl. got. *fraíhnan* (Got. Gr. § 176 A.4). Vgl. Osthoff 1882a: 264, VEW 531, Scheungraber 2014: 109 f.

Nicht mit der Tempusstammbildung – wohl aber mit der idg. Akzentalternanz bei der Tempusbildung – hängt der grammatische Wechsel zusammen, der in der Phonologie (§ 100–102) als rein lautliche Erscheinung dargestellt ist. In der Flexion der ahd. starken Verben tritt jedoch der gramm. Wechsel besonders auffällig zutage: /s/ : /r/, /d/ : /t/, /h/ : /g/ (zu /h/ : /w/ s. Anm. 2), /f/ : /b/. Dabei kommt jeweils der erste Laut den vollstufigen Formen des Stammes (Präsens und 1.3.Sg. Prät.) zu, der zweite den schwundstufigen Formen (Pl. Prät. mit 2.Sg. Prät. und zugehörigem Part. Prät.): *kiosan, kiusu, kōs / kurum, kuri, gikoran* (vgl. § 101). **§ 328**

In dieser Weise gilt der gramm. Wechsel im Ahd. mehr oder weniger regelmäßig bei folgenden Verben: *rīsan* (§ 330), *kiosan, friosan, firliosan* (§ 334+A.1c), *lësan, wësan, ginësan* (§ 343 A.2); – *snīdan, līdan, mīdan* (§ 330+A.1c), *siodan* (§ 334), *findan* (§ 336 A.2), *wërdan* (§ 337 A.2a), *quëdan* (§ 343 A.3a); – *zīhan, dīhan, rīhan, wīhan* (§ 331+A.1b,5), *ziohan* (§ 334), *swëlhan* (§ 337 A.2b). Die Verben mit einheitlichem Vokal im Präteritum (ablV. VI und redV.) haben im Sg. Prät. den Konsonanten des Pl. Prät. angenommen. So *slahan, lahan, dwahan, giwahan** (*-anen* § 346 A.2c), *hlahhen** (§ 347 A.5), *fāhan, hāhan* (§ 350 A.4) und das einzige Verb mit erhaltenem Wechsel /f/ : /b/: *heffen* (§ 347 A.1b, dazu *intseffen** A.2).

Anm. 1. Der für die Tempusunterscheidung funktionslose und somit entbehrliche gramm. Wechsel wird oft analogisch beseitigt, indem der Konsonant des Präsens oder des Präteritums verallgemeinert wird. Dieser Ausgleich ergreift während der ahd. Periode mehrere der oben genannten Verben, z. B. *lësan, ginësan, quëdan, mīdan, findan, wërdan, wīhan, swëlhan, heffen*. Bei anderen Verben ist der gramm. Wechsel im Ahd. bis auf Reste beseitigt; so bei *hladan* (§ 346 A.3), *faldan* (§ 350 A.3), *skeidan* (§ 352 A.2), *gëhan, j-* (§ 343 A.4a) und für den Wechsel /f/ : /b/ bei *hiofan* (§ 333 A.2); zu *(h)wërban* vgl. § 337 A.3. Einige Verben wie *fëlhan* oder *fliohan* haben den gramm. Wechsel ganz aufgegeben. Im Allgemeinen wird er in den frk. Dialekten früher und stärker ausgeglichen als im Obd. – Vgl. Paul 1879a: 538 ff.

Anm. 2. Der Wechsel /h/ (germ. /h^{w}/) : /w/ (§ 100 A.1) besteht im Ahd. in vollem Umfang nur noch bei *līhan* (§ 331 A.2), in Resten bei *sīhan* (§ 331 A.2) und *sëhan* (§ 343 A.4b).

§ 328a Der Aufzählung und Besprechung der starken Verben (§ 329–354) wird eine Tabelle mit den charakteristischen Stammformen vorausgeschickt. Die Systematik des Vokalwechsels ist für die ablautenden Verben aus § 325, für die reduplizierenden Verben aus § 348 ersichtlich. Die Formen zeigen den frk. Lautstand des frühen 9. Jahrhunderts. Das Präsens ist durch die 3.Sg. vertreten, damit neben der Hebung (*biugit* § 47:2, *nimit* § 30:1c) auch der Umlaut (*ferit*, *heltit* § 26:1c) zur Geltung kommt. Die Vokale, die zur Differenzierung verwandter Klassen Anlass geben, sind unterstrichen.

Klasse	Infinitiv	3.Sg. Präs.	3.Sg. Prät.	3.Pl. Prät.	Part. Prät.	§
ablV. Ia	*rītan*	*rītit*	*reit*	*ritun*	*giritan*	330
Ib	*zīhan*	*zīhit*	*zēh*	*zigun*	*gizigan*	331
IIa	*biogan*	*biugit*	*boug*	*bugun*	*gibogan*	333
IIb	*biotan*	*biutit*	*bōt*	*butun*	*gibotan*	334
IIIa	*bintan*	*bintit*	*bant*	*buntun*	*gibuntan*	336
IIIb	*hëlfan*	*hilfit*	*half*	*hulfun*	*giholfan*	337 f.
IV	*nëman*	*nimit*	*nam*	*nāmun*	*ginoman*	339 f.
V	*gëban*	*gibit*	*gab*	*gābun*	*gigëban*	342 f.
VI	*faran*	*ferit*	*fuor*	*fuorun*	*gifaran*	345 f.
redV. Ia	*haltan*	*heltit*	*hialt*	*hialtun*	*gihaltan*	350
Ib	*rātan*	*rātit*	*riat*	*riatun*	*girātan*	351
Ic	*heiȥan*	*heiȥit*	*hiaȥ*	*hiaȥun*	*giheiȥan*	352
IIa	*(h)loufan*	*loufit*	*liof*	*liofun*	*giloufan*	353:1
IIb	*stōȥan*	*stōȥit*	*stioȥ*	*stioȥun*	*gistōȥan*	353:2
IIc	*(h)ruofan*	*ruofit*	*riof*	*riofun*	*giruofan*	353:3

M 3.3.1.1. Ablautende Verben

(a) Ablautreihe I

§ 329 Die erste Ablautreihe (got. *ei*, *ai*, *i*/*aí*) zerfällt im Ahd. in zwei Subklassen, weil germ. /ai/ je nach Folgekonsonant als Diphthong /ei/ bewahrt bleibt (§ 44, Klasse Ia) oder zu /ē/ monophthongiert wird (§ 43, Klasse Ib).

Anm. 1. Im As. ist es nicht zu dieser Zweiteilung gekommen, denn germ. /ai/ ist dort grundsätzlich zu /ē/ entwickelt (§ 2a:2a; vgl. § 332 A.1 zu Ablautreihe II).

Klasse Ia. Die bei weitem größte Anzahl der Verben – mit /ei/ im Sg. Prät. – gehört in die Hauptreihe: § 330

Präs. ī / ī – Prät. ei / i – Part. Prät. i

Stammformen: *rītan* 'reiten'; – mit grammatischem Wechsel (§§ 102, 328): *rīsan* 'fallen', *snīdan* 'schneiden'.

stV. Ia	Infinitiv	3.Sg. Präs.	3.Sg. Prät.	3.Pl. Prät.	Part. Prät.
as.	*rīdan*	*rīdid*	*rēd*	*ridun*	*giridan*
ahd.	***rītan***	***rītit***	***reit***	***ritun***	***giritan***
mhd.	*rīten*	*rī(te)t*	*reit*	*riten*	*geriten*
as.	*rīsan*	*rīsid*	*rēs*	**rirun*	**giriran*
ahd.	***rīsan***	***rīsit***	***reis***	***rirun***	***giriran***
mhd.	*rīsen*	*rīset*	*reis*	*rir(e)n*	*gerir(e)n*
as.	*snīthan*	*snīthid*	*snēth*	*snidun*	*gisnidan*
ahd.	***snīdan***	***snīdit***	***sneid***	***snitun***	***gisnitan***
mhd.	*snīden*	*snīdet*	*sneit*	*sniten*	*gesniten*

Anm. 1. Hierher gehören folgende Verben:

a) mit vokalischem Wurzelauslaut: *glīan* 'piepen' (1x Präs., AWB IV,305; vgl. VEW 230, Riecke 1996: 108, Nievergelt 2010: 9), *skrīan* 'schreien' (Anm. 3);

b) mit /b/: *klīban* 'anhaften', *bi-līban* 'bleiben', *(h)līban* (auch *(h)līben* swV.) 'schonen', *rīban* 'reiben', *skrīban* 'schreiben', *trīban* 'treiben';

c) mit /d/ und gramm. Wechsel: *(bi-)flīdan* (Anm. 2aα), *līdan* 'leiden' und *(gi-)līdan* 'gehen', *mīdan* 'meiden' (Anm. 2aβ), *snīdan* (s.o.); – ohne gramm. Wechsel: zu *rīdan*, **skīdan*, †*nīdan*, †*swīdan* s. Anm. 2b;

d) mit /f(f)/ (< germ. /p/): *grīfan* 'greifen', *slīfan* 'gleiten', *wīfan** 'winden' (nur Part. Prät. *bewiffen* N; vgl. Gering 1888: 250, VEW 546 f.); – zu *gnīfan** 'zwicken', †*pfīfan* 'pfeifen' und †*rīfan* 'reifen lassen' s. Anm. 5acd, zu **swīfan* '(schwingen)' vgl. § 96:3a;

e) mit /g/: *(h)nīgan* 'sich neigen', *sīgan* 'sinken', *stīgan* 'steigen', *wīgan* 'kämpfen' (daneben *wīhan* § 331 A.1b und *-wëhan* § 343 A.4a);

f) mit /hh/ (< germ. /k/): *(-)blīhhan* 'glänzen' (nur Präs.; Simplex vielleicht O 2,14,106, vgl. SplAWB I,80 f.), *gi-rīhhan* 'herrschen' (vgl. § 331 A.4), *slīhhan* 'schleichen', *strīhhan* 'streichen', *swīhhan* 'im Stich lassen', *wīhhan* 'weichen';

g) mit /m/ (?): *gi-rīman** 'zu etwas werden, zuteil werden' (nur 2x Prät. *gireim* O, dazu *irreimen* swV. 'zufallen' O; der Struktur nach ursprünglich swV., VEW 370);

h) mit /n/: *grīnan* 'heulen' (dazu *ir-grīnan* 'murren' Klaes 2017: 231.18), *kīnan* 'keimen' (nur Präs.; Anm. 3), *(h)rīnan* 'berühren' (Anm. 3), *skīnan* 'scheinen', *swīnan* 'schwinden'; – zu †*(h)līnan* '(lehnen)' s. Anm. 5b;

i) mit /s/ und gramm. Wechsel: *rīsan* (s.o.; zu *gi-rīsan* s. Anm. 4); – ohne gramm. Wechsel: *wīsan* 'vermeiden' (VEW 547 f.);

j) mit /t/: *bītan* 'warten', *gnītan* 'reiben', *bi-grītan* 'antreten, anfangen' (nur Präs. *pigritu* Pa 40,23, AWB IV,441; dazu *gritmāli* n., got. *griþs* 'Schritt', mhd. *grīten* stV. 'Beine spreizen', vgl. Splett Abr 94, 452, SplAWB I,328, Casaretto 2004: 185, GramErtr 168), *rītan* (s.o.), *skrītan* 'schreiten', *sprītan* 'ausbreiten' (nur Präs., dazu *spreiten* swV., Riecke 1996: 546 f.), *strītan* 'streiten'; – zu *brītan** vgl. § 338 A.3, zu **glītan* und **slītan* '(gleiten)' s. Anm. 5e;

k) mit /ʒ/: *bīʒan* 'beißen', *flīʒan* 'sich befleißigen', *glīʒan* 'glänzen', *rīʒan* 'reißen', *bi-skīʒan* 'besudeln' (nur Part. Prät. *piscizzano* Gl 2,435,20), *slīʒan* 'zerreißen', *smīʒan* 'streichen', *trīʒan* 'Durchfall haben' (nur Präs. *drizo* 'megio' Gl 3,504,2, 11./12. Jh.; vgl. VEW 164), *(fir-) wīʒan* 'verweisen, strafen', *gi-*, *irwīʒan* '(weg)gehen' (vgl. § 371:1; VEW 548 ff.).

Anm. 2. Besonderheiten der Verben auf /d/ (Anm. 1c):

a) mit grammatischem Wechsel:

α) *flīdan* und *biflīdan* sind hinsichtlich Semantik, Stammbildung und Etymologie weithin ungeklärt (AWB III,966, VEW 200, Splett Abr 132, Riecke 1996: 108, EWA III,379 f.). Bei Zugehörigkeit von *kiflittan* Gl 2,349,25 als Part. Prät. (vgl. Ertmer 1994: 277 ff., AWB V,153 f.) könnte gramm. Wechsel vorliegen (zu ‹*tt*› für /t/ vgl. *pitrëttan* Jc, § 164 A.3).

β) Zu *mīdan* bietet Otfrid schon die Ausgleichsformen *midun*, *midi*, *bimidi*, *firmidin* Hs. V, in Hs. P teilweise ‹*d*› in ‹*t*› geändert. Dazu das alte Verbaladjektiv *missi** (§ 363 A.6).

b) ohne grammatischen Wechsel:

α) Zu *rīdan* 'drehen' ist das Part. Prät. *giridan* bezeugt, das keinen gramm. Wechsel aufweist (VEW 567 f., AWB VII,940), vermutlich um einem Zusammenfall mit *rītan*, *giritan* 'reiten' vorzubeugen. Angesichts dessen ist das finite Prät. *reit* GlFreis 379.270 (alem., um 800) eher als früher Zeuge der Auslautverhärtung (§ 103a) zu werten, zumal im Sing. kein gramm. Wechsel zu erwarten ist (anders GlFreis 433).

β) Ein stV. **skīdan* 'scheiden' (vgl. mhd. *schīden*) ist im Ahd. nicht bezeugt, wird aber von *skīt* 'Scheit' (Gl 1,369,32, Merig 1,81) sowie *skidōn* und *skësso* (§ 31:1,2c) vorausgesetzt; daneben das redV. *skeidan* (§ 352 A.4).

γ) Der Konj. *nide* O 2,18,16 (im Reim), der z.T. auf ein stV. †*nīdan* 'beneiden' bezogen wird, führt eher auf ein swV. *nīden* oder *nīdōn* (Schatz Ahd. § 433, VEW 356 f., Riecke 1996: 281 f., AWB VI,1252); aber mhd. *nīden* stV. (KSW II.2, §§ V 118 A.4, 163, 174).

δ) Für *suidit* O 5,25,149 wird oft ein stV. †*swīdan* 'schwelen' angesetzt, das aber nur in awn. *svíða* eine Entsprechung fände (VEW 487). Der Beleg ist auf *swëdan* (§ 343 A.1b) zu beziehen, das in Kb, Ra bezeugt ist (Gl 1,132,38; Splett Abr 515), in das swV. *sweden* übergeht (§ 343 A.3b) und auch vom Ae. vorausgesetzt wird (VEW 496; vgl. Schatz Ahd. § 433).

Anm. 3. *skrīan* 'schreien' schiebt im Präteritum vor Vokal den Hiattilger /r/ ein: *skrīan*, *skrīu*; *skrei*, *skrirum*; *giskriran* (Schlechter 1993: 215). Mottausch 1998a: 62 f. hält *skrīan* für ein ehemaliges redV. mit /r/ nach § 354 A.3, das erst sekundär zu den stV. I übergetreten sei. Eher ist /r/ wegen des vokalischen Wurzelauslauts von den redV. übernommen (vgl. § 120 A.3), um die morphologische Grenze phonologisch zu markieren. Das Wort hat sich später an *spīwan* (bzw. *spīan*, § 331 A.3) angelehnt und zeigt daher im Mhd. das Prät. *schrē* neben *schrei* (Zwierzina 1901: 30 ff.) und auch *w*-Formen (KSW II.2, § V 124), von denen sich schon ahd. in den Mainzer Glossen (9./10. Jh.) ein Beispiel findet: *erscriuun* 'clamaverunt' Gl 1,713,41; umgekehrt erscheint spätahd. und mhd. *spīwan* auch mit /r/. Zu *scrīgit* vgl. § 117:2. – Vgl. Zarncke 1891: 351 ff., Kögel 1892: 501, Loewe 1907: 349 f., Franck Afrk. 231.

Auch *umpihriran* 'intactus' R (181,36; zu ‹*m*› vgl. Splett R 95), Part. Prät. zu *(h)rīnan* ohne das präsentische *-n-* – wie got. *uskijanata* zu *uskeinan*, ahd. *kīnan* (Got. Gr. § 172 A.2) –, dürfte einen Hiattilger /r/ enthalten (VEW 271, Splett aaO.).

Anm. 4. Zu *gi-rīsan* 'geziemen' sind abgesehen von *careis* Gl 2,249,32 nur schwache Präteritalformen mit kurzem /i/ (Schatz Ahd. § 433) bezeugt: *chirista* Is, *garisti* MF, *gerísti, kerísta* N. Vgl. § 302 A.2; VEW 371, AWB VII,1076 f. Die Neuerung erklärt sich durch die Entwicklung zum Modalverb und Anlehnung an die Präteritopräsentien (Matzel Is 239 A.416, Riecke 1996: 151 f.); ähnlich *bigonda* zu *biginnan* (§ 336 A.3). Daneben ist ein redV. **(gi-)reisan* zu erschließen (§ 352 A.4).

Anm. 5. Bei einigen Verben ist starke Flexion im Ahd. denkbar, aber unerweislich:

a) Für *gnif(f)it, chiniffit* Gl 2,402,74. 2,433,37. 2,541,32 (11. Jh.) wird teils *gnīfan** stV. (Schatz Ahd. §§ 86, 433, AWB II,7), teils *gniffen** swV. (Raven 1963–67: I,59, Riecke 1996: 188, AWB IV,318) postuliert (vgl. VEW 234). Die Graphie ‹*ff, f*› deutet eher auf das stV. Die späteren Belege (AWB aaO.) weisen dagegen auf ein swV.; bei germ. /p/ wäre freilich nicht *gniffen**, sondern *gnipfen** anzusetzen (vgl. *-kripfen, -lipfen, -slipfen* u. ä.).
b) Aus *unterlinin* 'subcumbant' Gl 2,297,56 schließt Schatz Ahd. 282 auf ein stV. †*(h)līnan*. Die Form ist gewiss dem swV. *(h)linēn* zuzuordnen (AWB V,1016 f.; vgl. VEW 263).
c) Aufgrund von *pfifa(n?)* Jc erwägen Krotz 2002: 407.223 und Nievergelt 2010: 8.13 den Ansatz eines stV. †*pfīfan*. Starke Flexion ist jedoch erst für mhd. *pfīfen* erweislich (KSW II.2, § V 118), das Ahd. kennt gemäß der Herkunft aus lat. *pīpāre* nur *pfīfōn* swV. II (AWB VII, 221 s. v. *pfif*, 261 f. s. v. *phîfa*, 263 s. v. *phîfôn*).
d) Bei SchGW VII,399 wird ein stV. †*(gi-)rīfan* postuliert, das an ae. *rípan* 'ernten' Anhalt fände (VEW 370 f.). Doch das Simplex ist allenfalls nachahd. und zudem rekonstruiert (AWB V,XXV), das *gi*-Verb wegen der faktitiven Bedeutung 'reifen lassen' eher als swV. I anzusetzen (AWB VII,945).
e) Der Verweis auf ein stV. **bi-glītan* (AWB I,1018) zielt auf anfrk. *beglidi* 'labatur' AWB IV, 305 (as. *glīdan*, mhd. *glīten* 'gleiten'; VEW 230 f.). Ferner schreiben die Wörterbücher dem Ahd. ein stV. **bi-slītan* 'schlüpfrig machen' zu (mhd. *slīten* stV.; VEW 427 f.). Auch hier fällt der einzige direkte Beleg *bislidit* 'lubricat' (H.Mayer 1974: 20,3) ins Anl./Anfrk. (Klein 2003: 48 f.); im Abrogans findet sich jedoch die mögliche Ableitung *bislitt*[i]*a* (*pslittiun* Ra, *-um* Kb § 77 A.3dα).

Klasse Ib. Die wenigen Verben, deren Wurzel auf /w/ oder germ. /h, hʷ/ ausgeht, zeigen nach § 43 im Sg. Prät. /ē/ statt /ei/. **§ 331**

Stammformen: mit /w/: *spīwan* 'speien' (Anm. 3); – mit germ. /h/ (und grammatischem Wechsel, § 328): *dīhan* 'gedeihen'.

stV. Ib	Infinitiv	3.Sg. Präs.	3.Sg. Prät.	3.Pl. Prät.	Part. Prät.
as. ahd. mhd.	*spīwan* ***spi̱wan*** *spī(w)en*	*spīwid* ***spi̱wit*** *spī(w)et*	*spēu* ***spe̱(o)*** *spē*	*spiwun* ***spi̱wun*** *spiwen*	*gispiwan* ***gispi̱wan*** *gespiwen*
as. ahd. mhd.	*thīhan* ***di̱han*** *dīhen*	*thīhid* ***di̱hit*** *dīhet*	*thēh* ***de̱h*** *dēch*	*thigun* ***dig̱un*** *digen*	*githigan* ***gidig̱an*** *gedigen*

Anm. 1. Hierher gehören folgende Verben:

a) mit /w/: *spīwan* (s. o.); ferner mit /w/ < [g^w] das lückenhaft bezeugte Verb *snīwan* 'schneien' (VEW 442): Präs. *sniuuit* 'ninguit' Gl 2,639,56, Part. Prät. *versniegun perga* 'ninguidos' 2,435,56 (wohl für *-*snigenun*, Schatz Ahd. § 433);

b) mit germ. /h/: *dīhan* (s. o.; Anm. 5), *rīhan* 'reihen; winden', *intrīhan* 'enthüllen' (s. Anm. 4; ursprünglich wohl drei verschiedene Verben, VEW 369, 565 f.), *zīhan* 'zeihen'. – Unsicher belegt ist *wīhan* 'kämpfen', Part. Prät. *giwigan, irwigan* 'confectus' (VEW 544 f.); daneben ein Präsens *wīgan* (§ 330 A.1e; Part. Präs. *wīkantero* 'bellantium' Rb, *wīgant* § 236 A.1); vgl. got. *weihan* 'kämpfen' (Got. Gr. § 172 A.4,5) sowie ahd. *ubarwëhan* (§ 343 A.4a);

c) mit germ. /h^w/: *līhan* 'leihen', *sīhan* 'durchseihen' (Anm. 2).

Anm. 2. Gramm. Wechsel /h/ : /w/ (nach §§ 100 A.1, 102) zeigt *līhan* (got. *leiƕan*), *līhu*; *lēh*, *liwum*; *giliwan*. Neben dem Part. Prät. *farliwan* findet sich aber auch schon in alter Zeit das nach dem Präsens neu gebildete *far-lihan*. Zu /hh/ im Präsens (*firlīche* O) vgl. § 154 A.7b. – Auch *sīhan* hat das Part. Prät. *bi-siwan* Gl 1,698,29 (ebenso *ir-siwan* Gl 1,502,48. 2,683,60), daneben aber auch *bisigan* und *bisihan* (VEW 389; mhd. stets *ge-*, *be-sigen*).

Anm. 3. Von *spīwan* finden sich (besonders alem.) auch Formen ohne /w/ (*spīan* und *spīgan*, § 110 A.1,3). Im Sg. Prät. *spēo* fällt /-o/ bald ab: *spē* O (§ 108 A.2). Notker hat die Form *spêh* (nach *lēh* / *liwum*). Im Pl. Prät. ist belegt *spiun* (mit Ausfall des /w/) O (und *spuuun* T, d. i. *spuwun*, oder vielleicht *spūwun* nach § 333 A.4, vgl. Part. *gespūen* MSD Nr. 91, 49; fmhd.), vgl. Wilmanns III,41. – Erst sehr spät (11./12. Jh.) erscheint im Part. Prät. *-spiren* statt *-spiwen* (*pespiren* MSD Nr. 90, 23) durch Anschluss an *skrīan* (§ 330 A.3). Vgl. Loewe 1907: 350 f.

Anm. 4. Als *j*-Präsens (§ 327:1a) dieser Klasse ist früher an dieser Stelle *intrīhan* 'enthüllen' angesetzt worden (*-rihhen* mit kurzem Präsensvokal < †*rihjan*), unter Berufung auf ‹*hh*› (§ 154 A.7a) in der 3.Sg. *intrihhit* BR 202,31, *inrihhit* Kb, Ra (1,240,25, *intrihit* R). Aber in der 3.Sg. ist keine *j*-Gemination zu erwarten (§ 358; Schatz Ahd. § 433; vgl. VEW 565). Eher liegt Vermischung mit *gi-rīhhan* 'herrschen' (§ 330 A.1f) vor, vgl. umgekehrt *rīhenti* Ra 'Herrscher' (neben *rīhhendi* Kb) unter Einfluss von *rīhan*. Das Präteritum zeigt gramm. Wechsel: 2.Sg. *intrigi*, Part. *intrigan*. Das Verb ist nur im 8./9. Jh. belegt (AWB VII,955).

Anm. 5. Die Verben *dīhan, līhan, wīhan* haben nach verbreiteter Auffassung ursprünglich der 3. Ablautreihe angehört (Nasalschwund /inχ/ > /īh/, § 128 A.1). Nach Got. Gr. § 172 A.5 (mit Lit.) ist dies jedoch nur für *dīhan* (got. *þeihan*) wahrscheinlich, vgl. as. *githungan* 'angesehen' (§ 336 A.5), *ērth(u)ungan* 'ehrenvoll' (As. Gr. § 388 A.4). Zu alem. *gidëht* 'ergeben', das von Ochs 1920: 319 ff. als Verbaladjektiv zu *gi-dīhan* eingestuft wurde, vgl. EWGP 616 f.

(b) Ablautreihe II

§ 332 Die zweite Ablautreihe (got. *iu, au, u/aú*) spaltet sich im Ahd. in zwei Untergruppen, weil germ. /au/ je nach Folgekonsonant als Diphthong /ou/ bewahrt bleibt (§ 46, Klasse IIa) oder zu /ō/ monophthongiert wird (§ 45, Klasse IIb). Diese Zweiteilung wird überlagert durch die unterschiedliche Fortsetzung des Präsensvokals germ. /eu/ im Frk. und im Obd. (§ 47–49). Zu Verben mit germ. /ū/ statt /eu/ vgl. §§ 333 A.3, 334 A.3.

Anm. 1. Im As. ist es nicht zu einer Aufspaltung gekommen, denn germ. /au/ ist dort grundsätzlich zu /ō/ entwickelt (§ 2a:2a; vgl. § 329 A.1 zu Ablautreihe I).

Klasse IIa. Hierher gehören diejenigen Verben, deren Wurzel auf Labial oder Velar (außer germ. /h/) ausgeht. Im Präsens tritt /eo, io/ vor /a, e (o)/ der Folgesilbe – d. h. im Plural des Indikativs, im Konjunktiv und im Infinitiv – nur im Frk. ein, während im Obd. im gesamten Präsens /iu/ vorliegt (§ 47). Im Sg. Prät. gilt (nach § 46) für die ältesten Quellen /au/, später /ou/. Die Ablautreihe hat also folgende Gestalt: § 333

frk.	Präs.	**eo (io, ie) / iu**	– Prät.	**ou / u**	–	Part. Prät.	**o**
obd.		**iu / iu**	–	**ou / u**	–		**o**

Stammformen: *biogan* (obd. *biugan*) 'biegen', *klioban* (obd. *chliuban*) 'spalten'.

stV. IIa	Infinitiv	3.Sg. Präs.	3.Sg. Prät.	3.Pl. Prät.	Part. Prät.
as.	*būgan*	*būgid*	*bōg*	*bugun*	*gibogan*
ahd.	***biogan***	***biugit***	***boug***	***bugun***	***gibogan***
mhd.	*biegen*	*biuget*	*bouc*	*bugen*	*gebogen*
as.	*kliođan*	*kliuđid*	*klōf*	*kluđun*	*giklođan*
ahd.	***klioban***	***kliubit***	***kloub***	***klubun***	***gikloban***
mhd.	*klieben*	*kliubet*	*kloup*	*kluben*	*gekloben*

Anm. 1. Hierher gehören folgende Verben:

a) mit /b/: *klioban* (s. o.), *skioban* 'schieben', *stioban* 'stieben'; – für *kiripan* W.Schulte 1993: 164 f. (zu *rīban* § 330 A.1b) liest GlFreis 74 *kiropan* und postuliert ein stV. †*rioban* 'reiben', das freilich ohne Stütze bleibt (GramErtr 169);

b) mit germ. /f/ und gramm. Wechsel: *hiofan* 'klagen' (Anm. 2);

c) mit /f(f)/ (< germ. /p/): *sliofan* 'schlüpfen', *triofan* (obd. *triuffan*) 'tropfen, triefen'; – zu †*kriofan* s. Anm. 5e, zu *sūfan* s. Anm. 3a;

d) mit /g/: *biogan* (s. o.), *fliogan* 'fliegen' (mit *fliohan* 'fliehen' vermischt in *ze vlione* 'ad volandum' Lb 17.5, 68 [Rheinfrk. Cant], vgl. §§ 154 A.1c, 334 A.2a; DWB III,1780 f., Steppat 1902: 512, 535, AWB III,970), *liogan* 'lügen', *smiogan** 'zusammenziehen' (nur Part. Prät. *chismoginin* Gl 2,549,44 [5,105,10], *cesamene kesmogene* Thoma 1975: 19.14; mhd. *smiegen* 'schmiegen'), *triogan* 'trügen'; – zu *sūgan* s. Anm. 3a;

e) mit /hh/ (< germ. /k/): *kriohhan* 'kriechen' (nur Präs.), *liohhan* 'reißen, rupfen' Jc (Gl 4,23, 26), obd. *ar-liuhhan* 'ausrupfen', Part. *zi-lohhan* (AWB V,1142 f., Schatz Abair. § 134:b, Schweiz. Id. III,1043), *riohhan* 'rauchen'; – zu *brūhhan, lūhhan, tūhhan** s. Anm. 3a-c;

f) mit /w/: zu *bliuwan, kiuwan, (h)riuwan* s. Anm. 4, zu *(h)niuwan, driuwan,* †*liuwan,* **briuwan, kriuwan* s. Anm. 5a-e.

Anm. 2. *hiofan* (got. *hiufan*), das – mit gramm. Wechsel (§ 139 A.5a) – *hiufu;* **houf,* **hubum;* **gihoban* bilden sollte, ist nur noch in Pa, Ka in Präsensformen überliefert: *hiufan* und *hiuban* (*hiupan*) mit obd. Vokal nach § 47:2b (VEW 256, AWB IV,1132).

Anm. 3. Wie die übrigen germ. Sprachen kennt auch das Ahd. einige Verben mit /ū/ statt /eu/; zur Erklärung vgl. Got. Gr. § 31 A.1 (mit Lit.), Vine 1985, Mottausch 2013: 80 ff. (anders Kuryłowicz 1969: 160 f., verfehlt Perridon 2001 u. 2011). Im Einzelnen:

a) Die drei Verben *lūhhan* 'schließen', *sūfan* 'saufen' und *sūgan* 'saugen' weisen im ganzen Präsens /ū/ auf und entsprechen in den übrigen Formen Klasse IIa: *bi-lūhhu*; *-louh*, *-luhhum*; *-lohhan* (VEW 338 f., 399 f., 398).
b) Nach *in-tuhhun* 'innatabant' Gl 2,750,43, Part. Prät. *pe-tochen*, *fer-tochen* (Graff V,368) kann als viertes Wort dieser Gruppe *tūhhan** 'tauchen' angesetzt werden; vgl. mhd. *tūchen* swV., das noch das starke Part. *betochen* bildet (VEW 156 f., Riecke 1996: 154 f., Mottausch 2013: 84). Weitere Vertreter sind *brūʒan*, *sprūʒan* und vielleicht *(h)rūʒan* (§ 334 A.3); zu **zūhan* vgl. § 49 A.1a.
c) Ferner ist ahd. *brūhhan* 'brauchen' seinen allein belegten Präsensformen nach durchgehend stV. II wie as. *brūkan*, ae. *brúcan* (vgl. AWB I,1430 f., Glaser 1996: 422, 426); dazu Part. *kiprohan* Gl 1,766,44 (von Schatz Ahd. § 437 zu *brĕhhan* gestellt, doch vgl. AWB aaO., Voetz 1987: 496), aber schwach *keprūhchit* BR, *gebrûchet* N; das schwache Prät. *brūchte* erst seit dem 12. Jh. Vgl. Osthoff 1882b: 295 f., Braune 1893: 156, VEW 140 f.

Anm. 4. Die auf /w/ endenden Verben *bliuwan* 'bläuen', *kiuwan* 'kauen', *(h)riuwan* 'schmerzen, reuen' (Anm. 1f) haben nicht bloß obd., sondern auch frk. im ganzen Präsens /iu/ (§ 30 A.2). Außerdem zeigen sie im Pl. Prät. und Part. Prät. /ū/ statt /u/ (§ 113 A.2; vgl. Kögel 1884b: 540 f., dagegen VEW 121): *bliuwan*; *bliuwu*; *blou* (*plav* GlFreis 163.227), *blū(w)un*; *giblū(w)an*. Zwar weist *geblúenez* Np 50,19 auf Kurzvokal (Schatz Ahd. § 436), doch kann sekundäre Kürzung wie in *múhet* 'müht' (§ 154 A.8b) vorliegen.

Die letzteren Formen weisen oft kein /w/ auf (§ 110 A.1): *blūun*, *giblūan*. Auch im Präsens besteht manchmal Zweifel am Vorliegen von /w/: *bliuwan* wird in den Hss. mit *bliuuuan*, *bliuuan* oder *bliuan* (vgl. § 111) wiedergegeben (AWB I,1219 ff.); ebenso verhalten sich *riuwan* und *kiuwan* (vgl. Kögel 1884b: 524, 536 f., VEW 120 f.). Im Got. fallen diese Verben infolge der Verschärfung /ww/ > /ggw/ (*bliggwan*, *-blaggw*) in Klasse III (Got. Gr. § 173 A.3).

Anm. 5. Weitere Verben auf /w/ sind gesondert zu behandeln.
a) Wie die Verben in Anm. 4 flektiert im Ahd. auch *(h)niuwan* 'zerstoßen': *nivvit*, *nov*, Part. Prät. *ginuan* u. ä., *farnuu(u)anaz* Jb-Rd (Schatz Abair. § 134:c, VEW 270, AWB VI,1295 ff.); mhd. *niuwen* gehört sicher hierher. Nach VEW 49 liegt kein Grund vor, ursprüngliches †*nūan* (*nūwan*) – so früher an dieser Stelle – anzusetzen, das wie *būan* (§ 353 A.3) zu den redV. II gehört hätte.
b) Aus *triuuit* 'excellet' Ra (Gl 1,229,36) ist wohl ein stV. *driuwan* 'gedeihen' zu erschließen (Splett Abr 333 f. mit Lit., EWGP 627, Riecke 1996: 110, 562, EWA II,794 f.); dazu ein synonymes swV. (Intensivum?) *drouwen* in *trouuen* Ra (wegen *-en* nicht mit EWA II,806 als redV. zu bestimmen). ‹*t*› für /d-/ kann schwerlich nach § 167 A.8,9 erklärt werden; eher hat eine Sippe mit /tr-/ (*triuwi*, *trūēn*?) eingewirkt.
c) *liuuit* O (Os 28, Hs. V) ist kaum als stV. †*liuwan* (bzw. †*lĕwan*, Riecke 1996: 110 f., EWA V, 1406) zu analysieren. Eher ist an ein swV. I *(h)liuwen* zu denken, das von germ. **hlewa*- 'Schutz', **hleuja*- 'geborgen' (EWGP 294) ausgeht; vgl. N.Wagner 2022: 175 f.
d) Das stV. **briuwan* 'brauen' ist im Ahd. zufällig nicht überliefert, wird aber von einigen Weiterbildungen (dazu Mikeleitis-Winter 2001: 203 ff.) sowie von mhd. *briuwen* vorausgesetzt (VEW 143).
e) Für *chriuanti* 'reptans' Rb (Gl 1,410,51) wird von SplAWB I,486, AWB V,413, EWA V,795 f. ein stV. †*kriofan* angesetzt. Aber ‹*u*› bezeichnet so gut wie nie postvokalisches /f/ < germ. /þ/ (§ 132 A.3b; Ottmann 1886: 59). Vielmehr kommt ein stV. *kriuwan* 'kriechen' – d. h. 'sich gekrümmt fortbewegen' – in Betracht, das den swV. *krouwen*, *-ōn* 'kratzen', fnhd. *krauen* 'kraulen' ('mit gekrümmten Fingern kratzen', EWDS s. v.) zugrunde liegt.

Klasse IIb enthält Verben, deren Wurzel auf Dental oder germ. /h/ ausgeht, weshalb im Sg. Prät. nach § 45 /ō/ vorliegt. Die Vokalreihe stimmt im Frk. und im Obd. überein (vgl. § 47): **§ 334**

Präs. **eo (io, ie) / iu** – Prät. **ō / u** – Part. Prät. **o**

Stammformen: *biotan* 'bieten', *giozan* 'gießen'; – mit grammatischem Wechsel (§ 328): *ziohan* 'ziehen'.

stV. IIb	Infinitiv	3.Sg. Präs.	3.Sg. Prät.	3.Pl. Prät.	Part. Prät.
as. ahd. mhd.	*biodan* ***biotan*** *bieten*	*biudid* ***biutit*** *biu(te)t*	*bōd* ***bōt*** *bōt*	*budun* ***butun*** *buten*	*gibodan* ***gibotan*** *geboten*
as. ahd. mhd.	*giotan* ***giozan*** *giezen*	*giutid* ***giuzit*** *giuzet*	*gōt* ***gōz*** *gōz*	*gutun* ***guzzun*** *guzzen*	*gigotan* ***gigozzan*** *gegozzen*
as. ahd. mhd.	*tiohan* ***ziohan*** *ziehen*	*tiuhid* ***ziuhit*** *ziuhet*	*tōh* ***zōh*** *zōch*	*tugun* ***zugun*** *zugen*	*gitogan* ***gizogan*** *gezogen*

Ebenfalls mit grammatischem Wechsel: *siodan* 'sieden', *siudit*; *sōd*, *sutun*; *gisotan*; – *kiosan* 'wählen', *kiusit*; *kōs*, *kurun*; *gikoran*.

Anm. 1. Hierher gehören folgende Verben:

a) mit /d/ und gramm. Wechsel: *siodan* (s.o.); – ohne gramm. Wechsel: vielleicht *briodan* 'zerfallen' (nur Präs. *briudid* Gl 2,746,13, vgl. AWB I,1410, VEW 142; nach Michiels 1912: 37 f. ae. Wort), *bi-sniodan** (nur spätahd. Part. Prät. *beznodan* 'abgezehrt' Thoma 1951: 240; vgl. VEW 445, EWGP 523);

b) mit germ. /h/ und gramm. Wechsel: *ziohan* (s.o.; zu möglichem **zūhan* vgl. § 49 A.1a); – ohne gramm. Wechsel: *fliohan* 'fliehen' (Anm. 2a); – zu ‹i› bei Notker vgl. § 154 A.8b;

c) mit /s/ und gramm. Wechsel (vgl. § 343 A.2): *friosan* 'frieren', *kiosan* (s.o.; vgl. § 322 A.2), *fir-liosan* (daneben ab 9. Jh. *fliosan*, § 76 A.3a) 'verlieren', *(h)niosan* 'niesen' (Anm. 2b), *(h)riosan* 'fallen' (Anm. 2c); – zu **ir-giosan* vgl. § 201 A.4b;

d) mit /t/: *biotan* (s.o.), *ir-liotan* 'hervorwachsen' (nur in ältesten Quellen), *bi-(h)niotan* 'abschlagen' (nur Präs. Pa, K, Ra; AWB VI,1273);

e) mit /z/: *diozan* 'tosen', *(bi-, ir-)driozan* 'verdrießen', *fliozan* 'fließen', *giozan* (s.o.), *(fir-)griozan** 'zerreiben' (nur Part. Prät. *gi-*, *fir-grozzan*, AWB IV,437, VEW 242; mhd. *griezen*), *(h)liozan* 'erlosen', *niozan* 'genießen' (vgl. § 338 A.4), *riozan* 'weinen' (Anm. 3c), *skiozan* 'schießen', *sliozan* 'schließen'; – zu *brūzan* und *sprūzan* 'knospen', *(h)rūzan* 'schnarchen' s. Anm. 3ab.

Anm. 2. Zur Beleglage und zum grammatischen Wechsel einzelner Verben:

a) *fliohan* hat im Ahd. zur Unterscheidung von *fliogan* (§ 333 A.1d) seinen gramm. Wechsel aufgegeben und bildet nur *fluhum*, *giflohan*. Im Kausativum *irflougen* ist er jedoch bewahrt (§ 102:3a).

b) *(h)niosan* – /h/ nur in *hniosuurt, hniesuurtz* 'Nieswurz' Gl 5,41,25. 5,43,8 (Trier) – ist nur im Präsens belegt (AWB VI,1269 f.), z. B. 3.Sg. *niusit* Gl 2,733,54, wird aber gramm. Wechsel (**nurum, *ginoran*) gehabt haben, vgl. *nur, nor* 'das Niesen' 1,497,17 neben *niusunga, niosunga* 1,507,42 ff. (AWB VI,1332, VEW 269).

c) Gleiches gilt für *(h)riosan*, das nur 1x in Pa, K, Ra belegt ist (Gl 1,62,16); zum Ansatz vgl. Schatz Ahd. § 435, VEW 276 (auch zum gramm. Wechsel in der Sippe), Splett Abr 120. In *hrisanti* R 71,15 ist das obsolete Verb mit dem Synonym *rīsan* (§ 330) kontaminiert.

Anm. 3. Einige Verben zeigen im Präsens /ū/ statt /io, iu/ (vgl. § 333 A.3b):

a) Die Glosse *pruzzan* 'turgere' Glauche 2011: 293 (Clm 6431) zeugt für ein stV. *brūʒan*, das mhd. *brieʒen* 'knospen' (MWB I,1006, VEW 142) zur Seite steht (GramErtr 169, LexErtr 184, 195).

b) Eine exakte Parallele bildet das durch *spruzent* 'turgent' Gl 2,698,35 (Franck Afrk. §§ 41:3, 183:3) belegte stV. *sprūʒan* neben mhd. *sprieʒen* (vgl. VEW 459).

c) Hierher wohl auch ahd. *(h)rūʒan*, das durch ae. *hrūtan*, as. *hrūtan* Gl 2,575,9 als (ursprüngliches) stV. erwiesen wird (3.Sg. Prät. *raoz* Gl 4,220,8 gehört entgegen früherer Darstellung eher zu *rioʒan* Anm. 1e). Daneben stehen freilich *rūzeta* (AWB VII,1306 s. v. *[h]rûzen*) und mhd. swV. *rūʒen, rūʒte*. Vgl. Franck Afrk. § 183:3, VEW 48, 277, Riecke 1996: 152 f.

(c) Ablautreihe III

§ 335 Die dritte Ablautreihe (got. *i/aí, a, u/aú*) ist im Ahd. durch die Vokalreihe /i – a, u – u/ charakterisiert, wenn Nasal + Konsonant (auch Doppelnasal) folgt (§ 30:2a; Klasse IIIa). Die Vokalreihe lautet /e, i – a, u – o/ bei folgendem Liquid + Konsonant oder Doppelliquid (§§ 29:2, 32:2b) sowie bei ursprünglicher Obstruentenverbindung (Klasse IIIb; vgl. § 337 f.).

§ 336 Klasse IIIa. Die Verben mit auf /m, n/ + Konsonant oder auf /mm, nn/ auslautender Wurzel entsprechen in ihrem Vokalismus genau dem Gotischen:

Präs. **i / i** – Prät. **a / u** – Part. Prät. **u**

Stammformen: *bintan* 'binden', *rinnan* 'laufen, rinnen'; – mit grammatischem Wechsel (§ 328): *findan* 'finden' (Anm. 2).

stV. IIIa	Infinitiv	3.Sg. Präs.	3.Sg. Prät.	3.Pl. Prät.	Part. Prät.
as.	*bindan*	*bindid*	*band*	*bundun*	*gibundan*
ahd.	***bintan***	***bintit***	***bant***	***buntun***	***gibuntan***
mhd.	*binden*	*bindet*	*bant*	*bunden*	*gebunden*
as.	*rinnan*	*rinnid*	*ran*	*runnun*	*girunnan*
ahd.	***rinnan***	***rinnit***	***ran***	***runnun***	***girunnan***
mhd.	*rinnen*	*rinnet*	*ran*	*runnen*	*gerunnen*
as.	*fithan, findan*	*fithid, findid*	*fand*	*fundun*	*fundan*
ahd.	***findan***	***findit***	***fand***	***funtun***	***funtan***
mhd.	*vinden*	*vindet*	*vant*	*vunden*	*vunden*

Anm. 1. Hierher gehören folgende Verben:

a) mit /mb/: *klimban* 'klimmen' (nur Präs.);

b) mit /mm/: *grimman* 'wüten' (nur Präs., AWB IV,427, Splett Abr 228), *krimman*[1] 'mit den Krallen packen', *krimman*[2] 'vollstopfen' (nur Part. *cachrumman* R, AWB V,411), *(h)limman* 'brüllen' (nur Präs., AWB V,998 f.; mhd. stV.), *swimman* 'schwimmen';

c) mit /mpf/: *krimpfan* 'krampfhaft zusammenziehen?' (nur Präs. *krimfit* Ra; VEW 308; anders AWB V,411 f.), *limpfan* 'zukommen', *(h)rimpfan* 'schrumpfen'; erst mhd. *dimpfen* 'dampfen' (anders Armitage 1911: 225 s. v. *timpfan*);

d) mit /nd/ und gramm. Wechsel: *findan* (s. o. sowie Anm. 2, dort auch zu †*gi-nindan*);

e) mit /ng/: *bringan* 'bringen' (Anm. 4), *dringan* 'dringen', *dwingan* 'zwingen' (Anm. 5), *klingan*[1] 'klingen', *klingan*[2] 'sich kräuseln' (beide nur Präs.; AWB V,252), *(gi-)lingan* 'Erfolg haben' (Simplex Gl 2,470,4, AWB V,1017; vgl. § 323 A.3d; daneben *langan** redV., § 350 A.1g,8), *ringan* 'ringen', *singan* 'singen', *slingan* 'schleichen, schlängeln', *springan* 'springen', *stingan* 'stechen' (nur Inf. *stingen* Gl 4,369,41; VEW 470; daneben got. *us-staggan* redV., § 350 A.8), *swingan* 'schwingen';

f) mit /nk/: *hinkan* 'hinken', *ir-rinkan* 'entwinden' (§ 106 A.1), *sinkan* 'sinken', *stinkan* 'riechen', *trinkan* 'trinken';

g) mit /nn/: *brinnan* 'brennen', *in-*, *bi-ginnan* 'beginnen' (Anm. 3), *bi-linnan* 'aufhören', *rinnan* (s. o.), *sinnan* 'streben', *spinnan* 'spinnen' (daneben *spannan* § 350 A.1i,8), *in(t)-trinnan* 'sich absondern' (VEW 507 f.), *winnan* 'sich abmühen'; zum Ansatz von **zinnan* (mhd. *zinnen*) 'entbrennen' vgl. VEW 502 (anders SplAWB I,1188 f., Hill 2006: 376 f.);

h) mit /ns/ ohne gramm. Wechsel: *dinsan* 'ziehen';

i) mit /nt/: *bintan* (s. o.), *skrintan* 'bersten', *slintan* 'verschlingen', *swintan* 'schwinden', *wintan* 'winden'; – zu *dwintan** s. Anm. 5.

Anm. 2. Den gramm. Wechsel zeigt *findan* (bei Otfrid und im älteren Obd.): *findu*; *fand*, *funtun*; *funtan* (zum Part. Prät. ohne *gi-* vgl. § 323 A.1). Im Frk. tritt aber früh Ausgleich ein; schon im Tatian heißt es durchweg *fundun*, *fundan*, doch stehen umgekehrt einige /t/ an unrichtiger Stelle, so *fintis*, *fant* (Sievers T § 55). Auch Notker hat durchgehend *fant* (von Wolfermann 1886: 14 der Auslautverhärtung zugeschrieben, vgl. § 103a A.1). Im Obd. wird schließlich durch die spätahd. Lenisierung von /nt/ zu /nd/ (§ 163 A.5d) jeder Unterschied verwischt (Prät. *funden* N).

Aus *ginand* O 1,2,12 wird vielfach ein stV. †*gi-nindan* 'nach etwas streben' erschlossen. Nach Ausweis von Beleglage, Lautstand und Wortbildung gehört die im Reim stehende Form jedoch eindeutig zu *gi-nenden* swV.; das stV. hat es nie gegeben (Bulitta/Heidermanns 2015: 162 ff. mit Lit., AWB VI,1172).

Anm. 3. Zu *bi-ginnan* wird außer dem regulären Prät. *bigan*, *bigunnum* häufig ein schwaches Prät. *bigonda* gebildet (dazu Seebold 1967: 126 ff.). Seltener (besonders bair.) begegnen *pigunda* und (bei Isidor) *bigunsta*, nur vereinzelt Formen mit /nt/ (*begonta*, *pigunta*); vgl. AWB IV,265 ff., VEW 224 f. (zwei Wörter), Riecke 1996: 155 f. Die Bildungen zeigen an, dass *biginnan* im Begriff ist, sich zum Modalverb zu entwickeln (Mottausch 2013: 46), vgl. das schwache Prät. *onda* zum Präteritopräsens *an* 'gönne' (§ 373); ähnlich *girista* zu *girīsan* (§ 330 A.4).

Anm. 4. *bringan*, das nach seinem Präsens ganz hierher gehört, hat im Ahd. wie in den übrigen germ. Sprachen das schwache Prät. *brāhta* (§ 364). Häufiger als das schwache Part. Prät. *brāht* (§ 365 A.4) ist aber in älterer Zeit das starke Partizip *brungan* (§ 323 A.1). Analog dazu bildet Otfrid (neben *brāhta*) mehrmals ein starkes Prät. *brang*, *brungun*; diese Neubildung

– entgegen früherer Darstellung kaum ererbt – kehrt vereinzelt ab dem 11. Jh. wieder, z. B. *brunge* Mem. mori, *prungin* Merig 1,10; vgl. MWB I,1007. Besonders in frk. Glossen kommt auch das schw. Präs. *brengen* häufig vor. Vgl. AWB I,1353 ff. 1384 ff., Franck Afrk. 246, VEW 136 f., Riecke 1996: 583 f.; anders (kaum überzeugend) Mańczak 1984: 109 f.

Anm. 5. Zu *dwingan* (*thwingan*) existiert eine Nebenform *dwintan**: Prät. *dwand* Gl 4,264,4 (9. Jh.), dazu as. *bithuindan* Gl 4,287,60 (nach AWB II,814. 819 verschrieben, nach VEW 526 f. Wurzelvariante).

Das Part. Prät. lautete ursprünglich *gidungan* mit Ausfall des /w/ vor /u/ (§ 107 A.1c). Aber /w/ wurde bald wieder eingeführt, sodass die regelmäßige ahd. Form *gidwungan* (*-duungan*, *-duuungan*) lautet. Nur in K steht ausnahmslos die alte Form, überwiegend auch in Pa, Ra (Kögel 1879: 46 ff., Baesecke 1931: 343 f.); später nur vereinzelt, z. B. *pidungan* Musp 61, Rd (Gl 1,274,59 = *piduungan* Jb), *bethungen* Trierer Cap 20. Auf das lexikalisierte Adjektiv *bithunganan* Gl 2,76,18 (AWB II,818 *-un*, vgl. Thoma 1951: 197) ohne /w/ folgt kurz darauf das paradigmatische Partizip *githuungan uuërde* Gl 2,78,70 mit /w/. Vielleicht hat das in as. *githungan* erhaltene, von Hause aus *w*-lose Partizip von *dīhan* (§ 331 A.5) teilweise eingewirkt. Vgl. AWB II,813 ff., VEW 526 ff.

§ 337 Klasse IIIb. Die Verben mit auf *l*- und *r*-Verbindung auslautender Wurzel zeigen die Vokalreihe

Präs. **ë / i** – Prät. **a / u** – Part. Prät. **o**

Stammformen: *hëlfan* 'helfen', *wëllan* 'wälzen'; – mit grammatischem Wechsel (§ 328): *wërdan* 'werden' (Anm. 2a).

stV. IIIb/1	Infinitiv	3.Sg. Präs.	3.Sg. Prät.	3.Pl. Prät.	Part. Prät.
as. ahd. mhd.	*hëlpan* ***hëlfan*** *hëlfen*	*hilpid* ***hilfit*** *hilfet*	*halp* ***half*** *half*	*hulpun* ***hulfun*** *hulfen*	*giholpan* ***giholfan*** *geholfen*
as. ahd. mhd.	*-wëllan* ***wëllan*** *wëllen*	*-willid* ***willit*** *willet*	*-wal* ***wal*** *wal*	*-wullun* ***wullun*** *wullen*	*-wollan* ***giwollan*** *gewollen*
as. ahd. mhd.	*wërthan* ***wërdan*** *wërden*	*wirthid* ***wirdit*** *wir(de)t*	*warth* (*-đ-*) ***ward*** *wart*	*wurđun* (*-th-*) ***wurtun*** *wurden* (*-t-*)	*worđan* ***(gi)wortan*** *(ge)worden*

Anm. 1. Hierher gehören folgende Verben (zu Verben mit /lë/, /rë/ vgl. § 338):

a) mit /lb/, /l(p)f/: *bi-tëlban* 'begraben'; – *hëlfan* (s. o.);

b) mit /lg/, /lk/: *bëlgan* 'erzürnen'; zu *swëlgan* s. Anm. 2b; – *mëlkan* 'melken', *ir-sëlkan** 'dörren' (Anm. 6b);

c) mit germ. /lh/ und gramm. Wechsel: *swël(a)han* 'verschlingen' (Anm. 2b); – ohne gramm. Wechsel: *fël(a)han* 'anvertrauen, befehlen' (Anm. 4);

d) mit /ll/: *bëllan* 'bellen' (bei VEW 101 f. zwei Verben), *gëllan* 'gellen', *hëllan* 'schallen' (Anm. 6a), *quëllan* 'quellen', *skëllan* 'schallen', *swëllan* 'schwellen' (nur Präs. und Part. Prät.), *(bi-)wëllan* (s. o.; bei VEW 553 zwei Verben);

e) mit /lt/: *gëltan* 'gelten', *skëltan* 'schelten' (§ 350 A.8);
f) mit /lz/: *smëlzan* 'schmelzen', *swëlzan* 'vergehen?' (nur Inf. Pa, Kb, Ra; vgl. VEW 491, Splett Abr 201);
g) mit /rb/, /r(p)f/: *stërban* 'sterben', *swërban* 'wischen', *(h)wërban* 'sich wenden' (Anm. 3); – *snërfan* 'zusammenziehen' (nur Präs.), *wërfan* 'werfen' (Anm. 3);
h) mit /rd/ und gramm. Wechsel: *wërdan* (s. o. und Anm. 2a);
i) mit /rg/, /rk/: *bërgan* 'bergen'; – *stërkan** 'erstarren' (nur Part. Prät. *gistorkan*, vgl. VEW 473 f., W.Schulte 1993: 330, 357);
j) mit germ. /rh/ ohne gramm. Wechsel: *-snër(a)han* 'zusammenziehen, knüpfen' (Anm. 7);
k) mit /rn/ und Präsensvokal /u/: *spurnan* 'treten, mit dem Fuß stoßen' (Anm. 5);
m) mit /rr/: *kërran* 'knarren', *skërran* 'kratzen', *wërran* 'verwirren' (Anm. 8b);
n) mit /rs/ ohne gramm. Wechsel: zum Ansatz von **wërsan* s. Anm. 8b;
o) mit /rt/: *sërtan* 'Geschlechtsverkehr haben' (zum Ansatz als stV. vgl. Riecke 1996: 156; daneben schw. Prät. *sarda* Par. Gespr);
p) mit /rz/: *fërzan* 'furzen' (nur Präs., AWB III,761, VEW 195), *smërzan* 'schmerzen' (nur Präs.; vgl. § 122 A.4bα); zum Ansatz von **stërzan* s. Anm. 8a.

Anm. 2. Zwei Verben zeigen grammatischen Wechsel:
a) Bei *wërdan* (zur Flexion s.o., zum Part. Prät. ohne *gi-* vgl. § 323 A.1) setzen im Frk. früh Ausgleichstendenzen ein: nicht bei Otfrid (nur 1x *wurdi* 1,8,14), wohl aber im Tatian, der im Präteritum stets *wurdun* usw. hat und nur im Partizip an *(gi)wortan* festhält, aber auch 1x *wart* statt sonstigem *ward* hat (Sievers T § 55). Zu Isidor vgl. § 167 A.4b. Im anl. Leid. Will herrscht in allen Formen ‹*th*›. Im Obd. hat noch Notker *wúrten*, *wórten*, erst später (Np) gewinnt *wurden*, *worden* die Oberhand. Die älteren Hss. der bair. GlMon (10./11. Jh.) haben durchgehend *wurten*, *worten*, die des 12. Jh. haben ‹*d*› (Förster 1966: 182 ff.).
b) Gramm. Wechsel ferner bei *swëlhan*, *swëlahan*; *swilhu*; *swalh*, *swulgun*; *giswolgan*. Doch dringt hier /g/ schon früh ins Präsens: *farswilgit* Pa, *swëlgenti* T (anders VEW 489: ursprünglich nur /g/, ahd. /h/ unregelmäßig).

Anm. 3. Probleme bereitet die Überlieferungslage bei *(h)wërban*, weil statt /b/ oft /f/ bezeugt ist. Manche Quellen haben /b/ im Präsens, so z. B. im Tatian und bei Otfrid durchweg *wërban*; andere schwanken im Präsens zwischen /b (p)/ und /f/, z. B. *hwër(a)ban* und *kehwërave* BR (F.Seiler 1874: 419), *arwërpant* und *wirvit* Ra (Kögel 1879: 121 ff.). Dagegen erscheint in vielen, besonders altobd. Quellen /f (v)/ im Präsens, z. B. *wërfan* H, *hwirfu* MF, *wirivit* Rb, *hwërfandi* Is; ferner begegnet /f/ im Sg. Prät. (*warf* H), im Pl. Prät. (z. B. *chihwurfi* Is) und im Part. Prät. (z. B. *gihworfan* MF).

Früher ist der Befund an dieser Stelle auf zerrütteten gramm. Wechsel zurückgeführt worden (*hwarf* / *hwurbun* usw.; § 139 A.5a). Dies allein wird jedoch weder der Beleglage noch der Etymologie gerecht (VEW 282). Die individuelle Störung dürfte auf Vermischung mit *wërfan* 'werfen' beruhen. Der wechselseitige Einfluss offenbart sich auch im Anlaut (§ 153 A.1bβ).

Anm. 4. Ganz aufgegeben ist der gramm. Wechsel bei *(bi-)fëlhan* (zu dem sehr häufigen Sprossvokal vgl. § 69:1a) und *-snërhan* (Anm. 7). Aus *ungafalgan* 'ungebeugt' Gl 2,277,52 kann ein redV. **falgan* (vgl. § 350 A.8) oder, falls für **ungafolgan* verschrieben, ein ablV. **fëlgan* 'beugen' erschlossen werden (Lexer III,9, VEW 181, SplAWB I,222).

Anm. 5. /u/ als Vokal des Präsens und des Part. Prät. hat *spurnan*: *spurnit*; **sparn*, *spurnun*; *gispurnan* (vgl. as. *spurnan* stV.; ae. *spurnan*, Prät. *spearn*, *spurnon*, Ae. Gr. § 389 A.4). Im Ahd. wird zu *spurnan* auch ein schw. Prät. I *spurnta* gebildet. Doch ist die starke Flexion noch gesichert durch 3.Sg. Konj. Prät. *firspurni* O 4,4,20 und Part. Prät. *firspurnan* Kb 202,15; auch *widarspirun* 'recalcitravit' Jb-Rd gehört wohl hierher (Schindling 1908: 118).

Nur bei Otfrid findet sich 2x /i/ als Präsensvokal: Ind. *firspirnit* 3,23,35, Konj. *firspirne* 1,2,15 (swV.?). An drei Stellen aber lautet der Konj. Präs. *firspurne* (Hs. V), in einem Fall davon ist in Hs. V ‹*i*› zu ‹*u*› gebessert, in einem anderen hat Hs. P *firspirne* in *-spyrne* korrigiert (§ 22 A.1a; Kelle O 63,5). Vgl. VEW 453 f., Riecke 1996: 156 f., Scheungraber 2014: 93 ff.

Anm. 6. Bei einzelnen Verben wird das Part. Prät. nicht mit /o/, sondern mit /ë/ gebildet:

a) Das Part. Prät. von *hëllan* ist nur als *gihëllan* belegt, z. B. Gl 2,277,58 (AWB IV,928). Vielleicht hat das Adjektiv *gihël* (EWGP 290) eingewirkt; andere Erklärungsversuche bei VEW 253. Das Mhd. hat regelkonform *gehollen* (Lexer I,1235).

b) *ir-sëlkan** liegt nur vor im *e*-stufigen Part. Prät. (?) *arsëlchen* Gl 2,644,19 (dazu swV. *sëlchenēn* N, vgl. *trunkanēn* § 369), dagegen mhd. *gesolken*, ae. *asolcen, besolcen* mit regulärem Vokalismus. Vermutlich ist von einem swV. (vgl. *gisëlkata* Gl 2,70,40) mit sekundär starker Flexion auszugehen; vgl. Schatz Ahd. 151, 349, VEW 392.

Anm. 7. *-snërhan* ist bisher an dieser Stelle mit Schatz Ahd. 152, 350 als †*snërkan* mit germ. /k/ angesetzt worden. Die ‹*h*›-Graphie der Abrogans-Belege *-snirahit, -snorahan* erweist jedoch altes /h/ (vgl. noch VEW 444). Dafür spricht auch der Sprossvokal (§ 69:1a; Reutercrona 1920: 76); dass er in *pisnorhan* Pa und **kisnirhan* Kb (Hs. *-snithan*) anders als in *foraht-* u. ä. fehlt, dürfte der Silbengrenze zwischen /r/ und /h/ anzulasten sein (Baesecke 1931: 330 f.).

Anm. 8. Einzelne Verben sind – mit unterschiedlicher Sicherheit – nur indirekt erschließbar.

a) Ein stV. **stërzan* wird durch mhd. *stërzen* 'steif emporragen; etw. starr aufrichten', as. *gistërtan* – nur *ci gistertanne* 'ad destructionem' Gl 2,354,5 – indiziert (zweifelnd Riecke 1996: 621). Dieses erklärt den dreifachen Ablaut von ahd. *stërz, -starz, sturz(en)* (§ 50 A.2); Semantik der Ableitungen: a) 'steif aufragen(d)', b) 'staksig gehen > stolpern > stürzen', c) 'umstürzen > zerstören'. – Zu einer Parallelwurzel mit /lz/ gehört *stëlza* f. 'Holzbein'.

b) *āworsan* 'verletzt' in der Lex Baiuvariorum wird von Lühr 1989: 64 f. als Part. Prät. eines stV. **ā-wërsan* 'schlecht machen, beschädigen' gedeutet, das dem suppletiven Komparativ *wirs, wirsiro* 'schlechter' (§§ 268 A.1, 265) zur Seite zu stellen sei. Phonologische und morphologische Argumente sprechen freilich dagegen (Tiefenbach 2004: 276 f.); außerdem könnte bereits *wërran* (Anm. 1m) zu dieser Sippe gehören (doch vgl. § 121:1).

§ 338 Ferner umfasst Klasse IIIb Verben, deren Wurzel auf eine ursprüngliche Obstruentenverbindung endet (vgl. § 335). Diese Formulierung der Regel schließt Verben aus, die eine durch die zweite Lautverschiebung entstandene Geminate /hh, ff/ (§ 341) bzw. /ʒʒ/ (§ 343) aufweisen. Die Klassenzugehörigkeit ist nicht an einen dem Wurzelvokal vorhergehenden Liquid /r/ oder /l/ gebunden (Linnenkohl 2020; vgl. auch Riecke 1997). Es handelt sich um folgende Wörter:

1. mit /ht/: *fëhtan* (Stammformen s. u.; Anm. 2), *flëhtan* 'flechten';
2. mit /sk/: *drëskan* 'dreschen', *ir-lëskan* 'erlöschen';
3. mit /sp/: *(ir-)hrëspan* 'rupfen' (nur in Pa, K, Ra);
4. mit /st/: *brëstan* 'bersten' (Anm. 1, 2);
5. mit /tt/: *brëttan* 'ziehen, zücken' (Anm. 3).

stV.IIIb/2	Infinitiv	3.Sg. Präs.	3.Sg. Prät.	3.Pl. Prät.	Part. Prät.
as.	*fëhtan*	*fihtid*	*faht*	*fuhtun*	*gifohtan*
ahd.	***fë̱htan***	***fi̱htit***	***fa̱ht***	***fu̱htun***	***gifo̱htan***
mhd.	*vëhten*	*vih(te)t*	*vaht*	(*vuhten*,) *vāhten*	*gevohten*

Anm. 1. *brëstan* ist ahd. (obd.) im Begriff, in Klasse IV überzutreten: Der Pl. Prät. lautet neben *brustum* auch *brāstum*, besonders in der späteren Zeit (bei Notker stets *brâsten*). In älterer Zeit herrscht noch die *u*-Form: *inbrustun*, *gibrusti*, *zarprustun* Rf, doch hat Rb schon *arprahastun* (zu ‹*h*› vgl. § 152 A.4); AWB I,1363 ff.

Anm. 2. Die übrigen Verben haben im Pl. Prät. nur /u/ (*lëskan* und *hrëspan* sind in dieser Form nicht belegt). Im Mhd. ist der (im Ahd. bei *brëstan* beginnende) Übertritt in Klasse IV weitergeführt: Neben *brāsten* sind auch *vāhten* und *vlāhten* die gewöhnlichen Formen, die alten Formen mit /u/ begegnen nur noch selten (KSW II.2, §§ V 135 A.2, 138 A.2). Zu *fëhtan* vgl. Schirokauer 1923: 11, Specht 1944: 205, VEW 190 f.

Anm. 3. Zu *brëttan*, dessen Geminate auf germ. /gđ/ zurückführt (as. *brëgdan*, awn. *bregða*, §§ 99:1b, 164 A.2; VEW 129 ff.), gehört die Lautvariante *brītan** (VEW 132 „*breid-a-*") im Prät. *breit* Gl 2,35,14 (12. Jh., AWB I,1410; zur Kontraktion vgl. § 149 A.5*a), vgl. mhd. Part. Prät. *gebriten* (von Riecke 1996: 107 f., MWB I,1000 und KSW II.2, §§ V 159 A.4, 163 zu Unrecht als †*brīden* mit gramm. Wechsel angesetzt).

Anm. 4. Auf der Basis des Part. Prät. *fernoscenen* Gl 2,518,30 schreiben Schatz Ahd. § 440 und Seebold (VEW 268) dem Ahd. ein starkes Verb zu, das als †*fir-(h)nëskan* anzusetzen wäre. In Wahrheit handelt es sich um einen der 20 Belege mit ‹*sc*› für /ʒ(ʒ)/ (§ 160 A.2dα), die Form gehört zu *fir-niozan* § 334 A.1e (Bulitta/Heidermanns 2015: 169 f.).

(d) Ablautreihe IV

Die vierte Ablautreihe umfasst im Got. die Vokale /i, a, ē, u/. Dem got. /i/ entsprechen ahd. /ë/ und /i/ (§ 30), dem /ē/ ahd. /ā/ (§ 34) und dem /u/ ahd. /o/ (§ 32). Somit hat die Reihe im Ahd. folgende Gestalt: **§ 339**

Präs. **ë / i** – Prät. **a / ā** – Part. Prät. **o**

Lit.: Bammesberger 1984, Mottausch 2000, Laker 2001.

Anm. 1. Ursprünglich muss Klasse IV mit Klasse III übereingestimmt haben, wie sich noch bei den Präteritopräsentien *skal* / *skulun* und got. *man* / *munuþ* zeigt. Der Langvokal im Pl. Prät. stammt wohl aus Klasse V. Vgl. § 374:1+A.1; Matzel 1970: 2 f.

Den Grundbestand dieser Klasse bilden die Verben, deren Wurzel auf einfaches /l/, /m/, /r/ ausgeht (zu /n/ s. Anm. 2). **§ 340**

Stammformen: *nëman* 'nehmen'.

stV. IV/1	Infinitiv	3.Sg. Präs.	3.Sg. Prät.	3.Pl. Prät.	Part. Prät.
as.	*(nëman,) niman*	*nimid*	*nam*	*nāmun*	*ginoman*
ahd.	***nëman***	***nimit***	***nam***	***nāmun***	***ginoman***
mhd.	*nëmen*	*nimet*	*nam*	*nāmen*	*genomen*

Anm. 1. Hierher gehören folgende Verben (zu /hh/ und /ff/ vgl. § 341):

a) mit /l/: *hëlan* 'hehlen', *quëlan* 'sich quälen', *stëlan* 'stehlen', *(-)twëlan* 'betäubt sein' (zum Simplex vgl. Splett Abr 367, 521);

b) mit /m/: *brëman* 'brüllen' (AWB I,1352, etwas anders VEW 135 f.), *nëman* (s. o.), *quëman* 'kommen' (Anm. 3), *zëman* 'ziemen';

c) mit /r/: *bëran* 'tragen', *dwëran* (spätahd. auch *twëran*, § 167 A.8) 'umrühren', *quëran* 'seufzen', *skëran* 'scheren', *swëran* 'schmerzen', *zëran* 'zerreißen, zehren'.

Anm. 2. Für *klënan* 'schmieren' – das einzige ahd. Verb auf /n/ – wurde früher an dieser Stelle ursprüngliche Zugehörigkeit zu Klasse IV angenommen. Das Wort ist jetzt aufgrund seiner Genese sowie des Part. Prät. in Klasse V eingeordnet (§ 343 A.6).

Anm. 3. Das Paradigma von *quëman* zeigt zahlreiche lautliche und formale Besonderheiten.

a) Das Verb bildet in vielen älteren Quellen (Pa, R, BR, O, Rd-Jb u. a.) das Part. Prät. nach Klasse V (*quëman*, stets ohne *gi-*, § 323 A.1); T.Sommer 1994: 113 f. definiert eigens hierfür eine Klasse Vb. Die in Klasse IV zu erwartende Form *quoman* (got. *qumans*) kommt nur in Is, MF (*quhoman*) und einigen Glossen vor, z. B. *arqhuomaner* R 11,11, *erqhuoman* Jc (Gl 4,9,65); vgl. Tiefenbach 1971: 398. Dagegen setzt sich im Spätahd. die Form *komen*, seltener *kumen* (*chomen* N, *kuman* Will) mit Labialisierung nach § 107 A.2 durch; vgl. *cisamane cumanen* Gl 2,80,14 (10./11. Jh.). Davon zu trennen ist der frühe Beleg *uf khuman* Kb 119,34 mit alter Schwundstufe (frk. Element, s. u. b; kaum Schreibfehler mit Kauffmann 1900: 167, Splett Abr 184). Vgl. Paul 1880: 162, Matzel Is 236+A.405, ds. 1970: 6, VEW 315 ff., Bammesberger 1984, ds. 1986: 35 f.; zum Mhd. vgl. KSW II.2, § V 141+A.6.

b) Vom Part. Prät. abgesehen wird *quëman* im 8. und 9. Jh. ganz regelmäßig flektiert: *quimu*; *quam, quāmum*. Allein bei Schreiber ζ des Tatian finden sich im Präsens (neben überwiegendem *quëman*) zahlreiche Nebenformen, in denen *co-* für *quë-*, *cu-* für *qui-* steht. Also Präs. Ind.Sg. *cumu, cumist, cumit*; Pl. *comēnmēs* (§ 307 A.7b), *comet, coment*; Konj. *come*; Imp. *cum*; Part. *comenti* (Gutmacher 1914: 275). Außer im Tatian gibt es von diesen Formen im 8. und 9. Jh. nur ganz vereinzelte Beispiele; so *chumit* Ra, *comonne* Lb 31.3, 2 (Lorscher Bienensegen). Tatian-Schreiber γ hat hingegen mit Inf. *cuman* 88,13. 101,1, Imp. *cumet* 103,3 (vom Korrektor alle ‹*u*› in ‹*o*› geändert) eindeutig ingwäonische Formen, vgl. Klein 2001: 38 (außerdem 2.Pl. *cumet* Par. Gespr 15, *cumen* 20). Nach Matzel Is 236 A.405 sind eine obd. Gruppe mit *ë*-Stufe und eine ingwäon. Gruppe mit Schwundstufe zu unterscheiden; vgl. noch E.Sievers 1882: 80 ff., Franck Afrk. 235, Prokosch 1939: 150, 171, Mottausch 2013: 14, 121 f. (zum Part. Prät. s. o. unter a).

Vom 10. Jh. an nehmen die *u-/o*-Präsensformen überhand, bei Notker und Will herrschen sie schon allein (Notker: *ih chúmo, wir chómên*, Imp. *chúm*, Inf. *chomen* usw.); die Präsensform *quëman* ist ab dem 11. Jh. völlig verschwunden (in Npw noch 1x Imp. ‹*chum*› = *chuim*, AWB VII,495). Zwischen *com-* und *cum-* findet zuweilen Ausgleich statt. So gilt bei Will nur die *u*-Form, also *ër kumet*, aber auch *ir cumet*, Konj. *kume*, Inf. *cuman*. Andererseits begegnet in Np *chomest* statt *chumest*. Zum Mhd. vgl. KSW II.2, § V 102.

c) Das Präteritum lautet bis ins 11. Jh. regelmäßig *quam, quāmen* (so noch Will); Notkers Formen *châm, châmen* entsprechen seinem Dialekt, der jedes /kw/ durch /ch/ ersetzt (§ 107 A.2). Erst im Spätbair. des 11. Jh., etwa in Npw, treten die im Mhd.-Obd. üblichen Formen *chom, chōmen* auf (genauer KSW II.2, § V 141). Diese sind wohl nicht an das Präsens *komen* angelehnt (so früher an dieser Stelle), sondern zeigen Rundung in labialer Umgebung (Mhd. Gr. §§ L 37, 85).

Die zweite Gruppe in Klasse IV besteht aus Verben, deren Wurzel auf eine durch die zweite Lautverschiebung entstandene Geminate /hh/ oder /ff/ ausgeht. Ob dem Wurzelvokal ein Liquid /r/ oder /l/ vorhergeht, ist für das Ablautverhalten nicht relevant (Linnenkohl 2020). Zu Verben mit /ʒʒ/ vgl. § 343, zu solchen mit ursprünglicher Obstruentenverbindung vgl. §§ 335, 338. **§ 341**

1. Verben mit /hh/ (< germ. /k/): *brëhhan* (Stammformen s. u.; Anm. 1a), *rëhhan*[1] (got. *wrikan*) 'rächen', *rëhhan*[2] (got. *rikan*) 'rechen' (Prät. *rāhhun*, Part. Prät. *-rohhan*; s. Anm. 1b, dort auch zu *-lëhhan*), *sprëhhan* (*spëhhan* § 120 A.5) 'sprechen', *bi-trëhhan* '(Glut) bedecken' (nur Part. Prät. *-trohhan*); – ohne Liquid: *stëhhan* 'stechen'; zu *swëhhan* und *zwëhhan* s. Anm. 1c;
2. Verben mit /ff/ (< germ. /p/): nur *trëffan* 'treffen' (Anm. 1a);
3. zu *skrëckan* s. Anm. 2, zu **skrëf(f)an* s. Anm. 3; zu *brëstan* bzw. *fëhtan, flëhtan* vgl. § 338+A.1,2.

stV. IV/2	Infinitiv	3.Sg. Präs.	3.Sg. Prät.	3.Pl. Prät.	Part. Prät.
as.	*brëkan*	*brikid*	*brak*	*brākun*	*gibrokan*
ahd.	***brëhhan***	***brihhit***	***brah***	***brāhhun***	***gibrohhan***
mhd.	*brëchen*	*brichet*	*brach*	*brāchen*	*gebrochen*

Anm. 1. Den Ausgangspunkt dieser Gruppe bildet wohl das Verb *brëhhan.*

a) Im Got. und Ae. gehören lediglich die Entsprechungen von *brëhhan* in diese Klasse; die übrigen bilden das Part. Prät. mit /ë/ nach Klasse V, ebenso im Awn., wo *brëhhan* fehlt. Im As. gehört *drëpan* (= ahd. *trëffan*) in Klasse V. Es ist daher möglich, dass im Ahd. und As. die übrigen Verben erst in Analogie zu *brëhhan* in Klasse IV übergetreten sind.

b) Zu *rëhhan*[2] (mhd. *rëchen* stV.) gehört das Part. Prät. *berogane* GlBud 126, 150 (§ 145 A.5d; mhd. *gerochen* BMZ II.1, 588b). Einige adjektivische Präteritalpartizipien enthalten den Wurzelvokal /ë/ nach Klasse V, so *berëchene* (Gl 2,709,27; AWB VII,785). Ferner zu *-lëhhan* 'rissig werden, leck werden' (Part. Präs. *erlëchendun* 'arida' Gl 2,707,61) Part. Prät. *durahlohhen* und *-lëchen* GlMon (1,684,14 f.), *zelëchen* Nb 134,11; dazu mhd. *erlëchen* (Part. *erlëchen* und *erlochen* Lexer I,648, alem. Part. *verlechen* Schweiz. Id. III,1008), vgl. awn. *leka* stV. 'leck sein'.

c) *swëhhan* 'riechen' (Graff V,863 f.) ist nur in Präsensformen belegt, das Verb könnte auch in Klasse V gehören. Doch ist die Bestimmung als stV. überhaupt fraglich (VEW 487 f.). – *gizuo*^{c}*hana* 'verkniffen (Miene)' Gl 2,633,31 dürfte auf ein stV. *zwëhhan* 'zwicken, kneifen' führen (Armitage 1911: 227, Schatz Ahd. § 445, Wissmann 1932: 186 A.6, SplAWB I,1240, SchGW XI,477): *zwëhhan* stV. verhält sich zu *zwicken* swV. wie *stëhhan* zu *sticken.*

Anm. 2. Aus dem swV. I *skricken* 'aufspringen', Prät. *skrikta* hat sich ab dem 11. Jh. ein stV. *skrëckan* entwickelt, das sein Part. Prät. nach Klasse IV bildet: *ūzscrac* 'emicat' Gl 2,28,51, *erschrockeno* 'obstupefacti' 2,523,20 (Franck Afrk. 236, v.Gadow 1974: 120 f.).

Anm. 3. Aus *skrëfunga* 'schneidender Schmerz' und *firskrofanēn* 'zerschnitten, zerkleinert werden' (Ableitung von **fir-skrof(f)an* Part. Prät., vgl. *trunkanēn* § 369) kann vielleicht ein stV. **skrëf(f)an* 'ritzen, schneiden' erschlossen werden (Tiefenbach 1991: 110 ff.). Dieses wird von Seebold (VEW 425) mit germ. /p/ angesetzt, von Lühr 1988: 358, 363 mit germ. /f/ (was der obigen Regel widerspräche).

(e) Ablautreihe V

§ 342 Die fünfte Ablautreihe umfasst im Got. die Vokale /i, a, ē, i/. Dem /i/ entsprechen ahd. /ë/ und /i/ (§ 30), dem /ē/ entspricht ahd. /ā/ (§ 34). Somit zeigt die Reihe im Ahd. folgende Gestalt:

Präs. **ë / i** – Prät. **a / ā** – Part. Prät. **ë**

§ 343 Hierher gehören alle diejenigen Verben mit /ë, i/ im Präsens, deren Wurzel auf andere Konsonanten als die für Klasse III und IV geltenden Kennlaute ausgeht.

Stammformen: *gëban* 'geben', *mëȥȥan* 'messen'; – mit grammatischem Wechsel: *quëdan* 'sprechen' (Anm. 3a).

stV. V/1	Infinitiv	3.Sg. Präs.	3.Sg. Prät.	3.Pl. Prät.	Part. Prät.
as. ahd. mhd.	*gëƀan* ***gë̲ban*** *gëben*	*giƀid* ***gi̲bit*** *gibet*	*gaf* ***ga̲b*** *gap*	*gāƀun* ***gā̲bun*** *gāben*	*gigëƀan* ***gigë̲ban*** *gegëben*
as. ahd. mhd.	*mëtan* ***më̲ȥȥan*** *mëȥȥen*	*mitid* ***mi̲ȥȥit*** *miȥȥet*	*mat* ***ma̲ȥ*** *maȥ*	*mātun* ***mā̲ȥun*** *māȥen*	*gimëtan* ***gimë̲ȥȥan*** *gemëȥȥen*
as. ahd. mhd.	*quëthan* (-*đ*-) ***quë̲dan*** *quëden*, *koden*	*quithid* (-*đ*-) ***qui̲dit***, ***quīt*** *quīt*	*quath* ***qua̲d*** *quat*, *kot*	*quāđun* (-*th*-) ***quā̲t̲un*** *quāden*, *kōden*	— ***giquë̲t̲an*** —

Lit.: Bammesberger 1984, Kortlandt 1992, Mottausch 2000, Laker 2001.

Anm. 1. Hierher gehören folgende Verben (zu den *j*-Präsentien vgl. § 344):

a) mit /b/: *gëban* (s.o.), *wëban* 'weben';

b) mit /d/ und gramm. Wechsel: *quëdan* (s.o. und Anm. 3a); – ohne gramm. Wechsel: *(h)rëdan* 'sieben', *strëdan* 'aufwallen', *swëdan* 'schwelen' (Anm. 3b);

c) mit /g/: *pflëgan* 'pflegen', *wëgan* 'wiegen, bewegen' (Stieglbauer-Schwarz 2001: 41 ff.); – zu *frëgnan** 'fragen' s. Anm. 7;

d) mit /h/ und gramm. Wechsel: *jëhan* 'bekennen', *sëhan* 'sehen' (Anm. 4); – ohne gramm. Wechsel: *gi-fëhan* 'sich freuen' (Anm. 8), *fnëhan* 'schnaufen', *(gi-)skëhan* 'geschehen', *(ubar-)wëhan* 'überwinden' (Anm. 4);

e) mit /n/: *klënan* ‘schmieren’ (Anm. 6);
f) mit /s/ und gramm. Wechsel (Anm. 2): *jësan* ‘gären’ (nur Präs.), *krësan* ‘kriechen’, *lësan* ‘lesen’, *(gi-)nësan* ‘davonkommen, gerettet werden’, *wësan* ‘sein’ (§ 378 f.);
g) mit /t/: *jëtan, g-* (§ 116 A.1) ‘jäten’, *knëtan* ‘kneten’, *trëtan* ‘treten’, *wëtan* ‘binden’ (*wātun* ‘iunxerunt’ Gl 1,398,45);
h) mit /ʒ(ʒ)/: *ëʒʒan* ‘essen’ und *frëʒʒan* ‘fressen’ (Anm. 5), *(gi-)fëʒʒan* ‘fallen, hinfallen’ (nur Prät., AWB III,789, Schatz Abair. § 137:a, Franck Afrk. § 186:1, VEW 195 f.), *(bi-)gëʒʒan* ‘erlangen’ (*fir-*, *ir-gëʒʒan* ‘vergessen’), *mëʒʒan* (s. o.).

Anm. 2. Die Verben auf /s/ (Anm. 1f) zeigen im Prinzip grammatischen Wechsel (§ 328), doch ist dieser aufgrund paradigmatischer Kohärenz frühzeitig analogischer Beseitigung ausgesetzt: Formen eines Paradigmas, die sich nur in éinem Merkmal unterscheiden, werden viel häufiger angeglichen als solche, die in mehrfacher Hinsicht differieren (Paul 1920: 203 f., dazu M.Weiss 2020: 131 f.: „Paul’s Principle“). Deshalb früher Ausgleich bei gleichem Vokal (*lësan* / *gilësan*), aber Bewahrung der Alternanz bei Ablautunterschied (*kiosan* / *gikoran*).
a) Von *lësan* lautet die älteste Flexion *lisu; las, lārum; gilëran*. Doch sind die ursprünglichen Formen mit /r/ relativ selten und begegnen besonders in alten Quellen, z. B. *lārut* MF (Lb 9.1, 4), *kilëran* BR. Schon im 9. Jh. ist *lāsum, gilësan* üblicher (AWB V,850 ff.).
b) Nur bei *wësan* (§ 378 f.) ist das /r/ im Pl. Prät. durchgehend bewahrt (*wārum* usw., Konj. *wāri*); das Part. Prät. kommt im Ahd. nicht vor (hierher *irwëran* ‘confectus’? Graff I,944, Schatz Abair. § 137:a), im Mhd. (*gewësen*) zeigt es stets /s/. Wie *wësan* flektieren auch die Präfixbildungen (z. B. *anawësan, duruhwësan*, Graff I,1059 f.); nur zu *firwësan* ‘vertreten’ hat Otfrid Konj. Prät. *firwāsi, firwāsīn*.
c) Bei *(gi-)nësan* tritt statt *ginārum, ginëran* spätahd. (Notker) *genâsen, genësen* ein (genauer AWB VI,1179 ff.).
d) Von *jësan, gësan* (§ 116 A.1) und *krësan* sind keine Formen mit gramm. Wechsel überliefert. Bei *jësan* dürfte das Fehlen von *r*-Formen der lückenhaften Bezeugung (AWB IV, 1811. V,397 ff.) anzulasten sein, vgl. das swV. *jerien* mit /r/.

Anm. 3. Auch den auf /d/ ausgehenden Verben (Anm. 1b) kommt grammatischer Wechsel zu (§§ 102:1, 163 A.6).
a) Häufig belegt ist nur *quëdan* (zur regelmäßigen Flexion s. o.; zur Kurzform *quīt* vgl. § 306 A.2). Ausgleich beginnt früh einzutreten (vollständige Belegsammlung im AWB VII, 363 ff.): bei Isidor stets *quhad* und öfter *quhëdan* als *quhëdhan* (§ 167 A.4b). Umgekehrt *quādhun* Ludw 30; auch Tatian (Sievers T § 55) hat regelmäßig *quādun* usw. und hält nur im Part. *giquëtan* das /t/ fest, das auch 2x in *quat* erscheint. Bei Otfrid ist nur *quādun* häufiger als *quātun*, dagegen steht vor /i/ – 2.Sg. Ind. *quāti* und Konj. – durchweg /t/. Später wird der Wechsel auch obd. beseitigt, so bei Notker *chéden* (vgl. § 107 A.2), Pl. Prät. *châden*, Part. Prät. *(ge)chéden*. Für *quëdan* (*chuëdan*) findet sich altbair. auch *choden* (*chodint* Merig 2,92). Zu den kontrahierten Formen *quīs, quīt* vgl. § 306 A.2.
b) Sonstige Verben auf /d/ sind schwach bezeugt: *(h)rëdan* (mhd. Part. Prät. *gerëden*, vgl. BMZ II.1, 696b); von *strëdan* (Graff VI,744) kommt 1x *erstrādun* vor (Gl 1,505,50 f.); vgl. VEW 274, 477. Zu *swëdan* vgl. § 330 A.2bδ. – Die in *streden* und *sweden* vorliegende schwache Flexion (Riecke 1996: 643 f.) beruht angesichts fehlenden gramm. Wechsels nicht auf Derivation, sondern auf bloßem Flexionswechsel (Bulitta/Heidermanns 2015: 164 f.).

Anm. 4. Bei den Verben auf /h/ (Anm. 1d), die ebenfalls grammatischen Wechsel aufweisen sollten, ist dieser im Ahd. schon fast gänzlich beseitigt.

a) Solche Wörter sind *gi-fëhan* T, *fnëhan, jëhan, g-* (§ 116 A.1), *(gi-)skëhan, sëhan, (ir-, ubar-) wëhan* (nur im Präs. belegt: R, Freis. Pn; vgl. *wīhan* § 331 A.1b). Die regelmäßige Flexion lautet z. B. *gëhan, gihu; jah, jāhun; gigëhan.* Reste des gramm. Wechsels sind erhalten bei *jëhan*, dessen Part. Prät. bei Notker regelmäßig *geiégen* lautet (AWB IV,1792 ff.).
b) Bei *sëhan* wechselt /h/ mit /w/ (got. *saíƕan*, § 100 A.1). Das Part. Prät. begegnet neben geneuertem *gisëhan* seltener in der lautgesetzlichen Form *gisëwan*, besonders oft bei Notker *geséuuen* (vgl. § 49 A.4c), aber auch 1x bei Otfrid *ungisëuuanlīcho* (Kögel 1884b: 537). In MF findet sich auch *sehhan, gasahhun* mit Gemination infolge des ursprünglichen Labiovelars (vgl. § 154 A.7b; Hench MF 120). – Der Imperativ von *sëhan* lebt auch in dem Präfix *sih-* fort (§ 295 A.1a).
c) Zu *giskëhan* begegnet im anl. Leid. Will neben *gescagh* das schw. Prät. *geschiede* (v.Helten 1897: 507, Sanders 1974: 226 f.).

Anm. 5. *ëȥȥan* und *frëȥȥan* (zu *fr-* vgl. § 76 A.3d) haben im Sg. Prät. gemeingerm. langen Vokal, so auch ahd.: *āȥ, frāȥ*, wie die Zirkumflexe bei Notker beweisen (auch T 56,3. 68,3 *âz*; MSD Nr. 91, 38 *āz*). Vgl. got. *frēt* (Got. Gr. § 176 A.3), ae. *ǣt, frǣt*, awn. *át*. Matzel 1970: 5 f. hält dieses germ. /$\bar{e}_1$/, ahd. /ā/ in *āȥ* wie in *gisaaz* WK 52 (Hel *sât*; § 344 A.3; zu O s. u.) für ursprünglich und verweist auf lat. *ēdi, sēdi* u. a. (vgl. auch Kortlandt 1992: 102 ff.; anders Bammesberger 1986: 57; Mańczak 1984: 112 nimmt Dehnung der zu kurzen Form an).

Durch Analogie der übrigen Verben konnte später *aȥ* mit Kurzvokal entstehen, vgl. den Reim *gisaz* : *az* O 3,6,35. 5,14,24 (Zwierzina 1900: 13 f., Armitage 1911: § 347; oder auch hier *gisāȥ*, s. o.?). Auch im Mhd. steht *aȥ* neben *āȥ* (Mhd. Gr. § M 80 A.3).

Anm. 6. Das einzige ahd. stV. auf einfaches /n/ ist *klënan* (VEW 55). Das Verb weist zwar die Lautstruktur von Klasse IV auf (vgl. § 340+A.2), gehört aber ausweislich des Part. Prät. *giklënan* zu Klasse V. Die Anomalie erklärt sich dadurch, dass das /ë/ auf schwundstufiges /i/ zurückgeht (§ 31:2a; VEW 299, EWGP 333, Mottausch 2013: 104 f.), weshalb eine Wurzelstufe †*klon-* nicht entstehen konnte; dagegen ist im finiten Prät. *-klan* – freilich nur 2x bei Otfrid im Reim – die Angleichung an die *ë*-Reihe vollzogen. Daneben sind Formen eines schw. Part. Prät. *biklenit* bezeugt (Riecke 1996: 158, AWB V,246). – Zum Part. Prät. *quëman* vgl. § 340 A.3a; zu *berëchen, zelëchen* sowie *swëhhan* vgl. § 341 A.1bc.

Anm. 7. Von dem ursprünglich hierher gehörigen Verb **frëgnan* (got. *fraíhnan*, Got. Gr. § 176 A.4), das im As. (*frëgnan, fragn, frugnon*, As. Gr. § 393 A.1) und Ae. (*frignan*, Ae. Gr. § 389) häufig ist, kommt ahd. nur in Wess die 1.Sg. Prät. *gafregin* vor (AWB III,1231), die vermutlich einem ae. Prät. *gefrægen, gefregen* (Grein/Köhler 1912: 226 s. v. *ge-frignan*) nachgebildet ist. Vgl. C.A.Mayer 1903: 164 f., VEW 208 f., U.Schwab 2003: 365, Mottausch 2013: 52 ff., Scheungraber 2014: 100 ff.

Anm. 8. Neben *-fëhan* hat ein synonymes stV. *fahan** der *a*-Reihe existiert, das aus dem Part. Prät. *gifagan* (‹*gauagan scolant*› ‘satisfacturus’ Gl 2,133,28; anders AWB III,485), ae. *gefægen* ‘erfreut, zufrieden’ zu erschließen ist (EWGP 180 f., Lühr 2000: 93 f.). Zum Ansatz mit /h/ vgl. § 346 A.2; zu weiteren Paaren dieser Art vgl. § 346 A.7.

§ 344 Die Verben *bitten* ‘bitten’, *liggen* (obd. *lick-*) ‘liegen’, *sizzen* ‘sitzen’ mit *j*-Präsens (§ 327:1b) haben im ganzen Präsens /i/ (nordwestgerm. Hebung, § 30:1), also Sg. *bittu*, Pl. *bittemēs*, Konj. *bitte*. Die durch das /j/ verursachte Gemination kommt nur einer Reihe von Präsensformen zu; zu den Details s. Anm. 2.

stV. V/2	Infinitiv	1. | 3.Sg. Präs.	3.Sg. Prät.	3.Pl. Prät.	Part. Prät.
as.	*biddian*	*biddiu | bidid*	*bad*	*bādun*	*gibëdan*
ahd.	***bitten***	***bittu | bitit***	***bat***	***bātun***	***gibëtan***
mhd.	*bit(t)en*	*bit(t)e | bit(t)et*	*bat*	*bāten*	*gebëten*
as.	*liggian*	**liggiu | ligid*	*lag*	*lāgun*	**gilëgan*
ahd.	***liggen***	***liggu | ligit***	***lag***	***lāgun***	***gilëgan***
mhd.	*ligen*	*lige | liget*	*lac*	*lāgen*	*gelëgen*
as.	*sittian*	**sittiu | sitid*	*sat*	*sātun*	*gisëtan*
ahd.	***sizzen***	***sizzu | sizzit***	***saȥ***	***sāȥun***	***gisëȥȥan***
mhd.	*sitzen*	*sitze | sitzet*	*saȥ*	*sāȥen*	*gesëȥȥen*

Anm. 1. Die Flexion des Präsens ist nach § 327 die der swV. I; also 2.Sg. Imp. *biti, ligi, sizzi* (§ 312 A.2), Inf. *-en* (§ 314).

Anm. 2. Nur das /zz/ des Präsens *sizzen* ist fest. Dagegen wechselt das /tt/ bzw. /gg (kk)/ von *bitten, liggen* mit einfachem /t/ bzw. /g/; und zwar steht regulär noch in den ältesten Quellen einfaches /t/, /g/ in der 2.3.Sg. Ind. (*bitis, bitit; ligis, ligit*) und in der 2.Sg. Imp., vgl. § 358. – Dieses einfache /t/, /g/ dringt spätahd. (N, Will) in die übrigen Präsensformen ein; es heißt z. B. bei Notker nur *biten, ligen*, wie meist auch im Mhd. In alter Zeit ist derartiger Ausgleich selten (z. B. in K, Ra *arpitandi* 9,11, *uparpitendi* 111,27, *pitiu* 235,25). In großem Umfang findet er sich nur im Tatian, der in *ligen* stets einfaches /g/ hat und zwischen *pitten* und *piten* schwankt (Sievers T § 57). – Vgl. Schatz Abair. § 137:b.

Anm. 3. Die in WK 52 stehende Form *gisaaz*, Übersetzung von lat. *sedet*, ist – gegen Kögel Lg. II,455 – als 3.Sg. Prät. (Zustandsperfekt 'hat sich gesetzt') zu fassen; für eine Änderung in *gisaz* – so früher an dieser Stelle – besteht kein Grund (vgl. § 343 A.5 mit Lit.).

(f) Ablautreihe VI

Die sechste Klasse enthält die Verben mit germ.-got. Ablaut /a – ō/ (vgl. § 325). **§ 345**
Dem /ō/ entspricht ahd. /uo/. Das /a/ des Präsens wird in der 2.3.Sg. Ind. zu /e/ umgelautet (*feris, ferit*, § 306 A.1), sofern der Umlaut nicht durch Folgekonsonanten verhindert wird (*wahsis, wahsit*, § 27 A.2aα). Gemeinahd. hat die Reihe also folgende Gestalt (§ 38–40):

Präs. **a** / **e** – Prät. **uo** / **uo** – Part. Prät. **a**

Lit.: Baesecke Einf. § 127, Bammesberger 1986: 50 ff., Austefjord 1987, Mottausch 2013: 191 ff.

Die Wurzeln der hierher gehörigen Verben gehen auf verschiedene, meist ein- **§ 346**
fache Konsonanten aus.

Stammformen: *faran* 'fahren, reisen'; – mit grammatischem Wechsel (§ 328): *slahan* 'schlagen' (Anm. 2a).

stV. VI/1	Infinitiv	1. | 3.Sg. Präs.	3.Sg. Prät.	3.Pl. Prät.	Part. Prät.
as.	*faran*	*faru* | *ferid*	*fōr*	*fōrun*	*gifaran*
ahd.	***faran***	***faru*** | ***ferit***	***fuor***	***fuorun***	***gifaran***
mhd.	*var(e)n*	*var(e)* | *ver(e)t*	*vuor*	*vuoren*	*gevar(e)n*
as.	*slahan*	*slahu* | *slehid*	*slōg*	*slōgun*	*gislagan*
ahd.	***slahan***	***slahu*** | ***slehit***	***sluog***	***sluogun***	***gislagan***
mhd.	*slahen, slān*	*slahe* | *sleh(e)t*	*sluoc*	*sluogen*	*geslagen*

Anm. 1. Hierher gehören folgende Verben (zu den *j*-Präsentien vgl. § 347):

a) mit /b/, /ff/: *graban* 'graben' (Anm. 7), *skaban* 'schaben' (nur Präs. und Part. Prät.); – *laffan* 'lecken'; zu †*skaffan* 'schaffen' vgl. § 347 A.3;

b) mit /d/ und gramm. Wechsel: *(h)ladan* 'beladen' (Anm. 3);

c) mit /g/: *gnagan, bi-gnagan* (und *gi-, bi-nagan*; AWB IV,316 f.) 'nagen', *tragan* 'tragen'; zu vorahd. **wagan* 'fortbewegen' vgl. § 229 A.2;

d) mit /h/ und gramm. Wechsel (Anm. 2): *dwahan* 'waschen', *lahan* 'tadeln', *slahan* (s. o. und Anm. 7), *gi-wahan** 'erwähnen'; – hierher wohl auch *fahan** 'sich freuen' (§ 343 A.8) und *hahan** 'aufziehen, hegen' (Anm. 2d);

e) mit /hh/: *bahhan* (auch *backan*, Anm. 4) 'backen', *sahhan* 'streiten', *snahhan* 'kriechen';

f) mit /l/, /n/, /r/: *galan* 'singen', *malan* 'mahlen' (nur Präs. und Part. Prät.); – *spanan* 'verlocken'; – *faran* (s. o. und Anm. 7);

g) mit /pf/: zu †*slapfan* 'einen Klaps geben' s. Anm. 6b;

h) mit /s/: zu vermeintlichem †*asan* 'rösten' s. Anm. 6a;

i) mit /t/: *stantan* 'stehen' (Prät. *stuo[n]t*, s. Anm. 5), *watan* 'waten';

j) mit /hs/, /sk/: *wahsan* 'wachsen'; – *waskan* 'waschen'.

Anm. 2. Die Verben auf /h/ – *dwahan, lahan, slahan, giwahan** sowie *hahan** (Anm. 1d) – weisen formale Besonderheiten auf:

a) Die Verben zeigen festen gramm. Wechsel, dessen /g/ sogar auf den Sg. Prät. ausgedehnt ist (§ 328; Ringe/Taylor 2014: 99 f.). Die Form *sluog* – ebenso *dwuog, luog, giwuog* – ist schon im 8./9. Jh. die Regel; deshalb ist *sluoch, sluoh* GlMon (1,690,18 f.) nach § 149 A.5 als spätbair. Affrikatenschreibung zu werten (Gering 1888: 250, Schatz Ahd. 298; anders Ringe/Taylor 2014: 100). Das Part. Prät. *fir-, cislahan* Kb ohne gramm. Wechsel ist an das Präsens angeglichen (Kögel 1879: 190, Schatz aaO.). Mfrk. *ūfgeslegenon* Gl 2,576,12 fällt mit Umlaut des Wurzelvokals auf (Stührenberg 1974: 108), der durch Suffix *-ina-* wie in ae. *-slegen*, awn. *sleginn*, urn. *slaginaʀ* zu erklären ist (vgl. As. Gr. § 47 A., Ae. Gr. § 378 A.1, Krause 1971: 107 f., GramErtr 169).

b) Im Präteritum *dwuog* fällt /w/ öfter aus: *duog* (§ 107 A.1c); vgl. *suor* zu *swerien* (§ 347 A.4).

c) Von *giwahan** ist nur das Präteritum in Gebrauch; daneben steht das swV. I *giwahanen* (*-wahannen, -wahinen*, Part. Prät. *giwahinit*), zu dem wiederum ein finites schwaches Präteritum fehlt (§ 327 A.1). So noch mhd. *gewehenen*, aber *gewuoc, gewagen* (KSW II.2, § V 148 A.5). – Der Beleg *pipahantin* 'auctoris' mit Wynn-Rune (Nievergelt RP 259.F51) führt eher auf ein swV. **biwahhēn* 'behüten' (mhd. *bewachen*) als auf ein stV. †*biwahan* 'befehlen'.

d) *hahan** ist nur 1x im Part. Prät. *wirt keha*^{g}*in* 'nutritur' Gl 2,337,34 bezeugt (zum Ansatz als stV. vgl. Siewert 1986: 132 f., EWGP 265, 302; anders AWB IV,808 u. EWA IV,893 s. v. *heien*); dazu das Abstraktum *hag* (*hegi*?) § 217 A.4. Die außergerm. Evidenz – ai. *śaknoti* (vgl. EWDS s. v. *behagen*) – weist im Verein mit obigen Verben auf germ. /h/.

Anm. 3. In *hladan, ladan* ist der gramm. Wechsel schon im 9. Jh. beseitigt: *luodun, giladan* (O usw.). Jedoch sind *ca*[h]*lot* Pa 162,6 und das Part. Prät. *gi(h)latan* in den ältesten obd. Quellen noch oft genug belegt (z. B. *kahlatanaz* GlFreis 83 f., *gilateniu* Gl 2,620,25; AWB V,573 ff., Schatz Abair. § 138:a), um auch ein früheres **hluotum* zu stützen. Auffällig ist die 3.Sg. Prät. *kihliad* Ra 163,6 nach den redV. (Tiefenbach 1971: 398, Matzel 1989: 463+A.39). Da Ra für /$\bar{e}_2$/ fast nur ‹*e*› schreibt, ist auch Verschreibung für **kihluad* möglich (Kögel 1879: 14, Splett Abr 236; vgl. § 350 A.5). – Zum Part. Prät. *entladet* Gl 3,413,39 vgl. Riecke 1996: 161 (s. u. § 347 A.7).

Anm. 4. Das Verb *bahhan* (*bahhu*; *buoh, buohhum*; *gibahhan*) bildet neben dem Präsens *bahhan* (*bachan*) ein weiteres Präsens *backan* (obd. *pacchan*; AWB I,783), vielleicht mit früherem *n*-Suffix (§ 327 A.1; vgl. Paul 1884: 583; kritisch dazu VEW 87 f., EWA I,420 f.).

Anm. 5. *stantan* (*stuont, gistantan*) hat einheitlich /n/. Der Nasal, der ursprünglich nur dem Präsens zukam (vgl. got. *standan, stōþ*, Got. Gr. § 177 A.3), ist im Ahd. auch ins Präteritum und Part. Prät. eingedrungen. Doch begegnen in alten frk. Quellen noch vereinzelte Präterita ohne /n/: *arstuat* WK (Lb 13, 44), im Tatian *vorstōtun, forstuotun* (Sievers T § 13:3), bei Otfrid *gistuat* 2,6,40, *gistuatun* 1,9,23. 1,20,5 (Kelle O 20, 27), ferner *stuot* Gl 1,723,13. Vgl. Gering 1888: 250, Franck Afrk. § 187:2, Specht 1935: 115, VEW 460 f., Bammesberger 1986: 51 f., Mottausch 1998: 136 f., 155 f., Heidermanns 2004: 140 A.9, 148, Scheungraber 2014: 66 ff.

stantan wird im Präsens allmählich durch *stān* (§ 382) verdrängt; im Mhd. ist das Präsens weitgehend verschwunden (Mhd. Gr. §§ M 82 A.2, 106, KSW II.2, § V 214). – Zu vermeintlichen Belegen für ein *t*-loses Präteritum †*stuon* vgl. Sievers T § 61, Schatz Ahd. § 549 A.

Anm. 6. Einzelne Verbformen sind zu Unrecht hierher gestellt worden.

a) Die Glosse *asant* 'torrent' Nievergelt 2017: 161 f. wird von R.Schuhmann aaO. auf ein stV. †*asan* 'rösten' bezogen. Doch erstens wäre nach schwundstufigem /a/ gramm. Wechsel zu erwarten, zweitens ist ein solches Verb in der gesamten Germania unbekannt. Die Probleme verschwinden, wenn *asant* als lat. 3.Pl. des im Mlat. gut bezeugten Verbs *assāre* 'rösten' (Mlat. Wb. I,1082 f.) bestimmt wird (GramErtr 169, LexErtr 194, 206; zu mlat. /s/ für /ss/ vgl. Stotz 1996: § 278): die Hs. (Clm 29216/8) enthält sonst nur lat. Glossen.

b) Bei SchAWB 297 und Riecke 1996: 109 f. wird für *sclaph-en* 'schlag ihn/ihm' Par. Gespr aufgrund des endungslosen Imperativs ein stV. †*slapfan* postuliert (zu ‹*c*› vgl. § 169 A.3). Der Auslautvokal kann jedoch nach § 61 vor dem Pronomen elidiert sein. Für ein stV. fehlt jeglicher Anhalt; Geminate und sonstige Evidenz (Haubrichs/Pfister 1989: 55, 70) weisen auf ein swV. *slapfōn* (Klein 2000: 47), gebildet wie *klapfōn* (AWB V,211 s. v. *klaffôn*), mhd. *klapfen* (Lexer I,1597. 1605).

Anm. 7. *faran, graban* und *slahan* zeigen alte Berührungen mit der *e*-Reihe, ebenso wie *fahan** (§ 343 A.8) und vorahd. **wagan* (§ 229 A.2). *faran* hatte ausweislich alter Nominalbildungen mit germ. **fǣr-* bzw. **fur-* einmal ein *e*-stufiges stV. neben sich (EWGP 196, 225). In dieselbe Richtung weist die Schwundstufe in *grubilōn*, mhd. *gruft* / *graban* und got. *slauhts* / *slahan*. Zu redV. vgl. §§ 350 A.8, 352 A.4.

Von den Verben mit *j*-Präsens (§ 327:1c) kommen nur *heffen* (Anm. 1), *skepfen* (Anm. 3) und *swerien* (Anm. 4) häufig vor; vgl. ferner *(h)lahhen** (Anm. 5), *intseffen** (Anm. 2), *stepfen* (Anm. 6). Sie zeigen im ganzen Präsens Umlaut des /a/ zu /e/ und weisen außerdem die durch /j/ bedingten konsonantischen Eigenheiten auf. Die Flexion dieser Präsentien entspricht derjenigen der swV. I. § 347

stV. VI/2	Infinitiv	1. | 3.Sg. Präs.	3.Sg. Prät.	3.Pl. Prät.	Part. Prät.
as.	*hebbian (-ff-)*	**heffiu* | *heƀid*	*hōf*	*hōƀun*	*ahaƀan*
ahd.	***heffen***	***heffu* | *hevit***	***huob***	***huobun***	***gihaban***
mhd.	*heven, heben*	*hebe* | *hebet (-v-)*	*huop*	*huoben*	*erhaben*
as.	**skeppian*	**skeppiu* | **skepid*	*skōp*	*skōpun*	**giskapan*
ahd.	***skepfen***	***skepfu* | *skepfit***	***skuof***	***skuofun***	***giskaffan***
mhd.	*schepfen*	*schepfe* | *schepfet*	*schuof*	*schuofen*	*geschaffen*
as.	*swerian*	**sweriu* | **swerid*	*swōr*	**swōrun*	*gisworan*
ahd.	***swerien***	***sweriu* | *swerit***	***s(w)uor***	***s(w)uorun***	***gisworan***
mhd.	*swer(e)n*	*swer(e)* | *swer(e)t*	*swuor*	*swuoren*	*geswor(e)n*

Anm. 1. Zu *heffen* 'heben' (got. *hafjan*):

a) Das Verb hat in den meisten Präsensformen durch /j/ geminiertes /f/ (vgl. § 139+A.4). Nur der 2.3.Sg. Ind. (*hevis, hevit*) und der 2.Sg. Imp. (*hevi*) kommt einfaches /f, v/ zu (§ 358); erst später dehnt sich das [v] auf das ganze Präsens aus, z. B. bei Notker Inf. *héven*, 1.Sg. *hévo*, Konj. *héve*. Auch im Tatian (§ 358 A.1) heißt es schon *hevan, heventi, erhefanne* usw.

b) Präteritum (auch im Sg., § 328) und Part. Prät. haben durch gramm. Wechsel /b/ statt /f/: *huob, huobum; (ir-)haban* (vgl. Schatz Abair. § 138:b). Jedoch beginnen zwischen dem [v] des Präsens und dem /b/ des Präteritums Ausgleichsbewegungen. So hat Notker im Part. Prät. [v] (*erhaven*); umgekehrt dringt vereinzelt /b/ ins Präsens (*hebet, hebente* T, Sievers T § 55; *uf hebit* Lb 17.5, 24), was in mhd. *heben* durchgeführt ist (§ 139 A.5; AWB IV,767 ff.).

c) Ein schwaches Part. Prät. begegnet erst in Npw (*irheuet* AWB IV,772); verschrieben – aber wohl als Beleg für Part. Prät. zu werten – *cicheb̌itez* Gl 2,679,45 (GlSchlett), AWB IV,768, Riecke 1996: 161.

Anm. 2. Das nur bei Otfrid belegte Präteritum *in(t)suab (-suabun, -suabi)* lässt ein ganz zu *heffen* stimmendes Präsens *int-seffen** 'merken' (as. *afsebbian*) erschließen, das durch mnl. *ontseffen*, mhd. *entseben* – mit /b/ wie in *heben* – bestätigt wird. Daneben das swV. *insebben* 'inveniunt' Gl 2,238,2 (von VEW 383 bezweifelt).

Anm. 3. *skepfen* (*skep(p)hen*, alem. *sceffan* nach § 131 A.4) '(er)schaffen' hat im Präteritum regelmäßig *skuof, skuofun; giskaffan*. Die auf Gemination durch /j/ (as. *skeppian*) beruhende Affrikate ist im ganzen Präsens fest (Schatz Abair. § 138:b). Ein stV. †*skaffan* ist im Ahd. nicht nachzuweisen (Schatz Ahd. § 451, AWB VIII,993); zu mhd. *schaffen* vgl. KSW II.2,819 f.

Das schwache Präteritum *skafta* (*skaftīn* O 1,9,9; vgl. § 362 A.2), Part. Prät. *gischephotŏm* Gl 1,644,69. 1,648,44 führt auf ein swV. I *skepfen* (Behaghel 1920b, Riecke 1996: 162, AWB VIII,1002).

Anm. 4. *swerien* (*swerian, swerran*) 'schwören' (Graff VI,894 f.), das im Präsens ganz wie das swV. *nerien* (§ 304, vgl. § 358 A.2) flektiert, hat im Präteritum regelmäßig *swuor* oder – mit *w*-Ausfall nach § 107 A.1c – *suor* (vgl. *duog* zu *dwahan* § 346 A.2b). Dagegen lautet das Part. Prät. stets *gisworan* (nie †-*swaran*), vgl. Wilmanns III,34, VEW 480 f. – 1x ist die 2.Pl. Prät. *piswertōt* nach swV. I belegt (Riecke 1996: 164+A.587).

Auch germ. **arja-*, ahd. *erien* mit Präteritalformen nach den redV. (Anm. 7) muss ursprünglich zu Klasse VI der ablV. gehört haben (§ 350 A.5).

Anm. 5. *(h)lahhen** 'lachen' (got. *hlahjan*, ae. *hliehhan*, vgl. § 154 A.7a) mit unumgelautetem Präsens (vgl. Paul 1880: 117) sollte eigentlich ein Präteritum **hluoh*, **hluogum*, **gihlagan* aufweisen. Die starke Flexion ist jedoch nur durch *hlōc* 'adrisit' R 39,38 – mit in den Singular eingedrungenem gramm. Wechsel (vgl. § 346 A.2a) – sicher nachweisbar. Aus dem Präsens *lahhen, lachen* hat sich im Ahd. ein swV. III *lahhēn* entwickelt, welches das stV. ganz verdrängt hat (VEW 257 f.).

Anm. 6. Ursprünglich wurde auch *stepfen* 'schreiten' (§ 356:1, Nr. 12) stark flektiert, doch ist im Ahd. das schwache Präteritum *stafta* – gebildet wie *skafta* zu *skepfen* (Anm. 3) – allein üblich (Graff VI,655 f.). Das Ae. kennt noch das stV. *stæppan, stôp* (Ae. Gr. § 392:4); auch as. *stōp, stōpun* zeigt starke Flexion (As. Gr. § 396 A.1). Dagegen ist *stōptun* Hl 65 nicht als Fehlschreibung für †*stōpun* auf das stV. zu beziehen, sondern als zugehöriges swV. I *stuofen** anzusetzen (Lühr Hl 713 ff., N.Wagner 1997: 311 ff.; anders Schürr 2016: 168 f.).

Anm. 7. Vereinzelt bilden Verben mit *j*-Präsens Präteritalformen nach den swV. I (Riecke 1996: 161 ff.): *heffen* (Anm. 1), *skepfen* (Anm. 3), *swerien* (Anm. 4). Dabei fällt auf, dass sich einschlägige Glossenbelege für *skepfen, swerien* nur im Clm 22201 finden (Windberg 12. Jh., BStK 681; Frings 1966–68: II,400: bair.-mfrk.). Nur den swV. I folgt das Präteritum von *stepfen* (Anm. 6). Bei *erien, erren* (Anm. 4) stehen erst im Mhd. schwaches und starkes Präteritum nebeneinander (BMZ I,49 f., MWB I,2020 f.). – Zu *entladet* vgl. § 346 A.3.

F 3.3.1.2. Ehemals reduplizierende Verben

Die hierher gehörigen Verben bilden ihr Präteritum im Got. noch durch Reduplikation (§ 302), haben diese im Nord- und Westgerm. aber aufgegeben und durch eine sekundäre Alternation des Wurzelvokals ersetzt (§ 50 A.1). Daher werden sie in einigen Handbüchern als Klasse VII den ablautenden Verben zugerechnet. Je nach dem im Präteritum vorliegenden Vokal zerfallen sie in zwei Subklassen: Subklasse I hat /ia/ (< /$\bar{e}_2$/), Subklasse II hat /io/ (< /eo/); im Spätahd. fallen beide Diphthonge in /ie/ zusammen (§§ 35, 48). Die Subklassen gliedern sich nach dem Vokal des Präsens in jeweils drei Untergruppen auf, wie aus § 328a zu ersehen ist. **§ 348**

Zu den reduplizierenden Verben gehörten im Germ. auch die Verba pura (d. h. Verben mit langvokalischem Wurzelausgang); die Reduplikation ist in got. *saian* 'säen' und *waian* 'wehen' noch bewahrt (Got. Gr. § 182). Die Verba pura sind schon im Vorahd. als Gruppe geschlossen zu den swV. I übergetreten (§ 117 A.2). Die ahd. Vertreter sind in § 359 A.3,4 aufgeführt.

Lit.: Zu Art und Entstehung der Umbildungen der redV. im Nord- und Westgerm.: Osthoff 1882c: 551 ff., Hoffory 1885, Holthausen 1885, Franck 1896: 24 ff., v.Helten 1896: 445 ff., ds. 1908: 103, Loewe 1907: 316 ff., Bezzenberger 1909: 383, Wilmanns III,35, Karstien 1921, Lotspeich 1933: 281 ff., Flasdieck 1936: 241, Lüdtke 1957, Bech 1969, Durrell 1975, Voyles 1980, Fulk 1987, v.Coetsem 1990: 71 ff., Fullerton 1991, Kortlandt 1991, Vennemann 1994 u. 1997, Mottausch 1998a: 64 ff. u.ö., ds. 2013: 198 ff., Jasanoff 2007, Hill 2009, Shimozaki 2012, Ringe/Taylor 2014: 88 ff. – Zum Mnd.: Katara 1939. – Chronologische Aufzählung der älteren Literatur: Janko 1906/07: 229 f., Feist 1907: 447 ff. (448–457 Liste der zugehörigen germ. Verben). – Zum Übertritt der Verba pura zu den swV. I: Matzel 1987 u. 1987a, Riecke 1996: 144 ff.

Anm. 1. Brugmann 1895: 89 ff. nahm an, die nord- und westgerm. Präterita seien von den reduplizierten Präterita des Got. zu trennen und auf nicht reduplizierte Formen des Idg. zurückzuführen. Dem widersprechen eindeutig die in nord- und westgerm. Sprachen erhaltenen Restformen mit Spuren alter Reduplikation; zum Ahd. vgl. § 354 A.3.

(a) Subklasse I

§ 349 Die Verben dieser Subklasse hatten als Vokal des Präteritums im ältesten Ahd. /ē/ (= /ē₂/). Dieses wurde nach § 35 f. zu /ea/ diphthongiert, woraus gemeinahd. /ia/, später /ie/ hervorging; also z. B. *rēt*, *reat*, *riat*, *riet*. Die zugehörigen Verben zerfallen nach dem Vokal des Präsens und des Präteritalpartizips in drei Subklassen: mit /a/ (Ia, § 350), mit /ā/ (Ib, § 351) und mit /ei/ (Ic, § 352).

Anm. 1. In GlSchlett enthält das Präteritum dieser Verben durch Übertragung aus Subklasse II den Diphthong /eo/, z. B. *ceosun* Gl 2,677,60 (zu *zeisan*), *ana kikeong* (zu *ana-gi-gangan*), *uzskeoth* (zu *ūȝ-skeidan*) Gl 1,727,14 (Fasbender 1908: 63, Wesle 1913: 5); ebenso in den alem. Melker Vergilglossen *ane skiolten*, *pehioz* (zu *ana-skaltan*, *bi-heiȝan*; Fasbender 1908: 137, Baesecke Einf. 217) und in den Aratorglossen *pehiozun*, *erviolon* (Schlechter 1993: 219; anders v.Gadow 1974: 100); ferner alem. *irgeongnen*, *unterkeong* (Ertmer 1994: 209). Zu *eorin* vgl. § 350 A.5; zu /eo/ in *kiskeorti*, *einf*^{i}*eori* vgl. § 35 A.2.

§ 350 Subklasse Ia. Die hierher gehörigen Verben enthalten den Wurzelvokal /a/ mit nachfolgendem /l, n/ + Konsonant oder mit Geminate /ll, nn/. Im Gegensatz zu Ablautreihe VI (§ 345 ff.) stand die Wurzelstruktur einem germ. Ablaut /a – ō/ im Wege (Heidermanns 2004: 140 A.9, 148).

Die Verben dieser Klasse können in der 2.3.Sg. Ind. Präs. Umlaut aufweisen (§ 306 A.1). Doch ist dieser oft verhindert (§ 27 A.2bα; Braune 1877: 548 f.), z. B. bei *l*-Verbindungen frk. *heltis*, *heltit*, aber obd. *haltis*, *haltit* – oder analogisch beseitigt, z. B. *kipannit* Musp 31.

Stammformen: *haltan* 'halten', *fallan* 'fallen' (Anm. 2); – mit grammatischem Wechsel (§ 328): *fāhan* 'fangen' (Anm. 4).

<table>
<tr><th>redV. Ia</th><th>Infinitiv</th><th>1. | 3.Sg. Präs.</th><th>3.Sg. Prät.</th><th>3.Pl. Prät.</th><th>Part. Prät.</th></tr>
<tr><td>as.
ahd.
mhd.</td><td>haldan
haltan
halten</td><td>haldu | haldid
haltu | heltit
halte | hel(te)t</td><td>held
hialt
hielt</td><td>heldun
hialtun
hielten</td><td>gihaldan
gihaltan
gehalten</td></tr>
<tr><td>as.
ahd.
mhd.</td><td>fallan
fallan
val(le)n</td><td>fallu | fellid
fallu | fellit
val(le) | vel(le)t</td><td>fell
fial
viel</td><td>fellun
fialun
vielen</td><td>gifallan
gifallan
geval(le)n</td></tr>
<tr><td>as.
ahd.
mhd.</td><td>fāhan
fāhan
vā(he)n</td><td>fāhu | fāhid
fāhu | fāhit
vā(he) | væ(he)t</td><td>feng
fiang
vienc</td><td>fengun
fiangun
viengen</td><td>gifangan
gifangan
gevangen</td></tr>
</table>

Anm. 1. Hierher gehören folgende Verben (zum *j*-Präsens *erien, erren* s. Anm. 5):
a) mit /ld/ und gramm. Wechsel: *faldan* 'falten' (Anm. 3, dort auch zu †*waldan*);
b) mit /lg/ (oder /lh/ und gramm. Wechsel): vielleicht *ungafalgan* 'ungebeugt' (§ 337 A.4);
c) mit /lk/: *walkan** 'walken' (nur Part. Prät. *fir-*, *giwalkan* 'verfilzt');
d) mit /ll/: *fallan* (s. o.), *wallan* 'wallen, kochen' (Anm. 2);
e) mit /lt/: *haltan* (s. o.), *skaltan* 'stoßen' (Anm. 8), *spaltan* 'spalten', *waltan* 'herrschen' (vgl. § 323 A.3d);
f) mit /lz/: *salzan* 'salzen'; – zu *falzan* und *walzan* s. Anm. 6;
g) mit /ng/: *gangan* 'gehen' (Mottausch 1996, Scheungraber 2014: 58 ff.; zum Präteritum s. Anm. 7, zum kürzeren Präsens *gān* vgl. § 382 f.); – zu *langan** s. Anm. 8;
h) mit */nh/ und gramm. Wechsel: *fāhan* (s. o.), *hāhan* 'hängen' (Anm. 4, 7);
i) mit /nn/: *bannan* 'bannen', *spannan* 'spannen' (Anm. 2; daneben *spinnan* § 336 A.1g);
j) mit /nt/: *blantan* 'mischen'.

Anm. 2. Die auf Geminate ausgehenden Verben *fallan, wallan, bannan, spannan* vereinfachen diese nach dem Diphthong des Präteritums (§ 95 A.1): *fial, fialun; wialun; spianun.*

Anm. 3. *faldan* zeigt Spuren früheren gramm. Wechsels (§ 328 A.1; AWB III,534 ff.): Part. Prät. *intfaltan* Jc, *geualtenez* Gl 2,505,11. Das /t/ ist teilweise auch in Präsensformen eingedrungen: *intfaltu* Gl 2,248,52 (9. Jh.), *faltenti* 433,18 (11. Jh.). – *kiuualdaniu* H 12,1,3, von Sievers H 42, 90 und Daab 1963: 207 auf ein redV. †*waldan* 'wälzen' bezogen, gehört (mit ‹*uu*› für /f/, § 139 A.6) ebenfalls hierher (Sievers H ed. Firchow XLV mit Lit.); irrig VEW 539 („*kiwoldanin*").

Anm. 4. *fāhan* und *hāhan* gehören nach ihrem Präsens scheinbar zu Klasse Ib (§ 351). Das Präsens ist jedoch durch urgerm. Nasalausfall vor /h/ (§ 128 A.1) aus **fanha-* (zur Etymologie vgl. Scheungraber 2014: 53), **hanha-* entstanden. Der Nasal tritt im Präteritum und Part. Prät. wieder hervor, da diese Formen durch gramm. Wechsel (vgl. § 100 A.1) /g/ statt /h/ enthalten (auch im Sg. Prät., § 328).

Anm. 5. Ein *j*-Präsens (§ 327:2a) hat *erien, erren* 'pflügen', das im Präsens wie das swV. I *nerien* (vgl. § 358 A.2) flektiert wird; Prät. *ierun, -en, eorin* (GlSchlett); Part. *ki-aran* (AWB III,395 f., zu ergänzen *gi-erien* [*zikierranne* Gl 2,50,42], Matzel 1989: 456 A.4, VEW 81 f., EWA II,1129 ff.). Mit guten Gründen nehmen Matzel 1989: 459 ff. und ihm folgend Bammesberger 1991: 23 f. an, germ. **arja-* sei ursprünglich ein ablV. aus Klasse VI (wie **swarja-*, vgl. § 347 A.4) gewesen und habe sich erst sekundär den redV. angeschlossen (so auch Meid 1971: 75 f., v.Coetsem 1990: 66 f.), auf der Basis der Präsensformen mit /rr/ und vielleicht in Anlehnung an *sāen* (Bammesberger 1991: 25 f.; vgl. § 351 A.3). Gestützt wird die Annahme durch *iruorit, -et, -ot* Gl 1,386,12 f., 2.Pl. Konj. Prät. nach Klasse VI (Kögel 1892: 502, Matzel 1989: 465 ff.), in anderen Hss. *ir(i)erit* oder (umgedeutet?) *irvuorit* (kaum umgekehrt von *irvuorit* zu *iruorit*). Anders Lindeman 1968a, ds. 1985: 239, Lühr 1976: 75, EWA II,1131. – Zum heutigen Vorkommen von *eren* vgl. Mitzka 1958: 116, DWA 8, EWA II,1132.

Anm. 6. Zu *falzan* 'krümmen, falzen' (Präs. *falcit* Pa, K, *falzit* Ra; VEW 182 f.) gibt es nur ein schw. Part. Prät. *gifalztiu* Gl 2,661,57. 687,17 (AWB III,732 s. v. *felzen*), *untarfalztaz* Gl 1,323, 13, also Übertritt zu den swV. (vgl. AWB III,560, Riecke 1996: 164 f.). Ebenso wie bei *walzan* 'wälzen' ist starke Flexion erst im Mhd. nachweisbar.

Anm. 7. Die Verben *gangan, fāhan, hāhan* zeigen einige Besonderheiten (Franck Afrk. 239 f., AWB III,486 ff., IV,40 ff. 605 ff.).

a) Sie bilden bei Isidor und MF ihr Präteritum mit kurzem /e/: *kenc, gengun; infenc, kafengun; arhenc* (E.Sievers 1874: 507, Loewe 1907: 330, Wilmanns III,37 f., Mottausch 1998a: 67, 70 f.). Auch bei Schreiber γ des Tatian steht 4x *geng* (Sievers T § 69:1). Die Formen mit kurzem /e/ passen zum As., Ae. und Afrs. und erweisen, wie andere Kriterien auch, nordseegerm. Bezüge der Sprache Isidors und des Schreibers γ (Matzel Is 409 ff., Klein 2001: 35).

b) In H findet sich ein früher Präteritalbeleg mit ‹i›: *anfingi* 26,6,3 (§ 36 A.3b), nach Sievers H 12 „vielleicht fehlerhaft überliefert".

c) Zu *fāhan* begegnet mehrmals ein nasalloses Präteritum, z. B. *intfiegun* T, *intphiec* Mainzer B, *phiegin* Lb 27, 33, *intfieg ina*? (Hs. *intsiegina*) Lb 39, 18, vielleicht auch *vmbiuegun* GlBud 134 (anders aaO. 111); vgl. Paul 1879a: 544, Sievers T § 13:3. Der Verlust des /n/ kann auf Einfluss von *int-* (Schatz Ahd. § 458) oder (eher) auf Anschluss an das Präsens (aaO. § 281) beruhen. In Analogie zu *fiegun* wird im 11. Jh. zu *hāhan* die nasallose Form *hiegen* Npw gebildet (AWB IV,605), zu *gangan* entsprechend *giegen* Npw (AWB IV,43), *kîegin* Pred C (kaum mit Wunderle/Schmid 2006: 170 zur Kurzform *gie* [s. u.]: „Im Pl.Prät. ist die Langform ausschließlich", KSW II.2, § V 211).

d) Im Fmhd. tritt im Singular neben *gienc* die Kurzform *gie* (§ 382 A.3).

Anm. 8. Die Fügung *bī langanemo* ‘lang anhaltend’ kann das Part. Prät. eines redV. *langan** ‘vorankommen’ enthalten, das dem ablV. *lingan* (§ 336 A.1e) zur Seite steht (AWB V,607; anders EWA V,1013). RedV. des Typs Ia stehen mehrfach neben ablV. III oder I, so *spannan* (Anm. 1g), got. *-staggan* neben ahd. *stingan* (§ 336 A.1e), **falgan* (§ 337 A.4) bzw. *skeidan, sweifan, *reisan* (§ 352 A.4). Zu weiteren Paaren wie germ. **walla-/wella-, *walta-/welta-* vgl. VEW 58 ff. So dürfte auch ahd. *skëltan* ‘schelten’ (§ 337 A.1e) zu *skaltan* ‘stoßen’ gehören (urspr. ‘zurückstoßen, verschmähen’). Vgl. noch §§ 343 A.8, 346 A.7.

§ 351 Subklasse Ib. Die hierher gehörigen Verben enthalten den Wurzelvokal /ā/ (germ. /$\bar{e}_1$/, § 34).

Stammformen: *rātan* ‘raten’.

redV. Ib	Infinitiv	1. | 3.Sg. Präs.	3.Sg. Prät.	3.Pl. Prät.	Part. Prät.
as. ahd. mhd.	*rādan* ***rātan*** *rāten*	*rādu | rādid* ***rātu | rātit*** *rāte | ræ(te)t*	*rēd* ***riat*** *riet*	*rēdun* ***riatun*** *rieten*	*girādan* ***girātan*** *gerāten*

Anm. 1. Hierher gehören folgende Verben (zu *kihliad* ‘lud’ vgl. § 346 A.3):

a) mit vokalischem Wurzelauslaut: zu *blāen* s. Anm. 3;

b) mit /f/ (< germ. /p/): *slāfan* ‘schlafen’;

c) mit /g/: *bāgan* ‘streiten’;

d) mit /hh/: *fir-rāhhan**, nur Part. Prät. *verrâchene* ‘ergeben’ Nb 238,18, *frāhhun* ‘deditum’ Gl 2,450,51 (Tiefenbach 1995: 84 A.37; zu *f-* vgl. § 76 A.3b, zu *-un* vgl. § 259 A.1b), dazu *firrāchinī* f. ‘Ergebung’ Gl 2,546,80 und das ablautende Sekundärverb *ruohhen* (§ 353 A.5; VEW 374, SplAWB I,723);

e) mit /s/ ohne gramm. Wechsel: *blāsan* ‘blasen’;

f) mit /t/: *brātan* ‘braten’, *rātan* (s. o.; vgl. § 323 A.3d), *intrātan* ‘fürchten’ (< *int-trātan*, § 163 A.2);

g) mit /ʒ/: *lāʒan* 'lassen' (Anm. 2), *fir-(h)wāʒan* 'verfluchen' (vgl. Braune 1894: 258, VEW 284 f., 563; das Simplex *wâʒan* nur Nb 43,1).

Anm. 2. Von *lāʒan* zeigen sich im Ahd. schon die im Mhd. herrschenden kurzen Präsensformen *lān* usw. Am Anfang steht die 2.Sg. Imp. *lā*, die zuerst in OFreis 1,18,41 und Psalm (Lb 38, 24) begegnet und bei Notker schon häufig ist (AWB V,657); zur Verkürzung der Befehlsform vgl. Tischler 1987: 1163 f. Ab dem 10. Jh. treten weitere Formen wie 3.Sg. *lāt* sowie 1.3.Sg. Ind. Prät. *lie* (statt *liaʒ, lieʒ*) hinzu (vgl. *gān, stān* § 382 f., Mhd. Gr. § M 112, KSW II.2, § V 230): *ūzlāt* Gl 2,522,47, *palāntemo* § 77 A.2; *gilie* 2,600,70. 2,602,57, *lie ûz* N, *ferlie* Npw. – Zu *anagelierzon* Gl 2,33,1 vgl. § 354 A.3e.

Anm. 3. Früher gehörten hierher auch Verben mit auf /ā/ ausgehender Wurzel (Verba pura) wie *sāen* 'säen', *blāen* 'blähen' u. a., die im Ahd. zu den swV. I übergetreten sind (§§ 117 A.2, 359 A.3). Von *blāen* sind noch Reste des starken Part. Prät. erhalten, z. B. *zaplāhannēr* Pa, K, *ziplānēr* Ra, Dat.Sg. *inbláhenen*, und vom Partizip abgeleitet – vgl. § 229:3 – das Abstraktum *inbláheni* Nc 124,9; vgl. AWB I,1165 f., VEW 117, Matzel 1987: 177 A.86, ds. 1987a: 213.

Hingegen ist *githrennę* Gl 1,382,23 eine ae. Form (AWB II,638; zu *drāen*, vgl. mhd. Part. *gedrān*); *unsāniu* Gl 2,550,62, das auf *sāen* bezogen worden ist (VEW 386), gehört als dehnstufige Bildung zu *sĕhan* (EWGP 474).

Subklasse Ic. Hierher gehören starke Verben, die den Wurzelvokal /ei/ (germ. /ai/, § 352
§ 44:3) enthalten.

Stammformen: *heiʒan* 'heißen'.

redV. Ic	Infinitiv	3.Sg. Präs.	3.Sg. Prät.	3.Pl. Prät.	Part. Prät.
as.	*hētan*	*hētid*	*hēt*	*hētun*	*hētan*
ahd.	***heiʒan***	***heiʒit***	***hiaʒ***	***hiaʒun***	***giheiʒan***
mhd.	*heiʒen*	*heiʒet*	*hieʒ*	*hieʒen*	*geheiʒen*

Anm. 1. Hierher gehören folgende Verben:
a) mit /d/ und gramm. Wechsel: *skeidan* 'scheiden' (Anm. 2, 4);
b) mit /f/ (< germ. /þ/): *sweifan* 'winden' (Anm. 4);
c) mit /hh/: *eihhan* 'zusprechen' (Anm. 3a), *leihhan** 'sich schnell hin und her bewegen' (Anm. 3b);
d) mit /s/ ohne gramm. Wechsel: *zeisan* 'pflücken' (dazu Riecke 1996: 166: 1x *gezeiset* schw. Part. Prät.); – zu **(gi-)reisan* s. Anm. 4;
e) mit /ʒ/: *heiʒan* (s. o.), *meiʒan* 'schneiden' (Anm. 4).

Anm. 2. Als spärliche Reste des gramm. Wechsels bei *skeidan* sind das Präs. *piseitit* Kb (§ 146 A.6d), das Prät. *undarsceit* (Glaser 1996: 167; zu ‹*ei*› vgl. § 36 A.3a) sowie die Part. Prät. *kisceitan* Kb 201,35, *zasceitan* MF anzuführen (§§ 163 A.6bγ, 328 A.1).

Anm. 3. Besonderheiten der Verben auf /hh/:
a) Von *eihhan* (got. *af-aikan* 'absprechen'; VEW 72 f.) sind nur Reste in Glossen vorhanden. Von der Präfixbildung *in-eihhan*: *ineihan pim* = *insagēt pim* 'bin zugesprochen' R (111,11; vgl. R 99,3); *ineichit* 'er bringt dar' Rb (Gl 1,621,51). Dazu in Ja *neihhan* 'immolare' (Gl 1, 315,57. 4,221,41) mit Neowurzel *neihh-* durch Aphärese des Anlautvokals (Kögel 1892a:

512 f., Wesche 1937: 54 f., EWA II,970 f., Bulitta/Heidermanns 2015: 166 f.); vgl. § 77a A.1. Von *eihhan* ist das swV. *eihhōn*, *g-eihhōn* 'vindicare' abgeleitet, das noch bei Notker vorkommt (AWB III,114 ff.), vom Part. Prät. das swV. *eihhenen* (Inf. *eichene* 'vindicasse' Gl 2, 91,50; dazu vielleicht *areihanat* GlFreis 342 f., vgl. LexErtr 196).

b) Von *leihhan** ist nur das Part. Präs. *leichenten* Gl 4,351,9 (11. Jh.) bezeugt, das an sich auch auf ein swV. I führen könnte. Für Einstufung als redV. zeugen sowohl got. *laikan*, awn. *leika*, ae. *lâcan* als auch das mhd. Part. Prät. *geleichen* (VEW 321 f., Riecke 1996: 165 f.).

Anm. 4. Aus *gireisanī*, *ungireisanī*, *gireisanīgo* (nur in Gl) kann das Part. Prät. **gi-reisan* 'gesittet' eines redV. **reisan* oder **gi-reisan* 'geziemen' erschlossen werden. Dieses steht neben dem ablV. *gi-rīsan* (§ 330 A.1i,4), vgl. *meiȝan* neben mhd. *mīȝen* (Lexer I,2193), *skeidan* neben **skīdan* (§ 330 A.2bβ; VEW 402 f.) und *sweifan* neben **swīfan* (§§ 96:3a, 330 A.1d; VEW 479 f.). Zur zweifachen Stammbildung vgl. §§ 343 A.8, 346 A.7, 350 A.8.

(b) Subklasse II

§ 353 Diese nur wenige Wörter enthaltende Subklasse wird durch die Verben mit velarem Wurzelvokal gebildet:

1. /ou/ (8. Jh. /au/ = germ. /au/, § 46:3): *houwan* 'hauen' (§ 354 A.2), *(h)laufan*, *loufan* 'laufen' (§ 354 A.1; zu *ouhhan*, *tougan** s. Anm. 1ab);
2. /ō/ (germ. /au/, § 45:3): *skrōtan* 'schneiden', *stōȝan* 'stoßen' (§ 354; zu *bōȝan* s. Anm. 1c);
3. /uo/ (germ. /ō/, § 38): *fluohhan* 'fluchen' (Anm. 1d) [zu †*ruohhan* s. Anm. 5]; *bluoȝan* 'opfern' (Anm. 4; zu *ruoȝen* s. Anm. 1c); *(h)ruofan* 'rufen', *wuofan* 'wehklagen' (Anm. 2);
4. /ū/: zu *būan* s. Anm. 3.

Anm. 1. Zur Bezeugung einzelner Verben:

a) *ouhhan* 'vermehren' (got. *aukan*) liegt wohl noch in *zuo auhhe* 'adiciat' al. Ps 113 vor (vgl. Blom 2017: 150); sonst ist wie bei *fluohhōn* (s. u. d) ein swV. II eingetreten (*ouhhōn*, AWB VII,190 f.).

b) *tougan** 'sich verbergen' ist nur aus dem Part. Prät. *tougan* (§ 323 A.3b) und besonders aus *gitougan* 'verborgen' zu erschließen (VEW 149, EWGP 150). Zu *katokan* GlFreis 113.137 vgl. § 372 A.1.

c) *bōȝan* 'stoßen' ist nur in Präsensformen belegt (AWB I,1305). Es kann sich um ein redV. wie ae. *béatan* handeln, aber auch um ein swV. wie mhd. *bōȝen*. – *ruoȝen* 'wühlen', von VEW 571 als redV. angesetzt, ist ausweislich der Umlautschreibung *riuzo* Gl 2,6,62 (§ 40 A.3) als *jan*-Verb zu bestimmen (AWB VII,1293 f.).

d) Von *fluohhan* sind nur der Inf. *(widar-)fluahhan* und das Part. Prät. *(far-)fluahhan* in BR bezeugt, außerdem noch das Part. Prät. *vervlûchen* 1x bei Notker (AWB III,1005 f.). Im Übrigen ist dafür das swV. *fluohhōn* eingetreten.

Anm. 2. *wuofan* und vielleicht *hruofan* hatten ahd. ursprünglich *j*-Präsens (§ 327:2b; nach Riecke 1996: 167 für *ruofan* nicht zu erweisen): *hruofen* (got. *hrōpjan*), *wuofen* (as. *wōpian*). Zu diesen sind obd. die schw. Prät. *hruofta*, *wuofta* gebildet, sodass redV. *hruofan*, *wuofan* und swV. *hruofen*, *wuofen* in gleicher Bedeutung nebeneinander stehen. Vgl. Franck Afrk.

§ 190, Brinkmann 1931: 71 f., Matzel 1966a: 46 A.35, Riecke 1996: 167 f., 297 f. (zu *wuofan*, *-en*: denominale Bildung, starke Formen sekundär).

Anm. 3. Hierher gehörte ursprünglich *būan* (auch *būwan*, vgl. § 110 A.2) 'bauen, wohnen', vgl. VEW 124 ff. Doch bildet es seine Formen im Ahd. regelmäßig wie ein swV. I (Prät. *būta*), vgl. AWB I,1573. Im Ahd. ist kein Part. Prät. belegt; ein starkes Part. **gibūan* ist jedoch für mhd. regelmäßiges *gebūwen* vorauszusetzen; vgl. außerdem die in § 354 A.3d angeführten *r*-Formen. Nur schwach flektieren Verba pura wie *bluoen* (§ 359 A.4), z. B. *pluata* 'florebat' GlFreis 407.374. Vgl. Flasdieck 1935: 91. Zu †*nūan* vgl. § 333 A.5a.

Anm. 4. Zu dem nur noch im Abrogans, in Rb und GlPaul vorkommenden *bluoȥan* (*plōzzan*) 'opfern' ist das reguläre Prät. **pleoȥ* nicht belegt, sondern nur die in § 354 A.3a genannten *r*-Formen; ferner die schwache 3.Sg. Prät. *plōzta* R 201,12 und das starke Part. Prät. *kaplōzan* R 47,33. 99,3 (AWB I,1242).

Anm. 5. *ruohhen*, für das früher an dieser Stelle nach Helm 1936: 430 Entstehung aus einem redV. †*ruohhan* erwogen wurde, ist als ablautendes swV. I neben *-rāhhan** redV. (§ 351 A.1d) zu bestimmen – wie *gruoȥen* zu got. *grētan* (ablautendes Prät. *gaígrōt!*), got. *hvōtjan* zu ahd. *(h)wāȥan* (VEW 241, 284). Dazu postverbal *ruoh* m., *ruohha* f. (Wissmann 1975: 90.37).

Der Vokal des Präteritums ist bei diesen Verben in der ältesten Form (8./9. Jahrhundert) /eo/, das im 9. Jahrhundert zu /io/ (bei Otfrid /ia/) wird. Im Spätahd. – so bei Notker – tritt dafür nach § 48 /ie/ ein. **§ 354**

Stammformen: *stōȥan* 'stoßen' (Anm. 3c).

redV. II	Infinitiv	1. | 3.Sg. Präs.	3.Sg. Prät.	3.Pl. Prät.	Part. Prät.
as.	*stōtan*	*stōtu* | *stōtid*	*stiot*	*stiotun*	*gistōtan*
ahd.	***stōȥan***	***stōȥu*** | ***stōȥit***	***stioȥ***	***stioȥun***	***gistōȥan***
mhd.	*stōȥen*	*stōȥe* | *stœȥet*	*stieȥ*	*stieȥen*	*gestōȥen*

Anm. 1. *loufan* hat im Obd. im Prät. (im Gegensatz zu frk. /eo, io/) nach § 47 /iu/: *liuf*, *liufi* Sam, *liufen* N.

Anm. 2. Ebenso hat *houwan* frk. im Prät.Sg. *hio*, *forheo* 'zerschlug' (Gl 4,662,12), Pl. *hiewun* T; aber obd. Sg. *hiu*, Pl. *hiuwen* N. – Vgl. Kögel 1884b: 525.

Anm. 3. Das Awn., Ae. und Ahd. haben präteritale Restformen bewahrt, deren Konsonant mit Sicherheit erweist, dass Reduplikation auch dem frühen Nord- und Westgerm. eigen war. Im Ahd. haben sich einige Präterita mit /r/ erhalten (zur Erklärung s. u.; vgl. auch § 331 A.3):

a) von *bluoȥan*: 3.Pl. Ind. *pleruzzun* Rb (Gl 1,409,18), 3.Sg. Konj. *capleruzzi* Gl 1,312,68 (St. Paul, aus Reichenau); AWB I,1242;
b) von *skrōtan*: 3.Sg. Ind. *kiskrerot* Rd, *kiscrerot* Jb (Gl 1,281,65);
c) von *stōȥan*: mit /e/ 3.Sg. Ind. *st^{i}eraz* Gl 2,669,50 (^{i} und *r* unterpunktiert), *anasteroz*, 3.Pl. *anasterozun* Rd, Jb (Gl 1,282,52), *farsterc* Gl 2,670,16; mit /i/ die Griffelglosse *anakistiriz* (O.Ernst 2007: 109, 126 f.), in deren Licht jüngere obd. Glossen wie *stiriz* Gl 2,542,7. 19, *stirz* 444,22 schwerlich mit Kögel 1892: 500 f. als Verschreibungen zu werten sind (vgl. GramErtr 169; mit /i/ auch *bir-*, s. d);

d) von *būan*: 3.Pl. Ind. *biruun* O 4,4,59 (OFreis *biruuan*); 2.Sg. Konj. *biruuuis* (d.h. *biruwīs*) O 2,7,18 (AWB I,1573).
e) Aus Subklasse Ib gehört eventuell die Aratorglosse *anagelierzon* Gl 2,33,1 (zu *-lāȝan* § 351 A.2) hierher, die mit ae. *leort* (Ae. Gr. § 304 A.1) vergleichbar wäre (GramErtr 169). Vgl. die Diskussion bei v.Gadow 1974: 121 f., der die Annahme einer Verschreibung bevorzugt.

Die frühen Belege stammen ausschließlich aus dem Südwesten (Rb, Rd, Jb, O, GlPaul); anders Mottausch 1998a: 60 ff., der auch *scrirun* (§ 330 A.3) hier einreiht. Sicher zu Unrecht hat man in /r/ bloßen Hiattilger gesehen (so Zarncke 1891: 350 ff., Flasdieck 1936: 277, 311; vgl. § 120 A.3). Zur Erklärung der *r*-Formen vgl. Osthoff 1882c: 551 ff., Kögel 1884b: 525 A.1, Feist 1907: 489 ff., Loewe 1907: 343 ff., Bezzenberger 1909: 383, Kluge 1913: 166, Flasdieck 1936: 277 ff., Lüdtke 1957, Bech 1969: 15 ff. (dazu Hiersche 1970), Meid 1971: 90 ff., Vennemann 1994: 181 ff., ds. 1997, Mottausch aaO., Got. Gr. § 178 A.1, Hill 2009: 100 ff., Ringe/Taylor 2014: 92, Fulk 2018: 268, Lühr 2018: 244 ff.

M 3.3.2. Schwache Verben

§ 355 Die schwachen Verben zerfallen morphologisch und semantisch in drei Klassen (§ 302): I. *jan*-Verben (§ 356 ff.), II. *ōn*-Verben (§ 366 f.), III. *ēn*-Verben (§ 368 f.). Hinsichtlich der Bildung unterscheiden sich: 1. das Präsens, 2. das Präteritum, 3. das Partizip Präteritum, dessen Stamm mit dem des Präteritums weitgehend übereinstimmt. Präteritum und Partizip Präteritum sind durch ein *t*-Suffix charakterisiert (§ 302:2+A.1).

Lit.: Piper O II,659 ff. (swV. bei Otfrid), Raven 1963–67, Krämer 1971, Bailey 1997, Schwerdt 2008: 30 ff., 130 ff. – Zum Mhd.: Leipold 2006. – Zum Ae.: Schuldt 1905, D.Stark 1982.

Anm. 1. In einigen Mundarten des Wallis hat sich die Unterscheidung der drei Klassen der swV. bis heute erhalten, allerdings mit Verschiebungen zugunsten der II. Klasse (*ōn*-Verben); vgl. Henzen 1940, Krämer 1971: 70 ff., Russ 1987.

M 3.3.2.1. Klasse I (Verben auf *-jan*)

§ 356 Im Ahd. wie überhaupt im Germ. unterscheiden sich die Verben aus Klasse I nicht mehr nach der Wortbildung (Got. Gr. § 185), sondern nur noch nach der ursprünglichen Wurzelstruktur in kurzsilbige (mit kurzer Wurzelsilbe, § 358 A.5) und langsilbige (mit langer Wurzelsilbe), denen sich die mehrsilbigen anschließen.

Lit.: Fullerton 1977: 5 ff., Kortlandt 1986, Riecke 1996 (dazu Davis 1999: 344 ff.). – Zum Ae.: Bammesberger 1965. – Zur Funktion: García García 2005, Schwerdt 2008: 130 ff.

Anm. 1. Seit vorahd. Zeit geraten starke Verben unter den Druck, sich formal den swV. I anzugleichen (Riecke 1996: 144 ff.). Davon betroffen sind vor allem Verben schwach besetzter Klassen, mit geringer Gebrauchsfrequenz und mit *j*-Präsens, d. h. formaler Übereinstimmung im Präsens (aaO. 169). Im Frk. treten schw. Formen früher und häufiger auf als im Alem.

(aaO. 176). Als ganze Klasse sind die Verba pura zu den swV. I übergetreten (aaO. 145 ff.), wohl weil die Verbindung vokalisch auslautender Wurzeln mit vokalisch anlautenden Endungen zu unüblichen und funktionsuntüchtigen Vokalfolgen führen musste (Matzel 1987: 192 f.). Zusammenfassung bei Riecke 1996: 169 ff.

Anm. 2. Die swV. I sind in der Hauptsache abgeleitete Verben: Deverbativa (v. a. Kausativa, Henzen 1965: 212 f.) und Denominativa (v. a. Faktitiva, aaO. 213 f.). Eine kleine, aber historisch wichtige Gruppe sind Primärverben, die ihr Präteritum ohne Bindevokal bilden: die Verba pura (§§ 359, 363) sowie der Typ *wurken* (§ 364).

Die folgende Übersicht über die Haupttypen nennt für jedes Verb den Infinitiv als Vertreter des Präsens, die 1.3.Sg. Prät. und das Partizip Präteritum (Grundform und Flexionsform). Unbezeugte Stammformen sind besternt. In den Folgeparagraphen verweisen die Zahlen hinter den Verben auf die Nummern dieser Liste.

1. Verben mit ursprünglich kurzsilbigem Stamm (§ 358 A.5):

Nr.	Infinitiv (Präsens)	Präteritum	Partizip Präteritum	
1	*nerien, nerren* 'retten'	*nerita*	*ginerit*	**ginerite̅r*
2	*zellen* 'sagen, erzählen'	*zalta; zelita* (§ 362 A.3)	*gizalt; gizelit*	*gizalte̅r*
3	*frummen* 'fördern'	*frumita*	*gifrumit*	*gifrumite̅r*
4	*dennen* 'dehnen'	*denita*	*gidenit*	*gidenite̅r*
5	*knussen* 'zerstoßen'	*knusita*	*giknusit*	*giknusite̅r*
6	*leggen* (obd. *leckan*) 'legen'	*legita*	*gilegit*	*gilegite̅r*
7	*decken* (obd. *dechan*) 'decken'	*dahta, dacta* (§ 362 A.1)	*gideckit*	*gidahte̅r*
8	*(h)retten* 'retten'	*ratta; retita*	*giretit*	*giratte̅r*
9	*skutten* 'schütteln'	*skutta; skutita*	*giskutit*	*giskut(i)te̅r*
10	*sezzen* 'setzen'	*sazta*	*gisezzit*	*gisazte̅r*
11	*intswebben* 'einschläfern'	*intswebita*	*intswebit*	*giswebite̅r*
12	*stepfen* 'schreiten'	*stafta* (§ 362 A.2)	*gistepfit*	**gistafte̅r*
13	*knupfen* 'knüpfen'	*knufta*	*giknupfit*	*giknufte̅r*
14	*frewen, frouwen* 'freuen'	*frewita, frouwita*	*gifrewit* (-*ou*-)	*gifrouwite̅r*

2. Verben mit lang- oder mehrsilbigem Stamm (§ 363)

a) Verben mit einsilbigem, langvokalischem Stamm und Einfachkonsonanz:

Nr.	Infinitiv (Präsens)	Präteritum	Partizip Präteritum	
15	*hōren* 'hören'	*hōrta*	*gihōrit*	*gihōrte̅r*
16	*teilen* 'teilen'	*teilta*	*giteilit*	*giteilte̅r*
17	*tuomen* 'richten'	*tuomta*	*gituomit*	*gituomte̅r*
18	*wānen* 'meinen'	*wānta*	*giwānit*	*giwānte̅r*
19	*lōsen* 'lösen'	*lōsta*	*gilōsit*	*gilōste̅r*
20	*ougen* 'zeigen'	*ougta, oucta* (§ 363 A.4b)	*giougit*	*giougte̅r*

21	*suohhen* 'suchen'	*suohta*	*gisuohhit*	*gisuohtēr*
22	*wīhen* 'heiligen, weihen'	*wīhta*	*giwīhit*	*giwīhtēr*
23	*blīden* 'erfreuen'	*blīdta*	*giblīdit*	**giblīdtēr*
24	*leiten* 'führen, leiten'	*leitta, leita* (§ 363 A.4c)	*gileitit*	*gileittēr*
25	*weizen* 'zeigen'	**weizta*	*giweizit*	**giweiztēr*
26	*gilouben* 'glauben'	*giloubta, giloupta*	*giloubit*	**giloubtēr*
27	*roufen* 'raufen'	*roufta*	*giroufit*	*giroufter*
28	*hī(w)en* (*hīgen*) 'heiraten'	*hīta*	*gihī(wi)t*	*gihī(wi)tēr*

b) Verben mit durch germ. Mehrfachkonsonanz langsilbigem Stamm:

Nr.	Infinitiv (Präsens)	Präteritum	Partizip Präteritum	
29	*stellen* 'stellen'	*stalta*	*gistellit*	*gistaltēr*
30	*merren* 'hindern'	*marta*	*gimerrit*	*gimartēr*
31	*brennen* 'brennen'	*branta*	*gibrennit*	*gibrantēr*
32	*-wemmen* 'beflecken'	**-wamta*	*-wemmit*	*-wamtēr*
33	*kussen* 'küssen'	*kusta*	*gikussit*	**gikustēr*
34	*zucken* 'zücken'	*zucta*	*gizuckit*	*gizuctēr*
35	*hengen* 'gestatten'	*hangta, hancta*	*gihengit*	*gihangtēr*
36	*trenken* 'tränken'	*trancta*	*gitrenkit*	**gitranctēr*
37	*sterken* 'stärken'	*starcta*	*gisterkit*	*gistarctēr*
38	*kunden* 'künden'	*kundta, kunta*	*gikundit*	**gikundtēr*
39	*werten* 'verletzen'	*warta*	*giwertit*	*giwartēr*
40	*wenten* 'wenden'	*wanta*	*giwentit*	*giwantēr*
41	*dursten* 'dürsten'	*dursta*	*gidurstit*	**gidurstēr*
42	*festen* 'befestigen'	*fasta*	*gifestit*	*gifastēr*
43	*heften* 'heften'	*hafta*	*giheftit*	*gihaftēr*
44	*āhten* 'verfolgen'	*āhta*	*giāhtit*	**giāhtēr*
45	*welzen* (obd. *walzen*) 'wälzen'	*walzta*	*giwelzit*	*giwalztēr*
46	*refsen* 'tadeln'	*rafsta*	*girefsit*	*girafstēr*
47	*krumben* 'krümmen'	*krumbta, krumpta*	*gikrumbit*	*gikrumbtēr*
48	*dempfen* 'dämpfen'	*damfta, dampfta*	*gidempfit*	*gidamftēr*

c) Verben mit mehrsilbigem Stamm:

Nr.	Infinitiv (Präsens)	Präteritum	Partizip Präteritum	
49	*angusten* 'ängstigen'	*angusta* (*angustita*)	*giangustit*	**giangus(ti)tēr*
50	*anaz(z)en* 'antreiben'	*anazta*	*gianiz(z)it*	*gianaztēr*
51	*heilaz(z)en* 'grüßen'	*heilezta* (*heilizzita*)	**giheiliz(z)it*	**giheileztēr*
52	*mahalen* 'geloben'	*mahalta*	*gimahalit*	*gimahaltēr*
53	*nid(a)ren* 'erniedrigen'	*nidarta*	*ginid(a)rit*	*ginidartēr*
54	*bouh(ha)nen* 'Zeichen geben'	*bouhhanta* (*bouhnita*)	*gibouh(hi)nit*	**gibouhnitēr*
55	*gar(a)wen* 'bereiten'	*garota, -ata* (*garawita*)	*gigar(a)wit*	*gigarotēr, -atēr*

3. Verba pura (§ 359 A.3,4):

Nr.	Infinitiv (Präsens)	Präteritum	Partizip Präteritum	
56	*sāen* (*sāhen*) 'säen'	*sāta*	*gisāit*	*gisātēr*
57	*muo(h)en, mūen* 'mühen'	*muota*	*gimuoit, gimūit*	*gimuotēr*

Anm. 3. Die *jan*-Verben sind verzeichnet bei Graff I,551, Raven 1963–67: I, Riecke 1996. Die bei Otfrid vorkommenden bei Kelle O 49, 61; für Notker vgl. Kelle (Nb: 1885: 252 ff.; Nc: 1886: 295 ff.; Nk: 1886a: 342 ff.; Np: 1889); für die bair. GlMon Listen bei Förster 1966: 146 ff. Die Verba pura des Ahd. sind in § 359 A.3,4 aufgeführt, diejenigen des Germ. bei Matzel 1987: 17 ff.

(a) Präsens der *jan*-Verben

Die Flexion des Präsens der swV. I ist in § 304 ff. dargestellt; die folgenden Ausführungen gelten den Stammformen. Der Vokal der Wurzelsilbe bleibt im ganzen Präsens unverändert. Nur altes /a/ ist durch das suffixale /j/ zu /e/ umgelautet, das durch das ganze Präsens hindurchgeht (§ 26). **§ 357**

Anm. 1. Im ältesten Ahd. begegnen erwartungsgemäß noch ‹*a*›-Schreibungen ohne Umlautbezeichnung (§ 27 A.1b), z. B. *ardannen* 4, *kalacken* 6, *casacen* 10 Pa. Ferner bleibt /a/ erhalten, wo Konsonantenverbindungen den Eintritt des Umlauts verhindern (§ 27 A.2), z. B. obd. *walzen* 45, *kistarkan* 37; desgleichen bei mehrsilbigem Verbalstamm (§ 27 A.4b), z. B. *mahalen* 52, *garawen* 55.

Die westgerm. Gemination des stammauslautenden Konsonanten durch /j/ tritt bei den kurzsilbigen Verben klar in Erscheinung (zur Erklärung vgl. § 96:1,2+A.1). Sie erstreckt sich nur auf das Präsens (mit Infinitiv und Partizip), da Präteritum und Partizip Präteritum ohne /j/ gebildet wurden. **§ 358**

Auch im Präsens gibt es drei Formen, die kein /j/ enthielten, nämlich die 2.3. Sg. Ind. auf *-is*, *-it* (§ 306+A.3) und die 2.Sg. Imp. auf *-i* (§ 312 A.3); die 2.Pl. auf *-et* bzw. *-it* ist ambivalent (§ 308 A.2). In den *j*-losen Formen konnte keine Konsonantengemination entstehen: *zellen, zellu*, aber *zelis, zelit* 2; ebenso *frumit* zu *frummen* 3, *denit* zu *dennen* 4, *knusit* zu *knussen* 5, *legit* (*lekit*) zu *leggen, leckan* 6, *retit* zu *(h)retten* 8.

Nur die auf /pf/, /zz (tz)/ und /ck (cch)/ ausgehenden Verben haben die Gemination, die bei ihnen auch die Artikulationsart verändert hat – Affrikate statt Frikativ (§ 87:2) –, auf die 2.3.Sg. Ind. und 2.Sg. Imp. übertragen. Somit heißt es *stepfen* 12 und *stepfit*, *sezzen* 10 und *sezzit*, *decken, decchan* 7 und *deckit, decchit*.

Anm. 1. Die Übertragung der Affrikaten /pf, zz, cch/ (vorahd. /pp, tt, kk/) auf die Formen mit Endungs-*i* ist vor Beginn der Überlieferung eingetreten. Die ältesten Denkmäler haben schon die Affrikate, die bei /zz/ freilich nur gelegentlich durch die Schreibung ersichtlich ist, so *casacis, casacit* Pa, *chisetzit* Is (vgl. Schatz Abair. § 144).

Bei denjenigen Verben, die im Ahd. noch regelmäßigen Wechsel zwischen einfachen und geminierten Konsonanten zeigen, setzen Ausgleichsbewegungen ein. Sehr selten wird die Geminate auch auf die 2.3.Sg. Ind. übertragen (z. B. *frummit* Is). Häufiger ist der umgekehrte Ausgleich, dass der einfache Konsonant in die übrigen Präsensformen eindringt, was besonders spätahd. (10./11. Jh.) der Fall ist. So heißt es z. B. bei Notker regelmäßig *legen, hugen* (nur ausnahmsweise ‹*kk*›, so in Nb *zeerlekke* 3.Sg. Konj. zu *ze-er-leggen*, stets *erwekken*, vgl. Jellinek 1901: 328), häufiger *frumen, zelen, denen* usw. als *frummen, zellen, dennen* (Sehrt/Legner 1955 s. vv.). Dem Obd. des 8. und 9. Jh. ist aber im Allgemeinen dieser Ausgleich noch fremd; es finden sich nur vereinzelte Ansätze (vgl. z. B. zu K, Ra Kögel 1879: 105, zum Bair. Schatz Abair. § 142). Im Frk. beginnt die Bewegung früher: Im Tatian ist sie schon völlig durchgeführt: *zelen, fremen, thenen, hugen, legen* usw. (nur 1x *sellene* γ, Sievers T § 57), während Otfrid die Gemination ausnahmslos bewahrt. Andere frk. Beispiele bei Franck Afrk. 242.

Anm. 2. Bei den kurzsilbigen Verben auf /r/ ist im Ahd. meist noch das /j/ erhalten: *nerien* (*nerian, nerigan, nergan*); zu den Einzelheiten vgl. die einzelnen Formen von *nerien*, § 305–316, ferner § 118:2+A.3. Nach anderen Konsonanten als /r/ ist /j/ nur noch in einigen alten Belegen bewahrt (§ 305 A.2). Die Formen mit /j/ (‹*g, ig*›) sind im Bair. besonders fest, wo sie bis ins 12. Jh. erhalten sind, z. B. *irwergin* Lb 41, 41 und *nerigen, werigen, wergen* noch in der Vorauer und der Millstätter Hs. (vgl. Schatz Abair. 154).

Neben erhaltenem /j/ stehen aber in bestimmten alem. und frk. Quellen (z. B. in Jb-Rd, H, Rb; Is, MF) auch Formen mit /rr/ ohne /j/: *nerren, werren, burren* usw. In der 2.3.Sg. Ind. dazu stets einfaches /r/ (*neris, nerit*, Imp. *neri*). Bei Otfrid überwiegt /rj/ (*nerien*), doch erscheint auch /rr/ nicht selten (*derren, werren* u. a.). Die Formen mit /rr/ werden dann ganz so behandelt wie *zellen* usw., d. h. sie nehmen spätahd. einfaches /r/ an (Notker regelmäßig *neren, weren* usw. und nur ausnahmsweise noch *nerien, ferren* usw., vgl. Kelle 1885: 252). Auch Tatian zeigt schon Vereinfachung des /r/ (*weren, giburen, feren*).

Anm. 3. Bei den Verben auf /w/ stehen im ganzen Paradigma zwei Formen nebeneinander: die eine mit Umlaut des stammhaften /a/ zu /e/, die andere ohne Umlautschreibung und mit Entwicklung einer Folge /auw/ (< /aw/), die ebenso wie sonstiges /au/ (§ 46) im 9. Jh. zu /ou/ wird: also *frewen* und *frauwen, frouwen* 14. So flektieren noch: *bewen, bouwen* ‘anfertigen’ (AWB I,941 f., Riecke 1996: 678), *dewen, douwen* ‘verdauen’, *drewen, drouwen* ‘drohen’, *fewen, fouwen* ‘sieben’, *flewen, flouwen* ‘spülen’, *(ir-)stouwen* ‘schelten’ (vgl. as. *ersteuuitha* ‘invectio’ Gl 4,203,44; zum Verhältnis zu *stuowen* vgl. § 110 A.2), *strewen, strouwen* ‘streuen’, *tewen, touwen* ‘sterben’, (**zewen*,) *zouwen* ‘bereiten’.

Die Formen mit /au, ou/ im Präs. gehören vor allem dem Bair. an (Schatz Abair. § 143), im Alem. und Frk. herrschen die *e*-Formen bei weitem vor. Vgl. zu diesen Verben § 114:1ac+A.1-3 und Kögel 1884b: 528 ff., wo als lautgesetzliche Präsensflexion *frouwen, frouwu* usw., aber 2.3.Sg. *frewis, frewit*, 2.Sg. Imp. *frewi* angesetzt wird. Aus den letzteren Formen – verbunden mit dem Präteritum *frewita* (§ 362 A.5) – sind die *e*-Formen auch in das übrige Präsens eingedrungen.

Zu *siuwen, siwita, gisiwit* ‘nähen’ vgl. § 114:2a und Kögel 1884b: 539.

Anm. 4. Ganz wie die Präsentien der kurzsilbigen swV. I werden in ihren auslautenden Konsonanten auch die *j*-Präsentien der stV. behandelt (vgl. § 327).

Anm. 5. Durch die Konsonantengemination sind im Ahd. die ursprünglich kurzsilbigen swV. I im Präsens meist langsilbig geworden. Auch im Präteritum ist die Kurzsilbigkeit nur noch bei den mit /i/ gebildeten Formen (*zelita, legita* usw.) bewahrt.

Bei den lang- und mehrsilbigen Verben zeigt der stammauslautende Konsonant im Präsens keine Veränderungen. Insbesondere bleibt die gemeingerm. Geminate auch in der 2.3.Sg. erhalten, z. B. von *stellen* 29: *stellu*, *stellis*, *stellit* usw. **§ 359**

In diese Gruppe sind auch die Verba pura übergetreten – auf Langvokal germ. /$\bar{e}_1$/ (ahd. /ā/) oder /ō/ (ahd. /uo/) auslautende Wurzeln mit *j*-Präsens, die ihr Präteritum ursprünglich mit Reduplikation (und z. T. Ablaut) nach den Klassen Ib und II der reduplizierenden Verben bildeten (Anm. 3, 4).

Lit.: Zu den Verba pura: VEW 63 ff., Meid 1971: 81 ff., Matzel 1987 u. 1987a, Riecke 1996: 144 ff. – Zu den Verben auf *-az(z)en* (*heilazen* 51) vgl. §§ 68 A.1, 159 A.4; Richter 1909: 135 ff., Schatz Ahd. § 103, Henzen 1965: 226 f., Riecke 1996: 214 ff.

Anm. 1. Für die westgerm. Gemination der Konsonanten durch /j/, die bei kurzer Wurzelsilbe regelmäßig eintritt, gibt es auch noch Belege bei langer Wurzelsilbe (§ 96 A.1*a). Das Frk. ist davon frei (nur *hōrrenne* T 57,5). Im älteren Obd. dagegen kommt es nicht selten vor, dass langvokalische swV. I im Präsens geminierten Konsonanten zeigen (vgl. Schatz Abair. § 141). Am häufigsten ist die Erscheinung in BR, wo sich die Gemination (mit weitergehender Verschiebung) sogar auf /b/ und /g/ erstreckt, z. B. *kelaubpamēs*, *erlauppe* (nach Masser 2008: 139 jedoch nur graphisch, vgl. § 136 A.4), *auckan* (= *ougen* O, § 149 A.7a), *kenuackan* 'genügen'. Sonst finden sich hierfür nur vereinzelte Beispiele, etwa *galauppenne* Exh A (*galaupian* B).

Häufiger ist dagegen in älteren obd. Quellen die Gemination bei /l, r, m, n, s, t/. Sie findet sich besonders in BR, Rb, Jb-Rd, MF, H, GlMon (Jellinek 1891a: 423) und in anderen obd. Glossen. Dort begegnen also Formen wie *hōrran* 'hören', *fuorran* 'führen', *īllan* 'eilen', *teillan* 'teilen'; *wānnan* 'meinen', *hōnnan* 'höhnen', *irsceinnen* 'brechen' (11. Jh., Kölling 1983: 154); *rūmman* 'räumen', *sūmman* 'säumen'; *wīssan* 'weisen'; *leittan* 'leiten', *nōttan* 'nötigen'. Musp z. B. hat *wīssant*, *lōssan*, *suonnan*, *suannan*, *arteillan*. Aus Clm 6293 vgl. *stiurrentēr* GlFreis 70.61. Sogar noch Np hat zuweilen *mârren* (20,14), *wânnent* (48,8), *tuommenne* (130, 1), *beittendiu* (31,9), *leittest* (23,5), Notkers andere Werke selten: Nb *heillent* (Wolfermann 1886: 35), *stûorrent*, *erwûollen* (Kelle 1885: 253, 257); Nc *nôtte* (47,3).

Anm. 2. Bei mehrsilbigen Verben auf /r/ zeigt sich ebenfalls obd. öfter /rr/, z. B. *nidarremees* BR, *ganidarrent* MF, *niderren* Np (zu *nidaren* 53), *zimberren* BR. Seltener ist Gemination bei /l/, /n/ oder /m/, z. B. *kiītallant* Rb; *kaganne*, *kagannant* BR, *pezeichenne* Ni 8,9. 10,13; *schirammant* Rb (Gl 2,312,21, zu *skirmen*).

Anm. 3. Verba pura mit Wurzelauslaut /ā/ sind außer *sāen* 56 noch: *bāen* 'bähen', *blāen*[1] 'blähen' (zum starken Part. Prät. vgl. § 351 A.3; zu nachahd. *blāen*[2] 'blöken' vgl. AWB I,1169), *drāen* 'drehen', *knāen* 'kennen', *krāen* 'krähen', *māen* 'mähen', *nāen* 'nähen', *swāen* 'schwingen' (§ 48 A.2c), *tāen* 'säugen', *wāen* 'wehen'. Durch *scrāuunc* Voc wird ein Verbum purum **skrāen* (mhd. *schræjen* 'spritzen, stieben') vorausgesetzt (Lühr 1988: 253 f.). Vgl. zu diesen Verben Bremer 1886: 51 ff., Lindeman 1968, Matzel 1987 u. 1987a, Garnier 2022.

Bei dem Typ ist im Ahd. häufig /h/ eingeschoben (§ 152:2): *blāhen*, *knāhen* usw. Formen mit /j/ (*blājen*, *sājen* usw., vgl. § 117:1+A.2) sind in der älteren Sprache selten und werden erst im 11. Jh. häufiger. Dagegen hat das Ostfrk. öfter Formen mit /w/ (§ 110 A.2): *nāwen*, *sāwen* T. Zuweilen begegnen kontrahierte Formen wie *blān*, *sān*.

Anm. 4. Es gibt folgende Verba pura mit dem Wurzelvokal germ. /ō/ – im Ahd. zu /uo, ua/ diphthongiert (§ 38 ff.) – wie *mōen, muoen* 57: *bluoen* 'blühen', *druoen* 'leiden', *gluoen* 'glühen', *gruoen* 'wachsen', *(h)luoen* 'brüllen', *ruoen* 'brüllen' (AWB VII,1244; anders EWA VII, 710 f.), *spuoen* 'gelingen'. Reiche Materialsammlung bei Bremer 1886: 61 ff. – Zur Flexion:

a) Die Verben zeigen in den ältesten Quellen, in denen /ō/ noch nicht diphthongiert ist, ganz reguläre Formen wie 3.Sg. *grōit, hlōit* Voc, 3.Pl. *crōent, plōent* K.
b) Nach Eintritt der Diphthongierung wird meist der zweite Teil des Diphthongs /uo, ua/ – unter Dehnung des [u] – vor dem Flexionsvokal aufgegeben (§ 40 A.4), also gewöhnlich *blūit, blūent* statt *bluoit, bluoent*; die letzteren Formen kommen jedoch weiterhin vor.
c) Umgekehrt bleibt oft der Diphthong bestehen, während der Flexionsvokal ausfällt; also z. B. Part. *bluonti* statt *blūenti, bluoenti*; *spuot* neben *spûet* (d. h. *spuoet*) bei Notker usw.
d) Die Verben mit /uo/ schieben wie die Verben mit /ā/ (Anm. 3) oft /h/ (*bluohen, muohen*), seltener und meist später auch /j/ (*pluogen, muogen*) ein, selten /w/ (*bluowen*, § 110 A.2).
e) Die thematischen Verba pura auf /uo/ wirken auch auf die Flexion des athematischen Wurzelverbs *tuon* ein (§ 380 A.3).

(b) Präteritum der *jan*-Verben

§ 360 Für die Bildung des Präteritums der swV. I gilt im Allgemeinen die Regel: Kurzsilbige Verben (§ 362) bewahren das ableitende /j/ als Bindevokal /i/, lang- und mehrsilbige (§ 363) stoßen es aus (§ 66). Doch sind bei beiden Typen einige Besonderheiten zu verzeichnen.

Lit.: Gesamtdarstellung: Krüer 1914 (dazu Frings 1921).

§ 361 In allen Fällen, in denen der Wurzelvokal des Präsens umgelautet ist, unterbleibt im Präteritum der Umlaut, sofern es ohne /i/ gebildet ist: *zalta* 2, *hangta* 35 usw. (sog. „Rückumlaut“, § 26:1e). Der Konjunktiv dieser Präterita bleibt in Analogie zum Indikativ ebenfalls ohne Umlaut: *zalti, hangti* O (§§ 26 A.2c, 322+A.3).

Lit.: Zum Rückumlaut: Bammesberger 1986: 77 ff. – Zum Spätmhd. und Fnhd.: Stårck 1912.

§ 362 Unter den ursprünglich kurzsilbigen *jan*-Verben gibt es drei Gruppen, die das /i/ ausstoßen (E.Sievers 1878: 99, Paul 1880: 136):

1. Verben auf germ. /p, t, k/, die durch die westgerm. Gemination und durch die hochdeutsche Lautverschiebung langsilbig geworden sind (ahd. Präs. /pf, zz, ck/, obd. /cch/): *stepfen* 12, *knupfen* 13, *sezzen* 10, *decken* 7 (vgl. Klein 2004: 260 f.);
2. Verben auf germ. /d/ (ahd. Präs. /tt/): *(h)retten* 8, *scutten* 9;
3. Verben auf germ. /l/ (ahd. Präs. /ll/): *zellen* 2 (vgl. Ringe/Taylor 2014: 73 ff.).

Verben auf ahd. /tt/ und /ll/ haben häufig Nebenformen mit /i/ (*zalta* und *zelita*, *scutta* und *scutita*), während bei den unter 1. genannten allein die Form ohne /i/ als regulär gelten kann.

Anm. 1. Die Wörter auf /ck/, obd. /cch/ (wie *decken* 7 z. B. noch *recken, smecken, wecken*) haben neben den ursprünglichen Präteritalformen mit /ht/ (*dahta, rahta, strahta, wahta*, vgl. Paul 1880: 139 f.) schon sehr häufig – unter Anschluss an den Präsenskonsonanten – solche mit /kt/ (*dacta, wakta* usw.). Die *ht*-Formen sind besonders im Alem. erhalten (zu Notker vgl. Kelle 1886: 298), während im Bair. (Schatz Abair. 156) und Frk. /kt/ überwiegt: im Tatian nur 1x *wahta* neben sonstigem *wacta, thacta, lacta*; bei Otfrid immer *wakta, thakta* bzw. *wagta, thagta* (§ 143 A.4a). Formen mit /i/ haben nur (wie bei den Langsilbigen, § 363) Is, MF (*dhehhidōn, dhecchidōn, chiquihhida* Is, *rehhita* MF; E.Sievers 1925: 86) und 1x T (*arrekita*); – auf /zz/ (wie *sezzen* 10 z. B. noch *irgezzen, nezzen, wezzen*): *setzida* Is, *sezzita* MF; dazu *lezidun* Merseb.

Aus der Beleglage schließt Klein (2004: 260 ff.), dass /i/ im Voraltobd. nach, im Altfrk. (bzw. in Teilen davon) jedoch vor der hd. Lautverschiebung synkopiert (und anschließend teilweise restituiert) worden ist – mit anderen Worten, dass die Synkope erst in einzeldialektaler Zeit erfolgt ist. Vgl. ferner Franck Afrk. § 193:a, Matzel Is 193 f., 239 ff., Eichner/Nedoma 2000/01: 41, W.Beck 2011: 57 ff.

Anm. 2. Bei Verben auf /pf/ erscheint dieses vor dem präteritalen /t/ in der Regel als /f/. Wo die Geminate nach § 96:2b im Westgerm. vor /j/ entstanden ist, entspricht dies der Erwartung, weil im Präteritum bloßes /p/ zugrunde liegt; daher *stafta* zu *stepfen* 12, *skafta* zu *skepfen* (§ 347 A.3). Es gilt jedoch auch für urgerm. Geminaten, z. B. *knufta* zu *knupfen* 13, *-slufta* zu *-slupfen*. Abweichende Realisierungen sind meist graphischer Natur (§§ 132 A.3a, 139 A.7a): ‹*ph*› in *piraphto* oder *giscriphtemo*, ‹*p*› in *scaptin* oder *-slupta*. In *tvpfta* Gl 2,429,1 ist schon das /pf/ des Präsens eingedrungen (Schatz Ahd. § 157); dies hat sich im Mhd. durchgesetzt („Langstämmigkeit [...] im Präs. ebenso wie im Prät.", KSW II.2, § V 71).

Auch Verben auf /mpf/ zeigen im Präteritum meistens /f/, so *damfta* zu *dempfen* 48. Da [p] den natürlichen Übergangslaut zwischen /m/ und /f/ darstellt (vgl. § 123 A.1ae), bleibt bei Belegen wie *irdamphta* Gl 2,473,11, *-gichramphtes* GlMon offen, ob ‹*ph*› für /f/ oder für /pf/ steht.

Anm. 3. Die Nebenformen mit /i/ bei den Verben auf /tt/, /ll/ sind auch im Obd. reichlich belegt, das jedoch im Allgemeinen die kürzeren Formen vorzieht (Schatz Abair. § 147). Der Gebrauch ist nach den Belegen bei den einzelnen Wörtern verschieden. So ist z. B. *walta, multa* selten neben *welita, mulita* (zu *wellen* 'wählen' § 385 A.3, *mullen* 'zermalmen'), während etwa *zalta, salta, hulta* viel häufiger sind als *zelita, selita* (*sellen* 'übergeben'), *hulita* (*hullen* 'hüllen'). Otfrid hat des Öfteren in demselben Verb beide Formen nebeneinander (Franck Afrk. 243).

Anm. 4. Zu *huggen*, obd. *hukkan* 'denken', das ursprünglich der *ēn*-Klasse angehörte (§ 368 A.3), ist neben *hugita* (AWB IV,1320) oft das Prät. *hogta*, obd. *hocta* (AWB IV,1174 f.) belegt, mit Vokalwechsel nach § 32:2c (vgl. § 364:2). Bei Otfrid zeigt das Präteritum sekundär auch die reguläre Form *hogēta* der swV. III. Vgl. Kögel 1884a: 520, Riecke 1996: 325, Ringe/Taylor 2014: 93 f.

Anm. 5. Die Verben auf /w/ haben regelmäßig /i/, z. B. *frewita* 14, *dewita* oder – mit der vorwiegend bair. Nebenform, die aus dem Präsens auch ins Präteritum dringt – *frouwita, douwita* (§ 358 A.3). Bei Notker ist der Zwischenvokal schon synkopiert: *fréute* usw. (§ 49 A.4c). – Vgl. auch Krüer 1914: 196 ff., Schatz Ahd. § 475.

§ 363 Die lang- und mehrsilbigen Verben bilden im Obd. ihr Präteritum ohne /i/ und ohne Umlaut (vgl. § 51:2a); Ausnahmen begegnen nur selten und spät, z. B. *mietetun*, *roubite* GlMon (Schatz Ahd. § 476). Dagegen zeigt das Frk. in größerem Maße Präterita mit /i/: voran Isidor und MF, wo die *i*-Präterita überwiegen, z. B. *sendida*, *araughida* 20, *chideilida* 16, *garawida* 55 Is, *sōhhitun* 21 (§ 364 A.3b), *heftita* 43 (vgl. *heptidun* Merseb), *sāita* 56 MF. Im Tatian sind die *i*-Formen besonders häufig bei mehrsilbigen oder auf mehrfache Konsonanz ausgehenden Verben, z. B. *heilizita* 51, *hungirita*, *āhtita* 44, *hengita* 39; dagegen herrschen bei langsilbigen Verben auf einfachen Konsonanten die kürzeren Formen vor, nur selten erscheinen Formen wie *wīhita* 22, *sougita* (Sievers T § 98:2). Bei Otfrid und in den kleineren frk. Denkmälern gilt im Wesentlichen die obd. Regel (Anm. 3).

Die Verba pura (§ 359) haben nicht /i/ durch Synkope verloren, sondern bilden ihr Präteritum von Hause aus ohne Bindevokal (Matzel 1987: 182, ds. 1987a: 208).

Lit.: Pietsch 1876: 438 ff., Kögel 1884: 322, Franck Afrk. 243 f. – Zur Synchronie im Tatian: A.Dittmer 1989.

Anm. 1. Sammlung der in den wichtigsten Denkmälern vorkommenden Präterita bei Begemann 1873: 129 ff.; das ganze Material bei Krüer 1914; die Verba pura bei Krüer 1914: 244 ff., Matzel 1987: 153 ff., Riecke 1996: 146 ff.

Anm. 2. Bemerkenswerterweise kennt auch Isidor zwei langsilbige Präterita ohne /i/: *chihōrdōn* ist eine Ausnahme von der dort sonst beachteten Regel (s. o.); *bi-chnādī* ist hingegen ein ursprünglich bindevokalloses Präteritum der Verba pura, wie es auch durch *sāta* MF für das Original belegt wird (Matzel Is 239 ff., ds. 1987a: 205 ff.). In MF sind solche Formen viel häufiger, wohl durch den bair. Schreiber eingeführt. Zu *chi-rista* (nicht †*-rīsta*) vgl. § 330 A.4.

Anm. 3. Bei Otfrid herrschen die Formen ohne /i/ vor. Ausnahmen sind nur einige Verbalstämme mit Mehrfachkonsonanz: *angustita* 49, *antwurtita*, *bouhnita* 54, *lougnita*. Die mehrsilbigen Präteritalstämme *mahalta* 52, *bilidta*, *garota* 55, *farota* folgen dagegen der Regel.

Mitunter entwickeln langsilbige Verben mit postkonsonantischem /n, l, r/ im Präteritum und im Part. Prät. die Lautfolge /et/: in GlMon *tarchneta* Gl 1,399,15, *louganeta* 2,292,27; *pistumpleta* 2,657,21, *arītaletaz* 2,656,67; *muntretun* 1,807,7. Sie dient der Herstellung üblicher Lautstrukturen (Schatz Ahd. § 476) und braucht nicht (mit Förster 1966: 134 f., AWB V,1360. VI,845) den swV. III zugerechnet zu werden. Ähnlich das nach Halbvokal + /m/ nachgetragene ‹e› in *entsoum*ͤ*ta* Thoma 1975: 5.26 (dazu E.Meineke 1983: 319).

Anm. 4. Die Veränderungen, die einige stammauslautende Konsonanten beim Zusammentreffen mit dem /t/ des Präteritums erleiden, sind aus der Tabelle in § 356 zu ersehen; vgl. auch § 362. Sie betreffen folgende Laute:

a) Alte und neue Geminaten werden vereinfacht (§ 93): *stalta* 29, *marta* 30, *branta* 31, **-wamta* 32, *kusta* 33, *zucta* 34. – In *suohta* 21 zu *suohhen* (ebenso *rōhhen*, *ruohhen* / *ruohta*) liegt nicht Vereinfachung der Geminate, sondern germ. einfaches /h/ vor (as. *sōhta*, ae. *sóhte*), vgl. § 364 A.3b. Dieses /h/ zeigt sich auch in altalem. *sohaton* (Vetus Latina,

8. Jh.); die Form ist für **soahtōn* verschrieben, zumal ein Bindevokal /a/ beispiellos wäre (anders Nievergelt 2012: 44). Zu *sōhhitun* MF vgl. § 364 A.3b.

b) /g/ und /b/ können zu [k], [p] desonorisiert werden, vgl. *ougta, oucta* 20; *hangta, hancta* 35; *giloubta, giloupta* 36, *krumbta, krumpta* 47. Die Formen mit ‹*k*›, ‹*p*› herrschen im Obd. vor, aber auch im Frk. treten sie bisweilen auf (§§ 135 A.2, 148 A.2).
/d/ bleibt entweder erhalten (so stets bei Otfrid), oder es geht (bei mehrfacher Konsonanz) ganz verloren, vgl. *blīdta* 23, *kundta, kunta* 38. Vereinzelt erscheint ‹*d*› statt /dt/, z. B. *tulda* (zu *tulden* 'feiern'), oder ‹*dd*› in 3.Pl. Prät. *giplōddun* (AWB I,1223; zu *blōdi* 'furchtsam'), dazu im flektierten Part. Prät. ‹*tt*› (Nom.Pl. f. *giplotto* Gl 1,628,7). Vgl. Schatz Abair. § 63:b, Franck Afrk. § 193:b, Krüer 1914: 331 f.

c) Die auf /t/ ausgehenden Wörter weisen bei mehrfacher Konsonanz im Präteritum nur ein /t/ auf, vgl. *warta* 40, *wanta* 39, *dursta* 41, *fasta* 42, *hafta* 43, *āhta* 44, *angusta* 49. Einfaches /t/ nach Langvokal ergibt mit dem /t/ des Präteritums /tt/, vgl. *leitta* 24. Dieses /tt/ wird erst in späteren Quellen (Notker; Kelle 1886: 298) häufiger vereinfacht (*leita*, § 98); ältere Belege finden sich besonders im Tatian (Sievers T § 58), vgl. ferner *gileitōs* Hl 32 (Franck 1904: 50 A.2), *kirōtaz* Gl 1,322,55 (9. Jh.). Vgl. Schatz Abair. 156, Franck Afrk. § 193:c.
Die auf /k/, obd. /ch/ ausgehenden Wörter zeigen stattdessen bei Otfrid und Notker oft ‹*g*›: *wangta* neben *wankta* bzw. *wanchta* (zu *wenken*), §§ 143 A.4ac, 144 A.4.

d) In den auf Konsonant + /w/ (oft mit Sprossvokal, § 69:1b) ausgehenden Verben wie *gar^{a}wen* 55 – ebenso *far^{a}wen* 'färben', *sal^{a}wen* 'trüben', *skat^{a}wen* 'beschatten' – wird im Präteritum das /w/ zu /o/ vokalisiert (§ 108): *farota, garota* O, *kisalota* Ja, *scatotôn* Nb (selten zu /u/, § 108 A.1, z. B. *garutun* Hl). Durch Abschwächung kann dieses /o/ dann als ‹*e*› oder ‹*i*› erscheinen: *-scatetôst* Np, *-scatitost* Npw. – Zuweilen ist der Bindevokal /i/ und durch ihn das /w/ aus dem Präsensstamm bewahrt bzw. restituiert (Schatz Ahd. § 486): *garwitum* Gl 2,98,38 f. (nach AWB IV,104 verschrieben), *variwita* 2,772,79.
In *hīwen* 28 fällt nach dem Langvokal im Präteritum das /w/ ganz aus. Ebenso ist zum Konj. Prät. *gilāti, firlāti* O das Präsens als *-lāwen** ('verraten', = got. *lēwjan*; Riecke 1996: 376, Heidermanns 2021: 381) anzusetzen (§ 110 A.1). In *erstouta* Gl 2,726,2 zu *-stouwen* fehlt /w/ nach *u*-Diphthong. Vgl. Schatz Abair. 156 f.

Anm. 5. Auf /sk/ ausgehende Verben lassen vor dem /t/ des Präteritums (und Part. Prät.) zuweilen – besonders bei Notker – das /k/ schwinden, z. B. *wunsken* 'wünschen', *wunsta, gewunstêr*; *misken* 'mischen', *mista*; *hursken* 'antreiben', *hursta*; daneben häufiger *wunscta, miscta, hurscta*. Vgl. §§ 99 A.3, 146 A.5; weitere Belege bei Schatz Ahd. § 485.

Anm. 6. Wie *kussen* 33 bildet auch *missen* 'missen' sein Präteritum mit /st/ (*mista*). Daneben stehen jedoch Präteritalformen mit /ss/, z. B. *missīn* O 2,5,18, *missa* OFreis 5,7,10, *fermissa* Np, Part. Prät. *farmisseru* Rd (1,276,33). Dieses /ss/ ist nicht (mit Kelle O 96, AWB VI,658, EWA VI,485) aus /st/ assimiliert, was beispiellos wäre, sondern folgt dem Muster von *missi** 'abweichend', dem Grundwort von *missen* (Verbaladjektiv zum stV. *mīdan*, EWGP 413), erklärt sich also nach § 170 A.1 (vgl. § 364 A.3c); vgl. Kögel 1880: 173, E.Sievers 1880: 414, Krüer 1914: 28. Das singuläre Präteritum *gisazza* O 1,4,69 (V, *gisazta* PF) ist entgegen Kelle aaO. nicht assimiliert, sondern – nach dem Präsens oder wegen des Folgewortes *zīt* – verschrieben.

Anm. 7. Infolge der spätahd. Lenisierung /nt/ > /nd/ erscheint bei Notker das suffixale /t/ nach Nasal als /d/, z. B. *wânda, rûmda* (§ 163 A.5d).

§ 364 Einige Präterita mit langer Wurzelsilbe werden aufgrund spezieller Lautprozesse abweichend gebildet:

1. mit Nasalschwund (§ 128 A.1): *dāhta* zu *denken*, *dūhta* zu *dunken* (§ 322 A.3c; AWB II,377 f., 729 f.), *brāhta* zu dem starken Präsens *bringan* (§ 336 A.4; AWB I,1385 f.);
2. mit Vokalwechsel (§ 32:2c): *forhta*, *forahta* zu *furhten*, *fur(a)hten* 'sich fürchten'; *worhta*, *worahta* zu *wurken*, *wurchan* 'wirken' (zu *hocta* vgl. § 362 A.4).

Anm. 1. Aus dem Präteritum *forhta* ist /o/ im Frk. auch ins Präsens gedrungen: *forhten* oder *forahten* stets im Tatian und bei Otfrid (AWB III,1158 f.). Im Obd. begegnet dies nur vereinzelt. Umgekehrt erscheint im Obd. zuweilen das Präteritum *wurhta* mit dem /u/ des Präsens. Vgl. § 32 A.1b.

Anm. 2. Das Präsens *wurken* mit /u/ (= got. *waúrkjan*) ist nur obd. unverändert; im Frk. (T, O, Will) steht dafür *wirken*, nur Is und WK haben noch *chi-*, *giwurchen* (Matzel Is 239 A.416). Während *wurken* und *wirken* früher als Formen desselben Verbs aufgefasst wurden, wird *wirken* heute meist mit Blick auf as. *wirkian* separat angesetzt (*wirken* an *wërk* angelehnt?); vgl. Raven 1963–67: I,264 f., Bammesberger 1965: 123 f., SchAWB 393, 402, SplAWB I,1105. 1160, Riecke 1996: 296, 683, Ringe/Taylor 2014: 208 A.11. Das Ablautverhältnis erinnert allerdings an *spirn-* neben *spurnan* stV. (§ 337 A.5).

Auch der in ae. *warhte*, as. *warhta* (Ae. Gr. 319, As. Gr. 263) vorliegende Ablaut lässt auf ein ursprünglich starkes Verb schließen (Bammesberger 1986: 80 f., Kortlandt 1989: 107). So auch einzelne ahd. Belege: *uuarahtōs* O 1,15,18 (Hs. D), *faruuarta* Gl 1,277,54, *folavuarahta* 1,434,43.

Anm. 3. Diese Verben gehören einem Typ an, der das Präteritum schon im Germ. ohne Bindevokal bildete. Vgl. Paul 1880: 136 ff., Kluge 1913: 169 f., Wilmanns III,76 ff., Schatz Abair. 136, Franck Afrk. § 194, Krüer 1914: 26 ff., Frings 1921: 18, Baesecke Einf. 229, Seebold 1967: 120 f., G.Schmidt 1978a: 17 ff., Bammesberger 1986: 78 ff., Riecke 1996: 682, Fulk 2018: 299 ff.

a) Unmittelbar vor dem Dental erscheint das wurzelauslautende germ. /k, g/ regulär als /h/, so wie germ. /p, ƀ/ vor /t/ als /f/ auftritt (vgl. as. ahd. *giskaft* < *-*skap*-). Dieser „Primärberührungseffekt" ist eine Folge der ersten Lautverschiebung (§ 81:2): Idg. /gt, bt/ wurden zu vorgerm. /kt, pt/ desonorisiert und dann regulär zu /ht, ft/ verschoben (Got. Gr. § 209, Mhd. Gr. § L 66, Ringe 2017: 134 ff.).
b) Die Lautregel betrifft auch das ahd. nicht belegte **brūhta* (got. *brūhta*, mhd. *brūhte*; vgl. AWB I,1430 f.) zu *brūhhan* (§ 333 A.3c, dort zum starken Part. Prät. *kiprohan*). Ahd. *suohta* 21 könnte rein deskriptiv auf †*suohhita* (wie got. *sōkida*) zurückgeführt werden, aber auch die westgerm. und awn. Entsprechungen haben kein /i/ (§ 363 A.4a). *sōhhitun* MF 7,21. 15,1, äußerlich auf einer Ebene mit got. *sōkida*, ist nach Matzel Is 415 f., 419 eine normalisierende Neubildung mit mechanisch eingeführtem Bindevokal.
c) Auch die Präterita der Verba pura (§§ 348, 359 A.3,4, 363), die Präteritopräsentien (§ 370) sowie *missa* (zu dessen Erklärung vgl. § 363 A.6) weisen keinen Bindevokal auf.

(c) Partizip Präteritum der *jan*-Verben

Das Partizip Präteritum steht in engster formaler Verbindung mit dem finiten Präteritum. Bei denjenigen kurzsilbigen Verben, die wie *nerien* 1, *frummen* 3 usw. nur *i*-Präterita kennen, ist auch im Part. Prät. nur die Form mit /i/ vorhanden, also *gifrumit*, flektiert *gifrumitēr* (§ 259). Wo dagegen ein Präteritum ohne /i/ existiert, gilt im Allgemeinen die Regel, dass das Part. Prät. nur in der unflektierten Form /i/ aufweist, sich dagegen in allen flektierten Formen dem synkopierten Präteritum anschließt (Franck Afrk. § 195): *gisezzit* / *gisaztēr* 10, *gihōrit* / *gihōrtēr* 15, *gistellit* / *gistaltēr* 29, *gikussit* / **gikustēr* 33, *gigar(a)wit* / *gigarotēr* 55. Dies gilt auch für die durch /t/ entstehenden Konsonantengruppen (§ 363 A.4). § 365

Anm. 1. In allen Quellen, die statt der synkopierten Präterita *i*-Präterita aufweisen – besonders Is, MF, T (§ 363) –, begegnet /i/ auch in den flektierten Formen des Part. Prät.: *arfullide, chihneigidiu, chizelide* Is, *gataufite, gafuogita* MF, *gitoufitemo, gifullite, giwentite* T; – *kezelite, kescutitaz* BR (neben Prät. *kizelita*, § 362 A.3). Auch in Quellen, die sonst nur Präterita ohne /i/ kennen, zeigt das flektierte Part. Prät. vereinzelt /i/, z. B. *giselitu* T, *bithekitaz, zispreitite* O.

Anm. 2. Durch Abschwächung bzw. Assimilation können im Spätahd. graphische Varianten auftreten: in GlMon mit ‹*e*› *gipreitet*, mit ‹*a*› *gipuozat*, mit ‹*o*› *gipuzot* (Förster 1966: 215 ff.); in SH mit ‹*u*› *gisougvt* (Krüer 1914: 23).

Anm. 3. In den unflektierten Formen des Part. Prät. fehlt /i/ nur selten und vereinzelt (Frings 1921: 19, Schatz Ahd. § 488), so im Tatian *giruort, erduompt* 17, *giwant* 40 (daneben öfter *giruorit, giwentit*); bei Otfrid *ginant, biknāt* (Matzel 1987: 180 A.94); im Clm 6293 (9. Jh.) *kiuōrt* (zu *fuoren*, W.Schulte 1993: 163). Etwas häufiger ist die unflektierte Form ohne /i/ bei den kurzsilbigen Verben auf /l/ (§ 362 A.3), wie *gizalt* zu *zellen* 2, *kasalt* neben *kaselit* H, *farsalt* Lb 33, 1. Die Aratorglosse *keduuelt* Gl 2,32,55 hat entweder /e/ nach dem Präsens (Franck Afrk. § 195, v.Gadow 1974: 97) oder ist ein Kompromiss zwischen *-dwelit* und *-dwalt*.

Anm. 4. Die Verben aus § 364 haben meist das unflektierte Partizip ohne /i/: so regelmäßig *gidūht* zu *dunken*; *brāht* (neben *brungan*, § 336 A.4) zu *bringan*; *giwor(a)ht* zu *wurken*, woneben aber auch obd. *giwurchit* vorkommt. Zu *denken* heißt es dagegen häufiger *gidenkit* als *gidāht* (schon *fardanchit* Pa, *firthenkit* Kb 96,12); zu *furhten* 1x *kiforhtit* (flektiert *kaforahtēr*; AWB III,1158). Vgl. auch *keprūhchit* BR zu *brūhhan* (AWB I,1431; §§ 41 A.2, 333 A.3c, 364 A.3b).

M 3.3.2.2. Klasse II (Verben auf *-ōn*)

Die Bildung der Verben auf *-ōn* bietet zu Bemerkungen wenig Anlass; die Flexion ist oben in § 304 ff. behandelt. Das /ō/ ist in allen Formen (außer der 2.Sg. Imp., § 312 A.3) vorhanden und bleibt bis in die spätahd. Zeit im Wesentlichen bestehen. Somit liegt dem gesamten Paradigma der Stamm *dionō-* zugrunde. Die Länge des /ō/ ist gesichert durch Doppelschreibung in BR (*deonoon* u. a., Johannsson 2009: 280 ff.; auch *machoonne* Gl 2,647,58) und Zirkumflexe bei Notker (*manôn*). § 366

Lit.: Fullerton 1977: 45 ff., Fulk 2018: 304 ff.

Anm. 1. Von /ō/ abweichende Vokale aus älteren Quellen (vgl. Schatz 1925a: 355 ff.):

a) Nur höchst selten begegnet in älterer Zeit /u/, so im Tatian *satumēs* (‹*u*› in ‹*o*› korr.; nach lat. *saturemus*?) 89,1, *goumumēs* 97,5 (Sievers T § 111:5); Vorbild war der Ausgang *-umēs* der stV. und swV. I (§ 307:1+A.2), vgl. Baesecke Einf. § 138:2. Aus dem Mfrk. vgl. *zauolunde* zu *zabalōn* (Stührenberg 1974: 63.73, 88, GramErtr 170). In spätbair. Glossen wird nebentoniges /ō/ oft zu /u/, besonders vor /n/, z. B. *kërunt*, Inf. *chōsun* GlMon (§§ 58 A.4, 305 A.5; Schatz Abair. § 149:a, ds. Ahd. § 492, Förster 1966: 89 f.). – Schwerlich hierher frühbair. *manunṭi* H.Mayer 1994: 75.155, 101, 106 (vgl. AWB VI,260. 262 s. v. *manôn*).

b) Bei Isidor findet sich ein vereinzeltes /uo/ in *ādhmuot* (§ 38 A.2).

c) Verschiedene Quellen zeigen zuweilen /a/. Im Abrogans (Kögel 1879: 180) Kb *kisitat* 60,23 (*-sītōn*), *kisitat* 102,8 (*-sitōn*), *auuickat* 104,12 (*āwiggōn*); Ra *umpihohata* 108,28 (*-huohōn*). Auch im Tatian und bei Otfrid steht mehrfach /a/, z. B. *wuntraton* T 104,4, *korata* O 2,3,60. 3,6,19. Einige Belege erklären sich vielleicht durch Assimilation – *gihalatero* T 90,5, bair. *giuuarnan* OFreis, *piscauuan* Gl 2,97,21 (2 Hss.), *anparanto* 2,167,66, *solagat* 2,472,46 –, andere eher durch Graphemvertauschung (*gisamonate* T 98,3). Otfrid bietet /a/ öfter auch bei *ēn*-Verben, was eine eindeutige Zuordnung erschwert (§ 368 A.1*). Weiteres bei Schatz Ahd. § 492 (aber *festinanter* ist lat., AWB III,776).

d) Otfrid hat öfters /e/, teils im Reim (*choreti* 1,15,7), teils nicht (*klagetun* 4,34,25, Hss. F, V). In OFreis begegnet der Infinitiv *irrenten* (*-ōn* Hss. P, V). Inwieweit frühe Schwächungen (s. Anm. 2) oder separate *ēn*-Verben (Kelle O 67 ff.) anzunehmen sind, muss von Fall zu Fall entschieden werden (§§ 368, 369 A.2).

Anm. 2. In jüngeren Quellen ist die Schwächung weiter fortgeschritten (Schatz Ahd. § 493).

a) Bei Notker ist /ō/ vor langen Endungen offenbar gekürzt (§ 62:2). In Nb wird es regelmäßig ohne Zirkumflex geschrieben, z. B. *scâdotôn* gegenüber *scâdôta* (Kelle 1885: 258 ff., Baesecke Einf. 51, Schatz Ahd. § 490, Tax 1968: XLI). So auch im ganzen Konj. Präs., vgl. § 310 A.5. Zum Konj. Prät. vgl. § 322 A.1, zu den swV. III vgl. § 368 A.1.

b) Im Spätahd. geht das – gekürzte – /o/ sukzessive in [ə] ‹*e*› über. So hat Np *sáteta, sáteton* zu *satōn* (AWB VIII,236, Marti Heinzle 2013: 201); Npw bietet *danchet, dienet* u. a. (Heinzel 1875–76: II,210 f.). Bei Will sind ‹*o*› und ‹*e*› etwa gleich häufig. Ansonsten kommt auch ‹*i*› vor (§ 60), etwa *iagit, lobit, machint* GlMon (weitere Belege bei Förster 1966: 95 ff.; vgl. auch § 369 A.1), *pesolitiu* Aratorgl. (*-solōn*, Tiefenbach 1977: 24,15). Zum allmählichen Verschwinden von ‹*o*› im Mhd. vgl. KSW II.2, § V 28.

§ 367 Die Verben, die dieser sehr umfangreichen Flexionsklasse angehören, vertreten verschiedene Wortbildungstypen:

1. einige wenige – auf germ. Stufe – primäre Verben, z. B. *jagōn* 'jagen', *mahhōn* 'machen' (EWA V,252 ff., VI,46 ff.);
2. die Mehrzahl der Verben ist in germ. oder ahd. Zeit abgeleitet (Anm. 3):
   a) Deverbativa auf *-ō-* (Wissmann 1932), z. B. *korōn* 'prüfen' (zu *kiosan*);
   b) Denominativa auf *-ō-* (Meid 1967: § 183), z. B. *dankōn* 'danken', *offanōn* 'öffnen', *samanōn* 'versammeln', *managfaltōn* 'vervielfältigen';
   c) Iterativa auf *-arō-*, *-alō-*/*-ilō-* (Wilmanns II, § 72 ff., Meid 1967: § 195 f.), z. B. *flogarōn* 'umherfliegen', *gangarōn* 'umhergehen'; *wantalōn* 'wandeln', *grubilōn* 'aufgraben, durchstöbern' (nhd. *grübeln*);

d) Sekundärverben auf *-inō-* (Wilmanns II, § 79, Meid 1967: § 197), z. B. *altinōn* ‘aufschieben’, *waltinōn* ‘gebieten’; ähnlich *dionōn* ‘dienen’ (EWA II,675 ff.);
e) Sekundärverben auf *-isō-* (Wilmanns II, § 80 f., Meid 1967: § 187), z. B. *rīhhisōn* ‘herrschen’, *mihhilisōn* ‘verherrlichen’.

3. Hinzu kommen Entlehnungen aus lat. *ā*-Verben (H.Sommer 1972: 57 f.), z. B. *predigōn* ‘predigen’ (*praedicāre*), *salzōn* ‘tanzen’ (*saltāre*), *sëganōn* ‘segnen’ (*signāre*).

Lit.: Verzeichnisse bei Graff I,556 ff., Raven 1963–67: II,1 ff. und für Otfrid bei Kelle O 72 ff., für Notker bei Kelle (wie § 356 A.3).

Anm. 1. Verben dieser Klasse, die von nominalen *ja-*, *jō-* oder *i*-Stämmen abgeleitet sind, zeigen in den ältesten Quellen des 8./9. Jh. noch häufig Reflexe des /j/ (meist als ‹*e*›), z. B. *enteōn* ‘endigen’, *irreōn* ‘irren’, *liudeōn* ‘singen’ (§ 47 A.4c), *minneōn* ‘lieben’, *sūfteōn* ‘seufzen’, *sunteōn* ‘sündigen’. Dieses ‹*e*›, das an Flexion und Stammbildung nichts ändert, ist nur in Pa, K, Ra, R häufig (Kögel 1879: 180 f.). In den meisten Quellen des 9. Jh. ist es spurlos geschwunden, die betreffenden Verben lauten gemeinahd. *entōn*, *irrōn*, *liudōn*, *minnōn*, *sūftōn*, *suntōn*. Im Tatian steht noch 1x *sunteōn* neben sonstigem *suntōn*. Bei Otfrid hat sich nach kurzer Wurzelsilbe das /j/ in *rediōn* ‘reden’ gehalten, die anderen Quellen kennen nur *redōn*. In *heriōn* ‘verheeren’ bleibt das /j/ nach /r/, daneben auch *herrōn* (AWB IV,982 f.). – Vgl. § 118.

Anm. 2. Einzelne Verben weisen Varianten nach der III. schwachen Konjugation auf (§§ 368, 369 A.2).

Anm. 3. Die swV. der II. Klasse sind zum großen Teil denominale Ableitungen (von Substantiven wie von Adjektiven); zur Funktion vgl. Schwerdt 2008: 133 ff. Unter den Deverbativen ist eine Gruppe von Verben mit intensiv-iterativer Bedeutung hervorzuheben, oft mit Gemination des Wurzelauslauts, z. B. *kratzōn*, *lockōn*, *tropfōn* (Wissmann 1932: 160 ff., Henzen 1965: 216, Fagan 1989, Scheungraber 2014: 129 ff.).

M 3.3.2.3. Klasse III (Verben auf *-ēn*)

Die Verben auf *-ēn* verhalten sich in ihrer Stammbildung parallel zu denjenigen auf *-ōn*; zur Flexion vgl. § 304 ff. Dem Präsens, dem Präteritum und dem Partizip Präteritum liegt durchgängig ein auf /ē/ endender Stamm zugrunde (*folgē-*; zur 2.Sg. Imp. vgl. § 312 A.3). Die Länge des /ē/ ist durch Doppelschreibungen in BR (*suuigeen*) und Zirkumflexe bei Notker (*folgên*) gesichert (Anm. 1). **§ 368**

Allerdings ist das /ē/ weniger fest als das /ō/ der II. schwachen Konjugation. Etliche Verben zeigen Doppelformen nach der *ō*-Klasse (§ 369 A.2); Materialsammlungen bieten Graff I,565 f., Schatz 1925a und Marti Heinzle 2013. Alles in allem erweist sich das Frk. als Übergangszone zwischen dem As., das von *ēn*-Verben nahezu frei ist, und dem Obd. mit sekundärer Produktivität (Marti Heinzle 2013: 197, 220). Nicht ganz selten tritt /a/ statt /ē/ auf, auch schon in Quellen des 8./9. Jahrhunderts (Anm. 1*).

Lit.: Monographisch zum Ahd.: Marti Heinzle 2019. – Zur Funktion: Raven 1959, Krämer 1976, Schwerdt 2008: 137 ff., Marti Heinzle 2019a. – Zur Wortbildung und zur Vorgeschichte der *ē*-Flexion: Karsten 1897, Wilmanns III,87, Aumann 1935, Flasdieck 1935, Specht 1935, H.Wagner 1950, Bennett 1962, Polomé 1967, Jasanoff 1973, Dishington 1976 u. 1978, Fullerton 1977: 55 ff., Bammesberger 1987, Shields 1988, Kortlandt 1990, Dishington 2010, Harðarson 2017: 937 f. – Zum Got.: Marti Heinzle 2023.

Anm. 1. Zur Schreibung des /ē/ in BR vgl. Johannsson 2009: 215 ff.; vgl. auch *lupeent* Nievergelt RP 389.G8 (*lubēn*, zu ae. *lufian*, got. *lubains* f.). Die Vokallänge ist bei Notker in Nb nur in den Formen des Präs. Ind., Imp. und Inf. sicher erhalten. In den übrigen Formen, so im Konj. Präs. (§ 310 A.5) und im gesamten Präteritum, steht regelmäßig ‹*e*› ohne Zirkumflex (vgl. Kelle 1885: 262). Insgesamt haben sich die swV. III bei Notker den swV. I angenähert – ein Schritt auf dem Weg zu ihrer allmählichen Verdrängung (Schatz Ahd. § 490). Zu den swV. II vgl. § 366 A.2a.

Anm. 1*. Die Vertretung des /ē/ durch /a/ ist bei Otfrid mehrfach bezeugt, z. B. *habanne, firmonanti, sagata, sworgata* (Kelle O 74 f., 128, 130, Benrath 1887: 41, 42 f.; vgl. § 366 A.1c zu *ōn*-Verben). Belege aus Tatian (besonders Schreiber γ) bei Sievers T § 107, aus anderen frk. Quellen bei Pietsch 1876: 346. Im Obd. haben /a/ statt /ē/ hauptsächlich bair. Quellen, die auch sonst oft /a/ für Endsilben-*ē* eintreten lassen (§ 58 A.3), z. B. *unscamanti, hapan* Emm (Lb 22); *habant, sagata* Lb 41 (vgl. Jellinek 1891a: 421, Schatz Abair. § 150, ds. 1925a: 357 f.). Aber auch im Alem. tritt mitunter /a/ auf, z. B. *fardolata* al. Ps 129,4, *lëbantēr* Jb (Gl 1,295,25); so vielleicht auch *volkạt* (Vetus Latina, 8. Jh., Nievergelt 2012: 47.22).

Anm. 2. Drei kurzsilbige *ēn*-Verben – *habēn* 'haben', *sagēn* 'sagen', *lëbēn* 'leben' – zeigen einige Merkmale der *jan*-Flexion (vgl. a–c; zu *huggen* s. Anm. 3). Neuere Literatur: Bammesberger 1987, Kortlandt 1990, Got. Gr. § 191 A.1, Schaffner 2010: 179, Ringe 2017: 157 f., 189, 203 f., Ringe/Taylor 2014: 93 f., EWA IV,713 ff. (*habēn*), V,1089 ff. (*lëbēn*), VII,860 ff. (*sagēn*).

Zur Beleglage im Ahd. (vgl. Schatz Ahd. § 501, Brinkmann 1931: 97 ff. [zum Fortleben im heutigen Wallis vgl. Henzen 1940: 287]):

a) Die betreffenden Verben besaßen früher synkopierte Präterita, die für das Vorahd. als **habda, *sagda, *libda* anzusetzen sind (Paul 1880: 144, E.Sievers 1882: 90, Bammesberger 1985). Im Ahd. sind diese Formen durch Ausgleich beseitigt, dafür ist regelmäßig *habēta, sagēta, lëbēta* eingetreten. Erhalten ist jedoch noch *hapta* in Is, MF; außerdem durch Anschluss an die swV. I Formen wie *hebita* (Part. *gihebit*), *saghida* (*chisaghēt*) Is, *segita* (*gisegit*), *libita*, die in obd. Quellen nicht ganz selten sind, zumeist freilich nur in späteren bair. Glossen (Belege bei Kögel 1884a: 520, Schatz Abair. 158 f.; zu Is, MF vgl. Matzel Is 241, 424 f.); zu frk. *hebiton* Gl 2,27,33 [4,624,34. 5,99,22] vgl. v.Gadow 1974: 30 f., 123. Eine Kompromissform mit Umlaut, aber ohne Mittelvokal ist *ersegta* (W.Schulte 1993: 71); umgekehrt *habbien* GlBud 128 (aaO. 111: „eigentümliche Kreuzung von ahd. *habēn* und as. *hebbian*").

b) Die 2. und 3.Sg. Präs. dieser Verben haben die Formen *hebis, hebit*; *segis, segit*; *libis, libit*, die ebenfalls nach den swV. I gebildet sind (Belege bei Kögel 1884a: 518). Zu dem in MF 29,26 stehen gebliebenen *hevit* (Vermischung mit *heffen*? = Is *hebit*) vgl. Kögel 1893: 222.

c) Notker bildet bei *habēn* und *sagēn* Präsensformen in Analogie zu den swV. I: 1.Sg. Präs. *habo, sago*, 2.Sg. *habest*, 3.Sg. *habet* (selten *hebet*), 1.Pl. *habên* (statt *habeên* § 307 A.6), 3.Sg. Konj. *habe* (statt *habêe*); doch stehen bei Notker daneben noch die *ê*-Formen. In der älteren Sprache ist die 1.Sg. Präs. *habu, sagu* nur bei Tatian-Schreiber γ belegt.

d) Zu Besonderheiten des langsilbigen Verbs *ērēn* – 1.Sg. *ēru* T (korrigiert in *ērēn*), Prät. *ērita* Fuldaer B 13 – vgl. Flasdieck 1935: 131, H.Wagner 1950: 4.

Anm. 3. Wie das Prät. *hapta* ist auch *hogta, hocta* noch ein Rest synkopierter Präterita der swV. III; das Präs. *huggen* ist jedoch im Ahd. ganz zu den swV. I übergetreten (§ 362 A.4); vgl. Schatz Ahd. § 502, Ringe/Taylor 2014: 93 f. – Wenn Otfrid zu *fārēn* 'nachstellen' und *rāmēn* 'streben' synkopierte Formen kennt (*fārta, rāmta* 4,17,3, *gifārtīn* 4,35,25), so sind auch diese den swV. I zuzuweisen (Ertmer 1994: 164; anders Kelle O 75).

Anm. 4. Die im Mhd. gewöhnliche kontrahierte Form *hān* für *habēn* (KSW II.2, § V 222; vgl. *lān* § 351 A.2, *gān, stān* § 382 f.) ist erst seit dem 11. Jh. üblich, z. B. bei Will 2.Sg. *hāst*, 3.Sg. *hāt*, 3.Pl. *hānt*, Prät. *hāte*, außerdem besonders im Bair. des 11. Jh. (Schatz Abair. 159). Auch das bair. Petruslied zeigt schon 1x *hāt* (Lb 33, 1). In den Rheinfrk. Cant (Lb 17.5, 19) steht das Prät. *hata*, das vielleicht aus *habda* entwickelt ist, vgl. *hafda, hadde* im anl. Leid. Will (Steppat 1902: 533, Sanders 1974: 227), ferner *hapta* Is, MF.

Die Zahl der hierher gehörigen Verben ist weniger groß als die der swV. II, aber immer noch bedeutend. Viele dieser Verben sind primär bzw. deverbal, z. B. *dagēn* 'schweigen' (vgl. lat. *tacēre*), *folgēn* 'folgen', *harēn* 'rufen' (Schaffner 2010), *lërnēn* (alem. *lirnēn*) 'lernen' (§§ 31 A.2, 377). Doch haben besonders im Ahd. die denominalen Verben stark zugelegt, so *fiurēn* 'aufflammen', *frāgēn* 'fragen' (EWA III,511 f.). **§ 369**

Die meisten sind Intransitiva. Etliche Verben drücken einen Zustand aus, wie *darbēn* 'darben', *hangēn* 'hängen', *klëbēn* 'kleben', *mornēn* 'trauern', *sorgēn* 'sorgen' (denominal oder primär, vgl. Casaretto 2004: 103). Besonders häufig sind deadjektivische Ableitungen, die den Eintritt eines Zustandes bezeichnen, z. B. *altēn* 'alt werden', *fūlēn* 'faulen', *nazzēn* 'nass werden', *rīfēn* 'reif werden', *trunkanēn* 'trunken werden'.

Lit.: Verzeichnis der *ēn*-Verben bei Graff I,560 ff., Raven 1963–67: II,201 ff., Marti Heinzle 2019; für Otfrid vgl. Kelle O 78 ff., für Notker vgl. Kelle (wie § 356 A.3).

Anm. 1. Ein Schwanken zwischen den Klassen I und III, bzw. I und II ist selten (§ 368 A.2). Umfassende Verzeichnisse der zwischen verschiedenen Klassen schwankenden Verben gibt Schatz 1925a: 353 ff. Seit dem 11. Jh. fallen die stammauslautenden Vokale aller Klassen der starken und schwachen Verben zunehmend zusammen. Die bair. GlMon zeigen ‹*a, i, e*›; am längsten hält sich ‹*o*› (Förster 1966: 100 ff.).

Anm. 2. Manche Verben schwanken zwischen Klasse II und III, doch meist nur so, dass eine Konjugation als die normale erkennbar ist und nur in einzelnen Quellen daneben Formen der anderen auftreten (dazu Marti Heinzle 2013). So verwendet Otfrid stets *zilōn* statt des sonst herrschenden *zilēn*; neben gewöhnlichem *fastēn, irbaldēn, tholēn* gebraucht er seltener *fastōn, irbaldōn, tholōn*. Umgekehrt hat Otfrid neben dem normalen *halōn* (*holōn*), *klagōn, wīsōn* auch Belege mit ‹*e*› (§ 366 A.1d). Ein früher alem. Beleg ist *siuhont* Rb (Gl 2,305,16) zu *siohhēn*; zum Bair. vgl. Schatz Abair. § 151 f. Generell zeigt das Frk. die Neigung, Verben der III. in die II. Klasse übertreten zu lassen (§ 368; Franck Afrk. § 198, v.Gadow 1974: 144 f.); im Obd. verhält es sich eher umgekehrt (Brinkmann 1931: 95, Flasdieck 1935: 130, 159).

M 3.3.3. Reste besonderer Verbalbildungen

M 3.3.3.1. Präteritopräsentien

§ 370 Präteritopräsentien sind formal starke Präterita mit Präsensbedeutung (Zustandsperfekta), denen kein morphologisches Präsens zur Seite steht. Sie flektieren wie normale starke Präterita, doch ist in der 2.Sg. die alte Perfektendung *-t* erhalten (§ 318 A.1). Aus der Stammform des Plurals bilden sie Infinitiv und Partizip Präsens, die aber nicht überall belegt sind. Ferner bilden sie ein neues schwaches Präteritum ohne Bindevokal; der Suffixkonsonant ist /t/, bei Verben auf /nn/ jedoch /d/: *dorfta*, aber *konda* (§ 302 A.1a). Zum Partizip Präteritum s. Anm. 1.

Das Ahd. kennt elf solcher Verben. Einige weichen von den Ablautreihen der normalen starken Verben ab (§§ 371 A.5, 372, 374 A.1,5, 375 A.3); dies lässt eine Phase vor der Regularisierung des Ablauts durchscheinen (vgl. Got. Gr. § 203 A.1). Die Präteritopräsentien fungieren überwiegend als Modalverben.

Lit.: Geschichte der Präteritopräsentien (auch „Perfektopräsentien": Soeteman 1967: 137 ff., Matzel 1970: 7 A.3): Wilmanns III,92, v.Helten 1905: 232, Kluge 1913: 170 ff., H.Wagner 1950: 7, Bech 1951, Wisniewski 1963: 13, Soeteman 1967: 137 ff., Meid 1971: 18 ff., Bammesberger 1986: 72 ff., Birkmann 1987 (136 ff. Verzeichnis aller belegten Formen), Lühr 1987, Randall/ Jones 2015. – Zum schwachen Präteritum: G.Schmidt 1978a: 19 f., ferner die in § 302 angeführte Literatur. – Zur Bedeutung vgl. auch Meid 1971: 32 ff., Seiffert 1989.

Anm. 1. Einige Präteritopräsentien verfügen über Präteritalpartizipien auf *-an* nach Art der starken Verben (vgl. Ringe/Taylor 2014: 77 f.). Davon ist im Ahd. nur *giwiʒʒan* (§ 371:1) in lebendigem partizipialem Gebrauch, z. B. *sint kewizzan* BR, *wizzan werde* T. Die übrigen sind vereinzelt in Glossen belegt, doch werden *irbunnan* (§ 373 A.2) und *firkunnan* (§ 373 A.3) durch ihr mhd. Vorkommen gestützt (Weinhold Mhd. 447, 449, KSW II.2, § V 185). Ansonsten gibt es auch in der mhd. Blütezeit noch kein Part. Prät.; eine isolierte Bildung ist *ungitorran* (§ 373 A.6), vgl. § 323 A.4. Noch im Mhd. werden deshalb zu diesen Verben so gut wie keine periphrastischen Tempusformen gebildet (Braune 1900: 33 ff.; einzelne Ausnahmen verzeichnet KSW II.2, § V 180 S. 898). Die alten Verbaladjektive *eigan* (§ 371:2), *kund*, *durft*, dazu für *wiʒʒan* das Adjektiv *giwis* (*-ss-*), sind lexikalisiert und haben die Verbindung zum Verbalsystem verloren (vgl. § 323 A.3a). Zu einem schwachen Part. Prät. von *skal* vgl. § 374 A.1*.

§ 371 Ablautreihe I.

1. Präs. 1.3.Sg. *weiʒ* 'ich, er weiß', 2.Sg. *weist*; 1.Pl. *wiʒʒum* (*-umēs*), *wiʒʒun*; Konj. *wiʒʒi*; Prät. *wissa* (*wista*), *wëssa*, *wësta* (Anm. 1); Inf. *wiʒʒan*; Part. Präs. *wiʒʒanti*; Part. Prät. *giwiʒʒan*.
   Die Zugehörigkeit der stV. ahd. *(fir-)wīʒan* 'verweisen, strafen' (got. *fraweitan* 'strafend anblicken'), *giwīʒan* (nur *gihueit* Hl, § 153 A.1aβ) 'gehen', *irwīʒan* T 'weggehen' (§ 330 A.1k) ist fraglich (Soeteman 1967: 138 f.; anders VEW 549 f.).

Lit.: VEW 533 ff., Birkmann 1987: 136 ff.

Anm. 1. Im Präteritum ist *wissa* allgemein obd. (noch bei Notker); *wëssa* und *wësta* sind frk. (Tatian, Otfrid); *wista* ist selten, in älterer Zeit nur bei Isidor und in MF (neben obd. *wissa*) belegt. Auffällig in GlPaul (1,737,23; Voetz 1985: 252.26+A.) *niuuisotot ir* 'nesciebatis', mit nochmaliger Anfügung der alem. Endung *-ōt* (statt *niwissōt ir*). – Vgl. §§ 31 A.2, 170 A.1; Franck Afrk. § 209:1.

Anm. 2. Der Imperativ wird durch 2.Sg. Konj. *wiȥȥīs(t)* (z.B. O 3,17,13) und 2.Pl. Konj. *wiȥȥīt* (z.B. MF 19,15; T 146,2 'scitote') vertreten (E.Sievers 1894: 553 f.). Das von Graff I,1095 als 2.Sg. Imp. gefasste *wiȥȥe* (Sam 8) ist 3.Sg. Konj. (*wizze Christ* Beteuerungsformel).

2. Das dem got. *áih* entsprechende ahd. *eigan* 'besitzen' ist noch recht gut belegt, allerdings im Formenbestand stark defektiv (AWB III,100 f.; zur Klassenzugehörigkeit s. Anm. 5). In Gebrauch sind nur (mit durchgehendem gramm. Wechsel) die Pluralformen des Indikativs – 1.Pl. *eigun, eigen* (auch *eigamēs* Rb, § 321 A.1), 2.Pl. *eigut* (*eigunt* OFreis 2,18,6, in Hs. V zu *eigut* korrigiert), 3.Pl. *eigun, eigen* – sowie der gesamte Konjunktiv (*eigi* usw.). Zudem dient *eigan* ebenso wie *habēn* zur Bildung des periphrastischen Perfekts (§ 301 A.8; AWB III,103 f.); in dieser Funktion ist *eigan* bis ins 10. Jahrhundert obligatorisch, *habēn* suppliert nur die fehlenden Formen (Grønvik 1986: 34 ff.). Das Partizip *eigan* 'eigen' wird ausschließlich adjektivisch verwendet (Anm. 3).

Lit.: VEW 69 ff., Birkmann 1987: 74 ff., 139 ff.

Anm. 3. Die genannten Formen sind im 8. und 9. Jh. verbreitet, wenn auch nicht überall vertreten; das Verb fehlt z.B. im Tatian. Später verwendet es noch Notker ziemlich reichlich (*wir eigen, ir eigent, si eigen*, Konjunktiv *eigîst*; *eigîn, eigînt, eigîn*). Vor allem im Alem. lebt das Verb auch mhd. weiter (MWB I,1516, WMU I,424, Findebuch 79, KSW II.2, § V 182). Das zugehörige Partizip *eigan* bleibt bis ins Nhd. als lexikalisiertes Adjektiv bestehen (§ 370 A.1).

Anm. 4. Unter Einfluss von *habēn* weist *eigun* öfters *h*-Anlaut auf (*heigun* Ludw, § 152 A.1a).

Anm. 5. Setzt man den fehlenden Singular nach got. *áih* als 1.3. **ēh*, 2. **ēht* an – ohne gramm. Wechsel und mit /ē/ wie in *ēht* f. 'Besitz' (§ 43:3c) –, so lässt sich dessen Untergang mit der völlig abweichenden Lautstruktur und der resultierenden Intransparenz begründen. Zudem war **ēh* infolge der Flüchtigkeit von /h/ (§ 152) phonologisch schwach markiert und substanziell gefährdet. Der Plural zeigt zwar den zu erwartenden gramm. Wechsel (/g/), nicht aber die vokalische Schwundstufe (†*igum*). *eigan* würde nach der Konsonantenstruktur in Klasse I gehören, lässt sich aber ablautmäßig nirgends einordnen (vgl. § 370; Meid 1971: 31 f., Got. Gr. § 203 A.2); der Vokalismus entspräche den redV. Ic (Typ *heiȥan*, § 352).

Ablautreihe II. § 372

3.Sg. *toug* 'es nützt, hilft', 3.Pl. *tugun*; Konj. 3.Sg. *tuge*, 3.Pl. *tugin*; Prät. *tohta*. Von finiten Formen wird lediglich die 3.Sg.Pl. verwendet. Das Part. Präs. ist als *togantēn, -ēm* Gl 2,425,10, *tŏganto* Thoma 1963: 230.43 bezeugt; danach wäre der Infinitiv – falls überhaupt gebildet – gegen die Ablautreihe als **tugan/togan* bzw. **tougan* anzusetzen. Zum Part. Prät. *gitogan* s. Anm. 1.

Lit.: VEW 149 f., Birkmann 1987: 141 f.

Anm. 1. Für *vvāri kazokan* 'foedaretur' W.Schulte 1993: 190 (zu *ziohan* § 334) liest GlFreis 113.137 *vvāri katokan* und wertet dies als „Erstbeleg für die verbale Basis" von *(gi)tougan* 'verborgen' (§ 353 A.1b), freilich mit auffälligem ‹*o*› für /ou/ (§ 46 A.3) und abliegender Bedeutung. Eher könnte hier das Part. Prät. *gitogan* von *toug* vorliegen; statt *foedāre* wäre mit Schulte aaO. *fētāre* 'brüten, befruchten' glossiert, das mit der Grundbedeutung 'Ertrag bringen' des Prät.-Präs. in Einklang steht (GramErtr 170).

§ 373 Ablautreihe III.

1. *an* 'ich gönne' (nur *irban* O 5,21,7, *erban* GlMon), Pl. *unnun*; Konj. *unni*; Prät. *onda*; Inf. *unnan*; Part. Prät. -*unnan* (Anm. 2).

Lit.: Seebold 1966, VEW 79 f., Birkmann 1987: 142 f., Bammesberger 1998, Lühr 2000: 166 f., Scheungraber 2014: 115 ff.

Anm. 1. Wie das einfache *an* flektiert die gleichbedeutende Präfixbildung *gi-unnan* (spätahd. *gunnen*), die im Mhd. einfaches *unnen* verdrängt; ferner *ir-b-unnan* 'missgönnen' (§ 77 A.3b) mit *urbunna* 'Missgunst' (§ 32 A.2d).

Anm. 2. Neben dem Prät. *onda* (s. Anm. 3) steht bair. **unda* in *arpundun* Gl 2,729,34 (daran angelehnt das schw. Prät. *bigonda* zu *biginnan* § 336 A.3; vgl. Franck 1902: 332 A.1). Ferner bildet Otfrid das Prät. *gi-onsta*, parallel zu *konsta* (Anm. 3); beide kehren im As. wieder. Dazu die Abstrakta *anst*, *unst*; vgl. Franck 1902, Baesecke Einf. § 142, G.Schmidt 1978a: 22, Birkmann 1987: 143, Lühr 2000: 166, Hill 2003: 142 ff. In zwei Glossenbelegen ist ein Part. Prät. *irbunnan* bezeugt (§ 370 A.1; Franck Afrk. § 209:3, AWB I,1490).

2. *kan* 'ich weiß, verstehe, kann', 2.Sg. *kanst* (§ 306 A.5), Pl. *kunnun*; Konj. *kunni*; Prät. *konda*; Inf. *kunnan*; Part. Präs. *kunnanti*; Part. Prät. -*kunnan* (Anm. 3).

Lit.: Seebold 1966, VEW 289 f., Eichman 1973, Birkmann 1987: 144 ff., Scheungraber 2014: 112 ff.

Anm. 3. Zu /o/ in *onda*, *konda* vgl. § 32 A.1b, zu /d/ vgl. §§ 302 A.1a, 370. Neben *konda* überliefert Otfrid das Prät. *konsta*, mit -*st*- wie im Abstraktum *kunst* (vgl. *unst*, Anm. 2); bair. Quellen bieten vereinzelt *kunda* (§ 32 A.1b). Zu den Präteritalformen vgl. K.Bauer/Collitz 1902: 69*, Franck 1902: 329 ff., 338, Specht 1935: 70. Zu *fir-kunnan* 'verzweifeln' scheint in *vercunnan* 'desperata' Gl 2,33,11 das Part. Prät. vorzuliegen (§ 370 A.1; Franck Afrk. § 209:3, AWB V,507); daneben *farchondių* 'desperatae' GlFreis 337.138 (mit /o/ und /d/ nach *konda*, GramErtr 170).

Anm. 4. Im älteren Ahd. ist *kan* selten, im Tatian fehlt es ganz (Gutmacher 1914: 231, Braune 1918a: 374 f.). Von *kunnan* abgeleitet ist *kunnēn* swV. III 'kennenlernen', auch dieses fehlt im Tatian (AWB V,508 ff.).

3. *darf* 'ich habe nötig, bedarf', 2.Sg. *darft*, Pl. *durfun*; Konj. *durfi*; Prät. *dorfta*; Inf. *durfan*. – Präfixbildung: *bi-darf*.

Lit.: VEW 509 f., Birkmann 1987: 146 f.

Anm. 5. In *durfan, durfun* usw. wird /f/ vor Vokal nie ‹v› geschrieben (AWB II,743 ff.; vgl. § 139:3+A.2); es hat Fortischarakter, der wahrscheinlich aus *darf, dorfta* übertragen ist (Sievers T § 16, Schatz Abair. § 172:c, Franck Afrk. § 82:4). Der im Got. noch vorhandene grammatische Wechsel ist im Verbalparadigma aufgegeben und nur in Ableitungen bewahrt (§ 102:2).

4. *gi-tar* 'ich wage', 2.Sg. *gitarst*, Pl. *giturrun*; Konj. *giturri*; Prät. *gitorsta*; Inf. und Part. Präs. nicht belegt; Part. Prät. *gitorran* (Anm. 6). /rr/ ist aus germ. /rz/ assimiliert (§ 121:2), vgl. got. *gadaúrsan*, as. *durran*, ae. Pl. *durron*.

Lit.: VEW 147, Birkmann 1987: 147 f.

Anm. 6. In den bair. Vergilglossen ist ein Part. Prät. *ungitorranes* 'nil inausum' Gl 2,659,46 belegt (§ 370 A.1; Baesecke Einf. 239).

Ablautreihe IV. § 374

1. *skal* 'ich soll', 2.Sg. *skalt*, Pl. *skulun*; Konj. *skuli*; Prät. *skolta*; Inf. *skulan, skolan*; Part. Präs. *skulanti, skolanti*; zum Part. Prät. s. Anm. 1*.

Lit.: VEW 405 f., Birkmann 1987: 149 ff., AWB VIII,1262 ff.

Anm. 1. Im Pl. *skulun* ist die für Klasse IV ursprünglich zu erwartende Schwundstufe bewahrt, ebenso wie in got. *munuþ*, 2.Pl. zu *man* (vgl. §§ 339 A.1, 370; Matzel 1970: 2 f.).

Anm. 1*. Im 9. Jh. wird vereinzelt ein Part. Prät. gebildet, das der Flexion der swV. II/III folgt und das fehlende starke Partizip ersetzt (§§ 323 A.3a, 370 A.1): *de [ki]scolotun [v]irdi* 'debitam reverentiam' Gl 2,150,17; *ni si kiscolet* 'non debetur' 2,223,26 (AWB VIII,1267).

Anm. 2. *skal* verliert im Laufe der Zeit das /k/ (vgl. § 146 A.4a):

a) Im 8./9. Jh. herrschen die Formen mit /k/, doch schon Tatian hat daneben einige Formen ohne /k/: *sal, sulut, solta*; so vereinzelt auch anderwärts: *solda, solta* Mainzer B, Trierer Cap. Die Formen mit /k/ bleiben noch im 11. Jh.: Sie halten sich am längsten im Bair., wo dann aber der Sg. Präs. *scol* lautet (Schatz Abair. § 172:4); noch mhd. gilt bair., thüring. *sch-* (*schol* usw.), nd. *sc-* (Weinhold Mhd. 443, WMU II,1611).
b) Seit Ende des 10. Jh. herrschen die Formen ohne /k/ vor. Notker hat 1.3.Sg. *sol*, 2.Sg. *solt* (ganz vereinzelt auch *solst*), Pl. *sulen, suln*; Konj. *sule*, Pl. *sulîn*; Prät. *solta*; Inf. *suln*, Part. Präs. *sulende*. Die Formen des Sg. Präs. enthalten dabei in der Regel /o/ (vgl. § 25 A.1c), daneben in manchen Quellen *sal, salt* (besonders frk., doch auch öfter in Np).
c) Das Schwinden des /k/ ist als Konsonantenerleichterung durch Unbetontheit im Satz zu erklären (Franck Afrk. § 209:4, Wilmanns III,96, Behaghel 1928: 399 A.1, Birkmann 1987: 149 ff.).

Anm. 3. Zu adhortativem *sculumēs* bei Otfrid vgl. § 313 A.2.

Anm. 4. Spätalem. findet sich statt 2.Pl. *(ir) sulent* auch zusammengezogen *sund* (Wirkung des Mindertons im Satz), so Lb 42, 6. 134 (neben *sulnd* 31, *sulint* 2). Zu *suln, sulnt* bei Notker vgl. Birkmann 1987: 151.

2. *gi-nah* ‘es genügt’ ist nur in dieser Form Anfang des 9. Jahrhunderts 2x belegt: *ganah inan* ‘abundabit’ MF 8,20, *kinah* ‘sufficit’ Jb-Rd Gl 1,291,10 (AWB VI, 994).

Lit.: VEW 355 f., Birkmann 1987: 81, 152.

Anm. 5. Die Zuordnung zu Klasse IV stützt sich auf die Schwundstufe des got. Part. Prät. *bi-naúhts* (älter *bi-ūhts* ‘gewohnt’, Got. Gr. § 200), im Gegensatz zu got. *mahts*; dagegen von Prokosch 1939: § 65:f zu Klasse V gestellt. Das Adjektiv *ginuog(i)* weist sogar auf Klasse VI. Letztlich ist die Zuweisung zu einer Ablautreihe müßig (§ 370). Somit bleibt offen, ob der ahd. Infinitiv – falls überhaupt gebildet – als **-nahan* oder als **-nuhan* anzusetzen ist.

§ 375 Ablautreihe V (s. jedoch Anm. 3).

mag ‘ich kann, vermag’, 2.Sg. *maht*, Pl. *magun* und *mugun*; Konj. *megi* und *mugi*; Prät. *mahta* und *mohta* (Anm. 2); Inf. *magan* und *mugan*; Part. Präs. *maganti* und *muganti*.

Lit.: Wisniewski 1963: 13 ff., VEW 342 f., Meid 1971: 26 f., Birkmann 1987: 72 ff., 153 ff.

Anm. 1. Die Präsensformen mit /a/ – Ind. Pl. *magun*, Konj. *megi*, Inf. *magan*, Part. *maganti* – sind die ältesten und stehen in den frühen Quellen aller Dialekte, z. B. frk. in WK *magun*, *megīn*. Die Formen mit /u/ – *mugun*, *mugi*, *mugan*, *muganti* – beruhen auf jüngerer Angleichung an Ablautreihe II–IV und treten zuerst im Frk. im Tatian und bei Otfrid auf. Doch hat Tatian noch vereinzelte Beispiele des älteren Konjunktivs *megi* (Inf. *magan*) und Otfrid hat im Konjunktiv stets *megi* bewahrt (neben *mugun*). Die *u*-Formen dringen jedoch später auch ins Alem. und sind bei Notker schon die Regel (Pl. *mugen*, Konj. *muge*, Inf. *mugen*). Im Bair. dagegen erhalten sich die alten *a*-Formen: Noch im 11. Jh. heißt es regelmäßig Ind. Pl. *magen*, Konj. *megi*, *mege*. Erst in WGen treten neben den älteren Formen öfter solche mit /u/ auf (Dollmayr 1903:42, Schatz Abair. § 172:5).

Anm. 2. Das Präteritum *mahta* ist die ältere Form (Isidor); *mohta* (§ 25 A.1a) herrscht im Frk. seit Tatian und Otfrid. Abweichend von den Präsensformen mit /u/ (Anm. 1) ist aber *mohta* auf das Frk. beschränkt geblieben (§ 6a:4k); noch Notker verwendet neben dem Präsens *mugen* durchweg das Präteritum *mahta* (Osthoff 1891: 211 ff.). Ab der 2. Hälfte des 12. Jh. setzt sich *mohte* auch im Obd. durch (KSW II.2, § V 191).

Anm. 3. *magan*/*mugan* gehört zwar nach der Konsonantenstruktur in Klasse V, kann jedoch ablautmäßig weder in Klasse V noch in Klasse VI eingeordnet werden. Das außerhalb der regulären Ablautreihen stehende Verb ist ein Beleg dafür, dass die Präteritopräsentien nicht vollständig der Ablautregulierung der starken Verben unterworfen waren (vgl. § 370).

§ 376 Ablautreihe VI.

muoȝ ‘ich habe Gelegenheit, ich mag’, 2.Sg. *muost*, Pl. *muoȝun*; Konj. *muoȝi*; Prät. *muosa* (Anm. 1); Inf. und Part. Präs. nicht belegt.

Lit.: VEW 354, Birkmann 1987: 155 ff.

Anm. 1. Bei Will tritt statt *muosa* – zur Genese vgl. § 95 A.1 – das Präteritum *muosta* auf, das seit dem 12. Jh. an Boden gewinnt (Mhd. Gr. § M 100, KSW II.2, § V 180 A.2). Die Neuerung ist im As. zur regulären Bildung avanciert (As. Gr. § 421).

Die im Got. noch vorhandenen Präteritopräsentien *lais* 'ich weiß' (Klasse I), *man* § 377
'ich meine' (Klasse IV) und *ōg* 'ich fürchte' (Klasse VI) sind im Ahd. nicht bezeugt. Zu *lais* gehören jedoch das Kausativum *lēren* (got. *laisjan*, § 43:2), das Ingressivum *lirnēn, lërnēn* (§§ 31 A.2, 369) und das Abstraktum *list* (§ 169 A.1). Zu *man* stellen sich die kausativischen swV. *manēn, manōn* (§ 25 A.1a), zu *ōg* das swV. *zagēn* (§ 74 A.2) und das Abstraktum *egī* (§ 26 A.4c).

M 3.3.3.2. Athematische Wurzelverben

Lit.: Wilmanns III,56 ff., Kluge 1913: 160 ff., Lühr 1984, Bammesberger 1986: 112 ff.

(a) *sīn/wësan* 'sein'

Das Verbum substantivum bildet im Ahd. von der Wurzel idg. *h_1es- (lat. *sum, est*) § 378
nur Indikativ und Konjunktiv Präsens, wobei im Indikativ die Wurzel idg. *$b^h u̯ eh_2$- (lat. *fuī*) beteiligt ist. Die übrigen Formen werden suppletiv von dem starken Verb *wësan* (§ 343 A.1f) geliefert, also Imp. *wis* 'esto', Pl. *wëset* (Anm. 3ab), Inf. *wësan*; Part. Präs. *wësanti*; Prät. *was*, 2.Sg. *wāri*, Pl. *wārum* usw. Ein Partizip Präteritum kommt im Ahd. nicht vor (§ 343 A.2b).

Lit.: DWB X,1,228 ff., Rösel 1962: 44, 72, 131, Krahe/Meid 1969: II,139 ff., VEW 112 ff., 176 ff., 561 f., Szulc 1974: 253 ff., Lühr 1984: 27 ff., Bammesberger 1986: 32 f., 119 ff., Tanaka 2002, Shields 2004, Stiles 2021.

Anm. 1. Ind. und Konj. Präs. der Kopula werden mitunter durch *wësan* vertreten, z. B. *thaz thu ës wësēs wizzo* O 2,9,19. Der Ind. Präs. ist insgesamt etwa 50-mal bezeugt, meist als Vollverb 'existieren, bleiben, geschehen' (vgl. Stiles 2021: 237 f. A.1,2).

Anm. 2. Statt des Infinitivs *wësan*, der besonders in älterer Zeit allein herrscht, tritt später auch der neu gebildete Infinitiv *sīn* auf. Dieser erscheint erst vereinzelt bei Isidor und im Tatian; bei Otfrid ist er dagegen schon ebenso häufig wie *wësan*. Bei Notker herrscht *sīn* vor; dort begegnet auch schon der flektierte Infinitiv (Gerundium, § 315) *ze sînne* Nb, Nk.

Anm. 3. Auch im Imperativ stehen Formen von *wësan* und von *sīn* nebeneinander.

a) Wie die 2.Sg. Imp. *wis*, die im Ahd. durchgängig verwendet wird, ist mhd. *bis* (KSW II.2, 929) gebildet. Diese Form ist 1x auch schon im Ahd. bezeugt: *fona lamēm pis kiduungan* 'a debilibus arcearis' Rb (Gl 1,425,44; AWB II,815), vgl. § 379 A.1*.
b) Statt der 2.Pl. Imp. *wëset* wird schon im 9. Jh. vereinzelt die 2.Pl. Konj. *sīt* gebraucht (*sīt* 'estote' T 13,18); in Np begegnet 6x *sînt* (zu *-nt* vgl. § 308 A.3). Daneben bleibt *wëset* (Np *uuésent*) weiterhin gebräuchlich.

§ 379 Paradigma des Ind. und Konj. Präs. (as. *bium*, mhd. *bin*). Die fett gedruckten Formen sind die regelmäßigen des 9. und 10. Jahrhunderts.

Indikativ	as.	ahd.	mhd.
Sg. 1.	*bium, biun*	*bim,* ***bin***	*bin*
2.	*bist*	*(bis,)* ***bist***	*bist* (wmd. *bis*)
3.	*is, ist*	***ist***	*ist* (md. *is*)
Pl. 1.	*sind* (*sindun*)	*birum,* ***birun***	*birn, sīn*
2.	*sind* (*sindun*)	***birut***	*birt, sīt*
3.	*sind, sindun*	***sint*** (*sindun* Anm. 4)	*sint*
Konjunktiv	**as.**	**ahd.**	**mhd.**
Sg. 1.	*sī*	***sī***	*sī*
2.	*sīs*	***sīs****, sīst*	*sīst*
3.	*sī*	***sī***	*sī*
Pl. 1.	} *sīn*	*(sīm,)* ***sīn***	*sīn*
2.	} *sīn*	***sīt*** (*sînt* N)	*sīt*
3.	} *sīn*	***sīn***	*sīn*

Anm. 1. Die 1.Sg. auf *-m* ist in zahlreichen alten Quellen bewahrt: *pim* Pa, K, Ra, R, Rb, Rd, BR, al. Ps u.a., *bim* Is, MF. Im Laufe des 9. Jh. entwickelt sie sich zu *bin*: Im Tatian steht neben ca. 30 *bim* schon überwiegend *bin* (z.T. durch Korrektur, Sievers T § 12:2), Otfrid hat nur noch *bin* (Kelle O 115). Außerhalb des Hd. hat sich *bim* länger gehalten, so beim anl. Bearbeiter des Leid. Will (Sanders 1974: 230 f.).

Anm. 1*. Die 2.Sg. *bist* hat das *-t* schon in den ältesten Quellen, die sonst die 2.Sg. nur mit *-s* bilden (*nimis, habēs*). Die Form ist wahrscheinlich dem Vorbild der Präteritopräsentien (*weist, muost* usw.) gefolgt, ausgelöst durch die Übereinstimmung der 1.2.Pl. *irum, *irut mit diesen (vgl. § 306 A.5; Franck Afrk. 263, Lühr 1984: 29 f., Stiles 2021: 244, 260 f.).

Die Form *bis* ist wohl nur im Tatian bezeugt (Sievers T § 62) und vielleicht erst durch falsche Auflösung von *bistu* entstanden (Lühr aaO., 55 A.24, KSW II.2, § V 206 A.3); auch mhd. *bis* gilt als sekundär (KSW II.2,925). Der bei Graff III,14 gebuchte Indikativ *pis* Rb scheint nicht zu existieren, es gibt nur den Imperativ *pis* Graff III,15 (§ 378 A.3a).

Anm. 2. Die 3.Sg. erscheint 1x im Freis. Pn und 3x in OFreis als *est* (MSD II,332, Kelle O 115); die Form kann verschrieben sein (wegen lat. *est*?). Im anl. Leid. Will gilt *is* (v.Helten 1897: 518, Franck Afrk. 263, Sanders 1974: 231). – Vgl. DSA Kt. 19, 38.

Anm. 3. *birum, -un*; *birut* (spätahd. *biren, birn, bin*; *biret, birt*, alem. *birent, birnt, bint*) sind ihrer Endung nach Präteritalformen (Präteritopräsentien). *birum* hat deshalb in den ältesten Quellen nicht die dem Präsens zukommende Endung *-mēs*; z.B. *pirum* Pa, K, R, H. In OFreis 4,5,6 steht *biron* statt *birun* (Kelle O 115). Die Form *pirumēs, b-* haben nur einzelne Quellen, die auch sonst den Bereich von *-mēs* ausdehnen (§ 307 A.1*), besonders BR und Tatian. Daneben je 1x *piramēs* Rb mit Präsensvokal (§ 321 A.1) und *piromēs* GlMon (§ 307 A.2); zu *pirunmēs* Gl 1,704,5 vgl. § 307 A.7a. Bei Otfrid begegnet 1x der Adhortativ *birumēs* (§ 313 A.2).

Anm. 4. Die 3.Pl. *sint* ist im Wesentlichen fest. In einigen sehr alten frk. Quellen ist nach dem Vorbild von *birun*, *birut* die Präteritalendung *-un* angefügt: bei Isidor stets *sindun*, in MF überwiegend *sintun* neben 3x *sint*, in WK 2x *sintun* neben 2x *sint*, ferner *sindun* im Leipziger Fragment (Mackert/Schmid 2019: 159, GramErtr 170). Es handelt sich um eine bis ins Frk. verbreitete nordseegerm. Neuerung; vgl. MSD II,336 f., As. Gr. § 422 A.1, Cowgill 1960: 499, Matzel Is 80, 143, 424, Shields 1984, Stiles 2021: 245, 258 A.47.

Anm. 5. Zu den Konjunktivendungen vgl. § 311; zur adhortativen 1.Pl. *sīmēs* O vgl. § 313 A.2.

(b) *tuon* 'tun'

Durch mehrere Entwicklungen wird die Präsensflexion von *tuon*, das nur im Westgerm. Entsprechungen hat, in den verschiedenen Quellen ziemlich heterogen: **§ 380**
1. das /ō/ von frühahd. **tōn* wird zunächst zu /uo, ua, oa/ diphthongiert (§ 38 ff.);
2. nach Analogie der starken Verben dringen oft Formen mit Flexionsvokal ein;
3. vor diesem Flexionsvokal erscheint der Diphthong meistens als /ū/ (§ 40 A.4).

Flexionsparadigma von *tuon* (1): Präsens (as. *dōn*, mhd. *tuon*):

Indikativ	as.	BR, H	Tatian	Otfrid	Notker	mhd.
Sg. 1.	*dōm, duon*	***tuam***	***tuon***	***duan***	***tuon***	*tuon, tuo*
2.	*dōs, duos*	—	***tuos(t)*** (***tūis***)	***duas(t), duis(t)***	***tuost***	*tuost*
3.	*dōt, duot*	***tuat***	***tuot***	***duat, duit***	***tuot***	*tuot*
Pl. 1.		***tuamēs***	***tuomēs, tuon***	***duen***	***tûên, tuoên***	*tuon*
2.	*dōd, duot*	***tuat***	***tuot***	***duet***	***tuont***	*tuot*
3.		***tuant***	***tuont***	***duent*** (***duant***)	***tuont***	*tuon(t)*
Konjunktiv	**as.**	**BR, H**	**Tatian**	**Otfrid**	**Notker**	**mhd.**
Sg. 1.3.	*dōe, duo*	***tūe***	***tuo(a)*** (***tu(o)e***)	***due***	***tûe, tuoe***	*tuo*
2.	*duoas*	***tūēs***	***tues***	***duest***	***tûêst, tuoêst***	*tuost*
Pl. 1.		—	—	***duen***	***tûên, tuoên***	*tuon*
2.	*dōen, duon*	***tūēt***	***tuot***	—	***tûênt, tuoênt***	*tuot*
3.		***tūēn***	***tuon***	—	***tûên, tuoên***	*tuon*
Imperativ	**as.**	**BR, H**	**Tatian**	**Otfrid**	**Notker**	**mhd.**
Sg. 2.	*dō, duo*	***tua***	***tuo***	***dua***	***tuo***	*tuo*
Pl. 1.	—	***tuamēs***	***tuomēs***	***duemēs***	—	*tuon*
2.	*dōd, duot*	***tuat***	***tuot***	***duet*** (***duat***)	***tuont***	*tuot*
Infinitiv	*dōn, duon*	***tuan***	***tuon***	***duan***	***tûon***	*tuon*
Ger. (Dat.)	*duonne*	***tuanne***	***tuonne***	***duanne***	***tuonne*** (***tûe-***)	*tuon(n)e*
Partizip	*dōndi*	***tuanti***	***tuonti*** (***tuanti***)	—	***tuonte, -nde*** (***tûe-***)	*tuonde*

Lit.: Knapp 1968: 301 ff., VEW 157 ff., Lühr 1984: 39 ff., Bammesberger 1986: 112 ff., Matzel 1987: 171 f., Fulk 1994, Hill 2004, Mottausch 2013: 28 ff., Ringe/Taylor 2014: 112. – Zur kausativen Funktion von *tuon*: E.Weiss 1956: 54 ff.

Anm. 1. Nach den oben unter 1.–3. aufgeführten Gesichtspunkten erklären sich die in den einzelnen Quellen vorkommenden Formen (vgl. Graff V,284–326, Schatz Abair. § 176, Franck Afrk. § 211):

a) 1.: z. B. Präs. Ind. Sg. *toam, toas, toat*, 3.Pl. *toant* Pa, K; *tuam* usw. BR, H, *duan* usw. O, Konj. *tuo* Musp;

b) 2.: die schon in alten Quellen auftretenden Formen mit Flexionsvokal, wie 2.Sg. *tōis* GlKass, 3.Sg. *tōit* R, *tuoit* MF, Konj. *duoe* Is, *tuoe* MF, T, Imp. *duoemēs* Is, Part. *tōenti* Pa, MF, Gerund. *tuoanne* MF usw. – Die Endung der swV. III scheint in *tōet* (*tōēt*?) Ra vorzuliegen (Kögel 1879: 180, Schatz Ahd. § 546);

c) 3.: die weit verbreiteten Konjunktivformen *tūe, tūēs* usw. (aus *tuoe, tuoēs* statt *tuo, tuos*). – Weniger häufig sind andere Formen, so 2.Sg. Ind. *tūis*, Part. *tūanti* T, *tûende*, Inf. *tûen* N neben häufigerem *tuonde, tuon*. Am weitesten hierin geht Otfrid, der im ganzen Plural des Indikativs *duen, duet, duent* (nur vereinzelt das ursprüngliche *duant*) und im Plural des Imperativs *duemēs, duet* (selten *duat*) verwendet; auch in der 2.3.Sg. Ind. hat er neben den alten *duas, duat* etwa halb so oft *duis, duit*. Bei Otfrid ist jedoch dieses [ue, ui] Diphthong: Er verwendet die betreffenden Formen metrisch als einsilbig (Wilmanns 1889: 424 ff.). Vermutlich haben sich diese Formen in Otfrids Sprache sekundär dem einsilbigen Grundtyp des Verbs *tuon* angeglichen, während sie sich ursprünglich in ihrem eigentlichen Bereich, dem Konj. Präs., nicht von der Hauptregel (§ 40 A.4) getrennt haben, wie *tûên* usw. bei Notker beweist.

Anm. 2. Die bei Notker neben *tûe* usw. vorkommenden volleren Konjunktivformen *tuoe* usw., die meist in Np stehen, sind wohl jüngere Bildungen im Anschluss an den im Indikativ hervorgetretenen Stamm *tuo-*. In Np kommt neben *tuoe* außerdem häufig eine Form mit eingeschobenem /j/ (§ 117:3) vor: *tuoie, tuoiest* usw. Diese findet sich in anderen Quellen vereinzelt auch mit ‹g›: *tuoge* usw. (vgl. Kögel 1884a: 509).

Anm. 3. Die Flexion des Präsens *tuon* vermischt sich vielfach mit den Präsensformen der schwachen Verba pura auf /uo/ (vgl. § 359 A.4e).

§ 381 Das Präteritum weist Reduplikation auf, die in der 1.3.Sg. noch unverkennbar ist. Die übrigen Formen zeigen die gleiche Struktur wie das Präteritum von Klasse V der starken Verben (s. Anm. 2). Das Partizip Präteritum ist ebenfalls nach Art der starken Verben – mit *-n* nach § 258 f. – gebildet. Dessen Wurzelstufe liegt auch im Abstraktum *tāt* f. vor, das strukturell dem Typ *nāt, sāt* (zu den Verba pura *nāen, sāen*, § 359 A.3) gleicht (§ 219:4).

Flexionsparadigma von *tuon* (2): Präteritum:

Indikativ	as.	ahd.	mhd.
Sg. 1.	*dëda*	***tëta***	*tët(e), tet(e)*
2.	*dādi, dëdos*	***tāti*** (*tâte* N § 318 A.3)	*tæte*
3.	*dëda*	***tëta***	*tët(e), tet(e)*
Pl. 1.	*dādun, dëdun*	***tātum, tātun***	*tāten*
2.		***tātut***	*tātet*
3.		***tātun***	*tāten*

Konjunktiv	as.	ahd.	mhd.
Sg. 1.	*dādi, dëdi*	**tāti** (*tâte* N)	*tæte*
2.	**dādis*	**tātīs** (*tātīst*)	*tætest*
3.	*dādi, dëdi*	**tāti** (*tâte* N)	*tæte*
Pl. 1.	**dādin, dëdin*	**tātīm, tātīn**	*tæten*
2.		**tātīt**	*tætet*
3.		**tātīn**	*tæten*
Partizip	*gidōn, giduan*	**gitān**	*getān*

Anm. 1. Der Runenbeleg *dędụn* 3.Pl. Prät. 'machten' (Schretzheim, um 600; SgRi 566 f.) erweist den kurzen Reduplikationsvokal auch im Plural, sei er ererbt (Lühr 1984: 49 f., Hill 2004: 267 ff.) oder analogisch (Ringe 2006: 191). Zur Analyse von *dede* 3.Sg. Prät. (Weser, 1. Hälfte 5. Jh.) vgl. SgRi 733 f.

Anm. 2. Die Endungen der Pluralformen *tātum, tātut, tātun* weisen auch im Alem. /u/ auf, nicht /ō/ wie bei schwachen Verben (§ 320), vgl. Schatz Ahd. §§ 522, 546. Demgemäß endet die 1.3.Sg. Konj. Prät. bei Notker auf *-e* wie in *nâme* stV., nicht auf *-i* wie in *lôsti* swV. (§ 322).

(c) *gān* 'gehen', *stān* 'stehen'

Dem redV. *gangan* 'gehen' und dem ablV. *stantan* 'stehen', die ihr Präteritum regulär als *giang*/*geng* (§ 350 A.1g,7a) bzw. *stuont* (§ 346 A.5) bilden, stehen im Präsens die Kurzformen *gān, gēn* und *stān, stēn* zur Seite. Dabei gelten im Alem. die Formen mit /ā/, während Bair. und Frk. meist die Formen mit /ē/, seltener mit /ā/ zeigen (Anm. 2; vgl. § 6a:2e). **§ 382**

Lit.: Wilmanns III,63 ff., Baesecke Einf. 221 f., Schatz Ahd. § 547, Bohnenberger 1935: 235 ff., Fraenkel 1953: 220, VEW 216 f. (213 ff.), 464 f. (460 f.), Bammesberger 1986: 114 ff., Kortlandt 1990: 8 f., Mottausch 1997 u. 1998, Klein/Büthe 2011. – Vgl. AWB IV,40 ff., SchAWB 121/122 (zwei Lemmata: *gān*/*gēn* und *gangan*), 268 f. (*stān*/*stēn* und *stantan*). – Zum Gebrauch im Mhd.: Mhd. Gr. § M 105 A.2, KSW II.2, § V 208 ff. – Zur heutigen Distribution von *gān*/*gēn*: DSA Kt. 104 ff., Frings 1957: Kt. 36, König 2015: 94.

Anm. 1. Der zweifache Wurzelvokal, der nur dem Ahd. – ansatzweise auch dem As. – eigen ist, beruht auf einer flexivischen Alternation. Nach Mottausch 1997: 259 f. stammt /ē/ aus dem germ. Optativ. Vgl. ferner (z. T. kontrovers) Bremer 1886: 41 ff., Wilmanns 1889: 427 ff., v.Helten 1893: 557 ff., Brugmann 1903/04: 127 f., Klein/Büthe 2011: 307 f., Ringe/Taylor 2014: 111.

Anm. 2. Im Bair. überwiegen die *ē*-Formen: z. B. in Musp 3.Sg. Ind. *argēt*, 3x *stēt*, 3.Pl. *arstēnt*, Inf. *arstēn*. Npw setzt regelmäßig die *ē*-Formen für die *ā*-Formen des Originals ein. Bei Otloh (StD Nr. 35) *gen* 20 neben *stat* 49. Bohnenberger 1897: 209 ff. spricht dem Bair. die *ā*-Formen gänzlich ab und hält die vorkommenden Belege für literarische Formen. Dagegen rechnet Schatz Abair. §§ 174, 175 mit früher Doppelheit für das Bair.: Die *ā*-Formen begegnen zumeist in den ältesten Quellen (alle Abrogans-Hss. mit R haben nur *ā*-Formen). Aus Freising vgl. *uuidarstāt* GlFreis 109.130, 695 (sonst /ē/). Im Konjunktiv kommen nur *ē*-Formen vor.

Zwar kommen die Kurzformen *gān, stān* schon in frühen Quellen (BR, Abr) vor, *gangan, stantan* sind aber häufiger, z. B. in BR 6 *gān* : 18 *gangan*, 8 *stān* : 15 *stantan*; Isidor hat nur *gangan, standan*, MF 1x *gaat* (Matzel Is 243). Im Tatian finden sich neben überwiegendem *gangan* mehrere *gān, gēn*, aber nur ganz vereinzelte *stān, stēn* neben *stantan* (Kolb 1972: 126 A.1). Ein Bedeutungsunterschied zwischen Kurz- und Langformen besteht nicht (zur Semantik von *gangan* im Tatian vgl. Breidbach 1988). Ab dem 11. Jh. werden *gangan* und *stantan* durch die Kurzformen verdrängt (vgl. Mańczak 1984: 109).

Anm. 3. Erst im Fmhd. wird nach dem Präs. *gān* auch eine kurze Form der 1.3.Sg. Prät. *gie* (mhd. sehr üblich) gebildet. Sie erscheint erst vereinzelt im 11. Jh., z. B. mehrmals in Merig; zu *giegen* Npw, *kîegin* Pred C vgl. § 350 A.7c. Vgl. auch *lie* § 351 A.2.

§ 383 Als Beispiel für beide völlig gleich flektierende Verben folgen hier die Formen von *gān/gēn* (as. *gān, stān*, mhd. *gān/gēn*):

Indikativ	as.	ahd.		mhd.	
Sg. 1.		**gām, gān**	**gēm, gēn**	*gān, gā*	*gēn, gē*
2.	*stēs*	**gās, gāst**	**gēs(t)** (s. u.)	*gāst*	*gēst (geist)*
3.	*stād* ǀ *stēd*	**gāt**	**gēt** (Anm. 3)	*gāt*	*gēt (geit)*
Pl. 1.		**gāmēs, gān**	**gēmēs, gēn**	*gān*	*gēn*
2.		**gāt** (Anm. 4)	**gēt**	*gāt*	*gēt*
3.	*stād*	**gānt**	**gēnt**	*gān(t)*	*gēn(t)*
Konjunktiv	as.	ahd.		mhd.	
Sg. 1.3.		**gē** (Anm. 1)		*gē (gā)*	
2.		**gēs, gēst**		*gēst (gāst)*	
Pl. 1.3.		**gēn**		*gēn (gān)*	
2.		**gēt**		*gēt (gāt)*	
Imperativ	as.	ahd.		mhd.	
Sg. 2.		(**gang**) (Anm. 1)		*gā*	*gē*
Pl. 1.		**gāmēs**	**gēmēs, gēn**		
2.		**gāt** (Anm. 4)	**gēt**	*gāt*	*gēt*
Infinitiv	*gān*	**gān** (Anm. 2)	**gēn**	*gān*	*gēn*
Ger. (Dat.)	[*gānde*]	**gānne**	**gēnne**	*gān(n)e*	*gēn(n)e*
Partizip	*stāndi*	**gānti** (Anm. 5)	**gēnti**	*gānde*	*gēnde*

Anm. 1. Die an zweiter Stelle stehenden *ē*-Formen sind bair. und frk. und kommen nie im Alem. vor (§ 382). Der Konjunktiv, der nur *ē*-Formen aufweist, ist selten und wird meist durch *gange, stante* wiedergegeben. Besonders der Konjunktiv *stē* ist sehr selten (*undirstē* StD 346, 13), etwas öfter *gē*, hauptsächlich bei Otfrid und Tatian (auch *anagakē* Nievergelt 2010: 18 f., 22). Im Alem. kommen die kurzen Konjunktive – †*gā*, †*stā* – nicht vor, dafür stets *kange, stante* (so stets bei Notker; doch 1.Pl. Konj. *kakāemēs* Cod. Sang. 70, Gl 1,758,21). Die 2.Sg. Imp. lautet in allen Dialekten nur *gang, stant*.

Anm. 2. Im Frk. ist /ā/ selten: bei Otfrid und Tatian Inf. *gān, stān* (Gerundium *gānne* O) und 1.Sg. Ind. *gān, stān*; in der 3.Sg. Ind. sind *gāt, stāt* seltener als die *ē*-Formen; im Partizip hat Otfrid *stānti*, Tatian *gēnti*, im Tatian außerdem 1x adhortativ *gāmēs*. Vgl. Franck Afrk. § 212.

Anm. 3. Bei Otfrid lautet die 2.Sg. Ind. stets *geist, steist* (statt *gēst, stēst*), die 3.Sg. Ind. meist *geit, steit* (seltener *gāt, stāt*, s. Anm. 2). Es sind Formen mit dem Flexionsvokal der starken Verben (vgl. *duis, duit* O, § 380); vgl. Franck Afrk. § 212, AWB III,43, Klein/Büthe 2011: 308.

Anm. 4. Bei Notker lautet die 2.Pl. Ind. und Imp. erwartungsgemäß *gânt, stânt* (§ 308 A.3).

Anm. 5. Im Part. Präs. bietet Notker neben *gânde, stânde* auch *gâende* nach Analogie der Verba pura auf /ā/ (§§ 351 A.3, 359 A.3); im AWB IV,42 wird auch „Zerdehnung" erwogen.

(d) *wellen* 'wollen'

Das Verb 'wollen' ist aus einem indikativisch gebrauchten Optativ hervorgegangen – eine Entwicklung, die in der Vorgeschichte von nhd. *möchte* eine Parallele findet. Zugrunde liegt ein athematisches Wurzelverb, was in got. *wiljau* noch klar zutage liegt (Got. Gr. § 205). Im Ahd. sind die optativischen Formen nur noch im Singular des Präsens erhalten (§ 385); der Plural und ein neuer Konjunktiv gehen suppletiv von dem ablautenden swV. *wellen* aus (< **waljan*, § 385 A.3). **§ 384**

Das Präteritum *wolta* (Anm. 1) folgt vollständig der Flexion der schwachen Verben (Konjunktiv *wolti, -ī*).

Lit.: Wilmanns III,67 ff., Schatz Ahd. § 544, Flasdieck 1937, H.Wagner 1950: 68, VEW 551 f., Bammesberger 1986: 117 ff., Birkmann 1987: 116 ff., 157 ff., Riecke 1996: 623.

Anm. 1. Im Frühbair. (Ra, MF, GlKass, H.Mayer 1994: 46.43, 106) lautet das Präteritum *wëlta* (wie got. *wilda*), alle anderen Quellen zeigen schwundstufiges *wolta* (wie ae. *wolde*). Auch das As. kennt *welda* und *wolda* (As. Gr. § 426 A.5). Vgl. E.Sievers 1884: 562 ff., Solmsen 1894: 8, 187 ff., Wilmanns III,68, Schatz Ahd. 337 f., Bammesberger 1986: 80, 119, Ringe/Taylor 2014: 74, GramErtr 170.

Die Präsensformen sind zweifacher Art: Der Singular des Indikativs zeigt noch teilweise die alte optativische Gestalt, alle übrigen Formen des Präsens folgen dagegen der Flexion eines swV. I (Typ *zellen*, § 304). **§ 385**

Regelmäßiges Paradigma des Ind. Präs. (as. *williu*, mhd. *wil*):

Indikativ	as.	ahd.	mhd.
Sg. 1.	*williu* (*willi*)	***willu***	*wil(e)*
2.	*wili* (*wilt*)	***wili***	*wil(e), wilt*
3.	*wili*	***wili*** (*wilit* O, Anm. 2c)	*wil(e)*
Pl. 1.	} *williađ, welliađ*	***wellemēs, wellēn***	*wellen, weln*
2.		***wellet***	*wellet, welt*
3.		***wellent*** (*wellen* N)	*wellen(t), welnt*

Die übrigen Präsensformen werden völlig regelmäßig gebildet: Konj. Präs. *welle*, *wellēs(t)* usw.; Inf. *wellen*; Part. Präs. *wellenti*.

Anm. 1. *willu* ist die in den älteren Quellen reguläre Form der 1.Sg. Ind. (z. B. Is, K, BR, O). Doch begegnet daneben bei Otfrid öfter *wille* (auch in Pa, Voc, GlKass), das zum *-e* im Konjunktiv der thematischen Verben (§ 310) stimmt; im Tatian *willa* (§ 310 A.1); vgl. Paul 1877: 379 ff., ds. 1879: 258, Behaghel 1928: § 466, Hollifield 1980: 147 f. Tatian zeigt schon mehrmals eine mit der 3.Sg. homonyme Form *wili* der 1.Sg., auch 1x *will* (s. Anm. 2b); später *wile* N und *wil* Will (so auch mhd. *ich wil*).

Anm. 2. Die regelmäßige Form *wili* der 2.3.Sg. hat verschiedene Umgestaltungen erfahren.

a) Im Spätahd. wird *wili* zu *wile* N, *wil* Will reduziert; auch in LexSal schon 3.Sg. *ni-wil* (Lühr 2013: 109 f.).
b) Die 2.Sg. erscheint im Tatian und bei Otfrid vor nachgestelltem Pronomen einige Male als *wil thu*, im Tatian auch ein paar Mal als *wilis* (nach Analogie der stV.). Die im Mhd. häufigere Form *wilt* (KSW II.2, § V 194+A.3) tritt zuerst bei Will auf. Mit 1.3.Sg. *will*, 2.Sg. *wilt* lehnt *wellen* sich an die Präteritopräsentien an, denen es sich auch syntaktisch anschließt (Modalverb mit bloßem Infinitiv: Soeteman 1967: 139 f., Birkmann 1987: 157 ff.).
c) Die 3.Sg. begegnet in Pa, Kb 1x als *willi* (wohl Fehler aufgrund der Position zwischen *willu* und *willeōt*, Splett 1970: 151). Im Rheinfrk. und Mfrk. ist sie auch nach den stV. zu *wilit* umgebildet worden, so stets bei Otfrid (Kelle O 114), auch in WK (1x neben 2 *wili*) und Trierer Cap.

Anm. 3. Das ‹*e*› der übrigen Präsensformen, das man früher als /ë/ ansetzte, ist sicher Umlaut-*e* (**waljan*), vgl. Franck 1881: 221, E.Sievers 1884: 563 ff. Dies geht u. a. aus der Umlautschreibung ‹*ei*› im Part. Präs. *weillenti* Ra hervor (§ 26 A.4a). Zur Vermischung von *wellen* 'wollen' und *wellen* 'wählen' vgl. Rösel 1962: 76, 107, Ringe/Taylor 2014: 74 f.

Zu den Endungen dieser *e*-Formen ist auf das bei der regulären Konjugation (§ 307 ff.) Gesagte zu verweisen. Bei Notker lautet die 3.Pl. Ind. Präs. regelmäßig *wellen* durch Angleichung an die 1.Pl. Ind. (nach der Übereinstimmung bei den Präteritopräsentien).

Anm. 4. In den Präsensformen, die /e/ als Wurzelvokal haben, tritt stattdessen in Analogie zum Prät. *wolta* (§ 384 A.1) im Frk. /o/ ein (§ 6a:4m). Isidor hat noch in der 3.Pl. *wellent*, doch bei Otfrid und Tatian heißt es durchweg Ind. Pl. 1. *wollemēs*, *wollēn*, 2. *wollet* (im Tatian daneben noch 2x *wellet*), 3. *wollent*; Konj. *wolle* usw.; Inf. *wollen*, Part. *wollenti*. Auch die späteren frk. Denkmäler (Will) haben *wollen*, das noch im Mhd. für die md. Gebiete charakteristisch ist (KSW II.2, § V 193). Im Obd. dagegen bleiben die *e*-Formen allein gültig, weshalb auch OFreis vielfach *wellen* für das *wollen* des Originals einsetzt (Kelle O 114). Aus dem Rahmen fällt altalem. *uolle* 'voluerit' (Vetus Latina, 8. Jh., Nievergelt 2012: 51.49, 52, GramErtr 170).

Anm. 5. Von *wellen* zu unterscheiden ist das swV. II *will(e)ōn* 'geneigt sein, begehren, erfreuen' (Graff I,829 f., Raven 1963–67: II,182 f.), das von dem *jan*-Stamm *will(e)o* 'Wille' (§ 223) abgeleitet ist.

Anhang

Zeitschriften- und Reihentitel

AASF	Annales Academiae Scientiarum Fennicae
ABäG	Amsterdamer Beiträge zur älteren Germanistik
AbhGAW	Abhandlungen der Akademie der Wissenschaften zu Göttingen, phil.-hist. Klasse
AbhMAW	Abhandlungen der Akademie der Wissenschaften und der Literatur Mainz, geistes- und sozialwiss. Klasse
AbhSAW	Abhandlungen der Sächsischen Akademie der Wissenschaften zu Leipzig, phil.-hist. Klasse
AfdA	Anzeiger für deutsches Altertum und deutsche Literatur
AJGLL	American Journal of Germanic Linguistics and Literatures
ALH	Acta Linguistica Hafniensia
ANF	Arkiv för nordisk Filologi
APSL	Amsterdamer Publikationen zur Sprache und Literatur
ASNSL	Archiv für das Studium der neueren Sprachen und Literaturen
ASTHLS	Amsterdam Studies in the Theory and History of Linguistic Science, Series 4: Current Issues in Linguistic Theory
ATB	Altdeutsche Textbibliothek
BÄDL	Bibliothek der ältesten deutschen Literatur-Denkmäler
BB	(Bezzenbergers) Beiträge zur kunde der indogermanischen sprachen
BDPh	Beiträge zur deutschen Philologie
BES	Beiträge zur Erforschung der deutschen Sprache
BG	Bibliotheca Germanica
BNF	Beiträge zur Namenforschung, N.F.
BSG	Beiträge zur schweizerdeutschen Grammatik
BSM	Beiträge zur schweizerdeutschen Mundartforschung
DDG	Deutsche Dialektgeographie
DÖAW	Denkschriften der Österreichischen Akademie der Wissenschaften, phil.-hist. Klasse
DtAW	Deutsche Akademie der Wissenschaften Berlin
DU	Deutschunterricht
EG	Études Germaniques
EHS	Europäische Hochschulschriften
FL	Folia Linguistica
FLH	Folia Linguistica Historica
FMSt	Frühmittelalterliche Studien
FuF	Forschungen und Fortschritte
GAG	Göppinger Arbeiten zur Germanistik
GB	Germanische Bibliothek
GBDPh	Gießener Beiträge zur deutschen Philologie
Germ	Germania
GermB	Germanistische Bibliothek
GG	Grundlagen der Germanistik
GGA	Göttingische gelehrte Anzeigen
GGN	Nachrichten der Gelehrten Gesellschaft Göttingen, phil.-hist. Klasse

https://doi.org/10.1515/9783111210537-010

GLL	German Life and Letters
GR	The Germanic Review
GSIGW	Göttinger Sammlung indogermanischer Grammatiken und Wörterbücher
HdA	Handbuch der Altertumswissenschaft
HFM	Historisk-filologiske Meddelelser udgivet af Det Kongelige Danske Videnskabernes Selskab
HS	Historische Sprachforschung (Fortführung der KZ)
HSK	Handbücher zur Sprach- und Kommunikationswissenschaft
IB	Indogermanische Bibliothek
IBK	Innsbrucker Beiträge zur Kulturwissenschaft
IBS	Innsbrucker Beiträge zur Sprachwissenschaft
IF, IFAnz	Indogermanische Forschungen, – Anzeiger
IJDL	International Journal of Diachronic Linguistics and Linguistic Reconstruction
IncL	Incontri Linguistici
JEGPh	Journal of English and Germanic Philology
JGF	Jenaer germanistische Forschungen
JGS	Jahrbuch für Germanistische Sprachgeschichte
JIES	The Journal of Indo-European Studies
JLSM	Janua Linguarum, Series maior
JLSP	Janua Linguarum, Series practica
KSEPh	Kieler Studien zur englischen Philologie, Neue Folge
KwN	Kwartalnik Neofilologiczny
KZ	(Kuhns) Zeitschrift für vergleichende Sprachforschung (ab Bd. 101 fortgeführt als HS)
LA	Linguistische Arbeiten
LB	Leuvense Bijdragen
Lg	Language
LGF	Lunder Germanistische Forschungen
LHG	Lingua Historica Germanica
Litbl	Literaturblatt für germanische und romanische Philologie
LSIE	Leiden Studies in Indo-European
MAe	Medium Aevum
Md. St.	Mitteldeutsche Studien
MDU	Monatshefte für deutschen Unterricht, deutsche Sprache und Literatur
MIÖG	Mitteilungen des Instituts für Österreichische Geschichtsforschung
MLN	Modern Language Notes
MMS	Münstersche Mittelalter-Schriften
MS	Monographien zur Sprachwissenschaft
MSN	Mémoires de la Société Néophilologique de Helsinki
MSS	Münchener Studien zur Sprachwissenschaft
MTU	Münchener Texte und Untersuchungen zur deutschen Literatur des Mittelalters
MUS-E	Münchener Universitäts-Schriften, Texte und Untersuchungen zur Englischen Philologie
NA	Neues Archiv der Gesellschaft für ältere deutsche Geschichtskunde
NdJb	Niederdeutsches Jahrbuch
NdSt	Niederdeutsche Studien

NdW	Niederdeutsches Wort
NGAW	Nachrichten der Akademie der Wissenschaften in Göttingen, phil.-hist. Klasse
NOWELE	North-Western European Language Evolution
Nph	Neophilologus
NphM	Neuphilologische Mitteilungen
NTS	Norsk Tidsskrift for Sprogvidenskap
ÖNf	Österreichische Namenforschung
PBB (T, H)	(Pauls und Braunes) Beiträge zur Geschichte der deutschen Sprache und Literatur (1955–1980 in zwei Serien erschienen in Halle [H] und Tübingen [T])
PMLA	Publications of the Modern Language Association of America
QF	Quellen und Forschungen zur Sprach- und Kulturgeschichte der germanischen Völker
RA	Rheinisches Archiv
RGA	Reallexikon der Germanischen Altertumskunde
RGL	Reihe Germanistische Linguistik
RhVjbl	Rheinische Vierteljahrsblätter
SbÖAW	Sitzungsberichte der Österreichischen Akademie der Wissenschaften, phil.-hist. Klasse
SbPAW	Sitzungsberichte der Preußischen Akademie der Wissenschaften, phil.-hist. Klasse
SbSAW	Sitzungsberichte der Sächsischen Akademie der Wissenschaften, phil.-hist. Klasse
SEC	Studia etymologica Cracoviensia
SGF	Stockholmer germanistische Forschungen
SGPh	Schriften zur germanischen Philologie
SIL	Studies in Linguistics
SkG	Sammlung kurzer Grammatiken germanischer Dialekte
SLG	Studia Linguistica Germanica
SMG	Studien zur Mittelhochdeutschen Grammatik
SNPh	Studia Neophilologica
Sprwiss	Sprachwissenschaft
SzA	Studien zum Althochdeutschen
Teuth	Teuthonista (Nachfolge der ZDM, weitergeführt als ZMF)
TLSM	Trends in Linguistics, Studies and Monographs
TPhS	Transactions of the Philological Society
UDS	Untersuchungen zur Deutschen Sprachgeschichte
UUÅ	Uppsala Universitets Årsskrift
UVG	Untersuchungen zur vergleichenden Grammatik der germanischen Sprachen
VuF	Vorträge und Forschungen
WdF	Wege der Forschung
WW	Wirkendes Wort
WZUGreifswald	Wissenschaftliche Zeitschrift der Universität Greifswald
ZCP	Zeitschrift für celtische Philologie
ZDL	Zeitschrift für Dialektologie und Linguistik (Nachfolge der ZMF)
ZDM	Zeitschrift für deutsche Mundarten
ZDS	Zeitschrift für deutsche Sprache (Weiterführung der ZDW)
ZDW	Zeitschrift für deutsche Wortforschung

ZfdA	Zeitschrift für deutsches Altertum und deutsche Literatur
ZfdPh	Zeitschrift für deutsche Philologie
ZfSprwiss	Zeitschrift für Sprachwissenschaft
ZG	Zeitschrift für Germanistik
ZGL	Zeitschrift für germanistische Linguistik
ZMF	Zeitschrift für Mundartforschung
ZÖG	Zeitschrift für die österreichischen Gymnasien
ZONF, ZNF	Zeitschrift für (Orts-)Namenforschung
ZPSK	Zeitschrift für Phonetik und Allgemeine Sprachwissenschaft, später (1961–1992) für Phonetik, Sprachwissenschaft und Kommunikationsforschung
ZRP	Zeitschrift für romanische Philologie
ZSPh	Zeitschrift für slavische Philologie

Literaturverzeichnis

AAL = Bergmann, Rolf (Hg.): Althochdeutsche und altsächsische Literatur. Berlin, Boston 2013 (De Gruyter Lexikon).

Adamczyk, Elżbieta (2008): Disintegration of the nominal inflection in Anglian. The case of *i*-stems. Studia Anglica Posnaniensia 44: 101–120.

Adamczyk, Elżbieta (2009): Evolution of Germanic nominal inflection. The case of West Germanic kinship terms. Sprwiss 34: 399–433.

Adamczyk, Elżbieta (2010): Morphological reanalysis and the Old English *u*-declension. Anglia 128: 365–390.

Adamczyk, Elżbieta (2011): Towards a diatopic approach to the Old English *s*-stem declension. NphM 112: 387–416.

Adamczyk, Elżbieta (2012): On morphological realignments in Old English root nouns. TPhS 110: 1–27.

Adamczyk, Elżbieta (2014): Patterns of reorganization of the early English nominal system. The case of Old English consonantal stems. NOWELE 67: 51–75.

Ae. Gr. = Brunner, Karl: Altenglische Grammatik. Nach der Angelsächsischen Grammatik von Eduard Sievers. 3. Aufl. Tübingen 1965 (SkG, A, 3).

Afrs. Gr. = Steller, Walther: Abriß der altfriesischen Grammatik mit Berücksichtigung der westgermanischen Dialecte des Altenglischen, Altsächsischen und Althochdeutschen. Mit Lesestücken und Wortverzeichnis. Halle 1928 (SkG, C, 5).

AG II = Schmid, Hans Ulrich: Althochdeutsche Grammatik II. Grundzüge einer deskriptiven Syntax. Berlin, Boston 2023 (SkG, A, 5.2).

Aisl. Gr. = Noreen, Adolf: Altnordische Grammatik I. Altisländische und Altnorwegische Grammatik. 4. Aufl. Halle 1923 (SkG, A, 4).

Alexander, Gerda I. (1983): Fortis and Lenis in Germanic. Bern u. a. (EHS I, 734).

Althochdeutsch (1987) = Althochdeutsch. In Verbindung mit Herbert Kolb / Klaus Matzel / Karl Stackmann hg. von Rolf Bergmann / Heinrich Tiefenbach / Lothar Voetz. 2 Bde. Heidelberg (GB III).

ANB = Altdeutsches Namenbuch. Die Überlieferung der Ortsnamen in Österreich und Südtirol von den Anfängen bis 1200. Bearb. von Isolde Hausner und Elisabeth Schuster. Wien 1989 ff.

Antonsen, Elmer H. (1964): Zum Umlaut im Deutschen. PBB (T) 86: 177–196.

Antonsen, Elmer H. (1969): Zur Umlautfeindlichkeit des Oberdeutschen. ZDL 36: 201–207.

Antonsen, Elmer H. (1969/70): Old High German and the laws of final syllables. SIL 21: 55–76 (positiv dazu Ronneberger-Sibold 1989: 169).

Antonsen, Elmer H. (1986): Die ältesten Runeninschriften in heutiger Sicht. In: H.Beck 1986: 321–343.

Armitage, Lionel (1911): An Introduction to the Study of Old High German. Oxford.

Arntz, Helmut (1944): Handbuch der Runenkunde. 2. Aufl. Halle (SkG, B, 3).

Aron, Otto (1893): Zur Geschichte der Verbindungen eines *s* bez. *sch* mit einem Consonanten im Neuhochdeutschen. PBB 17: 225–271.

As. Gr. = Gallée, Johan Hendrik: Altsächsische Grammatik. 3. Aufl. mit Berichtigungen und Literaturnachträgen von Heinrich Tiefenbach. Tübingen 1993 (SkG, A, 6).

As. Hwb. = Tiefenbach, Heinrich: Altsächsisches Handwörterbuch. A concise Old Saxon Dictionary. Berlin, New York 2010.

https://doi.org/10.1515/9783111210537-011

Askedal, Jon Ole (1973): Neutrum Plural mit persönlichem Bezug im Deutschen. Unter Berücksichtigung des germanischen Ursprungs. Trondheim u. a. (Germanistische Schriftenreihe der norwegischen Universitäten und Hochschulen 4).
Aumann, Erich (1935): Denominative ē-Verben im Altgermanischen. Diss. Leipzig.
Austefjord, Anders (1987): Das präteritale ō der 6. Ablautreihe des Germanischen. IF 92: 168–171.
AWB = Althochdeutsches Wörterbuch. Auf Grund der von Elias von Steinmeyer hinterlassenen Sammlungen. Begr. von Elisabeth Karg-Gasterstädt und Theodor Frings, hg. von Rudolf Große, Gotthard Lerchner und Hans Ulrich Schmid. Berlin 1968 ff.
Bader, Wolf (1909): Die althochdeutschen Fugenvokale in den ältesten Eigennamen. Diss. Freiburg.
Baesecke Einf. = Baesecke, Georg: Einführung in das Althochdeutsche. Laut- und Flexionslehre. München 1918 (Handbuch des deutschen Unterrichts II/1, 2).
Baesecke, Georg (1908): Christus und die Samariterin. AfdA 31: 206.
Baesecke, Georg (1910): Undeutsche Synaloephen bei Otfrid. PBB 36: 374–381. ND in: Baesecke 1968: 30–35.
Baesecke, Georg (1918/68): Muspilli. SbPAW 21: 414–429. ND in: Baesecke 1968: 55–69 (zitiert).
Baesecke, Georg (1920): Cupa. In: Fs. Braune, 401 f.
Baesecke, Georg (1921): Hrabans Isidorglossierung, Walahfrid Strabus und das ahd. Schrifttum. ZfdA 58: 241–279. ND in: Baesecke 1966: 7 ff.
Baesecke, Georg (1922): St. Emmeramer Studien. PBB 46: 431–494. ND in: Baesecke 1966: 38 ff.
Baesecke, Georg (1924): Die deutschen Genesisglossen der Familie *Rz. ZfdA 61: 222–233. ND in: Baesecke 1966: 86 ff.
Baesecke, Georg (1926): Lichtdrucke nach althochdeutschen Handschriften. Codd. Par. Lat. 7640, S. Gall. 911, Aug. CXI, Jun. 25, Lobcow. 434. Halle.
Baesecke, Georg (1927): Das althochdeutsche Schrifttum von Reichenau. PBB 51: 206–222. ND in: Baesecke 1966: 126 ff.
Baesecke, Georg (1928): Das Althochdeutsche von Reichenau nach den Namen seiner Mönchslisten. PBB 52: 92–148. ND in: Baesecke 1966: 138 ff.
Baesecke, Georg (1930): Der deutsche Abrogans und die Herkunft des deutschen Schrifttums. Halle.
Baesecke, Georg (1931): Die Sprache des Deutschen Abrogans. PBB 55: 321–376. ND in: Baesecke 1966: 181 ff.
Baesecke, Georg (1933): Der Vocabularius Sti. Galli in der angelsächsischen Mission. Halle.
Baesecke, Georg (1935): Die deutschen Worte der germanischen Gesetze. PBB 59: 1–101.
Baesecke, Georg (1940–53): Vor- und Frühgeschichte des deutschen Schrifttums. 2 Bde. Halle.
Baesecke, Georg (1945): Das Hildebrandslied. Halle.
Baesecke, Georg (1947): Unerledigte Vorfragen der ahd. Textkritik und Literaturgeschichte. III. PBB 69: 367–372.
Baesecke, Georg (1948): Die Überlieferung des ahd. Tatian. Halle (Hallische Monogr. 4).
Baesecke, Georg (1948a): Das lateinisch-althochdeutsche Reimgebet (Carmen ad Deum) und das Rätsel vom Vogel federlos. Berlin (Probleme der Wissenschaft in Vergangenheit und Gegenwart 1).
Baesecke, Georg (1966): Kleinere Schriften zur althochdeutschen Sprache und Literatur. Hg. Werner Schröder. Bern.
Baesecke, Georg (1968): Kleine metrische Schriften. Hg. Werner Schröder. München (Studien und Quellen zur Versgeschichte 2).

von Bahder, Karl (1880): Die Verbalabstracta in den germanischen Sprachen ihrer Bildung nach dargestellt. Halle.

von Bahder, Karl (1903): Zur hochdeutschen Lautlehre (hd. *f* = wgerm. *b*). IF 14: 258–265.

Bailey, Christopher Gordon (1997): The Etymology of the Old High German Weak Verb. 2 Bde. Diss. (masch.) University of Newcastle upon Tyne.

Bajuwaren (1988) = Dannheimer, Hermann / Heinz Dopsch (Hgg.): Die Bajuwaren. Von Severin bis Tassilo 488–788. Gemeinsame Landesausstellung des Freistaates Bayern und des Landes Salzburg [...] 1988. München, Salzburg.

Bammesberger, Alfred (1965): Deverbative *jan*-Verba des Altenglischen. Vergleichend mit den übrigen altgermanischen Sprachen dargestellt. Diss. München.

Bammesberger, Alfred (1979): Die westgermanischen Entsprechungen zu urgerm. **uz(-)*. PBB (T) 101: 30–35.

Bammesberger, Alfred (1983): The weak forms of the Germanic *r*-stem paradigm. JIES 11: 105–116.

Bammesberger, Alfred (1984): Die urgermanischen Aoristpräsentien und ihre indogermanischen Grundlagen. In: Untermann/Brogyanyi 1984: 1–24.

Bammesberger, Alfred (1985): The provenance of the Germanic stem-shape **habd-*. JIES 13: 467–476.

Bammesberger, Alfred (1986): Der Aufbau des germanischen Verbalsystems. Heidelberg (UVG 1).

Bammesberger, Alfred (1986a): Gotisch *(ni) ogs (þus)* und althochdeutsch *ni kuri*. In: Fs. Risch, 673–677.

Bammesberger, Alfred (1986b): On the Germanic decads from '20' to '60'. In: Bela Brogyanyi / Thomas Krömmelbein (Hgg.): Germanic Dialects. Linguistic and philological investigations. Amsterdam (ASTHLS 38), 3–8.

Bammesberger, Alfred (1987): Das Paradigma der *ē*-Verben im Urgermanischen. PBB 109: 341–349.

Bammesberger, Alfred (1990): Die Morphologie des urgermanischen Nomens. Heidelberg (UVG 2).

Bammesberger, Alfred (1991): Das Präteritum der Verba pura und ahd. *ier-*/*eor-*/*er-*. PBB 113: 22–27.

Bammesberger, Alfred (1998): The Germanic preterite-present **ann*/*unn-*. NOWELE 34: 15–21.

Bammesberger, Alfred (2000): Urgermanisch **mann-*: Etymologie und Wortbildung. SEC 5: 7–12.

Bammesberger, Alfred (2002): Zur Vorgeschichte der althochdeutschen lîh-Bildungen. In: Habermann u. a. 2002: 129–136.

Bammesberger, Alfred (2010): Gothic *tweihna-*, Old English *twegen*, and some further formations with Gmc. **twi-*. NOWELE 58/59: 323–342.

Barber, Charles Clyde (1932): Die vorgeschichtliche Betonung der germanischen Substantiva und Adjektiva. Heidelberg (IB III, 12).

Barnes, Mervin R. (1975): On the origin of the West Germanic second singular preterite. SNPh 47: 275–284.

Barrack, Charles M. (1978): The High German consonant shift: monogenetic or polygenetic? Lingua 44: 1–48.

Bartholomae, Christian (1916): Got. *fōn*, gr. πῦρ usw. PBB 41: 272–295.

Bauer, Alessia / Peter Pieper (2011): Die S-Fibel von Aschheim. Ein Beitrag zur Sprachgeschichte des Althochdeutschen. In: Fs. Quak, 23–44.

Bauer, Erika (1991): Anthroponyme im Althochdeutschen. Zum Verhältnis maskuliner und femininer Nomina agentis. Sprwiss 16: 142–161.

Bauer, Karl (1902): Waldeckisches Wörterbuch nebst Dialektproben. Hg. Hermann Collitz. ND Wiesbaden 1969.

Baumann, Fr. Herbert (1914): Die Adjektivabstrakta im älteren Westgermanischen. Diss. Freiburg/Br.
Bech, Gunnar (1951): Grundzüge der semantischen Entwicklungsgeschichte der hochdeutschen Modalverben. Kopenhagen (HFM 32, 6).
Bech, Gunnar (1962): Die Entstehung der ahd. Verbalendung *-mēs*. SNPh 34: 195–211.
Bech, Gunnar (1963): Die Entstehung des schwachen Präteritums. Kopenhagen (HFM 40, 4).
Bech, Gunnar (1964): Zur Etymologie des althochdeutschen Pronomens *dehhein*. SNPh 36: 211–216.
Bech, Gunnar (1964a): Zum Stammvokalismus des as. und ahd. Imperativs. SNPh 36: 217–219.
Bech, Gunnar (1969): Das germanische reduplizierte Präteritum. Kopenhagen (HFM 44, 1).
Bech, Gunnar (1969a): Das Schicksal der indoeuropäischen 2. Sg. Ind. Perf. im Germanischen. SNPh 41: 75–92.
Bech, Gunnar (1970): Ahd. *ni kuri* 'noli'. SNPh 42: 207–210.
Bech, Gunnar (1972): Eine schwache Hypothese vom schwachen Präteritum. SNPh 44: 142–150.
Beck, Heinrich (1979): Got. *armahairts*, ahd. *armherz* – Lehnübersetzung von lat. *misericors*? ZfdPh 98, Sonderheft: 109–129.
Beck, Heinrich (Hg.) (1986): Germanenprobleme in heutiger Sicht. Berlin (RGA, Erg.-Bd. 1).
Beck, Heinrich (Hg.) (1989): Germanische Rest- und Trümmersprachen. Berlin (RGA, Erg.-Bd. 3).
Beck, Wolfgang (2011): Die Merseburger Zaubersprüche. 2. Aufl. Wiesbaden (Imagines Medii Aevi 16).
Beck, Wolfgang (2013): Die Würzburger Markbeschreibungen. Aspekte einer Neubewertung. Sprwiss 38: 211–226.
Beck, Wolfgang (2015): Die Merseburger Zaubersprüche. Eine Einführung. Unter Mitarbeit von Markus Cottin. 2. Aufl. Petersberg.
Becker, Thomas (2000): Zur Vokalreduktion im Althochdeutschen. In: Andreas Bittner / Dagmar Bittner / Klaus-Michael Köpcke (Hgg.): Angemessene Strukturen. Systemorganisation in Phonologie, Morphologie und Syntax. Hildesheim, 31–46.
Becker, Thomas (2008): Akzent und Lautwandel der Vokale seit althochdeutscher Zeit. PBB 130: 401–419.
Begemann, Wilhelm (1873): Das schwache Präteritum der germanischen Sprachen. Ein Beitrag zur Geschichte der deutschen Sprache. Berlin.
Behaghel = Behaghel, Otto: Deutsche Syntax. 4 Bde. Heidelberg 1923–32 (GB I, 10, 1–4).
Behaghel, Otto (1878): Die neuhochdeutschen Zwillingswörter. Germ 23: 257–292.
Behaghel, Otto (1886): Zum Heliand und zur Heliandgrammatik. Germ 31: 377–392.
Behaghel, Otto (1889): Mhd. *iu* und *ů*. Germ 34: 247–251.
Behaghel, Otto (1899): Der Gebrauch der Zeitformen im konjunktivischen Nebensatz des Deutschen. Paderborn.
Behaghel, Otto (1918): Zum genetiv bei adjektiven. PBB 43: 153–155.
Behaghel, Otto (1920): Die altdeutschen adverbien von *hôch*. PBB 44: 341–345.
Behaghel, Otto (1920a): Zum genetivus partitivus bei zahlwörtern. PBB 44: 345–347.
Behaghel, Otto (1920b): Schöpfen. PBB 44: 515.
Behaghel, Otto (1922): Die 2. Pers. Sg. Ind. Prät. st. Flexion im Westgermanischen. IF 40: 167 f.
Behaghel, Otto (1928): Geschichte der deutschen Sprache. 5. Aufl. Berlin (Grundr III).
Behaghel, Otto (1933): Der Stand des germ. *b* im Anlaut des Bairischen und die mittelhochdeutsche Schriftsprache. PBB 57: 240–284.

Beifuss, Helmut (1991): Diachrone Betrachtungen zur Wortbildung im Germanischen. Eine Studie zur Herkunft, Verbreitung und Weiterentwicklung der germanischen -ōþu/-ōdu-Bildungen. Frankfurt am Main u. a. (Information und Interpretation 5).
Benediktsson, Hreinn (1968): On the inflection of *n*-stems in Indo-European. NTS 22: 7–31.
Benediktsson, Hreinn (1983): The Germanic subjunctive: a morphological review. NOWELE 1: 31–60.
Bennett, William H. (1962): The parent suffix in Germanic weak verbs of class III. Lg 38: 135–141.
Benrath, Paul (1887): Vokalschwankungen bei Otfrid. Diss. Bonn. Aachen.
Benware, Wilbur A. (1979): Zur Dentalepenthese im Deutschen. PBB 101: 329–346.
Bergmann, Rolf (1964): Ein Kölner Namenverzeichnis aus der Zeit Erzbischof Hermanns I. RhVjbl 29: 168–174.
Bergmann, Rolf (1965): Die Trierer Namenliste des Diptychons Barberini im Musée de Louvre. In: Fs. Bach, 38–48.
Bergmann, Rolf (1965a): *hutz* 'foras' in der Trierer Handschrift der Vita Hludowici des Astronomus. ZfdA 94: 17–21.
Bergmann, Rolf (1966): Mittelfränkische Glossen. 2. Aufl. Bonn 1977 (RA 61).
Bergmann, Rolf (1966/67): Zur Stellung der Rheinlande in der althochdeutschen Literatur aufgrund mittelfränkischer Glossen (mit 1 Karte). RhVjbl 31: 307–321.
Bergmann, Rolf (1973): Verzeichnis der althochdeutschen und altsächsischen Glossenhandschriften. Berlin (Arbeiten zur Frühmittelalterforschung 6) (2. Aufl. → BStK).
Bergmann, Rolf (1980): Methodische Probleme der Lautverschiebungsdiskussion. Sprwiss 5: 1–14.
Bergmann, Rolf (1983): Die althochdeutsche Glossenüberlieferung des 8. Jahrhunderts. Göttingen (GGN 1983/1).
Bergmann, Rolf (1983a): Froumund von Tegernsee und die Sprachschichten in Köln. ZDL 50: 1–21.
Bergmann, Rolf (1986): Ostfränkisch im achten Jahrhundert. Ansätze und Probleme sprachhistorischer Forschung. Sprwiss 11: 436–444.
Bergmann, Rolf (1987): Die Bamberger Glossenhandschriften. In: Althochdeutsch 1987: 545–560.
Bergmann, Rolf (1991): Rückläufiges morphologisches Wörterbuch des Althochdeutschen. Tübingen.
Bergmann, Rolf (2000): Ansätze zu einer Typologie der althochdeutschen Glossen- und Glossarüberlieferung. In: Haubrichs 2000: 77–104.
Bergmann, Rolf u. a. (Hgg.) (2001): Mittelalterliche volkssprachige Glossen. Internationale Fachkonferenz des Zentrums für Mittelalterstudien der Otto-Friedrich-Universität Bamberg 2. bis 4. August 1999. Heidelberg (GermB 13).
Bergmann, Rolf (Hg.) (2003): Volkssprachig-lateinische Mischtexte und Textensembles in der althochdeutschen, altsächsischen und altenglischen Überlieferung. Mediävistisches Kolloquium des Zentrums für Mittelalterstudien der Otto-Friedrich-Universität Bamberg am 16. und 17. November 2001. Heidelberg (GermB 17).
Bergmann, Rolf (2003a): Volkssprachige Glossen für lateinkundige Leser? Sprwiss 28: 29–55.
Bergmann, Rolf (2004): Die Emanzipation der Volkssprache im Lichte der Überlieferungsgeschichte. Zur traditionellen Rede vom Neubeginn deutscher Schriftlichkeit im 11. Jahrhundert. In: Achim Hubel / Bernd Schneidmüller (Hgg.): Aufbruch ins zweite Jahrtausend. Innovation und Kontinuität in der Mitte des Mittelalters. Ostfildern (Mittelalter-Forschungen 16), 227–258.
Bergmann, Rolf (2012): Pragmatische Voraussetzungen althochdeutscher Texte: Die Grenzbeschreibungen. In: Peter Ernst (Hg.): Historische Pragmatik. Berlin, Boston (JGS 3), 57–74.
Bergmann, Rolf (2013) → AAL.

Bergmann, Rolf (2019): Rez. von W. Braune / F. Heidermanns, Althochdeutsche Grammatik I, [16]2018. BNF 54: 245 f.
Bergmann, Rolf / Christina Beer / Michaela Pölzl / Stefanie Stricker (2020): Gefälschte Glossen? Zu BStK-Nr. 837. ZfdA 149: 1–21.
Bergmann, Rolf / Ursula Götz (1998): Altbairisch = Altalemannisch? Zur Auswertung der ältesten Glossenüberlieferung. In: Peter Ernst / Franz Patocka (Hgg.): Deutsche Sprache in Raum und Zeit. Festschrift für Peter Wiesinger zum 60. Geburtstag. Wien, 445–461.
Bergmann, Rolf / Claudine Moulin (2009): Flexionsmorphologie. In: Bergmann/Stricker 2009: 1020–1029.
Bergmann, Rolf / Stefanie Stricker (2005) → BStK.
Bergmann, Rolf / Stefanie Stricker (Hgg.) (2009): Die althochdeutsche und altsächsische Glossographie. Ein Handbuch. 2 Bde. Berlin, New York.
Bergmann, Rolf / Stefanie Stricker (2018): Althochdeutsche Monatsbezeichnungen in Einhards *Karlsvita*, Kalendarien und Sachglossaren. In: Fs. Schmid, 213–238.
Bergmann, Rolf / Stefanie Stricker (Hgg.) (2020): Glossenstudien. Ergebnisse der neuen Forschung. Heidelberg (GermB 70).
Berneker, Erich (1898): Zur germanischen Verbalflexion. IF 9: 355–360.
Bernhardsson, Haraldur (2001): Verner's Law in Gothic. Diss. Cornell University.
Besch, Werner (1998–2004) → Sprg.
Betz, Werner (1953): Das gegenwärtige Bild des Althochdeutschen. DU 5, H. 6: 94–108.
Betz, Werner (1965): Deutsch und Lateinisch. Die Lehnbildungen der althochdeutschen Benediktinerregel. 2. Aufl. Bonn.
Bezzenberger, Adalbert (1909): Zu den germ. reduplizierten Präteriten. KZ 42: 383.
Bichlmeier, Harald (2018): Zur lautlichen Gestalt der Hydro- und Toponyme *Kander(n)*, *Laaber*, *Kondrau* und zur Frage keltischer Sprossvokale in süddeutschen Orts- und Gewässernamen. BNF 53: 97–110.
Bickel, Hans (1999): Dialektologie und Sprachgeschichte: Probleme der *p*-Verschiebung im Schweizerdeutschen. In: Maria Pümpel-Mader / Beatrix Schönherr (Hgg.): Sprache – Kultur – Geschichte. Sprachhistorische Studien zum Deutschen. Hans Moser zum 60. Geburtstag. Innsbruck (IBK, Germanistische Reihe 59), 123–134.
Birkhan, Helmut (1974): Das germanische starke Adjektiv. In: Fs. Horacek, 1–24.
Birkhan, Helmut (1979): Das „Zipfsche Gesetz", das schwache Präteritum und die germanische Lautverschiebung. Wien (SbÖAW 348).
Birkmann, Thomas (1987): Präteritopräsentia. Morphologische Entwicklungen einer Sonderklasse in den altgermanischen Sprachen. Tübingen (LA 188).
Bischoff, Bernhard (1971): Paläographische Fragen deutscher Denkmäler der Karolingerzeit. FMSt 5: 101–134.
Bischoff, Bernhard (1986): Paläographie des römischen Altertums und des abendländischen Mittelalters. 2. Aufl. München (GG 24).
Bischoff, Bernhard / Johannes Duft / Stefan Sonderegger (1977): Die 'Abrogans'-Handschrift der Stiftsbibliothek St. Gallen. Im Facsimile herausgegeben und beschrieben, mit Transkription des Glossars und des althochdeutschen Anhangs von Stefan Sonderegger. St. Gallen.
Bjorvand, Harald (1995): Nominale Stammbildung des Germanischen. Maskuline Verbalnomina: *a*-Stämme oder *i*-Stämme? In: John Ole Askedal / Harald Bjorvand (Hgg.): Drei Studien zum Germanischen in alter und neuer Zeit. Odense (NOWELE, Suppl.-Vol. 13), 1–68.
Bjorvand, Harald / Fredrik Otto Lindeman (2019): Våre arveord. Etymologisk ordbok. 3. Aufl. Oslo.

Blom, Alderik H. (2017): Glossing the Psalms. The emergence of the written vernaculars in Western Europe from the seventh to the twelfth centuries. Berlin, Boston.
Bloomfield, Leonard (1929): Otfridiana. JEGPh 28: 489–502.
BMZ = Benecke, Georg Friedrich / Wilhelm Müller / Friedrich Zarncke: Mittelhochdeutsches Wörterbuch. 4 Bde. Leipzig 1854–66. ND mit Vorwort und zusammengefasstem Quellenverzeichnis von Eberhard Nellmann. Stuttgart 1990.
Boesch, Bruno (1946): Untersuchungen zur alemannischen Urkundensprache des 13. Jahrhunderts. Laut- und Formenlehre. Bern.
Bogner, Artur (1933): Die Verbalvorsilbe *bi-* im Althochdeutschen. Hamburger Diss. Berlin.
Böhme, Oscar Albin (1893): Zur Kenntnis des Oberfränkischen im 13., 14. und 15. Jahrhundert. Mit Berücksichtigung der ältesten oberfränkischen Sprachdenkmäler. Diss Leipzig.
Bohnenberger, Karl (1897): Über *gât*/*gêt* im Bairischen. PBB 22: 209–216.
Bohnenberger, Karl (1906): Auslautend *g* im Oberdeutschen. PBB 31: 393–428.
Bohnenberger, Karl (1913): Rez. der BSG, Bd. 1–5 (Vetsch, Wipf, Berger, Abegg, Enderlin). ZfdPh 45: 361–384.
Bohnenberger, Karl (1913a): Die Mundart der deutschen Walliser im Heimattal und in den Außenorten. Frauenfeld (BSG 6).
Bohnenberger, Karl (1935): Zu *gân*/*gên*/*gangan*. PBB 59: 235–243.
Bohnert, Niels / Andreas Nievergelt / Heinrich Tiefenbach (2022) → GlBud.
Bökenkrüger, Wilhelm (1924): Das reflexive Verb im Althochdeutschen. Gießen (GBDPh 13).
de Boor, Helmut (1928): Untersuchungen zur Sprachbehandlung Otfrids. Hiatus und Synaloephe. Breslau (Germanist. Abh. 60).
de Boor, Helmut (1949): Die deutsche Literatur von Karl dem Großen bis zum Beginn der höfischen Dichtung 770–1170. 9. Aufl. bearb. von H. Kolb 1979. München.
Borgeld, Andries (1899): De oudoostnederfrankische psalmen. Klank- en vormleer. Groningen.
Bostock, J. Knight (1976): A Handbook on Old High German literature. 2nd edition, revised by Kenneth Ch. King and David R. McLintock. Oxford.
Boutkan, Dirk (1995): The Germanic 'Auslautgesetze'. Amsterdam, Atlanta (LSIE 4). Dazu E. Seebold, PBB 118, 1996: 440–445.
Brans, Robert (1914): Das Reichenauer Glossar Rf nebst seinen näheren Verwandten Bib.9 und Bib.12. Straßburg (UDS 5).
Brate, Erik (1908/09): Der Name Wielant. ZDW 10: 173–181.
Braun, Christian (2017): Das Althochdeutsche aus textlinguistischer Sicht. Soziopragmatische Einordnung und ausgewählte textgrammatische Studien. Berlin, Boston (LHG 14).
Braune, Wilhelm (1873): Untersuchungen über Heinrich von Veldeke. ZfdPh 4: 249–304.
Braune, Wilhelm (1874): Zur Kenntnis des Fränkischen und zur hochdeutschen Lautverschiebung. PBB 1: 1–56.
Braune, Wilhelm (1874a): Die altslovenischen Freisinger Denkmäler in ihrem Verhältnisse zur althochdeutschen Orthographie. PBB 1: 527–534.
Braune, Wilhelm (1876): Über die Quantität der althochdeutschen Endsilben. PBB 2: 125–167.
Braune, Wilhelm (1877): Zur althochdeutschen Lautlehre. PBB 4: 540–566.
Braune, Wilhelm (1884): Althochdeutsch *sunu*, *sun*. PBB 9: 548–553.
Braune, Wilhelm (1893): Rez. von W. Streitberg: Zur germanischen Sprachgeschichte. 1892. Literar. Centralbl. 1893: 155 f.
Braune, Wilhelm (1894) → Zangemeister/Braune.
Braune, Wilhelm (1900): Die Handschriftenverhältnisse des Nibelungenliedes. PBB 25: 1–222.
Braune, Wilhelm (1907): Ahd. *bita*. PBB 32: 153 f.

Braune, Wilhelm (1910): Zu den Trierer Zaubersprüchen. PBB 36: 551–556.
Braune, Wilhelm (1910a): Ahd. *-î* als Relativpartikel? PBB 36: 557–559.
Braune, Wilhelm (1915): Muspilli. PBB 40: 425–445.
Braune, Wilhelm (1918): Der germanische Adhortativus. PBB 43: 327–334.
Braune, Wilhelm (1918a): Althochdeutsch und Angelsächsisch. PBB 43: 361–445.
Braune, Wilhelm / Ernst A. Ebbinghaus (1989): Abriß der althochdeutschen Grammatik. Mit Berücksichtigung des Altsächsischen. 15. Aufl. Tübingen (SkG, C, 1).
Braunmüller, Kurt (2008): Observations on the origins of definiteness in ancient Germanic. Sprwiss 33: 351–371.
Breidbach, Winfried (1988): *faran* und *gangan* im althochdeutschen Tatian. PBB 110: 332–350.
Bremer, Otto (1886): Germanisches *ē*. PBB 11: 1–76, 262–286.
Bremer, Otto (1887): *Ero*. ZfdA 31: 205–207.
Bremer, Otto (1888): Ahd. *leo*, *lio*, *leuuo*, *louuuo*. PBB 13: 384–387.
Bremer, Otto (1890): Rez. von E. v. Borries, Das erste Stadium des *i*-Umlauts im Germanischen. Straßburg 1887. ZfdPh 22: 248–252.
Bremer, Otto (1909): Die germanische Brechung. IF 26: 148–173.
Brenner, Oscar (1895): Zum deutschen Vocalismus. PBB 20: 80–87.
Brinkmann, Hennig (1931): Sprachwandel und Sprachbewegungen in althochdeutscher Zeit. Jena (JGF 18). ND in: Brinkmann 1965: 9–236.
Brinkmann, Hennig (1941/65): Der lautliche Vorgang der germanischen und der hochdeutschen Lautverschiebung. Archiv für vergleichende Phonetik 5: 10–20, 77–89. ND in: Brinkmann 1965: 237–258 (zitiert).
Brinkmann, Hennig (1954/65): Zum grammatischen Geschlecht im Deutschen. Helsinki 1954 (AASF, B, 84, 21: 371–428). ND in: Brinkmann 1965: 357–399 (zitiert).
Brinkmann, Hennig (1964): Das deutsche Adjektiv in synchronischer und diachronischer Sicht. WW 14: 98–104.
Brinkmann, Hennig (1965): Studien zur Geschichte der deutschen Sprache und Literatur. I: Sprache. Düsseldorf.
Brøndum-Nielsen, Johs. (1928–35): Gammeldansk Grammatik. 3 Bde. Kopenhagen.
Bruch, Robert (1953): Mittelfränkische Relikte des Zwischenstadiums der Affrikata in der Lautverschiebung zur Spirans (*kraits* „Kreis“). ZMF 21: 149–158.
Bruch, Robert (1953a): Grundlegung einer Geschichte des Luxemburgischen. Luxemburg.
Bruch, Robert (1954): Das Luxemburgische im westfränkischen Kreis. Luxemburg.
Bruch, Robert (1955): Die Lautverschiebung bei den Westfranken. ZMF 23: 129–147.
Bruch, Robert (1963): Germanische und romanische *ê*- und *ô*-Diphthongierungen. In: Schmitt 1963: 2. Bd., 409–467.
Bruch, Robert (1964): Glossarium Epternacense. Spätalthochdeutsche Glossen aus Echternach. Tatsachen und Quellen, Wörter und Namen. Luxemburg.
Bruckner, Wilhelm (1895): Die Sprache der Langobarden. Strassburg. ND Berlin 1969.
Bruckner, Wilhelm (1896): Rez. von Garke 1891. AfdA 22: 164–172.
Bruckner, Wilhelm (1910): Rez. von Franck Afrk. IFAnz 26: 38–41.
Bruckner, Wilhelm (1935): Zur Orthographie der althochdeutschen Isidorübersetzung und zur Frage der Heimat des Denkmals. In: Festschrift für Gustav Binz. Basel, 69–83.
Brugmann, Karl (1890): Die bildung der zehner und hunderter in den indogermanischen sprachen. In: Hermann Osthoff / Karl Brugmann: Morphologische Untersuchungen auf dem Gebiete der indogermanischen Sprachen. 5. Teil. Leipzig, 1–61. ND Hildesheim 1974.

Brugmann, Karl (1895): Der präteritale Bildungstypus ahd. *hiaz* aisl. *hét* und ahd. *liof* aisl. *hlióp*. IF 6: 89–100.
Brugmann, Karl (1899): Der Ursprung der germanischen Komparationssuffixe *-ōzan-*, *-ōsta-*. IF 10: 84–90.
Brugmann, Karl (1903/04): Zur griech. und germ. Präsensflexion. IF 15: 126–128.
Brugmann, Karl (1904): Die Demonstrativpronomina der indogermanischen Sprachen. Eine bedeutungsgeschichtliche Untersuchung. Leipzig (AbhSAW 22).
Brugmann, Karl (1907): Die distributiven und collectiven Numeralia der indogermanischen Sprachen. Leipzig (AbhSAW 25).
Brugmann, Karl (1910): Adverbia aus dem maskulinischen Nominativus Singularis prädikativer Adjektiva. IF 27: 233–278.
Brugmann, Karl (1914): Das schwache Präteritum. PBB 39: 48–97.
Brugmann, Karl (1916/17): Ahd. *henna* ags. *hen*. IF 37: 249–253.
Brunner, Karl (1965) → Ae. Gr.
BStK = Bergmann, Rolf / Stefanie Stricker: Katalog der althochdeutschen und altsächsischen Glossenhandschriften. 6 Bde. Berlin, New York 2005 (vgl. Bergmann 1973; s. § 1a A.3a).
Búa, Carlos (2003): *Ero – stein – liuhta*. Überlegungen zum Wessobrunner Schöpfungsgedicht. PBB 125: 24–35.
Búa, Carlos (2005): Zur Etymologie der deutschen Konjunktion *und*. Sprwiss 30: 111–125.
Bulitta, Brigitte (2006): Ein verkanntes althochdeutsches Sprachdenkmal. Die lateinisch-deutsche Beichte von Zeitz. In: D. Deye / R. Rittig (Hgg.): Die Stiftsbibliothek und das Stiftsarchiv Zeitz. Halle/Saale (Schriften des Museums Schloss Moritzburg Zeitz), 47–74.
Bulitta, Brigitte (2010): Stand und Perspektiven der Lexikographie des Althochdeutschen. In: H.U.Schmid 2010: 269–291.
Bulitta, Brigitte / Frank Heidermanns (2015): Aus der Arbeit am Althochdeutschen Wörterbuch 1–7. Sprwiss 40: 147–180.
Bulitta, Brigitte / Almut Mikeleitis-Winter / Susanne Näßl (2020) → LexErtr.
Bürgisser, Max (1983): Untersuchungen zur Wortbildung im Althochdeutschen und Altniederdeutschen. Form und Funktion von denominalen Ableitungen in der *Benediktinerregel*, im *Tatian* und im *Heliand*. Bern u. a. (EHS I, 528).
Busch, Nathanael / Jürg Fleischer (2015): Zusammenschreibung im Althochdeutschen und Altniederdeutschen bis ca. 975. Ergebnisse einer paläographischen Untersuchung. PBB 137: 563–598.
Bußmann, Hadumod (2002): Lexikon der Sprachwissenschaft. 3. Aufl. Stuttgart.
Büthe-Scheider, Eva (2017): Die *e*-Apokope im Ripuarischen. Eine korpuslinguistische Untersuchung spätmittelhochdeutscher und frühneuhochdeutscher Quellen. Berlin, Boston (SLG 130).
Butzmann, Hans (1964): Die ahd. Priscian-Glossen aus Weissenburg. PBB (H) 86: 388–402.
Butzmann, Hans (1964a): Der Ezechiel-Kommentar des Hrabanus Maurus und seine älteste Handschrift. Bibliothek und Wissenschaft 1: 1–22.
BWB = Bayerisches Wörterbuch. München 2002 ff.
Callender, Craig (2007): The progression of West Germanic gemination. Interdisciplinary Journal for Germanic Linguistics and Semiotic Analysis 12: 187–222.
Callender, Craig (2012): Neogrammarian sound change, lexical diffusion, and the second consonant shift. NOWELE 64/65: 37–75.
Callender, Craig (2017): Borrowing, incomplete lexical diffusion and the High German tenues shift. NOWELE 70: 57–72.

Cammarota, Maria Grazia / Francesco Lo Monaco (2021): „Barbara locutio". Il „De vocatione gentium" latino – antico alto tedesco dei frammenti di Mondsee. Edizione, traduzione e commento. Firenze (Traditio et renovatio 11).
Carr, Charles T. (1935): Notker's accentuation system in his translation of Aristotle's „Categories" and „De Interpretatione". Modern Language Review 30: 183–203.
Carruba, Onofrio (2004): Die germanischen Dekaden. In: Kozianka u. a. 2004: 25–48.
Casaretto, Antje (2000): Korpussprachen und Produktivität: Einige Überlegungen zu den gotischen *s*-Stämmen. HS 113: 210–238.
Casaretto, Antje (2004): Nominale Wortbildung der gotischen Sprache. Die Derivation der Substantive. Heidelberg (IB III).
Cathey, James E. (2000): Old Saxon. München (Languages of the World, Materials 252).
Cercignani, Fausto (1973): Indo-European *eu* in Germanic. IF 78: 106–112.
Cercignani, Fausto (1979): Proto-Germanic */*i*/ and */*e*/ revisited. JEGPh 78: 72–82.
Cercignani, Fausto (1984): The enfants terribles of Gothic 'Breaking': *hiri*, *aiþþau*, etc. JIES 12: 315–344.
Cirimele, Fernanda (2006): Le glosse antico alto tedesche alla *Regula Pastoralis* (Codex St. Galli 218). Linguistica e Filologia 23: 187–209.
van Coetsem, Frans (1956): Das System der starken Verba und die Periodisierung im älteren Germanischen. Amsterdam (Mededelingen der koninklijke Nederlandse Akademie van Wetenschappen, Afd. Letterkunde, N.R. 19,1).
van Coetsem, Frans (1970): Zur Entwicklung der germanischen Grundsprache. In: Schmitt 1970: 1–93.
van Coetsem, Frans (1975): Generality in language change. The case of the Old High German vowel shift. Lingua 35: 1–34.
van Coetsem, Frans (1990): Ablaut and reduplication in the Germanic verb. Heidelberg (UVG 3).
van Coetsem, Frans (1994): The vocalism of the Germanic parent language. Heidelberg (UVG 4).
van Coetsem, Frans (1997): Reconditioning and umlaut in Germanic, and the question of $\bar{e}^2$. In: Fs. Liberman, 423–437.
van Coetsem, Frans / Herbert L. Kufner (Hg.) (1972): Toward a Grammar of Proto-Germanic. Tübingen.
van Coetsem, Frans / Susan McCormick (1982): Old High German umlaut and the notion of optimal patterning. ABäG 17: 23–27.
Collitz, Hermann (1891): Die Behandlung des urspr. auslautenden ai im Gotischen, Althochdeutschen und Altsächsischen. BB 17: 1–53.
Collitz, Hermann (1912): Das schwache Präteritum und seine Vorgeschichte. Göttingen (Hesperia 1).
Collitz, Hermann (1914/15): Bemerkungen zum schwachen Präteritum. IF 34: 209–222.
Connolly, Leo A. (1977): Indo-European *i* > Germanic *e*: an explanation by the laryngeal theory. PBB (T) 99: 173–205, 333–358.
Connolly, Leo A. (1979): $\bar{e}_2$ and the laryngeal theory. PBB (T) 101: 1–29.
Cordes, Gerhard (1960): Zur altsächsischen Mundartfrage und zur Lautverschiebungsgrenze. ZMF 27: 1–39.
Cowgill, Warren (1959): The inflection of the Germanic *ō*-presents. Lg 35: 1–15.
Cowgill, Warren (1960): Gothic *iddja* and Old English *ēode*. Lg 36: 483–501.
Curme, George O. (1910): The origin and growth of the weak adjective declension in Germanic. JEGPh 9: 439–482.
Daab, Ursula (1929): Studien zur althochdeutschen Benediktinerregel. Halle (Hermaea 24).

Daab, Ursula (Hg.) (1959): Die Althochdeutsche Benediktinerregel des Cod. Sang 916. Tübingen (ATB 50).
Daab, Ursula (Hg.) (1963): Drei Reichenauer Denkmäler der altalemannischen Frühzeit. Tübingen (ATB 57).
Dahl, Ivar (1938): Substantival Inflexion in Early Old English. Vocalic stems. Lund (Lund Studies in English 7).
Dahm, Karl (1909): Der Gebrauch von *gi* zur Unterscheidung von perfektiver und imperfektiver Aktionsart im Tatian und in Notkers Boethius. Diss. Leipzig.
Dal, Ingerid (1934): Über den altsächsischen Dativ Sg. Mask. und Neutr. der pronominalen Flexion. NTS 7: 142–162. ND in: Dal 1971: 46–64 (zitiert).
Dal, Ingerid (1934a): Zur Geschichte der *ja*-Stämme im Westgermanischen. NTS 7: 243–252. ND in: Dal 1971: 65–73 (zitiert).
Dal, Ingerid (1937): Ein archaischer Zug der germanischen Pronominalflexion. NTS 9: 186–218. ND in: Dal 1971: 129–157 (zitiert).
Dal, Ingerid (1942): Systemerhaltende Tendenzen in der deutschen Kasusmorphologie. NTS 12: 199–212. ND in: Dal 1971: 158–170 (zitiert).
Dal, Ingerid (1951): Die althochd. Diphthongierung von *ē* > *ia*, *ie* und *ō* > *uo* als Ergebnis einer sogenannten „détresse phonologique“. ASNSL 188: 115 f.
Dal, Ingerid (1955/56): Systemerhaltende Tendenzen in hochdeutschen Mundarten. WW 6: 138–144. ND in: Dal 1971: 171–180 (zitiert).
Dal, Ingerid (1960): Entwicklungstendenzen im germanischen Kasussystem. Studia Germanica Gandensia 2: 125–137. ND in: Dal 1971: 181–193 (zitiert).
Dal, Ingerid (1967): Über den *i*-Umlaut im Deutschen. NphM 68: 47–64. ND in: Dal 1971: 31–45 (zitiert).
Dal, Ingerid (1971): Untersuchungen zur germanischen und deutschen Sprachgeschichte. Oslo.
Dal, Ingerid / Hans-Werner Eroms (2014): Kurze deutsche Syntax auf historischer Grundlage. 4. Aufl. Berlin, Boston (SkG, B, 7).
Danielsen, Nils (1968): Die negativen unbestimmten Pronominaladjektiva im Alt- und Mittelhochdeutschen. ZDS 24: 92–117.
Darms, Georges (1978): Schwäher und Schwager, Hahn und Huhn. Die Vr̥ddhi-Ableitung im Germanischen. München (MSS, Beih. 9).
Davis, Garry W. (1999): Rounding the corner. Progress in Old High German linguistics at the turn of the century. Diachronica 16: 335–355.
Davis, Garry W. (2008): Analogie, intrinsische Dauer und Prosodie. Zur postvokalischen Ausbreitung der althochdeutschen Lautverschiebung im Fränkischen. PBB 130: 420–437.
Davis, Garry W. / Gregory K. Iverson (1995): Segment organization in the High German consonant shift. AJGLL 7.2: 111–127.
Davis, Garry W. / Gregory K. Iverson / Joseph C. Salmons (1999): Peripherality and markedness in the spread of the High German consonant shift. PBB 121: 177–200.
Delbrück, Berthold (1907): Synkretismus. Ein Beitrag zur germanischen Kasuslehre. Straßburg.
Demske, Ulrike (2001): Merkmale und Relationen. Diachrone Studien zur Nominalphrase des Deutschen. Berlin, New York (SLG 56).
Denton, Jeannette Marshall (1998): Phonetic perspectives on West Germanic consonant gemination. AJGLL 10.2: 201–235.
Derolez, René L. M. (1954): Runica Manuscripta. The English tradition. Brugge (Rijksuniversiteit te Gent, Werken uitgegeven door de Faculteit van de Wijsbegeerte en Letteren 118).

Desportes, Yvon (1998): Les préverbes et la préverbation en allemand au IXe siècle. 4 Bde. Lyon (Centre d'études linguistiques Jacques Goudet, série „germanique ancien").
Desportes, Yvon (2000): Artikel im Mittelhochdeutschen. Lässt sich Paul Valentins Modell des Artikelsystems im heutigen Deutsch auf das Mittelhochdeutsche übertragen? In: Fs. Valentin, 213–253.
Dieter, Ferdinand (Hg.) (1900): Laut- und Formenlehre der altgermanischen Dialekte. Zum Gebrauch für Studierende dargestellt. Leipzig.
Dietz, Klaus (2005): Die altenglischen Nominalpräfixe *ǣ-* und *ō-*, das Verbalpräfix *a-* und ihre althochdeutschen Entsprechungen. Ein Beitrag zur vergleichenden Wortbildung der altgermanischen Sprachen. Sprwiss 30: 1–47.
Dietz, Klaus (2017): Die phonologischen Systeme des mittelalterlichen Englischen und Deutschen, des Altnordischen und die sie überliefernden Scriptae: ein phonologisch-graphematischer Vergleich. In: Gaby Waxenberger u. a. (Hgg.): Von den Hieroglyphen zur Internetsprache. Das Verhältnis von Laut, Schrift und Sprache. Wiesbaden (SchriftSprache 2), 37–96.
Dishington, James (1976): Functions of the Germanic *ē*-verbs: a clue to their formal prehistory. Lg 52: 851–865.
Dishington, James (1978): Arguments for an *ai*/*ja*-paradigm in the 3rd weak class of Proto-Germanic. IF 83: 301–323.
Dishington, James (2010): The Caland system and the Germanic third weak class. HS 123: 297–317.
Dittmer, Arne (1989): Das Präteritum der althochdeutschen schwachen Verben I, -it- oder -t-? Kopenhagener Beiträge zur germanistischen Linguistik 25: 23–44.
Dittmer, Ernst (1983): Entwicklungstendenzen der Substantivflexion in den altgermanischen Dialekten. Sprwiss 8: 437–455.
Dittrich, Marie-Luise (1952/53): De Heinrico. ZfdA 84: 274–308.
Diut = Graff, Eberhard Gottlieb (1826–29): Diutiska. Denkmäler deutscher Sprache und Literatur, aus alten Handschriften zum ersten Male theils herausgegeben, theils nachgewiesen und beschrieben. 3 Bde. Stuttgart, Tübingen. ND Hildesheim, New York 1970.
Dollmayr, Victor (1903). Die Sprache der Wiener Genesis. Eine grammatische Untersuchung. Straßburg (QF 94).
Donhauser, Karin (1986): Der Imperativ im Deutschen. Studien zur Syntax und Semantik des deutschen Modussystems. Hamburg (Bayreuther Beiträge zur Sprachwissenschaft 6).
Draye, Luk (1984): Neues zur zweiten Lautverschiebung? PBB 106: 344–363.
Draye, Luk (1986): Niederländisch und Germanisch. Bemerkungen zu Theo Vennemanns neuer Lautverschiebungstheorie aus niederländischer Sicht. PBB 108: 180–189.
Draye, Luk (1990): Wellentheorie und Entfaltungstheorie. Methodisches zur Lautverschiebungsdiskussion. In: Rudolf Große (Hg.): Sprache in der sozialen und kulturellen Entwicklung. Berlin (AbhSAW 73/1), 323–327.
DSA = Deutscher Sprachatlas.
Dunkel, George E. (2014) → LIPP.
Durrell, Martin (1975): Reduplication and ablaut in the Germanic strong verb. GLL 29: 48–59.
Durrell, Martin (1977): The Old High German monophthongization. ZDL 44: 50–80.
Durrell, Martin (1989): Umlaut in Old High German and after. In: Flood/Yeandle 1989: 219–232.
Düwel, Klaus (2001): Runenkunde. 3. Aufl. Stuttgart (Sammlung Metzler 72).
Düwel, Klaus / Robert Nedoma / Sigmund Oehrl (2020) → SgRi.
DWA = Deutscher Wortatlas.
DWB = Deutsches Wörterbuch von Jacob Grimm und Wilhelm Grimm. Leipzig 1854–1971. ND 1984.

Eggers, Hans (1960): Vollständiges lateinisch-althochdeutsches Wörterbuch zur althochdeutschen Isidor-Übersetzung. Berlin (DtAW, Veröffentlichungen des Instituts für deutsche Sprache und Literatur 20).
Eggers, Hans (1963): Deutsche Sprachgeschichte. 1. Das Althochdeutsche. Reinbek. Überarb. Neuaufl. von Bd. 1.2 als Deutsche Sprachgeschichte. Bd. 1. 1986.
Eggers, Hans (1987): *Uuard quhoman* und das System der zusammengesetzten Verbformen im althochdeutschen Isidor. In: Althochdeutsch 1987: 239–252.
Ehret, Wilhelm (1907): Der Instrumentalis im Althochdeutschen. Diss. Heidelberg.
Ehrismann, Gustav (1897): Untersuchungen über das mhd. Gedicht von der Minneburg. PBB 22: 257–341.
Ehrismann, Gustav (1905/06): Die Wörter für 'Herr' im Althochdeutschen. ZDW 7: 173–202.
Ehrismann, Gustav (1932): Geschichte der deutschen Literatur bis zum Ausgang des Mittelalters. Bd. 1. 2. Aufl. München.
Eichman, Thomas Lee (1973): The development of Gmc. **kann-*. ABäG 5: 1–10.
Eichner, Heiner (1987): Zu den geschlechtigen Nominativformen des Kardinalzahlworts 'drei' im Althochdeutschen. In: Althochdeutsch 1987: 190–200.
Eichner, Heiner / Robert Nedoma (2000/01 [2003]): Die *Merseburger Zaubersprüche*: Philologische und sprachwissenschaftliche Probleme aus heutiger Sicht. Sprache 42: 1–195.
Eikel, Fred jr. (1953): *H*-Schwund: a linguistic impasse. JEGPh 52: 221–225.
Eis = Eis, Gerhard (1949): Altdeutsche Handschriften. 41 Texte und Tafeln mit einer Einleitung und Erläuterungen. München.
Eisenhut, Heidi (2009): Die Glossen Ekkeharts IV. von St. Gallen im Codex Sangallensis 621. St. Gallen (Monasterium Sancti Galli 4).
Ekwall, Eilert (1904): Suffixet *ja* i senare leden af sammansatta substantiv inom de germanska språken. Uppsala (UUÅ 1904, Fil. 3).
Endermann, Heinz (2000): Zu den Tatian-Fragmenten in der Handschrift der Pariser Gespräche. In: Fs. Mettke, 61–82.
Enneccerus = Enneccerus, Magda (1897): Die ältesten deutschen Sprach-Denkmäler in Lichtdrucken. Frankfurt/M.
Erben, Johannes (1950): Syntaktische Untersuchungen zu einer Grundlegung der Geschichte der indefiniten Pronomina im Deutschen. PBB 72: 193–221.
Erdmann = Erdmann, Oskar (1874–76): Untersuchungen über die Syntax der Sprache Otfrids. 2 Bde. Halle.
Erdmann O = Erdmann, Oskar (1882): Otfrids Evangelienbuch. Halle (Germanistische Handbibliothek 5).
Erdmann, Peter H. (1972): Zur strukturalistischen Erklärung des *i*-Umlautes. Linguistics 78: 16–24.
Ernst, Oliver (2007): Die Griffelglossierung in Freisinger Handschriften des frühen 9. Jahrhunderts. Heidelberg (GermB 29).
Ernst, Oliver (2009): Kürzung in volkssprachigen Glossen. In: Bergmann/Stricker 2009: 282–315.
Ernst, Oliver / Elvira Glaser (2009): Graphematik und Phonematik. In: Bergmann/Stricker 2009: 995–1019.
Ernst, Oliver / Elvira Glaser / Andreas Nievergelt (2020) → NFG.
Ernst, Oliver / Andreas Nievergelt / Markus Schiegg (2019) → GlFreis.
Ernst, Peter (1992): Der Sprachstand der Toponymika in den Salzburger Güterverzeichnissen. In: Schützeichel 1992: 332–354.
Ernst, Peter (1997): Zum chronologischen Verhältnis von Besitz- und Lagenamen in Niederösterreich. BNF 32: 17–57.

Ertmer, Dorothee (1994): Studien zur althochdeutschen und altsächsischen Juvencusglossierung. Göttingen (SzA 26).

von Ertzdorff, Xenja (1966): Die Wiedergabe der lateinischen *Tempora Indicativi Activi* durch Notker den Deutschen von St. Gallen. ASNSL 202, Jg. 117: 401–427.

Euler, Wolfram (2022): Das Westgermanische von der Herausbildung im 3. bis zur Aufgliederung im 7. Jahrhundert. Analyse und Rekonstruktion. 2. Aufl. Berlin.

Euler, Wolfram / Konrad Badenheuer (2009): Sprache und Herkunft der Germanen. Abriss des Protogermanischen vor der Ersten Lautverschiebung. Hamburg, London.

EWA = Lloyd, Albert L. / Otto Springer / Rosemarie Lühr: Etymologisches Wörterbuch des Althochdeutschen. Göttingen 1988 ff.

EWDS = Kluge, Friedrich: Etymologisches Wörterbuch der deutschen Sprache. 25. Aufl. Bearbeitet von Elmar Seebold. Berlin, Boston 2011.

EWGP = Heidermanns, Frank: Etymologisches Wörterbuch der germanischen Primäradjektive. Berlin 1993 (SLG 33).

Fagan, Sarah M. B. (1989): Geminates in intensive and iterative Germanic class II weak verbs. PBB 111: 35–58.

Fasbender, J[oseph] (1908): Die Schlettstadter Vergilglossen und ihre Verwandten. Straßburg (UDS 2).

Feist, Sigmund (1907): Die sogenannten reduplicierenden Verba im Germanischen. PBB 32: 447–516.

Feist, Sigmund (1918): Eine ahd. Dualform des Verbs. PBB 43: 334–337.

Feist, Sigmund (1939): Vergleichendes Wörterbuch der gotischen Sprache. 3. Aufl. Leiden.

Fenselau, Hermann Albert (1892): Die Quantität der End- und Mittelsilben einschließlich der Partikeln und Präfixe in Notkers althochdeutscher Übersetzung des Boethius: ‘De consolatione philosophiae’. Diss. Halle-Wittenberg.

Feulner, Anna Helene (2000): Die griechischen Lehnwörter im Altenglischen. Frankfurt am Main (MUS-E 21).

Feulner, Anna Helene (2004): Vestigia Grecitatis: Zur ältesten christlichen Terminologie in den germanischen Sprachen. In: Poschenrieder 2004: 31–67.

von Fierlinger, Julius (1885): Zur deutschen verbal-flexion. KZ 27: 189–193.

von Fierlinger, Julius (1885a): Zur deutschen conjugation. KZ 27: 430–441.

Findebuch = Gärtner, Kurt u. a.: Findebuch zum mittelhochdeutschen Wortschatz. Stuttgart 1992.

Finsterwalder, Karl (1990–95): Tiroler Ortsnamenkunde. 3 Bde. Innsbruck (Schlern-Schriften 285–287).

Firchow, Evelyn Scherabon (1972) → Sievers H.

Firchow, Evelyn Scherabon (2000): Notker der Deutsche von St. Gallen (950–1022). Ausführliche Bibliographie. Göttingen (SzA 38).

Fischer ST = Fischer, Hanns: Schrifttafeln zum althochdeutschen Lesebuch. Tübingen 1966.

Fix, Hans (Hg.) (2007): Beiträge zur Morphologie. Germanisch, Baltisch, Ostseefinnisch. Odense (NOWELE, Suppl.-Vol. 23).

Flasdieck, Hermann M. (1930): Zur Geschichte der femininen *ō*-Flexion im Westgermanischen. IF 48: 53–66.

Flasdieck, Hermann M. (1935): Untersuchungen über die germanischen schwachen Verben III. Klasse (unter besonderer Berücksichtigung des Altenglischen). Anglia 59: 1–192.

Flasdieck, Hermann M. (1936): Die reduplizierenden Verben des Germanischen (unter besonderer Berücksichtigung des Altenglischen). Anglia 60: 241–365.

Flasdieck, Hermann M. (1937): Das Verbum *wollen* im Altgermanischen (unter besonderer Berücksichtigung des Altenglischen). Anglia 61: 1–42.
Fleischer, Jürg (2007): Das prädikative Adjektiv und Partizip im Althochdeutschen und Altniederdeutschen. Sprwiss 32: 279–348.
Fleischer, Jürg (2009): Paleographic clues to prosody? – Accents, word separation, and other phenomena in Old High German manuscripts. In: Roland Hinterhölzl / Svetlana Petrova (Hgg.): Information Structure and Language Change. New approaches to word order variation in Germanic. Berlin, New York (TLSM 203), 163–189.
Fleischer, Oskar (1882): Das Accentuationssystem Notkers in seinem Boethius. ZfdPh 14: 129–172.
Fleißner, Fabian (2023): Das Präfix *gi-* im Althochdeutschen und Altsächsischen. Eine Neubewertung seiner Bedeutung für das Tempus- und Aspektsystem. Berlin, Boston (SLG 143).
Flood, John L. / David N. Yeandle (Hgg.) (1989): *„mit regulu bithuungan“*. Neue Arbeiten zur althochdeutschen Poesie und Sprache. Göppingen (GAG 500).
Flury, Robert (1964): Struktur- und Bedeutungsgeschichte des Adjektiv-Suffixes -bar. Winterthur.
Fnhd. Gr. = Reichmann, Oskar / Klaus-Peter Wegera (Hgg.): Frühneuhochdeutsche Grammatik. Bearb. von Robert Peter Ebert, Oskar Reichmann, Hans-Joachim Solms, Klaus-Peter Wegera. Tübingen 1993 (SkG, A, 12).
Fobbe, Eilika (2004): Die Indefinitpronomina des Deutschen. Aspekte ihrer Verwendung und ihrer historischen Entwicklung. Heidelberg (GermB 18).
Fobbe, Eilika (2007): Zu einigen Indefinita in den Monseer Fragmenten und im Tatian: *Ein huuelih, sum, sihuuelih* und *ein ga huuelih*. Sprwiss 32: 1–27.
Foerste, William (1951): Rez. von Frings 1957 (^{2}1950). NdJb 74: 140–143.
Foerste, William (1969): Die germanischen Stammesnamen auf -varii. FMSt 3: 60–70.
Förstemann I = Förstemann, Ernst: Altdeutsches Namenbuch. 1. Bd. Personennamen. 2. Aufl. Bonn 1900. ND München/Hildesheim 1966.
Förster, Uwe (1966): Der Verfallsprozeß der althochdeutschen Verbalendungen, dargestellt an den Bibelglossaren der Familie M. Tübingen (Hermaea, N.F. 17).
Forstner, Karl (1974): Das Verbrüderungsbuch von St. Peter in Salzburg. Vollständige Faksimileausgabe im Originalformat. Graz (Codices selecti 51).
Fourquet, Jean (1948): Les mutations consonantiques du germanique. Paris (Publications de la Faculté des Lettres de l'Univeristé de Strasbourg 111).
Fourquet, Jean (1952): The two E's of Middle High German. A diachronic phonemic approach. Word 8: 122–135. ND (dt. Übersetzung: Die zwei E des Mittelhochdeutschen) in: Steger 1970: 518–537 (zitiert) und in Fourquet 1979: I,490–509.
Fourquet, Jean (1954): Die Nachwirkungen der ersten und zweiten Lautverschiebungen. ZMF 22: 1–33. ND in: Fourquet 1979: I,399–431.
Fourquet, Jean (1959): Le système des éléments vocaliques longs en vieil-anglais. In: Fs. Mossé, 148–160. ND in: Fourquet 1979: I,527–539.
Fourquet, Jean (1963): Einige unklare Punkte der deutschen Lautgeschichte in phonologischer Sicht. In: Die Wissenschaft von deutscher Sprache und Dichtung. Festschrift für Friedrich Maurer. Stuttgart, 84–90. ND in: Fourquet 1979: I,540–546 (zitiert).
Fourquet, Jean (1979): Recueil d'Études. 2 Bde. Paris.
Fraenkel, Ernst (1953): Rez. von Wagner 1950. ZSPh 22: 217–223.
Frakes, Jerold C. (1987): Griechisches im frühmittelalterlichen St. Gallen. Ein methodologischer Beitrag zu Notker Labeos Griechischkenntnissen. ZfdPh 106: 25–34.

Franck Afrk. = Franck, Johannes: Altfränkische Grammatik. Laut- und Flexionslehre. Göttingen 1909 (Grammatiken der althochdeutschen Dialekte II). 2. Aufl. 1971 (mit Ergänzungen und Literaturnachträgen von Rudolf Schützeichel).

Franck, Johannes (1881): Der Klang der beiden kurzen *e* im Mittelhochdeutschen. ZfdA 25: 218–225.

Franck, Johannes (1896): Der Diphthong *ea*, *ie* im Althochdeutschen. ZfdA 40: 1–60.

Franck, Johannes (1902): *consta* im Heliand. ZfdA 46: 329–340.

Franck, Johannes (1904): Die Überlieferung des Hildebrandsliedes. ZfdA 47: 1–55.

Franck, Johannes (1910) → Mnl. Gr.

Franck, Johannes (1913): Germanisch *b d g*. ZfdA 54: 1–23.

Francovich Onesti, Nicoletta (2013): Vestigia longobarde in Italia (568–774). Lessico e antroponimia. ND der 2. Aufl. Roma (Proteo 6).

Frank, Irmgard (1974): Die althochdeutschen Glossen der Handschrift Leipzig Rep. II. 6. Berlin, New York (Arbeiten zur Frühmittelalterforschung 7).

Franz, Wilhelm (1884): Die lateinisch-romanischen Elemente im Althochdeutschen. Straßburg, London.

Freudenthal, Karl Fredrik (1959): Gloria Temptatio Conversio. Studien zur ältesten deutschen Kirchensprache. Göteborg (Acta Univ. Gothoburgensis 65,2).

Frey, Evelyn (1988): Wortteilung und Silbenstruktur im Althochdeutschen. Mit einem Anhang zur mittelhochdeutschen „Speculum ecclesiae“-Handschrift. Diss. München.

Fricke, Ernst (1899): Zu den Bildungen mit lich. Diss. Leipzig. Lübeck.

von Friesen, Otto (1897): Om de germanska mediageminatorna. Med särskild hänsyn till de nordiska språken. Upsala.

Frings, Theodor (1921): Rez. von Krüer 1914. AfdA 40: 12–22.

Frings, Theodor (1939): Germanisch *ō* und *ē*. PBB 63: 1–116.

Frings, Theodor (1942): *sl* und *scl*. PBB 66: 227–231.

Frings, Theodor (1945): Das unflektierte *al*. PBB 67: 404–419.

Frings, Theodor (1953): Ahd. *pt* gleich *ft*. PBB 75: 478 f.

Frings, Theodor (1955): Vom g, von seinen Lautwerten und von germanischen Sprachlandschaften. RhVjbl 20: 170–191.

Frings, Theodor (1957): Grundlegung einer Geschichte der deutschen Sprache. 3. Aufl. Halle.

Frings, Theodor (1962): Ingwäonisches in den Bezeichnungen der Zehnerzahlen. Von England über Friesland an den Niederrhein. Mit Anhängen von G. Müller und G. Lerchner. PBB (H) 84: 1–66.

Frings, Theodor (1966–68): Germania Romana. I. 2. Aufl. besorgt von Gertraud Müller. II. Gertraud Müller und Th. F., Dreißig Jahre Forschung. Romanische Wörter. Halle (Md. St. 19/1.2).

Frings, Theodor / Elisabeth Linke (1963): Westgermanische Pronomen an Nordsee und Rhein. In: Siegfried Gutenbrunner u. a. (Hgg.): Die Wissenschaft von deutscher Sprache und Dichtung. Methoden, Probleme, Aufgaben. Festschrift für Friedrich Maurer zum 65. Geburtstag. Stuttgart, 91–117.

Fritz, Matthias / Michael Meier-Brügger (2021): Indogermanische Sprachwissenschaft. 10. Aufl. Berlin, Boston.

Fritz, Matthias / Ilse Wischer (Hgg.) (2004): Historisch-Vergleichende Sprachwissenschaft und germanische Sprachen. Akten der 4. Neulandtagung der Historisch-Vergleichenden Sprachwissenschaft in Potsdam 2001. Innsbruck (IBS 113).

Fritz, Thomas (1994): Passivformen in Otfrids Evangelienbuch: Tempus, Aspekt, Aktionsart. Sprwiss 19: 165–182.

Froschauer, Regine (2003): Genus im Althochdeutschen. Eine funktionale Analyse des Mehrfachgenus althochdeutscher Substantive. Heidelberg (GermB 16).

Froschauer, Regine (2005): *Vnbera uuas thiu quena.* Zur substantivischen Konversion im Althochdeutschen. Sprwiss 30: 247–277.

Fs. Bach = Schützeichel, Rudolf / Matthias Zender (Hgg.): Namenforschung. Festschrift für Adolf Bach zum 75. Geburtstag. Heidelberg 1965.

Fs. Beck = Uecker, Heiko (Hg.): Studien zum Altgermanischen. Festschrift für Heinrich Beck. Berlin, New York 1994 (RGA, Erg.-Bd. 11).

Fs. Beeler = Klar, Kathryn u. a. (Hgg.): American Indian and Indoeuropean Studies. Papers in honor of Madison S. Beeler. Den Haag 1980 (TLSM 16).

Fs. Behaghel = Horn, Wilhelm (Hg.): Beiträge zur germanischen Sprachwissenschaft. Festschrift für Otto Behaghel. Heidelberg 1924 (GB II, 15).

Fs. Bergmann = Glaser, Elvira / Michael Schlaefer (Hgg.): Grammatica ianua artium. Festschrift für Rolf Bergmann zum 60. Geburtstag. Heidelberg 1997.

Fs. Braune = Aufsätze zur Sprach- und Literaturgeschichte. Wilhelm Braune zum 20. Februar 1920 dargebracht von Freunden und Schülern. Dortmund 1920.

Fs. Erben = Besch, Werner (Hg.): Deutsche Sprachgeschichte. Festschrift für Johannes Erben zu seinem 65. Geburtstag. Frankfurt/Main u. a. 1990.

Fs. Fourquet = Valentin, Paul / Georges Zink (Hgg.): Mélanges pour Jean Fourquet. 37 essais de linguistique germanique et de littérature du moyen âge français et allemand. Paris, München 1969.

Fs. Frings = Karg-Gasterstädt, Elisabeth (Hg.): Fragen und Forschungen im Bereich und Umkreis der germanischen Philologie. Festgabe für Theodor Frings zum 70. Geburtstag. Berlin 1956 (DtAW, Veröffentlichungen des Instituts für deutsche Sprache und Literatur 8).

Fs. Glaser = Nievergelt, Andreas / Ludwig Rübekeil (Hgg.): *athe in palice, athe in anderu sumeuuelicheru stedi.* Raum und Sprache. Festschrift für Elvira Glaser zum 65. Geburtstag. Heidelberg 2019 (GermB 66).

Fs. Haubrichs = Greule, Albrecht u. a. (Hgg.): Studien zu Literatur, Sprache und Geschichte in Europa. Wolfgang Haubrichs zum 65. Geburtstag gewidmet. St. Ingbert 2008.

Fs. Horacek = Ebenbauer, Alfred (Hg.): Strukturen und Interpretationen. Studien zur deutschen Philologie gewidmet Blanka Horacek zum 60. Geburtstag. Wien/Stuttgart 1974 (Philologica germanica 1).

Fs. Kelle = Untersuchungen und Quellen zur germanischen und romanischen Philologie. Johann von Kelle dargebracht von seinen Kollegen und Schülern. Prag 1908 (Prager deutsche Studien 8).

Fs. Knobloch = Ölberg, Hermann M. / Gernot Schmidt (Hgg.): Sprachwissenschaftliche Forschungen. Festschrift für Johann Knobloch. Innsbruck 1985 (IBK 23).

Fs. Liberman = Goblirsch, Kurt Gustav u. a. (Hgg.): Germanic Studies in Honor of Anatoly Liberman. Odense 1997 (NOWELE 31/32).

Fs. Matzel = Eroms, Hans-Werner / Bernhard Gajek / Herbert Kolb (Hgg.): Studia Linguistica et Philologica. Festschrift für Klaus Matzel zum sechzigsten Geburtstag. Überreicht von Schülern, Freunden und Kollegen. Heidelberg 1984 (GB III).

Fs. Mettke = Haustein, Jens / Eckhard Meineke / Norbert Richard Wolf (Hgg.): Septuaginta quinque. Festschrift für Heinz Mettke. Heidelberg 2000 (JGF, N.F. 5).

Fs. Mossé = Mélanges de Linguistique et de Philologie. Fernand Mossé in memoriam. Paris 1959.

Fs. Oettinger = Melchert, H. Craig / Elisabeth Rieken / Thomas Steer (Hgg.): Munus amicitiae. Norbert Oettinger a collegis et amicis dicatum. Ann Arbor, New York 2014.

Fs. Penzl = Rauch, Irmengard / Gerald F. Carr (Hgg.): Linguistic Method. Essays in honor of Herbert Penzl. The Hague, Paris, New York 1979 (JLSM 79).

Fs. Polomé = Jazayery, Mohammad Ali / Werner Winter (Hgg.): Languages and cultures. Studies in honor of Edgar C. Polomé. Berlin, New York, Amsterdam 1988 (TLSM 36).

Fs. Quak = Kroonen, Guus u. a. (Hgg.): THI TIMIT LOF. Festschrift für Arend Quak zum 65. Geburtstag. Amsterdam, New York 2011 (ABäG 67).

Fs. Reiffenstein = Stein, Peter K. / Andreas Weiss / Gerold Hayer (Hgg.): Festschrift für Ingo Reiffenstein zum 60. Geburtstag. Göppingen 1988 (GAG 478).

Fs. Risch = Etter, Annemarie (Hg.): o-o-pe-ro-si. Festschrift für Ernst Risch zum 75. Geburtstag. Berlin, New York 1986.

Fs. Rübekeil = Marti Heinzle, Mirjam / Luzius Thöny (Hgg.): Swe gameliþ ist. Studien zur vergleichenden germanischen Sprachwissenschaft. Festschrift für Ludwig Rübekeil zum 65. Geburtstag. Heidelberg 2023 (GermB 80).

Fs. Schmid = Czajkowski, Luise / Sabrina Ulbrich-Bösch / Christina Waldvogel (Hgg.): Sprachwandel im Deutschen. Festschrift für Hans Ulrich Schmid zum 65. Geburtstag. Berlin, Boston 2018 (LHG 19).

Fs. Sehrt = Raven, Frithjof A. / Wolfram K. Legner / James C. King (Hgg.): Germanic Studies in Honor of Edward Henry Sehrt. Presented by his colleagues, students, and friends on the occasion of his eightieth birthday, March 3, 1968. Coral Gables, Florida 1968 (Miami Linguistics Series 1).

Fs. Sonderegger = Burger, Harald u. a. (Hgg.): Verborum Amor. Festschrift Stefan Sonderegger. Berlin 1992.

Fs. Starck = Betz, Werner u. a. (Hgg.): Festschrift Taylor Starck. The Hague 1964.

Fs. Tiefenbach = Greule, Albrecht / Eckhard Meineke / Christiane Thim-Mabrey (Hgg.): Entstehung des Deutschen. Festschrift für Heinrich Tiefenbach. Heidelberg 2004 (JGF, N.F. 17).

Fs. Valentin = Desportes, Yvon (Hg.): Zur Geschichte der Nominalgruppe im älteren Deutsch. Festschrift für Paul Valentin. Akten des Pariser Kolloquiums März 1999. Heidelberg 2000 (GermB 5).

Fulk, R. D. (1987): Reduplicating verbs and their development in Northwest Germanic. PBB 109: 159–178.

Fulk, R. D. (1994): Old English *dōn*, *dyde*, and the verba pura in Germanic. IF 98: 241–251.

Fulk, R. D. (2018): A Comparative Grammar of the Early Germanic Languages. Amsterdam, Philadelphia (Studies in Germanic Linguistics 3).

Fullerton, Gerald Lee (1975): Grimm's law and the WGmc. 2sg. verb ending *-s*. Linguistics 145: 87–102.

Fullerton, Gerald Lee (1977): Historical Germanic Verb Morphology. Berlin, New York (SLG 13).

Fullerton, Gerald Lee (1989): The Germanic weak nonpresent formations. PBB 111: 59–80.

Fullerton, Gerald Lee (1991): Reduplication and the prosody of ancient Germanic. PBB 113: 1–21.

Gabriel, Eugen (1969): Die Entwicklung der althochdeutschen Vokalquantitäten in den oberdeutschen Mundarten. Wien (Studien zur Österreichisch-Bayrischen Dialektkunde 5).

von Gadow, Henning (1974): Die althochdeutschen Aratorglossen der Handschrift Trier 1464. Mit einer Abbildung. München (MMS 17).

Gallée, Johan Hendrik (1993) → As. Gr.

Galton, Herbert (1954): Sound shift and diphthongization in Germanic. JEGPh 53: 585–600.

Galton, Herbert (1956): The Old High German epenthetic vowel. JEGPh 55: 234–246.

Gamper, Rudolf u. a. (2012): Die Vetus Latina-Fragmente aus dem Kloster St. Gallen. Faksimile – Edition – Kommentar. Dietikon/Zürich.

Ganslmayer, Christine (2012): Adjektivderivation in der Urkundensprache des 13. Jahrhunderts. Eine historisch-synchrone Untersuchung anhand der ältesten deutschsprachigen Originalurkunden. Berlin, Boston (SLG 97).

Gante, Christiane (2016): Denominale *ga-Nomina im Frühalthochdeutschen. Wortbildung, Grammatikalisierung, Produktivität und innergermanischer Vergleich. Mit einem Wörterbuch der frühalthochdeutschen Bildungen. Diss. Leipzig.

Gante, Christiane (2018): Pseudopartizipien im Wandel der Zeit. In: Fs. Schmid, 57–65.

García García, Luisa (2005): Germanische Kausativbildung. Die deverbalen jan-Verben im Gotischen. Göttingen (HS, Erg.-Heft 45).

Garke, Hermann (1891): Prothese und Aphaerese des *h* im Althochdeutschen. Straßburg (QF 69).

Garnier, Romain (2022): Germanic weak verbs reanalyzed as strong ones. In: Florian Sommer u. a. (Hgg.): Indogermanische Morphologie in erweiterter Sicht. Grenzfälle und Übergänge. Innsbruck (IBS 167), 1–28.

Gärtner, Kurt (1991): Die Williram-Überlieferung als Quellengrundlage für eine neue Grammatik des Mittelhochdeutschen. ZfdPh 110, Sonderheft: 23–55.

Gärtner, Kurt / Günter Holtus (1995): Die erste deutsch-französische ‘Parallelurkunde’. Zur Überlieferung und Sprache der Straßburger Eide. In: Kurt Gärtner / Günter Holtus (Hgg.): Beiträge zum Sprachkontakt und zu den Urkundensprachen zwischen Maas und Rhein. Trier (Trierer Historische Forschungen 29), 97–127.

Gebhardt, August (1908): Rez. von Schatz Abair. ZDM [9] 1908: 372–374.

Gebhardt, Michael (2000): Althochdeutsch *enteo ni uuenteo*. Zum ›Wessobrunner Schöpfungsgedicht‹, Langzeile 6. In: Fs. Mettke, 111–146.

Gerhards, Stefanie (2018): Die Murbacher Hymnen. Edition nach der Handschrift Junius 25, Bodleian Library, Oxford. München (English and Beyond 5).

Gering, Hugo (1888): Rez. von W. Braune, Althochdeutsche Grammatik. Halle 1886. ZfdPh 20: 247–250.

Gerring, Hugo (1927): Die unbestimmten Pronomina auf *-ein* im Alt- und Mittelhochdeutschen bis zum Anfang des 14. Jahrhunderts. Uppsala.

Geuenich, Dieter (1971): Prümer Personennamen in Überlieferungen von St. Gallen, Reichenau, Remiremont und Prüm. Heidelberg (BNF, Beih. 7).

Geuenich, Dieter (1976): Die Personennamen der Klostergemeinschaft von Fulda im früheren Mittelalter. München (MMS 5). Dazu Namenregister in K.Schmid 1978: 56–84.

Geuenich, Dieter (1978): Zur althochdeutschen Literatur in Fulda. In: Artur Brall (Hg.): Von der Klosterbibliothek zur Landesbibliothek. Beiträge zum 200-jährigen Bestehen der Hessischen Landesbibliothek Fulda. Stuttgart (Bibliothek des Wissens 6), 99–124.

Geuenich, Dieter (1992): Zum Zeugniswert frühmittelalterlicher Personennamen für die Sprachgeschichte des Althochdeutschen. In: Fs. Sonderegger, 667–679.

Geuenich, Dieter (1997): Geschichte der Alemannen. Stuttgart (Urban-Taschenbücher 575).

Geuenich, Dieter (Hg.) (1998): Die Franken und die Alemannen bis zur „Schlacht von Zülpich“ (496/497). Berlin (RGA, Erg.-Bd. 19).

Geuenich, Dieter (2000): Ludwig „der Deutsche“ und die Entstehung des ostfränkischen Reiches. In: Haubrichs 2000: 313–329.

Geuenich, Dieter / Wolfgang Haubrichs / Jörg Jarnut (Hgg.) (2002): Person und Name. Berlin (RGA, Erg.-Bd. 32).

Gl = Steinmeyer, Elias / Eduard Sievers (Hgg.): Die althochdeutschen Glossen. 5 Bde. Berlin 1879–1922.

Glaser, Elvira (1987): Die Stellung der Geminate *ss* im althochdeutschen Konsonantensystem. In: Althochdeutsch 1987: 54–71.
Glaser, Elvira (1988): Autonomie und phonologischer Bezug bei der Untersuchung älterer Schriftlichkeit. PBB 110: 313–331.
Glaser, Elvira (1996): Frühe Griffelglossierung aus Freising. Ein Beitrag zu den Anfängen althochdeutscher Schriftlichkeit. Göttingen (SzA 30).
Glaser, Elvira (1997): Addenda und Corrigenda zu den althochdeutschen Griffelglossen aus Echternach. In: Fs. Bergmann, 3–20.
Glaser, Elvira (2000): Zur Verwendung des Artikels in den althochdeutschen Glossen. In: Fs. Valentin, 187–212.
Glaser, Elvira (2003): Typen und Funktionen volkssprachiger (althochdeutscher) Eintragungen im lateinischen Kontext. Sprwiss 28: 1–27.
Glauch, Sonja (2000): Die Martianus-Capella-Bearbeitung Notkers des Deutschen. 2 Bde. Tübingen (MTU 116/117).
Glauche, Günter (2011): Katalog der lateinischen Handschriften der Bayerischen Staatsbibliothek München. Die Pergamenthandschriften aus dem Domkapitel Freising. Bd. 2: Clm 6317–6437 mit einem Anhang. Wiesbaden.
GlBud = Bohnert, Niels / Andreas Nievergelt / Heinrich Tiefenbach: Vergilglossen in einer Budapester Handschrift. In: Plate u. a. 2022: 103–162.
GlFreis = Ernst, Oliver / Andreas Nievergelt / Markus Schiegg: Althochdeutsche Griffel-, Feder- und Farbstiftglossen aus Freising. Clm 6293, Clm 6308, Clm 6383, Clm 21525. Berlin, Boston 2019 (LHG 21) (nach Seiten und Nummern zitiert).
Goblirsch, Kurt Gustav (1997): Notker's Law and consonant strength. In: Fs. Liberman, 135–143.
Goblirsch, Kurt Gustav (1997a): On the Old High German *Medienverschiebung*. In: Rauch/Carr 1997: 63–70.
Goblirsch, Kurt Gustav (2002): On the development of Germanic consonants. The Danish shift and the Danish lenition. PBB 124: 199–232.
Goblirsch, Kurt Gustav (2005): Lautverschiebungen in den germanischen Sprachen. Heidelberg (GermB 23).
Göcking, Wilhelm (1905): Das Partizipium bei Notker. Diss. Straßburg.
Goebel, Julius (1900): The Germanic suffix -ar-ja. PMLA 15: 321–325.
Goetz, Hans-Werner (2000): *Gentes et linguae*. Völker und Sprachen im Ostfränkisch-deutschen Reich in der Wahrnehmung der Zeitgenossen. In: Haubrichs 2000: 290–312.
Goossens, Jan (1968): Pseudo-Lautverschiebung im niederländischen Sprachraum. NdJb 91: 7–41.
Goossens, Jan (1978): Das Westmitteldeutsche und die zweite Lautverschiebung. Zur 2. Aufl. von R. Schützeichels „Grundlagen ..." (1976). ZDL 45: 281–289.
Goossens, Jan (1979): Über Dialektologie und eine angeblich merovingische Lautverschiebung. NdW 19: 198–213.
Görtzen, Jens (1998): Die Entwicklung der indogermanischen Verbindungen von dentalen Okklusiven mit besonderer Berücksichtigung des Germanischen. Innsbruck (IBS 94).
Got. Gr. = Braune, Wilhelm / Frank Heidermanns (2004): Gotische Grammatik. 20. Aufl. Tübingen (SkG, A, 1).
Götz, Heinrich (1997): Deutsch und Latein bei Notker. Ergänzungen zum Notker-Glossar von E. H. Sehrt. Tübingen.
Götz, Heinrich (1999): Lateinisch-althochdeutsch-neuhochdeutsches Wörterbuch. Berlin (AWB, Beiband).

Götz, Ursula (2006): Rez. von W. Braune / I. Reiffenstein / R. Schrodt, Althochdeutsche Grammatik I/II, ^{15}2004. ZfdA 135: 484–492.
Götze, Alfred (1899): Zur Geschichte der Adjectiva auf *-isch*. Diss. Leipzig. Halle a. S.
Graff = Graff, Eberhard Gottlieb: Althochdeutscher Sprachschatz oder Wörterbuch der althochdeutschen Sprache. 6 Bde. Berlin 1834–42.
Graff, Eberhard Gottlieb (1826–29) → Diut.
GramErtr = Heidermanns, Frank / Luise Morawetz: Zum grammatischen Ertrag der neueren althochdeutschen Glossenforschung. In: Bergmann/Stricker 2020: 155–177.
Green, Dennis H. (1965): The Carolingian Lord. Cambridge.
Grein, C.W.M. / J.J. Köhler (1912): Sprachschatz der angelsächsischen Dichter. Heidelberg (GB I, 4, 4).
von Grienberger, Theodor (1895): Die Merseburger Zaubersprüche. ZfdPh 27: 433–462.
von Grienberger, Theodor (1907): *Thiz* und *thehein*. ZDW 9: 66–77.
von Grienberger, Theodor (1921): Althochdeutsche Texterklärungen. PBB 45: 212–238.
Griepentrog, Wolfgang (1995): Die Wurzelnomina des Germanischen und ihre Vorgeschichte. Innsbruck (IBS 82).
Grimm Gr. = Grimm, Jacob: Deutsche Grammatik. 4 Bde. Göttingen 1822–36. Neuer vermehrter Abdruck. Hgg. W. Scherer / G. Roethe / E. Schröder. Berlin, Gütersloh 1870–98.
Grimm, Jacob (1858): Die ahd. Praeterita. Germ 3: 147–151.
Grimm, Jacob (1880): Geschichte der deutschen Sprache. 4. Aufl. Leipzig (^{1}1848).
Gröger, Otto (1911): Die althochdeutsche und altsächsische Kompositionsfuge. Mit Verzeichnis der althochdeutschen und altsächsischen Composita. Zürich (Abhandlungen hg. von der Gesellschaft für deutsche Sprache in Zürich 11).
Grønvik, Ottar (1986): Über den Ursprung und die Entwicklung der aktiven Perfekt- und Plusquamperfektkonstruktionen des Hochdeutschen und ihre Eigenart innerhalb des germanischen Sprachraumes. Oslo.
Grønvik, Ottar (1998): Untersuchungen zur älteren nordischen und germanischen Sprachgeschichte. Frankfurt/Main (Osloer Beiträge zur Germanistik 18).
Grotans, Anna A. (2000): *Utraque lingua*. Latein- und Deutschunterricht in Notkers St. Gallen? In: Haubrichs 2000: 260–275.
Gruber, Hans (1930): Das adverbale uz-Präfix im Gotischen und Althochdeutschen. Ein Beitrag zum Problem der Präfix-Komposition. Jena (JGF 13).
Grundr = Paul, Hermann (Hg.): Grundriss der germanischen Philologie. 2. Aufl. 3 Bde. Straßburg 1900–01.
Guchman, Mirra Moiseevna (1964): Razvitie zalogovych protivopostavlenij v germanskich jazykach [Entwicklung der Diathesenoppositionen in den germ. Sprachen]. Opyt istoriko-tipologičeskogo issledovanija rodstvennych jazykov. Moskva.
Guðmundsson, Helgi (1972): The pronominal dual in Icelandic. Reykjavík.
von Guericke, Irma (1915): Die Entwicklung des althochdeutschen Participiums unter dem Einflusse des Lateinischen. Diss. Königsberg.
Guinet, Louis (1976): Le problème de ê^{2} en vieux-haut-allemand. EG 31: 241–257.
Gürtler, Hans (1912): Zur Geschichte der deutschen *er*-Plurale, besonders im Frühneuhochdeutschen. PBB 37: 492–543.
Gusmani, Roberto (1991): Lautverschiebung und Lehnwörter: zu Vennemanns Darstellung. IncL 14: 139–141.
Gusmani, Roberto (1996): Die hochdeutsche Lautverschiebung in den „Altdeutschen (Pariser) Gesprächen“. HS 109: 133–143.

Gusmani, Roberto (2004): Graphematische Überlegungen zur hochdeutschen Lautverschiebung. In: Fs. Tiefenbach, 143–152.
Gutmacher, Erich (1914): Der Wortschatz des althochdeutschen Tatian in seinem Verhältnis zum Altsächsischen, Angelsächsischen und Altfriesischen. PBB 39: 1–83, 229–289, 571–577.
Gütter, Adolf (1989): Einstämmige germanische Gewässernamen im Norden des einstigen bairischen Nordgaues. BNF 24: 57–84.
Gütter, Adolf (2003): Zur Chronologie des Primärumlauts von /a/ im Altoberdeutschen, vor allem im Altbairischen. PBB 125: 1–23.
Gütter, Adolf (2011): Frühe Belege für den Umlaut von ahd. /u/, /ō/ und /ū/. PBB 133: 1–13.
Gysseling, Maurits (1976): De Germaanse Woorden in de Lex Salica. Verslagen en mededelingen der Koninkl. Academie voor Nederlandse Taal- en Letterkunde 1976: 60–109.
Habermann, Mechthild / Peter O. Müller / Horst Haider Munske (Hgg.) (2002): Historische Wortbildung des Deutschen. Tübingen (RGL 232).
Haider, Hubert (1983): Der Fehlschluss der Typologie. Bemerkungen zur Rekonstruktion im allgemeinen und zu den indoeuropäischen Mediae aspiratae im besonderen. In: Wolfgang Meid (Hg.): Philologie und Sprachwissenschaft. Innsbruck (IBS 43), 79–92.
Hall, Tracy Alan (2014): Constraints and repair strategies in Early Germanic and the phonology of Old High German ‹z›. PBB 136: 1–34.
Hall, Tracy Alan (2021): The realization of West Germanic +[sk] in Low German. PBB 143: 1–50.
Hammerich, Louis L. (1955): Die germanische und die hochdeutsche Lautverschiebung. I. Wie entsteht die germanische Lautverschiebung? II. Worin besteht die hochdeutsche Lautverschiebung? PBB (T) 77: 1–29, 165–205.
Hammerich, Louis L. (1964): Eine neue Hypothese vom schwachen Präteritum. In: Fs. Starck, 12–18.
Hammerich, Louis L. (1964a): Neues vom schwachen Präteritum – und altes. ZDS 20: 129–140.
Hamp, Eric P. (1990): OHG *sëzzal* and *satul*: Suffixes, Vokalentfaltung and Schwa in Germanic. NOWELE 15: 11–22.
Harbert, Wayne (1997): Underspecification and the Old High German monophthongization. In: Rauch/Carr 1997: 71–86.
Harczyk, Ignaz (1874): Einige Bemerkungen zum Tatian. ZfdA 17: 76–84.
Harðarson, Jón Axel (1989): Die *ōn*-Feminina des Germanischen und der Gen. Plur. anord. *kvinna/ kvenna*. ALH 21: 79–93.
Harðarson, Jón Axel (2005): Der geschlechtige Nom. Sg. und der neutrale Nom.-Akk. Pl. der *n*-Stämme im Urindogermanischen und Germanischen. In: Gerhard Meiser / Olaf Hackstein (Hgg.): Sprachkontakt und Sprachwandel. Akten der XI. Fachtagung der Indogermanischen Gesellschaft, 17. bis 23. September 2000, Halle an der Saale. Wiesbaden, 215–236.
Harðarson, Jón Axel (2009): Rez. von Casaretto 2004. Kratylos 54: 13–24.
Harðarson, Jón Axel (2014): Zur Entwicklung der neutralen *s*-Stämme im Germanischen. In: Fs. Oettinger, 46–63.
Harðarson, Jón Axel (2017): The morphology of Germanic. In: Jared Klein / Brian Joseph / Matthias Fritz (Hgg.): Handbook of Comparative and Historical Indo-European Linguistics. Vol. 2. Berlin, Boston (HSK 41.2), 913–954.
Harm, Volker (2001): Behauchung, Affrizierung, Frikativierung. Überlegungen zum Ausgangsstadium der althochdeutschen Tenuesverschiebung. In: Angelika Braun (Hg.): Beiträge zu Linguistik und Phonetik. Festschrift für Joachim Göschel zum 70. Geburtstag. Stuttgart (ZDL, Beih. 118), 17–30.
Harm, Volker (2001a): Zur Herausbildung der deutschen Futurumschreibung mit *werden* + Infinitiv. ZDL 68: 288–307.

Harm, Volker (2002): Neue Wege in der Lautverschiebungsdiskussion? ZDL 69: 58–68.
Harm, Volker (2004): Probleme der „Behauchungstheorie" der ahd. Tenuesverschiebung. In: Kozianka u. a. 2004: 107–124.
Harm, Volker (2013): „Elbgermanisch", „Weser-Rhein-Germanisch" und die Grundlagen des Althochdeutschen. NOWELE 66: 79–99.
Harnisch, Rüdiger / Robert Hinderling (2000): *Das schönes Haus* – Zur Bedeutung des starken Adjektivs nach bestimmtem Artikel in der deutschen Sprachgeschichte und im Bairischen der Gegenwart. In: Fs. Mettke, 201–208.
Hassmann, Hubert (1928/29): Entwicklungsgeschichte der Zwielaute in den Mundarten der bayrischen Oberpfalz und Westböhmens. Teuth 5: 180–197.
Haubrichs, Wolfgang (1975): Zum Stand der Isidor-Forschung. ZfdPh 94: 1–15.
Haubrichs, Wolfgang (1979): Georgslied und Georgslegende im frühen Mittelalter. Königstein/Ts.
Haubrichs, Wolfgang (1987): Lautverschiebung in Lothringen. Zur althochdeutschen Integration vorgermanischer Toponyme der historischen Sprachlandschaft zwischen Saar und Mosel. In: Althochdeutsch 1987: 1350–1391.
Haubrichs, Wolfgang (1992): Germania submersa. Zu Fragen der Quantität und Dauer germanischer Siedlungsinseln im romanischen Lothringen und Südbelgien. In: Fs. Sonderegger, 633–666.
Haubrichs, Wolfgang (1995): Die Anfänge. Versuche volkssprachiger Schriftlichkeit im frühen Mittelalter (ca. 700–1050/60). Frankfurt/M. 2. Aufl. Tübingen (J. Heinzle [Hg.]: Geschichte der deutschen Literatur von den Anfängen bis zum Beginn der Neuzeit, I, 1).
Haubrichs, Wolfgang (1998): Fränkische Lehnwörter, Ortsnamen und Personennamen im Nordosten der Gallia. Die ‘Gallia submersa’ als Quelle der Sprach- und Siedlungsgeschichte. In: Geuenich 1998: 102–129.
Haubrichs, Wolfgang u. a. (Hgg.) (2000): Theodisca. Berlin (RGA, Erg.-Bd. 22).
Haubrichs, Wolfgang (2003): Das althochdeutsch-lateinische Textensemble des Cod. Weiss. 91 (‘Weißenburger Katechismus’). In: Bergmann 2003: 131–137.
Haubrichs, Wolfgang (2004): Eine neue Wormser Inschrift aus der Zeit um 500 und die frühen Personennamen auf germ. **-þewaz* ‘Diener’. In: Fs. Tiefenbach, 153–172.
Haubrichs, Wolfgang / Stephan Müller (2021): Der Admonter Abrogans. Edition und Untersuchungen des Glossarfragments der Stiftsbibliothek Admont (Fragm. D1). Berlin, Boston (Studien und Quellen zur Geschichte der deutschen Sprache und Literatur 24).
Haubrichs, Wolfgang / Max Pfister (1989): „In Francia fui". Studien zu den romanisch-germanischen Interferenzen und zur Grundsprache der althochdeutschen ‘Pariser (Altdeutschen) Gespräche’. Stuttgart (AbhMAW 1989/6).
Haudry, Jean (1994): Der Ursprung des gemeingermanischen Infinitivs und des westgermanischen Gerundiums. In: Yvon Desportes (Hg.): Philologische Forschungen. Festschrift für Philippe Marcq. Heidelberg (GB III), 1–17.
Haug, Walter (1988): Nussknackersuite. Alte und neue Lesungen zu ahd. und frühmhd. Gedichten. In: Fs. Reiffenstein, 287–308.
Haug, Walter / Benedikt Konrad Vollmann (Hgg.) (1991): Frühe deutsche Literatur und lateinische Literatur in Deutschland 800–1150. Frankfurt am Main (Bibliothek des Mittelalters 1).
Haupt, Moriz (1871): Hartmann von Aue, Erec. 2. Aufl. Leipzig.
Heeroma, Klaas (1957): Fränkisch, Ingwäonisch und Luxemburgisch. ZMF 25: 65–77.
Heffner, Roe-Merill S. (1941–42): Zum Weissenburger Katechismus. JEGPh 40: 545–554; 41: 194–200.

Heffner, Roe-Merill S. (1961): A word-index to the texts of Steinmeyer, Die kleineren althochdeutschen Sprachdenkmäler. Madison.
Hehle, Christine (2002): Boethius in St. Gallen. Die Bearbeitung der 'Consolatio Philosophiae' durch Notker Teutonicus zwischen Tradition und Innovation. Tübingen (MTU 122).
Heidermanns, Frank (1986): Zur primären Wortbildung im germanischen Adjektivsystem. KZ 99: 278–307.
Heidermanns, Frank (1993) → EWGP.
Heidermanns, Frank (1996): Der Ursprung der gotischen Adverbien auf *-ba*. HS 109: 257–275.
Heidermanns, Frank (1999): Die germanischen Adjektive auf *-i-*/*-ja-* und ihr indogermanischer Hintergrund. In: Wolfgang Schindler / Jürgen Untermann (Hgg.): Grippe, Kamm und Eulenspiegel. Festschrift für Elmar Seebold zum 65. Geburtstag. Berlin, New York, 145–176.
Heidermanns, Frank (1999a): Rez. von Schuppener 1996. ZDL 66: 314–316.
Heidermanns, Frank (2004): *o*-stufige Vr̥ddhi-Bildungen im Germanischen. In: Poschenrieder 2004: 137–151.
Heidermanns, Frank (2004a) → Got. Gr.
Heidermanns, Frank (2005): Bibliographie zur indogermanischen Wortforschung. Wortbildung, Etymologie, Onomasiologie und Lehnwortschichten der alten und modernen indogermanischen Sprachen in systematischen Publikationen ab 1800. 3 Bde. + CD-ROM. Tübingen.
Heidermanns, Frank (2007): Zum Präteritum der starken Verben im Gotischen. In: Fix 2007: 57–67.
Heidermanns, Frank (2015) → Bulitta/Heidermanns.
Heidermanns, Frank (2018): Genug ist schon zu viel. Ein spezieller Präfixverlust im Althochdeutschen. In: Fs. Schmid, 35–42.
Heidermanns, Frank (2021): Ahd. *slâo* 'träge, matt' – eine kaum beachtete Wortfamilie. Sprwiss 46: 375–385.
Heidermanns, Frank (2023): Got. *sniumundo* – ahd. *sniumi* – nhd. *schleunig*. In: Fs. Rübekeil, 161–168.
Heidermanns, Frank / Luise Morawetz (2020) → GramErtr.
Heinisch, Klaus J. (1935): Prudentius-Glossen aus Freiburg. ZfdA 72: 207 f.
Heinle, Eva-Maria (1987): Zur Wortbildungsmorphologie des Adverbs im Althochdeutschen. In: Althochdeutsch 1987: 320–331.
Heinle, Eva-Maria (2004): Diachronische Wortbildung unter syntaktischem Aspekt. Das Adverb. Heidelberg (Sprache – Literatur und Geschichte, Studien zur Linguistik/Germanistik 26).
Heinrichs, Heinrich Matthias (1954): Studien zum bestimmten Artikel in den germanischen Sprachen. Gießen (BDPh 1).
Heinrichs, Heinrich Matthias (1961): 'Wye grois dan dyn andait eff andacht is ...' Überlegungen zur Frage der sprachlichen Grundschicht im Mittelalter. ZMF 28: 97–153.
Heinrichs, Heinrich Matthias (1967): Lautverschiebung und Sprachschichten im Mittelalter. In: Ludwig Erich Schmitt (Hg.): Verhandlungen des 2. Internationalen Dialektologenkongresses. 1. Bd. Wiesbaden (ZMF, Beih. N.F. 3), 363–372.
Heinzel, Richard (1874): Geschichte der Niederfränkischen Geschäftssprache. Paderborn.
Heinzel, Richard (1875–76): Wortschatz und Sprachformen der Wiener Notker-Handschrift. I.–III. SbÖAW 80: 679–744; 81: 203–350; 82: 523–540.
Hellgardt = Hellgardt, Ernst (Hg.) (2022): Vom St. Galler Abrogans zum Erfurter Judeneid: Frühe deutsche Prosa von ca. 800 bis ca. 1200. 2 Bde. Berlin, Boston.
Hellgardt, Ernst (2022a): Überlieferungsgeschichte der frühen deutschen Literatur. Chronologische Skizze und Katalog. In: Plate u. a. 2022: 1–102.
Helm, Karl (1924): Die Sprachpausen in der älteren deutschen Sprache. In: Fs. Behaghel, 110–140.

Helm, Karl (1936): Zur althochdeutschen Grammatik. PBB 60: 427–440.
Helm, Karl (1949): Zur vorgeschichtlichen Betonung der germanischen Substantiva. PBB 71: 250–265.
van Helten, Willem L. (1892, 1893, 1895, 1896, 1903, 1905, 1909, 1910): Grammatisches. PBB 16: 272–314; 17: 272–302; 20: 506–525; 21: 437–498; 28: 497–569; 30: 213–251; 34: 101–142; 36: 435–515.
van Helten, Willem L. (1897): Zur Sprache des Leidener Williram. PBB 22: 437–519.
van Helten, Willem L. (1900): Zu den Malbergischen Glossen und den salfränkischen Formeln und Lehnwörtern in der Lex Salica. PBB 25: 225–542.
van Helten, Willem L. (1905/06): Zum germanischen Zahlwort. IF 18: 84–126.
van Helten, Willem L. (1909/10): Zur pronominalen Flexion im Altgermanischen. IF 26: 174–186.
van Helten, Willem L. (1909a): Das Pronom *jener*. ZDW 11: 57–60.
van Helten, Willem L. (1910a): Zur germanischen Grammatik. IF 27: 278–294.
Hempen, Ute (1988): Die starken Verben im Deutschen und Niederländischen. Tübingen (LA 214).
Hench Is = Hench, George Allison: Der althochdeutsche Isidor. Facsimile-Ausgabe des Pariser Codex nebst critischem Texte der Pariser und Monseer Bruchstücke. Mit Einleitung, grammatischer Darstellung und einem ausführlichen Glossar. Straßburg 1893 (QF 72).
Hench MF = Hench, George Allison: The Monsee Fragments. Newly collated text with introduction, notes, grammatical treatise and an exhaustive glossary and a photo-lithographic fac-simile. Straßburg 1890.
Henkel, Nikolaus (2000): Deutsche Glossen. Zum Stellenwert der Volkssprache bei der Erschließung lateinischer Klassiker. In: Haubrichs 2000: 387–413.
Henkel, Nikolaus (2001): Verkürzte Glossen. Technik und Funktion innerhalb der lateinischen und deutschsprachigen Glossierungspraxis des frühen und hohen Mittelalters. In: Bergmann 2001: 429–451.
Henning, Rudolf (1874): Über die Sanctgallischen Sprachdenkmäler bis zum Tode Karls des Großen. Straßburg.
Henning, Rudolf (1892): Die ortsnamen auf *-as* in den lateinischen urkunden des mittelalters. KZ 31: 297–308.
Henrici, Ernst (1878): Über die substantivische Anwendung der Bildungen mit *-līh* in der Bedeutung 'jeder' bis zum 11. Jahrh. PBB 5: 51–62.
Henzen, Walter (1928/29): Zur Abschwächung der Nachtonvokale im Höchstalemannischen. Teuth 5: 105–156.
Henzen, Walter (1940): Fortleben der alten schwachen Konjugationsklassen im Lötschental. PBB 64: 271–308.
Henzen, Walter (1965): Deutsche Wortbildung. 3. Aufl. Tübingen (SkG, B, 5).
Herbers, Birgit (2002): Verbale Präfigierung im Mittelhochdeutschen. Eine semantisch-funktionale Korpusanalyse. Tübingen (SMG 1).
Herren, Michael W. (Hg.) (1988): The Sacred Nectar of the Greeks. The study of Greek in the west in the early middle ages. London (King's College London Medieval Studies 2).
Heusler, Andreas (1888): Der alemannische Consonantismus in der Mundart von Baselstadt. Straßburg.
Heusler, Andreas (1889): Zur Lautform des Alemannischen. Germ 34: 112–130.
Hiersche, Rolf (1968): Neuere Theorien zur Entstehung des germanischen schwachen Präteritums. ZfdPh 87: 391–404.
Hiersche, Rolf (1970): Rez. von Bech 1969. Kratylos 15: 81–89.

Hildebrandt SH = Hildebrandt, Reiner: Summarium Heinrici. 3 Bde. Berlin 1974/82/95 (QF N.F. 61, 78, 109).
Hildebrandt, Horst (1937): Die altdeutschen Zahlverbindungen. Diss. Berlin. Gräfenhainichen.
Hildebrandt, Reiner (2009): Das 'Summarium Heinrici'. In: Bergmann/Stricker 2009: 665–682.
Hill, Eugen (2003): Untersuchungen zum inneren Sandhi des Indogermanischen. Der Zusammenstoß von Dentalplosiven im Indoiranischen, Germanischen, Italischen und Keltischen. Bremen (Münchner Forschungen zur historischen Sprachwissenschaft 1).
Hill, Eugen (2004): Das germanische Verb für 'tun' und die Ausgänge des germanischen schwachen Präteritums. Sprwiss 29: 257–303.
Hill, Eugen (2006): Zur Terminologie der Feuergewinnung in den altgermanischen Sprachen. PBB 128: 375–397.
Hill, Eugen (2009): Das starke Präteritum der Klasse VII in den nord- und westgermanischen Sprachen. IJDL 6: 49–123.
Hill, Eugen (2010): A case study in grammaticalized inflectional morphology. Origin and development of the Germanic weak preterite. Diachronica 27: 411–458.
Hill, Eugen (2016): Keltischer Einfluss in der Flexion des deutschen geschlechtigen Pronomens? In: Wich-Reif 2016: 1–34.
Hilmarsson, Jörundur (1991): On $\bar{e}^2$ in Germanic. ALH 23: 33–47.
Hiltensberger, Gerald (2008): Die althochdeutsche Glossierung der ›*vitia cardinalia*‹ Gregors des Großen. Heidelberg (GermB 31).
Hinderling, Robert (1967): Studien zu den starken Verbalabstrakta des Germanischen. Berlin (QF, N.F. 24).
Hirt Idg. = Hirt, Herman: Indogermanische Grammatik. 7 Bde. Heidelberg 1921–37 (IB I, 1, 13).
Hirt Urg. = Hirt, Herman: Handbuch des Urgermanischen. 3 Bde. Heidelberg 1931–34 (IB I, 1, 21).
Hirt, Herman (1894): Grammatische Miscellen. PBB 18: 519–530.
Hirt, Herman (1896): Zu den germanischen Auslautgesetzen. IF 6: 47–79.
Hirt, Herman (1904/05): Zur Verbalflexion. IF 17: 278–292.
Hock, Hans Henrich (1973): On the phonemic status of Germanic *e* and *i*. In: Braj B. Kachru u. a. (Hgg.): Issues in Linguistics. Papers in honor of Henry und Renée Kahane. Urbana, 319–351.
Hodler, Werner (1954): Grundzüge einer germanischen Artikellehre. Heidelberg (GB III).
van der Hoek, Michel (2010): Old Franconian and Middle Dutch ‹gh› and velar palatalization. PBB 132: 1–17.
Hoffmann-Krayer, Eduard (1895): Rez. von Giov. Giordani: La colonia tedesca di Alagna-Valsesia e il suo dialetto. Torino 1891. AfdA 21: 26–39.
Hoffmann-Krayer, Eduard (1897): Got. *jains*, ahd. *jenēr*, *enēr*, mhd. *ein* und verwantes. KZ 34: 144–152.
Hoffmann-Krayer, Eduard (1907): Ferndissimilation von *r* und *l* im Deutschen. In: Festschrift zur 49. Versammlung deutscher Philologen und Schulmänner in Basel 1907. Basel, 491–506.
Hoffmann-Krayer, Eduard (1924): Grundsätzliches über Ursprung und Wirkung der Akzentuation. In: Fs. Behaghel, 35–57.
Hoffory, Julius (1885): Die reduplicirten praeterita im altnordischen. KZ 27: 593–602.
Höfler, Otto (1955, 1956): Stammbaumtheorie, Wellentheorie, Entfaltungstheorie. PBB (T) 77: 30–66, 424–476; 78: 1–44.
Höfler, Otto (1957): Die zweite Lautverschiebung bei Ostgermanen und Westgermanen. PBB (T) 79: 161–350.
Hofmann, Josef (1955): Zur Würzburger Beicht. PBB (H) 76: 534–552.

Hofmann, Josef (1963): Altenglische und althochdeutsche Glossen aus Würzburg und dem weiteren angelsächsischen Missionsgebiet. PBB (H) 85: 27–131.
Hogg, Richard M. / R. D. Fulk (2011): A Grammar of Old English. Vol. 2: Morphology. Chichester.
Hole, Daniel (2005): Zur Sprachgeschichte einiger deutscher Pronomina. Sprwiss 30: 49–75.
Hollifield, Patrick Henry (1979): Final *ō in monosyllabics in North and West Germanic. Sprache 25: 54–56.
Hollifield, Patrick Henry (1980): The phonological development of final syllables in Germanic. Sprache 26: 19–53, 145–178. Addenda: Sprache 28, 1982: 26; 30, 1984: 73–79.
Hollifield, Patrick Henry (1984): Raising in unaccented syllables in Germanic. Sprache 30: 29–72.
Holthausen As. = Holthausen, Ferdinand: Altsächsisches Elementarbuch. 2. Aufl. Heidelberg 1921 (GB I, 1, 5).
Holthausen, Ferdinand (1885): Die reduplicirenden verba im germanischen. KZ 27: 618–623.
Holtzmann, Adolf (1841): Rez. von J. Grimm: Dt. Grammatik, 3. Ausgabe 1840. Heidelberger Jahrbücher der Literatur 1841: 770–777.
Holtzmann, Adolf (1866): Althochdeutsche Glossare und Glossen. Germ 11: 30–69.
Holtzmann, Adolf (1870): Altdeutsche Grammatik. I, 1. Die spezielle Lautlehre. Leipzig.
Horjak, Luka (2020): Rez. von W. Braune / F. Heidermanns, Althochdeutsche Grammatik I, [16]2018. Journal for Foreign Languages 12: 331–334.
Horn, Wilhelm (1898): Beiträge zur deutschen Lautlehre. Diss. Gießen.
Hotzenköcherle, Rudolf (1956): Umlautphänomene am Südrand der Germania. In: Fs. Frings, 221–250.
Hotzenköcherle, Rudolf (1960): Ein Musterfall südalemannischer Raumgestaltung. ZMF 27: 65–81.
Howe, Stephen (1996): The personal pronouns in the Germanic languages. Berlin (SLG 43).
HRG = Handwörterbuch zur deutschen Rechtsgeschichte. Hg. Adalbert Erler u. a. 5 Bde. Berlin 1971–98.
Hucko, Matthias (1904): Bildung der Substantiva durch Ableitung und Zusammensetzung im Altsächsischen. Diss. Straßburg.
Hyldgaard-Jensen, Karl (1990): Methodisches zur linguistischen Erforschung des Verhältnisses Althochdeutsch–Altniederdeutsch–Altnordisch. In: Fs. Erben, 59–66.
IEW = Pokorny, Julius (1959): Indogermanisches etymologisches Wörterbuch. Bd. I. Bern.
Ingenbleek, Theodor (1880): Über den Einfluss des Reimes auf die Sprache Otfrids. Straßburg (QF 37).
Isakson, Bo (2002): How primary was the OHG primary Umlaut? NOWELE 41: 99–104.
Iverson, Gregory K. / Garry W. Davis / Joseph C. Salmons (1996): Blocking environments in Old High German umlaut. FLH 15: 131–148.
Iverson, Gregory K. / Joseph C. Salmons (2008): Germanic aspiration. Phonetic enhancement and language contact. Sprwiss 33: 257–278.
Jacob, A[rnd] (1897): Die Glossen des Cod. S. Pauli D/82. Diss. Jena. Halle a. S.
Jacobi, Theodor (1843): Beiträge zur Deutschen Grammatik. Berlin.
Jäger, Agnes (im Druck): Die Entstehung des deutschen *werden*+Infinitiv-Futurs – ein alternatives Szenario. PBB 145.
Janko, Josef (1903/04): Soustava dlouhých koncových v stare germanštině (System der langen Endsilben im Altgermanischen). Prag 1903 (Eigenreferat). IFAnz 15: 246–271.
Janko, Josef (1905): Rez. von Walde 1900. IFAnz 17: 55–75.
Janko, Josef (1906): Rez. von Trautmann 1906. IFAnz 19: 41–47.
Janko, Josef (1906/07): Über germ. *ē*² und die sog. reduplizierenden Praeterita. IF 20: 229–316.
Janko, Josef (1910): Rez. von Wilmanns III,2 (1909). IFAnz 27: 20–40.

Jasanoff, Jay H. (1973): The Germanic third weak class. Lg 49: 850–870.
Jasanoff, Jay H. (1980): The nominative singular of *n*-stems in Germanic. In: Fs. Beeler, 375–382.
Jasanoff, Jay H. (2002): The nom. sg. of Germanic *n*-stems. In: A.R. Wedel / H.-J. Busch (Hgg.): Verba et litterae. Explorations in Germanic languages and German literature. Newark, Del., 31–46.
Jasanoff, Jay H. (2007): From reduplication to ablaut. The class VII strong verbs of Northwest Germanic. HS 120: 241–284.
Jasanoff, Jay H. (2014): Gothic *stojan* 'judge', Old High German *stūēn* 'atone (for)'. In: Fs. Oettinger, 113–120.
Jeep, John M. (1987): Stabreimende Wortpaare bei Notker Labeo. Göttingen (SzA 10).
Jellinek, Max Hermann (1891): Germ. *g* und die Lautverschiebung. PBB 15: 268–286.
Jellinek, Max Hermann (1891a): Die Monseer Glossen. PBB 15: 412–431.
Jellinek, Max Hermann (1891b): Zur Deklination der ahd. Abstracta. Germ 36: 137–139.
Jellinek, Max Hermann (1891c): Germanisch $\bar{e}^2$. PBB 15: 297–301.
Jellinek, Max Hermann (1891d): Beiträge zur Erklärung der germanischen Flexion. Berlin.
Jellinek, Max Hermann (1892): Zur Frage nach der Verschiebung der Gutturale. ZfdA 36: 77–88.
Jellinek, Max Hermann (1892a): Gotisch *w*. ZfdA 36: 266–278.
Jellinek, Max Hermann (1893): Rez. von Collitz 1891. AfdA 19: 33–38.
Jellinek, Max Hermann (1895): Zur Lehre von den langen Endsilben. ZfdA 39: 125–151.
Jellinek, Max Hermann (1897): Zu Notkers Anlautgesetz. ZfdA 41: 84–87.
Jellinek, Max Hermann (1898): Rez. von Wilmanns ^{2}I, ^{1}II. ZÖG 49: 513–523.
Jellinek, Max Hermann (1900): Die Endung der 2. Pers. Pl. Präs. im Ahd. IF 11: 197–200. Nachtrag: IF 13, 1902/03: 125 f.
Jellinek, Max Hermann (1901): Ahd. Miszellen. AfdA 25: 328.
Jellinek, Max Hermann (1901a): Rez. von Walde 1900. ZÖG 52: 1077–1089.
Jellinek, Max Hermann (1909): Zum schwachen Adjektiv. PBB 34: 581–584.
Jellinek, Max Hermann (1913, 1914): Geschichte der neuhochdeutschen Grammatik. Von den Anfängen bis auf Adelung. 2 Bde. Heidelberg (GB II, 7).
Jellinek, Max Hermann (1925): Ahd. *v* = *f*. PBB 49: 111–114.
Jellinek, Max Hermann (1935): Bemerkungen zum Notkertext. ZfdA 72: 109–112.
Joesten, Maria (1931): Untersuchungen zu den ahd. (as.) *ë*, *i* vor *u* der Folgesilbe und zur 1. P. Sg. Präs. Ind. der starken *e*-Verben (Kl. III^b, IV, V). Gießen (GBDPh 28).
Johannisson, Ture (1939): Verbal och postverbal partikelkomposition i de germanska språken. Diss. Lund.
Johannsson, Ellert Thor (2009): Old High German 1st Person Plural Ending -mēs and Cod. Sang. 916. Diss. Cornell University.
Johansson, Karl Ferdinand (1889): Über die idg. Verbindungen von *s (z)* + Guttural + *l*, *m*, *n* in den germanischen Sprachen. PBB 14: 289–368.
Johansson, Karl Ferdinand (1890): Morphologische Studien. BB 16: 121–170.
Johansson, Karl Ferdinand (1900): Anlautendes indogerm. *b*-. KZ 36: 342–390.
Jones, William Jervis (1979): Graphemic evidence for the diphthongisation of /ē/ and /ō/ in Old High German: the case re-opened. Nph 63: 250–259.
Jones, William Jervis (1990): German Kinship Terms (750–1500). Documentation and analysis. Berlin, New York (SLG 27).
Jünemann, Hans (1967): Die indeklinablen schwachen Adjektive des Germanischen. Diss. Hamburg.
Jung, Fritz Gerhard (1938): Das Wort 'trocken'. Diss. Berlin.

Jungandreas, Wolfgang (1954, 1955): Vom Merowingischen zum Französischen. Die Sprache der Franken Chlodwigs. LB 44: 115–133; 45: 1–19.
Jungandreas, Wolfgang (1972): Westfränkisch? LB 61: 213–230.
Justus, Carol F. (1996): Numeracy and the Germanic upper decads. JIES 24: 45–80.
Kacnel'son, Solomon Davidovič (1966): Sravitel'naja akcentologija germanskich jazykov. Moskau.
Kappe, Rudolf (1909, 1910): Hiatus und Synaloephe bei Otfrid. ZfdPh 41: 137–208, 320–359, 470–508; 42: 15–60, 189–233.
Karg-Gasterstädt, Elisabeth (1945): *got* und *abgot*. PBB 67: 420–433.
Karsten, Torsten Evert (1897): Beiträge zur Geschichte der *ē*-Verba im Altgermanischen. Helsingfors (MSN 2). 169–273.
Karstien, Carl (1921): Die reduplizierten Perfekta des Nord- und Westgermanischen. Gießen (GBDPh 1).
Karstien, Carl (1927): Altalemannisch *bi-heialt*. PBB 51: 24–27.
Katara, Pekka (1912): Die Glossen des Codex Seminarii Trevirensis R. III. 13. Textausgabe mit Einleitung und Wörterverzeichnissen. Helsingfors.
Katara, Pekka (1939): Die ursprünglich reduplizierenden Verba im Niederdeutschen. Beiträge zur Geschichte der deutschen Verbalflexion. Helsinki (MSN 12).
Kauffmann, Friedrich (1887): Zur Geschichte des germanischen Consonantismus. PBB 12: 504–547.
Kauffmann, Friedrich (1888): Geschlossenes *e* aus *ë* vor *i*. PBB 13: 393 f.
Kauffmann, Friedrich (1888a): Behaghels Argumente für eine mhd. Schriftsprache. PBB 13: 464–503.
Kauffmann, Friedrich (1890): Geschichte der schwäbischen Mundart. Straßburg.
Kauffmann, Friedrich (1892): Über ahd. Orthographie. Germ 37: 243–264.
Kauffmann, Friedrich (1896): Das Hildebrandslied. In: Philologische Studien. Festgabe für Eduard Sievers zum 1. Oktober 1896. Halle, 124–178.
Kauffmann, Friedrich (1900): Das keronische Glossar. Seine Stellung in der Geschichte der althochdeutschen Orthographie. ZfdPh 32: 145–173. Dazu Steinmeyer 1900.
Kauffmann, Friedrich (1915): Das Problem der hochdeutschen Lautverschiebung. ZfdPh 46: 333–393.
Kaufmann, Henning (1961): Genetivische Ortsnamen. Tübingen.
Kaufmann, Henning (1965): Untersuchungen zu altdeutschen Rufnamen. München.
Kaufmann, Henning (1968): Ergänzungsband zu Ernst Förstemann, Altdeutsche Personennamen. München.
Kaufmann, Paulus (1912): Über Genera Verbi im Althochdeutschen besonders bei Isidor und Tatian. Diss. Leipzig. Erlangen.
Kelle O = Kelle, Johann: Otfrids von Weissenburg Evangelienbuch. 2. Bd. Die Formen- und Lautlehre der Sprache Otfrids. Regensburg 1869. ND Aalen 1963.
Kelle, Johann (1885): Das Verbum und Nomen in Notker's Boethius. SbÖAW 109: 229–316.
Kelle, Johann (1886): Verbum und Nomen in Notkers Capella. ZfdA 30: 295–345.
Kelle, Johann (1886a): Das Verbum und Nomen in Notkers Aristoteles. ZfdPh 18: 342–369.
Kelle, Johann (1889): Untersuchungen zur Überlieferung, Übersetzung, Grammatik der Psalmen Notkers. Berlin (SGPh 3).
Keller, Rudolf Ernst (1978): The German language. London.
Keller, Wolfgang (1908): Über die Akzente in den angelsächsischen Handschriften. In: Fs. Kelle, 97–120.

Kern, Johan Hendrik (1877): Middelnederlandsche woorden uit oorkonden. Taalkundige Bijdragen 1: 46–53.
Kern, Peter Chr. / Herta Zutt (1977): Geschichte des deutschen Flexionssystems. Tübingen (Germanistische Arbeitshefte 22).
Kieckers, Ernst (1921): Zu altengl. *specan* und ahd. *spechan* 'sprechen'. PBB 45: 304 f.
von Kienle, Richard (1969): Historische Laut- und Formenlehre des Deutschen. 2. Aufl. Tübingen (SkG, A, 11).
King, James C. / Petrus W. Tax (Hgg.) (1996): Notker der Deutsche. Die kleineren Schriften. Tübingen (Die Werke Notkers des Deutschen 7).
King, Robert D. (1969): Historical Linguistics and Generative Grammar. Englewood Cliffs.
Kiparsky, Paul (2009): The Old High German weak preterite. In: Patrick O. Steinkrüger / Manfred Krifka (Hgg.): On Inflection. Berlin, Boston (TLSM 184), 107–124.
Kirschstein, Bettina (1962): Sprachliche Untersuchungen zur Herkunft der ahd. Isidorübersetzung, insbesondere zur „Murbacher These". PBB (T) 84: 5–122.
Klaes, Falko (2017): Mittelalterliche Glossen und Texte aus Trier. Studien zur volkssprachigen Trierer Überlieferung von den Anfängen bis zum Ende des 11. Jahrhunderts im lateinischen Kontext. Heidelberg (GermB 60).
Kleiber, Wolfgang (1971): Otfrid von Weißenburg. Bern (BG 14).
Kleiber, Wolfgang (1987): Zur Sprache der ahd. Glossen Otfrids in Cod. Guelf. 50 Weiss. In: Althochdeutsch 1987: 532–544.
Kleiber, Wolfgang (2000): Zur Graphemik und Lexik in den Otfridhandschriften VP. In: Haubrichs 2000: 118–142.
Kleiber, Wolfgang / Max Pfister (1992): Aspekte und Probleme der römisch-germanischen Kontinuität. Sprachkontinuität an Mosel, Mittel- und Oberrhein sowie im Schwarzwald. Stuttgart (AWLMainz, Kommission für Namenforschung).
Klein, Thomas (1977): Studien zur Wechselbeziehung zwischen altsächsischem und althochdeutschem Schreibwesen und ihrer sprach- und kulturgeschichtlichen Bedeutung. Göppingen (GAG 205).
Klein, Thomas (1979): Zum altniederländischen 'Leidener Willeram' und zu einigen westgermanischen Pronominalformen. ZfdPh 98: 425–447.
Klein, Thomas (1987): Zur althochdeutschen Flexionsmorphologie in synchroner Sicht. In: Althochdeutsch 1987: 147–168.
Klein, Thomas (1990): Zur Nordgrenze des Althochdeutschen und zu germ. *ƀ*, *g* im Altmittelfränkischen. PBB 112: 26–54.
Klein, Thomas (1992): Zu *horna* und zur sprachlichen Einordnung der Gallehus-Inschrift. PBB 114: 212–226.
Klein, Thomas (1994): Althochdeutsch *diutisc* und die Adjektive auf *-isc* im Alt- und Mittelhochdeutschen. In: Fs. Beck, 381–410.
Klein, Thomas (1995): Längenbezeichnung und Dehnung im Mittelfränkischen des 12. und 13. Jahrhunderts. ABäG 42: 41–71.
Klein, Thomas (2000): Zur Sprache der Pariser Gespräche. In: Haubrichs 2000: 38–59.
Klein, Thomas (2000a): Rheinische und westfälische Sprachgeschichte bis 1300. In: Jürgen Macha u. a. (Hgg.): Rheinisch-westfälische Sprachgeschichte. Köln, 3–48.
Klein, Thomas (2001): Zur Herkunft von Tatian γ und zum Schreiber/Übersetzer-Problem der lat.-ahd. Tatianbilingue. In: Rudolf Bentzinger / Damaris Nübling (Hgg.): Sprachgeschichte, Dialektologie, Onomastik, Volkskunde. Beiträge zum Kolloquium am 3.–4. Dezember 1999 an

der Johannes-Gutenberg-Universität Mainz. Wolfgang Kleiber zum 70. Geburtstag. Stuttgart (ZDL, Beih. 115), 17–43.
Klein, Thomas (2003): Althochdeutsch und Altniederländisch. ABäG 57: 19–60.
Klein, Thomas (2004): Im Vorfeld des Althochdeutschen und Altsächsischen. In: Fs. Tiefenbach, 241–270.
Klein, Thomas (2005): Zur fränkischen Einheitsdeklination der Feminina auf *-e*. In: Arend Quak / Tanneke Schoonheim (Hgg.): Gehugdic sis samnungun thinro. Liber amicorum Willy Pijnenburg. Groningen, 141–165.
Klein, Thomas (2005a): Die mittelhochdeutsche Apokope und Synkope nach Liquid: in mittelhochdeutschen Grammatiken und Wörterbüchern und in mittelhochdeutschen Handschriften. In: Ralf Plate / Andrea Rapp u. a. (Hgg.): Lexikographie und Grammatik des Mittelhochdeutschen. Beiträge des internationalen Kolloquiums an der Universität Trier, 19. und 20. Juli 2001. Mainz, Stuttgart (AbhMAW 2005/5), 121–162.
Klein, Thomas (2007): Von der semantischen zur morphologischen Steuerung. Zum Wandel der Adjektivdeklination in althochdeutscher und mittelhochdeutscher Zeit. In: Fix 2007: 193–225.
Klein, Thomas (2009/18) → KSW.
Klein, Thomas (2012): Zu Herkunft, Sprache und Übersetzer des Vocabularius Sti. Galli. ZfdPh 131: 3–32.
Klein, Thomas (2013): Zum *r*-Plural im Westgermanischen. NOWELE 66: 169–196.
Klein, Thomas (2016): mit alledem. In: Carmen Bluhm / Jens Hopperdietzel / Lars Erik Zeige (Hgg.): Glossarium amicorum. Festschrift für Karin Donhauser. Berlin, 139–149.
Klein, Thomas (2021): Gab es eine mitteldeutsche Monophthongierung? Sprwiss 46: 267–314.
Klein, Thomas / Eva Büthe (2011): Regularisierung des Irregulären. Zur Geschichte der Verbgruppe um *gehen* und *stehen* im Mittelfränkischen. In: Ralf Plate / Martin Schubert (Hgg.): Mittelhochdeutsch. Beiträge zur Überlieferung, Sprache und Literatur. Festschrift für Kurt Gärtner zum 75. Geburtstag. Berlin, Boston, 305–330.
Kletschke, Hans (1933): Die Sprache der Mainzer Kanzlei nach den Namen der Fuldaer Urkunden. Halle (Hermaea 29).
Klingenberg, Heinz (1993): *braht* und *brant*. Zum althochdeutschen Hildebrandlied. In: Bela Brogyanyi / Reiner Lipp (Hgg.): Comparative-Historical Linguistics: Indo-European and Finno-Ugric. Papers in honor of Oswald Szemerényi. 3. Bd. Amsterdam (ASTHLS 97), 407–467.
Klingenschmitt, Gert (1987): Erbe und Neuerung beim germanischen Demonstrativpronomen. In: Althochdeutsch 1987: 169–189.
Kluge, Friedrich (1882): Grammatisches. PBB 8: 334–342.
Kluge, Friedrich (1882a): Sprachhistorische Miscellen. 1. Ae. *nosu*. PBB 8: 506–513.
Kluge, Friedrich (1883): Zur altgermanischen sprachgeschichte. KZ 26: 68–103.
Kluge, Friedrich (1884): Die germanische Consonantendehnung. PBB 9: 149–186.
Kluge, Friedrich (1887): Zur althochdeutschen Lautlehre. PBB 12: 376–382.
Kluge, Friedrich (1894): Germanisches. IF 4: 309–312.
Kluge, Friedrich (1907): Allerlei Berichtigungen. ZDW 9: 316–318.
Kluge, Friedrich (1909): Gotische Lehnworte im Althochdeutschen. PBB 35: 124–160.
Kluge, Friedrich (1910): Got. saian waian = ags. sáwan wáwan. In: Festschrift Wilhelm Viëtor. Marburg (Die neueren Sprachen 1910, Erg.-Bd.), 106–108.
Kluge, Friedrich (1913): Urgermanisch. Vorgeschichte der altgermanischen Sprachen. 3. Aufl. Straßburg (Grundr, 3. Aufl., II).
Kluge, Friedrich (1926): Nominale Stammbildungslehre der altgermanischen Dialekte. 3. Aufl. Halle (SkG, B, 1).

Kluge, Friedrich / G. Baist (1896): Altfrz. *dh* (ð) in altenglischen und altdeutschen Lehnworten. ZRP 20: 322–334.
Kluge, Friedrich / Elmar Seebold (2011) → EWDS.
Knapp, Fritz Peter (1968): Ahd. teta – tātum. In: Festschrift Otto Höfler. Wien, 301–314.
Knapp, Fritz Peter (1970): Got. *mizdo* – ahd. *miata*. PBB (T) 92: 17–25.
Knapp, Fritz Peter (1974): Wiederum germanisches $\bar{e}^2$. PBB (T) 96: 207–240.
Knitl, Elisabeth (1955): Personennamen in den Traditionen des Hochstifts Freising. Bildungen mit ahd. *berht*. In: Corolla Linguistica. Festschrift Ferdinand Sommer zum 80. Geburtstag am 4. Mai 1955. Wiesbaden, 107–114.
Köbler, Gerhard (1986): Althochdeutsch-neuhochdeutsch-lateinisches und lateinisch-althochdeutsches Wörterbuch zum Notkerglossator. Gießen (Arbeiten zur Rechts- und Sprachwissenschaft 23).
Köbler, Gerhard (1992): Vom Umfang des Althochdeutschen. In: Fs. Sonderegger, 129–155.
Köbler, Gerhard (1993): Wörterbuch des althochdeutschen Sprachschatzes. Paderborn.
Köbler, Gerhard (1994): Taschenwörterbuch des althochdeutschen Sprachschatzes. Paderborn (UTB 1823).
Kock, Axel (1891): Zur Laut- und Formenlehre der altnordischen Sprachen. PBB 15: 242–267.
Kock, Axel (1898): Der *a*-Umlaut und der Wechsel der Endvokale *a* : *i* (*e*) in den altnord. Sprachen. PBB 23: 484–554.
Koekkoek, Byron J. (1963): On the Old High German noun inflection. SIL 17: 29–34.
Kögel Lg. = Kögel, Rudolf: Geschichte der deutschen Literatur bis zum Ausgang des Mittelalters. I. Bd. Bis zur Mitte des 11. Jahrhunderts. Strassburg. 1. Teil: Die stabreimende Dichtung und die gotische Prosa. 1894. 2. Teil: Die endreimende Dichtung und die Prosa der althochdeutschen Zeit. 1897. Ergänzungsheft: Die altsächsische Genesis. 1895.
Kögel, Rudolf (1879): Über das Keronische Glossar. Halle.
Kögel, Rudolf (1880): Über einige germanische Dentalverbindungen. PBB 7: 171–201.
Kögel, Rudolf (1882): Zum deutschen Verbum. PBB 8: 126–139.
Kögel, Rudolf (1884): Zu den Murbachischen Denkmälern und zum Keronischen Glossar. PBB 9: 301–360.
Kögel, Rudolf (1884a): Die schwachen Verba zweiter und dritter Klasse. PBB 9: 504–523.
Kögel, Rudolf (1884b): Über *w* und *j* im Westgermanischen. PBB 9: 523–544.
Kögel, Rudolf (1884c): Althochdeutsche Lokative. ZfdA 28: 110–119.
Kögel, Rudolf (1887): Rez. von W. Braune, Althochdeutsche Grammatik, 1886. Litbl 8: 105–112.
Kögel, Rudolf (1889): Zur Ortsnamenkunde. PBB 14: 95–121.
Kögel, Rudolf (1892): Zu den reduplizierten Praeterita. PBB 16: 500–502.
Kögel, Rudolf (1892a): Etymologien. PBB 16: 510–515.
Kögel, Rudolf (1893): Rez. von Ausgaben ahd. Texte (Hench MF, Sievers T, MSD). AfdA 19: 218–246.
Kögel, Rudolf (1894): Zur as. Grammatik. IF 3: 276–297.
Kögel, Rudolf (1894a): Germanische Etymologien. IF 4: 312–320.
Köhler, Friedrich (1914): Lateinisch-althochdeutsches Glossar zur Tatianübersetzung. Als Ergänzung zu Sievers' althochdeutschem Tatianglossar. Paderborn.
Koivulehto, Jorma / Theo Vennemann (1996): Der finnische Stufenwechsel und das Vernersche Gesetz. PBB 118: 163–182.
Kolb, Herbert (1972): *gehen* und *stehen*. PBB (T) 94, Sonderheft: 126–141.
Kolb, Herbert (1984): Zur Syntax von ahd./as. *filu*. In: Fs. Matzel, 145–151.
Kölling, Birgit (1983): Kiel UB. Cod. MS. K.B. 145. Studien zu den althochdeutschen Glossen. Göttingen (SzA 1).

König, Werner (2015): dtv-Atlas Deutsche Sprache. 18. Aufl. München.
Kortlandt, Frederik (1986): The Germanic first class of weak verbs. NOWELE 8: 27–31. ND in: Kortlandt 2010: 201–203.
Kortlandt, Frederik (1989): The Germanic weak preterit. ABäG 28: 101–109. ND in: Kortlandt 2010: 227–233.
Kortlandt, Frederik (1990): The Germanic third class of weak verbs. NOWELE 15: 3–10. ND in: Kortlandt 2010: 205–208.
Kortlandt, Frederik (1991): The Germanic seventh class of strong verbs. NOWELE 18: 97–100. ND in: Kortlandt 2010: 209 f.
Kortlandt, Frederik (1992): The Germanic fifth class of strong verbs. NOWELE 19: 101–107. ND in: Kortlandt 2010: 211–214.
Kortlandt, Frederik (1993): Old High German umlaut. ABäG 37: 19 f. ND in: Kortlandt 2010: 247 f.
Kortlandt, Frederik (1994): The Proto-Germanic pluperfect. ABäG 40: 1–5. ND in: Kortlandt 2010: 235–238.
Kortlandt, Frederik (1996): The High German consonant shift. ABäG 46: 53–57 (Korrekturnachtrag zu S. 56: ABäG 47, 1997: 231). ND in: Kortlandt 2010: 249–253.
Kortlandt, Frederik (2005): The inflexion of the Indo-European *ā*-stems in Germanic. ABäG 60: 1–4. ND in: Kortlandt 2010: 239–241.
Kortlandt, Frederik (2006): The inflexion of the Germanic *n*-stems. NOWELE 48: 3–7. ND in: Kortlandt 2010: 243–245.
Kortlandt, Frederik (2006a): Germanic $*\bar{e}_1$ and $*\bar{e}_2$. NOWELE 49: 51–54. ND in: Kortlandt 2010: 189–191.
Kortlandt, Frederik (2010): Studies in Germanic, Indo-European and Indo-Uralic. Amsterdam, New York (LSIE 17).
Kossinna, Gustaf (1881): Über die ältesten hochfränkischen Sprachdenkmäler. Straßburg.
Kossinna, Gustaf (1895): Der Ursprung des Germanennamens. PBB 20: 258–301.
Kostakis, Andrew (2019): Gothic ‹r› and Old High German ‹r›. Implications from phonological patterning. Glossa 4: 1–26.
Kozianka, Maria (2016): Aus der Arbeit am „Etymologischen Wörterbuch des Althochdeutschen" – das Lehnsuffix *-ā̆ri*. In: Sergio Neri / Roland Schuhmann / Susanne Zeilfelder (Hgg.): »dat ih dir it nu bi huldi gibu«. Linguistische, germanistische und indogermanistische Studien Rosemarie Lühr gewidmet. Wiesbaden, 209–214.
Kozianka, Maria / Rosemarie Lühr / Susanne Zeilfelder (Hgg.) (2004): Indogermanistik – Germanistik – Linguistik. Akten der Arbeitstagung der Indogermanischen Gesellschaft, Jena 18.–20.09.2002. Hamburg (Philologia 63).
Kozianka, Maria / Laura Sturm (2017): Prothese und Aphärese im Westgermanischen. In: Oehme u. a. 2017: 108–120.
Krahe, Hans (1958): Die ahd. Personalendung *-mēs*. IF 63: 55–60.
Krahe, Hans / Wolfgang Meid (1969): Germanische Sprachwissenschaft. 2 Bde. 7. Aufl. Berlin (Sammlung Göschen 238, 780). – Bd. 3 (Wortbildungslehre) → Meid, Wolfgang (1967).
von Kralik, Dietrich (1913): Die deutschen Bestandteile der Lex Baiuvariorum. NA 38: 13–55, 401–449, 581–624 (zitiert nach dem Sonderabdruck Hannover, Leipzig 1913, 1–132).
Krämer, Peter (1971): Die Präsensklassen des germanischen schwachen Verbums. Innsbruck (IBS 5).
Krämer, Peter (1976): Die inchoative Verbalkategorie des Alt- und Frühmittelhochdeutschen. In: Helmut Birkhan (Hg.): Festgabe für Otto Höfler zum 75. Geburtstag. Wien (Philologica Germanica 3), 409–428.

Kranzmayer, Eberhard (1937): Die Geschichte des Umlautes im Südbairischen. ZMF 14: 73–100.
Kranzmayer, Eberhard (1956): Historische Lautgeographie des gesamtbairischen Dialektraumes. Wien.
Kranzmayer, Eberhard (1956–58): Ortsnamenbuch von Kärnten. 2 Bde. Klagenfurt (Archiv für vaterländische Geschichte und Topographie 50/51).
Kratz, Henry (1960): The phonemic approach to umlaut in Old High German and Old Norse. JEGPh 59: 463–479.
Kraus, Carl (1894): Deutsche Gedichte des 12. Jahrhunderts. Halle.
Krause, Wolfgang (1968): Handbuch des Gotischen. 3. Aufl. München (Beck'sche Elementarbücher).
Krause, Wolfgang (1971): Die Sprache der urnordischen Runeninschriften. Heidelberg (GB III).
Krogh, Steffen (1996): Die Stellung des Altsächsischen im Rahmen der germanischen Sprachen. Göttingen (SzA 29).
Krogh, Steffen (2013): Die Anfänge des Altsächsischen. NOWELE 66: 141–168.
Krogmann, Willy (1937): Ein altsächsisches Lied vom Ende der Welt. Berlin (Sachsenspiegel 1).
Krogmann, Willy (1937a): Die Mundart der Wessobrunner Schöpfung. Teuth 13: 129–149.
Krogmann, Willy (1973): Der althochdeutsche 138. Psalm. Forschungsgeschichtlicher Überblick und Urfassung. Hamburg (Deutsches Bibel-Archiv, Abhandlungen und Vorträge 5).
Krömer, Gotthard (1914, 1959, 1960, 1961, 1962, 1964): Die Präpositionen in der hochdeutschen Genesis und Exodus nach den verschiedenen Überlieferungen. PBB 39: 403–523; 81 (H): 323–387; 82 (H): 261–300; 83 (H): 117–150; 84 (H): 67–119; 86 (H): 403–455.
Kroonen, Guus (2011): The Proto-Germanic *n*-stems. A study in diachronic morphophonology. Amsterdam, New York (LSIE 18).
Kroonen, Guus (2013): Etymological Dictionary of Proto-Germanic. Leiden, Boston (Leiden Indo-European Etymological Dictionary Series 11).
Krotz, Elke (2002): Auf den Spuren des althochdeutschen Isidor. Studien zur Pariser Handschrift, den Monseer Fragmenten und zum Codex Junius 25. Mit einer Neuedition des Glossars Jc. Heidelberg (Beiträge zur älteren Literaturgeschichte).
Krotz, Elke (2009): Die Glossare Ja, Jb und Jc. In: Bergmann/Stricker 2009: 780–828.
Krotz, Elke / Katharina Kaska (2016): Ein neues Monseer Fragment. ZfdA 145: 82–88.
Krüer, Friedrich (1914): Der Bindevokal und seine Fuge im schwachen deutschen Präteritum bis 1150. Berlin (Palaestra 125).
Kruse, Heinrich (1913): Die Accente in den Handschriften von Willirams Übersetzung und Auslegung des hohen Liedes. Diss. Greifswald.
Kruse, Norbert (1976): Die Kölner volkssprachige Überlieferung des 9. Jahrhunderts. Bonn (RA 95).
Kruse, Norbert (2003): Eine neue Schrift Notkers des Deutschen. Der althochdeutsche Computus. Sprwiss 28: 123–155.
KSW = Klein, Thomas / Hans-Joachim Solms / Klaus-Peter Wegera: Mittelhochdeutsche Grammatik. Teil II.1/2: Flexionsmorphologie; Teil III: Wortbildung. Tübingen 2009/18.
Kühebacher, Egon (1964): Zur Entwicklung von germ. *eu* im Bairischen, vor allem in Tirol. ZMF 31: 199–238.
Kuhn, Hans (1944): Rez. von Maurer 1942. AfdA 63: 4–13.
Kuhn, Hans (1955/56): Rez. von Heinrichs 1954. AfdA 68: 97–104.
Kuhn, Hans (1960): Scharf. In: Karl Bischoff / Lutz Röhrich (Hgg.): Volk Sprache Dichtung. Festgabe für Kurt Wagner. Gießen, 107–113.
Kühne, Andreas (1999): Zur historischen Lexikostatistik der starken Verben im Deutschen. Heidelberg (Studien zur Geschichte der deutschen Sprache 2).

Kümmel, Martin Joachim (2004): Das Wort für 'Biber' und einige Probleme der altgermanischen Phonologie. In: Fritz/Wischer 2004: 105–117.

Küppersbusch, Emil (1931/32): Born und Brunnen. Studien zur *r*-Metathese. Teuth 8: 55–94.

Kuroda, Susumu (2005): Zum Verbalpräfix *be-* im Althochdeutschen und Gegenwartsdeutschen. In: Michael L. Kotin u. a. (Hgg.): Das Deutsche als Forschungsobjekt und als Studienfach. Frankfurt/Main u. a., 113–118.

Kuroda, Susumu (2007): Zur valenzmodifizierenden Funktion der Verbalpräfixe im Althochdeutschen und Gegenwartsdeutschen. Sprwiss 32: 29–75.

Kuroda, Susumu (2014): Die syntaktische Funktion der Präfigierung im Althochdeutschen. Heidelberg (GermB 51).

Kuryłowicz, Jerzy (1954): Remarques sur le comparatif (germanique, slave, v. indien, grec). In: Georges Redard (Hg.): Sprachgeschichte und Wortbedeutung. Festschrift Albert Debrunner gewidmet von Schülern, Freunden und Kollegen. Bern, 251–257.

Kuryłowicz, Jerzy (1968): Die Flexion der germanischen schwachen Femininstämme. In: Manfred Mayrhofer (Hg.): Studien zur Sprachwissenschaft und Kulturkunde. Gedenkschrift für Wilhelm Brandenstein (1898–1967). Innsbruck (IBK 14), 85–91.

Kuryłowicz, Jerzy (1969): Les verbes germaniques du type *lūkan*. In: Fs. Fourquet, 157–162.

Kuryłowicz, Jerzy (1977): Zum germanischen Dentalpräteritum. KwN 24: 333–338.

Labs-Ehlert, Brigitte (1993): Versalschreibung in althochdeutschen Sprachdenkmälern. Ein Beitrag über die Anfänge der Großschreibung im Deutschen unter Berücksichtigung der Schriftgeschichte. Göppingen (GAG 553).

Lahiri, Aditi / Astrid Kraehenmann (2004): On maintaining and extending contrasts: Notker's Anlautgesetz. TPhS 102: 1–55.

Laker, Neale J. (2001): The lengthened grade in the Germanic 4th and 5th class strong verbs. In: Watts u. a. 2001: 19–28.

Lane, George S. (1963): Bimoric and trimoric vowels and diphthongs. Laws of Germanic finals again. JEGPh 62: 155–170.

Langbroek, Erika (1995): Zwischen den Zeilen. Untersuchungen zu den lateinischen Kommentaren und den deutschen Glossen der Edinburgher Handschrift Adv. Ms. 18.5.10. Amsterdam, Atlanta (APSL 119).

Langbroek, Erika (1996): Nähere Betrachtungen zu den Griffelglossen in der Handschrift Salzburg St. Peter a VII 2: Berichtigungen und neue Interpretationen. ABäG 46: 59–90.

Lange, Klaus-Peter (2003): Der westfränkische Ursprung der 2. Lautverschiebung. IncL 26: 99–118.

Lange, Klaus-Peter (2007): Der galloromanische Ursprung der zweiten Lautverschiebung. Rask (Odense) 25: 3–24.

Lasch, Agathe (1914) → Mnd. Gr.

Lasch, Agathe (1932): Die altsächsischen Psalmenfragmente. In: Niederdeutsche Studien. Festschrift für Conrad Borchling zum 20. März 1932. Neumünster, 229–272. ND in: Lasch 1979: 60–103.

Lasch, Agathe (1935): Das altsächsische Taufgelöbnis. NphM 36: 92–133. ND in: Lasch 1979: 18–59.

Lasch, Agathe (1979): Ausgewählte Schriften zur niederdeutschen Philologie. Hgg. Robert Peters / Timothy Sodmann. Neumünster.

Laur, Wolfgang (1988): Hochgermanisch und Niedergermanisch. Bedenken gegenüber einer neuen Theorie zur Zweiten Lautverschiebung. Sprwiss 13: 118–150.

Laur, Wolfgang (1990): Zur Frage nach frühen Unterschieden zwischen Nordgermanisch und Westgermanisch. Sprwiss 15: 197–225.

Lausberg, Heinrich (1950): Détresse phonologique und Mehrlautphoneme. ASNSL 187: 66–74.
Lawson, Richard H. (1970): Preverbal *ke-* in the earliest Old Alemannic. JEGPh 69: 568–579.
Lawson, Richard H. (1972): Apocopation of final *n* in Old High German plural verb forms. ABäG 1: 37–50.
Lb = Braune, Wilhelm: Althochdeutsches Lesebuch. 17. Aufl. bearbeitet von E. A. Ebbinghaus. Tübingen 1994 (nach Textnummern zitiert).
van der Lee, A. (1962): Zur Aussprache der gotischen Digraphen *ai* und *au*. In: Festgabe für L. L. Hammerich. Aus Anlass seines siebzigsten Geburtstags. Kopenhagen, 125–152.
Leffler, Leopold Fredrik (1875/76): Bidrag till läran om *i*-omljuduet med särskild hänsyn till tiden för den germaniska språkenheten. Nordisk Tidskrift for Filologi og Paedagogik, N.R. 2: 1–19, 146–180, 231–320.
Lehmann, Wilhelm (1906): Das Präfix *uz-* besonders im Altenglischen. Mit einem Anhange über das präfigierte westgerm. **ō-* (**ā-*). Ein Beitrag zur germanischen Wortbildungslehre. Kiel (KSEPh 3).
Lehmann, Winfred P. (1971): Grammatischer Wechsel and current phonological discussion. In: Maria Tsiapera (Hg.): Generative Studies in Historical Linguistics. Edmonton-Champaign, 9–43.
Leipold, Aletta (2006): Verbableitung im Mittelhochdeutschen. Eine synchron-funktionale Analyse der Motivationsbeziehungen suffixaler Verbwortbildungen. Tübingen (SMG 2).
Leiss, Elisabeth (1997): Genus im Althochdeutschen. In: Fs. Bergmann, 33–48.
Leitzmann, Albert (1889): Zur Laut- und Formenlehre von Grieshabers Predigten. PBB 14: 473–521.
Leitzmann, Albert (1901): Saxonica. PBB 26: 244–266.
Leopold, Max (1907): Die Vorsilbe VER- und ihre Geschichte. Breslau (Germanistische Abhandlungen 27). ND Hildesheim, New York 1977.
Lerchner, Gotthard (1971): Zur II. Lautverschiebung im Rheinisch-Westmitteldeutschen. Diachronische und diatopische Untersuchungen. Halle (Md. St. 30).
Lerchner, Gotthard (2001): Rez. von Schwerdt 2000. GGA 253: 216–230.
Lessiak, Primus (1903): Die Mundart von Pernegg in Kärnten. PBB 28: 1–227. ND Marburg 1963 (DDG 61).
Lessiak, Primus (1908): Rez. von Schatz Abair. AfdA 32: 121–135.
Lessiak, Primus (1910): Rez. von Franck Afrk. AfdA 34: 193–222.
Lessiak, Primus (1933): Beiträge zur Geschichte des deutschen Konsonantismus. Hg. Ernst Schwarz. Brünn u. a. (Schriften der phil. Fakultät der Dt. Univ. in Prag 14).
Leumann, Manu (1977): Lateinische Laut- und Formenlehre. München (HdA II,2,1).
Leuschner, Eduard L. (1918): Beiträge zur Geschichte der Steigerungsadverbia im Alt- und Mittelhochdeutschen. Diss. Göttingen.
Lexer = Lexer, Matthias: Mittelhochdeutsches Handwörterbuch. 3 Bde. Leipzig 1872–78.
LexErtr = Bulitta, Brigitte / Almut Mikeleitis-Winter / Susanne Näßl: Zum lexikographischen Ertrag der neuen althochdeutschen Glosseneditionen. In: Bergmann/Stricker 2020: 179–214.
Leys, Odo (1982): Zur Formulierung der hochdeutschen Tenuesverschiebung. PBB (T) 104: 1–9.
Liberman, Anatoly (1992): Vowel lengthening before resonant + another consonant and svarabhakti in Germanic. In: Rauch 1992: 163–215.
Lidén, Evald (1888): Om några germanske pronomen. ANF 4: 97–117.
Lidén, Evald (1906): Zur germanischen Wortgeschichte. IF 19: 335–370.
Liehl, Robert (1913): Mittelvokale und Mittelvokallosigkeit vor *m*, *n*, *l* und *r* in den ältesten altsächsischen und althochdeutschen Sprachdenkmälern. Diss. Freiburg.
Lindahl, Nils (1916): Vollständiges Glossar zu Notkers Boethius de consolatione philosophiae, Buch I. Diss. Uppsala.

Lindeman, Fredrik Otto (1968): Bemerkungen zu den germanischen Verbalstämmen auf *-ē, -ō*. NTS 22: 48–71.
Lindeman, Fredrik Otto (1968a): Ahd. *ier*. NTS 22: 74–82.
Lindeman, Fredrik Otto (1985): Remarques sur le prétérit fort en germanique. In: Fs. Knobloch, 237–242.
Lindgren, Kaj B. (1953): Die Apokope des mhd. *-e* in seinen verschiedenen Funktionen. Helsinki.
Lindqvist, Axel (1918): Urg. đagan-, đaga- in Wörtern des Typus ahd. *siohtago* [...]. Lund, Leipzig (Lunds Univ. Årsskr., N.F. 1/14, Nr. 25).
Lindqvist, Axel (1936): Studien über wortbildung und wortwahl im Althochdeutschen mit besonderer rücksicht auf die nomina actionis. PBB 60: 1–132.
Linnenkohl, Marcel (2020): *nëmen, stëchen, trëffen, drëschen* – Überlegungen zur Wurzelstruktur der alt- und mittelhochdeutschen starken Verben IIIb und IV. Sprwiss 45: 407–424.
LIPP = Dunkel, George E. (2014): Lexikon der indogermanischen Partikeln und Pronominalstämme. 2 Bde. Heidelberg.
Lippe, Karl (1983): Die Vertretungen der urgermanischen Lautfolgen Liquida und Nasal plus /k/ in den oberdeutschen Dialekten des Althochdeutschen. MSS 42: 105–150.
Lippert, Jörg (1974): Beiträge zur Technik und Syntax althochdeutscher Übersetzungen. München (MAe 25).
LIV = Rix, Helmut (Hg.) (2001): LIV. Lexikon der indogermanischen Verben. 2. Aufl. bearb. von Martin Kümmel und Helmut Rix. Wiesbaden.
Lloyd, Albert L. (1961): Vowel shortening and stress in the Old High German of Notker Labeo. JEGPh 60: 79–101.
Lloyd, Albert L. (1964): Vowel shortening and stress in Old High German. II: Otfrid. JEGPh 63: 679–695.
Lloyd, Albert L. (1966): Is there an *a*-Umlaut of *i* in Germanic? Lg 42: 738–745.
Lloyd, Albert L. (1968): Vowel plus *h* in Notker's Alemannic. In: Fs. Sehrt, 109–121.
Lloyd, Albert L. (1988 ff.) → EWA.
Loewe, Richard (1902): Ostgermanisch-westgermanische Neuerungen bei Zahlwörtern. PBB 27: 75–88.
Loewe, Richard (1907): Das starke präteritum des Germanischen. KZ 40: 266–351.
Loewe, Richard (1913): Althochdeutsch *w* im Auslaut. KZ 45: 339–341.
Loewe, Richard (1916): Die germanischen Iterativzahlen. KZ 47: 95–140.
Löfstedt, Inga (1944): Zum Sekundärumlaut von germ. *a* im Bairischen. Lund (LGF 15).
Lošek, Fritz (1990): Notitia Arnonis und Breves Notitiae. Die Salzburger Güterverzeichnisse aus der Zeit um 800: Sprachlich-historische Einführung, Text und Übersetzung. Mitteilungen der Gesellschaft für Salzburger Landeskunde 130: 5–192.
Lotspeich, C. M. (1933): Germanic strong verbs of class VII. JEGPh 32: 281–292.
Lüdtke, Helmut (1957): Der Ursprung des germ. $\bar{e}^2$ und die Reduplikationspräterita. Phonetica 1: 157–183.
Luginbühl, Emil (1933): Studien zu Notkers Übersetzungskunst. Diss. Zürich. Weida i. Thür.
Lühr Hl = Lühr, Rosemarie: Studien zur Sprache des Hildebrandliedes. 2 Bde. Bern 1982 (Regensburger Beiträge zur deutschen Sprach- und Literaturwissenschaft B 22).
Lühr, Rosemarie (1976): Die Wörter für 'oder' in den germanischen Sprachen. MSS 34: 77–94.
Lühr, Rosemarie (1976a): Germanische Resonantengemination durch Laryngal. MSS 35: 73–92.
Lühr, Rosemarie (1977): Die Dekaden '70–120' im Germanischen. MSS 36: 59–71.
Lühr, Rosemarie (1979): Das Wort 'und' im Westgermanischen. MSS 38: 117–154.
Lühr, Rosemarie (1980): Althochdeutsch *antlingen* 'antworten'. ZfdA 109: 48–72.

Lühr, Rosemarie (1984): Reste der athematischen Konjugation in den germanischen Sprachen. In: Untermann/Brogyanyi 1984: 25–90.
Lühr, Rosemarie (1987): Zu Veränderungen im System der Modalverben. In: Althochdeutsch 1987: 262–289.
Lühr, Rosemarie (1988): Expressivität und Lautgesetz im Germanischen. Heidelberg (MS 15).
Lühr, Rosemarie (1989): Zum Sprachtod einer Restsprache. Zwei ausgestorbene Wörter aus der Lex Baiuvariorum. In: H.Beck 1989: 45–67.
Lühr, Rosemarie (1992): Germanische Personennamen in ihrer zeitlichen Staffelung. Zwei Aspekte der althochdeutschen und voralthochdeutschen Namenüberlieferung. In: Robert Beekes u. a. (Hgg.): Rekonstruktion und relative Chronologie. Akten der VIII. Fachtagung der Indogermanischen Gesellschaft, Leiden, 31. August – 4. September 1987. Innsbruck (IBS 65), 271–282.
Lühr, Rosemarie (1999): Quantoren-Ausdrücke der kleineren altsächsischen Sprachdenkmäler in ihrem sprachhistorischen und dialektgeographischen Verband. ABäG 52: 169–196.
Lühr, Rosemarie (2000): Die Gedichte des Skalden Egill. Dettelbach (Jenaer indogermanistische Textbearbeitungen 1).
Lühr, Rosemarie (2004): Unterspezifikation in der germanischen Nominalmorphologie. In: Fritz/Wischer 2004: 129–147.
Lühr, Rosemarie (2008): Loss and emergence of grammatical categories. Sprwiss 33: 317–349.
Lühr, Rosemarie (2013): Die Anfänge des Althochdeutschen. NOWELE 66: 101–125.
Lühr, Rosemarie (2013a): Zum Hildebrandslied. Sprwiss 38: 147–170.
Lühr, Rosemarie (2018): Wurzelerweiterungen im Germanischen. HS 131: 235–251.
Lühr, Rosemarie (2020): Zum Langobardischen als Trümmersprache. In: Romain Garnier (Hg.): Loanwords and Substrata. Proceedings of the Colloquium held in Limoges (5th – 7th June, 2018). Innsbruck (IBS 164), 295–314.
Luick, Karl (1886): Die Qualität der mittelhochdeutschen *ĕ* nach den lebenden Dialekten. PBB 11: 492–517.
Luiten, Tyler u. a. (2013): Beyond the handbooks: A quantitative approach to Old High German phonology and morphology. PBB 135: 2–20.
Lundahl, Ivar (1944): Om urnordisk synkope i fyrstaviga ord. ANF 58: 1–15.
Luther, Yvonne (2013): Zukunftsbezogene Äußerungen im Mittelhochdeutschen. Frankfurt am Main u. a. (SMG 4).
Luxner, Bernhard (2015): Notkers Anlautgesetz und das altalemannische Plosivsystem. Sprwiss 40: 377–411.
Luxner, Bernhard (2017): Althochdeutsche Adjektivbildungen auf *-aht(i)*/*-oht(i)* – eine erste Zwischenbilanz. In: Oehme u. a. 2017: 164–183.
Luxner, Bernhard (2022): Die althochdeutschen Adjektive auf *-aht(i)*/*-oht(i)*. Eine diachron- und synchron-vergleichende Untersuchung. Berlin, Boston (AWB, Beiband).
Mackel, Emil (1896): Die Aussprache der altgerm. langen *e*- und *o*-Laute. ZfdA 40: 254–269.
Mackert, Christoph / Hans Ulrich Schmid (2019): Ein spätmerowingisches Handschriftenfragment mit frühen althochdeutschen Glossen. In: Fs. Glaser, 143–161.
Mähl, Stefan (2004): Studien zum mittelniederdeutschen Adverb. Köln u. a. (NdSt 49).
Mahlow, Georg Heinrich (1879): Die langen Vocale a e o in den europäischen Sprachen. Berlin.
Mailhammer, Robert (2006): On the origin of the Germanic strong verb system. Sprwiss 31: 1–52.
Mailhammer, Robert (2007): The Germanic Strong Verbs. Foundations and development of a new system. Berlin, New York (TLSM 183).
Mańczak, Witold (1984): Das germanische Dentalpräteritum. KZ 97: 99–112.

Marchand, James W. (1956): The phonemic status of OHG e. Word 12: 82–90. Deutsche Übersetzung in Steger 1970: 575–585.
Marchand, James W. (1957): Germanic short **i* and **e*: Two phonemes or one? Lg 33: 346–354.
Marcq, Philippe (1986): Réflexes sur les ancêtres de „*kein*". EG 41: 1–7.
Markey, Thomas L. (1970): A note on Germanic directional and place adverbs. Studia Linguistica 24: 73–86.
Marold, Edith / Christiane Zimmermann (Hgg.) (1995): Nordwestgermanisch. Berlin (RGA, Erg.-Bd. 13).
Marti Heinzle, Mirjam (2013): Doppelformen von *ēn-* und *ōn*-Verben im Althochdeutschen. NOWELE 66: 197–224.
Marti Heinzle, Mirjam (2019): *ābandēn* bis *zwirnēn*. Eine Untersuchung der althochdeutschen *ēn*-Verben. Diss. Zürich.
Marti Heinzle, Mirjam (2019a): 'Einen Bart bekommen' oder 'bärtig werden'? – Ahd. *bartēn* und seine Ableitungssemantik auf dem Prüfstand. In: Fs. Glaser, 163–173.
Marti Heinzle, Mirjam (2023): Von **ainan* bis *witan* – eine Rundschau zu den schwachen Verben der dritten Klasse im Gotischen. In: Fs. Rübekeil, 265–289.
Martinet, André (1937): La gémination consonantique d'origine expressive dans les langues germaniques. Copenhague, Paris.
Masser, Achim (1991): Die lateinisch-althochdeutsche Tatianbilingue des Cod. Sang. 56. Göttingen (GGN 1991/3).
Masser, Achim (1994): Die lateinisch-althochdeutsche Tatianbilingue Stiftsbibliothek St. Gallen Cod. 56. Göttingen (SzA 25).
Masser, Achim (1997): Wege zu gesprochenem Althochdeutsch. In: Fs. Bergmann, 49–70.
Masser, Achim (Hg.) (1997a): Die lateinisch-althochdeutsche Benediktinerregel Stiftsbibliothek St. Gallen Cod. 916. Göttingen (SzA 33).
Masser, Achim (2002): Kommentar zur lateinisch-althochdeutschen Benediktinerregel des Cod. 916 der Stiftsbibliothek St. Gallen. Göttingen (SzA 42).
Masser, Achim (2008): ›Der sprechende Schreiber‹. Bemerkungen zur Orthographie in der Interlinearversion der lateinisch-althochdeutschen Benediktinerregel. In: Fs. Haubrichs, 133–142.
Mattheier, Klaus Jürgen (1990): Otfrid als Orthographiereformer? Überlegungen zu den Bemerkungen Otfrids von Weissenburg über den Gebrauch der Buchstaben ‹z› und ‹k› im Evangelienbuch. In: Fs. Erben, 67–83.
Matzel Is = Matzel, Klaus: Untersuchungen zur Verfasserschaft, Sprache und Herkunft der althochdeutschen Übersetzungen der Isidor-Sippe. Bonn 1970 (RA 75).
Matzel, Klaus (1956): Bibel-Glossen des Clm. 22201. Diss. (masch.) FU Berlin.
Matzel, Klaus (1962): Anlautendes *þl-* und *fl-* im Gotischen. Sprache 8: 220–237. ND in: Matzel 1990: 178–195.
Matzel, Klaus (1963): Is. *lyuzil, liuzil, lyuzila*. ZDW 19: 153–158. ND in: Matzel 1990: 412–417.
Matzel, Klaus (1963a, 1966a): Zur althochdeutschen Isidorübersetzung. [I.] Die ahd. Isidorübersetzung und die Bibelglossen des Clm 22201; II. Die ahd. Isidor-Übersetzung und die Echternacher Glossen. Zugleich eine Besprechung von Bruch 1964. PBB (T) 85: 18–34; 88: 28–67. ND in: Matzel 1990: 432–448, 334–373.
Matzel, Klaus (1966): Ein althochdeutscher Grammatiker. Sprache 12: 144–181. ND in: Matzel 1990: 374–411.
Matzel, Klaus (1968): Präp., Konj. Is *untazs*, F *untaz* usque, usque ad, usque in; donec, quoadusque. In: Würzburger Prosastudien I, Wort-, begriffs- und textkundliche Untersuchungen (MAe 13), 9–15. ND in: Matzel 1990: 327–333.

Matzel, Klaus (1970): Zum System der starken Verben des Germanischen. In: J. A. Tilakasiri (Hg.): Añjali. Papers on Indology and Buddhism. A felicitation volume presented to Oliver Hector de Alwis Wijesekera. Peradeniya, 172–181. ND in: Matzel 1990: 1–9 (zitiert).
Matzel, Klaus (1971): Das Problem der „karlingischen Hofsprache". In: Ursula Hennig / Herbert Kolb (Hgg.): Mediaevalia litteraria. Festschrift für Helmut de Boor zum 80. Geburtstag. München, 15–31. ND in: Matzel 1990: 235–251.
Matzel, Klaus (1974): Zu den germanischen Verbaladjektiven auf *-i/-ja* (II. Teil). In: Ernst-Joachim Schmidt (Hg.): Kritische Bewahrung. Beiträge zur deutschen Philologie. Festschrift für Werner Schröder zum 60. Geburtstag. Berlin, 86–117. ND in: Matzel 1990: 114–145.
Matzel, Klaus (1975): Rez. von Urmoneit 1973. PBB (T) 97: 110–119.
Matzel, Klaus (1984): Ahd. *chinōmidi* N. 'Bezeichnung'. Sprwiss 9: 353–355. ND in: Matzel 1990: 418–420.
Matzel, Klaus (1987): Zu den verba pura des Germanischen. I. Teil. KZ 100: 146–203. ND in: Matzel 1990: 10–67.
Matzel, Klaus (1987a): Zu den verba pura des Germanischen. II. Teil: Der Sonderstatus der verba pura des Althochdeutschen. In: Althochdeutsch 1987: 201–221. ND in: Matzel 1990: 68–88.
Matzel, Klaus (1988): On the origin of the dental preterit of the verba pura. In: D. G. Calder / T. Craig Christy (Hgg.): Germania. Comparative studies in the Old German language and literature. Woodbridge/Suffolk, 29–44. ND in: Matzel 1990: 89–104 (zitiert).
Matzel, Klaus (1989): Urgerm. **arjan*, ahd. *erien*, *erren* 'pflügen'. In: Walter Tauber (Hg.): Aspekte der Germanistik. Festschrift für Hans-Friedrich Rosenfeld zum 90. Geburtstag. Göppingen (GAG 521), 455–468.
Matzel, Klaus (1990): Gesammelte Schriften. Heidelberg (GB III).
Matzel, Klaus (1991, 1992): Nachträge zu den germanischen Verbaladjektiven auf *-i/-ja*. HS 104: 239–250; 105: 93–143.
Matzel, Klaus / Rosemarie Lühr (1986): Eine weitere Möglichkeit der Genese von anlautendem germ. **p-*. KZ 99: 254–277. ND in: Matzel 1990: 146–169.
Maurer, Friedrich (1924): Zur Anfangsstellung des Verbs im Deutschen. In: Fs. Behaghel, 141–184.
Maurer, Friedrich (Hg.) (1942): Oberrheiner, Schwaben, Südalemannen. Straßburg.
Maurer, Friedrich (1948): Die „westgermanischen" Spracheigenheiten und das Merowingerreich. Lexis 1: 215–228.
Maurer, Friedrich (1951): Nordgermanen und Alemannen. 3. Aufl. Bern (BG 3).
Mausser, Otto (1933): Mittelhochdeutsche Grammatik auf vergleichender Grundlage. Mit besonderer Berücksichtigung des Althochdeutschen, Urgermanischen, Urwestgermanischen, Urindogermanischen und der Mundarten. I.–III. Teil. München.
Mayer, Anton (1929): Zum Alter des Übergangs von *sk* zu *š*. PBB 53: 286–290.
Mayer, Chr. Aug. (1903): Die Heimat des Wessobrunner Gebets. Alemannia 31: 161–170.
Mayer, Hartwig [1974]: Althochdeutsche Glossen: Nachträge. Toronto, Buffalo.
Mayer, Hartwig (1982): Die althochdeutschen Griffelglossen der Handschrift Ottob. Lat. 3295 (Biblioteca Vaticana). Edition und Untersuchung. Bern, Frankfurt am Main (Kanadische Studien zur deutschen Sprache und Literatur 27).
Mayer, Hartwig (1994): Die althochdeutschen Griffelglossen der Handschrift Salzburg St. Peter a VII 2. Göttingen (SzA 28).
McLintock, David R. (1961): Medial vowels in the dialect of Otfrid von Weissenburg. ASNSL 13: 1–32.
McLintock, David R. (1966): Morphological syncretism in Old High German. TPhS 1965: 1–14.
McLintock, David R. (1970): Medial and inflectional vowels in Early Frankish. ASNSL N.S. 1: 3–20.

Meid, Wolfgang (1967): Wortbildungslehre. Berlin (Krahe/Meid, Germanische Sprachwissenschaft 3, Slg. Göschen 1218).
Meid, Wolfgang (1971): Das germanische Praeteritum. Indogermanische Grundlagen und Ausbreitung im Germanischen. Innsbruck (IBS 3).
Meid, Wolfgang (1983): Bemerkungen zum indoeurop. Perfekt und zum germ. starken Praeteritum. ZPSK 36: 329–336.
Meid, Wolfgang (1985): Gotisch *qiþus* und **qiþr*. In: Fs. Knobloch, 253–254.
Meid, Wolfgang (1986): Hans Kuhns „Nordwestblock"-Hypothese. Zur Problematik der „Völker zwischen Germanen und Kelten". In: H.Beck 1986: 183–212.
Meid, Wolfgang (1987): Germanische oder indogermanische Lautverschiebung? In: Althochdeutsch 1987: 3–11.
Meineke, Birgit (1987): CHIND und BARN im Hildebrandslied vor dem Hintergrund ihrer althochdeutschen Überlieferung. Göttingen (SzA 9).
Meineke, Birgit (1991): Althochdeutsche -scaf(t)-Bildungen. Göttingen (SzA 17).
Meineke, Birgit (1991a): Zur Bedeutungsermittlung im Althochdeutschen. In: Schützeichel 1991: 194–253.
Meineke, Eckhard (1982): *trikil*. In: Schützeichel 1982a: 18–36.
Meineke, Eckhard (1983): Saint-Mihiel Bibliothêque Municipale Ms. 25. Studien zu den althochdeutschen Glossen. Göttingen (SzA 2).
Meineke, Eckhard (1984): Bernstein im Althochdeutschen. Mit Untersuchungen zum Glossar Rb. Göttingen (SzA 6).
Meineke, Eckhard (1993): Die volkssprachigen Glossen und die Psalterbilingue der Handschrift Gotha Memb. I 17. Göttingen (NGAW 1993, 1).
Meineke, Eckhard (1994): Abstraktbildungen im Althochdeutschen. Wege zu ihrer Erschließung. Göttingen (SzA 23).
Meineke, Eckhard (2009): Das Glossar 'Rb'. In: Bergmann/Stricker 2009: 760–779.
Meineke, Eckhard / Judith Schwerdt (2001): Einführung in das Althochdeutsche. Paderborn (UTB 2167).
von Mengden, Ferdinand (2005): How myths persist: Jacob Grimm, the long hundred and duodecimal counting. In: Gabriele Knappe (Hg.): Englische Sprachwissenschaft und Mediävistik: Standpunkte – Perspektiven – neue Wege. Frankfurt am Main (Studies in English Linguistics 48), 201–221.
von Mengden, Ferdinand (2010): Cardinal Numerals. Old English from a cross-linguistic perspective. Berlin (Topics in English Linguistics 67).
Menke, Hubertus (1980): Das Namengut der frühen karolingischen Königsurkunden. Ein Beitrag zur Erforschung des Althochdeutschen. Heidelberg (BNF, Beih. 19).
Meringer, Rudolf (1887): Beiträge zur geschichte der idg. declination. KZ 28: 217–239.
Merlingen, Weriand (1970): Zum Problem des *h*. FL 4: 80–86.
Merlingen, Weriand (1986): Indogermanisch, Germanisch und die Glottis. PBB 108: 321–332.
Mertes, Emmi (1929/30, 1930/31): Ahd. iu ohne Umlaut im Dialektgebiet des Deutschen Reiches. Teuth 6: 161–234; 7: 43–120, 168–286.
Messing, Axel Sanjosé (1986): T^h – T' – D. Kritische Anmerkungen zu Vennemanns Rekonstruktion des vorgermanischen Konsonantensystems. PBB 108: 172–179.
Mettke, Heinz (1961): Zum Wortschatz von Tatian-γ. NdJb 84: 35–42.
Mezger, Fritz (1946): Gothic *managei*. Lg 22: 348–353.
Mhd. Gr. = Paul, Hermann: Mittelhochdeutsche Grammatik. 25. Aufl. neu bearb. von Thomas Klein, Hans-Joachim Solms, Klaus-Peter Wegera. Tübingen 2007 (SkG, A, 2).

Michels Mhd. = Michels, Victor: Mittelhochdeutsche Grammatik. 5. Aufl. Um ein Verzeichnis neuerer Fachliteratur erweiterter Nachdruck der dritten und vierten Auflage des Mittelhochdeutschen Elementarbuches. Hg. Hugo Stopp. Heidelberg 1979 (GB, N.F., 1. Reihe).

Michiels, Hubert (1912): Über englische Bestandteile altdeutscher Glossenhandschriften. Bonn.

Mihm, Arend (2001): Das Aufkommen der hochmittelalterlichen Schreibsprachen im nordwestlichen Sprachraum. In: Kurt Gärtner u. a. (Hgg.): Skripta, Schreiblandschaften und Standardisierungstendenzen. Trier, 563–618.

Mihm, Arend (2002): Graphematische Systemanalyse als Grundlage der historischen Prosodieforschung. In: Peter Auer u. a. (Hgg.): Silbenschnitt und Tonakzente. Tübingen (LA 463), 235–264.

Mihm, Arend (2004): Zur Geschichte der Auslautverhärtung und ihrer Erforschung. Sprwiss 29: 133–206.

Mikeleitis-Winter, Almut (2001): Der Bereich Nahrungszubereitung im althochdeutschen Wortschatz. Onomasiologisch-semasiologische Untersuchungen. Berlin (AWB, Beiband).

Mildenberger, Gerhard (1986): Die Germanen in der archäologischen Forschung nach Kossinna. In: H.Beck 1986: 310–320.

Mitscherling, Maria [1975]: Die althochdeutschen Hieronymusglossen. Diss. (masch.) Jena.

Mittmann, Roland (2020): Zur althochdeutschen Zeit- und Dialektgliederung. Eine computergestützte Untersuchung auf Grundlage der textlichen Überlieferung. Hamburg (Studien zur historisch-vergleichenden Sprachwissenschaft 15).

Mitzka, Walther (1934): Ablautstufen im germanischen Adjektiv. PBB 58: 312–323. ND in: Mitzka 1968: 371–381.

Mitzka, Walther (1946): Beiträge zur hessischen Mundartforschung. Gießen (GBDPh 87).

Mitzka, Walther (1951): Zur Frage des Alters der hochdeutschen Lautverschiebung. In: Erbe der Vergangenheit. Festgabe für Karl Helm zum 80. Geburtstage 19. Mai 1951. Tübingen, 63–70. ND in: Mitzka 1968: 15–21.

Mitzka, Walther (1951/52): Die althochdeutsche Lautverschiebung und der ungleiche fränkische Anteil. ZfdA 83: 107–113. ND in: Mitzka 1968: 22–29.

Mitzka, Walther (1951/52a): Stammesgeschichte und althochdeutsche Dialektgeographie. WW 2: 65–72. ND in: Mitzka 1968: 3–14.

Mitzka, Walther (1952): Das Langobardische und die althochdeutsche Dialektgeographie. ZMF 20: 1–7. ND in: Mitzka 1968: 30–36.

Mitzka, Walther (1953): Hessen in althochdeutscher und mittelhochdeutscher Dialektgeographie. PBB 75: 131–157. ND in: Mitzka 1968: 50–71.

Mitzka, Walther (1954): Die dänische und die deutsche Konsonantenschwächung. ZMF 22: 65–86.

Mitzka, Walther (1955): Die Begründung der althochdeutschen Sprachgeschichte durch die Alemannen. In: Grundfragen der alemannischen Geschichte. Konstanz (VuF 1), 53–63.

Mitzka, Walther (1958): Pflügen und seine Wortgeographie. Zeitschrift für Agrargeschichte und Agrarsoziologie 6: 113–118.

Mitzka, Walther (1963): Die mittelfränkischen Denkmäler der althochdeutschen Literatur. ZMF 30: 31–36. ND in: Mitzka 1968: 37–42.

Mitzka, Walther (1964): Das Adverb germ. *in*, nhd. *ein*. ZMF 31: 173–179.

Mitzka, Walther (1964a): Germ. *up* ‘auf’ im Alt- und Mittelhochdeutschen. ZfdA 93: 293–300.

Mitzka, Walther (1967): Ostgermanische Lautverschiebung? ZfdA 96: 247–259.

Mitzka, Walther (1968): Kleine Schriften zur Sprachgeschichte und Sprachgeographie. Berlin.

Mlat. Wb. = Mittellateinisches Wörterbuch. Bis zum ausgehenden 13. Jahrhundert. Bd. I ff. Berlin 1967 ff.

Mnd. Gr. = Lasch, Agathe: Mittelniederdeutsche Grammatik. Halle 1914. ND Tübingen 1974 (SkG A, 9).

Mnl. Gr. = Franck, Johannes: Mittelniederländische Grammatik. Mit Lesestücken und Glossar. 2. Aufl. Leipzig 1910.

Möller, Hermann (1880): Germ. *ā*, *ē*, *ō* in den Endungen des Nomens und die Entstehung des *o* (a_2). PBB 7: 482–547.

Möller, Hermann (1903): Ahd. *frôno* (nhd. *fron-*) als elliptischer Plural. ZDW 4: 95–124.

Möllmann, Ulrich (1994): Die althochdeutschen Adjektive auf *-sam*. Göttingen (SzA 24).

Lo Monaco, Francesco / Claudia Villa (2009): I giuramenti di Strasburgo: testi e tradizione. The Strasbourg Oaths: Texts and Transmission. Firenze (Traditio et renovatio 3).

Morciniec, Norbert (1981): Zentrum und Peripherie der althochdeutschen Monophthongierung. In: Horst Geckeler u. a. (Hgg.): Logos Semantikos. Studia linguistica in honorem Eugenio Coseriu 1921–1981. 5. Bd. Berlin, New York, Madrid, 313–322.

Morciniec, Norbert (1984): Inwiefern ist „althochdeutsch" deutsch? KwN 31: 287–303.

Morciniec, Norbert (2017): Althochdeutsche Dialekte – neuhochdeutsche Dialekte. Terminologische Probleme bei Beschreibungen älterer Sprachzustände. Studia Germanica Posnaniensia 38: 123–128.

Morlet, Marie-Thérèse (1968): Les noms de personne sur le territoire de l'ancienne Gaule du VIe au XIIe siècle. Bd. I: Les noms issus du germanique continental et les créations gallo-germaniques. Paris.

Mottausch, Karl-Heinz (1996): Germanisch *gangan* „gehen" und die starken Verben mit *a* aus **o*. HS 109: 76–109.

Mottausch, Karl-Heinz (1997): Germannisch **gǣ-/gai-* „gehen". HS 110: 252–271.

Mottausch, Karl-Heinz (1998): „Gehen" und „stehen" im Germanischen. Versuch einer Synthese. HS 111: 134–162.

Mottausch, Karl-Heinz (1998a): Die reduplizierenden Verben im Nord- und Westgermanischen: Versuch eines Raum-Zeitmodells. NOWELE 33: 43–91.

Mottausch, Karl-Heinz (2000): Das Präteritum der 4. und 5. starken Verbklassen im Germanischen. NOWELE 36: 48–58.

Mottausch, Karl-Heinz (2011): Der Nominalakzent im Frühurgermanischen. Konstanten und Neuerungen. Hamburg (Philologia 159).

Mottausch, Karl-Heinz (2013): Untersuchungen zur Vorgeschichte des germanischen starken Verbs. Die Rolle des Aorists. Hamburg (Philologia 173).

Moulin-Fankhänel, Claudine (1999): Würzburger Althochdeutsch. Studien zur Bibeltextglossierung. Habil.-Schrift Bamberg.

Moulin-Fankhänel, Claudine (2001): Glossieren an einem Ort. Zur althochdeutschen Glossenüberlieferung der ehemaligen Dombibliothek Würzburg. In: Bergmann 2001: 353–379.

Moulton, William G. (1941): Swiss German Dialect and Romance Patois. Baltimore (Supplement to Lg 17; Language Diss. 34).

Moulton, William G. (1944): Scribe γ of the Old High German *Tatian* translation. PMLA 59: 307–334.

Moulton, William G. (1954): The stops and spirants of Early Germanic. Lg 30: 1–42.

Moulton, William G. (1961): Zur Geschichte des deutschen Vokalsystems. PBB (T) 83: 1–35. ND in: Steger 1970: 480–517.

Moulton, William G. (1969): The consonant system of Old High German. In: Fs. Fourquet, 247–259.

Moulton, William G. (1972): The Proto-Germanic non-syllabics (consonants). In: van Coetsem/ Kufner 1972: 141–173.

Moulton, William G. (1979): Notker's ‘Anlautgesetz'. In: Fs. Penzl, 241–251.

Moulton, William G. (1987): Zum Konsonantismus des Althochdeutschen: orthographisch, phonologisch, pädagogisch. In: Althochdeutsch 1987: 72–85.

Mourek, V[áclav] E[manuel] (1873): Die althochdeutschen Glossen in dem St. Galler Codex Nr. 292 und in dem aus St. Peter stammenden Codex zu Karlsruhe. Druhá Výroční Zpráva c. k. českého gymnasia v Budějovicích za školní rok 1873: 3–21.

MSD = Müllenhoff, Karl / Wilhelm Scherer: Denkmäler deutscher Poesie und Prosa aus dem VIII–XII Jahrhundert. 2 Bde. 3. Aufl. hg. von E. Steinmeyer. 1892. ND Berlin 1964.

Muller, Jean-Claude (1985): Bisher unbekannte Griffelglossen im Echternacher Evangeliar Willibrords und im Maihinger Evangeliar. In: Schützeichel 1985: 65–73.

Müller, Gertraud (1957): *stuatago* Musp. 55. PBB (H) 79, Sonderband: 308–321.

Müller, Gertraud (1966–68) → Frings, Theodor (1966–68).

Müller, Gertraud / Theodor Frings (1950): Das flektierte *al*. PBB 72: 420–452.

Müller, Stefan (2007): Zum Germanischen aus laryngaltheoretischer Sicht. Mit einer Einführung in die Grundlagen. Berlin, New York (SLG 88).

Munske, Horst Haider (1964): Das Suffix *-inga/-unga in den germanischen Sprachen. Seine Erscheinungsweise, Funktion und Entwicklung dargestellt an den appellativen Ableitungen. Marburg (Marburger Beiträge zur Germanistik 6).

Murray, Robert W. (1986): Urgermanische Silbenstruktur und die westgermanische Konsonantengemination. PBB 108: 333–356.

Murray, Robert W. / Theo Vennemann (1983): Sound change and syllable structure in Germanic phonology. Lg 59: 514–528.

Must, Gustav (1951/52): The origin of the Germanic dental preterit. Lg 27: 121–135; Nachtrag in Lg 28: 104–106.

Must, Gustav (1967): The spelling of Proto-Germanic /f/ in Old High German. Lg 43: 457–461.

MWB = Mittelhochdeutsches Wörterbuch. Hgg. Kurt Gärtner / Klaus Grubmüller / Karl Stackmann. Stuttgart 2013 ff.

Naganawa, Kan (2004): Zu den verallgemeinernden Relativpronomen bei Otfrid und im Iwein. Sprwiss 29: 321–344.

Naumann, H[ans] (1927): Glossen aus Admont. ZfdA 64: 77–79.

Nedoma, Robert (1998): Zur Problematik der Deutung älterer Runeninschriften – kultisch, magisch oder profan? In: Klaus Düwel / Sean Nowak (Hgg.): Runeninschriften als Quellen interdisziplinärer Forschung. Abhandlungen des Vierten Internationalen Symposiums über Runen und Runeninschriften in Göttingen vom 4.–9. August 1995. Berlin / New York (RGA, Erg.-Bd. 15), 24–54.

Nedoma, Robert (2004): Personennamen in südgermanischen Runeninschriften. Studien zur altgermanischen Namenkunde I,1,1. Heidelberg (IB III).

Nedoma, Robert (2005): Urnordisch *-a* im Nominativ Singularis der maskulinen *n*-Stämme. NOWELE 46/47: 155–191.

Nedoma, Robert (2006): Schrift und Sprache in den südgermanischen Runeninschriften. In: Alfred Bammesberger / Gaby Waxenberger (Hgg.): Das fuþark und seine einzelsprachlichen Weiterentwicklungen. Berlin, New York (RGA, Erg.-Bd. 51), 109–156.

Nedoma, Robert (2011): Personennamen in älteren Runeninschriften auf Fibeln. NOWELE 62/63: 31–89.

Nedoma, Robert (2015): Zur Edition Die südgermanischen Runeninschriften. Ein Vorbericht. In: Hermann Reichert / Corinna Scheungraber (Hgg.): Germanische Altertumskunde: Quellen, Methoden, Ergebnisse. Akten des Symposiums anlässlich des 150. Geburtstags von Rudolf Much Wien, 28.–30. September 2012. Wien (Philologia Germanica 35), 139–157.

Nedoma, Robert (2020): Südgermanische Runeninschriften. Stationen der Sprachgeschichte. NOWELE 73: 91–115.

Nemitz, Werner (1962): Zur Erklärung der sprachlichen Verstöße Otfrids von Weissenburg. PBB (T) 84: 358–432.

Neri, Sergio (2003): I sostantivi in *-u* del gotico. Morfologia e preistoria. Innsbruck (IBS 108).

Neumann, Günter (1971): Substrate im Germanischen? GGN 1971/4: 75–99.

Neumann, Reinulf (1967): Der bestimmte Artikel *ther* und *thie* und seine Funktionen im althochdeutschen Tatian. Gießen (BDPh 37).

Neuss, Elmar (1978): Westfränkische Personennamen. BNF 13: 121–174.

NFG = Ernst, Oliver / Elvira Glaser / Andreas Nievergelt: Neues zu Freisinger Glossenhandschriften. In: Bergmann/Stricker 2020: 229–280.

Nielsen, Hans Frede (1990): The Old English and Germanic decads. In: Graham Caie (Hg.): Proceedings from the Fourth Nordic Conference for English Studies, Helsingør, May 11–13, 1989. Copenhagen, Bd. I, 105–117.

Nielsen, Hans Frede (2000): The Early Runic Language of Scandinavia. Studies in Germanic dialect geography. Heidelberg (IB I).

Nievergelt RP = Nievergelt, Andreas: Althochdeutsche Glossen zur *Regula pastoralis*. Clm 6277, Clm 18550a. Berlin, Boston 2023 (LHG 29).

Nievergelt, Andreas (2007): Die Glossierung der Handschrift Clm 18547b. Ein Beitrag zur Funktionalität der mittelalterlichen Griffelglossierung. Heidelberg (GermB 28).

Nievergelt, Andreas (2009): Geheimschriftliche Glossen. In: Bergmann/Stricker 2009: 240–268.

Nievergelt, Andreas (2009a): Irrgänger, Teufelskinder und unkeusche Spiele. Althochdeutsche Griffelglossen zu Isidor von Sevilla „De ecclesiasticis officiis“ (1). ZfdPh 128: 321–345.

Nievergelt, Andreas (2010): Pfiff und Gesang. Althochdeutsche Griffelglossen zu Isidor von Sevilla „De ecclesiasticis officiis“ (2). ZfdPh 129: 1–48.

Nievergelt, Andreas (2011): Zur gegenwärtigen Quellen- und Editionslage der althochdeutschen Glossen. Sprwiss 36: 307–358.

Nievergelt, Andreas (2012): Die Verwendung der Handschrift im Kloster St. Gallen. In: Gamper 2012: 39–60.

Nievergelt, Andreas (2012a): Nachträge zu den althochdeutschen Glossen (2012). Sprwiss 37: 375–421.

Nievergelt, Andreas (2013): Nachträge zu den althochdeutschen Glossen (2013). Sprwiss 38: 383–425.

Nievergelt, Andreas (2015): Nachträge zu den althochdeutschen und altsächsischen Glossen (2014/15). Sprwiss 40: 289–340.

Nievergelt, Andreas (2017): Nachträge zu den althochdeutschen und altsächsischen Glossen (2015/16). Sprwiss 42: 121–176.

Nievergelt, Andreas (2019): Althochdeutsch in Runenschrift. Geheimschriftliche volkssprachige Griffelglossen. 2. Aufl. Stuttgart (ZfdA, Beiheft 11).

Nievergelt, Andreas (2019a): Nachträge zu den althochdeutschen und altsächsischen Glossen (2017–2019). Sprwiss 44: 331–361.

Nievergelt, Andreas (2020): Was sind eigentlich Federproben? In: Bergmann/Stricker 2020: 127–153.

Nievergelt, Andreas (2021): Das älteste Alemannisch und die St. Galler Griffelglossen. In: Cornel Dora / Andreas Nievergelt (Hgg.): Fenster zur Ewigkeit. Die ältesten Bibliotheken der Welt. Wiesbaden (Bibliothek und Wissenschaft 54), 137–151.

Nievergelt, Andreas (2023): *soliha friuntscaf* – Ein eingeritzter althochdeutscher Kleintext. In: Fs. Rübekeil, 133–145.
Nievergelt, Andreas (im Druck a): Zu den Diakritika in der Schriftgeschichte des Althochdeutschen: Der Apex. In: Irene Ceccherini / Teresa De Robertis (Hgg.): L'émergence des écrits en langue vulgaire. Le point de vue paléographique. XXIe Colloque international de paléographie latine. Florence, Università degli Studi 19–21 février 2020.
Nievergelt, Andreas (im Druck b): Eingeritzte altfränkische Aldhelmglossen. RhVjbl 87.
NIL = Wodtko, Dagmar S. / Britta Irslinger / Carolin Schneider: Nomina im Indogermanischen Lexikon. Heidelberg 2008.
Nordmeyer, George (1935): Gothic initial *þl-*. Lg 11: 216–219.
Nordmeyer, George (1936): Lautverschiebungserklärungen. JEGPh 35: 482–495.
Noreen, Adolf (1880): Weiteres zum Vernerschen Gesetze. PBB 7: 431–444.
Noreen, Adolf (1894): Abriss der urgermanischen Lautlehre. Straßburg.
Noreen, Adolf (1923) → Aisl. Gr.
Nörrenberg, Konstantin (1884): Die Lautverschiebungsstufe des Mittelfränkischen. PBB 9: 371–402.
Nörrenberg, Konstantin (1915): Ahd. V = F. PBB 40: 165 f.
Nübling, Damaris (1992): Klitika im Deutschen. Schriftsprache, Umgangssprache, alemannische Dialekte. Tübingen.
Nutzhorn, Gustav (1912): Murbach als Heimat der althochdeutschen Isidorübersetzung und der verwandten Stücke. ZfdPh 44: 265–320, 430–476.
Ochs, Ernst (1911): Lautstudien zu Notker von St. Gallen (zum Oberdeutschen des 11. Jahrhunderts). Diss. Freiburg.
Ochs, Ernst (1915): Ahd. *anterôn*. PBB 40: 467–472.
Ochs, Ernst (1920): Gottesfürchtig, andächtig, fromm im Althochdeutschen. PBB 44: 315–321.
Ochs, Ernst (1932): Ahd. *scappari*. PBB 56: 356 f.
Ochs, Ernst (1936): Germ. *eu* im Großalemannischen. ZMF 12: 133–135.
Odwarka, Karl (1982): Evidence of Auslautverhärtung in Old Saxon. In: J. Peter Maher u. a. (Hgg.): Papers from the 3rd International Conference on Historical Linguistics. Amsterdam (ASTHLS 13), 323–343.
Oehme, Florentine / Hans Ulrich Schmid / Franziska Spranger (Hgg.) (2017): Wörter. Wortbildung, Lexikologie und Lexikographie, Etymologie. Berlin, Boston (JGS 8).
Öhmann, Emil (1934): Zur inneren Chronologie der hochdeutschen Tenuisverschiebung. AASF, B, 30 (Festschrift für Hugo Suolahti). Helsinki, 443–463.
Öhmann, Emil (1969): Nhd. *Papst*. AASF, B, 153, 5: 3–6.
Oksaar, Els (1958): Semantische Studien im Sinnbereich der Schnelligkeit. Stockholm (SGF 2).
Orton, Graham (1951): The predicative adjective in Old High German. JEGPh 50: 332–348.
Osthoff, Hermann (1876): Zur Frage des Ursprungs der germanischen *n*-Declination. PBB 3: 1–89.
Osthoff, Hermann (1876a): Zur Geschichte des schwachen deutschen Adjectivums. Jena (Forschungen im Gebiete der indogermanischen nominalen Stammbildung 2).
Osthoff, Hermann (1882): *hs* im Althochdeutschen. PBB 8: 148–152.
Osthoff, Hermann (1882a): Zum grammatischen Wechsel der velaren *k*-Reihe. PBB 8: 256–287.
Osthoff, Hermann (1882b): Über Aoristpraesens und Imperfectpraesens. PBB 8: 287–311.
Osthoff, Hermann (1882c): Zur Reduplicationslehre. PBB 8: 540–567.
Osthoff, Hermann (1888): Etymologica I. PBB 13: 395–463.
Osthoff, Hermann (1891): Das Präteritopräsens *mag*. PBB 15: 211–218.
Osthoff, Hermann (1906/07): Gab es einen Instr. Sing. auf *-mi* im Germanischen? IF 20: 163–218.

Ottmann, Richard Eduard (1886): Grammatische Darstellung der Sprache des althochdeutschen Glossars Rb. Berlin.
Oubouzar, Erika (1992): Zur Ausbildung des bestimmten Artikels im Althochdeutschen. In: Yvon Desportes (Hg.): Althochdeutsch. Syntax und Semantik. Lyon (Centre d'Études Linguistiques Jacques Goudet, Série germanique ancien 1), 69–87.
Oubouzar, Erika (1997): Zur Frage der Herausbildung eines bestimmten und eines unbestimmten Artikels im Althochdeutschen. Cahiers d'Études Germaniques 32: 161–175.
Oubouzar, Erika (2000): Zur Entwicklung von *ein* in der Nominalgruppe des Althochdeutschen. In: Fs. Valentin, 255–268.
Page, Richard (1998): Verner's Law. PBB 120: 175–193.
Page, Richard (1999): On Notker's Anlautgesetz. In: Gerald F. Carr u. a. (Hgg.): Interdigitations. Essays for Irmengard Rauch. New York u. a., 305–309.
Page, Richard (2013): Notker's Anlautgesetz and the neutralization of contrasts. PBB 135: 515–534.
Palander, Hugo (1899): Die althochdeutschen Tiernamen. 1. Die Namen der Säugetiere. Darmstadt.
Paraschkewoff, Boris (1967): Entwicklung der Adjektivadverbien im Ostmitteldeutschen vom Beginn der Überlieferung bis Luther. Diss. (masch.) Leipzig.
Paraschkewoff, Boris (2003): Zur Polygenese des -t in der Verbalendung -st. ZGL 31: 382–385.
Pasques, Delphine (2016): Was ergibt der Vergleich von ahd. *ein N* (*ein wib*) mit der lateinischen Vorlage? Zur beginnenden Grammatikalisierung von *ein N* im Althochdeutschen. In: Wich-Reif 2016: 61–75.
Paul, Hermann (1874): Zur Lautverschiebung. PBB 1: 147–201.
Paul, Hermann (1877): Die Vocale der Flexions- und Ableitungssilben in den ältesten germanischen Dialekten. PBB 4: 315–475.
Paul, Hermann (1879): Zur Geschichte des germanischen Vokalismus. PBB 6: 1–256. Nachträge 257–261, 407–412.
Paul, Hermann (1879a, 1880, 1882): Beiträge zur Geschichte der Lautentwicklung und Formenassoziation. PBB 6: 538–560; 7: 105–170; 8: 210–224.
Paul, Hermann (1884): Grammatische Kleinigkeiten. PBB 9: 582–584.
Paul, Hermann (1887): Nachträgliches zum germanischen Vocalismus. PBB 12: 548–554.
Paul, Hermann (1920): Prinzipien der Sprachgeschichte. 5. Aufl. Halle.
Paul, Hermann (1959): Deutsche Grammatik. Bde. 1–4. 5./6. Aufl. Halle.
Pauly, Peter (1968): Die althochdeutschen Glossen der Handschriften Pommersfelden 2671 und Antwerpen 17.4. Untersuchungen zu ihrem Lautstand. Bonn (RA 67).
Peeters, Christian (1971): e_1 in Gothic, Old English and Old High German. Linguistics 72: 26–30.
Penzl, Herbert (1947): The Development of Germanic *ai* and *au* in Old High German. GR 22: 174–181.
Penzl, Herbert (1949): Umlaut and Secondary Umlaut in Old High German. Lg 25: 223–240. Dt. Übersetzung in: Steger 1970: 545–574.
Penzl, Herbert (1955/56): Zur Erklärung von Notkers Anlautgesetz. ZfdA 86: 196–210.
Penzl, Herbert (1959): Konsonantenphoneme und Orthographie im althochdeutschen Isidor. In: Fs. Mossé, 354–361.
Penzl, Herbert (1961): Old High German ‹r› and its phonetic identification. Lg 37: 488–496.
Penzl, Herbert (1964): Die Phasen der althochdeutschen Lautverschiebung. In: Fs. Starck, 27–41.
Penzl, Herbert (1964a): Ahd. /f/ und die Methoden der Lautbestimmung. ZMF 31: 289–317.
Penzl, Herbert (1964b): The evidence for the change from *th* to *d* in Old High German. In: Albert H. Marckwardt / Carol J. Kreidler u. a. (Hgg.): Studies in Languages and Linguistics. In honor of Charles C. Fries. Ann Arbor, 169–185.

Penzl, Herbert (1968): Die Phoneme in Notkers alemannischem Dialekt. In: Fs. Sehrt, 133–150.
Penzl, Herbert (1968a): The history of the third nasal phoneme of Modern German. PMLA 83: 340–346.
Penzl, Herbert (1970): Zu den Methoden der historischen Lautbestimmung: die althochdeutschen Sibilanten. FL 4: 104–109.
Penzl, Herbert (1971): Lautsystem und Lautwandel in den althochdeutschen Dialekten. München.
Penzl, Herbert (1975): Vom Urgermanischen zum Neuhochdeutschen. Eine historische Phonologie. Berlin (GG 16).
Penzl, Herbert (1980): Notker's „Anlautgesetz" and generative phonology. In: Fs. Beeler, 441–448.
Penzl, Herbert (1982): Zur Methodik der historischen Phonologie: Schreibung – Lautung und die Erforschung des Althochdeutschen. PBB 104: 169–189.
Penzl, Herbert (1983): The Old High German *i*-Umlaut and the models of historical sound change. MDU 75: 131–136.
Penzl, Herbert (1984): Zur relativen Chronologie der hochdeutschen Konsonantenverschiebung. In: Wolfgang W. Moelleken (Hg.): Dialectology, Linguistics, Literature. Festschrift for Carroll E. Reed. Göppingen (GAG 367), 208–221.
Penzl, Herbert (1985): Rez. von Simmler 1981. ZDL 52: 95–98.
Penzl, Herbert (1986): Althochdeutsch. Eine Einführung in Dialekte und Vorgeschichte. Bern (Germanistische Lehrbuchsammlung 7).
Penzl, Herbert (1987): Dialektmerkmale und Dialektkriterien im Althochdeutschen. In: Althochdeutsch 1987: 103–113.
Penzl, Herbert (1989): Die Gallehusinschrift: Trümmer der nordisch-westgermanischen Ursprache. In: H.Beck 1989: 89–96.
Penzl, Herbert (1994): Historiographie und Sprachgeschichte: zur Beschreibung des althochdeutschen *i*-Umlauts. AJGLL 6: 51–62.
Penzl, Herbert / Marga Reis / Joseph B. Voyles (1974): Probleme der historischen Phonologie. Wiesbaden (ZDL, Beih. 12).
Perridon, Harry (2001): On the origin of *ū* in verbs of the type *lūkan*. In: Watts u. a. 2001: 29–37.
Perridon, Harry (2011): Long *ū* in Germanic. In: Fs. Quak, 211–223.
Pestalozzi, Rudolf (1916): Urdeutsch *k* bei Notker. PBB 41: 129–162.
Petersen, Walter (1930): The inflection of Indo-European personal pronouns. Lg 6: 164–193.
Petersson, Herbert (1914): Ahd. *thwesben*. PBB 39: 563–565.
Petkov, Marin (2011): Zum *genus substantivi* der Fremdwörter im Althochdeutschen bis zum 8. Jahrhundert. ZGL 39: 272–284.
Petzet, Erich / Otto Glauning (1910): Deutsche Schrifttafeln des IX. bis XVI. Jahrhunderts aus Handschriften der K. Hof- und Staatsbibliothek in München. I. Althochdeutsche Schriftdenkmäler des IX. bis XI. Jahrhunderts. München. ND Hildesheim 1975.
Pfefferkorn, Oliver (2005): Die periphrastischen Futurformen im Mittelhochdeutschen. Sprwiss 30: 309–330.
Pfeifer, Wolfgang (1993): Etymologisches Wörterbuch des Deutschen. 2. Aufl. 2 Bde. Berlin.
P/G → Petzet/Glauning 1910.
Pietsch, Paul (1876): Der oberfränkische lautstand im IX. jahrhundert. ZfdPh 7: 330–368, 407–450.
Pimenova, Natalia B. (2002): Die Semantik der althochdeutschen Nomina aus zweiten Partizipien. Sprwiss 27: 1–24.
Pimenova, Natalia B. (2002a): Die semantische Stellung von deverbalen î(n)-Nomina im althochdeutschen Wortbildungssystem. In: Habermann u. a. 2002: 137–158.

Pimenova, Natalia B. (2003): Zum Konzept der diachron-vergleichenden semantischen Analyse von Wortbildungsmodellen. Schwache *an*-Maskulina mit abstrakter Semantik in den altgermanischen Sprachen. PBB 125: 391–430.
Pimenova, Natalia B. (2004): Zur Reanalyse in der Wortbildung: Die Herausbildung des deverbalen *iþa*-Wortbildungstyps im Germanischen. In: Fritz/Wischer 2004: 165–184.
Piper, Paul (1880): Litteraturgeschichte und Grammatik des Althochdeutschen und Altsächsischen. Für Studierende bearbeitet. Paderborn (Die Sprache und Litteratur Deutschlands bis zum zwölften Jahrhundert I).
Pisani, Vittore (1955): Über die Infinitive auf sanskr. *-adhyai*, avest. *-(a)dyāi* und die Gerundia bzw. Gerundiva auf lat. *-ndī*, deutsch *-anne(s)*. KZ 72: 217–221.
Pivernetz, Karin (2000): Otfrid von Weißenburg. Das 'Evangelienbuch' in der Überlieferung der Freisinger Handschrift. I. Edition. II. Untersuchungen. Göppingen (GAG 671).
Plate, Ralf u. a. (Hgg.) (2022): Auf den Schwingen des Pelikans. Studien und Texte zur deutschen Literatur des Mittelalters. Stuttgart (ZfdA, Beiheft 40).
Pogatscher, Alois (1908): Etymologisches und Grammatisches. Anglia 31: 257–272.
Pohl, Heinz-Dieter (1989): Zur Herkunft des germanischen Präteritums. In: Karin Heller / Oswald Panagl / Johann Tischler (Hgg.): Indogermanica Europaea. Festschrift für Wolfgang Meid zum 60. Geburtstag am 12. 11. 1989. Graz, 193–207.
Pokorny, Julius (1959) → IEW.
Pollak, Hans (1975): Zum althochdeutschen Isidor. PBB (T) 97: 1–3.
Polomé, Edgar C. (1967): On the origin of Germanic class III of weak verbs. In: Wolfgang Meid (Hg.): Beiträge zur Indogermanistik und Keltologie. Julius Pokorny zum 80. Geburtstag gewidmet. Innsbruck (IBK 13), 83–92.
Polzin, Albert (1901): Studien zur Geschichte des Deminutivums im Deutschen. Straßburg (QF 88).
Poschenrieder, Thorwald (Hg.) (2004): Die Indogermanistik und ihre Anrainer. Dritte Tagung der Vergleichenden Sprachwissenschaftler der Neuen Länder. Stattgehabt an der Ernst-Moritz-Arndt-Universität zu Greifswald in Pommern am 19. und 20. Mai 2000. Innsbruck (IBS 114).
Prinz, Michael (2010): Vergessene Wörter – frühe volkssprachige Lexik in lateinischen Traditionsurkunden. In: H.U.Schmid 2010: 292–322.
Prokosch, Eduard (1917): Die deutsche Lautverschiebung und die Völkerwanderung. JEGPh 16: 1–26.
Prokosch, Eduard (1939): A Comparative Germanic Grammar. Philadelphia.
Quak, Arend (1973): Unveröffentlichte althochdeutsche Glossen aus dem Codex Vindobonensis 534. ABäG 4: 113–128.
Quak, Arend (1981): Die altmittel- und altniederfränkischen Psalmen und Glossen. Amsterdam (APSL 47).
Quak, Arend (1983): Zum Umlaut des /*ā*/ in den Wachtendonckschen Psalmen. ABäG 19: 67–78.
Quak, Arend (1989): Meervoudsvorming in Oudsaksisch en Middelnederduits. ABäG 28: 43–54.
Quak, Arend (1996): Rez. von Ertmer 1994. ABäG 46: 259 f.
Quak, Arend (2019): Zu den Verbformen in den althochdeutschen Glossen des Trierer Seminarkodex. ABäG 79: 297–337.
Raevskij, Michail V. (1972): Die hochdeutsche Lautverschiebung und das altoberdeutsche System der Geräuschphoneme. PBB (H) 93: 8–33.
Ramat, Paolo (1963): Il gotico *manna* e i suoi composti. Sprache 9: 23–34.
Ramat, Paolo (1981): Einführung in das Germanische. Tübingen (LA 95).
Ramers, Karl Heinz (1994): Verners Gesetz: Ein Beispiel für die Interdependenz segmentaler und prosodischer Faktoren des Lautwandels. Sprwiss 19: 271–306.

Randall, William / Howard Jones (2015): On the early origins of the Germanic preterite presents. TPhS 113: 137–176.

Raposo, Berta (1982): Die Wiedergabe des lateinischen Ablativs in der althochdeutschen Übersetzungsliteratur. Göppingen (GAG 337).

Rasmussen, Jens Elmegård (1989): Die Tenues Aspiratae: Dreiteilung oder Vierteilung des idg. Plosivsystems und die Konsequenzen dieser Frage für die Chronologie einer Glottalreihe. In: Vennemann (1989a), 153–176.

Rasmussen, Jens Elmegård (1996): On the origin of the Germanic weak preterite. Copenhagen Working Papers in Linguistics 4: 161–168.

Rauch, Irmengard (1967): The Old High German Diphthongization. A description of a phonemic change. Den Haag (JLSP 36).

Rauch, Irmengard (1972): The Germanic dental preterite, language origin, and linguistic attitude. IF 77: 215–233.

Rauch, Irmengard (1973): Some North-West Germanic dental conditioners and laryngeal effect. In: Luanne T. Frank / Emery E. George (Hgg.): Husbanding the Golden Grain. Studies in honor of Henry W. Nordmeyer. Ann Arbor, 255–264.

Rauch, Irmengard u. a. (Hgg.) (1992): On Germanic Linguistics. Issues and Methods. Berlin, New York (Trends in Linguistics 68).

Rauch, Irmengard / Gerald F. Carr (Hgg.) (1997): Insights in Germanic Linguistics II. Berlin, New York (Trends in Linguistics 94).

Raven, Frithjof A. (1959): Aspect as a prominent factor in the survival of the III weak conjugation in OHG. In: Frederic E. Coenen u. a. (Hgg.): Middle Ages, Reformation, *Volkskunde*. Festschrift for John G. Kunstmann. Chapel Hill, 213–224.

Raven, Frithjof A. (1963–67): Die schwachen Verben des Althochdeutschen. 2 Bde. Gießen (BDPh 18, 36).

Redmond, Petra (2012): Das »Sedulius De Greca«-Glossar in den Handschriften St. Gallen Stiftsbibliothek 291 [recte 292] und Karlsruhe, Badische Landesbibliothek, St. Peter perg. 87. Heidelberg (GermB 42).

Reichert, Hermann (1987): Lexikon der altgermanischen Namen. I. Text. Wien.

Reiffenstein, Ingo (1963): Quecke. Lautgeographische Studien zum Deutschen Wortatlas. In: Schmitt 1963: 2. Bd., 317–346.

Reiffenstein, Ingo (1965): Geminaten und Fortes im Althochdeutschen. MSS 18: 61–77.

Reiffenstein, Ingo (1996): Namen im Sprachaustausch: Romanische Relikte im Salzburger Becken. In: E. Eichler u. a. (Hgg.): Namenforschung, 2. Berlin (HSK 11.2), 997–1006.

Reiffenstein, Ingo (2000): Die Anfänge der neuhochdeutschen Diphthongierung im Bairischen. In: Heinz Dieter Pohl (Hg.): Sprache und Name in Mitteleuropa. Beiträge zu Namenkunde, Dialektologie und Sprachinselforschung. Festschrift für Maria Hornung. Wien (ÖNf, Beih.), 325–333.

Reiffenstein, Ingo (2002): Wie alt ist die Konsonantenlenierung im Bairischen? In: Peter Anreiter u. a. (Hgg.): Namen, Sprachen und Kulturen. Imena, Jeziki in Kulture. Festschrift für Heinz Dieter Pohl zum 60. Geburtstag. Wien, 621–636.

Reiffenstein, Ingo (2003): Zur Neubearbeitung der Althochdeutschen Grammatik von Wilhelm Braune. In: Anja Lobenstein-Reichmann / Oskar Reichmann (Hgg.): Neue historische Grammatiken. Tübingen (RGL 243), 147–166.

Reiffenstein, Ingo (2003a): Rez. von Schwerdt 2000. PBB 125: 329–335.

Reiffenstein, Ingo (2009): Salzburger Glossenhandschriften. In: Bergmann/Stricker 2009: 1421–1442.

Rein, Kurt (1958): Die Bedeutung von Tierzucht und Affekt für die Haustierbenennung, untersucht an der deutschen Synonymik für *capra domestica.* In: Schmitt 1958: 1. Bd., 191–295, 10 Karten.

Reis, Marga (1974): Lauttheorie und Lautgeschichte. Untersuchungen am Beispiel der Dehnungs- und Kürzungsvorgänge im Deutschen. München (Internationale Bibliothek für allgemeine Linguistik 14).

Reis, Marga (1974a): Phonologie des spätgemeingermanischen Vokalismus. Unter besonderer Berücksichtigung der Nebensilbenvokale. In: Penzl/Reis/Voyles 1974: 23–68.

Rennert, Leo (2022): Die pronominalen Endungen der germanischen Adjektivflexion: Althochdeutsch. Masterarbeit (unpubl.) Univ. zu Köln, Institut für Linguistik.

Restelli, Giuseppe (1984): Goti Tedeschi Longobardi. Rapporti di cultura e di lingua. Brescia (Studi grammaticali e linguistici 16).

Reuter, Ernst (1906): Neuhochdeutsche Beiträge zur westgermanischen Konsonantengemination. Diss. Freiburg i. Br.

Reutercrona, Hans (1920): Svarabhakti und Erleichterungsvokal im Altdeutschen bis ca. 1250. Akademische Abhandlung. Heidelberg.

van der Rhee, Florus (1970): Die germanischen Wörter in den langobardischen Gesetzen. Rotterdam.

van der Rhee, Florus (1976): Die hochdeutsche Lautverschiebung in den langobardischen Gesetzen. Datierung, Umfang, orthographische Wiedergabe. Nph 60: 397–411.

van der Rhee, Florus (1978): Die Erforschung des Langobardischen. Kurzer Überblick über die Forschungsprobleme. Jahrbuch für Internationale Germanistik 10: 77–86.

Richter, Johanna (1909): Ursprung und analogische Ausbreitung der Verba auf -αζω. Excurs: Die germanischen Verba auf *-atjan*, *-itjan* im Vergleich mit den griechischen Verba auf -αζω. Leipzig.

Riecke, Jörg (1996): Die schwachen *jan*-Verben des Althochdeutschen. Ein Gliederungsversuch. Göttingen (SzA 32).

Riecke, Jörg (1997): Ahd. *dwesben*, *fehtan* und die starken Verben der III. Ablautreihe. Sprwiss 22: 207–219.

Riecke, Jörg (1999): Pseudopartizipien im Althochdeutschen. Ein Beitrag zur Geschichte eines Wortbildungstyps. Sprwiss 24: 157–193.

Riecke, Jörg (2016): Geschichte der deutschen Sprache. Eine Einführung. Stuttgart (Reclams Studienbuch Germanistik).

Riedel, Kerstin (1990): Grammatik der althochdeutschen Glossen zum Carmen 'De laude virginum' und zu den Rätseln Aldhelms von Malmesbury. Untersuchungen zu Lauten und Formen. Diss. (masch.) Jena.

Rieger, Max (1864): Altmitteldeutsche Glossen zu Heinrici Summarium. Germ 9: 13–29.

Ring, Uli (2008): Substantivderivation in der Urkundensprache des 13. Jahrhunderts. Eine historisch-synchrone Untersuchung anhand der ältesten deutschsprachigen Originalurkunden. Berlin, New York (SLG 96).

Ringe, Donald R., Jr. (1984): Germanic '$\bar{e}^2$' and **r*. Sprache 30: 138–155.

Ringe, Donald R., Jr. (2006): A sociolinguistically informed solution to an old problem: the Gothic genetive plural. TPhS 104: 167–206.

Ringe, Donald R., Jr. (2012): Cladistic principles and linguistic reality. The case of West Germanic. In: Philomen Probert / Andreas Willi (Hgg.): Laws and Rules in Indo-European. Oxford, 33–42.

Ringe, Donald R., Jr. (2017): From Proto-Indo-European to Proto-Germanic. Second edition. Oxford (A Linguistic History of English I).

Ringe, Donald R., Jr. / Ann Taylor (2014): The Development of Old English. Oxford (A Linguistic History of English II).
Rix, Helmut (Hg.) (2001) → LIV.
Roberts, M. H. (1935): The genesis of Old High German *bera-mēs*. Lg 11: 220–230.
Robin, Thérèse (2010): Der Optativ im *Heliand*. Sprwiss 35: 15–78.
Robinson, Orrin W. (1975): Abstract Phonology and the History of Umlaut. Lingua 37: 1–29.
Robinson, Orrin W. (1980): An exception to Old High German Umlaut. In: Fs. Beeler, 249–260.
Roedder, Edwin Carl (1901): Wortlehre des Adjektivs im Altsächsischen. Madison, Wisc. (Bulletin of the Univ. of Wisconsin 50, Phil. and hist. Ser. I, 4).
Röhn, Hartmut (1994): Zur Überlieferung des althochdeutschen Georgsliedes. In: Fs. Beck, 513–526.
Ronneberger-Sibold, Elke (1989): Historische Phonologie und Morphologie des Deutschen. Eine kommentierte Bibliographie zur strukturellen Forschung. Tübingen.
Ronneberger-Sibold, Elke (2010): Rez. von W. Braune / I. Reiffenstein / R. Schrodt, Althochdeutsche Grammatik I/II, [15]2004. Kratylos 55: 61–72.
Rooth, Erik (1940/41): Zum *i*-Umlaut. SNph 13: 103–117.
Rooth, Erik (1970): Westfäl. *loụt* n. 'Menge, Schar (Kinder)' und seine Vorfahren. In: Dietrich Hofmann (Hg.): Gedenkschrift für William Foerste. Köln (NdSt 18), 167–176.
Rooth, Erik (1971): Zur Forschungslage in betreff des Namens Ludwig. BNF 6: 207–214.
Rooth, Erik (1974): Das Vernersche Gesetz in Forschung und Lehre. 1875–1975. Lund (Acta Reg. Societatis humaniorum litterarum Lundensis 71).
Rösel, Ludwig (1962): Die Gliederung der germanischen Sprachen nach dem Zeugnis ihrer Flexionsformen. Nürnberg (Erlanger Beiträge zur Sprach- und Kunstwissenschaft 11).
Rosenfeld, Hans-Friedrich (1950): Zu den alemannisch-nordgermanischen Wortgleichungen. NphM 51: 61–109; 52: 174 f. ND in: Rosenfeld 1974: 195–244.
Rosenfeld, Hans-Friedrich (1955): Ingwäon. *he*, *hi* und das germanische Demonstrativpronomen. ZMF 23: 74–110. ND in: Rosenfeld 1974: 270–306.
Rosenfeld, Hans-Friedrich (1955a): Der Runenstein von Krogsta und das nord- und westgermanische Demonstrativpronomen „dieser". FuF 29: 172–178. ND in: Rosenfeld 1974: 314–320.
Rosenfeld, Hans-Friedrich (1956/57): Die germanischen Zahlen von 70–90 und die Entwicklung des Aufbaus der germanischen Zahlwörter. WZUGreifswald, Gesellschafts- und sprachwiss. Reihe 3/6: 171–215. ND in: Rosenfeld 1974: 321–367.
Rosenfeld, Hans-Friedrich (1974): Ausgewählte Schriften zur deutschen Literaturgeschichte, germanischen Sprach- und Kulturgeschichte und zur deutschen Wort-, Mundart- und Volkskunde. Hgg. Hugo Kuhn / Hellmut Rosenfeld / Hans-Jürgen Schubert. Bd. I. Göppingen (GAG 124).
Ross, Alan S. C. (1952–54): Contribution to the study of *u*-flexion. TPhS 1952: 114–142; 1954: 85–128.
Ross, Alan S. C. (1972): *I*- and *U*-Adjectives in Germanic. TPhS 1972: 94–100.
Ross, Alan S. C. / Jan Berns (1992): Germanic. In: Jadranka Gvozdanović (Hg.): Indo-European Numerals. Berlin, New York (TLSM 57), 555–715.
Rotsaert, Marie-Louise (1977): Vieux-haut-allem. *biscof* / gallo-roman *(*e*)*bęscobo*, *(*e*)*bęscobə* / lat. *episcopus*. Sprwiss 2: 181–216.
Rowley, Anthony R. (2000): Der Sturz der Diphthonge. In: Albrecht Greule / Franz Xaver Scheuerer / Ludwig Zehetner (Hgg.): Vom Sturz der Diphthonge. Beiträge zur 7. Arbeitstagung für bayerisch-österreichische Dialektologie in Regensburg, September 1998. Tübingen, 13–35.
Rübekeil, Ludwig (2002): Diachrone Studien zur Kontaktzone zwischen Kelten und Germanen. Wien (SbÖAW, 699).

Rübel, Hans Ulrich (1950): Viehzucht im Oberwallis. Frauenfeld (BSM 2).

Rupp, Heinz (1956): Zum 'Passiv' im Althochdeutschen. PBB (H) 78: 265–286.

Russ, Charles V. R. (1987): Die Verben auf *-u* in der Mundart von Bosco Gurin und die ahd. *-ōn*-Verben. In: Althochdeutsch 1987: 332–344.

Russer, Wilhelmina Stevina (1931): De germaansche Klankverschuiving. Een hoofdstuk uit de geschiedenis der germaansche taalwetenschap. Haarlem.

Saller, Harald (2003): Ein neues Editionskonzept für die Schriften Notkers des Deutschen anhand von *De interpretatione*. Frankfurt/Main u. a. (Kultur, Wissenschaft, Literatur – Beiträge zur Mittelalterforschung 4).

Saltveit, Laurits (1962): Studien zum deutschen Futur. Bergen, Oslo (Acta Universitatis Bergensis, Ser. Hum. Litt. 1961/2).

Sanders, Willy (1974): Der Leidener Willeram. Untersuchungen zu Handschrift, Text und Sprachform. München (MAe 27).

Sänger, Wilhelm (1910): Der Vokal in der Kompositionsfuge in den ältesten althochdeutschen Sprachdenkmälern. Diss. Freiburg.

Sarauw, Christian (1921): Niederdeutsche Forschungen. 1. Bd. Kopenhagen (HFM 5,1).

Sarrazin, G[regor] (1889): Zur geschichte des rhotacismus in den germanischen sprachen. I. Eine ausnahme des Verner'schen gesetzes. BB 15: 270–283.

Scaffidi Abbate, B. Augusto (1981): Möglichkeiten der Futurbezeichnungen im althochdeutschen Tatian und in anderen althochdeutschen literarischen Denkmälern. Sprwiss 6: 287–334.

Scardigli, Piergiuseppe (1978–79): Stand und Aufgaben der Langobardenforschung. Jahrbuch für Internationale Germanistik 10: 56–62; 11: 58–110.

Scardigli, Piergiuseppe (1986): Inchoavit et grammaticam patrii sermonis. In: Fs. Risch, 654–660. ND in: Scardigli 2002: 297–312.

Scardigli, Piergiuseppe (1994): Der Weg zur deutschen Sprache. Von der indogermanischen bis zur Merowingerzeit. Bern u. a. (Germanistische Lehrbuchsammlung 2).

Scardigli, Piergiuseppe (2002): *Germanica Florentina* e altre cose. Ventisette saggi e un profilo. Trieste (Hesperides 17).

Schaffner, Stefan (2001): Das Vernersche Gesetz und der innerparadigmatische Grammatische Wechsel des Urgermanischen im Nominalbereich. Innsbruck (IBS 103).

Schaffner, Stefan (2010): Althochdeutsch *foraharo* m. *n*-St. 'Verkündiger, Herold' und *harēn* sw. Vb. III 'rufen, anrufen'. In: Robert Nedoma / David Stifter (Hgg.): *$h_2$nr.* Festschrift für Heiner Eichner. Wiesbaden (Sprache 48, 2009), 175–181.

Schatz Abair. = Schatz, Josef: Altbairische Grammatik. Laut- und Flexionslehre. Göttingen 1907 (Grammatiken der althochdeutschen Dialekte I).

Schatz Ahd. = Schatz, Josef: Althochdeutsche Grammatik. Göttingen 1927 (GSIGW).

Schatz, Josef (1897): Die Mundart von Imst. Strassburg.

Schatz, Josef (1899): Die Sprache der Namen des ältesten Salzburger Verbrüderungsbuches. ZfdA 43: 1–45.

Schatz, Josef (1908): Zur Sprache der Wessobrunner Denkmäler. In: Fs. Kelle, 165–177.

Schatz, Josef (1910): Rez. von Wrede 1908. AfdA 34: 9–15.

Schatz, Josef (1925): *Pilger – Piligrim* und verwandte Wortbildungen. PBB 49: 125–132.

Schatz, Josef (1925a): Althochdeutsche Doppelformen schwacher Verba. In: Germanica. Eduard Sievers zum 75. Geburtstage 25. November 1925. Halle, 353–379.

Schatz, Josef (1928): Zur Sprachform altbairischer Ortsnamen. ZONF 4: 3–16.

Schatz, Josef (1935): Über die Lautform althochdeutscher Personennamen. ZfdA 72: 129–160.

SchAWB = Schützeichel, Rudolf: Althochdeutsches Wörterbuch. 7. Aufl. Berlin, Boston 2012.

Schenker, Walter (1971): *es*/*os*-Flexion und *es*/*os*-Stämme im Germanischen. PBB (T) 93: 46–58.
Scherer, Anton (1953): Zum Sinngehalt der germanischen Personennamen. BNF (A.F.) 4: 1–37.
Scherer, Wilhelm (1878): Zur Geschichte der deutschen Sprache. 2. Aufl. Berlin.
Scherer, Wilhelm (1880): Memento mori. ZfdA 24: 426–450.
Scherer, Wilhelm (1893): Kleine Schriften zur altdeutschen Philologie. Hg. Konrad Burdach. Berlin.
Scheungraber, Corinna (2014): Die Nasalpräsentien im Germanischen. Erbe und Innovation. Innsbruck (IBS 147).
Scheutz, Hannes (1989): Umlaut im Deutschen als autosuggestive Beschreibungsharmonie. ZfSprwiss 8: 133–43. Mit Erwiderung von Richard Wiese aaO. 144–152.
SchGW = Schützeichel, Rudolf: Althochdeutscher und Altsächsischer Glossenwortschatz. Bearbeitet unter Mitwirkung von zahlreichen Wissenschaftlern des Inlandes und des Auslandes. 12 Bde. Tübingen 2004.
Schiegg, Markus (2015): Frühmittelalterliche Glossen. Ein Beitrag zur Funktionalität und Kontextualität mittelalterlicher Schriftlichkeit. Heidelberg (GermB 52).
Schiffmann, Konrad (1902): Zur Erklärung des nhd. eu. ZÖG 53: 193–202.
Schimpf, Ira Natalie (2004): Das Bibelglossar der Handschrift Rom, Pal. lat. 288. Edition des Bibelglossars mit Übersetzung. Heidelberg (GermB 20).
Schindling, B[ernhard] (1908): Die Murbacher Glossen. Ein Beitrag zur ältesten Sprachgeschichte des Oberrheins. Straßburg (UDS 1).
Schirokauer, Arnold (1923): Studien zur mittelhochdeutschen Reimgrammatik. PBB 47: 1–126.
Schlachter, Eva (2012): Syntax und Informationsstruktur im Althochdeutschen. Untersuchungen am Beispiel der Isidor-Gruppe. Heidelberg (GermB 45).
Schlechter, Armin (1993): Die althochdeutschen Aratorglossen der Handschrift Rom Biblioteca Apostolica Vaticana Pal. Lat. 1716 und verwandte Glossierungen. Göttingen (SzA 20).
Schlerath, Bernfried (1995): Bemerkungen zur Geschichte der *-es*-Stämme im Westgermanischen. In: Heinrich Hettrich u. a. (Hgg.): Verba et Structurae. Festschrift für Klaus Strunk zum 65. Geburtstag. Innsbruck (IBS 83), 249–264.
Schlosser, Horst Dieter (Hg.) (2004): Althochdeutsche Literatur. Mit altniederdeutschen Textbeispielen. Auswahl mit Übertragungen und Kommentar. 2. Aufl. Berlin.
Schlüter, Wolfgang (1875): Die mit dem Suffixe *ja* gebildeten deutschen Nomina. Göttingen.
Schlüter, Wolfgang (1892): Untersuchungen zur Geschichte der altsächsischen Sprache. I: Die schwache Declination in der Sprache des Heliand und der kleineren as. Denkmäler. Göttingen.
Schmeller = Schmeller, Johann Andreas: Bayerisches Wörterbuch. 2. Aufl. München 1872/77. ND 2002.
Schmid, Hans Ulrich (1994): Ahd. *guotlîh* und *guollîh*. PBB 116: 391–397.
Schmid, Hans Ulrich (1998): *-lîh*-Bildungen. Vergleichende Untersuchungen zu Herkunft, Entwicklung und Funktion eines althochdeutschen Suffixes. Göttingen (SzA 35).
Schmid, Hans Ulrich (Hg.) (2010): Perspektiven der germanistischen Sprachgeschichtsforschung. Berlin, New York (JGS 1).
Schmid, Hans Ulrich (2023): Einführung in die deutsche Sprachgeschichte. 4. Aufl. Stuttgart.
Schmid, Hans Ulrich (2023a) → AG II.
Schmid, Karl (Hg.) (1978): Die Klostergemeinschaft von Fulda im früheren Mittelalter. Bd. 1: Grundlegung und Edition der fuldischen Gedenküberlieferung. München (MMS 8/1).
Schmid, Paul (1908): Über die Herkunft und Bedeutung der germanischen Bildungssilben *ag*, *îg* und *lîk*. ZfdA 49: 485–540.

Schmidt, Christoph G. / Robert Nedoma / Klaus Düwel (2010/11 [2012]): Die Runeninschrift auf dem Kamm von Frienstedt, Stadt Erfurt. Sprache 49/2: 123–186.
Schmidt, Gernot (1962): Studien zum germanischen Adverb. Diss. FU Berlin.
Schmidt, Gernot (1970): Zum Problem der germanischen Dekadenbildung. KZ 84: 98–136.
Schmidt, Gernot (1977): Das germanische schwache Präteritum mit idg. *-dh-*. KZ 90: 262–270.
Schmidt, Gernot (1978): Stammbildung und Flexion der indogermanischen Personalpronomina. Wiesbaden.
Schmidt, Gernot (1978a): Das keltische und das germanische *t*-Praeteritum. ZCP 36: 13–22.
Schmidt, Gernot (1985): Der Genetiv der indogermanischen *ā*-Deklination. In: Fs. Knobloch, 393–402.
Schmidt, Johannes (1883): Die vertreter von urspr. *āv*, *ōv* in den germanischen sprachen. KZ 26: 1–19.
Schmidt, Johannes (1889): Die Pluralbildungen der indogermanischen Neutra. Weimar.
Schmidt, Johannes (1895): Kritik der Sonantentheorie. Weimar.
Schmidt, Wilhelm (2020): Geschichte der deutschen Sprache. Ein Lehrbuch für das germanistische Studium. 12. Aufl. Hgg. Elisabeth Berner / Norbert Richard Wolf / Helmut Langner. 2 Bde. Stuttgart.
Schmidt-Wiegand, Ruth (1989): Die Malbergischen Glossen, eine frühe Überlieferung germanischer Rechtssprache. In: H.Beck 1989: 157–174.
Schmitt, Alfred (1949): Zur germanischen und hochdeutschen Lautverschiebung. ZPSK 3: 1–25.
Schmitt, Ludwig Erich (Hg.) (1958, 1963): Deutsche Wortforschung in europäischen Bezügen. 1., 2. Bd. Gießen.
Schmitt, Ludwig Erich (Hg.) (1970): Kurzer Grundriß der germanischen Philologie bis 1500. I. Sprachgeschichte. Berlin.
Schneider, Karin (1987): Gotische Schriften in deutscher Sprache. I. Vom späten 12. Jahrhundert bis um 1300. Textbd. Wiesbaden.
Schneider, Karin (2014): Paläographie und Handschriftenkunde für Germanisten. Eine Einführung. 3. Aufl. Berlin, Boston (SkG, B, 8).
Scholl, Emma (1906): Die flexivische Behandlung der fremden Eigennamen in den althochdeutschen und altsächsischen Denkmälern. Diss. Zürich.
Schön, Eduard (1905): Die Bildung des Adjektivs im Altenglischen. Kiel (KSEPh 2).
Schönfeld, Moritz (1911): Wörterbuch der altgermanischen Personen- und Völkernamen. Heidelberg (GB I, 4, 2).
Schramm, Gottfried (1957): Namenschatz und Dichtersprache. Studien zu den zweigliedrigen Personennamen der Germanen. Göttingen (KZ, Erg.-Heft 15).
Schreiber, Herbert (1961): Die Glossen des Codex Parisinus 2685 und ihre Verwandten. Diss. (masch.) Jena.
Schreyer, Brigitta (1951): Eine althochdeutsche Schriftsprache. PBB 73: 351–386.
Schröbler, Ingeborg (1942): Aus der Werkstatt des althochdeutschen Wörterbuchs. 16: Bemerkungen zu Bedeutung und Funktion von *after*, *ana*, *ânu*, *ander*, *aba*. PBB 66: 278–291.
Schröbler, Ingeborg (1948): Bemerkungen zur ahd. Syntax und Wortbedeutung. ZfdA 82: 240–251.
Schröbler, Ingeborg (1960): Fulda und die althochdeutsche Literatur. Literaturwiss. Jb N.F. 1: 1–26.
Schröder, Edward (1893): *Pfennig*. ZfdA 37: 124–127.
Schröder, Edward (1897): Urkundenstudien eines Germanisten. MIÖG 18: 1–52.
Schröder, Edward (1898): Rez. von W. Wilmanns, Deutsche Grammatik ^{2}1897. AfdA 24: 12–32.
Schröder, Edward (1898a): Zur Vorgeschichte der germ. *-ll-* und *-l-*, *-mm-* und *-m-*. ZfdA 42: 59–71.

Schröder, Edward (1921): Die 2. Pers. Sg. Perf. st. Flexion im Westgermanischen. IF 39: 224–229.
Schröder, Edward (1923): Nasalschwund vor þ außerhalb des sächsischen. ZfdA 60: 198 f.
Schröder, Edward (1923a): Die kurzsilbigen *i*- und *u*-stämme im althochdeutschen. ZfdA 60: 285–289.
Schröder, Edward (1924): Der Name Rumolt. ZfdA 61: 12. ND in: Schröder 1944: 109.
Schröder, Edward (1938): Die Pflanzen- und Tierwelt in den deutschen Frauennamen. ZNF 14: 102–112; – Männernamen aaO. 274–282. ND in: Schröder 1944: 39–53.
Schröder, Edward (1944): Deutsche Namenkunde. 2. Aufl. Göttingen.
Schröder, Richard / Eberhard von Künßberg (1932): Lehrbuch der deutschen Rechtsgeschichte. 7. Aufl. Berlin.
Schröder, Werner (1955): Zur Passivbildung im Althochdeutschen. PBB (H) 77: 1–76.
Schröder, Werner (1957): Kritisches zu neuen Verfasserschaften Walahfrid Strabos und zur 'Althochdeutschen Schriftsprache'. ZfdA 87: 163–213.
Schröder, Werner (1957a): Die Gliederung des gotischen Passivs. PBB (H) 79: 1–105.
Schröder, Werner (1957/58): 'Germanisches' *werden*-Passiv und 'christliches' *sein*-Passiv bei Wulfila? ZfdA 88: 101–115.
Schröder, Werner (1959): Grenzen und Möglichkeiten einer althochdeutschen Literaturgeschichte. Berlin (SbSAW 105/2).
Schrodt, Richard (1976): Die germanische Lautverschiebung und ihre Stellung im Kreise der indogermanischen Sprachen. 2. Aufl. Wien (Wiener Arb. z. germ. Altertumskunde und Phil. 1).
Schrodt, Richard (1983): System und Norm in der Diachronie des deutschen Konjunktivs. Der Modus in ahd. und mhd. Inhaltssätzen (Otfrid von Weißenburg – Konrad von Würzburg). Tübingen (LA 131).
Schröter, Ernst (1926): Walahfrids deutsche Glossierung zu den biblischen Büchern Genesis bis Regum II und der ahd. Tatian. Halle (Hermaea 16).
Schröter, Ernst (1938): Die Sprache der deutschen Namen des bischöflichen Traditionsbuches von Passau. PBB 62: 161–285.
Schubert, Martin (Hg.) (2013): Schreiborte des deutschen Mittelalters. Skriptorien – Werke – Mäzene. Berlin, Boston.
Schuhmann, Roland (2011): Zum analogischen Ausgleich bei den got. *ja*-Stämmen. In: Thomas Krisch / Thomas Lindner (Hgg.): Indogermanistik und Linguistik im Dialog. Akten der XIII. Fachtagung der Indogermanischen Gesellschaft vom 21. bis 27. September 2008 in Salzburg. Wiesbaden, 508–516.
Schuhmann, Roland (2019): Anmerkungen zur Etymologie von ahd. *sahar* 'Segge'. ABäG 79: 443–456.
Schuldt, Claus (1905): Die Bildung der schwachen Verba im Altenglischen. Kiel (KSEPh 1).
Schulte, Michael (1998): Grundformen der Umlautphonemisierung. Eine strukturelle Analyse des nordgermanischen *i/j*-Umlauts unter Berücksichtigung der älteren Runeninschriften. Berlin (RGA, Erg.-Bd. 17).
Schulte, Wolfgang (1993): Die althochdeutsche Glossierung der Dialoge Gregors des Großen. Göttingen (SzA 22).
Schulze, Jan Henning (2010): Der *i*-Umlaut im Althochdeutschen. Theorie, Phonetik und Typologie sowie eine optimalitätstheoretische Analyse. Bamberg (Bamberger Beiträge zur Linguistik 3).
Schulze, Ursula (1964): Bemerkungen zur Orthographie von *diutisch* in den deutschsprachigen Urkunden des 13. Jahrhunderts und zum Übergang der Lautgruppe *sk* > *sch*. PBB (T) 86: 301–321.

Schulze, Wilhelm (1885): Indogermanische *āi*-wurzeln. KZ 27: 420–429. ND in: W.Schulze 1966: 49–56.
Schulze, Wilhelm (1907): Ahd. *suagur*. KZ 40: 400–418. ND in: W.Schulze 1966: 60–75.
Schulze, Wilhelm (1920): Ahd. *suom* und *womba*. KZ 49: 259. ND in: W.Schulze 1966: 598.
Schulze, Wilhelm (1966). Kleine Schriften. Hg. Wilhelm Wissmann. 2. Aufl. Göttingen.
Schuppener, Georg (1996): Germanische Zahlwörter. Sprach- und kulturgeschichtliche Untersuchungen insbesondere zur Zahl 12. Leipzig.
Schuppener, Georg (1998): Einschnitte bei den indogermanischen Zehnerzahlen. In: Wolfgang Meid (Hg.): Sprache und Kultur der Indogermanen. Akten der X. Fachtagung der Indogermanischen Gesellschaft Innsbruck, 22.–28. September 1996. Innsbruck (IBS 93), 293–321.
Schürr, Diether (2016): Von Stein zu Steel: *Staim* im Hiltibrantlied. ABäG 76: 163–177.
Schützeichel, Rudolf (1955): Zur Geschichte einer aussterbenden lautlichen Erscheinung (*bit* ‘mit’). ZMF 23: 201–236.
Schützeichel, Rudolf (1955a): Der Lautwandel von ft zu cht am Mittelrhein. RhVjbl 20: 253–275.
Schützeichel, Rudolf (1956): Zur ahd. Lautverschiebung am Mittelrhein. ZMF 24: 112–124.
Schützeichel, Rudolf (1963): Das westfränkische Problem. In: Schmitt 1963: 2. Bd., 469–523.
Schützeichel, Rudolf (1964): Neue Funde zur Lautverschiebung im Mittelfränkischen. ZfdA 93: 19–30.
Schützeichel, Rudolf (1965): Die Franken und die sprachlichen Barrieren am Rhein. RhVjbl 30: 30–57.
Schützeichel, Rudolf (1965a): Die Kölner Namenliste des Londoner Ms. Harley 2805. In: Fs. Bach, 97–126.
Schützeichel, Rudolf (1966/67): Das Ludwigslied und die Erforschung des Westfränkischen. RhVjbl 31: 291–306.
Schützeichel, Rudolf (1968): Die Personennamen der Münchener Leges-Handschrift Cl. 4115. RhVjbl 32: 50–85.
Schützeichel, Rudolf (1968a): Zur Frage der Sprachschichten im Mittelalter. ZMF 35: 289–291.
Schützeichel, Rudolf (1973): Grenzen des Althochdeutschen. PBB (T) 95, Sonderheft: 23–38.
Schützeichel, Rudolf (1976): Die Grundlagen des westlichen Mitteldeutschen. 2. Aufl. Tübingen 1961 (Hermaea 10).
Schützeichel, Rudolf (1977): ‘Dorf’. Wort und Begriff. In: Herbert Jankuhn u. a. (Hgg.): Das Dorf der Eisenzeit und des frühen Mittelalters. Göttingen (AbhGAW, III, 101), 9–36.
Schützeichel, Rudolf (1979): Nochmals zur merowingischen Lautverschiebung. ZDL 46: 205–230.
Schützeichel, Rudolf (1982): Codex Pal. Lat. 52. Studien zur Heidelberger Otfridhandschrift, zum Kicila-Vers und zum Georgslied. Göttingen (AbhGAW, III, 130).
Schützeichel, Rudolf (1982a): Addenda und Corrigenda zu Steinmeyers Glossensammlung. Göttingen (NGAW 1982, 6).
Schützeichel, Rudolf (1984): Reda umbe diu tier. Wien ÖNB. Cod. 223 und das Problem der Abgrenzung des Althochdeutschen. In: Fs. Matzel, 153–163.
Schützeichel, Rudolf (1985): Addenda und Corrigenda (II) zur althochdeutschen Glossensammlung. Göttingen (SzA 5).
Schützeichel, Rudolf (1986): Oralität und Literalität. Sprwiss 11: 171–179.
Schützeichel, Rudolf (1991): Addenda und Corrigenda (III) zum althochdeutschen Wortschatz. Göttingen (SzA 12).
Schützeichel, Rudolf (Hg.) (1992): Philologie der ältesten Ortsnamenüberlieferung. Heidelberg 1992 (BNF, Beih. 40).
Schützeichel, Rudolf (2004) → SchGW. – Schützeichel, Rudolf (2012) → SchAWB.

Schützeichel, Rudolf / Birgit Meineke (Hgg.) (2001): Die älteste Überlieferung von Willirams Kommentar des Hohen Liedes. Edition. Übersetzung. Glossar. Mit 7 Abb. Göttingen (SzA 39).
Schwab, Ute (1973): Die Sternrune im Wessobrunner Gebet. Amsterdam (APSL 1).
Schwab, Ute (2003): Weniger wäre. Ausgewählte kleine Schriften. Hgg. Astrid van Nahl / Inga Middel. Wien (Studia medievalia septentrionalia 8).
Schwab, Vincenz (2017): Volkssprachige Wörter in Pactus und Lex Alamannorum. Bamberg (Bamberger interdisziplinäre Mittelalterstudien 11).
Schwarz, Ernst (1925/26): Beiträge zur bairischen Lautgeschichte. Teuth 2: 259–270.
Schwarz, Ernst (1926): Die germanischen Reibelaute s, f, ch im Deutschen. Reichenberg (Schriften der Deutschen Wissenschaftlichen Gesellschaft in Reichenberg 1).
Schwarz, Ernst (1927): Die althochdeutsche Lautverschiebung im Altbairischen (mit besonderer Heranziehung der Salzburger Güterverzeichnisse). PBB 50: 242–287.
Schwarz, Ernst (1954/77): Beobachtungen zum Umlaut in süddeutschen Ortsnamen. BNF (A.F.) 5: 248–268. ND in: Steger 1977: 187–211 (zitiert).
Schwarz, Ernst (1960): Sprache und Siedlung in Nordostbayern. Nürnberg (Erlanger Beiträge zur Sprach- und Kunstwissenschaft 4).
Schwarz, Ernst (1962): Thüringer am oberen Main. Jahrbuch für fränkische Landesforschung 22: 291–297.
Schwarz, Ernst (1970): Baiern und Walchen. Zeitschrift für bayerische Landesgeschichte 33: 857–938.
Schwarz, Hans (1986): Präfixbildungen im deutschen Abrogans. Analyse und Systematik. Göppingen (GAG 458).
Schweikle, Günther (1964): Akzent und Artikulation. Überlegungen zur althochdeutschen Lautgeschichte (Umlaut, Monophthongierungen, Diphthongierungen, westgermanische Konsonantengemination, 2. Lautverschiebung). PBB (T) 86: 197–265.
Schwentner, Ernst (1924): Die primären Interjektionen in den indogermanischen Sprachen. Mit besonderer Berücksichtigung des Griechischen, Lateinischen und Germanischen. Heidelberg (IB III, 5).
Schwerdt, Judith (2000): Die 2. Lautverschiebung. Wege zu ihrer Erforschung. Heidelberg (JGF, N.F. 8).
Schwerdt, Judith (2007): Die Flexion des attributiven Adjektivs im Mittelhochdeutschen. Sprwiss 32: 77–100.
Schwerdt, Judith (2008): Morphosemantik der schwachen Verben im Ostgermanischen und Kontinentalwestgermanischen. Frankfurt am Main u. a. (Deutsche Sprachgeschichte 3).
Schwink, Frederick W. (2004): The Third Gender. Studies in the origin and history of Germanic grammatical gender. Heidelberg (IB III).
Ščur, Georgij Semenovič (1964): Some remarks concerning the Germanic future. TPhS 1963: 49–57.
Seebold, Elmar (1966): Die Geminata bei gm. *kann*, *ann* und anderen starken Verben. KZ 80: 273–283.
Seebold, Elmar (1967): Altnordisch *olla* 'waltete' und althochdeutsch *bigonda* 'begann'. PBB (T) 89: 119–128.
Seebold, Elmar (1970) → VEW.
Seebold, Elmar (1983): Hat es im Indogermanischen ein Höflichkeitspronomen gegeben? Sprache 29: 27–36.
Seebold, Elmar (1984): Das System der Personalpronomina in den frühgermanischen Sprachen. Göttingen (KZ, Erg.-Heft 34).

Seebold, Elmar (1985): Rez. von Lühr 1982. PBB 107: 269–275.
Seebold, Elmar (1989): Rez. von Lühr 1988. AfdA 100: 147–155.
Seebold, Elmar (1995): Völker und Sprachen in Dänemark zur Zeit der germanischen Wanderungen. In: Marold/Zimmermann 1995: 155–186.
Seebold, Elmar (1995a): Wer waren die Friesen – sprachlich gesehen? In: Volkert F. Faltings u. a. (Hgg.): Friesische Studien II. Beiträge des Föhrer Symposiums zur Friesischen Philologie vom 7.–8. April 1994. Odense (NOWELE, Suppl.-Vol. 12), 1–17.
Seebold, Elmar (1998): (Germanen, Germania, Germanische Altertumskunde.) Sprache und Schrift. In: RGA 12: 275–305.
Seebold, Elmar (1998a): Grammatischer Wechsel. In: RGA 12: 579–583.
Seebold, Elmar (2000): Wann und wo sind die Franken vom Himmel gefallen? PBB 122: 40–56.
Seebold, Elmar (2001–08): Chronologisches Wörterbuch des deutschen Wortschatzes. 1. Bd.: Der Wortschatz des 8. Jahrhunderts (und früherer Quellen). 2. Bd.: Der Wortschatz des 9. Jahrhunderts. Berlin, New York.
Seebold, Elmar (2007): Die malbergischen Glossen. Untersuchungen zu den malbergischen Glossen: Einführung. PBB 129: 1–7.
Seemüller, Joseph (Hg.) (1878): Willirams deutsche Paraphrase des Hohen Liedes. Mit Einleitung und Glossar. Straßburg (QF 28).
Sehrt, Edward H. (1916): Zur Geschichte der westgermanischen Konjunktion *Und*. Göttingen (Hesperia 8).
Sehrt, Edward H. (1961): Zum schwachen Präteritum. PBB (H) 82, Sonderband: 265–269.
Sehrt, Edward H. (1962): Notker-Glossar. Ein Althochdeutsch – Lateinisch – Neuhochdeutsches Wörterbuch zu Notkers des Deutschen Schriften. Tübingen.
Sehrt, Edward H. / Wolfram K. Legner (1955): Notker-Wortschatz. Das gesamte Material zusammengetragen von E. H. Sehrt und T. Starck. Halle.
Seiffert, Leslie (1989): The semantics of the Old High German preterito-presents. Matrix for a diachronic study of verbal modality in German. In: Flood/Yeandle 1989: 184–218.
Seiler, Annina (2013): Die Urkunden des Schreibers Waldo: eine graphematische Analyse. Sprwiss 38: 123–146.
Seiler, Annina (2014): The Scripting of the Germanic Languages. A comparative study of „spelling difficulties“ in Old English, Old High German and Old Saxon. Zürich (Medienwandel – Medienwechsel – Medienwissen 30).
Seiler, Friedrich (1874): Die althochdeutsche Übersetzung der Benediktinerregel. PBB 1: 402–485. Nachtrag PBB 2, 1876: 168–171.
Seymour, Richard K. (1968): A Bibliography of Word Formation in the Germanic Languages. Durham, N. C.
Seynnaeve, Johan (1987): On the morpheme structure function of the consonant gemination in West Germanic. LB 76: 433–446.
SgRi = Düwel, Klaus / Robert Nedoma / Sigmund Oehrl (2020): Die südgermanischen Runeninschriften. 2 Bde. Berlin, Boston (RGA, Erg.-Bd. 119).
Shields, Kenneth (1982): The origin of the Germanic dental preterite: a new proposal. LB 71: 427–440.
Shields, Kenneth (1984): OE *sind(on)*: its Germanic and Indo-European origins. ABäG 22: 1–9.
Shields, Kenneth (1988): The Indo-European origins of the Germanic third weak class. LB 77: 43–56.
Shields, Kenneth (1995): The Indo-European sources of the West Germanic second person singular preterite. NphM 96: 1–7.

Shields, Kenneth (2004): On the origin of the *es-/*wes- suppletion in the Germanic copula. A „new image“ perspective. NOWELE 45: 25–32.
Shields, Kenneth (2006): On the origin of OHG nom.-acc. pl. masc.-fem. *-ā*. ABäG 61: 27–36.
Shimbo, Masahiro (1990): Wortindex zu Otfrids Evangelienbuch. Mit alphabetischem und rückläufigem Wortregister. Tübingen (Indices zur deutschen Literatur 23).
Shimozaki, Masatoshi (2012): Die Ablaute der 7. Reihe starker Verben im Nord- und Westgermanischen. Ursprung und Unterschiede in den Einzelsprachen. PBB 134: 307–329.
Siegmund, Frank (2000): Alemannen und Franken. Berlin (RGA, Erg.-Bd. 23).
Sievers H = Sievers, Eduard: Die Murbacher Hymnen. Halle 1874. ND hg. von Evelyn Scherabon Firchow. New York, London 1972.
Sievers T = Sievers, Eduard: Tatian. 2. Aufl. Paderborn 1892 (BÄDL 5). ND 1960.
Sievers, Eduard (1870): Untersuchungen über Tatian. Diss. Leipzig. Halle.
Sievers, Eduard (1874): Die reduplizierten Präterita. PBB 1: 504–512.
Sievers, Eduard (1876): Kleine Beiträge zur deutschen Grammatik III. Die starke Adjektivdeklination. PBB 2: 98–124.
Sievers, Eduard (1877, 1878): Zur accent- und lautlehre der germanischen sprachen. PBB 4: 522–539; 5: 63–163.
Sievers, Eduard (1878a, 1879, 1882, 1884): Kleine Beiträge zur deutschen Grammatik. PBB 5: 519–538; 6: 561–576; 8: 80–94; 9: 561–568.
Sievers, Eduard (1880): Rez. von Ingenbleek 1880. GGA 1880: 410–415.
Sievers, Eduard (1885): Zur Rhythmik des germanischen Alliterationsverses. I. Die Metrik des Beowulf. II. Sprachliche Ergebnisse. PBB 10: 209–314, 451–545.
Sievers, Eduard (1887): Nordische Kleinigkeiten. PBB 12: 482–491.
Sievers, Eduard (1887a): Oxforder Benediktinerregel. In: Verzeichnis der Doctoren welche die Phil. Fac. der Univ. Tübingen 1886/87 ernannt hat. Tübingen, V–XXII, 1–46.
Sievers, Eduard (1892, 1894, 1894a, 1895): Grammatische Miscellen. PBB 16: 235–265; 18: 407–416; 19: 546–560; 20: 330–334.
Sievers, Eduard (1920): Steig- und Fallton im Althochdeutschen mit besonderer Berücksichtigung von Otfrids Evangelienbuch. In: Fs. Braune, 148–206.
Sievers, Eduard (1925): Zur Lautlehre des ahd. Isidor. In: Germanistische Forschungen. Festschrift anläßlich des 60semestrigen Stiftungsfestes des Wiener Akademischen Germanistenvereins. Wien, 69–89.
Sievers, Eduard (1928): Neue ahd. Sagverstexte. PBB 52: 171–208.
Sievers, Paul (1909): Die Accente in althochdeutschen und altsächsischen Handschriften. Berlin (Palaestra 57).
Siewert, Klaus (1985): Zu neuentdeckten Glossenhandschriften und zu neuentdeckten Glossen. In: Schützeichel 1985: 77–112.
Siewert, Klaus (1986): Die althochdeutsche Horazglossierung. Göttingen (SzA 8).
Siewert, Klaus (1989): Glossenfunde. Volkssprachiges zu lateinischen Autoren der Antike und des Mittelalters. Göttingen (SzA 11).
Siewerts, Ute (2010): Qualität und Funktion althochdeutscher Übersetzungen am Beispiel der Murbacher Hymnen. Berlin (Berliner Sprachwissenschaftliche Studien 17).
Sihler, Andrew L. (1986): Germanic second person endings in *-st*. MSS 47: 193–215.
Simbolotti, Chiara (2009): Gli ‘Inni di Murbach’. Edizione critica, commento e glossario (Ms. Junius 25). Alessandria.
Simmler, Franz (1974): Die westgermanische Konsonantengemination im Deutschen unter besonderer Berücksichtigung des Althochdeutschen. München (MMS 19).

Simmler, Franz (1976): Synchrone und diachrone Studien zum deutschen Konsonantensystem. Amsterdam.

Simmler, Franz (1981): Graphematisch-phonematische Studien zum althochdeutschen Konsonantismus, insbesondere zur zweiten Lautverschiebung. Heidelberg (MS 12).

Simmler, Franz (1986): Zur Auswirkung der phonematisch-phonischen Interpretation der Reflexe von germ. ƀ đ ǥ im Mittelfränkischen auf die Entstehungstheorien zur zweiten Lautverschiebung. Sprwiss 11: 19–51.

Simmler, Franz (1987): Morphologische Grundlagen zur Beschreibung althochdeutscher Schreibdialekte. In: Althochdeutsch 1987: 114–146.

Singer, S. (1886): Zum althochdeutschen vocalismus. PBB 11: 287–309 (dazu E. Sievers aaO. 545–547).

Singer, S. (1887): Miscellen. PBB 12: 211–215.

de Smet, Gilbert R. A. (1953): Die altdeutschen Bezeichnungen des Leidens Christi. PBB 75: 273–296.

de Smet, Gilbert R. A. (1978): Rez. von Schützeichel 1976. PBB (T) 100: 271–276.

Socin, Adolf (1882): Die althochdeutsche Sprache im Elsass vor Otfrid von Weissenburg. Nach Namen in Urkunden dargestellt. Straßburg (Straßburger Studien 1).

Soeteman, Carl (1967): Praeteritopraesentia Revisa. In: Satz und Wort im heutigen Deutsch. Jahrbuch [des Instituts für deutsche Sprache] 1965/66. Düsseldorf (Sprache der Gegenwart 1), 137–147.

Solmsen, Felix (1894): Studien zur lateinischen Lautgeschichte. Straßburg.

Somers Wicka, Katerina (2009): From Phonology to Syntax: Pronominal Cliticization in Otfrid's *Evangelienbuch*. Tübingen (LA 530).

Sommer, Ferdinand (1914): Handbuch der lateinischen Laut- und Formenlehre. Eine Einführung in das sprachwissenschaftliche Studium des Lateins. 2./3. Aufl. Heidelberg (IB I/I, 3).

Sommer, Ferdinand (1977): Affinitas aequivoca. In: Bernhard Forssman (Hg.): Ferdinand Sommer. Schriften aus dem Nachlaß. München, 1–22.

Sommer, Hartmut (1972): Lateinisch-romanische Lehnwörter im Althochdeutschen. Konstanz und Variabilität grammatikalischer Gruppenbildung. PBB (T) 94: 52–80.

Sommer, Thomas (1994): Flexionsmorphologie des Verbs im althochdeutschen Tatian. München (tuduv-Studien, Reihe Sprach- und Literaturwissenschaften 42).

Sonderegger, Stefan (1958): Die Orts- und Flurnamen des Landes Appenzell. 1. Bd.: Grammatische Darstellung. Frauenfeld (BSM 8).

Sonderegger, Stefan (1959): Rez. von W. Braune / W. Mitzka, Althochdeutsche Grammatik, $^{8-9}$1953–59. AfdA 71: 145–157.

Sonderegger, Stefan (1959a): Die Umlautfrage in den germanischen Sprachen. Kratylos 4: 1–12. ND in: Sonderegger 2002: 53–62 (zitiert).

Sonderegger, Stefan (1961): Das Althochdeutsche der Vorakte der älteren St. Galler Urkunden. Ein Beitrag zum Problem der Urkundensprache in althochdeutscher Zeit. ZMF 28: 251–286. ND in: Sonderegger 2002: 255–282.

Sonderegger, Stefan (1963): Die althochdeutsche Schweiz. In: Sprachleben der Schweiz [Festschrift für Rudolf Hotzenköcherle]. Bern, 23–55.

Sonderegger, Stefan (1964): Die althochdeutsche Lex Salica-Übersetzung. In: Richard Laufner (Hg.): Festgabe für Wolfgang Jungandreas zum 70. Geburtstag am 9. Dezember 1964. Trier (Schriftenreihe zur Trierer Landesgeschichte und Volkskunde 13), 113–122.

Sonderegger, Stefan (1965): Aufgaben und Probleme der althochdeutschen Namenkunde. In: Fs. Bach, 55–96. ND in: Steger 1977: 126–186.

Sonderegger, Stefan (1966/67): Die Ausbildung der deutsch-romanischen Sprachgrenze in der Schweiz im Mittelalter. RhVjbl 31: 223–290.
Sonderegger, Stefan (1970): Althochdeutsche Sprache. In: Schmitt 1970: 288–346.
Sonderegger, Stefan (1970a): Althochdeutsch in St. Gallen. St. Gallen, Sigmaringen (Bibliotheca Sangallensis 6).
Sonderegger, Stefan (1978): Tendenzen zu einem überregional geschriebenen Althochdeutsch. In: Helmut Beumann / Werner Schröder (Hgg.): Aspekte der Nationenbildung im Mittelalter. Ergebnisse der Marburger Rundgespräche 1972–1975. Sigmaringen (Nationes 1), 229–273. ND in: Sonderegger 2002: 451–488.
Sonderegger, Stefan (1979): Grundzüge deutscher Sprachgeschichte. Diachronie des Sprachsystems. I. Einführung – Genealogie – Konstanten. Berlin, New York.
Sonderegger, Stefan (1979a): Die Ortsnamen. In: Ur- und frühgeschichtliche Archäologie der Schweiz. IV: Das Frühmittelalter. Basel, 75–96.
Sonderegger, Stefan (1980): Gesprochene Sprache im Althochdeutschen und ihre Vergleichbarkeit mit dem Neuhochdeutschen. In: Horst Sitta (Hg.): Ansätze zu einer pragmatischen Sprachgeschichte. Tübingen (RGL 21), 71–88.
Sonderegger, Stefan (1997): Althochdeutsch als Anfang deutscher Sprachkultur. Freiburg/Schweiz (Wolfgang Stammler Gastprofessur für Germanische Philologie, H. 2).
Sonderegger, Stefan (2001): Althochdeutsch *-ingun* u. ä. in den Ortsnamen der älteren St. Galler Urkunden. In: Albrecht Greule / Alois Schmid (Hgg.): Nominum Gratia. Namenforschung in Bayern und Nachbarländern. Festgabe für Wolf-Armin Frhr. v. Reitzenstein zum 60. Geburtstag. München (Materialien zur bayerischen Landesgeschichte 13), 165–175.
Sonderegger, Stefan (2002): Germanica selecta. Ausgewählte Schriften zur germanischen und deutschen Philologie. Tübingen, Basel.
Sonderegger, Stefan (2003): Althochdeutsche Sprache und Literatur. 3. Aufl. Berlin (de Gruyter Studienbuch).
Sonderegger, Stefan (2007): Rez. von W. Braune / I. Reiffenstein, Althochdeutsche Grammatik, [15]2004. ZfdPh 126: 460–462.
Sonderegger, Stefan (2008): *grece – latine – teutonice*. Notkers des Deutschen Bezugspunkte zum Griechischen. In: Fs. Haubrichs, 519–530.
Sonderegger, Stefan (2019): Raumübergreifendes Althochdeutsch in der Urkundenüberlieferung aus dem Kloster St. Gallen vom 8. bis ins 10., z. T. 11. Jahrhundert. In: Fs. Glaser, 209–218.
de Sousa Costa, Annette (1993): Studien zu volkssprachigen Wörtern in karolingischen Kapitularien. Göttingen (SzA 21).
Specht, Franz (1935): Zur Geschichte der Verbalklasse auf *-ē*. KZ 62: 29–115.
Specht, Franz (1944): Ahd. *fehtan*. KZ 68: 205–207.
SplAWB = Splett, Jochen: Althochdeutsches Wörterbuch. 3 Bde. Berlin 1993.
Splett Abr = Splett, Jochen: Abrogans-Studien. Wiesbaden 1976.
Splett R = Splett, Jochen: Samanunga-Studien. Göppingen 1979 (GAG 268).
Splett, Jochen (1975): Textkritisches zum Abrogans. LB 64: 23–42.
Splett, Jochen (1987): Arbeo von Freising, der deutsche Abrogans und die bairisch-langobardischen Beziehungen im 8. Jahrhundert. In: Helmut Beumann / Werner Schröder (Hgg.): Die transalpinen Verbindungen der Bayern, Alemannen und Franken bis zum 10. Jahrhundert. Sigmaringen (Nationes 6), 105–123.
Splett, Jochen (1988): Zur Abgrenzung des mittelhochdeutschen Wortschatzes vom althochdeutschen im Bereich der mittelalterlichen Glossenüberlieferung. In: Wolfgang Bachofer u. a.

(Hgg.): Mittelhochdeutsches Wörterbuch in der Diskussion. Symposion zur mittelhochdeutschen Lexikographie, Hamburg, Oktober 1985. Tübingen (RGL 84), 107–118.
Splett, Jochen (1990): Der Abrogans und das Einsetzen althochdeutscher Schriftlichkeit im 8. Jahrhundert. In: Wolfram / Pohl 1990: 235–241.
Splett, Jochen (1992): Der Worttyp *rossolîh* im Althochdeutschen. In: H. Burger / A.M. Haas / P. von Matt (Hgg.): Verborum amor. Studien zur Geschichte und Kunst der deutschen Sprache. Festschrift für Stefan Sonderegger zum 65. Geburtstag. Berlin, New York, 162–178.
Splett, Jochen (1993) → SplAWB.
Splett, Jochen (2009): Das 'Abrogans'-Glossar. In: Bergmann/Stricker 2009: 725–741.
Splett, Jochen (2009a): Das 'Samanunga'-Glossar. In: Bergmann/Stricker 2009: 742–748.
Sprg = Besch, Werner u. a. (Hgg.): Sprachgeschichte. Ein Handbuch zur Geschichte der deutschen Sprache und ihrer Erforschung. 4 Bde. 2. Aufl. Berlin 1998–2004 (HSK 2, 1–4).
Springer, Otto (1987): Ahd. **birtun*. Zur frühmittelalterlichen Eindeutschung theologisch-kirchlicher Begriffe. In: Althochdeutsch 1987: 909–921.
Stårck, John (1912): Studien zur Geschichte des Rückumlauts. Ein Beitrag zur historischen Formenlehre. Diss. Uppsala.
Starck, Taylor (1990) → StW.
Stark, Detlef (1982): The Old English Weak Verbs. A diachronic and synchronic analysis. Tübingen (LA 112).
Stark, Franz (1868): Die Kosenamen der Germanen. Wien.
StD = von Steinmeyer, Elias: Die kleineren althochdeutschen Sprachdenkmäler. Berlin 1916. ND Dublin, Zürich 1963, 1971.
Steche, Theodor (1937): Zeit und Ursachen der hochdeutschen Lautverschiebung. ZfdPh 62: 1–56.
Steche, Theodor (1939): Die Entstehung der Spiranten in der hochdeutschen Lautverschiebung. ZfdPh 64: 125–148.
Steger, Hugo (1961): Stand und Aufgaben ostfränkischer Mundartforschung. Jahrbuch für fränkische Landesforschung 21 (Fs. E. Schwarz), 225–266.
Steger, Hugo (1968): Sprachraumbildung und Landesgeschichte im östlichen Franken. Neustadt/Aisch (Schriften des Instituts für fränkische Landesforschung 13).
Steger, Hugo (Hg.) (1970): Vorschläge für eine strukturale Grammatik des Deutschen. Darmstadt (WdF 146) (ND 1984).
Steger, Hugo (Hg.) (1977): Probleme der Namenforschung im deutschsprachigen Raum. Darmstadt (WdF 383).
Steinhauser, Walter (1928): Eintritt der Stimmhaftigkeit bei den westgermanischen Reibelauten *f, þ, s, χ*. In: Festschrift Max H. Jellinek zum 29. Mai 1928 dargebracht. Wien, Leipzig, 139–166.
Steinhauser, Walter (1960): Die althochdeutsche Vorsilbe *uo-* im Kreise ihrer Lautverwandten. ZMF 27: 101–115.
Steinmeyer, Elias (1873): Zur ahd. Litteraturgeschichte. ZfdA 16: 131–141.
Steinmeyer, Elias (1874): SanGallensia. ZfdA 17: 431–504.
Steinmeyer, Elias (1900): Rez. von Kauffmann 1900. Jahresbericht über die Erscheinungen auf dem Gebiete der germanischen Philologie 22: 70–74.
Steinmeyer, Elias (1908): Die Vorlage für de la Loubères Abschrift von Notkers Psalter. PBB 33: 61–94.
Steinmeyer, Elias (1916) → StD.
Steinmeyer, Elias / Eduard Sievers (1879–1922) → Gl.
Steller, Walther (1928) → Afrs. Gr.

Steppat, I. J. (1902): Bruchstücke einer althochdeutschen Interlinearversion der Cantica. PBB 27: 504–541.
Stevanović, Tanja (2023): Zur Entwicklung der abstraktbildenden Wortbildungsmuster [X-*heit*], [X-*scaf(t)*] und [X-*tuom*] im Alt- und Mittelhochdeutschen. In: Dominik Hetjens / Alexander Lasch / Kerstin Roth (Hgg.): Historische (Morpho-)Syntax des Deutschen. Berlin, Boston (JGS 14), 279–297.
Stevens, Christopher M. (1998): On the bifurcation and repression theories of Germanic and German. Washington D.C. (JIES Monograph 29).
Stewart, Caroline T. (1901): Grammatische Darstellung der Sprache des St. Pauler Glossars zu Lukas. Diss. Berlin.
Stewart, Caroline T. (1904): Grammatical treatise on the fragments of an Alemannic translation of the psalms. BB 28: 161–191.
Stieglbauer-Schwarz, Judith (2001): *Wiegen*, *wägen* und *bewegen*. Etymologie und Wortgeschichte. Frankfurt am Main u. a. (EHS I, 1787).
Stiles, Patrick V. (1985–86): The fate of the numeral '4' in Germanic. NOWELE 6: 81–104; 7: 3–27; 8: 3–25.
Stiles, Patrick V. (1988): Gothic nominative singular *brōþar* 'brother' and the reflexes of Indo-European long vowels in the final syllables of Germanic polysyllables. TPhS 86: 115–143.
Stiles, Patrick V. (2004): Place-adverbs and the development of Proto-Germanic long *$\bar{e}_1$ in early West Germanic. In: Irma Hyvärinen / Petri Kallio / Jarmo Korhonen (Hgg.): Etymologie, Entlehnungen und Entwicklungen. Festschrift für Jorma Koivulehto zum 70. Geburtstag. Helsinki (MSN 63), 385–396.
Stiles, Patrick V. (2013): The pan-West Germanic isoglosses and the sub-relationships of West Germanic to other branches. NOWELE 66: 5–38.
Stiles, Patrick V. (2017): The comparative method, internal reconstruction, areal norms and the West Germanic third person pronoun. ABäG 77: 410–441.
Stiles, Patrick V. (2021): On the fourfold root of the *verbum substantivum* in English (and Germanic). In: Matteo Tarsi (Hg.): Studies in General and Historical Linguistics. Offered to Jón Axel Harðarson on the occasion of his 65th birthday. Innsbruck (IBS 166), 237–268.
Stiles, Patrick V. (im Druck): Go. *jains*, OE *geon**, OHG *jenēr*, and congeners. In: Artūras Ratkus (Hg.): Gothic Studies. Oxford.
Stolle, Brunhild (1947): Der Konjunktiv im Althochdeutschen. Diss. Köln.
Stopp, Hugo (1970): Rez. von Bergmann 1966. ZfdPh 89: 122–131.
Stopp, Hugo (1971): Rez. von Matzel Is. BNF 6: 392–394.
Stopp, Hugo (1972): Rez. von Wirtz 1972. BNF 7: 307–311.
Stopp, Hugo (1974): Veränderungen im System der Substantivflexion vom Althochdeutschen bis zum Neuhochdeutschen. In: Werner Besch u. a. (Hgg.): Studien zur deutschen Literatur und Sprache des Mittelalters. Festschrift für Hugo Moser zum 65. Geburtstag. Berlin, 324–344.
Stopp, Hugo / Hugo Moser (1967): Flexionsklassen der mittelhochdeutschen Substantive in synchronischer Sicht. ZfdPh 86: 70–101.
Stotz, Peter (1996): Handbuch zur lateinischen Sprache des Mittelalters. III: Lautlehre. München (HdA II,5,3).
Streitberg Urg. = Streitberg, Wilhelm: Urgermanische Grammatik. Heidelberg 1896 (GB I, 1, 1).
Streitberg, Wilhelm (1889): Die Abstufung der Nominalsuffixe *-io-* und *-ien-* im Germanischen und ihr Verhältnis zu der des Indogermanischen. PBB 14: 165–231.
Streitberg, Wilhelm (1891): Perfective und imperfective Actionsart im Germanischen. PBB 15: 70–177.

Streitberg, Wilhelm (1892): Zur germanischen Sprachgeschichte. Straßburg.
Streitberg, Wilhelm (1905/06): Gotisch *twa þūsundja*. IF 18: 421 f.
Streitberg, Wilhelm / Victor Michels / Max Hermann Jellinek (1936): Germanisch. Berlin (Geschichte der idg. Sprachwissenschaft [Grundriss der indogermanischen Sprach- und Altertumskunde 2], II. Die Erforschung der idg. Sprachen, 2).
Stricker, Stefanie (2009): Der Vocabularius Sti. Galli. In: Bergmann/Stricker 2009: 749–759.
Stricker, Stefanie (2009a): Die Abgrenzungsproblematik Althochdeutsch – Mittelhochdeutsch. In: Bergmann/Stricker 2009: 1574–1600.
Stricker, Stefanie (2019): Zum Korpus der Leges barbarorum und seiner graphisch-phonologischen Auswertung. In: Renata Szczepaniak / Stefan Hartmann / Lisa Dücker (Hgg.): Historische Korpuslinguistik. Berlin, Boston (JGS 10), 29–48.
Strunk, Klaus (1992): War auch das andere Horn gemeint? Horn B von Gallehus und Fragen des Duals. PBB 114: 179–211.
Stucki, Karl (1917): Die Mundart von Jaun im Kanton Freiburg. Frauenfeld (BSG 10).
Stührenberg, Thomas (1974): Die althochdeutschen Prudentiusglossen der Handschrift Düsseldorf F 1. Bonn (RA 91).
StW = Starck, Taylor / John C. Wells: Althochdeutsches Glossenwörterbuch. Heidelberg 1990.
Suolahti, Hugo (1909): Die deutschen Vogelnamen. Eine wortgeschichtliche Untersuchung. Straßburg. ND Berlin, New York 2000.
Suolahti-Palander, Hugo (1907): Die althochdeutschen Deminutivbildungen auf *inkilîn*. ZDW 9: 170–181.
Süßmann, Gustav (1988): Das Hildebrandlied – gefälscht? Staufenberg.
Sütterlin, Ludwig (1887): Geschichte der Nomina agentis im Germanischen. Straßburg.
Sverdrup, Jakob (1915): Rez. von Collitz 1912. IFAnz 35: 5–17.
Sverdrup, Jakob (1929): Das germanische Dentalpräteritum. NTS 2: 5–96.
Swart, Martina (2020): Die persönlichen Nomina agentis der germanischen *-n*-Stämme. Hamburg (Philologia 247).
Szadrowsky, Manfred (1928): Fortleben althochdeutscher Mehrstämmigkeit. PBB 52: 398–423.
Szczepaniak, Renata (2016): Vom Zahlwort *eins* zum Indefinitartikel *ein(e)*. Rekonstruktion des Grammatikalisierungsverlaufs im Alt- und Mittelhochdeutschen. In: Andreas Bittner / Klaus-Michael Köpcke (Hgg.): Regularität und Irregularität in Phonologie und Morphologie. Diachron, kontrastiv, typologisch. Berlin, Boston, 247–261.
Szemerényi, Oswald (1960): Studies in the Indo-European System of Numerals. Heidelberg.
Szemerényi, Oswald (1996): Introduction to Indo-European Linguistics. Translated from *Einführung in die vergleichende Sprachwissenschaft* 4th edition, 1990 with additional notes and references. Oxford.
Szulc, Aleksander (1974): Diachronische Phonologie und Morphologie des Althochdeutschen. Warszawa.
Szulc, Aleksander (1987): Historische Phonologie des Deutschen. Tübingen (Sprachstrukturen A, 6).
Szulc, Aleksander (1988): Der phonologische Status der althochdeutschen e-Laute und die Isographie-Hypothese. In: Fs. Reiffenstein, 1–13.
Szulc, Aleksander (2002): Geschichte des standarddeutschen Lautsystems. Wien (Schriften zur diachronen Sprachwissenschaft 1).
Tanaka, Toshiya (2002): The origin and development of the **es-* vs. **wes-* suppletion in the Germanic copula. From a non-Brugmannian standpoint. NOWELE 40: 3–27.
Tauber, Walter (1993): Mundart und Schriftsprache in Bayern (1450–1800). Berlin (SLG 32).

Tax, Petrus W. (Hg.) (1968): Notker der Deutsche. Boethius, »De consolatione Philosophiæ«. Buch I/II. Tübingen (Die Werke Notkers des Deutschen 1).
Tax, Petrus W. (2002): Das Längezeichen *e* im Fränkischen und Alemannischen schon um 1000? Eine neue Hypothese. Sprwiss 27: 129–142.
Taylor, M.E. (1989): Old High German monophthongization. A theoretical solution. Lingua 78: 23–36.
Thies, Ulrike (1989): Graphematisch-phonematische Untersuchungen der Glossen einer Kölner Summarium-Heinrici-Handschrift. Mit Edition der Glossen. Göttingen (SzA 14).
Thies, Ulrike (1994): Die volkssprachige Glossierung der Vita Martini des Sulpicius Severus. Göttingen (SzA 27).
Thoma, Herbert (1951): Altdeutsches aus Londoner Handschriften. PBB 73: 197–271.
Thoma, Herbert (1963): Altdeutsches aus vatikanischen und Münchener Handschriften. I. Althochdeutsche Glossen. PBB (H) 85: 220–237.
Thoma, Herbert (Hg.) (1975): Althochdeutsche Glossen zum Alten Testament. Genesis – Deuteronomium – Numeri – Josue – Judicum. Tübingen (ATB 82).
Thöny, Luzius (2013): Flexionsklassenübertritte. Zum morphologischen Wandel in der altgermanischen Substantivflexion. Innsbruck (IBS 146).
Thöny, Luzius (2023): Schwedisch *mörker* 'Dunkelheit', *seger* 'Sieg' und *ånger* 'Reue'. In: Fs. Rübekeil, 195–206.
Tichy, Eva (2006): Der Konjunktiv und seine Nachbarkategorien. Studien zum indogermanischen Verbum, ausgehend von der älteren vedischen Prosa. Bremen.
Tiefenbach, Heinrich (1970): Gelīmidā (Zum Wortverständnis der letzten Zeile des zweiten Merseburger Spruchs). FMSt 4: 395–397.
Tiefenbach, Heinrich (1971): Rez. von Seebold 1970. BNF 6: 395–401.
Tiefenbach, Heinrich (1973): Studien zu Wörtern volkssprachiger Herkunft in karolingischen Königsurkunden. Ein Beitrag zum Wortschatz der Diplome Lothars I. und Lothars II. München (MMS 15).
Tiefenbach, Heinrich (1975): Ein übersehener Textzeuge des Trierer Capitulare. RhVjbl 39: 272–310.
Tiefenbach, Heinrich (1975a): Althochdeutsche Bibelglossen aus Ellwangen. ZfdA 104: 12–20.
Tiefenbach, Heinrich (1976): Namenkundliches zu den Glossen der Handschrift St. Mihiel 25. BNF 11: 335–345. ND in: Tiefenbach 2009: 39–45.
Tiefenbach, Heinrich (1977): Althochdeutsche Aratorglossen. Paris lat. 8318. Gotha Membr. II 115. Göttingen (AbhGAW, III, 107).
Tiefenbach, Heinrich (1980): Rez. von StW, Lf. 4 (S. 241–320). BNF 15: 69–72.
Tiefenbach, Heinrich (1984): Xanten – Essen – Köln. Untersuchungen zur Nordgrenze des Althochdeutschen an niederrheinischen Personennamen des neunten bis elften Jahrhunderts. Göttingen (SzA 3).
Tiefenbach, Heinrich (1987): Personennamen auf Steininschriften im Kölner Raum aus althochdeutscher Zeit. In: Althochdeutsch 1987: 1250–1281. ND in: Tiefenbach 2009: 99–132.
Tiefenbach, Heinrich (1991): *unscripulo*. Überlegungen zur Wortwahl im Altbairischen Paternoster und zu den germanischen Verbaladjektiven mit *-l*-Suffix. Sprwiss 16: 99–115.
Tiefenbach, Heinrich (1995): Altsächsisch *ēgrōhtful*. Sprwiss 20: 79–87.
Tiefenbach, Heinrich (2001): Zu den althochdeutschen Griffelglossen der Handschriften Clm 6300, 6312 und Vatikan Pal. lat. 1631. Sprwiss 26: 93–111.
Tiefenbach, Heinrich (2001a): Ein Frühbeleg für das bairische Präfix *der-*. Sprwiss 26: 417–424.
Tiefenbach, Heinrich (2002): Die Anfänge der deutschen Schriftlichkeit in Regensburg. In: Susanne Näßl (Hg.): Regensburger Deutsch. Zwölfhundert Jahre Deutschsprachigkeit in

Regensburg. Frankfurt am Main u. a. (Regensburger Beiträge zur deutschen Sprach- und Literaturwissenschaft B, 80), 13–48.

Tiefenbach, Heinrich (2003): Die altsächsischen Glossen zur Psychomachie des Prudentius im Pariser Codex lat. 18554. Mit einer Karte. Sprwiss 28: 57–85.

Tiefenbach, Heinrich (2003a): Die altsächsische Psalmenübersetzung im Lublin/Wittenberger Psalter. Mit einer Neuedition des Textes. In: Bergmann 2003: 385–465.

Tiefenbach, Heinrich (2004): *Quod Paiuuarii dicunt.* Das altbairische Wortmaterial der Lex Baiuuariorum. In: Albrecht Greule / Rupert Hochholzer / Alfred Wildfeuer (Hgg.): Die bairische Sprache. Studien zu ihrer Geographie, Grammatik, Lexik und Pragmatik. Festschrift für Ludwig Zehetner. Regensburg (Regensburger Dialektforum 5), 263–290.

Tiefenbach, Heinrich (2009): Von Mimigernaford nach Reganespurg. Gesammelte Schriften zu altsächsischen und althochdeutschen Namen. Hgg. Albrecht Greule / Jörg Riecke. Regensburg (Regensburger Studien zur Namenforschung 6).

Tiefenbach, Heinrich (2010) → As. Hwb.

Timofeeva, Olga (2023): *Ludwig* in Anglo-Saxon sources. In: Fs. Rübekeil, 121–131.

Tinaburri, Rosella (2017): Pronoun inflection in the North Sea Germanic languages. The dative–accusative levelling in the first and second person singular. Filologia Germanica 9: 159–178.

Tischler, Johann (1987): Bemerkungen zu ahd. *lān* 'lassen'. In: Althochdeutsch 1987: 1161–1164.

Tischler, Johann (1989): Zum Langobardischen. In: H.Beck 1989: 195–209.

Tops, Guy A. J. (1974): The origin of the Germanic dental preterit. A critical research history since 1912. Leiden.

Tops, Guy A. J. (1978): The origin of the Germanic dental preterit: Von Friesen revisited. In: Jacek Fisiak (Hg.): Recent Developments in Historical Phonology. Den Haag (TLSM 4), 349–371.

Trautmann, Reinhold (1906): Germanische Lautgesetze in ihrem sprachgeschichtlichen Verhältnis. Diss. Königsberg.

Tremblay, Xavier (2003): La déclinaison des noms de parenté indo-européens en *-ter-*. Innsbruck (IBS 106).

Trier, Jost (1952): Holz. Etymologien aus dem Niederwald. Münster, Köln (Münstersche Forschungen 6).

Triwunatz, Milosch (1913): Zur Ausstoßung des schwachen *e* im Bairischen des 11. und 12. Jahrhunderts. PBB 38: 358–370.

Trübner = Götze, Alfred u. a.: Trübners Deutsches Wörterbuch. 8 Bde. Berlin 1939–57.

Trutmann, Albertine (1972): Studien zum Adjektiv im Gotischen. Berlin, New York (QF, N.F. 47).

Twaddell, William F. (1938): A note on Old High German Umlaut. MDU 30: 177–181. ND (dt. Übersetzung: Einige Bemerkungen zum althochdeutschen Umlaut) in: Steger 1970: 538–544.

Udolph, Jürgen (1994): Namenkundliche Studien zum Germanenproblem. Berlin (RGA, Erg.-Bd. 9).

Ulbricht, Elfriede (1961): *beraht* in den Personennamen der frühen Urkunden des Klosters Fulda. PBB (H) 82: 474–479.

Untermann, Jürgen / Bela Brogyanyi (Hgg.) (1984): Das Germanische und die Rekonstruktion der indogermanischen Grundsprache. Amsterdam (ASTHLS 22).

von Unwerth, Wolf (1910): Zur geschichte der indogermanischen *es/os*-stämme in den germanischen dialekten. PBB 36: 1–42.

von Unwerth, Wolf (1916): Der Dialekt des Liedes De Heinrico. PBB 41: 312–331.

von Unwerth, Wolf / Theodor Siebs (1920): Geschichte der deutschen Literatur bis zur Mitte des elften Jahrhunderts. Berlin, Leipzig (Grundriß der deutschen Literaturgeschichte I).

Urmoneit, Erika (1973): Der Wortschatz des Ludwigsliedes im Umkreis der althochdeutschen Literatur. München (MMS 11).

de Vaan, Michiel (2012): The metathesis of suffixal *-sl-* to *-ls-* in West Germanic. NOWELE 64/65: 91–103.
de Vaan, Michiel (2016): Traces of suffix ablaut in Germanic *wō*-stems. ABäG 76: 309–322.
Valentin, Paul (1962): Althochdeutsche Phonemsysteme (Isidor, Tatian, Otfrid, Notker). ZMF 29: 341–356.
Valentin, Paul (1969): Phonologie de l'allemand ancien. Les systemes vocaliques. Paris (Études linguistiques 8).
Valentin, Paul (1975): Graphematik und Phonologie: ‹y› bei Otfrid. Phonologica 1972: 123–129.
Valentin, Paul (1997): Der Modusgegensatz im Althochdeutschen. In: Yvon Desportes (Hg.): Semantik der syntaktischen Beziehungen. Akten des Pariser Kolloquiums zur Erforschung des Althochdeutschen 1994. Heidelberg (GB, N.F. III, 27), 186–199.
Vaught, George Mason (1977): A Study of Auslautverhärtung in Old High German. Diss. (masch.) University of Massachusetts.
Velthuis, Hendrik Jacob (1892): De Tegernseeër glossen op Vergilius. Diss. Groningen.
Venema, Johannes (1997): Zum Stand der zweiten Lautverschiebung im Rheinland. Diatopische, diachrone und diastratische Untersuchungen am Beispiel der dentalen Tenuis (vorahd. /t/). Stuttgart (Mainzer Studien zur Sprach- und Volksforschung 22).
Vennemann, Theo (1972): Phonetic detail in assimilation: problemes in Germanic phonology. Lg 48: 863–892.
Vennemann, Theo (1972a): Sound change and markedness theory: On the history of the German consonant system. In: R. P. Stockwell / R. K. S. Macaulay (Ed.): Linguistic change and generative theory. Bloomington, 230–274.
Vennemann, Theo (1984): Hochgermanisch und Niedergermanisch. Die Verzweigungstheorie der germanisch-deutschen Lautverschiebungen. PBB 106: 1–45.
Vennemann, Theo (1987): Betrachtung zum Alter der Hochgermanischen Lautverschiebung. In: Althochdeutsch 1987: 29–53.
Vennemann, Theo (1987a): Muta cum Liquida. Worttrennung und Syllabierung im Gotischen. Mit einem Anhang zur Worttrennung in der Pariser Handschrift der althochdeutschen Isidor-Übersetzung. ZfdA 116: 165–204.
Vennemann, Theo (1988): Die innergermanische Lautverschiebung und die Entstehung der germanischen und deutschen Dialekte. In: Fs. Polomé, 749–761.
Vennemann, Theo (1989): Wer hat das andere Horn gemacht? Zum Numerus von *horna* in der Gallehus-Inschrift. PBB 111: 355–368.
Vennemann, Theo (Hg.) (1989a): The New Sound of Indo-European. Essays in phonological reconstruction. Berlin, New York (TLSM 41).
Vennemann, Theo (1991): The relative chronology of the High Germanic consonant shift and the West Germanic anaptyxis. Diachronica 8: 45–57.
Vennemann, Theo (1991a): Zur relativen Chronologie von Lautwandel und Wortentlehnung: die hochgermanische Lautverschiebung und ahd. *pforta*, *churt* und *impfitōn*. IncL 14: 77–83.
Vennemann, Theo (1994): Dating the division between High and Low Germanic. A summary of arguments. In: Toril Swan u. a. (Hgg.): Language change and language structure. Older Germanic languages in a comparative perspective. Berlin (Trends in Linguistics 73), 271–303.
Vennemann, Theo (1994a): Zur Entwicklung der reduplizierenden Verben im Germanischen. PBB 116: 167–221.
Vennemann, Theo (1997): The development of reduplicating verbs in Germanic. In: Rauch/Carr 1997: 297–336 [basiert auf Vennemann 1994a].

Vennemann, Theo (2008): Lombards and Lautverschiebung. A unified account of the High Germanic consonant shift. Sprwiss 33: 213–256.

Verner, Karl (1877): Eine ausnahme der ersten lautverschiebung. KZ 23: 97–130.

Versloot, Arjen (2016): Die Endungen *-os*/*-as* und *-a* des Nominativ/Akkusativ Plurals der *a*-Stämme im Altsächsischen. ABäG 76: 464–477.

VEW = Seebold, Elmar: Vergleichendes und etymologisches Wörterbuch der germanischen starken Verben. Den Haag 1970 (JLSP 85).

Vine, Brent (1985): On the Germanic type *lūkan*. KZ 98: 60–81.

VL = Ruh, Kurt u. a. (Hgg.): Die deutsche Literatur des Mittelalters. Verfasserlexikon. 2. Aufl. Berlin 1978 ff.

Voetz, Lothar (1977): Komposita auf -man im Althochdeutschen, Altsächsischen und Altniederfränkischen. Heidelberg (MS 3).

Voetz, Lothar (1985): Die St. Pauler Lukasglossen. Untersuchungen · Edition · Faksimile. Studien zu den Anfängen althochdeutscher Textglossierung. Göttingen (SzA 7).

Voetz, Lothar (1987): Neuedition der althochdeutschen Glossen des Codex Sangallensis 70. In: Althochdeutsch 1987: 467–499.

Voetz, Lothar (2006): Einige Beobachtungen zur Getrennt- und Zusammenschreibung im Althochdeutschen. In: Ursula Götz u. a. (Hgg.): Neue Perspektiven der Sprachgeschichte. Internationales Kolloquium des Zentrums für Mittelalterstudien der Otto-Friedrich-Universität Bamberg 11. und 12. Februar 2005. Heidelberg (GermB 26), 51–64.

Vogt, Friedrich (1876): Über Genesis und Exodus. PBB 2: 208–317.

Vondrák, Wenzel (1897): Althochdeutsches in den slavischen Freisinger Denkmälern. PBB 22: 201–208.

Vonficht, Fritz (1958): Das Verhältnis der Affrikata zu den Aspiraten in den idg. Sprachen. ZPSK 11: 166–172.

Vopat, Christiane (1995): Zu den Personennamen des Hildebrandsliedes. Heidelberg (BNF, Beih. 45).

Voyles, Joseph B. (1971): The Problem of West Germanic. FL 5: 117–150.

Voyles, Joseph B. (1972): The Phonetic Quality of OHG *z*. JEGPh 71: 47–55.

Voyles, Joseph B. (1974): The phonology of the OHG Isidor. In: Penzl/Reis/Voyles 1974: 69–106.

Voyles, Joseph B. (1976): The Phonology of Old High German. Wiesbaden (ZDL, Beih. 18).

Voyles, Joseph B. (1977): Old High German Umlaut. KZ 90: 271–289.

Voyles, Joseph B. (1979): The phonology of the Old High German 'Tatian'. In: Fs. Penzl, 441–493.

Voyles, Joseph B. (1980): Reduplicating verbs in North-West Germanic. Lingua 52: 89–123.

Voyles, Joseph B. (1987): The cardinal number in Pre- and Proto-Germanic. JEGPh 86: 487–495.

Voyles, Joseph B. (1989): Bifurcational Germanic and glottonic Indo-European: a critique. PBB 111: 16–34.

Voyles, Joseph B. (1991): A History of OHG i-umlaut. PBB 113: 159–194.

Voyles, Joseph B. (1992): On OHG *i*-Umlaut. In: Rauch 1992: 365–377 (Kurzfassung von Voyles 1991).

Voyles, Joseph B. (1992a): Early Germanic Grammar. Pre-, proto-, and post-Germanic languages. San Diego, Cal.

de Vries, Jan (1959): Das -r- emphaticum im Germanischen. In: Fs. Mossé, 467–485.

Wagner, Albrecht (1876): Über die deutschen Namen der ältesten Freisinger Urkunden. Erlangen.

Wagner, Heinrich (1950): Zur Herkunft der *ē*-Verba in den indogermanischen Sprachen. Mit besonderer Berücksichtigung der germanischen Bildungen. Diss. Zürich.

Wagner, Kurt (1921): Die Eilhartfrage. ZDM 16: 124–143.

Wagner, Kurt (1925/26, 1933): Geschichte eines Lautwandels. *ks* < *chs* > *s*. Teuth 2: 30–46; 9: 33–47.

Wagner, Kurt (1927): Deutsche Sprachlandschaften. Marburg (DDG 23).

Wagner, Norbert (1977): Butilin und die zweite Lautverschiebung. Sprwiss 2: 338–348.

Wagner, Norbert (1985): Romanische Schreibgewohnheiten: Gautselmus und hutz beim sogenannten Astronomus. Sprwiss 10: 124–126.

Wagner, Norbert (1986): Um die Endung von ahd. *taga* (-*ā*). ZfdA 115: 37–48.

Wagner, Norbert (1986a): Das Erstglied von Lud-wig. BNF 21: 78–84.

Wagner, Norbert (1987): Zu den geographischen Glossen der Wessobrunner Handschrift Clm 22053. In: Althochdeutsch 1987: 508–531.

Wagner, Norbert (1987a): Geno-veifa und Geno-baudes. BNF 22: 53–67.

Wagner, Norbert (1991): Zu den unverschobenen altbaierischen Ortsnamen. BNF 26: 161–174.

Wagner, Norbert (1993): Zur Etymologie von lat.-germ. -varii. BNF 28: 1–5.

Wagner, Norbert (1993a): Die Hydronymika Töss und Tissen. BNF 28: 6–8.

Wagner, Norbert (1993b): Ungeklärte seltene althochdeutsche Personennamen. BNF 28: 243–267.

Wagner, Norbert (1997): Einiges zum Hildebrandslied. Sprwiss 22: 309–327.

Wagner, Norbert (1999): ‘Tagibertus’, ‘Arbeo’ und ähnliches. Zu Latinisierungen in den Freisinger Traditionen. MSS 59: 163–173.

Wagner, Norbert (2001): ‘Ρισιοῦλφος. Zum Eintritt der zweiten Lautverschiebung bei den Langobarden. BNF 36: 123–134.

Wagner, Norbert (2002): Zur Zeit des Zusammenfalls von mhd. *ȝ* und *s*. Sprwiss 27: 143–147.

Wagner, Norbert (2002a): *Scaranuirst* und *Staranbah*. Zu Toponymen in der Hammelburger Markbeschreibung. BNF 37: 147–155.

Wagner, Norbert (2002b): Wann schwand der Fugenvokal nach langer Silbe in voralthochdeutschen Personennamen? In: Matthias Fritz / Susanne Zeilfelder (Hgg.): Novalis Indogermanica. Festschrift für Günter Neumann zum 80. Geburtstag. Graz (Grazer vergleichende Arbeiten 17), 513–521.

Wagner, Norbert (2003): Zu *frono* in der Würzburger Markbeschreibung B. Sprwiss 28: 87–94.

Wagner, Norbert (2004): *Huitteo* und *Virteburch*. Zum Eintritt der Lautverschiebung in Mainfranken und Thüringen. In: Fs. Tiefenbach, 515–521.

Wagner, Norbert (2006): Zu einigen althochdeutschen Kurzformen und anderen einfachen Personennamen. BNF 41: 159–221.

Wagner, Norbert (2007): Nhd. *der Pfeil* < lat. *pīlum* ‘der Wurfspieß’. Sprwiss 32: 349–354.

Wagner, Norbert (2008): *Pernopah* und *Ohsnofurt*. Zur Synkope von Mittelvokalen nach langer Silbe. BNF 43: 167–172.

Wagner, Norbert (2008a): Ahd. *Kernot* und *Kernod*. Zu ‘Ingwäonischem’ in althochdeutschen Personennamen. BNF 43: 281–288.

Wagner, Norbert (2008b): Lateinisch-langobardisch -*marius*. Zur Gestaltung der Endungen bei Männernamen im langobardischen Italien. In: Fs. Haubrichs, 563–568.

Wagner, Norbert (2009): *Amal*- und *Aman*- sowie *Engil*- und *Engin*-. BNF 44: 311–315.

Wagner, Norbert (2009a): Germ. -*gīs*-, -*gīs*(*a*)*la*- und -*gīsil*-. Eine Abklärung. BNF 44: 395–403.

Wagner, Norbert (2011): Einiges zu germanischen -*s*-Stämmen, auch in Personennamen sowie zu mhd. *tamer*, *temer* stN. BNF 46: 287–295.

Wagner, Norbert (2011a): Abzuklärende Personennamen aus den Verbrüderungsbüchern von St. Gallen, der Reichenau, Pfäfers und Salzburg. BNF 46: 381–449.

Wagner, Norbert (2013): Ungeklärte Kurznamen im althochdeutschen Personennamenbestand. BNF 48: 1–94.

Wagner, Norbert (2014): Ungeklärte Zweitglieder im althochdeutschen Personennamenbestand. BNF 49: 303–349.

Wagner, Norbert (2016): Ungeklärte Erstglieder im althochdeutschen Personennamenbestand. BNF 51: 55–95, 183–234, 471–504.

Wagner, Norbert (2019): *Pletirspahc* und *selerlant*. Zwei -*s*-Stämme als althochdeutsche Erstglieder. Sprwiss 44: 327–329.

Wagner, Norbert (2019a): Abzuklärende langobardische und italoromanische Personennamen nebst *uualupaus*. Mit einem Anhang: Zum Fugenvokalismus bei langobardischen und merowingerzeitlichen westfränkischen Personennamen. BNF 54: 355–387.

Wagner, Norbert (2022): Weitere Nachträge zu den althochdeutschen Personennamen. BNF 57: 165–187.

Wagner, Reinhard (1910): Die Syntax des Superlativs im Gotischen, Altniederdeutschen, Althochdeutschen, Frühmittelhochdeutschen, im Beowulf und in der älteren Edda. Berlin (Palaestra 91). ND New York, London 1967.

Walde, Alois (1900): Die germanischen Auslautgesetze. Halle.

Waldenberger, Sandra (2009): Präpositionen und Präpositionalphrasen im Mittelhochdeutschen. Tübingen (SMG 3).

Wardale, Edith Elizabeth [1893]: Darstellung des Lautstandes in den Psalmen Notkers nach der S. Galler Hs. Diss. Zürich.

Watts, Sheila / Jonathan West / Hans-Joachim Solms (Hgg.) (2001): Zur Verbmorphologie germanischer Sprachen. Tübingen (LA 446).

WBÖ = Wörterbuch der bairischen Mundarten in Österreich. Wien 1970 ff.

Wedel, Alfred R. (1970): Die Aktionsarten und die Funktion der untrennbaren Präfixe in der althochdeutschen Benediktinerregel. Diss. Univ. of Pennsylvania.

Wegstein, Werner (1987): Über 'Abavus *ûrano*, *uuerano*' im 'Summarium Heinrici'. Anmerkungen zur Lautgeschichte von *ur*-. In: Althochdeutsch 1987: 1222–1230.

Wegstein, Werner (2001): Datierungsprobleme des 'Summarium Heinrici' und die zeitliche Abgrenzung des Althochdeutschen. In: Bergmann 2001: 529–536.

Wegstein, Werner (2004): Das Althochdeutsche im Kartenbild der Sprachgeschichten. In: Fs. Tiefenbach, 523–535.

Weinberg, Israel (1911): Zu Notkers Anlautgesetz. Tübingen (Sprache und Dichtung 5). Dazu G. Baesecke, AfdA 36, 1913: 237–240.

Weinhold Alem. = Weinhold, Karl: Alemannische Grammatik. Berlin 1863.

Weinhold Bair. = Weinhold, Karl: Bairische Grammatik. Berlin 1867.

Weinhold Mhd. = Weinhold, Karl: Mittelhochdeutsche Grammatik. 2. Aufl. Paderborn 1883.

Weinhold, Karl (1874): Die altdeutschen Bruchstücke des Tractats des Bischof Isidor von Sevilla *de fide catholica contra Judaeos*. Paderborn (BÄDL 4).

Weinreich, Otto (1971): Die Suffixablösung bei den Nomina agentis während der althochdeutschen Periode. Berlin (Philologische Studien und Quellen 56).

Weise, Oskar (1907): Mitteldeutsches *au* = mhd. *iu*. ZDM [8], 206–209.

Weisemann, Ewald (1911): Form und Verbreitung des Compositionsvokals in Nominalcompositen bei Notker. Erlanger Diss. Nürnberg.

Weisgerber, Leo (1952): Die Spuren der irischen Mission in der Entwicklung der deutschen Sprache. RhVjbl 17 (Fs. Th. Frings), 8–41.

Weiss, Emil (1956): Tun : Machen. Bezeichnungen für die kausative und die periphrastische Funktion im Deutschen bis um 1400. Stockholm (SGF 1).

Weiss, Michael (2020): Outline of the Historical and Comparative Grammar of Latin. Second edition. Ann Arbor, New York.

Wellmann, Hans (1969): Kollektiva und Sammelwörter im Deutschen. Diss. Bonn.

Wells, Christopher J. (1990): Deutsch: eine Sprachgeschichte bis 1945. Tübingen (RGL 93 Kollegbuch).

Welz, Joseph (1912): Die Eigennamen im Codex Laureshamensis. Diss. Straßburg.

Wenskus, Reinhard (1961): Stammesbildung und Verfassung. Das Werden der frühmittelalterlichen gentes. Köln, Graz.

Werner, Otmar (1965): Vom Formalismus zum Strukturalismus in der historischen Morphologie. Ein Versuch, dargestellt an der Geschichte deutscher Indikativ-/Konjunktiv-Bildungen. ZfdPh 84: 100–127. ND in: Steger 1970: 349–384 (zitiert).

Werner, Otmar (1969): Das deutsche Pluralsystem. Strukturelle Diachronie. In: Sprache, Gegenwart und Geschichte. Düsseldorf (Sprache der Gegenwart 5), 92–128.

Werner, Otmar (1984): Morphologische Entwicklungen in den germanischen Sprachen. In: Untermann/Brogyanyi 1984: 181–226.

Wesche, Heinrich (1937): Beiträge zu einer Geschichte des deutschen Heidentums. PBB 61: 1–116.

Wesle, Carl (1913): Die althochdeutschen Glossen des Schlettstadter Codex zu kirchlichen Schriften und ihre Verwandten. Straßburg (UDS 3).

Wessén, Elias (1914): Zur Geschichte der germanischen n-Deklination. Uppsala (UUÅ 1914, Fil. 2).

West, Jonathan (2001): The Newcastle Germanic Weak Verbs Project: Conjectures on the weak preterite. In: Watts u. a. 2001: 51–61.

Wetzel, Claus-Dieter (1981): Die Worttrennung am Zeilenende in altenglischen Handschriften. Frankfurt am Main, Bern (EHS XIV, 96).

Wich-Reif, Claudia (2001): Studien zur Textglossarüberlieferung. Mit Untersuchungen zu den Handschriften St. Gallen, Stiftsbibliothek 292 und Karlsruhe, Badische Landesbibliothek St. Peter perg. 87. Heidelberg (GermB 8).

Wich-Reif, Claudia (Hg.) (2016): Historische Sprachkontaktforschung. Berlin, Boston (JGS 7).

Wiedemann, Oskar (1893): Der dativus singularis der germanischen sprachen. Nachtrag. KZ 32: 149–152.

Wiens, Gerhard Lebrecht (1935): Die frühchristlichen Gottesbezeichnungen im Germanisch-Altdeutschen. Berlin (Neue Forschung 25).

Wiese, Richard (1987): Phonologie und Morphologie des Umlauts im Deutschen. ZfSprwiss 6: 227–248.

Wiesinger, Peter (1970): Phonetisch-phonologische Untersuchungen zur Vokalentwicklung in den deutschen Dialekten. 2 Bde. Berlin (SLG 2).

Wiesinger, Peter (1990): Antik-romanische Kontinuitäten im Donauraum von Ober- und Niederösterreich am Beispiel der Gewässer-, Berg- und Siedlungsnamen. In: Wolfram/Pohl 1990: 261–328.

Wiesinger, Peter (1992): Zur Morphologie der bairischen Ortsnamen im Althochdeutschen. In: Schützeichel 1992: 355–400.

Wiesinger, Peter (2005): Die sprachlichen Grundlagen des Bairischen. In: Isolde Hausner / Peter Wiesinger (Hgg.): Deutsche Wortforschung als Kulturgeschichte. Beiträge des Internationalen Symposiums aus Anlass des 90-jährigen Bestandes der Wörterbuchkanzlei der Österreichischen Akademie der Wissenschaften. Wien (SbÖAW 720), 15-47.

Wiesinger, Peter (2011): Die Zweite Lautverschiebung im Bairischen anhand der Ortsnamenintegrate. Eine lautchronologische Studie zur Sprach- und Siedlungsgeschichte in Bayern, Österreich und Südtirol. In: Wolfgang Haubrichs / Heinrich Tiefenbach (Hgg.): Interferenz-

Onomastik. Namen in Grenz- und Begegnungsräumen in Geschichte und Gegenwart. Saarbrücken, 163–246.
Wilhelm, Friedrich (1907): Deutsche Legenden und Legendare. Leipzig.
Wilhelm, Friedrich (1916/18): Denkmäler deutscher Prosa des 11. und 12. Jahrhunderts. A. Text. B. Kommentar. München. ND 1960.
Wilkens, Friedrich (1891): Zum hochalemannischen Konsonantismus der althochdeutschen Zeit. Beitrağe zur Lautlehre und Orthographie des ältesten Hochalemannischen, auf Grundlage der deutschen Eigennamen in den Sanct Galler Urkunden (bis zum Jahre 825). Leipzig.
Williams, George (1970): Germanisches *ai* und *au* im Altsächsischen und Althochdeutschen. Ein Beitrag zur generativen Phonologie. ZDL 37: 44–57.
Wilmanns = Wilmanns, Wilhelm (1899–1911): Deutsche Grammatik. Gotisch, Alt-, Mittel- und Neuhochdeutsch. 3 Bde. Straßburg. I. ^{3}1911; II. ^{2}1899; III. ^{2}1906–09.
Wilmanns, Wilhelm (1873): Metrische Untersuchungen über die Sprache Otfrids. ZfdA 16: 113–131.
Wilmanns, Wilhelm (1889): Die Flexion der Verben *tuon*, *gân*, *stân* im Ahd. ZfdA 33: 424–431.
Wilmanns, Wilhelm (1904): Rez. von Polzin 1901. AfdA 29: 174–181.
Wilmanns, Wilhelm (1908): Zur ahd. Deklination und Wortbildung. In: Fs. Kelle, 139–146.
Winkler, Gertraud (1995): Die Wortbildung mit *-lich* im Alt-, Mittel- und Frühneuhochdeutschen. Heidelberg (Sprache – Literatur und Geschichte 11).
Wipf, Elisa (1910): Die Mundart von Visperterminen im Wallis. Frauenfeld (BSG 2).
Wirtz, Joachim (1972): Die Verschiebung der germ. *p*, *t* und *k* in den vor dem Jahre 1200 überlieferten Ortsnamen der Rheinlande. Heidelberg (BNF, Beih. 9).
Wischer, Ilse / Mechthild Habermann (2004): Der Gebrauch von Präfixverben zum Ausdruck von Aspekt/Aktionsart im Altenglischen und Althochdeutschen. ZGL 32: 262–285.
Wisniewski, Roswitha (1963): Die Bildung des schwachen Präteritums und die primären Berührungseffekte. PBB (T) 85: 1–17.
Wissmann, Wilhelm (1932): Nomina postverbalia in den altgermanischen Sprachen nebst einer Voruntersuchung über deverbative *ō*-Verba. Göttingen (KZ, Erg.-Heft 11).
Wissmann, Wilhelm (1939): Ausdrucksworte und Lautverschiebung. ZfdA 76: 1–12.
Wissmann, Wilhelm (1955): Skop. Berlin (Sb. der DtAW, Klasse für Sprachen, Literatur und Kunst, Jg. 1954, 2).
Wissmann, Wilhelm (1956): Zum Abrogans. In: Fs. Frings, 80–113.
Wissmann, Wilhelm (1963): Die Bildungen auf -lih von Partizipien und der Abrogans. In: Werner Simon u. a. (Hgg.): Festgabe für Ulrich Pretzel. Zum 65. Geburtstag dargebracht von Freunden und Schülern. Berlin, 308–315.
Wissmann, Wilhelm (1975): Die altnordischen und westgermanischen Nomina postverbalia. Heidelberg (GB III).
Wissmann, Wilhelm (1977): Zum Adjektiv in den germanischen Sprachen (aus dem Nachlass hg. von Klaus Matzel). Sprwiss 2: 93–112.
WMU = Wörterbuch der mittelhochdeutschen Urkundensprache auf der Grundlage des Corpus der altdeutschen Originalurkunden. Unter der Leitung von B. Kirschstein und U. Schulze erarb. von Sibylle Ohly u. a. Berlin 1994 ff.
Wodtko, Dagmar S. (2008) → NIL.
Wolf, Arthur (1915): Das Präfix *uz-* im gotischen und im deutschen Verbum. Breslau.
Wolf, Gunhild (1970): Der Sprachstand der althochdeutschen Glossen des Codex 81 der Kölner Erzdiözesanbibliothek. Bonn (RA 71).
Wolf, Norbert Richard (1971): Zur mittelhochdeutschen Verbflexion in synchronischer Sicht. German Quarterly 44: 153–167.

Wolf, Norbert Richard (1981): Althochdeutsch – Mittelhochdeutsch. Heidelberg (= Hans Moser / Hans Wellmann / Norbert Richard Wolf: Geschichte der deutschen Sprache Bd. 1) (UTB 1139).
Wolfermann, Oscar (1886): Die Flexionslehre in Notkers althochdeutscher Übersetzung von Boethius: De consolatione philosophiae. Ein Beitrag zur althochdeutschen Grammatik. Diss. Göttingen. Altenburg.
Wolff, Ludwig (1921): Studien über die Dreikonsonanz in den germanischen Sprachen. Berlin (Germanische Studien 11).
Wolfram, Herwig / Walter Pohl (Hgg.) (1990): Typen der Ethnogenese unter besonderer Berücksichtigung der Bayern. 1. Bd. Wien (DÖAW 201).
Wollmann, Alfred (1990): Untersuchungen zu den frühen lateinischen Lehnwörtern im Altenglischen. München (MUS-E 15).
Wood, Francis A. (1912): Old High German Notes. MLN 27: 178 f.
Woodhouse, Robert (1998): Verner's and Thurneysen's laws in Gothic as evidence for obstruent development in early Germanic. PBB 120: 194–222.
Wrede, Ferdinand (1908): Die Diminutiva im Deutschen. Marburg (DDG 1: 70–144).
Wrede, Ferdinand (1923): Zu den Merseburger Zaubersprüchen. SbPAW 1923: 85–90. ND in: Wrede 1963: 364–369 (zitiert).
Wrede, Ferdinand (1924): Ingwäonisch und Westgermanisch. ZDM 1924: 270–284. ND in: Wrede 1963: 370–382 (zitiert).
Wrede, Ferdinand (1963): Kleine Schriften. Marburg (DDG 60).
Wulf, Fred (1985): Zu den Sproßvokalen des Althochdeutschen. WZUGreifswald, Gesellschaftswiss. Reihe 34/4: 40–42.
Wüllner, Ludwig (1882): Das Hrabanische Glossar und die ältesten bairischen Sprachdenkmäler. Eine grammatische Abhandlung. Berlin.
Wunderle, Elisabeth / Hans Ulrich Schmid (2006): Ein neues Bruchstück der 'Althochdeutschen Predigtsammlung C'. ZfdA 135: 164–172.
Zabrocki, Ludwik (1965): Die dritte Lautverschiebung im Deutschen. In: Symbolae linguisticae in honorem Georgii Kuryłowicz. Wrocław, 359–368.
Zangemeister, Karl / Wilhelm Braune (1894): Bruchstücke der altsächsischen Bibeldichtung aus der Bibliotheca Palatina. Neue Heidelberger Jahrbücher 4: 205–294.
Zappert, Georg (1859): Über ein althochdeutsches Schlummerlied. Mit einem photographirten Facsimile. Wien.
Zarncke, Friedrich (1891): Zu den reduplicierten Praeteriten. PBB 15: 350–359.
Zupitza, Ernst (1896): Die germanischen Gutturale. Berlin (SGPh 8).
Zürcher, Josef (1978): Graphetik – Graphemik – Graphematik. Unter besonderer Berücksichtigung von Notkers Marcianus Capella. Diss. Zürich.
Zwierzina, Konrad (1900–01): Mittelhochdeutsche Studien. ZfdA 44: 1–116, 249–316, 345–406; 45: 19–100, 253–313, 317–419.

Wortregister

Die Stichwörter sind normalisiert und zeigen ostfränkischen Lautstand (vgl. §§ 10 A.1, 89 A.2), soweit es sich nicht um Einzelbelege aus anderen Dialekten handelt. Zwischen Frikativ /ʒ/ und Affrikate /z/ wird unterschieden. Die im ältesten Ahd. mit /hl, hn, hr, hw/ anlautenden Wörter sind unter *l-*, *n-*, *r-*, *w-* aufgeführt. Die Fortsetzung von germ. /ē$_2$/ (§ 35) ist als /ia/ angesetzt. Hochgestellte Sprossvokale (*ar*^{a}*beit*) und Halbvokale (*erb*^{i}*o*) werden bei der Sortierung nicht berücksichtigt, eingeklammerte Fugenvokale (*al(a)mahtīg*) und Synkopevokale (*ēreg(i)rëhtī*) hingegen sehr wohl. Bildungen mit unbetonten Präfixen sind dem Grundwort zugeordnet.
Die Zahlen beziehen sich auf die §§ der Grammatik. Ziffern für Anmerkungen sind petit gesetzt. „32:3b+A.1" verweist auf Absatz 3b von § 32 mit Anm. 1, „154 A.6a/bα" auf die Absätze a und bα in Anm. 6 von § 154. Die Kennbuchstaben **E**, **P**, **M** stehen für Einleitung, Phonologie und Morphologie. Verweise auf Paradigmen und Stammformen sind unterstrichen. Ein † kennzeichnet als unzutreffend erachtete Ansätze.

https://doi.org/10.1515/9783111210537-012

Sachregister

Das Sachregister führt auch Schreiborte und Quellen auf. Bei extrem häufig zitierten Quellen wie Otfrid oder Notker wird nur auf die Einleitung verwiesen. Einzelne Affixe sind im Wortregister verzeichnet.

Die Zahlen beziehen sich auf die §§ der Grammatik. Ziffern für Anmerkungen sind petit gesetzt. „32:3b+A.1“ verweist auf Absatz 3b von § 32 mit Anm. 1, „154 A.6a/bα“ auf die Absätze a und bα in Anm. 6 von § 154. Die Kennbuchstaben **E**, **P**, **M** stehen für Einleitung, Phonologie und Morphologie. Die zentralen Stellen sind unterstrichen.

https://doi.org/10.1515/9783111210537-013

Printed in the USA
CPSIA information can be obtained
at www.ICGtesting.com
JSHW020507300824
68931JS00001B/1